DICTIONNAIRE

DES

CODES ÉGYPTIENS MIXTES

4734. — ABBEVILLE, TYP. ET STÉR. A. RETAUX. — 1889

DICTIONNAIRE

DES

CODES ÉGYPTIENS MIXTES

MANUEL

DESTINÉ A RENDRE LES RECHERCHES FACILES
AUX PERSONNES MÊME LES PLUS ÉTRANGÈRES
A L'ÉTUDE DES LOIS

PAR

HENRI LAMBA

AVOCAT PRÈS LA COUR D'APPEL D'ALEXANDRIE
LAURÉAT EN DROIT
DIPLÔMÉ DE L'ÉCOLE DES SCIENCES POLITIQUES DE PARIS

PARIS
RETAUX-BRAY, LIBRAIRE-ÉDITEUR
82, RUE BONAPARTE, 82
1889

A Son Altesse MOHAMED TEWFICK PACHA

Khédive d'Égypte

Monseigneur,

Si la Justice est le premier besoin d'un peuple, une œuvre quelque modeste qu'elle soit, qui a pour but de simplifier l'étude de la loi et d'en faciliter l'application, est un des auxiliaires de cette justice dont Votre Règne est l'image et dont nous ressentons les bienfaits.

Aussi, Monseigneur, est-ce à ce titre que cet ouvrage devait s'adresser à Vous, comme un faible tribut de reconnaissance pour la protection et le respect des droits que, sous Votre Égide, une législation bienfaisante dispense chaque jour.

Vous avez bien voulu, Monseigneur, honorer ce travail de Votre bienveillant intérêt et, en lui donnant Votre haute approbation, Vous lui avez fait un honneur qui sera la plus belle récompense de mes efforts.

Daignez agréer, Monseigneur, l'hommage des sentiments de profond respect,

Avec lesquels, j'ai l'honneur d'être,
de Votre Altesse,
le très-humble serviteur,

Henri LAMBA.

PRÉFACE

Ce Dictionnaire comprend les matières contenues dans les Codes mixtes modifiés par les décrets du 5 décembre 1886. Il comprend en outre le Règlement d'organisation judiciaire, le Règlement général judiciaire du 9 juin 1887, et le décret du 28 décembre 1875 sur la compétence territoriale, modifié par ceux des 9 juin et 10 octobre 1887.

Nous en avons exclu le Code pénal et le Code d'Instruction criminelle, que nous nous proposons d'ajouter en temps opportun.

Le but de cet ouvrage est de mettre aisément à la portée de tous la législation égyptienne mixte; c'est en somme un Code d'usage pratique dans lequel tout spécialement les hommes de loi, magistrats, avocats, fonctionnaires judiciaires trouveront de suite et sans difficulté les dispositions qui les intéressent. D'autre part, les Codes, dans leur forme ordinaire, ne sont pas toujours accessibles à ceux auxquels ils ne sont pas familiers et qui, en maintes circonstances, comme par exemple les banquiers, commerçants, propriétaires, courtiers, experts, syndics, etc., auraient besoin de les consulter; car pour en connaître bien une matière, il est le plus souvent indispensable d'en rechercher les dispositions sous différents chapitres. La forme alphabétique que nous avons adoptée, parce qu'elle est toujours la plus claire et la plus simple, remédie à cet inconvénient, et on trouvera sous chaque terme de droit tous les articles qui, quoique dans les Codes distancés les uns des autres, doivent logiquement se trouver rapprochés, de sorte qu'ils forment ainsi un tableau synoptique du sujet tout entier.

En un mot ce Dictionnaire épargne le temps précieux que l'on consacre à des recherches quelquefois longues et infructueuses ; et par sa clarté et sa simplicité, par le soin scrupuleux apporté au classement de ses nombreuses dispositions, il donne à chacun la facilité de se diriger la loi à la main.

DICTIONNAIRE
DES
CODES ÉGYPTIENS MIXTES

A

ABADIES. APPROPRIATION. *C. Civ.* 80. En ce qui concerne les terres non cultivées, et qui sont de plein droit la propriété de l'Etat, la prise de possession ne peut avoir lieu qu'avec l'autorisation de l'Etat, et moyennant la constitution d'un *abadie*, conformément aux règlements locaux.

USUFRUIT. *C. Civ.* 50. L'usufruitier des terres tributaires et des *abadies* perd son droit à l'usufruit, s'il laisse la terre sans culture pendant cinq années, et l'usufruit est mis aux enchères, conformément aux règlements.

EXPROPRIATION D'UTILITÉ PUBLIQUE. *C. Civ.* 118. Les usufruitiers des terres tributaires ou données en *abadie* doivent, sans qu'il y ait eu de stipulations à cet égard dans le titre constitutif, laisser sans indemnité les terrains nécessaires aux routes, canaux, et en général à tous travaux de viabilité et d'utilité publique.

120. Toutefois, les établissements de main-morte qui n'ont pas le droit d'aliéner, recevront une indemnité en terrains. Il en sera de même des usufruitiers de biens tributaires et *abadies* qui seraient expropriés de plus du quart des terrains entamés par l'expropriation.

ABANDON D'ANTICHRÈSE. *C. Civ.* 677. Le créancier (antichrésiste) peut toujours se décharger de ses obligations, en abandonnant son droit au gage.

ABANDON DE BIENS.

1° A TITRE GÉNÉRAL.
Par un commerçant. V. CONCORDAT PAR ABANDON D'ACTIF.

2° A TITRE PARTICULIER.
Abandon d'immeuble par le tiers détenteur. V. DÉLAISSEMENT SUR HYPOTHÈQUE.

ABANDON DE DROITS. *C. Civ.* 737. Les droits résultant d'actes entre vifs translatifs de propriété ou de droits réels susceptibles d'hypothèque ou constitutifs de droits de servitude, d'usage, d'habitation ou d'antichrèse, ou portant renonciation à ces droits, seront établis vis-à-vis des tiers prétendant un droit réel, par la transcription desdits actes ou jugements au greffe des hypothèques de la situation des immeubles. V. ABANDON D'ANTICHRÈSE.

ABANDON DU FRET. V. ABANDON DU NAVIRE ET DU FRET. Pour le fret, V. ABANDON DES MARCHANDISES CHARGÉES.

ABANDON DES MARCHANDISES CHARGÉES. *C. Marit.* 131. Le chargeur ne peut abandonner, pour le fret, les marchandises diminuées de prix ou détériorées par leur vice propre ou par cas fortuit. Si toutefois des futailles contenant vin, huile, miel et autres liquides ont tellement coulé qu'elles soient vides ou presque vides, lesdites futailles pourront être abandonnées pour le fret.

ABANDON DU NAVIRE ET DU FRET. DÉLAISSEMENT MARITIME. *C. Marit.* 30. Tout propriétaire de navire est civilement responsable des faits du capitaine, c'est-à-dire qu'il est obligé de payer les dommages provenant des faits et gestes du capitaine et tenu des engagements contractés par ce dernier pour ce qui est relatif au navire et à l'expédition.

Il peut dans tous les cas s'affranchir des obligations ci-dessus par l'abandon du navire et du fret, si elles n'ont pas été contractées expressément par son ordre spécial. Toutefois la faculté de faire abandon n'est point accordée à celui qui est en même temps capitaine et propriétaire ou copropriétaire du navire.

Lorsque le capitaine ne sera que copropriétaire il ne sera personnellement responsable des engagements contractés par lui, pour ce qui est relatif au navire et à l'expédition, que dans la proportion de son intérêt.

ABANDON DU NAVIRE. *C. Marit.* 56. Le capitaine ne peut abandonner son navire pendant le voyage, pour quelque danger que ce soit, sans l'avis des officiers et principaux de l'équipage; et en ce cas il est tenu de sauver avec lui les papiers importants, tels que le livre de bord, les chartes-parties, connaissements et expéditions, l'argent et ce qu'il pourra des marchandises les plus précieuses de son chargement, sous peine d'en répondre en son propre nom.

Si les objets, ainsi tirés du navire, sont perdus par quelque cas fortuit, le capitaine en demeure déchargé. V. DÉLAISSEMENT MARITIME.

ABANDON DE PRESCRIPTION. *C. Civ.* 270. La prescription libératoire peut être invoquée par les autres créanciers du débiteur, même quand il y a renoncé en fraude de leurs droits.

108. On ne peut renoncer d'avance à la prescription. Toute personne maîtresse de ses droits peut renoncer à une prescription acquise.

ABANDON D'USUFRUIT. *C. Civ.* 46. L'usufruit s'éteint par l'expiration du temps fixé, par la renonciation, par la perte de la chose, et par l'abus qui est fait de la chose par l'usufruitier, sous réserve des droits des créanciers hypothécaires.

ABORDAGE. *C. marit.* 192. Sont aux risques des assureurs: toutes pertes et dommages qui arrivent aux objets assurés par abordage fortuit sauf convention contraire des parties.

242. En cas d'abordage de navires, si l'événement a été purement fortuit, le dommage est supporté sans répétition, par celui des navires qui l'a éprouvé. Si l'abordage a été fait par la faute de l'un des capitaines, le dommage est payé par celui qui l'a causé.

Si l'abordage a lieu par la faute des deux capitaines, ou s'il y a doute sur les causes qui l'ont produit, le dommage est réparé à frais communs par les parties qui l'ont fait et souffert proportionnellement à leurs valeurs respectives. Dans ces deux derniers cas l'estimation du dommage est faite par experts.

274. Sont non recevables toutes actions en indemnité pour dommage causé par l'abordage dans un lieu où le capitaine a pu agir s'il n'a point fait de réclamations.

275. Ces protestations et réclamations sont nulles si elles ne sont faites et signifiées dans les quarante-huit heures et si, dans trente et un jours de leur date, elles ne sont suivies d'une demande en justice.

ABOUTISSANTS (TENANTS ET). AFFECTATION *C. Proc.* 769. La requête (à fin d'affectation) contiendra: 5° La désignation exacte et précise des immeubles par leur nature et leur situation.

INSCRIPTION HYPOTHÉCAIRE. *C. Civ.* 690. L'inscription sera faite sur un bordereau en double qui contiendra: 5° La désignation précise de l'immeuble sur lequel le créancier entend exercer son droit d'hypothèque.

SAISIE IMMOBILIÈRE. *C. Proc.* 615. Le procès-verbal de saisie (immobilière) contiendra: 2° L'indication du bien saisi, par sa situation, sa contenance approximative, ses tenants et aboutissants, sa description sommaire s'il y a lieu et toutes autres indications qui pourront être prescrites par le règlement du tribunal suivant l'état des constatations administratives faites pour les biens immobiliers.

ABRÉVIATION DE DÉLAI. V. BREF DÉLAI.

ABRI. LOUAGE *C. Civ.* 487. Le preneur doit entretenir à ses frais les abris et constructions s'il en existe.

ABSENCE, ABSENT. EXÉCUTION CONTRE EUROPÉENS. *R.O. J. Titre I. art.* 18. L'officier de justice chargé de l'exécution par le tribunal est obligé d'avertir les consulats du jour et de l'heure de l'exécution, et ce à peine de nullité et de dommages-intérêts contre lui. Le consul, ainsi averti, a la faculté de se trouver présent à l'exécution; mais en cas d'absence, il sera passé outre à l'exécution.

EXPERTISE. *C. Proc.* 262. L'expert procédera même en l'absence des parties dûment convoquées.

FAILLITES. *C. Com.* 407. Le failli peut même après la huitaine expirée se faire relever du délai d'opposition s'il était absent et s'il prouve qu'il n'a pu connaître le jugement.

MINISTÈRE PUBLIC. *C. Proc.* 68. Seront communiquées au ministère public : 1° Les causes qui concernent ou intéressent les mineurs et toutes personnes défendues par un tuteur ou curateur ou présumées absentes.

OFFRES ET CONSIGNATION. *C. Proc.* 777. Le dépôt (à la caisse du tribunal) comprendra les intérêts échus depuis les offres, et sera fait tant en absence qu'en présence du créancier; le procès-verbal de dépôt lui sera délivré en copie, s'il est présent, et signifié, s'il est absent, dans les trois jours, sinon le débiteur sera obligé, pour être libéré, de déposer de nouveau, sans autre formalité, les intérêts échus jusqu'au jour de la signification, ce dont l'acte de signification fera mention.

SAISIE MOBILIÈRE. *C. Proc.* 539. Le procès-verbal de vente constatera la présence ou l'absence de la partie saisie.

SIGNIFICATION D'ACTES. *C. Proc.* 10. Dans ces divers cas (de signification d'actes aux Gouverneurs, Directeurs de Divans. Directeurs de Daïras) l'original sera visé par celui à qui la copie de l'acte doit être laissé, ce dont l'huissier fera mention sur l'original et la copie; en cas d'absence ou de refus, l'original sera visé par le Procureur du Khédive auprès du tribunal, dans le ressort duquel exerce l'huissier.

VÉRIFICATION D'ÉCRITURE. *C. Proc.* 301. Si le défendeur ne comparait pas (devant le juge commis pour convenir des pièces de comparaison) il sera procédé en son absence.

ABSENCE D'ARBITRES. *C. Proc.* 816. Les parties pourront demander la nullité de la sentence en s'opposant à l'ordonnance d'exécution dans les cas suivants : 3° Si le compromis a été rendu par des arbitres illégalement nommés ou par un certain nombre d'arbitres non autorisés à juger en absence des autres.

ABSENCE DU FAILLI. *C. Com.* 407. Le failli peut même, après la huitaine expirée se faire relever du délai d'opposition s'il était absent, et s'il prouve qu'il n'a pu connaître le jugement.

ABSENCE DE JUGE. *R. O. J. art.* 4...... Dans le cas d'absence ou d'empêchement de plusieurs juges à la fois de la Cour d'appel, ou du même tribunal, le président de la Cour pourra les faire suppléer ; s'il s'agit des juges étrangers, par leurs collègues des autres tribunaux, ou par les magistrats étrangers de la

Cour d'appel; lorsque l'un des magistrats de la Cour sera ainsi délégué à intervenir aux audiences d'un des tribunaux, il en aura la présidence.

R. G. J. art. 55. En cas de maladie, d'absence ou de tout autre empêchement de la part d'un juge, ses fonctions seront remplies par un autre juge à désigner par le vice-président du tribunal.

ABSENCE DU MINISTÈRE PUBLIC. *C. Proc.* 76. En cas d'absence ou d'empêchement des membres du Parquet, le ministère public sera exercé à l'audience par un des juges ou suppléants désignés par le tribunal.

ABSTENTION. PARTAGE. *C. Civ.* 562. Chacun des communistes a droit à la préemption dans la proportion de sa part indivise, il a droit à la préemption pour le tout en cas d'abstention des autres.

ABSTENTION DE JUGE. RÉCUSATION. *C. Proc.* 352. Le juge qui connaîtra en lui une cause de récusation devra la déclarer en Chambre du Conseil au tribunal qui décidera s'il doit s'abstenir.

360. Si les faits sont de nature à motiver légalement la récusation et que le juge laisse passer le délai fixé par le président sans s'expliquer, ou qu'il convienne des faits, il sera ordonné par un jugement rendu sans autres motifs qu'il s'abstiendra.

ABUS DE CONFIANCE. FAILLITE. *C. Com.* 425. Ne seront point admises à la réhabilitation les personnes condamnées pour abus de confiance.

ABUS DE L'USUFRUIT. *C. Civ.* 46. L'usufruit s'éteint par l'abus qui est fait de la chose par l'usufruitier, sous réserve des droits des créanciers hypothécaires.

ACCEPTATION D'ARBITRAGE. *C. Proc.* 803. L'arbitre qui, après son acceptation, cesse ses fonctions sans motif justifié, peut être condamné aux dommages-intérêts envers les parties.

ACCEPTATION DE CAUTION. EXÉCUTION PROVISOIRE. *C. Proc.* 460. La partie poursuivie aura trois jours pour contester la solvabilité de la caution ou du séquestre, ce qui sera fait par simple déclaration au greffe.

461. Passé ce délai, la contestation ne sera plus admise, la caution fera sa soumission au greffe, et le séquestre, s'il y a lieu, y déclarera son acceptation.

ACCEPTATION DE CESSION. COMPENSATION. *C. Civ.* 261. Le débiteur qui a accepté la cession d'une créance compensée ne peut plus opposer la compensation aux cessionnaires; il peut seulement exercer son ancienne créance contre le cédant.

ACCEPTATION DE DONATION. DONATION. *C. Civ.* 70. La propriété des meubles et des immeubles donnés est acquise par le fait même de la donation et de l'acceptation : toutefois, quand la libéralité ne revêt pas les formes d'un autre contrat, la donation et l'acceptation doivent avoir lieu par un acte authentique sous peine de nullité.

72. Lorsque le donateur meurt ou devient incapable avant l'acceptation, la donation est nulle.

73. L'acceptation peut être faite par les héritiers du donataire décédé ou les représentants des incapables.

ACCEPTATION DE LA LETTRE DE CHANGE.

1° Dispositions générales.

C. Com. 118. L'acceptation suppose la provision. Elle en établit la preuve à l'égard des endosseurs. Soit qu'il y ait ou non acceptation, le tireur seul est tenu de prouver en cas de dénégation que ceux sur qui la lettre était tirée avaient provision à l'échéance : sinon il est tenu de la garantir quoique le protêt ait été fait après les délais fixés.

114. Les lettres de change souscrites, les endossements et les acceptations signées par des femmes, des filles ou de simples cultivateurs indigènes, non commerçants, en leur propre nom, ne sont pas réputés actes de commerce, en ce qui les concerne.

115. Celles qui sont souscrites par des mineurs non commerçants ou des incapables, et les endossements et acceptations signés par eux sont nuls à leur égard seulement.

120. La provision est acquise au porteur au jour de l'échéance, s'il y a eu affectation spéciale de cette provision au payement de la lettre de change, et si le tiré a accepté en connaissance de l'affectation ou en a été averti avant la faillite du tireur, soit par un avis de ce dernier, soit par un protêt faute d'acceptation ou de payement même tardif. Hors ce cas d'affectation spéciale, la provision rentre dans la masse du tireur, quand il n'y a pas affectation avant que la faillite soit connue de l'acceptant.

121. S'il y a acceptation, le tiré conserve la provision, sauf à lui à satisfaire à cette acceptation vis-à-vis du porteur.

144. Tous ceux qui ont signé, accepté ou endossé une lettre de change sont tenus à la garantie solidaire envers le porteur.

154. Celui qui paye une lettre de change sur une seconde, troisième, quatrième, etc., sans retirer celle sur laquelle se trouve son acceptation, n'est pas véritablement libéré à l'égard du tiers porteur de son acceptation.

2° De l'acceptation directe.

C. Com. 123. Le tireur et les endosseurs d'une lettre de change sont garantis solidaires de l'acceptation et du payement à l'échéance.

124. Le refus d'acceptation est constaté par un acte que l'on nomme protêt faute d'acceptation.

125. Sur la notification du protêt faute d'acceptation, les endosseurs et le tireur sont respectivement tenus de donner caution pour assurer le payement de la lettre de change à son échéance, ou d'en effectuer le remboursement avec les frais de protêt et de rechange. La caution, soit du tireur, soit de l'endosseur, n'est solidaire qu'avec celui qu'elle a cautionné.

126. Celui qui accepte une lettre de change contracte l'obligation d'en payer le montant. L'accepteur n'est pas restituable contre son acceptation, quand même le tireur aurait failli à son insu avant qu'il eût accepté.

127. L'acceptation d'une lettre de change doit être signée. L'acceptation est exprimée par le mot *accepté*. Elle est datée, si la lettre est à un ou plusieurs jours, ou mois de vue; et, dans ce dernier cas, le défaut de date de l'acceptation rend la lettre exigible aux termes y exprimés, à compter de sa date.

128. L'acceptation d'une lettre de change payable dans un autre lieu que celui de la résidence de l'accepteur, indique le domicile où le payement doit être effectué ou les diligences faites.

129. L'acceptation ne peut être conditionnelle, mais elle peut être restreinte, quant à la somme acceptée. Dans ce cas, le porteur est tenu de faire protester la lettre de change pour le surplus.

130. Une lettre de change doit être acceptée à sa présentation, ou au plus tard dans les vingt-quatre heures de sa présentation. Après les vingt-quatre heures, si elle n'est pas rendue acceptée ou non acceptée, celui qui l'a retenue est passible de dommages-intérêts envers le porteur.

3° DE L'ACCEPTATION PAR INTERVENTION.

C. Com. **131.** Lors du protêt faute d'acceptation, la lettre de change peut être acceptée par un tiers intervenant pour le tireur ou pour l'un des endosseurs. L'intervention est mise sur la lettre de change et mentionnée dans l'acte du protêt; elle est signée par l'intervenant.

L'intervenant est tenu de notifier sans délai son intervention à celui pour qui il est intervenu, sous peine de frais, et dommages-intérêts s'il y a lieu.

132. Le porteur de la lettre de change conserve tous ses droits contre le tireur et les endosseurs à raison du défaut d'acceptation par celui sur qui la lettre était tirée, nonobstant toutes acceptations par intervention.

DISPOSITIONS ADDITIONNELLES.

DÉLAI D'ACCEPTATION. V. LETTRE DE CHANGE. (*Devoirs du porteur*).

LIVRES DE COMMERCE. *C. Com.* **12.** Tout commerçant est tenu l'avoir un livre-journal qui présente jour par jour..... ses acceptations d'effets.

PAYEMENT. *C. Com.* 154. Celui qui paye une lettre de change sur une seconde, troisième, quatrième, etc., sans retirer celles sur laquelle se trouve son acceptation, n'est pas véritablement libéré à l'égard du tiers-porteur de son acceptation.

PAYEMENT PAR INTERVENTION. V. LETTRE DE CHANGE.

PERTE. *C. Com.* 156. En cas de perte d'une lettre de change non acceptée, celui à qui elle appartient peut en poursuivre le payement sur une seconde, troisième, quatrième, etc.

157. Si la lettre de change perdue est revêtue de l'acceptation, le payement ne peut être exigé sur une seconde, troisième, quatrième etc., que par ordonnance du juge de service, et en donnant caution.

158. Si celui qui a perdu la lettre de change, qu'elle soit acceptée ou non, ne peut représenter la seconde, troisième, quatrième, etc., il peut demander le payement de la lettre de change perdue et l'obtenir par l'ordonnance en justifiant de sa propriété par ses livres et en donnant caution.

PROTÊT. *C. Com.* 181. Les protêts faute d'acceptation ou de payement sont faits dans les formes prescrites pour tout acte d'huissier. Le protêt ne sera fait que par suite du refus d'acceptation ou de payement qui sera constaté au domicile de celui sur qui la lettre de change était payable, de celui qui s'était chargé de la payer au besoin et de celui qui a accepté par intervention ce qui pourra être fait par un seul et même acte. V. PROTÊT.

REVENDICATION. *C. Com.* 391. Pourront être revendiquées en cas de faillite, les remises en effets de commerce ou autres titres non encore payés et qui se trouveront en nature dans le portefeuille du failli à l'époque de sa faillite, lorsque ces remises auront été faites par le propriétaire avec le simple mandat d'en faire le recouvrement et d'en garder la valeur à sa disposition, ou lorsqu'elles auront été de sa part spécialement affectées à des payements déterminés.

SCELLÉS. (*Faillite*) *C. Com.* 271. Ne seront pas placés sous les scellés ou en seront extraits pour être remis aux syndics, après description et inventaire : 2° Les effets de portefeuille à courte échéance ou susceptibles d'acceptation qui seront remis aux syndics pour en poursuivre le recouvrement ou faire les diligences nécessaires.

ACCEPTATION DE MANDAT. *C. Civ.* 626. L'acceptation du mandat peut résulter du fait de l'exécution.

ACCEPTATION DE PAYEMENT. CAUTION. *C. Civ.* 624. Lorsque le créancier a accepté une chose en payement de la dette, la caution est libérée même si la chose donnée en payement est revendiquée.

ACCEPTATION DE TRANSPORT. *C. Civ.*
436. La propriété du droit cédé est transmise vis-à-vis des tiers;
2° par l'acceptation du cédé dans un acte ayant date certaine et à partir de cette date seulement. Elle est valable contre le cédé quoique l'acte n'ait pas date certaine du moment de son acceptation, et le tout sans préjudice des règles du commerce, pour la cession des titres et effets de commerce.

437. En matière de commerce, la cession d'une créance non constituée par un effet est parfaite à l'égard des tiers, quand la notification de la cession ou l'acceptation du débiteur cédé résulte de livres régulièrement tenus ou de preuves admises en matière de commerce. V. Cession de créance.

ACCEPTEUR DE LETTRE DE CHANGE.
C. Com. 126. Celui qui accepte une lettre de change contracte l'obligation d'en payer le montant. L'accepteur n'est pas restituable contre son acceptation, quand même le tireur aurait failli à son insu avant qu'il eût accepté.

130. Une lettre de change doit être acceptée à sa présentation, ou au plus tard dans les vingt-quatre heures de sa présentation. Après les vingt-quatre heures, si elle n'est pas rendue acceptée ou non acceptée celui qui l'a retenue est passible de dommages-intérêts envers le porteur.

229. Le jugement déclaratif de la faillite, rend exigible, à l'égard du failli, les dettes passives non échues. En cas de faillite du souscripteur d'un billet à ordre, de l'accepteur d'une lettre de change, ou du tireur à défaut d'acceptation, les autres obligés seront tenus de donner caution pour le payement à l'échéance s'ils n'aiment mieux payer immédiatement.

C. Proc. 764. Tout créancier peut, avec permission du juge, faire saisir conservatoirement les meubles de son débiteur qui n'a pas de domicile fixe en Egypte.

Il en est de même du porteur d'une lettre de change ou d'un billet à ordre protesté faute de payement à l'échéance pour les meubles et marchandises de son débiteur commerçant, même domicilié, tireur, accepteur ou endosseur, pourvu que le protêt ait été signifié ou dénoncé au saisi.

ACCESSION. *C. Civ.* 66. La propriété et les droits réels s'acquièrent par accession.

C. Civ. Titre I. Chap. V. Sect. V. De l'accession.

1° *Du droit d'accession relativement aux choses immobilières.*

84. Les alluvions apportées lentement par les fleuves appartiennent au propriétaire riverain.

85. Les attributions des terrains déplacés par le fleuve, et des îles formées dans son lit sont réglées conformément au décret de 1274 (1).

1. V. la loi sur la Propriété territoriale;

86. Les alluvions des lacs restent aux propriétaires des lacs.

87. Les alluvions de la mer appartiennent à l'Etat.

88. Il n'est pas permis d'empiéter sur la mer, si ce n'est pour rétablir les limites de la propriété.

89. Celui qui, du consentement exprès du propriétaire et sans réserve, a construit ou planté sur son terrain, devient propriétaire du sol sur lequel est établie la construction et de celui qui est occupé par l'arbre.

90. A défaut de preuve du consentement sans réserve du propriétaire, le terrain sera présumé avoir été prêté et le propriétaire a le choix d'exiger la destruction et l'enlèvement des plantations et constructions ou de les conserver en payant le prix des matériaux et la main-d'œuvre.

91. Si celui qui a planté ou construit avait de justes raisons de se croire propriétaire, les plantations et constructions ne seront pas détruites, mais le vrai propriétaire pourra se borner à payer le montant de la plus-value de l'immeuble à dire d'experts.

2° *Du droit d'accession relativement aux choses mobilières.*
C. Civ. 92. Lorsque deux objets mobiliers, appartenant à deux propriétaires, se trouvent réunis sans qu'il soit possible de les séparer sans détérioration, les tribunaux statueront d'après les règles de l'équité, en tenant compte du dommage causé, de la position des parties et de leur bonne foi.

ACCESSION DES LIEUX. V. Visite des lieux.

ACCESSOIRES. Accessoires immobiliers et mobiliers. V. Accession.

Dispositions diverses.

Appel. *C. Proc.* 412. Il ne pourra être introduit devant la Cour aucune demande nouvelle.

Toutefois, la demande pourra être augmentée du montant des loyers, intérêts, arrérages et autres accessoires échus depuis les conclusions prises en première instance et des dommages-intérêts aggravés depuis le jugement.

Cautionnement. *C. Civ.* 609. La caution judiciaire entraîne de plein droit la garantie des intérêts, frais et accessoires et la solidarité.

Expropriation pour cause d'utilité publique *C. Civ.* 121. L'expropriation pour cause d'utilité publique sera ordonnée par un décret qui fixera provisoirement 1° l'étendue des terrains nécessaires à l'établissement des travaux et à leurs accessoires indispensables.

Hypothèque. *C. Civ.* 688. L'hypothèque s'étend, sauf convention contraire, à tout l'immeuble et à tous les immeubles affectés indivisément, à leurs accessoires et aux améliorations et constructions qui profitent au propriétaire.

PRÉEMPTION. *C. Proc.* 719. Dans toutes les ventes ci-dessus, (*V. Incidents sur saisie immobilière*) la préemption du copropriétaire ou du voisin ne pourra s'exercer que par une déclaration faite à l'audience même d'adjudication et à la condition d'effectuer immédiatement le dépôt des frais et du prix total, en principal et accessoires.

PROPRIÉTÉ. *C. Civ.* 28. La propriété donne droit à tous les produits, naturels ou accidentels, et à tous les accessoires de ce bien.

SAISIE-ARRÊT. *C. Proc.* 472. Le saisissant ne pourra pas ajouter, comme accessoires éventuels de sa créance, plus que les intérêts à échoir d'une année et le dixième de la créance pour frais à faire, pourvu que ce dixième soit supérieur à 800 P. T. ou inférieur à 4000 P. T.

473. Le président du tribunal liquidera provisoirement la créance, s'il y a lieu, dans son ordonnance, et énoncera la somme en principal et accessoires pour laquelle la saisie-arrêt pourra être faite.

VENTE. *C. Civ.* 309. Les frais d'actes et autres accessoires à la vente sont à la charge de l'acheteur.

357. La délivrance doit comprendre la chose vendue et tout ce qui doit être considéré comme ses accessoires nécessaires, d'après la nature des choses et l'intention des parties.

ACHATS ET VENTES. *C. Com.* 2. La loi répute acte de commerce : tout achat de denrées et marchandises pour les revendre soit en nature, soit après les avoir travaillées et mises en œuvre, ou même pour en louer l'usage.

3. La loi répute pareillement acte de commerce maritime : Tout achat ou vente d'agrès, apparaux et ravitaillements.

C. Civ. 299. En matière commerciale, les achats, ventes, et tous autres contrats pourront être constatés même à l'égard des tiers, par tous les moyens de preuve, y compris les témoignages et les présomptions.

ACHETEUR.

1° DES OBLIGATIONS DE L'ACHETEUR.

Délivrance. C. Civ. 356. Les frais d'enlèvement et ceux de payement sont à la charge de l'acheteur.

Il en est de même des frais d'acte ;

Sauf, dans tous ces cas, les usages de commerce.

Payement du prix. C. Civ. 336. La vente légalement conclue a pour effet : 3° d'obliger l'acheteur au payement du prix.

309. Les frais d'acte et autres accessoires à la vente sont à la charge de l'acheteur.

406. L'acheteur est obligé au payement du prix dans le délai dans le lieu et dans les conditions convenues au contrat.

407. A défaut de stipulation expresse, le prix est payable comptant, et au lieu de la délivrance.

408. S'il est accordé un délai, le lieu de payement est le domicile de l'acheteur.

410. Le prix ne produit intérêts, sauf stipulation, que s'il est exigible, et si l'acheteur a été mis en demeure de payer par une sommation.

413. Lorsque l'acheteur ne paye pas son prix au terme convenu, le vendeur a le choix ou de demander la résolution de la vente, sauf les droits des créanciers hypothécaires inscrits et des tiers acquéreurs ayant rempli les formalités de transcription, ou de faire, condamner l'acheteur au payement du prix.

414. Le tribunal peut, pour des motifs graves, accorder un délai modéré à l'acheteur, pour le payement de son prix, sauf à mettre la chose vendue sous sequestre, s'il y a lieu.

415. Il ne pourra être accordé qu'un délai.

416. Lorsqu'il est stipulé que la vente sera résolue de plein droit, le tribunal, faute de payement du prix ne peut accorder un délai à l'acheteur, et la vente sera résolue si l'acheteur n'a pas payé le prix sur la sommation à lui faite, à moins que le contrat ne porte que la vente en ce cas sera résolue sans qu'il soit besoin de sommation.

418. En matière de vente de marchandises et d'effets mobiliers quand un terme est convenu pour le payement du prix et pour la prise de livraison, la vente est résolue de plein droit, si le prix n'est pas payé aux termes fixés et sans qu'il soit besoin de sommation.

Risques. C. Civ. 336. La vente met aussi, suivant les cas, les risques de la chose vendue à la charge de l'acheteur.

2° DROITS DE L'ACHETEUR.

Délivrance. C. Civ. 347. Si la convention de vente indique comme lieu de la situation de la chose vendue un lieu autre que celui auquel elle se trouvait, cette indication vaudra, pour le vendeur, obligation de transporter la chose au lieu indiqué, si l'acheteur l'exige.

Dans le cas où le transport serait impossible, ou s'il amenait un retard préjudiciable pour l'acheteur, ce dernier aurait le droit de résilier la vente avec dommages-intérêts, si le vendeur n'était pas de bonne foi.

Garantie (Droit de) V. GARANTIE.

Réméré. C. Civ. 433. L'acheteur à réméré qui a acquis, par suite d'une demande en partage dirigée contre lui, le surplus d'une propriété indivise, peut toutefois exiger que la totalité du bien lui soit reprise.

Résolution (Droit de). V. RÉSOLUTION.

Rétention du prix (Droit de) C. Civ. **411.** L'acheteur, à moins de stipulation contraire, peut retenir son prix, s'il est troublé dans sa possession en vertu d'un droit antérieur à la vente ou procédant du vendeur, et encore s'il y a pour lui danger d'éviction, jusqu'à ce que le trouble ou le danger ait disparu.

412. Toutefois, le vendeur peut, dans ce cas, exiger son prix en donnant caution.

A-COMPTE. FAILLITE. *C. Com.* **359.** Si le créancier porteur d'engagements solidaires entre le failli et autres coobligés a reçu, avant la déclaration de faillite, un à-compte sur sa créance, il ne sera compris dans la masse que sous la déduction de cet à-compte et conservera pour ce qui restera dû, ses droits contre le coobligé ou la caution. Le coobligé ou la caution qui aura fait le payement partiel sera compris dans la même masse pour tout ce qu'il aura payé à la décharge du failli.

LETTRE DE CHANGE. *C. Com.* **162.** Les payements faits à-compte sur le montant d'une lettre de change sont à la décharge des tireurs et endosseurs. Le porteur est tenu de faire protester la lettre de change pour le surplus.

LOUAGE DE PERSONNES. *C. Civ.* **504.** Les entreprises ne sont réglées qu'après le travail fait ; toute situation arrêtée pendant le cours des travaux n'est que provisoire ; tout payement fait dans le même temps est considéré comme à-compte, à moins de stipulation contraire.

REVENDICATION. *C. Com.* **401.** Le revendiquant sera tenu de rembourser à la masse les a-comptes par lui reçus.

ACQUÉREUR. ACQUÉREUR A TITRE ONÉREUX (*Greffe des hypothèques*) *C. Civ.* **770.** Le créancier qui aura été forclos ou déchu de ses droits, l'acquéreur à titre onéreux qui aura contracté sur un certificat erroné, auront leur recours contre le greffier qui aura délivré ce certificat. V. ACHETEUR, TIERS-ACQUÉREUR.

ACQUIESCEMENT A JUGEMENT. *C. Proc.* **401.** La partie contre laquelle il a été interjeté appel du jugement a, jusqu'au désistement de l'appelant ou jusqu'à la clôture des plaidoiries devant la Cour, le droit d'appeler incidemment, sans préjudice de son droit d'appel principal dans le délai ci-dessus et sans qu'il puisse lui être opposé aucun acte d'acquiescement au jugement. V. APPEL (*Délais*).

376. L'opposition n'est plus recevable après aquiescement au jugement.

SAISIE-MOBILIÈRE. *C. Proc.* **512.** Si la saisie est faite au domicile du saisi, ou s'il est présent au moment de la clôture, il lui sera remis copie du procès-verbal sur-le-champ, dans les termes prescrits pour les actes d'huissier.

La signature du saisi au procès-verbal n'emportera pas aquiescement au jugement.

ACQUISITION.

ACQUISITION DE PROPRIÉTÉ

C. Civ. 66. La propriété et les droits réels s'acquièrent :
Par l'effet des conventions. V. Effet des conventions.
Par la tradition. V. Délivrance.
Par les donations. V. Donations.
Par les successions et testaments. V. Succession.
Par appropriation, c'est-à-dire par occupation. V. Appropriation.
Par accession. V. ce mot.
Par la préemption. V. Préemption.
Par la prescription. V. Prescription.

1° ACQUISITION DES MEUBLES

C. Civ. 68. La propriété des meubles s'acquiert par la délivrance en vertu d'un juste titre, bien que celui qui le livre ne soit pas propriétaire, pourvu que celui qui reçoit soit de bonne foi, et sauf le droit de revendication du véritable propriétaire, en cas de perte ou de vol.

2° ACQUISITION DES IMMEUBLES ET DROITS RÉELS

C. Civ. 69. En matière immobilière, la propriété et les droits réels, ne sont acquis, à l'égard des tiers, que moyennant les formalités de transcription déterminées par la loi.

102. La propriété et les droits réels autres que l'hypothèque s'acquièrent par une possession paisible, publique, et continue à titre non équivoque de propriétaire, pendant cinq ans par soi-même ou par un tiers pour soi, pourvu que le possesseur ait un juste titre, et pendant quinze ans s'il n'a pas juste titre. V. Droits réels.

ACQUIT A CAUTION. *C. Marit.* 41. Le capitaine est tenu d'avoir à bord, 6° Les acquits de payement ou à caution de douanes.

ACTES ADMINISTRATIFS. V. Autorité administrative.

ACTES AUTHENTIQUES. *R. O. J. titre* 1er *art.* 33. Les conventions, donations et les actes de constitution d'hypothèque ou translatifs de propriété immobilière, reçus par le greffier du tribunal de première instance, auront la valeur d'actes authentiques, et leur original sera déposé dans les archives du greffe.

C. Civ. 291. Les écrits, quand ils sont authentiques, c'est-à-dire passés devant des officiers compétents, font preuve contre toute personne jusqu'à inscription de faux des constatations faites par l'officier rédacteur.

DISPOSITIONS DIVERSES.

DONATIONS. *C. Civ.* 70. La propriété des meubles et des immeubles donnés est acquise par le fait même de la donation et de l'acceptation : toutefois, quand la libéralité ne revêt pas les formes d'un autre contrat, la donation et l'acceptation doivent avoir lieu par un acte authentique, sous peine de nullité.

EXPROPRIATION D'UTILITÉ PUBLIQUE. *C. Civ.* 119. Les locataires ayant un bail authentique ou expulsés avant les délais du congé, recevront une indemnité juste et préalable.

EXÉCUTION. *C. Proc.* 434. L'exécution est due à tous les jugements et aux titres et contrats authentiques revêtus de la formule exécutoire.

EXÉCUTION PROVISOIRE. *C. Proc.* 449. En matière civile le tribunal ordonnera l'exécution provisoire... si le jugement est rendu en vertu d'un titre authentique, pourvu que la partie condamnée ait été partie au titre authentique.

450. L'exécution provisoire nonobstant appel sera ordonnée avec ou sans caution en matière civile, suivant que le tribunal le jugera à propos, lorsqu'il s'agira :

1° D'expulsion d'un locataire, quand il n'y aura pas de bail, ou que le bail sera expiré, ou que les lieux ne seront pas garnis de meubles suffisants pour répondre des loyers, ou d'expulsion de tout autre occupant sans titre, quand la propriété ou le droit du réclamant résultera d'un titre authentique ou ne sera pas méconnu.

EXPÉDITION. *C. Proc.* 789. L'expédition ou l'extrait d'un acte privé, passé devant un officier public, ne pourra être obtenu par ceux qui n'y auront pas été partie, que s'il en est ainsi ordonné par le jugement, qui pourra commettre un juge pour compulser les actes de l'officier public.

FAILLITE. *(Reprises.) C. Com.* 373. La femme reprendra les immeubles acquis par elle et en son nom des deniers provenant desdites successions et donations (entre vifs ou testamentaires), pourvu que la déclaration d'emploi soit expressément stipulée au contrat d'acquisition, et que l'origine des deniers soit constatée par inventaire ou par tout autre acte authentique.

375. La femme pourra reprendre en nature les effets mobiliers qu'elle s'est constitués par contrat de mariage, ou qui lui sont advenus par succession, donation entre vifs ou testamentaires, quand elle en aura conservé la propriété d'après sa loi matrimoniale, ou toutes les fois que l'identité en sera prouvée par inventaire ou tout autre acte à titre authentique.

HYPOTHÈQUE. *C. Civ.* 681. Le droit d'hypothèque n'existe que quand il a été stipulé par un acte authentique passé aux greffes des tribunaux mixtes entre le créancier et le propriétaire de l'immeuble affecté au paiement de la créance.

MANDAT. *C. Civ.* 634. Celui qui traite avec le mandataire a toujours le droit de demander une copie authentique du mandat.

NOVATION. *C. Civ.* 255. La convention qui transfère ces garanties (garanties réelles résultant de la subrogation) ne peut avoir d'effet, à l'égard des tiers, que si elle est faite en même temps que la novation et par acte authentique. V. NOVATION.

PAYEMENT. *C. Civ.* 224. Le payement fait par un tiers lui donne droit de recourir contre le débiteur à raison du profit obtenu par ce dernier, jusqu'à concurrence des déboursés.

225. Il a pour sûreté de cette nouvelle créance les mêmes garanties qui existaient au profit de l'obligation éteinte dans les cas suivants seulement :

1° Quand le créancier, au moment du payement, a consenti à lui transmettre ces garanties par acte authentique.

227. Le débiteur peut aussi, sans le concours du créancier, transférer les mêmes garanties au profit de celui qui fournit la chose destinée au payement, pourvu que l'emprunt et l'emploi soient constatés par acte authentique.

SOCIÉTÉS COMMERCIALES. *C. Com.* 52. Les sociétés en nom collectif et en commandite doivent être constatées par écrit. Les actes pourront être faits en forme authentique ou sous seing privé.

VENTE. *C. Civ.* 302. La vente peut être faite par acte authentique.

VÉRIFICATION D'ÉCRITURE. *C. Proc.* 302. Les seules pièces de comparaison qui seront admises sont :

1° Les signatures ou cachets apposés à des actes authentiques.

306. En cas de dépôt des actes authentiques, les expéditions signées par le juge commis et le greffier, avec l'officier ou le fonctionnaire déposant, auront la valeur de l'original. V. VÉRIFICATION D'ÉCRITURE. INSCRIPTION DE FAUX.

DROIT MARITIME.

CONTRAT A LA GROSSE. *C. Marit.* 150. Le contrat à la grosse est fait par acte authentique ou sous signature privée.

151. Le contrat authentique sera passé, si c'est en Turquie, devant le greffier du tribunal de commerce ou la chancellerie commerciale, et à défaut, devant l'autorité la plus élevée du lieu, ou son délégué, et, dans les pays étrangers, devant le consulat ottoman et à son défaut devant l'autorité compétente du lieu, suivant les formalités d'usage.

ACTE A TITRE GRATUIT, A TITRE ONÉREUX. FAILLITE. *C. Com.* 235. Sont nuls et sans effet, relativement à la masse, lorsqu'ils auront été faits par le débiteur depuis l'époque déterminée par le tribunal comme étant celle de la cessation de ses payements ou dans les dix jours qui auront précédé cette époque, tous les actes translatifs de propriétés mobilières ou immobilières à titre gratuit, tout payement, soit en espèces, soit par transport, vente, compensation ou autrement, pour dettes non échues.

236. Tous payements, faits par le débiteur pour dettes échues autrement qu'en espèces ou effets de commerce, et tous autres actes à titre onéreux présentant un avantage exceptionnel au profit de celui qui a traité avec le failli, et que ce dernier aura passé après la cessation de ses payements, et avant le jugement déclaratif de la faillite, seront annulés, s'il est établi que ceux qui ont reçu les payements ou avec lesquels le failli a contracté connaissaient le dérangement de ses affaires.

237. Il en sera de même de toute translation de propriété à titre gratuit consenti à toute époque si le failli connaissait à cette époque le mauvais état imminent de ses affaires, même si le donataire était de bonne foi, à moins qu'il ne s'agisse d'un don nuptial non exagéré.

MANDAT. *C. Civ.* 632. Il est nécessaire de justifier d'un mandat spécial ou de pouvoirs spéciaux énoncés dans une procuration générale pour consentir tout acte à titre gratuit.

633.... Le mandat général sur la nature de l'acte est valable sans que l'objet de l'acte soit spécifié, sauf en ce qui concerne les actes à titre gratuit. V. Donations.

ACTES CONSERVATOIRES. FAILLITE. *C. Com.* 294. A compter de leur entrée en fonctions, les syndics seront tenus de faire tous actes pour la conservation des droits du failli contre ses débiteurs; ils devront aussi, dans la quinzaine au plus tard de leur gestion, prendre au bureau des hypothèques les inscriptions qui n'auraient pas été prises par le failli sur les immeubles de ses débiteurs, s'il y avait droit.

295. Ils seront aussi tenus de faire transcrire au bureau des hypothèques de la situation des immeubles du failli, un extrait du jugement qui a prononcé la faillite.

OPPOSITION. *C. Proc.* 381. Les actes conservatoires peuvent être faits malgré l'opposition. V. Mesures conservatoires.

ACTES DE COMMERCE. V. Commerce.

ACTE D'EXÉCUTION. JUGEMENT PAR DÉFAUT. *C. Proc.* 375. Le défaillant sera présumé avoir connu l'exécution vingt-quatre heures après qu'il aura reçu en personne ou à son domicile réel un acte d'exécution ou relatant un acte d'exécution antérieure.

ACTES DE PROCÉDURE. V. Exploit.

ACTES DE PROTESTATION. LETTRE DE CHANGE (*Perte*). *C. Com.* 159. En cas de refus de payement, sur la demande formée en vertu des deux articles précédents (V. *Lettre de change, payement*), le propriétaire de la lettre de change perdue conserve tous ses droits par un acte de protestation. Ce acte doit être fait le lendemain de l'échéance de la lettre de change perdue. Il doit être notifié aux tireurs et endosseurs, dans les formes et délais prescrits ci-après, pour la notification du protêt. La protestation doit être faite dans le délai ci-dessus, même si l'ordonnance du juge n'a pu être demandée faute de temps suffisant écoulé depuis la perte de la lettre de change.

ACTES SOUS SEING PRIVÉ. *C. Civ.* 292. Les écrits sous seing privé font la même preuve entre les parties (jusqu'à inscription de faux) tant que l'écriture ou la signature n'en est pas déniée.

293. Ils ne font cette preuve, à l'égard des tiers, que s'ils ont date certaine.

MANDAT JUDICIAIRE. *C. Proc.* 48. Le mandat (judiciaire) pourra être donné sous seing privé. V. MANDAT AD LITEM.

SOCIÉTÉS COMMERCIALES. *C. Com.* 52. Les sociétés en nom collectif et en commandite doivent être constatées par écrit. Les actes pourront être faits en forme authentique ou sous seing privé, en se conformant dans ces derniers cas aux règles édictées par le Code civil.

VENTE. *C. Civ.* 302. La vente peut être faite par acte sous seing privé. V. PREUVE DES OBLIGATIONS, TITRE, VÉRIFICATION D'ÉCRITURE.

ACTIF DE FAILLITE. ACTIF MOBILIER (*Répartition*). *C. Com.* 381. Le montant de l'actif mobilier, distraction faite des frais et dépenses de l'administration de la faillite... sera réparti entre tous les créanciers de la faillite, proportionnellement au montant de leurs créances vérifiées et affirmées.

ACTIF NON ENCORE RÉPARTI. *C. Com.* 322. L'opposition des nouveaux créanciers ne pourra suspendre l'exécution des répartitions ordonnées par le juge-commissaire; mais s'il est procédé à des répartitions nouvelles avant qu'il ait été statué sur leur opposition ils seront compris pour la somme qui sera provisoirement déterminée par le tribunal de commerce et qui sera tenue en réserve jusqu'au jugement de leur opposition. S'ils se font ultérieurement reconnaître créanciers, ils ne pourront rien réclamer sur les répartitions ordonnancées par le juge-commissaire; mais ils auront le droit de prélever sur l'actif non encore réparti les dividendes afférents à leurs créances dans les premières répartitions.

ACTIF SOCIAL EN CAS D'UNION. *C. Com.* 531. Lorsqu'une société de commerce sera en faillite, les créanciers pourront ne consentir de concordat qu'en faveur d'un ou de plusieurs des associés. En ce cas, tout l'actif social demeurera sous le régime de l'union. Les biens personnels de ceux avec lesquels le concordat aura été consenti seront exclus, et le traité particulier passé avec eux ne pourra contenir l'engagement de payer un dividende que sur des valeurs étrangères à l'actif social. L'associé qui aura obtenu un concordat particulier sera déchargé de toute solidarité.

352. Les syndics représentent la masse des créanciers et sont chargés de procéder à la liquidation. Néanmoins les créanciers pourront leur donner mandat pour continuer l'exploitation de l'actif. La délibération qui leur conférera ce mandat en déterminera la durée et l'étendue et fixera les sommes qu'ils pourront garder entre leurs mains à l'effet de pourvoir aux frais et dépenses. V. UNION.

353. Lorsque les opérations des syndics entraîneront des engagements qui excéderaient l'actif de l'union, les créanciers qui auront autorisé ces opérations seront seuls tenus personnellement au delà de leur part dans l'actif mais seulement dans les limites du mandat qu'ils auront donné ; ils contribueront au prorata de leurs créances.

INSUFFISANCE D'ACTIF. *C. Com.* 347. Si, avant l'homologation du concordat ou la formation de l'union, le cours des opérations de la faillite se trouve arrêté par insuffisance de l'actif, le tribunal de commerce pourra, sur le rapport du juge-commissaire, prononcer, même d'office, la clôture des opérations de la faillite ; ce jugement fera rentrer chaque créancier dans l'exercice de ses actions individuelles contre le failli.

RÉHABILITATION. *C. Com.* 427. La réhabilitation pourra être prononcée en instance ordinaire dans les cas suivants... 2° Lorsque la réalisation de l'actif par les soins des syndics aura suffi pour payer intégralement les créanciers.

SECOURS AU FAILLI. *C. Com.* 273. Le failli pourra obtenir pour lui et sa famille, sur l'actif de la faillite, des secours alimentaires qui seront fixés par le juge-commissaire, après avoir entendu les syndics et sauf recours au tribunal de la part de tout intéressé.

UNION. *C. Com.* 350. Les créanciers seront consultés sur la question de savoir si un secours pourra être accordé au failli sur l'actif de la faillite.

Lorsque la majorité des créanciers présents y aura consenti, une somme pourra être accordée au failli à titre de secours sur l'actif de la faillite, les syndics en proposeront la quotité qui sera fixée par le juge-commissaire, sauf recours au tribunal de commerce de la part des syndics seulement.

ACTION AU PORTEUR. *C. Com.* 44. L'action peut être établie sous la forme d'un titre au porteur ; dans ce cas, la cession s'opère par la tradition du titre.

51. Dans les sociétés anonymes, le firman d'autorisation déterminera le chiffre du versement après lequel l'action pourra être au porteur, et le souscripteur et le cessionnaire nominatifs libérés.

PERTE OU VOL. *C. Civ.* 115. La prescription est de trois années contre le propriétaire de la chose volée ou perdue.

116. Toutefois, celui qui a acheté de bonne foi la chose volée

ou perdue d'un marchand qui en faisait commerce, ou dans un marché public, a le droit de réclamer au propriétaire revendiquant le prix qu'il a payé.

SAISIE. *C. Proc.* 546. La saisie des actions et titres au porteur ou transmissibles par voie d'endossement, se fera dans les formes des saisies d'objets mobiliers. V. ACTIONS INDUSTRIELLES.

ACTION EN DIMINUTION DE PRIX. V. DIMINUTION DE PRIX.

ACTION EN GARANTIE. V. GARANTIE.

ACTION EN LÉSION. V. LÉSION.

ACTION EN NULLITÉ. V. NULLITÉ.

ACTION EN PARTAGE. V. PARTAGE DE BIENS.

ACTION EN RÉSILIATION. V. RÉSILIATION DE BAIL.

ACTION EN RÉSOLUTION. V. RÉSOLUTION.

ACTION EN SUPPLÉMENT DE PRIX. V. SUPPLÉMENT DE PRIX.

ACTION IMMOBILIÈRE. ASSIGNATION. *C. Proc.* 35. Les défendeurs seront assignés... 2° En matière réelle immobilière et en matière possessoire devant le tribunal de la situation du bien litigieux.

COMPÉTENCE. *C. Civ.* 5..... En dehors du statut personnel, les nouvaux tribunaux (mixtes) connaîtront aussi de toutes les actions réelles immobilières entre toutes personnes, même appartenant à la même nationalité.

FAILLITE. *C. Com.* 225. A partir de ce jugement (déclaratif de faillite) toute action mobilière ou immobilière et toute voie d'exécution tant sur les meubles que sur les immeubles ne pourront être suivies ou intentées que contre les syndics.

ACTIONS INDUSTRIELLES (*Titres*).

DISPOSITIONS GÉNÉRALES.

SOCIÉTÉ ANONYME. *C. Com.* 43. Le capital de la société anonyme se divise en actions et même en coupons d'actions d'une valeur égale.

44. L'action peut être établie sous la forme d'un titre au porteur ; dans ce cas, la cession s'opère par la tradition du titre.

45. La propriété des actions peut être établie par une inscription sur les registres de la société. La cession s'opère par une déclaration de transfert signée sur les registres de la société par celui qui fait le transfert et celui qui le reçoit, ou leurs fondés de pouvoirs,

et dont mention sera faite par l'administration de la société en marge ou au dos du titre, s'il n'en est pas délivré un nouveau.

Société en commandite. C. Com. 48. Le capital des sociétés en commandite pourra être aussi divisée en actions, sans aucune autre dérogation aux règles établies pour ce genre de société.

49. Aucune société ne pourra diviser son capital en actions ou coupures d'actions moindres de 100 fr. si ce capital n'excède pas 200.000 fr. ni moindres de 500 fr. s'il est supérieur à 200.000 fr.

50. Dans les sociétés en commandite, les actions seront nominatives jusqu'au versement de la moitié de leur montant. Les souscripteurs et leurs cessionnaires nominatifs seront responsables jusqu'à concurrence de cette moitié.

51. Dans les sociétés anonymes, le firman d'autorisation déterminera le chiffre du versement après lequel l'action pourra être au porteur et le souscripteur et le cessionnaire nominatifs libérés.

56. Cet extrait (des actes de société) contiendra : ..... Le montant des valeurs fournies ou à fournir par actions ou en commandite.

DISPOSITIONS ADDITIONNELLES

GAGE. *C. Com.* 82. A l'égard des actions, des parts d'intérêts et des obligations nominatives des sociétés financières, industrielles, commerciales ou civiles, dont la transmission s'opère par un transfert sur les registres de la société, le gage peut également être établi par un transfert, à titre de garantie, inscrit sur lesdits registres.

En ce qui concerne les créances mobilières dont la propriété ne peut être transmise vis-à-vis des tiers que moyennant les formalités prescrites par l'art. 436 du Code civil (V. CESSION DE CRÉANCE), la constitution du gage est réglée conformément aux dispositions de cet article.

SAISIE. *C. Proc.* 546. La saisie des actions et titres au porteur ou transmissibles par voie d'endossement, se fera dans les formes des saisies d'objets mobiliers.

547. La saisie des rentes, des actions nominatives, des parts d'intérêts dans une entreprise, des droits de commanditaire ou part d'associé, ne pourront avoir lieu qu'en vertu d'un titre exécutoire. Elles auront lieu dans les formes de la saisie-arrêt.

550. La saisie des rentes, actions etc., vaudra saisie-arrêt des produits et intérêts.

551. Il pourra être demandé en référé que la vente des actions de toute nature et titres négociables ait lieu par l'intermédiaire d'un courtier ou banquier désigné par le juge du référé, qui déterminera la publicité qui devra être faite. V. RENTES (SAISIE DES).

ACTION MOBILIÈRE. ASSIGNATION. *C. Proc.* 35. Les défendeurs seront assignés 1° en matière personnelle ou mobilière, devant le tribunal de leur domicile ou de leur résidence s'ils n'ont pas de domicile en Egypte.

S'il y a plusieurs défendeurs ils seront tous cités devant le tribunal du domicile de l'un deux.

FAILLITE. *C.Com.* **225.** A partir de ce jugement (déclaratif de faillite) toute action mobilière et toute voie d'exécution tant sur les meubles que sur les immeubles, ne pourront être suivies ou intentées que contre les syndics. V. TRIBUNAL DE JUSTICE SOMMAIRE.

ACTION PERSONNELLE. ASSIGNATION. *C. Proc.* 35. Les défendeurs seront assignés 1° en matière personnelle ou mobilière devant le tribunal de leur domicile ou de leur résidence s'ils n'ont pas de domicile en Egypte.

S'il y a plusieurs défendeurs ils seront tous cités devant le tribunal du domicile de l'un deux.

CRÉANCIER. *C.Civ.* 202. Les créanciers peuvent en vertu du droit général qu'ils ont sur les biens de leur débiteur, exercer au nom de ce débiteur les actions qui résultent pour lui des contrats ou de toute autre source d'obligation, sauf les actions purement personnelles. V. TRIBUNAL DE JUSTICE SOMMAIRE.

FAILLITE. *C. Com.* 227. Les actions qui concernent exclusivement la personne du failli pourront toujours être intentées par lui ou contre lui.

HYPOTHÈQUE. *C. Civ.* 697. A l'échéance de la dette, le créancier hypothécaire peut, outre l'action personnelle qu'il a contre le débiteur principal, et après commandement à ce dernier, procéder, dans les délais et formes indiqués au code de procédure, à la saisie et à la vente de l'immeuble hypothéqué. V. EXPROPRIATION FORCÉE.

ACTIONS POSSESSOIRES. ASSIGNATION. *C. Proc.* 35. Les défendeurs seront assignés, savoir : 2° en matière possessoire devant le tribunal de la situation des biens litigieux.

COMPÉTENCE. *C.Civ.* 8. Les tribunaux mixtes seront compétents pour statuer sur la demande intentée sur la question de la possession légale quelque soit le demandeur ou le défendeur.

C. Proc. 28. Un juge délégué par le tribunal statuera en tribunal de justice sommaire sur les affaires suivantes en matière civile : 6° à charge d'appel, dans tous les cas et quelque soit l'intérêt de la demande, sur les actions possessoires intentées par celui qui a possédé plus d'une année et fondées sur des faits commis dans l'année.

30. La partie qui demande à être mise en possession légale ne peut intenter une demande en déclaration de propriété à son profit, sans renoncer par cela même à son action au possessoire.

31. La partie défenderesse ou possessoire ne peut intenter une demande en déclaration de propriété à son profit, avant la solution du procès au possessoire, à moins qu'elle ne renonce à la possession et ne réintègre effectivement le défendeur au pétitoire.

ACTION PUBLIQUE. TRANSACTION. *C. Civ.* 654. On ne peut transiger sur une question d'État ou d'ordre public, mais on peut transiger sur les intérêts pécuniaires qui sont la conséquence née d'une question d'Etat ou d'un délit.

ACTION RÉCURSOIRE.

DISPOSITIONS GÉNÉRALES.

C. Civ. 223. Lorsque l'exécution consiste dans un payement il peut toujours être fait par un tiers, même malgré le débiteur ou le créancier.

224. Le payement fait par un tiers lui donne droit de recourir contre le débiteur à raison du profit obtenu par ce dernier, jusqu'à concurrence des déboursés.

225. Il a pour sûreté de cette nouvelle créance les mêmes garanties qui existaient au profit de l'obligation éteinte dans les cas suivants seulement :

1° Quand le créancier, au moment du payement, a consenti à lui transmettre ces garanties par acte authentique.

2° Quand le tiers était tenu à la dette avec le débiteur ou pour lui.

3° Quand ce tiers a payé un créancier ayant privilège ou hypothèque avant lui ou que, acquéreur d'un immeuble, il emploie son prix à payer les créanciers hypothécaires sur cet immeuble.

4° Quand la loi accorde spécialement la subrogation.

226. Le débiteur malgré lequel le payement a eu lieu, a le droit de repousser en tout ou partie le recours de celui qui a payé pour lui, s'il démontre qu'il avait un intérêt quelconque à s'opposer au payement.

DISPOSITIONS DIVERSES.

CAUTIONNEMENT. *C. Civ.* 613. Le répondant a le droit de poursuivre le débiteur à l'échéance de la dette ; même quand un délai a été accordé à ce dernier par le créancier, si celui-ci n'a pas déchargé la caution.

614. Il peut agir également contre le débiteur tombé en faillite avant l'échéance de la dette garantie.

617. Le répondant qui a payé à l'échéance, a son recours pour tout ce qu'il a payé contre le débiteur principal, et est subrogé aux droits du créancier ; mais il ne peut les exercer qu'après lui.

618. S'il y a plusieurs cautions solidaires, celle qui a payé le tout à l'échéance peut demander à chacun des autres répondants de lui payer sa part de la dette et de lui tenir compte de la part des répondants solidaires insolvables.

619. Le répondant doit avertir le débiteur avant de payer, ou s'il est poursuivi, sous peine de perdre son action contre le débi-

teur, si ce dernier a payé lui-même la dette ou a des moyens pour faire déclarer la créance nulle ou éteinte.

CERTIFICAT ERRONÉ. *C. Civ.* 770. Le créancier qui aura été forclos ou déchu de ses droits, l'acquéreur à titre onéreux qui aura contracté sur un certificat erroné, auront leur recours contre le greffier qui aura délivré ce certificat.

EXPERTISE *(Taxe)*. *C. Proc.* 271. La partie qui aura sur son opposition fait réduire la taxe, pourra opposer le jugement à la partie qui aura payé les honoraires de l'expert sur la taxe du juge, sauf recours de cette dernière contre l'expert.

EXPROPRIATION. *C. Civ.* 718. Le tiers détenteur qui a été exproprié, ou qui a délaissé, a une action en garantie contre le précédent propriétaire, si l'acquisition a eu lieu à titre onéreux ; il a en tous cas, un recours en restitution des sommes déboursées par lui, à quelque titre que ce soit, contre le débiteur principal.

719. Il a recours également contre le débiteur pour les sommes payées à quelque titre que ce soit, au-delà de la somme mise à sa charge par son contrat d'acquisition, s'il a conservé l'immeuble, ou en est devenu adjudicataire.

INDU-PAYEMENT. *C. Civ.* 209. La restitution n'est pas due si un tiers a payé par erreur au créancier de bonne foi la dette d'un autre, et que le titre ait été détruit, sauf recours contre le véritable débiteur.

PRIVILÈGE. *C. Civ.* 728. Les co-partageants auront sur les immeubles qui ont fait l'objet du partage et pour leur recours respectif à raison de ce partage, un privilège qui se conservera par l'inscription au bureau des hypothèques, sans qu'il soit besoin d'une convention spéciale, et qui s'exercera au rang que lui donnera son inscription.

SOLIDARITÉ. *C. Civ.* 171. Le codébiteur solidaire qui a payé ou compensé, a un recours contre chacun des autres pour leur part. La part des insolvables se répartit sur chacun des débiteurs solvables.

172. Lorsque l'exécution d'une obligation ne peut se diviser, soit par la nature des choses, soit relativement au but qu'on se propose, chacun des obligés est tenu pour le tout, sauf son recours contre ses co-obligés.

ACTION RHÉDIBITOIRE. *C. Civ.* 402. L'action en garantie résultant de l'existence des vices cachés doit être intentée dans la huitaine de la découverte du vice à peine de déchéance. V. VICES CACHÉS.

ACTION RÉVOCATOIRE. FAILLI CONCORDATAIRE. *C. Com.* 345. Les actes faits par le failli, postérieurement au jugement d'homologation et antérieurement à l'annulation ou à la résolution du concordat, ne seront annulés qu'en cas de fraude aux droits des créanciers.

ACTION, DÉFENSE VEXATOIRE. *C.Proc.* 120.
En toutes affaires, le tribunal pourra accorder des dommages-intérêts pour les dépenses occasionées par une action ou une défense vexatoire.

ADJUDICATAIRE. INCAPACITÉ. *C. Civ.* 324. Les magistrats, greffiers, huissiers et avocats ne pourront acheter, ni par eux-mêmes ni par personne interposée, en tout ou en partie, des droits litigieux qui sont de la compétence des tribunaux dans le ressort desquels ils exercent leurs fonctions, et ce à peine de nullité de la vente.

La vente en ce cas est radicalement nulle, et la nullité devra être prononcée à la demande de toute personne ayant intérêt, et même d'office.

325. Les mandataires légaux comme tuteurs ou curateurs, ni les mandataires conventionnels ne peuvent acheter le bien qu'ils sont chargés de vendre en cette qualité.

La vente pourra, dans ce cas, être ratifiée par celui pour le compte duquel la vente a eu lieu, s'il a capacité d'aliéner au moment de la ratification.

SAISIE DE RENTES. (FOLLE ENCHÈRE.) *C. Proc.* 570. Faute par l'adjudicataire d'avoir payé, dans les six jours du jugement d'adjudication, les sommes immédiatement exigibles, ou d'avoir payé, après sommation, le prix ou partie du prix à l'échéance, la vente sur folle enchère sera poursuivie trois jours après un commandement, par celui qui aura droit de recevoir le prix ou la partie du prix, après insertion et simple apposition d'affiches, dont le procès-verbal sera signifié à l'adjudicataire cinq jours au moins et dix jours au plus avant la vente sur folle enchère.

SAISIE IMMOBILIÈRE. *C. Proc.* 656. L'adjudicataire devra s'il ne l'a fait avant l'audience, déposer, séance tenante, outre les frais, le dixième de son prix en titres ou valeurs reconnus suffisantes ou en espèces, ou présenter une caution pour le dixième, du prix et pour les frais, laquelle devra être reconnue solvable par le tribunal en chambre du conseil sinon il sera procédé à la revente, aux risques et périls de l'enchérisseur.

657. L'adjudicataire reconnu solvable peut être sa propre caution.

658. Dans les trois jours qui suivront l'adjudication, l'adjudicataire peut se déclarer au greffe mandataire d'une personne déterminée, du consentement de cette personne et de la caution, auquel cas il sera dégagé, les garanties données valant pour le mandat.

659. L'adjudicataire devra faire élection de domicile dans la ville où siège le tribunal, s'il n'y demeure pas, sinon, cette élection sera de droit au greffe dudit tribunal.

570. L'expédition exécutoire ne sera remise à l'adjudicataire que sur la justification qu'il a satisfait aux clauses du cahier des charges qui doivent être exécutées avant cette remise.

671. A la diligence de l'adjudicataire ou de tout intéressé, men-

tion du jugement sera faite en marge de la transcription de la saisie au bureau des hypothèques.

674. L'adjudication ne transmet à l'adjudicataire d'autres droits à la propriété que ceux appartenant au saisi. V. Saisie immobilière.

Saisie mobilière. *C. Proc.* 529. Si l'adjudicataire ne paie pas comptant, l'objet sera immédiatement vendu à ses risques et périls, dans les mêmes formes et à tout prix.

568. Le jugement d'adjudication ne sera délivré à l'adjudicataire qu'après qu'il aura satisfait aux conditions qui, d'après le cahier des charges, devront être remplies avant cette délivrance.

ADJUDICATION, JUGEMENT D'ADJUDICATION.

1° Sur Expropriation forcée

Vente de rentes. *C. Proc.* 566. L'adjudication sera prononcée par le juge.

567. Le jugement d'adjudication qui contiendra le cahier des charges et le procès-verbal d'enchères vaudra transport et ne sera signifié qu'à la partie saisie.

568. Il ne sera délivré à l'adjudicataire qu'après qu'il aura satisfait aux conditions qui, d'après le cahier des charges, devront être remplies avant cette délivrance.

569. Il ne sera prononcé d'adjudication qu'au profit de personnes notoirement solvables, ou qui seront munies d'un engagement de caution solvable, consenti spécialement pour l'adjudication, à moins que le prix ne soit payé comptant à l'audience.

570. Faute par l'adjudicataire d'avoir payé, dans les six jours du jugement d'adjudication, les sommes immédiatement exigibles, ou d'avoir payé, après sommation, le prix ou partie du prix à l'échéance, la vente sur folle enchère sera poursuivie trois jours après un commandement, par celui qui aura droit de recevoir le prix ou la partie du prix, après insertion et simple apposition d'affiches, dont le procès-verbal sera signifié à l'adjudicataire cinq jours au moins et dix jours au plus avant la vente sur folle enchère.

Saisie immobilière. *C Proc.* 652. Au jour indiqué pour l'adjudication il y sera procédé par le tribunal, sur la mise à prix déterminée à la suite du cahier des charges, à la requête du saisissant et au besoin de tout créancier inscrit, et à la criée de l'huissier.

Si audit jour, il ne se présente pas d'enchérisseur, il sera procédé conformément aux dispositions des articles 707, 708 et 709. L'adjudication pourra être remise sur la demande du poursuivant, du saisi ou de toute personne intéressée, mais seulement pour cause grave et suffisamment justifiée.

Le jugement qui prononcera la remise fixera de nouveau le jour de l'adjudication, qui ne pourra être éloigné de moins de trente jours ni de plus de soixante.

Ce jugement ne sera susceptible d'aucun recours.

C. Proc. 707. Si, au jour indiqué pour l'adjudication, il ne se présente pas d'enchérisseur, le juge commissaire en matière de faillite et le tribunal dans les autres cas, fixeront la baisse de mise à prix et renverront la vente à trente jours au moins et soixante jours au plus.

708. Les affiches et insertions pour la vente sur baisse de mise à prix seront faites au moins vingt jours avant l'adjudication.

709. Les règles ci-dessus fixées pour la surenchère et la folle enchère seront applicables à ces sortes de vente (Vente de biens de mineurs et faillis.) V. FOLLE ENCHÈRE, SURENCHÈRE.

V. SAISIE IMMOBILIÈRE, ENCHÈRES, ADJUDICATAIRE.

JUGEMENT D'ADJUDICATION. *C. Proc.* 669. Le jugement d'adjudication qui formera titre pour le saisi et ses ayants-droits pour le payement du prix et titre de propriété pour l'adjudicataire, comprendra la copie du cahier des charges, l'énonciation des formalités faites pour procéder à la vente et la copie du procès-verbal d'audience.

670. L'expédition exécutoire ne sera remise à l'adjudicataire que sur la justification qu'il a satisfait aux clauses du cahier des charges qui doivent être exécutées avant cette remise.

671. A la diligence de l'adjudicataire ou de tout intéressé, mention du jugement sera faite en marge de la transcription de la saisie au bureau des hypothèques.

672. Le jugement lui-même sera transcrit à sa date, conformément à ce qui est énoncé au Code civil.

673. Le jugement d'adjudication ne sera signifié qu'à la personne ou au domicile de la partie saisie.

674. L'adjudication ne transmet à l'adjudicataire d'autres droits à la propriété que ceux appartenant au saisi.

675. Le jugement d'adjudication dûment transcrit purge toutes les hypothèques et les créanciers n'ont plus d'action que sur le prix.

C. Civ. 771. Le greffier transcrira d'office un extrait des jugements d'adjudication aux enchères publiques, à peine de 500 piastres d'amende.

772. Les frais de la transcription seront supportés par l'adjudicataire.

739. (Devront être transcrits) les jugements d'adjudication. V. DROITS RÉELS.

INTERDICTION D'OPPOSITION. *C. Proc.* 668. Le jugement d'adjudication ne sera pas susceptible d'opposition.

APPEL. *C. Proc.* 668. Il ne pourra être frappé d'appel que dans les cinq jours de son prononcé et pour défaut de forme.

2° Sur surenchère.

C. Proc. 666. L'adjudication se fera d'après les règles ci-dessus indiquées pour la première vente. V. SURENCHÈRE.

3° Sur folle enchère.

C. Proc. 701. Les règles prescrites par la vente sur saisie et la surenchère seront applicables à la vente sur folle enchère. V. FOLLE ENCHÈRE.

4° Sur vente volontaire.

C. Proc. 710. Tout propriétaire d'immeuble peut le faire vendre en justice et suivant les mêmes formalités, à partir du dépôt du cahier des charges ; toutefois, le cahier des charges devra être dressé par un avocat et la mise à prix pourra être fixée par la partie. La notification du cahier des charges pourra être faite aux créanciers inscrits.

DROIT DE PRÉEMPTION. *C. Proc.* 719. Dans toutes les ventes ci-dessus, (volontaire, judiciaire ou non judiciaire) la préemption du copropriétaire ou du voisin ne pourra s'exercer que par une déclaration faite à l'audience même d'adjudication et à la condition d'effectuer immédiatement le dépôt des frais et du prix total, en principal et accessoires.

ADJUDICATION MARITIME. *C. marit.* 16. La vente, qui ne pourra avoir lieu qu'en vertu d'un titre exécutoire, se fait devant un juge commis par le président du tribunal de commerce et aux enchères publiques, précédées de criées, publications et affiches, comme il suit. V. PUBLICITÉ JUDICIAIRE (*Droit maritime*).

20. Après la troisième criée, l'adjudication est faite au plus offrant et dernier enchérisseur à l'extinction des bougies, allumées au commencement de l'adjudication, d'après l'usage. Toutefois, le juge commis d'office peut, dans l'espoir d'une enchère favorable, accorder une ou deux remises de huitaine chacune, lesquelles sont publiées et affichées. Mais si la remise ainsi accordée n'amène pas une enchère plus forte, le navire est adjugé sur la dernière enchère.

21. Si la saisie porte sur des barques, chaloupes et autres bâtiments du port de dix tonneaux et au-dessous, dans ce cas, sans qu'il y ait lieu d'observer toutes les formalités ci-dessus désignées, l'adjudication sera faite à l'audience du juge après la publication sur le quai pendant trois jours consécutifs, avec affiche au mât, ou, à défaut, en autre lieu apparent du bâtiment, et au tableau des publications du tribunal. Il sera observé un délai de huit jours francs entre la signification de la saisie et la vente.

23. Dans les vingt-quatre heures de l'adjudication, les adjudi-

cataires des navires de tout tonnage sont tenus de payer ou de verser à la caisse du tribunal le tiers du prix de leur adjudication et de fournir pour les deux autres tiers une caution solvable, ayant son domicile en Egypte, qui signe l'engagement avec lui ; l'un et l'autre seront solidairement obligés à payer lesdits deux tiers dans le délai de onze jours à partir du jour de l'adjudication.

Le navire ne sera consigné aux adjudicataires que lorsqu'ils auront payé le tiers du prix de leur adjudication et fourni la caution, mais l'extrait du procès-verbal de l'adjudication ne leur sera délivré qu'après le paiement intégral des deux autres tiers dans le délai prescrit.

A défaut de payement soit du premier tiers, soit des deux autres et à défaut de fournir caution comme il a été dit, le navire sera remis en vente et adjugé trois jours après une nouvelle publication et affiche unique, à la folle enchère des adjudicataires et des garants, qui seront obligés solidairement pour le déficit, s'il y en a, les dommages, les intérêts et les frais, dans le cas où le tiers déjà versé serait insuffisant. L'excédant, s'il y en a, serait rendu au fol enchérisseur.

ADMINISTRATEUR. FAILLITE (RÉHABILITATION). *C. Com.* 425. Ne seront point admis à la réhabilitation les administrateurs ou autres comptables qui n'auront pas rendu et soldé leurs comptes en retard.

ADMINISTRATEUR LÉGAL. *C. Civ.* 447. Le bail fait par un tuteur ou un administrateur légal ne peut être consenti que pour trois années, à moins d'autorisation par le tribunal compétent pour juger les questions de tutelle. V. CURATEUR.

ADMINISTRATION V. AUTORITÉ ADMINISTRATIVE.

ADMINISTRATION DES BIENS D'AUTRUI

1° DISPOSITIONS GÉNÉRALES.

C. Civ. 631. Le mandat conçu en termes généraux ne donne que le pouvoir de faire des actes d'administration. V. MANDAT.

2° ADMINISTRATION DES BIENS SOCIAUX.

SOCIÉTÉ CIVILE. *C. Civ.* 537. Les associés non administrateurs ont droit de se faire rendre compte de l'administration des affaires sociales. V. SOCIÉTÉS CIVILES.

SOCIÉTÉS COMMERCIALES *Société en commandite*. *C. Com.* 34. L'associé commanditaire ne peut faire aucun acte de gestion même en vertu de procuration. V. SOCIÉTÉS COMMERCIALES.

Société anonyme. *C. Com.* 40. La société anonyme est administrée par des mandataires à temps, associés ou non associés, salariés ou gratuits et révocables, même s'ils sont nommés par les statuts et malgré toute stipulation contraire.

41. Les administrateurs ne sont responsables que de l'exécution du mandat qu'ils ont reçu : ils ne contractent, à raison de leur gestion, aucune obligation personnelle ni solidaire, relativement aux engagements de la société.

3° ADMINISTRATION DES BIENS PENDANT LA FAILLITE.

FAILLITE. *C. Com.* 224. Le jugement déclaratif de la faillite emporte de plein droit, à partir de sa date, dessaisissement pour le failli de l'administration de tous ses biens, même de ceux qui pourront lui échoir tant qu'il est en état de faillite, et opère de plein droit la séparation entre la masse de la succession recueillie par le débiteur et la masse de la faillite.

225. A partir de ce jugement, toute action mobilière ou immobilière et toute voie d'exécution, tant sur les meubles que les immeubles, ne pourront être suivies ou intentées que contre les syndics. Toutefois la vente sur saisie immobilière dont le jour aura été fixé et publié par affiche, sera faite sur l'autorisation du juge-commissaire, pour le compte de la masse, sauf l'exercice des privilèges et hypothèques.

226. Le tribunal de commerce, lorsqu'il le jugera convenable, pourra recevoir le failli partie intervenante dans l'instance intentée contre la faillite.

381. Le montant de l'actif mobilier, distraction faite des frais et dépenses de l'administration de la faillite, qui comprendront les salaires des syndics, des secours qui auraient été accordés au failli ou à sa famille et des sommes payées aux créanciers privilégiés, sera réparti entre tous les créanciers proportionnellement au montant de leurs créances vérifiées et affirmées.

4° ADMINISTRATION DES BIENS EN CAS DE BANQUEROUTE.

V. BANQUEROUTE FRAUDULEUSE.

ADMINISTRATIONS PUBLIQUES. ASSIGNATION. *C. Proc.* 10. Les copies seront remises pour les significations : 2° aux Administrations entre les mains des Directeurs des Divans de ces administrations.

COMMUNICATION. *C. Proc.* 68. Seront communiquées au ministère public, les causes suivantes : 3° celles qui concernent les administrations du gouvernement, les établissements publics.

COMPÉTENCE. *C. Civ.* 6. Les administrations..... seront justiciables de ces tribunaux (mixtes) dans les procès avec les sujets étrangers.

SAISIE-ARRET. *C. Proc.* 477. Les receveurs, administrateurs ou dépositaires de deniers publics viseront les originaux des saisies-arrêts qui devront leur être signifiées à personne, et, en cas de refus, seront visées par le membre du parquet attaché au tribunal.

ADMISSION A LA FAILLITE. V. VÉRIFICATION DE CRÉANCES.

AFFAIRES MARITIMES. ASSIGNATION. *C. Proc.*
39. L'assignation pourra même, en vertu d'une ordonnance, être donnée d'heure en heure, en matière commerciale, de justice sommaire ou de référé, s'il y a urgence extrême, pourvu, dans ce dernier cas, que dans les affaires autres que les affaires maritimes l'assignation soit donnée à personne.

AFFAIRES SOMMAIRES. *R. O. J. Titre I, art.* 14.
Les tribunaux délégueront un des juges qui, agissant en qualité de juge de paix, sera chargé de concilier les parties et de juger les affaires dont l'importance sera fixée par le code de procédure.

ASSIGNATION. *C. Proc.* 37. Le délai de l'assignation sera de vingt-quatre heures pour les affaires de justice sommaire.

39. L'assignation pourra même, en vertu d'une ordonnance, être donnée d'heure en heure, en matière commerciale, de justice sommaire ou de référé, s'il y a urgence extrême, pourvu, dans ce dernier cas, que dans les affaires autres que les affaires maritimes l'assignation soit donnée à personne.

(*Appel*). *C. Proc.* 407. En matière de justice sommaire le délai de l'assignation devant la cour sera de trois jours. V. TRIBUNAL DE JUSTICE SOMMAIRE.

AFFAIRES CIVILES. ASSIGNATION. *C. Proc.* 37.
Le délai de l'assignation sera de huit jours pour les affaires civiles.

38. Les délais pourront être réduits en cas d'urgence par ordonnance du juge de service. Cette ordonnance sera signifiée en même temps que l'assignation. Le délai pourra être en matière civile de trois jours francs.

55. Les affaires civiles urgentes seront plaidées à l'audience à laquelle elles auront été appelées ou à la plus prochaine audience s'il y a lieu, suivant leur ordre d'inscription au rôle.

57. Les causes civiles non urgentes seront renvoyées à un rôle spécial, où elles prendront leur rôle d'inscription ;..... ce qui sera décidé par le tribunal ou le juge délégué par lui, le ministère public entendu et les parties convoquées par simple avis. V. AUDIENCE.

ENQUÊTES. *C. Proc.* 209. Dans les affaires urgentes en matière civile, l'enquête devra avoir lieu, soit devant le tribunal, soit par une procédure sommaire devant un juge. V. TRIBUNAL CIVIL.

EXCEPTIONS DILATOIRES. *C. Proc.* 156. En matière civile, celui qui, sur une demande soit principale, soit incidente, soit reconventionnelle, prétendra avoir le droit d'appeler un garant en cause, pourra obtenir un délai qui sera calculé sur celui qui est nécessaire pour l'assignation du garant. V. GARANTIE.

159. En matière civile, quand la huitaine sera expirée sans qu'il y ait appel en garantie, le tribunal appréciera s'il y a lieu de suspendre le jugement principal, dans l'intérêt de la vérité, jusqu'au jour où le garant pourra être mis en cause.

EXÉCUTION PROVISOIRE. *C. Proc.* 449. En matière civile le tribunal ordonnera l'exécution provisoire nonobstant appel sans caution, si la partie condamnée, a, dans ses conclusions, reconnu l'obligation, si le jugement est rendu en exécution d'un précédent jugement passé en force de chose jugée ou exécutoire lui-même sans caution ou en vertu d'un titre authentique, le tout pourvu que la partie condamnée ait été partie au précédent jugement ou au titre authentique.

450. L'exécution provisoire nonobstant appel sera ordonnée avec ou sans caution en matière civile, suivant que le tribunal le jugera à propos lorsqu'il s'agira :

1° D'expulsion d'un locataire, quand il n'y aura pas de bail, ou que le bail sera expiré, ou que les lieux ne seront pas garnis de meubles suffisants pour répondre des loyers, ou d'expulsion de tout autre occupant sans titre, quand la propriété ou le droit du réclamant résultera d'un titre authentique ou ne sera pas méconnu.

2° De réparations urgentes ;

3° De mesures conservatoires ou provisoires ;

4° De provisions ou pensions alimentaires, de paiement de salaires.

Dans tous les cas ci-dessus, l'exécution provisoire nonobstant opposition pourra être ordonnée par le tribunal.

AFFAIRES COMMERCIALES. ASSIGNATION. *C. Proc.* 37. Le délai de l'assignation sera de trois jours pour les affaires commerciales.

(*Appel*) *C. Proc.* 407. En matière commerciale le délai de l'assignation devant la Cour sera de trois jours.

(*Urgence*) *C. Proc.* 38 Les délais pourront être réduits en cas d'urgence par ordonnance du juge de service. Cette ordonnance sera signifiée en même temps que l'assignation. Le délai pourra être de vingt-quatre heures en matière commerciale.

39. L'assignation pourra même, en vertu d'une ordonnance, être donnée d'heure en heure, en matière commerciale, de justice sommaire et référé, s'il y a urgence extrême, pourvu, dans ce dernier cas, que dans les affaires autres que les affaires maritimes l'assignation soit donnée à personne.

AUDIENCE. *C. Proc.* 55. Les affaires commerciales seront plaidées à l'audience à laquelle elles auront été appelées, ou à la plus prochaine audience s'il y a lieu suivant leur ordre d'inscription.

57. Les affaires commerciales qui exigent un grand développement seront renvoyées à un rôle spécial où elles prendront leur rôle d'inscription ; ce qui sera décidé par le tribunal, ou le juge

delégué par lui, le ministère public entendu et les parties convoquées par simple avis. V. AUDIENCE.

ENQUÊTE. *C. Proc.* 209. Dans les affaires commerciales l'enquête devra avoir lieu soit devant le tribunal soit par une procédure sommaire devant un juge.

EXCEPTIONS DILATOIRES. *C. Proc.* 159. En matière commerciale le tribunal appréciera s'il y a lieu de suspendre le jugement principal, dans l'intérêt de la vérité, jusqu'au jour où le garant pourra être mis en cause.

161. En toutes matières, si les délais des assignations en garantie et de la demande principale sont échus avant le jugement prononcé sur aucune d'elles, les affaires seront jointes, et il sera statué sur le tout par un seul et même jugement, sauf au tribunal à disjoindre, s'il le juge nécessaire.

EXÉCUTION PROVISOIRE. *C. Proc.* 448. Dans les matières commerciales, l'exécution provisoire nonobstant opposition ou appel sera de droit à charge de donner caution, même sans qu'elle soit prononcée.

449. En matière commerciale le tribunal dispensera de la caution... si la partie condamnée a, dans ses conclusions, reconnu l'obligation, si le jugement est rendu en exécution d'un précédent jugement passé en force de chose jugée ou exécutoire luimême sans caution, ou en vertu d'un titre authentique, le tout pourvu que la partie condamnée ait été partie au précédent jugement ou au titre authentique.

PREUVE. *C. Civ.* 299. En matière commerciale, les achats, ventes, et tous autres contrats pourront être constatés même à l'égard des tiers, par tous les moyens de preuve, y compris les témoignages et les présomptions.

AFFAIRES NOUVELLES. *C. Proc.* 41. Il y aura, devant le tribunal, au moins une audience par semaine à laquelle les affaires nouvelles seront appelées.

42. Les affaires nouvelles seront appelées à toutes audiences des autres tribunaux, même celles qui seront tenues en dehors des audiences ordinaires.

43. La veille au plus tard du jour où l'affaire doit être appelée, le demandeur ou le défendeur, s'il y a intérêt, fera inscrire l'affaire au greffe sur un rôle dressé à cet effet, et remettra au greffier l'original de l'assignation ou copie que le greffier collationnera en visant l'original.

Les affaires indiquées d'heure à heure seront inscrites au rôle à l'audience même. V. AUDIENCE.

AFFAIRES URGENTES. V. URGENCE.

AFFECTATION. FAILLITE (*Lettres de change*), *C. Com.* 391. Pourront être revendiquées en cas de faillite, les remises en effets de commerce ou autres titres non encore payés et qui se trouveront en nature dans le portefeuille du failli à l'époque de sa faillite, lorsque ces remises auront été faites par le propriétaire avec le simple mandat d'en faire le recouvrement, et d'en garder la valeur à sa disposition, ou lorsqu'elles auront été de sa part spécialement affectées à des payements déterminés.

RENTE. *C. Civ.* 588. Le créancier de la rente pourra seulement, en cas d'inexécution, de destruction ou de défaut des garanties, ou de faillite du débiteur de la rente, faire vendre les biens de ce dernier et faire affecter sur ce prix une somme suffisante au payement des arrérages.

AFFECTATION PAR NANTISSEMENT. V. ANTICHRÈSE, NANTISSEMENT.

— PAR PRIVILÈGE. V. PRIVILÈGE.

— SUR LE NAVIRE. V. EMPRUNT A LA GROSSE.

— DE NAVIRES *C. Marit.* 4. Les navires et autres bâtiments de mer, tout meubles qu'ils soient ont droit de suite comme les immeubles entre les mains de tiers; c'est-à-dire que, s'ils viennent à être vendus à des tiers par leurs propriétaires débiteurs du chef de ces navires, leurs créanciers peuvent faire saisir lesdits navires entre les mains des tiers acheteurs et les faire vendre pour le recouvrement de leurs créances. En conséquence, ces sortes de navires sont affectés aux dettes du vendeur et spécialement à celles que la loi déclare privilégiées.

SAISIE-ARRÊT. *C.Proc.* 485. Le tiers-saisi peut, en déposant le montant des causes de l'opposition avec affectation spéciale à la créance du saisissant, si elle vient à être reconnue, payer valablement le surplus, auquel cas les nouvelles saisies-arrêts, s'il en survient, ne produiront pas effet sur la somme déposée.

AFFECTATION (DROIT D') *C. Civ.* 678. Il y a cinq classes de créanciers : 3° Les créanciers qui ont obtenu un droit d'affectation sur les immeubles de leur débiteur.

1° *C. Civ. Titre IV. Chap I, § I.* DU DROIT D'AFFECTATION SUR LES IMMEUBLES. (art. 721-726).

721. Tout créancier muni d'un jugement rendu soit contradictoirement, soit par défaut en dernier ou en premier ressort, peut, en observant les formalités indiquées au Code de Procédure, obtenir un droit d'affectation sur les biens immeubles de son débiteur pour garantir sa créance en capital, intérêts et frais.

722. Lorsque l'affectation aura été autorisée, elle sera sans retard, et, en tout cas, le même jour, inscrite par le greffier sur le registre à ce destiné.

723. L'inscription se fait en copiant sur le registre la requête et l'ordonnance du président, ou le jugement du tribunal qui accorde l'affectation.

Chaque inscription sera précédée de l'indication de sa date et portera en marge son numéro d'ordre.

724. Le greffier qui, le jour même de l'ordonnance ou du jugement qui autorise l'affectation, n'aura pas procédé à l'inscription, sera passible des dommages-intérêts causés par son retard.

725. L'affectation, à partir du jour où elle aura été inscrite, confère au créancier qui l'a obtenue les mêmes droits que lui donnerait une hypothèque et toutes les dispositions concernant les hypothèques y sont applicables, sauf la restriction énoncée à l'article qui suit.

726. Les affectations inscrites le même jour sur les mêmes immeubles auront le même rang. Le numéro d'ordre et la désignation de l'heure, si elle existe sur le registre, ne donneront jamais lieu à priorité entre elles.

Les hypothèques inscrites le même jour primeront les affectations, sauf, toutefois, le cas où elles auraient été constituées par le débiteur en fraude des droits des créanciers.

2° *C. Proc. Chap. XIII. Sect. II, § II.* DU DROIT D'AFFECTATION SUR LES IMMEUBLES. (art. 769-772.)

769. Le créancier qui, aux termes de l'art. 721 du Code civil, voudra obtenir un droit d'affectation sur les immeubles de son débiteur, présentera une requête au président du tribunal de première instance dans le ressort duquel sont situés les immeubles qu'il entend frapper.

Cette requête, à laquelle une copie du jugement devra être annexée, contiendra :

1° Les nom, prénoms, profession et demeure du créancier, avec élection de domicile dans la ville où siège le tribunal.

2° Les nom, prénoms, profession et demeure du débiteur ;

3° La date du jugement et l'indication du tribunal qui l'a rendu :

4° Le montant de la créance ;

5° La désignation exacte et précise des immeubles par leur nature et leur situation.

770. — Le président mettra son ordonnance au bas de la requête.

Il devra surtout, en autorisant l'affectation, prendre en considération le montant de la créance et la valeur approximative des immeubles désignés et restreindra cette affectation, s'il y a lieu, à une partie de ces immeubles ou à un seul ou même à une fraction, s'il estime que cette fraction est suffisante pour assurer le paiement du capital, des intérêts et des frais auxquels le créancier a droit.

771. — Si la créance portée par le jugement n'est pas encore liquidée, le Président pourra la liquider provisoirement et fixera le chiffre pour lequel l'affectation doit être accordée.

772. — Pour le cas où le Président rejetterait la demande, l'ordonnance pourra être déférée par le requérant au tribunal de première instance, en y appelant le débiteur par citation à vingt-quatre heures.

L'ordonnance du Président ou le jugement qui autorisera l'affectation sera trancrit dans les formes prescrites par l'art. 722 et suivants du Code Civil.

AFFICHE. V. Publicité judiciaire.

AFFIRMATION. Vérification de créances. *C. Com.* 306. Chaque créancier, séance tenante ou dans la huitaine au plus tard après que sa créance aura été vérifiée, sera tenu d'affirmer entre les mains du juge-commissaire, que ladite créance est sincère et véritable ; sinon il ne prendra pas part aux répartitions jusqu'à ce qu'il ait fait son affirmation. L'affirmation pourra se faire sans séance publique et par mandataire.

318. Les créanciers qui produiront jusqu'au concordat seront vérifiés et affirmés à la séance du concordat.

V. Déclaration affirmative.

Droit maritime.

Assurance. *C. Marit.* 219. En cas de naufrage ou d'échouement avec bris, l'assuré doit sans préjudice du délaissement à faire en temps et lieu, travailler au recouvrement des effets naufragés.

Sur son affirmation assermentée, les frais de recouvrement lui sont alloués jusqu'à concurrence de la valeur des effets recouvrés.

Capitaine (*Rapport*). *C. Marit.* 248. Au premier port où le navire abordera, le capitaine est tenu dans les vingt-quatre heures de son arrivée, d'affirmer sous serment la vérité des faits énoncés dans la délibération transcrite sur ledit journal au sujet des avaries causées par la tempête ou chasse de l'ennemi.

AFFRÈTEMENT. *C. Marit.* Titre VI. Des chartes-parties, affrètements ou nolissements. (*Art.* 90-98).

90. Toute convention pour louage d'un navire, appelée charte-partie, affrètement ou nolissement, doit être rédigée par écrit. Elle énonce : le nom, le tonnage et la nationalité du navire, le nom du capitaine, les noms du fréteur ou de l'affréteur ; le lieu et le temps convenus pour la charge et la décharge ; le prix du fret et nolis ; si l'affrètement est total ou partiel ; l'indemnité convenue pour les cas de retard du chargement et du déchargement.

91. Si les jours des staries, c'est-à-dire ceux que doit durer la charge ou la décharge du navire, ne sont point fixés par les conventions des parties, ils sont réglés suivant l'usage des lieux, s'il y en a d'établis, et, à défaut, ils durent l'espace de quinze jours ouvrables consécutifs après que le capitaine aura déclaré être prêt à charger ou à décharger.

92. Si une partie de la cargaison doit être chargée ou déchargée dans un lieu et l'autre partie dans un autre lieu, le temps de la charge ou de la décharge est suspendu pendant la traversée

du navire d'un lieu à un autre, sans que cet intervalle puisse être compté.

93. Si le navire est frété au mois et s'il n'y a convention contraire, le fret court du jour où le navire a fait voile.

94. Si, avant le départ du navire, il y a interdiction de commerce avec le pays pour lequel il est destiné, les conventions sont résolues sans dommages-intérêts de part ni d'autre. Le chargeur est tenu des frais de la charge et de la décharge de ses marchandises.

95. S'il existe une force majeure qui n'empêche que pour un temps la sortie du navire, les conventions subsistent, et il n'y a pas lieu à dommages-intérêts à raison du retard.

Elles subsistent également et il n'y a lieu à aucune augmentation de fret, si la force majeure arrive pendant le voyage.

96. Le chargeur peut pendant l'arrêt du navire faire décharger ses marchandises à ses frais, à condition de les recharger ou d'indemniser le capitaine.

97. Dans le cas de blocus du port pour lequel le navire est destiné, le capitaine est tenu, s'il n'a pas des ordres contraires, de se rendre dans un des ports voisins où il lui sera permis d'aborder et d'y attendre les ordres du chargeur ou du consignataire en le prévenant du fait.

98. Le navire, les agrès et apparaux, le fret et les marchandises chargées sont respectivement affectés à l'exécution des conventions des parties.

DISPOSITIONS ADDITIONNELLES.

ACTE DE COMMERCE. *C. Com.* 3. La loi répute acte de commerce maritime tout affrètement ou nolissement.

CAPITAINE. *C. Marit.* 47. Le capitaine, dans le lieu de la demeure des propriétaires ou de leurs fondées de pouvoirs, ne peut, sans leur autorisation spéciale, faire travailler au radoub du navire, acheter des voiles, cordages et autres choses pour le navire, prendre à cet effet de l'argent sur le corps du navire, ni fréter le navire.

FRET. *C. Marit.* 118. S'il arrive interdiction de commerce avec le pays pour lequel le navire est en route et qu'il soit obligé de revenir avec son chargement, il n'est dû au capitaine que le fret de l'aller, quoique le navire ait été affrété pour l'aller et le retour.

119. Si le navire est arrêté pour un temps seulement, dans le cours de son voyage, par l'ordre d'une puissance, il n'est dû aucun fret pour le temps de sa détention si le navire est affrété au mois, ni augmentation de fret s'il est loué au voyage.

INEXÉCUTION D'AFFRÈTEMENT. *C. Marit.* 112. Le chargeur qui retire ses marchandises pendant le voyage est tenu de payer le fret entier et tous les frais de déplacement occasionnés par le déchargement.

Si les marchandises sont retirées pour cause des faits ou des fautes du capitaine, celui-ci non seulement n'aura droit à aucun fret, mais encore il est responsable de tous les frais, et même des dommages-intérêts, s'il y a lieu, pour l'inexécution de l'affrètement.

PRIVILÈGE. *C. Marit.* 5. Sont privilégiées (sur le navire) et dans l'ordre où elles sont rangées les dettes ci-après désignées : 11° Les dommages-intérêts dus aux affréteurs, pour le défaut de délivrance des marchandises qu'ils ont chargées, ou pour remboursement des avaries souffertes par lesdites marchandises par la faute du capitaine ou de l'équipage.

6. Les dommages-intérêts dus aux affréteurs seront constatés par les jugements du tribunal de commerce ou par les décisions arbitrales qui seront intervenues, si les parties ont consenti à être jugées par des arbitres.

AFFRÉTEUR. *C. Marit.* 90. La charte-partie énonce les noms du fréteur et de l'affréteur ; si l'affrètement est total ou partiel.

105. Si le navire est loué en totalité, et que l'affréteur ne lui donne pas toute sa charge, le capitaine ne peut prendre d'autres marchandises sans le consentement de l'affréteur. L'affréteur profite du fret des marchandises qui complètent le chargement du navire qu'il a entièrement affrété.

106. Si l'affréteur n'a rien chargé dans le délai fixé par la charte-partie ou par la loi, le fréteur a le choix soit de demander l'indemnité fixée par la charte-partie pour le retard, et, à défaut de conventions, une indemnité à régler par experts, soit de résilier le contrat d'affrètement, et d'exiger de l'affréteur la moitié du fret ou nolis et des autres avantages convenus.

Dans le même cas l'affréteur qui n'a rien chargé dans ledit délai aura la faculté, avant le commencement des jours de planches supplémentaires de renoncer au contrat, à la charge de payer au fréteur ou au capitaine la moitié du fret et des autres avantages convenus par la charte-partie.

107. Si l'affréteur n'a chargé, dans le délai fixé qu'une partie des marchandises convenues par la charte-partie, le fréteur a encore le choix, soit de demander les indemnités portées dans le dernier paragraphe de l'article précédent, soit d'entreprendre le voyage avec la partie des marchandises déjà chargées. Dans ce dernier cas, le fret entier sera dû au fréteur.

108. Si l'affréteur charge plus de marchandises qu'il n'a été convenu, il paie le fret de l'excédent sur le prix réglé par la charte-partie.

109. Le fréteur ou le capitaine qui a déclaré le navire d'un plus grand port qu'il n'est, est tenu à la diminution proportionnelle sur le prix du fret, et à des dommages-intérêts envers l'affréteur.

113. Si le navire est arrêté au départ, pendant le voyage ou au lieu de sa décharge, par le fait ou la négligence de l'affréteur, ou

de l'un des chargeurs, l'affréteur ou le chargeur est tenu envers le fréteur, le capitaine ou les autres chargeurs, des frais et dommages-intérêts provenant du retardement.

Si, ayant été frété pour l'aller et le retour, le navire fait son retour sans chargement ou avec un chargement incomplet, le fret entier est dû au capitaine, ainsi que l'intérêt du retardement si le navire a été retardé.

114. Le fréteur ou le capitaine est également tenu des dommages-intérêts envers l'affréteur, si par sa faute ou sa négligence, le navire a été arrêté ou retardé au départ, pendant sa route ou au lieu de sa décharge.

Les dommages-intérêts mentionnés soit ici, soit dans l'article précédent, sont réglés par des experts.

115. Si le capitaine est contraint de faire radouber le navire pendant le voyage, l'affréteur ou le chargeur est tenu d'attendre que le navire soit réparé, ou de retirer ses marchandises en payant le fret en entier et en participant à l'avarie grosse s'il y en a.

Si le navire est frété au mois, il ne doit pas de fret pendant le radoub, ni une augmentation de fret, si le navire est frété pour le voyage.

116. Le capitaine perd son fret et répond des dommages-intérêts de l'affréteur, si celui-ci prouve que, lorsque le navire a fait voile, il était hors d'état de naviguer.

La preuve est admissible nonobstant et contre les certificats de visite au départ.

DISPOSITIONS DIVERSES.

ASSURANCES. *C. Marit.* 194. Les déchets, diminutions et pertes qui arrivent par le fait et faute des propriétaires, affréteurs ou chargeurs, ne sont point à la charge des assureurs.

AVARIES. *C. Marit.* 274. Sont non recevables : toutes actions contre l'affréteur pour avaries si le capitaine a livré les marchandises et reçu son fret sans avoir protesté. V. PROTESTATION.

CAPITAINE. *C. Marit.* 53. Tout capitaine de navire engagé pour un voyage est tenu de l'achever, à peine de tous dépens et dommages-intérêts envers les propriétaires et les affréteurs.

EMPRUNT A LA GROSSE. *C. Marit.* 49. Si pendant le cours du voyage il y a nécessité de radoub, ou d'achat de voiles, cordages, apparaux..... le capitaine pourra mettre en gage ou vendre aux enchères des marchandises jusqu'à concurrence de la somme que les besoins constatés exigent.

L'affréteur unique, ou les chargeurs divers qui seront tous d'accord, pourront s'opposer à la vente ou à la mise en gage de leurs marchandises, en les déchargeant et en payant le fret en proportion de ce que le voyage est avancé. A défaut du consentement d'une partie des chargeurs, celui qui voudra user de la faculté de déchargement sera tenu du fret entier sur ses marchandises.

PRIVILÈGE. *C. Marit.* 5. Sont privilégiées (sur le navire) et dans l'ordre où elles sont rangées, les dettes ci-après désignées : 11° Les dommages-intérêts dus aux affréteurs, pour le défaut de délivrance des marchandises qu'ils ont chargées, ou pour remboursement des avaries soufferts par lesdites marchandises par la faute du capitaine ou de l'équipage.

Les créanciers compris dans chacun des numéros du présent article viendront en concurrence et proportionnellement à ce qui leur est dû en cas d'insuffisance du prix.

6. Le privilège accordé aux dettes énoncées dans le précédent article ne peut être exercé qu'autant qu'elles seront justifiées dans les formes suivantes : 9° Les dommages-intérêts dûs aux affréteurs seront constatés par les jugements du tribunal de commerce ou par les décisions arbitrales qui seront intervenues, si les parties ont consenti à être jugées par des arbitres.

AFRIQUE. V. DÉLAISSEMENT MARITIME (art. 213. 215.)

AGENCES D'AFFAIRES. AGENTS D'AFFAIRES. *C. Com.* 2. La loi répute acte de commerce : Toute entreprise d'agences, bureaux d'affaires.

AGENTS DE LA FORCE PUBLIQUE. SAISIE MOBILIÈRE (TÉMOINS). *C. Proc.* 505. Les témoins pourront être des agents de la force publique.

AGENTS JUDICIAIRES. *R. O. J. Titre III. art.* 39. Il sera établi près des nouveaux tribunaux un nombre suffisant d'agents choisis par les tribunaux eux-mêmes, pour pouvoir assister, au besoin, les magistrats et les officiers de justice dans leurs fonctions sauf aux tribunaux et officiers de justice à requérir tout autre agent de la force publique en cas de flagrant délit ou de péril en la demeure.

R. G. J. art. 5. Des agents, en nombre suffisant seront attachés à chaque autorité judiciaire pour assister, au besoin, les magistrats, les fonctionaires de l'ordre judiciaire et les officiers de justice dans leurs fonctions.

12. Les agents seront choisis par la Cour d'appel et par les tribunaux respectivement, et ils pourront être révoqués à tout moment par l'autorité judiciaire qui les aura nommés.

15..... Les agents devront faire connaître les causes de récusation énoncées en l'article 352 du code de procédure civile et commerciale (V. RÉCUSATION) qui se présenteraient, pour eux, au chef de l'autorité judiciaire, auquel il appartient de décider s'ils doivent s'abstenir de la fonction dont ils étaient chargés.

16..... En ce qui concerne les agents, les excuses seront jugées par les chefs et l'autorité judiciaire à laquelle ils appartiennent.

AGRÉMENT (DÉPENSES D'). V. DÉPENSES UTILES ET VOLUPTUAIRES.

AGRÈS ET APPARAUX. ACTE DE COMMERCE. *C.*

Com. 3. La loi répute acte de commerce maritime tout achat ou vente d'agrès, apparaux et ravitaillements.

Assurance. *C. Marit.* 176. L'assurance peut avoir pour objet : 2° Les agrès et les apparaux.

Emprunt a la grosse. *C. Marit.* 160. Les agrès et les apparaux sont affectés par privilège au capital et intérêts de l'argent donné à la grosse sur le navire.

155. Les emprunts à la grosse peuvent être affectés sur les agrès et apparaux.

Privilège. *C. Marit.* 98. Les agrès et apparaux sont affectés à l'exécution des conventions des parties.

Saisie. *C. Marit.* 13. L'huissier assisté de deux témoins se transportera à bord, et dressera le procès-verbal de saisie..... il fait aussi l'énonciation et la description des chaloupes, canots, agrès, ustensiles, armes, munitions et provisions, il établit un gardien.

AJOURNEMENT. V. Assignation.

Saisie et vente de rentes. *C. Proc.* 558. Le tribunal statuera d'urgence au jour indiqué et sans qu'il soit besoin d'ajournement autre que celui qui résulte du cahier des charges, sur les dires, contestations, moyens de nullité, etc.

ALÉATOIRE. Contrats aléatoires. V. Assurance. Emprunt a la grosse. Rente viagère.

ALIÉNATION. V. Vente.

ALIMENTS. *C. Civ.* 217. Les descendants et alliés au même degré, tant que l'alliance dure, doivent des aliments à leurs ascendants ou alliés au même degré.

218. Il en est de même des ascendants à l'égard de leurs descendants ou alliés au même degré, et des époux entre eux.

219. Les aliments sont calculés eu égard aux besoins du créancier et aux ressources du débiteur.

220. Ils sont toujours payables par mois et d'avance.

Compensation. *C. Civ.* 259. Il n'y a pas lieu à compensation quand l'une des dettes est insaisissable, ou a pour cause un dépôt d'argent ou de choses qui ne peuvent se remplacer.

Exécution provisoire. *C. Proc.* 450. L'exécution provisoire nonobstant appel sera ordonnée avec ou sans caution en matière civile, suivant que le tribunal le jugera à propos, lorsqu'il s'agira 4° de provisions ou pensions alimentaires. Dans ce cas l'exécution provisoire nonobstant opposition pourra être ordonnée par le tribunal.

Faillite. *C. Com.* 273. Le failli pourra obtenir pour lui et sa famille, sur l'actif de la faillite, des secours alimentaires qui seront fixés par le juge commissaire, après avoir entendu les syndics et sauf recours au tribunal de la part de tout intéressé.

INSAISISSABILITÉ. *C. Proc.* 498. Sont insaisissables, en outre des autres cas qui pourront être spécifiés par loi, les pensions ou provisions pour aliments ou pour frais à faire accordés par justice, ou les sommes données ou léguées à titre alimentaire ou sous condition d'insaisissabilité.

499. Les sommes alimentaires sont saisissables pour dettes d'aliments.

500. Les sommes données ou léguées sous condition d'insaisissabilité sont saisissables par les créanciers postérieurs aux donations et aux legs.

PRESCRIPTION. *C. Civ.* 275. Les redevances, arrérages, pensions, loyers et intérêts, et, en général, tout ce qui est payable par années ou par termes moins longs, se prescrivent par cinq années calculées d'après les calendriers arabes.

SAISIE-MOBILIÈRE. *C. Proc.* 518. Ne pourront être saisis, si ce n'est pour loyers, fermages, ou pour dettes d'aliments :

1° Les livres indispensables à la profession du saisi, et les outils des artisans, nécessaires à leur travail personnel ;

2° Les équipements militaires appartenant au saisi ;

3° Les grains ou farines nécessaires à la nourriture du saisi et de sa famille pendant un mois ;

4° Une vache, ou trois chèvres, ou trois brebis au choix du saisi, s'il s'agit d'animaux en sa possession et dont il use au moment de la saisie.

ALLIANCE, ALLIÉS. V. PARENTÉ.

ALLUVION. *C. Civ.* 84. Les alluvions apportées lentement par les fleuves appartiennent au propriétaire riverain.

85. Les attributions des terrains déplacés par le fleuve et des îles formées dans son lit, sont réglées conformément au décret de 1274 *.

86. Les alluvions des lacs restent aux propriétaires des lacs.

87. Les alluvions de la mer appartiennent à l'Etat. V. ACCESSION.

ALTÉRATION. V. ECRITURES.

ALTERNATIVE. V. OBLIGATIONS ALTERNATIVES. VENTE ALTERNATIVE.

AMARRAGE. *C. Marit.* 5. Sont privilégiées et dans l'ordre où elles sont rangées, les dettes ci-après désignées : 2° Les droits de tonnage, amarrage. Les créanciers compris dans chacuns des numéros du présent article viendront en concurrence et proportionnellement à ce qui leur est dû en cas d'insuffisance du prix.

6. Le privilège accordé aux dettes énoncées dans le précédent

---

* V. la loi sur la propriété territoriale.

article, ne peut être exercé qu'autant qu'elles seront justifiées dans les formes suivantes : 2° Les droits de tonnage et autres par les quittances légales des receveurs.

AMBIGUITÉ. CONVENTIONS. *C. Civ.* 199. Les conventions, quel que soit le sens littéral des termes employés, doivent être interprétées d'après le but que paraissent s'être proposé les parties et la nature du contrat et aussi d'après l'usage.

200. Il en est de même de la portée des conditions auxquelles est soumis le maintien ou la confirmation des obligations.

201. Le doute s'interprète au profit de celui qui s'oblige.

AMÉLIORATIONS. HYPOTHÈQUE. *C. Civ.* 688. L'hypothèque s'étend, sauf convention contraire, à tout l'immeuble et à tous les immeubles affectés indivisément, à leurs accessoires et aux améliorations et constructions qui profitent au propriétaire.

RÉTENTION (DROIT DE). *C. Civ.* 731. Le droit de rétention existe : 2° au profit de celui qui a amélioré la chose, pour le montant de ses dépenses ou de la plus-value, suivant le cas.

AMÉNAGEMENT DU NAVIRE. *C. Marit.* 36. Le capitaine est responsable des effets et marchandises dont il se charge. V. CAPITAINE.

AMENDE. ENQUÊTES. *C. Proc.* 223. Le témoin qui, cité régulièrement, ne comparaîtra pas, sera condamné à 100. P. T. d'amende et réassigné à ses frais, s'il y a lieu.

224. — L'amende sera prononcée par le tribunal ou par le juge enquêteur, dont l'ordonnance sera insérée au procès-verbal.

225. L'amende sera double si le témoin ne comparaît pas sur la réassignation.

227. Le témoin qui, comparaissant, refusera de répondre, sera condamné dans les mêmes formes, à 100 P. T. d'amende, sans préjudice de tous dommages-intérêts envers les parties.

GREFFE DES HYPOTHÈQUES. *C. Civ.* 771. Le greffier transcrira d'office un extrait des jugements d'adjudication aux enchères publiques à peine de 500 piastres d'amende.

773. Le greffier des hypothèques mentionnera d'office, en marge des inscriptions et des transcriptions, les jugements qui annuleront ou déclareront la résolution de l'acte transcrit, et transcrira ceux qui statueront sur un acte de mutation non-transcrit et ayant date certaine avant la date où la présente loi sera appliquée, et ce, à peine de 500 piastres d'amende.

INSCRIPTION EN FAUX. *C. Proc.* 332. Celui qui, s'étant inscrit en faux, a encouru la déchéance ou a succombé dans son incident sera, à la requête du ministère public, condamné à 2,000 P. T. d'amende.

Il n'encourra aucune condamnation si le faux est reconnu en partie.

PRISE A PARTIE. *C. Proc.* 753. Il ne pourra être employé, ni dans la requête ni dans les explications à l'audience, aucune expression injurieuse contre le juge, à peine d'amende qui pourra être portée à 2,000 P. T.

758. Le demandeur dont la requête sera rejetée, ou qui sera débouté comme mal fondé, sera condamné à 8,000 P. T. d'amende, sans préjudice des dommages-intérêts.

RÉCUSATION. *C. Proc.* 364. Le jugement qui rejettera la récusation condamnera, sur les conclusions du ministère public, la partie récusante à une amende de 400 P. T., qui pourra être portée à 2,000, si la récusation était motivée sur les moyens indiqués par le § 8 de l'article 352. V. RÉCUSATION.

REQUÊTE CIVILE. *C. Proc.* 431. Si la requête est rejetée le tribunal condamnera le requérant à 400 P. T. d'amende et aux dommages-intérêts, s'il y a lieu.

SIGNIFICATION D'ACTES. *C. Proc.* 7. L'acte contiendra le montant de son coût à la fin de l'original et de la copie, à peine de 100 piastres égyptiennes d'amende contre l'huissier. Cette amende sera prononcée, sur le vu de l'acte, par le juge de service, après avoir entendu l'huissier, et sauf recours dans les trois jours devant le tribunal.

10. La personne publique qui aura refusé le visa sera condamnée à une amende de 100 piastres égyptiennes. Cette amende sera prononcée par le juge de service, sur le vu de l'acte, à la requête du ministère public, après citation à trois jours francs, outre les détails de distance.

TIERCE-OPPOSITION. *C. Proc.* 423. Si la tierce-opposition est déclarée non recevable ou mal fondée ; le tiers opposant sera condamné à une amende de 200 P. T., sans préjudice des dommages-intérêts, s'il y a lieu.

VÉRIFICATION D'ÉCRITURE. *C. Proc.* 313. Lorsqu'une pièce déniée aura été reconnue vraie en totalité, celui qui l'aura déniée sera, sur la réquisition du ministère public condamné à 400 P. T. d'amende.

AMENER. V. MANDATS DE JUSTICE.

AMÉRIQUE. V. DÉLAISSEMENT MARITIME. (Art. 213. 215.)

AMIABLES COMPOSITEURS. APPEL. *C. Proc.* 416? La Cour peut également évoquer l'affaire si elle a infirmé, pour vice de forme un jugement statuant sur le fond, pourvu qu'il ne s'agisse pas d'un jugement arbitral rendu par des amiables compositeurs ayant pouvoir de statuer sans appel.

ARBITRAGE. *C. Proc.* 793. L'objet de la contestation doit, à peine de nullité, être précisé dans le compromis ou dans le cours des débats, même s'il s'agit d'amiables compositeurs.

794. Les arbitres ne peuvent être constitués amiables composi-

teurs et juger en cette qualité, que s'ils sont en nombre impair et s'ils sont tous dénommés dans l'acte qui leur donne cette qualité ou dans un acte antérieur.

807. Les arbitres amiables compositeurs sont affranchis des formes de procédure et des règles de droit. V. ARBITRAGE.

AMODIATION. *C. Civ.* 478. Le bail n'est pas résolu par la mort du bailleur ni par celle du preneur, à moins que la location n'ait été faite à ce dernier à raison de son industrie et de sa capacité personnelle, ce qui est toujours présumé dans les cas qui seront ci-après prévus d'amodiation.

483. Les terres cultivables ou plantées d'arbres peuvent être amodiées, c'est-à-dire données à cultiver au preneur, à charge de donner au bailleur une part déterminée dans la récolte.

484. L'amodiation peut être stipulée pour plusieurs années, auquel cas la dernière année cesse, malgré toute stipulation contraire, après la récolte, qu'elle soit prématurée ou tardive.

485. L'amodiation faite sans terme indiqué est censée faite pour une révolution annuelle de récolte.

486. Dans le silence du bail, l'amodiation comprend les ustensiles et animaux qui se trouvent sur le terrain au moment de la convention, quand ils appartiennent au bailleur.

487. Le preneur doit entretenir à ses frais les abris et constructions, s'il en existe, et donner tous les soins à la culture ; il doit, sauf stipulation contraire, remplacer les ustensiles usés par vétusté, mais il n'est pas obligé de remplacer, autrement que par le croit, les animaux qui meurent sans sa faute.

488. L'amodiation, à moins de stipulations contraires, cesse par la mort du preneur ou par tout accident qui l'empêche de cultiver, sauf compte par le bailleur des dépenses faites pour les récoltes non moissonnées.

ANATOCISME. *C. Civ.* 186. L'intérêt ne pourra jamais être perçu ni demandé sur des intérêts de moins d'un an.

187. Toutefois, le taux de l'intérêt commercial en compte courant pourra varier suivant le taux de la place, et la capitalisation se fera dans ces comptes courants suivant les usages du commerce.

ANCRAGE. V. DROITS DE NAVIGATION.

ANCRES. AVARIES. *C. Marit.* 238. Sont avaries communes : 4° Les ancres abandonnées pour le salut commun.

PRESCRIPTION. *C. Marit.* 270. Les actions pour fournitures d'ancres sont prescrites trois ans après les fournitures faites et les ouvrages reçus.

ANIMAUX. AMODIATION. *C. Civ.* 486. Dans le silence du bail, l'amodiation comprend les ustensiles et animaux qui se trouvent sur le terrain au moment de la convention, quand ils appartiennent au bailleur.

487. Le preneur doit, sauf stipulation contraire, remplacer les ustensiles usés par vétusté, mais il n'est pas obligé de remplacer, autrement que par le croît, les animaux qui meurent sans sa faute.

COMPÉTENCE. *C. Proc.* 28. Un juge délégué par le tribunal statuera en tribunal de justice sommaire sur les affaires suivantes en matière civile : 5° En dernier ressort jusqu'à 800 P. T., et à charge d'appel au-delà de 800 P. T., quelque soit le montant de la demande sur les actions pour dommages aux champs, fruits et récoltes, soit par le fait de l'homme, soit par celui des animaux.

RESPONSABILITÉ. *C. Civ.* 215. Le propriétaire d'un animal est responsable du préjudice causé par l'animal qu'il a sous sa garde ou qu'il a laissé s'échapper.

SAISIE MOBILIÈRE. *C. Proc.* 518. Ne pourront être saisis, si ce n'est pour loyers, fermages, ou pour dettes d'aliments : 4° Une vache, ou trois chèvres, ou trois brebis au choix du saisi, s'il s'agit d'animaux en sa possession et dont il use au moment de la saisie.

519. Lorsque les animaux servant à l'exploitation des terres auront été saisis, le juge du référé pourra établir un gérant à l'exploitation. V. TROUPEAUX.

ANNÉE JUDICIAIRE. *R. G. J.* art. 56. L'année judiciaire commence le 1er novembre et finit le dernier jour d'octobre.

ANNONCES JUDICIAIRES. V. PUBLICITÉ JUDICIAIRE.

ANNULATION DE CONCORDAT. V. CONCORDAT.

ANNULATION DE LA PROCÉDURE. *C. Proc.* 25. Si la nullité (des formalités prescrites par les art. 3. 8. 9. 10. 11. 14, 15. du code de procédure) (V. EXPLOITS) est prononcée à raison du fait de l'huissier, il sera passible des frais de la procédure annulée et des dommages-intérêts, s'il y a lieu, sans préjudice des peines disciplinaires.

128. Si le demandeur ne comparait pas, le défendeur aura le choix ou de demander l'annulation de la procédure ou de faire statuer par défaut sur le fond.

346. La péremption prononcée n'éteint pas par elle-même l'action, elle annule seulement la procédure qui est déclarée périmée.

SAISIE IMMOBILIÈRE (*Cahier des charges*). *C. Proc.* 691. Si, lors du jugement des contestations élevées sur le cahier des charges, un acte de procédure est annulé, la poursuite pourra être reprise par le poursuivant à partir du dernier acte valable.

692. Il sera statué par le tribunal sans qu'il y ait lieu à opposi-

tion ni appel, sur les moyens de nullité élevés contre la procédure poursuivie depuis la fixation du jour de l'adjudication.

Si la nullité est prononcée, la procédure sera recommencée à partir de cette fixation. V. NULLITÉ.

ANTICHRÈSE. *C. Civ.* 670. L'objet du gage peut être immobilier.

674. Le gage immobilier n'est opposable aux tiers qu'à la condition d'être transcrit au greffe des hypothèques.

675. Il ne préjudicie pas aux droits réels régulièrement acquis et conservés sur l'immeuble avant cette transcription.

676. Le créancier au profit duquel l'immeuble est engagé doit pourvoir à l'entretien et aux dépenses nécessaires à la conservation de cet immeuble, ainsi qu'aux impôts publics, sauf à en retenir le montant sur les fruits ou à se le faire rembourser par privilège sur le prix de l'immeuble.

677. Il peut toujours se décharger de ces obligations en abandonnant son droit au gage. V. GAGE.

DISPOSITIONS DIVERSES.

TRANSCRIPTION. *C. Civ.* 737. Les droits résultant d'actes entre vifs translatifs de propriété ou de droits réels susceptibles d'hypothèque ou constitutifs de droit de servitude, d'usage, d'habitation ou d'antichrèse, ou portant renonciation à ces droits, seront établis vis-à-vis des tiers prétendant à un droit réel, par la transcription desdits actes ou jugements au greffe des hypothèques de la situation des immeubles.

USUFRUIT. *C. Civ.* 37. L'usufruit constitué par le ministère des Wakfs peut être donné à bail ou en antichrèse.

ANTICIPATION DE LOYER. *C. Civ.* 740. Les baux de plus de neuf années et les quittances anticipées de plus de trois ans de loyer devront être transcrits pour faire preuve vis-à-vis des tiers prétendant un droit réel.

742. A défaut de transcription ou d'inscription, quand elle est exigée, les droits ci-dessus seront considérés comme non avenus à l'égard de ceux qui ont des droits sur l'immeuble et qui les ont conservés en se conformant à la loi.

743. Toutefois, ces derniers auront seulement le droit de faire réduire à neuf années les baux d'une durée plus longue, et de faire rapporter ce qui a été payé au delà de trois ans de loyers d'avance.

SAISIE IMMOBILIÈRE. *C. Proc.* 613. Les baux n'ayant pas date certaine ou consentis depuis la transcription du commandement sans anticipation de loyer, seront reconnus s'ils peuvent être considérés comme actes de bonne administration.

ANTIDATE. EFFETS DE COMMERCE. *C. Com.* 143. Il est défendu d'antidater les ordres, à peine de faux.

APPARAUX. *C. Com.* 3. La loi répute acte de commerce maritime : tout achat ou vente d'apparaux.

V. AGRÈS.

APPEL.

DISPOSITIONS PRÉLIMINAIRES.

C. Proc. 444. L'appel des jugements qualifiés en premier ressort suspendra l'exécution, sauf quand l'exécution provisoire sera de droit aux termes de la loi ou qu'elle aura été ordonné par le jugement.

445.— La partie condamnée pourra, sans attendre le commandement, demander au tribunal d'appel des défenses d'exécuter quand le jugement aura été mal à propos qualifié en dernier ressort, ou que l'exécution provisoire aura été ordonnée hors des cas prévus par la loi.

446. — La contestation, en ce cas, sera portée devant le tribunal supérieur par une citation à trois jours francs, et il sera statué d'urgence.

447.— Le recours au tribunal supérieur sera également ouvert, si celui qui a obtenu le jugement soutient qu'il a été mal à propos qualifié en premier ressort, ou qu'à tort l'exécution provisoire n'a pas été ordonnée ou n'a été ordonnée qu'à charge de donner caution.

C. Proc. Titre 1ᵉʳ *chap.* XI. *Sect.* 2. DE L'APPEL. (*Art.* 390-416).

DISPOSITIONS GÉNÉRALES.

Recevabilité de l'appel. (*Taux.*) *Proc.* 390. Les parties en cause pourront appeler des jugements rendus par les tribunaux de première instance, quand la demande excédera 8.000 P. T. ou que le montant de cette demande sera indéterminé.

391. Les demandes relatives aux rentes perpétuelles sont évaluées sur le pied de 7 p. 0/0 ; celles qui sont relatives aux rentes viagères, sur le pied de 12 0/0 ; les demandes en résiliation de bail ou en validité de congé, en additionnant les loyers restant à courir, jusqu'à l'expiration du bail ; celles qui concernent les denrées, d'après les mercuriales.

392. Dans l'évaluation de la demande au point de vue de la recevabilité de l'appel, il ne sera pas tenu compte des chefs qui ne sont pas contestés ni du montant des offres faites.

393. S'il est introduit une demande reconventionelle ou en conpensation, le taux sera déterminé par celle des demandes qui sera la plus élevée.

394. L'évaluation sera faite sur les bases ci dessus, d'après, l'état des conclusions des parties au moment de la mise en délibéré.

395. Les jugements rendus sur la compétence pourront être attaqués par la voie d'appel, quel que soit le moment de la demande.

Demande et moyens nouveaux. — 412. Il ne pourra être introduit devant la Cour aucune demande nouvelle.

Toutefois, la demande pourra être augmentée du montant des loyers, intérêts, arrérages et autres accessoires échus depuis les conclusions prises en première instance et des dommages-intérêts aggravés depuis le jugement.

413. Il est facultatif aux parties de faire valoir des moyens nouveaux à l'appui de leur demande ou leur défense.

149. L'incompétence à raison de la matière du litige pourra être proposée en tout état de cause et prononcée même d'office.

Délais. 398. Le délai pour former appel sera de 60 jours, à partir de la signification du jugement à personne ou au domicile réel ou élu.

399. Ce délai sera augmenté des délais de distance.

Il ne courra contre les jugements par défaut qu'à partir du jour où l'opposition ne sera plus recevable.

400. Le délai sera réduit à 15 jours en matière de référés, de faillite et de distribution, par voie d'ordre et de contribution. Le tout sans préjudice des délais moindres déterminés par la loi dans les cas spéciaux.

401. La partie contre laquelle il a été interjeté appel du jugement a, jusqu'au désistement de l'appelant ou jusqu'à la clôture des plaidoieries devant la Cour, le droit d'appeler incidemment, sans préjudice de son droit d'appel principal dans le délai ci-dessus et sans qu'il puisse lui être opposé aucun acte d'acquiescement au jugement. V. APPEL INCIDENT.

402. Le décès de la partie condamnée suspend le délai d'appel, qui ne reprend qu'après la signification faite aux héritiers, au dernier domicile du défunt et après les délais qui pourraient être accordés par la loi personnelle de l'appelant, pour prendre la qualité d'héritier.

403. Si le jugement a été rendu sur une pièce fausse ou si la partie a été condamnée faute de représenter une pièce décisive retenue par son adversaire, le délai de l'appel ne courra que du jour où le faux aura été reconnu ou judiciairement constaté, ou du jour où la pièce aura été retrouvée, pourvu que, dans ce cas, il y ait preuve par écrit du jour où la pièce aura été retrouvée et non autrement.

Procédure. 406. L'appel sera interjeté par un acte signifié dans les formes ordinaires des actes d'huissier. Il contiendra, en outre des énonciations générales, et à peine de nullité, la date du jugement attaqué, les moyens d'appel, les conclusions de l'appelant, assignation devant la Cour dans le délai de huitaine, à l'audience où sont appelées les affaires nouvelles.

407. En matière commerciale, de justice sommaire ou de référé,

le délai de l'assignation devant la Cour sera de trois jours.

408. L'acte d'appel devra aussi contenir élection de domicile dans la ville où siège la Cour, si l'appelant n'y demeure pas, à défaut de quoi les actes seront valablement signifiés au greffe de la Cour.

409. L'acte d'appel sera signifié à personne ou à domicile réel ou élu.

410. L'appel sera suspensif de l'exécution dans les termes établis au chapitre de l'exécution.

411. Les règles exposées ci-dessus pour l'instruction devant les tribunaux de première instance sont applicables aux affaires portées devant la Cour d'appel.

Jugement par défaut. 396. L'appel ne sera pas recevable contre un jugement par défaut, tant qu'il pourra être attaqué par la voie de l'opposition.

399. Le délai de 60 jours ne courra contre les jugements par défaut qu'à partir du jour où l'opposition ne sera plus recevable.

Jugement préparatoire. 404. L'appel d'un jugement préparatoire n'est permis que conjointement avec celui du jugement principal.

Jugement interlocutoire. 405. L'appel d'un jugement interlocutoire qui préjuge le fond, ou du jugement qui accorde une provision, pourra être interjeté immédiatement, ou encore sans qu'il y ait déchéance encourue, même en cas d'exécution volontaire, en même temps que celui du jugement définitif.

414. Lorsque la Cour infirmera un jugement interlocutoire, et que la cause sera en état, elle pourra évoquer le fond et le juger.

Contrariété de jugement. 397. Il y aura toujours lieu à appel devant la Cour, quelque soit le taux de la demande contre un jugement qui aura à statuer contrairement à un autre jugement précédemment rendu. Le premier jugement sera déféré à la cour, si, lors de l'appel, il n'est pas passé en force de chose jugée.

Droit d'évocation. 414. Lorsque la Cour infirmera un jugement interlocutoire, et que la cause sera en état, elle pourra évoquer le fond et le juger.

415. Il en sera de même lorsque la Cour aura infirmé un jugement sur une question de compétence, de litispendance ou de connexité, si la cause est en état, sauf le cas où il s'agirait d'un litige dont la valeur ne dépasse pas le taux du dernier ressort.

416. La Cour peut également évoquer l'affaire si elle a infirmé, pour vice de forme, un jugement statuant sur le fond, pourvu qu'il ne s'agisse pas d'un jugement arbitral rendu par des amiables compositeurs ayant pouvoir de statuer sans appel.

DISPOSITIONS ADDITIONNELLES.

ARBITRAGE. *C. Proc.* 813. Les sentences arbitrales donneront lieu à l'appel, s'il n'en est autrement convenu, et d'après les règles adoptées pour les autres jugements.

DÉSISTEMENT. *C. Proc.* 351. Le désistement d'un appel n'entraîne pas la nullité d'un appel incident introduit après les délais de l'appel principal et avant la signification du désistement.

DISTRIBUTION DES PRIX DE VENTE D'IMMEUBLES HYPOTHÉQUÉS. *C. Proc.* 738. Le délai d'appel, (contre le réglement définitif) sera de dix jours, après signification de la sentence.

DISTRIBUTION PAR CONTRIBUTION. *C. Proc.* 589. Le délai d'appel sur (contredits) sera de quinze jours après signification de la sentence.

590. Lorsque la sentence sera devenue définitive, et après signification de l'arrêt de la Cour d'appel, le juge dressera le réglement définitif, comme il est dit ci-dessus.

599. (En cas de retard de la part du juge commis pour le réglement définitif) le tribunal fixera, sans appel ni opposition, le jour où le réglement devra être clos, après avoir entendu le juge-commissaire qui pourra être responsable des intérêts pendant tout le temps de son retard après le jour indiqué.

EXÉCUTION CONTRE UN TIERS. *C. Proc.* 469. Les jugements qui ordonneront une chose quelconque à faire par un tiers ou à sa charge, ne seront exécutoires par les tiers ou contre eux, même après les délais d'opposition ou appel, que sur la production de l'acte de signification du jugement ou du certificat de l'huissier établissant cette signification, et sur l'attestation du greffier établissant qu'il n'y a ni opposition ni appel.

470. A cet effet, il sera tenu au greffe un registre sur lequel les huissiers seront tenus de faire mention des actes d'opposition et d'appel qu'ils seront chargés de signifier.

EXPROPRIATION POUR CAUSE D'UTILITÉ PUBLIQUE. *C. Civ.* 142. Les décisions (du jury) ne seront pas sujettes à opposition ni appel.

FAILLITE. *C. Com.* 406. Le failli peut appeler du jugement qui déclare sa faillite, dans les délais ci-après fixés.

409. Les délais d'appel contre tout jugement intervenu sur des actions résultant de la faillite même, sera de quinze jours seulement à compter de la signification, outre les délais de distances entre le domicile de la partie appelante et le siège du tribunal.

410. Ne seront susceptibles ni d'opposition ni d'appel les jugements relatifs à la nomination ou au remplacement du juge-commissaire ou des syndics, ceux qui statuent sur la mise en liberté du failli ou sur les secours à accorder à lui ou à sa famille, ceux qui autorisent à vendre les effets ou marchandises apparte-

nant à la faillite, ceux qui prononcent sursis au concordat ou fixent provisoirement le montant des créances protestées, enfin ceux par lesquels le tribunal prononce sur les recours formés contre les ordonnances rendues par le juge-commissaire dans les limites de ses attributions.

(*Vérification des Créances*). C. Com. 324. Les jugements et ordonnances qui accorderont ou refuseront un sursis sur les contestations ou qui statueront sur la fixation provisoire des créances contestées ne seront susceptibles d'aucun recours.

INCIDENTS SUR SAISIE IMMOBILIÈRE. (*Jonction de deux procédures de saisie*). C. Proc. 677. Lorsque celui qui poursuit une vente d'immeubles n'a pas fait, pour un motif quelconque, un acte de procédure dans le délai prescrit par le paragraphe précédent, et qu'il n'a pas fait cet acte avant une demande en subrogation, tout créancier inscrit ou porteur d'un titre exécutoire peut demander en référé la subrogation aux poursuites, en mettant en cause le poursuivant seul.

678. L'ordonnance de référé, dans ce cas, n'est pas susceptible d'appel, si ce n'est pour nullité de forme.

(*Nullités de procédure*) C. Proc. 692. Il sera statué par le tribunal sans qu'il y ait lieu à opposition ni appel, sur les moyens de nullité élevés contre la procédure poursuivie depuis la fixation du jour de l'adjudication.

693. Les demandes en nullité contre une surenchère et jusqu'aux publications seront portées devant le tribunal et jugées sommairement.

694. Les délais d'appel en ce dernier cas, seront de dix jours.

(*Revendication*.) C. Proc. 685. Le délai d'appel contre le jugement statuant sur demande en revendication sera de dix jours, à partir de la signification du jugement.

JUSTICE SOMMAIRE. (*Appel des jugements du tribunal de*) V. AFFAIRES SOMMAIRES.

PÉREMPTION. C. Proc. 347. La péremption en cause d'appel donne au jugement frappé d'appel la force de la chose jugée.

RÉCUSATION DE JUGE. C. Proc. 365. L'appel qui sera recevable de la part de la partie récusante, même dans les matières de dernier ressort, devra être intenté dans les cinq jours du prononcé du jugement, sans autre délai, par une déclaration au greffe.

366. Les expéditions de l'acte de récusation, des explications du juge, du jugement et de l'acte d'appel seront transmises au greffe de la Cour d'appel.

367. Sur la communication qui lui en sera faite dans les trois jours par le greffier, la Cour statuera dans le plus bref délai, dans les formes ci-dessus, sans être obligée d'entendre les parties.

368. Faute par l'appelant d'avoir, dans les quinze jours du jugement de l'instance, signifié à la partie adverse l'arrêt de la Cour ou le certificat du greffier de la Cour constatant que l'appel n'est pas

jugé, avec indication du jour où il sera jugé, le jugement qui aura été rendu sera exécuté par provision, sans que ce qui sera fait depuis puisse être annulé, même si la récusation est admise sur l'appel.

369. Pendant la procédure de récusation, l'affaire restera en état, sauf au tribunal, en cas d'urgence et sur la demande de l'autre partie, à désigner un autre juge en remplacement du juge récusé; ce qui pourra être demandé en cas d'appel, même si cette désignation a été refusée avant cet appel.

SAISIE DE RENTES. *C. Proc.* 560. L'appel devra, à peine de déchéance, être interjeté dans la huitaine de la signification du jugement, et il y sera statué d'urgence par la Cour.

SAISIE IMMOBILIÈRE. *C. Proc.* 609. Le délai d'appel (sur commandement) sera de dix jours à partir de la signification du jugement; la Cour jugera également d'urgence; il n'y aura pas lieu à appel si la somme demandée dans le commandement n'excède pas 8,000 piastres tarif.

644. (L'appel du jugement statuant sur les contestations) devra, à peine de déchéance, être relevé dans les dix jours de la signification du jugement et il y sera statué d'urgence par la Cour.

667. Les jugements qui prononceront un simple renvoi de vente ne seront pas susceptibles d'opposition ni d'appel.

668. Le jugement d'adjudication ne pourra être frappé d'appel que dans les cinq jours de son prononcé et pour défaut de forme.

APPEL DE FONDS. V. SOCIÉTÉ CIVILE. Art. 536.

APPEL DE CAUSES. *C. Proc.* 53. Le défenseur devra conclure à l'appel de la cause, soit par écrit, soit verbalement, auquel cas le greffier prendra note de sa conclusion. V. AUDIENCE.

APPEL EN GARANTIE. V. GARANTIE.

APPEL INCIDENT. *C. Proc.* 401. La partie contre laquelle il a été interjeté appel du jugement a, jusqu'au désistement de l'appelant ou jusqu'à la clôture des plaidoiries devant la Cour, le droit d'appeler incidemment, sans préjudice de son droit d'appel principal dans le délai ci-dessus et sans qu'il puisse lui être opposé aucun acte d'acquiescement au jugement.

351. Le désistement d'un appel n'entraîne pas la nullité d'un appel incident introduit après les délais de l'appel principal et avant la signification du désistement.

APPOINTEMENTS. V. GAGES ET SALAIRES.

APPORT. SOCIÉTÉ CIVILE *C. Civ.* 511. La société est un contrat par lequel deux ou plusieurs personnes font chacune un apport, pour une opération commune et dans le but de partager les bénéfices qui pourront en résulter.

512. L'apport peut être en capitaux, valeurs, objets mobiliers ou immobiliers, ou leur jouissance.

Il peut aussi consister dans l'industrie d'un ou plusieurs associés.

513. Dans le silence du contrat, il est toujours présumé que l'apport consiste dans le propriété de la chose, et non pas seulement dans sa jouissance.

514. L'apport doit être spécifié et déterminé ; quand il est de tous les biens présents des associés, ces biens doivent être inventoriés.

515. Chaque associé doit effectuer son apport au temps convenu.

516. Le droit réel de propriété ou d'usufruit du corps certain apporté par l'ayant-droit, devient commun par le fait même de la convention, et l'apport est aux risques de la communauté.

517. L'associé doit pour son apport, la même garantie que s'il s'agissait d'une vente.

518. L'associé en retard de délivrer son apport est tenu à des dommages-intérêts par une simple mise en demeure.

519. S'il a causé un préjudice à la société, par ce retard, il doit l'en indemniser sans pouvoir compenser avec les bénéfices qu'il lui a procurés.

524. Dans le silence du contrat, la part dans les bénéfices est proportionnelle à l'apport de chaque associé.

525. La part de celui qui a apporté son industrie est égale à la part de celui des autres associés qui a fait le plus petit apport en nature.

526. Si l'associé qui apporte son industrie a fait, en outre, un apport en nature, il prendra, pour ce dernier apport, une part proportionnelle au plus petit apport fait par un autre associé.

527. Toutefois, si la société est dissoute avant le terme, l'apport en industrie ne donnera droit au partage du capital de la société que proportionnellement à la durée écoulée.

529. On ne peut convenir qu'un ou plusieurs des associés n'auront pas de bénéfices ni qu'ils retireront leur apport franc de toutes pertes.

530. Toutefois, il peut être stipulé que celui qui apporte son industrie ne participera pas aux pertes, pourvu qu'il ne lui ait pas été tenu compte d'un appointement à raison de son industrie.

542. La société finit : 4° par le défaut de réalisation d'un apport promis. V. Société civile.

APPOSITION D'AFFICHES. V. Publicité judiciaire.

APPOSITION DES SCELLÉS. V. Scellés.

APPROPRIATION. *C. Civ.* 66. La propriété et les

droits réels s'acquièrent : par appropriation c'est-à-dire par occupation.

C. Civ., titre I, chap. V, sect. I. V DE L'APPROPRIATION.

79. L'appropriation acquiert au premier occupant la propriété des biens qui n'ont pas de propriétaire.

80. En ce qui concerne les terres non cultivées, et qui sont de plein droit la propriété de l'Etat, la prise de possession ne peut avoir lieu qu'avec l'autorisation de l'Etat et moyennant la constitution d'un abadie, conformément aux réglements locaux.

Toutefois, celui qui a cultivé, ou planté un terrain de cette nature, ou qui a bâti dessus, devient plein propriétaire de la partie cultivée, plantée ou construite ; mais, pendant les quinze premières années, il perd sa propriété par le non-usage pendant cinq années.

81. Le trésor enfoui, dont le précédent propriétaire ne peut être retrouvé, appartient au maître du sol.

82. Si le terrain n'a pas de propriétaire, le trésor appartient à celui qui l'a découvert, sauf l'impôt, dans tous les cas, au profit de l'Etat d'après les règlements.

83. Les droits sur la pêche et sur la chasse sont régis par des règlements particuliers.

APPROVISIONNEMENTS. *C. Civ.* 18. Sont considérés comme immeubles, en ce sens qu'ils ne peuvent être saisis séparément des immeubles dont ils dépendent, les ustensiles et approvisionnements des usines, quand ils appartiennent au propriétaire de ces usines.

ARBITRAGE. *C. Proc. chap. XIII, Sect.* V. DES ARBITRAGES.

1° DISPOSITIONS GÉNÉRALES.

Conditions et objet. art 791. Les parties ont la faculté de stipuler, d'une manière générale, de soumettre à des arbitres les contestations qui pourront naître sur l'exécution d'un contrat déterminé ou telle contestation spéciale.

792. Toutefois, les parties maîtresses de leurs droits peuvent seules compromettre, et le compromis ne peut porter que sur des contestations qui ne sont pas communicables au ministère public.

793. L'objet de la contestation doit, à peine de nullité, être précisé dans le compromis ou dans le cours des débats, même s'il s'agit d'amiables compositeurs.

Procédure et délais. 806. Les délais et formes suivis dans la procédure devant les arbitres seront les mêmes que ceux qui sont suivis devant les tribunaux, à moins qu'ils n'en soient expressément dispensés, et la sentence sera rendue d'après les régles de droit.

800. Le compromis doit être prouvé par écrit.

801. Les arbitres doivent statuer dans le délai stipulé, à moins de prorogation consentie par les parties.

802. Quand il n'a pas été stipulé de délai, les arbitres doivent avoir statué dans les trois mois de leur constitution en tribunal arbitral, sinon la partie la plus diligente pourra saisir le tribunal de la contestation ou de la nomination d'autres arbitres, s'il a été convenu que l'affaire serait jugée par arbitrage.

808. Les parties sont tenues de présenter leurs défenses et pièces quinze jours, au moins, avant l'expiration du délai fixé, sinon il pourra être statué sur les conclusions et les pièces de la partie qui les aura seule produites, sauf le cas où le délai fixé pour juger sera moindre de quatre semaines, auquel cas les productions devront avoir lieu dans la première moitié du délai.

809. Toute inscription de faux ou incident criminel suspendra les fonctions des arbitres et le délai de l'arbitrage.

Nomination des arbitres. 796. Lorsqu'au moment de la contestation, les parties ne s'entendront pas pour nommer chacune leur arbitre ou qu'un ou plusieurs arbitres ne pourront ou ne voudront pas remplir leurs fonctions, le tribunal à la requête de la partie la plus diligente, et en présence de l'autre partie, ou elle dûment appelée, désignera un nombre toujours impair d'arbitres égal au moins au nombre prévu par les parties, à moins qu'il n'en ait été convenu autrement.

798. Tout arbitre nommé par le tribunal qui viendra à cesser ses fonctions, par un motif quelconque, sera remplacé par le tribunal, et, dans ce cas, le délai pour statuer sera prorogé d'un mois.

799. Si l'arbitre de l'une des parties ou le tiers-arbitre vient à cesser ses fonctions, il sera remplacé par la partie ou les arbitres restants, suivant les cas.

803. L'arbitre qui, après son acceptation, cesse ses fonctions sans motif justifié, peut être condamné aux dommages-intérêts envers les parties.

Amiables compositeurs. 794. Les arbitres ne peuvent être constitués amiables compositeurs et juger en cette qualité, que s'ils sont en nombre impair et s'ils sont tous dénommés dans l'acte qui leur donne cette qualité ou dans un acte antérieur.

807. Les arbitres amiables compositeurs sont affranchis des formes de procédure et des règles de droit.

416. La Cour peut également évoquer l'affaire si elle a infirmé, pour vice de forme, un jugement statuant sur le fond, pourvu qu'il ne s'agisse pas d'un jugement arbitral rendu par des amiables compositeurs ayant pouvoir de statuer sans appel. V. AMIABLES COMPOSITEURS.

Révocation. 804. Les arbitres, une fois nommés, ne pourront être révoqués que du consentement unanime des parties.

Récusation. 805. Ils ne pourront être récusés que pour causes survenues ou découvertes depuis le compromis.

370. Les formes ci-dessus (V. RÉCUSATION) sont applicables en cas de récusation d'arbitre.

Tiers-Arbitre. 795. Lorsque les arbitres sont seulement autorisés à juger sans appel, le tiers-arbitre, s'il y a lieu, peut être laissé à leur choix.

797. Si les arbitres ayant pouvoir de choisir le tiers arbitre en cas de partage ne s'entendent pas dans leur choix, le tiers-arbitre sera également nommé par le tribunal.

811. En cas de partage, les arbitres donneront leur avis par écrit ; le tiers-arbitre statuera avec eux après délibération commune, et s'il ne peut les réunir, il statuera seul en se rangeant sur chacun des chefs à l'un des avis exprimés.

Jugement arbitral. 810. Le jugement arbitral sera valable, s'il est signé par la majorité des arbitres constatant le refus de ceux qui s'abstiendront de signer.

814. Les sentences arbitrales, même celles qui statueront sur les mesures préparatoires, seront déposées dans les trois jours par les arbitres ou l'un d'eux, et seront rendues exécutoires par une ordonnance du président du tribunal civil, à la requête de la partie la plus diligente.

815. Le tribunal, dont le président aura rendu l'ordonnance d'exécution, connaîtra seul de l'exécution de la sentence.

816. Les parties pourront demander la nullité de la sentence en s'opposant à l'ordonnance d'exécution dans les cas suivants :

1° Si le compromis est nul ou si le délai était expiré, sans prorogation consentie ;

2° Si la sentence a été rendue sans compromis ou hors de ses termes ;

3° S'il a été rendu par des arbitres illégalement nommés ou par un certain nombre d'arbitres non autorisés à juger en absence des autres.

4° S'il a été prononcé sur des choses non demandées.

Opposition. 812. Les sentences arbitrales ne seront pas susceptibles d'oppposition.

Appel. 813. Elles donneront lieu à appel, s'il n'en est autrement convenu, et d'après les règles adoptées pour les autres jugements. V. APPEL.

795. Lorsque les arbitres sont seulement autorisés à juger sans appel, le tiers-arbitre, s'il y a lieu, peut être laissé à leur choix. V. COMPROMIS.

2° DISPOSITIONS SPÉCIALES. (DROIT MARITIME).

AFFRÉTEURS. *C. Marit.* 6. Le privilège accordé aux dettes énoncées dans le précédent article (art. 5. n° II) (V. AFFRÉTEURS.) ne peut être exercé qu'autant qu'elles seront justifiées dans les formes suivantes : 9° Les dommages-intérêts dûs aux affréteurs seront constatés par les jugements du tribunal de commerce, ou par les décision arbitrales qui seront intervenues, si les parties ont consenti à être jugées par des arbitres.

ASSURANCES. *C. Marit.* 174. Le contrat ou police d'assurance est fait par acte authentique ou sous signature privée. Il est rédigé sans blanc et énonce : 11°. La soumission des parties à des arbitres, en cas de contestation, si elle a été convenue.

ARBITRAGE DU JUGE. MANDAT. *C. Civ.* 628. Le salaire convenu est toujours sujet à l'arbitrage du juge.

ARBRES (PLANTATIONS). COMPÉTENCE. *C. Proc.* 28. Un juge délégué par le tribunal statuera au tribunal de justice sommaire : 6° à charge d'appel dans tous les cas et quelque soit l'intérêt de la demande sur les actions relatives à la distance fixée par la loi, le règlement ou l'usage pour les constructions, ouvrages nuisibles ou plantations quand la propriété n'est pas contestée.

PLANTATION. *C. Civ.* 80. Celui qui a planté un terrain (non cultivé, appartenant à l'Etat) devient plein propriétaire de la partie cultivée, plantée ou construite, mais, pendant les quinze premières années il perd sa propriété par le non-usage pendant cinq années.

89. Celui qui du consentement exprès du propriétaire et sans réserve a planté sur son terrain, devient propriétaire du sol qui est occupé par l'arbre.

90. A défaut de preuve du consentement sans réserve du propriétaire, le terrain sera présumé avoir été prêté et le propriétaire a le choix d'exiger l'enlèvement des plantations ou de les conserver en payant le prix des matériaux et de la main-d'œuvre.

91. Si celui qui a planté avait de justes raisons de se croire propriétaire, les plantations ne seront pas détruites, mais le vrai propriétaire pourra se borner à payer le montant de la plus-value à dire d'experts.

PLANTATION DE L'USUFRUITIER. *C. Civ.* 45. L'usufruitier ne peut faire aucune plantation sans le consentement du propriétaire, et il devra prouver ce consentement par écrit, l'aveu ou le serment de ce dernier.

PLANTATION DU FERMIER. *C. Civ.* 481. Le preneur d'un bien à ferme qui a planté des arbres, ne peut les enlever, à moins qu'il ne s'agisse de pépinières ; le bailleur a le choix de faire enlever aux frais du preneur les arbres plantés sans son consentement, ou de les conserver en payant l'estimation.

482. Dans le cas où il les fait enlever, il doit attendre l'époque où ils peuvent être transplantés.

483. Les terres cultivables ou plantées d'arbres peuvent être amodiées, c'est-à-dire données à cultiver au preneur, à charge de donner au bailleur une part déterminée dans la récolte.

PRÉEMPTION. *C. Civ.* 93. Celui qui a prêté son terrain avec permission de planter, a un droit de préemption en offrant de payer le prix demandé à l'acquéreur, quand même la durée du prêt ne serait pas expirée. V. Préemption.

VENTE. *C. Civ.* 360. La vente d'un jardin comprend les arbres qui y sont plantés, mais elle ne comprend pas les fruits arrivés à maturité, ni les arbustes en pot ou en pépinière.

ARBRES FRUITIERS. *C. Civ.* 330. La vente des fruits d'un arbre quand ils ne sont pas poussés, est nulle.

331. Cependant la vente des fruits déjà poussés, comprendra même la partie des fruits poussés depuis la vente.

ARCHITECTE. RESPONSABILITÉ. *C. Civ.* 500. Les architectes et entrepreneurs sont responsables solidairement pendant dix années de la destruction des travaux de construction, même quand elle est provenue de vice du sol, et même si le maître a autorisé les constructions vicieuses, pourvu dans ce dernier cas, qu'il ne s'agisse pas d'une construction destinée dans l'intention des parties à durer moins de dix années.

501. L'architecte qui n'a pas été chargé de la surveillance des travaux n'est responsable que des vices de son plan.

SALAIRES. *C. Civ.* 497. L'architecte a droit à un salaire distinct pour la confection des plans et devis et pour la direction des travaux.

498. A défaut de conventions, ces salaires seront fixés d'après l'usage.

499. Ils seront seulement proportionnels au temps employé et à la nature du travail, si les plans commandés n'ont pas été exécutés.

ARCHIVES DU GREFFE. ACTES. *R. O. J. Titre* 1. *art.* 33. Les conventions, donations et les actes de constitution d'hypothèque ou translatifs de propriété immobilière, reçus par le greffier du tribunal de première instance, auront la valeur d'actes authentiques, et leur original sera déposé dans les archives du greffe.

C. Proc. 105. La partie du jugement contenant les noms, profession, demeure et qualité des parties, et l'exposé des points de faits et des points de droits sera rédigée pour chaque jugement et conservée aux archives du greffe avec le dossier de l'affaire.

ARGENT MONNAYÉ. COMPENSATION. *C. Civ.* 258. La compensation n'a lieu que si les deux obligations sont liquides, exigibles, et pour une somme d'argent, ou toutes autres choses de même nature se remplaçant l'une par l'autre, eo égard à leur espèce et à leur valeur et payables dans le même lieu.

259. Il n'y a pas lieu à compensation quand l'une des dettes est insaisissable, ou a pour cause un dépôt d'argent ou de choses qui peuvent se remplacer.

DÉPOT. *C. Civ.* 602. Le dépositaire ou séquestre doit les intérêts de l'argent déposé dès qu'il est mis en demeure de le restituer, quand il le doit, ou dès qu'il l'a employé à son profit.

EXÉCUTION. *C. Proc.* 458. Le poursuivant a le choix ou d'offrir une caution solvable, ou de déposer dans la caisse du tribunal, en argent ou en titres une valeur équivalente à la condamnation, ou d'exécuter en consentant que le montant des sommes versées soit déposé ou l'objet, dont la livraison est requise, remis à un sequestre solvable.

462. Dans le cas ou le poursuivant aurait offert de faire déposer les sommes recouvrées en vertu de l'exécution, il aura le droit de demander l'emploi de ces sommes en valeurs déterminées, en désignant le courtier chargé de la négociation.

464. S'il y a contestation sur les valeurs qui doivent être déposées, le tribunal du lieu de l'exécution statuera d'urgence sur une citation à trois jours francs.

FAILLITE. *C. Com.* 235. Sont nuls et sans effet, relativement à la masse lorsqu'ils auront été faits par le débiteur depuis l'époque déterminée par le tribunal comme étant celle de la cessation de ses payements ou dans les dix jours qui auront précédé cette époque tous les actes translatifs de propriétés mobilières ou immobilières à titre gratuit, tout payement, soit en espèces, soit par transport, vente, compensation ou autrement, pour dettes non échues.

236. Tous payements faits par le débiteur pour dettes échues autrement qu'en espèces ou effets de commerce, et tous autres actes à titre onéreux présentant un avantage exceptionnel au profit de celui qui a traité avec le failli, et que ce dernier aura passé après la cessation de ces payements, et avant le jugement déclaratif de la faillite, seront annulés, s'il est établi que ceux qui ont reçu les payements ou avec lesquels le failli a contracté connaissaient le dérangement de ses affaires.

INTÉRÊTS. *C. Civ.* 182. Quand l'objet de l'obligation consiste en une somme d'argent, les intérêts sont dûs, mais seulement du jour de la demande en justice, si la convention, l'usage commercial ou la loi, dans des cas particuliers n'y a pas dérogé.

OFFRES ET CONSIGNATION. *C. Proc.* 774. Le procès-verbal désignera la chose offerte et l'énumération des espèces, et contiendra la mention de l'acceptation, ou du refus de recevoir, et si le créancier a signé, ou refusé, ou a déclaré ne pouvoir signer.

PAYEMENT. *C. Civ.* 233. S'il s'agit de numéraire ou de choses désignées, quant à l'espèce, le payement est supposé stipulé devoir être fait au domicile du débiteur.

PRÊT. *C. Civ.* 577. Lorsque la chose prêtée est de l'argent en numéraire, elle doit être restituée en même valeur numérique, quelles que soient les variations subies par les monnaies depuis l'époque du prêt.

SAISIE-MOBILIÈRE. *C. Proc.* 506. Les deniers comptants, qui seront spécifiés en espèces au procès-verbal (de saisie) seront déposés à la caisse du tribunal.

SYNDIC. *C. Com.* 284. L'inventaire terminé, les marchandises, l'argent, les titres actifs, les livres et papiers, meubles et effets du failli, seront remis aux syndics, qui s'en chargeront au bas dudit inventaire.

DROIT MARITIME.

ASSURANCES. *C. Marit.* 180. La police d'assurance ne comprend pas l'or et l'argent monnayés, les lingots de même matière.

NAVIRE. (*Sauvetage.*) *C. Marit.* 56. Le capitaine (en cas d'abandon du navire) est tenu de sauver avec lui l'argent, sous peine d'en répondre en son propre nom.

ARGENTERIE. SAISIE-MOBILIÈRE. *C. Proc.* 507..... Les matières d'or et d'argent seront pesées et décrites (dans le procès-verbal de saisie).

L'or, l'argent et les bijoux seront estimés par un expert, lequel sera nommé par le juge de service et prêtera serment devant ce magistrat.

Le rapport de l'expert commis par le juge sera joint au procès-verbal de saisie.

(*Exécution*). 528. Les objets d'or et d'argent ne peuvent être vendus pour une somme inférieure à leur valeur intrinsèque telle qu'elle aura été déterminée par l'expertise ; les objets de cette nature, qui, à défaut d'enchérisseur, n'auront pas été vendus, seront conservés en dépôt, comme les deniers comptants, pour être assignés en paiement au saisissant, ou à d'autres créanciers, en cas de distribution par contribution.

538. Il y aura toujours sans qu'il soit besoin d'ordonnance, trois oppositions de placards et trois insertions à jours différents quand il s'agira de bijoux et d'argenterie.

ARMES. SAISIE. *C. Proc.* 518. Ne pourront être saisis, si ce n'est pour loyers, fermages, ou pour dettes d'aliments : 2° Les équipements militaires appartenant au saisi.

ARMEMENT DU NAVIRE. ASSURANCE. *C. Marit.* 176. L'assurance peut avoir pour objet : 3° Les armements.

PRIVILÈGE. *C. Marit.* 5. Sont privilégiées (en cas de vente du navire) et dans l'ordre où elles sont rangées, les dettes ci-après désignées : 8° Les sommes dues aux créanciers pour armement et équipement avant le départ du navire, s'il a déjà navigué.

Les créanciers compris dans chacun des numéros du présent article viendront en concurrence et proportionnellement à ce qui leur est dû en cas d'insuffisance du prix.

6. Le privilège accordé aux dettes énoncées dans le précédent article ne peut être exercé qu'autant qu'elles seront justifiées dans les formes suivantes : 7° Les sommes prêtées à la grosse, sur le corps, quille, agrès, apparaux, armement et équippement, avant le départ du navire, seront constatées par des contrats authentiques, ou sous signature privée, dont les expéditions en

double seront déposées au greffe du tribunal ou de la chancellerie de commerce dans les dix jours de leur date.

ARRÉRAGES. *C. Civ.* 584. L'intérêt prend le nom d'arrérages (dans le contrat de constitution de rente).

Appel. *C. Proc.* 391. Les demandes relatives aux rentes perpétuelles sont évaluées sur le pied de 7 0/0, celles qui sont relatives aux rentes viagères sur le pied de 12 0|0.

C. Procéd. 412. (En appel) la demande pourra être augmentée du montant des loyers, intérêts, arrérages et autres accessoires échus depuis les conclusions prises en première instance et des dommages-intérêts aggravés depuis le jugement.

Imputation de payement. *C.Civ* 236. L'imputation se fait en commençant par les frais, intérêts et arrérages avant le capital.

Ordre. *C. Proc.* 741. Les intérêts et arrérages cesseront et seront arrêtés comme en matière de contribution, sauf au créancier colloqué à toucher les intérêts dus par l'acquéreur.

742. Toutefois, quand l'acquéreur conservera partie du prix pour sûreté d'une rente inscrite, les créanciers postérieurs au créancier de la rente viagère toucheront, sur le capital de la rente, après le décès de ce dernier, les intérêts échus depuis l'époque ci-dessus.

Prescription *C. Civ.* 275. Les redevances, arrérages, pensions, loyers et intérêts, et, en général, tout ce qui est payable par années ou par termes moins longs, se prescrivent par cinq années calculées d'après les calendriers arabes.

Preuve des obligations. *C. Civ.* 287. Le payement des intérêts et arrérages autorise à prouver, autrement que par écrit, l'existence de l'obligation principale.

Rente viagère. *C. Civ.* 587. Le capital (dans le cas de rente viagère) ne sera jamais remboursable, et sera amorti par les arrérages payés pendant le temps convenu.

588. Le créancier de la rente pourra seulement, en cas d'inexécution, de destruction ou de défaut des garanties, ou de faillite du débiteur de la rente, faire vendre les biens de ce dernier et faire affecter sur ce prix une somme suffisante au payement des arrérages.

Saisie des rentes. *C. Proc.* 550. La saisie des rentes, actions, etc., vaudra saisie-arrêt des produits et intérêts.

ARRÊT (SAISIE) V. saisie-arrêt.

ARRÊT DE NAVIRE. 1° par arrêt de prince.

C. Marit. 94. Si, avant le départ du navire, il y a interdiction de commerce avec le pays pour lequel il est destiné, les conventions sont résolues sans dommages-intérêts de part ni d'autre. Le chargeur est tenu des frais de la charge et de la décharge de ses marchandises.

95. S'il existe une force majeure qui n'empêche que pour un temps la sortie du navire, les conventions subsistent, et il n'y a lieu à dommages-intérêts à raison du retard.

Elles subsistent également, et il n'y a lieu à aucune augmentation de fret, si la force majeure arrive pendant le voyage.

96. Le chargeur peut pendant l'arrêt du navire faire décharger ses marchandises à ses frais, à condition de les décharger ou d'indemniser le capitaine.

2° PAR LE FAIT DE L'AFFRÉTEUR.

113. Si le navire est arrêté au départ, pendant le voyage ou au lieu de sa décharge, par le fait ou la négligence de l'affréteur, ou de l'un des chargeurs, l'affréteur ou le chargeur est tenu envers le fréteur, le capitaine ou les autres chargeurs, des frais et dommages-intérêts provenant du retardement.

Si, ayant été frété pour l'aller et le retour, le navire fait son retour sans chargement ou avec un chargement incomplet, le fret entier est dû au capitaine ainsi que l'intérêt du retardement si le navire a été retardé.

3° PAR LE FAIT DU CAPITAINE.

114. Le fréteur ou le capitaine est également tenu des dommages-intérêts envers l'affréteur, si, par sa faute ou sa négligence, le navire a été arrêté ou retardé au lieu de sa décharge.

Les dommages-intérêts mentionnés soit ici, soit dans l'article précédent, sont réglés par des experts.

DISPOSITIONS ADDITIONNELLES.

ASSURANCES. *C. Marit.* 192. Sont aux risques des assureurs : toutes pertes et dommages qui arrivent aux objets assurés, par... arrêt, par ordre de puissance, déclaration de guerre... sauf convention contraire des parties.

211. Le délaissement des objets assurés peut être fait; en cas d'arrêt par le Gouvernement ottoman, après le commencement du voyage.

225. En cas de prise ou d'arrêt de la part d'une puissance, l'assuré est tenu de faire la signification à l'assureur dans les trois jours de la nouvelle.

Le délaissement des objets arrêtés ne peut être fait qu'après un délai de six mois de la signification, si l'arrêt a eu lieu dans les mers de l'Europe, dans la Méditéranuée ou la Baltique; qu'après le délai d'un an si la prise ou l'arrêt a eu lieu en pays plus éloigné. Ces délais ne courent que du jour de la signification de la prise ou de l'arrêt.

Dans le cas où les marchandises arrêtés seraient périssables, les délais ci-dessus mentionnés sont réduits à un mois et demi pour le premier cas, et à trois mois pour le second cas.

226. Pendant les délais portés par l'article précédent, les assu-

rés sont tenus de faire toutes diligences qui peuvent dépendre d'eux à l'effet d'obtenir la main-levée des effets arrêtés.

Pourront de leur côté, les assureurs ou de concert avec les assurés ou séparément, faire toutes démarches à même fin.

FRET. *C. Marit.* 118. S'il arrive interdiction de commerce avec le pays pour lequel le navire est en route et qu'il soit obligé de revenir avec son chargement, il n'est dû au capitaine que le fret de l'aller, quoique le navire ait été affrété pour l'aller et le retour.

119. Si le navire est arrêté pour un temps seulement, dans le cours de son voyage, par l'ordre d'une puissance, il n'est dû aucun fret pour le temps de sa détention si le navire est affrété au mois, ni augmentation de fret s'il est loué au voyage.

La nourriture et les loyers de l'équipage pendant la détention du navire sont réputés avaries.

Le chargeur peut, durant l'empêchement, faire décharger ses marchandises à ses frais, à condition de les recharger encore à ses frais, ou d'en indemniser le fréteur ou le capitaine.

ARRÊTÉ DE COMPTE. *C. Marit.* 273. Les prescriptions ne peuvent avoir lieu, s'il y a titre, obligations ou arrêté de compte signé du débiteur.

ARRÊT DE LA COUR D'APPEL. V. Cour d'appel.

ARTISAN. SAISIE-EXÉCUTION. *C. Proc.* 518. Ne pourront être saisis, si ce n'est pour loyers, fermages, ou pour dettes d'aliments :

1° . . . Les outils des artisans nécessaires à leur travail personnel.

ASCENDANTS. *C. Civ.* 217. Les descendants et alliés au même degré, tant que l'alliance dure, doivent des aliments, à leurs ascendants ou alliés au même degré.

218. Il en est de même des ascendants à l'égard de leurs descendants ou alliés au même degré, et des époux entre eux. V. Parenté.

ASIE. V. Délaissement maritime. (*art* 213. 215.)

ASSEMBLÉE DE CRÉANCIERS. *C. Com.* 325. Dans les trois jours qui suivront le délai prescrit de huitaine pour l'affirmation et au plus tôt cinquante jours après la notification du jugement déclaratif de la faillite, le juge-commissaire convoquera les créanciers dont les créances auront été vérifiées et affirmées, ou admises par provision, à l'effet de délibérer sur la formation du concordat. Les annonces, les insertions et les lettres de convocation indiqueront l'objet de l'assemblée.

326. Aux lieux, jour et heure qui seront fixés par le juge-commissaire, l'assemblée se formera sous sa présidence. Les créanciers vérifiés et affirmés, ou admis par provision, s'y présenteront

en personne ou par fondés de pouvoir. Le failli sera appelé à cette assemblée ; il devra s'y présenter en personne, s'il est en liberté, et il ne pourra se faire représenter que pour des motifs valables et approuvés par le juge-commissaire.

Les syndics feront à l'assemblée un rapport sur l'état de la faillite, sur les formalités qui auront été remplies et les opérations qui auront eu lieu ; le failli sera entendu. Le rapport des syndics sera remis, signé d'eux au juge-commissaire qui dressera procès-verbal de ce qui aura été dit et décidé dans l'assemblée.

ASSESSEURS (JUGES). *R. O. J. Titre I. art.* 2. Dans les affaires commerciales, le tribunal s'adjoindra deux négociants, un indigène et un étranger, ayant voix délibérative et choisis par voie d'élection.

R. G. J. art 272. Les jurés et les assesseurs, tant en matière civile qu'en matière pénale, qui se transportent à plus de deux kilomètres de leur résidence, peuvent demander une indemnité de P. T. 60 par jour outre les frais de voyage.

ASSIGNATION.

1° DISPOSITIONS GÉNÉRALES.

C. Proc. 36. L'assignation contiendra, outre les mentions prescrites pour tous les actes signifiés :

1° L'objet précis de la demande et les motifs sur lesquels elle sera fondée.

2° L'indication du tribunal qui doit connaître de la demande ;

3° La date du jour et de l'heure auxquels les parties devront comparaître.

40. L'assignation sera donnée à jour fixe, à l'audience qui sera indiquée par le règlement pour l'appel des causes nouvelles, ou à un jour fixé par ordonnance du juge, mise au bas d'une requête à lui présentée à cet effet et qui sera signifiée en tête de la copie de l'assignation.

Délais. 37. Le délai de l'assignation sera de huit jours pour les affaires civiles, de trois jours pour les affaires commerciales et de vingt-quatre heures pour les affaires de justice sommaire ou de référé.

38. Les délais pourront être réduits, en cas d'urgence, par ordonnance du juge de service.

Cette ordonnance sera signifiée en même temps que l'assignation.

Le délai pourra être en matière civile de trois jours francs, et en matière commerciale, de vingt-quatre heures.

39. L'assignation pourra même, en vertu d'une ordonnance, être donnée d'heure en heure, en matière commerciale, de justice sommaire ou de référé s'il y urgence extrême, pourvu dans ce dernier cas, que dans les affaires autres que les affaires maritimes

l'assignation soit donnée à personne. (V. *pour les délais devant la Cour* : Dispositions spéciales (appel).

Audiences de vacation. R. G. J. 125. Les assignations pour les audiences de vacation ne pourront être faites qu'en vertu de l'autorisation du vice-président ou du juge qui le remplace, lequel statue sur l'urgence.

Nullité de l'assignation. C. Proc. 147. Les exceptions qui peuvent être proposées préliminairement à la discussion du fond sont : la demande en nullité de l'assignation.
V. Attribution de juridiction.

2° DISPOSITIONS SPÉCIALES.

APPEL. *C. Proc.* 406. L'acte d'appel contiendra assignation devant la Cour dans le délai de huitaine à l'audience où sont appelées les affaires nouvelles.

407. En matière commerciale, de justice sommaire ou de référé, le délai de l'assignation devant la Cour sera de trois jours.

APPEL EN GARANTIE. *C. Proc.* 156. En matière civile, celui qui, sur une demande soit principale, soit incidente, soit reconventionnelle, prétendra avoir le droit d'appeler un garant en cause, pourra obtenir un délai qui sera calculé sur celui qui est nécessaire pour l'assignation du garant.

157. Le même délai pourra être demandé pour les demandes du garant contre un sous-garant.

158. Le délai sera nécessairement accepté, si celui qui appelle en garantie ou en sous-garantie a donné son assignation dans la huitaine de la demande qui donne lieu au recours, du jour où il aura connu l'intérêt de ce recours. Il en sera de même si le délai de huitaine n'est pas expiré.

161. En toutes matières, si les délais des assignations en garantie et de la demande principale sont échus avant le jugement prononcé sur aucune d'elles, les affaires seront jointes, et il sera statué sur le tout par un seul et même jugement, sauf au tribunal à disjoindre, s'il le trouve nécessaire.

ENQUÊTES. *C. Proc.* 212. Dans les cas d'enquête devant le tribunal ou devant un juge commis, les parties se signifieront réciproquement le nom des témoins qu'elles entendent produire, et feront assigner ces témoins un jour au moins avant celui de l'audience, en indiquant simplement la cause dans laquelle ils sont cités, et sans qu'il soit besoin de lever et de signifier le jugement qui aura ordonné l'enquête.

223. Le témoin qui, cité régulièrement, ne comparaîtra pas, sera condamné à 100 P. T. d'amende et réassigné à ses frais, s'il y a lieu.

INTERRUPTION DE PROCÉDURE. *C. Proc.* 342. Lorsque les Conclusions n'auront pas été prises à l'audience, la procédure sera interrompue, sans préjudice des droits des parties. Elle devra être reprise au moyen d'une assignation nouvelle pour ou contre les héritiers représentants ou remplaçants de la partie dont le décès ou le changement d'état ou de qualité aura interrompu l'instance.

SAISIE-ARRÊT. *C. Proc.* 478. Si le titre en vertu duquel la saisie-arrêt est faite n'est pas exécutoire, l'acte contiendra assignation devant le tribunal, dans les termes ordinaires pour voir déclarer la saisie-arrêt valable comme régulière et fondée.

479. S'il n'est pas fait un seul acte pour la signification de la saisie-arrêt au saisi et au tiers-saisi, l'acte de saisie-arrêt sera dénoncé dans la huitaine au saisi : si le saisissant n'agit pas en vertu d'un titre exécutoire, l'acte de dénonciation contiendra une assignation en validité et l'acte de dénonciation sera contre-dénoncé au tiers-saisi dans un nouveau délai de huitaine, le tout outre les délais de distance.

SAISIE-IMMOBILIÈRE. (*Revendication*). *C. Proc.* 683 Toute demande en revendication sera intentée contre le saisi et celui qui poursuit la vente; si elle a lieu après le dépôt du cahier des charges, le premier créancier inscrit en dehors du poursuivant sera mis en cause.

684. L'assignation sera donnée à ces derniers au domicile élu et au saisi au domicile réel, en observant les délais de distance autres que ceux qui sont prescrits quand le domicile est hors de l'Egypte.

SAISIE-MOBILIÈRE. *C. Proc.* 514. Si la partie saisie élève des difficultés et demande à en référer au juge du référé, l'huissier pourra continuer la saisie et donner, sur son procès-verbal, assignation à comparaître en référé même en la demeure du juge, s'il y a urgence.

RÉFÉRÉS. *C. Proc.* 140. Dans les autres cas (que ceux de difficultés sur l'exécution) que nécessitent une urgence absolue, le juge pourra autoriser à assigner, soit à l'audience des référés, soit à son domicile à heure fixe et même les jours fériés.

ASSIGNATIONS A VUE. *C. Com.* 198. Les assignations à vue ou simples mandats de payement tirés dans la place où le payement doit avoir lieu, doivent être présentés dans les quarante-huit heures de leur date.

199. Le retour qui en est fait dans ce délai peut être prouvé par toutes les preuves admises en matière de commerce.

200. Si celui qui a tiré l'assignation prouve qu'il y avait provision et si cette provision n'a pas été employée à son profit, le porteur en retard de présenter l'assignation perdra ses droits contre le tireur.

ASSISTANCE JUDICIAIRE. *R. O. J. Titre I.* *art.* 37. La Cour préparera le règlement général judiciaire en ce qui concerne..... l'admission des personnes indigentes au bureau d'assistance judiciaire.

R. G. J. art. 189. L'avocat est tenu de se charger de la défense à lui conférée d'office, d'après l'article 16. *Titre II*, du règlement d'organisation judiciaire, ou d'après l'article 239 du présent règlement à titre d'assistance des pauvres.

R. G. J. *Titre XIV.* DE L'ASSISTANCE DES PAUVRES. (*Art.* 239-251.)

239. L'assistance gratuite des pauvres est une charge honorifique et obligatoire de l'ordre des avocats.

240. Une commission pour l'assistance gratuite est instituée près la Cour d'appel et près chaque tribunal.
Elle se composera :

1° D'un magistrat du tribunal ou de la Cour qui a la présidence de la commission ;

2° D'un membre du Ministère public ;

3° Du président de la chambre des avocats ou de son substitut.

A défaut d'avocats, un conseiller ou un juge complétera la commission.

241. L'admission à l'assistance gratuite a lieu pour les affaires civiles et pénales.

242. Elle produit les effets suivants :

1° La défense gratuite de la cause ou de l'affaire pour laquelle a eu lieu l'admission au bénéfice des pauvres, sauf le droit de répéter les honoraires contre la partie adverse condamnée aux dépens ;

2° L'enregistrement en débet des taxes de registre et l'usage du papier libre en conformité des règlements ;

3° La gratuité de tous actes judiciaires et administratifs qui sont nécessaires à l'objet de l'admission et de leurs copies, sauf le recours contre la partie condamnée aux dépens ou même contre la partie admise à la gratuité toutes les fois que par gain de cause ou autre circonstance, son état d'indigence aura cessé ;

4° L'avance par le trésor public des frais de voyage et de séjour des fonctionnaires et officiers publics et des frais nécessaires pour les expertises et pour l'audition des témoins, sauf le droit de recours, comme il est dit au numéro précédent ;

5° La gratuité des insertions nécessaires, pour les objets sus-énoncés, dans les journaux chargés des publications judiciaires.

243. Tous ceux qui se trouvent dans les conditions prescrites par l'article suivant, les étrangers non exceptés, peuvent être admis au bénéfice de l'assistance gratuite.

Les corps moraux qui ont pour but la charité ou l'instruction des pauvres sont également admissibles au même bénéfice.

244. Les conditions pour être admis à l'assistance gratuite sont les suivantes :

1° L'état de pauvreté ;

R. O. J. Titre II, art. 16. Si l'inculpé d'un crime ou d'un délit n'a pas de défenseur, il lui en sera désigné un d'office, au moment de l'interrogatoire à peine de nullité.

2° La probabilité d'une issue favorable de la cause ou de l'affaire.

En matière pénale, la première condition est seule requise et l'admission à l'assistance gratuite est prononcée par le chef de l'autorité judiciaire devant laquelle se traite l'affaire pénale, ou par le président de la Cour d'assises.

245. On n'entend point par pauvreté le dénument complet, mais une position qui rend le postulant incapable de supporter les frais du procès.

L'état de pauvreté est constaté par les certificats délivrés, pour les étrangers, par les consulats de la nationalité dont ils relèvent, et pour les indigènes, par les autorités politiques locales.

246. La partie qui veut obtenir l'admission à l'assistance en fait la demande sur papier libre à la commission en exposant les faits et les raisons sur lesquels elle entend fonder son action ou sa défense.

247. La commission se réunit aux jours indiqués par son président.

Les décisions sont prises à la majorité des voix.

En cas d'urgence le président de la commission accorde provisoirement l'admission à l'assistance gratuite et soumet l'affaire à la commission à la première réunion.

248. L'admission étant prononcée, la désignation du défenseur a lieu.

La désignation est faite, en matière civile par la commission elle-même ; en matière pénale par l'autorité judiciaire devant laquelle doit être traitée l'affaire.

249. Le recours est ouvert à la commission instituée près la Cour d'appel, à toute partie intéressée, contre les décisions de la comission des tribunaux. La commission de la Cour décide, en limitant son examen à la probabilité d'une issue favorable de la cause ou de l'affaire.

Ce recours a un effet suspensif.

Toutefois, avant la décision, les actes urgents dont l'omission pourrait causer un préjudice irréparable pourront être faits, dans l'intérêt de l'appelant, par l'intermédiaire d'avocats.

250. Si dans le cours de l'affaire, l'action de la partie admise à l'assistance gratuite ne paraît plus fondée, si cette même partie se sert d'un avocat autre que le défenseur officieux, ou si les conditions d'indigence n'existent plus, la partie adverse, l'avocat officieux et le ministère public peuvent demander à la commission le retrait du bénéfice d'assistance.

251. La condamnation aux frais de la partie adverse à celle admise au bénéfice des pauvres profite au trésor.

Dans les frais attribués au trésor, n'entrent point les honoraires des défenseurs, lesquels sont leur bénéfice propre.

ASSOCIATION EN PARTICIPATION. V. Sociétés commerciales.

ASSOCIÉS. V. Sociétés.

ASSURANCES MARITIMES. *C.Com.* 3. La loi répute acte de commerce maritime : tout contrat d'assurances et tous autres contrats concernant le commerce de mer.

Code de Commerce maritime, titre XI.

DES ASSURANCES.

Sect. 1re *Forme et objet du contrat d'assurance.* (Art. 173-190.)

173. L'assurance maritime est un contrat par lequel l'assureur garantit à l'assuré, moyennant une prime convenue, le payement intégral jusqu'à une somme fixée, des pertes et dommages qu'il pourrait essuyer par fortune de mer sur des choses exposées aux dangers de la navigation.

174. Le contrat ou police d'assurance est fait par acte authentique ou sous signature privée. Il est rédigé sans blanc et énonce :

1° L'année, le mois, le jour et l'heure où il est souscrit ;

2° Le nom et le domicile de celui qui fait assurer, avec désignation de sa qualité de propriétaire ou de commissionnaire, et le nom et le domicile de l'assureur ;

3° La nature et la valeur ou l'estimation des marchandises ou objets que l'on fait assurer, ainsi que la somme pour laquelle on assure ;

4° Les risques que l'assureur prend pour son compte ;

5° Les temps auxquels les risques doivent commencer et finir pour l'assureur ;

6° La prime ou le coût de l'assurance ;

7° Le nom du capitaine ainsi que le nom et la désignation du navire ;

8° Le lieu où les marchandises ont été ou doivent être chargées ;

9° Le port d'où le navire a dû ou doit partir ;

10° Les ports ou rades dans lesquels il doit charger ou décharger, ainsi que ceux dans lesquels il doit entrer ;

11° La soumission des parties à des arbitres, en cas de contestation, si elle a été convenue ;

12° Et en général toutes les autres conditions dont les parties sont convenues.

175. La même police peut contenir plusieurs assurances, soit à raison des marchandises, soit à raison du taux de la prime, soit à raison des différents assureurs.

176. L'assurance peut avoir pour objet :

1° Le corps et quille du navire, vide ou chargé, armé ou non armé, seul ou accompagné ;

2° Les agrès et les apparaux ;

3° Les armements ;
4° Les victuailles ;
5° Les sommes prêtées à la grosse ;
6° Les marchandises du chargement ;
7° Et toutes autres choses ou valeurs estimables à prix d'argent, sujettes aux risques de la navigation.

177. L'assurance peut être faite sur le tout ou sur une partie des dits objets, conjointement ou séparément ; elle peut être faite en temps de paix ou en temps de guerre, avant ou pendant le voyage du navire ; elle peut être faite pour l'aller et le retour ou seulement pour l'un des deux, pour le voyage entier ou pour un temps limité ; pour tous voyages et transports par mer, rivières et canaux navigables. Et en général pour tous les risques de la navigation par mer et par eau ;

178. En cas de fraude dans l'estimation des objets assurés, et en cas de supposition ou de falsification, l'assureur peut faire procéder à la vérification et estimation des objets, sans préjudice de toutes autres poursuites, soit civiles, soit criminelles.

179. Si l'assuré ignore sur quel navire sont chargées les marchandises qu'il attend de l'étranger, il sera dispensé de désigner le capitaine et le navire, pourvu que l'ignorance de l'assuré sur ce point soit déclarée dans la police, ainsi que la date et la signature de la dernière lettre d'avis ou d'ordre qu'il a reçue. Dans ce cas, l'assurance ne peut avoir lieu que pour un temps déterminé.

180. Si l'assuré ignore la nature et la valeur des marchandises qui lui sont envoyées ou consignées, il peut se faire assurer sans autre désignation que sous la dénomination générale de marchandises. Mais la police doit indiquer celui à qui l'expédition est faite ou doit être consignée, s'il n'y a convention contraire dans la police d'assurance. Cette assurance ne comprend pas l'or et l'argent monnayés, les lingots de même matière, les diamants, perles, bijouterie et les munitions de guerre.

181. Tout effet dont le prix est stipulé, dans le contrat en monnaie étrangère est évalué au prix que la monnaie stipulée vaut en monnaie du pays, suivant le cours à l'époque et au lieu de la signature de la police.

182. Si la valeur des marchandises n'est point fixée par le contrat d'assurance, elle peut être justifiée par les factures ou par les livres ; à défaut, l'estimation en est faite suivant le prix courant au temps et au lieu du chargement, y compris tous les droits payés et les frais faits jusqu'à bord.

183. Si l'assurance est faite sur le retour d'un pays où le commerce ne se fait que par troc, et que l'estimation des marchandises ne soit pas faite par la police, elle sera réglée sur le pied de la valeur de celles qui ont été données en échange, en y joignant les frais de transport.

184. Si le contrat d'assurance ne règle point le temps des

risques, les risques commencent et finissent dans le temps réglé par l'article 168 pour les contrats à la grosse.

185. L'assuré ne peut, à peine de nullité, faire assurer une seconde fois, pour le même temps et les mêmes risques, les objets dont l'entière valeur aurait déjà été assurée ; mais l'assureur peut en tout temps faire réassurer par d'autres les objets qu'il a assurés. L'assuré peut faire assurer le coût de l'assurance. La prime de réassurance peut-être moindre ou plus forte que celle de l'assurance.

186. La prime stipulée en temps de paix ne peut être augmentée si la guerre survient : et récriproquement la prime ne peut être diminuée parce que la paix est conclue, sauf convention contraire des parties. Si l'augmentation ou la diminution de la prime convenue n'a pas été déterminée par le contrat d'assurance, elle sera réglée par les tribunaux de commerce ou par les arbitres, eu égard aux risques, aux circonstances et aux stipulations de la police d'assurance.

187. En cas de perte des marchandises assurées et chargées par le capitaine pour son compte sur le navire qu'il commande, il est tenu de prouver à l'assureur l'achat des marchandises et d'en fournir un connaissement signé par deux des principaux de l'équipage.

188. Tout homme de l'équipage et tout passager qui apportent des pays étrangers des marchandises assurées en Turquie, sont tenus d'en laisser un connaissement dans les lieux où le chargement s'effectue, entre les mains du consul ottoman et, à défaut, entre les mains d'un sujet ottoman, notable commerçant, ou du magistrat du lieu.

189. Si l'assureur tombe en faillite, lorsque le risque n'est pas encore fini, l'assuré peut demander la résiliation du contrat, s'il ne lui est pas donné caution pour l'exécution des obligations de l'assureur.

L'assureur en cas de faillite de l'assuré, avant que la prime ne lui ait été payée, peut demander la résiliation, si ce payement n'est effectué dans les trois jours de la sommation aux syndics.

190. Le contrat d'assurance est nul s'il a pour objet : le fret des marchandises existant à bord du navire ; le profit espéré des marchandises ; les loyers des gens de mer ; les sommes empruntées à la grosse ; les profits maritimes des sommes prêtées à la grosse.

Rend le contrat nul pour l'assureur, toute réticence, toute fausse déclaration de la part de l'assuré, toute différence entre le contrat d'assurance et le connaissement, qui diminuerait l'opinion du risque ou en changerait le sujet, et qui serait de nature à empêcher le contrat ou en modifier les conditions, si l'assureur eut été averti du véritable état des choses.

L'assurance est nulle, même dans le cas où la réticence, la fausse déclaration ou la différence n'aurait pas influé sur le dommage ou la perte de l'objet assuré.

Section II. Des obligations de l'assureur et de l'assuré. (Art. 191-210.)

191. — Si le voyage est rompu même par le fait de l'assuré, avant que les risques de l'assurance aient commencé conformément à l'article 184, l'assurance est annulée et la prime, si elle a déjà été payée, est restituée par l'assureur, sauf à celui-ci à recevoir, à titre d'indemnité, 1/2 0/0 de la somme assurée ou la moitié de la prime si elle ne s'élève pas en entier à un pour cent.

192. Sont aux risques des assureurs : toutes pertes et dommages qui arrivent aux objets assurés par tempête, naufrage, échouement, abordage fortuit, changements forcés de route, de voyage ou de navire, par jet, feu, prise, pillage, arrêt par ordre de puissance, déclaration de guerre, représailles et généralement par toutes les autres fortunes de mer, sauf convention contraire des parties.

193. Tout changement volontaire de route, de voyage ou de navire, et toutes pertes et dommages provenant du fait de l'assuré ne sont point à la charge de l'assureur ; et même la prime lui est acquise, s'il a commencé à courir les risques.

194. Les déchets, diminutions et pertes qui arrivent par le fait et faute des propriétaires, affréteurs ou chargeurs, ne sont point à la charge des assureurs.

195. L'assureur n'est point tenu de la baraterie et d'autres prévarications et fautes du capitaine et de l'équipage, s'il n'y a convention contraire. Si l'objet assuré est le navire, et que le capitaine en soit le propriétaire en tout ou en partie, la dite convention sera nulle jusqu'à concurrence de sa part dans le navire.

196. L'assureur n'est pas tenu du pilotage, touage et lamanage, ni d'aucune espèce de droits imposés sur le navire et les marchandises, sauf le cas de force majeure.

197. Il sera fait désignation dans la police, des marchandises sujettes, par leur nature, à détérioration particulière ou diminution, comme blés ou sels, ou marchandises susceptibles de coulage. Sinon, les assureurs ne répondront point des dommages ou pertes qui pourraient arriver à ces mêmes denrées, si ce n'est toutefois que l'assuré eût ignoré la nature du chargement lors de la signature de la police.

198. Si l'assurance a pour objet des marchandises pour l'aller et le retour et si, le navire étant parvenu à première destination, il ne se fait point de chargement en retour, ou si le chargement en retour n'est pas complet, l'assureur reçoit seulement les deux tiers proportionnels de la prime convenue, s'il n'y a stipulation contraire.

199. Un contrat d'assurance ou de réassurance consenti pour une somme excédant la valeur des effets chargés, est nul à l'égard de l'assuré seulement, s'il est prouvé contre lui qu'il y a dol ou fraude de sa part.

200. S'il n'y a ni dol, ni fraude dans l'assurance de la part de l'as-

suré, le contrat est valable jusqu'à concurrence de la valeur des effets chargés, d'après l'estimation qui en est faite par des experts ou convenue entre les parties.

En cas de pertes, les assureurs sont tenus d'y contribuer chacun à proportion des sommes par eux assurées.

Ils ne reçoivent pas la prime de cet excédant de valeur, mais seulement l'indemnité prescrite dans l'article 191.

201. S'il existe plusieurs contrats d'assurance, faits sans fraude, sur le même chargement, et que le premier contrat assure l'entière valeur des effets chargés, il subsistera seul.

Les assureurs qui ont signé les contrats subséquents sont libérés, et ne reçoivent qu'une indemnité, conformément à l'article 191.

Si l'entière valeur des effets chargés n'est pas assurée par le premier contrat, les assureurs qui ont signé les contrats subséquents répondent de l'excédant en suivant l'ordre de la date des contrats.

202. S'il y a des effets chargés pour le montant des sommes assurées, et qu'une partie seulement de ces effets vienne à se perdre, la perte sera payée par tous les assureurs à proportion de leur intérêt.

203. Si l'assurance a lieu divisément pour des marchandises qui doivent être chargées sur plusieurs navires désignés, avec énonciation de la somme assurée sur chacun, et si le chargement entier est mis sur un seul navire ou sur un moindre nombre qu'il n'en est désigné dans le contrat, l'assureur n'est tenu que de la somme qu'il a assurée sur le navire ou sur les navires qui ont reçu le chargement, nonobstant la perte de tous les navires désignés ; et il recevra néanmoins pour les sommes dont les assurances se trouvent annulées l'indemnité prescrite dans l'article 191.

204. Si le capitaine a la liberté d'entrer dans différents ports pour compléter ou échanger son chargement, l'assureur ne court les risques des effets assurés que lorsqu'ils sont à bord du navire, ou sur les gabares destinées à les y transporter ou à les débarquer, sauf convention contraire.

205. Si l'assurance est faite pour un temps limité, l'assureur est libre après l'expiration du temps, et l'assuré peut faire assurer les nouveaux risques.

206. L'assureur est déchargé des risques, et la prime lui est acquise, si l'assuré envoie le navire en un lieu plus éloigné que celui qui est désigné par le contrat, quoique sur la même route. L'assurance a son entier effet si le voyage est raccourci.

207. Toute assurance faite après la perte ou l'arrivée des objets assurés, est nulle, s'il est prouvé que l'assuré a été informé de la perte, ou l'assureur de l'arrivée des objets assurés, ou s'il y a présomption qu'avant la signature du contrat ils ont pu être informés de ces faits.

208. La présomption existe, si, d'après la distance des lieux et les voies de communication, il est établi que de l'endroit de l'arrivée ou de la perte du navire, ou du lieu où la première nouvelle en est arrivée, elle a pu être portée dans le lieu où le contrat d'assurance a été passé, avant la signature du contrat.

209. Si cependant l'assurance est faite sur de bonnes ou mauvaises nouvelles, la présomption mentionnée dans les articles précédents n'est point admise.

Le contrat, en ce cas, n'est annulé que sur la preuve que l'assuré savait la perte ou l'assureur l'arrivé du navire, avant la signature du contrat.

210. En cas de preuve contre l'assuré, celui-ci paye à l'assureur une double prime.

En cas de preuve contre l'assureur, celui-ci paye à l'assuré une somme double de la prime convenue. Celui d'entre eux contre qui la preuve est faite peut être poursuivi correctionnellement.

V. Délaissement.

DISPOSITIONS DIVERSES

COMPÉTENCE. *C. Proc.* 35. Les compagnies d'assurances pourront être assignées au tribunal de leurs succursales.

CONNAISSEMENT. *C. Marit.* 101. Le connaissement rédigé dans la forme ci-dessus prescrite (V. CONNAISSEMENT, art. 99 et s.) fait foi entre toutes les parties intéressées au chargement, et entre elles et les assureurs, sauf à ces derniers à fournir la preuve contraire.

FIN DE NON-RECEVOIR. *C. Marit.* 274. Sont non-recevables : toutes actions contre le capitaine et les assureurs pour dommage arrivé à la marchandise chargée, si elle a été reçue sans protestation.

275. Ces protestations et réclamations sont nulles si elles ne sont faites et signifiées dans les quarante-huit heures et si, dans trente et un jours de leur date, elles ne sont suivies d'une demande en justice.

NAUFRAGE. *C. Marit.* 172. S'il y a contrat à la grosse et assurance sur le même navire ou sur le même chargement, le produit des effets sauvés du naufrage est partagé entre le prêteur à la grosse, pour son capital seulement, et l'assureur, pour les sommes assurées proportionnellement à leur intérêt respectif, sans préjudice des privilèges établis à l'article 5. V. PRIVILÈGES.

PRESCRIPTION. *C. Marit.* 269. Toute action dérivant d'un contrat à la grosse ou d'une police d'assurance est prescrite après cinq ans à compter de la date du contrat.

273. Les prescriptions ne peuvent avoir lieu s'il y a titre, obligation ou arrêté de compte signé du débiteur ou interpellation, protêt ou demande judiciaire, dûment faite et signifiée à temps par le créancier.

Toutefois, si, après l'interpellation judiciaire, le créancier a laissé écouler trois ans sans poursuite, dans ce cas, sur la demande du débiteur, l'instance, considérée comme non avenue, serait périmée, et la prescription aurait lieu si le temps exigé à cet effet était déjà écoulé.

PRIVILÈGES.*C.Marit.*5. Sont privilégiées et dans l'ordre où elles sont rangées, les dettes ci-après désignées : 10° Le montant des primes d'assurances faites sur le corps, quille, agrès, apparaux, et sur l'armement et équipement du navire, dues pour le dernier voyage. Les créanciers compris dans chacun des numéros du présent article viendront en concurrence et proportionnellement à ce qui leur est dû en cas d'insuffisance du prix.

6. Le privilège accordé aux dettes énoncées dans le précédent article ne peut être exercé qu'autant qu'elles seront justifiées dans les formes suivantes : 8° Les primes d'assurances seront constatées par les polices d'assurances, ou par les extraits des livres, régulièrement tenus, des compagnies d'assurances.

ASSURANCE IN QUOVIS (ASSURANCE PARTIELLE). *C. Marit.* 177. L'assurance peut être faite sur le tout ou sur une partie des dits objets (*art.* 196.) conjointement ou séparément.

ASSURANCE SUR NOUVELLE. *C. Marit.* 207. Toute assurance faite après la perte ou l'arrivée des objets assurés, est nulle, s'il est prouvé que l'assuré a été informé de la perte, ou l'assureur de l'arrivée des objets assurés, ou s'il y a présomption qu'avant la signature du contrat ils ont pu être informés de ces faits.

208. La présomption existe, si, d'après la distance des lieux et les voies de communication, il est établi que de l'endroit de l'arrivée ou de la perte du navire, ou du lieu où la première nouvelle en est arrivée, elle a pu être portée dans le lieu où le contrat d'assurance a été passé, avant la signature du contrat.

209. Si cependant l'assurance est faite sur de bonnes ou mauvaises nouvelles, la présomption mentionnée dans les articles précédents n'est point admise.

Le contrat, en ce cas, n'est annulé que sur la preuve que l'assuré savait la perte ou l'assureur l'arrivée du navire, avant la signature du contrat.

210. En cas de preuve contre l'assuré, celui-ci paye à l'assureur une double prime.

En cas de preuve contre l'assureur, celui-ci paye à l'assuré une somme double de la prime convenue. Celui d'entre eux contre qui la preuve est faite peut être poursuivi correctionnellement.

ATELIER. SAISIE-EXÉCUTION. *C. Proc.* 519. Lorsque les ustensiles d'une usine ou d'un atelier auront été saisis, le juge du référé pourra établir un gérant à l'exploitation.

ATTRIBUTION DE DENIERS. DISTRIBUTION PAR CONTRIBUTION. *C. Proc.* 579. Le greffier fera, dans les trois jours de la réquisition, sommation aux créanciers opposants au domicile élu dans l'acte de saisie, de produire, dans le délai d'un mois, au greffe, leur titre avec leur demande en attribution de deniers.

583. Toutefois, à quelque moment qu'il se présente avant l'expiration des délais accordés pour produire, même avant l'ouverture de la contribution, le propriétaire pourra appeler en référé le saisi, le créancier saisissant et celui qui poursuit la contribution, s'il y a lieu, et le plus ancien créancier opposant en dehors des créanciers non privilégiés, pour se faire attribuer les fonds provenant des meubles garnissant les lieux, à charge de prélever, d'après la taxe, les frais ci-dessus indiqués faits jusques et y compris l'ordonnance d'attribution. V. CONTRIBUTION (DISTRIBUTION PAR).

ATTRIBUTION DE JURIDICTION. *C. Proc.*
35. Les défendeurs seront assignés, savoir :
En matière personnelle ou mobilière, devant le tribunal de leur domicile ou de leur résidence, s'ils n'ont pas de domicile en Egypte.
S'il y a plusieurs défendeurs, ils seront tous cités devant le tribunal du domicile de l'un d'eux.
En matière réelle immobilière et en matière possessoire, devant le tribunal de la situation du bien litigieux ;
En matière de société, tant qu'elle existe et si la qualité d'associé n'est pas contestée, devant le tribunal du siège de la société ;
Les Compagnies d'assurances, de transport, etc., pourront être assignées au tribunal de leurs succursales ;
En matière de faillite, devant le tribunal qui a déclaré la faillite ;
En matière d'élection de domicile pour l'exécution d'un contrat, devant le tribunal du domicile élu ou du domicile réel ;
En matière de garantie, de reconvention ou d'intervention, devant le tribunal saisi de la demande principale ;
Le défendeur en garantie pourra, toutefois, demander et obtenir d'être renvoyé devant son tribunal, s'il démontre, soit par écrit, soit par l'évidence des faits que la demande originaire n'a été introduite que pour le traduire hors de son tribunal ;
En matière de commerce, devant le tribunal du domicile du défenseur, ou devant celui dans le ressort duquel la promesse a été faite et la marchandise livrée, ou encore devant celui dans le ressort duquel le payement doit avoir lieu ;
En matière de succession. Dans les demandes intentées par les créanciers d'un défunt devant le tribunal du lieu où la succession est ouverte, si le partage n'a pas eu lieu, devant le tribunal du domicile de l'un des héritiers ;
En cas de domicile à l'étranger. Quand le défendeur sera domicilié à l'étranger et qu'un tribunal égyptien ne sera compétent à raison d'un des motifs indiqués dans les précédents paragraphes, l'assignation pourra être donnée devant le tribunal de la résidence

du demandeur ou, à défaut, devant le tribunal d'Alexandrie.

Si, dans ce cas, le tribunal saisi est celui du demandeur, le président pourra accorder sur requête l'assignation dans les délais des articles 38 à 39, sans observer les délais de distance.

Pour l'exécution des jugements. C. Proc. 441. Les tribunaux de justice sommaire et de commerce ne seront pas compétents pour connaître des difficultés nées sur l'exécution de leurs sentences ; ces difficultés seront portées devant le tribunal civil du lieu de l'exécution.

Pour la radiation des hypothèques. C. Civ. 696. La demande en radiation (des inscriptions hypothécaires) est portée devant le tribunal de la situation des biens, sauf si elle a lieu incidemment aux contestations sur la créance garantie.

En matière d'indivision. C. Civ. 549. S'il y a désaccord, ou si l'une des parties n'est pas libre de ses droits, celle qui voudra sortir de l'indivision citera les copropriétaires devant le tribunal du siège social ou de la situation des biens, ou, s'il s'agit de mobilier, devant le tribunal du domicile d'un des défendeurs, et demandera la nomination d'un juge devant lequel le partage aura lieu, et d'un ou plusieurs experts pour procéder à l'estimation et à la confection des lots.

AUBERGISTE. *C. Civ.* 598. Le dépositaire qui tire un salaire à l'occasion des faits qui ont motivé le dépôt, comme l'aubergiste, le voiturier, etc., est responsable de la perte de la chose déposée à moins qu'il n'établisse que la perte a eu lieu par suite de force majeure.

727. Sont privilégiées les créances suivantes : 7° Les sommes dues aux aubergistes sur les effets déposés dans l'auberge par les voyageurs.

C. Proc. 28. Un juge délégué par le tribunal statuera en tribunal de justice sommaire sur les affaires suivantes en matière civile : 2° Sur les contestations entre hôteliers et voyageurs à raison de la location ou du transport, en dernier ressort jusqu'à P. T. 800, et à charge d'appel jusqu'à P. T. 8,000 quand le contrat ne sera pas contesté.

AUDIENCE. *R. O J. Titre 1. art.* 15. Les audiences seront publiques, sauf le cas où le tribunal, par une décision motivée, ordonnera le huis-clos dans l'intérêt des bonnes mœurs ou de l'ordre public ; la défense sera libre.

16. Les langues judiciaires employées devant le tribunal pour les plaidoiries et la rédaction des actes et sentences, seront les langues du pays, l'italien et le français.

R. G. J. art. 53. La Cour et les tribunaux fixeront (dans la seconde quinzaine du mois d'octobre de chaque année, pour la nouvelle année judiciaire) les jours et heures des audiences et le tour des juges destinés à y siéger.

Le projet pour la fixation des audiences sera fait à la diligence du vice-président.

65. Le tableau des jours d'audience dont il est question en l'art. 53 restera continuellement affiché dans la salle d'audience.

66. Si l'un des jours de la semaine fixé par le tableau est un jour férié, l'audience de ce jour est renvoyée au premier des jours non compris dans le tableau.

Appel des causes à l'audience. C. Proc. 40. L'assignation sera donnée à jour fixe, à l'audience qui sera indiquée par le règlement pour l'appel des causes nouvelles, ou à un jour fixé par ordonnance du juge, mise au bas d'une requête à lui présentée à cet effet et qui sera signifiée en tête de la copie de l'assignation.

41. Il y aura, devant le tribunal, au moins une audience par semaine, à laquelle les affaires nouvelles seront appelées.

42. Les affaires nouvelles seront appelées à toutes audiences des autres tribunaux, même celles qui seront tenues en dehors des audiences ordinaires.

55. Les affaires civiles urgentes et les affaires commerciales seront plaidées à l'audience à laquelle elles auront été appelées ou à la plus prochaine audience, s'il y a lieu, suivant leur ordre d'inscription au rôle.

56. Le tribunal pourra, dans son règlement, déterminer une partie de l'audience, après l'appel des causes, pour entendre les affaires qui peuvent être plaidées au moyen d'observations sommaires.

DISPOSITIONS COMPLÉMENTAIRES

1° APPEL AUX AUDIENCES DE LA COUR. *R. G. J.* 67. Il y aura à la Cour une audience par semaine à laquelle les défendeurs pourront être assignés dans les délais prévus par le Code de procédure civile et commerciale. V. ASSIGNATION.

A cette audience, à laquelle les affaires nouvelles devront être appelées, seront plaidées et jugées : les affaires par défaut, les affaires civiles urgentes, les affaires commerciales qui n'exigent pas un grand développement, et, si le temps le permet, les affaires civiles qui paraîtront de nature à être plaidées au moyen d'observations sommaires.

Les autres affaires seront renvoyées à un rôle spécial où elles prendront rang d'inscription.

68. Il y aura, chaque semaine à la Cour, une audience à laquelle seront plaidées, tout d'abord, les affaires civiles urgentes et les affaires commerciales qui n'auraient pu être plaidées à l'audience du jour où elles ont été appelées, et ensuite, les affaires renvoyées au rôle spécial, d'après le numéro d'ordre de leur inscription.

Les affaires qui n'auraient pu, faute de temps, être traitées en cette audience, ainsi que celles renvoyées d'office, ou, par décision sur contestation, à jour fixe, seront traitées : les premières à l'audience suivante fixée pour les affaires renvoyées au rôle spécial, et les autres à l'audience fixée d'office, mais par priorité.

69. Les affaires renvoyées à la demande des parties prendront leur numéro d'ordre sur le rôle spécial, après toutes les autres qui y seront déjà enregistrées.

2° APPEL AUX AUDIENCES DES TRIBUNAUX. *R. G. J. art.*70. Devant les tribunaux de première instance divisés en Chambres, il y aura au moins une audience par semaine, à laquelle pourront être assignés les défenseurs en matière civile, et une autre audience, au moins, à laquelle pourront être assignés les défendeurs en matière de commerce.

A ces audiences seront plaidées les affaires par défaut, les affaires urgentes, et, si le temps le permet, celles qui paraîtront de nature à être plaidées au moyen d'observations sommaires.

Toutes les autres affaires seront respectivement renvoyées au rôle spécial, civil ou commercial et elles y seront inscrites sous un numéro d'ordre progressif.

71. Il y aura, devant les tribunaux de première instance, divisés en Chambres, une audience au moins par semaine à laquelle seront plaidées les affaires en matière civile, et une autre pour les affaires commerciales renvoyées au rôle spécial respectif.

A ces audiences seront traitées, tout d'abord, les affaires urgentes qui n'auraient pu être plaidées à l'audience à laquelle elles auront été appelées.

72. Les affaires qui n'auraient pu, faute de temps, être plaidées à cette audience (art. 67) et celles renvoyées à jour fixe, soit d'office, soit par décision sur contestation, seront traitées : les premières à l'audience fixée pour l'audition des affaires renvoyées au rôle spécial, et les autres à l'audience qui sera fixée par le tribunal, mais par priorité.

Les causes dont les parties demanderont d'accord le renvoi pourront être remises à jour fixe, mais au cas d'une nouvelle demande semblable, l'affaire recevra rang d'inscription après toutes les autres causes déjà inscrites au rôle spécial.

73. Les affaires appelées à l'audience pour y être plaidées ne pourront être renvoyées à une autre audience, du consentement de toutes les parties ou sur la demande de l'une d'elles que pour de graves motifs.

74. L'absence de l'avocat ne saurait être considérée comme un motif suffisant pour justifier le renvoi.

75. Si le renvoi provient du retard apporté par l'une des parties à la production des pièces ou à la présentation de ses moyens de défense, ou s'il est dû à tout autre fait analogue à elle imputable, elle sera condamnée aux frais de renvoi.

76. Les tribunaux de première instance composés d'une chambre seulement tiendront par semaine au moins une audience en matière civile et une audience en matière commerciale auxquelles les défendeurs pourront être cités.

Ils fixeront toutefois une audience par semaine à l'effet d'expédier les affaires non terminées dans les deux audiences destinées, comme il est dit ci-dessus, à l'appel et à la discussion des causes nouvelles.

77. Le juge de première instance délégué aux affaires de justice sommaire tiendra au moins deux audiences par semaine.

78. Quand les besoins du service l'exigent, le vice-président fixe par un arrêté, dans le courant de l'année, les audiences extraordinaires en indiquant le nombre et la nature des affaires qui y sont traitées.

82. Les chapitres III, IV et V du Code de procédure civile et commerciale contiennent les règles générales sur les audiences.

DISPOSITIONS ADDITIONNELLES.

AUDIENCES DES VACATIONS. *R. G. J. art.* 126. Pendant les vacances, il ne sera pas tenu moins de trois audiences par mois, pendant les mois de juillet, août et septembre ; ni moins de deux audiences pendant la première quinzaine d'octobre.

COSTUME. *R. G. J. art.* 80. Aux audiences publiques et dans les solennités officielles de la Cour et des Tribunaux, les magistrats et les fonctionnaires de l'ordre judiciaire porteront le costume qui leur est assigné.

81. Aux audiences de la Cour et des Tribunaux, les membres du Ministère public, les parties et leurs mandataires parleront debout.

Les avocats porteront aux audiences publiques la robe ou le costume officiel du pays (stambouline et tarbouche).

POLICE DE L'AUDIENCE. *R. O. J. Titre I. art.* 37. La Cour préparera le règlement général judiciaire en ce qui concerne la police de l'audience.

C. Proc. 62. La police de l'audience appartiendra au président qui pourra faire expulser ceux qui troubleraient l'ordre.

R. G. J. 89. La police des audiences appartiendra au juge qui préside. Ses ordres seront immédiatement exécutés. Il pourra faire expulser les perturbateurs, sans préjudice de l'application de la pénalité prévue par l'art. 66 du Code de procédure civile et commerciale. (V. *Infra. C. Proc. art.* 66).

90. Les parties, leurs mandataires et les avocats ne pourront être interrompus que s'ils injurient l'adversaire, attaquent l'ordre public ou des tiers étrangers au procès, ou s'ils s'écartent du sujet de l'affaire.

91. Si la partie, son mandataire ou l'avocat persistent, après deux rappels à l'ordre de la part du juge qui préside l'audience, celui-ci pourra leur retirer la parole pour être procédé, au besoin au jugement de l'affaire.

92. Le juge pourra même, selon la gravité du cas, priver le mandataire récidiviste, non inscrit au tableau des avocats, du droit de représenter les parties, soit pour un temps déterminée, soit pour toujours devant les tribunaux mixtes.

Le mandataire pourra se pourvoir dans les huit jours devant la Cour d'appel contre la décision du juge.

Le recours doit être présenté au vice-président de la Cour, laquelle statuera en Chambre du Conseil.

C. Proc. 63. Si le trouble est causé par un individu remplissant une fonction près le tribunal, il pourra lui être fait, séance tenante, à la requête du Ministère public, application des peines disciplinaires. (*V. R. O. J. modifiant les art.* 63 *à* 67).

R. G. J. 93. Si le désordre est occasionné par une personne remplissant des fonctions près la Cour ou le Tribunal, le juge qui préside l'audience provoquera contre elle les mesures disciplinaires.

C. Proc. 64. Le tribunal fera dresser procès-verbal des crimes et délits commis à l'audience, et ordonnera, le ministère public entendu, les mesures d'instruction qui pourront être prises séance tenante.

R. G. J. 94. Si un crime, un délit ou une contravention viennent à être commis à l'audience, le juge qui préside prendra les mesures nécessaires pour une prompte répression, en conformité des lois pénales et des règles en matière de compétence.

C. Proc. 65. L'individu qui serait arrêté sera, à la diligence du ministère public, déposé à la maison d'arrêt, sur le vu de l'ordonnance du président.

66. Le tribunal sera compétent pour prononcer, sur les conclusions du ministère public, la peine de vingt-quatre heures de prison, qui sera exécutée immédiatement, contre les individus qui troubleraient l'audience, et pour statuer, après avoir entendu les réquisitions du ministère public, sur la peine des délits commis à l'audience contre le tribunal ou l'un de ses membres, ou les officiers de la justice, même quand le tribunal siégera en matière de commerce.

67. Les délits qui ne seront pas jugés séance tenante ou dont le tribunal n'aura pas renvoyé le jugement à une autre audience, après la clôture des débats, seront jugés dans les formes ordinaires.

DISPOSITIONS DIVERSES.

EXPERTISES. *C. Proc.* 258. Le jugement (ordonnant l'expertise) ne sera pas signifié si les parties sont présentes à l'audience ou représentées.

272. Le tribunal pourra nommer des experts pour donner leur avis verbal à l'audience, sans qu'il soit besoin de rapport, auquel cas l'avis sera mentionné au procès-verbal d'audience.

EXPROPRIATION D'UTILITÉ PUBLIQUE. *C. Civ.* 137. Le jury de chaque cession se composera de six jurés tirés au sort en audience du tribunal, et de quatre jurés supplémentaires qui n'auront voix que s'ils remplacent un titulaire absent.

FOLLE-ENCHÈRE. *C. Proc.* 699. L'audience de vente sera fixée au premier jour utile après les quarante jours qui suivront la signification du titre avec sommation.

INSTRUCTION PAR ÉCRIT. *C. Proc.* 84. Le juge, après avoir entendu les parties, fixera séance tenante, le jour d'audience à laquelle elles devront comparaître. Il n'y aura lieu à citation que si l'une des parties a fait défaut devant ce juge. Le délai pour comparaître sera de trois jours.

85. A cette audience, le juge commis lira son rapport, dans lequel il résumera les faits et moyens, sans faire connaître son avis.

JUGEMENTS. *C. Proc.* 98. Les juges appelés à délibérer doivent tous avoir assisté à l'audience où les conclusions ont été prises et développés, à peine de nullité.

99. Ils doivent être présents à la lecture du jugement, qui devra être lu en audience publique.

REQUÊTE CIVILE. *C. Proc.* 432. Si le tribunal admet la requête civile, il fixera l'audience pour plaider sur le fond, sans qu'il soit besoin de citation nouvelle.

SAISIE DE RENTES. *C. Proc.* 554. L'audience (où il sera statué sur les dires et contestations des parties) ne pourra être indiquée pour un délai moindre de dix jours, et plus long que vingt jours après la signification dont il sera parlé dans l'article suivant.

557. Il ne sera plus reçu de dire ou contestation dans le jour qui précédera celui qui aura été indiqué pour l'audience.

SAISIE IMMOBILIÈRE. 640. A la suite du premier dire, le greffier fixera, en présence de la partie qui l'aura fait, l'audience où l'affaire sera appelée devant le tribunal pour statuer sur les contestations et celles qui pourraient survenir ultérieurement et dans le délai.

641. Cette audience sera la première utile, après les cinq jours qui suivront l'expiration du délai pendant lequel les dires seront reçus.

TRANSPORT DU TRIBUNAL. *C. Proc.* 287. Lorsque le tribunal jugera qu'il est utile que, dans une affaire grave, l'instruction et les débats aient lieu dans un lieu autre que celui où il siège, il déterminera par un jugement le jour, le lieu et l'heure où il tiendra audience. V. REGISTRE D'AUDIENCE.

AUGMENTATION DE DÉLAI. *C. Proc.* 18. Quand un acte contiendra citation ou sommation avec indication d'un délai déterminé, le jour de la signification ne sera pas compris dans le calcul de ce délai.

19. Lorsque la loi fixe un délai, il sera augmenté d'un jour par quarante kilomètres de distance entre le domicile de la partie citée ou sommée et le lieu où elle doit se présenter ou se faire représenter.

Les fractions supérieures à vingt-cinq kilomètres augmenteront le délai d'un jour.

Ces délais seront diminués de moitié pour tout le parcours qui pourra se faire en chemin de fer.

20. Si le dernier jour du délai est un jour férié, le délai sera prorogé au lendemain.

22. Il n'y aura pas lieu à l'augmentation des délais à raison de la distance du domicile, si la partie à laquelle l'acte est signifié est présente en Egypte : on observera seulement les délais du lieu où elle aura sa résidence ou ceux du lieu où elle aura été trouvée, sauf au tribunal a accorder, s'il est nécessaire, de plus amples délais. V. DÉLAIS DE PROCÉDURE.

APPEL. *C. Proc.* 399. Le délai (d'appel) sera augmenté des délais de distance. V. DÉLAIS DE PROCÉDURE.

DÉLAISSEMENT (*offre du tiers détenteur*) *C. Civ.* 706. L'offre sera réputée avoir été acceptée si aucun des créanciers n'a fait, dans le délai de soixante jours à partir de la dernière notification, la déclaration de surenchères au greffe dans les formes indiquées au Code de procédure.

Ces soixante jours seront augmentés des délais de distance entre le domicile réel du créancier et son domicile élu ; mais ces derniers délais ne pourront être supérieurs à soixante nouveaux jours.

AUTORISATION MARITALE. *C. Proc.* 68. Seront communiquées au ministère public, les causes suivantes : 2° celles qui concernent les femmes non autorisées par leurs maris ou plaidant pour leur dot ;

AUTORISATION DE L'ÉTAT. *C. Civ.* 24. Les terres (qui n'ont pas de propriétaires) ne peuvent être occupées qu'avec l'autorisation du Gouvernement, et sous les conditions établies par les règlements.

80. En ce qui concerne les terres non cultivées et qui sont de plein droit la propriété de l'Etat, la prise de possession ne peut avoir lieu qu'avec l'autorisation de l'Etat et moyennant la constitution d'un abadie, conformément aux règlements locaux.

AUTORISATION DU JUGE. BAIL. *C. Civ.* 447. Le bail fait par un tuteur ou un administrateur légal ne peut être consenti que pour trois années, à moins d'autorisation par le tribunal compétent pour juger les questions de tutelle.

COMMERÇANTS. *C. Com.* 10. Les personnes âgées de vingt et un ans accomplis pourront se livrer au commerce. Celles qui ont accompli leur dix-huitième année ne pourront faire le commerce que dans les conditions prescrites par leur statut personnel si elles sont mineures ou par autorisation du tribunal de commerce, si elles sont majeures d'après leur statut personnel.

COMMISSIONNAIRES. *C. Com.* 92. Le commissionnaire pour

vendre qui détiendra les marchandises à lui expédiées soit en dépôt, soit pour les vendre à un prix limité, et qui sera créancier pour une somme privilégiée d'après les articles ci-dessus. (V. COMMISSIONNAIRES), pourra, trois jours après une sommation restée infructueuse, outre le délai de distance, obtenir, sur une simple requête, du juge de service pour les affaires urgentes près le tribunal de son domicile, l'autorisation de vendre aux enchères publiques tout ou partie des marchandises, par le ministère d'un courtier commis à cet effet par l'ordonnance. V. COMMISSIONNAIRES

CRÉANCIERS. *C. Civ.* 174. Le créancier peut, si les circonstances le permettent, se faire autoriser par justice à faire aux frais du débiteur obligé ce qu'il était obligé d'exécuter, ou à détruire ce qui a été fait contrairement à l'engagement.

AUTORITÉ ADMINISTRATIVE. *R. O. J. Titre I.* art. 18. L'exécution des jugements aura lieu en dehors de toute action administrative, consulaire ou autre et sur l'ordre du tribunal. Elle sera effectuée par les huissiers du tribunal avec l'assistance des autorités locales si cette assistance devient nécessaire, mais toujours en dehors de toute ingérence administrative.

C. Civ. 7. Ces tribunaux (mixtes), sans pouvoir statuer sur la propriété du domaine public, ni interpréter ou arrêter l'exécution d'une mesure administrative, pourront juger, dans les cas prévus par le Code civil, les atteintes portées à un droit acquis d'un étranger par un acte d'administration.

COMMUNICATION AU MINISTÈRE PUBLIC. *C. Proc.* 68. Seront communiquées au ministère public, les causes suivantes : 3° celles qui concernent l'ordre public, l'Etat, le domaine public, les administrations du gouvernement, les villes et villages agissant comme communauté, les établissements publics, les dons et legs faits aux pauvres.

SIGNIFICATION DES ACTES. *C. Proc.* 10. Les copies seront remises pour les significations : 1° à l'État, entre les mains du gouverneur de la province.

2° Aux administrations, entre les mains des Directeurs des Divans de ces administrations.

V. EXPLOITS art. 9 et s. — CHEIKH ET BALAD.

AUTRUI. VENTE (DE LA CHOSE D'AUTRUI) *C. Civ.* 333. La vente d'un objet déterminé qui n'appartient pas au vendeur est nulle.

Elle pourra toutefois devenir valable si le véritable propriétaire la confirme.

334. Lorsque le vendeur aura vendu comme sienne une chose qu'il saura ne pas lui appartenir et que l'acquéreur sera de bonne foi, ce dernier pourra demander une indemnité.

332. La vente des droits à la succession d'une personne vivante

est nulle, même de son consentement. V. ADMINISTRATION DES BIENS D'AUTRUI.

AVAL. *C. Com.* 145. Le payement d'une lettre de change, indépendamment de l'acceptation et de l'endossement, peut-être garanti par un aval. Cette garantie est fournie par un tiers sur la lettre même ou par acte séparé et même par lettre missive.

146. Le donneur de l'aval est tenu solidairement et par les mêmes voies que celui pour lequel il l'a donné, sauf les conventions différentes des parties. L'aval est donné pour le tireur ou pour les endosseurs.

147. Celui qui a donné un aval pour le tireur ne peut se prévaloir du défaut de protêt, si ce n'est dans le cas où le tireur peut en exciper.

148. Le protêt doit être dénoncé au donneur d'aval pour un endosseur comme à cet endosseur lui-même, à peine de déchéance.

196. Toutes les dispositions relatives aux lettres de change et concernant l'aval sont applicables aux billets à ordre ou au porteur.

AVANCES. 1° *Avances sur marchandises*. V. COMMISSIONNAIRE EN MARCHANDISES. *art.* 89.

2° *Avances sur voyage en mer*. V. ÉQUIPAGE (*art.* 67. 73.)

DISPOSITIONS DIVERSES

MANDAT. *C. Civ.* 647. Le mandataire a droit aux intérêts de ses avances du jour où elles ont été faites par lui.

PAYEMENT D'AVANCE. (*Aliments*). *C. Civ.* 220. Les aliments sont toujours payables par mois et d'avance.

SOCIÉTÉ. *C. civ.* 520. L'associé a droit aux intérêts des sommes avancées par lui au profit de la société.

AVANT-BASSIN. *C. Marit.* 5. Sont privilégiées et dans l'ordre où elles sont rangées, les dettes ci-après désignées :

2° Les droits d'avant-bassin.

6. Le privilège accordé aux dettes énoncées dans le précédent article ne peut être exercé qu'autant qu'elles seront justifiées dans les formes suivantes : 2° les droits d'avant-bassin par les quittances légales des receveurs.

AVANTAGES. FAILLITE. *C. Com.* 236. Tous payements faits par le débiteur pour dettes échues autrement qu'en espèces ou effets de commerce, et tous autres actes à titre onéreux présentant un avantage exceptionnel au profit de celui qui a traité avec le failli, et que ce dernier aura passé après la cessation de ses payements, et avant le jugement déclaratif de la faillite, seront annulés, s'il est établi que ceux qui ont reçu les payements ou avec lesquels le failli a contracté connaissaient le dérangement de ses affaires.

237. Il en sera de même de toute translation de propriété à titre gratuit consenti à toute époque si le failli connaissait à cette époque le mauvais état imminent de ses affaires, même si le donataire était de bonne foi, à moins qu'il ne s'agisse d'un don nuptial non exagéré.

238. Seront annulées également toutes opérations ou conventions quelconques à quelque époque qu'elles aient eu lieu, s'il est établi qu'elles ont été faites de la part des deux parties dans l'intention frauduleuse de porter un préjudice aux créanciers, et si ce préjudice a été effectivement porté.

AVARIES.

1° COMMISSIONNAIRES.

C. Com. 97. Le commissionnaire est garant des avaries ou pertes des marchandises ou effets, s'il n'y a stipulation contraire dans la lettre de voiture, force majeure ou vice propre de la chose, sauf son recours contre le voiturier, s'il y a lieu.

98. Il est garant des faits du commissionnaire intermédiaire auquel il adresse les marchandises, si le commissaire intermédiaire n'a pas été désigné dans la lettre d'expédition ; mais, s'il l'a été, le commissionnaire principal n'en sera plus responsable.

102. Le voiturier est garant de la perte des objets à transporter, hors les cas de force majeure ; il est garant des avaries, sauf si la perte et les avaries proviennent du vice propre de la chose, de la force majeure ou de la faute ou de la négligence de l'expéditeur.

109. Toutes actions contre le commissionnaire et le voiturier, à raison de la perte ou de l'avarie des marchandises, sont prescrites après 180 jours pour les expéditions faites dans l'intérieur de l'Egypte, et après un an, pour celles faites à l'étranger ; le tout à compter pour les cas de perte, du jour où le transport des marchandises aurait pu être effectué, et pour les cas d'avaries, du jour ou la remise des marchandises aura été faite, sans préjudice des cas de fraude ou d'infidélité.

2° NAVIGATION MARITIME.

C. Marit. Titre XII. DES AVARIES.

Section I. De la définition, de la classification et du règlement des avaries. (Art. 235-244.)

235. Sont réputés avaries tous dommages qui arrivent au navire et aux marchandises, et toutes dépenses extraordinaires faites par le navire et les marchandises, conjointement ou séparément pendant le temps où les risques commencent et finissent conformément à l'art 168. V. EMPRUNT A LA GROSSE.

236. Les avaries sont de deux classes, avaries grosses ou communes et avaries simples ou particulières.

237. A défaut des conventions spéciales entre les parties, les avaries sont réglées conformément aux dispositions ci-après :

Les avaries communes sont supportées par les marchandises, même celles jetées à la mer, et par la moitié du navire et du fret, proportionnellement à leur valeur respective.

Les avaries particulières sont supportées et payées par le propriétaire de la chose qui a essuyé le dommage ou a occasionné la dépense.

238. Sont avaries communes :

1° Les choses données par composition et à titre du rachat du navire et des marchandises.

2° Les objets jetés à la mer pour le salut commun ou pour l'utilité du navire et du chargement conjointement ;

3° Les cables, mâts, voiles et autres apparaux que l'on a coupés ou rompus dans le même but ;

4° Les ancres, cordages, marchandises ou autres effets abandonnés pour le même motif ;

5° Les dommages occasionnés par le jet aux marchandises restées dans le navire ;

6° Les dommages faits expressément au navire pour faciliter le jet, l'allègement ou le sauvetage des marchandises ou l'écoulement de l'eau, ainsi que les dommages arrivés à cette occasion au chargement ;

7° Les traitements, pansements, nourriture et dédommagements des personnes qui se trouvaient à bord et qui ont été blessées ou mutilées en défendant le navire ;

8° L'indemnité ou rançon de ceux qui sont envoyés à terre ou en mer pour le service du navire et de la cargaison, et qui sont pris, faits captifs ou esclaves ;

9° Les gages et nourriture des gens de l'équipage pendant la détention, quand le navire est arrêté après le voyage commencé par ordre d'une puissance étrangère, ou à cause d'une guerre survenue, aussi longtemps que le navire et la cargaison ne sont pas libérés de leurs obligations réciproques et qu'il n'est dû aucun fret si le navire est affrété au mois ;

10° Les droits de pilotage et autres frais d'entrée et de sortie dans un port de relâche forcée, faite, soit pour réparation de dommage souffert volontairement pour le salut commun soit pour échapper à un danger imminent provenant d'une tempête ou de la poursuite de l'ennemi, ainsi que les frais de déchargement pour alléger le navire et entrer dans un port, havre ou rivière dans le même cas ;

11° Les frais de mise à terre, magasinage et rembarquement des marchandises, nécessités pour réparation d'un dommage causé volontairement pour le salut commun ;

12° Les frais faits pour la demande en restitution du navire et et des marchandises quand ils ont été arrêtés ou amenés et qu'ils sont ramenés simultanément par le capitaine ;

13° Les frais faits pour remettre à flot le navire échoué à dessein pour éviter totalement la perte ou la prise, ainsi que les dommages arrivés au navire et à la cargaison conjointement ou séparément dans le même cas ;

14° Et, en général, les dommages causés volontairement dans le cas de danger, ainsi que les dépenses faites en pareille circonstance d'après délibération motivée pour le bien et le salut commun du navire et de la cargaison.

239. Sont avaries particulières :

1° Les dommages arrivés aux marchandises et au navire par leur vice propre, par tempête, prise, naufrage ou échouement fortuit ;

2° Les frais pour les sauver ;

3° La perte et le dommage des cables, ancres, voiles, mâts, cordages, canots, causés par tempête ou autre accident de mer ;

4° Les dépenses résultant de toutes relâches occasionnées soit par le besoin d'avitaillement, soit par voie d'eau ou tout autre dommage fortuit à réparer ;

5° La nourriture et le loyer des matelots pendant la détention, quand le navire est arrêté en voyage par ordre d'une puissance, si le navire est affrété au voyage ;

6° La nouriture et le loyer des matelots pendant les réparations d'un dommage quelconque, et pendant la quarantaine, que le navire soit loué au voyage ou au mois ;

7° Et en général tous dommages, pertes et frais faits et soufferts pour le navire seul ou pour les marchandises seules depuis leur chargement et départ jusqu'à leur retour et déchargement.

240. Les dommages arrivés aux marchandises faute par le capitaine d'avoir bien fermé les écoutilles, amarré le navire, fourni de bons guindages, et par tous autres accidents provenant de la négligence du capitaine ou de l'équipage, sont également des avaries particulières supportées par le propriétaire des marchandises, mais pour lesquels il a son recours contre le capitaine, le navire et le fret.

241. Les lamanages, touages, pilotages, pour entrer dans les havres ou rivières ou pour en sortir; les droits de congés, visites, rapports, tonnes, balistes, ancrages et autres droits de navigation ne sont pas avaries, mais ils sont de simples frais à la charge du navire.

242. En cas d'abordage de navires, si l'évènement a été purement fortuit, le dommage est supporté, sans répétition, par celui des navires qui l'a éprouvé.

Si l'aborbage a été fait par la faute de l'un des capitaines, le dommage est causé par celui qui l'a causé.

Si l'abordage a lieu par la faute des deux capitaines, ou s'il y a doute sur les causes qui l'ont produit, le dommage est réparé à frais commun par les navires qui l'on fait et souffert proportionnellement à leur valeur respective. Dans ces deux derniers cas, l'estimation du dommage est faite par des experts.

243. Une demande pour avarie n'est point recevable par les assureurs si l'avarie commune n'excède pas un pour cent de la valeur cumulée du navire et des marchandises, et si l'avarie particulière n'excède pas un pour cent de la valeur de la chose endommagée.

244. La clause franc-d'avarie affranchit les assureurs de toutes avaries, soit communes, soit particulières, excepté dans les cas qui donnent ouverture au délaissement, et dans ce cas, les assurés ont l'option entre le délaissement et l'exercice de l'action d'avarie.

DISPOSITIONS DIVERSES.

ASSURANCES. *C. Marit. art.* 211. Tous autres dommages, (V. DÉLAISSEMENT *art.* 214.) sont réputés avaries et se règlent entre les assureurs et les assurés à raison de leurs intérêts.

AVARIES COMMUNES. V. AVARIES, *art.* 238,

AVARIES PARTICULIÈRES. V. AVARIES, *art.* 239.

CAPITAINE. *C. Marit.* 51. Le capitaine qui aura, sans nécessité, pris de l'argent sur le corps, avitaillement ou équipement du navire, engagé ou vendu des marchandises ou victuailles, ou qui aura employé dans ses comptes des avaries et des dépenses supposées, sera responsable envers les intéressés, et personnellement tenu du remboursement de l'argent ou du payement des objets, sans préjudice de la poursuite criminelle, s'il y a lieu.

125. Le capitaine ne peut retenir les marchandises dans son navire, faute de payement de son fret, de l'avarie grosse et des frais, s'il y en a. Il peut en demander le dépôt en mains tierces jusqu'au payement de ce qui lui est dû ; et si elles sont sujettes à dépérissement, il peut en demander la vente, à moins que le consignataire ne lui donne caution pour le payement.

S'il y a avarie grosse et qu'elle ne puisse être réglée de suite, il peut demander la consignation judiciaire d'une somme à fixer par le juge ou une caution solvable.

126. Le capitaine est préféré à tous les créanciers pour son fret, les avaries et les frais sur les marchandises de son chargement pendant quinzaine après leur délivrance, si elle n'ont passé en mains tierces, sauf le cas de dépôt mentionné dans l'article précédent.

127. En cas de faillite des chargeurs ou réclamateurs avant l'expiration de la quinzaine, le capitaine conserve son privilège sur les dites marchandises contre tous les créanciers des faillis pour le payement de son fret, des avaries et des frais qui lui sont dus.

CLAUSE FRANC-D'AVARIE. *C. Marit.* 244. La cause franc-d'avarie affranchit les assureurs de toutes avaries, soit communes, soit particulières, excepté dans les cas qui donnent ouverture au délaissement; et dans ces cas, les assurés ont l'option entre le délaissement et l'exercice de l'action d'avarie. V. AVARIES.

COMPÉTENCE. *C. Com.* 4. Les tribunaux de commerce connaîtront également de toutes contestations relatives aux avaries générales et particulières.

CONTRAT A LA GROSSE. *C. Marit.* 171. Les prêteurs à la grosse contribuent à la décharge des emprunteurs, aux avaries communes, malgré toute convention contraire. Ils contribuent aussi aux avaries simples, s'il n'y a convention contraire. Ladite contribution a lieu sur le capital prêté et la prime convenue.

DÉLAISSEMENT. *C. Marit.* 227. Le délaissement à titre d'innavigabilité ne peut être fait, si le navire, ayant touché ou échoué, peut être relevé, réparé, et mis en état de continuer sa route pour le lieu de la destination ; à moins que les frais de la réparation n'excèdent les trois quarts de la valeur pour laquelle il été assuré.

Dans le cas de réparation, l'assuré conserve son recours sur les assureurs, pour les frais et avaries occasionnés par l'échouement.

231. Dans le même cas, l'assureur est tenu, en outre, des avaries, frais de déchargement, magasinage, rembarquement, de l'excédant du fret, et de tous autres frais qui auront été faits pour sauver les marchandises, jusqu'à concurrence de la somme assurée.

FIN DE NON RECEVOIR. *C. Marit.* 274. Sont non recevables : toutes actions contre l'affréteur pour avaries, si le capitaine a livré les marchandises et reçu son fret sans avoir protesté.

375. Ces protestations et réclamations sont nulles si elles ne sont faites et signifiées dans les quarante huit heures et si, dans trente et un jours de leur date, elles ne sont suivies d'une demande en justice.

FRET. *C. Marit.* 119. Si le navire est arrêté pour un temps seulement, dans le cours de son voyage, par l'ordre d'une puissance, il n'est dû aucun fret pour le temps de sa détention si le navire est affrété au mois, ni augmentation de fret s'il est loué au voyage.

La nouriture et les loyers de l'équipage pendant la détention du navire sont réputés avaries.

PRIVILÈGE. *C. Marit.* 5. Sont privilégiées et dans l'ordre où elles sont rangées, les dettes ci-après désignées : 11° Les dommages-intérêts dus aux affréteurs, pour le défaut de délivrance des marchandises qu'ils ont chargées, ou pour remboursement des avaries souffertes par les dites marchandises par la faute du capitaine ou de l'équipage.

Les créanciers compris dans chacun des numéros du présent article viendront en concurrence et proportionnellement à ce qui leur est dû en cas d'insuffisance du prix.

6. Le privilège accordé aux dettes énoncées dans le précédent article ne peut être exercé qu'autant qu'elles seront justifiées dans les formes suivantes : Les dommages-intérêts dus aux affréteurs seront constatés par les jugements du tribunal de commerce, ou par les décisions arbitrales qui seront intervenues, si les parties ont consenti à être jugées par des arbitres.

AVENTURE. V. EMPRUNT A LA GROSSE AVENTURE.

AVEU. *C. Civ.* 298. L'aveu fourni ou provoqué en justice ne peut être divisé contre celui qui l'a fait.

280. Dans toutes matières autres que les matières commerciales, et quand il s'agira de sommes ou valeurs supérieures à 1000 P. T. ou indéterminées, les parties qui n'auront pas été empêchées par les circonstances de se procurer un écrit constatant l'obligation ou la libération, ne seront point admises à en faire la preuve par témoin ou par présomption.

281. Elles ne pourront que provoquer l'aveu de l'adversaire par un interrogatoire dans les formes prescrites au Code de procédure ou en leur déférant le serment.

BAIL. *C. Cir.* 446. Le contrat de bail fait sans écrit ne peut être prouvé, quand il n'a pas reçu d'exécution, que par l'aveu ou le serment de celui auquel il est opposé.

MANDAT. *C. Civ.* 632. Il est nécessaire de justifier d'un mandat spécial ou de pouvoirs spéciaux énoncés dans une procuration générale pour faire un aveu.

USUFRUIT. *C. Civ.* 45. Il (l'usufruitier) ne peut faire aucune construction ou plantation sans le consentement du propriétaire, et il devra prouver ce consentement par écrit, l'aveu ou le serment de ce dernier.

AVEUGLE. VENTE. *C. Civ.* 319. La vente faite à un aveugle est valable quand il a pu se rendre compte autrement que par la vue de la chose vendue, ou qu'il l'a fait voir par un tiers en qui il a confiance.

AVIS D'EXPERT. *C. Proc.* 264. Le procès-verbal d'expert contiendra son avis motivé.

272. Le tribunal pourra nommer des experts pour donner leur avis verbal à l'audience, sans qu'il soit besoin de rapport, auquel cas l'avis sera mentionné au procès-verbal d'audience.

278. Le tribunal ne sera pas lié par l'opinion des experts.

AVIS SUR PROCÈS. RÉCUSATION. *C. Proc.* 325. Tout juge peut être récusé pour les causes ci-après : 5° s'il a donné conseil, plaidé ou écrit sur le différend.

INSTRUCTION PAR ÉCRIT. *C. Proc.* 85. (A l'audience de comparution des parties) le juge commis lira son rapport, dans lequel il résumera les faits et moyens, sans faire connaître son avis.

DISPOSITIONS GÉNÉRALES.

AVOCAT. *C. Proc.* 1. Les parties dirigent elles-mêmes, ou par l'intermédiaire qu'elles choisissent, la procédure qu'elles ont à suivre devant les tribunaux.

Toutefois les mandataires qui se présenteront en leur nom devant la Cour d'appel, pour plaider ou pour conclure, devront avoir obtenu dans leur pays, les diplômes nécessaires pour être avocats.

R. G. J. 184. Les avocats inscrits au tableau de l'ordre ne seront admis à représenter les parties par devant la Cour d'appel qu'après avoir exercé leur profession en Egypte ou à l'étranger pendant huit ans y compris les années de stage et éventuellement le temps pendant lequel ils auront fait partie de la magistrature.

C. Proc. 2. Les règles relatives à la profession d'avocat sont déterminées par la loi d'organisation judiciaire (1).

R. O. J. Titre I. 24 La discipline des.... avocats est réservée à la Cour d'appel. La peine applicable aux avocats pour les faits qui compromettent leur honorabilité sera la radiation de la liste des avocats admis à plaider devant la Cour.

Le jugement devra être rendu par la Cour en réunion générale à la majorité des trois quarts des conseillers présents.

C. Proc. 44. Au jour fixé pour l'appel de la cause, les parties comparaîtront en personne ou par fondé de procuration spéciale pour l'affaire, ou générale, pour se présenter en justice.

Les mandataires devant la Cour d'appel devront être avocats. (V. *ci-dessus l'art* 184 *du R. G. J.*)

49. Les avocats pourront se présenter comme mandataires sur leur simple affirmation et sous leur responsabilité ; (*art* 222. *R. G. J.*) mais ils doivent produire le mandat avant la fin de l'affaire. V. MANDAT AD LITEM. V. PLAIDOIRIES.

DISPOSITIONS DIVERSES.

INCAPACITÉ SPECIALE. *C. Civ.* 324. Les magistrats, greffiers, huissiers et avocats ne pourront acheter, ni par eux-mêmes, ni par personne interposée, en tout ou en partie, des droits litigieux qui sont de la compétence des tribunaux dans le ressort desquels ils exercent leurs fonctions, et ce à peine de nullité de la vente.

La vente en ce cas est radicalement nulle, et la nullité devra être prononcée à la demande de toute personne ayant intérêt, et même d'office.

DÉLIBÉRÉS. *C. Proc.* 91. Le tribunal ne pourra entendre une partie ou son mandataire, dans ses explications à la chambre du conseil, sans appeler l'autre partie contradictoirement.

(1) Contrairement à ce que dit cet article, la loi d'organisation judiciaire ne contient aucune règle relative à la profession d'avocat. Seul l'art. 24. Titre I. édicte le pouvoir disciplinaire de la Cour, et encore doit-il être combinés avec les art. 212 et s. du Regl. Gen. Jud. V. *Infra* p : 97.

92. Il ne devra être reçu pendant le délibéré, ni note, ni mémoire, ni pièces, sans une communication préalable à l'adversaire.

PRISE A PARTIE. *C. Proc.* 752. La partie ou son mandataire, qui devra être avocat sera entendu en ses explications, et le ministère public dans ses conclusions.

SERMENT. *C. Proc.* 185. Le mandataire ne pourra ni déférer le serment ni le référer, sans mandat spécial pour cet objet.

196. Le serment ne peut être prêté par mandataire.

VENTE VOLONTAIRE JUDICIAIRE. *C. Proc.* 710. Tout propriétaire d'immeuble peut le faire vendre en justice et suivant les mêmes formalités, à partir du dépôt du cahier des charges ; toutefois, le cahier des charges devra être dressé par un avocat et la mise à prix pourra être fixée par la partie. La notification du cahier des charges pourra être faite aux créanciers inscrits.

RÈGLEMENT GÉNÉRAL JUDICIAIRE
TITRE XII
DES AVOCATS

CHAPITRE PREMIER

Conditions requises pour l'exercice de la profession d'avocat.

Tableau de l'ordre. Art. 175. Pour être inscrit au tableau de l'ordre des avocats, il faut ;

1° Posséder le diplôme d'avocat ;
2° Jouir d'une réputation intacte ;
3° Résider en Égypte ;
4° Avoir fait cinq ans de stage près l'un des tribunaux mixtes de première instance.

176. Dans les cas exceptionnels, les personnes non inscrites sur le tableau des avocats peuvent être admises à assister les parties devant les tribunaux mixtes, si elles prouvent que dans leur pays elles exercent la profession d'avocat.

177. Le tableau des avocats est tenu par une commission existant près la Cour d'appel et composée du vice-président ou de celui qui en remplit les fonctions, d'un conseiller de la Cour, du procureur général ou de l'un de ses substituts, du bâtonnier de l'ordre des avocats ou de son substitut et d'un délégué du conseil de l'ordre.

178. Le recours est ouvert devant la Cour d'appel contre les décisions de la Commission pour l'inscription.

179. Au commencement de l'année judiciaire, la Commission publie, dans le journal destiné aux insertions des actes judiciaires, les noms des avocats inscrits au tableau et leur résidence.

Stage. 175. Pour être inscrit au tableau de l'ordre des avocats, il faut : 4° avoir fait cinq ans de stage près l'un des tribunaux mixtes de première instance.

Sera compté comme temps de stage le temps pendant lequel les avocats auront exercé leur profession dans leur pays respectif, y compris les années de stage même antérieures à l'obtention du diplôme ou le temps pendant lequel ils auront appartenu à la magistrature.

Pourra être compté comme temps de stage, le temps pendant lequel les avocats auront exercé les fonctions d'avoué, de notaire, de greffier, etc., ou d'autres fonctions analogues.

180. Les avocats admis par la commission à faire le stage près les tribunaux de première instance devront fréquenter assidûment l'étude d'un des avocats

admis à représenter les parties par devant la Cour ; ils devront à l'expiration du stage produire un certificat délivré par l'avocat dont ils auront fréquenté l'étude et constatant qu'ils se sont strictement conformés à cette obligation.

181. Les avocats pourront pendant les années de stage plaider devant les tribunaux de première instance, pourvu qu'ils soient âgés de plus de vingt et un ans ou qu'ils soient assistés de la partie ou d'un avocat admis au tableau.

182. Le tribunal pourra retirer pour un temps déterminé le droit de plaider aux stagiaires qui auraient fait preuve d'inexpérience ou de négligence dans la défense des intérêts qui leur sont confiés.

183. Les avocats stagiaires seront inscrits à la suite du tableau de l'ordre selon la date de leur admission.

Ils ne feront partie du tableau de l'ordre qu'après avoir terminé leur stage et qu'en vertu d'une décision de la Commission.

Ils seront pendant la durée de leur stage soumis aux mêmes mesures disciplinaires que les avocats membres de l'ordre.

184. Les avocats inscrits au tableau de l'ordre ne seront admis à représenter les parties par devant la Cour qu'après avoir exercé leur profession en Egypte ou à l'étranger pendant huit ans, y compris les années de stage et éventuellement le temps pendant lequel ils auront fait partie de la magistrature.

Disposition transitoire en ce qui concerne les avocats.

276. Les nouvelles dispositions relatives aux avocats n'entreront en vigueur que le 1er novembre prochain et seront applicables à tous les avocats inscrits au tableau de l'ordre.

Toutefois les avocats qui, à cette date, auront cinq ans d'inscription à l'ancien tableau, seront admis de plein droit à représenter les parties par devant la Cour d'appel.

Ceux dont l'inscription remontera à moins de cinq ans seront inscrits comme stagiaires, mais seront admis par la Commission à représenter les parties devant la Cour après avoir complété leurs cinq années de stage qui courront du jour de leur inscription au dit tableau.

Il leur sera également tenu compte du temps pendant lequel ils auront exercé leur profession dans leur pays respectif, y compris les années de stage, ou auront appartenu à la magistrature.

CHAPITRE II
Droits et devoirs des avocats.

185. Les avocats sont tenus de remplir leur mission de défenseurs conformément à la loi avec zèle et probité.

Ils sont autorisés à se servir dans l'exercice de leur profession de tous moyens qui ne sont pas contraires à leur mandat, à leur conscience et à la loi.

190. L'avocat est tenu, en général, à une conduite qui réponde à l'honneur et à la dignité de l'ordre auquel il appartient.

212. L'avocat qui viole les devoirs de son ministère ou qui, dans l'exercice de sa profession et même en dehors, compromet par sa conduite l'honneur et la dignité de l'ordre auquel il appartient, est sujet à des mesures disciplinaires. V. *Infra. Chapitre V.*

Plaidoirie. V. *Plaidoirie.*

Mandat. V. *Mandat ad litem.*

Secret Professionnel. 188. L'avocat est tenu de garder le secret sur les affaires qui lui sont confiées.

Les cas où il est délié de l'obligation de témoigner dans une procédure civile ou pénale sont prévus par les lois civiles et pénales.

Assistance gratuite. 189. L'avocat est tenu de se charger de la défense à lui conférée d'office, d'après l'article 16, titre II, du Règlement d'organisation judiciaire, ou d'après l'article 239 du présent Règlement, à titre d'assistance des pauvres. V. *Assistance gratuite.*

Prohibition d'assistance. 189. Il est obligé de refuser toute assistance, même par consultation, s'il a représenté ou représente la partie adverse dans la même affaire, ou dans une affaire connexe, ou s'il a donné à ladite partie adverse une consultation dans la même affaire.

Substitution d'avocat. 195. L'avocat est autorisé en cas d'empêchement, à se faire remplacer par un autre avocat, mais sous sa propre responsabilité.

Si l'empêchement se prolonge au delà de quatre mois, il doit le notifier à la Cour d'appel, qui en donnera connaissance aux tribunaux.

Honoraires. 196. L'avocat peut, à n'importe quel moment, stipuler des honoraires pour ses peines et soins ; il ne peut toutefois acquérir, en tout ou partie, l'objet du litige confié à sa défense.

197. A défaut d'accords entre les parties et de conventions entre elles, le montant des honoraires sera fixé par le juge devant lequel l'affaire a été plaidée, eu égard à l'importance du litige, au mérite intrinsèque du travail, aux soins particuliers qu'il a nécessités, au temps employé, et à la position de fortune des parties.

Incompatibilités. 198. Sont incompatibles avec l'exercice de la profession d'avocat.

(A). — Les fonctions d'un emploi salarié par l'Etat, excepté les fonctions de professeur de droit.

(B). — Toutes autres occupations qui répugnent à la dignité de l'ordre des avocats.

Costume. 81. Aux audiences de la Cour et des tribunaux, les membres du Ministère Public, les parties et leurs mandataires parleront debout.

Les avocats porteront aux audiences publiques la robe ou le costume officiel du pays (stambouline et tarbouche).

Audience. (*Absence d'avocat.*) 74. L'absence de l'avocat ne saurait être considérée comme un motif suffisant pour justifier le renvoi.

CHAPITRE III
Ordre des avocats et conseil de l'ordre des avocats

199. L'ordre des avocats est composé de tous les avocats inscrits au tableau.

200. Il exerce ses fonctions, soit directement en Assemblée générale, soit par l'intermédiaire de son Conseil.

201. A l'Ordre et au Conseil de l'Ordre des avocats incombe le soin de l'honneur, de la dignité et des droits de l'Ordre, ainsi que la surveillance des devoirs des avocats.

202. Le bâtonnier, son substitut et les membres du Conseil de l'ordre sont élus par les avocats inscrits au tableau de l'Ordre et choisis parmi ceux admis à plaider devant la Cour.

Pour être élu bâtonnier, il est nécessaire d'avoir effectivement exercé la profession d'avocat pendant dix ans, dont cinq, au moins, près la Cour d'appel mixte.

L'élection aura lieu au scrutin secret et à la majorité absolue des membres présents.

Si au premier tour de scrutin on n'obtient pas la majorité absolue, on procède à un second tour ; si la majorité absolue n'est même pas obtenue au second tour, ceux qui y ont obtenu la majorité relative des voix entrent dans l'élection restreinte.

Le nombre des personnes à porter dans l'élection restreinte devra être double du nombre des personnes à élire.

Est nul tout vote qui porte le nom d'une personne non comprise dans l'élection restreinte.

203. Un tiers du nombre des membres du Conseil de l'Ordre sera choisi par l'Assemblée générale (art. 202) parmi les avocats résidant au Caire.

Toutefois, le nombre des membres du Conseil qui résident au Caire ne pourra être supérieur à cinq.

204. Le bâtonnier, son substitut et les membres du Conseil sont élus pour un an, mais ils continuent, ce délai expiré, à exercer leurs fonctions jusqu'aux nouvelles élections.

Ils sont rééligibles, mais ils peuvent ne pas accepter leur réélection.

Le résultat de l'élection doit être porté à la connaissance de la Cour d'appel.

205. Le bâtonnier et son substitut sont membres du Conseil de l'ordre.

Le Conseil décide à la majorité absolue des voix.

Pour chaque délibération du Conseil, la présence de la moitié des membres, plus un, est nécessaire.

Toute décision du Conseil est valable si elle réunit les votes des deux tiers des membres présents.

Si toutefois moins des deux tiers des membres du Conseil sont présents, il suffira, pour la validité de la décision, de la majorité absolue des voix.

En cas de partage, la voix du bâtonnier est prépondérante. Le bâtonnier ou, en cas d'empêchement, son substitut préside les réunions de l'Ordre et du Conseil.

206. Les attributions de l'Ordre des avocats sont les suivantes:
(A). La rédaction de son Règlement intérieur et de celui du Conseil;
(B). La fixation du nombre des membres du Conseil;
(C). Les prévisions des recettes et des dépenses de l'ordre et du Conseil, la fixation de la contribution annuelle, l'examen et l'approbation des comptes de l'ordre et du Conseil.

207. Les règlements intérieurs de l'Ordre et du Conseil ont besoin de l'approbation de la Cour d'appel pour être exécutoires.

208. Au Conseil appartient:
(A). La participation à la formation du tableau, dans les termes de l'article 177;
(B). L'exécution des décisions de l'ordre;
(C). L'administration économique et la perception des contributions annuelles;
(D). La correspondance avec les autorités et les personnes étrangères à l'ordre des avocats;
(E). La médiation, au cas où elle serait requise, entre les clients et les avocats, pour terminer des contestations d'honoraires;
(F). La médiation entre avocats pour différends relatifs à leur profession;
(G). L'application des mesures disciplinaires;
(H). La convocation des assemblées générales;
Cette convocation doit avoir lieu si elle est demandée par le quart au moins des membres du Conseil de l'Ordre;
(I). Les propositions et avis qui pourront être demandés par la Cour d'appel sur les projets de loi.

209. Le Conseil de l'ordre pourra déléguer à ses membres résidant au Caire les attributions prévues, *sub. litt. b. e. f.* de l'article qui précède et, excepté l'application des mesures disciplinaires, les autres attributions de sa propre compétence, mais seulement pour ce qui concerne les avocats résidant au Caire.

CHAPITRE IV

Perte du droit d'exercer la profession d'avocat.

210. Le droit d'exercer la profession d'avocat se perd:
(A). A la suite des incompatibilités mentionnées en l'article 198 et aussi longtemps qu'elles durent;
(B). Par l'abandon de la résidence habituelle en Egypte;
(C). A la suite d'une condamnation qui emporte la radiation du tableau.

CHAPITRE V

Du pouvoir disciplinaire des avocats.

211. La surveillance sur les avocats est exercée par leur Conseil, par les tribunaux de première instance et par la Cour d'appel.

212. L'avocat qui viole les devoirs de son ministère ou qui, dans l'exercice de sa profession et même en dehors, compromet par sa conduite l'honneur et la dignité de l'ordre auquel il appartient, est sujet à des mesures disciplinaires.

213. Les mesures disciplinaires sont:
(A). L'avertissement.
(B). Les peines disciplinaires.

214. La faculté de donner l'avertissement est exercée par quiconque est investi du droit de surveillance.

215. Les peines disciplinaires sont :
(A). La censure.
(B). L'interdiction temporaire.
(C). La radiation du tableau.
Les peines disciplinaires ne peuvent être prononcées que par la Cour d'appel.

216. La Cour d'appel donne suite à une procédure disciplinaire, soit d'office, soit sur la plainte des parties intéressées, sur la dénonciation du Conseil des avocats ou sur la proposition des tribunaux ou du ministère public.

217. L'action disciplinaire s'exerce indépendamment de toute action pénale ou civile résultant du même fait.
Aucune peine de discipline ne peut être appliquée sans que l'inculpé ait été entendu dans ses moyens de défense.

218. En matière disciplinaire, la délibération de la Cour a lieu à huis-clos et doit être motivée.

219. Le vice-président de la Cour d'appel pourvoit à l'exécution du jugement disciplinaire ;

AYANT CAUSE; AYANT DROIT. BAIL. *C. Civ.* 452. La chose louée est délivrée dans l'état où elle se trouve au moment de l'époque fixée pour l'entrée en jouissance, pourvu qu'elle n'ait pas été détériorée depuis le contrat par le fait du bailleur ou de son ayant droit.

DÉPOT. *C. Civ.* 603. L'ayant cause du dépositaire qui a aliéné la chose de bonne foi ne doit que le prix qu'il a reçu ou l'action qu'il a contre l'acquéreur, si l'aliénation a eu lieu à titre gratuit, il doit l'estimation de la chose déposée.

595. Le dépositaire doit rendre la chose au déposant ou à son ayant droit.

EXPROPRIATION D'UTILITÉ PUBLIQUE. *C. Civ.* 126. Les propriétaires seront tenus dans la huitaine, (de l'affichage du plan définitif et des offres de l'administration) de faire connaître les usufruitiers, locataires ou tous ayant droit, sous peine d'être chargés exclusivement de les indemniser s'il y a lieu.

ORDRE. *C. Proc.* 745. Le juge commis réglera dans la forme ci-dessus (V. ORDRE) et en même temps que l'ordre, si faire se peut, les distributions des sommes dues aux créanciers colloqués entre les créanciers ou ayants droit de ces derniers et sur leur réquisition.

PRESCRIPTION. *C. Civ.* 106. On ne prescrit pas un droit réel contre son propre titre ou celui de ses auteurs ; ainsi le fermier, l'usufruitier, le dépositaire, l'emprunteur ou leurs héritiers ne peuvent prescrire.

PRESCRIPTION DES EFFETS DE COMMERCE. *C. Com.* 201. Toutes actions relatives aux lettres de change et aux effets de commerce souscrits par des négociants, marchands ou banquiers, ou pour faits de commerce, se prescrivent par cinq ans, à compter du jour du protêt ou de la dernière poursuite judiciaire, s'il y a eu condamnation, ou si la dette n'a été reconnue par acte séparé. Néanmoins les prétendus débiteurs seront tenus, s'ils en sont requis, d'affirmer sous serment qu'ils ne sont plus redevables, et

SOCIÉTÉS. *C. Civ.* 516. Le droit réel de propriété ou d'usufruit du corps certain apporté par l'ayant droit, devient commun par le fait même de la convention et l'apport est aux risques de la communauté.

SOCIÉTÉ. (*Prescription*). *C. Com.* 71. Toute action à raison des affaires de la société contre les associés non liquidateurs ou leurs ayant cause sera prescrite par cinq années, à partir soit de la fin de la société, si l'acte qui indique sa durée a été régulièrement publié, soit de la publication de l'acte de dissolution.

Les règles générales de la prescription relatives notamment à son interruption seront applicables.

TRANSCRIPTION. *C. Civ.* 745. Cette faculté (d'opposer le défaut de transcription ou d'inscription) appartiendra à l'ayant droit à titre onéreux du donataire ou du légataire particulier, lorsqu'il aura lui-même transcrit son titre ou inscrit son droit de préférence.

VENTE. *C. Civ.* 336. La vente légalement conclue a pour effet :

1° De transférer à l'acheteur par le fait seul du contrat et par rapport aux contractants et à ceux qui les représentent comme héritiers ou créanciers, la propriété de la chose vendue, qui est un objet, ou un droit déterminé, ou un droit incorporel et qui appartient au vendeur.

B

BAIL OU LOUAGE DES CHOSES. *C. Civ.* Titre III, chap. II. DU LOUAGE.

444. Il y a deux sortes de louage :
Le louage des choses,
Et le louage des personnes ou d'industrie.

SECTION I. — DU LOUAGE DES CHOSES

C. Civ. 445. Le louage des choses est un contrat par lequel une des parties s'engage à laisser jouir l'autre partie des avantages et bénéfices de la chose louée, pendant un certain temps, moyennant une redevance déterminée.

446. Le contrat de bail fait sans écrit ne peut être prouvé, quand il n'a pas encore reçu d'exécution, que par l'aveu ou le serment de celui auquel il est opposé.

S'il y a eu commencement d'exécution, et qu'il n'existe pas de quittance, le prix sera fixé par expert, et la durée déterminée par l'usage des lieux.

447. Le bail fait par un usufruitier, sans le consentement du nu-propriétaire, cesse à l'extinction de l'usufruit, sauf les délais nécessaires pour le congé ou l'enlèvement des récoltes de l'année.

Le bail fait par un tuteur ou un administrateur légal ne peut être consenti que pour trois années, à moins d'autorisation par le tribunal compétent pour juger les questions de tutelle. V. BAIL A LOYER, BAIL A FERME, BAIL DE BIENS RURAUX.

BAIL A LOYER.

DISPOSITIONS GÉNÉRALES.

Concours de locataires. C. Civ. **448.** En cas de concours de plusieurs locataires, celui qui est entré le premier en possession est préféré; excepté quand l'un des locataires d'immeubles a fait transcrire son bail au bureau des hypothèques avant l'entrée en jouissance d'un nouveau locataire ou l'expiration du bail renouvelé.

Etat des lieux. C. Civ. **452.** La chose louée est délivrée dans l'état où elle se trouve au moment de l'époque fixée pour l'entrée en jouissance, pourvu qu'elle n'ait pas été détériorée depuis le contrat par le fait du bailleur ou de son ayant droit.

453. Le bailleur n'est tenu à faire aucune réparation à moins de stipulation contraire.

454. Mais si la chose périt ou se détériore tellement qu'elle devienne impropre à la jouissance, le bail est résolu.

455. Si la chose est détériorée sans qu'elle devienne impropre à la jouissance prévue par les parties, le locataire a seulement droit à une diminution de loyer proportionnelle.

Le tout à moins de stipulation contraire.

Devoir du bailleur. C. Civ. **458.** Le bailleur ne peut troubler le locataire dans sa jouissance, ni faire dans l'immeuble loué ou dans ses dépendances des changements qui diminuent cette jouissance.

Obligations du preneur. C. Civ. **461.** Le preneur doit user de la chose louée suivant sa destination et avec le soin qu'il prendrait de sa chose propre; il ne pourra faire aucun changement sans autorisation du propriétaire.

Toutefois, si des changements ont été faits par lui, il ne sera obligé de rétablir les choses dans leur état primitif que s'il résulte de ces changements un dommage pour le propriétaire.

462. Le preneur ne peut employer la chose louée à un autre usage qu'à celui qui a été stipulé par le contrat.

463. Sauf stipulation contraire, le preneur devra, à l'expiration du bail, rendre la chose louée dans l'état où elle se trouvera, sans détérioration provenant de son fait ou de ceux qui le servent ou habitent la chose louée.

464. Le preneur doit payer le loyer aux termes stipulés.

465. A moins de conventions contraires, le loyer est dû à l'expiration de chaque terme de jouissance.

466. Celui qui a pris à bail une maison, un magasin, une boutique ou une propriété rurale est tenu, sauf convention contraire, qui pourra résulter des circonstances, de garnir la chose louée de meubles, marchandises, récoltes, ustensiles d'une valeur suffisante pour garantir pendant deux ans les loyers, s'ils n'ont pas été avancés, ou jusqu'à l'expiration du bail, s'il a moins de deux années de durée.

Sous-location, cession de bail. C. Civ. 449. Le locataire peut sous-louer en tout ou en partie ou céder son bail, à moins de stipulation contraire.

450. La défense de sous-louer entraîne celle de céder le bail et réciproquement.

Toutefois, malgré la défense de sous-louer, s'il s'agit d'un établissement de commerce ou d'industrie, lorsque la vente de cet établissement sera nécessitée par les circonstances, les tribunaux pourront maintenir le bail en appréciant les garanties offertes par l'acquéreur, si le bailleur n'en souffre pas de préjudice réel, pourvu que l'établissement existât au moment du bail ou de la relocation.

451. Dans tous les cas, le locataire principal est, envers le bailleur, garant de son locataire ou de son concessionnaire, à moins que le bailleur n'ait touché directement les loyers de ces derniers, sans réserve, ou n'ait accepté la cession ou la sous-location.

Tacite reconduction. C. Civ. 471. Si après l'expiration du bail, le locataire continue la jouissance du consentement du bailleur, le bail est censé renouvelé aux mêmes conditions pour les termes d'usage.

Résolution du bail. V. RÉSILIATION DE BAIL.

Extinction du bail. C. Civ. 467. Le bail finit à l'expiration du terme stipulé.

468. S'il a été fait sans stipulation de terme, il est censé fait par périodes d'un an, de six mois, d'un mois, etc., suivant que le prix est payable par année, par semestre ou par mois : il cesse à l'un de ces termes, à la volonté d'une des parties, en se prévenant, savoir :

Pour les maisons, boutiques, bureaux et magasins, trois mois d'avance, si le terme est de plus de trois mois, et un demi-terme à l'avance si la location est de trois mois ou au-dessous ;

Pour les chambres, un mois d'avance.

470. Il n'est pas nécessaire de donner congé, quand la durée du bail est fixée par le contrat.

447. Le bail fait par un usufruitier, sans le consentement du nu-propriétaire, cesse à l'extinction de l'usufruit, sauf les délais nécessaires pour le congé ou l'enlèvement des récoltes de l'année.

Le bail fait par un tuteur ou un administrateur légal ne peut être consenti que pour trois années, à moins d'autorisation par le tribunal compétent pour juger les questions de tutelle. V. SAISIE CONSERVATOIRE.

DISPOSITIONS ADDITIONNELLES.

APPEL. *C. Proc.* 391. Les demandes en résiliation de bail ou en validité de congé, sont évaluées en additionnant les loyers restant à courir jusqu'à l'expiration du bail.

C. Proc. 412. Il ne pourra être introduit devant la Cour aucune demande nouvelle.

Toutefois, la demande pourra être augmentée du montant des loyers, intérêts, arrérages et autres accessoires échus depuis les conclusions prises en première instance et des dommages-intérêts aggravés depuis le jugement.

COMPÉTENCE. *C. Proc.* 28. Un juge délégué par le tribunal statuera en tribunal de justice sommaire sur les affaires suivantes en matière civile : 3° Dans les mêmes limites (en dernier ressort jusqu'à P. T. 800 et à charge d'appel jusqu'à P. T. 8000) sur le montant des indemnités dues au locataire, pour défaut de jouissance par le fait du propriétaire, quand le droit à une indemnité ne sera pas dénié, et de celles dues au propriétaire par le locataire, pour dégradations imputables à ce dernier ou à ceux dont il répond, quand le bail ne sera pas méconnu ;

DISTRIBUTION PAR CONTRIBUTION. *C. Proc.* 581. Le règlement provisoire ordonnera le prélèvement, avant toute créance, des frais faits pour la réalisation des deniers, et ensuite des frais de poursuite de contribution.

Les loyers dus au propriétaire sur le prix de vente des meubles garnissant, et ensuite les autres créances privilégiées seront admises suivant leur ordre.

EXPROPRIATION D'UTILITÉ PUBLIQUE. *C.Civ.* 126. Les propriétaires sont tenus, dans la huitaine, de faire connaître les usufruitiers, locataires ou tous ayant droit, sous peine d'être chargés exclusivement de les indemniser s'il y a lieu.

127. A partir de ces affiches, l'administration aura le droit de signifier congé aux locataires, si le bail le permet.

128. La perte qui résulterait de ces congés pour les propriétaires sera comprise dans l'indemnité.

FAILLITE (*loyers en cas de*). V. LOYERS.

PRESCRIPTION. *C. Civ.* 275. Les redevances, loyers, et, en général, tout ce qui est payable par années ou par termes moins longs, se prescrivent par cinq années calculées d'après les calendriers arabes.

RÉMÉRÉ. *C. Civ.* 431. Lorsque le vendeur rentre dans son héritage par l'effet du pacte de rachat, il le reprend exempt de toutes les charges et hypothèques, dont l'acquéreur l'avait grevé, il est tenu d'exécuter les baux faits sans fraude par l'acquéreur, pourvu qu'ils soient faits pour un temps qui n'excède pas trois ans.

VENTE DE DROIT DE BAIL. *C. Proc.* 530. Lorsque le fonds de commerce ou le droit de bail sera vendu avec les marchandises ou les meubles, ou séparément, la vente se fera dans le local du tribunal affecté aux ventes publiques, si l'une des parties le requiert, et en tous cas quinze jours au plus tôt après la saisie. V. SAISIE MOBILIÈRE.

DISPOSITIONS COMMUNES
AU BAIL A LOYER ET DE BIENS RURAUX.

PREUVE. *C. Civ.* 740. Les baux de plus de neuf années et les quittances anticipées de plus de trois ans de loyer devront être transcrits pour faire preuve vis-à-vis des tiers.

742. A défaut de transcription ou d'inscription, quand elle est exigée, les droits ci-dessus seront considérés comme non avenus à l'égard de ceux qui ont des droits sur l'immeuble et qui les ont conservés en se conformant à la loi.

743. Toutefois, ces derniers auront seulement le droit de faire réduire à neuf années les baux d'une durée plus longue, et de faire rapporter ce qui a été payé au delà de trois ans de loyers d'avance.

PRIVILÈGES. *C. Civ.* 727. Sont privilégiées les créances suivantes; 5° Les loyers et fermages et tout ce qui est dû au bailleur à ce titre, qui viendront ensuite sur le prix de tout le mobilier garnissant les lieux loués et même sur les récoltes de l'année, qui appartiendront encore au fermier, bien qu'elles soient déposées hors des lieux loués.

SAISIE CONSERVATOIRE. *C. Proc.* 760. Les propriétaires, principaux locataires de maisons ou biens ruraux ayant actuellement droit sur l'immeuble peuvent, sans titre exécutoire, saisir conservatoirement les meubles garnissant les lieux et les fruits et moissons, pour sûreté des loyers ou fermages échus.

Ils présenteront, à cet effet, requête au juge de service, lequel, suivant le cas, permettra de saisir à l'instant ou vingt-quatre heures après commandement.

761. Les meubles, fruits et moissons des sous-locataires et sous fermiers peuvent être également saisis dans les mêmes formes par le propriétaire, sauf à eux à obtenir mainlevée en justifiant de leur libération des loyers échus envers le locataire principal autorisé à sous-louer.

Dans ce cas, la signification de la saisie conservatoire vaudra comme saisie arrêt, à la condition de suivre les formalités prescrites pour les saisies-arrêts.

762. Le propriétaire et le principal locataire peuvent faire saisir conservatoirement même les meubles et fruits qui auraient été retirés des lieux loués sans leur consentement, pourvu qu'ils fassent opérer la saisie dans les trente jours de l'enlèvement.

763. La saisie conservatoire faite pour les loyers échus produit son effet pour les loyers qui sont à échoir jusqu'au jour de la vente, même si les loyers échus lors de la saisie viennent à être payés après l'échéance du loyer ultérieur.

SAISIE IMMOBILIÈRE. *C. Proc.* 612. Les baux antérieurs à la transcription du commandement ne seront reconnus que s'ils ont date certaine.

613. Les baux n'ayant pas date certaine ou consentis depuis la transcription du commandement sans anticipation de loyer, seront reconnus s'ils peuvent être considérés comme actes de bonne administration.

622. Si les immeubles saisis ne sont pas loués ou affermés, le saisi restera en possession jusqu'à la vente, comme sequestre judiciaire, à moins que sur la demande d'un ou plusieurs créanciers il n'en soit autrement ordonné par le juge des référés.

623. La transcription du procès-verbal de saisie immobilise les fruits et revenus du bien saisi, qui seront distribués au même titre que le prix de l'immeuble, pour la partie qui correspondra à l'époque postérieure à cette transcription.

624. Une simple opposition du saisissant ou de tout autre créancier entre les mains des fermiers ou locataires vaudra saisie-arrêt, sans autre formalité sur tous les loyers à échoir, même ceux dus pour la jouissance antérieure à la transcription et qui seront distribués par voie de contribution.

625. Si les fermiers et locataires ont payé, de bonne foi et avant l'opposition, des loyers afférents à la jouissance postérieure à la transcription, le saisi en devra compte comme séquestre judiciaire.

SAISIE MOBILIÈRE. *C. Proc.* 518. Ne pourront être saisis, si ce n'est pour loyers, fermages, ou pour dettes d'aliments :

1° Les livres indispensables à la profession du saisi, et les outils des artisans, nécessaires à leur travail personnel.

2° Les équipements militaires appartenant au saisi ;

3° Les grains ou farines nécessaires à la nourriture du saisi et de sa famille pendant un mois.

4° Une vache, ou trois chèvres, ou trois brebis au choix du saisi, s'il s'agit d'animaux en sa possession et dont il use au moment de la saisie.

BAIL FAIT SANS ÉCRIT. *C. Civ.* 446. Le contrat de bail fait sans écrit ne peut être prouvé, quand il n'a pas encore reçu d'exécution, que par l'aveu ou le serment de celui auquel il est opposé.

S'il y a eu commencement d'exécution, et qu'il n'existe pas de quittance, le prix sera fixé par experts, et la durée déterminée par l'usage des lieux.

BAIL A FERME. *C. Civ.* 481. Le preneur d'un bien à ferme qui a planté des arbres, ne peut les enlever, à moins qu'il ne s'agisse de pépinières ; le bailleur a le choix ou de faire enlever aux frais du preneur les arbres plantés sans son consentement, ou de les conserver en payant l'estimation.

482. Dans le cas où il les fait enlever, il doit attendre l'époque où ils peuvent être transplantés.

PRESCRIPTION. *C. Civ.* 106. On ne prescrit pas un droit réel contre son propre titre ou celui de ses auteurs ; ainsi le fermier, ou ses héritiers ne peuvent prescrire.

275. Les redevances, loyers, et, en général, tout ce qui est payable par années ou par termes moins longs, se prescrivent par cinq années calculées d'après les calendriers arabes.

BAIL DE BIENS RURAUX. *C. Civ.* 466. Celui qui a pris à bail une propriété rurale est tenu, sauf convention contraire, qui pourra résulter des circonstances, de garnir la chose louée de meubles, marchandises, récoltes, ustensiles d'une valeur suffisante pour garantir pendant deux ans les loyers, s'ils n'ont pas été avancés, ou jusqu'à l'expiration du bail, s'il a moins de deux années de durée.

472. Le locataire sortant est obligé, autant qu'il n'en éprouve pas de préjudice, de permettre au locataire entrant de préparer les terres et de faire les semences.

479. En matière de bail de biens ruraux, le preneur ne peut demander une diminution de loyers, si la récolte est perdue par cas fortuit.

480. Si le cas fortuit a empêché le locataire de préparer la terre, ou de semer, ou a détruit la totalité ou la plus grande partie des semences faites, le loyer n'est pas dû ou doit être diminué.

Le tout sauf convention contraire. V. AMODIATION.

468. Si le bail a été fait sans stipulation de terme, il est censé fait par périodes d'un an, de six mois, d'un mois, etc., suivant que le prix est payable par année, par semestre ou par mois ; il cesse à l'un de ces termes, à la volonté d'une des parties, en se prévenant, savoir : Pour les biens ruraux, six mois d'avance au moins, sans que toutefois le bail, dans ce dernier cas, doive finir après l'enlèvement de la récolte préparée ou semée au moment du congé.

469. Quand il est dit qu'un bail de biens ruraux est fait pour une ou plusieurs années, la durée s'entend d'une ou plusieurs révolutions de récoltes annuelles.

(*Se rapporter ci-dessus, dans* BAIL A LOYER, *aux* DISPOSITIONS COMMUNES *au bail des biens ruraux.*)

V. SAISIE CONSERVATOIRE.

BAIL AUTHENTIQUE. EXPROPRIATION D'UTILITÉ PUBLIQUE. *C. Civ.* 119. Les locataires ayant un bail authentique ou expulsés avant les délais du congé recevront une indemnité juste et préalable.

BAIL DE BIENS WAKFS. V. USUFRUIT DES WAKFS.

BAILLEURS DE FONDS. SOCIÉTÉ ANONYME. *C. Com.* 29. La société en commandite se contracte entre un ou plusieurs associés responsables et solidaires, et un ou plusieurs associés simples bailleurs de fonds, que l'on nomme commanditaires ou associés en commandite.

31. Lorsqu'il y a plusieurs associés solidaires et en nom, soit que tous gèrent ensemble, soit qu'un ou plusieurs gèrent pour tous, la société est à la fois société en nom collectif à leur égard, et société en commandite à l'égard des simples bailleurs de fonds.

BALISTES. V. DROITS DE NAVIGATION.

BALCON. *C. Civ.* 61. Nul ne peut avoir sur son voisin une vue droite à une distance moindre d'un mètre (2 pics 2/3 environ).

62. La distance se mesure du parement extérieur du mur où la vue est pratiquée, ou de la ligne extérieure du balcon ou de la saillie.

BANQUE, BANQUIER. *C. Com.* 2. La loi répute acte de commerce : toute opération de change, de banque ; toutes les opérations des banques publiques ; toutes obligations entre négociants, marchands et banquiers.

VENTE DE RENTES, TITRES, ETC. *C. Proc.* 551. Il pourra être demandé en référé que la vente des actions de toute nature et titres négociables ait lieu par l'intermédiaire d'un courtier ou banquier désigné par le juge du référé, qui déterminera la publicité qui devra être faite.

BANQUEROUTE FRAUDULEUSE. *C. Com.* chap. III, sect. XII. DE L'ADMINISTRATION DES BIENS EN CAS DE BANQUEROUTE. (Art. 411-413.)

C. Com. 411. Lorsque des poursuites seront exercées contre des tiers comme complices de banqueroute frauduleuse, ou contre les conjoints, descendants, ou alliés au même degré du failli, qui, sans complicité avec ce dernier, auront détourné, diverti, recelé des effets appartenant à la faillite, le tribunal criminel, et à défaut le tribunal civil, sera seul compétent, même en cas d'acquittement, pour ordonner même d'office la réintégration des biens détournés, et pour statuer sur les dommages-intérêts demandés.

412. En dehors de ce cas, et toutes les fois qu'il y aura poursuite ou condamnation pour banqueroute simple ou frauduleuse, les actions resteront séparées et toutes les dispositions relatives aux biens, prescrites pour la faillite, seront exécutées sans qu'elles puissent être attribuées ni évoquées aux autres tribunaux.

413. Seront cependant tenus, les syndics de la faillite, de remettre au ministère public les pièces, titres, papiers et renseignements qui leur seront demandés.

414. Les pièces, titres et papiers délivrés par les syndics seront, pendant le cours de l'instruction, tenus en état de communication par la voie du greffe ; cette communication aura lieu sur la réquisition des syndics, qui pourront en prendre des extraits privés, ou en requérir d'authentiques qui leur seront expédiés par le greffier. Les pièces, titres et papiers dont le dépôt judiciaire aura été

ordonné seront, après l'arrêt ou le jugement, remis aux syndics qui en donneront décharge.

415. Les pièces, titres et papiers dont le dépôt judiciaire n'aurait pas été ordonné seront restitués aux syndics sur leur récépissé.

DISPOSITIONS ADDITIONNELLES.

CONCORDAT. *C. Com.* 330. Si le failli a été condamné comme banqueroutier frauduleux, le concordat ne pourra être formé. Lorsqu'une instruction en banqueroute frauduleuse aura été commencée, les créanciers seront convoqués à l'effet de décider s'ils se réservent de délibérer sur un concordat en cas d'acquittement, et si, en conséquence, ils sursoient à statuer jusqu'après l'issue des poursuites, ce sursis ne pourra être prononcé qu'à la majorité en nombre et en somme déterminée par l'article 327. (V. CONCORDAT, *art.* 327.) Si, à l'expiration du sursis, il y a lieu à délibérer sur le concordat, les règles établies par le précédent article seront applicables aux nouvelles délibérations.

341. Aucune action en nullité de l'homologation du concordat ne sera recevable que pour cause de vol découvert depuis cette homologation et résultant soit de la dissimulation de l'actif, soit de l'exagération du passif, et pour condamnation en banqueroute frauduleuse.

L'annulation du concordat soit pour vol, soit par suite de condamnation pour banqueroute frauduleuse intervenue après son homologation, libère de plein droit les cautions.

343. Lorsque, après l'homologation du concordat, le failli sera poursuivi pour banqueroute frauduleuse et placé sous mandat de dépôt ou d'arrêt, le tribunal de commerce pourra prescrire telles mesures conservatoires qu'il appartiendra. Ces mesures cesseront de plein droit du jour de la déclaration qu'il n'y a lieu à suivre, de l'ordonnance d'acquittement ou de l'arrêt d'absolution.

RÉHABILITATION. *C. Com.* 425. Ne seront point admis à la réhabiliation les banqueroutiers frauduleux.

BANQUEROUTE SIMPLE. COMMERÇANT MARIÉ. *C. Com.* 24. Faute d'avoir rempli les formalités prescrites par la présente section, (Publicité des conventions matrimoniales) V. (CONTRAT DE MARIAGE), le commerçant qui tombera en faillite sera condamné comme banqueroutier simple, s'il est reconnu que le défaut de publicité a pu donner aux tiers une confiance non méritée.

CONCORDAT. *C. Com.* 331. Si le failli a été condamné comme banqueroutier simple, le concordat pourra être formé; néanmoins, en cas de poursuites commencées, les créanciers pourront surseoir à délibérer jusqu'après l'issue des poursuites, en se conformant aux dispositions de l'article précédent.

DES BIENS EN CAS DE BANQUEROUTE. *C. Com.* 412. Toutes les fois qu'il y aura poursuite ou condamnation pour banqueroute simple, les actions resteront séparées et toutes les dispositions relatives aux biens, prescrites pour la faillite, seront exécutées sans qu'elles puissent être attribuées ni évoquées aux autres tribunaux.

RÉHABILITATION. *C. Com.* 425. Pourra être admis à la réhabilitation le banqueroutier simple qui aura subi la peine à laquelle il aura été condamné.

BANQUIER. V. BANQUE.

BARATERIE DE PATRON. *C. Marit.* 195. L'assureur n'est point tenu de la baraterie et autres prévarications et fautes du capitaine et de l'équipage, s'il n'y a convention contraire.

BARRE DU TRIBUNAL. OFFRES RÉELLES. *C. Proc.* 785. Les offres pourront être faites à la barre du tribunal, sans autre formalité. Elles seront remises au greffier qui les déposera si elles sont validées et non retirées par le créancier. V. CONSIGNATION.

BARREAU. V. AVOCAT.

BASSIN ET AVANT-BASSIN. *C. Marit.* 5. Sont privilégiées : Les droits de bassin ou avant-bassin.

6. Le privilège accordé aux dettes énoncées dans le précédent article ne peut être exercé qu'autant qu'elles seront justifiées dans les formes suivantes : 2° les droits du bassin ou avant-bassin par les quittances légales des receveurs.

BATEAUX, BATIMENTS, BARQUES. V. NAVIRE.

BATELIERS. V. COMMISSIONNAIRES DE TRANSPORT.

BÉNÉFICE DE DISCUSSION, — DE DIVISION. V. DISCUSSION, DIVISION.

BESOIN. *C. Com.* 181. Le protêt ne sera fait que par suite du défaut d'acceptation ou de paiement qui sera constaté au domicile de celui sur qui la lettre de change était payable, de celui qui s'était chargé de la payer au besoin et de celui qui a accepté par intervention, ce qui pourra être fait par un seul et même acte.

BIENS *C. Civ.* 15. Les biens sont meubles ou immeubles. V. MEUBLES. V. IMMEUBLES.

19. Les biens sont susceptibles de droits différents par rapport à ceux qui en profitent ; ces droits sont :
1° La propriété ;
2° L'usufruit ;
3° Les servitudes.
4° Le droit réel de privilège, d'hypothèque et de rétention.

BIENS (ABANDON DE). V. ABANDON DE BIENS.

BIENS COMMUNS. V. PARTAGE DE BIENS. COMMUNISTES.

BIENS DE L'ÉTAT. *C. Civ.* 25. Les biens de l'Etat, tels que fortifications, ports, etc., ne sont pas susceptibles d'une propriété privée.

26. Les biens servant à l'utilité publique, comme les routes, ponts, rues des villes, etc., sont dans le même cas.

BIENS FUTURS. HYPOTHÈQUE. *C. Civ.* 687. L'hypothèque des biens à venir est nulle.

BIENS LIBRES. MOUBAH. *C. Civ.* 23. Les biens libres (*Moubah*) sont ceux qui n'ont pas de propriétaires et qui peuvent devenir la propriété du premier occupant.

24. Toutefois, les terres qui sont dans ce cas ne peuvent être occupées qu'avec l'autorisation du Gouvernement, et sous les conditions établies par les règlements.

79. L'appropriation acquiert au premier occupant la propriété des biens qui n'ont pas de propriétaire. V. APPROPRIATION.

BIENS MULKS. *C. Civ.* 20. On appelle biens *mulks* ceux sur lesquels les particuliers peuvent avoir un droit entier de propriété.

BIENS TRIBUTAIRES. HARADJIS. *C. Civ.* 21. Les biens *haradjis* ou *tributaires* sont ceux qui appartiennent à l'Etat et dont il a cédé dans les conditions et dans les cas prévus par les règlements, l'usufruit aux particuliers.

35. L'usufruit peut être perpétuel, quand il est établi par l'Etat sur des terres haradjis dans les termes des règlements.

48. L'usufruitier d'un bien haradji, qui ne paye pas le tribut, peut être privé de son usufruit, sous réserve des droits des créanciers hypothécaires.

50. L'usufruitier des terres tributaires et des *abadies* perd son droit à l'usufruit, s'il laisse la terre sans culture pendant cinq années, et l'usufruit est mis aux enchères conformément aux règlements.

105. L'usufruit des terres tributaires se prescrit par cinq ans de possession, pourvu que le possesseur cultive la terre.

77. Le droit de succession à l'usufruit des biens *wakfs* ou tributaires, est réglé d'après la loi locale.

BIENS VACANTS. V. BIENS LIBRES, SUCCESSIONS VACANTES.

BIENS WAKFS. V. WAKFS.

BIJOUTERIE, BIJOUX. SAISIE-EXÉCUTION. *C. Proc.* 528. Si, pour la vente des bijoux, il ne se présente pas d'enchérisseur au prix de l'estimation, la vente sera remise au premier jour suivant non férié, et les objets seront alors vendus au plus offrant, même au-dessous de l'estimation.

(*Publicité*) 538. Il y aura toujours, sans qu'il soit besoin d'ordonnance, trois appositions de placards et trois insertions à jours différents, quand il s'agira de bijoux et d'argenterie. V. ARGENTERIE.

DROIT MARITIME

ASSURANCE. *C. Marit.* 180. La police d'assurance ne comprend pas les diamants, perles et bijouterie.

BILAN. *C. Com.* 206. La déclaration du failli devra être accompagnée du dépôt du bilan ou contenir l'indication des motifs qui empêcheraient le failli de le déposer.

207. Le bilan contiendra l'énumération et l'évaluation de tous les biens mobiliers et immobiliers du débiteur, l'état des dettes actives et passives, le tableau des profits et pertes, le tableau des dépenses; il devra être certifié véritable, daté et signé par le débiteur.

254. Le juge-commissaire convoquera immédiatement par lettres et insertions aux journaux, les créanciers portés au bilan ou présumés, à se réunir sous sa présidence, à un jour déterminé, dans un délai qui n'excèdera pas quinze jours à partir du jugement de déclaration de faillite.

275. Dans le cas où le bilan n'aurait pas été déposé par le failli, les syndics le dresseront immédiatement à l'aide des livres et papiers du failli, et des renseignements qu'ils se procureront, et ils le déposeront au tribunal de commerce.

276. Le juge-commissaire est autorisé à entendre le failli, ses commis et employés et toute autre personne, tant sur ce qui concerne la formation du bilan, que sur les causes et les circonstances de la faillite.

277. Lorsqu'un commerçant aura été déclaré en faillite après son décès, ou lorsque le failli viendra à décéder après la déclaration de la faillite, si ses enfants ou héritiers ne sont pas absents, ils pourront se présenter avec sa veuve, ou se faire représenter pour les suppléer dans la formation du bilan, ainsi que dans toutes autres opérations de faillite.

338. L'homologation du concordat le rendra obligatoire pour tous les créanciers portés ou non portés au bilan, vérifiés ou non vérifiés, et même pour les créanciers domiciliés hors du territoire de l'Egypte, ainsi que pour ceux qui, en vertu des articles ci-dessus auraient été admis par provision à délibérer, quelle que soit la somme que le jugement définitif leur attribuerait ultérieurement.

383. Il ne sera procédé à aucune répartition entre les créanciers domiciliés en Egypte qu'après la mise en réserve de la partie correspondant aux créances pour lesquelles les créanciers domiciliés hors du territoire seront portés sur le bilan. Lorsque ces créances ne paraîtront pas portées sur le bilan d'une manière exacte, le juge-commissaire pourra décider que la réserve sera

augmentée, sauf aux syndics à se pourvoir contre cette décision devant le tribunal de commerce.

BILAN SUPPLÉMENTAIRE. *C. Com.* 343. Sur le vu de l'arrêt de condamnation pour banqueroute frauduleuse, ou par le jugement qui prononcera soit l'annulation soit la résolution du concordat, le tribunal de commerce nommera un juge-commissaire et un ou plusieurs syndics ; ces syndics pourront faire apposer les scellés. Ils procèderont sans retard, sur l'ancien inventaire, au récolement des valeurs, actions et papiers, feront, s'il y a lieu, un supplément d'inventaire. Ils dresseront un bilan supplémentaire.

BILLET. *C. Com.* 8. Les billets souscrits par un commerçant ou entrepreneur d'administration de deniers publics seront censés faits pour son commerce, lorsqu'une autre cause n'y sera pas énoncée.

BILLET A ORDRE. *C. Com.* 143. Il est défendu d'antidater les ordres à peine de faux.

196. Toutes les dispositions relatives aux lettres de change et concernant la capacité des souscripteurs, endosseurs et accepteurs, l'échéance, l'endossement, la solidarité, l'aval, le payement par intervention, le protêt, les devoirs et droits du porteur, le rechange ou les intérêts sont applicables aux billets à ordre.

197. Le billet à ordre est daté. Il énonce la somme à payer, le nom de celui à l'ordre de qui il est souscrit, l'époque à laquelle le payement doit s'effectuer ; il porte que la valeur a été fournie.

201. Toutes actions relatives aux lettres de change et aux effets de commerce, souscrits par des négociants, marchands ou banquiers, ou pour faits de commerce, se prescrivent par cinq ans, à compter du jour du protêt ou de la dernière poursuite judiciaire, s'il n'y a eu condamnation, ou si la dette n'a été reconnue par acte séparé. Néanmoins, les prétendus débiteurs seront tenus, s'ils en sont requis, d'affirmer sous serment qu'ils ne sont plus redevables, et leurs héritiers ou ayants cause, qu'ils estiment de bonne foi qu'il n'est plus rien dû.

DISPOSITIONS DIVERSES.

FAILLITE. *C. Com.* 229. En cas de faillite du souscripteur d'un billet à ordre, de l'accepteur d'une lettre de change, ou du tireur à défaut d'acceptation, les autres obligés seront tenus de donner caution pour le payement à l'échéance s'ils n'aiment mieux payer immédiatement.

PRESCRIPTION. *C. Civ.* 276. Dans les cas prévus au Code de commerce en matière d'effets de commerce, celui qui invoquera la prescription ne sera libéré que s'il prête serment qu'il s'est effectivement libéré.

DROIT MARITIME.

CONNAISSEMENT. *C. Marit.* 99. Le connaissement peut être rédigé à une personne dénommée ou à l'ordre de celle-ci. V. CONNAISSEMENT.

CONTRAT A LA GROSSE. *C. Marit.* 154. L'acte de prêt à la grosse peut être rédigé à ordre, et, dans ce cas, il est négocié par la voie de l'endossement, dans la même forme que la lettre de change. En cas d'endossement, le cessionnaire remplace l'endosseur tant pour le profit que pour les pertes, et sans que l'endosseur soit tenu à d'autres garanties qu'à celle de l'existence du prêt à la grosse.

BILLET AU PORTEUR. *C. Com.* 197. Le billet au porteur contient les mêmes énonciations (que le billet à ordre) sans le nom des bénéficiaires; il se transmet sans endossement.

196. Toutes les dispositions relatives aux lettres de change et concernant la capacité des souscripteurs, endosseurs et accepteurs, l'échéance, l'endossement, la solidarité, l'aval, le payement par intervention, le protêt, les devoirs et droits du porteur, le rechange ou les intérêts sont applicables aux billets au porteur. V. BILLET A ORDRE.

SOCIÉTÉ ANONYME. *C. Com.* 44. L'action peut être établie sous la forme d'un titre au porteur; dans ce cas, la cession s'opère par la tradition du titre.

DROIT MARITIME.

CONNAISSEMENT. *C. Marit.* 99. Le connaissement peut être rédigé au porteur. V. CONNAISSEMENT.

BLOC (VENTE EN). *C. Civ.* 305. La vente peut être faite en bloc, ou à la mesure, ou à l'essai.

306. Lorsque les marchandises ont été vendues en bloc, la vente est parfaite quoique les marchandises n'aient pas encore été pesées, comptées ou mesurées.

316. Lorsque, dans une vente en bloc, l'acheteur n'a vu qu'une partie de la chose vendue, et qu'il apparait qu'il ne l'aurait pas achetée s'il l'eût vue en entier, il ne pourra que faire prononcer la résolution de la vente, sans pouvoir demander sa division ou une diminution de prix.

Ce droit cessera s'il a disposé de la chose par hypothèque ou autrement.

364. Dans la vente en bloc des choses qui peuvent se remplacer, si la quantité est spécifiée, et le prix indiqué à tant l'unité, et que la quantité réelle soit inférieure, l'acheteur a le droit d'opter pour la résiliation de la vente ou pour son maintien en payant un prix diminué proportionnellement.

365. S'il y a un excédant sur la mesure indiquée, cet excédant appartient au vendeur.

BLOCUS. *C. Marit.* 97. Dans le cas de blocus du port pour lequel le navire est destiné, le capitaine est tenu, s'il n'a pas des ordres contraires, de se rendre dans un des ports voisins où il lui sera permis d'aborder, et d'y attendre les ordres du chargeur ou du consignataire en le prévenant du fait.

BOIS DE CONSTRUCTION. *C. Marit.* 270. Les actions pour fournitures de bois et autres choses nécessaires aux constructions sont prescrites trois ans après les fournitures faites et les ouvrages reçus.

BONNE FOI. CRÉANCIERS. *C.Civ.* 78. En matière immobilière, les dispositions relatives à la résolution des droits de propriété, à raison de légitime réserve, quotité disponible, etc., ne préjudicient pas aux tiers acquéreurs et créanciers hypothécaires de bonne foi.

DÉPOT. *C. Civ.* 603. L'ayant cause du dépositaire qui a aliéné la chose de bonne foi, ne doit que le prix qu'il a reçu, ou l'action qu'il a contre l'acquéreur. Si l'aliénation a eu lieu à titre gratuit, il doit l'estimation de la chose déposée.

INDU PAIEMENT. *C. Civ.* 209. La restitution n'est pas due si un tiers a payé par erreur au créancier de bonne foi la dette d'un autre, et que le titre ait été détruit, sauf recours contre le véritable débiteur.

PRESCRIPTION. *C. Civ.* 107. Nonobstant les restrictions ci-dessus (V. PRESCRIPTION art. 102 et s.) le créancier hypothécaire de bonne foi peut opposer la possession, pendant cinq ans, du débiteur qui a constitué l'hypothèque, s'il prouve qu'il a eu de justes raisons de le croire propriétaire.

115. La prescription est de trois années contre le propriétaire de la chose volée ou perdue.

116. Toutefois, celui qui a acheté de bonne foi la chose volée ou perdue d'un marchand qui en faisait commerce, ou dans un marché public, a le droit de réclamer au propriétaire revendiquant le prix qu'il a payé.

PREUVE. *C. Civ.* 733. En matière mobilière, la preuve contre toute personne résulte de la possession avec titre et bonne foi.

734. La possession des meubles seule fait présumer le titre et la bonne foi, sauf preuve contraire, et sauf ce qui a été dit précédemment en cas de perte et de vol.

PROPRIÉTÉ. *C. Civ.* 68. La propriété des meubles s'acquiert par la délivrance en vertu d'un juste titre, bien que celui qui le livre ne soit pas propriétaire, pourvu que celui qui reçoit soit de bonne foi, et sauf le droit de revendication du véritable propriétaire, en cas de perte ou de vol.

197. La nullité d'un contrat translatif de propriété ne préjudicie pas aux droits des créanciers hypothécaires inscrits quand ils sont de bonne foi.

SOCIÉTÉ. *C. Civ.* 520. L'associé a droit au remboursement des dépenses faites de bonne foi et sans imprudence dans l'intérêt commun.

542. La société finit : 7° par la renonciation d'un des associés, quand la durée de la société n'a pas été stipulée, pourvu que cette renonciation soit faite de bonne foi et non à contre-temps.

VENTE. *C. Civ.* 323. Elles (les dispositions des art. 321 et 322, C. Civ. concernant la vente faite par une personne dans sa dernière maladie) ne peuvent avoir effet, en tous cas, au préjudice des tiers créanciers hypothécaires ou acquéreurs à titre onéreux de bonne foi.

334. Lorsque le vendeur aura vendu comme sienne une chose qu'il saura ne pas lui appartenir et que l'acquéreur sera de bonne foi, ce dernier pourra demander une indemnité.

TRANSCRIPTION. 341. A l'égard des tiers qui sont de bonne foi, qui ont un juste titre et qui ont conservé leurs droits dans les formes légales, la propriété n'est transmise, en ce qui concerne les immeubles, que par la transcription de l'acte de vente, ainsi que cela sera expliqué plus loin, et en ce qui concerne les créances par les formalités de signification ou d'acceptation qui seront expliquées au présent titre. V. CESSIONS DE CRÉANCES.

BORD. ASSURANCES. *C. Marit.* 204. Si le capitaine a la liberté d'entrer dans différents ports pour compléter ou échanger son chargement, l'assureur ne court les risques des effets assurés que lorsqu'ils sont à bord du navire, ou sur les gabares, destinées à les y transporter ou à les débarquer, sauf convention contraire.

CAPITAINE. *C. Marit.* 46. Le capitaine et les gens de l'équipage qui sont à bord, ou qui, sur les chaloupes, se rendent à bord pour faire voile, ne peuvent être arrêtés pour dettes civiles, si ce n'est à raison de celles qu'ils auront contractées pour le voyage ; et même, dans ce dernier cas, ils ne peuvent être arrêtés, s'ils donnent caution pour le payement.

BORDEREAUX DE COLLOCATION. ORDRE. *C. Proc.* 721. L'ordre pourra s'ouvrir sans que le prix soit déposé, et la distribution se fera au moyen de bordereaux de collocation qui vaudront délégation du prix au créancier colloqué.

726. Le juge commis ordonnera la délivrance, par le greffier, des bordereaux de collocation.

727. Les frais de poursuite d'ordre et de radiation d'inscription seront colloqués par privilège.

728. Chacun des bordereaux portera, au profit de l'acquéreur, imputation sur son prix des frais de radiation ; il sera d'office ajouté au bordereau du dernier colloqué les frais de radiation des créances non colloquées.

729. La radiation des créances non utilement colloquées ne fera pas obstacle à ce que les créanciers touchent le prix à leur rang, si les créanciers antérieurs sont désintéressés autrement que sur le prix dû par l'acquéreur.

730. En cas de contestation, le juge commis fera le règlement

définitif sur les créances antérieures à celles qui seront contestées et ordonnera la délivrance des bordereaux de collocation y relatifs. Il pourra même faire le règlement définitif sur les créances postérieures, en réservant une somme suffisante au montant des contestations.

732. Le créancier inscrit qui n'aurait pas été sommé de produire ou de prendre communication du règlement provisoire aura, jusqu'à la délivrance des bordereaux de collocation, le droit de demander la nullité de la procédure qui sera recommencée aux frais de l'officier qui sera en faute, sauf en ce qui concerne les premiers créanciers non contestés qui auraient reçu leur mandement de collocation.

733. Après la délivrance des bordereaux, le créancier omis aura son recours seulement contre cet officier, sauf son droit contre le débiteur et les cautions.

740. Après le délai de dix jours (depuis la sommation du greffier de prendre communication du règlement définitif), s'il n'y a pas d'opposition, ou lorsque la sentence rendue sur l'opposition sera devenue définitive, et dans la huitaine au plus tard, le greffier délivrera les bordereaux de collocation.

741. Les intérêts et arrérages cesseront et seront arrêtés comme en matière de contribution, sauf au créancier colloqué à toucher les intérêts dus par l'acquéreur.

743. Le créancier colloqué, en recevant le montant de sa collocation, consentira à la radiation de son hypothèque.

744. L'acquéreur fera radier les inscriptions jusqu'à la concurrence des sommes payées, sur la justification du bordereau de collocation et de la quittance, et sur l'extrait du règlement définitif prononçant la radiation des inscriptions relatives aux créanciers non colloqués.

745. Le juge commis réglera dans la forme ci-dessus et en même temps que l'ordre, si faire se peut, les distributions des sommes dues aux créanciers colloqués entre les créanciers ou ayants droit de ces derniers et sur leur réquisition.

BORDEREAU DE CRÉANCES (*en matière de faillite*). V. VÉRIFICATION DE CRÉANCES.

BORDEREAUX HYPOTHÉCAIRES. V. HYPOTHÈQUE (*Inscription*).

BOURSE DE COMMERCE. SAISIE DES NAVIRES. C. *Marit.* 16. Si la saisie a pour objet un navire dont le tonnage soit au-dessus de 10 tonneaux (ou 10000 kilos), trois criées ou publications des objets en vente seront faites consécutivement de huitaine en huitaine aux environs du port, dans les principales places publiques du lieu où le navire est amarré, et en outre dans tous les endroits spécifiés par ordonnance du tribunal.

17. Dans les deux jours qui suivent chaque criée et publication, il est apposé des affiches à la Bourse de Commerce et à défaut à la porte de l'autorité locale.

BOUTIQUE. *C. Civ.* 466. Celui qui a pris à bail une maison, un magasin, une boutique ou une propriété rurale est tenu, sauf convention contraire, qui pourra résulter des circonstances, de garnir la chose louée de meubles, marchandises, récoltes, ustensiles d'une valeur suffisante pour garantir pendant deux ans les loyers, s'ils n'ont pas été avancés, ou jusqu'à l'expiration du bail, s'il a moins de deux années de durée. V. BAIL A LOYER. *(Obligations du preneur). (Extinction du bail.)*

BRANDON. V. SAISIE-BRANDON.

BREBIS. SAISIE-MOBILIÈRE. *C. Proc.* 518. Ne pourront être saisis, si ce n'est pour loyers, fermages, ou pour dettes d'aliments ;

Une vache, ou trois chèvres, ou trois brebis au choix du saisi, s'il s'agit d'animaux en sa possession et dont il use au moment de la saisie.

BREF DÉLAI. ASSIGNATION. *C. Proc.* 38. Les délais pourront être réduits, en cas d'urgence, par ordonnance du juge de service.

Cette ordonnance sera signifiée en même temps que l'assignation.

Le délai pourra être, en matière civile, de trois jours francs, et, en matière commerciale, de vingt-quatre heures.

39. L'assignation pourra même, en vertu d'une ordonnance, être donnée d'heure en heure, en matière commerciale, de justice sommaire ou de référé, s'il y a urgence extrême, pourvu, dans ce dernier cas, que dans les affaires autres que les affaires maritimes l'assignation soit donnée à personne.

CONCORDAT. *C. Com.* 334. Si le jugement de l'opposition (au concordat) est subordonné à la solution de questions étrangères, à raison de la matière, à la compétence du tribunal de commerce, ce tribunal sursoira à prononcer jusqu'à la décision de ces questions. Il fixera un bref délai dans lequel le créancier opposant devra saisir les juges compétents et justifier de ses diligences.

DISTRIBUTION PAR CONTRIBUTION. *C. Proc.* 587. S'il y a des contredits, la partie saisie, le contestant et le contesté et le plus ancien des créanciers non privilégiés opposants, en dehors de ces deux derniers, seront cités à la requête de la partie la plus diligente et à trois jours francs, devant le tribunal, qui statuera d'urgence sur le rapport du juge commis.

ENQUÊTE. *C. Proc.* 257. Après l'enquête devant le juge, le tribunal sera saisi par une citation à trois jours francs.

EXÉCUTION. *C. Proc.* 446. La contestation en ce cas (quand il y a lieu de demander au tribunal d'appel des défenses d'exécuter) sera portée devant le tribunal supérieur par une citation à trois jours francs, et il sera statué d'urgence.

464. S'il y a contestation soit sur la solvabilité de la caution, soit sur le séquestre ou le courtier, soit sur les valeurs qui doivent être déposées, le tribunal du lieu de l'exécution statuera d'urgence sur une citation à trois jours francs.

EXPERTISE. *C. Proc.* 277. Si l'expert est en retard de déposer son rapport, il pourra être, à la requête de la partie la plus diligente, cité à trois jours francs, en présence de toutes les parties, devant le tribunal, qui déterminera d'urgence un délai dans lequel le rapport devra être déposé, et pourra même pourvoir au remplacement de l'expert, sans préjudice de dommages-intérêts, s'il y a lieu.

266. Après le dépôt du rapport la partie la plus diligente saisira le tribunal par une citation à trois jours francs.

LITISPENDANCE. *C. Proc.* 151. Lorsque le renvoi sera demandé pour cause de litispendance, l'incident sera porté à bref délai devant le tribunal qui aura été le premier saisi, à moins qu'il n'apparaisse par l'évidence des faits que le renvoi est demandé dans un but vexatoire.

RÉFÉRÉS. *C. Proc.* 140. Dans les autres cas (que ceux concernant les difficultés sur l'exécution) qui nécessitent une urgence absolue, le juge pourra autoriser à assigner, soit à l'audience des référés, soit à son domicile à heure fixe et même les jours fériés.

BRIS DE NAVIRE. V. Navire (bris de).

BRIS DE PORTE. *C. Proc.* 515. Si les portes sont fermées, ou si l'ouverture en est refusée, ou s'il est fait contre l'huissier des actes de violence ou de résistance, il prendra toutes les mesures conservatoires pour empêcher les détournements et requérir la force publique et l'assistance de l'autorité locale ; si elle lui est refusée, il s'adressera au président qui requerra la force publique au nom du tribunal.

BUREAUX. *C. Com.* 2. La loi répute acte de commerce, toute entreprise de fournitures, d'agences, bureaux d'affaires. V. Bail a loyer. extinction du bail *C. Civ.*, art. 468.

BUREAUX DES HYPOTHÈQUES. V. Greffe des hypothèques et transcriptions.

C

CABLES. *C. Marit.* 238. Sont avaries communes : 3° les câbles que l'on a coupés ou rompus dans le même but (pour le salut commun ou pour l'utilité du navire et du chargement conjointement).

CABOTAGE. *C. Marit.* 44. Le capitaine répond également de tout le dommage qui peut arriver aux marchandises qu'il aurait chargées sur le tillac de son navire sans le consentement par écrit du chargeur.

Cette disposition n'est pas applicable au petit cabotage.

CACHET (1). EXPLOITS. ORDONNANCE DE COMMISSION. *C. Proc.* 15. L'original et la copie contiendront la mention de la présence des témoins, et seront signés ou cachetés par eux et la personne à qui la commission aura été donnée.

SAISIE MOBILIÈRE. *C. Proc.* 510. Il sera laissé (au gardien) copie du procès-verbal qu'il signera ou cachètera en original et en copie, sinon il sera fait mention des causes qui l'empêchent de le faire.

VÉRIFICATION D'ÉCRITURES. *C. Proc.* 290. Le bénéficiaire d'un titre sous seing privé, peut citer devant le tribunal, par action principale et dans les formes ordinaires, celui dont ce titre implique une obligation même non échue, pour lui faire déclarer qu'il reconnaît son écriture, sa signature ou son cachet. V. VÉRIFICATION D'ÉCRITURES.

CADEAUX. *R. O. J.*, Titre 1er, art. 23. L'acceptation de cadeaux de valeur ou d'autres avantages matériels entraîne, pour le juge, la déchéance de l'emploi et du traitement sans aucun droit à une indemnité.

C. Proc. 352. Tout juge peut être récusé : 7° s'il a reçu des présents de l'une des parties depuis le commencement du procès.

FONCTIONNAIRE JUDICIAIRE. *R. G. J.*, art. 13. De même que cela est interdit par le règlement d'organisation judiciaire aux magistrats, il est défendu à tout fonctionnaire de l'ordre judiciaire et à tout huissier d'accepter aucun cadeau offert par qui que ce soit pour ce qui a trait à son ministère, soit pour lui-même soit pour les personnes de sa famille, soit directement ou indirectement, soit avant ou après la fin d'une affaire, comme aussi de se procurer aucun autre avantage sous un prétexte quelconque.

---

(1) Dans la législation égyptienne le cachet équivaut à la signature. Arrêts du 26 février 1877 et du 29 novembre 1877.

CADUCITÉ. *C. Civ.* 72. Lorsque le donateur meurt ou devient incapable avant l'acceptation, la donation est nulle. V. ACCEPTATION DE DONATION.

CAHIER DES CHARGES.

1° SAISIE IMMOBILIÈRE.

C. Proc. 626. Le cahier des charges de la vente sera déposé au greffe par le saisissant, dans les vingt jours, au plus tard, après la transcription ci-dessus.

627. Il contiendra :

1° L'énonciation du titre exécutoire, du commandement de la saisie, et de tous les actes de procédure et jugements survenus depuis ;

2° La désignation des immeubles, telle qu'elle a été insérée au procès-verbal de saisie, avec les indications connues depuis, s'il y a lieu ;

3° Les conditions de la vente ;

4° Le lotissement des immeubles ;

5° La mise à prix pour chaque lot, à laquelle le saisissant consent à rester acquéreur, s'il ne se présente pas d'enchérisseur.

729. Le dépôt du cahier des charges sera notifié au saisi et aux créanciers inscrits au domicile élu dans leur inscription, dans la huitaine de ce dépôt, outre les délais de distance entre le domicile du saisi en Egypte et le siège du tribunal.

630. Dans le même délai, le dépôt sera annoncé par une insertion dans le journal désigné pour les annonces judiciaires, et par une affiche dans le tableau destiné aux publications dans l'enceinte du tribunal.

634. Le cahier des charges sera communiqué au greffe à toute personne, sans déplacement.

635. Dans les trente jours qui suivront la notification aux créanciers inscrits, il pourra être fait, par déclaration au greffe, insérée à la suite du cahier des charges, des dires, contestations et demandes en nullité par toute personne, et le précédent vendeur pourra, en la même forme, produire sa demande en résolution pour défaut de payement du prix, s'il y a lieu, le tout à peine de déchéance.

636. Chacun des créanciers inscrits ou porteurs des titres exécutoires pourra augmenter, par un dire, la mise à prix et en prendre charge ; ce qui sera mentionné à la suite du cahier des charges ; celui qui aura offert la mise à prix la plus élevée sera, après le délai, pour produire les dires, subrogé de plein droit aux poursuites et il sera procédé comme il est indiqué aux paragraphes suivants en cas de subrogation.

637. S'il n'est fait aucun dire autre que des offres de mise à

prix, la partie poursuivante fixera à la suite du cahier des charges, d'accord avec le greffier, le jour auquel la vente aura lieu.

652. Au jour indiqué pour l'adjudication il y sera procédé, par le tribunal, sur la mise à prix déterminée à la suite du cahier des charges, à la requête du saisissant et au besoin de tout créancier inscrit, et à la criée de l'huissier.

Incidents sur la saisie immobilière. C. Proc. 691. Si, lors du jugement des contestations élevées sur le cahier des charges, un acte de procédure est annulé, la poursuite pourra être reprise par le poursuivant à partir du dernier acte valable.

Double saisie. C. Proc. 676. Quand deux créanciers auront fait transcrire, pour des biens différents appartenant au saisi, deux saisies poursuivies devant le même tribunal, les procédures pourront être jointes, avant le dépôt du cahier des charges, à la requête de la partie la plus diligente qui continuera les formalités, en suspendant la procédure de la première saisie jusqu'à ce que les deux poursuites soient au même point.

Revendication. C. Proc. 682. La demande en revendication peut être intentée dans le cours d'une procédure de saisie et jusqu'à l'adjudication, même en dehors des délais fixés pour élever des contestations sur le cahier des charges.

683. Elle sera intentée contre le saisi et celui qui poursuit la vente ; si elle a lieu après le dépôt du cahier des charges, le premier créancier inscrit en dehors du poursuivant sera mis en cause.

Folle enchère. C. Proc. 697. La partie qui aura intérêt à poursuivre la folle enchère signifiera son titre à l'adjudicataire en retard, avec sommation de remplir les clauses du cahier des charges, et suivra, sur la vente, après trois jours francs, sans jugement, sauf à porter les contestations devant le juge des référés.

698. Les placards et insertions, outre les mentions exigées pour la première vente, énonceront le nom du fol enchérisseur et de celui qui poursuivra la vente sur folle enchère, la mise à prix offerte par ce dernier et le jour et l'heure de l'adjudication qui sera fixée d'accord avec le greffier. Cette adjudication aura lieu sur l'ancien cahier des charges.

Jugement d'adjudication. C. Proc. 669. Le jugement d'adjudication qui formera titre pour le saisi et ses ayants droit pour le paiement du prix et titre de propriété pour l'adjudicataire, comprendra la copie du cahier des charges, l'énonciation des formalités faites pour procéder à la vente et la copie du procès-verbal d'audience.

670. L'expédition exécutoire ne sera remise à l'adjudicataire que sur la justification qu'il a satisfait aux clauses du cahier des charges qui doivent être exécutées avant cette remise.

2° VENTE JUDICIAIRE VOLONTAIRE.

C. Proc. 710. Tout propriétaire d'immeuble peut le faire vendre en justice et suivant les mêmes formalités, à partir du dépôt du cahier des charges; toutefois, le cahier des charges devra être dressé par un avocat et la mise à prix pourra être fixée par la partie. La notification du cahier des charges pourra être faite aux créanciers inscrits.

DISPOSITION GÉNÉRALE.

SURENCHÈRE. *C. Proc.* 717. La surenchère du dixième en matière de vente volontaire, judiciaire ou non judiciaire, ne sera ouverte qu'au profit des créanciers inscrits et des créanciers porteurs d'un titre exécutoire : quand la vente n'aura pas eu lieu en justice, ou, si étant faite en justice, le cahier des charges n'a pas été notifié aux créanciers inscrits, la surenchère sera recevable, dans les deux mois qui suivront une insertion dans un journal de la situation des biens et la notification, faite aux créanciers inscrits, de la vente, avec indication du prix principal, ce qui sera fait à la diligence de l'adjudicataire.

3° SAISIE DE RENTE.

C. Proc. 553. Dans les quinze jours qui suivront la saisie, s'il n'y a pas lieu à déclaration du tiers-saisi, ou dans la quinzaine de cette déclaration si elle est faite et si elle n'est pas contestée, ou enfin dans les quinze jours qui suivront l'époque où le jugement qui statuera sur la déclaration ou le défaut de déclaration sera devenu définitif, le saisissant devra déposer au greffe du tribunal le cahier des charges de la vente, qui contiendra les noms, profession, et demeure du saisissant, du saisi et du tiers-saisi, la nature du droit vendu, sa valeur nominale ou proportionnelle, l'énonciation du titre en vertu duquel il existe, l'énonciation des garanties et droits accessoires, les conditions de l'adjudication et la mise à prix, avec indication du jour où il sera, par le tribunal, statué sur les dires et contestations des parties s'il en est fait.

555. Le récépissé du greffier constatant le dépôt du cahier des charges sera signifié dans les trois jours au saisi et au tiers-saisi, outre les délais de distance.

556. Le cahier des charges sera communiqué à toute personne, et le greffier sera tenu d'inscrire, à la suite, les dires, observations, contestations et moyens de nullité des parties prétendant avoir intérêt.

558. Le tribunal statuera d'urgence au jour indiqué et sans qu'il soit besoin d'ajournement autre que celui qui résulte du cahier des charges, sur les dires, contestations, moyens de nullité, etc.

561. Quinze jours au plus après le jour fixé pour l'audience par le cahier des charges s'il n'y a pas de contestations, ou après que le jugement sur les contestations sera devenu inattaquable, et huit jours au moins avant la vente, un extrait du cahier des charges contenant les renseignements énoncés à l'article 555, et en outre l'indication du jour de la vente, sera inséré dans un journal et sera affiché à la porte du domicile du tiers-saisi, s'ils demeuren

en Egypte, et dans l'endroit affecté par le tribunal à la publicité judiciaire.

564. Les nullités de procédure invoquées depuis le dépôt du cahier d'enchères devront être déclarées au greffe la veille du jour fixé pour l'adjudication au plus tard.

Jugement. C. Proc. 567. Le jugement d'adjudication qui contiendra le cahier des charges et le procès-verbal d'enchères vaudra transport et ne sera signifié qu'à la partie saisie.

568. Il ne sera délivré à l'adjudicataire qu'après qu'il aura satisfait aux conditions qui, d'après le cahier des charges, devront être remplies avant cette délivrance.

4° VENTE DE CRÉANCES DE FAILLI.

C. Proc. 573. Les mêmes formalités de vente (vente de rentes, titres, actions,) seront aussi suivies par les syndics pour la vente des droits et créances appartenant à la faillite.

574. Toutefois, si dans ces derniers cas, les contestations élevées sur le cahier des charges portaient sur le fonds de la créance mise en adjudication, les procédures de vente seront suspendues jusqu'au jugement définitif par le tribunal compétent.

5° VENTE DE BIENS DE MINEURS ET FAILLIS.

C. Proc. 704. La vente des immeubles des faillis, celle des immeubles des mineurs, quand elle sera autorisée, aura lieu sur une mise à prix fixée par le juge-commissaire ou le tribunal, et sur un cahier des charges dressé et déposé par les syndics ou les représentants des mineurs, et qui, en outre des énonciations indiquées pour les biens vendus sur saisie, contiendra l'énonciation des titres de propriété et la décision qui autorisera la vente, s'il y a lieu.

705. Le cahier des charges sera notifié aux créanciers inscrits et au ministère public, qui pourront saisir le tribunal des contestations qu'ils soulèveront sur sa rédaction dans la forme des dires ordinaires.

709. Les règles ci-dessus fixées pour la surenchère et la folle enchère seront applicables à ces sortes de vente.

6° PARTAGES ET LICITATIONS.

C. Proc. 711. Chacun des copropriétaires d'un immeuble indivis peut exiger le partage; toute convention contraire ne peut être faite valablement que par des personnes capables de s'engager personnellement et pour cinq années au plus.

712. S'il n'y a pas de contestations, il sera procédé conformément à l'art. 710. (V. VENTES IMMOBILIÈRES.)

716. Si les immeubles ne peuvent être partagés en nature sans qu'il y ait perte, il sera procédé à la vente suivant les mêmes règles qu'en matière de vente volontaire d'immeubles, à la poursuite du demandeur en partage. V. PARTAGE DE BIENS.

CAISSE DE COMMERÇANT. FAILLITE. *C. Com.* 249.

Les scellés seront apposés immédiatement par le juge commissaire, et au besoin, provisoirement par tout officier public ou fonctionnaire qu'il déléguera, sur les caisses du failli, à moins que l'inventaire ne puisse être fait en un jour, auquel cas il y serait procédé sans désemparer.

CAISSE DU TRIBUNAL, CAISSE DES CONSIGNATIONS. FAILLITE. *C.Com.* 289. Les syndics devront déposer à la caisse du Tribunal, et sous déduction de la somme arbitrée par le juge-commissaire pour les dépenses courantes, les fonds provenant des opérations de la faillite, qui ne pourront en être retirés que sur ordonnance du juge-commissaire.

SAISIE MOBILIÈRE. *C. Proc.* 506. Le procès-verbal de saisie contiendra la désignation détaillée des objets saisis; les deniers comptants, qui seront spécifiés en espèces au procès-verbal seront déposés à la caisse du tribunal. V. CONSIGNATION.

CALE. *C. Marit.* 5. Sont privilégiées et dans l'ordre où elles sont rangées, les dettes ci-après désignées : 2° Les droits de cale. V. PRIVILÈGE.

CALENDRIERS ARABES. *C. Civ.* 275. Les redevances, arrérages, pensions, loyers et intérêts, et, en général, tout ce qui est payable par années ou par termes moins longs, se prescrivent par cinq années calculées d'après les calendriers arabes.

CANARIES (ILES). V. DÉLAISSEMENT MARITIME, *art.* 213-215.

CANAUX. ABADIE. *C. Civ.* 118. Les usufruitiers des terres tributaires ou données en *abadie* doivent, sans qu'il y ait eu de stipulation à cet égard dans le titre constitutif, laisser sans indemnité les terrains nécessaires aux routes, canaux, et en général à tous les travaux de viabilité et d'utilité publique. V. IRRIGATION.

CAPACITÉ.

1° STATUT PERSONNEL

C. Civ. 4. Les questions relatives à l'état et à la capacité des personnes et au statut matrimonial, aux droits de succession naturelle ou testamentaire, aux tutelles ou curatelles restent de la compétence du juge du statut personnel.

Lorsque dans une instance une exception de cette nature sera soulevée, si les tribunaux reconnaissent la nécessité de faire statuer au préalable sur l'exception, ils devront surseoir au jugement du fond et fixer un délai dans lequel la partie contre laquelle la question préjudicielle aura été soulevée, devra la faire juger définitivement par le juge compétent. Si cette nécessité n'est pas reconnue, il sera passé outre au jugement du fond.

C.Civ. 190. La capacité relative ou absolue est réglée par la loi de la nationalité à laquelle appartient la personne qui contracte.

2° ACTES A TITRE GRATUIT

REMISE DE L'OBLIGATION. *C. Civ.* 243. L'obligation est éteinte par la remise volontaire qu'en fait le créancier capable de faire une libéralité.

SUCCESSIONS. *C. Civ.* 78. La capacité de tester et la forme du testament sont réglées d'après la loi de la nationalité du testateur.

3° ACTES A TITRES ONÉREUX.

CAPACITÉ COMMERCIALE. *C. Com.* 10. Les personnes agées de vingt et un ans accomplis pourront se livrer au commerce. Celles qui ont accompli leur dix-huitième année ne pourront faire le commerce que dans les conditions prescrites par leur statut personnel si elles sont mineures, ou par autorisation du tribunal de commerce, si elles sont majeures d'après leur statut personnel.

11. La capacité des femmes pour faire le commerce est également réglée par leur statut personnel.

COMPOSITION OU TRANSACTION. *C. Civ.* 655. La capacité de composer sur le droit suppose la capacité de disposer du droit.

CONVENTIONS. *C. Civ.* 188. Aucune convention ne peut donner lieu à l'obligation qui en est le but, si la partie qui s'oblige n'est pas capable de contracter, et n'a pas donné un consentement valable.

189. La capacité peut être relative à certains actes ou absolue.

191. La nullité d'une convention résulte de l'incapacité, même s'il n'y pas lésion. Les incapables qui ont fait annuler une obligation à raison de leur incapacité, ne sont obligés à tenir compte que du profit qu'ils ont retiré de l'exécution par le contractant capable.

192. Les personnes capables ne peuvent opposer la nullité aux personnes incapables avec qui elles ont contracté.

EXÉCUTION DES OBLIGATIONS. *C. Civ.* 228. Pour la validité du payement, le débiteur doit être capable d'aliéner et le créancier capable de recevoir.

229. Toutefois le payement d'une chose due, qui ne nuit pas à l'incapable qui l'a fait, éteint l'obligation.

HYPOTHÈQUE. *C. Civ.* 682. Celui qui n'a pas capacité pour aliéner ne peut consentir une hypothèque.

SOCIÉTÉ. *C. Civ.* 542. La société finit : 5° par le décès, l'interdiction ou la faillite d'un des associés, s'il n'a rien été stipulé à cet égard, sauf les règles spéciales aux sociétés commerciales qui ne sont pas dissoutes par le décès, la faillite ou l'interdiction d'un associé non solidaire.

VENTE. *C. Civ.* 312. Le vendeur et l'acheteur doivent avoir la capacité légale de s'obliger.

313. Le vendeur doit avoir la capacité légale d'aliéner la chose qui fait l'objet de la vente.

323. Les dispositions des deux articles qui précédent (concernant la vente faite par une personne dans sa dernière maladie) ne sont applicables qu'au vendeur dont la capacité personnelle est régie par la loi locale.

Elles ne peuvent avoir effet en tous cas, au préjudice des tiers créanciers hypothécaires ou acquéreurs à titre onéreux de bonne foi. V. INCAPACITÉ.

CAPITAINE. *C. Marit. Titre IV.* DU CAPITAINE. (*Art.* 35-64.)

1° DU CAPITAINE.

35. Tout capitaine ou patron, chargé de la conduite d'un navire ou d'un bâtiment, est garant de ses fautes, même légères, qu'il commet dans l'exercice de ses fonctions, et tenu du paiement des dommages qui en résultent.

36. Il est responsable des effets et marchandises dont il se charge. Il doit en fournir une reconnaissance. Cette reconnaissance se nomme connaissement.

37. Il appartient au capitaine de former l'équipage du navire, et de choisir et louer les matelots et autres gens de l'équipage; ce qu'il fera néanmoins de concert avec les propriétaires, lorsqu'il sera dans le lieu de leur demeure.

38. Le capitaine est obligé de tenir un registre appelé *journal de bord*, coté et paraphé par l'un des juges du tribunal ou un fonctionnaire de la chancellerie de commerce, et, à défaut, par un employé du Gouverneur, et qu'il fera confirmer, à la fin, par le président ou chef du tribunal, de la chancellerie ou par le Gouverneur.

39. Indépendamment du registre-journal, le capitaine est tenu d'avoir à bord, avec les mêmes formalités, un registre-livret spécialement destiné à inscrire régulièrement les emprunts à la grosse.

40. Le capitaine est tenu, avant de prendre charge, de faire visiter son navire par des experts nommés *ad hoc* par le Tribunal de commerce, ou, à défaut, par la chancellerie commerciale, et, s'il n'y en a pas, par le Gouverneur du lieu, pour savoir si son navire est pourvu de tout ce qui est nécessaire à la navigation et s'il se trouve en état de faire le voyage. Le procès-verbal de visite est déposé au greffe du Tribunal de commerce, de la chancellerie commerciale ou du Gouverneur; il en est délivré une copie conforme au capitaine.

Le capitaine ne pourra recevoir ses expéditions que sur la présentation du procès-verbal de visite du navire; lors même que les chargeurs auraient renoncé à cette visite.

41. Le capitaine est encore tenu d'avoir à bord :

1° L'acte de propriété du navire ou une copie dûment légalisée;

2° L'acte de sa nationalité (Bérat), délivré dans les formes légales;

3° Le rôle d'équipage;
4° Les connaissements et chartes-parties;
5° Le manifeste ou état du chargement;
6° Les acquits de paiement ou à caution de douanes;
7° Le congé ou passeport maritime;
8° La patente de santé;
9° Un exemplaire du Code de commerce maritime.

42. Le capitaine est tenu d'être en personne dans son navire, depuis le moment où le voyage a commencé, jusqu'à son arrivée en rade sûre, ou à bon port. Lorsqu'un capitaine devra mouiller dans un port, où ni lui ni aucun individu de l'équipage n'aurait encore abordé, et dans lequel il se trouverait des pilotes connaissant l'entrée du port, du canal ou de la rivière, il devra s'en servir aux frais du navire.

43. En cas de contravention aux obligations imposées par les cinq articles précédents, le capitaine est responsable de tous les événements envers les intéressés au navire et au chargement.

44. Le capitaine répond également de tout le dommage qui peut arriver aux marchandises qu'il aurait chargées sur le tillac de son navire sans le consentement par écrit du chargeur.

Cette disposition n'est pas applicable au petit cabotage.

45. La responsabilité du capitaine ne cesse que par la preuve d'obstacles de force majeure.

46. Le capitaine et les gens de l'équipage qui sont à bord, ou qui, sur les chaloupes, se rendent à bord pour faire voile, ne peuvent être arrêtés pour dettes civiles, si ce n'est à raison de celles qu'ils auront contractées pour le voyage; et même, dans ce dernier cas, ils ne peuvent être arrêtés, s'ils donnent caution pour le paiement.

47. Le capitaine, dans le lieu de la demeure des propriétaires ou de leurs fondés de pouvoirs, ne peut, sans leur autorisation spéciale, faire travailler au radoub du navire, acheter des voiles, cordages et autres choses pour le navire, prendre à cet effet de l'argent sur le corps du navire, ni fréter le navire.

48. Si le navire était frété du consentement des propriétaires et que quelques-uns d'entr'eux fissent refus de contribuer aux frais nécessaires pour l'expédier, le capitaine pourra, en ce cas, vingt-quatre heures après sommation faite aux refusants de fournir leur contingent, emprunter à la grosse pour leur compte, sur leur portion d'intérêt dans le navire, avec autorisation du tribunal de commerce, ou, à défaut, du Gouverneur.

49. Si, pendant le cours du voyage, il y a nécessité de radoub, ou d'achat de voiles, cordages, apparaux, de victuailles ou d'autres objets impérieusement nécessaires, et que les circonstances ou l'éloignement de la demeure des propriétaires du navire ou du chargement ne permettent pas de demander leurs ordres, le capitaine, après avoir constaté cette nécessité par un procès-verbal signé par lui et les principaux de l'équipage, pourra, en se faisant

autoriser par le tribunal de commerce, ou, à défaut, par le Gouverneur, et à l'étranger, par le consul ottoman, ou, à défaut, par l'autorité compétente des lieux, emprunter à la grosse sur le corps du navire et ses dépendances, et, s'il y a nécessité, sur la cargaison, ou, si cet emprunt ne peut être fait en tout ou en partie, mettre en gage ou vendre aux enchères des marchandises jusqu'à concurrence de la somme que les besoins constatés exigent.

Les propriétaires ou le capitaine, qui les représente, tiendront compte des marchandises vendues, d'après le cours des marchandises de même nature et qualité, dans le lieu de la décharge du navire à l'époque de son arrivée.

L'affréteur unique, ou les chargeurs divers qui seront tous d'accord, pourront s'opposer à la vente ou à la mise en gage de leurs marchandises, en les déchargeant et en payant le fret en proportion de ce que le voyage est avancé. A défaut du consentement d'une partie des chargeurs, celui qui voudra user de la faculté de déchargement sera tenu du fret entier sur ses marchandises.

50. Le capitaine, avant son départ d'un port étranger ou des ports ottomans situés dans le golfe de Bassora ou sur les côtes de l'Arabie et les côtes d'Asie ou d'Europe pour revenir à d'autres ports de l'empire, sera tenu d'envoyer à ses propriétaires ou à leurs fondés de pouvoirs un compte, signé de lui, contenant l'état de son chargement, le prix des marchandises par lui achetées et chargées pour compte des propriétaires, les sommes par lui empruntées, les noms et demeures des prêteurs.

Si le chargement dans lesdits ports était fait pour compte des affréteurs et par leurs commissionnaires, dans ce cas, le capitaine ne sera tenu d'envoyer aux propriétaires ou à leurs fondés de pouvoirs que l'état de son chargement résultant des connaissements qu'il a souscrits, ainsi que celui des sommes qu'il a empruntées, contenant les noms et demeures des prêteurs.

51. Le capitaine qui aura, sans nécessité, pris de l'argent sur le corps, avitaillement ou équipement du navire, engagé ou vendu des marchandises ou victuailles, ou qui aura employé dans ses comptes des avaries et des dépenses supposées, sera responsable envers les intéressés, et personnellement tenu du remboursement de l'argent ou du paiement des objets, sans préjudice de la poursuite criminelle, s'il y a lieu.

52. Hors le cas d'innavigabilité légalement constatée, le capitaine ne peut vendre le navire, sans un pouvoir spécial des propriétaires, à peine de nullité de la vente et de répondre personnellement des dommages-intérêts.

L'innavigabilité sera constatée dans un procès-verbal dressé par des experts assermentés qui seront nommés par le président du tribunal de commerce ou, à défaut, par la chancellerie commerciale, et, s'il n'y en a pas, par le Gouverneur, et, à l'étranger, par le consul ottoman, ou à défaut, par le magistrat du lieu, sans préjudice du droit des parties de contester judiciairement l'innavigabilité.

A défaut de pouvoirs et d'instructions de la part des propriétaires, la vente, par suite de l'innavigabilité ainsi constatée, sera faite aux enchères publiques.

53. Tout capitaine de navire engagé pour un voyage est tenu de l'achever, à peine de tous dépens et dommages-intérêts envers les propriétaires et les affréteurs.

54. Le capitaine qui navigue à profit commun sur le chargement ne peut faire aucun trafic ni commerce, pour son compte particulier, s'il n'y a convention contraire.

55. En cas de contraventions aux dispositions mentionnées dans l'article précédent, les marchandises embarquées par le capitaine pour son compte particulier sont confisquées, par jugement du tribunal de commerce, au profit des autres intéressés et à leur requête.

56. Le capitaine ne peut abandonner son navire pendant le voyage, pour quelque danger que ce soit, sans l'avis des officiers et principaux de l'équipage ; et, en ce cas, il est tenu de sauver avec lui les papiers importants, tels que le livre de bord, les chartes-parties, connaissements et expéditions, l'argent et ce qu'il pourra des marchandises les plus précieuses de son chargement, sous peine d'en répondre en son propre nom.

Si les objets ainsi tirés du navire, sont perdus par quelque cas fortuit, le capitaine en demeurera déchargé.

57. Le capitaine est tenu, dans les 24 heures de son arrivée au port de destination, de faire viser, par les autorités indiquées dans les deux articles suivants, son registre-journal, et de faire son rapport dont il lui sera donné copie légalisée.

Le rapport doit énoncer : le lieu et le temps de son départ ; la route qu'il a tenue, les hasards qu'il a courus ; les désordres arrivés dans le navire, et toutes les circonstances remarquables de son voyage.

58. En Turquie, le rapport est fait au président du tribunal de commerce ou, à défaut, au chef de la chancellerie commerciale, et s'il n'y en a pas, au chef de l'autorité supérieure du lieu.

Les chefs de la chancellerie commerciale ou de l'autorité locale qui ont reçu le rapport, sont tenus de l'envoyer, sans délai, au président du tribunal de commerce le plus voisin.

Dans l'un et l'autre cas, le dépôt en est fait au greffe du tribunal de commerce.

59. En pays étranger, le capitaine doit faire son rapport devant le consul ottoman ou, à défaut, devant l'autorité compétente du lieu, et prendre un certificat constatant l'époque de son arrivée et de son départ, l'état et la nature de son chargement.

60. Si, pendant le cours du voyage, le capitaine est obligé de relâcher dans un port ottoman ou étranger, il est tenu de déclarer, suivant les cas, devant une des autorités mentionnées dans les deux articles précédents, les causes de sa relâche.

61. Le capitaine qui a fait naufrage, et qui s'est sauvé seul, ou avec une partie de son équipage, est tenu de se présenter sans délai, suivant les lieux et les cas, devant les mêmes autorités, d'y faire son rapport, de le faire vérifier par ceux de son équipage qui se seraient sauvés et se trouveraient avec lui, et d'en lever expédition.

62. Pour vérifier le rapport du capitaine, l'autorité reçoit l'interrogatoire des gens de l'équipage, et, s'il est possible, des passagers, sans préjudice des autres preuves.

Les rapports non vérifiés ne sont point admis à la décharge du capitaine et ne font point foi en justice, excepté dans le cas où le capitaine naufragé s'est sauvé seul dans le lieu où il a fait son rapport.

La preuve des faits contraires est réservée aux parties.

63. Hors le cas de péril imminent, le capitaine ne peut décharger aucune marchandise avant d'avoir fait son rapport, à peine de poursuites extraordinaires contre lui.

64. Si les victuailles du navire manquent pendant le voyage, le capitaine, en prenant l'avis des principaux de l'équipage, pourra contraindre ceux qui auront des vivres en particulier de les mettre en commun, à la charge de leur en payer la valeur.

2° DU PRIVILÈGE DU CAPITAINE.

C. Marit. 5. Sont privilégiées et dans l'ordre où elles sont rangées, les dettes ci-après désignées :

6° Les gages et loyers du capitaine et autres gens de l'équipage employés au dernier voyage;

7° Les sommes prêtées au capitaine pour les besoins du navire pendant le dernier voyage et le remboursement du prix des marchandises par lui vendues pour le même objet.

Les créanciers compris dans chacun des numéros du présent article viendront en concurrence et proportionnellement à ce qui leur est dû en cas d'insuffisance du prix.

6. Le privilège accordé aux dettes énoncées dans le précédent article ne peut être exercé qu'autant qu'elles seront justifiées dans les formes suivantes :

4° Les gages et loyers de l'équipage, par les rôles d'armement et de désarmement arrêtés dans les bureaux de l'office du port, et, à défaut, dans ceux de la chancellerie commerciale.

5° Les sommes prêtées, et la valeur des marchandises vendues pour les besoins du navire pendant le dernier voyage, par des états arrêtés par le capitaine et les principaux de l'équipage du navire, constatant la nécessité des emprunts ;

6° La vente de la totalité ou d'une partie du navire, par un acte public conformément à l'art. 3, et les fournitures pour la construction, l'armement, l'équipement et les victuailles du navire seront constatées par les mémoires, factures ou états visés par le capitaine, et arrêtés par le propriétaire, dont un double sera déposé au greffe du tribunal ou de la chancellerie de commerce avant le départ du navire, ou, au plus tard, dans les dix jours après son départ.

124. Si le consignataire refuse de recevoir les marchandises, le capitaine peut, après lui avoir adressé une sommation officielle pour les recevoir, faire vendre par jugement du tribunal de commerce le tout ou une partie des marchandises pour le payement de son fret, des avaries et des frais, et faire ordonner le dépôt du surplus, s'il en reste.

En cas d'insuffisance, il conserve son recours contre le chargeur.

125. Le capitaine ne peut retenir les marchandises dans son navire, faute de payement de son fret, de l'avarie grosse et des frais, s'il y en a. Il peut en demander le dépôt en mains tierces jusqu'au payement de ce qui lui est dû ; et si elles son sujettes à dépérissement, il peut en demander la vente, à moins que le consignataire ne lui donne caution pour le payement.

S'il y a avarie grosse et qu'elle ne puisse être réglée de suite, il peut demander la consignation judiciaire d'une somme à fixer par le juge ou une caution solvable.

126. Le capitaine est préféré à tous les créanciers pour son fret, les avaries et les frais sur les marchandises de son chargement pendant quinzaine après leur délivrance, si elles n'ont pas passé en mains tierces, sauf le cas de dépôt mentionné dans l'article précédent.

127. En cas de faillite des chargeurs ou réclamateurs avant l'expiration de la quinzaine, le capitaine conserve son privilège sur lesdites marchandises contre tous les créanciers des faillis pour le payement de son fret, des avaries et des frais qui lui sont dus.

3° DU CAPITAINE DANS SES RAPPORTS AVEC LES PROPRIÉ-
TAIRES DE NAVIRE.

CONGÉDIEMENT. *C. Marit.* 32. Le propriétaire peut toujours congédier le capitaine, quand même il se serait interdit cette faculté par la convention. Le capitaine congédié n'aura droit, à moins d'une convention contraire par écrit, à aucune indemnité de la part du congédiant, sauf les frais nécessaires à son retour dans le cas qu'il serait congédié dans un pays autre que celui où il a été engagé. Les tribunaux pourront toujours réduire, comme étant sans cause, les dommages-intérêts stipulés par écrit.

33. Si le capitaine congédié est copropriétaire du navire, il peut renoncer à la copropriété et exiger le remboursement du capital qui la représente. Le montant du capital est déterminé par des experts convenus par les parties, ou, en cas de désaccord, nommés d'office par le tribunal.

PROPRIÉTAIRE. *C. Marit.* 30. Tout propriétaire de navire est civilement responsable des faits du capitaine, c'est-à-dire qu'il est obligé de payer les dommages provenant des faits et gestes du capitaine et tenu des engagements contractés par ce dernier pour ce qui est relatif au navire et à l'expédition.

Il peut, dans tous les cas, s'affranchir des obligations ci-dessus par l'abandon du navire et du fret, si elles n'ont été contractées expressément par son ordre spécial. Toutefois la faculté de faire abandon n'est point accordée à celui qui est, en même temps, capitaine et propriétaire ou copropriétaire du navire.

Lorsque le capitaine ne sera que copropriétaire, il ne sera personnellement responsable des engagements contractés par lui, pour ce qui est relatif au navire et à l'expédition, que dans la proportion de son intérêt.

VENTE DU NAVIRE. *C. Marit.* 22. L'adjudication du navire fait cesser les fonctions du capitaine ; sauf à lui de se pourvoir, s'il y a lieu, en dédommagement contre le propriétaire, ses cautions et tous ceux qui se seraient engagés envers lui.

4° DE LA RESPONSABILITÉ DU CAPITAINE.

C. Marit. 240. Les dommages arrivés aux marchandises, faute, par le capitaine, d'avoir bien fermé les écoutilles, amarré le navire, fourni de bons guindages et par tous autres accidents provenant de la négligence du capitaine ou de l'équipage, sont également des avaries particulières supportées par le propriétaire des marchandises, mais pour lesquels il a son recours contre le capitaine, le navire et le fret.

242. En cas d'abordage de navires, si l'événement a été purement fortuit, le dommage est supporté, sans répétition, par celui des navires qui l'a éprouvé.

Si l'abordage a été fait par la faute de l'un des capitaines, le dommage est payé par celui qui l'a causé.

Si l'abordage a eu lieu par la faute des deux capitaines, ou s'il y a doute sur les causes qui l'ont produit, le dommage est réparé à frais communs par les navires qui l'ont fait et souffert proportionnellement à leur valeur respective. Dans ces deux derniers cas, l'estimation du dommage est faite par des experts.

DISPOSITIONS DIVERSES

ASSURANCES. *C. Marit.* 174. Le contrat ou police d'assurance énonce : 7° le nom du capitaine.

187. En cas de perte des marchandises assurées et chargées par le capitaine pour son compte sur le navire qu'il commande, il est tenu de prouver à l'assurance l'achat des marchandises et d'en fournir un connaissement signé par deux des principaux de l'équipage.

195. L'assureur n'est point tenu de la baraterie et autres prévarications et fautes du capitaine et de l'équipage, s'il n'y a convention contraire. Si l'objet assuré est le navire, et que le capitaine en soit le propriétaire en tout ou en partie, ladite convention sera nulle jusqu'à concurrence de sa part dans le navire.

204. Si le capitaine a la liberté d'entrer dans différents ports pour compléter ou échanger son chargement, l'assureur ne court les risques des effets assurés que lorsqu'ils sont à bord du navire,

ou sur les gabares destinées à les y transporter ou à les débarquer, sauf convention contraire.

229. Dans ce cas (d'innavigabilité constatée), le capitaine est tenu de faire toutes diligences pour se procurer un autre navire à l'effet de transporter les marchandises au lieu de leur destination.

232 Si, dans les délais prescrits par l'article 225 (en cas de prise ou d'arrêt de la part d'une puissance) le capitaine n'a pu trouver de navire pour recharger les marchandises et les conduire au lieu de leur destination, l'assuré peut en faire le délaissement dans les temps déterminés par l'art. 213, à partir du jour où le délai pour faire charger les marchandises est expiré.

EMPRUNT A LA GROSSE. *C. Marit.* 161. Un emprunt à la grosse fait par le capitaine dans le lieu de la demeure des propriétaires du navire ou de leurs fondés de pouvoirs, sans leur autorisation authentique ou leur intervention dans l'acte, et le contrat fait hors le lieu de leur demeure sans l'observation des formalités prescrites dans l'article 151, ne donnent action et privilège que sur la portion que le capitaine peut avoir au navire et au fret.

FRET. *C. Marit.* 117. Le fret est dû pour les marchandises que le capitaine a été contraint de vendre pour subvenir aux victuailles, radoub et autres nécessités pressantes du navire, en tenant, par lui, compte de leur valeur au prix que le reste des marchandises ou autres pareilles de même qualité seront vendues au lieu de la décharge, si le navire arrive à bon port.

FIN DE NON-RECEVOIR. *C. Marit.* 274. Sont non recevables : toutes actions contre le capitaine pour dommage arrivé à la marchandise si elle a été reçue sans protestation ; toutes actions contre l'affréteur pour avaries, si le capitaine a livré les marchandises et reçu son fret sans avoir protesté ; toutes actions en indemnité pour dommage causé par l'abordage dans un lieu où le capitaine a pu agir, s'il n'a point fait de réclamation.

275. Ces protestations et réclamations sont nulles si elles ne sont point faites et signifiées dans les quarante-huit heures et si, dans trente et un jours de leur date, elles ne sont suivies d'une demande en justice.

PRESCRIPTIONS *C. Marit.* 267. Le capitaine ne peut jamais acquérir la propriété du navire par voie de prescription.

SAISIE DU NAVIRE. *C. Marit.* 14. Si le propriétaire est domicilié dans un lieu plus éloigné, les significations et citations sont données pour lui à la personne du capitaine du bâtiment saisi, ou, en son absence, à celui qui représente le propriétaire ou le capitaine ; et dans ce cas, le délai ordinaire de citation sera augmenté des délais de distance du tribunal à son domicile, s'il réside dans le continent de l'empire.

CAPITAL. INSCRIPTION HYPOTHÉCAIRE. *C. civ.* 692. L'inscription garantit de plein droit outre le capital deux années d'intérêts s'il en est dû au moment de la répartition du prix.

PAIEMENT (IMPUTATION). *C. Civ.* 236. L'imputation se fait en commençant par les frais, intérêts et arrérages avant le capital.

RENTE CONSTITUÉE. *C. Civ.* 583. Le contrat de prêt avec intérêts peut être fait à la condition que le prêteur ne pourra jamais demander le capital et que l'emprunteur pourra toujours le restituer.

585. Toutefois, le prêteur pourra obtenir des tribunaux le remboursement du capital si l'emprunteur n'exécute pas ses engagements, s'il refuse de donner ou détruit les garanties stipulées, ou s'il est déclaré en faillite.

RENTE VIAGÈRE. *C. Civ.* 587. Le capital, dans ce cas (rente viagère), ne sera jamais remboursable, et sera amorti par les arrérages payés pendant le temps convenu.

CAPITAL DES SOCIÉTÉS. V. SOCIÉTÉS DE COMMERCE.

CARRELAGE. SERVITUDES. *C. Civ.* 57. Le propriétaire de l'étage supérieur doit entretenir le carrelage ou plancher de son étage.

CAS FORTUITS ET DE FORCE MAJEURE.
BAIL DE BIENS RURAUX. *C. Civ.* 479. En matière de bail de biens ruraux, le preneur ne peut demander une diminution de loyers, si la récolte est perdue par cas fortuit.

480. Si le cas fortuit a empêché le locataire de préparer la terre, ou de semer, ou a détruit la totalité ou la plus grande partie des semences faites, le loyer n'est pas dû ou doit être diminué.

Le tout sauf convention contraire.

COMMISSIONNAIRES DE TRANSPORTS. *C. Com.* 96. Le commissionnaire est garant de l'expédition aussi prompte que possible et de l'arrivée des marchandises et effets dans le délai déterminé par la lettre de voiture, hors le cas de force majeure légalement constaté.

97. Il est garant des avaries ou pertes des marchandises ou effets, s'il n'y a stipulation contraire dans la lettre de voiture, force majeure ou vice propre de la chose, sauf son recours contre le voiturier s'il y a lieu.

102. Le voiturier est garant de la perte des objets à transporter, hors le cas de force majeure ; il est garant des avaries, sauf si la perte et les avaries proviennent du vice propre de la chose, de la force majeure ou de la faute, ou de la négligence de l'expéditeur.

103. Si par l'effet de la force majeure, le transport n'est pas effectué dans le délai convenu, il n'y a pas lieu à indemnité contre le voiturier pour cause de retard.

DÉPÔT. *C. Civ.* 598. Le dépositaire qui tire un salaire à l'occasion des faits qui ont motivé le dépôt, comme l'aubergiste, le voiturier, etc., est responsable de la perte de la chose déposée, à moins qu'il n'établisse que la perte a eu lieu par suite de force majeure.

GAGE. *C. Civ.* 666. La chose engagée est à la surveillance du détenteur et aux risques et périls du propriétaire s'il y a cas fortuit.

HYPOTHÈQUE. *C. Civ.* 686. Si l'immeuble affecté à la créance vient à périr ou à être détérioré par cas fortuit, de manière à rendre la garantie incertaine, le débiteur devra, à son choix, offrir une hypothèque suffisante sur un autre immeuble ou payer la dette avant l'échéance. Cette option appartiendra au créancier si la perte ou la détérioration est arrivée par la faute du débiteur ou du détenteur.

LOUAGE D'INDUSTRIE. *C. Civ.* 502. Le louage d'industrie se résout par la mort de la personne engagée, ou toute circonstance fortuite qui l'empêche de travailler.

PREUVE DES OBLIGATIONS. *C. Civ.* 283. (La preuve testimoniale ou par présomptions sera admise) quand il y aura preuve formelle de la perte du titre par cas fortuit.

USUFRUIT. *C. Civ.* 42. L'usufruitier profite de l'augmentation qui résulte du croît des troupeaux, après remplacement par le croît des bêtes qui périssent par cas fortuit.

VENTE (GARANTIE DES VICES). *C. Civ.* 398. On entend par vice ancien celui qui existait au moment de la vente, s'il s'agit d'un corps certain, et celui qui existait au moment de la livraison s'il s'agit de choses non vendues comme corps certain.

399. S'il survient, par cas fortuit, un vice nouveau après la vente dans le premier cas de l'article précédent, et après la livraison dans le second cas, ou si la chose livrée a été modifiée par l'acheteur ou par tout autre, l'acheteur n'a plus le droit de résilier la vente, à moins que le vice nouveau n'ait disparu ou que le vendeur ne déclare consentir à reprendre la chose avec le vice nouveau ; mais l'acheteur peut demander la diminution du prix, qui est calculée comme il est dit ci-dessus, sans tenir compte, toutefois, du vice nouveau ou de la modification survenue.

401. Si la chose affectée d'un vice ancien périt entièrement par suite du vice nouveau ou par cas fortuit, la perte est également au vendeur, pourvu que la preuve du vice ancien soit faite et que l'estimation de la diminution du prix soit possible dans les cas où il y aurait eu lieu à cette diminution.

VENTE A RÉMÉRÉ. *C. Civ.* 427. Le délai fixé (pour l'exercice du réméré) est de rigueur, et emporte déchéance de plein droit, sans que, dans aucun cas, même dans celui de force majeure, le tribunal puisse relever de cette déchéance.

DROIT MARITIME.

CAPITAINE. *C. Marit.* 45. La responsabilité du capitaine ne cesse que par la preuve d'obstacles de force majeure.

CONTRAT A LA GROSSE. *C. Marit.* 164. Le prêteur à la grosse sur les marchandises chargées dans un navire désigné au contrat ne supporte pas la perte des marchandises, même par fortune de mer, si elles ont été chargées sur un autre navire, à moins qu'il ne soit légalement constaté que ce changement a eu lieu par force majeure.

FRET. *C. Marit.* 131. Le chargeur ne peut abandonner, pour le fret, les marchandises diminuées de prix, ou détériorées par leur vice propre ou par cas fortuit. Si toutefois des futailles contenant vin, huile, miel et autres liquides, ont tellement coulé qu'elles soient vides ou presque vides, lesdites futailles pourront être abandonnées pour le fret.

NAVIRE (CAPITAINE). *C. Marit.* 56. Si les objets tirés du navire (par abandon forcé) sont perdus par quelque cas fortuit, le capitaine en demeurera déchargé.

95. S'il existe une force majeure qui n'empêche que pour un temps la sortie du navire, les conventions subsistent, et il n'y a pas lieu à dommages-intérêts à raison du retard.

Elles subsistent également, et il n'y a lieu à aucune augmentation de fret si la force majeure arrive pendant le voyage.

CAUSE. *C. Civ.* 148. L'obligation n'existe que si elle a une cause certaine et licite.

CAUSE (Instance). *C. Proc.* 149. L'incompétence à raison de la matière du litige pourra être proposée en tout état de cause, et prononcée même d'office.

INSTRUCTION PAR ÉCRIT. *C. Proc.* 77. Dans les affaires autres que les affaires urgentes, et même en matière de commerce, le tribunal pourra, après avoir entendu les parties, ordonner que la cause sera instruite par écrit, et, dans ce cas, il commettra un juge pour faire le rapport.

CAUTION, CAUTIONNEMENT. *C. Civ. Titre III. Chap. VI.* DU CAUTIONNEMENT.

DISPOSITIONS GÉNÉRALES.

Définition. 604. Le cautionnement est un contrat par lequel une personne s'oblige à payer la dette d'une autre personne, si celle-ci ne la paye pas.

Nature, étendue du cautionnement. 605. Le cautionnement est nul si l'obligation cautionnée est nulle, à moins qu'il n'ait été contracté qu'à raison de l'incapacité du débiteur; on peut cautionner une obligation à l'insu du débiteur.

606. Le cautionnement ne peut être consenti pour une somme

plus forte que ce qui est dû par le débiteur principal, ni sous des conditions plus onéreuses que la dette garantie.

607. Mais il peut être de somme moindre et sous des conditions moins onéreuses.

608. A défaut de stipulations précises, le cautionnement ne porte que sur le principal de la dette et n'entraîne pas solidarité.

611. L'obligation de fournir caution est remplie suivant les formes indiquées au Code de procédure.

Caution judiciaire. 609. La caution judiciaire entraîne de plein droit la garantie des intérêts, frais et accessoires et la solidarité.

Caution insolvable. C. Civ. 610. L'obligation générale de donner caution, soit conventionnelle, soit judiciaire, oblige à fournir une nouvelle caution si la première devient insolvable.

Bénéfice de discussion. 612. Le répondant non solidaire a le droit, s'il n'y a pas renoncé, d'exiger que le créancier exerce des poursuites contre le débiteur principal, si les biens de ce débiteur qui peuvent être saisis paraissent suffisants pour payer intégralement la dette; il est en conséquence laissé à l'appréciation des tribunaux de décider, pour ce motif, que les poursuites contre la caution seront suspendues, quant à présent, sans préjudice des mesures conservatoires.

Bénéfice de division. 615. Lorsqu'il y a plusieurs cautions obligées pour la même dette et par le même acte, sans solidarité stipulée, le créancier n'a d'action contre les répondants que pour leurs parts respectives.

616. Si l'engagement a été pris par plusieurs actes successifs, la solidarité ne se présume pas, mais elle peut résulter des circonstances.

Obligation de la caution. 619. Le répondant doit avertir le débiteur avant de payer, ou s'il est poursuivi, sous peine de perdre son action contre le débiteur, si ce dernier a payé lui-même la dette ou a des moyens pour faire déclarer la créance nulle ou éteinte.

620. Celui qui s'est porté caution de faire présenter le débiteur au jour de l'échéance est tenu de la dette, s'il ne le fait pas présenter à l'époque fixée.

Recours de la caution. V. ACTION RECURSOIRE. (*Cautionment.*)

Extinction du cautionnement. 621. Si le débiteur se présente (au jour de l'échéance) la caution est libérée.

622. La caution est libérée en même temps que l'obligé principal et jouit des mêmes exceptions que lui, hormis celles qui lui sont essentiellement personnelles.

623. La caution est déchargée jusqu'à concurrence de la **valeur des garanties** que le créancier a laissé perdre par sa faute.

624. Lorsque le créancier a accepté une chose en payement de la dette, la caution est libérée, même si la chose donnée en payement est revendiquée.

DU CAUTIONNEMENT EN MATIÈRE COMMERCIALE.

FAILLITE. *C. Com.* 358. Le créancier porteur d'engagements souscrits, endossés ou garantis solidairement par le failli, participera aux distributions dans toutes les masses, et y figurera pour la valeur nominale de son titre en principal et accessoires jusqu'à parfait payement.

Aucun recours pour raison des dividendes payés n'est ouvert aux faillites des coobligés les unes contre les autres, si ce n'est lorsque la réunion des dividendes que donnerait ces faillites excéderait le montant total de la créance en principal et accessoires, auquel cas cet excédent sera dévolu, suivant l'ordre des engagements, à ceux des coobligés qui auraient les autres pour garants.

359. Si le créancier porteur d'engagements solidaires entre le failli et d'autres coobligés a reçu, avant la déclaration de faillite, un à-compte sur sa créance, il ne sera compris dans la masse que sous la déduction de cet à-compte et conservera, pour ce qui restera dû, ses droits contre le coobligé ou la caution. Le coobligé ou la caution qui aura fait le payement partiel sera compris dans la même masse pour tout ce qu'il aura payé à la décharge du failli.

Nonobstant le concordat, les créanciers conservent leur action sur la totalité de leur créance contre les coobligés du failli.

LETTRE DE CHANGE. *C. Com.* 125. Sur la notification du protêt faute d'acceptation, les endosseurs et le tireur sont respectivement tenus de donner caution pour assurer le payement de la lettre de change à son échéance, ou d'en effectuer le remboursement avec les frais de protêt et de rechange. La caution, soit du tireur, soit de l'endosseur, n'est solidaire qu'avec celui qu'elle a cautionné.

(*Perte ou vol*). *C. Com.* 157. Si la lettre de change perdue est revêtue de l'acceptation, le payement ne peut être exigé sur une seconde, troisième, quatrième, etc., que par ordonnance du juge de service, et en donnant caution.

158. Si celui qui a perdu la lettre de change, qu'elle soit acceptée ou non, ne peut représenter la seconde, troisième, quatrième, etc., il peut demander le payement de la lettre de change perdue et l'obtenir par l'ordonnance en justifiant de sa propriété par ses livres, et en donnant caution.

161. L'engagement de la caution mentionnée dans les articles 157 et 158 est éteint, après trois ans, si pendant ce temps, il n'y a eu ni demandes, ni poursuites judiciaires.

EFFETS DE COMMERCE. *C. Com.* 229. En cas de faillite du souscripteur d'un billet à ordre, de l'accepteur d'une lettre de change, ou du tireur à défaut d'acceptation, les autres obligés seront tenus de donner caution pour le payement à l'échéance s'ils n'aiment mieux payer immédiatement.

CONCORDAT *(Annulation). C. Com.* 341. L'annulation du concordat soit pour dol, soit par suite de condamnation pour banqueroute frauduleuse intervenue après son homologation libère de plein droit les cautions.

DISPOSITIONS DIVERSES.

BAIL. *C. Civ.* 477. Les locataires (dont le bail sera résolu par la vente de la chose louée) ne pourront être expulsés qu'après qu'ils auront été indemnisés par le bailleur ou par l'acquéreur en l'acquit de ce dernier, ou qu'il leur ait été fourni caution suffisante.

COMPENSATION. *C. Civ.* 262. Lorsque le créancier a payé une dette à laquelle il aurait pu opposer la compensation, les cautions, les codébiteurs solidaires peuvent toujours invoquer la compensation, à moins que le créancier n'ait eu, en payant sa dette, une juste cause d'ignorer l'existence de la créance qu'il pouvait opposer en compensation.

264. Le débiteur principal ne peut opposer la compensation avec ce qui est dû à cette caution.

CONFUSION. *C. Civ.* 267. La confusion libère les cautions, mais elle ne libère les codébiteurs solidaires que pour la part contributive de celui sur la tête duquel a eu lieu la confusion.

FOLLE ENCHÈRE. *C. Proc.* 703. Le fol enchérisseur ne sera pas admis à enchérir même avec caution.

INCIDENTS SUR SAISIE IMMOBILIÈRE. *C. Proc.* 718. Dans ce cas (V. SURENCHÈRE, art. 717) la surenchère ne pourra être faite que par un créancier inscrit, à la condition d'offrir caution qui sera reçue d'après les règles ordinaires en cette matière.

NOVATION. *C. Civ.* 254. Dans aucun de ces cas (V. NOVATION), les garanties personnelles, telles que le cautionnement ou la solidarité, ne seront transférées que du consentement des codébiteurs et des cautions.

REMISE D'OBLIGATION. *C. Civ.* 244. La remise faite au débiteur libère les cautions.

247. La remise faite à la caution est censée faite de son cautionnement.

248. Si le cautionnement consenti par celui à qui la remise a été faite n'est pas postérieur à celui des autres cautions, il subit le recours que celles-ci peuvent avoir à exercer contre lui.

SAISIE IMMOBILIÈRE. *(Adjudication.) C. Proc.* 656. L'adjudicataire devra, s'il ne l'a fait avant l'audience, déposer séance tenante, outre les frais, le dixième de son prix en titres et valeurs reconnus suffisants ou en espèces; ou présenter une caution pour le dixième du prix et pour les frais, laquelle devra être reconnue solvable par le juge, sinon il sera procédé à la revente, aux risques et périls de l'enchérisseur.

657. L'adjudicataire reconnu solvable peut être sa propre caution.

658. Dans le jour qui suivra l'adjudication, l'adjudicataire peut se déclarer au greffe mandataire d'une personne déterminée, du consentement de cette personne et de la caution, auquel cas il sera dégagé, les garanties données valant pour le mandant.

660. Toute personne pourra, dans le délai de dix jours de l'adjudication, faire au greffe du tribunal une déclaration de surenchère du dixième du prix principal de la vente, à charge de déposer un cinquième de la mise à prix nouvelle, outre les frais, ou de présenter caution solvable reconnue telle par le juge, pour ce cinquième et pour les frais.

SAISIE DE RENTES ET CRÉANCES. *(Adjudication.)* C. Proc. 569. Il ne sera prononcé d'adjudication qu'au profit de personnes notoirement solvables, ou qui seront munies d'un engagement de caution solvable consenti spécialement pour l'adjudication, à moins que le prix ne soit payé comptant à l'audience.

SOLIDARITÉ. *C. Civ.* 163. Les débiteurs sont (en cas de solidarité) réputés cautions réciproques les uns des autres et mandataires réciproques pour payer.

164. On applique en ce cas les règles réciproques du contrat de cautionnement et du mandat.

USUFRUIT. *C. Civ.* 40. S'il s'agit de choses mobilières, il doit être fait inventaire et donné caution; à défaut de caution, les meubles sont vendus et le produit placé en fonds publics dont le revenu est remis à l'usufruitier.

VENTE. *C. Civ.* 412. Le vendeur peut (si l'acheteur est troublé dans sa possession) exiger son prix en donnant caution. V. EXÉCUTION PROVISOIRE.

DROIT MARITIME.

ASSURANCE. *C. Marit.* 189. Si l'assureur tombe en faillite, lorsque le risque n'est pas encore fini, l'assuré peut demander la résiliation du contrat, s'il ne lui est pas donné caution pour l'exécution des obligations de l'assureur.

FRET. *C. Marit.* 111. Si le navire étant frété à cueillette, il n'y a pas eu de delai fixé pour le chargement, chacun des chargeurs peut retirer ses marchandises en restituant les connaissements déjà signés par le capitaine et en donnant caution pour les connaissements déjà expédiés.

PAIEMENT DU FRET. *C. Marit.* 125. S'il y a avarie grosse et qu'elle ne puisse être réglée de suite, le capitaine peut demander la consignation judiciaire d'une somme à fixer par le juge ou une caution solvable.

SAISIE DE NAVIRE. *C. Marit.* 29. Le navire prêt à faire voile n'est pas saisissable, si ce n'est à raison de dettes contractées pour le voyage qu'il va faire; et même dans ce dernier cas, le cautionnement de ces dettes empêche la saisie.

CAUTION JUDICIAIRE. *C. Civ.* 609. La caution judiciaire entraîne de plein droit la garantie des intérêts, frais et accessoires et la solidarité.

CAUTION SOLIDAIRE. *C. Civ.* 618. S'il y a plusieurs cautions solidaires, celle qui a payé le tout à l'échéance peut demander à chacun des autres répondants de lui payer sa part de la dette et de lui tenir compte de la part des répondants solidaires insolvables.

CERTIFICAT. ENQUÊTE. *C. Proc.* 237. Pourra être reproché le témoin qui aura donné un certificat écrit sur les faits à l'occasion desquels il doit déposer.

CERTIFICAT D'INSCRIPTION HYPOTHÉCAIRE. *C. Civ.* 767. Le greffier sera tenu de délivrer à tout requérant soit l'état général ou spécial des inscriptions et transcriptions, soit copie des actes transcrits et des inscriptions subsistant, ou un certificat qu'il n'en existe pas.

770. Le créancier qui aura été forclos ou déchu de ses droits, l'acquéreur à titre onéreux qui aura contracté sur un certificat erroné, auront leur recours contre le greffier qui aura délivré ce certificat.

CERTIFICAT DE NON-APPEL ET DE NON-OPPOSITION. V. EXÉCUTION CONTRE UN TIERS.

CERTIFICAT DE VISITE. NAVIRE. *C. Marit.* 40. Le capitaine est tenu, avant de prendre charge, de faire visiter son navire par des experts nommés *ad hoc* par le tribunal de commerce, ou, à défaut, par la chancellerie commerciale et, s'il n'y en a pas, par le gouverneur du lieu, pour savoir si son navire est pourvu de tout ce qui est nécessaire à la navigation et s'il se trouve en état de faire le voyage. Le procès-verbal de visite est déposé au greffe du tribunal de commerce, de la chancellerie commerciale ou du gouverneur ; il en est délivré une copie conforme au capitaine.

Le capitaine ne pourra recevoir ses expéditions que sur la présentation du procès-verbal de visite du navire ; lors même que les chargeurs auraient renoncé à cette visite.

116. Le capitaine perd son fret et répond des dommages-intérêts de l'affréteur, si celui-ci prouve que, lorsque le navire a fait voile, il été hors d'état de naviguer.

La preuve est admissible nonobstant et contre les certificats de visite au départ.

CESSATION DE PAYEMENT. FAILLITE. *C. Com.* 202. Tout commerçant qui cesse ses payements pour raison d'insolvabilité actuelle est en état de faillite, et doit être par jugement déclaré en état de faillite.

203. Tout failli sera tenu, dans les trois jours de la cessation de ses payements, de faire cette déclaration. Le jour de la cessation des payements sera compris dans les trois jours.

206. La déclaration du failli devra être accompagnée du dépôt du bilan.

220. Le jugement qui prononcera la faillite déterminera, soit d'office, soit à la poursuite de toute partie intéressée, l'époque à laquelle a eu lieu la cessation des payements. A défaut de détermination spéciale, la cessation des payements sera réputée avoir éu lieu à partir du jugement déclaratif de la faillite.

221. L'époque de la cessation des payements pourra être déterminée par jugement ultérieur. V. PUBLICITÉ JUDICIAIRE.

235. Sont nuls et sans effet, relativement à la masse, lorsqu'ils auront été faits par le débiteur depuis l'époque déterminée par le tribunal comme étant celle de la cessation de ses payements, ou dans les dix jours qui auront précédé cette époque, tous les actes translatifs de propriétés mobilières ou immobilières à titre gratuit, tout payement, soit en espèces, soit par transport, vente, compensation ou autrement, pour dettes non échues.

236. Tous payements faits par le débiteur pour dettes échues autrement qu'en espèces ou effets de commerce, et tous autres actes à titre onéreux présentant un avantage exceptionnel au profit de celui qui a traité avec le failli, et que ce dernier aura passés après la cessation de ses payements, et avant le jugement déclaratif de la faillite, seront annulés, s'il est établi que ceux qui ont reçu les payements ou avec lesquels le failli a contracté connaissaient le dérangement de ses affaires.

237. Il en sera de même de toute translation de propriété à titre gratuit consenti à toute époque, si le failli connaissait à cette époque le mauvais état imminent de ses affaires, même si le donataire était de bonne foi, à moins qu'il ne s'agisse d'un don nuptial non exagéré.

239. Les droits d'hypothèque et de privilège valablement acquis, pourront être inscrits jusqu'au jour du jugement déclaratif de la faillite; néanmoins, les inscriptions prises après l'époque de la cessation de payement, ou dans les dix jours qui précédent, pourront être déclarées nulles s'il s'est écoulé plus de quinze jours entre la date de l'acte constitutif de l'hypothèque ou du privilege, et celle de l'inscription. Ce délai sera augmenté du délai légal de distance entre le lieu où le droit de l'hypothèque aura été acquis et le lieu où l'inscription sera prise.

240. Dans le cas où une lettre de change aurait été payée par le débiteur après l'époque fixée comme étant celle de la cessation des payements, et avant le jugement déclaratif de faillite, l'action en rapport ne pourra être intentée que contre celui pour compte duquel la lettre de change aura été fournie, ou, s'il s'agit d'un billet à ordre, contre le premier endosseur. Dans l'un et l'autre cas, la preuve que celui à qui on demande le rapport avait connaissance de la cessation des payements à l'époque de l'émission du titre, devra être fournie.

405. Le jugement déclaratif de la faillite et celui qui fixera à

une date antérieure l'époque de la cessation de payements, seront susceptibles d'opposition de la part du failli dans la huitaine, et de la part de tout autre partie intéressée, pendant trente jours. Ces délais courront à partir du jour où les formalités de l'affiche et de l'insertion, énoncées dans l'article 222, auront été accomplies. V. PUBLICITÉ JUDICIAIRE.

408. Toutefois les créanciers pourront demander à faire fixer la date de la cessation des payements à une époque autre que celle qui résulterait du jugement déclaratif de faillite ou d'un jugement postérieur, tant que ne seront pas expirés les délais pour la vérification et l'affirmation des créances. Ces délais expirés, l'époque de la cessation des payements demeurera irrévocablement déterminée à l'égard des créanciers.

CESSATION DE PROCÉDURE. V. INTERRUPTION DE PROCÉDURE.

CESSION D'ACTIONS. GAGE COMMERCIAL. *C. Com.* 82. A l'égard des actions, des parts d'intérêts et des obligations nominatives des sociétés financières, industrielles, commerciales ou civiles, dont la transmission s'opère par un transfert sur les registres de la société, le gage peut également être établi par un transfert, à titre de garantie, inscrit sur lesdits registres.

SOCIÉTÉ ANONYME. *C. Com.* 44. L'action peut être établi sous la forme d'un titre au porteur ; dans ce cas, la cession s'opère par la tradition du titre.

45. La propriété des actions peut être établie par une inscription sur les registres de la société. La cession s'opère par une déclaration de transfert signée sur les registres de la société par celui qui fait le transfert et celui qui le reçoit, ou leurs fondés de pouvoirs, et dont mention sera faite par l'administrateur de la société en marge ou au dos du titre, s'il n'en est pas délivré un nouveau.

50. Dans les sociétés en commandite, les actions seront nominatives jusqu'au versement de la moitié de leur montant. Les souscripteurs et leurs cessionnaires nominatifs seront responsables jusqu'à concurrence de cette moitié.

CESSION DE BAIL. *C. Civ.* 449. Le locataire peut sous-louer en tout ou en partie ou céder son bail, à moins de stipulation contraire.

450. La défense de sous-louer entraine celle de céder le bail et réciproquement.

451. Dans tous les cas, le locataire principal est, envers le bailleur, garant de son locataire ou de son concessionnaire, à moins que le bailleur n'ait touché directement les loyers de ces derniers, sans réserve, ou n'ait accepté la cession ou la sous-location.

FAILLITE. *C. Com.* 230. La faillite ne rend pas exigibles les loyers à échoir jusqu'à la fin du bail, pourvu que le droit de sous-louer ou de céder le droit au bail appartienne soit légalement, soit du consentement du bailleur à la masse des créanciers.

Si le failli n'avait ni le droit de sous-louer, ni celui de céder son bail, le tribunal prononcera la résiliation du bail et fixera l'époque à partir de laquelle la résiliation aura lieu, et le montant de l'indemnité. Les loyers et l'indemnité seront garantis sur les meubles garnissant les lieux.

CESSION DE CRÉANCES ET DROITS INCORPORELS. *C. Civ. Titre III, Sect. III.* DE LA CESSION DES CRÉANCES ET DES DROITS INCORPORELS CONTRE DES TIERS.

DISPOSITIONS GÉNÉRALES.

Transmission et formalités. C. Civ. 434. La vente des créances et des droits incorporels est régie par les règles générales ci-dessus expliquées (V. VENTE), sous les modifications suivantes :

435. La propriété du droit cédé est transmise entre le cédant et le cessionnaire par le seul consentement.

436. Elle est transmise vis-à-vis des tiers :

1° Par la notification du transport du débiteur cédé ;

2° Par l'acceptation du cédé dans un acte ayant date certaine, et à partir de cette date seulement. Elle est valable contre le cédé, quoique l'acte n'ait pas date certaine du moment de son acceptation, et le tout sans préjudice des règles du commerce pour la cession des titres et effets de commerce.

Créance commerciale. 437. En matière de commerce, la cession d'une créance non constituée par un effet est parfaite à l'égard des tiers, quand la notification de la cession ou l'acceptation du débiteur cédé résulte de livres régulièrement tenus ou de preuves admises en matière de commerce.

Cession d'hérédité. V. DROITS SUCCESSIFS.

Responsabilité du cédant. 439. Le vendeur ne garantit que l'existence du droit cédé au moment de la vente, et seulement jusqu'à concurrence du prix de la cession et des frais.

440. Il ne garantit la solvabilité actuelle ou future du débiteur qu'en cas de stipulation expresse pour chacun de ces deux cas.

La garantie est restreinte dans les limites de l'article 335 (V. VENTE *(objet de la)*, s'il n'en est autrement expliqué au contrat.

441. Quand le vendeur cède seulement ses prétentions à une créance ou à un droit incorporel, il n'est pas responsable de l'existence même de la créance, ce qui doit être clairement expliqué à la convention.

Cession de droits litigieux. V. DROITS LITIGIEUX.

DISPOSITIONS DIVERSES.

COMPENSATION. *C. Civ.* 261. Le débiteur qui a accepté la cession d'une créance compensée ne peut plus opposer la compensation aux cessionnaires ; il peut seulement exercer son ancienne créance contre le cédant.

263. Une saisie-arrêt, ou la signification d'un transport, empêche la compensation qui n'aurait pu se produire que postérieurement à la signification.

SAISIE-ARRÊT. *C. Proc.* 495. S'il existe un transport valablement signifié en concurrence avec les saisies-arrêts, les saisissants postérieurs au transport concourront avec les premiers saisissants et le cessionnaire, mais ils subiront, sur leur dividende, une diminution proportionnelle suffisante pour compléter, au profit de ce dernier, le montant de la somme à lui cédée.

SOCIÉTÉS. *C.Civ.* 538. A moins de stipulation contraire, un associé ne peut céder tout ou partie de son droit dans la société ; il peut seulement intéresser dans ses bénéfices un tiers qui reste étranger à la société.

VENTE DU DROIT DE BAIL. *C. Proc.* 530. Lorsque le fonds de commerce ou le droit de bail sera vendu avec les marchandises ou les meubles, ou séparément, la vente se fera dans le local du tribunal affecté aux ventes publiques, si l'une des parties le requiert, et en tous cas quinze jours au plus tôt après la saisie. V. SAISIE MOBILIÈRE.

CESSION D'USUFRUIT. *C. Civ.* 36. (Dans le cas où l'usufruit est perpétuel) il peut être cédé en totalité ou partiellement ou hypothéqué.

CESSIONNAIRE. V. CESSION DE CRÉANCES.

CHALOUPE. V. NAVIRE.

CHAMBRES. BAIL. *C. Civ.* 468. Si le bail a été fait sans stipulation de terme, il cesse à la volonté des parties en se prévenant, pour les chambres un mois d'avance.

CHAMBRE DU CONSEIL. JUGEMENTS. *C. Proc.* 123. L'opposition (à la taxe) sera portée sur simple citation, à vingt-quatre heures, s'il y a lieu d'appeler la partie adverse devant la chambre du Conseil du tribunal qui aura jugé.

RÉCUSATION DU JUGE. *C. Proc.* 352. Le juge qui connaîtra en lui une cause de récusation, devra la déclarer en chambre du Conseil au tribunal, qui décidera s'il doit s'abstenir.

SAISIE-IMMOBILIÈRE. *C. Proc.* 656. L'adjudicataire devra, s'il ne l'a fait avant l'audience, déposer, séance tenante, outre les frais, le dixième de son prix en titres ou valeurs reconnus suffisants ou en espèces ou présenter une caution pour le dixième du prix et pour les frais, laquelle devra être reconnue solvable par le tribunal en chambre du Conseil, sinon il sera procédé à la revente, aux risques et périls de l'enchérisseur.

660. Toute personne pourra, dans le délai de dix jours de l'adjudication, faire au greffe du tribunal une déclaration de surenchère du dixième du prix principal de la vente, à charge de déposer un cinquième de la mise à prix nouvelle, outre les frais, ou de présenter caution solvable, reconnue telle par le tribunal statuant en chambre du Conseil pour ce cinquième et pour les frais.

CHANGE. *C. Com.* 2. La loi répute acte de commerce toute opération de change.

RECHANGE. *C. Com.* 188. Le rechange se règle, à l'égard du tireur, par le cours du change du lieu où la lettre de change était payable sur le lieu d'où elle a été tirée. En aucun cas le tireur ne peut supporter un cours plus élevé. Il se règle à l'égard des endosseurs par le cours du change du lieu où la lettre de change a été remise ou négociée par eux, sur le lieu où le remboursement s'effectue.

CHANGEMENT D'ASSOCIÉS, DE RAISON SOCIALE. SOCIÉTÉS. *C. Com.* 64. Tout changement ou retraite d'associés en nom, tout changement à la raison sociale sont soumis aux formalités prescrites par les articles précédents (V. SOCIÉTÉS COMMERCIALES, *art.* 52, 54, 55, 56, 57, 62), sous les mêmes conditions de nullité.

CHANGEMENT D'ÉTAT. *C. Proc.* 340. Le décès, le changement d'état des parties ou la cessation des fonctions dans lesquelles elles procédaient n'empêcheront pas le jugement, quand les conclusions auront été prises à l'audience, sauf au tribunal à accorder des délais, s'il y a lieu.

341. Le tribunal ne pourra statuer que sur les conclusions prises au moment du décès ou du changement d'état ou de qualité, à moins que les héritiers représentants ou remplaçants n'aient repris l'instance en leurs noms.

342. Lorsque les conclusions n'auront pas été prises à l'audience, la procédure sera interrompue, sans préjudice des droits des parties. Elle devra être reprise au moyen d'une assignation nouvelle pour ou contre les héritiers représentants ou remplaçants de la partie dont le décès ou le changement d'état ou de qualité aura interrompu l'instance.

CHANGEMENT DANS LES LIEUX. BAIL. *C. Civ.*
458. Le bailleur ne peut troubler le locataire dans sa jouissance, ni faire dans l'immeuble loué ou dans ses dépendances des changements qui diminuent cette jouissance.

461. Le preneur doit user de la chose louée suivant sa destination et avec le soin qu'il prendrait de sa chose propre; il ne pourra faire aucun changement sans autorisation du propriétaire.

Toutefois, si des changements ont été faits par lui, il ne sera obligé de rétablir les choses dans leur état primitif que s'il résulte de ces changements un dommage pour le propriétaire.

462. Le preneur ne peut employer la chose louée à un autre usage qu'à celui qui a été stipulé par le contrat.

463. Sauf stipulation contraire, le preneur devra, à l'expiration du bail, rendre la chose louée dans l'état où elle se trouvera, sans détérioration provenant de son fait ou de ceux qui le servent ou habitent la chose louée.

CHANGEMENT DE ROUTE. NAVIRE. (*Assurance*). *C. Marit.* 192. Sont aux risques des assureurs : tous changements forcés de route, de voyage ou de navire, sauf convention contraire des parties.

193. Tout changement volontaire de route, de voyage ou de navire, et toutes pertes et dommages provenant du fait de l'assuré ne sont point à la charge de l'assureur ; et même la prime lui est acquise s'il a commencé à courir les risques.

CHARGES. RÉMÉRÉ. *C. Civ.* 431. Lorsque le vendeur rentre dans son héritage par l'effet pacte du rachat, il le reprend exempt de toutes les charges et hypothèques dont l'acquéreur l'avait grevé ; il est tenu d'exécuter les baux faits sans fraude par l'acquéreur, pourvu qu'ils soient faits pour un temps qui n'excède pas trois ans.

VENTES JUDICIAIRES. V. CAHIER DES CHARGES.

CHARGEMENT DU NAVIRE. *C. Marit.* 36. Tout capitaine ou patron est responsable des effets et marchandises dont il se charge.

40. Le capitaine est tenu, avant de prendre charge de faire visiter son navire. V. CERTIFICAT DE VISITE.

44. Le capitaine répond également de tout le dommage qui peut arriver aux marchandises qu'il aurait chargées sur le tillac de son navire sans le consentement par écrit du chargeur.

Cette disposition n'est pas applicable au petit cabotage.

99. Le connaissement présente en marge les marques et numéros des objets à transporter.

105. Si le navire est loué en totalité, et que l'affréteur ne lui donne pas toute sa charge, le capitaine ne peut prendre d'autres marchandises sans le consentement de l'affréteur. L'affréteur profite du fret des marchandises qui complètent le chargement du navire qu'il a entièrement affrété.

111. Si le navire étant frété à cueillette, il n'y a pas eu de délai fixé pour le chargement, chacun des chargeurs peut retirer ses marchandises, en restituant les connaissements signés par le capitaine, en donnant caution pour les connaissements déjà expédiés et en payant outre les frais de charge et de décharge, ainsi que ceux de rechargement des autres marchandises qu'il faudrait déplacer, la moitié du fret convenu.

Néanmoins, si le navire a déjà les trois quarts de son chargement, le capitaine est tenu, si la majorité des chargeurs l'exige, de partir au premier vent favorable huit jours après la sommation, sans qu'aucun des chargeurs puisse retirer ses marchandises.

126. Le capitaine est préféré à tous les créanciers pour son fret les avaries et les frais sur les marchandises de son chargement pendant quinzaine après leur délivrance, si elles n'ont passé en mains tierces, sauf le cas de dépôt mentionné dans l'article précédent. V. Fret.

155. Les emprunts à la grosse peuvent être affectés : sur le corps et quille du navire, sur les agrès et apparaux, sur l'armement et les victuailles, sur le chargement, sur la totalité de ces objets conjointement ou sur une partie déterminée de chacun d'eux.

176. L'assurance peut avoir pour objet : les marchandises du chargement.

221. Les actes justificatifs du chargement et de la perte sont signifiés à l'assureur avant qu'il puisse être poursuivi pour le payement des sommes assurées.

245. Si par tempête ou par la chasse de l'ennemi, le capitaine se croit obligé de jeter en mer une partie de son chargement, il prend l'avis des intéressés au chargement s'il s'en trouve dans le navire et des principaux de l'équipage. S'il y a diversité d'avis celui du capitaine et des principaux de l'équipage est suivi.

CHARTES-PARTIES. *C. Marit.* 90. Toute convention pour louage d'un navire appelée charte-partie, affrètement ou nolisement, doit être rédigée par écrit. V. Affrètement.

CHASSE. *C.Civ.* 83. Les droits sur la pêche et sur la chasse sont régis par les règlements particuliers.

CHEFS DE DEMANDE. Dépens. *C. Proc.* 119. Pourront les frais être compensés ou partagés, suivant une proportion déterminée par le jugement, quand les parties auront respectivement succombé sur différents chefs.

Requête civile. *C. Proc.* 424. Les parties pourront attaquer, par la voie de la requête civile, les jugements et arrêts en dernier ressort, contradictoires ou par défaut, pourvu que, dans ce dernier cas, les délais de l'opposition soient expirés, pour une ou plusieurs des causes ci-après spécifiées :
1° S'il a été omis de statuer sur l'un des chefs de la demande ;
5° S'il a été statué sur des choses non demandées.
V. Demandes incidentes.

CHEIKH-EL-BALAD. *C. Proc.* 9. Si l'huissier ne trouve au domicile ni la partie, ni son domestique ou un parent habitant avec elle, la copie sera remise, suivant le cas, au Gouverneur ou au Cheikh-el-Balad de la ville ou du domicile de la partie lequel visera l'original sans frais, et l'huissier fera mention du tout, tant sur l'original que sur la copie.

Commissionnaires de transports. *C.Com.*104. La réception des objets transportés et le payement du prix de la voiture éteignent toute action contre le voiturier, si le défaut était extérieurement, visible; si le défaut n'était pas visible extérieurement, la constatation de l'avarie peut être faite par huissier ou le *Cheikh-el-Balad;* mais l'action n'est recevable que si la dénonciation en a été faite dans les quarante-huit heures de la réception et la demande en justice introduite dans les trente jours ; le tout outre les délais de distance.

SAISIE-MOBILIÈRE. *C. Proc.* 531. La vente sera annoncée par placards apposés à la porte du lieu où sont les objets saisis, à l'endroit où la vente doit avoir lieu, s'il est autre, à la porte du Cheikh-el-Balad.

SAISIE-IMMOBILIÈRE. *C. Proc.* 617. Copie du procès-verbal (de saisie) sera laissée au Cheikh-el-Balad de la situation des biens, qui visera l'original.

Dans les trois jours de la clôture du procès-verbal, l'huissier sera tenu sous peine disciplinaire, d'en transmettre une copie, au chef du Parquet du tribunal qui doit connaître de la saisie, lequel la transmettra dans les vingt-quatre heures au Moudir ou au Gouverneur du lieu de la saisie.

647. Les placards seront apposés : 4° à la porte du Cheikh-el-Balad, du domicile du saisi et de la situation des biens.

CHEMINS. V. ROUTES ET RUES.

CHEMINS DE FER. COMMISSIONNAIRES DE TRANSPORTS. *C. Com.* 106. Les dispositions contenues dans la présente section sont communes aux maîtres des bateaux, aux chemins de fer, aux voitures publiques et à tous ceux qui transportent des effets. V. COMMISSIONNAIRES DE TRANSPORTS.

DÉLAIS. *C. Proc.* 19. Les délais de distance seront diminués de moitié pour tout le parcours qui pourra se faire en chemin de fer.

CHÈVRES. SAISIE MOBILIÈRE. *C. Proc.* 518. Ne pourront être saisis, si ce n'est pour loyers, fermages, ou pour dettes d'aliments : 4° une vache, ou trois chèvres, ou trois brebis au choix du saisi, s'il s'agit d'animaux en sa possession et dont il use au moment de la saisie.

CHOIX. V. OPTION.

CHOSE JUGÉE. *C. Civ.* 297. Les jugements passés en force de chose jugée font foi des droits qu'ils consacrent, sans qu'aucune preuve contraire puisse être admise, pourvu qu'il s'agisse entre les mêmes parties d'obligations ou droits ayant le même objet et la même cause, et que ces parties agissent dans les mêmes qualités.

DISPOSITIONS DIVERSES.

EXÉCUTION PROVISOIRE. *C. Proc.* 449. En matière commerciale, le tribunal dispensera de la caution, et, en matière civile, il ordonnera l'exécution provisoire nonobstant appel sans caution, si la partie condamnée a, dans ses conclusions, reconnu l'obligation, si le jugement est rendu en exécution d'un précédent jugement passé en force de chose jugée ou exécutoire lui-même sans caution, ou en vertu d'un titre authentique, le tout pourvu que la partie condamnée ait été partie au précédent jugement ou au titre authentique.

INSCRIPTION HYPOTHÉCAIRE. *C. Civ.* 695. La radiation des inscriptions ne pourra avoir lieu qu'en vertu d'un jugement passé en force de chose jugée, ou du consentement donnée par le créancier par acte au greffe.

OFFRES ET CONSIGNATION. *C. Proc.* 782. La rétractation et le retrait ne pourront avoir lieu après que le jugement, qui aura validé les offres, sera passé en force de chose jugée.

PÉREMPTION. *C. Proc.* 347. La péremption en cause d'appel donne au jugement frappé d'appel la force de la chose jugée.

SYNDICS. *C. Com.* 339. Aussitôt après que le jugement d'homologation sera passé en force de chose jugée, les fonctions des syndics cesseront. Les syndics rendront au failli leur compte définitif, en présence du juge-commissaire.

CHOSES LIQUIDES ET CERTAINES. *C. Proc.* 437. L'exécution ne peut avoir lieu que pour des choses liquides et certaines.

CITATION. AFFECTATION. *C. Proc.* 772. Pour le cas où le tribunal rejetterait la demande (d'affectation) l'ordonnance pourra être déférée par le requérant au tribunal de première instance, en y appelant le débiteur par citation à vingt-quatre heures.

DÉLIVRANCE D'EXPÉDITION. *C. Proc.* 790. Les demandes en délivrance de seconde expédition exécutoire seront, s'il y a contestation, portées devant le juge de référé, sur citation donnée à la partie intéressée.

DEMANDES INCIDENTES. *C. Proc.* 334. Les demandes incidentes qui sont élevées dans le cours de l'instruction sont déférées au tribunal, soit par une citation à trois jours, soit par un renvoi à l'audience par le juge commis, soit par conclusions posées suivant les cas et jugées autant que possible sommairement et d'urgence.

(INTERVENTION.) *C. Proc.* 338. Les tiers auxquels le jugement à intervenir pourrait préjudicier, pourront intervenir dans une instance engagée, en tout état de cause, par citation ou par conclusions prises à l'audience mais sans retard, pour le jugement de l'affaire principale.

EXPROPRIATION D'UTILITÉ PUBLIQUE. *C. Civ.* 131. La citation devant le jury sera donnée à huit jours francs, sans délai de distance, aux frais de l'expropriant.

FAILLITE. *C. Com.* 248. L'avis ou la citation (seront en cas de faillite du commerçant décédé) remis à la maison mortuaire, sans qu'il soit besoin de désigner les héritiers.

INSCRIPTION DE FAUX. *C. Proc.* 320. Dans la huitaine de l'inscription de faux, le demandeur devra signifier ses moyens de faux, avec citation à l'audience, à trois jours francs pour les faire admettre.

331. Lorsque l'instruction de faux sera achevée, la partie la plus diligente citera la partie adverse à trois jours francs devant le tribunal pour statuer sur le faux et ensuite, sans citation nouvelle, sur le fond de l'affaire.

OPPOSITION. *C. Proc.* 378. L'opposition peut avoir lieu par une simple déclaration, au moment de l'exécution, sur le procès-verbal d'exécution, le commandement ou la dénonciation de saisie-arrêt, auquel cas l'huissier devra délivrer la citation à toutes les parties ensuite de l'acte sur lequel l'opposition est déclarée.

REQUÊTE CIVILE. *C. Proc.* 432. Si le tribunal admet la requête civile, il fixera l'audience pour plaider sur le fond, sans qu'il soit besoin de citation nouvelle.

SERMENT. *C. Proc.* 193. La partie la plus diligente signifiera le jugement et donnera citation dans les formes et délais des ajournements pour la prestation du serment.

TRANSPORT DU TRIBUNAL. *C. Proc.* 288. La signification de ce jugement (ordonnant le transport du tribunal) qui sera faite trois jours à l'avance, vaudra citation.

VISITE DES LIEUX. *C. Proc.* 281. Le jugement (ordonnant la visite des lieux) s'il n'est pas contradictoire, et l'ordonnance du juge commis, s'il y a lieu, seront signifiés par la partie la plus diligente qui l'aura requise vingt-quatre heures avant l'accession des lieux, outre les délais de distance, ce qui vaudra citation.
V. EXPLOITS.

CLAUSE PÉNALE. *C. Civ.* 152. Si l'obligation déterminée a été édictée ou convenue à titre de peine en cas d'inexécution d'une autre obligation, le créancier a l'option entre l'exécution de l'obligation principale ou de l'obligation pénale; mais le débiteur peut toujours faire cesser cette option en exécutant l'obligation principale dans tous ses termes, à moins que la peine ne soit prononcée pour simple retard.

153. Quand l'option appartient au créancier et qu'un des modes d'exécution est devenu impossible par la faute du débiteur, le créancier peut opter entre le mode d'exécution possible ou l'indemnité résultant de l'impossibilité d'exécution de l'autre mode.

154. Il conserve son droit d'option entre les deux indemnités dues pour inexécution, si les deux modes d'inexécution sont devenus impossibles par la faute du débiteur.

CLEF. *C. Civ.* 343. La délivrance s'opère conformément à la nature des choses vendues, ainsi la délivrance d'un immeuble peut avoir lieu par la remise des clefs s'il s'agit d'une maison.

A l'égard des meubles, elle peut s'opérer par la tradition réelle ou la remise des clefs du magasin qui les contient.

CLOTURE. *C. Civ.* 59. Nul ne peut forcer son voisin à s'enclore, ni à céder partie de son mur ou du terrain sur lequel se trouve ce mur.

60. Toutefois, le propriétaire d'un mur ne peut le détruire volontairement, sans motifs sérieux, de façon à nuire au voisin dont la propriété est close.

CLOTURE DE FAILLITE.

1° POUR INSUFFISANCE D'ACTIF.

C. Com. 347. Si, avant l'homologation du concordat ou la formation de l'union, le cours des opérations de la faillite se trouve arrêté par insuffisance de l'actif, le tribunal de commerce pourra, sur le rapport du juge-commissaire, prononcer, même d'office, la clôture des opérations de la faillite; ce jugement fera rentrer chaque créancier dans l'exercice de ses actions individuelles contre le failli.

348. Le failli ou tout autre intéressé pourra, à toute époque, faire rapporter par le tribunal le jugement mentionné dans l'article précédent, en justifiant qu'il existe des fonds pour faire face aux frais des opérations de la faillite, ou en faisant consigner, entre les mains des syndics, la somme suffisante pour y pourvoir. Dans tous les cas, les frais de la procédure suivie, en vertu de l'article précédent, devront être préalablement acquittés.

2° APRÈS CONCORDAT.

C. Com. 399. Aussitôt après que le jugement d'homologation sera passé en force de chose jugée, les fonctions des syndics cesseront; les syndics rendront au failli leur compte définitif, en présence du juge-commissaire. Ce compte sera débattu et arrêté, à moins qu'il n'en ait été convenu autrement au concordat.

Les syndics remettront au failli l'universalité de ses biens, livres papiers et effets. Le failli en donnera décharge. Il sera dressé de tout procès-verbal par le juge-commissaire dont les fonctions cesseront. En cas de contestation, le tribunal de commerce prononcera sur simple renvoi du juge-commissaire à l'audience et sans citation.

3° APRÈS UNION.

C. Com. 356. Lorsque la liquidation de la faillite sera terminée, les créanciers seront convoqués par le juge-commissaire. Dans cette dernière assemblée, les syndics rendront leur compte. Le failli sera présent ou dûment appelé.

Il sera dressé à cet effet un procès-verbal, dans lequel chacun des créanciers pourra consigner ses dires et observations. Après la clôture de cette assemblée, l'union sera dissoute de plein droit; le juge-commissaire renverra à l'audience sans citation, s'il y a des contestations sur le compte.

Dans tous les cas, le juge-commissaire présentera au tribunal de commerce un rapport sur les caractères et les circonstances de la faillite.

CODES. *R. O. J. Titre I, art.* 34. Les nouveaux tribunaux, dans l'exercice de leur juridiction en matière civile et commerciale et dans la limite de celle qui leur est consentie en matière pénale, appliqueront les codes présentés par l'Egypte aux puissances, et en cas de silence, d'insuffisance et d'obscurité de la loi, le juge se conformera aux principes du droit naturel et aux règles de l'équité.

C. Civ. 1. Les lois qui composent les présents Codes sont exécutoires sur tout le territoire du pays à partir du jour où les nouveaux tribunaux seront installés.

Le gouvernement fera publier, un mois avant le fonctionnement des nouveaux tribunaux, les Codes, dont un exemplaire en chacune des langues judiciaires sera déposé jusqu'à ce fonctionnement, dans chaque mudirieh, auprès de chaque consulat et aux greffes de la Cour d'appel et des tribunaux qui en conserveront toujours un exemplaire.

2. Ces lois n'auront aucun effet rétroactif.

Toutefois, les lois de procédure et de compétence seront applicables au règlement des contestations nées sur des obligations antérieures à la date ci-dessus.

12. Les additions et modifications aux présentes lois seront édictées sur l'avis conforme du corps de la magistrature, et au besoin sur sa proposition; mais pendant la période quinquennale aucun changement ne devra avoir lieu dans le système adopté.

CODÉBITEURS SOLIDAIRES. — V. SOLIDARITÉ.

CODÉFENDEURS. *C. Proc.* 35. S'il y a plusieurs défendeurs, ils seront tous cités devant le tribunal du domicile de l'un d'eux.

127. S'il y a plusieurs défendeurs et qu'un ou quelques-uns seulement ne comparaissent pas, le demandeur pourra faire renvoyer l'affaire jusqu'à un délai qui permette de signifier le jugement par défaut et de réassigner le défaillant, auquel cas le jugement qui interviendra ne sera pas susceptible d'opposition.

COHÉRITIERS. *C. Civ.* 443. Cette règle (le retrait litigieux, est inapplicable au cas de vente (du droit litigieux) par un héritier à son cohéritier.

COLLOCATION. V. BORDEREAUX DE COLLOCATION.

COLLUSION. *C. Proc.* 418. Le créancier, même hypothécaire, ne peut former tierce opposition contre un jugement dans lequel son débiteur était partie, à moins qu'il ne prouve la collusion ou qu'il ait à faire valoir des moyens qui lui sont propres.

COLONAGE, COLON. V. AMODIATION.

COMMANDEMENT.

COMMANDEMENT.

DISPOSITIONS GÉNÉRALES.

C. Proc. 437. L'exécution ne peut être commencée avant la signification à personne ou à domicile du jugement ou du titre exécutoire avec commandement.

438. L'huissier qui fait le commandement doit avoir pouvoir de recevoir et donner quittance, sauf au cas où, aux termes du jugement ou de la convention exécutoire, la somme due serait payable dans un lieu autre que celui où est fait le commandement.

445. — La partie condamnée pourra, sans attendre le commandement, demander au tribunal d'appel des défenses d'exécuter quand le jugement aura été mal à propos qualifié en dernier ressort, ou que l'exécution provisoire aura été ordonnée hors des cas prévus par la loi.

DISPOSITIONS DIVERSES.

HYPOTHÈQUE. *C. Civ.* 697. A l'échéance de la dette, le créancier hypothécaire peut, après commandement, procéder, dans les délais et formes indiquées au code de procédure, à la saisie et à la vente de l'immeuble hypothéqué.

Toutefois, si cet immeuble est entre les mains d'un tiers détenteur, le créancier ne peut procéder à la saisie qu'après sommation à ce dernier de payer la dette ou délaisser l'immeuble, et après les délais indiqués au Code de procédure.

OPPOSITION. *C. Proc.* 378. L'opposition peut avoir lieu par une simple déclaration, au moment de l'exécution, sur le procès-verbal d'exécution, le commandement ou la dénonciation de saisie-arrêt, auquel cas l'huissier devra délivrer la citation à toutes les parties en suite de l'acte sur lequel l'opposition est déclarée.

PRESCRIPTION. *C. Civ.* 111. (La prescription est interrompue) si le propriétaire a revendiqué son droit par une citation en justice, ou un commandement régulier en la forme, bien qu'il n'ait pas donné suite à la procédure, pourvu qu'il n'ait pas laissé périmer l'instance.

SAISIE D'ACTIONS ET TITRES AU PORTEUR. *C. Proc.* 546. La saisie des actions et titres au porteur ou transmissibles par voie d'endossement, se fera dans les formes des saisies d'objets mobiliers. *Cf. infra* SAISIE MOBILIÈRE.

SAISIE CONSERVATOIRE. *C. Proc.* 760. Les propriétaires, principaux locataires, présenteront (pour obtenir saisie conservatoire) requête au juge de service, lequel, suivant le cas, permettra de saisir à l'instant ou vingt-quatre heures après commandement.

SAISIE IMMOBILIÈRE. *C. Proc.* 605. La saisie des immeubles appartenant au débiteur ne pourra avoir lieu qu'en vertu d'un titre exécutoire et après commandement en tête duquel copie du titre sera signifiée.

Le commandement sera signifié à personne ou au domicile réel.

606. Le commandement contiendra élection de domicile dans la ville où siège le tribunal qui devra connaitre de la saisie.

Il énoncera que, faute de paiement, il sera procédé à la saisie des immeubles du débiteur.

Il indiquera la nature et la consistance des immeubles sur lesquels portera la saisie.

607. Le commandement sera transcrit au bureau des hypothèques. La transcription sera radiée d'office, comme périmée, cent soixante jours après sa date, outre les délais de distance entre l'immeuble et le domicile du saisi en Egypte et le lieu où siège le tribunal, qui devra connaitre de la saisie, s'il n'y pas eu, comme il sera dit ci-après, transcription du procès-verbal de saisie.

608. Le débiteur ne peut, à partir du jour de la transcription du commandement, aliéner les immeubles indiqués dans le commandement, à peine de nullité et sans qu'il soit besoin de la faire prononcer.

Néanmoins, l'aliénation ainsi faite aura son exécution si, avant le jour fixé pour l'adjudication, l'acquéreur consigne à la caisse du tribunal somme suffisante pour acquitter en capital, intérêts et frais, ce qui est dû au créancier poursuivant, à ceux qui auront fait signifier des commandements et aux créanciers inscrits, et s'il leur signifie l'acte de consignation.

Si les deniers ainsi déposés ont été empruntés, les prêteurs n'auront d'hypothèque que postérieurement aux créanciers inscrits hors de l'aliénation.

A défaut de consignation avant l'adjudication, il ne pourra être accordé, sous aucun prétexte de délai pour l'effectuer.

609. L'opposition au commandement devra se faire dans les quinze jours qui suivront la notification, par assignation dans la forme ordinaire devant le tribunal dans le ressort duquel se trouve la plus grande partie des immeubles désignés dans le commandement ; elle sera jugée d'urgence par le tribunal ; le délai d'appel sera de dix jours à partir de la signification du jugement ; la Cour jugera également d'urgence ; il n'y aura pas lieu à appel si la somme demandée dans le commandement n'excède pas 8000 piastres tarif.

610. Si l'opposition est rejetée, le payement de la somme due devra se faire dans la quinzaine qui suivra la signification de la sentence définitive ; l'opposition au commandement faite après le délai de quinze jours ci-dessus fixé ne suspend pas la saisie, à moins que le tribunal ne juge qu'il y a lieu d'ordonner la suspension pour des motifs graves.

611. L'opposition faite dans la quinzaine du commandement interrompt le délai fixé par l'article 607.

L'huissier fera viser dans les vingt-quatre heures les originaux des actes d'opposition et de signification des jugements par l'officier chargé du bureau des hypothèques, qui en fera mention en marge de la transcription du commandement.

612. Les baux antérieurs à la transcription du commandement ne seront reconnus que s'ils ont date certaine.

613. Les baux n'ayant pas date certaine ou consentis depuis la transcription du commandement sans anticipation de loyer, seront reconnus s'ils peuvent être considérés comme actes de bonne administration.

614. La saisie ne pourra être faite dans les trente jours ni après les quatre-vingt-dix jours qui suivront le commandement, à peine de nullité.

SAISIE-MOBILIÈRE. *C. Proc.* 502. La saisie des meubles et biens mobiliers ne pourra être faite que vingt-quatre heures après le commandement.

506. Le procès-verbal de saisie contiendra, outre les énonciations communes à tous les actes d'huissiers, un nouveau commandement de payer, si la saisie est faite au domicile du saisi ou en sa présence, élection de domicile dans le lieu de la saisie, et, en tous cas, la désignation détaillée des objets saisis, le tout à peine de nullité ; les deniers comptants, qui seront spécifiés en espèces au procès-verbal, seront déposés à la caisse du tribunal.

COMMANDITE, COMMANDITAIRES. V. SOCIÉTÉS COMMERCIALES.

COMMENCEMENT D'EXÉCUTION. *C. Civ.* 286. Le commencement d'exécution peut, suivant les circonstances, autoriser le juge à ordonner la preuve par témoins ou présomptions.

BAIL. *C. Civ.* 446. S'il y a eu commencement d'exécution, et qu'il n'existe pas de quittance, le prix sera fixé par expert et la durée déterminée par l'usage des lieux.

COMMENCEMENT DE PREUVE. *C. Civ.* 296. La valeur probante des copies de titres autres que les expéditions exécutoires ou premières expéditions, quand ces copies seront faites par des officiers publics, sera appréciée par le juge si l'original n'est pas présenté ; ces copies vaudront au moins un commencement de preuve par écrit.

COMMENSAL. ENQUÊTE. *C. Proc.* 237. Pourra être reproché le témoin qui aura bu ou mangé avec la partie et à ses frais depuis le jugement qui ordonne l'enquête.

RÉCUSATION. (*Experts.*) *C. Proc.* 275. Les experts pourront être récusés dans les cas prévus pour la récusation des témoins.

(*Juge*) *C. Proc.* 352. Tout juge peut être récusé s'il est commensal de l'une des parties.

COMMERÇANTS. *C. Com. Chap. I, sect. II.* DES COMMERÇANTS.

Art. 9. Sont commerçants ceux qui exercent des actes de commerce et en font leur profession habituelle.

10. Les personnes âgées de vingt et un ans accomplis pourront se livrer au commerce. Celles qui ont accompli leur dix-huitième année ne pourront faire le commerce que dans les conditions prescrites par leur statut personnel si elles sont mineures ou par autorisation du tribunal de commerce, si elles sont majeures d'après leur statut personnel.

11. La capacité des femmes pour faire le commerce est également réglée par leur statut personnel.

DISPOSITIONS DIVERSES.

ACTE DE COMMERCE. *C. Com.* 2. La loi répute acte de commerce: toutes obligations entre négociants, marchands et banquiers, courtiers, entrepreneurs d'administration de fonds publics, tant à charge du gouvernement que des puissances étrangères, en tant qu'ils agissent en leurs qualités.

COMPÉTENCE. *C. Com.* 1. Les tribunaux de commerce connaîtront : 1° De toutes contestations relatives aux engagements et transactions entre commerçants, marchands et banquiers.

7. Ne seront pas de la compétence des tribunaux de commerce, les actions intentées contre un commerçant, pour payement de denrées et marchandises achetées pour son usage particulier.

8. Néanmoins les billets souscrits par un commerçant ou entrepreneur d'administration de deniers publics seront censés faits pour son commerce, lorsqu'une autre cause n'y sera pas énoncée.

FAILLITE. *C. Com.* 202. Tout commerçant qui cesse ses payements pour raison d'insolvabilité actuelle est en état de faillite, et doit être, par jugement, déclaré en état de faillite.

PRESCRIPTION. *C. Civ.* 273. Les sommes dues aux marchands pour fournitures faites aux particuliers se prescrivent par trois cent soixante jours, encore que de nouvelles dettes aient pris naissance pour les mêmes causes pendant ces trois cent soixante jours. V. LIVRES DE COMMERCE.

CONVENTIONS MATRIMONIALES DES COMMERÇANTS.

C. Com., chap. I., sect. IV. DE LA PUBLICITÉ A DONNER AUX CONVENTIONS MATRIMONIALES DES COMMERÇANTS. V. MARIAGE DES COMMERÇANTS.

COMMERCE, ACTES DE COMMERCE. *C. Com.* 1. Les tribunaux de commerce connaîtront : 2° Des contestations relatives aux actes de commerce faits par toutes personnes.

2. La loi répute acte de commerce :

Tout achat de denrées et marchandises pour les revendre, soit en nature, soit après les avoir travaillées et mises en œuvre, ou même pour en louer l'usage ;

Toute entreprise et toute opération de manufacture, de commission, de transport par terre et par eau ;

Toute entreprise de fournitures, d'agences, bureaux d'affaires, établissement de vente à l'encan, de spectacles publics ;

Toute opération de change, de banque et de courtage.

Toutes les opérations des banques publiques ;

Toutes obligations entre négociants, marchands et banquiers, courtiers, entrepreneurs d'administration de fonds publics, tant à charge du gouvernement que des puissances étrangères, en tant qu'ils agissent en leurs qualités.

3. La loi répute pareillement acte de commerce maritime :

Toute entreprise de construction, et tous achats, ventes et reventes de bâtiments pour la navigation intérieure et extérieure;

Toutes expéditions maritimes;

Tout achat ou vente d'agrès, apparaux et ravitaillements ;

Tout affrètement ou nolissement, emprunt ou prêt à la grosse ;

Tout contrat d'assurances et tous autres contrats concernant le commerce de mer ;

Tous accords et conventions pour salaires et loyers d'équipages ;

Tous engagements de gens de mer pour le service de bâtiments de commerce.

9. Sont commerçants ceux qui exercent des actes de commerce et en font leur profession habituelle. V. TRIBUNAL DE COMMERCE.

DISPOSITIONS DIVERSES.

CESSION DE CRÉANCES. *C. Civ.* 437. En matière de commerce, la cession d'une créance non constituée par un effet est parfaite à l'égard des tiers, quand la notification de la cession ou l'acceptation du débiteur cédé résulte de livres régulièrement tenus ou de preuves admises en matière de commerce.

COMPÉTENCE. *C. Proc.* 35. Les défendeurs seront assignés : 1° en matière de commerce, devant le tribunal du domicile du défendeur, ou devant celui dans le ressort duquel la promesse a été faite et la marchandise livrée, ou encore devant celui dans le ressort duquel le payement doit avoir lieu.

CONVENTIONS. *C. Civ.* 149. S'il s'agit d'une obligation de donner, la chose doit être dans le commerce ; elle doit être déterminée au moins quant à son espèce, et sa qualité doit pouvoir être précisée d'après les circonstances.

PREUVES. *C. Civ.* 299. En matière commerciale, les achats, ventes et tous autres contrats pourront être constatés, même à l'égard des tiers, par tous les moyens de preuve, y compris les témoignages et les présomptions.

VENTE. *C. Civ.* 326. Est nulle la vente des choses qui ne sont pas dans le commerce, ou des choses qui n'ont aucune valeur appréciable, ou des choses qui, par leur nature, ne sont pas susceptibles d'être livrées.

COMMETTANT. V. Commissionnaires.

COMMIS DE COMMERÇANTS. *C. Com.* 5. Les tribunaux de commerce connaîtront aussi des actions intentées contre les facteurs, commis des commerçants ou leurs serviteurs, pour le fait seulement du trafic du commerçant auquel ils sont attachés.

enquêtes. *C. Proc.* 237. Pourra être reproché le commis ou domestique d'une des parties.

privilège. *C. Com.* 363. Le salaire acquis aux ouvriers et commis employés directement par le failli, pendant les six mois qui auront précédé la déclaration de faillite, sera admis au nombre des créances privilégiées.

COMMISSION (contrat de). *C. Com.* 2. La loi répute acte de commerce, toute entreprise et toute opération de commission. V. Commissionnaires.

COMMISSION ROGATOIRE.

comparution des parties. *C. Proc.* 46. Si la partie ne peut comparaître en personne, par suite d'un empêchement légitime, le tribunal pourra commettre un juge qui dressera de ses dires et explications un procès-verbal qui sera signé du greffier et de la partie, si elle sait signer, ou peut signer, et qui constatera son état de maladie, eu égard à la valeur que l'on doit attacher à ses déclarations.

47. Le juge commis appréciera si la partie adverse doit être admise au procès-verbal.

enquêtes. *C. Proc.* 229. En cas d'empêchement justifié, le juge commis se transportera chez le témoin avec le greffier et recevra sa déposition.

230. L'état de maladie du témoin sera constaté, s'il y a lieu, eu égard à la conscience qu'il peut avoir de la gravité de la déposition à lui demandée.

231. En cas d'éloignement, le jugement pourra commettre le tribunal de la résidence du témoin, avec mission de désigner le juge qui procèdera à l'audition.

interrogatoire des parties. *C. Proc.* 175. En cas d'empêchement de la partie de se rendre en personne à l'audience, il pourra être délégué un juge qui se transportera pour dresser procès-verbal des réponses en présence du greffier. Le procès-verbal de l'interrogatoire sera signé du juge et du greffier et de la partie interrogée.

176. Si la partie interrogée demeure dans le ressort d'un autre

tribunal, ce tribunal pourra être commis pour procéder à l'interrogatoire.

SERMENT. *C. Proc.* 197. En cas d'empêchement dûment constaté de la partie à qui le serment est déféré, le tribunal pourra commettre, pour le recevoir, un juge qui se transportera près d'elle assisté du greffier.

198. En cas d'éloignement, le jugement pourra déléguer le tribunal de la résidence de la partie pour recevoir le serment.

199. Dans tous les cas ci-dessus, il est dressé un procès-verbal de la prestation du serment, qui est signé par la partie qui l'a prêté, par le président ou le juge commis et le greffier.

SIGNIFICATIONS. *C. Proc.* 13. Si la copie doit être remise à un domicile éloigné de la demeure de l'huissier, le juge de service pourra commettre toute personne pour faire la signification, qui sera effectuée avec l'assistance de deux témoins.

14. L'ordonnance de commission sera signifiée en tête de la copie de l'acte.

15. L'original et la copie contiendront la mention de la présence des témoins, et seront signés ou cachetés par eux et la personne à qui la commission aura été donnée.

COMMISSIONNAIRES EN MARCHANDISES. *C. Com. Chap. III. Sect. III.* DU GAGE ET DES COMMISSIONNAIRES.

DISPOSITIONS GÉNÉRALES.

Droits et devoirs du commissionnaire. 85. Le commissionnaire est celui qui agit en son propre nom ou sous un nom social, par ordre et pour compte d'un commettant, moyennant salaire ou provision.

86. Il est obligé personnellement envers celui avec qui il négocie, et il a un recours contre chacune des parties respectivement, sans que celles-ci aient personnellement aucune action l'une contre l'autre.

87. Toutefois, si le commissionnaire a contracté au nom de son commettant et avec son autorisation de ce chef, les parties auront l'action l'une contre l'autre, et les droits et obligations du commissionnaire seront régis exclusivement par les règles du mandat.

88. Si le commissionnaire sans être autorisé à agir au nom du commettant, a cependant agi au nom de ce dernier, l'opération sera réglée comme s'il y avait eu gestion d'affaires.

Privilège. 89. Tout commissionnaire a privilège et droit de rétention sur les marchandises à lui expédiées déposés ou consignées par le fait seul de l'expédition, du dépôt ou de la consignation, pour tous les prêts, avances ou payements faits par lui, soit avant la réception des marchandises, soit pendant le temps qu'elles sont en sa possession.

Ce privilège ne subsiste que sous la condition prescrite par l'article 83 qui précède (1).

Dans la créance privilégiée du commissionnaire sont compris, avec le principal, les intérêts, commissions et frais.

90. Le privilège et le droit de rétention existeront également sur les effets donnés en payement, s'ils sont entre les mains du commissionnaire.

Le privilège du commissionnaire prime tous les autres privilèges.

Le privilège et le droit de rétention n'existent pas pour les créances antérieures à l'expédition, encore bien qu'elles soient qualifiées d'anticipation ou d'avances dans le contrat.

91. Si les marchandises ont été vendues et livrées pour le compte du commettant, le commissionnaire se rembourse sur le produit de la vente du montant de ses anticipations, avances, intérêts et frais, par préférence aux créanciers du commettant.

Droit de vente. — *C. Com.* 92. Le commissionnaire pour vendre, qui détiendra des marchandises à lui expédiées, soit en dépôt, soit pour les vendre à un prix limité, et qui sera créancier pour une somme privilégiée d'après les articles ci-dessus, pourra, trois jours après une sommation restée infructueuse, outre le délai de distance, obtenir, sur une simple requête du juge de service pour les affaires urgentes près le tribunal de son domicile, l'autorisation de vendre aux enchères publiques tout ou partie des marchandises, par le ministère d'un courtier commis à cet effet par l'ordonnance.

93. — La vente se fera aux lieu et heure fixés par le juge, qui décidera s'il y a lieu à affiches et insertions.

Commissionnaire pour acheter. *C. Com.* 94. Les privilèges, droit de rétention et de vente existeront également au profit du commissionnaire chargé d'acheter qui détiendra encore les marchandises et effets.

DISPOSITIONS DIVERSES

ACTE DE COMMERCE. *C. Com.* 2. La loi répute acte de commerce toute entreprise et toute opération de commission.

COURTIERS. *C. Com.* 81. Le courtier qui n'aura pas nommé son client au moment de l'opération sera responsable de l'exécution et considéré comme commissionnaire.

FAILLITES (*Revendication*). *C. Com.* 397. Le revendiquant doit rembourser ce qui est dû aux commissionnaires et à ceux

---

(1) *C. Com.* 83. Dans tous les cas, le privilège ne subsiste sur le gage qu'autant que ce gage a été mis et est resté en la possession du créancier ou d'un tiers convenu entre les parties.

Le créancier est réputé avoir les marchandises en possession lorsqu'elles sont à sa disposition dans ses magasins ou navires, à la douane ou dans un dépôt public ou si, avant qu'elles soient arrivées, il en est saisi par un connaissement ou par une lettre de voiture.

qui ont prêté de bonne foi sur nantissement de la marchandise.

398. Pourront être revendiquées, quand le prix n'en aura pas été intégralement payé, les marchandises expédiées au failli, tant que la tradition n'en aura pas été effectuée dans ses magasins, ou dans ceux du commissionnaire chargé de les vendre pour le compte du failli, même si le prix a été réglé en valeur ou en compte courant.

399. Néanmoins, la revendication ne sera pas recevable si, avant leur arrivée, les marchandises ont été vendues sans fraude, sur factures et connaissements, ou sur factures et lettres de voiture, le tout signé par l'expéditeur.

400. Il en sera de même si les marchandises ont été expédiées par le revendiquant sur l'ordre du failli à l'acheteur de ce dernier.

401. Le revendiquant sera tenu de rembourser à la masse les à-comptes par lui reçus, ainsi que toutes avances faites pour fret ou voiture, commissions, assurances.

COMMISSIONNAIRES DE TRANSPORTS.

— *C. Com.* 2. La loi répute acte de commerce, toute entreprise et toute opération de transport par terre et par eau.

C. Com. Chap. II. Sect. IV. DES COMMISSIONNAIRES DE TRANSPORTS, VOITURIERS, BATELIERS, ETC.

DISPOSITIONS GÉNÉRALES

Devoirs, responsabilité. 95. Le commissionnaire qui se charge d'effectuer ou de faire effectuer un transport par terre ou par eau est tenu d'inscrire, sur son livre-journal, la déclaration de la nature et de la quantité des marchandises, et, s'il en est requis, de leur valeur déclarée.

96. Il est garant de l'expédition aussi prompte que possible, et de l'arrivée des marchandises et effets dans le délai déterminé par la lettre de voiture, hors le cas de force majeure légalement constaté.

97. Il est garant des avaries ou pertes des marchandises ou effets, s'il n'y a stipulation contraire dans la lettre de voiture, force majeure ou vice propre de la chose, sauf son recours contre le voiturier, s'il y a lieu.

98. Il est garant des faits du commissionnaire intermédiaire auquel il adresse les marchandises, si le commissionnaire intermédiaire n'a pas été désigné dans la lettre d'expédition ; mais, s'il l'a été, le commissionnaire principal n'en sera plus responsable.

99. La marchandise sortie du magasin du vendeur ou de l'expéditeur voyage, s'il n'y a contravention contraire, aux risques et périls de celui à qui elle appartient, sauf son recours contre le commissionnaire et le voiturier chargés du transport.

Lettre de voiture. 100. La lettre de voiture forme un contrat entre l'expéditeur et le voiturier, ou entre l'expéditeur, le commissionnaire et le voiturier.

101. La lettre de voiture doit être datée.

Elle doit exprimer, outre les stipulations qui peuvent être intervenues entre les parties relativement au délai fixé pour le transport et à l'indemnité prévue en cas de retard, la nature et le poids ou la contenance des objets à transporter.

Elle indique : le nom et le domicile du commissionnaire par l'entremise duquel le transport s'opère, le nom de celui à qui la marchandise est adressée, le nom, la qualité et le domicile du voiturier.

Elle énonce le prix de la voiture.

Elle est signée par l'expéditeur ou le commissionnaire.

Elle présente en marge les marques et numéros des objets à transporter.

La lettre de voiture est copiée par le commissionnaire sur son registre, sans intervalle et en entier.

Perte, avaries. C. Com. 102. Le voiturier est garant de la perte des objets à transporter, hors les cas de force majeure ; il est garant des avaries, sauf si la perte et les avaries proviennent du vice propre de la chose, de la force majeure ou de la faute ou de la négligence de l'expéditeur.

103. Si, par l'effet de la force majeure, le transport n'est pas effectué dans le délai convenu, il n'y a pas lieu à indemnité contre le voiturier pour cause de retard.

104. La réception des objets transportés et le paiement du prix de la voiture éteignent toute action contre le voiturier, si le défaut était extérieurement visible ; si le défaut n'est pas visible extérieurement, la constatation de l'avarie peut être faite par huissier ou le cheikh-el-beled ; mais l'action n'est recevable que si la dénonciation en a été faite dans les quarante-huit heures de la réception et la demande en justice introduite dans les trente jours ; le tout outre les délais de distance.

105. En cas de refus ou de contestations pour la réception des objets transportés, leur état est vérifié et constaté par des experts nommés par le tribunal de référé. Le dépôt ou séquestre et ensuite le transport à un endroit sûr, tel que la douane, ainsi que la vente d'une partie des marchandises jusqu'à concurrence du prix de la voiture, peuvent être ordonnés par le juge des référés.

107. A défaut de la déclaration de la valeur des objets transportés, s'ils sont perdus, cette valeur ne sera appréciée par le tribunal que d'après les énonciations contenues à la lettre de voiture et d'après l'apparence extérieure des objets expédiés. Si la valeur a été déclarée toutes preuves seront admises et le tribunal pourra s'en rapporter à la déclaration de l'expéditeur corroborée par serment.

108. Si, après un jugement, même définitif, l'objet a été retrouvé

et que sa valeur vraie soit constatée, la partie qui aura obtenu une indemnité plus forte pourra, malgré le jugement, être condamnée à payer une indemnité double de la différence en plus à lui adjugée et augmentée des frais faits.

Prescription. C. Com. 109. Toutes actions contre le commissionnaire et le voiturier, à raison de la perte ou de l'avarie des marchandises, sont prescrites après 180 jours pour les expéditions faites dans l'intérieur de l'Egypte, et après un an, pour celles faites à l'étranger; le tout à compter, pour les cas de perte, du jour où le transport des marchandises aurait dû être effectué, et pour les cas d'avaries, du jour où la remise des marchandises aura été faite, sans préjudice des cas de fraude ou d'infidélité.

Bateliers, chemins de fer. C. Com. 106. Les dispositions contenues dans la présente section sont communes aux maîtres des bateaux, aux chemins de fer, aux voitures publiques et à tous ceux qui transportent des effets.

DISPOSITIONS ADDITIONNELLES.

COMPÉTENCE. *C. Proc.* 35. Les compagnies d'assurances, transports, etc., pourront être assignées au tribunal de leurs succursales.

28. Un juge délégué par le tribunal statuera en tribunal de justice sommaire sur les affaires suivantes en matière civile : 2° sur les contestations entre voituriers ou bateliers et voyageurs, à raison de la location ou du transport, en dernier ressort jusqu'à P. T. 800, et à charge d'appel jusqu'à P. T. 8000, quand le contrat ne sera pas contesté.

RESPONSABILITÉ. *C. Civ.* 598. Le dépositaire qui tire un salaire à l'occasion des faits qui ont motivé le dépôt, comme l'aubergiste, le voiturier, etc., est responsable de la perte de la chose déposée, à moins qu'il n'établisse que la perte a eu lieu par suite de force majeure.

DROIT MARITIME.

CONNAISSEMENT. *C. Marit.* 103. Tout commissionnaire ou consignataire qui aura reçu les marchandises mentionnées dans les connaissements ou chartes-parties sera tenu d'en donner reçu au capitaine qui le demandera à peine de tous dépens, dommages-intérêts, même de ceux de retardement.

De même le capitaine sera tenu de demander acquit des marchandises qu'il aura consignées au receveur, et à son défaut, de se munir d'un certificat de la douane constatant la décharge des marchandises conformément au connaissement, à peine de tous dommages-intérêts envers les propriétaires ou receveurs.

COMMISSIONNAIRE DE TRANSPORT INTERMÉDIAIRE. *C. Com.* 98. (Le commissionnaire qui se charge d'effectuer ou de faire effectuer un transport par terre ou par eau) est garant des faits du commissionnaire intermédiaire

auquel il adresse les marchandises, si le commissionnaire intermédiaire n'a pas été désigné dans la lettre d'expédition ; mais s'il l'a été, le commissionnaire principal n'en sera plus responsable.

COMMUNAUTÉ. LIVRES DE COMMERCE. *C. Com.* 17. La communication des livres et inventaires ne peut être ordonnée en justice, en dehors des contestations commerciales, que dans les affaires de communauté, succession, partage de société, et en cas de faillite. Dans les cas ci-dessus, cette communication peut être exigée d'office par le tribunal de commerce.

COMMUNAUTÉ, COMMUNE. *C. Proc.* 68. Seront communiquées au ministère public : 3° les causes qui concernent les villes et villages agissant comme communauté.

COMMUNICATION AU MINISTÈRE PUBLIC. V. MINISTÈRE PUBLIC.

COMMUNICATION DE PIÈCES.

DÉLIBÉRÉS. *C. Proc.* 92. Il ne devra être reçu, pendant le délibéré, ni note, ni mémoire, ni pièce, sans une communication préalable à l'adversaire.

ENQUÊTES. *C. Proc.* 254. Lorsque l'enquête n'a pas eu lieu devant le tribunal, ou si, ayant eu lieu devant le tribunal, le jugement n'a pas été rendu à l'audience même où il a été procédé à l'audition des témoins, les parties ont le droit de prendre communication du procès verbal d'enquête.

EXCEPTIONS. *C. Proc.* 147. Les exceptions qui peuvent être proposées préliminairement à la discussion du fond sont : La demande en communication des pièces produites.

165. Lorsque des pièces non communiquées seront invoquées, la partie aura le droit de demander un délai de trois jours pour prendre communication des pièces.

166. La communication des pièces qui seront déposées au greffe se fera sans déplacement.

R. G. J. art. 85. Toutes les pièces et documents dont l'une des parties entend faire usage, devront être communiquées à la partie adverse en temps utile et en tout cas trois jours au moins avant l'audience fixée pour les plaidoieries.

Cette communication se fera soit sur récépissé, soit par dépôt au greffe, auquel cas les pièces ne pourront être déplacées sans le consentement de la partie qui les aura produites.

Si le demandeur invoque des pièces non communiquées en temps utile et que le défaut ou le retard de communication ne paraisse pas justifié, l'affaire sera renvoyée à la fin du rôle spécial, à moins que le défenseur ne demande lui-même qu'elle soit retenue ou continuée à une audience prochaine.

87. Immédiatement après la clôture des débats, ou au plus

tard le lendemain jusqu'à l'heure de la fermeture du greffe, les parties sont tenues de déposer tous leurs actes et documents *en liasse et fermés en dossier* avec un inventaire en double, dont l'un des originaux sera restitué après contrôle avec mention de la réception des pièces.

Dans le cas où le dépôt n'aura pas été fait à l'audience même, les pièces ne pourront être reçues qu'après avoir été préalablement communiquées à la partie adverse, laquelle les revêtira de son visa.

FAILLITE. *(Banqueroute).* *C. Com.* 414. Les pièces, titres et papiers délivrés par les syndics seront, pendant le cours de l'instruction, tenus en état de communication par la voie du greffe; cette communication aura lieu sur la réquisition des syndics, qui pourront en prendre des extraits privés, ou en requérir d'authentiques qui leur seront expédiés par le greffier. Les pièces, titres et papiers dont le dépôt judiciaire aura été ordonné seront, après l'arrêt ou le jugement, remis aux syndics qui en donneront décharge.

INSTRUCTION PAR ÉCRIT. *C. Proc.* 79. L'acte de signification contiendra l'énoncé sommaire des pièces produites et copie du reçu du greffe où elles auront été déposées pour être communiquées sans remplacement.

LIVRES DE COMMERCE. *C. Com.* 17. La communication des livres et inventaires ne peut être ordonnée en justice, en dehors des contestations commerciales, que dans les affaires de communauté, succession, partage de société, et en cas de faillite. Dans les cas ci-dessus, cette communication peut être exigée d'office par le tribunal de commerce.

ORDRE. *C. Proc.* 724. Les sommations de produire et de prendre communication du règlement provisoire seront faites au domicile élu dans l'inscription. V. ORDRE.

RÉCUSATION. *C. Proc.* 357. L'acte de récusation doit contenir les moyens de récusation, et les pièces à l'appui doivent y être annexées, s'il y a lieu.

358. L'expédition de l'acte de récusation sera, dans les vingt-quatre heures remise par le greffier au président qui la communiquera au juge récusé et au ministère public, et commettra un juge rapporteur.

(Appel.) 366. Les expéditions de l'acte de récusation, des explications du juge, du jugement et de l'acte d'appel seront transmises au greffe de la Cour d'appel.

367. Sur la communication qui lui sera faite dans les trois jours par le greffier, la Cour statuera dans le plus bref délai, dans les formes ci-dessus, sans être obligée d'entendre les parties.

COMMUNISTES. MAISON. *C. Civ.* 55. Le propriétaire de l'étage inférieur d'un bâtiment doit faire les constructions nécessaires pour empêcher la chute de l'étage supérieur.

S'il se refuse à faire les travaux de consolidation nécessaires, la vente de la partie de la maison qui lui appartient peut être ordonnée.

En tous cas, les travaux urgents peuvent être ordonnés par le juge des référés.

56. Le propriétaire de l'étage supérieur ne doit pas surélever les constructions de manière à nuire à l'étage inférieur.

57. Le propriétaire de l'étage inférieur doit entretenir le plafond, y compris les poutres qui sont présumées lui appartenir. Le propriétaire de l'étage supérieur doit entretenir le carrelage ou plancher de son étage ; il doit entretenir aussi l'escalier, depuis l'endroit qui ne sert pas au propriétaire de l'étage inférieur.

58. Si la construction vient à tomber, le propriétaire de l'étage inférieur est obligé de reconstruire son étage, faute de quoi sa propriété pourra être vendue en justice.

MÉLANGE. *C. Civ.* 92. Lorsque deux objets mobiliers, appartenant à deux propriétaires, se trouvent réunis sans qu'il soit possible de les séparer sans détérioration, les tribunaux statueront d'après les règles de l'équité, en tenant compte du dommage causé, de la position des parties et de leur bonne foi. V. ACCESSION, *art.* 89-91.

PRÉEMPTION DU COPROPRIÉTAIRE. V. PRÉEMPTION (DROIT DE).

PARTAGE DE BIENS COMMUNS. V. PARTAGE DE BIENS.

RÉMÉRÉ. *C. Civ.* 432. Le rachat ne peut s'exercer que pour la chose vendue, et non en deçà et au delà, qu'il s'agisse d'une propriété entière, ou indivise, ou divisée par lots, à moins que la faculté de réméré ne s'exerce contre les héritiers de l'acheteur et pour la part indivise ou partielle que chacun d'eux possède.

433. L'acheteur à réméré qui a acquis, par suite d'une demande en partage dirigée contre lui, le surplus d'une propriété indivise, peut toutefois exiger que la totalité du bien lui soit reprise.

DROIT MARITIME.

NAVIRE. *C. Marit.* 30. La faculté de faire abandon n'est point accordée à celui qui est, en même temps, capitaine et propriétaire ou copropriétaire du navire.

Lorsque le capitaine ne sera que copropriétaire, il ne sera personnellement responsable des engagements contractés par lui, pour ce qui est relatif au navire et à l'expédition, que dans la proportion de son intérêt.

COMPARUTION DES PARTIES. *C. Proc.* 44. Au jour fixé pour l'appel de la cause, les parties comparaîtront en personne ou par fondé de procuration spéciale pour l'affaire, ou générale, pour se présenter en justice. V. MANDAT AD LITEM.

45. Le tribunal pourra, par un jugement qui ne sera pas signifié, si l'instance est contradictoire, ordonner que les parties comparaîtront en personne à un jour qu'il déterminera.

46. Si la partie ne peut comparaître en personne, par suite d'un empêchement légitime, le tribunal pourra commettre un juge qui dressera de ses dires et explications un procès-verbal qui sera signé du greffier et de la partie, si elle sait signer ou peut signer, et qui constatera son état de maladie, eu égard à la valeur que l'on doit attacher à ses déclarations.

47. Le juge commis appréciera si la partie adverse doit être admise au procès-verbal.

INTERROGATOIRE DES PARTIES. *C. Proc.* 170. Les questions doivent être spécifiées dans des conclusions signifiées vingt-quatre heures avant l'audience à laquelle l'interrogatoire doit avoir lieu, avec citation à comparaître en personne.

172. Les questions admises par le tribunal ou dont l'admissibilité ne sera pas contestée, seront posées par le président, répondues par la partie en personne à l'audience même. V. COMMISSION ROGATOIRE.

COMPAGNIES. *C. Proc.* 35. Les compagnies d'assurances, de transports, etc., pourront être assignées 3° au tribunal de leurs succursales.

COMPENSATION.
C. Civ. Titre II. Chap. V. Sect. V. DE LA COMPENSATION (*art.* 256-265).

DISPOSITIONS GÉNÉRALES.

256. La compensation est une espèce de payement qui se fait, de plein droit, à l'insu des parties, quand elles sont réciproquement créancières et débitrices l'une de l'autre.

257. La compensation s'effectue jusqu'à concurrence de la dette la moins forte.

258. Elle n'a lieu que si les deux obligations sont liquides, exigibles, et pour une somme d'argent, ou toutes autres choses de même nature se remplaçant l'une par l'autre, eu égard à leur espèce et à leur valeur et payables dans le même lieu.

259. Il n'y a pas lieu à compensation quand l'une des dettes est insaisissable, ou a pour cause un dépôt d'argent ou de choses qui ne peuvent se remplacer.

260. L'imputation se fait, en cas de compensation, comme en matière de payement.

261. Le débiteur qui a accepté la cession d'une créance compensée ne peut plus opposer la compensation aux cessionnaires; il peut seulement exercer son ancienne créance contre le cédant.

262. Lorsque le créancier a payé une dette à laquelle il aurait pu opposer la compensation, les cautions, les codébiteurs solidaires, les créanciers privilégiés ou hypothécaires primés par la

créance et le tiers propriétaire du gage qui la garantissait, peuvent toujours invoquer la compensation, à moins que le créancier n'ait eu, en payant sa dette, une juste cause d'ignorer l'existence de la créance qu'il pouvait opposer en compensation.

263. Une saisie-arrêt, ou la signification d'un transport, empêche la compensation qui n'aurait pu se produire que postérieurement à la signification.

264. Le débiteur principal ne peut opposer la compensation avec ce qui est dû à cette caution.

265. Le codébiteur solidaire ne peut opposer la compensation avec ce qui est dû à ses codébiteurs, si ce n'est pour la part de ces derniers.

DISPOSITIONS ADDITIONNELLES.

APPEL. *C. Proc.* 393. S'il est introduit une demande reconventionnelle ou en compensation, le taux sera déterminé par celle des demandes qui sera la plus élevée.

ASSOCIÉ. *C. Civ.* 519. Si l'associé a causé un préjudice à la société par ce retard (de l'apport) il doit l'en indemniser sans pouvoir compenser avec les bénéfices qu'il lui a procurés.

DÉPENS. *C. Proc.* 119. Pourront toutefois les frais être compensés ou partagés, suivant une proportion déterminée par le jugement, quand les parties auront respectivement succombé sur différents chefs.

FAILLITE (*Paiement*). *C. Com.* 235. Sont nuls et sans effet, relativement à la masse, lorsqu'ils auront été faits par le débiteur depuis l'époque déterminée par le tribunal comme étant celle de la cessation de ses payements ou dans les dix jours qui auront précédé cette époque, tous payements soit en espèces soit par compensation ou autrement, pour dettes non échues.

(*Revendication.*) 396. Pourra même être revendiqué le prix ou la partie du prix des marchandises (que le failli aurait été chargé d'acheter pour compte du revendiquant (art. 395) consignées et vendues par le consignataire failli, quand ce prix n'aura été ni payé ni réglé en valeurs au nom ou à l'ordre du failli, ni compensé en compte courant entre le failli et l'acheteur.

LETTRE DE CHANGE ET BILLET A ORDRE. *C. Com.* 179. Les effets de la déchéance prononcée par les trois articles précédents (Déchéance du porteur contre les endosseurs. V. LETTRE DE CHANGE. (*Droits et devoirs du porteur.*) cessent en faveur du porteur contre le tireur ou contre celui des endosseurs qui, après l'expiration des délais fixés pour le protêt, la notification du protêt ou la citation en jugement, a reçu, par compte, compensation ou autrement, les fonds destinés au payement de la lettre de change.

OBLIGATIONS SOLIDAIRES. *C. Civ.* 169. Un débiteur solidaire ne peut opposer la compensation acquise à un des autres codébiteurs.

171. Le codébiteur solidaire qui a payé ou compensé, a un recours contre chacun des autres pour leur part. La part des insolvables se répartit sur chacun des débiteurs solvables.

COMPÉTENCE.
DISPOSITIONS GÉNÉRALES.

Compétence des tribunaux mixtes. C. Civ. **4.** Les questions relatives à l'état et à la capacité des personnes et au statut matrimonial, aux droits de succession naturelle ou testamentaire, aux tutelles et curatelles restent de la compétence du juge du statut personnel.

Lorsque dans une instance une exception de cette nature sera soulevée, si les tribunaux reconnaissent la nécessité de faire statuer au préalable sur l'exception, ils devront surseoir au jugement du fond et fixer un délai dans lequel la partie contre laquelle la question préjudicielle aura été soulevée, devra la faire juger définitivement par le juge compétent. Si cette nécessité n'est pas reconnue, il sera passé outre au jugement du fond.

5. Les nouveaux tribunaux connaîtront de toutes les contestations en matière civile et commerciale entre indigènes et étrangers, et entre étrangers de nationalité différente. En dehors du statut personnel, ils connaîtront aussi de toutes les actions réelles immobilières entre toutes personnes, même appartenant à la même nationalité.

6. Le Gouvernement, les Administrations, les Daïras de S. A. le Khédive et des membres de sa famille seront justiciables de ces tribunaux dans les procès avec les sujets étrangers.

7. Ces tribunaux, sans pouvoir statuer sur la propriété du domaine public, ni interpréter ou arrêter l'exécution d'une mesure administrative, pourront juger, dans les cas prévus par le Code civil, les atteintes portées à un droit acquis d'un étranger par acte d'administration.

8. Ne sont pas soumises à ces tribunaux les demandes des étrangers contre un établissement pieux en revendication de la propriété d'immeubles possédés par cet établissement, mais ils seront compétents pour statuer sur la demande intentée sur la question de la possession légale, quel que soit le demandeur ou le défendeur.

9. Le seul fait de la constitution d'une hypothèque en faveur d'un étranger sur les biens immeubles, quels que soient le possesseur et le propriétaire, rendra ces tribunaux compétents pour statuer sur la validité de l'hypothèque et sur toutes les conséquences, jusques et y compris la vente forcée de l'immeuble ainsi que la distribution du prix.

10. Les lois de police et de sûreté obligent tous ceux qui habitent le territoire.

Les poursuites pour contravention de simple police sont soumises à la juridiction des nouveaux tribunaux.

13. Tout sujet local pourra être cité devant les tribunaux du pays à raison des obligations par lui contractées même à l'étranger.

14. Il en sera de même des étrangers qui se trouvent dans le pays.

L'étranger qui l'aura quitté ne pourra être cité devant les nouveaux tribunaux que dans les cas suivants :

2º S'il s'agit d'obligations dérivant de contrats stipulés ou devant être exécutés dans le pays, ou bien de faits qui y aient été accomplis ;

Sans préjudice de la compétence des tribunaux de commerce dans les cas déterminés par la loi et quelle que soit la résidence du défendeur.

DISPOSITIONS ADDITIONNELLES.

APPEL. *C. Proc.* 395. Les jugements rendus sur la compétence pourront être attaqués par la voie d'appel, quel que soit le montant de la demande.

V. ATTRIBUTION DE JURIDICTION — TRIBUNAL CIVIL — TRIBUNAL DE COMMERCE — TRIBUNAL DE JUSTICE SOMMAIRE — COUR D'APPEL — RÉFÉRÉ — INCOMPÉTENCE.

COMPÉTENCE TERRITORIALE. JURIDICTION DES TRIBUNAUX DE PREMIÈRE INSTANCE.

(Décrets des 28 décembre 1875, 9 juin et 10 octobre 1887.)

TRIBUNAL DE PREMIÈRE INSTANCE	EXTENSION TERRITORIALE DE LA JURIDICTION	
Alexandrie	Mohafzas (Gouvernorats.)	Alexandrie. Rosette.
	Moudiriehs (Provinces.)	Béhéra. Garbieh.
	Canal de Suez	De Port-Saïd jusqu'à El-Kantara inclusivement.
	Territoire de la frontière ouest jusqu'à la latitude du village Beni-Salame, Siva compris.	
Caire	Mohafza	Caire.
	Moudiriehs	Galioubieh. Ghisé. Menoufieh. Moyenne Egypte. Haute Egypte jusques et y compris Assouan.
Mansourah	Mohafzas	Damiette. El Arich. Ismaïla. Suez.
	Moudiriehs	Charkyé. Dakahlyé.
	Markaz	Biela. Chirbin.
	Canal de Suez	De El-Kantara exclusivement jusqu'à Suez.
	Territoire frontière est.	

COMPOSITION OU TRANSACTION. V. TRANSACTION.

COMPOSITION *(en cas de prise).* ASSURANCE. *C. Marit.*
233. En cas de prise, si l'assuré n'a pu en donner avis à l'assureur, il peut racheter les effets sans attendre son ordre. L'assuré est tenu de signifier à l'assureur la composition qu'il aura faite, aussitôt qu'il en aura les moyens.

234. Dans ce cas, l'assureur a le choix de prendre la composition à son compte, ou d'y renoncer; il est tenu de notifier son choix à l'assuré dans les vingt-quatre heures qui suivent la signification de la composition.

S'il déclare prendre la composition à son profit, il est tenu de contribuer, sans délai, au payement du rachat dans les termes de la convention, et pour la part proportionnelle qui revient aux objets par lui assurés, et il continue de courir les risques du voyage conformément au contrat d'assurance.

S'il déclare renoncer à son profit de la composition, il est tenu au payement de la somme assurée sans pouvoir prétendre aux effets rachetés.

Lorsque l'assureur n'a pas notifié son choix dans le délai susdit, il est censé avoir renoncé au profit de la composition.

238. Sont avaries communes : 1° Les choses données par composition.

COMPROMIS. *C. Proc.* 792. Les parties maîtresses de leurs droits peuvent seules compromettre, et le compromis ne peut porter que sur des contestations qui ne sont pas communicables au ministère public.

793. L'objet de la contestation doit, à peine de nullité, être précisé dans le compromis ou dans le cours des débats, même s'il s'agit d'amiables compositeurs.

800. Le compromis doit être prouvé par écrit.

816. Les parties pourront demander la nullité de la sentence en s'opposant à l'ordonnance d'exécution dans les cas suivants :
1° Si le compromis est nul ou si le délai était expiré, sans prorogation consentie ;
2° Si la sentence a été rendue sans compromis ou hors de ses termes ;
3° S'il a été rendu par des arbitres illégalement nommés ou par un certain nombre d'arbitres non autorisés à juger en absence des autres ;
4° S'il a été prononcé sur des choses non demandées.
V. ARBITRAGE.

DISPOSITION ADDITIONNELLE

MANDAT. *C. Civ.* 632. Il est nécessaire de justifier d'un mandat spécial ou de pouvoirs spéciaux énoncés dans une procuration générale pour compromettre.

633. Le mandat de compromettre ou transiger comprend pouvoir de compromettre ou transiger sur tous droits même non spécifiés. V. TRANSACTION.

COMPTABLE. FAILLITE. *C. Com.* 425. Ne seront point admis à la réhabilitation, les comptables qui n'auront pas rendu et soldé leurs comptes en retard.

COMPTE. MANDAT. *C. Civ.* 645. Le mandataire doit compte de la gestion et des sommes qu'il a reçues pour le compte du mandant. V. MANDAT.

COMPTE-COURANT. HYPOTHÈQUE. *C. Civ.* 685. L'hypothèque consentie pour sûreté d'un crédit ouvert ou d'une simple ouverture de compte courant est valable pourvu que la somme maximum à laquelle le crédit ou le compte courant pourra s'élever, soit fixée.

INTÉRÊT. *C. Civ.* 187. Le taux de l'intérêt commercial en compte courant pourra varier suivant le taux de la place, et la capitalisation se fera dans les comptes courants suivant les usages du commerce.

REVENDICATION. *C. Com.* 393. La revendication (d'un effet de commerce en recouvrement) ne sera pas admise quand la valeur aura été passée en compte-courant accepté par le revendiquant.

396. Pourra même être revendiqué le prix ou la partie du prix des marchandises (que le failli aurait été chargé d'acheter pour le compte du revendiquant, art. 395.) consignées et vendues par le consignataire failli quand ce prix n'aura été ni payé, ni réglé en valeurs au nom ou à l'ordre du failli, ni compensé en compte courant entre le failli et l'acheteur.

COMPTE DE LA FAILLITE. COMPTE PRÉLIMINAIRE. *C. Com.* 280. En toute faillite, les syndics, dans la quinzaine du jugement déclaratif de faillite, seront tenus de remettre au juge-commissaire un mémoire ou compte sommaire de l'état apparent de la faillite, de ses principales causes et circonstances et du caractère qu'elle paraît avoir.

281. Ils devront fournir de nouveaux mémoires toutes les fois qu'il se révèlera un fait important relatif aux mêmes circonstances.

282. Le juge-commissaire transmettra immédiatement les mémoires avec ses observations à l'officier du ministère public. S'ils ne lui ont pas été remis dans les délais prescrits, il devra prévenir le parquet et en indiquer les causes.

CONCORDAT. *C. Com.* 339. Aussitôt après que le jugement d'homologation sera passé en force de chose jugée, les fonctions des syndics cesseront; les syndics rendront au failli leur compte définitif, en présence du juge-commissaire. Ce compte sera débattu et arrêté, à moins qu'il n'en ait été convenu autrement au concordat.

Les syndics remettront au failli l'universalité de ses biens, livres, papiers et effets. Le failli en donnera décharge. Il sera dressé du tout procès verbal par le juge-commissaire dont les fonctions cesseront. En cas de contestation, le tribunal de commerce prononcera, sur simple renvoi du juge-commissaire à l'audience et sans citation.

340. Si le concordat a lieu par abandon d'actif, les syndics en rendront compte à l'assemblée générale des créanciers.

INSUFFISANCE D'ACTIF. *C. Com.* 347. Si, avant l'homologation du concordat ou la formation de l'union, le cours des opérations de la faillite se trouve arrêté par insuffisance de l'actif, le tribunal de commerce pourra, sur le rapport du juge-commissaire, prononcer, même d'office, la clôture des opérations de la faillite ; ce jugement fera rentrer chaque créancier dans l'exercice de ses actions individuelles contre le failli.

UNION. *C. Com.* 349. Les syndics qui ne seraient pas maintenus, (après la déclaration d'union), devront rendre leurs comptes aux nouveaux syndics, en présence du juge-commissaire, le failli dûment appelé.

355. Les créanciers en état d'union seront convoqués, au moins une fois dans la première année, et, s'il y a lieu, dans les années suivantes, par le juge-commissaire. Dans ces assemblées, les syndics devront rendre compte de leur gestion.

356. Lorsque la liquidation de la faillite sera terminée, les créanciers seront convoqués par le juge-commissaire. Dans cette dernière assemblée, les syndics rendront leurs comptes. Le failli sera présent ou dûment appelé.

COMPTE DE RETOUR. *C. Com.* 190. La retraite (d'un effet de commerce), est accompagnée d'un compte de retour.

191. Le compte de retour comprend le principal de la lettre de change protestée, les frais de protêt et autres frais légitimes, tels que commission de banque, timbre et port de lettres. Il énonce le nom de celui sur qui la traite est faite et le prix du change auquel elle est négociée. Il est certifié par deux commerçants. Il est accompagné de la lettre de change protestée, du protêt ou d'une expédition de l'acte du protêt. Dans le cas où la retraite est faite sur l'un des endosseurs, elle est accompagnée, en outre, d'un certificat qui constate le cours du change du lieu où la lettre de change était payable sur le lieu d'où elle a été tirée.

192. Il ne peut être fait plusieurs comptes de retour sur une même lettre de change. Ce compte de retour est remboursé d'endosseur en endosseur respectivement et définitivement par le tireur. V. RECHANGE.

COMPULSOIRE. *C. Proc.* 789. L'expédition ou l'extrait d'un acte privé, passé devant un officier public, ne pourra être obtenu par ceux qui n'y auront pas été partie, que s'il en est ainsi ordonné par le jugement qui pourra commettre un juge pour compulser les actes de l'officier public.

COMPUTATION DE DÉLAI. *C. Proc.* 18. Quand un acte contiendra citation ou sommation avec indication d'un délai déterminé, le jour de la signification ne sera pas compris dans le calcul de ce délai. V. DÉLAI — AUGMENTATION DE DÉLAI.

CONCILIATION. *R. O. J. Titre* 1er. *art.* 14. Les tribunaux délègueront un des juges qui, agissant en qualité de juge de paix, sera chargé de concilier les parties et de juger les affaires dont l'importance sera fixée par le Code de procédure. V. TRIBUNAL DE JUSTICE SOMMAIRE.

R. G. J. VII. DES CONCILIATIONS, *art.* 97 105.

97. Le juge délégué pour les affaires de justice sommaire (*art.* 28, *Code de procédure civile et commerciale et* 14 *du Règlement d'organisation*) est tenu, s'il en est requis, de tenter la conciliation des parties même dans les matières qui ne sont pas de sa compétence.

98. La demande en conciliation peut être faite verbalement au greffe du tribunal, au domicile d'une des parties ou du tribunal dans le ressort duquel se trouve l'objet litigieux.

99. Les avis aux parties contenant l'indication de la demande en conciliation et du jour désigné pour la comparution seront écrits par le greffier et délivrés en original à la partie requérante, qui en fera signifier une copie à la partie adverse par l'intermédiaire de l'office des huissiers.

100. Si l'une des parties ne comparaît pas à l'audience au jour et à l'heure fixés, des demandes ultérieures en conciliation ne seront plus admises, à moins qu'elles ne soient faites d'un commun accord entre toutes les parties.

101. Si la conciliation réussit, il en sera dressé procès-verbal, qui sera signé par les parties, par le juge et par le greffier.

Si l'une des parties refuse de signer le procès-verbal, la conciliation sera considérée comme non avenue.

102. Si la conciliation ne réussit pas, il en sera fait seulement mention dans le registre.

103. Si l'objet de la contestation est de la compétence du juge délégué pour les affaires de justice sommaire (*art* 28 *du Code de procédure civile et commerciale*), ce magistrat est tenu, même sans en être requis par les parties, de tenter la conciliation à la première audience où l'affaire est appelée quand toutes les parties comparaissent en personne ou par mandataire autorisé à transiger.

104. Les conciliations sur l'inscription en faux en matière civile

ne sont pas valables sans l'homologation du juge et sans que le ministère public ait été entendu.

105. Le procès-verbal de conciliation est exécutoire contre les parties. A cet effet, le greffier en délivrera copie dans les formes établies pour les jugements.

CONCLUSIONS.
1° Conclusion des parties.
DISPOSITIONS GÉNÉRALES

C. Proc. 36. L'assignation contiendra, outre les mentions prescrites pour tous les actes signifiés 1° l'objet précis de la demande et les motifs sur lesquels elle sera fondée.

53. Le défendeur devra conclure à l'appel de la cause, soit par écrit, soit verbalement, auquel cas le greffier prendra note de sa conclusion.

54. Dans les affaires civiles qui ne seront pas d'une urgence absolue, le tribunal pourra accorder un délai au défenseur pour conclure.

DISPOSITIONS ADDITIONNELLES

APPEL. *C. Proc.* 412. La demande (en appel), pourra être augmentée du montant des loyers, intérêts, arrérages et autres accessoires échus depuis les conclusions prises en première instance et des dommages-intérêts aggravés depuis le jugement. V. OPPOSITION.

DÉFAUT. *C. Proc.* 124. Si, au jour indiqué pour l'audience, le défendeur assigné régulièrement ne comparaît pas devant le tribunal en personne ou par mandataire, ou ne présente pas sa défense, le tribunal, sur la demande de l'autre partie, le condamnera par défaut, si la demande est trouvée juste et vérifiée.

DEMANDES INCIDENTES. *C. Proc.* 334. Les demandes incidentes qui sont élevées dans le cours de l'instruction sont déférées au tribunal.... soit par conclusions posées suivant le cas et jugées autant que possible sommairement et d'urgence.

336. Lorsqu'une partie fera défaut ou qu'ayant conclu au fond, elle ne sera pas présente ou représentée, la présente ne pourra prendre des conclusions nouvelles ni modifier ses conclusions ou les augmenter qu'à la charge de signifier à l'autre partie, trois jours avant l'audience ses conclusions nouvelles, modifiées ou augmentées.

337. Lorsque les conclusions nouvelles ou reconventionnelles contiendront des chefs de demandes qui n'auront pas encore été soulevés, le délai de distance sera observé si la partie adverse n'est pas présente, sauf au tribunal, suivant les cas, à passer outre et à statuer sur les conclusions primitives, en réservant les droits des parties sur le surplus.

338. Les tiers auxquels le jugement à intervenir pourrait préjudicier, pourront intervenir dans une instance engagée, en tout

état de cause, par citation ou par conclusions prises à l'audience, mais sans retard, pour le jugement de l'affaire principale.

INTERRUPTION DE PROCÉDURE. *C. Proc.* 340. Le décès, le changement d'état des parties ou la cessation des fonctions dans lesquelles elles procédaient n'empêcheront pas le jugement, quand les conclusions auront été prises à l'audience, sauf au tribunal à accorder des délais, s'il y a lieu.

341. Le tribunal ne pourra statuer que sur les conclusions prises au moment du décès ou du changement d'état ou de qualité, à moins que les héritiers représentants ou remplaçants n'aient repris l'instance en leurs noms.

342. Lorsque les conclusions n'auront pas été prises à l'audience la procédure sera interrompue sans préjudice des droits des parties.

JUGEMENTS. *C. Proc.* 107. L'acte contenant les noms et qualités des parties et l'énoncé des points de fait et de droit sera rédigé par le greffier.

108. Dans ce cas, le point de fait contiendra seulement, outre l'énoncé des actes authentiques nécessaires à l'intelligence de l'affaire, les motifs en résumé, autant que faire se pourra, et le dispositif en entier des conclusions déposées par les parties sur le bureau du tribunal et l'indication de la procédure d'audience.

NULLITÉS. *C. Proc.* 153. Toute nullité d'acte introductif d'instance ou de demande reconventionnelle ou autre, est couverte par des conclusions sur le fond de la demande soulevée par l'acte dont la nullité est prétendue ou par toute exception contre ladite demande autre que celle d'incompétence, de litispendance ou de connexité.

SERMENT. *C. Proc.* 188. Les conclusions qui contiennent la formule du serment devront être signifiées vingt-quatre heures avant l'audience où l'affaire sera appelée.

2° *Conclusions du Ministère public.* V. MINISTÈRE PUBLIC.

CONCORDAT.

DISPOSITIONS GÉNÉRALES.

C. Com., chap. III, sect. VI. DU CONCORDAT.

§ I. *De la convocation et de l'assemblée de créanciers.* V. ASSEMBLÉE DE CRÉANCIERS.

§ II. *Du concordat* (art. 327-337).

327. Il ne pourra être consenti de traité entre les créanciers délibérants et le débiteur failli, qu'après l'accomplissement des formalités ci-dessus prescrites ; ce traité ne s'établira que par le concours d'un nombre de créanciers formant la majorité et représentant, en outre, les trois quarts de la totalité des créances vérifiées ou admises par provision, conformément aux dispositions ci-dessus ; le tout à peine de nullité.

328. Les créanciers hypothécaires et les créanciers privilégiés ou nantis d'un gage n'auront pas voix dans les opérations relatives au concordat pour lesdites créances, et elles n'y seront comptées que s'ils renoncent à leurs hypothèques, gages et privilèges. Le vote au concordat emportera de plein droit cette renonciation, même si le concordat n'est pas admis.

329. Le concordat sera, à peine de nullité, signé séance tenante. S'il est consenti seulement par la majorité de trois quarts en somme, la délibération sera remise à huitaine pour tous délais ; dans ce cas, les résolutions prises et les adhésions données lors de la première assemblée demeureront sans effet.

330. Si le failli a été condamné comme banqueroutier frauduleux, le concordat ne pourra être formé. Lorsqu'une instruction en banqueroute frauduleuse aura été commencée, les créanciers seront convoqués à l'effet de décider s'ils se réservent de délibérer sur un concordat en cas d'acquittement, et si, en conséquence, ils sursoient à statuer jusqu'après l'issue des poursuites. Ce sursis ne pourra être prononcé qu'à la majorité en nombre et en somme déterminée par l'art. 327. Si, à l'expiration du sursis, il y a lieu à délibérer sur le concordat, les règles établies par le précédent article seront applicables aux nouvelles délibérations.

331. Si le failli a été condamné comme banqueroutier simple, le concordat pourra être formé ; néanmoins, en cas de poursuites commencées, les créanciers pourront surseoir à délibérer jusqu'à l'issue des poursuites, en se conformant aux dispositions de l'article précédent.

332. Tous les créanciers ayant eu droit de concourir au concordat, ou dont les droits auront été reconnus depuis, pourront y former opposition.

L'opposition sera motivée, et devra être signifiée aux syndics et au failli à peine de nullité, dans les huit jours qui suivront le concordat : elle contiendra assignation à la première audience du tribunal de commerce.

333. S'il n'a été nommé qu'un seul syndic, et s'il se rend opposant au concordat, il devra provoquer la nomination d'un nouveau syndic, vis-à-vis duquel il sera tenu de remplir les formalités prescrites au précédent article.

334. Si le jugement de l'opposition est subordonné à la solution de questions étrangères, à raison de la matière, à la compétence du tribunal de commerce, ce tribunal surseoira à prononcer jusqu'à la décision de ces questions. Il fixera un bref délai dans lequel le créancier opposant devra saisir les juges compétents et justifier de ses diligences.

335. L'homologation du concordat sera poursuivie devant le tribunal de commerce, sur simple requête par la partie la plus diligente, et jugée comme en matière urgente sur les conclusions du ministère public. Le tribunal ne pourra statuer avant l'expiration du délai fixé par l'art. 332.

336. Si, pendant ce délai, il a été formé des oppositions, le tribunal de commerce pourra statuer sur ces oppositions et sur l'homologation par un seul et même jugement.

Si l'opposition est admise, l'annulation du concordat sera prononcée à l'égard de tous les intéressés.

Dans tous les cas, avant qu'il soit statué sur l'homologation, le juge-commissaire fera au tribunal de commerce un rapport sur les caractères de la faillite et sur l'admissibilité du concordat.

337. En cas d'inobservation des règles ci-dessus prescrites, ou lorsque des motifs tirés soit de l'intérêt public, soit de l'intérêt des créanciers, paraîtront de nature à empêcher le concordat, le tribunal en refusera l'homologation.

§ III. *Des effets du concordat* (art. 338-340.)

338. L'homologation du concordat le rendra obligatoire pour tous les créanciers portés ou non portés au bilan, vérifiés ou non vérifiés, et même les créanciers domiciliés hors du territoire de l'Egypte, ainsi que pour ceux qui, en vertu des articles ci-dessus auraient été admis par provision à délibérer, quelle que soit la somme que le jugement définitif leur attribuerait ultérieurement.

L'homologation conservera à chacun des créanciers, sur les immeubles du failli, une hypothèque résultant de la transcription du jugement de déclaration de faillite.

A cet effet, les syndics feront inscrire aux hypothèques, au nom de chaque créancier, le jugement d'homologation, à moins qu'il n'en ait été décidé autrement par le concordat.

339. Aussitôt après que le jugement d'homologation sera passé en force de chose jugée, les fonctions des syndics cesseront ; les syndics rendront au failli leur compte définitif, en présence du juge-commissaire. Ce compte sera débattu et arrêté, à moins qu'il n'en ait été convenu autrement au concordat.

Les syndics remettront au failli l'universalité de ses biens, livres, papiers et effets. Le failli en donnera décharge. Il sera dressé de tout procès-verbal par le juge-commissaire dont les fonctions cesseront. En cas de contestation, le tribunal de commerce prononcera sur simple renvoi du juge-commissaire à l'audience et sans citation.

340. Si le concordat a lieu par abandon d'actif, les syndics en rendront compte à l'assemblée générale des créanciers. Il sera au surplus procédé, pour l'actif abandonné, de la même manière qu'il sera dit ci-après en cas d'union.

§ IV. *De l'annulation ou de la résolution du concordat* (art. 341-346.)

341. Aucune action en nullité de l'homologation du concordat ne sera recevable que pour cause de dol découvert depuis cette homologation et résultant soit de la dissimulation de l'actif, soit de l'exagération du passif, et pour condamnation en banqueroute frauduleuse.

L'annulation du concordat soit pour dol, soit par suite de condamnation pour banqueroute frauduleuse intervenue après son homologation, libère de plein droit les cautions.

342. En cas d'inexécution par le failli des conditions de son concordat, la résolution de ce traité pourra être poursuivie contre lui devant le tribunal de commerce, en présence des cautions, s'il en existe ; la résolution du concordat ne libèrera pas les cautions qui y seront intervenues pour en garantir l'exécution totale ou partielle.

343. Lorsque, après l'homologation du concordat, le failli sera poursuivi pour banqueroute frauduleuse et placé sous mandat de dépôt ou d'arrêt, le tribunal de commerce pourra prescrire telles mesures conservatoires qu'il appartiendra. Ces mesures cesseront de plein droit du jour de la déclaration qu'il n'y a lieu à suivre, de l'ordonnance d'acquittement ou de l'arrêt d'absolution.

Sur le vu de l'arrêt de condamnation pour banqueroute frauduleuse, ou par le jugement qui prononcera soit l'annulation, soit la résolution du concordat, le tribunal de commerce nommera un juge-commissaire et un ou plusieurs syndics ; ces syndics pourront faire apposer les scellés. Ils procèderont sans retard, sur l'ancien inventaire, au recolement des valeurs, actions, et feront, s'il y a lieu, un supplément d'inventaire. Ils dresseront un bilan supplémentaire.

L'invitation de produire sera faite conformément aux dispositions énoncées à la section V, § 5, par affiches, insertions et lettres aux créanciers nouveaux, s'il en existe; ces affiches, insertions et lettres contiendront extrait du jugement qui nomme les syndics.

Il sera procédé sans retard à la vérification des titres de créances, produits en vertu du précédent article. Il n'y aura pas lieu à nouvelle vérification des créances antérieurement admises et affirmées, sans préjudice néanmoins du rejet ou de la rédaction de celles qui depuis auraient été payées en tout ou en partie.

344. Ces opérations mises à fin, s'il n'intervient pas de nouveau concordat, les créanciers seront convoqués à l'effet de donner leur avis sur le maintien ou le remplacement des syndics. Il ne sera procédé aux répartitions qu'après l'expiration, à l'égard des créanciers nouveaux, des délais accordés aux personnes domiciliées en Egypte, et au plus tard dans les cinquante jours de la publication du jugement qui nomme les syndics.

345. Les actes faits par le failli, postérieurement au jugement d'homologation et antérieurement à l'annulation ou à la résolution du concordat, ne seront annulés qu'en cas de fraude aux droits des créanciers.

346. Les créanciers antérieurs au concordat rentreront dans l'intégralité de leurs droits à l'égard du failli seulement, mais ils ne pourront figurer dans la masse que pour les proportions suivantes, savoir : s'ils n'ont touché aucune part du dividende, pour

l'intégralité de leurs créances ; s'ils ont reçu une partie du dividende, pour la portion de leurs créances primitives correspondantes à la portion du dividende promise qu'ils n'auront pas touchée. Les dispositions du présent article seront applicables au cas où une seconde faillite viendra à s'ouvrir sans qu'il y ait eu préalablement annulation ou résolution du concordat.

§ V. *De la clôture en cas d'insuffisance d'actif.* V. FAILLITE.

DISPOSITIONS ADDITIONNELLES.

BANQUEROUTE FRAUDULEUSE. V. CE MOT, p. 107, *art.* 330.

BANQUEROUTE SIMPLE. *C. Com.* 331. Si le failli a été condamné comme banqueroutier simple, le concordat pourra être formé ; néanmoins en cas de poursuites commencées, les créanciers pourront surseoir à délibérer jusqu'après l'issue des poursuites, en se conformant aux dispositions de l'article précédent.

COOBLIGÉS DU FAILLI. *C. Com.* 359. Nonobstant le concordat, les créanciers conservent leur action sur la totalité de leur créance contre les coobligés du failli.

CRÉANCE CONTESTÉE. *C. Com.* 312. Lorsque la contestation faite au procès-verbal de vérification sur l'admission d'une créance aura été portée devant le tribunal de commerce, ce tribunal, si la cause n'est point en état de recevoir jugement définitif avant l'expiration des délais accordés aux créanciers connus et domiciliés sur le territoire égyptien, ou des cinquante jours ci-dessus, si ces délais sont moindres, ordonnera, selon les circonstances, qu'il sera sursis ou passé outre à la convocation de l'assemblée pour la formation du concordat.

313. Si le tribunal ordonne qu'il sera passé outre, il pourra décider par provision que le créancier contesté sera admis dans les délibérations pour une somme que le jugement déterminera.

SURSIS AU CONCORDAT. *C. Com.* 410. Ne seront susceptibles ni d'opposition ni d'appel... les jugements qui prononcent sursis au concordat.

RÉHABILITATION. *C. Com.* 416. Le failli ne pourra obtenir sa réhabilitation, s'il est l'associé d'une maison de commerce tombée en faillite, qu'après avoir justifié que toutes les dettes de la société ont été intégralement acquittées en principal, intérêts et frais, lors même qu'un concordat particulier lui aurait été consenti.

SOCIÉTÉ. *C. Com.* 351. Lorsqu'une société de commerce sera en faillite, les créanciers ne pourront consentir de concordat qu'en faveur d'un ou de plusieurs associés.

UNION. *C. Com.* 349. S'il n'intervient point de concordat, les créanciers seront de plein droit en état d'union.

CONCORDAT PAR ABANDON D'ACTIF.

C. Com. 340. Si le concordat a lieu par abandon d'actif, les syndics en rendront compte à l'assemblée générale des créanciers, il sera au surplus procédé, pour l'actif abandonné, de la même manière qu'il sera dit ci après en cas d'union. V. UNION.

CONCOURS DES CRÉANCIERS (dans la faillite). *C. Com. Chap. III, section VII, § 3 (art. 366-371).*

DES DROITS DES CRÉANCIERS HYPOTHÉCAIRES ET PRIVILÉGIÉS SUR LES IMMEUBLES.

366. Lorsque la distribution du prix des immeubles sera faite antérieurement à celle du prix des biens meubles, ou simultanément, les créanciers privilégiés ou hypothécaires, non remplis sur le prix des immeubles, concourront à proportion de ce qui leur restera dû avec les créanciers chirographaires, sur les deniers appartenant à la masse chirographaire, pourvu toutefois que leurs créances aient été vérifiées et affirmées, suivant les formes ci-dessus établies.

367. Si une ou plusieurs distributions de deniers mobiliers précèdent la distribution du prix des immeubles, les créanciers privilégiés et hypothécaires, vérifiés et affirmés, concourront aux répartitions dans la proportion de leurs créances totales et sauf, le cas échéant, les distractions dont il sera parlé dans les deux articles suivants.

368. Après la vente des immeubles et le règlement définitif de l'ordre entre les créanciers hypothécaires et privilégiés, ceux d'entre eux qui viendront en ordre utile sur les prix des immeubles pour la totalité de leur créance, ne toucheront le montant de leur collocation hypothécaire que sous la déduction des sommes par eux perçues dans la masse chirographaire.

369. Les sommes ainsi déduites ne resteront point dans la masse hypothécaire, mais retourneront à la masse chirographaire au profit de laquelle il sera fait distribution.

370. A l'égard des créanciers hypothécaires qui ne seront colloqués que partiellement dans la distribution du prix des immeubles, il sera procédé comme il suit : leurs droits sur la masse chirographaire, seront définitivement réglés, d'après les sommes dont ils resteront créanciers, après leur collocation immobilière, et les deniers qu'ils auront touchés au-delà de cette proportion dans la distribution antérieure, leur seront retenus sur le montant de leur collocation hypothécaire et reversés dans la masse chirographaire.

371. Les créanciers hypothécaires qui ne viendront point en ordre utile seront considérés comme purement et simplement chirographaires.

CONCOURS DE LOCATAIRES. *C. Civ.* 448.
En cas de concours de plusieurs locataires, celui qui est entré le premier en possession est préféré; excepté quand l'un des locataires d'immeubles a fait transcrire son bail au bureau des hypo-

thèques avant l'entrée en jouissance d'un nouveau locataire ou l'expiration du bail renouvelé.

CONCURRENCE (entre créanciers). Privilèges. *C. Marit.* 5. Sont privilégiées et dans l'ordre où elles sont rangées, les dettes ci-après désignées :

1° Les frais de justice et autres frais pour parvenir à la vente et à la distribution du prix ;

2° Les droits de pilotage, tonnage, cale, amarrage et bassin ou avant-bassin ;

3° Les gages du gardien et les frais de garde du bâtiment, depuis son entrée dans le port jusqu'à la vente ;

4° Le loyer des magasins où se trouvent déposés les agrès ou apparaux ;

5° Les frais d'entretien du bâtiment, de ses agrès et apparaux depuis son dernier voyage et son entrée dans le port ;

6° Les gages et loyers du capitaine et autres gens de l'équipage employés au dernier voyage ;

7° Les sommes prêtées au capitaine pour les besoins du navire pendant le dernier voyage et le remboursement du prix des marchandises par lui vendues pour le même objet ;

8° Le prix et les accessoires dus aux vendeurs, les sommes dues aux fournisseurs et ouvriers employés à la construction, si le navire n'a pas encore fait de voyage, et les sommes dues aux créanciers pour fournitures, travaux, main-d'œuvre pour radoub, victuailles, armement et équipement avant le départ du navire, s'il a déjà navigué ;

9° Les sommes prêtées à la grosse sur le corps, quille, agrès, apparaux, pour radoub, victuailles, armement et équipement avant le départ du navire ;

10° Le montant des primes d'assurances faites sur le corps, quille, agrès, apparaux, et sur l'armement et équipement du navire, dues pour le dernier voyage ;

11° Les dommages-intérêts dus aux affréteurs, pour le défaut de délivrance des marchandises qu'ils ont chargées, ou pour remboursement des avaries souffertes par les marchandises par la faute du capitaine ou de l'équipage.

Les créanciers compris dans chacun des numéros du présent article viendront en concurrence et proportionnellement à ce qui leur est dû en cas d'insuffisance du prix. V. Privilège.

CONCUSSION. Juges. *C. Proc.* 746. La prise à partie contre les juges sera admise : 2° en cas de dol, de fraude ou de concussion dont le juge se serait rendu coupable, soit dans le cours de l'instruction, soit lors du jugement ou de l'exécution. V. Prise a partie.

CONDITION.

CONVENTIONS. *C. Civ.* 199. Les conventions quel que soit le sens littéral des termes employés doivent être interprétées d'après le but que paraissent s'être proposé les parties et la nature du contrat et aussi d'après l'usage.

200. Il en est de même de la portée des conditions auxquelles est soumis le maintien ou la confirmation des obligations.

LETTRES DE CHANGE. *C. Com.* 129. L'acceptation d'une lettre de change ne peut être conditionnelle.

SOLIDARITÉ. *C. Civ.* 165. Le créancier peut poursuivre simultanément ou séparément les débiteurs solidaires, sauf le cas où quelques-uns d'entre eux seraient débiteurs à terme ou sous condition.

VENTE. *C. Civ.* 311. Lorsque l'acte de vente est muet sur les termes de payement du prix ou sur les conditions, la vente est présumée faite au comptant et sans conditions, sauf les cas où l'usage du pays ou l'usage général du commerce fait supposer un délai ou des conditions tacites.

339. Dans les ventes sous condition, la propriété est transférée immédiatement à l'acquéreur si l'évènement prévu doit résoudre la vente.

Elle sera réputée avoir appartenu à l'acheteur depuis le contrat, si la condition jusqu'à la réalisation de laquelle la vente était suspendue vient à s'accomplir.

340. Dans les deux cas de l'article précédent, l'effet de la condition ignorée du créancier hypothécaire ne préjudiciera pas aux droits à lui conférés par le vendeur sous condition suspensive ou par l'acheteur sous condition résolutoire. V. RÉMÉRÉ.

CONDITION RÉSOLUTOIRE, SUSPENSIVE.

OBLIGATIONS. *C. Civ.* 157. L'obligation peut dépendre d'un événement futur ou incertain qui la fera naître ou la confirmera, ou qui l'empêchera de naître et l'éteindra.

158. Si l'événement prévu est ou devient certain et que la condition soit résolutoire, l'obligation sera nulle ou annulée; si dans ce cas, la condition est suspensive, elle sera considérée comme non avenue.

159. Lorsque la condition sera accomplie, l'obligation et les droits qui en découlent seront censés avoir existés ou été nuls depuis le moment où l'évènement a été prévu.

160. Toutefois si l'exécution est devenue impossible avant l'accomplissement de l'évènement qui devait faire naître l'obligation, cet évènement ne produira aucun effet.

VENTE. *C. Civ.* 304. La vente peut être faite purement et simplement, ou à terme ou sous condition.

La condition peut être suspensive ou résolutoire.

308. La vente faite à l'essai est toujours présumée faite sans condition suspensive. V. Vente (*art.* 339-340). V. Réméré.

CONFIRMATION. Mandat. *C. Civ.* 198. Lorsqu'une personne a stipulé pour un tiers, sans mandat, ce tiers a le choix de confirmer le contrat ou de refuser de le reconnaître.

648. Le mandant doit déclarer dans un délai raisonnable s'il entend ratifier ou désavouer ce qui a été fait en dehors des pouvoirs qu'il a conférés.

Vente. *C. Civ.* 320. La vente faite par une personne dans sa dernière maladie à un de ses héritiers n'est valable que si les héritiers la confirment.

325. Les mandataires légaux comme tuteurs ou curateurs, ni les mandataires conventionnels, ne peuvent acheter le bien qu'ils sont chargés de vendre en cette qualité.

La vente pourra, dans ce cas, être ratifiée par celui pour le compte duquel la vente a eu lieu, s'il a capacité d'aliéner au moment de la ratification.

333. La vente (de la chose d'autrui) pourra toutefois devenir valable si le véritable propriétaire la confirme.

CONFUSION.

DISPOSITIONS GÉNÉRALES.

C. Civ. 221. Les obligations s'éteignent par la confusion.

C. Civ. Titre I, *chap.* V, *sect.* VI. De la confusion (*art.* 266, 267).

266. La confusion est la réunion, dans la même personne, des deux qualités de débiteur principal et de créancier de la même dette, qui se détruisent réciproquement.

267. Elle libère les cautions, mais elle ne libère les codébiteurs solidaires que pour la part contributive de celui sur la tête duquel a eu lieu la confusion.

DISPOSITIONS ADDITIONNELLES.

Solidarité. *C. Civ.* 169. Un débiteur solidaire ne peut opposer la confusion que pour la part du codébiteur sur la tête duquel la confusion a eu lieu.

Tiers détenteur. *C. Civ.* 716. Les servitudes et droits réels que le tiers détenteur avait sur l'immeuble avant son acquisition renaîtront; il en sera de même de l'hypothèque, dont le rang toutefois ne sera conservé que si l'inscription n'a été ni périmée, ni radiée.

CONGÉ. V. Défaut-congé.

CONGÉ DE LOCATION. *C. Civ.* 467. Le bail finit à l'expiration du terme stipulé.

468. S'il a été fait sans stipulation de terme, il est censé fait par périodes d'un an, de six mois, d'un mois, etc., suivant que le

prix est payable par année, par semestre ou par mois: il cesse à l'un de ces termes, à la volonté d'une des parties, en se prévenant, savoir:

Pour les maisons, boutiques, bureaux et magasins, trois mois d'avance, si le terme est de plus de trois mois, et un demi-terme à l'avance, si la location est de trois mois et au-dessous ;

Pour les chambres, un mois d'avance ;

Pour les biens ruraux, six mois d'avance au moins, sans que toutefois le bail, dans ce dernier cas, doive finir après l'enlèvement de la récolte préparée ou semée au moment du congé.

470. Il n'est pas nécessaire de donner congé, quand la durée du bail est fixée par le contrat.

475. (En cas de vente de la chose louée), l'acquéreur ne pourra expulser le locataire qu'après un congé donné dans les délais ci-dessus.

COMPÉTENCE. *C. Proc.* 28. Un juge délégué par le tribunal statuera en tribunal de justice sommaire sur les affaires suivantes en matière civile: 4° Dans les mêmes limites du dernier ressort et à charge d'appel à quelque somme que s'élève la demande au delà 8,000 P.T. ; sur les actions en congés ou résiliation fondée sur le non-payement des loyers, en expulsion de lieux loués, quand la location non déniée n'excèdera pas annuellement P. T. 4,000 ;

EXPROPRIATION D'UTILITÉ PUBLIQUE. *C. Civ.* 127. A partir de ces affiches (notifiant aux intéressés le plan définitif et les offres faites), l'administration aura le droit de signifier congé aux locataires, si le bail le permet.

128. La perte qui résulterait de ces congés pour les propriétaires sera comprise dans l'indemnité.

USUFRUIT. *C. Civ.* 447. Le bail fait par un usufruitier, sans le consentement du nu-propriétaire, cesse à l'extinction de l'usufruit, sauf les délais nécessaires pour le congé ou l'enlèvement des récoltes de l'année.

CONGÉDIEMENT.

1° DU CAPITAINE.

C. Marit. 32. Le propriétaire peut toujours congédier le capitaine, quand même il se serait interdit cette faculté par la convention. Le capitaine congédié n'aura droit, à moins d'une convention contraire par écrit, à aucune indemnité de la part du congédiant, sauf les frais nécessaires à son retour dans le cas qu'il serait congédié dans un pays autre que celui où il a été engagé. Les tribunaux pourront toujours réduire, comme étant sans cause, les dommages-intérêts stipulés par écrit.

33. Si le capitaine congédié est co-propriétaire du navire, il peut renoncer à la co-propriété et exiger le remboursement du capital qui la représente. Le montant du capital est déterminé par des experts convenus par les parties, ou, en cas de désaccord, nommés d'office par le tribunal.

2° DES MARINS.

C. Marit. 79.... Si le marin, sorti du navire sans autorisation, est blessé, mutilé ou tombe malade par rixe ou mauvaise conduite, les frais de ses pansements sont également à sa charge.

Il pourra même être congédié par le capitaine, auquel cas il ne lui sera payé que ses loyers à proportion du temps qu'il aura servi.

85. Lorsque le capitaine congédie des officiers ou gens de l'équipage pour des causes légitimes, il ne doit leur payer que les loyers convenus jusqu'au jour du congé, calculés d'après la route déjà parcourue.

Si le congé a lieu avant le commencement du voyage, ils seront payés des jours qu'ils auront été en service et rien de plus.

87. Tout marin qui justifie qu'il est congédié sans cause légitime après son inscription sur le rôle d'équipage, a droit à une indemnité contre le capitaine. L'indemnité est fixée au tiers des loyers que le congédié aurait probablement gagnés pendant le voyage non encore commencé; au montant du loyer qu'il aurait perçu depuis le moment du congé jusqu'à la fin du voyage et aux frais du retour, si le congé a lieu pendant le cours du voyage. Le capitaine ne peut, dans aucun des cas ci-dessus, répéter le montant de l'indemnité contre les propriétaires du navire, à moins qu'il n'ait été autorisé par ces derniers à donner congé.

V. ÉQUIPAGE.

CONJOINTS. V. PARENTÉ.

CONNAISSEMENT.

C. Marit. 36. Tout capitaine ou patron est responsable des effets et marchandises dont il se charge. Il doit en fournir une reconnaissance. Cette reconnaissance se nomme connaissement.

41. Le capitaine est tenu d'avoir à bord : 4° Les connaissements et chartes-parties.

104. Le prix du loyer d'un navire ou autre bâtiment de mer est appelé fret ou nolis. Il est réglé par les conventions des parties. Il est constaté par la charte-partie ou par le connaissement.

C. Marit. Titre VII. DU CONNAISSEMENT. *(Art. 99-103).*

DISPOSITIONS GÉNÉRALES.

99. Le connaissement, qui peut être rédigé à une personne dénommée ou à l'ordre de celle-ci ou bien au porteur, doit exprimer la nature et la quantité, ainsi que les espèces ou qualités des objets à transporter.

Il indique en outre les nom et prénoms du chargeur; le nom et l'adresse de celui à qui l'expédition est faite; le nom et le domicile du capitaine; le nom, le tonnage et la nationalité du navire; le lieu du départ et celui de la destination; il énonce le prix du fret.

Il présente en marge les marques et numéros des objets à transporter.

100. Chaque connaissement est fait en quatre originaux au moins, un pour le chargeur, un pour celui à qui les marchandises sont adressées, un pour le capitaine, un pour le propriétaire ou l'armateur du navire.

Les quatre originaux sont signés par le chargeur et par le capitaine dans les vingt-quatre heures après le chargement.

Le chargeur est tenu de fournir au capitaine, dans le même délai, les acquits des marchandises chargées.

101. Le connaissement rédigé dans la forme ci-dessus prescrite fait foi entre toutes les parties intéressées, au chargement et entre elles et les assureurs, sauf à ces derniers à fournir la preuve contraire.

102. En cas de diversité entre les connaissements d'un même chargement, celui qui sera entre les mains du capitaine fera foi, s'il est rempli de la main du chargeur ou par son commissionnaire; et celui qui est présenté par le chargeur ou le consignataire sera suivi, s'il est rempli de la main du capitaine.

103. Tout commissionnaire ou consignataire qui aura reçu les marchandises mentionnées dans les connaissements ou chartes-parties sera tenu d'en donner reçu au capitaine qui le demandera, à peine de tous dépens, dommages-intérêts, même de ceux de retardement.

De même le capitaine sera tenu de demander acquit des marchandises qu'il aura consignées au receveur, et à son défaut, de se munir d'un certificat de la douane constatant la décharge des marchandises conformément au connaissement, à peine de tous dommages-intérêts envers les propriétaires ou receveurs.

DISPOSITIONS ADDITIONNELLES

ASSURANCES. *C. Marit.* 187. En cas de perte des marchandises assurées et chargées par le capitaine pour son compte sur le navire qu'il commande, il est tenu de prouver à l'assureur l'achat des marchandises et d'en fournir un connaissement signé par deux des principaux de l'équipage.

188. Tout homme de l'équipage et tout passager qui apportent des pays étrangers des marchandises assurées en Turquie, sont tenus d'en laisser un connaissement dans les lieux où le chargement s'effectue, entre les mains du consul ottoman et, à défaut, entre les mains d'un sujet ottoman, notable négociant, ou du magistrat du lieu.

190. Rend le contrat nul pour l'assureur.... toute différence entre le contrat d'assurance et le connaissement qui diminuerait l'opinion du risque ou en changerait le sujet, et qui serait de nature à empêcher le contrat ou en modifier les conditions, si l'assureur eut été averti du véritable état des choses.

L'assurance est nulle même dans le cas où la différence n'aurait pas influé sur le dommage ou la perte de l'objet assuré.

COMMISSIONNAIRE *(en marchandises).* *C. Com.* 83. Dans

tous les cas, le privilège ne subsiste sur le gage qu'autant que ce gage a été mis et est resté en la possession du créancier ou d'un tiers convenu entre les parties.

Le créancier est réputé avoir les marchandises en possession, lorsqu'elles sont à sa disposition dans ses magasins ou navires à la douane ou dans un dépôt public ou si, avant qu'elles soient arrivées, il en est saisi par un connaissement ou par une lettre de voiture.

FAILLITE *(Revendication)*. *C. Com.* 399. La revendication des marchandises expédiées, ne sera pas recevable en cas de faillite de l'acheteur, si, avant leur arrivée, elles ont été vendues sans fraude, sur factures et connaissements, ou sur factures et lettres de voiture, le tout signé par l'expéditeur.

JET ET CONTRIBUTION. *C. Marit.* 250. Les effets et les marchandises avariés ou jetés à la mer sont estimés, suivant leur valeur, au lieu du déchargement. La nature et la qualité des marchandises jetées sont constatées par la production des connaissements, des factures ou autres preuves par écrit.

253. Si la nature ou la qualité des marchandises a été déguisée par le connaissement, et qu'elles se trouvent d'une plus grande valeur, elles contribuent sur le pied de leur estimation, si elles sont sauvées ; elles sont payées d'après la qualité désignée par le connaissement, si elles sont perdues.

Si les marchandises déclarées sont d'une qualité inférieure à celle qui est indiquée par le connaissement, elles contribuent, d'après la qualité indiquée par le connaissement, si elles sont sauvées ; elles sont payées sur le pied de leur valeur réelle, si elles sont jetées ou endommagées.

255. Les objets dont il n'y a pas de connaissement ou déclaration du capitaine, et qui ne se trouvent pas sur le manifeste ou la liste de la cargaison, ne sont point payés. s'ils sont jetés, mais ils contribuent dans l'avarie, s'ils sont sauvés.

CONNEXITÉ. *C. Proc.* 147. Les exceptions qui peuvent être proposées préliminairement à la discussion du fond sont : La demande de renvoi devant un autre tribunal saisi d'une demande identique ou connexe.

148. Les demandes de renvoi pour connexité doivent être proposées avant toutes autres exceptions et toutes conclusions signifiées ou déposées sur le fond de la demande principale, incidente ou reconventionnelle contre laquelle le déclinatoire est proposé.

152. Lorsque le renvoi sera demandé pour cause de connexité, le tribunal saisi de l'incident statuera sur cet incident.

COMMUNICATION. *C. Proc.* 68. Seront communiquées au ministère public, les causes suivantes : 6° Les renvois pour cause de litispendance ou de connexité.

DROIT D'ÉVOCATION. [*C. Proc.* 415. (Il y aura lieu au droit d'évocation), lorsque la Cour aura infirmé un jugement sur une question de compétence, de litispendance ou de connexité, si la cause est en état, sauf le cas où il s'agirait d'un litige dont la valeur ne dépasse pas le taux du dernier ressort.

CONSENTEMENT.

DISPOSITIONS GÉNÉRALES.

C. Civ. 188. Aucune convention ne peut donner lieu à l'obligation qui en est le but, si la partie qui s'oblige n'est pas capable de contracter, et n'a pas donné un consentement valable.

193. Le consentement n'est pas valable s'il a été donné par erreur, obtenu par la violence ou par suite de dol.

194. L'erreur opère la nullité du consentement quand elle porte sur le rapport principal sous lequel la chose a été envisagée dans le contrat.

195. La violence, pour être cause de nullité, doit être assez grave pour faire impression sur une personne raisonnable, étant tenu compte de l'âge, du sexe et de la condition du contractant.

196. Le dol vicie le consentement quand les manœuvres pratiquées contre la partie sont telles que sans ces manœuvres elle n'aurait pas consenti.

DISPOSITIONS ADDITIONNELLES.

ACCESSION. *C. Civ.* 89. Celui qui, du consentement exprès du propriétaire et sans réserve, a construit ou planté sur son terrain devient propriétaire du sol sur lequel est établie la construction et de celui qui est occupé par l'arbre.

90. A défaut de preuve du consentement sans réserve du propriétaire, le terrain sera présumé avoir été prêté et le propriétaire a le choix d'exiger la destruction et l'enlèvement des plantations et constructions ou de les conserver en payant le prix des matériaux et la main d'œuvre.

CESSION DE CRÉANCE. *C. Civ.* 435. La propriété du droit cédé est transmise entre le cédant et le cessionnaire par le seul consentement.

INSCRIPTION HYPOTHÉCAIRE. *(Radiation). C. Civ.* 695. La radiation des inscriptions ne pourra avoir lieu qu'en vertu d'un jugement passé en force de chose jugée, ou du consentement donné par le créancier par acte au greffe.

TACITE RECONDUCTION. *C. Civ.* 471. Si après l'expiration du bail, le locataire continue la jouissance du consentement du bailleur, le bail est censé renouvelé aux mêmes conditions pour les termes d'usage.

USUFRUIT. *C. Civ.* 45. L'usufruitier ne peut faire aucune construction ou plantation sans le consentement du propriétaire, et il devra prouver ce consentement par écrit, l'aveu ou le serment de ce dernier.

VENTE. *C. Civ.* 301. La vente n'est parfaite que s'il y a consentement des deux parties, l'une pour vendre, l'autre pour acheter, et qu'elles sont d'accord sur la chose et sur le prix.

314. Le consentement des parties doit être libre et valable.

332. La vente des droits à la succession d'une personne vivante est nulle, même de son consentement.

CONSIGNATION. (*Droit Civil*). *C. Proc. Titre I, chap. XIII, sect. III.* PROCÉDURE D'OFFRES ET DE CONSIGNATION.

DISPOSITIONS GÉNÉRALES.

Formalités. C. Proc. 773. Le débiteur qui voudra se libérer fera offrir réellement, par un huissier qui en dressera procès-verbal, la chose ou la somme qu'il prétend devoir.

774. Le procès-verbal désignera la chose offerte et l'énumération des espèces, et contiendra la mention de l'acceptation ou du refus de recevoir, et si le créancier a signé, ou refusé, ou déclaré ne pouvoir signer.

775. Il sera laissé copie du procès-verbal au créancier.

785. Les offres réelles pourront être faites à la barre du tribunal, sans autre formalité. Elles seront remises au greffier qui les déposera si elles sont validées et non retirées par le créancier.

Dépôt des offres. 776. La sommation d'être présent au dépôt pourra se faire par le même acte ou par acte séparé, et précédera d'un jour franc, au moins, le dépôt qui sera fait à la caisse du tribunal.

777. Le dépôt comprendra les intérêts échus depuis les offres, et sera fait tant en absence qu'en présence du créancier ; le procès-verbal de dépôt lui sera délivré en copie, s'il est présent, et signifié, s'il est absent, dans les trois jours, sinon le débiteur sera obligé, pour être libéré, de déposer de nouveau, sans autre formalité, les intérêts échus jusqu'au jour de la signification, ce dont l'acte de signification fera mention.

778. Le déposant devra déclarer, au moment du dépôt, les oppositions existantes, dont le dépositaire prendra charge.

779. Le montant du dépôt sera remis au créancier, sur sa quittance et contre la remise de la signification du procès-verbal, tant que le débiteur n'aura pas par une déclaration à la caisse, rétracté ses offres.

780. Il devra, toutefois, justifier de la notification faite, au moins trois jours à l'avance, au débiteur, qu'il entend retirer la somme offerte.

Retrait. C. Proc. 781. Le débiteur, même ayant rétracté ses offres, ne pourra en retirer le montant de la caisse qu'en justifiant qu'il a notifié par huissier la rétractation au créancier, et trois jours après cette notification.

782. La rétractation et le retrait ne pourront avoir lieu après que le jugement qui aura validé les offres sera passé en force de chose jugée.

Demande en validité. C. Proc. 783. La demande en validité ou en nullité d'offres pourra être introduite par action principale ou incidente.

784. Le jugement qui statuera sur les offres qui n'auront pas été consignées ne les validera qu'à la charge de les consigner avec les intérêts jusqu'au jour du dépôt.

Corps certain. C. Proc. 786. L'offre d'un corps certain qui n'est pas livrable au domicile du créancier se fait par une simple sommation de prendre livraison.

787. Le débiteur a la faculté de faire nommer par le tribunal un séquestre pour le corps certain offert.

DISPOSITIONS DIVERSES

CONTRIBUTION. C. Proc. 576. Si les fonds réalisés (d'une vente ou d'une saisie arrêt) ne suffisent pas à payer les créanciers opposants, et faute par ceux-ci de s'être entendus sur la répartition dans la quinzaine de la déclaration affirmative ou du jugement qui aura définitivement statué sur elle, ou de la vente, ces fonds seront déposés à la requête de la partie la plus diligente, dans la caisse du tribunal du tiers-saisi ou du lieu de la vente et distribués dans les formes ci-après. V. CONTRIBUTION (DISTRIBUTION PAR).

EXÉCUTION DES JUGEMENTS. C. Proc. 456. L'exécution des sentences et des titres exécutoires ne sera pas arrêtée par des offres réelles, si elles sont contestées, sauf au juge en référé du lieu de l'exécution à ordonner provisoirement la discontinuation des poursuites, moyennant le dépôt des offres ou de plus forte somme qu'il désignera.

EXÉCUTION DES OBLIGATIONS. C. Civ. 237. Celui qui s'est obligé de faire une chose, ne se libère pas de plein droit en offrant de la faire, mais il a un recours contre le créancier pour le dommage que lui cause son refus au moment de l'offre.

238. Toutefois, lorsqu'il s'agit de l'exécution qui consiste en un payement ou une livraison de meubles, le débiteur se libère en faisant des offres conformément aux règles du Code de procédure.

SAISIE-ARRÊT. C. Proc. 483. La saisie-arrêt n'arrête pas le cours des intérêts dus par le tiers-saisi et n'empêche pas le saisi de poursuivre le tiers saisi en payement, lequel est fait à la charge de la saisie à la caisse du tribunal du saisi.

484. Le tiers peut toujours faire son payement à cette caisse, même si la saisie-arrêt est arguée de nullité et tant qu'il n'y a pas de mainlevée donnée volontairement ou prononcée par le tribunal.

488. S'il y a d'autres saisies-arrêts (que celle du saisissant) la somme sera versée à la caisse du tribunal du saisi.

493. La saisie faite par le créancier entre ses propres mains est valable, sauf à être contraint de déposer à la caisse du tribunal sa dette liquide.

DROIT MARITIME.

VENTE DE NAVIRE. *C. Marit.* 23. Dans les vingt-quatre heures de l'adjudication, les adjudicataires des navires de tout tonnage sont tenus de payer ou de verser à la caisse du tribunal le tiers du prix de leur adjudication et de fournir pour les deux autres tiers une caution solvable, ayant son domicile en Égypte, qui signe l'engagement avec lui ; l'un et l'autre seront solidairement obligés à payer lesdits deux tiers dans le délai de onze jours à partir du jour de l'adjudication.

Le navire ne sera consigné aux adjudicataires que lorsqu'ils auront payé le tiers du prix de leur adjudication et fourni la caution ; mais l'extrait du procès-verbal de leur adjudication ne leur sera délivré qu'après le payement intégral des deux autres tiers dans le délai prescrit.

A défaut de payement soit du premier tiers, soit des deux autres, et à défaut de fournir caution comme il a été dit, le navire sera remis en vente, et adjugé trois jours après une nouvelle publication et affiche unique, à la folle enchère des adjudicataires et des garants, qui seront obligés solidairement pour le déficit, s'il y en a, les dommages, les intérêts et les frais, dans le cas où le tiers déjà versé serait insuffisant. L'excédent, s'il y en a, serait rendu au fol enchérisseur.

CONSIGNATION *(Droit Commercial).*

COMMISSIONNAIRES. *C. Com.* 89. Tout commissionnaire a privilège et droit de rétention sur les marchandises à lui expédiées, déposées ou consignées par le fait seul de l'expédition, du dépôt ou de la consignation, pour tous les prêts, avances ou payements faits par lui, soit avant la réception des marchandises, soit pendant le temps qu'elles sont en sa possession.

Ce privilège ne subsiste que sous la condition prescrite par l'art. 83 qui précède. V. GAGE (2° *Loi commerciale*).

Dans la créance privilégiée du commissionnaire sont compris, avec le principal, les intérêts, commissions et frais.

90. Le privilège et le droit de rétention existeront également sur les effets donnés en payement, s'ils sont entre les mains du commissionnaire.

Le privilège du commissionnaire prime tous les autres privilèges.

Le privilège et le droit de rétention n'existent pas pour les créances antérieures à l'expédition, encore bien qu'elles soient qualifiées d'anticipation ou d'avances dans le contrat.

92. Le commissionnaire pour vendre qui détiendra des marchandises à lui expédiées soit en dépôt, soit pour les vendre à un prix limité, et qui sera créancier pour une somme privilégiée d'après les articles ci-dessus, pourra, trois jours après une sommation

restée infructueuse, outre le délai de distance, obtenir, sur une simple requête du juge de service pour les affaires urgentes près le tribunal de son domicile, l'autorisation de vendre aux enchères publiques tout ou partie des marchandises, par le ministère d'un courtier commis à cet effet par l'ordonnance.

FAILLITE. *(Revendication des marchandises consignées).* V. REVENDICATION.

DROIT MARITIME.

CONNAISSEMENT. *C. Marit.* 103. Tout commissionnaire ou consignataire qui aura reçu les marchandises mentionnées dans les connaissements ou chartes-parties sera tenu d'en donner reçu au capitaine qui le demandera à peine de tous dépens, dommages-intérêts, même de ceux de retardement.

De même le capitaine sera tenu de demander acquit des marchandises qu'il aura consignées au receveur, et à son défaut, de se munir d'un certificat de la douane constatant la décharge des marchandises conformément au connaissement, à peine de tous dommages-intérêts envers les propriétaires ou receveurs.

FRET. *C. Marit.* 124. Si le consignataire refuse de recevoir les marchandises, le capitaine peut, après lui avoir adressé une sommation officielle pour les recevoir, faire vendre par jugement du tribunal de commerce le tout ou une partie des marchandises pour le payement de son fret, des avaries et des frais, et faire ordonner le dépôt du surplus, s'il en reste.

En cas d'insuffisance, il conserve son recours contre le déchargeur.

CONSOMMATION. V. PRÊT.

CONSTITUTION DE RENTE. V. RENTES.

CONSTRUCTION. ACCESSION. *C. Civ.* 89. Celui qui du consentement exprès du propriétaire et sans réserve a construit sur son terrain, devient propriétaire du sol sur lequel est établie la construction.

90. A défaut de preuve du consentement sans réserve du propriétaire, le terrain sera présumé avoir été prêté et le propriétaire a le droit d'exiger la destruction et l'enlèvement des constructions ou de les conserver en payant le prix des matériaux et la main d'œuvre.

91. Si celui qui construit avait de justes raisons de se croire propriétaire, les constructions ne seront pas détruites, mais le vrai propriétaire pourra se borner à payer le montant de la plus-value de l'immeuble à dire d'experts.

AMODIATION. *C. Civ.* 487. Le preneur doit entretenir à ses frais les abris et constructions, s'il en existe.

APPROPRIATION. *C. Civ.* 80. Celui qui a bâti (sur un terrain non cultivé faisant partie de la propriété de l'Etat) devient plein propriétaire de la partie construite ; mais, pendant les quinze premières années, il perd sa propriété par le non-usage pendant cinq années.

COMPÉTENCE. *C. Proc.* 28. Un juge délégué par le tribunal statuera en tribunal de justice sommaire sur les affaires suivantes en matière civile : 6° à charge d'appel dans tous les cas et quelque soit l'intérêt de la demande sur les actions relatives à la distance fixée par la loi, le règlement ou l'usage pour les constructions, ouvrages nuisibles ou plantations, quand la propriété n'est pas contestée.

EXPROPRIATION D'UTILITÉ PUBLIQUE. *C. Civ.* 135. Le propriétaire urbain exproprié ne sera jamais obligé de conserver une parcelle restant, si ses constructions sont entamées.

HYPOTHÈQUE. *C. Civ.* 688. L'hypothèque s'étend sauf convention contraire, à tout l'immeuble et à tous les immeubles affectés indivisément, à leurs accessoires et aux améliorations et constructions qui profitent au propriétaire.

LOUAGE D'INDUSTRIE. *C. Civ.* 500. Les architectes et entrepreneurs sont responsables solidairement pendant dix années de la destruction des travaux de construction, même quand elle est provenue de vice du sol, et même si le maître a autorisé les constructions vicieuses, pourvu, dans ce dernier cas, qu'il ne s'agisse pas d'une construction destinée dans l'intention des parties à durer moins de dix années.

501. L'architecte qui n'a pas été chargé de la surveillance des travaux n'est responsable que des vices de son plan.

PRÉEMPTION. *C. Civ.* 93. Celui qui a prêté son terrain, avec permission de bâtir, a un droit de préemption en offrant de payer le prix demandé à l'acquéreur, quand même la durée du prêt ne serait pas expiré.

SERVITUDES. *C. Civ.* 55. Le propriétaire de l'étage inférieur d'un bâtiment doit faire les constructions nécessaires pour empêcher la chute de l'étage supérieur.

S'il se refuse à faire les travaux de consolidation nécessaires, la vente de la partie de la maison qui lui appartient peut être ordonnée.

En tous cas, les travaux urgents peuvent être ordonnés par le juge des référés.

56. Le propriétaire de l'étage supérieur ne doit pas surélever les constructions de manière à nuire à l'étage inférieur.

57. Le propriétaire de l'étage inférieur doit entretenir le plafond y compris les poutres qui sont présumées lui appartenir. Le propriétaire de l'étage supérieur doit entretenir le carrelage ou plancher de son étage ; il doit entretenir aussi l'escalier, depuis l'endroit qui ne sert pas au propriétaire de l'étage inférieur.

58. Si la construction vient à tomber, le propriétaire de l'étage

inférieur est obligé de reconstruire son étage, faute de quoi sa propriété pourra être vendue en justice.

63. Les usines, puits, machines à vapeur, etc., et tout établissement nuisible aux voisins, doivent être construits aux distances et dans les conditions prescrites par les règlements.

USUFRUIT. *C. Civ.* 45. L'usufruitier ne peut faire aucune construction ou plantation sans le consentement du propriétaire et il devra prouver ce consentement par écrit, l'aveu ou le serment de ce dernier.

DROIT MARITIME.

ACTE DE COMMERCE. *C. Com.* 3. La loi répute acte de commerce maritime : toute entreprise de construction de bâtiments pour la navigation intérieure et extérieure.

PRESCRIPTION. *C. Marit.* 270. Les actions pour fournitures de bois, voiles, ancres et autres choses nécessaires aux constructions, sont prescrites trois ans après les fournitures faites et les ouvrages reçus.

PRIVILÈGE. *C. Marit.* 5. Sont privilégiées et dans l'ordre où elles sont rangées, les dettes ci-après désignées : 8° Les sommes dues aux fournisseurs et aux ouvriers employés à la construction, si le navire n'a pas encore fait de voyage.

CONSUL, CONSULATS. JUGEMENT (*Exécution*). *R. O. J. Titre I. Art.* 18. L'exécution des jugements aura lieu en dehors de toute action administrative consulaire ou autre et sur l'ordre du tribunal. Elle sera effectuée par les huissiers du tribunal avec l'assistance des autorités locales si cette assistance devient nécessaire, mais toujours en dehors de toute ingérence administrative.

Seulement l'officier de justice chargé de l'exécution par le tribunal est obligé d'avertir les consulats du jour et de l'heure de l'exécution et ce à peine de nullité et de dommages-intérêts contre lui. Le consul, ainsi averti, a la faculté de se trouver présent à l'exécution ; mais en cas d'absence, il sera passé outre à l'exécution.

C. Civ. 3. Les causes déjà commencées devant les consulats étrangers au moment de l'installation des tribunaux seront jugées devant leur ancien forum jusqu'à leur solution définitive. Elles pourront cependant, à la demande des parties et avec le consentement de tous les intéressés, être référées aux nouveaux tribunaux.

SAISIE MOBILIÈRE. *C. Proc.* 516. Le consul du saisi sera prévenu de la saisie dans les termes de la loi sur l'organisation judiciaire.

DROIT MARITIME.

ASSURANCES. *C. Marit.* 188. Tout homme de l'équipage et tout passager qui apportent des pays étrangers des marchandises assurées en Turquie, sont tenus d'en laisser un connaissement dans les lieux où le chargement s'effectue, entre les mains du consul ottoman et, à défaut, entre les mains d'un sujet ottoman, notable négociant ou du magistrat du lieu.

CAPITAINE. *C. Marit.* 59. En pays étranger, le capitaine doit faire son rapport devant le consul ottoman ou, à défaut, devant l'autorité compétente du lieu, et prendre un certificat constatant l'époque de son arrivée et de son départ, l'état et la nature de son chargement.

CONTRAT A LA GROSSE. *C. Marit.* 49. Si, pendant le cours du voyage, il y a nécessité de radoub, ou d'achat de voiles..., le capitaine après avoir constaté cette nécessité par un procès-verbal signé par lui et les principaux de l'équipage, pourra, en se faisant autoriser à l'étranger par le consul ottoman, ou à défaut par l'autorité compétente des lieux, emprunter à la grosse sur le corps du navire et ses dépendances, et, s'il y a nécessité, sur la cargaison. V. CAPITAINE.

INNAVIGABILITÉ. *C. Marit.* 52. L'innavigabilité sera constatée dans un procès-verbal dressé par des experts assermentés qui seront nommés, à l'étranger, par le consul ottoman, ou à défaut par le magistrat du lieu, sans préjudice du droit des parties de contester judiciairement l'innavigabilité.

JET ET CONTRIBUTION. *C. Marit.* 249. L'état des pertes et dommages est fait dans le lieu du déchargement du navire à la diligence du capitaine et par des experts ; ils sont nommés par le consul ottoman et à son défaut par le magistrat du lieu, si la décharge se fait dans un port étranger. Les experts prêtent serment avant d'opérer.

RELACHE. *C. Marit.* 60. Si, pendant le cours du voyage, le capitaine est obligé de relâcher dans un port ottoman ou étranger, il est tenu de déclarer, suivant les cas devant une des autorités mentionnées dans les deux articles précédents, (consul ottoman) les causes de sa relâche. V. CAPITAINE, *art.* 58, 59.

61. Le capitaine qui a fait naufrage, et qui s'est sauvé seul, ou avec une partie de son équipage, est tenu de se présenter sans délai, suivant les lieux et les cas, devant les mêmes autorités, d'y faire son rapport, de le faire vérifier par ceux de son équipage qui se seraient sauvés et se trouveraient avec lui, et d'en lever expédition.

CONSULTATION. JUGE. *C. Proc.* 52. Les juges, les membres du parquet, les officiers d'un tribunal ne pourront être mandataires pour plaider ou présenter la défense des parties, soit verbalement, soit par écrit, même à titre de consultation, quand bien même le procès se débattrait devant un autre tribunal que celui auquel ils sont attachés.

R. G. J. 23. Les juges indépendamment de l'exacte observation de l'art. 52. du Code de procédure civile et commerciale, ne peuvent avoir ni directement, ni indirectement, aucun entretien avec les parties, leurs avocats ou mandataires, sur les contestations soumises à leur décision.

AVOCAT. *R. G. J.* 189. L'avocat est obligé de refuser toute assistance, même par consultation, s'il a représenté ou s'il représente la partie adverse dans la même affaire ou dans une affaire connexe, ou s'il a donné à la dite partie adverse une consultation dans la même affaire.

CONTENANCE. VENTE. *C. Civ.* 363. Le vendeur doit livrer la quantité, le poids ou la contenance qui sont indiqués au contrat comme étant ceux de la chose vendue.

364. Dans la vente en bloc des choses qui peuvent se remplacer, si la quantité est spécifiée, et le prix indiqué à tant l'unité, et que la quantité réelle soit inférieure, l'acheteur a le droit d'opter pour la résiliation de la vente ou pour son maintien en payant un prix diminué proportionnellement.

365. S'il y a un excédant sur la mesure indiquée, cet excédant appartient au vendeur.

366. Dans la vente des choses qui se comptent à la mesure ou au poids et qui ne peuvent se diviser sans préjudice, si cette vente a eu lieu avec indication d'une mesure exacte et du prix de l'unité de mesure, l'acheteur a le droit de résilier la vente ou de prendre la chose vendue en entier, en maintenant la vente et en payant un prix proportionnel à la mesure réelle.

Si, dans le même cas, le prix a été indiqué en bloc, l'acheteur a l'option ou de résilier la vente ou de prendre la chose vendue au prix stipulé.

367. Dans les cas prévus par les articles précédents, la résiliation n'est permise à l'acheteur que si l'erreur est de plus d'un vingtième calculé sur le prix indiqué.

368. Quand il y a lieu à résiliation, le vendeur doit restituer avec le prix, s'il l'a touché, les frais du contrat et les dépenses légitimement faites par l'acheteur.

369. La prise de possession de la chose vendue sans réserves expresses de la part de l'acheteur, s'il connaît l'erreur et la disposition de l'objet vendu par hypothèque ou autrement, le fait déchoir du droit d'opter pour la résiliation.

370. L'action en résiliation ou en diminution de prix, ainsi que le droit du vendeur de demander un supplément de prix, s'il y a lieu, se prescrivent par une année, à partir du contrat.

CONTINUATION DE BAIL. V. RECONDUCTION TACITE.

CONTINUATION DE SOCIÉTÉ. *C. Com.* 64. Toute continuation de société après son terme expiré sera constatée par une déclaration des coassociés. V. SOCIÉTÉS COMMERCIALES.

CONTRARIÉTÉ DE DISPOSITIONS. JUGEMENTS. *C. Proc.* 424. Les parties pourront attaquer, par la voie de la requête civile, les jugements et arrêts en dernier ressort, contradictoires ou par défaut, pourvu que, dans ce dernier cas, les délais de l'opposition soient expirés, pour une ou plusieurs des causes ci-après spécifiées : 6° Si, dans un même jugement, il y a des dispositions contraires. V. REQUÊTE CIVILE.

CONTRARIÉTÉ DE JUGEMENTS. *C. Proc.* 397. Il y aura toujours lieu à appel devant la Cour, quel que soit le taux de la demande contre un jugement qui aura à statuer contrairement à un autre jugement précédemment rendu. Le premier jugement sera déféré à la Cour si, lors de l'appel, il n'est pas passé en force de chose jugée.

CONTRATS, CONVENTIONS. *C. Civ.* 147. Les obligations naissent d'une convention ou d'un fait, ou de l'autorité de la loi.

C. Civ. Titre II. Chap. II. OBLIGATIONS CONVENTIONNELLES (*art.* 188-204).

DISPOSITIONS GÉNÉRALES.

Capacité. V. CAPACITÉ.

Consentement. V. CONSENTEMENT.

Créanciers. Tiers. C. Civ. 197. La nullité d'un contrat translatif de propriété ne préjudicie pas aux droits des créanciers hypothécaires inscrits quand ils sont de bonne foi.

198. Lorsqu'une personne a stipulé pour un tiers sans mandat, ce tiers a le choix de confirmer le mandat ou de refuser de le reconnaître.

202. Les conventions ne peuvent profiter aux tiers, si ce n'est aux créanciers du contractant, qui peuvent, en vertu du droit général qu'ils ont sur les biens de leur débiteur, exercer, au nom de ce débiteur, les actions qui résultent pour lui des contrats ou de toute autre source d'obligation, sauf les actions purement personnelles.

203. Les conventions ne peuvent nuire aux tiers auxquels elles ne sont opposables que si elles ont acquis date certaine.

204. Les créanciers ont, dans tous les cas, le droit de faire annuler les actes faits en fraude de leurs droits, et les donations et renonciations consenties à leur préjudice.

Interprétation. 199. Les conventions, quel que soit le sens littéral des termes employés, doivent être interprétées d'après le but que paraissent s'être proposé les parties et la nature du contrat, et aussi d'après l'usage.

200. Il en est de même de la portée des conditions auxquelles est soumis le maintien ou la confirmation des obligations.

201. Le doute s'interprète au profit de celui qui s'oblige.

C. Civ. Titre I. Chap. V. Section Ire. Effet des conventions. V. EFFET DES CONVENTIONS.

DISPOSITIONS SPÉCIALES.

R. O. J. Titre I. 33. Les conventions reçues par le greffier du tribunal de première instance auront la valeur d'actes authentiques, et leur original sera déposé dans les archives du greffe.

OBLIGATIONS. *C. Civ.* 173. Lorsque le débiteur se refuse de faire intégralement ce à quoi il est obligé, le créancier a le choix ou de demander la résolution du contrat avec dommages-intérêts, ou de demander des dommages-intérêts pour ce qui n'a pas été exécuté.

181. Lorsque le montant de l'indemnité en cas d'inexécution a été prévu par le contrat ou par la loi, le juge ne peut accorder une somme moindre ou plus forte.

182. Quand l'objet de l'obligation consiste en une somme d'argent, les intérêts sont dus du jour de la demande en justice, si la convention, l'usage ou la loi, dans des cas particuliers, n'y a dérogé.

185. L'intérêt conventionnel ne pourra jamais être supérieur à douze pour cent.

176. La résolution d'un contrat translatif de propriété immobilière ne préjudicie pas aux droits des créanciers hypothécaires inscrits.

V. OBLIGATIONS.

CONTRAT DE CHANGE. — V. CHANGE, LETTRE DE CHANGE.

CONTRAT A LA GROSSE (AVENTURE) V. EMPRUNT A LA GROSSE.

CONTRAT DE MARIAGE. V. MARIAGE DES COMMERÇANTS.

CONTREDITS: DISTRIBUTION PAR CONTRIBUTION. *C. Proc.* 584. Dans les trois jours de la clôture du règlement provisoire, le greffier fera sommation aux créanciers opposants d'en prendre communication et de contredire par acte au greffe, s'il y a lieu, dans le délai de quinzaine, à peine de déchéance.

585. Passé ce délai, s'il n'y a pas de contredit, le juge commis dressera le règlement définitif de la distribution.

587. S'il y a des contredits, la partie saisie, le contestant et le contesté et le plus ancien des créanciers non privilégiés opposants, en dehors de ces deux derniers, seront cités à la requête de la partie la plus diligente et à trois jours francs devant le tribunal, qui statuera d'urgence sur le rapport du juge commis.

ORDRE. *C. Proc.* 725. Le délai pour prendre communication du règlement provisoire et contredire à peine de forclusion sera de trente jours; s'il ne s'élève aucune contestation, le juge commis procédera au règlement définitif et prononcera la radiation des inscriptions qui ne viendront pas en ordre utile.

730. En cas de contestation, le juge commis fera le règlement définitif sur les créances antérieures à celles qui seront contestée, et ordonnera la délivrance des bordereaux de collocation y relatifs. Il pourra même faire le règlement définitif sur les créances postérieures, en réservant une somme suffisante au montant des contestations.

731. Les contestations seront portées devant le tribunal; il ne pourra être introduit d'autres contestations que celles qui sont consignées au procès-verbal du règlement provisoire.

734. Les créanciers contestants et ceux contestés et le denier créancier utilement colloqué seront seuls mis en cause sur les contestations; les frais de ce dernier seront privilégiés, les autres pouvant intervenir, mais à leurs frais, dans tous les cas.

739. La partie qui succombera, soit sur les contestations, soit sur le recours contre le règlement définitif, sera condamnée, outre les frais, aux intérêts envers qui de droit.

VÉRIFICATION DES CRÉANCES. *C. Com.* 303. Tout créancier vérifié ou porté au bilan pourra assister à la vérification des créances, et fournir des contredits aux vérifications faites et à faire. Le failli aura le même droit.

CONTRE-ENQUÊTE. *C. Proc.* 206. La faculté accordée à une des parties de prouver un fait par témoins emporte toujours le droit, pour la partie adverse, de faire entendre des témoins pour établir la fausseté du même fait.

220. Il en sera de même pour la contre-enquête dont le jour sera fixé par l'ordonnance du juge, sur une requête à lui présentée dans les trois jours, au plus tard, qui suivront la fin de l'enquête. V. ENQUÊTE.

CONTRIBUTION (Distribution par). *C. Proc. Chap. XII. Sect. V.* DISTRIBUTION PAR CONTRIBUTION (*art.* 575-604).

DISPOSITIONS GÉNÉRALES.

Payement des créanciers. 575. Lorsque les fonds provenant d'une vente ou d'une saisie-arrêt ou de tout autre cause suffisent à payer les créanciers opposants, le tiers-saisi, le greffier ou tout dépositaire, suivant les cas, payera les créanciers à mesure qu'ils se présenteront et sur la production de leur titre ou du consentement du saisi, auquel le surplus est délivré.

Insuffisance de deniers. 576. Si les fonds réalisés ne suffisent pas à payer les créanciers opposants et faute par ceux-ci de s'être entendus sur la répartition dans la quinzaine de la déclaration affirmative ou du jugement qui aura définitivement statué sur elle, ou de la vente, ces fonds seront déposés, à la requête de la partie la plus diligente, dans la caisse du tribunal du tiers-saisi ou du lieu de la vente et distribués dans les formes ci-après :

577. L'état des saisies-arrêts sera remis au greffier par le déposant au moment du dépôt.

Procédure. 578. La partie la plus diligente fera, sur un registre spécial tenu par le greffier, réquisition au juge dans le service duquel seront les contributions de procéder à la distribution.

579. Le greffier fera, dans les trois jours de la réquisition, sommation aux créanciers opposants au domicile élu dans l'acte de saisie, de produire, dans le délai d'un mois, au greffe, leur titre avec leur demande en attribution de deniers.

580. Le délai d'un mois expiré, aucune autre production ne sera admise. Le juge commis dressera le règlement provisoire de distribution dans les termes suivants :

Créances privilégiées. 581. Le règlement provisoire ordonnera le prélèvement, avant toute créance, des frais faits pour la réalisation des deniers, et ensuite des frais de poursuite de contribution.

Les loyers dus au propriétaire sur le prix de vente des meubles garnissant, et ensuite les autres créances privilégiées seront admises suivant leur ordre.

Enfin, les créances non privilégiées seront admises, sauf réduction proportionnelle, sur le surplus de la somme à distribuer.

582. Le règlement provisoire déterminera le rang des privilèges, le montant du principal des créances et des frais et les intérêts pour mémoire.

583. Toutefois, à quelque moment qu'il se présente avant l'expiration des délais accordés pour produire, même avant l'ouverture de la contribution, le propriétaire pourra appeler en référé le saisi, le créancier saisissant et celui qui poursuit la contribution, s'il y a lieu, et le plus ancien créancier opposant en dehors des créanciers non privilégiés, pour se faire attribuer les fonds provenant des meubles garnissant les lieux, à charge de prélever, d'après la taxe, les frais ci-dessus indiqués faits jusques et y compris l'ordonnance d'attribution.

Contredits. Règlement définitif. 584. Dans les trois jours de la clôture du règlement provisoire, le greffier fera sommation aux créanciers opposants d'en prendre communication et de contredire par acte au greffe, s'il y a lieu, dans le délai de quinzaine, à peine de déchéance.

585. Passé ce délai, s'il n'y a pas de contredit, le juge commis dressera le règlement définitif de la distribution.

586. Le règlement définitif déterminera les sommes qui seront attribuées après réduction proportionnelle, s'il y a lieu, à chaque créancier et arrêtera les intérêts comme il sera dit ci-après.

587. S'il y a des contredits, la partie saisie, le contestant et le contesté et le plus ancien des créanciers non privilégiés opposants, en dehors de ces deux derniers, seront cités à la requête

de la partie la plus diligente et à trois jours francs, devant le tribunal, qui statuera d'urgence sur le rapport du juge commis.

588. Le jugement qui interviendra ne sera pas susceptible d'opposition.

589. Le délai d'appel sera de quinze jours après signification de la sentence.

590. Lorsque la sentence sera devenue définitive, et après signification de l'arrêt de la cour d'appel, le juge dressera le règlement définitif, comme il est dit ci-dessus.

591. Les intérêts seront arrêtés, s'il n'y a pas contestation, le jour où les contestations cesseront de pouvoir être admises; et, s'il y a contestation, le jour où la sentence qui a statué est devenue définitive.

Attribution de deniers. 592. L'attribution effective se fait à la caisse du tribunal, sur mandement du greffier, dressé conformément au règlement définitif et délivré dans la huitaine de sa clôture.

Ouverture des contributions. Saisies-arrêts. 593. L'ouverture des contributions et leurs opérations successives sont annoncées par le greffier, au moyen d'un avis affiché dans l'enceinte du tribunal, sur un tableau affecté à cette publicité spéciale et aux opérations de faillite.

594. A partir de l'ouverture des contributions, les saisies-arrêts se feront par simple acte, sans dénonciation, ou par une production au greffe et sans procédure ; les procédures commencées seront suspendues et jointes à la contribution, à moins que les plaidoiries ne soient commencées.

595. Les saisies-arrêts faites après le délai accordé pour la production ne produiront pas effet.

Faillite. 596. La faillite du débiteur saisi, survenue après le même délai, n'arrêtera pas la procédure de distribution, même si la faillite est reportée à une date antérieure.

Retard de justice. 597. Le greffier qui sera en retard de faire les actes portant invitation à produire ou à prendre communication du règlement provisoire, ou de délivrer les mandements de collocation, sera de plein droit responsable des intérêts pendant son retard.

598. En cas de retard de la part du juge de quinze jours après le jour où il pourra commencer le règlement provisoire ou le règlement définitif, l'affaire sera portée à l'audience par le greffier, sur une simple réquisition, faite au greffe, de la partie la plus diligente.

599. Le tribunal fixera, sans appel ni opposition, le jour où le règlement devra être clos, après avoir entendu le juge-commissaire qui pourra être responsable des intérêts pendant tout le temps de son retard après le jour indiqué.

604. En cas de retard du poursuivant dans la poursuite d'unr contribution, la partie la plus diligente pourra se faire subrogee dans la procédure par une ordonnance de référé du juge-commissaire.

Immeubles. 600. Lorsqu'il s'agira de prix de biens immeubles, le juge chargé de la distribution par voie d'ordre pourra procéder à la distribution par contribution, s'il y a une partie du prix restant à distribuer entre les créanciers non hypothécaires.

601. Quand il n'y aura pas de créancier hypothécaire, le prix sera, s'il y a lieu, distribué d'après les règles ci-dessous.

602. Dans les cas des deux articles précédents, la collocation pourra se faire au moyen d'un bordereau de créance délivré par le greffier, contre l'acquéreur, sur le prix non échu.

Vente de rentes. 603. Il en sera de même en cas de vente de rentes, part d'intérêts, etc., quand le prix ne sera pas payable comptant.

DISPOSITIONS ADDITIONNELLES.

APPEL. *C. Proc.* 400. Le délai (pour former appel) sera réduit à quinze jours en matière de distribution par voie d'ordre et de contribution.

FAILLITE. *(Disposition générale). C. Com.* 381. Le montant de l'actif mobilier, distractions faites des frais et dépenses de l'administration de la faillite, qui comprendront les salaires des syndics, des secours qui auraient été accordés au failli ou à sa famille et des sommes payées aux créanciers privilégiés, sera réparti entre tous les créanciers, proportionnellement au montant de leurs créances vérifiées et affirmées.

GAGE. *C. Com.* 362. Le créancier gagiste peut faire vendre le gage à toute époque, en observant les formalités tracées par la loi; si le gage est vendu, moyennant un prix qui excède la créance, le surplus sera recouvré par les syndics; si le prix est moindre que la créance, le créancier nanti viendra à contribution pour le surplus dans la masse, comme créancier ordinaire.

MINISTÈRE PUBLIC. *C. Proc.* 68. Seront communiquées au ministère public, les causes suivantes : 7° Les distributions par voie d'ordre ou de contribution.

DROIT MARITIME.

CONTRIBUTION AU JET DES MARCHANDISES. V. JET.

SAISIE DE NAVIRE. *C. Marit.* 28. La collocation des créanciers et la distribution des deniers (provenant de la vente du navire) sont faites entre les autres créanciers privilégiés dans l'ordre prescrit par l'art. 3, et entre les autres créanciers proportionnellement à leurs créances. Tout créancier colloqué l'est tant pour son principal que pour les intérêts et les frais.

CONTRIBUTIONS FONCIÈRES. V. Impot.

CONVENTION. V. Contrat.

CONVERSION (sur saisie immobilière). *C.Proc.* 710. Tout propriétaire d'immeuble peut le faire vendre en justice et suivant les mêmes formalités (V. ventes immobilières), à partir du dépôt du cahier des charges ; toutefois, le cahier des charges devra être dressé par un avocat et la mise à prix pourra être fixée par la partie. La notification du cahier des charges pourra être faite aux créanciers inscrits.

FAILLITE. *C. Com.* 387. La faillite n'arrête pas la poursuite de vente des immeubles saisis sur le failli, commencée à la requête d'un créancier hypothécaire ou non, sauf aux syndics le droit de demander la conversion dans les termes du code de procédure civile.

CONVOCATION DES CRÉANCIERS (sur la faillite). *C.Com.* 254. Le juge-commissaire convoquera immédiatement, par lettres et insertions aux journaux, les créanciers portés au bilan ou présumés, à se réunir sous sa présidence, à un jour déterminé, dans un délai qui n'excèdera pas quinze jours à partir du jugement de déclaration de faillite. V. Assemblée des créanciers.

ANNULATION OU RÉSOLUTION DU CONCORDAT. *C. Com.* 344. S'il n'intervient pas de nouveau concordat les créanciers seront convoqués à l'effet de donner leur avis sur le maintien ou le remplacement des syndics.

UNION. *C. Com.* 355. Les créanciers en état d'union seront convoqués, au moins une fois dans la première année, et, s'il y a lieu, dans les années suivantes, par le juge-commissaire. Dans ces assemblées, les syndics devront rendre compte de leur gestion.

356. Lorsque la liquidation de la faillite sera terminée, les créanciers seront convoqués par le juge-commissaire. Dans cette dernière assemblée, les syndics rendront leur compte. Le failli sera présent ou dûment appelé. V. Assemblée des créanciers.

COOBLIGÉS.

1° DROIT CIVIL.

C. Civ. 615. Lorsqu'il y a plusieurs cautions obligées pour la même dette et par le même acte, sans solidarité stipulée, le créancier n'a d'action contre les répondants que pour leurs parts respectives.

618. S'il y a plusieurs cautions solidaires, celle qui a payé le tout à l'échéance peut demander à chacun des autres répondants de lui payer sa part de la dette et de lui tenir compte de la part des répondants solidaires insolvables.

172. Lorsque l'exécution d'une obligation ne peut se diviser, soit par la nature des choses, soit relativement au but qu'on se

propose, chacun des obligés est tenu pour le tout, sauf son recours contre ses coobligés. V. Solidarité, Cautionnement.

2° DROIT COMMERCIAL.

C. Com. Sect. VII. Des coobligés et des cautions, *(art. 358 359).*

358. Le créancier porteur d'engagements souscrits, endossés ou garantis solidairement par le failli et d'autres coobligés qui sont en faillite, participera aux distributions dans toutes les masses, et y figurera pour la valeur nominale de son titre en principal et accessoires jusqu'à parfait payement.

Aucun recours pour raison des dividendes payés n'est ouvert aux faillites des coobligés les unes contre les autres, si ce n'est lorsque la réunion des dividendes que donneraient ces faillites excèderaient le montant total de la créance en principal et accessoires, auquel cas cet excédant sera dévolu, suivant l'ordre des engagements, à ceux des coobligés qui auraient les autres pour garants.

359. Si le créancier porteur d'engagements solidaires entre le failli et d'autres coobligés a reçu, avant la déclaration de faillite, un à-compte sur sa créance, il ne sera compris dans la masse que sous la déduction de cet à-compte et conservera, pour ce qui restera dû, ses droits contre le coobligé ou la caution. Le coobligé ou la caution qui aura fait le payement partiel sera compris dans la même masse pour tout ce qu'il aura payé à la décharge du failli.

Nonobstant le concordat, les créanciers conservent leur action sur la totalité de leur créance contre les coobligés du failli.

DISPOSITION ADDITIONNELLE.

Lettre de change. *C. Com.* 123. Le tireur et les endosseurs d'une lettre de change sont garants solidaires de l'acceptation et du payement à l'échéance.

146. Le donneur de l'aval est tenu solidairement et par les mêmes voies que celui pour lequel il l'a donné, sauf les conventions différentes des parties. L'aval est donné pour le tireur ou pour les endosseurs.

COPIE D'ACTES. Instruction par écrit. *C. Proc.* 82. Copie des mémoires signifiés, destinée à être remise au juge rapporteur, sera déposée au greffe par l'huissier chargé de la signification, et au moment de cette signification, qui fera mention du dépôt. V. Expéditions d'actes.

COPIE DE LETTRES. *C. Com.* 13. Tout commerçant est tenu de copier sur un registre les lettres d'affaires qu'il envoie et de mettre en liasse, chaque mois, les lettres d'affaires qu'il reçoit.

15. Ces livres seront tenus sans blancs, lacunes ni transports en marge, sauf les blancs au livre-copie de lettres qui seraient décalqués. A la fin de chaque année le copie de lettres devra être

visé par un employé (nommé *ad hoc* par le tribunal de commerce) en présence du commerçant qui le présentera, sans que l'employé puisse, sous aucun prétexte, prendre connaissance du contenu du livre présenté, ni le retenir. V. LIVRES DE COMMERCE.

COPIE DE TITRES. C. *Civ.* 296. La valeur probante des copies de titres autres que les expéditions exécutoires ou premières expéditions, quand ces copies seront faites par des officiers publics, sera appréciée par le juge si l'original n'est pas représenté ; ces copies vaudront au moins un commencement de preuve par écrit. V. EXPÉDITION D'ACTES.

DISPOSITIONS DIVERSES.

MANDAT. *C. Civ.* 634. Celui qui traite avec le mandataire a toujours le droit de demander une copie authentique du mandat.

OFFRES RÉELLES. *C. Proc.* 775. Il sera laissé copie du procès-verbal (d'offres) au créancier.

777. Le procès-verbal de dépôt sera délivré en copie au créancier, s'il est présent, et signifié, s'il est absent, dans les trois jours, sinon le débiteur sera obligé, pour être libéré, de déposer de nouveau, sans autres formalités, les intérêts échus jusqu'au jour de la signification, ce dont l'acte de signification fera mention.

PROTÊT. *C. Com.* 184. Les huissiers ou personnes commises pour faire les protêts sont tenus, à peine de destitution, dépens et dommages-intérêts envers les parties, de laisser copie exacte des protêts.

SAISIE-EXÉCUTION. *C. Proc.* 504. L'huissier procèdera à la saisie assisté de deux témoins majeurs, ni parents ni alliés des parties jusqu'au sixième degré inclusivement, qui signeront ou cachèteront le procès-verbal et la copie, le tout hors de la présence du saisissant et à peine de nullité.

510. Il sera laissé (au gardien) copie du procès-verbal qu'il signera ou cachètera en original et en copie, sinon il sera fait mention des causes qui l'empêchent de le faire.

513. Si la saisie est faite en dehors du domicile et hors de la présence du saisi, copie lui sera signifiée dans les vingt-quatre heures de la saisie, outre les délais de distance.

SAISIE IMMOBILIÈRE. *C. Proc.* 605. La saisie des immeubles appartenant au débiteur, et non hypothéqués à la dette du poursuivant, ne pourra avoir lieu qu'en vertu d'un titre exécutoire et après commandement en tête duquel copie du titre sera signifiée.

COPROPRIÉTAIRE. V. COMMUNISTES.

CORPS CERTAIN. OBLIGATIONS. *C. Civ.* 145. L'obligation qui consiste à donner une chose transfère de plein droit la propriété quand il s'agit d'un corps certain dont l'obligé est propriétaire.

COULAGE.

175. Le créancier peut se faire mettre en possession du corps certain qui devait être donné quand ce corps certain a été, soit au moment de la naissance de l'obligation, soit depuis, la propriété du débiteur, et qu'aucun tiers n'a acquis de droit réel sur lui.

OFFRES ET CONSIGNATION. *C. Proc.* 786. L'offre d'un corps certain qui n'est pas livrable au domicile du créancier se fait par une simple sommation de prendre livraison.

787. Le débiteur a la faculté de faire nommer par le tribunal un séquestre pour le corps certain offert.

PAIEMENT. *C. Civ.* 232. Le lieu du payement est celui où se trouve le corps certain qui doit être livré, s'il n'y a pas stipulation contraire.

VENTE. *C. Civ.* 327. L'objet de la vente peut être un corps certain ou un droit indivis ou déterminé sur le corps certain.

337. La propriété de la chose vendue, qui est un corps certain, est transférée à l'acquéreur, même si le contrat accorde un terme pour la livraison; dans ce cas, quand le vendeur tombe en faillite avant la livraison, l'acheteur a le droit de revendiquer la chose vendue.

398. On entend par vice ancien celui qui existait au moment de la livraison, s'il s'agit de choses non vendues comme corps certain.

CORPS DU NAVIRE. *C. Marit.* 47. Le capitaine, dans le lieu de la demeure des propriétaires ou de leurs fondés de pouvoir, ne peut, sans leur autorisation spéciale prendre de l'argent sur le corps du navire.

49. Si, pendant le cours du voyage, il y a nécessité de radoub, ou d'achat... le capitaine, pourra... (avec autorisation) emprunter à la grosse sur le corps du navire et ses dépendances.

51. Le capitaine qui aura sans nécessité pris de l'argent sur le corps du navire... sera responsable envers les intéressés et personnellement tenu du remboursement de l'argent, sans préjudice de la poursuite criminelle s'il y a lieu.

CORRESPONDANCE. *C. Com.* 69. Les associations en participation peuvent être constatées par la représentation de la correspondance.

COUCHER. *C. Proc.* 517. L'huissier ne pourra saisir le coucher nécessaire aux saisis ou à leurs parents et alliés en ligne directe, vivant avec eux.

COULAGE. ASSURANCES. *C. Marit.* 197. Il sera fait désignation dans la police, des marchandises susceptibles de coulage, sinon, les assureurs ne répondront point des dommages ou pertes qui pourraient arriver à ces mêmes denrées, si ce n'est toutefois que l'assuré eut ignoré la nature du chargement lors de la signature de la police.

FRET. *C. Marit.* 131. Si des futailles contenant vin, huile, miel et autres liquides, ont tellement coulé qu'elles soient vides ou presque vides, lesdites futailles pourront être abandonnées pour le fret.

COUPE DE FRUITS. SAISIE IMMOBILIÈRE. *C. Proc.* 622. Les créanciers pourront, après y avoir été autorisés par le juge des référés, faire procéder à la coupe et à la vente, en tout ou en partie, des fruits pendants par les racines.

Les fruits seront vendus aux enchères ou de toute autre manière autorisée par le juge, dans le délai qu'il aura fixé, et le prix sera déposé à la caisse du greffe du tribunal de la saisie.

COUPONS D'ACTIONS. SOCIÉTÉ ANONYME. *C. Com.* 43. Le capital de la société anonyme se divise en actions et même en coupons d'actions d'une valeur égale. V. ACTIONS INDUSTRIELLES.

COUPURES D'ACTIONS. SOCIÉTÉS. *C. Com.* 49. Aucune société ne pourra diviser son capital en actions ou coupures d'actions moindres de 100 fr., si ce capital n'excède pas 200,000 fr., ni moindres de 500 fr., s'il est supérieur à 200,000 fr.

COUR D'APPEL.

DISPOSITIONS GÉNÉRALES

R. O. J. Titre 1er. Art. 3. Il y aura à Alexandrie une Cour d'appel composée de onze magistrats, quatre indigènes et sept étrangers.

L'un des magistrats étrangers présidera sous le titre de vice-président et sera désigné de la même manière que les vice-présidents des tribunaux.

Les arrêts de la Cour d'appel seront rendus par huit magistrats, dont cinq étrangers et trois indigènes.

4. Le nombre des magistrats de la Cour d'appel et des tribunaux pourra être augmenté, si la Cour en signale la nécessité pour le besoin du service, sans altérer la proportion fixée entre les juges indigènes et étrangers.

En attendant, dans le cas d'absence ou d'empêchement de plusieurs juges à la fois de la Cour d'appel, ou du même tribunal, le président de la Cour pourra les faire suppléer, s'il s'agit des juges étrangers, par leurs collègues des autres tribunaux ou par les magistrats étrangers de la Cour d'appel; lorsque l'un des magistrats de la Cour sera ainsi délégué à intervenir aux audiences d'un des tribunaux, il en aura la présidence. V. JUGES.

R. G. J. 123. Pendant les vacances, les affaires seront suspendues devant la Cour d'appel.

124. A l'exception de ce que prescrivent les articles 2 et 3 du règlement d'organisation judiciaire, les attributions de la Cour, pendant les vacances judiciaires, sont dévolues au vice-président de la Cour, en son absence, à son substitut, et, en l'absence de l'un et de l'autre, à celui des conseillers étrangers qui sera expressément délégué à cet effet par l'assemblée générale, sauf à

la Cour à révoquer s'il y a lieu les délibérations prises. V AUDIENCES.

140. La Cour d'appel a droit de surveillance sur les tribunaux.

149. La faculté d'appliquer les peines disciplinaires est réservée à la Cour d'appel, statuant en assemblée générale. V. TRIBUNAUX MIXTES (*Dispositions communes*).

DISPOSITIONS DIVERSES

RÉCUSATION. *C. Proc.* 371. Lorsque la récusation s'appliquera à un tribunal entier, ou à un nombre de juges tel que le tribunal ne soit plus en nombre suffisant pour statuer, la récusation sera portée devant la Cour.

372. Si la récusation a lieu contre la Cour d'appel ou contre un nombre de conseillers tel que la Cour ne puisse en connaître, l'incident sera porté, ainsi que l'affaire principale, si la récusation est admise, devant une Cour de justice spéciale.

RÉHABILITATION. *C. Com.* 417. Toute demande en réhabilitation sera adressée à la Cour d'appel. V. RÉHABILITATION.

COURS D'EAU. V. ALLUVION, IRRIGATION.

COUR DE JUSTICE. PRISE A PARTIE. *C. Proc.* 756. Si la requête est admise contre un conseiller à la Cour d'appel, la cause sera renvoyée,.... au besoin devant une Cour de justice composée comme il est dit à l'article 372 (art. 372)..... de onze magistrats au moins, et dans laquelle siègeront les conseillers (non pris à partie) et les Présidents et les Vice-Présidents des tribunaux et au besoin des juges désignés par le sort, pourvu que les magistrats de la cour spéciale n'aient pas connu de l'affaire en première instance.

COURTAGE. *C. Com.* 2. La loi répute acte de commerce, toute opération de courtage.

COURTIERS. *C. Com. Chap. II. Sect. II.* DES COURTIERS (*art.* 72-81).

DISPOSITIONS GÉNÉRALES

Obligations des courtiers. 72. La profession de courtier est libre.

73. Les droits et obligations des courtiers et leurs honoraires sont réglés par les règles du mandat et les usages du commerce.

74. Les courtiers sont tenus, immédiatement après chaque opération, de la noter sur leur carnet et de la consigner jour par jour, dans leur livre-journal, sans blancs, ratures, interlignes, surcharges ou renvois, avec l'indication exacte du nom des parties, du temps de l'opération et de la délivrance, de la quantité, de la qualité et du prix de la marchandise, ainsi que de toutes les conditions de l'opération.

75. Lorsque ni l'opération en elle-même, ni l'emploi du courtier ne seront niés, les livres ainsi tenus pourront être produits

en justice, entre les parties contractantes, pour servir d'élément de preuve des conditions dans lesquelles l'opération a été faite.

76. Les courtiers seront tenus de donner aux parties, en tout temps et à première réquisition, extrait de leurs livres, en ce qui concerne l'opération qu'ils ont faite pour elles.

77. Ils devront même, à la demande du tribunal, lui soumettre leurs livres et fournir des éclaircissements.

78. Le refus des communications prescrites par les deux articles précédents rendra les courtiers passibles de dommages-intérêts.

79. Les courtiers seront tenus de conserver, à moins d'en être dispensés par les parties, les échantillons des marchandises vendues sur échantillon par leur entremise, en y joignant les annotations nécessaires pour en reconnaître l'identité, et ce jusqu'à la délivrance.

Responsabilité. 80. Le courtier qui a conclu la vente d'un effet négociable est responsable de la sincérité de la signature du vendeur qui s'y trouve.

81. Le courtier qui n'aura pas nommé son client au moment de l'opération sera responsable de l'exécution, et considéré comme commissionnaire.

DISPOSITIONS ADDITIONNELLES

EXÉCUTION PROVISOIRE. *C. Proc.* 462. Dans le cas où le poursuivant aurait offert de faire déposer les sommes recouvrées en vertu de l'exécution, il aura le droit de demander l'emploi de ces sommes en valeurs déterminées, en désignant le courtier chargé de la négociation.

464. S'il y a contestation soit sur la solvabilité de la caution, soit sur le sequestre ou le courtier, soit sur les valeurs qui doivent être déposées, le tribunal du lieu de l'exécution statuera d'urgence sur une citation à trois jours francs.

FAILLITE. (*Vente des effets mobiliers du failli*). *C. Com.* 286. Le juge-commissaire pourra autoriser les syndics à procéder à la vente des effets mobiliers ou marchandises du failli ou du fonds de commerce. Il décidera si la vente se fera, soit à l'amiable, soit aux enchères publiques, par l'entremise des courtiers ou de tout officier public, ou dans les formes spécifiées au Code de procédure pour vente sur saisie.

GAGE *C. Com.* 84. A défaut de payement à l'échéance, le créancier peut, trois jours après une sommation faite par acte d'huissier restée infructueuse, outre le délai de distance, obtenir, sur une simple requête, du juge de service près le tribunal de son domicile, l'autorisation de vendre aux enchères publiques tout ou partie des objets donnés en gage, par le ministère d'un courtier commis à cet effet par l'ordonnance.

92. Le commissionnaire pour vendre qui détiendra des marchandises à lui expédiées soit en dépôt, soit pour les vendre à un

prix limité, et qui sera créancier pour une somme privilégiée d'après les articles ci-dessus (V. GAGE), pourra, trois jours après une sommation restée infructueuse, outre le délai de distance, obtenir, sur une simple requête, du juge de service pour les affaires urgentes près le tribunal de son domicile, l'autorisation de vendre aux enchères publiques tout ou partie des marchandises, par le ministère d'un courtier commis à cet effet par l'ordonnance.

VENTE DE RENTES ET ACTIONS. *C. Proc.* 551. Il pourra être demandé en référé que la vente des actions de toute nature et titres négociables ait lieu par l'intermédiaire d'un courtier ou banquier désigné par le juge du référé, qui déterminera la publicité qui devra être faite.

COUTS (LOYAUX). DÉLAISSEMENT. (*Tiers détenteur.*) *C. Civ.* 713. Les frais et loyaux coûts qu'il a faits sont compris dans les charges de l'adjudication.

PARTAGE. *C. Civ.* 561. Les copropriétaires originaires peuvent jusqu'au partage racheter la part indivise qui aurait été vendue par un d'eux à un tiers, en lui remboursant le prix, les loyaux coûts, et les dépenses nécessaires et utiles.

PRÉEMPTION. *C. Civ.* 94. Le co-propriétaire indivis a le droit d'acheter, par préférence à tous autres que le précédent préempteur, la part aliénée par un autre de ses co-propriétaires indivis, en offrant le prix et les loyaux coûts.

CRÉANCE. GAGE. *C. Civ.* 673. Le gage sur une créance se constitue par la remise du titre et l'accomplissement des formalités exigées pour la validité du transport.

Le tout sauf les règles applicables au commerce.

VENTE DE CRÉANCE. *C. Civ.* 341. En ce qui concerne les tiers qui sont de bonne foi, qui ont un juste titre et qui ont conservé leurs droits dans les formes légales, la propriété est transmise, en ce qui concerne les créances par les formalités de signification ou d'acceptation qui seront expliquées au présent titre.

V. CESSION DE CRÉANCES. CRÉANCIERS.

CRÉANCE LIQUIDE. *C. Proc.* 471. Tout créancier peut, en vertu d'un titre authentique ou privé établissant une créance liquide, former, entre les mains d'un tiers, opposition à ce que ce tiers remette les sommes ou valeurs qui sont ou seront dues, ou les effets mobiliers appartenant au débiteur de l'opposant, en énonçant la somme pour laquelle la saisie-arrêt est faite.

473. Si le créancier n'a pas de titre ou si la créance qui résulte du titre n'est pas liquide, il pourra obtenir de former saisie-arrêt, en présentant requête au président du tribunal du domicile du saisi ou du tiers-saisi, ou du juge de service, lequel liquidera provisoirement la créance, s'il y a lieu, dans son ordonnance, et

énoncera la somme en principal et accessoires pour laquelle la saisie-arrêt pourra être faite.

COMPENSATION. *C. Civ.* 258. Elle n'a lieu que si les deux obligations sont liquides, exigibles, et pour une somme d'argent ou toutes autres choses de même nature se remplaçant l'une par l'autre, eu égard à leur espèce et à leur valeur, et payables dans le même lieu.

CRÉANCIERS. *C. Civ. Titre IV.* DES DROITS DES CRÉANCIERS.

Chap. I. DES DIFFÉRENTES ESPÈCES DE CRÉANCIERS.

678. Il y a cinq classes de créanciers :

1° Les créanciers ordinaires qui sont payés sur tous les biens du débiteur commun proportionnellement à leurs créances. V. CRÉANCIERS ORDINAIRES.

2° Les créanciers hypothécaires, c'est-à-dire ceux qui, moyennant certaines formalités ont, sur un ou plusieurs immeubles de leur débiteur, un droit opposable aux tiers d'être payés par préférence aux créanciers ordinaires, sur la valeur de ces immeubles en quelque main qu'ils passent. V. CRÉANCIERS HYPOTHÉCAIRES.

3° Les créanciers qui ont obtenu un droit d'affectation sur les immeubles de leur débiteur. V. CRÉANCIERS AVEC DROIT D'AFFECTATION.

4° Les créanciers privilégiés, c'est-à-dire ceux qui, à raison de la nature de leurs créances, ont le droit de se faire payer par préférence à tous autres créanciers sur la valeur de certains meubles ou immeubles du débiteur. V. CRÉANCIERS PRIVILÉGIÉS.

5° Les créanciers ayant le droit opposable à tous les autres créanciers, de retenir la possession d'un bien de leur débiteur jusqu'à parfait payement. V. CRÉANCIERS AVEC DROIT DE RÉTENTION.

DISPOSITIONS GÉNÉRALES

C. Civ. 202. Les conventions ne peuvent profiter aux tiers, si ce n'est aux créanciers du contractant, qui peuvent, en vertu du droit général qu'ils ont sur les biens de leur débiteur, exercer, au nom de ce débiteur, les actions qui résultent pour lui des contrats ou de toute autre source d'obligation, sauf les actions purement personnelles.

204. Les créanciers ont, dans tous les cas le droit de faire annuler les actes faits en fraude de leurs droits, et les donations et renonciations consenties à leur préjudice.

680. L'aliénation à titre onéreux par le débiteur de ses biens ne peut être attaquée par ses créanciers que quand elle est faite en fraude de leurs droits.

CRÉANCIERS.

76. Nul ne peut immobiliser son bien à titre de wakouf, au préjudice de ses créanciers, à peine de nullité de l'immobilisation.

150. Lorsqu'une obligation est alternative, l'option appartient au débiteur à moins d'une disposition spéciale de la loi ou de la convention.

152. Si l'obligation déterminée a été dictée ou convenue à titre de peine en cas d'inexécution d'une autre obligation, le créancier à l'option entre l'exécution de l'obligation principale ou de l'obligation pénale ; mais le débiteur peut toujours faire cesser cette option en exécutant l'obligation principale dans tous ses termes, à moins que la peine ne soit prononcée pour simple retard.

153. Quand l'option appartient au créancier et qu'un des modes d'exécution est devenu impossible par la faute du débiteur, le créancier peut opter entre le mode d'exécution possible ou l'indemnité résultant de l'impossibilité d'exécution de l'autre mode.

154. Il conserve son droit d'option entre les deux indemnités dues pour inexécution, si les deux modes d'exécution sont devenus impossibles par la faute du débiteur.

161. Les créanciers sont solidaires quand la convention qui a créé l'obligation leur donne mandat réciproque pour recevoir ; on suit dans ce cas les règles du mandat.

165. Le créancier peut poursuivre simultanément ou séparément les débiteurs solidaires, sauf le cas où quelques-uns d'entre eux seraient débiteurs à terme ou sous condition. V. SOLIDARITÉ.

173. Lorsque le débiteur se refuse de faire intégralement ce à quoi il est obligé, le créancier a le choix ou de demander la résolution du contrat avec des dommages-intérêts, ou de demander des dommages-intérêts pour ce qui n'a pas été exécuté.

174. Néanmoins, le créancier peut, si les circonstances le permettent, se faire autoriser par justice à faire aux frais du débiteur obligé ce qu'il était tenu d'exécuter, ou à détruire ce qui a été fait contrairement à l'engagement.

175. Il peut se faire mettre en possession du corps certain qui devait être donné, quand ce corps certain a été, soit au moment de la naissance de l'obligation, soit depuis la propriété du débiteur, et qu'aucun tiers n'a acquis de droit réel sur lui.

DISPOSITIONS DIVERSES

ANTICHRÈSE. *C. Civ.* 676. Le créancier au profit duquel l'immeuble est engagé doit pourvoir à l'entretien et aux dépenses nécessaires à la conservation de cet immeuble, ainsi qu'aux impôts publics, sauf à en retenir le montant sur les fruits ou à se le faire rembourser par privilège sur le prix de l'immeuble.

CAUTION. *C. Civ.* 604. Le cautionnement est un contrat par lequel une personne s'oblige à payer la dette d'une autre personne, si celle-ci ne la paye pas. V. CAUTIONNEMENT.

COMPENSATION. *C. Civ.* 256. La compensation est une espèce de payement qui se fait, de plein droit, à l'insu des parties, quand elles sont réciproquement créancières et débitrices l'une de l'autre. V. Compensation.

CONFUSION. *C. Civ.* 266. La confusion est la réunion, dans la même personne, des deux qualités de débiteur principal et de créancier, de la même dette, qui se détruisent réciproquement.

PAYEMENT. *C. Civ.* 222. L'exécution ne peut être remplie que par le débiteur, lorsqu'il résulte de la nature de l'obligation que le créancier a intérêt à ce qu'il en soit ainsi.

223. Lorsque l'exécution consiste dans un payement, il peut toujours être fait par un tiers, même malgré le débiteur ou le créancier.

295. La mention de la libération mise sur le titre, bien que non signée du créancier, fait preuve contre lui, à moins que le créancier ne fournisse la preuve du contraire.

228. Pour la validité du payement, le débiteur doit être capable d'aliéner et le créancier capable de recevoir.

230. L'exécution doit avoir lieu au profit du créancier, de son mandataire à cet effet, ou du possesseur du droit à l'obligation.

237. Celui qui s'est obligé de faire une chose, ne se libère pas de plein droit en offrant de la faire, mais il a un recours contre le créancier pour le dommage que lui cause son refus au moment de l'offre.

238. Toutefois, lorsqu'il s'agit de l'exécution qui consiste en un payement ou une livraison de meubles, le débiteur se libère en faisant des offres conformément aux règles du code de procédure.

239. Il se libère de l'obligation de délivrer un immeuble en faisant nommer un sequestre judiciaire par une sentence contradictoire ou à laquelle le créancier a été appelé. V. Exécution.

PRESCRIPTION. *C. Civ.* 268. La prescription pendant le temps fixé par la loi éteint l'obligation, et fait présumer la libération, lorsque le débiteur l'invoque. V. Prescription.

PREUVE DES OBLIGATIONS. *C. Civ.* 278. La preuve de l'obligation doit être faite par le créancier.

279. La preuve de la délibération doit être faite par le débiteur.

285. Le créancier est toutefois autorisé à prouver par témoins que le titre est, pour un tout autre motif, entre les mains du débiteur.

288. Dans le cas où l'écrit ne paraît pas suffisamment faire preuve, le juge peut déférer le serment au créancier pour établir sa créance, ou au débiteur pour prouver sa libération.

295. La mention de la libération mise sur le titre, bien que non signée du créancier, fait preuve contre lui, à moins que le créan-

cier ne fournisse la preuve du contraire. V. Preuve des obligations et de la libération.

Réhabilitation. *C. Com.* 421. Tout créancier qui n'aura pas été payé intégralement de sa créance en principal, intérêts et frais, et toute autre partie intéressée, pourra former opposition à la réhabilitation par une requête adressée au tribunal de commerce qui a prononcé la faillite, en l'appuyant des pièces justificatives. Le créancier opposant ne pourra jamais être partie dans la procédure de réhabilitation.

Remise de l'obligation. *C. Civ.* 243. L'obligation est éteinte par la remise volontaire qu'en fait le créancier capable de faire une libéralité. V. Remise.

CRÉANCIERS ORDINAIRES. *C. Civ. Titre IV. Chap. I. Sect. I.* des créanciers ordinaires (*art.* 679, 680).

679. Les créanciers ordinaires peuvent se payer sur tous les biens de leurs débiteurs, mais en observant les formes déterminées par la loi.

680. L'aliénation à titre onéreux par le débiteur de ses biens ne peut être attaquée par ses créanciers que quand elle est faite en fraude de leurs droits.

CRÉANCIERS HYPOTHÉCAIRES. *C. Civ. Titre IV. Chap. I. Sect. II. § I.* des hypothèques. V. Hypothèques.

CRÉANCIERS AVEC DROIT D'AFFECTATION. *C. Civ. Titre IV. Chap. I. Sect. II. § II.* du droit d'affectation sur les immeubles. V. Affectation.

CRÉANCIERS PRIVILÉGIÉS. *C. Civ. Titre IV. Chap. I. Sect. III.* des créanciers privilégiés. V. Privilèges.

CRÉANCIERS AVEC DROIT DE RÉTENTION. *C. Civ. Titre IV. Chap. I. Sect. IV.* des créanciers qui ont un droit de rétention. V. Rétention.

CRÉANCIERS DU FAILLI. *C. Com.* 229. Le jugement déclaratif de la faillite rend exigibles, à l'égard du failli, les dettes passives non échues.

296. A partir du jugement déclaratif de la faillite, les créanciers, même ceux qui sont privilégiés, hypothécaires ou gagistes, remettront au tribunal de commerce leurs titres, avec un bordereau indicatif des sommes par eux réclamées.

381. Le montant de l'actif mobilier, distraction faite des frais et dépenses de l'administration de la faillite, qui comprendront les salaires des syndics, des secours qui auraient été accordés au failli ou à sa famille et des sommes payées aux créanciers privi-

légiés, sera répartie entre tous les créanciers, proportionnellement au montant de leurs créances vérifiées et affirmées.

CRÉANCIERS CONTESTÉS. DISTRIBUTION SUR ORDRE. *C. Proc.* 730. En cas de contestation, le juge commis fera le règlement définitif sur les créances antérieures à celles qui seront contestées, et ordonnera la délivrance des bordereaux de collocation y relatifs. Il pourra même faire le règlement définitif sur les créances postérieures, en réservant une somme suffisante au montant des contestations.

FAILLITE. *(Vérification des créances).* C. Com. 307. Si la créance est contestée, le juge-commissaire renverra à jour fixe, sur le procès-verbal et sans qu'il soit besoin de citation, devant le tribunal de commerce qui jugera sur son rapport. V. VÉRIFICATION DE CRÉANCES. *(Contestation de créance.)*

CRÉANCIER DE COPARTAGEANTS.
CRÉANCIERS COMMUNS. *C. Civ.* 556. Les créanciers communs dont les créances sont nées à l'occasion du bien commun, peuvent exercer leur action pour le tout sur l'ensemble des biens communs avant le partage.

557. Ils peuvent s'opposer au partage en nature, tant qu'ils ne sont pas payés.

558. Leur opposition et celle des créanciers individuels de chaque copartageant, entre les mains des autres copartageants, vaut saisie-arrêt.

559. Il ne peut être procédé à la vente des biens communs, qu'à charge de les appeler à tous les actes de procédure.

560. Les créanciers communs sont préférés, lors du payement et de la distribution du prix, aux créanciers personnels des copartageants.

CRÉANCIER DISSIDENT. FAILLITE. *(Concordat.)* C. Com. 332. Tous les créanciers ayant eu droit de concourir au concordat, ou dont les droits auront été reconnus depuis, pourront y former opposition.

338. L'homologation du concordat le rendra obligatoire pour tous les créanciers.

UNION. 352. La voie de l'opposition sera ouverte contre cette délibération (qui maintient les syndics dans leurs pouvoirs) aux créanciers dissidents.

353. Lorsque les opérations des syndics entraîneront des engagements qui excéderaient l'actif de l'union, les créanciers qui auront autorisé ces opérations seront seuls tenus personnellement au delà de leur part dans l'actif, mais seulement dans les limites du mandat qu'ils auront donné ; ils contribueront au prorata de leurs créances.

CRÉANCIER GAGISTE. V. Gage.

CRÉANCIERS SOLIDAIRES. V. Codébiteurs solidaires. Solidarité.

CRÉANCIERS DE LA SUCCESSION. *C. Proc.* 35. Les défendeurs seront assignés, savoir : 8° Dans les demandes intentées par les créanciers d'un défunt, devant le tribunal du lieu où la succession est ouverte, si le partage n'a pas eu lieu, et, s'il a eu lieu, devant le domicile de l'un des héritiers.

CRIÉES. V. Vente a la criée. Enchères. Vente aux enchères.

CRIMES ET DÉLITS D'AUDIENCE. V. Audience. (*Police de l'audience*, p. 81.)

CROIT DES ANIMAUX. Amodiation. *C. Civ.* 487. Le preneur n'est pas obligé de remplacer, autrement que par le croît, les animaux qui meurent sans sa faute.

Usufruit. *C. Civ.* 42. L'usufruitier profite de l'augmentation qui résulte du croît des troupeaux, après remplacement par le croît des bêtes qui périssent par cas fortuit.

CULTIVATEURS INDIGÈNES. *C. Com.* 114. Les lettres de change souscrites, les endossements et les acceptations signés par des femmes, des filles ou de simples cultivateurs indigènes, non commerçants, en leur propre nom, ne sont pas réputés actes de commerce, en ce qui les concerne.

196. Toutes les dispositions relatives aux lettres de change et concernant la capacité des souscripteurs, endosseurs et accepteurs sont applicables aux billets à ordre ou au porteur.

CULTURE. *C. Civ.* 18. Sont considérés comme immeubles, en ce sens qu'ils ne peuvent être saisis séparément des immeubles dont ils dépendent, les ustensiles d'agriculture et troupeaux nécessaires à la culture quand ils appartiennent au propriétaire du terrain.

Amodiation. *C. Civ.* 487. Le preneur doit donner tous ses soins à la culture. V. Amodiation.

Saisie. *C. Proc.* 519. Lorsque les animaux ou les ustensiles servant à l'exploitation des terres, ou les ustensiles d'une usine ou d'un atelier auront été saisis, le juge du référé pourra établir un gérant à l'exploitation.

CURATELLE. V. État des personnes.

CURATEUR. *C. Proc.* 68. Seront communiquées au ministère public les causes : 1° qui concernent ou intéressent les mineurs et toutes personnes défendues par un tuteur ou curateur;

4° Celles qui touchent à l'état des personnes, aux tutelles, à la liberté individuelle.

C. Civ. 4. Les questions relatives aux tutelles et curatelles restent de la compétence du juge du statut personnel.

DISPOSITIONS DIVERSES.

BAIL. *C. Civ.* 447. Le bail fait par un tuteur ou un administrateur légal ne peut être consenti que pour trois années, à moins d'autorisation par le tribunal compétent pour juger les questions de tutelle.

PRESCRIPTION. *C. Civ.* 277. (Dans le cas où la prescription est de trois cent soixante jours ou au-dessous), les héritiers et leurs tuteurs prêteront serment qu'ils ne savent pas que la chose est due.

RÉHABILITATION. *C. Com.* 425. Ne seront point admis à la réhabilitation les tuteurs et administrateurs qui n'auront pas rendu et soldé leurs comptes en retard.

VENTE. *C. Civ.* 325. Les mandataires légaux comme tuteurs ou curateurs, ni les mandataires conventionnels, ne peuvent acheter le bien qu'ils sont chargés de vendre en cette qualité.

La vente pourra, dans ce cas, être ratifiée par celui pour le compte duquel la vente a eu lieu, s'il a capacité d'aliéner au moment de la ratification. V. INCAPABLES.

D

DAÏRA. COMPÉTENCE. *C. Civ.* 6. Les daïras de S. A. le Khédive seront justiciables de ces tribunaux (mixtes) dans les procès avec les sujets étrangers.

SIGNIFICATION. *C. Proc.* 10. Les copies seront remises pour les significations : 3° Aux daïras, entre les mains des directeurs de ces daïras.

Dans ces divers cas, l'original sera visé par celui à qui la copie de l'acte doit être laissée, ce dont l'huissier fera mention sur l'original et la copie; en cas d'absence ou de refus, l'original sera visé par le procureur du Khédive auprès du tribunal dans le ressort duquel exerce l'huissier.

La personne publique qui aura refusé le visa sera condamnée à une amende de 100 piastres égyptiennes. Cette amende sera prononcée par le juge de service, sur le vu de l'acte, à la requête du ministère public, après citation à trois jours francs, outre les délais de distance.

DATE CERTAINE.

DATE DES ACTES. *C. Proc.* 3. Les actes signifiés par les huissiers contiendront : 1° La date des jours, mois et ans.

EFFETS DE COMMERCE. (*Lettre de change.*) *C. Com.* 110. La lettre de change est tirée d'un lieu sur un autre.
Elle est datée.

(*Billet à ordre.*) *C. Com.* 197. Le billet à ordre est daté.

ENDOSSEMENT. *C. Com.* 141. L'endossement est daté.

143. Il est défendu d'antidater les ordres, à peine de faux.

ENQUÊTE. *C. Proc.* 211. Quand l'enquête devra avoir lieu sommairement devant un juge commis, la partie la plus diligente obtiendra de lui, sur requête, et fera signifier à la partie adverse, l'ordonnance qui fixera le jour, le lieu et l'heure où les témoins seront entendus, en observant un délai de trois jours entre la signification et le jour fixé.

216 Quand il y aura lieu à enquête devant le juge commis, sans que le tribunal ait dit qu'elle serait faite sommairement, la partie la plus diligente lèvera et fera signifier le jugement et requerra du juge une ordonnance qui fixera le jour, le lieu et l'heure où il entendra les témoins.

252. Le procès-verbal contiendra la requête et l'ordonnance qui a fixé le jour de l'enquête ; les jours, lieu et heure auxquels il est procédé.

HYPOTHÈQUE. (*Inscription.*) *C. Civ.* 690. L'inscription sera faite sur un bordereau en double qui contiendra 3° : La date et la nature du titre.

691. Les créanciers sont payés sur le prix de l'immeuble ou le montant de l'assurance en cas d'incendie, dans l'ordre de leur rang d'inscription, même lorsqu'ils ont fait inscrire leurs créances le même jour.

(*Tiers-détenteur*) *C. Civ.* 705. L'offre doit être faite à tous les créanciers inscrits au domicile élu dans leur inscription, et être accompagnée de la notification :

2° De la date et du numéro de la transcription (du contrat d'acquisition) ;

3° Du tableau des inscriptions existantes, contenant la date de ces inscriptions, le montant des créances inscrites et le nom des créanciers.

DATE CERTAINE. *C. Civ.* 203. Les conventions ne peuvent nuire aux tiers, auxquels elles ne sont opposables que si elles ont acquis date certaine.

C. Civ. 293. Les écrits sous seing privé ne font cette preuve (jusqu'à inscription de faux) à l'égard des tiers que s'ils ont date certaine.

294. La date certaine résulte de leur insertion dans un registre

public, en entier, ou par extrait si l'insertion est mentionnée sur l'écrit, ou du fait qu'ils portent l'écriture ou la signature reconnue d'une personne décédée, ou d'un visa apposé par un officier public compétent ou par un magistrat.

BAIL. *C. Civ.* 474. Le bail est résolu par la vente de la chose louée si le contrat de location n'a pas une date certaine antérieure à la date certaine de la vente.

CESSION. *C. Civ.* 436. La propriété du droit cédé est transmise vis-à-vis des tiers : 2° par l'acceptation du cédé dans un acte ayant date certaine et à partir de cette date seulement.

CRÉANCES PRIVILÉGIÉES. *C. Civ.* 727. Sont privilégiés les créances suivantes : 6° Le prix dû au vendeur ou les deniers fournis par acte ayant date certaine, avec affectation spéciale au payement de ce prix, qui seront privilégiés sur la chose vendue.

GAGE. *C. Civ.* 672. Le gage mobilier n'est valable, à l'égard des tiers, qu'à la condition d'être fait par un écrit ayant date certaine et portant désignation suffisante de la somme garantie engagée et de l'objet du gage.

PREUVE DES DROITS RÉELS. *C. Civ.* 744.... ni le donataire qui aura transcrit son titre, ni le légataire à titre particulier, même s'il a lui-même transcrit son titre, ne pourront opposer le défaut de transcription à celui qui, en vertu d'un acte ayant date certaine avant la transcription ci-dessus, a acquis à titre onéreux la propriété d'un droit susceptible d'hypothèque, ou l'usufruit d'un droit d'usage ou d'habitation.

DATION EN PAYEMENT. CAUTIONNEMENT. *C. Civ.* 624. Lorsque le créancier a accepté une chose en payement de la dette, la caution est libérée, même si la chose donnée en payement est revendiquée.

CESSION. *C. Civ.* 443. Cette règle (faculté pour le débiteur cédé d'étendre le droit cédé en remboursant au cessionnaire le prix réel de la cession, les intérêts et les frais faits (442) quand le vendeur a cédé seulement ses prétentions à une créance ou à un droit incorporel (441) est inapplicable en cas de cession en payement par un débiteur à son créancier.

DÉBATS. *R. G. J.* 86. La discussion de la cause commence avec le rapport. Ce rapport, dans les causes instruites par écrit, est fait par un rapporteur à ce désigné (art. 77 et 85 du Code de procédure civile et commerciale). V. INSTRUCTION PAR ÉCRIT.

Dans les autres cas, le rapport est fait par le demandeur ou par son mandataire. Le défendeur ou son mandataire peut le rectifier.

87. Après le rapport, le demandeur lira ses conclusions ; le défendeur y répondra par la lecture ou l'exposition verbale des siennes (art. 83 du Code de procédure). V. CONCLUSIONS.

Les parties développeront ensuite succinctement, dans le même ordre, les raisons sur lesquelles elles fondent leurs conclusions.

Immédiatement après la clôture des débats, ou au plus tard le lendemain jusqu'à l'heure de la fermeture du greffe, les parties seront tenues de déposer tous leurs actes et documents en liasse et fermés en dossiers avec un inventaire en double, dont l'un des originaux sera restitué après contrôle avec mention de la réception des pièces.

Dans le cas où le dépôt n'aura pas été fait à l'audience même, les pièces ne pourront être reçues qu'après avoir été préalablement communiquées à la partie adverse, laquelle les revêtira de son visa.

V. Réouverture des débats. Plaidoiries.

DÉBITEURS. V. Créanciers. Codébiteurs.

DÉBITEURS SOLIDAIRES. V. Codébiteurs solidaires.

DÉBRIS DE NAVIRE. *C. Marit.* 73. En cas de prise, de confiscation, de bris et naufrage avec perte entière du navire et des marchandises, les officiers et gens de l'équipage ne peuvent prétendre à aucun loyer au sujet du voyage. Mais aussi ils ne sont pas tenus de restituer ce qui leur a été avancé sur leurs loyers.

74. Si quelque partie du navire est sauvée, les matelots engagés au voyage ou au mois sont payés de leurs loyers échus sur les débris du navire qu'ils ont sauvés.

Si les débris ne suffisent pas, ou s'il n'y a que des marchandises sauvées, ils sont payés de leurs loyers subsidiairement sur le fret desdites marchandises.

75. Les officiers et gens de l'équipage engagés au frêt sont payés de leurs loyers seulement sur le fret, à proportion de celui que reçoit le capitaine ou l'affréteur.

76. De quelques manières que les officiers et gens de l'équipage soient loués, ils sont payés des journées par eux employés à sauver les débris et les effets naufragés.

DÉCÈS. Action en lésion. *C. Civ.* 420. Le droit d'exercer l'action à raison de la lésion cesse deux ans après la majorité ou le décès du vendeur, et ne préjudicie pas aux créanciers hypothécaires inscrits.

Appel et requête civile. *C. Proc.* 427. En cas de décès de la partie, l'article 402 sera applicable.

402. Le décès de la partie condamnée suspend le délai d'appel, qui ne reprend qu'après la signification faite aux héritiers, au dernier domicile du défunt et après les délais qui pourraient être accordés par la loi personnelle de l'appelant, pour prendre la qualité d'héritier.

Assignation. *C. Proc.* 35. Les défenseurs seront assignés, savoir : 8° Dans les demandes intentés par les créanciers d'un défunt, devant le tribunal du lieu où la succession est ouverte, si le partage n'a pas eu lieu, et s'il a eu lieu, devant le domicile de l'un des héritiers.

BAIL. *C. Civ.* 478. Le bail n'est pas résolu par la mort du bailleur ni par celle du preneur, à moins que la location n'ait été faite à ce dernier à raison de son industrie et de sa capacité personnelle, ce qui est toujours présumé dans les cas qui seront ci-après prévus d'amodiation.

DATE CERTAINE. *C. Civ.* 294. La date certaine résulte (pour les écrits sous seing privé) du fait qu'ils portent l'écriture ou la signature reconnue d'une personne décédée.

DONATION. *C. Civ.* 72. Lorsque le donateur meurt ou devient incapable avant l'acceptation, la donation est nulle.

73. L'acceptation peut être faite par les héritiers du donataire décédé ou les représentants des incapables.

FAILLITE. *C. Com.* 217. La faillite du commerçant décédé pourra être demandée et prononcée, à la condition qu'il soit établi qu'il est mort en état de cessation de payements et que la demande ait été introduite dans les six mois du décès.

218. L'avis ou la citation seront en ce cas remis à la maison mortuaire, sans qu'il soit besoin de désigner les héritiers.

277. Lorsqu'un commerçant aura été déclaré en faillite après son décès, ou lorsque le failli viendra à décéder après la déclaration de la faillite, si ses enfants ou héritiers ne sont pas absents, ils pourront se présenter avec sa veuve, ou se faire représenter pour les suppléer dans la formation du bilan, ainsi que dans toutes autres opérations de la faillite.

279. En cas de déclaration de faillite après décès, lorsqu'il n'aura point été fait d'inventaire antérieurement à cette déclaration, ou en cas de décès du failli avant l'ouverture de l'inventaire, il y sera procédé immédiatement dans les formes des articles précédents, et en présence des héritiers, ou eux dûment appelés.

(*Réhabilitation*). *C. Com.* 426. Le failli pourra être réhabilité après sa mort.

INTERRUPTION DE PROCÉDURE. *C. Proc.* 340. Le décès, le changement d'état des parties ou la cessation des fonctions dans lesquelles elles procédaient n'empêcheront pas le jugement, quand les conclusions auront été prises à l'audience, sauf au tribunal à accorder des délais, s'il y a lieu.

341. Le tribunal ne pourra statuer que les conclusions prises au moment du décès ou du changement d'état ou de qualité, à moins que les héritiers représentants ou remplaçants n'aient repris l'instance en leurs noms.

342. Lorsque les conclusions n'auront pas été prises à l'audience la procédure sera interrompue, sans préjudice des droits des parties. Elle devra être reprise au moyen d'une assignation nouvelle

pour ou contre les héritiers représentants ou remplaçants de la partie dont le décès ou le changement d'état ou de qualité aura interrompu l'instance.

LETTRE DE CHANGE. (*Protêt.*) *C. Com.* 170. Le porteur n'est dispensé du protêt faute de payement ni par la mort ou faillite de celui sur qui la lettre de change est tirée.

LOUAGE D'INDUSTRIE. *C. Civ.* 502. Le louage d'industrie se résout par la mort de la personne engagée.

MANDAT. *C. Civ.* 650. Le mandat finit par le décès d'un des contractants.

651. Le décès du mandant ne peut être opposé au tiers qui l'a ignoré.

641. Les héritiers du mandataire, s'ils connaissent le mandat et les affaires commencéss (640), doivent mettre en état les affaires commencées de manière à ce qu'elles ne périclitent pas.

SAISIE-IMMOBILIÈRE. (*Ordre*) *C. Proc.* 742. Quand l'acquéreur conservera partie du prix pour sûreté d'une rente inscrite, les créanciers postérieurs au créancier de la rente viagère toucheront, sur le capital de la rente, après le décès de ce dernier, les intérêts échus depuis l'époque ci-dessus.

SOCIÉTÉ. *C. Civ.* 542. La société finit : 5° par le décès d'un des associés, s'il n'a rien été stipulé à cet égard, sauf les règles spéciales aux sociétés commerciales qui ne sont pas dissoutes par le décès d'un associé non solidaire.

USUFRUIT *C. Civ.* 33. L'usufruit ne peut être constitué qu'au profit d'une ou plusieurs personnes nées au moment de la constitution, et finit en tous cas à leur décès, si le terme fixé ne précède pas ce décès.

34. Toutefois, il est permis de donner par testament la nue propriété à un établissement dépendant du ministère des wakfs, et l'usufruit à une ou plusieurs personnes et à leurs héritiers en ligne directe, auquel cas la toute propriété revient à cet établissement seulement après le décès de tous les membres de la famille usufruitière.

DÉCHARGE DE CAUTION. *C. Civ.* 613. Le répondant a le droit de poursuivre le débiteur à l'échéance de la dette, même quand un délai a été accordé à ce dernier par le créancier, si celui-ci n'a pas déchargé la caution.

623. La caution est déchargée jusqu'à concurrence de la valeur des garanties que le créancier a laissé perdre par sa faute.

DÉCHARGE DE NAVIRE. *C. Marit.* 71. Si la décharge du navire se fait volontairement dans un lieu plus rapproché que celui qui est désigné par l'affrètement, il n'est fait aux marins engagés au voyage aucune diminution.

125. Le capitaine ne peut retenir les marchandises dans son

navire, faute de payement de son fret, de l'avarie grosse et des frais s'il y en a. — Il peut en demander le dépôt en mains tierces jusqu'au payement de ce qui lui est dû ; et si elles sont sujettes à dépérissement, il peut en demander la vente, à moins que le consignataire ne lui donne caution pour le payement.

DÉCHARGE DE SAISIE. *C. Proc.* 521. Le gardien ne pourra demander sa décharge et son remplacement, à moins de motifs suffisants, que deux mois après avoir été établi, auquel cas il se pourvoira en référé, en appelant le saisi et le saisissant.

DÉCHÉANCE. PROCÉDURE. *C. Proc.* 343. Lorsque par le fait, la négligence ou l'abstention d'une partie, une procédure aura été interrompue ou suspendue, il n'y aura pas de déchéance, à moins qu'elle ne soit expressément prononcée par la loi.

ACTION EN GARANTIE. *C. Civ.* 402. L'action en garantie résultant de l'existence des vices cachés, doit être intentée dans la huitaine de la découverte du vice, à peine de déchéance.

403. Tout acte de disposition de la chose vendue de la part de l'acquéreur depuis la découverte du vice, entraîne la déchéance de l'action en garantie.

BAIL. *C. Civ.* 460. Le locataire perdra son droit (à la résiliation du bail ou à la diminution de loyer) s'il n'a pas dénoncé le trouble au propriétaire lors des premières entreprises.

DISTRIBUTION PAR CONTRIBUTION. *C. Proc.* 580. Le délai d'un mois expiré (pour être fait par les créanciers production au greffe, avec titre et demande en attribution de deniers), aucune autre production ne sera admise.

595. Les saisies-arrêts faites après le délai accordé pour la production ne produiront pas effet.

INSCRIPTION DE FAUX. *C. Proc.* 320. Dans la huitaine de l'inscription de faux, le demandeur devra signifier ses moyens de faux, avec citation à l'audience, à trois jours francs pour les faire admettre.

Passé le délai, il pourra être déclaré déchu de son action en faux.

326. Le demandeur en faux qui, dans les huit jours du jugement, n'aura pas présenté requête au juge commis pour commencer l'instruction, pourra être déclaré déchu de son action.

332. Celui qui, s'étant inscrit en faux, a encouru la déchéance sera, à la requête du ministère public, condamné à 2000 P. T. d'amende.

MAGISTRATS. *R. O. J.* 23. Tous les juges de la même catégorie recevront les mêmes appointements. L'acceptation d'une rémunération en dehors de ses appointements, d'une augmentation des appointements, de cadeaux de valeur ou d'autres avantages matériels entraîne pour le juge la déchéance de l'emploi et du traitement sans aucun droit à une indemnité.

ORDRE. *C. Proc.* 725. Le délai pour prendre communication du règlement provisoire et contredire à peine de forclusion sera de trente jours.

PRÉEMPTION. *C. Civ.* 101. Celui qui a un droit de préemption doit, à peine de déchéance, déclarer son intention de retirer l'immeuble dans les vingt-quatre heures de la mise en demeure, outre les délais de distance.

RÉCUSATION. *C. Proc.* 353. La récusation devra être présentée, à peine de déchéance, avant les plaidoiries, et quand il s'agira de juges commis, dans les trois jours de leur nomination, si le jugement qui les a commis est contradictoire; si le jugement est par défaut, le délai de trois jours courra, quand il n'y aura pas d'opposition, trois jours après le jugement de débouté.

354. La déchéance n'est pas encourue si les causes de récusation, sont survenues depuis le délai fixé ou si la partie prouve qu'elle ne les a connues que depuis ce délai.

SAISIE IMMOBILIÈRE. *C. Proc.* 635. Dans les trente jours qui suivront la notification (du procès-verbal) aux créanciers inscrits, il pourra être fait, par déclaration au greffe, insérée à la suite du cahier des charges, des dires, contestations et demandes en nullité par toute personne, et le précédent vendeur pourra, en la même forme, produire sa demande en résolution pour défaut de payement du prix, s'il y a lieu, le tout à peine de déchéance.

VENTE. *C. Civ.* 369. La prise de possession de la chose vendue sans réserves expresses de la part de l'acheteur, s'il connaît l'erreur et la disposition de l'objet vendu par hypothèque ou autrement, le fait déchoir du droit d'opter pour la résiliation.

VENTE A RÉMÉRÉ. *C. Civ.* 427. Le délai fixé (pour l'exercice du réméré) est de rigueur et emporte déchéance de plein droit, sans que, dans aucun cas, même dans celui de force majeure, le tribunal puisse relever de cette déchéance.

VENTE DE RENTES. *C. Proc.* 560. L'appel (du jugement statuant sur les incidents) devra, à peine de déchéance, être interjeté dans la huitaine de la signification du jugement et il y sera statué d'urgence par la Cour.

VÉRIFICATION D'ÉCRITURES. *C. Proc.* 301. Si le demandeur ne comparaît pas (au jour fixé pour convenir des pièces de comparaison) il sera déchu de la faculté de faire la preuve par experts, à moins qu'il ne justifie d'un empêchement sérieux, ce qui sera jugé d'urgence par le tribunal.

DÉCHÉANCE DU TERME. *C. Civ.* 156. L'objet de l'obligation à terme est dû immédiatement si le débiteur tombe en faillite ou s'il a diminué par son fait des garanties qui assuraient l'exécution.

C. Com. 229. Le jugement déclaratif de la faillite rend exigibles, à l'égard du failli, les dettes passives non échues.

DÉCHETS. *C. Marit.* 194. Les déchets, diminutions et pertes qui arrivent par le fait et faute des propriétaires, affréteurs ou chargeurs, ne sont point à la charge des assureurs.

DÉCLARATION AFFIRMATIVE. SAISIE-ARRÊT. (*Tiers saisi*). *C. Proc.* 486.

Lorsque la saisie sera faite en vertu d'un titre exécutoire, et dans les autres cas lorsqu'elle sera validée, le tiers-saisi qui n'aura pas fait le versement spécifié aux articles ci-dessus. (V. SAISIE-ARRÊT.) pourra être sommé de faire au greffe de son tribunal la déclaration de ce qu'il doit, avec indication des causes de sa dette et des saisies-arrêts antérieures, et communication des pièces justificatives en original ou copies légalisées.

487. S'il n'y a pas contestation sur la déclaration ni demande de mainlevée, et s'il n'existe pas d'autres saisies-arrêts, la somme déclarée sera versée entre les mains du saisissant, jusqu'à concurrence ou en déduction de sa créance.

490. S'il y a contestation sur la déclaration du tiers-saisi, cette contestation sera portée devant le tribunal de son domicile.

491. S'il est établi que le tiers-saisi a dolosivement omis de faire sa déclaration, ou déclaré une somme inférieure à celle qu'il devait, ou dissimulé des pièces justificatives, il pourra être condamné au payement des causes de la saisie.

Quand le tiers saisi ne devra rien au saisi ou qu'il aura fait une déclaration qui n'a pas été contestée, la saisie-arrêt n'aura plus d'effet sur les sommes qui viendraient à être dues par lui six mois après la déclaration affirmative.

492. Le tiers-saisi qui aura fait une déclaration affirmative, ne pourra être contraint, par un nouveau créancier opposant, de la renouveler ; mais tant qu'il n'y aura pas jugement sur la déclaration, elle pourra être contestée par les nouveaux créanciers opposants.

SAISIE DE RENTES. *C. Proc.* 548. Le tiers-saisi qui, sur la sommation à lui faite, ne fera pas sa déclaration dans les termes de l'article 486 ci-dessus ou qui fera une fausse déclaration, ou qui ne fera pas les justifications nécessaires, pourra, suivant le cas, être condamné à des dommages-intérêts ou au payement des causes de la saisie.

553. Dans les quinze jours qui suivront la saisie, s'il n'y a pas lieu à la déclaration du tiers-saisi, ou dans la quinzaine de cette déclaration, si elle est faite et si elle n'est pas contestée, ou, enfin dans les quinze jours qui suivront l'époque ou le jugement qui statuera sur la déclaration ou le défaut de déclaration sera devenu définitif, le saisissant devra déposer au greffe du tribunal le cahier des charges de la vente.

V. AFFIRMATION.

DÉCLARATION DE COMMAND. SAISIE IMMOBILIÈRE. *C.Proc.* 658. Dans les trois jours qui suivront l'adjudication, l'adjudicataire peut se déclarer au greffe mandataire d'une personne déterminée, du consentement de cette personne et de la caution, auquel cas il sera dégagé, les garanties données valant pour le mandant.

DÉCLARATION DE FAILLITE. *C. Com. Chap.* III. Sect. I. DÉCLARATION DE FAILLITE (*art.* 202-241).

DISPOSITIONS GÉNÉRALES.

Procédure et formalités. 202. Tout commerçant qui cesse ses payements pour raison d'insolvabilité actuelle est en état de faillite, et doit être, par jugement, déclaré en état de faillite.

203. La déclaration de faillite peut être prononcée soit à la demande du débiteur, soit à la demande des créanciers, soit sur les réquisitions du ministère public, soit d'office.

204. La faillite est prononcée à la requête du débiteur, sur la seule déclaration au greffe du tribunal de son domicile, qu'il a cessé ses payements.

205. Tout failli sera tenu, dans les trois jours de la cessation de ses payements, de faire cette déclaration. Le jour de la cessation des payements sera compris dans les trois jours. En cas de faillite d'une société en nom collectif ou en commandite, la déclaration contiendra le nom et l'indication du domicile de chacun des associés solidaires.

208. La demande en déclaration de faillite par les créanciers est introduite par une requête au tribunal, déposée au greffe, où elle sera immédiatement enregistrée par extrait.

209. Cette requête doit contenir la preuve ou l'indication des faits desquels il résulte que le débiteur a en effet cessé ses payements.

210. Le président, sur la communication qui lui est faite de la requête par le greffier, fixe le jour d'audience le plus prochain où il sera statué par le tribunal, et fait citer le débiteur par une lettre du greffier remise à la maison de commerce.

211. Dans les cas urgents, le président peut ordonner l'apposition des scellés ou toute autre mesure conservatoire.

212. La demande en déclaration de faillite peut être introduite également dans les formes ordinaires des demandes en justice et même incidemment.

Il n'est statué sur la faillite demandée par le ministère public qu'après avis donné au débiteur par lettre du greffier du jour de l'audience.

213. Le tribunal et le ministère public pourront entendre le débiteur avant l'audience, ce qui aura toujours lieu si celui-ci le requiert.

214. L'avis pourra être donné à vingt-quatre heures, ou même d'heure à heure en cas d'extrême urgence.

215. La faillite sera demandée par le ministère public, ou prononcée d'office, sans avis et sans délai, si le débiteur est en fuite ou s'il détourne son actif.

216. En ce cas, les mesures conservatoires pourront être ordonnées par le juge.

217. La faillite du commerçant décédé pourra être demandée et prononcée, à la condition qu'il soit établi qu'il est mort en état de cessation de paiements et que la demande ait été introduite dans les six mois du décès.

218. L'avis ou la citation seront en ce cas remis à la maison mortuaire, sans qu'il soit besoin de désigner les héritiers.

Bilan. 206. La déclaration du failli devra être accompagnée du dépôt du bilan ou contenir l'indication des motifs qui empêcheraient le failli de le déposer.

207. Le bilan contiendra l'énumération et l'évaluation de tous les biens mobiliers et immobiliers du débiteur, l'état des dettes actives et passives, le tableau des profits et pertes, le tableau des dépenses ; il devra être certifié véritable, daté et signé par le débiteur.

Jugement déclaratif. 219. Le jugement qui prononcera la faillite d'un commerçant sera exécutoire provisoirement.

220. Le jugement qui prononcera la faillite déterminera, soit d'office, soit à la poursuite de toute partie intéressée, l'époque à laquelle a eu lieu la cessation des paiements. A défaut de détermination spéciale, la cessation des paiements sera réputée avoir eu lieu à partir du jugement déclaratif de la faillite.

221. L'époque de la cessation des paiements pourra être déterminée par jugement ultérieur, auquel cas toutes les parties intéressées seront appelées par un avis inséré dans deux des journaux indiqués pour les publications judiciaires au moins huit jours à l'avance, et par une affiche apposée au tableau des publications dans le tribunal.

222. Extrait des jugements rendus en vertu des deux articles précédents sera, par les syndics, publié dans deux journaux et affiché comme il est dit ci-dessus, tant au lieu où la faillite aura été déclarée, qu'à tous les lieux où le failli aura des établissements commerciaux.

223. Le tribunal civil, relativement à une contestation déterminée, et les tribunaux de répression, relativement à la prévention, pourront toujours reconnaître incidemment l'état de faillite et l'époque de la cessation des paiements, quand il n'y aura pas jugement du tribunal de commerce déclarant cette faillite ou fixant expressément le jour de la cessation des paiements.

Effets du jugement. 224. Le jugement déclaratif de la faillite emporte de plein droit, à partir de sa date, dessaisissement pour le failli de l'administration de tous ses biens, même de ceux qui pourront lui échoir tant qu'il est en état de faillite, et opère de plein droit le séparation entre la masse de la succession recueillie par le débiteur et la masse de la faillite.

225. A partir de ce jugement, toute action mobilière ou immobilière et toute voie d'exécution, tant sur les meubles que les immeubles, ne pourront être suivies ou intentées que contre les syndics. Toutefois, la vente sur saisie immobilière dont le jour aura été fixé et publié par affiche, sera faite sur l'autorisation du juge-commissaire, pour le compte de la masse, sauf l'exercice des privilèges et hypothèques.

226. Le tribunal de commerce, lorsqu'il le jugera convenable, pourra recevoir le failli partie intervenante dans l'instance intentée contre la faillite.

227. Les actions qui concernent exclusivement la personne du failli pourront toujours être intentées par lui ou contre lui.

228. Les créanciers ne peuvent intenter une action au nom du failli qu'à leurs frais et risques, et en appelant les syndics, au profit de qui la condamnation devra être prononcée s'il y a lieu.

229. Le jugement déclaratif de la faillite rend exigibles, à l'égard du failli, les dettes passives non échues. En cas de faillite du souscripteur d'un billet à ordre, de l'accepteur d'une lettre de change, ou du tireur à défaut d'acceptation, les autres obligés seront tenus de donner caution pour le paiement à l'échéance, s'ils n'aiment mieux payer immédiatement.

230. La faillite ne rend pas exigibles les loyers à échoir jusqu'à la fin du bail, pourvu que le droit de sous-louer ou de céder le droit au bail appartienne soit légalement, soit du consentement du bailleur à la masse des créanciers.

Si le failli n'avait ni le droit de sous-louer, ni celui de céder son bail, le tribunal prononcera la résiliation du bail et fixera l'époque à partir de laquelle la résiliation aura lieu, et le montant de l'indemnité. Les loyers et l'indemnité seront garantis sur les meubles garnissant les lieux.

231. Lorsqu'il s'agira d'une dette à plus d'une année d'échéance, le tribunal fixera le capital pour lequel le créancier sera admis à produire.

232. Il en sera de même pour les rentes viagères ou perpétuelles, et toutes les dettes payables par termes périodiques dont le dernier dépassera une année à partir du jour de la déclaration de faillite.

233. Le prorata de la dette conditionnelle sera payé sous caution ou déposé suivant le mode qui sera déterminé par le juge-commissaire.

234. Le jugement déclaratif de la faillite arrête, à l'égard de la masse seulement le cours des intérêts de toute créance non garantie par un privilège, par un nantissement ou par une hypothèque. Les intérêts des créances garanties ne pourront être

réclamés que sur les sommes provenant des biens affectés au privilège, à l'hypothèque ou au nantissement.

235. Sont nuls et sans effet, relativement à la masse, lorsqu'ils auront été faits par le débiteur depuis l'époque déterminée par le tribunal comme étant celle de la cessation de ses paiements ou dans les dix jours qui auront précédé cette époque, tous les actes translatifs de propriétés mobilières ou immobilières à titre gratuit, tout paiement, soit en espèces, soit par transport, vente, compensation ou autrement, pour dettes non échues.

236. Tous paiements faits par le débiteur pour dettes échues autrement qu'en espèces ou effets de commerce, et tous autres actes à titre onéreux présentant un avantage exceptionnel au profit de celui qui a traité avec le failli, et que ce dernier aura passé après la cessation de ses paiements, et avant le jugement déclaratif de la faillite, seront annulés, s'il est établi que ceux qui ont reçu les paiements ou avec lesquels le failli a contracté connaissaient le dérangement de ses affaires.

237. Il en sera de même de toute translation de propriété à titre gratuit consenti à toute époque si le failli connaissait à cette époque le mauvais état imminent de ses affaires, même si le donataire était de bonne foi, à moins qu'il ne s'agisse d'un don nuptial non exagéré.

238. Seront annulées également toutes opérations ou conventions quelconques à quelque époque qu'elles aient eu lieu, s'il est établi qu'elles ont été faites de la part des deux parties dans l'intention frauduleuse de porter un préjudice aux créanciers, et si ce préjudice a été effectivement porté.

239. Les droits d'hypothèque et de privilège valablement acquis, pourront être inscrits jusqu'au jour du jugement déclaratif de la faillite ; néanmoins, les inscriptions prises après l'époque de la cessation de paiement ou dans les dix jours qui précèdent, pourront être déclarées nulles, s'il s'est écoulé plus de quinze jours entre la date de l'acte constitutif de l'hypothèque ou du privilège, et celle de l'inscription. Ce délai sera augmenté du délai légal de distance entre le lieu où le droit de l'hypothèque aura été acquis et le lieu où l'inscription sera prise.

240. Dans le cas où une lettre de change aurait été payée par le débiteur après l'époque fixée comme étant celle de la cessation des paiements, et avant le jugement déclaratif de faillite, l'action en rapport ne pourra être intentée que contre celui pour compte duquel la lettre de change aura été fournie, ou, s'il s'agit d'un billet à ordre, contre le premier endosseur. Dans l'un et l'autre cas, la preuve que celui à qui on demande le rapport avait connaissance de la cessation des paiements à l'époque de l'émission du titre, devra être fournie.

241. Toutes voies d'exécution pour parvenir au paiement des loyers sur les effets mobiliers servant à l'exploitation de commerce

du failli, seront suspendues pendant trente jours, à partir du jugement déclaratif de faillite, sans préjudice de toutes mesures conservatoires, et du droit qui serait acquis au propriétaire de reprendre possession des lieux loués; dans ce dernier cas, la suspension des voies d'exécution établie au présent article cessera de plein droit.

DISPOSITION ADDITIONNELLE.

ACTION RÉSOLUTOIRE. *C. Civ.* 748. Le vendeur est déchu de l'action résolutoire s'il n'a pas transcrit avant le jugement de déclaration de faillite du détenteur. (V. DROITS RÉELS, *art.* 747.)

DÉCLARATION DE TRANSFERT. SOCIÉTÉ ANONYME. *C. Com.* 45. La propriété des actions peut être établie par une inscription sur les registres de la société. La cession s'opère par une déclaration de transfert signée sur les registres de la société par celui qui a fait le transfert et celui qui le reçoit, ou leurs fondés de pouvoirs, et dont mention sera faite par l'administration de la société en marge ou au dos du titre, s'il n'en est pas délivré un nouveau.

DÉCLINATOIRE. V. INCOMPÉTENCE.

DÉCONFITURE. *C. Civ.* 353. Si l'acheteur a diminué les sûretés par lui accordées pour le paiement du prix, ou s'il est dans un état de déconfiture qui rende imminente la perte du prix pour le vendeur, ce dernier pourra retenir la chose vendue, même si le terme stipulé pour le paiement n'est pas échu, à moins qu'il ne lui soit donné caution.

DÉCOUVERTE (de pièces décisives). APPEL. *C. Proc.* 403. Si la partie a été condamnée faute de représenter une pièce décisive retenue par son adversaire, le délai d'appel ne courra que du jour que la pièce aura été retrouvée, pourvu que, dans ce cas, il y ait preuve par écrit du jour où la pièce aura été retrouvée et non autrement.

REQUÊTE CIVILE. *C. Proc.* 424. Les parties pourront attaquer, par la voie de la requête civile, les jugements et arrêts en dernier ressort, contradictoires ou par défaut, pourvu que, dans ce dernier cas, les délais de l'opposition soient expirés, pour une ou plusieurs des causes ci-après spécifiée : 4° Si, depuis le jugement, la partie requérante a recouvré des pièces décisives retenues par le fait de la partie adverse.

426. Dans le 4° cas ci-dessus prévu, le délai sera suspendu jusqu'à ce que les pièces détournées aient été recouvrées, pourvu que, dans ce dernier cas, il y ait preuve par écrit et non autrement.

DÉFAUT. V. JUGEMENT PAR DÉFAUT.

DÉFAUT CONGÉ. *C. Proc.* 128. Si le demandeur ne comparaît pas, le défendeur aura le choix ou de demander l'annulation de la procédure, ou de faire statuer par défaut sur le fonds, à charge de faire signifier ses conclusions de défense au demandeur vingt-quatre heures, au moins, avant le prononcé du jugement.

DÉFAUT PROFIT JOINT. V. JUGEMENT PAR DÉFAUT PROFIT JOINT.

DÉFENDEURS. V. CO-DÉFENDEURS. DÉFENSE.

DÉFENSE. *C. Proc.* 52. Les juges, les membres du parquet, les officiers d'un tribunal ne pourront être mandataires pour plaider ou présenter la défense des parties, soit verbalement, soit par écrit, même à titre de consultation, quand bien même le procès se débattrait devant un autre tribunal que celui auquel ils sont attachés.

43. La veille au plus tard du jour où l'affaire doit être appelée, le demandeur ou le défendeur, s'il y a intérêt, fera inscrire l'affaire au greffe sur un rôle dressé à cet effet, et remettra au greffier l'original de l'assignation ou copie que le greffier collationnera en visant l'original.

53. Le défendeur devra conclure à l'appel de la cause, soit par écrit, soit verbalement, auquel cas le greffier prendra note de la conclusion.

54. Dans les affaires civiles qui ne seront pas d'une urgence absolue, le tribunal pourra accorder un délai au défendeur pour conclure.

61. Le défendeur aura la parole le dernier.

APPEL. *C. Proc.* 443 Il est facultatif aux parties de faire valoir des moyens nouveaux à l'appui de leur demande ou de leur défense.

MANDAT. *C. Civ.* 632. Il est nécessaire de justifier d'un mandat spécial ou de pouvoirs spéciaux énoncés dans une procuration générale pour défendre au fond en justice.

DÉFENSES D'EXÉCUTER. *C. Proc.* 445. La partie condamnée pourra, sans attendre le commandement, demander au Tribunal d'appel des défenses d'exécuter quand le jugement aura été mal à propos qualifié en dernier ressort, ou que l'exécution provisoire aura été ordonnée hors des cas prévus par la loi.

446. La contestation, en ce cas, sera portée devant le Tribunal supérieur par une citation à trois jours francs, et il sera statué d'urgence.

447. Le recours au Tribunal supérieur sera également ouvert, si celui qui a obtenu le jugement soutient qu'il a été mal à propos qualifié en premier ressort, ou qu'à tort l'exécution provisoire n'a pas été ordonnée ou n'a été ordonnée qu'à charge de donner caution.

455. Aucun recours contre les jugements n'arrêtera l'exécution,

s'il n'en est autrement ordonnée par la loi. V. EXÉCUTION DES JUGEMENTS.

DEFENSE VEXATOIRE. V. ACTION VEXATOIRE.

DÉGRADATIONS. V. DÉTÉRIORATIONS.

DEGRÉ DE PARENTÉ. V. PARENTÉ.

DÉLAI. LETTRE DE CHANGE. *C. Com.* 163. Les juges ne peuvent accorder aucun délai pour le paiement d'une lettre de change.

PRET DE CONSOMMATION. *C. Civ.* 579. S'il n'y a pas de délai stipulé, ou s'il a été convenu que l'emprunteur restituerait quand il pourrait, le juge fixe la date où la restitution devra avoir lieu.

VENTE. *C. Civ.* 406. L'acheteur est obligé au paiement du prix dans le délai convenu au contrat.

408. S'il est accordé un délai, le lieu du paiement est le domicile de l'acheteur.

414. Le tribunal peut, pour des motifs graves, accorder un délai modéré à l'acheteur pour le paiement de son prix, sauf à mettre la chose vendue sous séquestre s'il y a lieu.

415. Il ne pourra être accordé qu'un délai.

416. Lorsqu'il est stipulé que la vente sera résolue de plein droit, le Tribunal, faute de paiement du prix ne peut accorder un délai à l'acheteur, et la vente sera résolue si l'acheteur n'a pas payé le prix sur la sommation à lui faite, à moins que le contrat ne porte que la vente, en ce cas, sera résolue sans qu'il soit besoin de sommation.

VENTE A RÉMÉRÉ. *C. Civ.* 426. Le vendeur ne peut stipuler un délai de plus de deux années à partir de la vente pour l'exercice du droit de réméré; le délai est réduit à deux années s'il a été stipulé plus long.

427. Le délai fixé est de rigueur et emporte déchéance de plein droit, sans que, dans aucun cas, même dans celui de force majeure, le tribunal puisse relever de cette déchéance.

428. La prorogation du délai stipulé vaut revente conditionnelle au vendeur originaire par l'acheteur qui est censé avoir été propriétaire incommutable du jour de la vente primitive jusqu'au jour de la prorogation du délai. V. RÉMÉRÉ.

DÉLAI FRANC. V. BREF DÉLAI.

DÉLAI DE GRACE. LETTRE DE CHANGE. *C. Com.* 139. Tous délais de grâce, de faveur, d'usage ou d'habitude locale pour le paiement d'une lettre de change sont abrogés.

DÉLAI DE PROCÉDURE, *C. Proc.* 18. Quand un acte contiendra citation ou sommation avec indication d'un délai déterminé, le jour de la signification ne sera pas compris dans le calcul de ce délai.

19. Lorsque la loi fixe un délai, il sera augmenté d'un jour par quarante kilomètres de distance entre le domicile de la partie citée ou sommée et le lieu où elle doit se présenter ou se faire représenter.

Les fractions supérieures à vingt-cinq kilomètres augmenteront le délai d'un jour.

Ces délais seront diminués de moitié pour tout le parcours qui pourra se faire en chemin de fer.

20. Si le dernier jour du délai est un jour férié, le délai sera prorogé au lendemain.

21. Les délais pour les personnes domiciliées, soit en Turquie, soit à l'étranger, seront :

1° Pour la Turquie et les pays riverains de la Méditerranée, de 60 jours ;

2° Pour les autres pays d'Europe et pour les ports de mer de l'Orient, jusqu'à Yoko-Hama, de 180 jours.

3° Pour tous les autres pays de 360 jours.

22. Il n'y aura pas lieu à l'augmentation des délais à raison de la distance du domicile, si la partie à laquelle l'acte est signifié est présente en Egypte : on observera seulement les délais du lieu où elle aura sa résidence ou ceux du lieu où elle aura été trouvée, sauf au tribunal à accorder, s'il est nécessaire, de plus amples délais.

24. Les délais indiqués ci-dessus, seront observés, à peine de nullité.

DISPOSITIONS DIVERSES.

ASSIGNATION. V. CE MOT.

ARBITRAGE. *C. Proc.* 806. Les délais et formes suivis dans la procédure devant les arbitres seront les mêmes que ceux qui sont suivis devant les tribunaux, à moins qu'ils n'en soient expressément dispensés, et la sentence sera rendue d'après les règles de droit.

CONCLUSIONS. *C. Proc.* 54. Dans les affaires civiles qui ne sont pas d'une urgence absolue, le Tribunal pourra accorder un délai au défendeur pour conclure.

337. Lorsque les conclusions nouvelles ou reconventionnelles contiendront des chefs de demande qui n'auront pas encore été soulevés, le délai de distance sera observé si la partie adverse n'est pas présente, sauf au Tribunal, suivant les cas, à passer outre et à statuer sur les conclusions primitives, en réservant les droits des parties sur le surplus.

CONCORDAT. *C. Com.* 329. Le concordat sera, à peine de nullité, signé séance tenante. S'il est consenti seulement par la majorité de trois quarts en somme, la délibération sera remise à huitaine pour tous délais ; dans ce cas, les résolutions prises et les

DÉLAI DE PROCÉDURE. 235

adhésions données lors de la première assemblée demeureront sans effet. V. Concordat.

INSCRIPTION DE FAUX. *C. Proc.* 320. Dans la huitaine de l'inscription de faux, le demandeur devra signifier ses moyens de faux, avec citation à l'audience, à trois jours francs pour les faire admettre.

321. Passé le délai il pourra être déclaré déchu de son action en faux.

331. Lorsque l'instruction du faux sera achevée, la partie la plus diligente citera la partie adverse à trois jours francs devant le tribunal pour statuer sur le faux et ensuite, sans citation nouvelle, sur le fond de l'affaire.

RÉFÉRÉS. *C. Proc.* 137. Le délai de la citation sera d'un jour franc. V. Référés.

TIERS DÉTENTEUR. (*Offre*). *C. Civ.* 706. L'offre sera réputée avoir été acceptée si aucun des créanciers n'a fait, dans le délai de soixante jours à partir de la dernière notification, la déclaration de surenchères au greffe dans les formes indiquées au Code de procédure.

VÉRIFICATION DES CRÉANCES. *C. Com.* 297. Les créanciers qui, à l'époque du maintien ou du remplacement des syndics, en exécution de l'article 255 (V. Syndics), n'auront pas remis leurs titres, seront immédiatement avertis, par des insertions dans un journal, par une affiche au tableau des publications judiciaires, et par lettre du greffier, s'ils sont connus, qu'ils doivent se présenter en personne ou par fondés de pouvoirs, dans le délai de vingt jours, à partir desdites insertions, affiches et lettres, aux syndics de la faillite, et leur remettre leurs titres accompagnés d'un bordereau indicatif des sommes par eux réclamées, si mieux ils n'aiment en faire le dépôt au greffe du tribunal de commerce; il leur en sera donné récépissé. A l'égard des créanciers domiciliés hors du lieu où les affaires de la faillite sont jugées, ce délai sera augmenté des délais de distance entre le lieu où siège le tribunal et le domicile du créancier.

298. La vérification des créances commencera dans les trois jours de l'expiration des délais aux créanciers connus et domiciliés en Egypte. Elle sera continuée sans interruption. Elle se fera aux lieu, jour et heure indiqués par le juge-commissaire. L'avertissement aux créanciers, ordonné par l'article précédent, contiendra mention de cette indication.

VÉRIFICATION D'ÉCRITURE. *C. Proc.* 300. Copie de cette ordonnance (fixant la comparution des parties pour convenir des pièces de comparaison) sera signifiée à l'autre partie, avec sommation de comparaître, en observant un délai d'un jour franc.

V. Bref délai, Augmentation de délai, Prorogation de délai, Diminution de délai, Exception dilatoire. Instruction par écrit.

DÉLAISSEMENT (SUR HYPOTHÈQUE). —

TIERS DÉTENTEUR. *C. Civ.* 697. Si l'immeuble (hypothéqué au créancier) est entre les mains d'un tiers détenteur, le créancier ne peut procéder à la saisie qu'après sommation à ce dernier de payer la dette ou de délaisser l'immeuble, et après les délais indiqués au Code de procédure.

698. Le tiers détenteur a le choix, ou de payer la dette en se faisant subroger aux droits du créancier, ou d'offrir, pour payer les dettes, la somme à laquelle il évalue l'immeuble et qui ne peut être moindre que ce qui reste à payer sur le prix, ou de délaisser l'immeuble hypothéqué, ou enfin de subir les poursuites de saisie immobilière.

699. Le droit d'offrir une somme suffisante pour payer la dette et celui de délaisser subsistent jusqu'à l'adjudication sur saisie.

Le tiers détenteur doit offrir en outre les frais faits depuis et y compris la saisie, sauf son recours contre le débiteur et le précédent propriétaire.

700. Le droit d'offrir le montant de la valeur de l'immeuble ne subsiste que jusqu'à la saisie.

701. L'inscription à laquelle est subrogé le tiers détenteur qui a payé la dette doit être maintenue et renouvelée, s'il y a lieu, jusqu'à la radiation des inscriptions existant au moment de la transcription du titre d'acquisition de ce tiers détenteur.

702. Le tiers détenteur qui a offert le montant de la valeur qu'il attribue à l'immeuble n'est libéré en cette qualité que si l'offre est acceptée.

Il peut faire cette offre sans avoir reçu de mise en demeure.

703. L'évaluation doit être faite séparément pour chaque partie de l'immeuble qui est affectée d'une hypothèque spéciale.

704. L'offre n'est pas faite à deniers découverts, mais elle doit être faite d'une somme payable au comptant, quelle que soit l'époque d'exigibilité des créances inscrites.

705. Elle doit être faite à tous les créanciers inscrits au domicile élu dans leur inscription, et être accompagnée de la notification :

1° Du contrat d'acquisition avec indication du nom des parties contractantes, du prix stipulé et des charges s'il y a lieu, et de la situation précise de l'immeuble ;

2° De la date et du numéro de la transcription de cet acte ;

3° Du tableau des inscriptions existantes contenant la date de ces inscriptions, le montant des créances et le nom des créanciers.

706. L'offre sera réputée avoir été acceptée si aucun des créanciers n'a fait, dans le délai de soixante jours à partir de la dernière notification, la déclaration de surenchères au greffe dans les formes indiquées au Code de procédure.

Ces soixante jours seront augmentés des délais de distance entre le domicile réel du créancier et son domicile élu ; mais ces derniers délais ne pourront être supérieurs à soixante nouveaux jours.

707. La surenchère ne portera, pour chaque créancier, que sur la partie des biens affectés à sa créance.

708. Elle ne pourra être suivie de désistement que du consentement de tous les créanciers inscrits.

709. Le délaissement se fait par déclaration au greffe de la situation de l'immeuble.

710. La partie la plus diligente fera nommer par le juge des référés un sequestre sur lequel sera suivie la procédure d'expropriation forcée.

711. Le tiers détenteur sera nommé séquestre, s'il le demande.

712. Lorsque le tiers détenteur délaisse ou subit l'expropriation, il doit la restitution des fruits depuis la mise en demeure à lui faite de payer ou de délaisser, à moins de péremption, qui a lieu de plein droit au bout de trois ans.

713. Les frais et loyaux coûts qu'il a faits sont compris dans les charges de l'adjudication.

714. L'adjudicataire doit lui payer, en déduction de son prix, le montant des dépenses utiles.

715. Il doit compte personnellement aux créanciers des détériorations survenues par son fait ou sa négligence.

716. Les servitudes et droits réels qu'il avait sur l'immeuble avant son acquisition renaîtront; il en sera de même de l'hypothèque, dont le rang toutefois ne sera conservé que si l'inscription n'a été ni périmée ni radiée.

717. Si le prix de l'adjudication dépasse le montant de ce qui est dû aux créanciers inscrits, les créanciers personnels du tiers détenteur auxquels il aura consenti des hypothèques, seront payés sur ce prix, après ceux qui tiennent leurs droits des précédents propriétaires.

718. Le tiers détenteur qui a été exproprié, ou qui a délaissé, a une action en garantie contre le précédent propriétaire, si l'acquisition a eu lieu à titre onéreux; il a en tous cas un recours en restitution des sommes déboursées par lui, à quelque titre que ce soit, contre le débiteur principal.

719. Il a recours également contre le débiteur pour les sommes payées, à quelque titre que ce soit, au delà de la somme mise à sa charge par son contrat d'acquisition, s'il a conservé l'immeuble, ou en est devenu adjudicataire.

720. L'adjudicataire, par suite de vente judiciaire, n'aura pas le droit de délaisser. Il sera contraint de payer aux créanciers inscrits le prix de son adjudication, et rien au-delà, sauf les règles tracées par le Code de procédure pour la surenchère.

DÉLAISSEMENT MARITIME.

1° DU DÉLAISSEMENT EN GÉNÉRAL.

C. Marit 30. Tout propriétaire de navire est civilement responsable des faits du capitaine, c'est-à-dire qu'il est obligé de payer les dommages provenant des faits et gestes du capitaine et tenu des engagements contractés par ce dernier pour ce qui est relatif au navire et à l'expédition.

Il peut, dans tous les cas, s'affranchir des obligations ci-dessus par l'abandon du navire et du fret, si elles n'ont été contractées expressément par son ordre spécial. Toutefois la faculté de faire abandon n'est point accordée à celui qui est, en même temps, capitaine et propriétaire ou co-propriétaire du navire.

Lorsque le capitaine ne sera que co-propriétaire, il ne sera personnellement responsable des engagements contractés par lui, pour ce qui est relatif au navire et à l'expédition, que dans la proportion de son intérêt.

131. Le chargeur ne peut abandonner pour le fret, les marchandises diminuées de prix, ou détériorées par leur vice propre ou par cas fortuit. Si toutefois des futailles contenant vin, huile, miel et autres liquides, ont tellement coulé qu'elles soient vides, lesdites futailles pourront être abandonnées pour le fret.

2° DU DÉLAISSEMENT APRÈS ASSURANCE.

C. Marit. Titre XI, Section III (art. 211-234).

211. Le délaissement des objets assurés peut être fait : en cas de naufrage, d'échouement avec bris, d'innavigabilité par fortune de mer ; en cas de prise par l'ennemi ou par des pirates, ou d'arrêt par une puissance étrangère ; en cas d'arrêt par le gouvernement ottoman, après le commencement du voyage ; en cas de perte ou détérioration des objets assurés, si la perte ou la détérioration s'élève au moins aux trois quarts de leur valeur assurée.

Toutefois le délaissement ne peut jamais être fait tant pour le navire que pour les marchandises, avant les risques commencés, conformément à l'article 68.

Tous autres dommages sont réputés avaries et se règlent entre les assureurs et les assurés à raison de leurs intérêts.

212. Le délaissement des objets assurés ne peut être partiel, ni conditionnel. Il ne s'étend qu'aux effets et à la quantité d'effets qui sont l'objet de l'assurance et du risque.

213. Le délaissement doit être fait aux assureurs dans le terme de six mois, d'une ou deux années suivant les lieux ci-dessous désignés, savoir : dans le terme de six mois à partir du jour de la réception de la nouvelle de la perte arrivée aux ports ou côtes de l'Europe, ou sur celles d'Asie et d'Afrique dans la mer Noire ou la Méditerranée, ou bien, en cas de prise, du jour de la récep-

tion de la nouvelle de la conduite du navire dans l'un des ports ou lieux situés aux côtes ci-dessus mentionnées.

Dans le délai d'un an après la réception de la nouvelle de la perte arrivée, ou de la conduite du navire, aux îles Açores, Canaries, Madère et autres îles et côtes occidentales d'Afrique et orientales d'Amérique. Dans le délai de deux ans après la nouvelle des pertes arrivées ou des prises conduites dans toutes les autres parties du monde.

Et ces délais passés, les assurés ne seront plus recevables à faire le délaissement.

214. Dans le cas où le délaissement peut être fait et dans le cas de tous autres accidents aux risques des assureurs, l'assuré est tenu de signifier à l'assureur les avis qu'il a reçus.

La signification doit être faite dans les trois jours de la réception de l'avis.

215. L'assuré peut encore faire le délaissement à l'assureur, et demander le paiement des indemnités convenues sans être tenu de prouver la perte du navire ou de son chargement, si, depuis le jour du départ du navire, ou le jour auquel se rapportent les dernières nouvelles reçues, il s'est écoulé les délais suivants, sans qu'on n'en ait reçu aucune nouvelle :

Six mois pour les voyages faits de la Turquie vers les ports ou côtes de l'Europe, ou vers ceux d'Asie ou d'Afrique, et réciproquement dans la mer Noire ou la Méditerranée.

Un an pour les voyages faits de la Turquie vers les îles Açores, Canaries, Madère et autres îles et côtes occidentales d'Afrique et orientales d'Amérique et *vice versa*.

Dix-huit mois pour les voyages faits de la Turquie, vers les autres parties lointaines du monde et réciproquement.

En cas de voyage entre des ports situés tous les deux hors de l'empire, le délai sera réglé d'après la distance des ports qui se rapprochera davantage des dispositions ci-dessus.

Dans tous ces cas pour que l'assuré puisse agir en délaissement, il suffit qu'il déclare sous serment n'avoir reçu aucune nouvelle directe ou indirecte du navire assuré ou de celui à bord duquel les marchandises assurées sont chargées, sauf la preuve contraire ; mais il n'aura après l'expiration des délais susmentionnés, pour actionner l'assureur que les délais prescrits en l'art. 213.

Dans les cas d'une assurance pour temps limité, après l'expiration des délais établis en l'article précédent, la perte du navire est présumée arrivée dans le temps de l'assurance.

S'il est prouvé cependant par la suite que la perte a eu lieu hors le temps de l'assurance, le délaissement cesse d'avoir son effet, et l'indemnité payée devra être restituée avec les intérêts légaux.

216. L'assuré peut, par la signification mentionnée en l'art. 214, ou faire le délaissement avec sommation à l'assureur de payer

la somme assurée dans le délai fixée par le contrat ; ou se réserver de faire le délaissement dans les délais fixés par la loi.

217. L'assuré est tenu en faisant le délaissement de déclarer toutes les assurances qu'il a faites ou fait faire, même celles qu'il a ordonnées, et l'argent qu'il a pris à la grosse, soit sur le navire, soit sur les marchandises ; faute de quoi le délai de paiement, qui doit commencer à courir du jour du délaissement, sera suspendu jusqu'au jour où il fera notifier la dite déclaration, sans qu'il en résulte aucune prorogation du délai établi pour former l'action en délaissement.

218. En cas de déclaration frauduleuse, l'assuré est privé des effets de l'assurance, il est tenu de payer les sommes empruntées, nonobstant la perte ou la prise du navire.

219. En cas de naufrage ou d'échouement avec bris, l'assuré doit, sans préjudice du délaissement à faire en temps et lieu, travailler au recouvrement des effets naufragés.

Sur son affirmation assermentée, les frais de recouvrement lui sont alloués jusqu'à concurrence de la valeur des effets recouvrés.

220. Si l'époque du paiement n'est point fixée par le contrat, l'assureur est tenu de payer le montant de l'assurance et des frais trois mois après la signification du délaissement, après ce délai il doit l'intérêt légal.

Les effets délaissés sont affectés au paiement de la somme assurée.

221. Les actes justificatifs du chargement et de la perte sont signifiés à l'assureur avant qu'il puisse être poursuivi pour le paiement des sommes assurées.

222. L'assureur est admis à la preuve des faits contraires à ceux qui sont consignés dans les attestations.

L'admission à la preuve ne suspend pas les condamnations de l'assurance au paiement provisoire de la somme assurée, à la charge par l'assuré de donner caution.

L'engagement de la caution est éteint après quatre années révolues, s'il n'y avait pas eu de poursuite.

223. Le délaissement signifié et accepté ou jugé valable, les effets assurés appartiennent à l'assureur à partir de l'époque du délaissement.

L'assureur ne peut, sous prétexte du retour du navire ou des marchandises après le délaissement, se dispenser de payer la somme assurée.

224. Le frêt des marchandises sauvées, quand même il aurait été payé d'avance, fait partie du délaissement du navire, et appartient également à l'assureur, sans préjudice des droits des prêteurs à la grosse, de ceux des matelots pour leurs loyers, et des frais et dépenses pendant le voyage.

225. En cas de prise ou d'arrêt de la part d'une puissance,

l'assuré est tenu de faire la signification, à l'assureur dans les trois jours de la réception de la nouvelle.

Le délaissement des objets arrêtés ne peut être fait qu'après un délai de six mois de la signification, si l'arrêt a eu lieu dans les mers de l'Europe, dans la Méditerrannée ou la Baltique; qu'après le délai d'un an si la prise ou l'arrêt a eu lieu en pays plus éloigné. Ces délais ne courent que du jour de la signification de la prise ou de l'arrêt.

Dans le cas où les marchandises arrêtées seraient périssables, les délais ci-dessus mentionnés sont réduits à un mois et demi pour le premier cas, et à trois mois pour le second cas.

226. Pendant les délais portés par l'article précédent, les assurés sont tenus de faire toutes diligences qui peuvent dépendre d'eux, à l'effet d'obtenir la main levée des effets arrêtés.

Pourront de leur côté, les assureurs, ou de concert avec les assurés ou séparément, faire toutes démarches à même fin.

227. Le délaissement à titre d'innavigabilité ne peut être fait, si le navire, ayant touché ou échoué, peut être relevé, réparé, et mis en état de continuer sa route pour le lieu de sa destination, à moins que les frais de la réparation n'excèdent les trois quarts de la valeur pour laquelle il a été assuré.

Dans le cas de réparation, l'assuré conserve son recours sur les assureurs, pour les frais et avaries occasionnés par l'échouement.

228. Si le navire a été par des experts déclaré innavigable, l'assuré sur le chargement est tenu d'en faire la notification dans le délai de trois jours de la réception de la nouvelle.

229. Dans ce cas, le capitaine est tenu de faire toutes diligences pour se procurer un autre navire à l'effet de transporter les marchandises au lieu de leur destination.

230. Dans le cas prévu par l'article précédent, l'assureur court également les risques des marchandises chargées sur un autre navire, jusqu'à leur arrivée et leur déchargement.

231. Dans le même cas, l'assureur est tenu, en outre, des avaries, frais de déchargement, magasinage, rembarquement, de l'excédent du frêt, et de tous autres frais qui auront été faits pour sauver les marchandises, jusqu'à concurrence de la somme assurée.

232. Si, dans les délais prescrits par l'article 225, le capitaine n'a pu trouver de navire pour recharger les marchandises et les conduire au lieu de leur destination, l'assuré peut en faire le délaissement dans les temps déterminés par l'article 213, à partir du jour où le délai pour faire charger les marchandises est expiré.

233. En cas de prise, si l'assuré n'a pu en donner avis à l'assureur, il peut racheter les effets sans attendre son ordre. L'assuré est tenu de signifier à l'assureur la composition qu'il aura faite, aussitôt qu'il en aura les moyens.

234. Dans ce cas, l'assureur a le choix de prendre la composition à son compte, ou d'y renoncer ; il est tenu de notifier son choix à l'assuré dans les vingt-quatre heures qui suivent la signification de la composition.

S'il déclare prendre la composition à son profit, il est tenu de contribuer, sans délai, au payement du rachat dans les termes de la convention, et pour la part proportionnelle qui revient aux objets par lui assurés, et il continue de courir les risques du voyage conformément au contrat d'assurance.

S'il déclare renoncer à son profit de la composition, il est tenu au payement de la somme assurée sans pouvoir prétendre aux effets rachetés.

Lorsque l'assureur n'a pas notifié son choix dans le délai susdit, il est censé avoir renoncé au profit de la composition.

DISPOSITION ADDITIONNELLE

PRESCRIPTION. *C. Marit.* 268. L'action en délaissement est prescrite dans les délais exprimés par l'article 217.

DÉLIBÉRÉS. *C. Proc.* 87. Les jugements seront délibérés, rédigés par écrit et prononcés sur-le-champ.

88. Néanmoins les juges pourront se retirer à la Chambre du conseil, pour y délibérer.

R. G. J. 110. Les délibérations en matière civile et commerciale sont prises par les votants seuls.

111. Celui qui préside aux délibérations formule les questions sur lesquelles le tribunal doit délibérer.

Tout juge peut demander la mise aux voix d'une question déterminée ; si le président n'adhère point, le Tribunal ou la Cour se prononce.

C. Proc. 91. Le Tribunal ne pourra entendre une partie ou son mandataire, dans ses explications à la Chambre du conseil, sans appeler l'autre partie contradictoirement.

92. Il ne devra être reçu, pendant le délibéré, ni vote, ni mémoire, ni pièces, sans une communication préalable à l'adversaire.

93. Après la délibération, les avis seront recueillis par le président, en commençant par le juge le plus jeune, le président donnera sa voix le dernier.

R. G. J. 112. Aucun juge ne peut être interrompu au moment où il exprime son vote.

Le président a seulement le droit de rappeler à la question le juge qui s'en écarte.

Aucun des votants ne peut manifester son opinion avant son tour.

C. Proc. 94. Les jugements seront rendus à la pluralité des voix.

95. Le nombre des juges, y compris le président, devra être impair, l'avis du moins ancien ne sera pas compté, s'il y a partage (V. Régl. organ. Jud. T. I, art. 2, etc.) (1).

96. S'il se forme plus de deux opinions, les juges les plus faibles en nombre, ou le groupe dont fera partie le juge le moins ancien, seront tenus de se réunir à l'une des deux opinions qui auront été émises par le plus grand nombre.

97. Toutefois, il ne seront tenus de s'y réunir qu'après que les voix auront été recueillies une seconde fois.

R. G. J. 109. En cas de partage des voix, à la Cour d'appel, l'opinion qui prévaut est celle à laquelle concourt le plus grand nombre de juges étrangers.

C. Proc. 98. Les juges appelés à délibérer doivent tous avoir assisté à l'audience où les conclusions ont été prises et développées, à peine de nullité.

99. Ils doivent être présents à la lecture du jugement, qui devra être lu en audience publique.

100. Toutefois, en cas d'empêchement absolu, il suffira qu'ils aient signé la minute du jugement avant la lecture.

DÉLIT. TRANSACTION. *C. Civ.* 654. On peut transiger sur les intérêts pécuniaires qui sont la conséquence née d'une question d'Etat ou d'un délit.

DÉLIT D'AUDIENCE. V. AUDIENCE.

DÉLIVRANCE. *C. Civ.* 68. La propriété des meubles s'acquiert par la délivrance en vertu d'un juste titre, bien que celui qui le livre ne soit pas propriétaire, pourvu que celui qui reçoit soit de bonne foi, et sauf le droit de revendication du véritable propriétaire, en cas de perte ou de vol.

336. La vente légalement conclue a pour effet : 2° d'obliger le vendeur à délivrer la chose vendue et à en garantir la propriété paisible à l'acquéreur.

DE LA DÉLIVRANCE EN MATIÈRE DE VENTE.

C. Civ. Titre III. Chap. I. Sect. IV. (Art. 342-373).

342. La délivrance consiste dans la mise de la chose vendue à la disposition de l'acheteur, de façon à ce qu'il en puisse prendre possession et en jouir sans obstacle.

L'obligation de délivrer est remplie par la mise à la disposition de l'acheteur qui a connu la mise à sa disposition, quand même ce dernier n'aurait pas fait la livraison.

---

(1) Cet article se trouve abrogé par l'art. 3 du Règl. d'organ. jud. (V. Tribunaux mixtes.)

343. La délivrance s'opère conformément à la nature des choses vendues.

Ainsi la délivrance d'un immeuble peut avoir lieu par la remise des clefs, s'il s'agit d'une maison, et par la remise des titres, s'il s'agit d'un immeuble quelconque, lorsqu'aucun obstacle ne s'oppose du reste à la prise de possession.

A l'égard des meubles elle peut s'opérer par la tradition réelle ou la remise des clefs du magasin qui les contient.

Elle peut avoir lieu par la simple volonté des parties, quand l'acheteur détenait à un autre titre la chose vendue.

344. La délivrance des droits incorporels se fait par la remise des titres ou par l'autorisation donnée par le vendeur à l'acheteur d'en faire usage, quand rien ne s'oppose à cet usage.

345. La prise de possession sans l'autorisation du vendeur n'est pas valable, quand le prix échu n'a pas été payé ; dans ce cas le vendeur a le droit de rentrer en possession.

Toutefois, si la chose vendue périt entre les mains de l'acheteur la perte sera pour son compte.

346. La chose vendue doit, à moins de stipulation contraire, être délivrée au lieu où elle se trouvait au moment de la vente.

347. Si la convention de vente indique comme lieu de la situation de la chose vendue un lieu autre que celui auquel elle se trouvait, cette indication vaudra, pour le vendeur, obligation de transporter la chose au lieu indiqué, si l'acheteur l'exige.

Dans le cas où le transport serait impossible, ou s'il amenait un retard préjudiciable pour l'acheteur, ce dernier aurait le droit de résilier la vente avec dommages-intérêts si le vendeur n'était pas de bonne foi.

348. La délivrance doit avoir lieu à l'époque fixée par le contrat ; s'il n'a rien été convenu à cet égard, la livraison doit avoir lieu au moment de la vente, sauf les termes établis par l'usage.

349. En cas de retard dans la livraison, après une mise en demeure, l'acheteur aura le droit de résilier la vente ou d'exiger sa mise en possession avec dommages-intérêts dans les deux cas, s'il y a préjudice et si le retard provient du fait de vendeur.

350. Le vendeur a le droit de retenir la chose vendue jusqu'au payement du prix stipulé, payable comptant, en tout ou en partie, à moins qu'il n'ait accordé depuis la vente un terme non encore échu, et quand bien même l'acheteur offrirait un gage ou une caution.

351. Le vendeur non payé du prix échu n'a pas le droit de reprendre la chose vendue qu'il a délivrée volontairement à l'acheteur, sauf le droit de faire résilier le contrat pour inexécution.

352. Il ne peut refuser la délivrance quand il a donné une assignation sur l'acheteur, pour le montant de tout ou partie du prix.

DÉLIVRANCE.

353. Si l'acheteur a diminué les sûretés par lui accordées pour le payement du prix, ou s'il est dans un état de déconfiture qui rende imminente la perte du prix pour le vendeur, ce dernier pourra retenir la chose vendue, même si le terme stipulé pour le payement n'est pas échu, à moins qu'il ne lui soit donné caution.

354. En cas de faillite de l'acheteur, le droit de rétention ou de revendication s'exerce conformément aux règles du Code de commerce.

355. Les frais de délivrance, comme le transport au lieu de la livraison, les frais de mesurage et de pesage, etc., sont à la charge du vendeur.

356. Les frais d'enlèvement et ceux de payement sont à la charge de l'acheteur.
Il en est de même des frais d'acte ;
Sauf, dans tous ces cas, les usages de commerce.

357. La délivrance doit comprendre la chose vendue et tout ce qui doit être considéré comme ses accessoires nécessaires, d'après la nature des choses et l'intention des parties.

358. Dans le silence des conventions, et sauf l'usage des lieux, on suivra les règles ci-après, dans les cas qui vont être déterminés.

359. La vente d'une vache laitière comprend le veau qu'elle allaite.

360. La vente d'un jardin comprend les arbres qui y sont plantés, mais elle ne comprend pas les fruits arrivés à maturité, ni les arbustes en pot ou en pépinière.

361. La vente d'un terrain ne comprend pas les récoltes.

362. La vente d'une maison comprend les choses fixées et attachées à cette maison et non les meubles qui peuvent être enlevés sans détérioration.
Il sera, au surplus, en cette matière, suivi l'usage du pays.

363. Le vendeur doit livrer la quantité, le poids ou la contenance qui sont indiqués au contrat comme étant ceux de la chose vendue.

364. Dans la vente en bloc des choses qui peuvent se remplacer, si la quantité est spécifiée, et le prix indiqué à tant l'unité, et que la quantité réelle soit inférieure, l'acheteur a le droit d'opter pour la résiliation de la vente ou pour son maintien en payant un prix diminué proportionnellement.

365. S'il y a un excédant sur la mesure indiquée, cet excédant appartient au vendeur.

366. Dans la vente des choses qui se comptent à la mesure ou au poids et qui ne peuvent se diviser sans préjudice, si cette vente a eu lieu avec indication d'une mesure exacte et du prix de l'unité de mesure, l'acheteur a le droit de résilier la vente ou de

prendre la chose vendue en entier, en maintenant la vente et en payant un prix proportionnel à la mesure réelle.

Si, dans le même cas, le prix a été indiqué en bloc, l'acheteur a l'option ou de résilier la vente ou de prendre la chose vendue au prix stipulé.

367. Dans les cas prévus par les articles précédents, la résiliation n'est permise à l'acheteur que si l'erreur est de plus d'un vingtième calculé sur le prix indiqué.

368. Quand il y a lieu à résiliation, le vendeur doit restituer avec le prix, s'il l'a touché, les frais du contrat et les dépenses légitimement faites par l'acheteur.

369. La prise de possession de la chose vendue sans réserves expresses de la part de l'acheteur, s'il connaît l'erreur et la disposition de l'objet vendu par hypothèque ou autrement, le fait déchoir du droit d'opter pour la résiliation.

370. L'action en résiliation ou en diminution de prix, ainsi que le droit du vendeur de demander un supplément de prix, s'il y a lieu, se prescrivent par une année à partir du contrat.

371. Si la chose vendue périt avant la livraison, même sans la faute ou la négligence du vendeur, la vente sera résolue et le prix restitué, s'il y a lieu, à moins que l'acheteur n'ait été mis en demeure de prendre livraison par une sommation ou tout autre acte équivalent ou par la convention même.

372. Si la chose diminue de valeur par détérioration, de telle sorte que la vente n'aurait pas eu lieu si cette diminution était survenue avant le contrat, l'acheteur qui n'aura pas pris livraison, aura le choix de résilier ou de maintenir la vente au prix convenu, à moins qu'il n'ait consenti hypothèque.

373. Si dans les deux cas qui précèdent, la perte ou la diminution de valeur est imputable à l'acheteur, le prix sera dû en entier; si elle est imputable au vendeur, il sera tenu à indemnité si l'acheteur résilie la vente, et à diminution de prix, s'il la maintient.

DISPOSITIONS ADDITIONNELLES.

DONATION. *C. Civ.* 71. En matière de meubles, la donation est parfaite, sans qu'il y ait besoin d'acte authentique, s'il y a délivrance effective et prise de possession.

FAILLITE. (*Revendication*). *C. Com.* 398. Pourront être revendiquées, quand le prix n'en aura pas été intégralement payé, les marchandises expédiées au failli, tant que la tradition n'en aura pas été effectuée dans ses magasins, ou dans ceux du commissionnaire chargé de les vendre pour le compte du failli, même si le prix a été réglé en valeur ou en compte-courant.

402. Pourront être retenues par le vendeur les marchandises par lui vendues, qui ne seront pas délivrées au failli, ou qui n'au-

ront pas encore été expédiées, soit à lui, soit à un tiers pour son compte.

403. Dans le cas prévu par les articles 398 et suivants, et sous l'autorisation du juge-commissaire, les syndics auront la faculté d'exiger la livraison des marchandises, en payant au vendeur le prix convenu entre lui et le failli.

OBLIGATIONS. (*Exécution*). *C. Civ.* 238. Lorsqu'il s'agit de l'exécution qui consiste en un payement ou une livraison de meubles, le débiteur se libère en faisant des offres conformément aux règles du Code de Procédure.

239. Il se libère de l'obligation de délivrer un immeuble en faisant nommer un séquestre judiciaire par une sentence contradictoire ou à laquelle le créancier a été appelé.

VENTE. (*Paiement*). *C. Civ.* 407. A défaut de stipulation expresse, le prix est payable comptant, et au lieu de la délivrance.

418. En matière de vente de marchandises et d'effets mobiliers, quand un terme est convenu pour le payement du prix et pour la prise de livraison, la vente est résolue de plein droit, si le prix n'est pas payé aux termes fixés et sans qu'il soit besoin de sommation.

DÉLIVRANCE D'EXPÉDITIONS. V EXPÉDITIONS D'ACTES.

DEMANDES INCIDENTES, RECONVENTIONNELLES.

C. Proc. Chap. X. Sect. IV. DES DEMANDES INCIDENTES, RECONVENTIONNELLES ET DE L'INTERVENTION (*art.* 334-337).

Demandes incidentes, reconventionnelles.

334. Les demandes incidentes qui sont élevées dans le cours de l'instruction sont déférées au Tribunal, soit par une citation à trois jours, soit par un renvoi à l'audience par le juge commis, soit par conclusions posées suivant les cas et jugées autant que possible sommairement et d'urgence.

335. La demande incidente introduite par le demandeur, en augmentant ou modifiant ses conclusions au fond, et la demande reconventionnelle du défendeur seront jointes à la demande principale et jugées sur le fond en même temps, s'il y a lieu.

336. Lorsqu'une partie fera défaut ou qu'ayant conclu au fond, elle ne sera pas présente ou représentée, la présente ne pourra prendre des conclusions nouvelles où modifier ses conclusions ou les augmenter qu'à la charge de signifier à l'autre partie, trois jours avant l'audience, ses conclusions nouvelles, modifiées ou augmentées.

337. Lorsque les conclusions nouvelles ou reconventionnelles contiendront des chefs de demande qui n'auront pas encore été soulevés, le délai de distance sera observé si la partie adverse

n'est pas présente, sauf au Tribunal, suivant les cas, à passer outre et à statuer sur les conclusions primitives, en réservant les droits des parties sur le surplus.

Intervention. 338. Les tiers auxquels le jugement à intervenir pourraient préjudicier, pourront intervenir dans une instance engagée, en tout état de cause, par une citation ou par conclusions prises à l'audience, mais sans retard, pour le jugement de l'affaire principale.

339. Si le droit d'intervenir est contesté, il sera statué d'urgence sur cette contestation. V. INTERVENTION.

DISPOSITIONS ADDITIONNELLES

APPEL. *C. Proc.* 393. S'il est introduit une demande reconventionnelle ou en compensation, le taux sera déterminé par celle des demandes qui sera la plus élevée.

EXCEPTIONS. *C. Proc.* 148. Les exceptions pour incompétence autres que l'incompétence à raison de la matière du litige, et les demandes de renvoi pour connexité ou litispendance, doivent être proposées avant toutes autres exceptions et toutes conclusions signifiées ou déposées sur le fond de la demande principale, incidente ou reconventionnelle contre laquelle le déclinatoire est proposé.

165. Lorsqu'une demande reconventionnelle sera intentée, la partie aura le droit de demander un délai de trois jours pour répondre à la demande reconventionnelle.

FAILLITE. *C. Com.* 212. La demande en déclaration de faillite peut être introduite également dans les formes ordinaires des demandes en justice et même incidemment.

OFFRES RÉELLES. *C. Proc.* 783. La demande en validité ou en nullité d'offres pourra être introduite par action principale ou incidente.

RENONCIATION *C. Proc.* 349. La renonciation à l'instance ne peut être refusée par le défendeur, à moins que ce dernier n'ait fait joindre à l'affaire principale une demande reconventionnelle.

TIERCE OPPOSITION. *C. Proc.* 420. La tierce opposition pourra être formée incidemment dans une instance principale par conclusions signifiées et posées à l'audience du tribunal, à moins que ce tribunal ne soit incompétent à raison de la nature de l'affaire ou qu'il ne soit inférieur à celui qui a rendu le jugement attaqué, auquel cas la tierce opposition ne pourra être formée que par voie principale devant le tribunal qui a rendu le jugement.

DEMANDE JUDICIAIRE. ARBITRAGE. *C. Proc.* 816. Les parties pourront demander la nullité de la sentence en s'opposant à l'ordonnance d'exécution dans les cas suivants :
4° S'il a été prononcé sur des choses non demandées.

INTÉRÊTS. *C. Civ.* 182. Quand l'objet de l'obligation consiste en une somme d'argent, les intérêts sont dus, mais seulement du jour de la demande en justice, si la convention, l'usage commercial ou la loi, dans des cas particuliers, n'y a dérogé.

LETTRE DE CHANGE. *C. Com.* 195. L'intérêt des frais du protêt, rechange et autres frais légitimes n'est dû qu'à compter du jour de la demande en justice.

REQUÊTE CIVILE. *C. Proc.* 424. Les parties pourront attaquer par la voie de la requête civile, les jugements et arrêts en dernier ressort, contradictoires ou par défaut, pourvu que, dans ce dernier cas, les délais de l'opposition soient expirés, pour une ou plusieurs des causes ci-après spécifiées :

1° S'il a été omis de statuer sur l'un des chefs de la demande;

5° S'il a été statué sur des choses non demandées.

DEMANDE NOUVELLE. APPEL. *C. Proc.* 412. Il ne pourra être introduit devant la Cour aucune demande nouvelle.

Toutefois, la demande pourra être augmentée du montant des loyers, intérêts, arrérages et autres accessoires échus depuis les conclusions prises en première instance et des dommages-intérêts aggravés depuis le jugement.

DEMANDE EN NULLITÉ. V. NULLITÉS.

DEMEURE. V. MISE EN DEMEURE. — PÉRIL EN DEMEURE.

DÉNÉGATION D'ÉCRITURES. *C. Civ.* 292. Les écrits sous seing privé font la même preuve, (jusqu'à inscription de faux), entre les parties, tant que l'écriture ou la signature n'en est pas déniée.

C. Proc. 293. En cas de dénégation, ou si, dans le cours d'une instance, l'écriture, la signature ou le cachet d'un titre sous seing privé, de la sincérité duquel dépend la solution de l'affaire, viennent à être déniés, le tribunal ordonnera la vérification.

313. Lorsqu'une pièce déniée aura été reconnue vraie en totalité celui qui l'aura déniée sera, sur la réquisition du ministère public, condamné à 400 P. T. d'amende. V. VÉRIFICATION D'ÉCRITURES.

DÉNI DE JUSTICE. PRISE A PARTIE. *C. Proc.* 746. La prise à partie contre les juges sera admise : 1° Quand il y aura déni de justice.

747. Le déni de justice existe, quand le juge refuse de répondre à une requête ou de juger une affaire en état et à son tour de rôle.

748. Il se constate par deux sommations infructueuses répétées à vingt-quatre heures d'intervalle, quand il s'agit d'une requête, et à huit jours d'intervalle, quand il s'agit de jugement.

749. Vingt-quatre heures dans le premier cas et huit jours dans le second cas, après la deuxième sommation, la prise à partie peut être introduite. V. PRISE A PARTIE.

DENIERS PUBLICS. *C. Com.* 8. Les billets souscrits par un commerçant ou entrepreneur d'administration de deniers publics seront censés faits pour son commerce, lorsqu'une autre cause n'y sera pas énoncée.

DÉNONCIATION DE SAISIE.

1° SAISIE-ARRÊT.

C. Proc. 479. S'il n'est pas fait un seul acte pour la signification de la saisie-arrêt au saisi et au tiers saisi, l'acte de saisie-arrêt sera dénoncé dans la huitaine au saisi : si le saisissant n'agit pas en vertu d'un titre exécutoire, l'acte de dénonciation contiendra une assignation en validité, et l'acte de dénonciation sera contre dénoncé au saisi, dans un nouveau délai de huitaine, le tout outre les délais de distance.

480. Le défaut de dénonciation de la saisie dans la huitaine quand elle est ordonnée, rend la saisie nulle de plein droit.

481. Après le délai de huitaine de la dénonciation et tant qu'il n'y a pas contre-dénonciation, si elle est obligatoire, le tiers-saisi peut payer valablement malgré la saisie.

OPPOSITION. *C. Proc.* 378. L'opposition peut avoir lieu par une simple déclaration, au moment de l'exécution, sur le procès verbal d'exécution, le commandement ou la dénonciation de saisie-arrêt, auquel cas l'huissier devra délivrer la citation à toutes les parties en suite de l'acte sur lequel l'opposition est déclarée.

2° SAISIE IMMOBILIÈRE

C. Proc. 618. La saisie sera dénoncée au saisi dans la quinzaine qui suivra la clôture du procès-verbal, outre les délais de distance entre le domicile du saisi, en Egypte et le lieu où siège le tribunal qui doit connaître de la saisie.

619. Dans la quinzaine suivante, le procès-verbal de saisie et l'acte de dénonciation seront, à peine de nullité, transcrits sur le registre des hypothèques de la situation des biens saisis, et mention en sera faite en marge de la transcription du commandement.

SURENCHÈRE. *C. Proc.* 662. La déclaration de surenchère sera dénoncée au saisissant aux créanciers inscrits et à l'adjudicataire, dans les trois jours, par le surenchérisseur ou, à son défaut, dans les trois jours suivants, par l'une ou l'autre des parties ci-dessus, à peine de nullité qui n'aura pas besoin d'être prononcée.

663. La dénonciation contiendra indication du jour fixé, d'accord entre le greffier et le dénonçant pour la vente sur surenchère.

DENRÉES. *C. Com.* 2. La loi répute acte de commerce : Tout achat de denrées et marchandises pour les revendre, soit en nature, soit après les avoir travaillées et mises en œuvre, ou même pour en louer l'usage.

7. Ne seront pas de la compétence des tribunaux de commerce, les actions intentées contre un commerçant pour payement de denrées et marchandises achetées pour son usage particulier.

APPEL (*Évaluation de la demande*), *C. Proc.* 391. Les demandes qui concernent les denrées (sont évaluées) d'après les mercuriales.

DÉPENDANCES. *C. Civ.* 458. Le bailleur ne peut troubler le locataire dans sa jouissance, ni faire dans l'immeuble loué ou dans ses dépendances des changements qui diminuent cette jouissance.

DÉPENS. *C. Proc.* 118. La partie qui succombera sera condamnée aux frais.

119. Pourront toutefois les frais être compensés ou partagés, suivant une proportion déterminée par le jugement, quand les parties auront respectivement succombé sur différents chefs.

120. En toutes affaires, le tribunal pourra accorder des dommages-intérêts pour les dépenses occasionnées par une action ou une défense vexatoire.

121. Les frais seront liquidés par le jugement, si faire se peut ; sinon il sera délivré par le greffier un titre exécutoire sur le vu de la taxe du Président ou du juge qui le remplace, et ce sans qu'il soit besoin de nouvelle procédure.

122. Il pourra toujours être fait, par simple déclaration au greffe, opposition par toutes les parties à la taxe dans les trois jours qui suivront la signification du jugement ou de l'exécutoire ou la communication de l'état taxé.

123. L'opposition sera portée, sur simple citation, à vingt-quatre heures, s'il y a lieu d'appeler la partie adverse devant la chambre du Conseil du Tribunal qui aura jugé.

Si la partie adverse n'a aucun intérêt né ou éventuel à la rectification de la taxe, l'opposition sera toujours recevable, et la partie opposante pourra se présenter seule.

Toutefois, elle devra en tous cas citer l'officier ministériel dans le délai ci-dessus de vingt-quatre heures si l'opposition porte sur l'allocation à lui accordée.

DÉPENS DE RENVOI. *R. G. J.* 75. Si le renvoi (d'une affaire à une audience ultérieure), provient du retard apporté par l'une des parties à la production des pièces ou à la présentation de ses moyens de défense, ou s'il est dû à tout autre fait analogue à elle imputable, elle sera condamnée aux frais du renvoi.

74. L'absence de l'avocat ne saurait être considérée comme un motif suffisant pour justifier le renvoi.

DESCENTE SUR LIEUX. *C. Proc.* 286. Les frais de la descente sur les lieux, évalués par le président, seront consignés à l'avance au greffe par la partie qui aura requis la descente sur les lieux.

PRIVILÈGE. *C. Civ.* 727. Sont privilégiés les créances suivantes : 1° Les frais de justice faits pour la conservation et la réalisation des biens du débiteur, et qui seront payés sur le prix de ces biens avant les créances de ceux au profit desquels ils ont été faits.

PRESCRIPTION. *C. Civ.* 274. Les sommes dues aux huissiers et greffiers pour frais d'actes se prescrivent également par trois cent soixante jours à partir de la fin de la procédure dans laquelle ces actes ont été faits, ou de leur confection, si aucune procédure n'était commencée.

DÉPENSES. ANTICHRÈSE. *C. Civ.* 676. Le créancier au profit duquel l'immeuble est engagé, doit pourvoir à l'entretien et aux dépenses nécessaires à la conservation de cet immeuble, ainsi qu'aux impôts publics, sauf à en retenir le montant sur les fruits ou à se le faire rembourser par privilège sur le prix de l'immeuble.

677. Il peut toujours se décharger de ces obligations en abandonnant son droit au gage.

DÉPOT. *C. Civ.* 596. Le déposant doit indemniser le dépositaire des frais faits pour la conservation de la chose et des dommages qu'elle lui a causés.

LOUAGE. *C. Civ.* 510. Celui qui a entrepris un travail à forfait ne peut, sous aucun prétexte, demander une augmentation de prix, à moins que les dépenses n'aient été augmentées par la faute du maître.

MANDAT. *C. Civ.* 205. Le fait d'une personne qui a procuré intentionnellement un bénéfice à une autre personne, oblige cette dernière à tenir compte des dépenses et pertes subies par la première jusqu'à concurrence du profit obtenu.

649. Le mandant doit rembourser les dépenses, légitimement faites par le mandataire, quel que soit le succès de l'affaire, s'il n'y a pas faute.

PROCÉDURE. *C. Proc.* 120. En toutes affaires, le Tribunal pourra accorder des dommages-intérêts pour les dépenses occasionnées par une action ou une défense vexatoire.

SOCIÉTÉ. *C. Civ.* 536. Les administrateurs, même à l'unanimité, ni les associés à la majorité quelle qu'elle soit, ne peuvent faire d'autres actes que ceux qui rentrent dans le but de la société, ni ordonner un appel de fonds en dehors de l'apport convenu par le contrat, si ce n'est pour payer les dettes communes ou les dépenses de conservation des biens de la société.

Ce droit cesse, dans ce dernier cas, en ce qui concerne les associés en commandite ou actionnaires dans une société anonyme.

VENTE. *C. Civ.* 368. Quand il y a lieu à résiliation (de la vente pour erreur de contenance), le vendeur doit restituer avec le prix, s'il l'a touché, les frais du contrat et les dépenses légitimement faites par l'acheteur.

DÉPENSES UTILES ET VOLUPTUAIRES. 253

DÉPENSES NÉCESSAIRES. PARTAGE. *C. Civ.*
561. Les co-propriétaires originaires peuvent jusqu'au partage racheter la part indivise qui aurait été vendue par l'un d'eux à un tiers, en lui remboursant le prix, les loyaux coûts, et les dépenses nécessaires et utiles.

DÉLAISSEMENT SUR HYPOTHÈQUE. *C. Civ.* 714. L'adjudicataire doit payer au tiers-détenteur en déduction de son prix, le montant des dépenses nécessaires.

PRÊT. *C. Civ.* 573. L'emprunteur a le droit de réclamer les dépenses urgentes nécessaires qu'il a dû faire avant de pouvoir aviser le prêteur.

RÉMÉRÉ. *C. Civ.* 430. Le vendeur à réméré ne peut résoudre la vente qu'en offrant dans le délai fixé de rembourser immédiatement : 3° Les dépenses nécessaires faites par l'acquéreur en dehors des dépenses d'entretien et, en outre, le montant de la plus value résultant des autres dépenses, pourvu qu'elles ne soient pas exagérées.

RÉTENTION (DROIT DE). *C. Civ.* 731. Le droit de rétention existe : 3° au profit de celui qui a fait des dépenses nécessaires ou de conservation.

USUFRUIT. *C. Civ.* 44. L'usufruitier doit faire les dépenses d'entretien et ne peut exiger que le propriétaire fasse aucune dépense. V. ENTRETIEN (FRAIS D').

DÉPENSES UTILES ET VOLUPTUAIRES.
DÉLAISSEMENT SUR HYPOTHÈQUE. *C. Civ.* 714. L'adjudicataire doit payer au tiers-détenteur, jusqu'à concurrence de la plus-value, le montant des dépenses utiles.

PARTAGE. *C. Civ.* 561. Les co-propriétaires originaires peuvent jusqu'au partage racheter la part indivise qui aurait été vendue par l'un d'eux à un tiers, en lui remboursant le prix, les loyaux coûts et les dépenses nécessaires et utiles.

PRÊT. *C. Civ.* 573. L'emprunteur doit supporter les frais d'entretien de la chose louée.

RÉMÉRÉ. *C. Civ.* 430. Le vendeur a réméré ne peut résoudre la vente qu'en offrant dans le délai fixé de rembourser immédiatement : 3° Les dépenses nécessaires faites par l'acquéreur en dehors des dépenses d'entretien et, en outre, le montant de la plus-value résultant des autres dépenses, pourvu qu'elles ne soient pas exagérées.

RÉTENTION (DROIT DE). *C. Civ.* 731. Le droit de rétention existe : 2° au profit de celui qui a amélioré la chose, pour le montant de ses dépenses ou de la plus-value, suivant le cas.

VENTE. *C. Civ.* 382. Les dépenses que le vendeur doit rembourser, si celui qui évince n'y est pas tenu, sont les dépenses utiles faites sur la chose vendue.

383. Si le vendeur est de mauvaise foi, il devra payer même les dépenses de luxe faites par l'acheteur.

DÉPLACEMENT. LOUAGE DE PERSONNES. *C. Civ.* 491. Quand la durée du contrat est fixée, l'indemnité est due par le maître qui résilie le contrat, pour tout le temps pendant lequel celui qui a loué ses services ne pourra se réengager, et pour les frais de déplacement, s'il a été appelé spécialement d'un autre lieu.

DÉPOSITAIRE. V. Dépot.

DÉPOSITION DE TÉMOINS. *C. Proc.* 242. Chaque témoin déposera séparément et hors la présence de ceux qui n'auront pas été entendus.

249. Il sera donné lecture de la déposition à chaque témoin qui la signera après avoir fait les rectifications qu'il jugera nécessaires.

251. Les témoins déposeront verbalement et sans pouvoir consulter des notes écrites. V. Enquête.

DÉPOT. *C. Civ. Titre III. Chap. V.* DU DÉPOT *(art.* 590-603).

DISPOSITIONS GÉNÉRALES.

Définition. 590. Le dépôt est un contrat par lequel une personne remet une chose mobilière à une autre personne qui promet, sans stipuler de salaire, de garder la chose déposée comme elle garderait sa chose propre et de la rendre en nature à première réquisition.

591. S'il y a stipulation de salaire le contrat est régi par les règles du louage d'industrie.

Devoirs du dépositaire. 592. Le dépositaire ne peut obliger le déposant à reprendre la chose avant le terme convenu.

594. Il ne peut se servir de la chose déposée, à peine de dommages-intérêts.

595. Il doit la rendre au déposant ou à son ayant droit.

602. Dans tous les cas, le dépositaire ou sequestre doit restituer les fruits; il doit les intérêts de l'argent déposé dès qu'il est mis en demeure de le restituer, quand il le doit, où dès qu'il l'a employé à son profit.

Responsabilité. 593. Il est responsable de sa faute grave, et du défaut de précaution dont l'observation a été stipulée par le contrat.

598. Le dépositaire qui tire un salaire à l'occasion des faits qui ont motivé le dépôt, comme l'aubergiste, le voiturier, etc., est responsable de la perte de la chose déposée, à moins qu'il n'établisse que la perte a eu lieu par suite de force majeure.

599. Lorsque le dépôt a été fait parce que la chose était liti-

gieuse, le dépositaire ou sequestre ne doit la rendre qu'à celui qui sera désigné par toutes les parties ou par le tribunal.

Devoir du déposant. 596. Le déposant doit indemniser le dépositaire des frais faits pour la conservation de la chose et des dommages qu'elle lui a causés.

Droit de rétention. 597. Ce dernier a pour se couvrir de ce qui lui est dû, un droit de rétention sur la chose.

Ayant-cause. 603. L'ayant cause du dépositaire qui a aliéné la chose de bonne foi, ne doit que le prix qu'il a reçu, ou l'action qu'il a contre l'acquéreur. Si l'aliénation a eu lieu à titre gratuit, il doit l'estimation de la chose déposée.

V. Sequestre.

DISPOSITIONS ADDITIONNELLES.

Compensation. *C. Civ.* 259. Il n'y a pas lieu à compensation quand l'une des dettes est insaisissable, ou a pour cause un dépôt d'argent ou de choses qui peuvent se remplacer.

Faillite. (*Revendication*). *C. Com.* 394. Pourront être également revendiquées aussi longtemps qu'elles existeront en nature, en tout ou en partie chez le failli ou tout autre détenteur pour son compte, les marchandises consignées au failli, à titre de dépôt ou pour être vendues pour le compte du propriétaire, malgré toute stipulation de ducroire.

Prescription. *C. Civ.* 106. On ne prescrit pas un droit réel contre son propre titre ou celui de ses auteurs ; ainsi le fermier, l'usufruitier, le dépositaire, l'emprunteur ou leurs héritiers ne peuvent prescrire.

DERNIER RESSORT. V. Tribunal de justice sommaire.

Droit d'évocation. *C. Proc.* 415 Il y aura lieu au droit d'évocation lorsque la Cour aura infirmé un jugement sur une question de compétence, de litispendence ou de connexité, si la cause est en état, sauf le cas où il s'agirait d'un litige dont la valeur ne dépasse pas le taux du dernier ressort.

Exécution. *C. Proc.* 445. La partie condamnée pourra, sans attendre le commandement, demander au Tribunal d'appel des défenses d'exécuter quand le jugement aura été mal à propos qualifié en dernier ressort.

Récusation de juge. *C. Proc.* 365. L'appel qui sera recevable de la part de la partie récusante, même dans les matières de dernier ressort, devra être intenté dans les cinq jours du prononcé du jugement, sans autre délai, par une déclaration au greffe.

Vente de rentes. *C. Proc.* 563. La vente aura lieu à la criée de l'huissier, en présence du greffier qui dressera procès-verbal, et du juge de service qui statuera d'urgence et en dernier ressort sur les incidents, même ceux de nullité de la procédure, et qui taxera les frais, lesquels seront annoncées avant l'ouverture des enchères.

DESCENDANTS. V. Parenté.

DESCENTE SUR LES LIEUX. V. Visite des lieux. Transport du tribunal.

DESHÉRENCE. V. Successions vacantes.

DÉSISTEMENT.

DISPOSITIONS GÉNÉRALES

C. Proc. 348. La renonciation volontaire signifiée par acte d'huissier ou consignée dans des conclusions, entraîne la nullité de la procédure ou des actes déterminés auxquels il est renoncé et la soumission à payer les frais de la procédure, et n'emporte pas la renonciation à l'action.

349. La renonciation à l'instance ne peut être refusée par le défendeur, à moins que ce dernier n'ait fait joindre à l'affaire principale une demande reconventionnelle.

350. Le désistement à un jugement emporte la renonciation au droit constaté par ce jugement au profit de celui qui a déclaré se désister.

351. Le désistement d'un appel n'entraîne pas la nullité d'un appel incident introduit après les délais de l'appel principal et avant la signification du désistement.

DISPOSITIONS ADDITIONNELLES.

Appel. *C. Proc.* 401. La partie contre laquelle il a été interjeté appel du jugement a, jusqu'au désistement de l'appelant ou jusqu'à la clôture des plaidoiries devant la Cour, le droit d'appeler incidemment, sans préjudice de son droit d'appel principal dans le délai ci-dessus et sans qu'il puisse lui être opposé aucun acte d'acquiescement au jugement.

Surenchère. *C. Civ.* 708. La surenchère ne pourra être suivie de désistement que du consentement de tous les créanciers inscrits.

DESSAISISSEMENT DU FAILLI. *C. Com.* 224. Le jugement déclaratif de la faillite emporte de plein droit, à partir de sa date, dessaisissement pour le failli de l'administration de tous ses biens, même de ceux qui pourront lui échoir tant qu'il est en état de faillite, et opère de plein droit la séparation entre la masse de la succession recueillie par le débiteur et la masse de la faillite.

225. A partir de ce jugement, toute action mobilière ou immobilière et toute voie d'exécution, tant sur les meubles que les

immeubles, ne pourront être suivies ou intentées que contre les syndics. V. Déclaration de faillite.

DESSAISISSEMENT DU VENDEUR. *C. Civ.* 337. La propriété de la chose vendue, qui est un corps certain, est transférée à l'acquéreur, même si le contrat accorde un terme pour la livraison; dans ce cas, quand le vendeur tombe en faillite avant la livraison, l'acheteur a le droit de revendiquer la chose vendue. V. Vente.

DESTINATION. Bail. *C. Civ.* 461. Le preneur doit user de la chose louée suivant sa destination et avec le soin qu'il prendrait de sa chose propre; il ne pourra faire aucun changement sans autorisation du propriétaire. Toutefois, si des changements ont été faits par lui, il ne sera obligé de rétablir les choses dans leur état primitif que s'il résulte de ces changements un dommage pour le propriétaire.

462. Le preneur ne peut employer la chose louée à un autre usage qu'à celui qui a été stipulé par le contrat.

Prêt. *C. Civ.* 571. L'emprunteur ne peut se servir de la chose que suivant la destination convenue.

572. S'il emploie la chose prêtée à un autre usage ou après le temps convenu, il doit une indemnité équivalente au prix de location, sans préjudice de la réparation du dommage causé par un usage excessif.

Usufruit. *C. Civ.* 39. L'usufruitier doit user de la chose suivant sa destination.

DESTINATION (Immeuble par). V. Immeuble.

DESTITUTION. Protêt. *C. Com.* 184. Les huissiers ou personnes commises pour faire les protêts sont tenus, à peine de destitution, dépens et dommages-intérêts envers les parties, de laisser copie exacte des protêts, et de les inscrire en entier jour par jour, et par ordre de dates, dans un registre particulier, coté, paraphé, et tenu dans les formes prescrites pour les répertoires.

DESTRUCTION DE RÉCOLTES. V. Récoltes.

DÉTAIL. V. Vente au détail.

DÉTENTEUR. V. Possession. Tiers-détenteur.

DÉTÉRIORATIONS. Bail. *C. Civ.* 452. La chose louée est délivrée dans l'état où elle se trouve au moment de l'époque fixée pour l'entrée en jouissance, pourvu qu'elle n'ait pas été détériorée depuis le contrat par le fait du bailleur ou de son ayant-droit.

454. Mais si la chose périt ou se détériore tellement qu'elle devienne impropre à la jouissance, le bail est résolu.

455. Si la chose est détériorée sans qu'elle devienne impropre à la jouissance prévue par les parties, le locataire a seulement droit à une diminution de loyer proportionnelle.

Le tout à moins de stipulation contraire.

463 Sauf stipulation contraire, le preneur devra, à l'expiration du bail, rendre la chose louée dans l'état où elle se trouvera, sans détérioration provenant de son fait ou de ceux qui le servent ou habitent la chose louée.

HYPOTHÈQUE. (*Tiers détenteur*) *C. Civ.* **715.** Le tiers détenteur doit compte personnellement aux créanciers, des détériorations survenues par son fait ou sa négligence.

686. Si l'immeuble affecté à la créance vient à périr ou à être détérioré par cas fortuit, de manière à rendre la garantie incertaine, le débiteur devra, à son choix, offrir une hypothèque suffisante sur un autre immeuble ou payer la dette avant l'échéance. Cette option appartiendra au créancier si la perte ou la détérioration est arrivée par la faute du débiteur ou du détenteur.

OBLIGATIONS. *C. Civ.* **212.** Tout fait poursuivi par la loi oblige son auteur à réparer le préjudice qui en résulte, sauf le cas où cet auteur, à raison de son âge ou pour tout autre motif, n'a pas conscience de ses actes.

PRET. *C. Civ.* **569.** L'emprunteur est garant de la perte ou de la dépréciation de la chose arrivée par sa faute, même légère.

572. S'il emploie la chose prêtée à un autre usage ou après le temps convenu, il doit une indemnité équivalente au prix de location, sans préjudice de la réparation du dommage causé par un usage excessif.

TRIBUNAL DE JUSTICE SOMMAIRE. *C. Proc.* **28.** Un juge délégué par le Tribunal statuera en tribunal de justice sommaire sur les affaires suivantes en matière civile : 3° Dans les mêmes limites (en dernier ressort jusqu'à P. T. 800 et à charge d'appel jusqu'à P. T. 8000) sur le montant des indemnités dues au propriétaire par le locataire, pour dégradations imputables à ce dernier ou à ceux dont il répond, quand le bail ne sera pas méconnu.

USUFRUIT. *C. Civ.* **43.** L'usufruitier n'est pas responsable de la perte ou détérioration de la chose arrivée sans sa faute.

DROIT MARITIME.

ABANDON DU FRET. *C. Marit.* **131.** Le chargeur ne peut abandonner pour le fret, les marchandises diminuées de prix, ou détériorées par leur vice propre ou par cas fortuit.

ASSURANCES MARITIMES. *C. Marit.* **197.** Il sera fait désignation dans la police, des marchandises sujettes, par leur nature, à détérioration particulière ou diminution, comme blés ou sels ou marchandises susceptibles de coulage, sinon, les assurés ne répondront point des dommages ou pertes qui pourraient arriver à ces mêmes denrées, si ce n'est toutefois que l'assuré eût ignoré la nature du chargement lors de la signature de la police.

211. Le délaissement des objets assurés peut être fait : en cas de perte ou détérioration des objets assurés, si la perte ou la détérioration s'élève au moins aux trois quarts de leur valeur assurée.

DÉTOURNEMENT. OBJETS SAISIS. *C. Proc.* 523. Le saisi, ou les tiers qui auront détourné des objets seront passibles des peines du vol.

DÉTOURNEMENT D'ACTIF. FAILLITE. *C. Com.* 411. Lorsque des poursuites seront exercées contre des tiers comme complices de banqueroute frauduleuse, ou contre des conjoints, descendants, ou alliés au même degré du failli, qui sans complicité avec ce dernier, auront détourné, diverti, recélé des effets appartenant à la faillite, le tribunal criminel, et à défaut le tribunal civil, même en cas d'acquittement sera seul compétent pour ordonner même d'office la réintégration des biens détournés, et pour statuer sur les dommages intérêts demandés.

DETTES. *C. Com.* 12. Tout commerçant est tenu d'avoir un livre-journal qui présente jour par jour ses dettes actives et passives.

CRÉANCIERS. *C. Proc.* 471. Tout créancier peut, en vertu d'un titre authentique ou privé établissant une créance liquide, former entre les mains d'un tiers, opposition à ce que ce tiers remette les sommes ou valeurs qui sont ou seront dues ou les effets mobiliers appartenant au débiteur de l'opposant, en énonçant la somme pour laquelle la saisie-arrêt est faite. V. SAISIE-ARRÊT. — ECHÉANCE

DEVIS. V. ARCHITECTE.

DIMINUTION DE DÉLAI. *C. Proc.* 19. Lorsque la loi fixe un délai, il sera augmenté d'un jour par quarante kilomètres de distance entre le domicile de la partie citée ou sommée et le lieu où elle doit se présenter ou se faire représenter.

Les fractions supérieures à vingt-cinq kilomètres augmenteront le délai d'un jour.

Ces délais seront diminués de moitié pour tout le parcours qui pourra se faire en chemin de fer.

DIMINUTION DE VALEUR ET DE PRIX.
1° DANS LA VENTE.

C. Civ. 364. Dans la vente en bloc des choses qui peuvent se remplacer, si la quantité est spécifiée, et le prix indiqué à tant l'unité, et que la quantité réelle soit inférieure, l'acheteur a le droit d'opter pour la résiliation de la vente ou pour son maintien en payant un prix diminué proportionnellement.

370. L'action en résiliation ou en diminution de prix, ainsi que

le droit du vendeur de demander un supplément de prix, s'il y a lieu, se prescrivent par une année, à partir du contrat.

372. Si la chose diminue de valeur par détérioration, de telle sorte que la vente n'aurait pas eu lieu si cette diminution était survenue avant le contrat, l'acheteur qui n'aura pas pris livraison aura le choix de résilier ou de maintenir la vente au prix convenu à moins qu'il n'ait consenti hypothèque.

373. Si dans le cas qui précède, la diminution de valeur est imputable à l'acheteur, le prix sera dû en entier ; si elle est imputable au vendeur, il sera tenu à indemnité si l'acheteur résilie la vente et à diminution de prix s'il la maintient.

380. Le prix doit, en cas d'éviction, être restitué en entier, même si la chose a diminué de valeur depuis la vente, par quelque motif que ce soit.

387. Le vendeur est responsable des vices cachés de la chose vendue, lorsque ces vices sont de nature à diminuer la valeur sur laquelle l'acheteur devait compter ou qu'ils rendent la chose impropre à l'usage auquel on la destine.

388. Dans ce dernier cas, ou quand la diminution de valeur est telle que l'acheteur n'aurait pas acheté, s'il l'avait connue, ce dernier a le choix de résilier la vente sans préjudice des droits des créanciers hypothécaires, ou de demander une diminution de prix, le tout avec dommages-intérêts, qui ne seront dus que s'ils est établi que le vendeur connaissait le vice caché.

393. Si la diminution de valeur résultant du vice caché n'est pas telle qu'elle aurait empêché la vente, l'acheteur a droit simplement à une diminution proportionnelle du prix par estimation d'experts.

394. La diminution proportionnelle du prix est calculée en appréciant la valeur réelle de la chose à l'état sain et la valeur réelle à l'état où elle est, et en faisant application de la proportion de ces deux valeurs au prix convenu.

398. On entend par vice ancien celui qui existait au moment de la vente s'il s'agit d'un corps certain, et celui qui existait au moment de la livraison, s'il s'agit de choses non vendues comme corps certain.

399. S'il survient, par cas fortuit, un vice nouveau après la vente dans le premier cas de l'article précédent, et après la livraison dans le second cas, ou si la chose livrée a été modifiée par l'acheteur ou par tout autre, l'acheteur n'a plus le droit de résilier la vente, à moins que le vice nouveau n'ait disparu ou que le vendeur ne déclare consentir à reprendre la chose avec le vice nouveau ; mais l'acheteur peut demander la diminution du prix, qui est calculé comme il est dit ci-dessus, sans tenir compte toutefois du vice nouveau ou de la modification survenue.

401. Si la chose affectée d'un vice ancien périt entièrement par suite du vice nouveau ou par cas fortuit la perte est également au vendeur, pourvu que la preuve du vice ancien soit faite et que,

2° DANS LE BAIL.

C. Civ. 455. Si la chose est détériorée sans qu'elle devienne impropre à la jouissance prévue par les parties, le locataire a seulement droit à une diminution de loyer proportionnelle.

Le tout à moins de stipulation contraire.

456. Le locataire d'une maison ou partie de maison ne peut pas empêcher le bailleur de faire les réparations urgentes nécessaires pour conserver l'immeuble; mais si ces réparations rendent la jouissance impossible, il peut demander, suivant les circonstances, la résolution du bail ou une diminution de loyer pour le temps du trouble.

459. Si le trouble est causé par un tiers et que le trouble soit motivé par la prétention de ce tiers à un droit sur la chose, ou qu'il enlève un des avantages principaux pour lesquels la location avait été évidemment faite, le locataire pourra également suivant les circonstances, demander la résiliation du bail ou une diminution de loyer.

(*Biens ruraux.*) *C. Civ.* 480. Si le cas fortuit a empêché le locataire de préparer la terre, ou de semer, ou a détruit la totalité ou la plus grande partie des semences faites, le loyer n'est pas dû ou doit être diminué. Le tout sauf convention contraire.

DROIT MARITIME.

FRET. *C. Marit.* 131. Le chargeur ne peut abandonner pour le fret, les marchandises diminuées de prix, ou détériorées par leur vice propre ou par cas fortuit.

DIRES. ENQUÊTES. *C.Proc.* 263. L'expert recevra les dires et observations des parties.

264. Son procès-verbal contiendra la mention de la comparution des parties, leurs dires et observations qui seront signés d'elles, à moins d'empêchement constaté.

FAILLITE. *C. Com.* 356. Lorsque la liquidation de la faillite sera terminée, les créanciers seront convoqués par le juge-commissaire. Dans cette dernière assemblée, les syndics rendront leur compte. Le failli sera présent ou dûment appelé.

Il sera dressé à cet effet un procès-verbal dans lequel chacun des créanciers pourra consigner ses dires et observations.

SAISIE IMMOBILIÈRE. *C.Proc.* 635. Dans les trente jours qui suivront la notification (du cahier des charges) aux créanciers inscrits, il pourra être fait, par déclaration au greffe, insérée à la suite du cahier des charges, des dires, contestations et demandes en nullité par toute personne.

636. Chacun des créanciers inscrits ou porteurs des titres exé-

cutoires pourra augmenter, par un dire, la mise à prix et en prendre charge ; ce qui sera mentionné à la suite du cahier des charges ; celui qui aura offert la mise à prix la plus élevée sera, après le délai, pour produire les dires, subrogé de plein droit aux poursuites, et il sera procédé comme il est indiqué aux paragraphes suivants en cas de subrogation.

637. S'il n'est fait aucun dire autre que des offres de mise à prix, la partie poursuivante fixera, à la suite du cahier des charges, d'accord avec le greffier, le jour auquel la vente aura lieu.

638. Cette fixation sera faite dans les cinq jours qui suivront le délai après lequel les dires ne seront plus admis.

640. A la suite du premier dire, le greffier fixera, en présence de la partie qui l'aura fait, l'audience où l'affaire sera appelée devant le tribunal pour statuer sur les contestations et celles qui pourraient survenir ultérieurement et dans le délai.

641. Cette audience sera la première utile, après les cinq jours qui suivront l'expiration du délai pendant lequel les dires seront reçus.

642. Les contestations seront jugées sommairement par le tribunal, qui fixera le jour d'adjudication dans les termes indiqués plus haut.

SAISIE DES RENTES. *C. Proc.* 556. Le cahier des charges sera communiqué à toute personne, et le greffier sera tenu d'inscrire, à la suite, les dires, observations, contestations et moyens de nullité des parties prétendant avoir intérêt.

557. Il ne sera plus reçu de dire ou contestation dans le jour qui précédera celui qui aura été indiqué pour l'audience.

558. Le tribunal statuera d'urgence au jour indiqué et sans qu'il soit besoin d'ajournement autre que celui qui résulte du cahier des charges, sur les dires, contestations, moyens de nullité, etc. V. CONTREDITS.

DISCUSSION. SOCIÉTÉ CIVILE. *C. Civ.* 543. La société pourra être dissoute par les tribunaux à la demande d'un associé, pour discussion grave qui empêche la marche des affaires sociales, ou pour tous autres motifs graves.

DISCUSSION (bénéfice de). *C. Civ.* 612. Le répondant non solidaire a le droit, s'il n'y a pas renoncé, d'exiger que le créancier exerce des poursuites contre le débiteur principal, si les biens de ce débiteur, qui peuvent être saisis paraissent suffisants pour payer intégralement la dette : il est, en conséquence, laissé à l'appréciation des tribunaux de décider, pour ce motif, que les poursuites contre la caution seront suspendues, quant à présent, sans préjudice des mesures conservatoires.

DISJONCTION *C. Proc.* 161. En toutes matières, si les

délais des assignations en garantie et de la demande principale sont échus avant le jugement prononcé sur aucune d'elles, les affaires seront jointes, et il sera statué sur le tout par un seul et même jugement, sauf au tribunal à disjoindre s'il le juge nécessaire.

DISPOSITIF DE JUGEMENT. V. Motifs.

DISSIMULATION D'ACTIF. Concordat. *C. Com.* 341. Aucune action en nullité de l'homologation du concordat ne sera recevable que pour cause de dol découvert depuis cette homologation et résultant soit de la dissimulation de l'actif, soit de l'exagération du passif, et pour condamnation en banqueroute frauduleuse.

DISSOLUTION DE SOCIÉTÉ.

1° SOCIÉTÉS CIVILES

C. Civ. 542. La société finit :

1° Par l'expiration du délai pour lequel elle est contractée ;

2° Par la consommation de l'affaire pour laquelle elle avait été contractée ;

3° Par la perte totale du fonds commun, ou la perte partielle assez considérable pour empêcher une exploitation utile ;

4° Par le défaut de réalisation d'un apport promis ;

5° Par le décès, l'interdiction ou la faillite d'un des associés, s'il n'a rien été stipulé à cet égard, sauf les règles spéciales aux sociétés commerciales qui ne sont pas dissoutes par le décès, la faillite ou l'interdiction d'un associé non solidaire ;

6° Par la volonté de tous les associés ;

7· Par la renonciation d'un des associés, quand la durée de la société n'a pas été stipulée, pourvu que cette renonciation soit faite de bonne foi et non à contre-temps.

543. La société pourra être dissoute par les tribunaux, à la demande d'un associé, pour inexécution des obligations d'un autre associé, ou pour discussion grave qui empêche la marche des affaires sociales, ou pour tous autres motifs graves.

544. Les précédentes règles s'appliquent à toutes les sociétés, sauf ce qui est dit au code de commerce en matières de sociétés commerciales.

2° SOCIÉTÉS COMMERCIALES

C. Com. 56. L'extrait (des actes de société en nom collectif ou en commandite qui devra être publié) contiendra : l'époque où la société doit commencer et celle où elle doit finir.

64. Toute continuation de société après son terme expiré sera constatée par une déclaration des co-associés. Cette déclaration et tout acte portant dissolution de société avant le terme fixé

pour sa durée par l'acte qui l'établit…. sont soumis aux formalités prescrites par les articles précédents, sous les mêmes conditions de nullité. V. Sociétés commerciales.

71. Toute action à raison des affaires de la société contre les associés non liquidateurs ou leurs ayants cause sera prescrite par cinq années à partir, soit de la fin de la société, si l'acte qui indique sa durée a été régulièrement publié soit de la publication de l'acte de dissolution. Les règles générales de la prescription relatives notamment à son interruption seront applicables.

DISSOLUTION DE L'UNION. *C. Com.* 356. Lorsque la liquidation de la faillite (sur union) sera terminée, les créanciers seront convoqués par le juge-commissaire. Après la clôture de cette assemblée, l'union sera dissoute de plein droit.

DISTANCE. *C. Civ.* 63. Les usines, puits, machines à vapeur, etc., et tout établissement nuisible aux voisins, doivent être construits aux distances et dans les conditions prescrites par les règlements. V. Vue (servitude).

DISTANCE (délai de). V. Délais de procédure.

DISTRACTION SUR SAISIE. V. Revendication.

Navire. *C. Marit.* 24. Les demandes en distraction de la vente d'une partie du navire et objets saisis, et toute demande incidente, seront formées et notifiées au greffe du tribunal avant l'adjudication. Si les demandes en distraction ne sont formées qu'après l'adjudication, elles seront converties, de plein droit, en opposition à la délivrance des sommes provenant de la vente. V. Navire (saisie et vente de)

DISTRIBUTION.

1° DU PRIX DES MEUBLES.

C. Proc. 575. Lorsque les fonds provenant d'une vente ou d'une saisie-arrêt ou de toute autre cause suffisent à payer les créanciers opposants, le tiers-saisi, le greffier ou tout dépositaire, suivant les cas, payera les créanciers à mesure qu'ils se présenteront et sur la production de leur titre ou du consentement du saisi, auquel le surplus est délivré. V. Contribution (distribution par)

2° DU PRIX DES IMMEUBLES

C. Civ. 691. Les créanciers sont payés sur le prix de l'immeuble, ou le montant de l'assurance en cas d'incendie, dans l'ordre de leur rang d'inscription, même lorsqu'ils ont fait inscrire leurs créances le même jour. V. Ordre.

DISPOSITION SPÉCIALE

Communication *C. Proc.* 68. Seront communiquées au ministère public, les causes suivantes : 7° Les distributions par voie d'ordre ou de contribution.

DROIT MARITIME

VENTE DE NAVIRES *C. Marit.* 28. La collocation des créanciers et la distribution des deniers sont faites entre les créanciers privilégiés, dans l'ordre prescrit par l'art. 3, et entre les autres créanciers proportionnellement à leurs créances. Tout créancier colloqué l'est tant pour son principal que pour les intérêts et les frais. V. NAVIRE.

DIVANS. SIGNIFICATIONS. *C. Proc.* 10. Les copies seront remises, pour les significations : 2° Aux Administrations, entre les mains des Directeurs des Divans de ces administrations.

DIVISIBILITÉ. V. OBLIGATIONS INDIVISIBLES.

DIVISION (bénéfice de).

1° A L'ÉGARD DES CAUTIONS.

C. Civ. 615. Lorsqu'il y a plusieurs cautions obligées pour la même dette et par le même acte, sans solidarité stipulée, le créancier n'a d'action contre les répondants que pour leurs parts respectives.

2° A L'ÉGARD DES DÉBITEURS SOLIDAIRES

C. Civ. 162. Les débiteurs ne sont obligés chacun pour la totalité de la dette que dans le cas où la solidarité est stipulée par la convention et prononcée par la loi.

165. Le créancier peut poursuivre simultanément ou séparément les débiteurs solidaires, sauf le cas où quelques-uns d'entre eux seraient débiteurs à terme ou sous condition.

DOL ET FRAUDE. *C. Civ.* 193. Le consentement n'est pas valable s'il a été donné par erreur, obtenu par la violence ou par suite de dol.

196. Le dol vicie le consentement quand les manœuvres pratiquées contre la partie sont telles que sans ces manœuvres elle n'aurait pas consenti.

204. Les créanciers ont, dans tous les cas, le droit de faire annuler les actes faits en fraude de leurs droits, et les donations et renonciations consenties à leur préjudice.

270. La prescription libératrice peut être invoquée par les autres créanciers du débiteur, même quand il y a renoncé en fraude de leurs droits.

DISPOSITIONS DIVERSES

AFFECTATION. *C. Civ.* 726. Les hypothèques inscrites le même jour primeront les affectations, sauf, toutefois, le cas où elles auraient été constituées par le débiteur en fraude des droits de ses créanciers.

CONCORDAT. *C. Com.* 341. Aucune action en nullité de l'homologation du concordat ne sera recevable que pour cause de dol découvert depuis cette homologation et résultant soit de la dissimulation de l'actif, soit de l'exagération du passif, et pour condamnation en banqueroute frauduleuse.

L'annulation du concordat soit pour dol, soit par suite de condamnation pour banqueroute frauduleuse intervenue après son homologation, libère de plein droit les cautions.

345. Les actes faits par le failli, postérieurement au jugement d'homologation et antérieurement à l'annulation ou à la résolution du concordat, ne seront annulés qu'en cas de fraude aux droits des créanciers.

OBLIGATIONS (*Dommages-intérêts*) *C. Civ.* 180. S'il n'y a pas dol de la part du débiteur, les dommages-intérêts ne sont que de ce qui a pu être raisonnablement prévu au moment du contrat.

PRISE A PARTIE. *C. Proc.* 746. La prise à partie contre les juges sera admise : 2° En cas de dol, de fraude ou de concussion dont le juge se serait rendu coupable, soit dans le cours de l'instruction, soit lors du jugement ou de l'exécution.

REQUÊTE CIVILE. *C. Proc.* 424. Les parties pourront attaquer par la voie de la requête civile, les jugements et arrêts en dernier ressort, contradictoires ou par défaut, pourvu que, dans ce dernier cas, les délais de l'opposition soient expirés, pour une ou plusieurs des causes ci-après spécifiées : 2° Si, dans le cours de l'instruction de l'affaire, il y a eu dol personnel de la partie adverse, de nature à influer sur la décision des juges.

426. Dans le 2° cas ci-dessus prévu, le délai (d'appel) sera suspendu jusqu'à la découverte du dol.

TRANSACTION. *C. Civ.* 657. La transaction ne peut être attaquée que par suite de dol, d'erreur matérielle sur la personne ou sur la chose, ou de fausseté des titres sur lesquels il a été transigé, reconnue depuis la transaction.

VENTE. *C. Civ.* 317. La mention dans un acte de vente que l'acheteur connaît la chose vendue lui fait perdre le droit d'attaquer la vente par défaut de connaissance de la chose vendue à moins qu'il ne prouve la fraude du vendeur.

DROIT MARITIME

ASSURANCES. *C. Marit.* 178. En cas de fraude dans l'estimation des objets assurés, et en cas de supposition ou de falsification, l'assureur peut faire procéder à la vérification et estimation des objets, sans préjudice de toutes autres poursuites, soit civiles, soit criminelles.

199. Un contrat d'assurance ou de réassurance consenti pour

une somme excédant la valeur des effets chargés, est nul à l'égard de l'assuré seulement, s'il est prouvé contre lui qu'il y a eu dol ou fraude de sa part.

200. S'il n'y a ni dol ni fraude dans l'assurance de la part de l'assuré, le contrat est valable jusqu'à concurrence de la valeur des effets chargés, d'après l'estimation qui en est faite par des experts ou convenue entre les parties.

En cas de pertes, les assureurs sont tenus d'y contribuer chacun à proportion des sommes par eux assurées.

Ils ne reçoivent pas la prime de cet excédent de valeur, mais seulement l'indemnité prescrite dans l'article 191. V. ASSURANCES.

DOMAINE DE L'ÉTAT. *C. Civ.* 25. Les biens de l'Etat, tels que fortifications, ports, etc., ne sont pas susceptibles d'une propriété privée.

26. Les biens servant à l'utilité publique, comme les routes, ponts, rues des villes, etc., sont dans le même cas.

80. En ce qui concerne les terres non cultivées, et qui sont de plein droit la propriété de l'Etat, la prise de possession ne peut avoir lieu qu'avec l'autorisation de l'Etat et moyennant la constitution d'un *abadie*, conformément aux règlements locaux.

Toutefois, celui qui a cultivé, ou planté un terrain de cette nature, ou qui a bâti dessus, devient plein propriétaire de la partie cultivée, plantée ou construite; mais, pendant les quinze premières années, il perd sa propriété par le non-usage pendant cinq années.

87. Les alluvions de la mer appartiennent à l'Etat.

24. Les biens *haradjis* ou *tributaires* sont ceux qui appartiennent à l'Etat et dont il a cédé, dans les conditions et dans les cas prévus par les règlements, l'usufruit aux particuliers.

35. L'usufruit peut être perpétuel, quand il est établi par l'Etat sur des terres *haradjis* dans les termes des règlements.

DISPOSITIONS DIVERSES

COMMUNICATION. *C. Proc.* 68. Seront communiquées au ministère public, les causes suivantes: 3° Celles qui concernent l'Etat, le domaine public.

COMPÉTENCE *C. Civ.* 7. Ces tribunaux (mixtes), sans pouvoir statuer sur la propriété du domaine public, ni interpréter ou arrêter l'exécution d'une mesure administrative, pourront juger, dans les cas prévus par le Code civil, les atteintes portées à un droit acquis d'un étranger par un acte d'administration.

SIGNIFICATIONS. *C. Proc.* 10. Les copies seront remises pour les significations : 1° à l'Etat, entre les mains du Gouverneur de la province. V. EXPLOITS.

USUFRUIT. *C. Civ.* 49. Le défaut de payement de l'impôt pour les terres dont l'Etat est nu propriétaire, donne seulement lieu à la vente forcée de partie de l'usufruit du terrain nécessaire pour couvrir cet impôt.

DOMESTIQUES. *C. Civ.* 490. Le louage des ouvriers, employés ou domestiques ne peut être fait que pour un temps limité. V. LOUAGE DE PERSONNES.

DISPOSITIONS DIVERSES.

COMPÉTENCE. *C. Com.* 5. Les tribunaux de commerce connaîtront aussi des actions intentées contre les facteurs, commis des commerçants ou leurs serviteurs, pour le fait seulement du trafic du commerçant auquel ils sont attachés.

ENQUÊTES. *C. Proc.* 237. Pourra être reproché le commis ou domestique d'une des parties.

243. Chaque témoin déclarera s'il est employé ou homme de service des parties.

EXPLOITS. *C. Proc.* 8. Les actes seront signifiés à personne ou à domicile.

9. Si l'huissier ne trouve au domicile ni la partie, ni son domestique ou un parent habitant avec elle, la copie sera remise, suivant le cas, au Gouverneur ou au cheikh-el-Beled de la ville ou au domicile de la partie, lequel visera l'original sans frais; et l'huissier fera mention du tout, tant sur l'original que sur la copie.

RESPONSABILITÉ DU MAITRE. — *C. Civ.* 214. Le maître est responsable du dommage causé par ses serviteurs quand ce dommage a été causé par eux en exerçant leurs fonctions. V. GAGES ET SALAIRES.

DOMICILE. APPEL. *C. Proc.* 409. L'acte d'appel sera signifié à personne ou à domicile réel ou élu.

ASSIGNATION. *C. Proc.* 35. Les défendeurs seront assignés, savoir :

1° En matière personnelle ou mobilière, devant le tribunal de leur domicile ou de leur résidence, s'ils n'ont pas de domicile en Egypte ;

S'il y a plusieurs défendeurs, ils seront tous cités devant le tribunal du domicile de l'un d'eux ;

5° En matière d'élection du domicile pour l'exécution d'un contrat, devant le tribunal du domicile élu ou du domicile réel ;

6° Le défendeur en garantie pourra, toutefois, demander et obtenir d'être renvoyé devant son tribunal, s'il démontre, soit par écrit, soit par l'évidence des faits, que la demande originaire n'a été introduite que pour le traduire hors de son tribunal ;

7° En matière de commerce devant le tribunal du domicile du défendeur ;

9° Quand le défendeur sera domicilié à l'étranger et qu'un tribunal égyptien ne sera compétent à raison d'un des motifs indiqués dans les précédents paragraphes, l'assignation pourra être donnée devant le tribunal de la résidence du demandeur ou, à défaut, devant le tribunal d'Alexandrie.

Si, dans ce cas le tribunal saisi est celui du demandeur, le président pourra accorder sur requête l'assignation dans les délais des articles 38 à 39, sans observer les délais de distance. V. AsSIGNATION.

EXÉCUTION (DES JUGEMENTS). *C. Proc.* 437. L'exécution ne peut être commencée avant la signification à personne ou à domicile du jugement ou du titre exécutoire avec commandement.

OPPOSITION. *C. Proc.* 373. L'opposition contre les jugements par défaut est recevable, sauf les cas, où la loi fixe des délais spéciaux, savoir :

Dans la huitaine de la signification du jugement à personne ou au domicile réel ou élu, outre les délais de distance, si la partie a comparu à l'audience.

377. L'opposition se fait par acte signifié au domicile élu ou au domicile réel s'il est dans la ville où siège le tribunal.

PAIEMENT. *C. Civ.* 233. S'il s'agit de numéraire ou de choses désignées quant à l'espèce, le paiement est supposé stipulé devoir être fait au domicile du débiteur.

(*Vente.*) *C. Civ.* 408. S'il est accordé un délai, le lieu de payement est le domicile de l'acheteur.

SAISIE-ARRÊT. *C. Proc.* 476. Les saisies-arrêts faites entre les personnes demeurant hors d'Egypte devront être faites, à leur personne ou domicile, dans les formes du pays où elles demeureront.

SAISIE-EXÉCUTION. *C. Proc.* 506. Le procès-verbal de saisie contiendra, outre les énonciations communes à tous les actes d'huissier, un nouveau commandement de payer, si la saisie est faite au domicile du saisi ou en sa présence.... à peine de nullité.

512. Si la saisie est faite au domicile du saisi, ou s'il est présent au moment de la clôture il lui sera remis copie du procès-verbal sur-le-champ, dans les termes prescrits pour les actes d'huissier.

SIGNIFICATIONS. *C. Proc.* 3. Les actes signifiés par les huissiers contiendront :

2° Les nom, prénoms, la profession et le domicile de la personne à qui ils sont signifiés ;

8. Les actes seront signifiés à personne ou à domicile.

9. Si l'huissier ne trouve au domicile ni la partie, ni son domestique ou un parent habitant avec elle, la copie sera remise suivant le cas, au Gouverneur ou au cheikh-el-Beled de la ville ou du domicile de la partie, lequel visera l'original sans frais, et l'huissier fera mention de tout, tant sur l'original que sur la copie.

10. Les copies seront remises, pour les significations : 5° aux

personnes n'ayant pas de domicile connu en Egypte, au parquet du procureur du Khédive, lequel visera l'original.

11. Si la personne à qui l'acte est signifié a, à l'étranger, un domicile connu, ce domicile sera indiqué dans ledit acte et la copie sera adressée, par le procureur du Khédive, au Ministre des affaires étrangères, pour être transmise par les voies diplomatiques.

Si le domicile à l'étranger n'est pas indiqué dans l'acte, il sera affiché une deuxième copie de cet acte dans un tableau à ce destiné dans le tribunal de première instance.

13. Si la copie doit être remise à un domicile éloigné de la demeure de l'huissier, le juge de service pourra commettre toute personne pour faire la signification, qui sera effectuée avec l'assistance de deux témoins.

21. Les délais pour les personnes domiciliées, soit en Turquie, soit à l'étranger, seront :

1° Pour la Turquie ou les pays riverains de la Méditerranée, de 60 jours.

2° Pour les autres pays d'Europe et pour les ports de mer de l'Orient, jusqu'à Yoko-Hama, de 180 jours.

3° Pour tous les autres pays de 360 jours.

22. Il n'y aura pas lieu à l'augmentation des délais à raison de la distance du domicile, si la partie à laquelle l'acte est signifié est présente en Egypte : on observera seulement les délais du lieu où elle aura sa résidence ou ceux du lieu où elle aura été trouvée, sauf au tribunal à accorder, s'il est nécessaire, de plus amples délais.

24. Les délais indiqués ci-dessus et les formalités prescrites par les articles 3, 8, 9, 10, 11, seront observés à peine de nullité.

DOMICILE ÉLU. V. Election de domicile.

DOMICILE INCONNU. *C. Proc.* 10. Les copies seront remises pour les significations : 5° Aux personnes n'ayant pas de domicile connu en Egypte, au parquet du procureur du Khédive, lequel visera l'original. V. Domicile.

DOMICILE MORTUAIRE. *C. Proc.* 35. Les défendeurs seront assignés, savoir : 8° Dans les demandes intentées par les créanciers d'un défunt, devant le tribunal du domicile de l'un des héritiers.

402. Le décès de la partie condamnée suspend le délai d'appel, qui ne reprend qu'après la signification faite aux héritiers, au dernier domicile du défunt et après les délais qui pourraient être accordés par la loi personnelle de l'appelant, pour prendre la qualité d'héritier.

faillite. *C. Com.* 217. La faillite du commerçant décédé pourra être demandée et prononcée, à la condition qu'il soit établi qu'il est mort en état de cessation de payements et que la demande ait été introduite dans les six mois du décès.

218. L'avis ou la citation seront en ce cas remis à la maison mortuaire, sans qu'il soit besoin de désigner les héritiers.

DOMICILE RÉEL. ASSIGNATION. *C. Proc.* 39. L'assignation pourra même, en vertu d'une ordonnance, être donnée d'heure en heure, en matière commerciale, de justice sommaire ou de référé, s'il y a urgence extrême, pourvu, dans ces derniers cas, que dans les affaires autres que les affaires maritimes l'assignation soit donnée à personne.

EXÉCUTION DES JUGEMENTS. *C. Proc.* 467. Passé le délai de six mois, sans que l'exécution ait été commencée, ou si elle est suspendue pendant six mois, sans qu'il y ait instance, les significations devront être faites à personne ou au domicile réel.

(*Opposition*). *C. Proc.* 375. Le défaillant sera présumé avoir connu l'exécution vingt-quatre heures après qu'il aura reçu en personne ou à son domicile réel un acte d'exécution ou relatant un acte d'exécution antérieure.

SAISIE IMMOBILIÈRE. *C. Proc.* 605. Le commandement sera signifié à personne ou au domicile réel.

673. Le jugement d'adjudication ne sera signifié qu'à la personne ou au domicile de la partie saisie.

(*Revendication*). *C. Proc.* 683. La revendication sera intentée contre le saisi et celui qui poursuit la vente ; si elle a lieu après le dépôt du cahier des charges, le premier créancier inscrit en dehors du poursuivant sera mis en cause.

684. L'assignation sera donnée à ces derniers au domicile élu et au saisi au domicile réel, en observant les délais de distance autres que ceux qui sont prescrits quand le domicile est hors de l'Egypte.

DOMMAGE. *C. Civ.* 212. Tout fait poursuivi par la loi oblige son auteur à réparer le préjudice qui en résulte, sauf le cas où cet auteur, à raison de son âge ou pour tout autre motif, n'a pas conscience de ses actes.

213. Il en est de même si le préjudice causé à un tiers provient d'une faute, de négligence, d'imprudence ou de défaut de surveillance des personnes que l'on a sous sa garde.

214. Le maître est également responsable du préjudice causé par ses serviteurs quand ce dommage a été causé par eux en exerçant leurs fonctions.

215. Le propriétaire d'un animal est également responsable du préjudice causé par l'animal qu'il a sous la garde ou qu'il a laissé s'échapper.

COMPÉTENCE. *C. Proc.* 28. Un juge délégué par le tribunal statuera en tribunal de justice sommaire sur les affaires suivantes en matière civile : 5° En dernier ressort jusqu'à 800 P. T., et à charge d'appel au delà de 800 P. T. quelque soit le résultat de la demande sur les actions pour dommages aux champs, fruits et récoltes, soit par le fait de l'homme, soit par celui des animaux.

DÉPOT. *C.Civ.* 596. Le déposant doit indemniser le dépositaire des frais faits pour la conservation de la chose et des dommages qu'elle lui a causés.

DOMMAGES-INTÉRÊTS.

DISPOSITIONS GÉNÉRALES.

C. Civ. 173. Lorsque le débiteur se refuse de faire intégralement ce à quoi il est obligé, le créancier a le choix ou de demander la résolution du contrat avec des dommages-intérêts ou de demander des dommages-intérêts pour ce qui n'a pas été exécuté.

177. Les dommages-intérêts pour défaut d'exécution entière ou partielle ou pour tout retard dans l'exécution ne sont dus, en dehors des restitutions, que si l'inexécution ou le retard est imputable à la faute du débiteur.

178. Ils ne sont pas dus tant que le débiteur n'est pas en demeure.

179. Ils consistent dans le montant de la perte faite par le créancier et du gain qu'il a manqué de faire, pourvu que le préjudice éprouvé soit la conséquence immédiate et directe de l'inexécution.

180. Toutefois s'il n'y a pas dol de la part du débiteur, les dommages-intérêts ne sont que de ce qui a pu être raisonnablement prévu au moment du contrat.

181. Lorsque le montant de l'indemnité en cas d'inexécution a été prévu par le contrat ou par la loi, le juge ne peut accorder une somme moindre ou plus forte.

182. Quand l'objet de l'obligation consiste en une somme d'argent, les intérêts sont dus, mais seulement du jour de la demande en justice, si la convention, l'usage commercial ou la loi, dans des cas particuliers n'y a dérogé. V. INTÉRÊTS D'ARGENT.

DISPOSITIONS DIVERSES.

ACTION VEXATOIRE. *C. Proc.* 120. En toutes affaires, le tribunal pourra accorder des dommages-intérêts pour les dépenses occasionnées par une action ou une défense vexatoire.

APPEL. *C. Proc.* 412. La demande pourra être augmentée des dommages-intérêts aggravés depuis le jugement.

ARBITRES. *C. Proc.* 803. L'arbitre qui, après son acceptation, cesse ses fonctions sans motif justifié, peut être condamné aux dommages-intérêts envers les parties.

BAIL. *C. Civ.* 473. Le bail se résout par l'inexécution des engagements pris par les parties, ou des obligations indiquées dans les articles qui précèdent, sans préjudice des dommages-intérêts qui, en ce qui concerne le bailleur, doivent comprendre le loyer correspondant au temps nécessaire à la relocation et à la diminution des loyers subie pendant la durée qui reste à courir du premier bail.

CONTRAT. *C. Civ.* 173. Lorsque le débiteur se refuse de faire intégralement ce à quoi il est obligé, le créancier a le choix ou de demander la résolution du contrat avec des dommages-intérêts, ou de demander des dommages-intérêts pour ce qui n'a pas été exécuté.

COURTIERS. *C. Com.* 78. Le refus des communications prescrites par les deux articles précédents (communication des livres aux parties et au Tribunal) rendra les courtiers passibles de dommages-intérêts.

DEMANDE EN GARANTIE. *C. Proc.* 162. S'il est jugé que la demande en garantie n'était pas fondée, le demandeur en garantie pourra être condamné à des dommages-intérêts pour le préjudice causé par le retard, à raison du délai obtenu par lui, sous prétexte d'appel en garantie.

DÉPÔT. *C. Civ.* 594. Le dépositaire ne peut se servir de la chose déposée, à peine de dommages-intérêts.

ENQUÊTES. *C. Proc.* 227. Le témoin qui, comparaissant, refusera de répondre, sera condamné dans les mêmes formes, à 100 P. T. d'amende, sans préjudice de tous dommages-intérêts envers les parties.

EXPÉDITIONS. *C. Proc.* 788. Les greffiers et dépositaires de registres publics en délivreront copie ou extrait à tout requérant, sans qu'il soit besoin de permission du juge, et moyennant le payement des droits, à peine de dommages-intérêts.

EXPERTS. *C. Proc.* 277. Si l'expert est en retard de déposer son rapport, il pourra être, à la requête de la partie la plus diligente, cité à trois jours francs, en présence de toutes les parties, devant le Tribunal, qui déterminera d'urgence un délai dans lequel le rapport devra être déposé, et pourra même pourvoir au remplacement de l'expert, sans préjudice de dommages-intérêts, s'il y a lieu.

HUISSIER. *C. Proc.* 25. Si la nullité d'un acte de procédure est prononcée à raison du fait de l'huissier, il sera passible des frais de la procédure annulée et des dommages-intérêts, s'il y a lieu, sans préjudice des peines disciplinaires. V. EXPLOITS, *art.* 24.

OBLIGATIONS. *C. Civ.* 241. Si l'exécution de l'obligation est devenue impossible par la faute du débiteur, ou si l'impossibilité est survenue depuis qu'il est en demeure d'exécuter, il est tenu à des dommages-intérêts.

PRÊT. *C. Civ.* 572. Si l'emprunteur emploie la chose prêtée à un autre usage ou après le temps convenu, il doit une indemnité équivalente au prix de location, sans préjudice de la réparation du dommage causé par un usage excessif.

SAISIE IMMOBILIÈRE. (*Revendication*). *C. Proc.* 690. Le revendiquant qui succombera sera condamné aux dommages-intérêts et aux frais qu'il aura motivés.

(*Subrogation de créancier dans les poursuites*). *C. Proc.* 680. Le poursuivant, si la subrogation est prononcée contre lui, doit remettre les pièces de la poursuite au subrogé, à peine de dommages-intérêts.

SAISIE MOBILIÈRE. *C. Proc.* 520. Le gardien ne pourra, à

peine de dommages-intérêts, se servir ni tirer bénéfice des objets confiés à sa garde, ou les prêter.

(*Revendication*). *C. Proc.* 543. Le revendiquant qui succombera sera condamné à des dommages intérêts, s'il y a lieu, et, en tous cas, aux frais qui seront la conséquence de sa revendication.

SOCIÉTÉ CIVILE. *C. Civ.* 518. L'associé en retard de délivrer son apport est tenu à des dommages-intérêts sur une simple mise en demeure.

519. S'il a causé un préjudice à la société, par ce retard, il doit l'en indemniser sans pouvoir compenser avec les bénéfices qu'il lui a procurés.

SOCIÉTÉS COMMERCIALES. *C. Com.* 63. Le firman qui autorise les sociétés anonymes, ainsi que l'acte préliminaire d'association et les statuts devront être affichés au Tribunal de commerce pendant le même temps (trois mois), et insérés dans un journal, à peine de dommages-intérêts envers les administrateurs, qui seront tenus solidairement des dettes de la société.

VENTE. *C. Civ.* 334. Lorsque le vendeur aura vendu comme sienne une chose qu'il saura ne pas lui appartenir et que l'acquéreur sera de bonne foi, ce dernier pourra demander une indemnité.

347. Si la convention de vente indique comme lieu de la situation de la chose vendue un lieu autre que celui auquel elle se trouvait, cette indication vaudra, pour le vendeur, obligation de transporter la chose au lieu indiqué, si l'acheteur l'exige.

Dans le cas où le transport serait impossible, ou s'il amenait un retard préjudiciable pour l'acheteur, ce dernier aurait le droit de résilier la vente avec dommages-intérêts, si le vendeur n'était pas de bonne foi.

349. En cas de retard dans la livraison, après une mise en demeure, l'acheteur aura le droit de résilier la vente ou d'exiger sa mise en possession, avec dommages-intérêts dans les deux cas, s'il y a préjudice et si le retard provient du fait du vendeur.

(*Délivrance*). *C. Civ.* 373. Si, dans les deux cas qui précèdent (V. DÉLIVRANCE, *art.* 372), la perte ou la diminution de valeur est imputable à l'acheteur, le prix sera dû en entier ; si elle est imputable au vendeur, il sera tenu à indemnité si l'acheteur résilie la vente, et à diminution de prix, s'il la maintient.

(*Éviction*). *C. Civ.* 375. Le vendeur peut stipuler que la vente est faite sans garanties. Toutefois, cette stipulation faite en termes généraux le dispense seulement des dommages-intérêts et non de la restitution du prix, en cas d'éviction.

378. Lorsqu'il y a lieu à garantie et qu'il y a éviction, le vendeur doit la restitution du prix et des dommages-intérêts.

379. Ces dommages comprennent les frais de contrat et ceux qui en sont la conséquence, les dépenses faites par l'acheteur sur la chose vendue, les frais faits sur le procès en revendication et en demande en garantie, et en général les pertes éprouvées par l'acheteur ou les bénéfices légitimes dont l'éviction l'a privé.

380. Le prix doit, en cas d'éviction, être restitué en entier, même si la chose a diminué de valeur depuis la vente, par quelque motif que ce soit.

381. Si la chose a augmenté de valeur, l'augmentation de valeur au delà du prix doit être comprise dans les dommages-intérêts.

386. Quand l'acheteur maintient le contrat, ou lorsque l'éviction partielle ou la servitude ne sont pas de telle nature qu'elles autorisent la résiliation, l'acheteur peut réclamer au vendeur la valeur proportionnelle de la partie de la chose dont il est évincé, eu égard à sa valeur réelle au moment de l'éviction, et dans le cas d'une servitude, des dommages-intérêts arbitrés par le tribunal.

(*Vices cachés*). 388. Quand la diminution de valeur est telle que l'acheteur n'aurait pas acheté, s'il l'avait connue, ce dernier a le choix de résilier la vente, sans préjudice des droits des créanciers hypothécaires, ou de demander une diminution du prix, le tout avec dommages-intérêts, qui ne sont dus que s'il est établi que le vendeur connaissait le vice caché.

400. Si la chose périt par suite du vice ancien, la perte est à la charge du vendeur, qui doit les restitutions et dédommagements indiqués plus haut, suivant le cas. V. VENTE. (*Vices cachés*).

DONS. COMMUNICATION. *C. Proc.* 68. Seront communiquées au ministère public, les causes suivantes : 3° celles qui concernent les dons et legs faits aux pauvres. V. CADEAUX.

DON NUPTIAL. FAILLITE. *C. Com.* 237. Il en sera de même (sera annulée) de toute translation de propriété à titre gratuit consenti à toute époque si le failli connaissait à cette époque le mauvais état imminent de ses affaires, même si le donataire était de bonne foi, à moins qu'il ne s'agisse d'un don nuptial non exagéré. V. DOT.

DONATIONS, DONATAIRE.

DISPOSITIONS GÉNÉRALES.

C. Civ. 66. La propriété et les droits réels s'acquièrent : par les donations.

*C. Civ. Titre I*er *Sect II.* DES DONATIONS (*art.* 70-76).

70. La propriété des meubles et des immeubles donnés est acquise par le fait même de la donation et de l'acceptation : toutefois, quand la libéralité ne revêt pas les formes d'un autre contrat, la donation et l'acceptation doivent avoir lieu par un acte authentique, sous peine de nullité.

71. En matière de meubles, la donation est parfaite, sans qu'il y ait besoin d'acte authentique, s'il y a délivrance effective et prise de possession.

72. Lorsque le donateur meurt ou devient incapable avant l'acceptation, la donation est nulle.

73. L'acceptation peut être faite par les héritiers du donataire décédé ou les représentants des incapables.

74. Nul ne peut faire une donation au préjudice de ses créanciers actuels.

75. La donation immobilière n'est opposable aux tiers que dans les termes des dispositions relatives à la transcription des actes de donation.

76. Nul ne peut immobiliser son bien à titre wakouf, au préjudice de ses créanciers, à peine de nullité de l'immobilisation.

DISPOSITIONS DIVERSES.

COMPOSITION. *C. Civ.* 661. Lorsque, malgré les termes employés, la convention dénommée transaction ou composition constitue au fond une donation ou une vente, ou tout autre contrat, ces règles (*De la composition ou transaction*) ne sont applicables qu'en tant qu'elles ne sont pas en désaccord avec la nature du contrat fait sous le couvert d'une transaction.

CRÉANCIERS. *C. Civ.* 204. Les créanciers ont le droit de faire annuler les donations consenties à leur préjudice.

DÉPOT. *C. Civ.* 603. L'ayant cause du dépositaire qui a aliéné la chose de bonne foi, ne doit que le prix qu'il a reçu, ou l'action qu'il a contre l'acquéreur. Si l'aliénation a eu lieu à titre gratuit, il doit l'estimation de la chose déposée.

FAILLITE. *C. Com.* 235. Sont nuls et sans effet, relativement à la masse, lorsqu'ils auront été faits par le débiteur depuis l'époque déterminée par le Tribunal comme étant celle de la cessation de ses paiements ou dans les dix jours qui auront précédé cette époque, tous les actes translatifs de propriétés mobilières ou immobilières à titre gratuit, tout payement, soit en espèces, soit par transport, vente, compensation ou autrement, pour dettes non échues.

238. Sera annulée toute translation de propriété à titre gratuit consenti à toute époque si le failli connaissait à cette époque le mauvais état imminent de ses affaires, même si le donataire était de bonne foi, à moins qu'il ne s'agisse d'un don nuptial non exagéré.

(*Droit des femmes*). *C. Com.* 372. Quelle que soit la loi qui régisse le mariage, la femme, en cas de faillite du mari, reprendra en nature les immeubles qu'elle avait au moment du mariage et dont elle a conservé la propriété, et ceux qui lui seront survenus par succession ou par donation entre vifs ou testamentaires.

373. La femme reprendra pareillement les immeubles acquis par elle et en son nom des deniers provenant des dites successions et donations, pourvu que la déclaration d'emploi soit expressément stipulée au contrat d'acquisition, et que l'origine des deniers soit constatée par inventaire ou par tout autre acte authentique.

INSAISISSABILITÉ. *C. Proc.* 498. Sont insaisissables les sommes données ou léguées à titre alimentaire ou sous condition d'insaisissabilité.

499. Les sommes alimentaires sont saisissables pour dettes d'aliments.

500. Les sommes données ou léguées sous condition d'insaisissabilité sont saisissables par les créanciers postérieurs aux donations et aux legs.

MANDAT. *C. Civ.* 632. Il est nécessaire de justifier d'un mandat spécial ou de pouvoirs spéciaux énoncés dans une procuration générale pour consentir tout acte à titre gratuit.

633. Le mandat général sur la nature de l'acte est valable sans que l'objet de l'acte soit spécifié, sauf en ce qui concerne les actes à titre gratuit.

PRÉEMPTION. *C. Civ.* 96. Le droit (de préemption) ne peut s'exercer contre un donataire.

PREUVE. *C. Civ.* 744. Par exception aux règles ci-dessus (V. DROITS RÉELS) ni le donataire qui aura transcrit son titre, ni le légataire à titre particulier, même s'il a lui-même transcrit, ne pourront opposer le défaut de la transcription à celui qui, en vertu d'un acte ayant date certaine avant la transcription ci-dessus, a acquis à titre onéreux la propriété d'un droit susceptible d'hypothèque, ou l'usufruit d'un droit d'usage ou d'habitation.

745. Cette faculté appartiendra à l'ayant droit à titre onéreux du donataire ou du légataire particulier, lorsqu'il aura lui-même transcrit son titre ou inscrit son droit de préférence.

RENTE. *C. Civ.* 589. Les rentes perpétuelles et viagères qui seront constituées à titre gratuit seront soumises aux règles ci-dessus. V. RENTE.

DOT. *C. Proc.* 68 Seront communiquées au ministère public, les causes suivantes : 2° celles qui concernent les femmes non autorisées par leurs maris ou plaidant pour leur dot. V. DON NUPTIAL.

DOUANE. GAGE. *C. Com.* 83. Le créancier est réputé avoir les marchandises en possession lorsqu'elles sont à sa disposition, à la douane ou dans un dépôt public ou si, avant qu'elles soient arrivées, il en est saisi par un connaissement ou par une lettre de voiture.

DROIT MARITIME

CAPITAINE. *C. Marit.* 41. Le capitaine est encore tenu d'avoir à bord : 6° Les acquits de payement ou à caution de douanes.

DOUTE. *C. Civ.* 201. Le doute s'interprète au profit de celui qui s'oblige.

DROITS. *C. Civ.* 19. Les biens sont susceptibles de droits différents par rapport à ceux qui en profitent ; ces droits sont :
1° La propriété ;
2° L'usufruit ;
3° Les servitudes ;

4° Le droit réel de privilège, d'hypothèque et de rétention. V. Propriété. Servitude. Usage. Usufruit. Privilège. Hypothèque. Rétention.

DROIT D'ACCESSION, DE PRÉEMPTION. V. Accession, Préemption.

DROIT D'AFFECTATION. V. Affectation.

DROIT D'HABITATION. V. Habitation.

DROITS IMMOBILIERS. *C. Civ.* 632. Il est nécessaire de justifier d'un mandat spécial ou de pouvoirs spéciaux énoncés dans une procuration générale pour aliéner un immeuble ou un droit immobilier. V. Immeubles.

DROITS INCORPORELS. *C. Civ.* 329. La chose vendue peut être un droit incorporel ou une créance contre un tiers.

441. Quand le vendeur cède seulement ses prétentions à une créance ou à un droit incorporel, il n'est pas responsable de l'existence même de la créance, ce qui doit être clairement expliqué à la convention. V. Cession de créance.

Vente. (*Délivrance*). *C. Civ.* 344. La délivrance des droits incorporels se fait par la remise des titres ou par l'autorisation donnée par le vendeur à l'acheteur d'en faire usage, quand rien ne s'oppose à cet usage.

DROITS LITIGIEUX. *C.Civ.* 441. Quand le vendeur cède seulement ses prétentions à une créance ou à un droit incorporel (442) lorsqu'il y a procès né sur le fond de la créance (cédée) le débiteur cédé peut éteindre le droit cédé, en remboursant au cessionnaire le prix réel de la cession, les intérêts et les frais faits.

443. Cette règle est inapplicable... toutes les fois que l'acquéreur a acheté le droit litigieux pour éviter lui-même un procès.

DISPOSITION SPÉCIALE.

C.Civ. 324. Les magistrats, greffiers, huissiers et avocats ne pourront acheter, ni par eux-mêmes ni par personne interposée, en tout ou en partie, des droits litigieux qui sont de la compétence des tribunaux dans le ressort desquels ils exercent leurs fonctions, et ce à peine de nullité de la vente.

La vente en ce cas est radicalement nulle, et la nullité devra être prononcée à la demande de toute personne ayant intérêt, et même d'office.

DROITS DE NAVIGATION. *C. Marit.* 241. Les lamanages, touages, pilotages, pour entrer dans les havres ou rivières ou pour en sortir; les droits de congés, visites, rapports, tonnes, balistes, ancrages et autres droits de navigation ne sont pas avaries, mais ils sont de simples frais à la charge du navire.

DROITS RÉELS. *C. Civ.* 16. Sont immeubles tous les droits réels sur ces biens (Immeubles).

C. Civ. 19. Les biens sont susceptibles de droits différents par rapport à ceux qui en profitent; ces droits sont : 4° Le droit réel de privilège, d'hypothèque et de rétention.

DES MODES D'ACQUÉRIR LA PROPRIÉTÉ ET LES DROITS RÉELS (*C. Civ. Titre I*ᵉʳ*, chap. V.*)
66. La propriété et les droits réels s'acquièrent :
Par l'effet des conventions. V. EFFETS DES CONVENTIONS.
Par la tradition. V. CE MOT.
Par les donations. V. CE MOT.
Par les successions et testaments. V. SUCCESSIONS.
Par appropriation ; c'est-à-dire par occupation. V. APPROPRIATION.
Par accession. V. CE MOT.
Par la préemption. V. CE MOT.
Par la prescription. V. CE MOT.

DE LA PERTE DE LA PROPRIÉTÉ ET DES DROITS RÉELS. (*Chap. VI.*)
117. Nul ne perd sa propriété sans sa volonté, si ce n'est :
1º Dans le cas où il vient d'être expliqué qu'elle est acquise à un tiers. V. PRESCRIPTION.
2º Par suite d'expropriation à la requête des créanciers dans le cas et les formes prévus par la loi ; V. EXPROPRIATION FORCÉE.
3º Quand il y a lieu à expropriation pour cause d'utilité publique. V. EXPROPRIATION D'UTILITÉ PUBLIQUE.

DE LA PREUVE DES DROITS RÉELS (*art.*732-749). (*C. Proc. Titre IV, chap. II*).
732. En toute matière, la propriété et les droits réels se prouvent à l'égard d'un précédent propriétaire par la preuve du contrat de transmission de propriété ou du droit réel, ou de tout fait auquel la loi attache la force d'opérer cette transmission.
733. En matière mobilière la preuve contre toute personne résulte de la possession avec titre et bonne foi.
734. La possession des meubles seule fait présumer le titre et la bonne foi, sauf preuve contraire, et sauf ce qui a été dit précédemment en cas de perte et de vol.
735. En matière immobilière, les droits réels s'établissent entre personnes tierces qui y prétendront d'après les règles suivantes :
736. La propriété ou ses démembrements résultant de succession seront établis vis-à-vis de toute personne par le titre.
737. Les droits résultant d'acte entre vifs translatifs de propriété ou de droits réels susceptibles d'hypothèques ou constitutifs de droit de servitude, d'usage, d'habitation ou d'antichèse, ou portant renonciation à ces droits, seront établis vis-à-vis des tiers prétendant un droit réel, par la transcription des dits actes ou jugements au greffe des hypothèques de la situation des immeubles.
638. Les jugements déclaratifs ou constitutifs de droits de même nature devront également être transcrits.
739. Il en sera de même des jugements d'adjudication et d'actes et jugements contenant un partage d'immeubles en nature.

740. Les baux de plus de neuf années et les quittances anticipées de plus de trois ans de loyer devront être transcrits pour faire preuve vis-à-vis des mêmes personnes.

741. Les privilèges sur les immeubles autres que les frais de justice et les salaires des gens de service, commis ou ouvriers, ainsi que le droit d'hypothèque, devront également être inscrits au greffe des hypothèques, dans les formes spécifiées plus loin.

742. A défaut de transcription ou d'inscription, quand elle est exigée, les droits ci-dessus seront considérés comme non avenus à l'égard de ceux qui ont des droits sur l'immeuble et qui les ont conservés en se conformant à la loi.

743. Toutefois, ces derniers auront seulement le droit de faire réduire à neuf années les baux d'une durée plus longue, et de faire rapporter ce qui a été payé au-delà de trois ans de loyers d'avance.

744. Par exception aux règles ci-dessus, ni le donataire qui aura transcrit son titre, ni le légataire à titre particulier, même s'il a lui-même transcrit, ne pourront opposer le défaut de transcription à celui qui, en vertu d'un acte ayant date certaine avant la transcription ci-dessus, a acquis à titre onéreux la propriété d'un droit susceptible d'hypothèque, ou l'usufruit d'un droit d'usage ou d'habitation.

745. Cette faculté appartiendra à l'ayant droit à titre onéreux du donataire ou du légataire particulier, lorsqu'il aura lui-même transcrit son titre ou inscrit son droit de préférence.

746. En cas de contrats de transmission entre plusieurs propriétaires successifs, il suffira de transcrire le dernier contrat.

747. L'action résolutoire du vendeur n'est pas opposable à ceux qui ont publié régulièrement les droits réels qu'ils tiennent de l'acheteur ou de ses ayants droit avant la transcription de l'acte de vente.

748. Le vendeur en est déchu s'il n'a pas transcrit avant le jugement de déclaration de faillite du détenteur.

749. Les dispositions du présent chapitre ne sont applicables qu'à partir de la date de l'installation des tribunaux. V. GREFFE DES HYPOTHÈQUES.

DISPOSITIONS DIVERSES.

ANTICHRÈSE. *C. Civ.* 674. Le gage immobilier n'est opposable aux tiers qu'à la condition d'être transcrit au greffe des hypothèques.

675. Il ne préjudicie pas aux droits réels régulièrement acquis et conservés sur l'immeuble avant cette transcription.

OBLIGATIONS. *C. Civ.* 146. L'obligation de constituer un droit réel transfère également ce droit sauf le droit de privilège, d'hypothèques ou de rétention.

TIERS-DÉTENTEUR *(Délaissement). C. Civ.* 722. Les servitudes et droits réels que le tiers-détenteur avait sur l'immeuble avant son acquisition renaîtront.

DROITS SUCCESSIFS. *C. Civ.* 332. La vente des

droits à la succession d'une personne vivante est nulle, même de son consentement.

438. La vente d'une hérédité échue comprend, à moins de stipulations contraires, les créances, frais, intérêts perçus et les dettes payées depuis l'ouverture, et dont il doit être fait compte.

443. Cette règle (faculté pour le débiteur cédé d'éteindre le droit cédé en remboursant au cessionnaire le prix réel de la cession, les intérêts et les frais faits. — Art. 442. — quand le vendeur a cédé seulement ses prétentions à une créance ou à un droit incorporel — art. 441 —) est inapplicable au cas de vente par un héritier à son cohéritier ou au copropriétaire de la créance cédée.

DROITS D'USAGE. V. Usage.

DUCROIRE (Convention de). FAILLITE. *(Revendication).* C. Com. 394. Pourront être également revendiquées aussi longtemps qu'elles existeront en nature, en tout ou en partie, chez le failli ou tout autre détenteur pour son compte, les marchandises consignées au failli, à titre de dépôt ou pour être vendues pour le compte du propriétaire, malgré toute stipulation de ducroire.

E

EAU. V. Irrigation.

EAU PLUVIALE, MÉNAGÈRE. C. Civ. 64. Tout propriétaire doit envoyer ses eaux pluviales et ménagères sur son terrain ou sur la voie publique en se conformant aux règlements de salubrité.

ÉCHANGE. C. Civ. 96. Le droit (de préemption en matière immobilière) ne peut s'exercer contre celui qui a acquis autrement que par vente ou échange (la part aliénée par un des copropriétaires indivis).

ÉCHÉANCE.

DISPOSITIONS DIVERSES.

CAUTIONNEMENT. C. Civ. 613. Le répondant a le droit de poursuivre le débiteur à l'échéance de la dette, même quand un délai a été accordé à ce dernier par le créancier, si celui-ci n'a pas déchargé la caution.

614. Il peut agir également contre le débiteur tombé en faillite avant l'échéance de la dette garantie.

617. Le répondant qui a payé à l'échéance, a son recours pour tout ce qu'il a payé contre le débiteur principal, et est subrogé aux droits du créancier, mais il ne peut les exercer qu'après lui.

618. S'il y a plusieurs cautions solidaires, celle qui a payé le tout à l'échéance peut demander à chacun des autres répondants de lui payer sa part de la dette et de lui tenir compte de la part des répondants solidaires insolvables.

620. Celui qui s'est porté caution de faire présenter le débiteur au jour de l'échéance est tenu de la dette, s'il ne le fait pas présenter à l'époque fixée.

GAGE. *C. Com.* 84. A défaut de payement à l'échéance, le créancier, peut, trois jours après une sommation faite par acte d'huissier resté infructueuse, outre le délai de distance, obtenir, sur une simple requête, du juge de service près le tribunal de son domicile, l'autorisation de vendre aux enchères publiques tout ou partie des objets donnés en gage, par le ministère d'un courtier commis à cet effet par l'ordonnance. V. GAGE.

LETTRE DE CHANGE. *C. Com.* 133. Une lettre de change peut être tirée :

A vue ;

A un ou plusieurs jours ou mois de vue ;

A un ou plusieurs jours ou mois de date ;

A jour fixe ou à jour déterminé, tel qu'une fête, une foire.

134. La lettre de change à vue est payable à présentation.

135. L'échéance d'une lettre de change à un ou plusieurs jours ou mois de vue est fixée par la date de l'acceptation ou par celle du protêt faute d'acceptation.

136. Le mois se compte d'après le calendrier qui correspond à la date déterminée dans la lettre de change.

S'il s'agit d'une lettre de change payable à un ou plusieurs mois de vue et que l'acceptation soit datée, le mois sera calculé d'après le calendrier auquel correspon la date déterminée dans l'acceptation.

137. Une lettre de change payable en foire est échue la veille du jour fixé pour la cloture de la foire, ou le jour de la foire, si elle ne dure qu'un jour.

138. Si l'échéance d'une lettre de change est à un jour férié légal, elle est payable la veille.

139. Tous délais de grâce, de faveur, d'usage ou d'habitude locale pour le paiement d'une lettre de change sont abrogés.

168. Le porteur d'une lettre de change doit en exiger le payement le jour de son échéance.

169. Le refus de payement doit être constaté par un protêt faute de payement le lendemain de l'échéance, outre le délai de distance entre le lieu où le protêt doit être fait et le siège du tribunal. Si le lendemain de l'échéance est un jour férié légal, le protêt est fait le jour suivant.

SAISIE CONSERVATOIRE. *C. Proc.* 764. Tout créancier peut avec permission du juge faire saisir conservatoirement les meubles de son débiteur qui n'a pas de domicile fixe en Egypte.

Il en est de même du porteur d'une lettre de change ou d'un billet à ordre protesté faute de payement à l'échéance pour les meubles et marchandises de son débiteur commerçant même domicilié, tireur, accepteur ou endosseur, pourvu que le protêt ait été signifié ou dénoncé au saisi. V. TERME.

ÉCHOUEMENT. AFFRÈTEMENT. *C. Marit.* 121. Il n'est dû aucun frêt pour les marchandises perdues par naufrage ou échouement.

ASSURANCES. *C. Marit.* 192. Sont aux risques des assureurs : toutes pertes et dommages qui arrivent aux objets assurés par échouement.

(*Délaissement*). *C. Marit.* 211. Le délaissemement des objets assurés peut être fait : en cas d'échouement avec bris.

223. Le délaissement signifié est accepté ou jugé valable, les effets assurés appartiennent à l'assureur à partir de l'époque du délaissement.

L'assureur ne peut, sous prétexte de retour du navire ou des marchandises après le délaissement, se dispenser de payer la somme assurée.

227. Le délaissement à titre d'innavigabilité ne peut être fait, si le navire ayant touché ou échoué, peut être relevé, réparé, et mis en état de continuer sa route pour le lieu de sa destination ; à moins que les frais de la réparation n'excèdent les trois quarts de la valeur pour laquelle il a été assuré.

Dans le cas de réparation, l'assuré conserve son recours sur les assureurs, pour les frais et avaries occasionnés par l'échouement.

AVARIES. *C. Marit.* 238. Sont avaries communes : 13° Les frais faits pour remettre à flot le navire échoué à dessein pour éviter totalement la perte ou la prise.

239. Sont avaries particulières : 1° Les dommages arrivés aux marchandises et au navire par échouement fortuit.

ÉCRITS. V. ACTES SOUS SEING PRIVÉ. PREUVE DES OBLIGATIONS ET DE LA LIBÉRATION.

ÉCRITURE. V. DÉNÉGATION, VÉRIFICATION D'ÉCRITURES. ALTÉRATION. FAUX.

EFFET (Conséquence). OBLIGATIONS. *C. Civ.* 159. Lorsque la condition sera accomplie, l'obligation et les droits qui en découlent seront censés avoir existé ou été nuls depuis le moment où l'évènement a été prévu.

160. Toutefois si l'exécution est devenue impossible avant l'accomplissement de l'évènement qui devait faire naître l'obligation, cet évènement ne produira aucun effet.

PARTAGE. *C. Civ.* 555. Le partage en nature vaudra vente de chacun des copropriétaires pour sa part indivise, à celui qui aura acquis le lot, et entraînera les mêmes effets.

EFFETS. (Chose.) FAILLITE. *C. Com.* 247. Par le jugement qui déclarera la faillite, le tribunal de commerce ordonnera l'apposition des scellés sur le magasin et les effets du failli.

(*Vêtements.*) *C. Com.* 268. Le juge-commissaire pourra sur

la demande des syndics, et selon l'exigence des cas, les dispenser de faire placer sous les scellés ou les autoriser à en faire extraire :
1° les vêtements et effets nécessaires au failli et à sa famille, dont il sera dressé un état approuvé par le juge-commissaire et qui leur seront délivrés.

VENTE. *C. Civ.* 418. En matière de vente de marchandises et d'effets mobiliers, quand un terme est convenu pour le payement du prix et pour la prise de livraison, la vente est résolue de plein droit, si le prix n'est pas payé aux termes fixés et sans qu'il soit besoin de sommation.

EFFETS DE COMMERCE. *C. Com.* 82. Les effets de commerce donnés en gage sont recouvrables par le créancier gagiste. V. BILLET A ORDRE. LETTRE DE CHANGE.

EFFET DES CONVENTIONS. *C. Civ. Chap.* V. *Sect. I.* EFFET DES CONVENTIONS (*art.* 67-69).

67. La propriété des meubles et des immeubles est acquise par l'effet de la convention de donner, quand la chose est la propriété de l'obligé.

68. Toutefois, la propriété des meubles s'acquiert par la délivrance en vertu d'un juste titre, bien que celui qui le livre ne soit pas propriétaire pourvu que celui qui reçoit soit de bonne foi, et sauf le droit de revendication du véritable propriétaire, en cas de perte ou de vol.

69. En matière immobilière, la propriété et les droits réels ne sont acquis, à l'égard des tiers, que moyennant les formalités de transcription déterminées par la loi.

EFFETS PUBLICS. V. FONDS PUBLICS. VALEURS NÉGOCIABLES.

EFFET RÉTROACTIF. *C. Civ.* 2. Ces lois (mixtes) n'auront aucun effet rétroactif.

Toutefois, les lois de procédure et de compétence seront applicables au règlement des contestations nées sur des obligations antérieures à la date ci-dessus.

FAILLITE. *C. Com.* 380. Les dispositions du présent chapitre (chap. III. *De la faillite*) n'ont aucun effet rétroactif.

ELECTION DE DOMICILE. *C. Proc.* 35. Les défendeurs seront assignés, savoir : 5° En matière d'élection du domicile pour l'exécution d'un contrat, devant le tribunal du domicile élu ou du domicile réel.

DISPOSITIONS DIVERSES

AFFECTATION. *C. Proc.* 769. Cette requête (à fin d'affectation) contiendra : 1° Les noms, prénoms, profession et demeure du créancier, avec élection de domicile dans la ville où siège le tribunal ;

2° Les nom, prénoms, profession et demeure du débiteur ;

APPEL. *C. Proc.* 408. L'acte d'appel devra contenir élection de domicile dans la ville où siège la Cour, si l'appelant n'y demeure pas, à défaut de quoi les actes seront valablement signifiés au greffe de la Cour.

DISTRIBUTION PAR CONTRIBUTION. *C Proc.* 579. Le greffier fera, dans les trois jours de la réquisition (au juge de service) sommation aux créanciers opposants au domicile élu dans l'acte de saisie, de produire, dans le délai d'un mois, au greffe, leur titre avec leur demande en attribution de deniers.

EXÉCUTION *(des jugements).* *C. Proc.* 465. Les significations faites au domicile élu pendant l'instance seront valables si l'exécution a commencée dans les six mois du prononcé du jugement, sauf quand la loi en aura disposé autrement.

466. S'il y a révocation du domicile élu sans indication d'un nouveau domicile, et que la partie ne demeure dans la ville ou siège le tribunal, les significations se feront valablement au greffe.

INSCRIPTION HYPOTHÉCAIRE. *C. Civ.* 690. L'inscription sera faite sur un bordereau en double qui contiendra : 1° Les nom, prénoms, profession et demeure du créancier, avec élection de domicile dans le ressort du tribunal, sinon les actes, s'il y a lieu, seront valablement signifiés au greffe.

MANDAT JUDICIAIRE. *C. Proc.* 50. La procuration emportera de plein droit élection de domicile chez le mandataire.

51. La partie qui n'aura pas de mandataire habitant la ville où siège le tribunal, devra élire domicile dans ladite ville, faute de quoi les actes pourront lui être valablement signifiés au greffe de ce tribunal.

OPPOSITION *C. Proc.* 373. L'opposition contre les jugements par défaut est recevable, sauf les cas où la loi fixe des délais spéciaux, savoir : Dans la huitaine de la signification du jugement à personne ou au domicile réel ou élu, outre les délais de distance, si la partie a comparu à l'audience.

377. L'opposition se fait par acte signifié au domicile élu ou au domicile réel s'il est dans la ville où siège le tribunal.

ORDRE. *C. Proc.* 724. Les sommations de produire et de prendre communication du règlement provisoire seront faites au domicile élu dans l'inscription.

SAISIE-ARRÊT *C. Proc.* 475. La saisie-arrêt sera faite par acte d'huissier dans les termes ordinaires : l'acte contiendra élection de domicile dans le lieu où demeure le tiers-saisi, si le saisissant n'y demeure pas, le tout à peine de nullité.

SAISIE IMMOBILIÈRE *C. Proc.* 606. Le commandement contiendra élection de domicile dans la ville où siège le tribunal qui devra connaître de la saisie.

615. Le procès-verbal de saisie contiendra : 3° Election de domicile dans la ville où siège le tribunal de la saisie.

659. L'adjudicataire devra faire élection de domicile dans la ville où siège le tribunal, s'il n'y demeure pas, sinon, cette élection sera de droit au greffe dudit tribunal.

REVENDICATION. *C. Proc.* 683. La revendication sera intentée contre le saisi et celui qui poursuit la vente ; si elle a lieu après le dépôt du cahier des charges, le premier créancier inscrit en dehors du poursuivant sera mis en cause.

684. L'assignation sera donnée à ces derniers au domicile élu et au saisi au domicile réel, en observant les délais de distance autres que ceux qui sont prescrits quand le domicile est hors de l'Egypte.

SAISIE MOBILIÈRE. *C. Proc.* 506. Le procès-verbal de saisie contiendra, outre les énonciations communes à tous les actes d'huissier, élection de domicile dans le lieu de la saisie à peine de nullité.

SURENCHÈRE. *C. Proc.* 661. Par l'acte de surenchère, le surenchérisseur fera élection de domicile dans les termes ci-dessus : (art. 659) dans la ville où siège le tribunal, s'il n'y demeure pas, sinon, cette élection sera de droit au greffe dudit tribunal. V. SAISIE IMMOBILIÈRE.

TIERS-DETENTEUR. *(Délaissement).* *C. Civ.* 705. L'offre doit être faite à tous les créanciers inscrits au domicile élu dans leur inscription, et être accompagné de la notification.

ÉLECTION DES JUGES DE COMMERCE.
V. TRIBUNAL DE COMMERCE.

EMPÊCHEMENT. FAILLI. *C. Com.* 274.
Les syndics appelleront le failli auprès d'eux, pour clore et arrêter les livres en sa présence ou pour fournir tous renseignements, il pourra comparaître par fondé de pouvoirs, s'il justifie de causes d'empêchement reconnues valables par le juge-commissaire.

SIGNIFICATIONS. *C. Proc.* 12. La signification devra être faite par l'huissier le jour même de la réquisition qui lui aura été faite par la partie, quand celle-ci aura remis l'acte libellé, à moins d'empêchement légitime.

VÉRIFICATION D'ÉCRITURE. *C Proc.* 301. Si le demandeur ne comparait pas (au jour fixé pour l'admission des pièces de comparaison) il sera déchu de la faculté de faire la preuve par experts, à moins qu'il ne justifie d'un empêchement sérieux, ce qui sera jugé d'urgence par le tribunal. V. COMMISSION ROGATOIRE.

EMPÊCHEMENT DE JUGE. *C. Proc.* 99.
Les juges doivent être présents à la lecture du jugement, qui devra être lu en audience publique.

100. Toutefois, en cas d'empêchement absolu, il suffira qu'ils aient signé la minute du jugement avant sa lecture.

EMPLOI DE DENIERS. FAILLITE DU MARI. (*Droits des femmes*). *C. Com.* 373. La femme reprendra pareillement les immeubles acquis par elle et en son nom des deniers provenant desdites successions et donations, pourvu que la déclaration d'emploi soit expressément stipulée au contrat d'acquisition, et que l'origine des deniers soit constatée par inventaire ou par tout autre acte authentique.

MANDAT. *C. Civ.* 646. Le mandataire doit les intérêts du jour de la mise en demeure ou de l'emploi qu'il a fait à son profit des deniers reçus.

SUBROGATION. *C. Civ.* 225. Le tiers subrogé a pour sureté de cette nouvelle créance (sur le débiteur) les mêmes garanties qui existaient au profit de l'obligation éteinte dans les cas suivants seulement : 3° quand ce tiers a payé un créancier ayant privilège ou hypothèque avant lui ou que, acquéreur d'un immeuble, il emploie son prix à payer les créanciers hypothécaires sur cet immeuble.

227. Le débiteur peut aussi, sans le concours du créancier, transférer les mêmes garanties au profit de celui qui fournit la chose destinée au payement, pourvu que l'emprunt et l'emploi soient constatés par acte authentique.

USUFRUIT. *C. Civ.* 40. S'il s'agit de choses mobilières il doit être fait inventaire et donné caution; à défaut de caution, les meubles sont vendus et le produit placé en fonds publics dont le revenu est remis à l'usufruitier.

EMPLOYÉ. V. GAGES ET SALAIRE.

EMPRISONNEMENT. FAILLITE. *C. Com.* 247. Le jugement déclaratif de faillite ou tout jugement ultérieur rendu sur le rapport du juge-commissaire ordonnera, s'il y a lieu, l'emprisonnement du failli, ou la garde de sa personne par un officier de police ou du tribunal.

251. Les dispositions qui ordonneront le dépôt de la personne du failli dans une maison d'arrêt pour dettes, ou la garde de sa personne, seront exécutées à la diligence, soit du ministère public, soit des syndics de la faillite.

357. L'incarcération du failli, quand elle aura été ordonnée, cessera à toute époque dès qu'il sera établi que les syndics ont été mis en possession de tout l'actif et des livres, et que toutes les indications nécessaires leur auront été fournies par le failli. Les créanciers et les syndics pourront intervenir au jugement.

410. Ne seront susceptibles ni d'opposition ni d'appel les jugements qui statuent sur la mise en liberté du failli.

POLICE DE L'AUDIENCE. *C. Proc.* 66. Le tribunal sera compétent pour prononcer, sur les conclusions du ministère public,

la peine de vingt-quatre heures de prison, qui sera exécutée immédiatement, contre les individus qui troubleraient l'audience.
V. AUDIENCE.

EMPRUNT DE DENIERS. *C. Civ.* 227. Le débiteur peut sans le concours du créancier, transférer les mêmes garanties (qu'en cas de subrogation) au profit de celui qui fournit la chose destinée au payement, pourvu que l'emprunt et l'emploi soient constatés par acte authentique.

EMPRUNT A LA GROSSE. *C. Com.* 3. La loi repute acte de commerce maritime tout emprunt ou prêt à la grosse.
C. Marit. Titre X. DES CONTRATS A LA GROSSE *(art.149-172)*.
149. Le contrat à la grosse est celui par lequel on prête sur le navire ou la cargaison ou sur tous les deux à la fois, à la condition que, si lesdits objets affectés à la créance périssent ou se détériorent par cas fortuit de mer, la somme prêtée sera perdue pour le prêteur, ainsi que le bénéfice convenu, autant qu'il ne pourra exercer ses droits sur ce qui aura été sauvé, et qu'elle lui sera rendue avec le profit maritime, c'est-à-dire avec les intérêts convenus au taux même plus élevé que celui fixé par la loi, s'ils arrivent à bon port.
150. Le contrat à la grosse est fait par acte authentique ou sous signature privée. Il énonce :
1° Le capital prêté et la somme convenue pour le profit maritime;
2° Les objets sur lesquels le prêt est affecté ;
3° Le nom du navire et les noms et prénoms du propriétaire et du capitaine, du prêteur et de l'emprunteur;
4° Si le prêt a lieu pour un voyage ou pour un certain temps; pour quel voyage et pour quel temps ;
5° L'époque du remboursement ;
6° Enfin le jour et le lieu où le prêt a lieu.
151. Le contrat authentique sera passé, si c'est en Turquie, devant le greffier du tribunal de commerce ou la chancellerie commerciale, et, à défaut, devant l'autorité la plus élevée du lieu ou son délégué, et, dans les pays étrangers, devant le consul ottoman, et, à son défaut, devant l'autorité compétente du lieu, suivant les formalités d'usage.
152. Si le contrat est fait sous signature privée, le prêteur à la grosse est tenu de le faire légaliser et enregistrer, dans les dix jours de sa date, devant une des autorités indiquées en l'article précédent, suivant les lieux et les cas.
153. Si les dispositions des deux articles précédents n'ont pas été observées, le contrat, perdant sa qualité de prêt à la grosse, se convertit en un simple prêt, et, dans ce cas, le prêteur perd son privilège sur les objets affectés, et l'emprunteur est personnelle-

ment obligé au payement du principal et des intérêts légaux.

154. L'acte de prêt à la grosse peut être rédigé à ordre, et, dans ce cas, il est négocié par la voie de l'endossement, dans la même forme que la lettre de change. En cas d'endossement, le cessionnaire remplace l'endosseur tant pour le profit que pour les pertes, et sans que l'endosseur soit tenu à d'autres garanties qu'à celle de l'existence du prêt à la grosse.

La garantie, si elle doit s'exercer, ne s'étend pas au profit maritime, à moins que le contraire n'ait été expressément stipulé.

155. Les emprunts à la grosse peuvent être affectés : sur le corps et quille du navire, sur les agrès et apparaux, sur l'armement et les victuailles, sur le chargement, sur la totalité de ces objets conjointement, ou sur une partie déterminée de chacun d'eux.

156. Tout emprunt à la grosse, fait pour une somme excédant la valeur des objets sur lesquels il est affecté, peut être déclaré nul, à la demande du prêteur, et le capital remboursé avec les intérêts légaux, s'il est prouvé qu'il y a fraude de la part de l'emprunteur.

157. S'il n'y a fraude, le contrat est valable jusqu'à la concurrence de la valeur des effets affectés à l'emprunt d'après l'estimation qui en est faite ou convenue ; le surplus de la somme empruntée est remboursé avec les intérêts légaux.

158. Tous emprunts sur le fret à faire du navire et sur le profit espéré des marchandises sont prohibés. Le prêteur, dans ce cas, n'a droit qu'au remboursement du capital sans aucun intérêt.

159. Est également, et sous la même peine, prohibé tout prêt à la grosse fait aux matelots ou gens de mer sur leurs loyers ou voyages.

160. Le navire, les agrès et les apparaux, l'armement et les victuailles, même le fret acquis, sont affectés par privilège, aux capital et intérêts de l'argent donné à la grosse sur le navire.

Le chargement est également affecté aux capital et intérêts de l'argent donné à la grosse sur le chargement.

Si l'emprunt a été fait sur un objet particulier du navire ou du chargement, le privilège n'a lieu que sur l'objet, et dans la proportion de la quotité affectée à l'emprunt.

161. Un emprunt à la grosse fait par le capitaine dans le lieu de la demeure des propriétaires du navire ou de leurs fondés de pouvoirs, sans leur autorisation authentique ou leur intervention dans l'acte, et le contrat fait hors le lieu de leur demeure sans l'observation des formalités prescrites dans l'article 151, ne donnent action et privilège que sur la portion que le capitaine peut avoir au navire et au fret.

162. Les parts et portions des propriétaires qui, dans le cas de l'article 48, (V. Capitaine) n'auraient pas fourni, dans les vingt-quatre heures de la sommation à eux faite, leur contingent pour mettre le bâtiment en état de partir, sont affectées aux sommes empruntées pour radoub et victuailles, même dans le lieu de leur demeure.

163. Les emprunts faits pour le dernier voyage du navire sont remboursés par préférence aux sommes prêtées pour un précédent voyage, quand même il serait déclaré qu'elles sont laissées par continuation ou renouvellement. Les sommes empruntées pendant le voyage sont préférées à celles qui auraient été empruntées avant le départ du navire; et s'il y a plusieurs emprunts faits pendant le voyage, le dernier emprunt sera toujours préféré à celui qui l'aura précédé.

Les emprunts contractés dans le même voyage, dans le même port de relâche forcée, pendant le même séjour, viennent en concurrence.

164. Le prêteur à la grosse sur les marchandises chargées dans un navire désigné au contrat ne supporte pas la perte des marchandises, même par fortune de mer, si elles ont été chargées sur un autre navire, à moins qu'il ne soit légalement constaté que ce chargement a eu lieu par force majeure.

165. La somme prêtée ne peut être réclamée, si les objets sur lesquels le prêt à la grosse a été fait sont entièrement perdus ou déclarés de bonne prise, et que la perte ou la prise soit arrivée par cas fortuit ou force majeure dans le temps et dans le lieu des risques pour lequel l'emprunt a été fait.

Si une partie des objets affectés est sauvée, le prêteur conserve ses droits sur les effets sauvés.

166. Les déchets, diminutions et pertes qui arrivent par le vice propre de la chose, et les dommages causés par le fait de l'emprunteur ou par la faute de l'équipage, ne sont point à la charge du prêteur.

167. En cas de naufrage, le payement des sommes empruntées à la grosse est réduit à la valeur des effets sauvés et affectés au contrat, déduction faite des frais de sauvetage.

168. Si le temps des risques maritimes n'est point déterminé par le contrat à la grosse, il court à l'égard du navire, des agrès, des apparaux, armements et victuailles, du moment où le navire a fait voile, jusqu'au moment où le navire est ancré ou amarré au port ou lieu de sa destination.

A l'égard des marchandises, il court du moment où ces marchandises ont été chargées à bord du navire ou des gabares destinées à les y transporter, ou du jour du contrat si l'emprunt sur des marchandises chargées a été fait pendant le voyage, jusqu'au moment où elles sont ou auraient dû être déchargées à terre au lieu de leur destination.

169. Si le voyage pour lequel le contrat à la grosse a eu lieu n'est pas réalisé, le prêteur a le droit de répéter par privilège le capital et les intérêts légaux sans prime; mais si le danger a déjà commencé à courir pour son compte selon l'article précédent, en ce cas il a droit à la prime.

170. Celui qui emprunte à la grosse sur les marchandises n'est point libéré par la perte du navire et du chargement, s'il ne justifie qu'il y avait, pour son compte, des effets jusqu'à concurrence de la somme empruntée.

171. Les prêteurs à la grosse contribuent à la décharge des emprunteurs, aux avaries communes, malgré toute convention contraire. Ils contribuent aussi aux avaries simples, s'il n'y a convention contraire. La dite contribution a lieu sur le capital prêté et la prime convenue.

172. S'il y a contrat à la grosse et assurance sur le même navire ou sur le même chargement, le produit des effets sauvés du naufrage est partagé entre le prêteur à la grosse, pour son capital seulement, et l'assureur pour les sommes assurées proportionnellement à leur intérêt respectif, sans préjudice des privilèges établis à l'article 5. V. PRIVILÈGE *(Droit maritime)*.

DISPOSITIONS ADDITIONNELLES.

ASSURANCE. *C. Marit.* 190. Le contrat d'assurance est nul s'il a pour objet....les sommes empruntées à la grosse, les profits maritimes des sommes prêtées à la grosse.

PRESCRIPTION. *C. Marit.* 269. Toute action dérivant d'un contrat à la grosse ou d'une police d'assurance est prescrite après cinq ans, à compter de la date du contrat.

PRIVILÈGE. *C. Marit.* 5. Sont privilégiées (sur le prix du navire) : 9° Les sommes prêtées à la grosse sur le corps, quille, agrès, apparaux, pour radoub, victuailles, armement et équipement avant le départ du navire.

6. Le privilège accordé aux dettes énoncées dans le précédent article ne peut être exercé qu'autant qu'elles seront justifiées dans les formes suivantes : 7° Les sommes prêtées à la grosse, sur le corps, quille, agrès, apparaux, armement et équipement, avant le départ du navire, seront constatées par des contrats authentiques, ou sous signature privée, dont les expéditions en double seront déposées au greffe du tribunal ou de la chancellerie de commerce dans les dix jours de leur date.

ENCAN (Vente à l'). V. VENTE A L'ENCAN, VENTE A LA CRIÉE, VENTE AUX ENCHÈRES.

ENCHÈRES. HYPOTHÈQUE. *C. Civ.* 683. Les immeubles susceptibles, par leur nature, d'être vendus aux enchères peuvent seuls être hypothéqués.

PARTAGE. *C. Civ.* 554. S'il y a impossibilité de partage en nature (d'un bien commun), il sera procédé à la vente dans les formes indiquées au Code de procédure. V. LICITATION.

SAISIE DE RENTES. *C. Proc.* 567. Le jugement d'adjudication qui contiendra le cahier des charges et le procès-verbal d'enchères vaudra transport et ne sera signifié qu'à la partie saisie.

SAISIE IMMOBILIÈRE. *C. Proc.* 645. Quarante jours au plus tôt et vingt jours au plus tard avant la vente, elle sera annoncée par des affiches signées du poursuivant ou de son fondé de pouvoirs, qui contiendront : 6° Le jour, l'heure et le lieu des enchères. V. PUBLICITÉ JUDICIAIRE.

653. Toute enchère qui, y compris la mise à prix, ne sera pas couverte pendant trois minutes, donne lieu à l'adjudication au profit de l'enchérisseur, ce qui sera prononcé par le tribunal.

654. Le règlement du tribunal indiquera la progression suivant laquelle doivent être faites les enchères.

655. Quand une enchère sera couverte, le précédent enchérisseur sera libéré. V. SAISIE IMMOBILIÈRE.

VENTE MOBILIÈRE. *C. Proc.* 528. La vente n'aura lieu que huit jours au moins après la saisie, au lieu où se trouvent les meubles ou au marché le plus voisin, aux enchères et à la criée de l'huissier et au comptant.

Les objets d'or et d'argent ne peuvent être vendus pour une somme inférieure à leur valeur intrinsèque telle qu'elle aura été déterminée par l'expertise; les objets de cette nature, qui, à défaut d'enchérisseur, n'auront pas été vendus, seront conservés en dépôt, comme les deniers comptants, pour être assignés en payement au saisissant ou à d'autres créanciers, en cas de distribution par contribution.

Si, pour la vente des objets estimés ou des bijoux, il ne se présente pas d'enchérisseur au prix de l'estimation, la vente sera remise au premier jour suivant non férié, et les objets seront alors vendus au plus offrant, même en dessous de l'estimation.

La vente sera pareillement remise quand il ne se présentera pas d'autre enchérisseur, pour des objets non estimés, que le seul créancier saisissant, sauf si celui-ci consent à recevoir ces objets en payement, suivant l'estimation d'un expert que l'huissier chargé de la vente désignera.

Pour annoncer la continuation ou la remise de la vente, il suffira d'une déclaration publiquement faite par l'huissier et mentionnée dans son procès-verbal. V. VENTE AUX ENCHÈRES. FOLLE ENCHÈRE. SURENCHÈRE. VENTE IMMOBILIÈRE. VENTE MOBILIÈRE.

ENCLAVE. *C. Civ.* 65. Le droit de passage jusqu'à la voie publique des propriétés enclavées est réglé par les tribunaux, en ce qui concerne son mode d'exercice et l'indemnité préalable à laquelle il donne droit.

ENDOSSEMENT.

DISPOSITIONS GÉNÉRALES.

C. Com. 140. La propriété d'une lettre de change payable à ordre se transmet, tant qu'elle n'est pas échue, par voie d'endossement.

141. L'endossement est daté. Il exprime que la valeur a été fournie. Il énonce le nom de celui à l'ordre de qui il est passé.

142. Si l'endossement n'est pas conforme aux dispositions de l'article précédent, il n'opère pas le transport; il n'est qu'une procuration pour le recouvrement et pour la transmission, sauf à rendre compte du mandat, et sans que celui qui a opéré la transmission en ce cas cesse d'être personnellement obligé comme endosseur.

L'endossement en blanc peut être rempli après coup, pourvu qu'il corresponde à une opération réellement faite à la date portée à l'endossement.

143. Il est défendu d'antidater les ordres, à peine de faux.

144. Tous ceux qui ont signé, accepté ou endossé une lettre de change sont tenus à la garantie solidaire envers le porteur.

Billet à ordre. C. Com. 196. Toutes les dispositions relatives aux lettres de change et concernant l'endossement sont applicables aux billets à ordre. V. BILLET A ORDRE.

DISPOSITIONS ADDITIONNELLES.

FAILLITE. (*Coobligés*) V. COOBLIGÉS.

(*Rapport*) *C. Com.* 240. Dans le cas où une lettre de change aurait été payée par le débiteur après l'époque fixée comme étant celle de la cessation des paiements, et avant le jugement déclaratif de faillite, l'action en rapport ne pourra être intentée que contre celui pour compte duquel la lettre de change aura été fournie, ou, s'il s'agit d'un billet à ordre, contre le premier endosseur.

Dans l'un et l'autre cas, la preuve que celui à qui on demande le rapport avait connaissance de la cessation des payements à l'époque de l'émission du titre, devra être fournie.

GAGE. *C. Com.* 82. Le gage, à l'égard des valeurs négociables, peut aussi être établi par un endossement régulier indiquant que les valeurs ont été remises en garantie.

LIVRES DE COMMERCE. *C. Com.* 12. Tout commerçant est tenu d'avoir un livre-journal qui présente jour par jour — ses endossements d'effets.

PROVISION. *C. Com.* 116. La provision doit être faite par le tireur ou par celui pour le compte de qui la lettre de change est tirée sans que le tireur pour compte d'autrui cesse d'être personnellement obligé envers les endosseurs et le porteur seulement.

118. L'acceptation suppose la provision. Elle en établit la preuve à l'égard des endosseurs: V. PROVISION. LETTRE DE CHANGE (*Droits du porteur*).

DROIT MARITIME.

PRÊT A LA GROSSE. *C. Marit.* 154. L'acte de prêt à la grosse peut être rédigé à ordre, et, dans ce cas, il est négocié par la voie de l'endossement, dans la même forme que la lettre de change. En cas d'endossement le cessionnaire remplace l'endosseur tant pour le profit que pour les pertes, et sans que l'endosseur soit tenu à d'autres garanties qu'à celle de l'existence du prêt à la grosse.

ENFANTS. TÉMOINS. *C. Proc.* 244. Les enfants au-dessous de quatorze ans ne prêteront pas serment et seront entendus à titre de simple renseignement. V. MINEURS. INCAPABLES.

ENGAGEMENTS. *C. Com.* 1. Les tribunaux de commerce connaîtront : 1° De toutes contestations relatives aux engagements et transactions entre commerçants, marchands et banquiers.

3. La loi répute acte de commerce maritime : Tous engagements de gens de mer pour le service de bâtiments de commerce.

ENNEMIS. AFFRÈTEMENT. *C. Marit.* **121.** Il n'est dû aucun frêt pour les marchandises perdues par naufrage ou échouement, pillées par des pirates ou prises par les ennemis.

Le capitaine est tenu de restituer le fret qui lui aura été avancé, s'il n'y a convention contraire.

AVARIES. *C. Marit.* **238.** Sont avaries communes :

7° Les traitements, pansements, nourriture et dédommagements des personnes qui se trouvaient à bord et qui ont été blessées ou mutilées en défendant le navire.

10° Les droits de pilotage et autres frais d'entrée et de sortie dans un port de relâche-forcée, faite, soit pour réparation de dommages soufferts volontairement pour le salut commun, soit pour échapper à un danger imminent provenant d'une tempête ou de la poursuite de l'ennemi, ainsi que les frais de déchargement pour alléger le navire et entrer dans un port, havre ou rivière dans le même cas.

ENQUÊTE. *C. Proc. Titre I. chap. X. Sect. II. § III.* DES ENQUÊTES *(art. 200-257).*

DISPOSITIONS GÉNÉRALES.

Procédure. **200.** La partie en instance qui voudra faire une preuve par témoins, devra signifier l'exposé des faits qu'elle entend prouver, avec citation à l'audience, dans le délai de trois jours, au moins.

201. Les faits doivent être indiqués par articles séparés.

202. Si avant l'audience, ou à l'audience, tout ou partie des faits sont reconnus, le tribunal en donnera acte, ce qui sera porté sur le procès-verbal d'audience.

207. Le jugement qui ordonnera la preuve par témoins, spécifiera exactement et séparément les faits sur lesquels elle doit porter.

208. Le jugement dira si l'enquête doit avoir lieu devant le Tribunal ou devant un juge commis à cet effet, et dans ce dernier cas si l'enquête doit être faite sommairement ou non.

210. Lorsque la preuve devra être faite devant le tribunal, le jugement qui ordonnera l'enquête fixera le jour où les témoins seront entendus.

212. Dans le cas de l'article 210 les parties se signifieront réciproquement le nom des témoins qu'elles entendent produire, et feront assigner ces témoins un jour au moins avant celui de l'audience, en indiquant simplement la cause dans laquelle ils sont cités, et sans qu'il soit besoin de lever et de signifier le jugement qui aura ordonné l'enquête.

Pertinence, admissibilité. 203. Si, dans le cas où les faits sont déniés en totalité ou en partie, la pertinence et l'admissibilité de ces faits est reconnue ou si, en cas de contestation, le tribunal juge qu'ils sont pertinents et admissibles, le Tribunal autorisera l'enquête.

204. Le Tribunal aura la faculté de déclarer d'office que les faits invoqués ne sont ni pertinents ni admissibles.

205. Il pourra ordonner d'office une preuve par témoins, dans le cas où la loi permet ce genre de preuve, quand il le croira utile à la vérité.

248. Dans le cours d'un interrogatoire, la partie adverse pourra contester et le juge refuser la position d'une question qui ne serait pas pertinente au fait à prouver ou qui serait inconvenante.

Contre-enquête. 206. La faculté accordée à une des parties de prouver un fait par témoins emporte toujours le droit pour la partie adverse, de faire entendre des témoins pour établir la fausseté du même fait.

Enquête sommaire. V. CE MOT.

Prorogation. 213. Si l'une des parties demande une prorogation, le Tribunal ou le juge statuera immédiatement et après débat sommaire.

214. Dans le cas de refus par le juge d'accorder une prorogation pour l'enquête, l'incident, si la partie le requiert, sera porté au Tribunal qui pourra l'accorder ou passer outre au jugement du fond.

215. Le juge ne pourra accorder plus d'une prorogation de délai.

Enquête devant le juge-commissaire. 216. Quand il y aura lieu à enquête devant le juge commis, sans que le tribunal ait dit qu'elle serait faite sommairement, la partie la plus diligente lèvera et fera signifier le jugement et requerra du juge une ordonnance qui fixera le jour, le lieu et l'heure où il entendra les témoins.

217. Cette ordonnance sera signifiée à la partie adverse trois jours avant l'audition des témoins ; la liste des témoins contenant leurs noms, professions et demeures, lui sera notifiée vingt-quatre heures avant leur comparution, à peine de nullité.

257. Après l'enquête devant le juge, le tribunal sera saisi par une citation à trois jours francs.

Témoins. 218. Les témoins seront cités à venir déposer un jour à l'avance, outre les délais de distance ; la citation contiendra copie de la partie du dispositif du jugement relatant les faits dont la preuve est autorisée, et l'ordonnance du juge-commissaire.

219. L'enquête sera continuée jusqu'à ce que les témoins dont les noms auront été notifiés avant la première séance aient été entendus.

220. Il en sera de même pour la contre-enquête dont le jour sera fixé par l'ordonnance du juge, sur une requête à lui présen-

tée dans les trois jours, au plus tard, qui suivront la fin de l'enquête.

221. Les parties pourront, pendant les quinze jours qui suivront la première séance, demander, soit sur le procès-verbal, soit par requête séparée, au juge-commissaire, à citer de nouveaux témoins qu'ils indiqueront, sauf recours au Tribunal contre l'ordonnance qui refuserait le permis de citer.

(*Déposition*). 222. L'enquête, quel que soit le mode d'après lequel elle sera faite, sera régie par les règles suivantes :

223. Le témoin qui, cité régulièrement, ne comparaîtrait pas, sera condamné à 100 P. T. d'amende et réassigné à ses frais, s'il y a lieu.

224. L'amende sera prononcée par le Tribunal ou par le juge enquêteur, dont l'ordonnance sera insérée au procès-verbal.

225. L'amende sera double si le témoin ne comparaît pas sur la réassignation.

226. Le Tribunal ou le juge pourra décerner, dans ce cas, un mandat d'amener contre lui.

227. Le témoin qui, comparaissant, refusera de répondre, sera condamné dans les mêmes formes, à 100 P. T. d'amende, sans préjudice de tous dommages-intérêts envers les parties.

228. Si le témoin qui n'a pas comparu se présente et fait valoir des motifs fondés d'excuse, il sera relevé de la peine.

229. En cas d'empêchement justifié, le juge commis se transportera chez le témoin avec le greffier et recevra sa déposition.

230. L'état de maladie du témoin sera constaté, s'il y a lieu, eu égard à la conscience qu'il peut avoir de la gravité de la déposition à lui demandée.

231. En cas d'éloignement, le jugement pourra commettre le Tribunal de la résidence du témoin, avec mission de désigner le juge qui procédera à l'audition.

242. Chaque témoin déposera séparément et hors la présence de ceux qui n'auront pas été entendus.

243. Il donnera ses nom, profession et domicile, et déclarera s'il est parent ou allié des parties, et à quel degré, et s'il est leur employé ou homme de service.

Il prêtera serment de dire la vérité ; le serment se fera, s'il le demande, dans la forme réglée par ses croyances religieuses.

244. Les enfants au-dessous de quatorze ans ne prêteront pas serment et seront entendus à titre de simple renseignement.

245. Celui qui aura produit un témoin posera successivement les questions qu'il entend lui soumettre, après quoi la partie adverse posera ses questions. Le tout sans qu'aucune partie puisse interrompre l'interrogatoire de l'autre partie.

246. Il ne pourra être accordé que par le Tribunal ou par le

juge commis la faculté de poser de nouvelles questions après les deux interrogatoires successifs qui précèdent.

247. Après l'interrogatoire par les parties, le tribunal, par l'organe du Président ou des juges, ou le juge commis, pourra poser d'office les questions qui lui paraîtront utiles à la découverte de la vérité. Le ministère public, à l'audience où se fera l'enquête, aura le même droit.

248. Dans le cours d'un interrogatoire, la partie adverse pourra contester et le juge refuser la position d'une question qui ne serait pas pertinente au fait à prouver ou qui serait inconvenante.

249. Il sera donné lecture de la déposition à chaque témoin, qui la signera après avoir fait les rectifications qu'il jugera nécessaires.

250. Il sera fait mention du refus ou de l'impossibilité de signer.

251. Les témoins déposeront verbalement et sans pouvoir consulter des notes écrites.

(*Taxe.*) 253. Les témoins seront taxés sur leur demande et il en sera fait mention sur le procès-verbal, dont l'extrait à eux délivré sera, quant à ce, rendu exécutoire par greffier contre la partie qui les aura cités.

Récusation, V. RÉCUSATION. (§ *VI. Récusation de témoins* (art. 232-241).

Procès-verbal d'enquête. 252. Le procès-verbal contiendra la requête et l'ordonnance qui a fixé le jour de l'enquête ; les jour, lieu et heure auxquels il est procédé ; les noms, prénoms, profession et domicile des parties et la mention de leur comparution ou défaut, leurs réquisitions ; la comparution ou le défaut des témoins, les ordonnances rendues contre eux, la mention des assignations prescrites en original ou copie ; les déclarations des témoins, la mention du serment par eux prêté, les récusations et les incidents sur ces récusations ; les questions posées avec la mention de la personne qui les a posées, les incidents sur la position des questions faites, les réponses, la mention de la lecture aux témoins, leur approbation et les rectifications indiquées par eux ; enfin, les différentes remises des séances de l'enquête. Cf. *supra.* (*Taxe*).

254. Lorsque l'enquête n'a pas eu lieu devant le Tribunal, ou si, ayant eu lieu devant le Tribunal, le jugement n'a pas été rendu à l'audience même où il a été procédé à l'audition des témoins, les parties ont le droit de prendre communication du procès-verbal d'enquête.

255. Les parties auront toujours le droit de demander expédition du procès-verbal d'enquête, sans retard dans le jugement.

256. Toutefois, en matière d'enquête non sommaire devant un juge commis, aucune partie ne pourra forcer son adversaire à plaider, si elle ne lui a pas signifié le procès-verbal de l'enquête ou de la contre-enquête qu'elle a provoquée.

DISPOSITIONS ADDITIONNELLES.

INSCRIPTION DE FAUX. *C. Proc.* 325. Si les moyens de faux sont admis, le Tribunal en ordonnera la preuve par expertise ou par enquête ou par l'un et l'autre moyens.

VISITE DES LIEUX. *C. Proc.* 283. Le tribunal ou le juge pourront, séance tenante.... entendre sous serment les témoins qu'ils jugeront nécessaires et qui seront appelés par un simple avis du greffier.

ENQUÊTE SOMMAIRE. *C. Proc.* 208. Le jugement dira si l'enquête doit avoir lieu devant le tribunal ou devant un juge commis à cet effet, et dans ce dernier cas si l'enquête doit être faite sommairement ou non.

209. Dans les affaires commerciales et dans les affaires urgentes en matière civile, l'enquête devra avoir lieu, soit devant le Tribunal, soit par une procédure sommaire devant un juge.

211. Quand l'enquête devra avoir lieu sommairement devant un juge commis, la partie la plus diligente obtiendra de lui, sur requête, et fera signifier à la partie adverse, l'ordonnance qui fixera le jour, le lieu et l'heure où les témoins seront entendus, en observant un délai de trois jours entre la signification et le jour fixé.

212. Dans le cas de l'article qui précède, les parties se signifieront réciproquement le nom des témoins qu'elles entendent produire, et feront assigner ces témoins un jour au moins avant celui de l'audience, en indiquant simplement la cause dans laquelle ils sont cités, et sans qu'il soit besoin de lever et de signifier le jugement qui aura ordonné l'enquête.

234. S'il est contesté, le témoin sera entendu sur le fait qui motive la récusation, et il pourra être produit, pour le prouver, des témoins qui seront entendus dans le procès-verbal sous forme d'enquête sommaire. V. JUGE COMMIS.

DISPOSITION ADDITIONNELLE.

VÉRIFICATION D'ÉCRITURE. *C. Proc.* 310. L'enquête, s'il y est procédé, aura lieu devant le juge commis dans les formes et délais des enquêtes sommaires.

ENREGISTREMENT. *C.Civ.* 294. La date certaine (des écrits sous seing privé) résulte de leur insertion dans un registre public, en entier, ou par extrait si l'insertion est mentionnée sur l'écrit.... ou d'un visa apposé par un officier public compétent ou par un magistrat.

ENROLEMENT *C. Proc.* 43. La veille au plus tard du jour où l'affaire doit être appelée, le demandeur ou le défendeur, s'il y a intérêt, fera inscrire l'affaire au greffe sur un rôle dressé à cet effet, et remettra au greffier l'original de l'assignation ou copie que le greffier collationnera en visant l'original.

Les affaires indiquées d'heure à heure seront inscrites au rôle à l'audience même.

27. Lorsqu'un tribunal se déclarera incompétent à raison de la nature et de l'importance de l'affaire, il pourra, si les parties sont présentes et y consentent, désigner le jour où elles se présenteront devant le tribunal compétent, sans citation.

Mention sera par lui faite du renvoi, sur l'original et la copie de l'assignation, pour l'inscription de la mise au rôle.

R. G. J. 83. Pour ce qui concerne les causes portées en appel, celui qui demandera l'inscription de la cause au rôle est tenue de remettre au greffier, outre ses conclusions l'original ou la copie de l'acte de recours, l'original ou la copie de l'exploit introductif d'instance et une expédition en due forme de la décision attaquée avec les qualités.

ENTREPRENEURS. *C. Com.* 2 La loi répute acte de commerce : Toutes obligations entre entrepreneurs d'administration de fonds publics, tant à charge du gouvernement que des puissances étrangères, en tant qu'ils agissent en leurs qualités.

8. Les billets souscrits par un commerçant ou entrepreneur d'administration de deniers publics seront censés faits pour son commerce, lorsqu'une autre cause n'y sera pas énoncée.

3. La loi répute acte de commerce maritime : toute entreprise de construction.

LOUAGE D'INDUSTRIE. V. OUVRAGE. (LOUAGE D').

ENTREPRISES COMMERCIALES. *C. Com.* 2. La loi répute acte de commerce : Tout achat de denrées et marchandises pour les revendre, soit en nature, soit après les avoir travaillées et mises en œuvre, ou même pour en louer l'usage.

Toute entreprise et toute opération de manufacture, de commission de transport par terre et par eau.

3. La loi répute pareillement acte de commerce maritime toute entreprise de construction.

LOUAGE D'OUVRAGE. *C. Civ.* 504. Les entreprises ne sont réglées qu'après le travail fait ; toute situation arrêtée pendant le cours des travaux n'est que provisoire ; tout payement fait dans le même temps est considéré comme à compte, à moins de stipulation contraire. V. OUVRAGE (LOUAGE D').

ENTRETIEN (frais d'). *C. Civ.* 487. Le preneur doit entretenir à ses frais les abris et constructions, s'il en existe, et donner tous ses soins à la culture ; il doit, sauf stipulation contraire, remplacer les ustensiles usés par vétusté, mais il n'est pas obligé de remplacer, autrement que par le croit, les animaux qui meurent sans sa faute.

USUFRUIT. *C. Civ.* 44. L'usufruitier doit faire les dépenses d'entretien et ne peut exiger que le propriétaire fasse aucune dépense. V. DÉPENSES NÉCESSAIRES.

DROIT MARITIME.

NAVIRE. *C. Marit.* 5. Sont privilégiées et dans l'ordre où elles sont rangées, les dettes ci après désignées : 5° Les frais d'entretien du bâtiment et de ses agrès et apparaux depuis son dernier voyage et son entrée dans le port.

ÉPOUX. ALIMENTS. *C. Civ.* 218. L'obligation de fournir des aliments existe vis-à-vis des ascendants à l'égard de leurs descendants ou alliés au même degré, et des époux entre eux.

TÉMOINS. *C. Proc.* 236. Les témoins pourront être récusés quand ils seront conjoints. V. PARENTÉ.

ÉQUIPAGE DE NAVIRE.

DISPOSITIONS GÉNÉRALES.

C. Marit. 37. Il appartient au capitaine de former l'équipage du navire, et de choisir et louer les matelots et autres gens de l'équipage ce qu'il fera néanmoins, de concert avec les propriétaires, lorsqu'il sera dans le lieu de leur demeure.

41. Le capitaine est encore tenu d'avoir à bord : 3° le rôle d'équipage.

DE L'ENGAGEMENT ET DES LOYERS DES OFFICIERS ET GENS DE L'ÉQUIPAGE. *C. Marit. Titre V. (art.* 65-89).

65. Les conditions d'engagement du capitaine, des officiers, et des hommes de l'équipage d'un navire, sont constatées par le rôle d'équipage ou par les conventions des parties. S'il n'y a pas de conventions écrites et que le rôle d'équipage ne parle pas des conditions de l'engagement, les parties seront considérées comme ayant voulu s'en rapporter à l'usage du lieu où l'engagement a été fait.

Le rôle d'équipage sera dressé en Turquie devant l'office de port, ou, à défaut, devant le chancelier commercial, et s'il n'y en a pas, devant l'autorité supérieure du lieu ou son délégué, et à l'étranger, devant les consuls ou agents consulaires ottomans, et à défaut, devant l'autorité compétente du lieu.

66. Le capitaine et les gens de l'équipage ne peuvent, sous aucun prétexte, charger dans le navire aucune marchandise pour leur compte, sans en payer le fret et sans le consentement des propriétaires, ou, si le navire est affrété en entier, sans le consentement des affréteurs, à peine d'être confisquée au profit des intéressés, c'est-à-dire des propriétaires ou des affréteurs du navire, à moins qu'ils n'y soient autorisés, dans le premier cas, par leurs engagements, et, dans le second, par la charte-partie.

67. Si le voyage est rompu par le fait des propriétaires, capitaine ou affréteurs, avant le départ du navire, les officiers ou gens de l'équipage loués au voyage ou au mois sont payés des

journées par eux employées à l'équipement du navire, et en sus ils reçoivent à titre d'indemnité, à leur choix, ou ce qui leur a été avancé sur leurs gages ou, déduction faite de ces avances, s'il y en a, un mois de leurs gages convenus, ou le quart des gages quand ils sont loués au voyage.

Si la rupture arrive après le départ du navire, ils reçoivent les loyers dus pour le temps qu'ils ont servi et, en outre, pour indemnité, le double de ce qui leur est accordé par le paragraphe précédent, et les frais de voyage pour leur conduite de retour jusqu'au lieu du départ du navire, à moins que le capitaine, les propriétaires et les affréteurs ne leur procurent leur embarquement sur un autre navire revenant audit lieu.

Néanmoins, les loyers et indemnités ne pourront, dans aucun cas, excéder le montant de ce qu'ils auraient perçu si le voyage avait été achevé.

L'indemnité pour la conduite de retour est calculée suivant la qualité des gens de mer renvoyés.

68. Si, avant le voyage commencé, il survient une interdiction de commerce avec le lieu de la destination du navire, ou si l'exportation des marchandises pour lesquelles il est frété était interdite, ou si encore le navire est arrêté par ordre du gouvernement dans ce cas, il n'est dû aux officiers et gens de l'équipage renvoyés que les journées par eux employées au service du navire.

69. Si l'interdiction de commerce ou l'arrêt du navire arrive pendant le cours du voyage, les officiers et gens de l'équipage sont payés, dans le cas d'interdiction, à proportion du temps qu'ils auront servi, outre leurs frais de retour ; et dans le cas d'arrêt, ils reçoivent, s'ils sont engagés au mois, la moitié de leurs gages, pendant le temps que durera l'arrêt, mais s'ils sont engagés au voyage, ils ne reçoivent que le prix stipulé pour le voyage, sans aucune augmentation pour le temps de l'arrêt.

70. Si le voyage est prolongé volontairement, le prix des loyers des marins engagés au voyage est augmenté à proportion de la prolongation.

71. Si la décharge du navire se fait volontairement dans un lieu plus rapproché que celui qui est désigné par l'affrètement, il n'est fait aux marins engagés au voyage aucune diminution.

72. Si les matelots sont engagés au profit ou au fret, il ne leur est dû aucun dédommagement ni journée, pour la rupture, le retardement ou la prolongation du voyage occasionné par force majeure. Si la rupture, le retardement ou la prolongation arrive par le fait des chargeurs, les gens de l'équipage ont part aux indemnités qui sont adjugées au navire. Ces indemnités sont partagées entre les propriétaires du navire et les gens de l'équipage dans la même proportion que l'aurait été le profit et le fret.

Si la rupture, le retardement ou la prolongation arrivent par le fait du capitaine ou des propriétaires, ils sont tenus d'indemniser proportionnellement les gens de l'équipage, eu égard à la nature de leurs conventions.

73. En cas de prise et confiscation, de bris et naufrage avec perte entière du navire et des marchandises, les officiers et gens de l'équipage ne peuvent prétendre à aucun loyer au sujet du voyage. Mais aussi ils ne sont pas tenus de restituer ce qui leur a été avancé sur leurs loyers.

74. Si quelque partie du navire est sauvée, les matelots engagés au voyage ou au mois sont payés de leurs loyers échus sur les débris du navire qu'ils ont sauvés.

Si les débris ne suffisent pas, ou s'il n'y a que des marchandises sauvées, ils sont payés de leurs loyers subsidiairement sur le fret desdites marchandises.

75. Les officiers et gens de l'équipage engagés au fret sont payés de leurs loyers seulement sur le fret, à proportion de celui que reçoit le capitaine ou l'affréteur.

76. De quelques manières que les officiers et gens de l'équipage soient loués, ils sont payés des journées par eux employées à sauver les débris et les effets naufragés.

77. Toute personne de l'équipage, qui, pendant le voyage, tombe malade ou est blessée ou mutilée, soit au service du navire, soit dans un combat contre les ennemis et les pirates, est payée de ses loyers, traitée et pansée, et, en cas de mutilation, indemnisée à l'arbitrage du juge, s'il y a contestation.

Les frais du traitement et du pansement et l'indemnité en cas de mutilation sont à la charge du navire et du fret, si la maladie, les blessures et la mutilation ont été occasionnées par le service du navire ; et ils seront répartis sur le navire, le fret et le chargement par forme d'avarie grosse, si elles ont eu lieu dans un combat pour la défense du navire.

78. Si le marin malade, blessé ou mutilé ne peut poursuivre le voyage sans danger, le capitaine, avant son départ, est tenu de le débarquer dans un hôpital ou autre lieu où il puisse recevoir le traitement convenable, et de pourvoir aux frais de sa maladie, de son entretien et de son retour, si le malade vient à guérir, ou à son inhumation s'il décède.

A cet effet, il déposera une somme suffisante ou une caution entre les mains du chef de la chancellerie commerciale ou de l'autorité locale, si c'est en Turquie, ou du consul ottoman, et, à son défaut, du magistrat du lieu, si c'est à l'étranger.

Dans ce cas, indépendamment de ses frais de retour, le malade, blessé ou mutilé a droit à ses loyers, non-seulement jusqu'à sa guérison, mais jusqu'au jour où il pourra être de retour au lieu d'où le navire est parti.

79. Si le marin, se trouvant à bord ou sorti avec autorisation, a reçu des blessures dans une rixe, ou tombe malade par suite

d'une conduite désordonnée ou immorale de sa part, il ne sera pas moins traité et pansé aux frais du navire comme ci-dessus, sauf le recours contre lui pour le remboursement de ces dépenses. Si le marin, sorti du navire sans autorisation, est blessé, mutilé ou tombe malade par rixe ou mauvaise conduite, les frais de ses pansements sont également à sa charge.

Il pourra même être congédié par le capitaine, auquel cas il ne lui sera payé que ses loyers à proportion du temps qu'il aura servi.

80. En cas de mort d'un matelot pendant le voyage, ses loyers sont dus à la succession d'après les distinctions suivantes :

S'il a été engagé au mois, ses loyers sont dus jusqu'au jour de son décès.

S'il a été engagé au voyage, la moitié de ses loyers est due s'il meurt en allant ou au port d'arrivée, et le total s'il meurt en revenant.

S'il est engagé au profit ou au fret, sa part entière est due après que le voyage est commencé.

Si le marin, de quelque manière qu'il soit engagé, est tué en défendant le navire contre l'ennemi ou les pirates, et que le navire arrive à bon port, les loyers dudit marin, considéré comme vivant, seront dus en entier pour tout le voyage.

81. Le matelot pris dans le navire et fait esclave ne peut rien prétendre contre le capitaine, les propriétaires, ni contre les affréteurs pour le paiement de son rachat. Il est payé de ses loyers jusqu'au jour où il est pris et fait esclave.

Le matelot pris et fait esclave pendant qu'il a été employé en mer ou à terre pour le service du navire, a droit à l'entier payement de ses loyers, et en outre au payement d'une indemnité pour son rachat, si le navire arrive à bon port.

82. L'indemnité est due par les propriétaires du navire, si le matelot a été envoyé en mer ou à terre pour le service du navire; elle est due par les propriétaires du navire et du chargement, s'il a été envoyé en mer ou à terre pour le service du navire et du chargement.

83. Le montant de ladite indemnité est fixé à vingt-cinq livres turques en or.

84. Si le navire est vendu pendant le cours de l'engagement, les gens de l'équipage qui n'ont pas acquiescé à des conventions contraires ont droit d'être reconduits aux frais du navire et d'être payés de leurs loyers.

85. Lorsque le capitaine congédie des officiers ou gens de l'équipage pour des causes légitimes, il ne doit leur payer que les loyers convenus jusqu'au jour du congé, calculés d'après la route déjà parcourue.

Si le congé a lieu avant le commencement du voyage, ils seront payés des jours qu'ils auront été en service et rien de plus.

86. Pour le renvoi des gens de l'équipage, sont réputées causes légitimes :

1° L'incapacité dans le service; 2° l'insubordination; 3° L'ivrognerie habituelle ; 4° les voies de faits à bord du navire et tous les autres vices du caractère qui pourraient porter le désordre dans le navire ; 5° l'abandon du bord sans permission ; 6° La rupture forcée ou permise du voyage, suivant ce qui est statué par la loi à cet égard.

87. Tout marin qui justifie qu'il est congédié sans cause légitime après son inscription sur le rôle d'équipage, a droit à une indemnité contre le capitaine. L'indemnité est fixée au tiers des loyers que le congédié aurait probablement gagnés pendant le voyage non encore commencé ; au montant du loyer qu'il aurait perçu depuis le moment du congé jusqu'à la fin du voyage et aux frais du retour, si le congé a lieu pendant le cours du voyage. Le capitaine ne peut, dans aucun des cas ci-dessus, répéter le montant de l'indemnité contre les propriétaires du navire, à moins qu'il n'ait été autorisé par ces derniers à donner congé.

88. Les officiers et gens de l'équipage inscrits dans le rôle de l'équipage ne peuvent se refuser au service et abandonner le navire que dans les cas suivants : 1° si, avant le commencement du voyage pour lequel ils se sont engagés, le capitaine veut changer de destination ; 2° si, avant le commencement du voyage, la Turquie est engagée dans une guerre maritime, ou si, le navire se trouvant dans un port de relâche, il survient entre la Turquie et l'Etat de la destination une guerre qui mettrait le navire en danger réel ; 3° si, avant le voyage commencé, ou si, le navire se trouvant dans un port de relâche, l'on a des nouvelles certaines que la peste, la fièvre jaune ou une autre maladie épidémique semblable règne dans le lieu de la destination du navire ; 4° si, avant le voyage commencé, le navire passe en entier à d'autres propriétaires ; 5° si, avant le voyage commencé, le capitaine meurt ou est congédié par les propriétaires du navire.

89. Le navire et le fret sont spécialement affectés aux loyers, indemnités et frais de route des gens de l'équipage.

Le navire et le fret sont également affectés aux propriétaires du chargement pour le dommage qu'ils souffrent par l'infidélité ou la faute des officiers et gens de l'équipage, sauf le recours des propriétaires du navire contre le capitaine, et de celui-ci contre les gens de l'équipage. V. LOYER DES MATELOTS.

DISPOSITIONS ADDITIONNELLES.

ABANDON DU NAVIRE. *C. Marit.* 56. Le capitaine ne peut abandonner son navire pendant le voyage, pour quelque danger que ce soit, sans l'avis des officiers et principaux de l'équipage.

ACTE DE COMMERCE. *C. Com.* 3. La loi répute pareillement acte de commerce maritime : Tous accords et conventions pour salaires et loyers d'équipage.

Tous engagements de gens de mer pour le service de bâtiments de commerce.

ASSURANCES. *C. Marit.* 195. L'assureur n'est point tenu de la baraterie et autres prévarications et fautes du capitaine et de l'équipage, s'il n'y a convention contraire.

EMPRUNT A LA GROSSE. *C. Marit.* 49. Si, pendant le cours du voyage, il y a nécessité de radoub, ou d'achat de voiles, cordages, apparaux, de victuailles ou d'autres objets impérieusement nécessaires, et que les circonstances ou l'éloignement de la demeure des propriétaires du navire ou du chargement ne permettent pas de demander leurs ordres, le capitaine après avoir constaté cette nécessité par un procès-verbal signé par lui et les principaux de l'équipage, pourra, en se faisant autoriser par le tribunal de commerce, ou, à défaut par le Gouverneur, et à l'étranger, par le consul ottoman, ou, à défaut, par l'autorité compétente des lieux, emprunter à la grosse sur le corps du navire et de ses dépendances, et, s'il y a nécessité, sur la cargaison, ou, si cet emprunt ne peut être fait en tout ou en partie, mettre en gage ou vendre aux enchères des marchandises jusqu'à concurrence de la somme que les besoins constatés exigent.

159. Est prohibé tout prêt à la grosse fait aux matelots ou gens de mer sur leurs loyers ou voyages. V. EMPRUNT A LA GROSSE.

NAUFRAGE. *C. Marit.* 61. Le capitaine qui a fait naufrage, et qui s'est sauvé seul, ou avec une partie de son équipage, est tenu de se présenter sans délai, suivant les lieux et les cas, devant les mêmes autorités (V. CAPITAINE, *art.* 58-59), d'y faire son rapport, de le faire vérifier par ceux de son équipage qui se seraient sauvés et se trouveraient avec lui, et d'en lever expédition.

62. Pour vérifier le rapport du capitaine, l'autorité reçoit l'interrogatoire des gens de l'équipage, et, s'il est possible, des passagers, sans préjudice des autres preuves.

Les rapports non vérifiés ne sont point admis à la décharge du capitaine et ne font pas foi en justice, excepté dans le cas où le capitaine naufragé s'est sauvé seul dans le lieu où il a fait son rapport.

La preuve des faits contraires est réservée aux parties.

PRESCRIPTION. *C. Marit.* 271. Toutes actions en paiement pour gages et loyers des officiers, matelots et autres gens de l'équipage, sont prescrites un an après l'arrivée du navire.

PRIVILÈGE. *C. Marit.* 5. Sont privilégiées et dans l'ordre où elles sont rangées, les dettes ci-après désignées : 6° Les gages et loyers du capitaine et autres gens de l'équipage employés au dernier voyage.

6. Le privilège accordé aux dettes énoncées dans le précédent article ne peut être exercé qu'autant qu'elles seront justifiées

dans les formes suivantes : 4° Les gages et loyers de l'équipage, par les rôles d'armement et de désarmement arrêtés dans les bureaux de l'office du port, et, à défaut, dans ceux de la chancellerie commerciale.

VICTUAILLES. *C. Marit* 64. Si les victuailles du navire manquent pendant le voyage, le capitaine, en prenant l'avis des principaux de l'équipage, pourra contraindre ceux qui auront des vivres en particulier de les mettre en commun à la charge de leur en payer la valeur.

ÉQUIPEMENTS MILITAIRES. V. ARMES.

ÉQUIPEMENTS DES NAVIRES. ASSURANCES. (*Privilège*). *C. Marit.* 5. Sont privilégiées et dans l'ordre où elles sont rangées, les dettes ci-après désignées : 10° Le montant des primes d'assurances faites sur l'armement et équipement du navire, dues pour le dernier voyage.

EMPRUNT A LA GROSSE. *C. Marit.* 51. Le capitaine qui aura sans nécessité pris de l'argent sur l'équipement du navire, sera responsable envers les intéressés, et personnellement tenu du remboursement de l'argent ou du payement des objets, sans préjudice de la poursuite criminelle, s'il y a lieu.

PRESCRIPTION. *C. Marit.* 270. Les actions pour fournitures de choses nécessaires à l'équipement du navire sont prescrites trois ans après les fournitures faites.

ÉQUITÉ.*C.Civ.II.*En cas de silence, d'insuffisance et d'obscurité de la loi, le juge se conformera aux principes du droit naturel et aux règles de l'équité.

92. Lorsque deux objets mobiliers, appartenant à deux propriétaires, se trouvent réunis sans qu'il soit possible de les séparer sans détérioration, les tribunaux statueront d'après les règles de l'équité, en tenant compte du dommage causé, de la position des parties et de leur bonne foi.

ERREUR. *C. Civ.* 193. Le consentement n'est pas valable s'il a été donné par erreur.

194. L'erreur opère la nullité du consentement quand elle porte sur le rapport principal sous lequel la chose a été envisagée dans le contrat.

PAIEMENT *(fait par erreur)*.*C. Civ.* 206. Celui qui a reçu ce qui ne lui était pas dû est obligé à le restituer.

209. La restitution n'est pas due si un tiers a payé par erreur au créancier de bonne foi la dette d'un autre, et que le titre ait été détruit, sauf recours contre le véritable débiteur.

TRANSACTION. *C. Civ.* 657. La transaction ne peut être attaquée que par suite de dol, d'erreur matérielle sur la personne ou sur la chose, ou de fausseté des titres sur lesquels il a été transigé, reconnue depuis la transaction.

658. Les erreurs de calcul doivent être révisées.

ESSAI. V. Vente a l'essai.

ESCROQUERIE. Réhabilitation *C. Com.* 425. Ne seront point admises à la réhabilitation les personnes condamnées pour escroquerie.

ESCALIER. *C. Civ.* 57. Le propriétaire de l'étage supérieur doit entretenir le carrelage ou plancher de son étage ; il doit entretenir aussi l'escalier, depuis l'endroit qui ne sert pas au propriétaire de l'étage inférieur.

ÉTABLISSEMENTS NUISIBLES. *C. Civ.* 63. Les usines, puits, machines à vapeur, etc., et tout établissement nuisible aux voisins, doivent être construits aux distances et dans les conditions prescrites par les règlements (1).

C. Proc. 28. Un juge délégué par le tribunal statuera en tribunal de justice sommaire sur les affaires suivantes en matière civile : 6° à charge d'appel dans tous les cas et quelque soit l'intérêt de la demande sur les actions relatives à la distance fixée par la loi, le règlement ou l'usage pour les constructions, ouvrages nuisibles ou plantations, quand la propriété n'est pas contestée.

ÉTABLISSEMENTS PUBLICS. V. Administrations publiques.

ÉTABLISSEMENTS PIEUX. V. Wakfs.

ÉTAT. V. Domaine de l'état. Autorité administrative.

ÉTAT DES INSCRIPTIONS. *C. Civ.* 767. Le greffier sera tenu de délivrer à tout requérant soit l'état général ou spécial des inscriptions ou transcriptions, soit copie des actes transcrits et des inscriptions subsistant, ou un certificat qu'il n'en existe pas.

768. Il doit aussi délivrer, s'il en est requis, un extrait du répertoire.

769. Il sera responsable des omissions ou erreurs de copies imputables à sa faute ou à celle de ses employés, s'il en résulte un préjudice pour la partie.

770. Le créancier qui aura été forclos ou déchu de ses droits, l'acquéreur à titre onéreux qui aura contracté sur un certificat erroné, auront leur recours contre le greffier qui aura délivré ce certificat.

ÉTAT DES LIEUX. V. Bail a loyer (art. 452-453.)

ÉTAT DES PERSONNES. *C. Civ.* 4. Les questions re-

(1) V. notamment le règlement de l'année 1292 de l'Hégire dont le chapitre VI relatif aux machines est encore en vigueur.

latives à l'état et à la capacité des personnes et au statut matrimonial, aux droits de succession naturelle ou testamentaire, aux tutelles et curatelles restent de la compétence du juge du statut personnel.

Lorsque dans une instance une exception de cette nature sera soulevée, si les tribunaux reconnaissent la nécessité de faire statuer au préalable sur l'exception, ils devront surseoir au jugement du fond et fixer un délai dans lequel la partie, contre laquelle la question préjudicielle aura été soulevée, devra la faire juger définitivement par le juge compétent. Si cette nécessité n'est pas reconnue, il sera passé outre au jugement du fond. V. CHANGEMENT D'ÉTAT.

ÉTRANGERS. (1) *C. Civ.* 5. Les nouveaux tribunaux connaîtront de toutes les contestations en matière civile et commerciale entre indigènes et étrangers de nationalité différente. En dehors du statut personnel, ils connaîtront aussi de toutes les actions réelles immobilières entre toutes personnes, même appartenant à la même nationalité. V. COMPÉTENCE.

ÉTRANGER. *(Pays étranger.)* *C. Proc.* 10. Les copies seront remises, pour les significations : 5° aux personnes n'ayant pas de domicile connu en Egypte, au parquet du Procureur du Khédive, lequel visera l'original.

11. Si la personne à qui l'acte est signifié a, à l'étranger, un domicile connu, ce domicile sera indiqué dans ledit acte, et la copie sera adressée, par le Procureur du Khédive, au Ministre des affaires étrangères, pour être transmise par les voies diplomatiques.

Si le domicile étranger n'est pas indiqué dans l'acte, il sera affiché une deuxième copie de cet acte dans un tableau à ce destiné dans le tribunal de première instance.

C. Civ. 13. Tout sujet local pourra être cité devant les tribunaux du pays à raison des obligations par lui contractées même à l'étranger.

COMMISSIONNAIRE DE TRANSPORTS. *C. Com.* 109. Toutes actions contre le commissionnaire et le voiturier, à raison de la perte ou de l'avarie des marchandises, sont prescrites après 180 jours pour les expéditions faites dans l'intérieur de l'Egypte, et après un an, pour celles faites à l'étranger.

EXÉCUTION *(en Egypte des jugements rendus à l'étranger).* *C. Proc.* 468. Les jugements rendus à l'étranger, par un tribunal étranger, seront exécutoires en Egypte, sur simple ordonnance du président du tribunal, à charge de réciprocité.

LETTRES DE CHANGE ET BILLETS A ORDRE. V. CES MOTS.

ÉVÈNEMENT FUTUR ET INCERTAIN. V. CONDITION SUSPENSIVE, RÉSOLUTOIRE.

---

(1) Par le terme « étrangers » il faut entendre toutes personnes non originaires du pays. (Arrêt du 1er mars 1877. R. O. Tome II, p. 157.)

ÉVICTION.

DISPOSITIONS GÉNÉRALES.

De la garantie en cas de revendication d'un tiers.

C. Civ. 374. Le vendeur doit, sans qu'il soit besoin de stipulation expresse, garantir que l'acheteur ne sera pas troublé dans sa jouissance par des tiers ayant sur la chose un droit réel existant à la date de la vente, s'il s'agit d'une chose que le vendeur a aliénée comme sienne, ou de la livraison, s'il s'agit d'une chose dont la propriété devait être transférée au moyen de la livraison. La garantie existe encore si le droit réel des tiers procède du vendeur, depuis la date ci-dessus.

375. Le vendeur peut stipuler que la vente est faite sans garanties. Toutefois, cette stipulation faite en termes généraux le dispense seulement des dommages-intérêts et non de la restitution du prix, en cas d'éviction.

376. Pour que le vendeur qui a stipulé la clause de non-garantie soit dispensé de restituer le prix, il faut qu'il soit prouvé que l'acheteur connaissait, lors de la vente, la cause de l'éviction, ou qu'il ait déclaré acheter la chose à ses risques et périls.

377. La clause de non-garantie est nulle quand le droit du revendiquant procède du vendeur lui-même.

378. Lorsqu'il y a lieu à garantie et qu'il y a éviction, le vendeur doit la restitution du prix et des dommages-intérêts.

379. Ces dommages comprennent les frais de contrat de ceux qui en sont la conséquence, les dépenses faites par l'acheteur sur la chose vendue, les frais faits sur le procès en revendication et en demande en garantie, et en général les pertes éprouvées par l'acheteur ou les bénéfices légitimes dont l'éviction l'a privé.

380. Le prix doit en cas d'éviction, être restitué en entier, même si la chose a diminué de valeur depuis la vente, par quelque motif que ce soit.

381. Si la chose a augmenté de valeur l'augmentation de valeur au delà du prix doit être comprise dans les dommages-intérêts.

382. Les dépenses que le vendeur doit rembourser, si celui qui évince n'y est pas tenu, sont les dépenses utiles faites sur la chose vendue.

383. Si le vendeur est de mauvaise foi, il devra payer même les dépenses de luxe faites par l'acheteur.

384. La loi assimile à l'éviction totale, l'éviction d'une partie déterminée ou indivise de la chose vendue, ou la revendication justifiée d'un droit de servitude non déclarée, ni apparente au moment de la vente et constituée avant le contrat, lorsque l'éviction partielle et la servitude sont de telle nature que l'acquéreur n'aurait pas acheté s'il les avait connues.

385. Dans ce cas, toutefois, l'acheteur a le droit de maintenir

le contrat, mais il ne peut résilier au préjudice des droits des créanciers hypothécaires.

386. Quand il maintient le contrat ou lorsque l'éviction partielle ou la servitude ne sont pas de telle nature qu'elles autorisent la résiliation, l'acheteur peut réclamer au vendeur la valeur proportionnelle de la partie de la chose dont il est évincé, eu égard à sa valeur réelle au moment de l'éviction, et dans le cas d'une servitude, des dommages-intérêts arbitrés par le tribunal.

DISPOSITIONS ADDITIONNELLES.

CAUTION. *C. Civ.* 624. Lorsque le créancier a accepté une chose en paiement de la dette, la caution est libérée, même si la chose donnée en paiement est revendiquée.

DANGER D'ÉVICTION. *C. Civ.* 411. L'acheteur à moins de stipulation contraire, peut retenir son prix, s'il est troublé dans sa possession en vertu d'un droit antérieur à la vente ou procédant du vendeur, et encore s'il y a pour lui danger d'éviction, jusqu'à ce que le trouble ou le danger ait disparu.

412. Toutefois, le vendeur peut, dans ce cas, exiger son prix en donnant caution.

SOCIÉTÉ. *C. Civ.* 517. L'associé doit, pour son apport, la même garantie que s'il s'agissait d'une vente.

ÉVOCATION. *C. Proc.* 414. Lorsque la Cour infirmera un jugement interlocutoire, et que la cause sera en état, elle pourra évoquer le fond et le juger.

415. Il en sera de même lorsque la Cour aura infirmé un jugement sur une question de compétence, de litispendance ou de connexité, si la cause est en état, sauf le cas où il s'agirait d'un litige dont la valeur ne dépasse pas le taux du dernier ressort.

416. La Cour peut également évoquer l'affaire si elle a infirmé, pour vice de forme, un jugement statuant sur le fond, pourvu qu'il ne s'agisse pas d'un jugement arbitral rendu par des amiables compositeurs ayant pouvoir de statuer sans appel.

EXCEPTIONS PRÉLIMINAIRES.

C. Proc. 147. Les exceptions qui peuvent être proposées préliminairement à la discussion du fond sont :

Le déclinatoire par incompétence du tribunal saisi ; V. INCOMPÉTENCE.

La demande de renvoi devant un autre tribunal saisi d'une demande identique ou connexe ; V. CONNEXITÉ.

La demande en nullité de l'assignation ; V. NULLITÉS

La demande en communication des pièces produites ; V. COMMUNICATION DES PIÈCES.

La demande d'un délai pour appeler en cause un garant;
V. EXCEPTIONS DILATOIRES.

C. Proc. 167. Les exceptions seront proposées conjointement et avant toutes défenses au fond.

168. Néanmoins les parties qui demandent un délai pour prendre qualité, peuvent ne proposer leurs autres exceptions dilatoires qu'après l'expiration des délais pour prendre qualité; elles peuvent même n'opposer qu'après ces délais les exceptions d'une autre nature qui procèdent de la même qualité.

CAUTION. *C. Civ.* 622. La caution est libérée en même temps que l'obligé principal, et jouit des mêmes exceptions que lui, hormis celles qui lui sont essentiellement personnelles.

CODÉBITEUR SOLIDAIRE. *C. Civ.* 168. Chacun (des débiteurs solidaires) conserve le droit d'opposer les exceptions qui lui sont personnelles et celles qui sont communes à tous.

NULLITÉ. *C. Proc.* 153. Toute nullité d'acte introductif d'instance ou de demande reconventionnelle ou autre, est couverte par toute exception contre la dite demande autre que celle d'incompétence, de litispendance ou de connexité.

EXCEPTIONS DILATOIRES. *C. Proc. Titre I. Chap. X. Sect. I. §. III.* DES EXCEPTIONS DILATOIRES.

155. L'héritier et la femme assignée comme commune en biens après la dissolution de la communauté, auront le droit d'obtenir, pour conclure, le délai qui leur est accordé par leur loi personnelle pour prendre qualité.

156. En matière civile, celui qui, sur une demande soit principale, soit incidente, soit reconventionnelle, prétendra avoir le droit d'appeler un garant en cause, pourra obtenir un délai qui sera calculé sur celui qui est nécessaire pour l'assignation du garant. V. GARANTIE.

167. Les exceptions seront proposées conjointement et avant toutes défenses au fond.

168. Néanmoins les parties qui demandent un délai pour prendre qualité, peuvent ne proposer leurs autres exceptions dilatoires qu'après l'expiration des délais pour prendre qualité; elles peuvent même n'opposer qu'après ces délais les exceptions d'une autre nature qui procèdent de la même qualité.

EXCEPTIONS PERSONNELLES. CAUTION. *C. Civ.* 622. La caution est libérée en même temps que l'obligé principal, et jouit des mêmes exceptions que lui, hormis celles qui lui sont essentiellement personnelles.

CO-DÉBITEUR SOLIDAIRE. *C. Civ.* 168. Chacun (des débiteurs solidaires) conserve le droit d'opposer les exceptions qui lui sont personnelles et celles qui sont communes à tous.

CRÉANCIER. *C. Civ.* 202. Les conventions ne peuvent profiter aux tiers, si ce n'est aux créanciers du contractant, qui peuvent, en vertu du droit général qu'ils ont sur les biens de leur débiteur, exercer, au nom de ce débiteur, les actions qui résultent pour lui des contrats ou de toute autre source d'obligation, sauf les actions purement personnelles.

EXCEPTIONS PRÉJUDICIELLES. V. Communication de pièces ; exceptions dilatoires ; nullités ; question préjudicielle ; litispendance ; connexité.

EXCÈS DE POUVOIR. *C. Civ.* 143. Le jugement (du jury en matière d'expropriation d'utilité publique) pourra être attaqué devant la Cour pour excès de pouvoir.

EXCUSE (Témoins). *C. Proc.* 228. Si le témoin qui n'a pas comparu se présente et fait valoir des motifs fondés d'excuse, il sera relevé de la peine.

EXÉCUTION (des actes et jugements).

DISPOSITION PRÉLIMINAIRE.

R. O. J. T. I. 18. L'exécution des jugements aura lieu en dehors de toute action administrative consulaire ou autre et sur l'ordre du tribunal. Elle sera effectuée par les huissiers du tribunal avec l'assistance des autorités locales si cette assistance devient nécessaire, mais toujours en dehors de toute ingérence administrative.

Seulement l'officier de justice chargé de l'exécution par le tribunal est obligé d'avertir les consulats du jour et de l'heure de l'exécution, et ce à peine de nullité et de dommage-intérêts contre lui. Le consul, ainsi averti, a la faculté de se trouver présent à l'exécution ; mais en cas d'absence, il sera passé outre à l'exécution.

C. Proc. Chap. XII. Sect. I. EXÉCUTION.

DISPOSITIONS GÉNÉRALES.

Procédure. 434. L'exécution est due à tous les jugements et aux titres et contrats authentiques revêtus de la formule exécutoire.

R. G. J. 117. Sauf les cas où la loi en a disposé autrement, l'exécution ne peut avoir lieu que sur la copie du titre expédiée en forme exécutoire (*art.* 117. 434 *et* 435 *du Code de procédure civile et commerciale*). V. EXPÉDITION D'ACTES, FORMULE EXÉCUTOIRE.

C. Proc. 435. L'exécution se fait par les huissiers, qui sont obligés d'agir à la réquisition de la partie qui leur remet le jugement ou le titre exécutoire.

436. En cas de refus de l'huissier, la partie se pourvoira devant le président du tribunal ou du juge qui le remplace et qui fera les injonctions à l'huissier, à peine de destitution.

437. L'exécution ne peut avoir lieu que pour des choses liquides et certaines ; elle ne peut être commencée avant la signification à personne ou à domicile du jugement ou du titre exécutoire avec commandement.

438. L'huissier qui fait le commandement doit avoir pouvoir de recevoir et donner quittance, sauf au cas où, aux termes du jugement ou de la convention exécutoire, la somme due serait payable dans un lieu autre que celui où est fait le commandement.

468. Les jugements rendus à l'étranger, par un tribunal étranger, seront exécutoires en Égypte, sur simple ordonnance du président du tribunal, à charge de réciprocité.

Difficultés sur exécution. 439. S'il s'élève des difficultés sur l'exécution, elles seront portées, pour les mesures provisoires, devant le tribunal de référé du lieu de l'exécution et sur le principal devant le tribunal qui aura rendu la sentence.

440 Les parties pourront se pourvoir directement en interprétation devant ce dernier tribunal.

441. Les tribunaux de justice sommaire et de commerce ne seront pas compétents pour connaître des difficultés nées sur l'exécution de leurs sentences ; ces difficultés seront portées devant le tribunal civil du lieu de l'exécution.

442. Ces tribunaux seront seulement compétents pour statuer sur l'interprétation des jugements qu'ils auront rendus.

456. L'exécution des sentences et des titres exécutoires ne sera pas arrêtée par des offres réelles, si elles sont contestées, sauf au juge en référé du lieu de l'exécution à ordonner provisoirement la discontinuation des poursuites, moyennant le dépôt des offres ou de plus forte somme qu'il désignera.

Opposition, appel. 443. L'opposition suspendra l'exécution d'une sentence, à moins que cette exécution n'ait été ordonnée nonobstant opposition.

444. L'appel des jugements qualifiés en premier ressort suspendra l'exécution, sauf quand l'exécution provisoire sera de droit aux termes de la loi ou qu'elle aura été abandonnée par le jugement.

455. Aucun autre recours contre les jugements n'arrêtera l'exécution, s'il n'en est autrement ordonné par la loi. V. Défenses d'exécuter.

Défenses d'exécuter. V. Ce mot.

Caution. V. Exécution provisoire.

Significations. 465. Les significations faites au domicile élu pendant l'instance seront valables si l'exécution a commencé dans les six mois du prononcé du jugement, sauf quand la loi en aura disposé autrement.

466. S'il y a révocation du domicile élu sans indication d'un nouveau domicile, et que la partie ne demeure dans la ville ou

siège le tribunal, les significations se feront valablement au greffe.

467. Passé le délai de six mois, sans que l'exécution ait été commencée, ou si elle est suspendue pendant six mois, sans qu'il y ait instance, les significations devront être faites à personne ou au domicile réel.

Exécution contre un tiers. V. Ce mot.

DISPOSITIONS ADDITIONNELLES.

Appel. *C. Proc.* 444. L'appel des jugements qualifiés en premier ressort suspendra l'exécution, sauf quand l'exécution provisoire sera de droit aux termes de la loi ou qu'elle aura été ordonnée par le jugement.

405. L'appel d'un jugement interlocutoire qui préjuge le fond, ou du jugement qui accorde une provision, pourra être interjeté immédiatement, ou encore sans qu'il y ait de déchéance encourue même en cas d'exécution volontaire, en même temps que celui du jugement définitif.

Arbitrages. *C. Proc.* 814. Les sentences arbitrales, même celles qui statueront sur les mesures préparatoires, seront déposées dans les trois jours par les arbitres ou l'un d'eux, et seront rendues exécutoires par une ordonnance du président du tribunal civil, à la requête de la partie la plus diligente.

815. Le Tribunal, dont le président aura rendu l'ordonnance d'exécution, connaîtra seul de l'exécution de la sentence.

816. Les parties pourront demander la nullité de la sentence en s'opposant à l'ordonnance d'exécution dans les cas suivants :

1° Si le compromis est nul ou si le délai était expiré sans prorogation consentie ;

2° Si la sentence a été rendue sans compromis ou hors de ses termes ;

3° S'il a été rendu par des arbitres illégalement nommés ou par un certain nombre d'arbitres non autorisés à juger en absence des autres ;

4° S'il a été prononcé sur des choses non demandées.

Exécution par voie de saisie-arrêt. V. Saisie-arrêt.

Faillite. *C. Com.* 225. A partir de ce jugement (déclaratif de la faillite), toute action mobilière ou immobilière et toute voie d'exécution, tant sur les meubles que les immeubles, ne pourront être suivies ou intentées que contre les syndics. Toutefois, la vente sur saisie immobilière dont le jour aura été fixé et publié par affiche, sera faite sur l'autorisation du juge-commissaire, pour le compte de la masse, sauf l'exercice des privilèges et hypothèques.

241. Toutes voies d'exécution pour parvenir au payement des loyers sur les effets mobiliers servant à l'exploitation du commerce

du failli, seront suspendues pendant trente jours, à partir du jugement déclaratif de la faillite, sans préjudice de toutes mesures conservatoires, et du droit qui serait acquis au propriétaire de reprendre possession des lieux loués; dans ce dernier cas, la suspension des voies d'exécution établie au présent article cessera de plein droit.

JUGEMENTS. *C. Proc.* 117. Les jugements ne pourront être exécutés qu'après avoir été signifiés à la partie.

JUGEMENTS PAR DÉFAUT. *C.Proc.* 443. L'opposition suspendra l'exécution d'une sentence, à moins que cette exécution n'ait été ordonnée nonobstant opposition.

373. L'opposition contre les jugements par défaut est recevable, sauf les cas où la loi fixe des délais spéciaux, savoir :

Jusqu'à ce que le défaillant ait eu connaissance de l'exécution quand le jugement est rendu contre une partie qui n'a pas comparu.

375. Le défaillant sera présumé avoir connu l'exécution vingt-quatre heures après qu'il aura reçu en personne ou à son domicile réel un acte d'exécution ou relatant un acte d'exécution antérieure.

378. L'opposition peut avoir lieu par une simple déclaration, au moment de l'exécution, sur le procès-verbal d'exécution, le commandement ou la dénonciation de saisie-arrêt, auquel cas l'huissier devra délivrer la citation à toutes parties en suite de l'acte sur lequel l'opposition est déclarée.

380. Elle empêche l'exécution, à moins que l'exécution provisoire n'ait été ordonnée par le jugement même ou ne résulte d'une disposition de la loi.

388. Aucun jugement par défaut ne sera exécuté, à l'égard des tiers, que sur un certificat du greffier constatant qu'il n'y a aucune disposition sur le registre.

389. Les jugements par défaut, faute de comparaître, seront nuls de plein droit, s'ils n'ont pas été exécutés dans les six mois de leur date.

RÉFÉRÉS. *C. Proc.* 34. Le tribunal des référés statuera contradictoirement tant en matière civile que commerciale sur l'exécution des jugements, sans préjudice des questions d'interprétation. V. RÉFÉRÉS.

SAISIE IMMOBILIÈRE. *C. Proc.* 605. La saisie des immeubles appartenant au débiteur, et non hypothéqués à la dette du poursuivant, ne pourra avoir lieu qu'en vertu d'un titre exécutoire et après commandement en tête duquel copie du titre sera signifiée.

SAISIE MOBILIÈRE. *C. Proc.* 524. Quand il y aura précédente saisie, les créanciers ayant droit d'exécution n'auront que le droit de faire opposition, entre les mains du gardien ou du saisissant et de l'huissier, à la main levée de la saisie, et de saisir sur les objets non compris dans le premier procès-verbal qui sera représenté à l'huissier par le gardien, ainsi que les objets saisis.

SAISIE DE RENTES. *C. Proc.* 547. La saisie des rentes, des actions nominatives, des parts d'intérêts dans une entreprise, des droits de commanditaire ou part d'associé, ne pourront avoir lieu qu'en vertu d'un titre exécutoire. Elles auront lieu dans les formes de la saisie-arrêt.

EXÉCUTION (des obligations). *C. Civ.* 221. Les obligations s'éteignent par l'exécution.

222. L'exécution ne peut être remplie que par le débiteur, lorsqu'il résulte de la nature de l'obligation que le créancier a intérêt à ce qu'il en soit ainsi.

223. Lorsque l'exécution consiste dans un payement il peut toujours être fait par un tiers, même malgré le débiteur ou le créancier. V. PAYEMENT.

230. L'exécution doit avoir lieu au profit du créancier, de son mandataire à cet effet, ou du possesseur du droit à l'obligation.

231. L'exécution doit être celle qui a été prévue par les parties, et remplie à l'époque et dans le lieu stipulé; elle ne peut être partielle, sauf aux juges à autoriser, dans les circonstances exceptionnelles, des termes ou un délai modéré, s'il n'y a pas préjudice grave pour le créancier.

234. Les frais de l'exécution sont à la charge du débiteur.

237. Celui qui s'est obligé de faire une chose, ne se libère pas de plein droit en offrant de la faire, mais il a un recours contre le créancier pour le dommage que lui cause son refus au moment de l'offre.

238. Toutefois, lorsqu'il s'agit de l'exécution qui consiste en un payement ou une livraison de meubles, le débiteur se libère en faisant des offres conformément aux règles du Code de procédure.

239. Il se libère de l'obligation de délivrer un immeuble en faisant nommer un séquestre judiciaire par une sentence contradictoire ou à laquelle le créancier a été appelé. V. ARBITRAGE.

DISPOSITIONS GÉNÉRALES.

Obligation alternative. *C. Civ.* 150. Lorsqu'une obligation est alternative, l'option appartient au débiteur à moins d'une disposition spéciale de la loi ou de la convention.

151. Si un des deux ou plusieurs modes d'exécution devient impossible, l'obligation existe en ce qui concerne le mode possible d'exécution.

153. Quand l'option appartient au créancier et qu'un des modes d'exécution est devenu impossible par la faute du débiteur, le créancier peut opter entre le mode d'exécution possible et l'in-

demnité résultant de l'impossibilité d'exécution de l'autre mode.

154. Il conserve son droit d'option entre les deux indemnités dues pour inexécution, si les deux modes d'exécution sont devenus impossibles par la faute du débiteur.

Clause pénale. 152. Si l'obligation déterminée a été édictée ou convenue à titre de peine en cas d'inexécution d'une autre obligation, le créancier a l'option entre l'exécution de l'obligation principale ou de l'obligation pénale ; mais le débiteur peut toujours faire cesser cette option en exécutant l'obligation principale dans tous les termes, à moins que la peine ne soit prononcée pour simple retard.

Obligation à terme. C. Civ. 155. Lorsque l'obligation est à terme, le débiteur peut exécuter avant le terme, si le but de la loi ou de la convention ne s'y oppose pas.

156. L'objet de l'obligation à terme est dû immédiatement si le débiteur tombe en faillite, ou s'il a diminué par son fait les garanties qui assuraient l'exécution.

Obligation conditionnelle. C. Civ. 160. Si l'exécution est devenue impossible avant l'accomplissement de l'événement qui devait faire naître l'obligation, cet événement ne produira aucun effet.

Obligation indivisible. C. Civ. 172. Lorsque l'exécution d'une obligation ne peut se diviser, soit par la nature des choses, soit relativement au but qu'on se propose, chacun des obligés est tenu pour le tout, sauf son recours contre les coobligés.

Obligation de faire. C. Civ. 174. Le créancier peut, si les circonstances le permettent, se faire autoriser par justice à faire aux frais du débiteur obligé ce qu'il était obligé d'exécuter, ou à détruire ce qui a été fait contrairement à l'engagement.

175. Il peut se faire mettre en possession du corps certain qui devait être donné quand ce corps certain a été, soit au moment de la naissance de l'obligation, soit depuis la propriété du débiteur, et qu'aucun tiers n'a acquis de droit réel sur lui.

Dommages-intérêts. C. Civ. 177. Les dommages-intérêts pour défaut d'exécution entière ou partielle ou pour retard dans l'exécution ne sont dus, en dehors des restitutions, que si l'inexécution ou le retard est imputable à la faute du débiteur.

181. Lorsque le montant de l'indemnité en cas d'inexécution a été prévu par le contrat ou par la loi, le juge ne peut accorder une somme moindre ou plus forte.

DISPOSITION ADDITIONNELLE.

COMPÉTENCE. *C. Proc.* 35. Les défendeurs seront assignés, savoir :

5° En matière d'élection du domicile pour l'exécution d'un contrat, devant le tribunal du domicile élu ou du domicile réel.

EXÉCUTION CONTRE UN TIERS. *C. Proc.*
469. Les jugements qui ordonneront une chose quelconque à faire par un tiers ou à sa charge, ne seront exécutoires par les tiers ou contre eux, même après les délais d'opposition ou appel, que sur la production de l'acte de signification du jugement ou du certificat de l'huissier établissant cette signification, et sur l'attestation du greffier établissant qu'il n'y a ni opposition ni appel.

388. Aucun jugement par défaut ne sera exécuté, à l'égard des tiers, que sur un certificat du greffier constatant qu'il n'y a aucune opposition sur le registre.

EXÉCUTION PROVISOIRE. *C. Proc.* 448. Dans les matières commerciales, l'exécution provisoire nonobstant opposition ou appel sera de droit à charge de donner caution, même sans qu'elle soit prononcée.

449. En matière commerciale, le tribunal dispensera de la caution, et, en matière civile, il ordonnera l'exécution provisoire nonobstant appel sans caution, si la partie condamnée a, dans ses conclusions, reconnu l'obligation, si le jugement est rendu en exécution d'un précédent jugement passé en force de chose jugée ou exécutoire lui-même sans caution, ou en vertu d'un titre authentique, le tout pourvu que la partie condamnée ait été partie au précédent jugement ou au titre authentique.

450. L'exécution provisoire nonobstant appel sera ordonnée avec ou sans caution en matière civile suivant que le tribunal le jugera à propos, lorsqu'il s'agira :

1° D'expulsion d'un locataire, quand il n'y aura pas de bail, ou que le bail sera expiré, ou que les lieux ne seront pas garnis de meubles suffisants pour répondre des loyers, ou d'expulsion de tout autre occupant sans titre, quand la propriété ou le droit du réclamant résultera d'un titre authentique ou ne sera pas méconnu ;

2° De réparations urgentes ;

3° De mesures conservatoires ou provisoires ;

4° De provisions ou pensions alimentaires, de payement de salaires.

Dans tous les cas ci-dessus, l'exécution provisoire nonobstant opposition pourra être ordonnée par le tribunal.

451. L'exécution provisoire nonobstant appel sans caution sera de droit pour tous les jugements dans les chefs qui ordonneront une mesure quelconque de procédure ou d'instruction, même si la mesure d'instruction préjuge le fond, sauf au tribunal la faculté d'exiger qu'il soit donné caution, s'il peut résulter de l'instruction un préjudice ou un risque.

452. L'exécution provisoire sera de droit pour toutes les sentences de référé.

453. Dans les cas où il y aura urgence ou péril en la demeure,

le tribunal ou le juge de référé pourra ordonner que l'exécution de la sentence aura lieu sur la minute.

454. La minute est, dans ce cas, remise par le greffier sur reçu à l'huissier, qui doit la restituer aussitôt après l'exécution.

457. Dans tous les cas où l'exécution d'un jugement ne peut avoir lieu que moyennant caution, la caution n'est due que si l'appel est interjeté.

458. Le poursuivant a le choix ou d'offrir une caution solvable, ou de déposer dans la caisse du tribunal, en argent ou en titres, une valeur équivalente à la condamnation, ou d'exécuter en consentant que le montant des sommes versées soit déposé ou l'objet, dont la livraison est requise, remis à un sequestre solvable.

459. La déclaration du choix, dans les cas ci-dessus, se fait dans l'acte de commandement ou par un acte séparé signifié avant ou après le commandement, par huissier, à personne ou à domicile.

460. La partie poursuivie aura trois jours pour contester la solvabilité de la caution ou du sequestre, ce qui sera fait par simple déclaration au greffe.

461. Passé ce délai, la contestation ne sera plus admise, la caution fera sa soumission au greffe, et le sequestre, s'il y a lieu, y déclarera son acceptation.

462. Dans le cas où le poursuivant aurait offert de faire déposer les sommes recouvrées en vertu de l'exécution, il aura le droit de demander l'emploi de ces sommes en valeurs déterminées, en désignant le courtier chargé de la négociation.

463. Les contestations, dans ce cas, devront être faites, à peine de l'échéance, dans les mêmes formes et délais que pour la solvabilité de la caution.

464 S'il y a contestation soit sur la solvabilité de la caution, soit sur le sequestre ou le courtier, soit sur les valeurs qui doivent être déposées, le tribunal du lieu de l'exécution statuera d'urgence sur une citation à trois jours francs.

DISPOSITIONS ADDITIONNELLES.

FAILLITE. *C. Com.* 219. Le jugement qui prononcera la faillite d'un commerçant sera exécutoire provisoirement.

OPPOSITION. *C. Proc.* 380. L'opposition empêche l'exécution, à moins que l'exécution provisoire n'ait été ordonnée par le jugement même où ne résulte d'une disposition de la loi.

ORDONNANCE SUR REQUÊTE. *C. Proc.* 133 La partie requérante et celle à qui l'ordonnance sera signifiée auront toujours le droit de déférer l'ordonnance au tribunal, en appelant la partie adverse par citation à trois jours sauf l'exécution provisoire qui sera de droit.

Le recours dans ce cas, pourra s'exercer, soit séparément, soit accessoirement à l'instance principale, en tout état de cause, sans qu'il puisse être opposé une déchéance à raison du délai.

EXÉCUTOIRE. V. Taxe. Titre exécutoire.

EXÉCUTOIRE (formule). V. Formule exécutoire.

EXHAUSSEMENT DE CONSTRUCTIONS.

C. Civ. 56. Le propriétaire de l'étage supérieur ne doit pas surelever les constructions de manière à nuire à l'étage inférieur.

EXPÉDITION D'ACTES. *C. Proc. Chap. XIII. Sect. IV.* Délivrance d'expédition *(art. 788-790).*

788. Les greffiers et dépositaires de registres publics en délivreront copie ou extrait à tout requérant, sans qu'il soit besoin de permission du juge, et moyennant le payement des droits, à peine de dommages-intérêts.

789. L'expédition ou l'extrait d'un acte privé, passé devant un officier public, ne pourra être obtenu par ceux qui n'y auront pas été partie, que s'il en est ainsi ordonné par le jugement qui pourra commettre un juge pour compulser les actes de l'officier public.

790. Les demandes en délivrance de seconde expédition exécutoire seront, s'il y a contestation, portées devant le juge du référé, sur citation donnée à la partie intéressée.

R. G. J. 118. Les copies en forme exécutoire doivent être intitulées au nom du Khédive, et ne peuvent être délivrées qu'à la partie en faveur de laquelle le jugement ou l'ordonnance, a été prononcé ou l'obligation stipulée.

On mentionne à la fin de l'original et de la copie le nom de la partie qui reçoit l'expédition.

120. De nouvelles copies en forme exécutoire ne peuvent être délivrées à la même partie sans l'autorisation du vice président du tribunal, dans le ressort duquel ont été reçus les actes y relatifs.

121. L'autorisation ne peut être accordée qu'après débat contradictoire entre les parties, et sur citation régulière en cas de défaut. Elle restera annexée à l'original; dans la nouvelle copie, on mentionnera l'autorisation.

DISPOSITIONS ADDITIONNELLES.

Conciliation. *R. G. J.* 105. Le procès verbal de conciliation est exécutoire contre les parties. A cet effet, le greffier en délivrera copie dans les formes établies pour les jugements.

Enquête *C. Proc.* 255. Les parties auront toujours le droit de demander expédition du procès-verbal d'enquête, sans retard dans le jugement.

EXPERTISE. *C. Proc.* 265. Le rapport (de l'expert) sera déposé au greffe, où chacune des parties pourra en prendre communication ou en demander une expédition.

FORCE PROBANTE. *C. Civ.* 296. La valeur probante des copies de titres autres que les expéditions exécutoires ou premières expéditions, quand ces copies seront faites par des officiers publics, sera appréciée par le juge si l'original n'est pas représenté ; ces copies vaudront au moins un commencement de preuve par écrit.

INSCRIPTION DE FAUX. *C. Proc.* 328. Le juge commis aura les pouvoirs les plus étendus pour ordonner, autant que faire se pourra, l'apport ou le dépôt des minutes des actes qui seront argués de faux ou dont les expéditions seront arguées de faux.

329. Au cas de dépôt des minutes, les greffiers seront autorisés s'il y a lieu, par le tribunal, à en délivrer des expéditions au tiers qui y aurait droit.

JUGEMENTS. *C. Proc.* 105. La partie du jugement contenant les noms, profession, demeure et qualité des parties, et l'exposé des points de fait et des points de droit, sera rédigée pour chaque jugement et conservée aux archives du greffe avec le dossier de l'affaire.

106. L'expédition exécutoire ou grosse du jugement et les secondes expéditions contiendront, outre la formule exécutoire, copie de cet acte en tête des motifs et du dispositif.

112. Les grosses et expéditions devront être délivrés dans la huitaine de la demande.

114. Les extraits et expéditions seront délivrés à toute personne.
V. GROSSE.

VÉRIFICATION D'ÉCRITURES. (*Force probante*) *C. Proc.* 306. En cas de dépôt des actes authentiques, les expéditions signées par le juge commis et le greffier, avec l'officier ou le fonctionnaire déposant, auront la valeur de l'original.

Elles seront rétablies au greffe et annulées après la restitution de la pièce déposée.

307. Les frais de déplacement et d'expédition seront taxés par lui et sa taxe exécutoire contre la partie qui aura requis la vérification.

EXPÉDITIONS (Papiers de bord.). *C. Marit.* 29. Le navire est censé prêt à faire voile lorsque le capitaine est muni de ses expéditions pour son voyage.

EXPÉDITIONS MARITIMES. *C. Com.* 3. La loi répute acte de commerce maritime : Toutes expéditions maritimes.

EXPERTISES, EXPERTS *C. Proc.* Chap. X. Sect. II., § IV. DES EXPERTISES (art. 258-279).

EXPERTISES, EXPERTS.

DISPOSITIONS GÉNÉRALES.

Procédure. 258. Lorsqu'il y aura lieu à expertise, e e tribunal ou le juge du référé, s'il y a lieu nommera un ou trois experts, suivant les cas, et précisera, dans le dispositif de sa sentence, les points sur lesquels l'expertise doit porter et les mesures urgentes que l'expert sera autorisé à prendre.

Ce jugement ne sera pas signifié si les parties sont présentes à l'audience ou representées.

259. Si les parties majeures et libres de leurs droits sont d'accord sur le nom de l'expert ou des trois experts, le tribunal ou le juge de référé leur en donnera acte.

260. Sur la sommation de la partie la plus diligente, l'expert prendra connaissance de sa mission sur la minute du jugement dont un extrait, dans la partie qui détermine cette mission, lui sera remis par le greffier, et prêtera serment devant le juge de service, sans qu'il soit nécessaire que les parties soient présentes ; il désignera, à la suite du procès-verbal de serment, les jour, lieu et heure auxquels il procédera.

261. Le procès-verbal de serment et l'indication du jour par l'expert seront signifiés par la partie la plus diligente à l'autre partie, vingt-quatre heures au moins avant qu'il soit procédé à l'enquête, à peine de nullité.

262. L'expert procédera même en l'absence des parties dûment convoquées.

263. Il recevra les dires et observations des parties et entendra les témoins amenés par elles ou appelés par lui sans serment, s'il y a été autorisé par le tribunal.

264. Son procès-verbal contiendra la mention de la comparution des parties, leurs dires et observations, qui seront signés d'elles à moins d'empêchement constaté, le détail des opérations de l'expert et, ensuite, son avis motivé.

Rapport. 265. Le rapport sera déposé au greffe, où chacun des parties pourra en prendre communication ou en demande une expédition.

266. Après le dépôt du rapport, la partie la plus diligente saisira le tribunal par une citation à trois jours francs.

277. Si l'expert est en retard de déposer son rapport, il pourra être, à la requête de la partie la plus diligente, cité à trois jours francs, en présence de toutes les parties, devant le tribunal, qui déterminera d'urgence un délai dans lequel le rapport devra être déposé, et pourra même pourvoir au remplacement de l'expert, sans préjudice de dommages-intérêts s'il y a lieu.

Avis d'expert. 278. Le tribunal ne sera pas lié par l'opinion des experts.

279. Lorsqu'il se trouvera suffisamment éclairé, il pourra nom-

mer un ou trois nouveaux experts, qui pourront s'éclairer des renseignements qu'ils demanderont aux précédents experts.

Taxe. 267. Les honoraires de l'expert seront taxés par le président où le juge qui le remplacera, sur la minute du rapport.

268. La taxe sera exécutoire contre la partie qui aura requis l'expertise, et, en outre, après le jugement, contre la partie qui aura été condamnée aux dépens.

269. L'opposition à la taxe sera recevable au profit de chacune des parties, dans les trois jours qui suivront la signification qui lui en sera faite.

270. Elle aura un effet suspensif, et sera portée devant le tribunal, toutes parties appelées, ainsi que l'expert, s'il n'est pas encore intervenu un jugement en dernier ressort prononçant la condamnation aux frais.

Si le jugement est intervenu, la partie qui n'aurait pas requis l'expertise et qui n'aurait pas été condamnée aux frais ne sera pas appelée.

271. La partie qui aura sur son opposition fait réduire la taxe, pourra opposer le jugement à la partie qui aura payé les honoraires de l'expert sur le taxe du juge, sauf recours de cette dernière contre l'expert.

Expertise sommaire. 272. Le tribunal pourra nommer des experts pour donner leur avis verbal à l'audience, sans qu'il soit besoin de rapport, auquel cas l'avis sera mentionné au procès verbal d'audience.

Récusation. 273. Les récusations devront être élevées par un acte de citation à l'audience, signifié dans les trois jours de la nomination de l'expert, si le jugement est contradictoire, et dans les trois jours de la signification du jugement, s'il est rendu par défaut.

274. Les récusations contre l'expert choisi par les parties ne seront recevables que si la cause en est survenue depuis la nomination.

275. Les experts pourront être récusés dans les cas prévus pour la récusation des témoins.

276. La récusation sera jugée d'urgence à la première audience.

DISPOSITIONS ADDITIONNELLES.

ACCESSION. *C. Civ.* 91. Si celui qui a planté ou construit avait de justes raisons de se croire propriétaire, les plantations et constructions ne seront pas détruites, mais le vrai propriétaire pourra se borner à payer le montant de la plus-value de l'immeuble à dire d'experts.

BAIL VERBAL. *C. Civ.* 446. Le contrat de bail fait sans écrit ne peut être prouvé, quand il n'a pas encore reçu d'exécution que par l'aveu ou le serment de celui auquel il est opposé.

S'il y a eu commencement d'exécution, et qu'il n'existe pas de quittance, le prix sera fixé par expert, et la durée déterminée par l'usage pes lieux.

COMMISSIONNAIRE DE TRANSPORT. *C. Com.* 105. En cas de refus ou de contestations pour la réception des objets transportés leur état est vérifié et constaté par des experts nommés par le tribunal de référé.

DIMINUTION DE PRIX. (*Vente*). *C. Civ.* 393. Si la diminution de valeur résultant du vice caché n'est pas telle qu'elle aurait empêché la vente, l'acheteur a droit simplement à une diminution proportionnelle du prix par estimation d'expert.

INSCRIPTION DE FAUX. *C. Proc.* 325. Si les moyens de faux sont admis, le tribunal en ordonnera la preuve par expertise ou par enquête ou par l'un et l'autre moyens.

PARTAGE. *C. Civ.* 549. La partie qui voudra sortir de l'indivision demandera la nomination d'un juge devant lequel le partage aura lieu, et d'un ou plusieurs experts pour procéder à l'estimation et à la confection des lots.

550. L'expertise se fera dans les formes déterminées au Code de procédure. V. PARTAGE DE BIENS.

SECONDE EXPERTISE. *C. Proc.* 279. Lorsque le tribunal se trouvera insuffisamment éclairé, il pourra nommer un ou trois nouveaux experts, qui pourront s'éclairer des renseignments qu'ils demanderont aux précédents experts.

VÉRIFICATION D'ÉCRITURES. *C. Proc.* 294. Le jugement (qui ordonnera la vérification d'écritures) commettra un juge devant qui la vérification se fera et nommera des experts, si les parties ne sont pas convenues de leur nomination.

301. Si le demandeur ne comparait pas (au jour fixé pour convenir des pièces de comparaison) il sera déchu de la faculté de faire la preuve par experts, à moins qu'il ne justifie d'un empêchement sérieux, ce qui sera jugé d'urgence par le tribunal. Si le défendeur ne comparait pas, il sera procédé en son absence.

308. L'expertise aura lieu devant le juge et le greffier, dans les mêmes formes qui sont prescrites dans le § IV qui précède, sauf qu'en ce cas la fixation du jour sera faite par ordonnance du juge. V. EXPERTISE.

309. Avant de procéder à leur examen, les experts signeront et paraferont les pièces de comparaison, ce dont il sera fait mention au procès-verbal. V. VÉRIFICATION D'ÉCRITURE.

VISITE DES LIEUX. *C. Proc.* 283. Le tribunal ou le juge pourront nommer, séance tenante, des experts qui procèderont immédiatement, après serment prêté.

DROIT MARITIME.

JET ET CONTRIBUTION. *C. Marit.* 249. L'état des pertes et dommages est fait dans le lieu du déchargement du navire à la diligence du capitaine et par des experts. Ces experts sont nommés par le tribunal ou la chancellerie de commerce, ou, à défaut, par l'autorité supérieure du lieu, si c'est dans un port ottoman ; ils sont nommés par le consul ottoman et, à son défaut, par le magistrat du lieu, si la décharge se fait dans un port étranger.

Les experts prêtent serment avant d'opérer.

250. Les effets et les marchandises avariés ou jetés à la mer sont estimés, suivant leur valeur, au lieu du déchargement. La nature et la qualité des marchandises jetées sont constatées par la production des connaissements, des factures ou autres preuves par écrit.

251. Les experts nommés en vertu de l'article précédent, font aussi la répartition des pertes et dommages.

La répartition pour le payement des pertes et dommages est faite sur les objets en mer, abandonnés et sauvés, et sur moitié du navire et du fret à proportion de leur valeur au lieu du déchargement.

252. La répartition est rendue exécutoire par l'homologation du tribunal de commerce et, à défaut, par le gouverneur, si c'est dans un port ottoman.

Dans les ports étrangers, la répartition et rendue exécutoire par le consul ottoman, ou à son défaut, par le tribunal compétent du lieu

RÈGLEMENT GÉNÉRAL JUDICIAIRE

Titre III. Chap. II. DES EXPERTS.

Art. 229. Il sera institué près les tribunaux une Commission chargée de dresser le tableau des experts.

Cette Commission est composée du vice-président ou de son substitut, de deux juges, dont un indigène, désignés par l'assemblée générale et du procureur général.

230. Le nombre des experts inscrits ne pourra pas être supérieur à 50.

La liste des experts sera soumise à la Cour pour être approuvée ou modifiée.

La Cour choisira ses experts sur cette liste.

232. Les experts seront choisis parmi les personnes qui, en raison de leurs aptitudes, de leur honorabilité et de la profession qu'elles exercent, seront reputées dignes de toutes confiance et aptes à bien remplir leur mission.

Ils devront résider dans la circonscription du Tribunal.

233. La liste des experts sera révisée chaque année.

234. Les experts devront prêter gratuitement leur ministère toutes les fois qu'ils agissent dans l'intérêt d'une personne admise au bénéfice de l'assistance judiciaire, sauf le droit de répéter leurs honoraires contre la partie adverse condamnée aux dépens.

236. Les experts devront être choisis à tour de rôle parmi les personnes inscrites au tableau, à moins que le tribunal, pour des motifs dont il sera fait mention dans le jugement, n'estime convenable de nommer une personne étrangère au tableau.

Il sera également loisible aux parties, en cas d'accord, de choisir les experts en dehors du tableau.

238. Dans les affaires commerciales, le Tribunal pourra désigner pour experts des personnes inscrites sur la liste des syndics.

EXPLOIT. *C. Proc.* 3. Les actes signifiés par les huissiers contiendront :

1° La date des jour, mois et an ;

2° Les nom, prénoms, profession et domicile de celui à la réquête de qui ils sont signifiés ;

3° Le nom de l'huissier ;

4° Les noms connus, la profession et le domicile de la personne à qui ils sont signifiés ;

5° La mention de la personne à qui la copie aura été remise.

4. Les actes d'huissier seront faits en original et en copie, et le contexte sera rédigé par l'huissier, sur les indications de la partie ou suivant une formule préparée par elle.

5. Dans le cas où l'huissier se croirait autorisé à refuser la signification d'un acte, il se retirera le même jour, avec la partie, devant le juge de service délégué par le tribunal pour les affaires urgentes, lequel décidera si l'acte doit être signifié ou sous quelles conditions de changement dans la rédaction l'acte pourra être signifié.

6. La décision du juge pourra être déférée par la partie à la plus prochaine audience de la Chambre du Conseil qui entendra l'huissier.

7. L'acte contiendra le montant de son coût à la fin de l'original et de la copie, à peine de cent piastres égyptiennes d'amende contre l'huissier. Cette amende sera prononcée, sur le vu de l'acte par le juge de service, après avoir entendu l'huissier, et sauf recours dans les trois jours devant le tribunal.

8. Les actes seront signifiés à personne ou à domicile.

9. Si l'huissier ne trouve au domicile ni la partie, ni son domestique ou un parent habitant avec elle, la copie sera remise, suivant le cas, au Gouverneur ou au Cheikh-el-Beled de la ville ou du domicile de la partie, lequel visera l'original sans frais, et l'huissier fera mention du tout, tant sur l'original que sur la copie.

10. Les copies seront remises, pour les significations :

1° A l'Etat entre les mains du gouverneur de la province ;

2° Aux administrations, entre les mains des Directeurs des Divans de ces administrations ;

3° Aux Daïras, entre les mains des Directeurs de ces Daïras.

Dans ces divers cas, l'original sera visé par celui à qui la copie de l'acte doit être laissée, ce dont l'huissier fera mention sur l'original et la copie ; en cas d'absence ou de refus, l'original sera visé par le procureur du Khédive auprès du tribunal dans le ressort duquel exerce l'huissier.

La personne publique qui aura refusé le visa sera condamnée à une amende de cent piastres égyptiennes. Cette amende sera prononcée par le juge de service, sur le vu de l'acte, à la requête du

Ministère public, après citation à trois jours francs, outre les délais de distance ;

4° Aux Sociétés de commerce, à leur siège social, s'il en existe à la personne de leur Gérant, président du Conseil d'administration, Directeur ou leur préposé, et s'il n'y a pas de siège social à la personne d'un associé, engagé solidaire ;

5° Aux personnes n'ayant pas de domile connu en Egypte, au parquet du procureur du Khédive, lequel visera l'original.

11. Si la personne à qui l'acte est signifié a, à l'étranger un domicile connu, ce domicile sera indiqué dans le dit acte, et la copie sera adressée, par le procureur du Khédive, au Ministre des affaires étrangères, pour être transmise par les voies diplomatiques.

Si le domicile à l'étranger n'est pas indiqué dans l'acte, il sera affiché une deuxième copie de cet acte dans un tableau à ce destiné dans le tribunal de première instance.

12. La signification devra être faite par l'huissier le jour même de la réquisition qui lui aura été faite par la partie, quand celle-ci aura remis l'acte libellé, à moins d'empêchement légitime.

13. Si la copie doit être remise à un domicile éloigné de la demeure de l'huissier, le juge de service pourra commettre toute personne pour faire la signification, qui sera effectuée avec l'assistance de deux témoins.

14. L'ordonnance de commission sera signifiée en tête de la copie de l'acte.

15. L'original et la copie contiendront la mention de la présence des témoins, et seront signés ou cachetés par eux et la personne à qui la commission aura été donnée.

16. L'huissier inscrira, par ordre de date et aussitôt après la signification, mention de l'acte signifié, sur un répertoire dont les feuillets sont numérotés et visés par le juge ; cette mention contiendra l'indication sommaire du contenu de l'acte.

17. L'original sera remis à la personne à la requête de qui l'acte a été fait.

18. Quand un acte contiendra citation ou sommation avec indication d'un délai déterminé, le jour de la signification ne sera pas compris dans le calcul de ce délai.

23. Aucun acte ne pourra être signifié avant six heures du matin et après six heures du soir, ni les jours fériés, à moins de permission du juge.

24. Les délais indiqués ci-dessus et les formalités prescrites par les articles 3, 8, 9, 10, 11, 14, 15, seront observés, à peine du nullité.

25. Si la nullité est prononcée à raison du fait de l'huissier, il sera passible des frais de la procédure annulée et des dommages-intérêts, s'il y a lieu, sans préjudice des peines disciplinaires.

51. La partie qui n'aura pas de mandataire habitant la ville où siège le tribunal, devra élire domicile dans la dite ville, faute de quoi les actes pourront lui être valablement signifiés au greffe de ce tribunal.

PRESCRIPTION. (*Frais d'actes*). *C. Civ.* 274. Les sommes dues aux huissiers et greffiers pour frais d'actes se prescrivent par trois cent soixante jours à partir de la fin de la procédure dans laquelle ces actes ont été faits, ou de leur confection, si aucune procédure n'était commencée. V. COMMANDEMENT.

EXPLOITATION.

1° DU FONDS SAISI.

C. Proc. 519. Lorsque les animaux ou les ustensiles servant à l'exploitation des terres, ou les ustensiles d'une usine ou d'un atelier auront été saisis, le juge du référé pourra établir un gérant à l'exploitation.

520. Le gardien ne pourra, à peine de dommages-intérêts, se servir ni tirer bénéfice des objets confiés à sa garde, ni les prêter.

2° DU FONDS DU FAILLI

C. Com. 270. Les syndics pourront continuer d'exploiter le fonds de commerce ou le faire exploiter par un tiers agréé par le juge et sous sa surveillance.

EXPROPRIATION FORCÉE.
C. Civ. 117. Nul ne perd sa propriété sans sa volonté, si ce n'est :

2° Par suite d'expropriation à la requête des créanciers dans le cas et les formes prévus par la loi.

607. A l'échéance de la dette, le créancier hypothécaire peut, outre l'action personnelle qu'il a contre le débiteur principal, et après commandement à ce dernier, procéder, dans les délais et formes indiqués au Code de Procédure, à la saisie et à la vente de l'immeuble hypothéqué.

710. La partie la plus diligente fera nommer, par le juge des référés, un séquestre sur lequel sera suivie la procédure d'expropriation forcée. V. SAISIE IMMOBILIÈRE. TIERS DÉTENTEUR. DÉLAISSEMENT.

EXPROPRIATION D'UTILITÉ PUBLIQUE.

DISPOSITIONS GÉNÉRALES.

C. Civ. 117. Nul ne perd sa propriété sans sa volonté, si ce n'est :

3° Quand il y a lieu à expropriation pour cause d'utilité publique.

Indemnité préalable. *C. Civ.* 118. Les usufruitiers des terres tributaires ou données en *abadie* doivent, sans qu'il y ait eu de stipulation à cet égard dans le titre constitutif, laisser sans indemnité les terrains nécessaires aux routes, canaux, et en général à tous travaux de viabilité et d'utilité publique.

119. Tous autres ayant un droit réel, et les locataires ayant un bail authentique ou expulsés avant les délais du congé, recevront une indemnité juste et préalable.

120. Toutefois, les établissements de main-morte qui n'ont pas le droit d'aliéner, recevront une indemnité en terrain. Il en sera de même des usufruitiers de biens tributaires et abadies qui seraient expropriés de plus du quart des terrains entamés par l'expropriation.

128. La perte qui résulterait pour les propriétaires (des congés donnés aux locataires) sera comprise dans l'indemnité.

134. Le prix fixé par le jury sera payable au plus tard dans les trois mois de la décision, et, en tous cas, avant toute prise de possession.

Procédure. Publicité.C. Civ. 121. L'expropriation pour cause d'utilité publique sera ordonnée par un décret qui fixera provisoirement :

1° L'étendue des terrains nécessaires à l'établissement des travaux et à leurs accessoires indispensables ;

2° Dans les villes, les parcelles comprises en dehors des tracés et qui ne permettraient pas de construire des maisons solides et salubres, et qui seront comprises dans l'expropriation.

122. Le décret sera affiché à la *mudirieh* de la province, au tribunal, sur les édifices sujets à l'expropriation, le tout dans les formes des affiches judiciaires, avec indication du lieu où sera déposé le plan des propriétés expropriées.

Il sera, en outre, rendu public par une insertion dans un journal.

123. Le plan sera déposé pendant huit jours à la *mudirieh* de la province, et il sera ouvert un procès-verbal pour recevoir les observations des intéressés.

124. Ces observations seront transmises, et il en sera tenu compte, conformément au règlement sur la matière.

125. Le plan définitif et les offres faites par l'administration pour chaque parcelle seront notifiés aux intéressés qui seront connus ou se seront fait connaître. Ils seront en outre affichés dans les formes ci-dessus.

126. Les propriétaires seront tenus, dans la huitaine, de faire connaître les usufruitiers, locataires ou tous ayants droit, sous peine d'être chargés exclusivement de les indemniser s'il y a lieu.

127. A partir de ces affiches, l'administration aura le droit de signifier congé aux locataires, si le bail le permet.

129. Faute par l'administration d'avoir traité à l'amiable, dans les six mois des dernières affiches, avec les intéressés, et d'avoir saisi le jury d'expropriation, les intéressés pourront requérir du tribunal la convocation du jury.

130. Aucune contestation à l'occasion des propriétés expropriées ne pourra arrêter la procédure, sauf au tribunal à ordonner les mesures conservatoires à la requête de la partie la plus diligente au profit des prétendants droit.

131. La citation devant le jury sera donnée à huit jours francs, sans délai de distance, aux frais de l'expropriant.

132. Il sera statué par défaut définitivement et après examen, si les intéressés ne se présentent pas.

133. L'administration qui aura payé au propriétaire apparent, ne pourra être recherchée.

135. Le propriétaire urbain exproprié ne sera jamais obligé de conserver une parcelle restant, si ses constructions sont entamées.

Jury. C. Civ. 136. Chaque année la Cour désignera soixante-douze jurés par province pour statuer sur les expropriations.

137. Le jury de chaque session se composera de six jurés tirés au sort en audience du tribunal, et de quatre jurés supplémentaires qui n'auront voix que s'ils remplacent un titulaire absent.

138. Ces jurés sont cités dans les mêmes formes que les intéressés, et leurs noms notifiés aux parties quarante-huit heures avant l'audience.

139. La sentence sera rendue, conformément à l'appréciation du jury, par un magistrat assisté de son greffier.

140. Le jury statuera sur les explications des parties ou de leurs mandataires, et sans procédure.

141. Les opérations commencées par un jury et qui ne sont pas encore terminées au moment du renouvellement annuel de la liste générale mentionnée en l'art. 136, sont continuées jusqu'à conclusion définitive par le même jury.

142. Les décisions ne seront pas sujettes à opposition ni appel.

143. Toutefois, le jugement pourra être attaqué devant la Cour pour incompétence, excès de pouvoir ou vices de forme, selon les règles établies par le Code de procédure.

EXPULSION DES LIEUX. EXÉCUTION PROVISOIRE. *C. Proc.* 450. L'exécution provisoire nonobstant appel sera ordonnée avec ou sans caution en matière civile, suivant que le tribunal le jugera à propos, lorsqu'il s'agira :

1° D'expulsion d'un locataire, quand il n'y aura pas de bail, ou que le bail sera expiré, ou que les lieux ne seront pas garnis de meubles suffisants pour répondre des loyers, ou d'expulsion de tout autre occupant sans titre, quand la propriété ou le droit du réclamant résultera d'un titre authentique ou ne sera pas méconnu. Dans ce cas, l'exécution provisoire nonobstant opposition pourra être ordonnée par le tribunal.

VENTE DU FONDS PAR LE BAILLEUR. *C. Civ.* 475. (En cas de vente de la chose louée) l'acquéreur ne pourra expulser le locataire qu'après un congé donné dans les délais ci-dessus. V. BAIL A LOYER.

476. Les locataires qui seront congédiés dans ce cas, malgré un bail, seront indemnisés par le bailleur, à moins de stipulation contraire.

477. Ils ne pourront être expulsés qu'après qu'ils auront été indemnisés par le bailleur ou par l'acquéreur en l'acquit de ce dernier, ou qu'il leur ait été fourni caution suffisante.

COMPÉTENCE. *C. Proc.* 28. Un juge délégué par le tribunal statuera en tribunal de justice sommaire sur les affaires suivantes en matière civile : 4° Dans les mêmes limites du dernier ressort et à charge d'appel, à quelque somme que s'élève la demande au delà de 8,000 P. T., sur les actions, en expulsion de lieux loués, quand la location non déniée n'excédera pas annuellement P. T. 4000.

EXTINCTION DES OBLIGATIONS. *C. Civ.*
Titre I. Chap. V. EXTINCTION DES OBLIGATIONS.

DISPOSITION GÉNÉRALE.

C. Civ. 221. Les obligations s'éteignent par :
L'exécution,
La résolution,
La remise,
La novation,
La compensation,
La confusion,
Et la prescription.

Sect. I. DE L'EXÉCUTION. V. CE MOT.
Sect. II. RÉSOLUTION DES OBLIGATIONS. V. CE MOT.
Sect. III. DE LA REMISE DE L'OBLIGATION. V. CE MOT.
Sect. IV. DE LA NOVATION. V. CE MOT.
Sect. V. DE LA COMPENSATION. V. CE MOT.
Sect. VI. DE LA CONFUSION. V. CE MOT.
Sect. VII. DE LA PRESCRIPTION. V. CE MOT.

EXTINCTION DES PRIVILÉGES. SAISIE ET VENTE DES NAVIRES. *C. Marit.* 7. Les privilèges des créanciers seront éteints, indépendamment des moyens généraux d'extinction des obligations, par la vente en justice faite dans les formes établies par le titre suivant, (V. NAVIRE,) ou lorsque, après une vente volontaire, le navire aura fait un voyage en mer sous le nom et aux risques de l'acquéreur, et sans opposition de la part des créanciers du vendeur.

EXTINCTION DE LA PROCÉDURE. PÉREMPTION. *C. Proc.* 346. La péremption prononcée n'éteint pas par elle-même l'action, elle annule seulement la procédure qui est déclarée périmée.

EXTRAIT DE PIÈCES. V. Expédition d'actes. État des inscriptions.

F

FABRIQUE. V. Manufacture.

FACTEURS. *C. Com.* 5. Les tribunaux de commerce connaîtront aussi des actions intentées contre les facteurs, commis des commerçants ou leurs serviteurs, pour le fait seulement du trafic du commerçant auquel ils sont attachés.

FACTURES. FAILLITE. (*Revendication*). *C. Com.* 399. La revendication ne sera pas recevable si, avant leur arrivée, les marchandises ont été vendues sans fraude, sur factures et connaissements, ou sur factures et lettres de voitures, le tout signé par l'expéditeur.

DROIT MARITIME.

Assurances. *C. Marit.* 182. Si la valeur des marchandises n'est point fixée par le contrat d'assurance, elle peut être justifiée par les factures ou par les livres.

Jet et contribution. *C. Marit.* 250. Les effets et les marchandises avariés ou jetés à la mer sont estimés, suivant leur valeur, au lieu du déchargement. La nature et la qualité des marchandises jetées sont constatées par la production des connaissements, des factures ou autres preuves par écrit.

FAILLITE.

DISPOSITION GÉNÉRALE.

C. Com. 202. Tout commerçant qui cesse ses paiements pour raison d'insolvabilité actuelle est en état de faillite, et doit être, par jugement, déclaré en état de faillite.

C. Com. Chap. III. DE LA FAILLITE.

Sect. I. DÉCLARATION DE FAILLITE. V. CE MOT.

Sect. II. DE LA NOMINATION DU JUGE-COMMISSAIRE. V. JUGE-COMMISSAIRE.

Sect. III. DE L'APPOSITION DES SCELLÉS ET DES PREMIÈRES DISPOSITIONS A L'ÉGARD DE LA PERSONNE DU FAILLI.

247. Par le jugement qui déclarera la faillite, le tribunal de commerce ordonnera l'apposition des scellés sur le magasin et les effets du failli. Le même jugement ou tout jugement ultérieur rendu sur le rapport du juge-commissaire ordonnera, s'il y a lieu, l'emprisonnement du failli, ou la garde de sa personne par un officier de police ou du tribunal.

248. Lorsque le failli se sera conformé aux dispositions des articles 205 et 206 (V. DÉCLARATION DE FAILLITE) et ne sera point au moment de la déclaration, incarcéré pour autre cause, le tribunal de commerce ne prendra pas de mesures contre sa personne par le jugement déclaratif de faillite ; dans tous les cas, le tribunal pourra donner main levée définitive ou provisoire des mesures ainsi ordonnées avec ou sans caution de se représenter à toute réquisition des syndics.

249. Les scellés seront apposés immédiatement par le juge-commissaire, et, au besoin, provisoirement par tout officier public ou fonctionnaire qu'il déléguera, sur les magasins, comptoirs, caisses, livres, papiers, meubles et effets du failli, à moins que l'inventaire ne puisse être fait en un jour, auquel cas il y serait procédé sans désemparer. En cas de faillite d'une société en nom collectif, les scellés seront apposés, non seulement dans le siège principal de la société, mais encore dans le domicile séparé de chacun des associés solidaires.

250. Le greffier adressera, dans les vingt-quatre heures, au ministère public, extrait du jugement déclaratif de faillite, mentionnant les principales indications et dispositions qu'il contient.

251. Les dispositions qui ordonneront le dépôt de la personne du failli dans une maison d'arrêt pour dettes, ou la garde de sa personne, seront exécutées à la déligence, soit du ministère public, soit des syndics de la faillite.

252. Si les deniers appartenant à la faillite ne peuvent suffire immédiatement aux frais de jugement, d'affiches, d'insertions, d'apposition de scellés et d'arrestation, ceux qui concernent les officiers de justice seront faits par eux *en debet*, et les autres, avancées par l'officier chargé d'encaisser les frais de justice ; le remboursement s'en fera par privilège sur les premiers recouvrements.

Levée des scellés et de l'inventaire. **278.** L'inventaire sera dressé en double minute, à mesure que les scellés seront levés en présence du greffier qui signera chaque vacation. L'une de ces minutes sera déposée au tribunal de commerce dans les vingt-quatre heures, l'autre restera entre les mains des syndics. Les syndics seront libres de se faire aider, pour sa rédaction, comme pour l'estimation des objets, par qui ils jugeront convenable. Il sera fait à l'inventaire mention des objets qui n'auront pas été mis sous les scellés ou en auraient été extraits ainsi qu'il est dit ci-dessus.

279. En cas de déclaration de faillite après décès, lorsqu'il n'aura point été fait d'inventaire antérieurement à cette déclaration, ou en cas du décès du failli avant l'ouverture de l'inventaire, il y sera procédé immédiatement dans les formes des articles précédents, et en présence des héritiers ou eux dûment appelés.

280. En toute faillite, les syndics, dans la quinzaine du jugement déclaratif de faillite, seront tenus de remettre au juge-commissaire un mémoire ou compte sommaire de l'état apparent de la faillite, de ses pricipales causes et circonstances et du caractère qu'elle paraît avoir.

281. Ils devront fournir de nouveaux mémoires toutes les fois qu'il se révèlera un fait important relatif aux mêmes circonstances.

282. Le juge-commissaire transmettra immédiatement les mémoires avec ses observations à l'officier du ministère public. S'ils ne lui ont pas été remis dans les délais prescrits, il devra prévenir le parquet et en indiquer les causes.

283. Les officiers du ministère public pourront se transporter au domicile du failli et assister à l'inventaire. Ils auront droit à toute époque de demander des éclaircissements sur l'état de la faillite et la gestion des syndics, et de requérir communication de tous les actes, livres ou papiers relatifs à la faillite.

Sect. IV. DE LA NOMINATION ET DU REMPLACEMENT DES SYNDICS. V. SYNDICS.

§ *I. Dispositions générales* V. SYNDICS.

§ *II. De la levée des scellés et de l'inventaire.* V. Cf. SUPRA.278.

§ *III. De la vente des marchandises et meubles et des recouvrements.*

C. Com. **284.** L'inventaire terminé, les marchandises, l'argent, les titres actifs, les livres et papiers, meubles et effets du failli, seront remis aux syndics, qui s'en chargeront au bas dudit inventaire.

285. Les syndics continueront de procéder, sous la surveillance du juge-commissaire, au recouvrement des dettes actives.

286. Le juge-commissaire pourra autoriser les syndics à procéder à la vente des effets mobiliers ou marchandises du failli ou du fonds de commerce. Il décidera si la vente se fera soit à l'amiable, soit aux enchères publiques, par l'entremise des courtiers ou de tout officier public, ou dans les formes spécifiées au Code de procédure pour vente sur saisie (1).

287. Les syndics pourront, le failli dûment appelé, transiger sur toutes contestations qui intéressent la masse, même sur celles

---

(1) *C. Proc.* (*saisie et vente de rentes, de titres d'actions et de créances*) art. 573. Les mêmes formalités de vente seront aussi suivies par les syndics pour la vente des droits et créances appartenant à la faillite.

FAILLITE.

qui sont relatives à des droits et actions immobiliers. Si l'objet de la transaction est d'une valeur indéterminée ou s'il excède 1,000 piastres, la transaction ne sera obligatoire qu'après avoir été homologuée par le tribunal de commerce pour les transactions relatives à des droits immobiliers.

288. Le failli sera appelé à l'homologation.
Son opposition suffira pour empêcher la transaction, si elle a pour objet des biens immobiliers.

289. Les syndics devront déposer à la caisse du tribunal, et sous déduction de la somme arbitrée par le juge-commissaire pour les dépenses courantes, les fonds provenant des opérations de la faillite qui ne pourront en être retirés que sur ordonnance du juge-commissaire.

290. Faute par eux de justifier du versement dans les trois jours des recettes, ils seront de pleins droits tenus des intérêts.

291. A toute époque le juge-commissaire pourra ordonner qu'une répartition soit faite entre les créanciers vérifiés, sauf à conserver une somme suffisante pour les productions qui ont donné lieu à litige, et ce, sur un état de répartition dressé par les syndics et ordonnancé par le juge.

292. Toute partie intéressée pourra requérir cette répartition, qui ne pourra être refusée, toutes les fois que la somme encaissée et libre représentera incontestablement 5 0/0 des créances.

293. Si le failli est en liberté, les syndics pourront l'employer pour faciliter et éclairer leur gestion. Le juge-commissaire fixera les conditions de son travail.

410. Ne sont susceptibles ni d'opposition, ni d'appel les jugements qui autorisent à vendre les effets ou marchandises appartenant à la faillite.

(*Union*). *C. Com.* 354. Les syndics sont chargés de poursuivre la vente des immeubles, marchandises et effets mobiliers du failli, et la liquidation de ses dettes actives et passives ; le tout sous la surveillance du juge-commissaire, et sans qu'il soit besoin d'appeler le failli.

§ IV. *Des actes conservatoires.*

C. Com. 294. A compter de leur entrée en fonctions, les syndics seront tenus de faire tous actes pour la conservation des droits du failli contre ses débiteurs ; ils devront aussi, dans la quinzaine au plus tard de leur gestion, prendre au bureau des hypothèques les inscriptions qui n'auraient pas été prises par le failli sur les immeubles de ses débiteurs, s'il y avait droit.

295. Ils seront aussi tenus de faire transcrire au bureau des hypothèques de la situation des immeubles du failli, un extrait du jugement qui a prononcé la faillite.

§ V. *De la vérification des créances* V. VÉRIFICATION DES CRÉANCES.

FAILLITE.

Sect. VI. DU CONCORDAT ET DE L'UNION.

§ *I. De la convocation et de l'assemblée des créanciers.* — V. ASSEMBLÉE DE CRÉANCIERS.

§ *II. Du concordat.* V. CE MOT.

§ *III. Des effets du concordat.* V. CONCORDAT.

§ *IV. De l'annulation ou de la résolution du concordat.* — V. CONCORDAT.

§ *V. De la clôture en cas d'insuffisance d'actif.*

C. Com. 347. Si, avant l'homologation du concordat ou la formation de l'union, le cours des opérations de la faillite se trouve arrêté par insuffisance de l'actif, le tribunal de commerce pourra, sur le rapport du juge-commissaire, prononcer, même d'office, la clôture des opérations de la faillite ; ce jugement fera rentrer chaque créancier dans l'exercice de ses actions individuelles contre le failli.

348. Le failli ou tout autre intéressé pourra, à toute époque, faire rapporter par le tribunal le jugement mentionné dans l'article précédent, en justifiant qu'il existe des fonds pour faire face aux frais des opérations de la faillite, ou en faisant consigner, entre les mains des syndics, la somme suffisante pour y pourvoir. Dans tous les cas, les frais de la procédure suivie, en vertu de l'article précédent, devront être préalablement acquittés.

§ *VI. De l'union des créanciers,* V. UNION.

Sect. VII. DES DIFFÉRENTES ESPÈCES DE CRÉANCIERS ET DE LEURS DROITS EN CAS DE FAILLITE.

§ *I. Des cool/ligés et des cautions.* V. COOBLIGÉS.

§ *II. Des créanciers nantis de gages.* V. NANTISSEMENT, *et des créances privilégiées sur les biens meubles.* V. PRIVILÈGE.

§ *III. Des droits et des créanciers hypothécaires et privilégiés sur les immeubles.* V. IBID.

§ *IV. Des droits des femmes.* V. REPRISES.

Sect. VIII. DE LA RÉPARTITION ENTRE LES CRÉANCIERS ET DE LA LIQUIDATION DU MOBILIER. — V. RÉPARTITION DE DENIERS.

Sect. IX. DE LA VENTE DES IMMEUBLES DU FAILLI. — V. VENTE IMMOBILIÈRE.

Sect. X. DE LA REVENDICATION. — V. REVENDICATION (après faillite).

Sect. XI. DES VOIES DE RECOURS CONTRE LES JUGEMENTS RENDUS EN MATIÈRE DE FAILLITE. — V. JUGEMENTS SUR FAILLITE.

Sect. XII. DE L'ADMINISTRATION DES BIENS EN CAS DE BANQUEROUTE. — V. BANQUEROUTE FRAUDULEUSE.

Sect. XIII. DE LA RÉHABILITATION. — V. RÉHABILITATION.

FAILLITE.

DISPOSITIONS ADDITIONNELLES.

ACTES ANNULABLES (*Faillite*). *C. Com.* **235.** Sont nuls et sans effet, relativement à la masse, lorsqu'ils auront été faits par le débiteur depuis l'époque déterminée par le tribunal comme étant celle de la cessation de ses payements ou dans les dix jours qui auront précédé cette époque, tous les actes translatifs de propriétés mobilières ou immobilières à titre gratuit, tout payement, soit en espèces, soit par transport, vente, compensation ou autrement, pour dettes non échues.

236. Tous payements faits par le débiteur pour dettes échues autrement qu'en espèces ou effets de commerce, et tous autres actes à titre onéreux présentant un avantage exceptionnel au profit de celui qui a traité avec le failli, et que ce dernier aura passé après la cessation de ses payements, et avant le jugement déclaratif de la faillite, seront annulés, s'il est établi que ceux qui ont reçu les payements ou avec lesquels le failli a contracté connaissaient le dérangement de ses affaires.

237. Il en sera de même de toute translation de propriété à titre gratuit consenti à toute époque si le failli connaissait à cette époque le mauvais état imminent de ses affaires, même si le donataire était de bonne foi, à moins qu'il ne s'agisse d'un don nuptial non exagéré.

238. Seront annulées également toutes opérations ou conventions quelconques à quelque époque quelles aient eu lieu, s'il est établi qu'elles ont été faites de la part des deux parties dans l'intention frauduleuse de porter un préjudice aux créanciers, et si ce préjudice a été effectivement porté.

239. Les droits d'hypothèque et de privilège, valablement acquis, pourront être inscrits jusqu'au jour du jugement déclaratif de la faillite; néanmoins, les inscriptions prises après l'époque de la cessation de payement, ou dans les dix jours qui précèdent, pourront être déclarées nulles, s'il s'est écoulé plus de quinze jours entre la date de l'acte constitutif de l'hypothèque ou du privilège, et celle de l'inscription. Ce délai sera augmenté du délai légal de distance entre le lieu où le droit de l'hypothèque aura été acquis et le lieu où l'inscription sera prise.

APPEL. *C. Proc.* **400.** Le délai (pour former appel) sera réduit à 15 jours en matière de faillite.

407. En matière commerciale, le délai de l'assignation devant la Cour sera de trois jours.

ASSIGNATION. *C. Proc.* **35.** Les défendeurs seront assignés, savoir :

4° En matière de faillite, devant le tribunal qui a déclaré la faillite.

AVANTAGES. V. CE MOT.

BILAN. V. CE MOT.

BORDEREAU DE CRÉANCES. V. VÉRIFICATION DE CRÉANCES.

CAUTION. *C. Civ.* 614. Le répondant peut agir contre le débiteur tombé en faillite avant l'échéance de la dette garantie.

CESSATION DE PAYEMENT. V. CE MOT.

COMPÉTENCE. *C. Com.* 6. Les tribunaux de commerce connaîtront de tout ce qui concerne les faillites, conformément à ce qui est prescrit au présent Code de commerce.

COMPTE DE LA FAILLITE. V. CE MOT.

CRÉANCES CONTESTÉES. V. CE MOT.

CRÉANCIERS DU FAILLI. V. CE MOT.

DESSAISISSEMENT DU FAILLI. V. CE MOT.

DÉTOURNEMENT D'ACTIF. V. CE MOT.

DISTRIBUTION PAR CONTRIBUTION. *C. Proc.* 596. La faillite du débiteur saisi survenue après le délai (accordé pour la production) n'arrêtera pas la procédure de distribution, même si la faillite est reportée à une date antérieure.

INSCRIPTION HYPOTHÉCAIRE. *C. Civ.* 689. Le droit d'hypothèque ne peut être exercé qu'à la condition d'avoir été inscrit au greffe des hypothèques de la situation de l'immeuble, avant que le propriétaire qui l'a hypothéqué ait été dessaisi à l'égard des tiers, sans préjudice des règles établies en matière de faillite.

LETTRE DE CHANGE ET BILLET A ORDRE. *C. Com.* 126. L'accepteur n'est pas restituable contre son acceptation, quand même le tireur aurait failli à son insu avant qu'il eût accepté.

155. Il n'est admis d'opposition au payement qu'en cas de perte de la lettre de change ou de faillite du porteur.

170. Le porteur n'est dispensé du protêt faute de payement, ni par le protêt faute d'acceptation, ni par la mort ou faillite de celui sur qui la lettre de change est tirée ; dans le cas de faillite de l'accepteur avant l'échéance, le porteur peut immédiatement faire protester et exercer son recours.

LIVRES DE COMMERCE. *C. Com.* 17. La communication des livres et inventaire peut être ordonnée en justice en cas de faillite.

OBLIGATIONS. *C. Civ.* 156. L'objet de l'obligation à terme est dû immédiatement si le débiteur tombe en faillite, ou s'il a diminué par son fait les garanties qui assuraient l'exécution.

RENTE. *C. Civ.* 585. Le prêteur pourra obtenir des tribunaux le remboursement du capital si l'emprunteur est déclaré en faillite. V. RENTE.

SECONDE FAILLITE. *C. Com.* 346. Les créanciers antérieurs au concordat rentreront dans l'intégralité de leurs droits à l'égard du failli seulement ; mais ils ne pourront figurer dans la masse que pour les proportions suivantes, savoir : s'ils n'ont touché aucune part du dividende, pour l'intégralité de leurs créances ; s'ils ont reçu une partie du dividende, pour la portion de leurs créances primitives correspondantes à la portion du dividende promise qu'ils n'ont pas touchée. Les dispositions du présent article seront applicables au cas où une seconde faillite viendra à s'ouvrir sans qu'il y ait eu préalablement annulation ou résolution du concordat.

SECOURS. *C. Com.* 273. Le failli pourra obtenir pour lui et sa famille, sur l'actif de la faillite, des secours alimentaires qui seront fixés par le juge commissaire, après avoir entendu les syndics et sauf recours au tribunal de la part de tout intéressé.

410. Ne seront susceptibles ni d'opposition ni d'appel les jugements qui statueront sur les secours à accorder au failli ou à sa famille.

SOCIÉTÉ. *C. Civ.* 542. La Société finit : 5° par la faillite d'un des associés, s'il n'a rien été stipulé à cet égard, sauf les règles spéciales aux Sociétés commerciales qui ne sont pas dissoutes par la faillite d'un associé non solidaire.

TRIBUNAUX DE COMMERCE. *C. Com.* 6. Les tribunaux de commerce connaîtront de tout ce qui concerne les faillites, conformément à ce qui est prescrit au présent Code de commerce.

VENTE. (*Délivrance*). *C. Civ.* 337. La propriété de la chose vendue, qui est un corps certain, est transférée à l'acquéreur, même si le contrat accorde un terme pour la livraison ; dans ce cas, quand le vendeur tombe en faillite avant la livraison, l'acheteur a le droit de revendiquer la chose vendue.

354. En cas de faillite de l'acheteur, le droit de rétention ou de revendication s'exerce conformément aux règles du Code de commerce.

DROIT MARITIME.

ASSURANCES. *C. Marit.* 189. Si l'assureur tombe en faillite, lorsque le risque n'est pas encore fini, l'assuré peut demander la résiliation du contrat, s'il ne lui est pas donné caution pour l'exécution des obligations de l'assureur.

L'assureur, en cas de faillite de l'assuré, avant que la prime ne lui ait été payée, peut demander la résiliation, si ce payement n'est effectué dans les trois jours de la sommation aux syndics.

FRET. *C. Marit.* 127. En cas de faillite des chargeurs ou réclamateurs avant l'expiration de la quinzaine, le capitaine conserve son privilège sur les marchandises contre tous les créanciers des faillis pour le payement de son fret, des avaries et des frais qui lui sont dus.

FAIT (Point de). V. POINT DE FAIT.

FAIT DU PRINCE. V. FORCE MAJEURE.

FAITS PERTINENTS, ADMISSIBLES.
ENQUÊTES. *C. Proc.* 203. Si, dans le cas où les faits sont déniés en totalité ou en partie, la pertinence et l'admissibilité de ces faits est reconnue, ou si, en cas de contestation, le tribunal juge qu'ils sont pertinents et admissibles, le tribunal autorisera l'enquête.

204. Le tribunal aura la faculté de déclarer d'office que les faits invoqués ne sont ni pertinents ni admissibles.

241. Lorsqu'une des parties articulera, à titre de motif de récusation, un fait différent de ceux qui sont spécifiés plus haut, (V. Récusation) il ne pourra être entendu de témoins pour le prouver que si le tribunal juge que le fait est vraisemblable, pertinent et admissible.

248. Dans le cours d'un interrogatoire, la partie adverse pourra contester et le juge refuser la position d'une question qui ne serait pas pertinente au fait à prouver ou qui serait inconvenante.

INTERROGATOIRE DES PARTIES. *C. Proc.* 171. La partie dont l'interrogatoire est demandé peut conclure au rejet de tout ou partie des questions posées, si elles ne portent pas sur des faits pertinents ou admissibles.

181. Il sera tenu par le tribunal tel compte que de raison du refus par la partie de répondre à des questions portant sur des faits pertinents et admissibles, ou du défaut de comparaître pour être interrogé.

186. SERMENT. La demande en délation du serment peut être rejetée si elle porte sur un fait non pertinent ou admissible.

FAMILLE. V. Parenté.

FAMILLE USUFRUITIÈRE. *C. Civ.* 34. Il est permis de donner par testament la nue propriété à un établissement dépendant du ministère des wakfs, et l'usufruit à une ou plusieurs personnes et à leurs héritiers en ligne directe, auquel cas la toute propriété revient à cet établissement seulement après le décès de tous les membres de la famille usufruitière.

FARINES. V. Grains et farines.

FAUTE. *C. Civ.* 212. Tout fait poursuivi par la loi oblige son auteur à réparer le préjudice qui en résulte, sauf le cas où cet auteur, à raison de son âge ou pour tout autre motif, n'a pas conscience de ses actes.

213. Il en est de même si le préjudice causé à un tiers provient d'une faute, de négligence, d'imprudence ou de défaut de surveillance des personnes que l'on a sous sa garde.

AMODIATION. *C. Civ.* 487. Le preneur n'est pas obligé de remplacer, autrement que par le croît, les animaux qui meurent sans sa faute.

CAUTION. *C. Civ.* 623. La caution est déchargée jusqu'à concurrence de la valeur des garanties que le créancier a laissé perdre par sa faute.

DÉPOT. *C. Civ.* 593. Le dépositaire est responsable de sa faute grave, et du défaut de précaution dont l'observation a été stipulée par le contrat.

DOMMAGES-INTÉRÊTS. *C. Civ.* 177. Les dommages-intérêts pour défaut d'exécution entière ou partielle ou pour retard dans l'exécution ne sont dus, en dehors des restitutions, que si l'inexécution ou le retard est imputable à la faute du débiteur.

GREFFE DES HYPOTHÈQUES. *C. Civ.* 769. Le greffier sera responsable des omissions ou erreurs de copies imputables à sa faute ou à celle de ses employés, s'il en résulte un préjudice pour la partie.

HYPOTHÈQUE. *C. Civ.* 686. Si l'immeuble affecté à la créance vient à périr ou à être détérioré par cas fortuit, de manière à rendre la garantie incertaine, le débiteur devra, à son choix, offrir une hypothèque suffisante sur un autre immeuble ou payer la dette avant l'échéance. Cette option appartiendra au créancier si la perte ou la détérioration est arrivée par la faute du débiteur ou du détenteur.

LOUAGE D'INDUSTRIE. *C. Civ.* 510. Celui qui a entrepris un travail à forfait ne peut, sous aucun prétexte, demander une augmentation de prix, à moins que les dépenses n'aient été augmentées par la faute du maître.

MANDAT. *C. Civ.* 638. Le mandataire répond de sa faute lourde et de l'inexécution volontaire de son mandat.

639. Il répond de sa faute légère, si un salaire est convenu.

649. Le mandant doit rembourser les dépenses légitimement faites par le mandataire, quelque soit le succès de l'affaire, s'il n'y a pas faute.

OBLIGATIONS. *C. Civ.* 153. Quand l'option appartient au créancier et qu'un des modes d'exécution est devenu impossible par la faute du débiteur, le créancier peut opter entre le mode d'exécution possible ou l'indemnité résultant de l'impossibilité d'exécution de l'autre mode.

154. Il conserve son droit d'option entre les deux indemnités dues pour inexécution, si les deux modes d'exécution sont devenus impossibles par la faute du débiteur.

241. Si l'exécution est devenue impossible par la faute du débiteur, ou si l'impossibilité est survenue depuis qu'il est en demeure d'exécuter, il est tenu à des dommages-intérêts.

PRÊT A USAGE. *C. Civ.* 569. L'emprunteur est garant de la perte ou de la dépréciation de la chose arrivée par sa faute, même légère.

USUFRUIT. *C. Civ.* 43. L'usufruitier n'est pas responsable de la perte ou détérioration de la chose arrivée sans sa faute.

V. NÉGLIGENCE.

DROIT MARITIME.

ASSURANCES. *C. Marit.* 194. Les déchets, diminutions et pertes qui arrivent par le fait et faute des propriétaires, affréteurs ou chargeurs, ne sont point à la charge des assureurs.

FAUTE DU CAPITAINE. *C. Marit.* 35. Tout capitaine ou patron, chargé de la conduite d'un navire ou d'un bâtiment, est garant de ses fautes, mêmes légères, qu'il commet dans l'exercice de ses fonctions, et tenu du payement des dommages qui en résultent.

FAUX (Inscription de). *C. Proc. Chap. X. Sect. III.* DE L'INSCRIPTION DE FAUX (*art.* 314-333).

DISPOSITIONS GÉNÉRALES.

Procédure. 314. Celui qui, incidemment à une demande en instance, prétendra qu'un acte authentique ou sous seing privé qui aurait été signifié, produit ou communiqué est falsifié, pourra, en tout état de cause, s'inscrire en faux contre cet acte, par une déclaration faite au greffe du tribunal.

315. Il déposera la pièce arguée de faux, s'il la détient encore, ou la copie signifiée.

316. Si la pièce est entre les mains du greffier ou du tribunal, elle sera déposée à la diligence du greffier.

317. Si elle est entre les mains du défendeur en faux, le président, sur le vu de l'inscription de faux et à la diligence du demandeur en faux, commettra immédiatement un huissier pour retirer ou saisir la pièce arguée de faux et la déposer.

318. Si la pièce ne peut être saisie, et si le défendeur en faux refuse de la remettre, elle sera écartée du débat du fond, sans préjudice de la saisie, si elle peut être effectuée ultérieurement.

319. L'inscription de faux suspendra le jugement de l'affaire principale.

322. Le défendeur pourra, en tout état de cause, arrêter la procédure incidente en faux, en déclarant retirer la pièce arguée de faux.

Sauf, en ce cas, au tribunal à ordonner la retenue ou la saisie de la pièce, si le demandeur en faux le requiert pour l'invoquer dans son intérêt ou la faire lacérer.

333. Le tribunal pourra écarter ou déclarer nulle, même sans inscription de faux, une pièce dont la fausseté lui paraîtra prouvée.

Moyens de faux. 320. Dans la huitaine de l'inscription de faux, le demandeur devra signifier ses moyens de faux, avec citation à l'audience, à trois jours francs pour les faire admettre.

321. Passé le délai, il pourra être déclaré déchu de son action en faux.

323. Le tribunal n'admettra que les moyens de faux qui seront pertinents et admissibles, tant au point de vue de la preuve du faux en lui-même que de l'influence que le faux peut avoir sur la solution du litige.

324. Il pourra immédiatement déclarer la pièce fausse, si la preuve de la fausseté lui est dès à présent acquise.

325. Si les moyens de faux sont admis, le tribunal en ordonnera la preuve par expertise ou par enquête ou par l'un et l'autre moyens.

Instruction. 326. Le demandeur en faux qui, dans les huit jours du jugement, n'aura pas présenté requête au juge commis pour commencer l'instruction, pourra être déclaré déchu de son action.

327. Seront observées, pour l'administration de la preuve, les règles ci-dessus établies pour les vérifications d'écritures.

328. Le juge commis aura les pouvoirs les plus étendus pour ordonner, autant que faire se pourra, l'apport ou le dépôt des minutes des actes qui seront argués de faux ou dont les expéditions seront arguées de faux.

329. Au cas de dépôt des minutes, les greffiers seront autorisés s'il y a lieu, par le tribunal, à en délivrer des expéditions au tiers qui y aura droit.

330. L'enquête pourra porter sur les pièces de comparaison qui pourront être produites en tout état de la procédure.

331. Lorsque l'instruction du faux sera achevée la partie la plus diligente citera la partie adverse à trois jours francs devant le tribunal pour statuer sur le faux et ensuite, sans citation nouvelle, sur le fond de l'affaire.

Amende. 332. Celui qui, s'étant inscrit en faux, a encouru la déchéance ou a succombé dans son incident sera, à la requête du ministère public, condamné à 2000 P. T. d'amende.

Il n'encourra aucune condamnation si le faux est reconnu en parti. V. TITRES AUTHENTIQUES.

DISPOSITIONS ADDITIONNELLES.

APPEL. *C. Proc.* 403. Si le jugement a été rendu sur une pièce fausse, le délai d'appel ne courra que du jour où le faux aura été reconnu ou judiciairement constaté.

ARBITRES. *C. Proc.* 1009. Toute inscription de faux ou incident criminel suspendra les fonctions des arbitres et le délai de l'arbitrage.

COMMUNICATION. *C. Proc.* 68. Seront communiquées au ministère public, les causes suivantes :
7° Les faux incidents civils.

CONCILIATIONS. *R. G. J.* 104. Les conciliations sur l'inscription en faux en matière civile ne sont point valables sans l'homologation du juge et sans que le ministère public ait été entendu.

EFFETS DE COMMERCE. *C. Com.* 143. Il est défendu d'antidater les ordres, à peine de faux.

REQUÊTE CIVILE. *C. Proc.* 424 Les parties pourront attaquer, par la voie de la requête civile, les jugements et arrêts en dernier ressort, contradictoires ou par défaut, pourvu que, dans ce dernier cas, les délais de l'opposition soient expirés, pour une ou plusieurs des causes ci-après spécifiées :
3° Si les pièces qui ont servi à la décision ont été, depuis, reconnues ou jugées fausses.

426. Dans ce cas, le délai (pour se pourvoir en requête civile) sera suspendu jusqu'à la découverte du faux.

TRANSACTION. *C. Civ.* 657. La transaction ne peut être attaquée que par suite de.... fausseté des titres sur lesquels on a transigé, reconnue depuis la transaction.

FEMME, (fille, veuve). LETTRE DE CHANGE. *C. Com.* 114. Les lettres de change souscrites, les endossements et les acceptations signés par des femmes, des filles, ou de simples cultivateurs indigènes, non commerçants, en leur propre nom, ne sont pas réputés actes de commerce, en ce qui les concerne.

FEMME MARIÉE. COMMUNICATION. *C. Proc.* 68. Seront communiquées au ministère public, les causes suivantes : 2° Celles qui concernent les femmes non autorisées par leurs maris ou plaidant pour leur dot.

EXCEPTIONS DILATOIRES. *C. Proc.* 155. L'héritier et la femme assignée comme commune en biens après la dissolution de la communauté, auront le droit d'obtenir, pour conclure, le délai qui leur est accordé par leur loi personnelle pour prendre qualité.

FEMME MARIÉE COMMERÇANTE. *C. Com.* 11. La capacité des femmes pour faire le commerce est également réglée par leur statut personnel. V. COMMERÇANTS.

FENÊTRE. V. VUE.

FERMAGES, FERMIERS. COMPÉTENCE. *C. Proc.* 28. Un juge délégué par le tribunal statuera en tribunal de justice sommaire sur les affaires suivantes en matière civile : 4° Dans les mêmes limites du dernier ressort et à charge d'appel, à quelque somme que s'élève la demande au delà de 8000 P. T. sur les actions en paiement de loyers, fermages, ... quand la location non déniée n'excèdera pas annuellement P. T. 4000.

PRESCRIPTION. *C. Civ.* 106. On ne prescrit pas un droit réel contre son propre titre ou celui de ses auteurs; ainsi le fermier.... ou ses héritiers ne peuvent prescrire. V. BAIL A FERME.

PRIVILÈGE. *C. Civ.* 727. Sont privilégiées les créances suivantes : 5° Les loyers et fermages et tout ce qui est dû au bailleur à ce titre, qui viendront ensuite sur le prix de tout le mobilier garnissant les lieux loués et même sur les récoltes de l'année, qui appartiendront encore au fermier, bien qu'elles soient déposées hors des lieux loués.

SAISIE-GAGERIE. *C. Proc.* 760. Les propriétaires, principaux locataires de maisons ou biens ruraux ayant actuellement droit sur l'immeuble, peuvent, sans titre exécutoire, saisir conservatoirement les meubles garnissant les lieux, et les fruits et moissons, pour sûreté des loyers ou fermages échus. V. SAISIE-GAGERIE.

SAISIE IMMOBILIÈRE. *C. Proc.* 624. Une simple opposition du saisissant ou de tout autre créancier entre les mains des fermiers ou locataires, vaudra saisie-arrêt. V. SAISIE IMMOBILIÈRE.

FÊTE LÉGALE. 345

SAISIE MOBILIÈRE. *C. Proc.* 518. Ne pourront être saisis, si ce n'est pour loyers, fermages, ou pour dettes d'aliments :

1° Les livres indispensables à la profession du saisi, et les outils des artisans, nécessaires à leur travail personnel ;

2° Les équipements militaires appartenant au saisi ;

3° Les grains ou farines nécessaires à la nourriture du saisi et de sa famille pendant un mois ;

4° Une vache, ou trois chèvres, ou trois brebis au choix du saisi, s'il s'agit d'animaux en sa possession et dont il use au moment de la saisie.

FÊTE LÉGALE. ASSIGNATION. *C. Proc.* 140. Dans les cas qui nécessitent une urgence absolue, le juge pourra autoriser à assigner, soit à l'audience des référés, soit à son domicile à heure fixe et même les jours fériés.

EFFETS DE COMMERCE. *C. Com.* 133. Une lettre de change peut être tirée : A jour fixe ou à jour déterminé, tel qu'une fête, une foire.

138. Si l'échéance d'une lettre de change est à un jour férié légal, elle est payable la veille.

169. Le refus de paiement doit être constaté par un protêt faute de paiement le lendemain de l'échéance, outre le délai de distance entre le lieu où le protêt doit être fait et le siège du tribunal. Si le lendemain de l'échéance est un jour férié légal, le protêt est fait le jour suivant.

EXPLOITS. *Significations. C. Proc.* 20. Si le dernier jour du délai est un jour férié, le délai sera prorogé au lendemain.

23. Aucun acte ne pourra être signifié les jours fériés, à moins de permission du juge.

R. G. J. 96. Les jours de fêtes sont le vendredi et le dimanche, les deux fêtes musulmanes du Baïram, ainsi que les fêtes chrétiennes de la Noël, du jour de l'An, du lundi de Pâques, de l'Ascension, de l'Assomption et de la Toussaint.

95. Les greffes de la Cour d'Appel et des Tribunaux, et les bureaux des huissiers, resteront ouverts aux heures fixées par les vice-présidents respectifs, et jamais moins de six heures chaque jour de la semaine et de deux heures les jours de fêtes.

66. Si l'un des jours de la semaine fixé par le tableau est un jour férié, l'audience de ce jour est renvoyée au premier des jours non compris dans le tableau.

FEUILLE D'AUDIENCE. V. REGISTRE D'AUDIENCE. PROCÈS-VERBAL D'AUDIENCE.

FILLE. V. FEMME.

FIN DE NON RECEVOIR. V. EXCEPTIONS.

C. Marit. Titre XIV. FINS DE NON RECEVOIR (*art.* 274-275).

274. Sont non recevables : toutes actions contre le capitaine et les assureurs pour dommage arrivé à la marchandise chargée, si

elle a été reçue sans protestation ; toutes actions contre l'affréteur pour avaries, si le capitaine a livré les marchandises et reçu son fret sans avoir protesté ; toutes actions en indemnité pour dommages causés par l'abordage dans un lieu où le capitaine a pu agir, s'il n'a point fait de réclamation.

275. Ces protestations et réclamations sont nulles si elles ne sont faites et signifiées dans les quarante-huit heures et si, dans trente et un jours de leur date, elles ne sont saisies d'une demande en justice.

FIRMAN C. Com. 46. La société anonyme ne peut exister qu'en vertu d'un firman du Khédive qui approuve les conditions contenues dans l'acte de société, et qui autorise son installation.

51. Dans les sociétés anonymes, le firman d'autorisation déterminera le chiffre de versement après lequel l'action pourra être au porteur, et le souscripteur et le cessionnaire nominatifs libérés.

63. Le firman qui autorise les sociétés anonymes, ainsi que l'acte préliminaire d'association, et les statuts devront être affichés au Tribunal de Commerce pendant le même temps, et insérés dans un journal, à peine de dommages-intérêts envers les administrateurs, qui seront tenus solidairement des dettes de la société.

FLAGRANT DÉLIT. R. O. J. Titre III. 39. Il sera établi près des nouveaux tribunaux un nombre suffisant d'agents choisis par les tribunaux eux-mêmes, pour pouvoir assister, au besoin, les magistrats et les officiers judiciaires à requérir tout agent de la force publique en cas de flagrant délit ou de péril.

FLEUVES. V. Allusion.

FOIRE. Lettre de change, billet a ordre. C. Com. 133. Une lettre de change peut être tirée : à jour fixe ou à jour déterminé, tel qu'une fête, une foire.

137. Une lettre de change payable en foire est échue la veille du jour fixé pour la clôture de la foire, ou le jour de la foire, si elle ne dure qu'un jour.

FOLLE ENCHÈRE. Saisie exécution. C. Proc. 529. Si l'adjudicataire ne paye pas comptant, l'objet sera immédiatement vendu, à ses risques et périls, dans les mêmes formes et à tout prix.

Saisie immobilière. C. Proc. 656. L'adjudicataire devra s'il ne l'a fait avant l'audience, déposer, séance tenante, outre les frais, le dixième de son prix en titres ou valeurs reconnues suffisants ou en espèces, ou présenter une caution pour le dixième du prix et pour les frais, laquelle devra être reconnue solvable par le tribunal en Chambre du Conseil sinon il sera procédé à la revente, aux risques et périls de l'enchérisseur.

696. Faute, par l'adjudicataire, de satisfaire aux conditions de son adjudication, l'immeuble sera revendu à sa folle enchère.

697. La partie qui aura intérêt à poursuivre la folle enchère signifiera son titre à l'adjudicataire en retard, avec sommation de remplir les clauses du cahier des charges, et suivra, sur la vente, après trois jours francs, sans jugement, sauf à porter les contestations devant le juge des référés.

698. Les placards et insertions, outre les mentions exigées pour la première vente, énonceront le nom du fol enchérisseur et de celui qui poursuivra la vente sur folle enchère, la mise à prix offerte par ce dernier et le jour et l'heure de l'adjudication qui sera fixée, d'accord avec le greffier. Cette adjudication aura lieu sur l'ancien cahier des charges.

699. L'audience de vente sera fixée au premier jour utile après les quarante jours qui suivront la signification du titre avec sommation.

700. La notification du jour fixé au précédent adjudicataire, l'apposition des placards et l'insertion des annonces seront faites quinze jours, au moins, avant l'adjudication.

701. Les règles prescrites pour la vente sur saisie et la surenchère seront applicables à la vente sur folle enchère.

702. Le fol enchérisseur sera tenu de la différence entre son prix et celui de la vente, sans pouvoir réclamer le surplus, s'il en existe, lequel profitera au saisi ou au tiers-détenteur exproprié ou à ses créanciers.

703. Le fol enchérisseur ne sera pas admis à enchérir même avec caution.

VENTE DE BIENS DE MINEURS ET FAILLIS. *C. Proc.* 709. Les règles ci-dessus fixées pour la surenchère et la folle enchère seront applicables à ces sortes de vente.

VENTE DE RENTE. *C. Proc.* 570. Faute par l'adjudicataire d'avoir payé, dans les six jours du jugement d'adjudication, les sommes immédiatement exigibles, ou d'avoir payé, après sommation, le prix ou partie du prix à l'échéance, la vente sur folle enchère sera poursuivie trois jours après un commandement, par celui qui aura droit de recevoir le prix ou la partie du prix, après insertion et simple apposition d'affiches, dont le procès-verbal sera signifié à l'adjudicataire cinq jours au moins et dix jours au plus avant la vente sur folle enchère.

DROIT MARITIME

NAVIRE. *C. Marit.* 23. A défaut de paiement soit du premier tiers, soit des deux autres, et à défaut de fournir caution comme il a été dit, le navire sera mis en vente et adjugé trois jours après une nouvelle publication et affiche unique, à la folle enchère des adjudicataires et des garants, qui seront obligés solidairement pour le déficit, s'il y en a, les dommages les intérêts et les frais, dans le cas où le tiers déjà versé serait insuffisant. L'excédant s'il y en a, serait rendu au fol enchérisseur.

FONCTIONNAIRES PUBLICS. SIGNIFICATIONS,
C. Proc. 10. Les copies seront remises pour les significations :

1° A l'Etat, entre les mains du Gouverneur de la province;

2° Aux administrations, entre les mains des directeurs, des divans, de ces administrations;

3° Aux Daïras, entre les mains des directeurs de ces Daïras. Dans ces divers cas, l'original sera visé par celui à qui la copie de l'acte doit être laissée, ce dont l'huissier fera mention sur l'original de la copie; en cas d'absence ou de refus, l'original sera visé par le procureur du Khédive auprès du tribunal dans le ressort duquel exerce l'huissier.

La personne publique qui aura refusé le visa sera condamnée à une amende de 100 piastres égyptiennes.

FONCTIONNAIRES JUDICIAIRES.

DISPOSITION GÉNÉRALE.

R. G. J. 6. Les juges aux tribunaux, les conseillers à la Cour d'appel, le procureur général et les substituts sont magistrats; les greffiers, commis-greffiers et interprètes sont fonctionnaires de l'ordre judiciaire; les huissiers sont officiers attachés à l'ordre judiciaire.

Le secrétaire et le sous-secrétaire de la Cour seront nommés par l'assemblée générale et ils auront par suite la qualité de fonctionnaires.

Les secrétaires près les tribunaux seront choisis par le Président parmi les commis-greffiers ou les expéditionnaires. Pendant la durée de leurs fonctions, ils toucheront l'allocation prévue au budget pour le poste de secrétaire.

11. Les fonctionnaires de l'ordre judiciaire et les huissiers seront nommés par la Cour ou par le Tribunal auquel ils seront attachés.

DISPOSITIONS DIVERSES.

ANCIENNETÉ. 265. L'ancienneté des fonctionnaires de l'ordre judiciaire se compte à la date de la nomination dans chaque grade.

A date égale on tient compte de l'âge.

En cas d'empêchement d'un fonctionnaire judiciaire, le plus ancien de la Cour ou du Tribunal où se produit l'empêchement le remplace dans ses fonctions, à moins que le vice-Président n'en dispose autrement.

CADEAU. 13. De même que cela est interdit par le règlement d'organisation judiciaire aux magistrats, il est défendu à tout fonctionnaire de l'ordre judiciaire et à tout huissier d'accepter aucun cadeau offert par qui que ce soit, pour ce qui a trait à son ministère, soit pour lui-même, soit pour les personnes de sa famille, soit directement ou indirectement, soit avant ou après la fin d'une affaire, comme aussi de se procurer aucun autre avantage sous un prétexte quelconque.

CONGÉS. 132. Les fonctionnaires de l'ordre judiciaire et les huissiers pourront obtenir des congés du vice-Président de la Cour ou du Tribunal auquel ils sont attachés.

En général, ces congés ne seront accordés que pendant les vacances judiciaires et autant qu'ils ne préjudicieront pas à la marche du service.

133. Les vice-présidents des tribunaux de première instance ne pourront accorder plus de quinze jours de congé.

COSTUME 80. Aux audiences publiques et dans les solennités officielles de la Cour et des tribunaux, les magistrats et les fonctionnaires de l'ordre judiciaire porteront le costume qui leur est assigné.

DÉGRADATION, RÉVOCATION, DÉCÈS. 49. Les fonctionnaires de l'ordre judiciaire et les huissiers ne pourront être privés temporairement de leurs appointements, ou dégradés ou destitués qu'en vertu d'un jugement disciplinaire constatant qu'ils n'ont pas rempli les devoirs de leur emploi, ou qu'ils se sont conduits de manière à ne plus mériter aucune confiance.

51. Ils pourront être révoqués par une décision de la Cour d'appel ou du Tribunal auquel ils appartiennent, lorsque à la suite d'une infirmité grave et permanente, ils ne seront plus à même de remplir convenablement leurs fonctions.

La Cour fixera dans ce cas l'indemnité qui pourra leur être accordée eu égard à la nature et à la durée de leurs services et aux autres circonstances.

Cette indemnité ne pourra pas dépasser le montant d'une année de leurs appointements fixes.

52. Dans le cas de décès d'un fonctionnaire de l'ordre judiciaire, d'un huissier ou d'un expéditionnaire, la Cour pourra allouer à la veuve ou aux héritiers une indemnité dans les limites établies par l'article précédent.

DISCIPLINE. 137. Tout fonctionnaire de l'ordre judiciaire ou huissier, qui viole ses devoirs professionnels ou qui ne s'abstient pas, tant au Palais qu'au dehors de tout ce qui pourrait diminuer la confiance dans les actes judiciaires ou la considération de la classe à laquelle il appartient est sujet à des mesures disciplinaires.

162. Le vice-Président de la Cour à la surveillance du personnel des greffes, des interprètes et des huissiers de la Cour et des tribunaux.

163. Les vice-Présidents des tribunaux ont la surveillance du personnel respectif des greffes, les interprètes et les huissiers.

164. Les greffiers les commis-greffiers et les huissiers sont soumis aussi à la surveillance de leur greffier en chef respectif, là où il est établi, ou de celui qui en remplit les fonctions.

165. Les mesures disciplinaires sont :

a) L'avertissement verbal ou écrit;

b) L'amende de 5 à 50 P. T ;

c) Les peines disciplinaires.

166. Les peines disciplinaires sont :

a) La perte temporaire des appointements;

b) La dégradation ;

c) La destitution sans droit à l'indemnité.

167. Le droit de surveillance implique le droit d'avertissement et celui d'infliger l'amende.

168. La perte temporaire des appointements, la dégradation, la destitution sans aucun droit à l'indemnité, ne peuvent être prononcées qu'à la suite d'une procédure disciplinaire qui constate la gravité de la faute commise.

169. La procédure disciplinaire est mise en mouvement par le vice-Président respectif, soit d'office, soit sur la demande d'au moins trois juges de la Cour ou du Tribunal respectif, soit à la suite d'une requête du Ministère Public. Il appartient et il incombe au vice-Président de recueillir des renseignements préliminaires et de fixer le jour où l'inculpé sera appelé à présenter sa défense devant un conseil de l'autorité judiciaire à laquelle il est attaché. Ce conseil est composé de la manière prescrite par les articles 2 et 3 du règlement d'organisation judiciaire pour prononcer les jugements (1).

170. L'affaire se traite à huis-clos ; le Ministère Public peut intervenir, faire des propositions et conclure; dans ce cas, l'inculpé a le droit de le faire assister par un défenseur choisi dans l'ordre des avocats.

171. Hors le cas de nouveaux renseignements à recueillir, la délibération suit immédiatement la défense de l'inculpé.

172. Par délibération de la Chambre du conseil de la Cour ou du Tribunal respectif, les fonctionnaires de l'ordre judiciaire et les huissiers pourront être suspendus, pendant le procès disciplinaire de l'exercice de leurs fonctions et de la perception de leur traitement.

173. Le Ministère Public, les fonctionnaires de l'ordre judiciaire et les huissiers auront le droit de recourir devant la Cour d'appel contre les décisions des tribunaux de première instance.

(1) V. TRIBUNAUX MIXTES art. 2 et COUR D'APPEL art. 3.

174. Le recours doit être présenté dans les huit jours.

INCOMPATIBILITÉS. 19. Les fonctions de magistrat, de fonctionnaire de l'ordre judiciaire et d'huissier sont incompatibles avec toute autre fonction salariée, avec la profession de marchand et toute autre profession quelconque.

INDEMNITÉS. 266. Les fonctionnaires de l'ordre judiciaire et les huissiers ont droit à une indemnité pour frais de voyage en cas de changement de résidence dans l'intérêt du service.

267. Les magistrats et fonctionnaires de l'ordre judiciaire et les huissiers à l'occasion de missions spéciales à eux confiées par le Gouvernement, hors de leur résidence ordinaire, pour affaires législatives, judiciaires ou administratives, ont droit à une indemnité pour frais de voyage et de séjour dans la mesure établie par les dispositions de l'article 269.

268. Pour toucher l'indemnité, le fonctionnaire qui y a droit après être arrivé à sa nouvelle destination, doit présenter un état signé par lui à son vice-Président, lequel, vu l'exactitude des indications qu'il contient, pourvoit au payement.

269. Les fonctionnaires sus-nommés qui se transportent hors de leur résidence dans l'exercice de leurs attributions judiciaires ont droit à une indemnité pour frais de voyage et de séjour dans la mesure établie par le tarif.

270. Ce droit appartient aussi aux huissiers qui, pour des motifs spéciaux, accompagnent ce fonctionnaire.

271. Pour obtenir le payement de l'indemnité établie en l'article précédent, le fonctionnaire ou l'huissier qui s'est transporté hors de la résidence forme un état indicatif de la distance parcourue, soit en chemin de fer, soit sur les routes ordinaires, du jour du départ, du jour de la rentrée et, s'il y a lieu, de l'ordre judiciaire qui a prescrit le transport.

Cet état doit être visé par le ministère public et rendu exécutoire par le vice-président auquel est subordonné le fonctionnaire ou l'huissier.

S'il s'agit d'une indemnité que les parties doivent rembourser à la caisse des fonds judiciaires, les états relatifs sont transcrits par un greffier sur un registre à ce destiné, pour être en leur temps compris dans la note des frais de la procédure ; ils sont ensuite présentés à la personne qui, d'après les règlements, est chargée des paiements.

PROMOTIONS. 48. Sur la proposition de l'assemblée générale et sauf approbation de la part du Gouvernement, la Cour pourra accorder une augmentation n'excédant pas le cinquième des appointements aux greffiers, secrétaires, commis-greffiers, sous-secrétaires, interprètes et huissiers qui seront restés quatre ans sans obtenir d'avancement qui se sont signalés par leur bonne conduite, leur zèle et leur assiduité au travail.

Sur la proposition de la commission, les expéditionnaires pourront également obtenir une augmentation dans les conditions ci-dessus indiquées.

RÉCUSATION. 15. Les fonctionnaires de l'ordre judiciaire, les huissiers et agents devront aussi faire connaître les causes de récusation énoncées en l'article 352 du Code de procédure civile et commerciale qui se présenteraient, pour eux, au chef de l'autorité judiciaire, auquel il appartient de décider s'ils doivent s'abstenir de la fonction dont ils étaient chargés.

16. Il est loisible.... aux fonctionnaires de l'ordre judiciaire et aux huissiers de réclamer aussi cette dispense pour d'autres motifs sérieux.

En ce qui concerne les magistrats, la Cour ou le Tribunal auquel ils appartiennent, statuera en chambre du Conseil, sur les excuses produites ; en ce qui concerne les fonctionnaires de l'ordre judiciaire, les officiers et agents les excuses seront jugées par les chefs de l'autorité judiciaire à laquelle ils appartiennent.

RÉSIDENCE 17. Tout fonctionnaire de l'ordre judiciaire et tout huissier devra résider au lieu où il est appelé à exercer ses fonctions, et il ne pourra s'absenter sans en avoir obtenu la permission, en conformité du présent règlement.

49. Les fonctionnaires de l'ordre judiciaire et les huissiers ne pourront être changés de résidence sans indemnité de déplacement.

50. Ils pourront être changés de résidence par la Cour d'Appel ou envoyés temporairement de la Cour au tribunal, d'un tribunal à la Cour, ou d'un tribunal à un autre, avec le même grade et les mêmes appointements, lorsque le service l'exigera, moyennant indemnité pour les frais de déplacement.

SECRET. 14. Les fonctionnaires de l'ordre judiciaire et les huissiers seront tenus de garder un secret inviolable sur les affaires en jugement à l'égard des personnes auxquelles ils ne seront pas obligés d'en donner communication d'office.

SERMENT. 18. Avant de rentrer en fonctions, les fonctionnaires de l'ordre judiciaire et les huissiers, comme aussi les expéditionnaires nommés pour remplacer provisoirement lesdits fonctionnaires, prêteront dans la forme suivante serment devant l'autorité judiciaire à laquelle ils seront attachés :
Je jure de remplir, en homme d'honneur et en toute conscience les fonctions qui me sont confiées.

FOND. (**Procédure**). DÉFENSES AU FOND. *C. Proc.* 167. Les exceptions seront proposées conjointement et avant toutes défenses au fond.

FOND DE COMMERCE. FAILLITE. *C. Com.* 268. Le juge-commissaire pourra également, sur la demande des syndics, et selon l'exigence des cas, les dispenser de faire placer sous les scellés ou les autoriser à en faire extraire : 3° Les objets servant à l'exploitation des fonds de commerce. Dans ce dernier cas, il sera dressé inventaire avec prisée qui sera signé par le juge-commissaire.

270. Les syndics pourront continuer d'exploiter le fond de commerce ou le faire exploiter par un tiers agréé par le juge et sous sa surveillance.

SAISIE-EXÉCUTION. *C. Proc.* 539. Lorsque le fonds de commerce ou le droit de bail sera vendu avec les marchandises ou les meubles, ou séparément, la vente se fera dans le local du tribunal affecté aux ventes publiques, si l'une des parties le requiert, et en tous cas quinze jours au plus tôt après la saisie. V. VENTE AUX ENCHÈRES (*Faillite*). SAISIE MOBILIÈRE.EXPLOITATION.

FONDS DE TERRE. FONDS SUPÉRIEURS ET FONDS INFÉRIEURS (*Servitude*). *C. Civ.* 54. On doit, sur son terrain, le passage de l'eau nécessaire au fonds le plus éloigné de la prise d'eau, moyennant le paiement d'une indemnité préalable réglée par les tribunaux, qui détermineront, en cas de contestation, les travaux à faire pour l'établissement du passage, de façon à ce qu'il soit le moins dommageable possible. Mais le propriétaire qui arrose ses terres au moyen de machines ou de canaux, ne peut forcer les fonds inférieurs à recevoir ses eaux.

FONDS PUBLICS. *C. Com.* 2. La loi répute acte de commerce : toutes obligations entre négociants, marchands et banquiers, courtiers, entrepreneurs d'administration de fonds publics, tant à charge du gouvernement que des puissances étrangères, en tant qu'ils agissent en leurs qualités.

8. Les billets souscrits par un commerçant ou entrepreneur

d'administration de deniers publics seront censés faits pour son commerce, lorsqu'une autre cause n'y sera pas énoncée. V. VALEURS NÉGOCIABLES.

FORCE MAJEURE. V. CAS FORTUITS ET DE FORCE MAJEURE.

FORCE PUBLIQUE. SAISIE MOBILIÈRE. *C. Proc.* 505. Les témoins pourront être des agents de la force publique.

515. Si les portes sont fermées, ou si l'ouverture en est refusée, ou s'il est fait contre l'huissier des actes de violence ou de résistance, il prendra toutes les mesures conservatoires pour empêcher les détournements et requérir la force publique et l'assistance de l'autorité locale ; si elle lui est refusée, il s'adressera au président qui requerra la force publique au nom du tribunal.

FORCLUSION. V. DÉCHÉANCE.

FORFAIT (traité à). LOUAGE D'INDUSTRIE. *C. Civ.* 494. Le louage d'industrie pour un travail déterminé peut être fait ou à forfait pour tout l'ouvrage, ou suivant un prix arrêté d'après le temps employé ou le travail fait.

495. Dans tous les cas, le maître peut arrêter le travail, en indemnisant l'entrepreneur des dépenses occasionnées par la préparation du travail suspendu.

496. Mais s'il a engagé l'ouvrier ou l'entrepreneur pour un temps indéterminé ou traité pour tout l'ouvrage à forfait, il doit tout le bénéfice qui serait résulté de l'exécution du contrat.

509. Si la matière est fournie par le maître, et qu'il s'agisse d'un travail à forfait, le maître, en cas de destruction par cas fortuit, perd la matière et l'ouvrier son salaire.

510. Celui qui a entrepris un travail à forfait ne peut, sous aucun prétexte, demander une augmentation de prix, à moins que les dépenses n'aient été augmentées par la faute du maître.

UNION. *C. Com.* 386. L'union après délibération prise à la majorité déterminée pour le concordat, pourra se faire autoriser par le tribunal de commerce, le failli dûment appelé, à traiter à forfait de tout ou partie des droits et actions, dont le recouvrement n'aurait pas été opéré, et à les aliéner; en ces cas, les syndics feront tous les actes nécessaires. Tout créancier ou le failli pourra s'adresser au juge-commissaire pour provoquer une délibération de l'union à cet égard.

V. FRET.

FORMULE EXÉCUTOIRE. EXÉCUTION. *C. Proc.* 434. L'exécution est due à tous les jugements et aux titres et contrats authentiques revêtus de la formule exécutoire.

R. G. J. 118. Les copies en forme exécutoire doivent être intitulées au nom du Khédive, et ne peuvent être délivrées qu'à la partie en faveur de laquelle le jugement ou l'ordonnance a été prononcé ou l'obligation stipulée.

On mentionne à la fin de l'original et de la copie le nom de la partie qui reçoit l'expédition.

119. Les copies en forme exécutoire doivent se terminer par la formule exécutoire suivante :

« Les huissiers qui en sont requis et, sur leur demande, les « agents des tribunaux sont tenus de mettre à exécution le pré- « sent acte, le ministère public d'y donner assistance, les com- « mandants et officiers de la force publique de prêter main-forte, « lorsqu'ils en seront légalement requis. »

JUGEMENTS. *C. Proc.* 106. L'expédition exécutoire ou grosse du jugement et les secondes expéditions contiendront .... la formule exécutoire.

FORTIFICATIONS. *C. Civ.* 25. Les biens de l'Etat, tels que fortifications, ports, etc. ne sont pas susceptibles d'une propriété privée.

FORTUIT. V. Cas fortuit.

FORTUNE DE MER. ASSURANCES. *C. Marit.* 192. Sont aux risques des assureurs : les dommages qui arrivent aux objets assurés par.... toutes fortunes de mer, sauf convention contraire des parties.

(*Délaissement*). *C. Marit.* 211. Le délaissement des objets assurés peut être fait : en cas d'innavigabilité par fortune de mer.

EMPRUNT A GROSSE. *C. Marit.* 164. Le prêteur à la grosse sur les marchandises chargées dans un navire désigné au contrat ne supporte pas la perte des marchandises, même par fortune de mer, si elles ont été chargées sur un autre navire, à moins qu'il ne soit légalement constaté que ce chargement a eu lieu par force majeure.

FOURNITURES. ACTE DE COMMERCE. *C. Com.* 2. La loi répute acte de commerce : toute entreprise de fournitures.

LOUAGE D'INDUSTRIE. *C. Civ.* 508. Le louage d'industrie peut comprendre accessoirement la fourniture de tout ou partie de la matière.

509. Quand l'ouvrier fournit la matière, il supporte la perte de la chose commandée, à moins qu'elle n'ait été livrée, agréée ou offerte avec mise en demeure.

Si la matière est fournie par le maître, et qu'il s'agisse d'un travail à forfait, le maître, en cas de destruction par cas fortuit, perd la matière et l'ouvrier son salaire.

PRESCRIPTION. *C. Civ.* 273. Les sommes dues aux marchands pour fournitures faites aux particuliers, se prescrivent par trois cent soixante jours, encore que de nouvelles dettes aient pris naissance pour les mêmes causes pendant ces trois cent soixante jours.

270. Dans le cas où la prescription est de trois cent soixante jours ou au-dessous, celui qui invoquera la prescription ne sera libéré que s'il prête serment qu'il s'est effectivement libéré.

FRAIS. IMPUTATION. *C. Civ.* 236. L'imputation se fait en commençant par les frais, intérêts et arrérages avant le capital.

OBLIGATIONS. *C. Civ.* 234. Les frais de l'exécution sont à la charge du débiteur.

VENTE. *C. Civ.* 309. Les frais d'actes et autres accessoires à la vente sont à la charge de l'acheteur.

355 Les frais de délivrance, comme le transport au lieu de la livraison, les frais de mesurage et de pesage, etc., sont à la charge du vendeur.

356. Les frais d'enlèvement et ceux de paiement sont à la charge de l'acheteur.

Il en est de même des frais d'acte.

Sauf, dans tous ces cas, les usages de commerce.

(*Résiliation*). *C. Civ.* 368. Quand il y a lieu à résiliation le vendeur doit restituer les frais du contrat.

(*Vices cachés*). *C. Civ.* 389. Si le vendeur ignorait le vice caché, l'acheteur aura simplement le choix de résoudre la vente et de réclamer la restitution des frais qu'elle a occasionnés, ou de conserver la chose au prix convenu.

FRAIS DE GARDE. V. GARDIEN.

FRAIS DE JUSTICE. V. DÉPENS.

FRAIS DE TRANSPORT. VISITE DES LIEUX. *C. Proc.* 286. Les frais de la descente sur les lieux, évalués par le président, seront consignés à l'avance au greffe par la partie qui aura requis la descente sur les lieux.

FRANC D'AVARIE. *C. Marit.* 244. La clause franc d'avarie affranchit les assureurs de toutes avaries, soit communes, soit particulières, excepté dans les cas qui donnent ouverture au délaissement ; et dans ces cas, les assurés ont l'option entre le délaissement et l'exercice de l'action d'avarie.

FRAUDE. V. DOL. ACTION RÉVOCATOIRE.

FRET. *C. Marit. Titre VIII.* DU FRET OU NOLIS (*art.*104-131).

104. Le prix du loyer d'un navire ou autre bâtiment de mer est appelé fret ou nolis. Il est réglé par les conventions des parties. Il est constaté par la charte-partie ou par le connaissement. Il a lieu pour la totalité ou partie du navire, pour un voyage entier ou pour un temps limité, au tonneau, au kilogr., au

quintal, à forfait ou à cueillette ; avec désignation du tonnage du navire.

105. Si le navire est loué en totalité, et que l'affréteur ne lui donne pas toute sa charge, le capitaine ne peut prendre d'autres marchandises sans le consentement de l'affréteur. L'affréteur profite du fret des marchandises qui complètent le chargement du navire qu'il a entièrement affrété.

106. Si l'affréteur n'a rien chargé dans le délai fixé par la charte-partie ou par la loi, le fréteur a le choix soit de demander l'indemnité fixée par la charte-partie pour le retard, et, à défaut de conventions, une indemnité à régler par experts, soit de résilier le contrat d'affrétement, et de d'exiger de l'affréteur la moitié du fret ou nolis et des autres avantages convenus.

Dans le même cas l'affréteur qui n'a rien chargé dans ledit délai aura la faculté, avant le commencement des jours de planches supplémentaires, de renoncer au contrat, à la charge de payer au fréteur ou au capitaine la moitié du fret et des autres avantages convenus par la charte-partie.

107. Si l'affréteur n'a chargé, dans le délai fixé, qu'une partie des marchandises convenues par la charte-partie, le fréteur a encore le choix, soit de demander les indemnités portées dans le dernier paragraphe de l'article précédent, soit d'entreprendre le voyage avec la partie des marchandises déjà chargées. Dans ce dernier cas, le fret entier sera dû au fréteur.

108. Si l'affréteur charge plus de marchandises qu'il n'a été convenu, il paye le fret de l'excédent sur le prix réglé par la charte-partie.

109. Le fréteur ou le capitaine qui a déclaré le navire d'un plus grand port qu'il n'est, est tenu à la diminution proportionnelle sur le prix du fret, et à des dommages-intérêts envers l'affréteur.

Si la déclaration ne diffère du véritable tonnage du navire que de trois pour cent, ou si elle est conforme au certificat de jauge, la différence ne sera pas prise en considération.

110. Lorsqu'un navire est frété à cueillette, si le fréteur ou le capitaine a fixé un délai pendant lequel le navire restera en charge, il est tenu, après ce délai, de partir au premier vent favorable, à moins qu'il ne convienne d'un autre délai avec les chargeurs.

111. Si, le navire étant frété à cueillette, il n'y a pas eu de délai fixé pour le chargement, chacun des chargeurs peut retirer ses marchandises, en restituant les connaissements signés par le capitaine, en donnant caution pour les connaissements déjà expédiés, et en payant, outre les frais de charge et de décharge, ainsi que ceux de rechargement des autres marchandises qu'il faudrait déplacer, la moitié du fret convenu.

Néanmoins, si le navire a déjà les trois quarts de son chargement, le capitaine est tenu, si la majorité des chargeurs l'exige, de partir au premier vent favorable huit jours après la sommation, sans qu'aucun des chargeurs puisse retirer ses marchandises.

112. Si des marchandises ont été chargées sur le navire à l'insu du fréteur ou du capitaine, celui-ci, se trouvant encore dans le lieu du chargement, peut, après sommation pour les reprendre dûment communiquée aux chargeurs, les mettre à terre dans ledit lieu, ou en prendre le fret au plus haut prix qui sera payé dans le même lieu pour les marchandises de même nature. — Mais s'il ne s'aperçoit de l'existence desdites marchandises qu'après le départ du navire, il ne peut plus les débarquer qu'au lieu de leur destination, sauf à s'en faire payer le fret au prix susindiqué.

Le chargeur qui retire ses marchandises pendant le voyage est tenu de payer le fret entier et tous les frais de déplacement occasionnés par le déchargement.

Si les marchandises sont retirées pour cause des faits ou des fautes du capitaine, celui-ci non seulement n'aura droit à aucun fret, mais encore il est responsable de tous les frais, et même des dommages-intérêts, s'il y a lieu, pour l'inexécution de l'affrétement.

113. Si le navire est arrêté au départ, pendant le voyage ou au lieu de sa décharge, par le fait ou la négligence de l'affréteur, ou de l'un des chargeurs, l'affréteur ou le chargeur est tenu envers le fréteur, le capitaine ou les autres chargeurs, des frais et dommages-intérêts provenant du retardement.

Si, ayant été frété pour l'aller et le retour, le navire fait son retour sans chargement ou avec un chargement incomplet, le fret entier est dû au capitaine, ainsi que l'intérêt du retardement si le navire a été retardé.

114. Le fréteur ou le capitaine est également tenu des dommages-intérêts envers l'affréteur, si, par sa faute ou sa négligence, le navire a été arrêté ou retardé au départ, pendant sa route ou au lieu de sa décharge.

Les dommages-intérêts mentionnés soit ici soit dans l'article précédent, sont réglés par des experts.

115. Si le capitaine est contraint de faire radouber le navire pendant le voyage, l'affréteur ou le chargeur est tenu d'attendre que le navire soit réparé, ou de retirer ses marchandises en payant le fret en entier et en participant à l'avarie grosse s'il y en a.

Si le navire est frété au mois, il ne doit pas de fret pendant le radoub; ni une augmentation de fret, si le navire est frété pour le voyage.

Si le navire ne peut être radoubé, le capitaine est tenu d'en louer un ou plusieurs à ses frais et sans pouvoir exiger une augmentation de fret à l'effet de transporter les marchandises au lieu de destination.

Si le capitaine n'a pas pu louer un ou plusieurs navires, le fret n'est dû qu'à proportion du voyage déjà effectué.

Dans ce dernier cas, le transport des marchandises sera remis aux soins de chaque chargeur, sauf l'obligation du capitaine de leur donner avis de sa situation et de prendre dans cet intervalle toutes les mesures nécessaires pour la conservation du chargement; le tout s'il n'y a convention contraire entre les parties.

116. Le capitaine perd son fret et répond des dommages-intérêts de l'affréteur, si celui-ci prouve que, lorsque le navire a fait voile, il était hors d'état de naviguer.

La preuve est admissible nonobstant et contre les certificats de visite au départ.

117. Le fret est dû pour les marchandises que le capitaine a été contraint de vendre pour subvenir aux victuailles, radoub et autres nécessités pressantes du navire, en tenant, par lui, compte de leur valeur au prix que le reste des marchandises ou autres pareilles de même qualité sont vendues au lieu de la décharge, si le navire arrive à bon port.

Si le navire se perd, le capitaine tiendra compte des marchandises sur le pied qu'il les aura vendues, en retenant le fret en proportion de l'avancement du voyage.

Sauf, dans ces deux cas, le droit réservé aux propriétaires de navires par l'alinéa 2 de l'article 30.

Lorsque de l'exercice de ce droit résultera une perte pour ceux dont les marchandises auront été vendues ou mises en gage, elle sera répartie proportionnellement sur la valeur de ces marchandises et de toutes celles qui sont arrivées à leur destination, ou qui ont été sauvées du naufrage postérieurement aux événements de mer qui ont nécessité la vente ou la mise en gage.

118. S'il arrive interdiction de commerce avec le pays pour lequel le navire est en route et qu'il soit obligé de revenir avec son chargement, il n'est dû au capitaine que le fret de l'aller, quoique le navire ait été affrété pour l'aller et le retour.

119. Si le navire est arrêté pour un temps seulement, dans le cours de son voyage, par l'ordre d'une puissance, il n'est dû aucun fret pour le temps de sa détention si le navire est affrété au mois, ni augmentation de fret s'il est loué au voyage.

La nourriture et les loyers de l'équipage pendant la détention du navire sont réputés avaries.

Le chargeur peut, durant l'empêchement, faire décharger ses marchandises à ses frais, à condition de les recharger encore à ses frais, ou d'indemniser le fréteur ou le capitaine.

120. Le capitaine est payé du fret des marchandises jetées à la mer pour le salut commun, à la charge de contribution.

121. Il n'est dû aucun fret pour les marchandises perdues par naufrage ou échouement, pillées par des pirates ou prises par les ennemis.

Le capitaine est tenu de restituer le fret qui lui aura été avancé, s'il n'y a convention contraire.

122. Si le navire et les marchandises sont rachetées, ou si les marchandises sont sauvées du naufrage avec le concours du capitaine, celui-ci est payé du fret entier jusqu'au lieu de la prise ou du naufrage, s'il ne peut les conduire jusqu'au lieu de leur destination.

Il est payé du fret entier en contribuant au rachat, s'il conduit les marchandises au lieu de leur destination.

Si le capitaine n'a point coopéré au sauvetage, il n'est dû aucun fret pour les marchandises sauvées en mer ou sur le rivage et remises par suite aux parties intéressées.

123. Contribueront au prix du rachat les marchandises, le navire et le fret, tandis que les loyers des matelots n'entrent point en contribution.

Ladite contribution se fait sur le prix courant des marchandises, au lieu de leur décharge, déduction faite des frais, et sur la moitié de la valeur du navire au même lieu et sur la moitié du fret.

124. Si le consignataire refuse de recevoir les marchandises, le capitaine peut, après lui avoir adressé une sommation officielle pour les recevoir, faire vendre par jugement du tribunal de commerce le tout ou une partie des marchandises pour le paiement de son fret, des avaries et des frais, et faire ordonner le dépôt du surplus, s'il en reste.

En cas d'insuffisance, il conserve son recours contre le chargeur.

125. Le capitaine ne peut retenir les marchandises dans son navire, faute de paiement de son fret, de l'avarie grosse et des frais, s'il y en a. — Il peut en demander le dépôt en mains tierces jusqu'au paiement de ce qui lui est dû ; et si elles sont sujettes à dépérissement, il peut en demander la vente, à moins que le consignataire ne lui donne caution pour le paiement.

S'il y a avarie grosse et qu'elle ne puisse être réglée de suite, il peut demander la consignation judiciaire d'une somme à fixer par le juge ou une caution solvable.

126. Le capitaine est préféré à tous les créanciers pour son fret, les avaries et les frais sur les marchandises de son chargement pendant quinzaine après leur délivrance, si elles n'ont passé en mains tierces, sauf le cas de dépôt mentionné dans l'article précédent.

127. En cas de faillite des chargeurs ou réclamateurs avant l'expiration de la quinzaine, le capitaine conserve son privilège sur lesdites marchandises contre tous les créanciers des faillis pour le paiement de son fret, des avaries et des frais qui lui sont dus.

128. Dans le cas où le fret est convenu d'après le nombre, la mesure ou le poids, le capitaine a le droit d'exiger que les mar-

chandises soient comptées, mesurées ou pesées au moment du déchargement, et même, s'il a négligé de le faire, le consignataire a le droit d'en constater l'identité, le nombre, la mesure ou le poids, même par le témoignage assermenté de ceux qui ont été employés pour effectuer le déchargement.

S'il y a présomption que les marchandises ont été endommagées, gâtées, volées ou diminuées, le capitaine ou le consignataire ou toute personne intéressée aura le droit d'exiger que les marchandises soient judiciairement visitées et que les dommages soient estimés à bord du navire avant le déchargement.

129. Si l'avarie ou la diminution n'est pas visible à l'extérieur, la visite judiciaire peut se faire, même après que les marchandises sont passées aux mains des consignataires, pourvu qu'elle se fasse dans les quarante-huit heures après le déchargement, et que l'identité des marchandises soit constatée conformément aux dispositions de l'article précédent, ou d'une autre manière légale.

Les consignataires conservent le droit de faire visiter et examiner judiciairement les marchandises dans les quarante-huit heures après leur livraison, quand même ils auraient acquitté le connaissement, ou donné un reçu séparé, pourvu que la quittance ou le reçu porte que les marchandises sont présumées être endommagées, gâtées, volées ou diminuées.

130. Lorsque le fréteur et le capitaine ont satisfait, en ce qui les concerne, au contrat d'affrétement, l'affréteur ou chargeur ne peut demander une diminution sur le fret convenu.

131. Le chargeur ne peut abandonner pour le fret les marchandises diminuées de prix ou détériorées par leur vice propre ou par cas fortuit. Si toutefois des futailles contenant vin, huile, miel et autres liquides, ont tellement coulé qu'elles soient vides ou presque vides, lesdites futailles pourront être abandonnées pour le fret.

DISPOSITIONS DIVERSES.

ASSURANCES. *C. Marit.* 190. Le contrat d'assurance est nul s'il a pour objet : le fret des marchandises existant à bord du navire.

CONNAISSEMENT. *C. Marit.* 99. Le connaissement énonce le prix du fret.

EMPRUNT A LA GROSSE. *C. Marit.* 49. L'affréteur unique, ou les chargeurs divers qui seront tous d'accord, pourront s'opposer à la vente ou à la mise en gage de leurs marchandises, en les déchargeant et en payant le fret en proportion de ce que le voyage est avancé. A défaut du consentement d'une partie des chargeurs, celui qui voudra user de la faculté de déchargement sera tenu du fret entier sur ses marchandises.

ÉQUIPAGE. *C. Marit.* 74. Si les débris ne suffisent pas, ou s'il n'y a que des marchandises sauvées, ils sont payés de leurs loyers subsidiairement sur le fret desdites marchandises.

75. Les officiers et gens de l'équipage engagés au fret sont payés de leurs loyers seulement sur le fret, à proportion de celui que reçoit le capitaine ou l'affréteur. V. Affrètement. Capitaine.

Prescription. *C. Marit.* 271. Toutes actions en paiement pour fret de navire sont prescrites un an après l'arrivée du navire.

272. Ceux à qui ces prescriptions sont opposées peuvent déférer le serment à celui qui les oppose.

273. Les prescriptions ne peuvent avoir lieu s'il y a titre, obligation ou arrêté de compte signé du débiteur ou interpellation, protêt ou demande judiciaire, dûment faite et signifiée à temps par le créancier.

FRUITS.

DISPOSITION GÉNÉRALE.

C. Civ. 28. La propriété donne droit à tous les produits naturels ou accidentels, et à tous les accessoires de ce bien.

DISPOSITIONS ADDITIONNELLES.

Antichrèse. *C. Civ.* 676. Le créancier au profit duquel l'immeuble est engagé doit pourvoir à l'entretien et aux dépenses nécessaires à la conservation de cet immeuble, ainsi qu'aux impôts publics, sauf à en retenir le montant sur les fruits ou à se le faire rembourser par privilège sur le prix de l'immeuble.

Délaissement sur hypothèque. (*Tiers détenteur*). *C. Civ.* 712. Lorsque le tiers détenteur délaisse ou subit l'expropriation, il doit la restitution des fruits depuis la mise en demeure à lui faite de payer ou de délaisser, à moins de péremption, qui a lieu de plein droit au bout de trois ans.

Dépot. *C. Civ.* 602. Dans tous les cas, le dépositaire ou sequestre doit restituer les fruits ; il doit les intérêts de l'argent déposé dès qu'il est mis en demeure de le restituer, quand il le doit, ou dès qu'il l'a employé à son profit.

Dommages aux fruits. *C. Proc.* 28. Un juge délégué par le tribunal statuera en tribunal de justice sommaire sur les affaires suivantes en matière civile : 5° En dernier ressort jusqu'à 800 P. T. et à charge d'appel au delà de 800 P. T., quel que soit le montant de la demande sur les actions pour dommages aux champs, fruits et récoltes, soit par le fait de l'homme, soit par celui des animaux.

Gage. *C. Civ.* 668. Le créancier gagiste doit, à moins de convention contraire, faire produire au gage tous les fruits dont il est susceptible ; ces fruits viennent en déduction de la dette garantie, même avant l'échéance, en s'imputant d'abord sur les intérêts et frais, et ensuite sur le capital.

INDU PAIEMENT. *C. Civ.* 206. Celui qui a reçu ce qui ne lui était pas dû est obligé à le restituer.

207. Il est responsable de la perte et des intérêts, et des fruits, s'il a reçu de mauvaise foi.

SAISIE-BRANDON, SAISIE CONSERVATOIRE. *C. Proc.* 760. Les propriétaires, principaux locataires de maisons ou biens ruraux ayant actuellement droit sur l'immeuble, peuvent, sans titre exécutoire, saisir conservatoirement les meubles garnissant les lieux et les fruits et moissons, pour sûreté des loyers ou fermages échus. Ils présenteront, à cet effet, requête au juge de service, lequel, suivant le cas, permettra de saisir à l'instant ou vingt-quatre heures après commandement.

761. Les meubles, fruits et moissons des sous-locataires et sous-fermiers peuvent être également saisis dans les mêmes formes par le propriétaire, sauf à eux à obtenir main-levée en justifiant de leur libération des loyers échus envers le locataire principal autorisé à sous-louer.

Dans ce cas, la signification de la saisie conservatoire vaudra comme saisie-arrêt, à la condition de suivre les formalités prescrites pour les saisies-arrêts.

762. Le propriétaire et le principal locataire peuvent faire saisir conservatoirement même les meubles et fruits qui auraient été retirés des lieux loués sans leur consentement, pourvu qu'ils fassent opérer la saisie dans les trente jours de l'enlèvement.

VENTE. *C. Civ.* 360. La vente d'un jardin comprend les arbres qui y sont plantés, mais elle ne comprend pas les fruits arrivés à maturité, ni les arbustes en pots ou en pépinière.

330. La vente des fruits d'un arbre, quand ils ne sont pas poussés, ou d'une récolte qui n'est pas encore sortie de terre, est nulle.

331. Cependant la vente des fruits déjà poussés et d'une récolte sortie de terre comprendra même la partie des fruits poussés et de la récolte sortie de terre depuis la vente. V. ARBRES FRUITIERS.

IMMOBILISATION DES FRUITS. V. IMMOBILISATION. (*Saisie immobilière*).

FUTAILLES. FRET. (*Délaissement*). *C. Marit.* 131. Le chargeur ne peut abandonner, pour le fret, les marchandises diminuées de prix ou détériorées par leur vice propre ou par cas fortuit. Si toutefois des futailles contenant vin, huile, miel et autres liquides, ont tellement coulé qu'elles soient vides ou presque vides, les dites futailles pourront être abandonnées pour le fret.

G

GAGE.

§ I. — LOI CIVILE.

C. Civ. Titre III. Chap. IX. Du gage (*art. 662-667*).

DISPOSITIONS GÉNÉRALES.

1° DU GAGE MOBILIER.

662. Le gage est un contrat par lequel le débiteur met une chose en la possession de son créancier ou d'un tiers convenu entre les parties, pour garantie de la dette, et qui confère au créancier le droit de retenir la chose engagée jusqu'à parfait paiement, et d'être payé par préférence à tout autre sur le prix de cette chose.

663. Le gage est annulé si la chose engagée revient en la possession de celui qui l'a engagée.

664. La chose engagée peut garantir successivement plusieurs dettes, à la condition que le détenteur consente à détenir l'objet du gage pour le compte des différents créanciers.

666. La chose engagée est à la surveillance du détenteur et aux risques et périls du propriétaire, s'il y a cas fortuit.

667. Le créancier gagiste ne peut tirer un profit gratuit du gage.

668. Il doit, à moins de convention contraire, lui faire produire tous les fruits dont il est susceptible ; ces fruits viennent en déduction de la dette garantie, même avant l'échéance, en s'imputant d'abord sur les intérêts et frais, et ensuite sur le capital.

669. La totalité du gage garantit chaque fraction de la dette.

670. L'objet du gage peut être mobilier ou immobilier.

671. Il peut être constitué pour garantie de la dette d'un autre que le constituant.

672. Le gage mobilier n'est valable, à l'égard des tiers, qu'à la condition d'être fait par un écrit ayant date certaine et portant désignation suffisante de la somme garantie engagée, et de l'objet du gage.

673. Le gage sur une créance se constitue par la remise du titre et l'accomplissement des formalités exigées pour la validité du transport.

Le tout, sauf les règles applicables au commerce, tant en ce qui concerne le présent article, que l'article précédent.

2° ANTICHRÈSE.

C. Civ. 670. L'objet du gage peut être immobilier.

674. Le gage immobilier n'est opposable aux tiers qu'à la condition d'être transcrit au greffe des hypothèques.

675. Il ne préjudicie pas aux droits réels régulièrement acquis et conservés sur l'immeuble avant cette transcription.

676. Le créancier au profit duquel l'immeuble est engagé doit pourvoir à l'entretien et aux dépenses nécessaires à la conservation de cet immeuble, ainsi qu'aux impôts publics, sauf à en retenir le montant sur les fruits ou à se le faire rembourser par privilège sur le prix de l'immeuble.

677. Il peut toujours se décharger de ses obligations en abandonnant son droit au gage.

(*Pacte commissoire*). 665. Il ne peut pas être convenu que l'objet du gage restera, faute de paiement, la propriété du créancier, qui a seulement le droit de provoquer la vente sous les mêmes conditions que tout autre créancier.

DISPOSITION ADDITIONNELLE.

VENTE A RÉMÉRÉ. *C. Civ.* 421. Il faut distinguer deux sortes de vente à réméré :

1° Celle qui est faite pour donner à l'acheteur l'immeuble ou la chose vendue à réméré en gage de la dette du vendeur;

2° Celle qui est faite avec réserve pour le vendeur de reprendre la chose vendue en rétablissant les choses en leur état primitif, s'il vient à se repentir d'avoir vendu.

422. Le contrat, dans le premier cas, sera régi par les règles spéciales au nantissement immobilier ou au gage.

423. Dans le second cas, la vente à réméré sera régie par les règles suivantes :

Dans le doute, la présomption sera qu'il s'agit d'un nantissement si le prix est payé comptant ou compensé avec une dette antérieure, s'il est stipulé que le prix sera remboursable avec intérêts, ou si la chose reste dans la possession du vendeur à un titre quelconque, et qu'il s'agit d'une vente réelle dans le cas contraire. Toute preuve contraire sera admise sans qu'il soit tenu compte des termes de la convention.

§ II. — LOI COMMERCIALE.

C. Com. Chap. II. Sect. III. DU GAGE ET DES COMMISSIONNAIRES.

82. Le gage constitué soit par un commerçant, soit par un individu non commerçant, pour un acte de commerce, se constate à l'égard des tiers comme à l'égard des parties contractantes, conformément aux dispositions de l'article 299 du Code civil. (V. ACHATS ET VENTES.)

Le gage, à l'égard des valeurs négociables, peut aussi être établi par un endossement régulier indiquant que les valeurs ont été remises en garantie.

A l'égard des actions, des parts d'intérêts et des obligations nominatives des sociétés financières, industrielles, commerciales ou civiles, dont la transmission s'opère par un transfert sur les registres de la société, le gage peut également être établi par un transfert, à titre de garantie, inscrit sur les dits registres.

En ce qui concerne les créances mobilières dont la propriété ne peut être transmise vis-à-vis des tiers que moyennant les formalités prescrites par l'article 436 du Code civil (V. Notification), la constitution du gage est réglée conformément aux dispositions de cet article.

Les effets de commerce donnés en gage sont recouvrables par le créancier gagiste.

83. Dans tous les cas, le privilège ne subsiste sur le gage, qu'autant que ce gage a été mis et est resté en la possession du créancier ou d'un tiers convenu entre les parties.

Le créancier est réputé avoir les marchandises en possession, lorsqu'elles sont à sa disposition dans ses magasins ou navires, à la douane ou dans un dépôt public ou si, avant qu'elles soient arrivées, il en est saisi par un connaissement ou par une lettre de voiture.

84. A défaut de paiement à l'échéance, le créancier peut, trois jours après une sommation faite par acte d'huissier restée infructueuse, outre le délai de distance, obtenir, sur une simple requête, du juge de service près le tribunal de son domicile, l'autorisation de vendre aux enchères publiques tout ou partie des objets donnés en gage, par le ministère d'un courtier commis à cet effet par l'ordonnance.

La vente se fera aux lieu et heure fixés par le juge, qui décidera s'il y a lieu à affiches et insertions.

Toute clause qui autoriserait le créancier à s'approprier le gage ou à en disposer sans les formalités ci-dessus prescrites est nulle.

89. Tout commissionnaire a privilège et droit de rétention sur les marchandises à lui expédiées, déposées ou consignées par le fait seul de l'expédition, du dépôt ou de la consignation, pour tous les prêts, avances ou paiements faits par lui, soit avant la réception des marchandises, soit pendant le temps qu'elles sont en sa possession.

Ce privilège ne subsiste que sous la condition prescrite par l'article 83 qui précède.

Dans la créance privilégiée du commissionnaire sont compris, avec le principal, les intérêts, commissions et frais.

90. Le privilège et le droit de rétention existeront également sur les effets donnés en paiement, s'ils sont entre les mains du commissionnaire.

Le privilège du commissionnaire prime tous les autres privilèges.

Le privilège et le droit de rétention n'existent pas pour les créances antérieures à l'expédition, encore bien qu'elles soient qualifiées d'anticipation ou d'avances dans le contrat.

92. Le commissionnaire pour vendre qui détiendra des marchandises à lui expédiées soit en dépôt, soit pour les vendre à un prix limité, et qui sera créancier pour une somme privilégiée d'après les articles ci dessus, pourra, trois jours après une sommation restée infructueuse, outre le délai de distance, obtenir, sur une simple requête, du juge de service pour les affaires urgentes près le tribunal de son domicile, l'autorisation de vendre aux enchères publiques tout ou partie des marchandises, par le ministère d'un courtier commis à cet effet par l'ordonnance.
V. COMMISSIONNAIRES.

DISPOSITION ADDITIONNELLE.

DU GAGE EN MATIÈRE DE FAILLITE. *C. Com.* 360. Les créanciers du failli qui seront valablement nantis de gages ne seront inscrits dans la masse que pour mémoire.

361. Les syndics pourront, à toute époque, avec l'autorisation du juge-commissaire, retirer les gages, au profit de la faillite, en remboursant la dette.

362. Le créancier gagiste peut faire vendre le gage à toute époque, en observant les formalités tracées par la loi. Les syndics peuvent le contraindre à procéder à la vente dans un délai qui sera fixé par le juge-commissaire, sinon, retirer le gage et le vendre, sauf l'exercice des droits du créancier gagiste sur le prix ; si le gage est vendu, moyennant un prix qui excède la créance, le surplus sera recouvré par les syndics ; si le prix est moindre que la créance, le créancier nanti viendra à contribution pour le surplus dans la masse, comme créancier ordinaire.
V. CONCORDAT.

GAGES ET SALAIRES. COMPÉTENCE. *C. Proc.* 28. Un juge délégué par le tribunal statuera en tribunal de justice sommaire sur les affaires suivantes en matière civile : 5° En dernier ressort jusqu'à 800 P. T., quel que soit le montant de la demande sur les actions relatives au paiement des gages et salaires des domestiques, ouvriers, employés.

ENQUÊTE. *C. Proc.* 243. Le témoin donnera ses nom, profession et domicile, et déclarera s'il est parent ou allié des parties et à quel degré, et s'il est leur employé ou homme de service.

MANDAT. *C. Civ.* 628. Le salaire convenu est toujours sujet à l'arbitrage du juge.

OUVRAGE (LOUAGE D'). *C. Civ.* 493. Les preuves consacrées par l'usage seront admises pour établir le montant des salaires dus ou payés.

509. Si la matière est fournie par le maître et qu'il s'agisse d'un travail à forfait, le maître, en cas de destruction par cas fortuit, perd la matière et l'ouvrier son salaire.

PRESCRIPTION. *C. Civ.* 273. Les sommes dues aux domestiques pour leurs gages, se prescrivent par trois cent soixante jours, encore que de nouvelles dettes aient pris naissance pour les mêmes causes pendant ces trois cent soixante jours.

PRIVILÈGE. *C. Civ.* 727. Sont privilégiées les créances suivantes :

2° Les sommes dues aux gens de service pour les salaires de l'année qui précédera la vente, la saisie ou la faillite, pour les salaires de six mois pour les commis et ouvriers, qui seront payés, s'il y a lieu, après les frais de justice.

Ce privilège s'exercera sur les meubles et immeubles du débiteur.

GAGES DE L'ÉQUIPAGE. V. ÉQUIPAGE.

GAGERIE (SAISIE.) V. SAISIE-GAGERIE.

GAIN. DOMMAGES-INTÉRÊTS. *C. Civ.* 179. Les dommages-intérêts consistent dans le montant de la perte faite par le créancier et du gain qu'il a manqué de faire.

GARANTIE.

1° EN MATIÈRE DE VENTE

C. Civ. 336. La vente légalement conclue a pour effet : 2° d'obliger le vendeur à délivrer la chose vendue et à en garantir la propriété paisible à l'acquéreur.

De la garantie en cas de revendication d'un tiers. V. ÉVICTION.

De la garantie des vices cachés de la chose vendue. V. VICES CACHÉS.

2° EN MATIÈRES DIVERSES.

APPEL EN GARANTIE. *C. Proc.* 147. Les exceptions qui peuvent être proposées préliminairement à la discussion du fond sont :.... La demande d'un délai pour appeler en cause un garant.

156. En matière civile, celui qui, sur une demande soit principale, soit incidente, soit reconventionnelle, prétendra avoir le droit d'appeler un garant en cause, pourra obtenir un délai qui sera calculé sur celui qui est nécessaire pour l'assignation du garant.

157. Le même délai pourra être demandé pour les demandes du garant contre un sous-garant.

158. Le délai sera nécessairement accordé si celui qui appelle en garantie ou en sous-garantie a donné son assignation dans la huitaine de la demande qui donne lieu au recours, du jour où il aura connu l'intérêt de ce recours. Il en sera de même si le délai de huitaine n'est pas expiré.

159. En matière commerciale et quand, en matière civile, la

huitaine sera expirée sans qu'il y ait appel en garantie, le tribunal appréciera s'il y a lieu de suspendre le jugement principal, dans l'intérêt de la vérité, jusqu'au jour où le garant pourra être mis en cause.

160. L'incident sur le délai et sur les conclousious du demandeur qui soutiendra qu'il n'y a lieu de l'accorder, sera jugé sommairement.

161. En toutes matières, si les délais des assignations en garantie et de la demande principale sont échus avant le jugement prononcé sur aucune d'elles, les affaires seront jointes et il sera statué sur le tout par un seul et même jugement, sauf au tribunal à disjoindre, s'il le juge nécessaire.

162. S'il est jugé que la demande en garantie n'était pas fondée, le demandeur en garantie pourra être condamné à des dommages-intérêts pour le préjudice causé par le retard, à raison du délai obtenu par lui, sous prétexte d'appel en garantie.

163. La demande en garantie pourra toujours être jugée par le tribunal saisi de la demande principale, même après le jugement rendu sur cette demande principale, à moins qu'il ne soit établi aux yeux du tribunal que la demande originaire n'a été inventée que pour distraire le garant de son juge naturel.

164. En cas de jonction, les condamnations prononcées contre le garant le seront, s'il y a lieu, au profit du demandeur principal, même quand ce dernier n'aurait conclu que contre le demandeur en garantie, qui pourra être mis hors de cause s'il n'est pas personnellement tenu.

167. Les exceptions seront proposées conjointement et avant toutes dépenses au fond.

BAIL *(sous-location).* C. *Civ.* 451. Dans tous les cas, le locataire principal est, envers le bailleur, garant de son locataire ou de son concessionnaire, à moins que le bailleur n'ait touché directement les loyers de ces derniers, sans réserve, ou n'ait accepté la cession ou la sous-location.

CESSION DE CRÉANCES. C. *Civ.* 439. Le vendeur ne garantit que l'existence du droit cédé au moment de la vente, et seulement jusqu'à concurrence du prix de la cession et des frais.

440. Il ne garantit la solvabilité actuelle ou future du débiteur qu'en cas de stipulation expresse pour chacun de ces deux cas.

La garantie est restreinte dans les limites de l'article 335, s'il n'en est autrement expliqué au contrat. V. VENTE, *art.* 335.

COMMISSIONNAIRES DE TRANSPORT. C. *Com.* 96. Le commissionnaire est garant de l'expédition aussi prompte que possible, et de l'arrivée des marchandises et effets dans le délai déterminé par la lettre de voiture, hors le cas de force majeure, légalement constaté.

97. Il est garant des avaries ou pertes des marchandises ou

effets, s'il n'y a stipulation contraire dans la lettre de voiture, force majeure ou vice propre de la chose, sauf son recours contre le voiturier, s'il y a lieu.

98. Il est garant des faits du commissionnaire intermédiaire auquel il adresse les marchandises, si le commissionnaire intermédiaire n'a pas été désigné dans la lettre d'expédition; mais, s'il l'a été, le commissionnaire principal n'en sera plus responsable.

COMPÉTENCE. *C. Proc.* 35. Les défendeurs seront assignés, savoir : 6° en matière de garantie, de reconvention ou d'intervention, devant le tribunal saisi de la demande principale;

Le défendeur en garantie pourra, toutefois, demander et obtenir d'être renvoyé devant son tribunal, s'il démontre soit par écrit, soit par l'évidence des faits, que la demande originaire n'a été introduite que pour le traduire hors de son tribunal.

CONSTRUCTION. *C. Civ.* 500. Les architectes et entrepreneurs sont responsables solidairement pendant dix années de la destruction des travaux de construction, même quand elle est provenue du vice du sol, et même si le maître a autorisé les constructions vicieuses, pourvu, dans ce dernier cas, qu'il ne s'agisse pas d'une construction destinée dans l'intention des parties à durer moins de dix années.

501. L'architecte qui n'a pas été chargé de la surveillance des travaux n'est responsable que des vices de son plan.

SOCIÉTÉ. *C. Civ.* 517. L'associé doit, pour son apport, la même garantie que s'il s'agissait d'une vente.

TIERS DÉTENTEUR. *C. Civ.* 718. Le tiers détenteur qui a été exproprié, ou qui a délaissé, a une action en garantie contre le précédent propriétaire, si l'acquisition a eu lieu à titre onéreux.

LETTRE DE CHANGE. (*Garantie de la provision.*) V. PROVISION, *art.* 118.

GARANTIE DES LOTS. V. LOTS. PARTAGE.

GARDE DU FAILLI. *C. Com.* 247. Par le jugement qui déclarera la faillite, le tribunal de commerce ordonnera l'apposition des scellés sur le magasin et les effets du failli. Le même jugement ou tout jugement ultérieur rendu sur le rapport du juge-commissaire ordonnera, s'il y a lieu, l'emprisonnement du failli, ou la garde de sa personne par un officier de police ou du tribunal.

GARDIEN JUDICIAIRE. V. SÉQUESTRE.

GARDIEN DU NAVIRE. *C. Marit.* 5. Sont privilégiées et dans l'ordre où elles sont rangées, les dettes ci-après désignées : 3° Les gages du gardien et les frais de garde du bâtiment, depuis son entrée dans le port jusqu'à la vente.

GARDIEN SUR SAISIE. SAISIE EXÉCUTION. *C. Proc.* 508. L'huissier mettra un gardien à la saisie, si le saisissant n'en offre un solvable qui sera établi par l'huissier.

509. Le gardien devra remplir les mêmes conditions que les témoins.

510. Il lui sera laissé copie du procès-verbal qu'il signera ou cachètera en original et en copie, sinon il sera fait mention des causes qui l'empêchent de le faire.

511. Le procès-verbal sera fait sans déplacement des objets saisis ; l'huissier fera garder et surveiller les lieux jusqu'à la clôture du procès-verbal.

520. Le gardien ne pourra, à peine de dommages-intérêts, se servir ni tirer bénéfice des objets confiés à sa garde, ou les prêter.

521. Il ne pourra demander sa décharge et son remplacement, à moins de motifs suffisants, que deux mois après avoir été établi, auquel cas il se pourvoira en référé, en appelant le saisi et le saisissant.

522. Il sera dressé un inventaire, par procès-verbal d'huissier, des objets saisis, quand le deuxième gardien entrera en fonctions.

524. Quand il y aura précédente saisie, les créanciers ayant droit d'exécution n'auront que le droit de faire opposition, entre les mains du gardien ou du saisissant et de l'huissier, à la mainlevée de la saisie, et de saisir sur les objets non compris dans le premier procès-verbal qui sera représenté à l'huissier par le gardien, ainsi que les objets saisis ; le même gardien sera constitué pour les nouveaux objets, s'ils se trouvent dans le même lieu.

GARNISSEMENT DES LIEUX. BAIL. *C. Civ.* 466. Celui qui a pris à bail une maison, un magasin, une boutique ou une propriété rurale est tenu, sauf convention contraire, qui pourra résulter des circonstances, de garnir la chose louée de meubles, marchandises, récoltes, ustensiles d'une valeur suffisante pour garantir pendant deux ans les loyers, s'ils n'ont pas été avancés, ou jusqu'à l'expiration du bail, s'il a moins de deux années de durée.

EXÉCUTION PROVISOIRE. *C. Proc.* 450. L'exécution provisoire nonobstant appel sera ordonnée avec ou sans caution en matière civile suivant que le tribunal le jugera à propos, lorsqu'il s'agira : 1° d'expulsion d'un locataire, quand il n'y aura pas de bail, ou que le bail sera expiré, ou que les lieux ne seront pas garnis de meubles suffisants pour répondre des loyers.

GENS DE MER. V. ÉQUIPAGE.

GENS DE SERVICE. V. DOMESTIQUES.

GESTION D'AFFAIRES. *C. Com.* 88. Si le commissionnaire, sans être autorisé à agir au nom du commettant, a cependant agi au nom de ce dernier, l'opération sera réglée comme s'il y avait eu gestion d'affaires.

GOUVERNEMENT. *C. Civ.* 6. Le gouvernement, les administrations .... seront justiciables de ces tribunaux (mixtes) dans les procès avec les sujets étrangers. V. Etat.

R. O. J. Titre I. art. 5. La nomination et le choix des juges appartiendront au Gouvernement Egyptien.

GOUVERNEUR. SIGNIFICATIONS. *C. Proc.* 10. Les copies seront remises pour les significations : A l'Etat entre les mains du Gouverneur de la province.

SAISIE IMMOBILIÈRE. *C. Proc.* 617. Dans les trois jours de la clôture du procès-verbal (de saisie) l'huissier sera tenu sous peine disciplinaire, d'en transmettre une copie au chef du parquet du tribunal qui doit connaître de la saisie, lequel la transmettra dans les vingt-quatre heures au moudir ou au Gouverneur du lieu de la saisie.

647. Les placards (pour la vente) seront opposés : 3° à la principale place des Gouverneurs des provinces où les biens sont situés, où le saisi demeure, et de la ville où siège le tribunal.

GRACE (délai de). V. Délai de grace.

GRAINS ET FARINES. SAISIE EXÉCUTION. *C. Proc.* 518. Ne pourront être saisis, si ce n'est pour loyers, fermages, ou pour dettes d'aliments : 3° Les grains ou farines nécessaires à la nourriture du saisi et de sa famille pendant un mois.

GREFFE DES HYPOTHÈQUES ET TRANSCRIPTIONS. *C. Civ. Titre IV. Chap. III (art. 750-774).*

DISPOSITIONS GÉNÉRALES.

Registres. 750 Il sera tenu au greffe de chaque tribunal un registre coté et paraphé à chaque page par un juge du tribunal, sur lequel le greffier portera en leur donnant un numéro d'ordre, les transcriptions et inscriptions qui sont ordonnées par le présent titre.

751. Le greffier tiendra en outre un registre coté et paraphé comme il est dit ci-dessus et sur lequel il fera mention, au fur et à mesure de la remise, des actes ou bordereaux des transcriptions qui lui seront demandées.

752. Ce registre sera arrêté chaque jour.

753. Les numéros d'ordre portés sur ce registre devront correspondre avec ceux du registre précédent.

756. Le tribunal pourra autoriser, s'il y a lieu, le greffier à

tenir deux ou plusieurs registres de transcription ou d'inscription par jour pair et impair.

Inscription, transcription. 754. La transcription ou l'inscription porteront la date de la remise de l'acte ou du bordereau.

755. La transcription et l'inscription devront se faire dans les huit jours au plus tard de la remise.

757. Le reçu des actes à transcrire et des bordereaux d'hypothèque à inscrire qui sera donné à la partie contiendra le numéro d'ordre du registre, la date et l'heure de la remise.

758. La mention de la remise des pièces et les transcriptions et inscriptions se feront sans blancs, ratures, interlignes, grattage ou surcharge. S'il y a des renvois ou des mots rayés, ils devront être approuvés le jour même par un juge, qui datera son approbation après avoir collationné avec la pièce remise par la partie.

759. La transcription et l'inscription se feront sur la réquisition des parties, sauf les cas où la loi dit que le greffier les fera d'office.

760. La transcription comprendra la copie textuelle de l'acte en la partie qui est relative à la translation de propriété.

761. La mention de la transcription avec sa date, son numéro d'ordre et l'indication du numéro de la page du registre sera faite au pied de l'acte transcrit, qui sera rendu à la partie requérante.

762. L'inscription sera la copie du bordereau remis en double par la partie et comprenant les indications comprises à l'article 690. V. Hypothèque.

763. La mention de l'inscription, avec son numéro d'ordre, sa date et l'indication de la page du registre, sera faite au pied de la copie du bordereau qui sera remise à la partie.

764. Le greffier signera les mentions de transcription et d'inscription.

772. Les frais de la transcription seront supportés par l'adjudicataire.

Répertoires. 765. Le greffier tiendra deux répertoires, l'un, par ordre alphabétique, à une ou plusieurs lettres, suivant le nom du propriétaire ou ancien propriétaire sur lequel la transcription a eu lieu, ou du débiteur sur lequel l'inscription de l'hypothèque est prise.

L'autre également alphabétique, où seront répertoriées seulement les transcriptions.

766. Le dernier répertoire contiendra le nom des précédents propriétaires indiqués dans l'acte à transcrire et sur lesquels la transcription n'aura pas été faite antérieurement.

Extraits, Responsabilité du greffier. 767. Le greffier sera tenu de délivrer à tout requérant soit l'état général ou spécial des inscriptions et transcriptions, soit copie des actes transcrits et des inscriptions subsistant, ou un certificat qu'il n'en existe pas.

768. Il doit aussi délivrer, s'il en est requis, un extrait du répertoire.

769. Il sera responsable des omissions ou erreurs de copie imputables à sa faute ou à celle de ses employés, s'il en résulte un préjudice pour la partie.

770. Le créancier qui aura été forclos ou déchu de ses droits, l'acquéreur à titre onéreux qui aura contracté sur un certificat erroné, auront leur recours contre le greffier qui aura délivré ce certificat. (Cf. Infra art. 774).

Transcription d'office. 759. La transcription et l'inscription se feront sur la réquisition des parties, sauf les cas où la loi dit que le greffier les fera d'office.

771. Le greffier transcrira d'office un extrait des jugements d'adjudication aux enchères publiques, à peine de 500 piastres d'amende.

773. Le greffier des hypothèques mentionnera d'office, en marge des inscriptions et des transcriptions, les jugements qui annuleront ou déclareront la résolution de l'acte transcrit, et transcrira ceux qui statueront sur un acte de mutation non transcrit et ayant date certaine avant la date où la présente loi sera appliquée, et ce, à peine de 500 piastres d'amende.

774. Dans les cas des articles 771 et 773 qui précèdent, le greffier ne sera pas responsable envers les parties qui pourront requérir les transcriptions et mentions ci-dessus.

DISPOSITIONS DIVERSES

AFFECTATION. *C. Proc.* 772. L'ordonnance du Président ou le jugement qui autorisera l'affectation sera transcrit dans les formes prescrites par l'art. 722 et suivants du Code civil. V. AFFECTATION.

ANTICHRÈSE *C. Civ.* 674. Le gage immobilier n'est opposable aux tiers qu'à la condition d'être transcrit au greffe des hypothèques.

675. Il ne préjudicie pas aux droits réels régulièrement acquis et conservés sur l'immeuble avant cette transcription.

DONATIONS. *C. Civ.* 75. La donation immobilière n'est opposable aux tiers que dans les termes des dispositions relatives à la transcription des actes de donation.

DROITS RÉELS. *C. Civ.* 69. En matière immobilière, la propriété et les droits réels ne sont acquis, à l'égard des tiers, que moyennant les formalités de transcription déterminées par la loi. V. DROITS RÉELS. GREFFE DES HYPOTHÈQUES.

JUGEMENT D'ADJUDICATION. (*Saisie immobilière*). *C. Proc.*

GREFFE DES HYPOTHÈQUES ET TRANSCRIPTIONS. 373

671. A la diligence de l'adjudicataire ou de tout intéressé, mention du jugement sera faite en marge de la transcription de la saisie au bureau des hypothèques.

672. Le jugement lui-même sera transcrit à sa date, conformément à ce qui est énoncé au Code civil.

PRIVILÈGE. *C. Civ.* 727. Sont privilégiées les créances suivantes : 6° Le prix dû au vendeur ou les deniers fournis par acte ayant date certaine, avec affectation spéciale au paiement de ce prix, qui seront privilégiés sur la chose vendue, tant qu'elle est en la possession de l'acheteur, si elle est mobilière, sauf l'application spéciale des règles en matière de commerce, et quand il s'agira d'immeubles, si l'acte de vente a été utilement trancrit.

Ce privilège ne s'exercera qu'au rang qui lui sera donné par la date de la transcription.

728. Les copartageants auront, sur les immeubles qui ont fait l'objet du partage et pour leur recours respectif à raison de ce partage, un privilège qui se conservera par l'inscription au bureau des hypothèques, sans qu'il soit besoin d'une convention spéciale, et qui s'exercera au rang que lui donnera son inscription.

PURGE. *C. Proc.* 675. Le jugement d'adjudication dûment transcrit purge toutes les hypothèques et les créanciers n'ont plus d'action que sur le prix.

RÉMÉRÉ. *C. Civ.* 424. Si les conditions (de la vente à réméré) sont remplies, la chose est censé n'avoir jamais cessé d'appartenir au vendeur, sauf les règles établies au titre de la transcription en ce qui concerne les droits des tiers en matière immobilière.

SAISIE IMMOBILIÈRE. *C. Proc.* 607. Le commandement sera transcrit au bureau des hypothèques. La transcription sera radiée d'office, comme périmée, cent soixante jours après sa date, outre les délais de distance entre l'immeuble et le domicile du saisi en Égypte et le lieu où siège le tribunal qui devra connaître de la saisie, s'il n'y a pas eu, comme il sera dit ci-après, transcription du procès-verbal de saisie.

608. Le débiteur ne peut, à partir du jour de la transcription du commandement, aliéner les immeubles indiqués dans le commandement, à peine de nullité et sans qu'il soit besoin de la faire prononcer.

Néanmoins, l'aliénation ainsi faite aura son exécution si, avant le jour fixé pour l'adjudication, l'acquéreur consigne à la caisse du tribunal somme suffisante pour acquitter en capital, intérêts et frais, ce qui est dû au créancier poursuivant, à ceux qui auront fait signifier des commandements et aux créanciers inscrits, et s'il leur signifie l'acte de consignation.

611. L'huissier fera viser dans les vingt-quatre heures les originaux des actes d'opposition (au commandement) et de signification des jugements par l'officier chargé du bureau des hypothè-

ques, qui en fera mention en marge de la transcription du commandement.

612. Les baux antérieurs à la transcription du commandement ne seront reconnus que s'ils ont date certaine.

613. Les baux n'ayant pas date certaine ou consentis depuis la transcription du commandement sans anticipation de loyer, seront reconnus s'ils peuvent être considérés comme actes de bonne administration.

619. Dans la quinzaine suivante (après celle qui suit la clôture du procès-verbal) le procès-verbal de saisie et l'acte de dénonciation seront, à peine de nullité, transcrits sur le registre des hypothèques de la situation des biens saisis, et mention en sera faite en marge de la transcription du commandement.

620. S'il y a une précédente saisie, l'officier qui tiendra le bureau des hypothèques mentionnera la nouvelle saisie en marge de la première transcription, en indiquant la date du procès-verbal, le nom du saisissant et du saisi, le titre exécutoire et le nom de l'huissier.

623. La transcription du procès-verbal de saisie immobilise les fruits et revenus du bien saisi, qui seront distribués au même titre que le prix de l'immeuble, pour la partie qui correspondra à l'époque postérieure à cette transcription.

624. Une simple opposition du saisissant ou de tout autre créancier entre les mains des fermiers ou locataires vaudra saisie-arrêt, sans autre formalité sur tous les loyers à échoir, même ceux dus pour la jouissance antérieure à la transcription et qui seront distribués par voie de contribution.

625. Si les fermiers et locataires ont payé, de bonne foi et avant l'opposition, des loyers afférents à la jouissance postérieure à la transcription, le saisi en devra compte comme séquestre judiciaire.

626. Le cahier des charges de la vente sera déposé au greffe par le saisissant, dans les vingt jours, au plus tard, après la transcription ci-dessus.

631. L'huissier qui aura fait la notification aux créanciers inscrits en donnera, dans les vingt-quatre heures, connaissance à l'officier chargé du bureau des hypothèques, lequel visera l'original et mentionnera la notification en marge de la transcription du procès-verbal de saisie.

632. Jusqu'à cette mention, la transcription des divers actes de la saisie pourra être radiée du consentement du saisissant seul.

(*Incidents sur la saisie immobilière*). *C. Proc.* 681. Lorsqu'une saisie immobilière aura été rayée au bureau des hypothèques, du consentement du saisissant ou par jugement prononcé contre lui, la poursuite appartiendra au plus diligent des saisissants qui aura fait mentionner sa saisie en marge de la transcription, et continuera sur le dernier acte valable de la procédure.

(*Ordre*). *C. Proc.* 723. Au moment de l'ouverture du procès-verbal d'ordre, qui commencera par la transcription de la réquisition et de l'ordonnance d'ouverture, l'extrait de toutes les inscriptions hypothécaires existantes, délivré par l'officier chargé du bureau des hypothèques, sera annexé au procès-verbal.

SYNDICS. *C. Com.* 295. Les syndics seront tenus de faire transcrire au bureau des hypothèques de la situation des immeubles du failli, un extrait de jugement qui a prononcé la faillite.

338.... L'homologation (du concordat) conservera à chacun des créanciers, sur les immeubles du failli, une hypothèque résultant de la transcription du jugement de déclaration de faillite.

A cet effet, les syndics feront inscrire aux hypothèques, au nom de chaque créancier, le jugement d'homologation, à moins qu'il n'en ait été décidé autrement par le concordat.

VENTE. *C. Civ.* 341. A l'égard des tiers qui sont de bonne foi, qui ont un juste titre et qui ont conservé leurs droits dans les formes légales la propriété n'est transmise, en ce qui concerne les immeubles, que par la transcription de l'acte de vente, ainsi que cela sera expliqué plus loin. V. DROITS RÉELS.

GREFFIER; GREFFE.

1° DES GREFFIERS

R. O. J. T. I, art. 6. Il y aura près la Cour d'appel et près chaque tribunal un greffier et plusieurs commis-greffiers assermentés par lesquels il pourra se faire remplacer.

Nomination. R. O. J. T. I, art. 8. Les greffiers, huissiers et interprètes seront d'abord nommés par le gouvernement, et, quant aux greffiers, ils seront choisis pour la première fois à l'étranger parmi les officiers ministériels qui exercent ou qui ont déjà exercé, ou parmi les personnes aptes à remplir les mêmes fonctions à l'étranger. Les greffiers, huissiers et interprètes pourront être révoqués par le tribunal auquel ils seront attachés.

R. G. J. T. II, ch. IV (art. 24-26).

24. Pour être nommé greffier ou commis-greffier, il faut :

1° Etre âgé de vingt-quatre ans révolus ;

2° Avoir travaillé six mois, au moins, en qualité d'expéditionnaire ;

3° Avoir subi, avec succès, un examen écrit et oral sur des questions tirées des dispositions du Code de Procédure et du présent règlement ayant trait au service du greffe, soit devant une commission composée du vice-président, ou de celui qui en remplit les fonctions, de deux conseillers de la Cour d'appel et du procureur général, soit devant une commission composée du vice-président, de deux juges de première instance délégués par la Cour d'appel et du procureur général ;

4° Posséder la connaissance parfaite de l'une, au moins, des trois langues arabe, italienne et française.

Le greffier en chef de la Cour ou du tribunal assiste à l'examen ; il peut interroger le candidat et il a voix consultative.

25. Sont dispensés de l'examen et du service en qualité d'expéditionnaire ceux qui auront déjà exercé les fonctions de greffier ou de commis-greffier près une autorité judiciaire en Europe.

Peuvent également être dispensés ceux qui, par des certificats d'étude ou des certificats de stage près d'autres administrations publiques ou établissements, prouvent leur aptitude au service des greffes.

26. Les greffiers et commis-greffiers assistent les juges aux audiences et dans l'exercice de leurs fonctions en contresignant leurs signatures ; ils reçoi-

les actes judiciaires et publics concernant leur ministère, ils procèdent à l'enregistrement des actes, les gardent en dépôt et en délivrent copie ou extrait d'après les lois de procédure ; ils gardent la collection des lois et les autres ouvrages destinés à l'usage de la Cour et des tribunaux.

Ils perçoivent les droits de greffe établis pour chaque acte d'après le tarif et les règlements ; ils pourvoient et veillent à l'exécution des lois sur le timbre, sur les taxes et de toute instruction y relative ; ils exercent également dans le service intérieur de la Cour et des tribunaux, ainsi que sur les huissiers, les pouvoirs qui leurs sont conférés par les codes et par les instructions.

Incompatibilités. R. O. J. T. I. Art. 21. Les fonctions de magistrats, de greffiers, commis-greffiers, interprètes et huissiers seront incompatibles avec toutes autres fonctions salariées et avec la profession de négociant.

*Discipline. R. O. J. T. I*er*. Art.* 24. La discipline des juges, des officiers de justice et des avocats est réservée à la Cour d'appel.

R. G. J. 164. Les greffiers, les commis-greffiers et les huissiers sont soumis aussi à la surveillance de leur greffier en chef respectif, là où il en est établi, ou de celui qui en remplit les fonctions. V. FONCTIONNAIRES JUDICIAIRES.

Dépôt des pièces. R. G. J. 84. Les greffiers ne pourront recevoir les actes et documents de la cause que liassés et réunis en un dossier sur lequel devront être inscrits les noms des parties et de leurs avocats ou mandataires et auquel devra être joint un inventaire en double ; l'un des originaux de l'inventaire sera restitué après contrôle avec mention de réception des pièces.

Secret professionnel R. G. J. 14. Les fonctionnaires de l'ordre judiciaire et les huissiers seront tenus de garder un secret inviolable sur les affaires en jugement à l'égard des personnes auxquelles ils ne seront pas obligés d'en donner communication d'office.

116. Le greffier qui délivrerait copie d'un jugement avant qu'il ait été signé et publié sera frappé de destitution, sans aucun droit à une indemnité et sans préjudice des autres sanctions prescrites par le Code pénal.

Participation aux taxes. R. G. J. 273. La mesure de la participation des greffiers, commis-greffiers, huissiers et interprètes aux taxes de greffe est déterminée par des règles spéciales. V. FONCTIONNAIRES JUDICIAIRES

2° DISPOSITIONS DIVERSES.

ACTES AUTHENTIQUES. *R. O. J. Titre I. Art.* 31. Il y aura, dans chaque greffe des tribunaux de première instance, un employé du Mehkémé qui assistera le greffier dans les actes translatifs de propriété immobilière et de constitution de droit de privilège immobilier, et en dressera acte qu'il transmettra au Mehkémé.

32. Il y aura également auprès du Mehkémé des commis délégués par le greffier du Tribunal de première instance qui devront lui transmettre, pour être transcrits d'office au registre des hypothèques, les actes translatifs de propriété immobilière et de constitution de gage immobilier.

Les transmissions seront faites sous peine de dommages-intérêts et de poursuite disciplinaire, et sans que l'omission entraîne nullité.

33. Les conventions, donations et les actes de constitution d'hypothèque ou translatifs de propriété immobilière, reçus par le greffier du Tribunal de première instance, auront la valeur d'actes authentiques, et leur original sera déposé dans les archives du greffe.

AFFECTATION. *C. Civ.* 724. Le greffier qui, le jour même de l'ordonnance ou du jugement qui autorise l'affectation, n'aura pas procédé à l'inscription, sera passible des dommages-intérêts causés par son retard.

DISTRIBUTION PAR CONTRIBUTION. *C. Proc.* 597. Le greffier qui sera en retard de faire les actes portant invitation à produire ou à prendre communication du règlement provisoire ou de délivrer les mandements de collocation, sera de plein droit responsable des intérêts pendant son retard.

EXÉCUTION CONTRE TIERS. *C. Proc.* 469. Les jugements qui ordonneront une chose quelconque à faire par un tiers ou à sa charge ne seront exécutoires par les tiers ou contre eux même après les délais d'opposition ou appel... que sur l'attestation du greffier établissant qu'il n'y a ni opposition ni appel.

INCAPACITÉ SPÉCIALE. *C. Civ.* 324. Les greffiers ne pourront acheter, ni par eux-mêmes ni par personne interposée, en tout ou en partie, des droits litigieux qui sont de la compétence des tribunaux dans le ressort duquel ils exercent leurs fonctions, et ce à peine de nullité de la vente.

La vente en ce cas est radicalement nulle et la nullité devra être prononcée à la demande de toute personne ayant intérêt et même d'office.

JUGEMENT. *C. Proc.* 102. La minute sera signée par le président et le greffier.

103. Les motifs et le dispositif des jugements avec la mention du nom des parties, des juges et membres du parquet qui y auront assisté, devront être transcrits sans blancs, ratures ou surcharges, par le greffier, sur un registre coté et paraphé et suivant leur ordre de date.

104. Chacune des copies de jugements portés sur ce registre sera signée par le Président et le greffier. V. ARCHIVES DU GREFFE.

107. L'acte contenant les noms et qualités des parties et l'énoncé des points de fait et de droit sera rédigé par le greffier.

109. Toutefois la partie qui a gagné son procès pourra, à charge de faire connaître son intention dans les vingt-quatre heures qui suivront le jugement, présenter au greffier une rédaction qui devra être signifiée à la partie adverse.

LÉGALISATION (*Saisie mobilière*). *C. Proc.* 534. L'apposition du placard au Tribunal sera justifiée par une mention sur un registre spécial tenu par le greffier ; l'annonce, par la production du journal avec la signature de l'imprimeur légalisée par le greffier.

PRESCRIPTION. *C. Civ.* 274. Les sommes dues aux greffiers pour frais d'actes se prescrivent par trois cent soixante jours à partir de la fin de la procédure dans laquelle ces actes ont été faits, ou de leur confection, si aucune procédure n'était commencée.

SAISIE IMMOBILIÈRE. *C. Proc.* 659. L'adjudicataire devra faire élection de domicile dans la ville où siège le Tribunal, s'il n'y demeure pas, sinon, cette élection sera de droit au greffe dudit Tribunal.

SIGNIFICATIONS. *C. Proc.* 61. La partie qui n'aura pas de mandataire habitant la ville où siège le Tribunal, devra élire domicile dans la dite ville, faute de quoi les actes pourront lui être valablement signifiés au greffe de ce Tribunal.

408. L'acte d'appel devra aussi contenir élection de domicile dans la ville où siège la Cour, si l'appelant n'y demeure pas, à défaut de quoi les actes seront valablement signifiés au greffe de la Cour.

466. S'il y a révocation du domicile élu sans indication d'un nouveau domicile, et que la partie ne demeure dans la ville où siège le Tribunal, les significations se feront valablement au greffe.

C. Civ. 690. L'inscription (hypothécaire) sera faite sur un bordereau en double qui contiendra :

1° Les noms, prénoms, profession et demeure du créancier, avec élection de domicile dans le ressort du Tribunal, sinon les actes, s'il y a lieu, seront valablement signifiés au greffe.

VISITE DES LIEUX. *C. Proc.* 284. Le greffier sera présent à l'accession des lieux et signera le procès-verbal.

GROSSE. *C. Civ.* 284. La preuve de la libération résulte de la remise, au débiteur, du titre en original ou expédition exécutoire.

C. Proc. 105. La partie du jugement contenant les noms, profession, demeure et qualités des parties, et l'exposé des points de fait et des points de droit, sera rédigée pour chaque jugement et conservée aux archives du greffe avec le dossier de l'affaire.

106. L'expédition exécutoire ou grosse du jugement et les secondes expéditions contiendront, outre la formule exécutoire, copie de cet acte en tête des motifs et du dispositif.

112. Les grosses et expéditions devront être délivrées dans la huitaine de la demande.

115. La grosse sera délivrée à celle des deux parties au profit de qui, le jugement forme titre pour un droit permanent ou pour une exécution.

116. Le président du Tribunal qui a rendu le jugement, ou le juge qui le remplacera, statuera en référé sur les questions qui se rattachent à la délivrance et à la remise des grosses, sur simple citation à vingt-quatre heures, et sauf recours au Tribunal composé, à moins d'empêchement des juges qui ont rendu le jugement.

GROSSE AVENTURE. V. Emprunt a la grosse.

GUERRE. ASSURANCES. *C. Marit.* 192. Sont aux risques des assureurs : toutes pertes et dommages, qui arrivent aux objets assurés par déclaration de guerre.

LETTRES DE CHANGE. *C. Com.* 167. Les délais (accordés au porteur pour présenter la lettre de change en paiement ou à l'acceptation (V. Lettre de change) sont doublés en cas de guerre maritime.

NAVIRES. *C. Marit.* 31. Les propriétaires des navires équipés en guerre par autorisation du Gouvernement ne seront toutefois responsables des délits et déprédations commis en mer par les gens de guerre qui sont sur leurs navires, ou par les équipages, que jusqu'à concurrence de la somme pour laquelle ils auront donné caution à moins qu'ils n'en soient participants ou complices.

H

HABITS. FAILLITE DU MARI. *C. Com.* 376. A défaut par la femme de faire cette preuve (de l'identité des effets mobiliers par elle revendiqués) tous les effets mobiliers tant à l'usage du mari qu'à celui de la femme, sous quelque régime qu'ait été contracté le mariage, seront compris dans la masse de la faillite, sauf aux syndics à lui remettre, avec l'autorisation du juge-commissaire, les habits et linge nécessaires à son usage.

SAISIE-EXÉCUTION. *C. Proc.* 517 L'huissier ne pourra saisir le coucher nécessaire aux saisis ou à leurs parents et alliés en ligne directe, vivant avec eux, ni les habits dont ils sont vêtus et couverts.

HABITATION (Droit d'). *C. Civ.* 30. L'usufruit peut-être restreint par la convention ou la libéralité qui l'a constitué, et se réduire, par exemple, à un simple droit d'usage personnel ou à un droit d'habitation.

C. Civ. 737. Les droits résultant d'actes entre vifs translatifs de propriété ou de droits réels susceptibles d'hypothèques ou constitutifs de droit de servitude, d'usage, d'habitation ou d'antichrèse ou portant renonciation à ces droits, seront établis vis-à-vis des tiers prétendant un droit réel, par la transcription, des dits actes ou jugements au greffe des hypothèques de la situation des immeubles.

744. Par exception aux règles ci-dessus (V. Droits réels) ni le donataire qui aura transcrit son titre, ni le legataire à titre parti-

culier, même s'il a lui-même transcrit, ne pourront opposer le défaut de transcription à celui qui, en vertu d'un acte ayant date certaine avant la transcription ci-dessus, a acquis à titre onéreux la propriété d'un droit susceptible d'hypothèque, ou l'usufruit d'un droit d'usage ou d'habitation.

HARADJIS (Biens.) V. Biens tributaires, Haradjis.

HÉRÉDITÉ. V. Droits successifs.

HÉRITIERS. Donation. *C. Civ.* 73. L'acceptation (de la donation) peut être faite par les héritiers du donataire décédé ou les représentants des incapables.

Exceptions dilatoires. *C. Proc.* 155. L'héritier et la femme assignée comme commune en biens après la dissolution de la communauté, auront le droit d'obtenir, pour conclure, le délai qui leur est accordé par leur loi personnelle pour prendre qualité. V. Droits successifs.

Mandat. *C. Civ.* 641. Les héritiers du mandataire, s'ils connaissent le mandat et les affaires commencées, (doivent les mettre en état, de manière à ce qu'elles ne périclitent pas).

Prescription. *C. Civ.* 276. Dans le cas où la prescription est de trois cent soixante jours ou au-dessous, et dans les cas prévus au Code de commerce en matière d'effets de commerce, celui qui invoquera la prescription ne sera libéré que s'il prête serment qu'il s'est effectivement libéré.

277. Les veuves et héritiers et leurs tuteurs prêteront serment qu'ils ne savent pas que la chose est due.

106. On ne prescrit pas un droit réel contre son propre titre ou celui de ses auteurs ; ainsi le fermier, l'usufruitier, le dépositaire, l'emprunteur ou leurs héritiers ne peuvent prescrire.

Vente. *C. Civ.* 320. La vente faite par une personne dans sa dernière maladie, à un de ses héritiers, n'est valable que si les héritiers la confirment.

321. Si, dans les mêmes circonstances, la vente est faite à une personne non héritière, elle ne sera inattaquable que si l'objet vendu ne dépasse pas en valeur le tiers des biens du vendeur.

322. Si la valeur de l'objet vendu dépasse le tiers des biens qu'avait le défunt au moment de la vente, l'acheteur sera obligé, sur la demande des héritiers, ou à résilier la vente, ou, s'il le préfère, à payer à la succession ce qui lui manque pour atteindre la valeur des deux tiers des biens du défunt au moment de la vente.

323. Les dispositions des deux articles qui précèdent ne sont applicables qu'au vendeur dont la capacité personnelle est régie par la loi locale.

Elles ne peuvent avoir effet, en tous cas, au préjudice des tiers créanciers hypothécaires ou acquéreurs à titre onéreux de bonne foi.

HÉRITIER PRÉSOMPTIF. RÉCUSATION. *C. Proc.* 352. Tout juge peut être récusé pour les causes ci-après : 3° Si le juge est héritier présomptif de l'une des parties.

TÉMOINS. *C. Proc.* 237. Pourra être reproché le témoin héritier présomptif d'une des parties.

HOMOLOGATION. CONCILIATIONS. *R. G. J.* 104. Les conciliations sur l'inscription en faux en matière civile ne sont point valables sans l'homologation du juge et sans que le ministère public ait été entendu.

CONCORDAT. *C. Com.* 335. L'homologation du concordat sera poursuivie devant le tribunal de commerce, sur simple requête par la partie la plus diligente, et jugée comme en matière urgente sur les conclusions du ministère public. Le tribunal ne pourra statuer avant l'expiration du délai fixé par l'article 332. V. CONCORDAT.

LOTISSEMENT. *C. Civ.* 552. Le tribunal sera toujours appelé à homologuer la division des biens en lots quand il y aura des mineurs ou incapables en cause.

HONORAIRES. AVOCATS. *R. G. J.* 196. L'avocat peut, à n'importe quel moment, stipuler des honoraires pour ses peines et soins ; il ne peut toutefois acquérir, en tout ou partie, l'objet du litige confié à sa défense.

197. A défaut d'accords entre les parties, et de conventions entre elles, le montant des honoraires sera fixé par le juge devant lequel l'affaire a été plaidée, eu égard à l'importance du litige, au mérite intrinsèque du travail, aux soins particuliers qu'il a nécessités, au temps employé, et à la position de fortune des parties.

EXPERTS. *C. Proc.* 267. Les honoraires de l'expert seront taxés par le président ou le juge qui le remplacera, sur la minute du rapport.

MÉDECINS. *C. Civ.* 273. Les sommes dues aux médecins pour honoraires se prescrivent par trois cent soixante jours, encore que de nouvelles dettes aient pris naissance pour les mêmes causes pendant ces trois cent soixante jours.

HOTELIERS. V. AUBERGISTES.

HUILE. FRÊT. *C. Marit.* 131. Si des futailles contenant .... huile ont tellement coulé qu'elles soient vides ou presque vides, lesdites futailles pourront être abandonnées pour le fret.

HUIS-CLOS. *C. Proc.* 58. Les plaidoiries seront publiques, sauf le cas où le tribunal, soit d'office, soit sur la réquisition du ministère public, ordonnerait le huis-clos, dans l'intérêt de l'ordre public et des bonnes mœurs.

HUISSIER.

DISPOSITIONS GÉNÉRALES.

R. O. J. T. I. Art. 7. Il y aura près la Cour d'Appel et près chaque Tribunal le personnel d'huissiers nécessaire qui seront chargés du service de l'audience, de la signification des actes et de l'exécution des sentences.

Nomination. R. O. J. T. I. Art. 8. Les huissiers seront d'abord nommés par le Gouvernement, et pourront être révoqués par le Tribunal auquel ils seront attachés.

R. G. J. Titre II. Chap. V. Des huissiers (art. 27-34).

27. Pour être nommé huissier, il faut :

1° Être âgé de vingt-quatre ans révolus ;

2° Avoir fait preuve de capacité par un examen écrit et oral subi dans l'une, au moins, des trois langues judiciaires.

28. L'examen écrit se composera de la rédaction de deux actes du ministère d'huissier.

Dans cet examen, qui précédera l'examen oral, on tiendra compte aussi de l'orthographe, de la calligraphie et des langues connues.

L'examen oral portera sur les matières ayant trait au ministère d'huissier.

29. Une Commission d'examen est instituée près la Cour, et au siège de chaque Tribunal.

Elle est composée du vice-président ou de celui qui en remplit les fonctions, de trois magistrats et d'un avocat délégué par le bâtonnier de l'ordre des avocats.

Le procureur général pourra assister à l'examen avec le droit de vote ou se faire représenter par un de ses substituts.

Dans ce cas, le nombre des juges sera réduit à deux.

30. Les huissiers, avant d'entrer en fonctions, devront fournir caution jusqu'à concurrence d'une année de traitement, moyennant un dépôt en argent ou en effets publics, sinon ils devront présenter une caution solvable.

31. Les créances résultant de condamnations prononcées contre les huissiers du chef de dommages causés dans l'exercice de leur ministère, sont privilégiées sur leur cautionnement.

32. En cas de décès d'un huissier ou de cessation de ses fonctions, ou pour toute autre cause, la main-levée de la caution ne pourra être donnée que six mois après, et alors que ladite cessation aura été publiée dans les journaux destinés aux insertions judiciaires, et affichée pendant un mois dans la salle d'audience de la Cour ou du Tribunal où l'huissier exerçait en dernier lieu ses fonctions.

Les oppositions à la demande de main-levée seront faites au greffe.

S'il ne survient point d'opposition ou si elles ont été rejetées, la Cour ou le Tribunal près lequel l'huissier a cessé d'exercer ses fonctions prononcera la main-levée, le ministère public entendu.

33. Les huissiers devront, près la Cour et près les Tribunaux auxquels ils sont attachés, remplir leurs fonctions en se conformant aux règles prescrites par les Codes et par les Instructions.

Ils devront remplir, sans délai, le mandat qui leur sera confié, et, en cas d'impossibilité de prompte exécution, justifier des motifs au vice-président, leur supérieur immédiat.

34. Les huissiers et les expéditionnaires-huissiers sont tenus, dans l'exercice de leur ministère et dans les solennités officielles de la Cour et des Tribunaux, de porter le costume qui leur est ou sera assigné.

Incompatibilités. R. O. J T. I. Art. 21. Les fonctions d'huissier seront incompatibles avec toutes autres fonctions salariées, et avec la profession de négociant.

Discipline, R. O. J. T. I. Art. 24. La discipline des .... officiers de justice est réservée à la Cour d'appel.

37. La Cour préparera le Règlement général judiciaire en ce qui concerne ....
la discipline des officiers de justice.

Le projet de règlement, ainsi préparé, sera transmis aux Tribunaux de première instance pour leurs observations, et après une nouvelle délibération de la Cour qui sera définitive, rendu exécutoire par décret du ministre de la justice.

R. G. J. 164. Les greffiers, les commis-greffiers et les huissiers sont soumis aussi à la surveillance de leur greffier en chef respectif, là où il est établi, ou de celui qui en remplit les fonctions. V. FONCTIONNAIRES JUDICIAIRES.

Secret professionnel. R. G. J. 14. Les fonctionnaires de l'ordre judiciaire et les huissiers seront tenus de garder un secret inviolable sur les affaires en jugement à l'égard des personnes auxquelles ils ne seront pas obligés d'en donner communication d'office.

Participation aux taxes R. G. J. 273. La mesure de la participation des greffiers, commis-greffiers, huissiers et interprètes aux taxes de greffe est déterminée par des règles spéciales. V. FONCTIONNAIRES JUDICIAIRES.

DISPOSITIONS DIVERSES.

CESSION DE PROCÈS. *C. Civ.* 324. Les huissiers ne pourront acheter, ni par eux-mêmes ni par personne interposée, en tout ou en partie, des droits litigieux qui sont de la compétence des tribunaux dans le ressort duquel ils exercent leurs fonctions, et ce à peine de nullité de la vente.

La vente, en ce cas, est radicalement nulle, et la nullité devra être prononcée à la demande de toute personne ayant intérêt, et même d'office.

EXÉCUTION. *R. O. J. Titre I. Art.* 18. L'exécution des jugements aura lieu en dehors de toute action administrative consulaire ou autre, et sur l'ordre du tribunal. Elle sera effectuée par les huissiers du tribunal avec l'assistance des autorités locales si cette assistance devient nécessaire, mais toujours en dehors de toute ingérence administrative.

Seulement l'officier de justice chargé de l'exécution par le tribunal est obligé d'avertir les consulats du jour et de l'heure de l'exécution, et ce à peine de nullité et de dommages-intérêts contre lui. Le consul, ainsi averti, a la faculté de se trouver présent à l'exécution; mais en cas d'absence, il sera passé outre à l'exécution.

C. Proc. 435. L'exécution se fait par les huissiers, qui sont obligés d'agir à la réquisition de la partie qui leur remet le jugement ou le titre exécutoire.

436. En cas de refus de l'huissier, la partie se pourvoiera devant le président du tribunal ou du juge qui le remplace et qui fera les injonctions à l'huissier à peine de destitution.

438. L'huissier qui fait le commandement doit avoir pouvoir de recevoir et donner quittance, sauf au cas où, aux termes du jugement ou de la convention exécutoire, la somme due serait payable dans un lieu autre que celui où est fait le commandement.

469. Les jugements qui ordonneront une chose quelconque à faire par un tiers ou à sa charge, ne seront exécutoires par les

tiers ou contre eux, même après les délais d'opposition ou appel, que sur la production de l'acte de signification du jugement ou du certificat de l'huissier établissant cette signification, et sur l'attestation du greffier établissant qu'il n'y a ni opposition ni appel.

470. A cet effet, il sera tenu au greffe un registre sur lequel les huissiers seront tenus de faire mention des actes d'opposition et d'appel qu'ils seront chargés de signifier.

EXPLOITS. V. EXPLOITS.

PRESCRIPTION. *C. Civ.* 274. Les sommes dues aux huissiers pour frais d'actes se prescrivent par trois cent soixante jours à partir de la fin de la procédure dans laquelle ces actes ont été faits, ou de leur confection, si aucune procédure n'était commencée.

PROTÊT. *C. Com.* 181. Les protêts, faute d'acceptation ou de paiement, sont faits dans les formes prescrites pour tout acte d'huissier.

SAISIE-ARRÊT. *C. Proc.* 475. La saisie-arrêt sera faite par acte d'huissier dans les termes ordinaires. V. SAISIE-ARRÊT.

SAISIE-IMMOBILIÈRE. *C. Proc.* 617. Dans les trois jours de la clôture du procès-verbal (de saisie) l'huissier sera tenu, sous peine disciplinaire, d'en transmettre une copie au chef du parquet du tribunal qui doit connaître de la saisie, lequel la transmettra dans les vingt-quatre heures au moudir ou au gouverneur du lieu de la saisie.

SAISIE MOBILIÈRE. *(Folle enchère).* *C. Proc.* 529. L'huissier qui n'aura pas fait payer le prix et aura omis de revendre l'objet adjugé, sera responsable du prix.

RÉFÉRÉS. *C. Proc.* 139. Dans ce cas (V. RÉFÉRÉS, *art.* 138), l'huissier représentera valablement en référé celui qui l'a requis de faire l'exécution.

HYPOTHÈQUES.

DISPOSITION PRÉLIMINAIRE.

C. Civ. 678. Il y a cinq classes de créanciers : 2° Les créanciers hypothécaires, c'est-à-dire ceux qui, moyennant certaines formalités ont, sur un ou plusieurs immeubles de leur débiteur, un droit opposable aux tiers d'être payés, par préférence aux créanciers ordinaires, sur la valeur de ces immeubles en quelque main qu'ils passent.

C. Civ. Titre IV. Sect. II. § I. DES HYPOTHÈQUES.

DISPOSITIONS GÉNÉRALES.

Assiette de l'hypothèque. *C. Civ.* 681. Le droit d'hypothèque n'existe que quand il a été stipulé par un acte authentique passé aux greffes des tribunaux mixtes entre le créancier et le propriétaire de l'immeuble affecté au paiement de la créance.

HYPOTHÈQUES.

682. Celui qui n'a pas capacité pour aliéner ne peut consentir une hypothèque.

683. Les immeubles susceptibles, par leur nature, d'être vendus aux enchères peuvent seuls être hypothéqués.

684. Les immeubles hypothéqués doivent, à peine de nullité de la constitution d'hypothèque, être désignés d'une manière précise par leur nature et leur situation, et le chiffre de la créance doit être déterminé dans l'acte.

685. L'hypothèque consentie pour sûreté d'un crédit ouvert ou d'une simple ouverture de compte courant est valable, pourvu que la somme maximum à laquelle le crédit ou le compte courant pourra s'élever, soit fixée.

687. L'hypothèque des biens à venir est nulle.

688. L'hypothèque s'étend, sauf convention contraire, à tout l'immeuble et à tous les immeubles affectés indivisément, à leurs accessoires et aux améliorations et constructions qui profitent au propriétaire.

Supplément d'hypothèque. 686. Si l'immeuble affecté à la créance vient à périr ou à être détérioré par cas fortuit, de manière à rendre la garantie incertaine, le débiteur devra, à son choix, offrir une hypothèque suffisante sur un autre immeuble ou payer la dette avant l'échéance. Cette option appartiendra au créancier si la perte ou la détérioration est arrivée par la faute du débiteur ou du détenteur.

Inscription. 689. Le droit d'hypothèque ne peut être exercé qu'à la condition d'avoir été inscrit au greffe des hypothèques de la situation de l'immeuble, avant que le propriétaire qui l'a hypothéqué ait été dessaisi à l'égard des tiers, sans préjudice des règles établies en matière de faillite.

690. L'inscription sera faite sur un bordereau en double qu contiendra :

1° Les nom, prénoms, profession et demeure du créancier, avec élection de domicile dans le ressort du tribunal, sinon les actes, s'il y a lieu, seront valablement signifiés au greffe ;

2° Les nom, prénoms, profession et demeure du débiteur ou du propriétaire qui a consenti l'hypothèque, s'il est autre que le débiteur ;

3° La date et la nature du titre et la mention du greffe où elle a été passée;

4° Le montant du chiffre de la créance d'après le titre et l'époque de l'exigibilité ;

5° La désignation précise de l'immeuble sur lequel le créancier entend exercer son droit d'hypothèque.

691. Les créanciers sont payés sur le prix de l'immeuble, ou le montant de l'assurance en cas d'incendie, dans l'ordre de leur rang d'inscription, même lorsqu'ils ont fait inscrire leurs créances le même jour.

692. L'inscription garantit de plein droit, outre le capital, deux années d'intérêts, s'il en est dû au moment de la répartiton du prix.

693. L'inscription est périmée si elle n'a pas été renouvelée dans les dix ans, sauf au créancier, après la péremption, à prendre, s'il peut le faire encore valablement, une nouvelle inscription qui n'aura rang qu'à sa date.

694. Le renouvellement cesse d'être obligatoire après la vente ou l'adjudication de l'immeuble, si les délais de surenchère sont expirés et si, en cas de vente volontaire et d'offres faites par l'acquéreur et acceptées par les créanciers du prix avec ou sans un supplément, ces offres ont été réalisées.

Radiation. 695. La radiation des inscriptions ne pourra avoir lieu qu'en vertu d'un jugement passé en force de chose jugée, ou du consentement donné par le créancier par acte au greffe.

696. La demande en radiation est portée devant le tribunal de la situation des biens, sauf si elle a lieu incidemment aux contestations sur la créance garantie.

Poursuites. 697. A l'échéance de la dette, le créancier hypothécaire peut, outre l'action personnelle qu'il a contre le débiteur principal et après commandement à ce dernier, procéder, dans les délais et formes indiqués au code de procédure, à la saisie et à la vente de l'immeuble hypothéqué.

Toutefois, si cet immeuble est entre les mains d'un tiers détenteur, le créancier ne peut procéder à la saisie qu'après sommation à ce dernier de payer la dette ou de délaisser l'immeuble, et après les délais indiqués au code de procédure.

Tiers détenteur. V. Délaissement sur hypothèque.

DISPOSITIONS ADDITIONNELLES.

AFFECTATION. *C. Civ.* 725. L'affectation, à partir du jour où elle aura été inscrite, confère au créancier qui l'a obtenue les mêmes droits que lui donnerait une hypothèque, et toutes les dispositions concernant les hypothèques y sont applicables, sauf la restriction énoncée à l'article qui suit.

726. Les hypothèques inscrites le même jour primeront les affectations, sauf toutefois, le cas où elles auraient été constituées par le débiteur en fraude des droits de ses créanciers.

COMPENSATION. *C. Civ.* 262. Lorsque le créancier a payé une dette à laquelle il aurait pu opposer la compensation,.... les créanciers privilégiés ou hypothécaires primés par la créance,.... peuvent toujours invoquer la compensation, à moins que le créancier n'ait eu, en payant sa dette, une juste cause d'ignorer l'existence de la créance qu'il pouvait opposer en compensation.

HYPOTHÈQUES.

COMPÉTENCE. *C. Civ.* 9. Le seul fait de la constitution d'une hypothèque en faveur d'un étranger sur les biens immeubles, quels que soient le possesseur et le propriétaire, rendra ces tribunaux compétents pour statuer sur la validité de l'hypothèque et sur toutes ses conséquences, jusques et y compris la vente forcée de l'immeuble, ainsi que la distribution du prix.

EXPROPRIATION. *C. Civ.* 697. A l'échéance de la dette, le créancier hypothécaire peut, outre l'action personnelle qu'il a contre le débiteur principal, et après commandement à ce dernier, procéder, dans les délais et formes indiqués au code de procédure, à la saisie et à la vente de l'immeuble hypothéqué.
Toutefois, si cet immeuble est entre les mains d'un tiers détenteur, le créancier ne peut procéder à la saisie qu'après sommation à ce dernier de payer la dette ou de laisser l'immeuble, et après les délais indiqués au code de procédure.

FAILLITE. *C. Com.* 239. Les droits d'hypothèque et de privilège valablement acquis, pourront être inscrits jusqu'au jour du jugement déclaratif de la faillite; néanmoins, les inscriptions prises après l'époque de la cessation de paiement, ou dans les dix jours qui précèdent, pourront être déclarées nulles, s'il s'est écoulé plus de quinze jours entre la date de l'acte constitutif de l'hypothèque ou du privilège, et celle de l'inscription. Ce délai sera augmenté du délai légal de distance entre le lieu où le droit de l'hypothèque aura été acquis et le lieu où l'inscription sera prise.

(*Créanciers hypothécaires*). V. ORDRE EN MATIÈRE DE FAILLITE. VENTE IMMOBILIÈRE.

INSCRIPTION. *C. Civ.* 741. Les privilèges sur les immeubles.... ainsi que le droit d'hypothèque devront également être inscrits au greffe des hypothèques, dans les formes spécifiées plus loin. V. GREFFE DES HYPOTHÈQUES.

742. A défaut de transcription ou d'inscription, quand elle est exigée, les droits ci-dessus seront considérés comme non avenus à l'égard de ceux qui ont des droits sur l'immeuble et qui les ont conservés en se conformant à la loi. V. DROITS RÉELS.

LÉSION. *C. Civ.* 420. Le droit d'exercer l'action à raison de la lésion cesse deux ans après la majorité ou le décès du vendeur, et ne préjudicie pas aux créanciers hypothécaires inscrits.

NOVATION. *C. Civ.* 251. Il y a novation :
1° Quand le créancier et le débiteur conviennent de substituer une obligation à l'ancienne qui est éteinte, ou de changer la cause de l'obligation primitive ;
2° Quand le créancier et un tiers conviennent que ce dernier deviendra débiteur au lieu de l'ancien qui est libéré, sans qu'il soit besoin de son consentement, ou lorsque le débiteur a fait accepter par le créancier un tiers consentant à payer en son lieu et place;

3° Quand le créancier et le débiteur sont d'accord pour que ce dernier exécute l'obligation au profit d'un tiers qui y consent.

253. La convention ne peut avoir toutefois que les effets suivants :

Dans le premier cas prévu ci-dessus, le débiteur et le créancier peuvent convenir que les garanties réelles, telles que privilèges, hypothèques, droits de rétention seront transférés à la nouvelle obligation, pourvu que cette dernière ne soit point aggravée au préjudice des tiers.

Dans le deuxième cas, le créancier et le tiers peuvent convenir que les garanties réelles seront maintenues, même sans le consentement du débiteur primitif.

Dans le troisième cas, les trois parties contractantes peuvent faire la même convention.

NULLITÉ DE CONTRAT. *C. Civ.* 197. La nullité d'un contrat translatif de propriété ne préjudicie pas aux droits des créanciers hypothécaires inscrits quand ils sont de bonne foi.

OBLIGATIONS. *C. Civ.* 146. L'obligation de constituer un droit réel transfère également ce droit, sauf le droit de privilège, d'hypothèque ou de rétention.

ORDRE. *(Radiation). C. Proc.* 743. Le créancier colloqué, en recevant le montant de sa collocation, consentira à la radiation de son hypothèque.

744. L'acquéreur fera radier les inscriptions jusqu'à la concurrence des sommes payées, sur la justification du bordereau de collocation et de la quittance, et sur l'extrait du règlement définitif prononçant la radiation des inscriptions relatives aux créanciers non colloqués.

PRESCRIPTION. *C. Civ.* 107. Le créancier hypothécaire de bonne foi peut opposer la possession, pendant cinq ans, du débiteur qui a constitué l'hypothèque, s'il prouve qu'il a eu de justes raisons de le croire propriétaire.

PURGE. *C. Proc.* 675. Le jugement d'adjudication dûment transcrit purge toutes les hypothèques et les créanciers n'ont plus d'action que sur le prix.

RÉMÉRÉ. *C. Civ.* 424. L'objet vendu devient, par le fait même de la vente, la propriété de l'acheteur sous condition de réméré. Si le vendeur remplit les conditions du réméré la chose est censée n'avoir jamais cessé d'appartenir au vendeur, sauf les règles établies au titre de la transcription en ce qui concerne les droits des tiers en matière immobilière.

431. Lorsque le vendeur rentre dans son héritage par l'effet du pacte de rachat, il le reprend exempt de toutes les charges et hypothèques, dont l'acquéreur l'avait grevé.

RÉSOLUTION DE CONTRAT. *C. Civ.* 176. La résolution d'un contrat translatif de propriété immobilière ne préjudicie pas aux droits des créanciers hypothécaires inscrits.

242. Lorsqu'une obligation est résolue par suite d'impossibilité d'exécution, les obligations corrélatives sont également résolues, sauf les indemnités respectives, s'il y a lieu, à raison du profit acquis sans cause et sans préjudice des droits des créanciers hypothécaires de bonne foi.

(*Résolution de vente*). *C. Civ.* 372. Si la chose diminue de valeur par détérioration, de telle sorte que la vente n'aurait pas eu lieu si cette diminution était survenue avant le contrat, l'acheteur qui n'aura pas pris livraison aura le choix de résilier ou de maintenir la vente au prix convenu, à moins qu'il n'ait consenti hypothèque.

SAISIE IMMOBILIÈRE. *C. Proc.* 608. Si les deniers ainsi déposés (par le débiteur avant l'adjudication pour arrêter l'expropriation de ses immeubles) ont été empruntés, les prêteurs n'auront d'hypothèque que postérieurement aux créanciers inscrits lors de l'aliénation.

SUBROGATION. *C. Civ.* 225. (Le tiers qui a payé pour le débiteur) a pour sûreté de cette nouvelle créance (sur le débiteur) les mêmes garanties qui existaient au profit de l'obligation éteinte dans les cas suivants seulement : 3° quand ce tiers a payé un créancier ayant privilège ou hypothèque avant lui ou que, acquéreur d'un immeuble, il emploie son prix à payer les créanciers hypothécaires sur cet immeuble.

SUCCESSIONS. *C. Civ.* 78. En matière immobilière, les dispositions relatives à la résolution des droits de propriété, à raison de légitime réserve, quotité disponible, etc., ne préjudicient pas aux tiers acquéreurs et créanciers hypothécaires de bonne foi.

TIERCE OPPOSITION. *C. Proc.* 418. Le créancier même hypothécaire, ne peut former tierce opposition contre un jugement dans lequel son débiteur était partie, à moins qu'il ne prouve la collusion ou qu'il ait à faire valoir des moyens qui lui sont propres.

USUFRUIT. *C. Civ.* 36. L'usufruit (quand il est perpétuel) peut être hypothéqué.

46. L'usufruit s'éteint par l'expiration du temps fixé, par la renonciation, par la perte de la chose, et par l'abus qui est fait de la chose par l'usufruitier, sous réserve des droits des créanciers hypothécaires.

48 L'usufruitier d'un bien *haradji*, qui ne paie pas le tribut, peut être privé de son usufruit, sous réserve des droits des créanciers hypothécaires.

VENTE. (*Éviction*). *C. Civ.* 385. (En cas d'éviction totale ou partielle de la chose vendue) l'acheteur a le droit de maintenir le contrat, mais il ne peut résilier au préjudice des droits des créanciers hypothécaires.

(Paiement du prix). *C. Civ.* 413. Lorsque l'acheteur ne paie pas son prix au terme convenu, le vendeur a le choix ou de demander la résolution de la vente, sauf les droits des créanciers hypothécaires inscrits et des tiers acquéreurs ayant rempli les formalités de transcription, ou de faire condamner l'acheteur au paiement du prix.

417. Dans ces divers cas (V. VENTE) les effets de la résolution de la vente des immeubles à l'égard des tiers, ne préjudicient pas aux créanciers hypothécaires inscrits.

(Droits successifs). *C. Civ.* 323 Les dispositions des deux articles qui précèdent (sur la vente des droits successifs, V. DROITS SUCCESSIFS) ne peuvent avoir effet au préjudice des tiers créanciers hypothécaires ou acquéreurs à titre onéreux de bonne foi.

VICES CACHÉS. *C. Civ.* 388. Quand la diminution de valeur (de la chose vendue par suite de vices cachés) est telle que l'acheteur n'aurait pas acheté s'il l'avait connue, ce dernier a le choix de résilier la vente, sans préjudice des droits des créanciers hypothécaires. V. GREFFE DES HYPOTHÈQUES. CONCORDAT.

I

ILES. *C. Civ.* 85. Les attributions des terrains déplacés par le fleuve, et des îles formées dans son lit, sont réglées conformément au décret de 1274.

IMMEUBLES. *C. Civ.* 15. Les biens sont meubles ou immeubles.

16. Sont immeubles les biens qui ont reçu de la nature ou de la main des hommes une assiette fixe et immobile, et ne peuvent se transporter sans rupture ou détérioration, et tous les droits réels sur ces biens.

18. Néanmoins sont considérés comme immeubles, en ce sens qu'ils ne peuvent être saisis séparément des immeubles dont ils dépendent, les ustensiles d'agriculture et troupeaux nécessaires à la culture, quand ils appartiennent au propriétaire du terrain, et les ustensiles et approvisionnements des usines, quand ils appartiennent au propriétaire de ces usines. V. ACTION IMMOBILIÈRE. SAISIE IMMOBILIÈRE. VENTES IMMOBILIÈRES. PRÉEMPTION. AFFECTATION. ANTICHRÈSE.

DISPOSITIONS DIVERSES.

CRÉANCIERS. *C. Civ.* 678. Il y a cinq classes de créanciers :
3° Les créanciers qui ont obtenu un droit d'affectation sur les immeubles de leur débiteur ;
4° Les créanciers privilégiés, c'est-à-dire ceux qui, à raison de

la nature de leurs créances, ont le droit de se faire payer par préférence à tous autres créanciers sur la valeur de certains meubles ou immeubles du débiteur.

DÉLIVRANCE. *C. Civ.* 343. La délivrance s'opère conformément à la nature des choses vendues.

Ainsi la délivrance d'un immeuble peut avoir lieu par la remise des clefs, s'il s'agit d'une maison, et par la remise des titres, s'il s'agit d'un immeuble quelconque, lorsqu'aucun obstacle ne s'oppose, du reste, à la prise de possession.

239. Le débiteur se libère de l'obligation de délivrer un immeuble en faisant nommer un séquestre judiciaire par une sentence contradictoire où à laquelle le créancier a été appelé.

DÉPÔT. *C. Civ.* 601. Le dépôt des choses litigieuses peut n'être pas gratuit et comprendre les immeubles.

DONATIONS. *C. Civ.* 70. La propriété des meubles et des immeubles donnés est acquise par le fait même de la donation et de l'acceptation; toutefois, quand la libéralité ne revêt pas les formes d'un autre contrat, la donation et l'acceptation doivent avoir lieu par un acte authentique, sous peine de nullité.

75. La donation immobilière n'est opposable aux tiers que dans les termes des dispositions relatives à la transcription des actes de donation.

76. Nul ne peut immobiliser son bien à titre de wakouf, au préjudice de ses créanciers, à peine de nullité de l'immobilisation.

EFFETS DES CONVENTIONS. *C. Civ.* 67. La propriété des meubles et des immeubles est acquise par l'effet de la convention de donner, quand la chose est la propriété de l'obligé.

69. En matière immobilière, la propriété et les droits réels ne sont acquis, à l'égard des tiers, que moyennant les formalités de transcription déterminées par la loi.

ÉTRANGER (*Compétence*). *C. Civ.* 14. L'étranger qui aura quitté (le pays) ne pourra être cité devant les nouveaux tribunaux que dans les cas suivants : 1° S'il s'agit d'obligations relatives à des biens meubles ou immeubles existant dans le pays.

GAGE. *C. Civ.* 670. L'objet du gage peut être mobilier ou immobilier. V. ANTICHRÈSE.

HYPOTHÈQUES. *C. Civ.* 683. Les immeubles susceptibles, paleur nature, d'être vendus aux enchères peuvent seuls être hypothéqués.

684. Les immeubles hypothéqués doivent, à peine de nullité de la constitution d'hypothèque, être désignés d'une manière précise par leur nature et leur situation, et le chiffre de la créance doit être déterminé dans l'acte.

686. Si l'immeuble affecté à la créance vient à périr ou à être détérioré par cas fortuit, de manière à rendre la garantie incer-

taine, le débiteur devra, à son choix, offrir une hypothèque suffisante sur un autre immeuble ou payer la dette avant l'échéance.

688. L'hypothèque s'étend, sauf convention contraire, à tout l'immeuble et à tous les immeubles affectés indivisément, à leurs accessoires et aux améliorations et constructions qui profitent au propriétaire. V. HYPOTHÈQUES.

LÉSION. *C. Civ.* 419. La lésion de plus d'un cinquième en matière de vente immobilière ne donne lieu au profit du vendeur qu'à une action en supplément de prix et seulement au profit des vendeurs qui sont mineurs.

MANDAT. *C. Civ.* 632. Il est nécessaire de justifier d'un mandat spécial ou de pouvoirs spéciaux énoncés dans une procuration générale pour.... aliéner un immeuble ou un droit immobilier.

633 Le mandat d'aliéner les immeubles du mandant comprend pouvoir d'aliéner tout immeuble non spécifié.

PRESCRIPTION. *C. Civ.* 113. La prescription acquisitive, en matière immobilière, ne court pas contre ceux qui sont légalement incapables.

PREUVE DES DROITS RÉELS. *C. Civ.* 735. En matière immobilière, les droits réels s'établissent entre personnes tierces qui y prétendront d'après les règles suivantes : V. DROITS RÉELS.

SUCCESSIONS. *C. Civ.* 78. En matière immobilière, les dispositions relatives à la résolution des droits de propriété, à raison de légitime réserve, quotité disponible, etc., ne préjudicient pas aux tiers acquéreurs et créanciers hypothécaires de bonne foi.

TRANSFERT DE PROPRIÉTÉ. *C. Civ.* 341. A l'égard des tiers qui sont de bonne foi, qui ont un juste titre et qui ont conservé leurs droits dans les formes légales, la propriété n'est transmise, en ce qui concerne les immeubles, que par la transcription de l'acte de vente.

IMMIXTION. SOCIÉTÉ EN COMMANDITE. *C. Com.* 34. L'associé commanditaire ne peut faire aucun acte de gestion, même en vertu de procuration.

35. En cas de contravention à la prohibition mentionnée dans l'article 32 (1), l'associé commanditaire qui a autorisé l'emploi de son nom dans la raison sociale, est obligé solidairement pour toutes les dettes et engagements de la société.

L'associé commanditaire qui a fait acte de gestion est tenu solidairement des dettes et engagements de la société qui dérivent des actes de gestion qu'il a faits.

36. Il peut, suivant le nombre et la gravité de ces actes, et suivant que les tiers ont pu, à raison de ces actes, faire foi en lui, être déclaré solidairement obligé pour tout ou partie des engagements de la société.

---

(1) 32. Le nom d'un associé commanditaire ne peut faire partie de la raison sociale.

37. Les conseils ou actes de contrôle ou de surveillance n'engagent pas le commanditaire.

IMMOBILISATION. PRÉEMPTION *C. Civ.* 97. Le droit de préemption n'appartient pas à celui au profit de qui une part indivise a été immobilisée par wakf, mais il appartient à l'immobilisateur, à la condition que ce soit pour immobiliser la partie préacquise.

SAISIE IMMOBILIÈRE. *C. Proc.* 623. La transcription du procès-verbal de saisie immobilise les fruits et revenus du bien saisi, qui seront distribués, au même titre que le prix de l'immeuble, pour la partie qui correspondra à l'époque postérieure à cette transcription.
624. Une simple opposition du saisissant ou de tout autre créancier entre les mains des fermiers ou locataires vaudra saisie-arrêt sans autre formalité sur tous les loyers à échoir, même ceux dus pour la jouissance antérieure à la transcription et qui seront distribués par voie de contribution.
625. Si les fermier et locataires ont payé, de bonne foi et avant l'opposition, des loyers afférents à la jouissance postérieure à la transcription, le saisi en devra compte comme séquestre judiciaire.
V. FRUITS.

WAKOUF. *C. Civ.* 76. Nul ne peut immobiliser son bien à titre de wakouf, au préjudice de ses créanciers, à peine de nullité de l'immobilisation.

IMPOT (1). GAGE. *C. Civ.* 676. Le créancier au profit duquel l'immeuble est engagé doit pourvoir à l'entretien et aux dépenses nécessaires à la conservation de cet immeuble, ainsi qu'aux impôts publics, sauf à en retenir le montant sur les fruits ou à se le faire rembourser par privilège sur le prix de l'immeuble.

TRÉSOR. *C. Civ.* 82. Si le terrain n'a pas de propriétaire, le trésor appartient à celui qui l'a découvert, sauf l'impôt, dans tous les cas, au profit de l'Etat d'après les règlements.

USUFRUIT. 48. L'usufruitier d'un bien haradji, qui ne paie pas le tribut, peut être privé de son usufruit, sous réserve des droits des créanciers hypothécaires.
49. Le défaut de paiement de l'impôt pour les terres dont l'État est nu propriétaire, donne seulement lieu à la vente forcée de partie de l'usufruit du terrain nécessaire pour couvrir cet impôt.

IMPRIMEUR. SAISIE IMMOBILIÈRE. *C. Proc.* 648. Il sera justifié des insertions et affiches ainsi qu'il est dit dans les articles 534 et 535 pour les ventes des meubles.

VENTE MOBILIÈRE. *C. Proc.* 534. L'apposition du placard au

---

(1) Voir, pour l'impôt sur la propriété bâtie, les décrets des 13 mars 1884, 11 avril 1886, 25 mars 1880.

Tribunal sera justifiée par une mention sur un registre spécial tenu par le greffier ; l'annonce, par la production du journal avec la signature de l'imprimeur, légalisée par le greffier.

IMPRUDENCE. *C. Civ.* 213. (On est tenu à réparation) si le préjudice causé à un tiers provient d'une faute, de négligence, d'imprudence ou de défaut de surveillance des personnes que l'on a sous sa garde.

société. 520. L'associé a droit au remboursement des dépenses faites de bonne foi et sans imprudence dans l'intérêt commun.

IMPUTATION. *C. Civ.* 235. Les paiements s'imputent sur la dette que le débiteur désigne, ou, s'il n'a rien dit, sur celle qu'il a le plus d'intérêt à acquitter.

236. L'imputation se fait en commençant par les frais, intérêts et arrérages avant le capital.

antichrèse. *C. Civ.* 676. Le créancier au profit duquel l'immeuble est engagé doit pourvoir à l'entretien et aux dépenses nécessaires à la conservation de cet immeuble, ainsi qu'aux impôts publics, sauf à en retenir le montant sur les fruits ou à se le faire rembourser par privilège sur le prix de l'immeuble.

compensation. *C. Civ.* 260. L'imputation se fait en cas de compensation, comme en matière de payement.

gage. *C. Civ.* 668. Le créancier gagiste doit, à moins de convention contraire, faire produire au gage tous les fruits dont il est susceptible ; ces fruits viennent en déduction de la dette garantie, même avant l'échéance, en s'imputant d'abord sur les intérêts et frais, et ensuite sur le capital.

INCAPACITÉ, INCAPABLES. cautionnement. *C. Civ.* 605. Le cautionnement est nul si l'obligation cautionnée est nulle, à moins qu'il n'ait été contracté qu'à raison de l'incapacité du débiteur.

conventions. *C. Civ.* 191. La nullité d'une convention résulte de l'incapacité, même s'il n'y a pas lésion. Les incapables qui ont fait annuler une obligation à raison de leur incapacité ne sont obligés à tenir compte que du profit qu'ils ont retiré de l'exécution par le contractant capable.

192. Les personnes capables ne peuvent opposer la nullité aux personnes incapables avec qui elles ont contracté.

donations. *C. Civ.* 72. Lorsque le donateur meurt ou devient incapable avant l'acceptation, la donation est nulle.

73. L'acceptation peut être faite par les représentants des incapables.

exécution des obligations. *C. Civ.* 229. Le paiement d'une chose due, qui ne nuit pas à l'incapable qui l'a fait, éteint l'obligation.

incapacité spéciale. *C. Civ.* 324. Les magistrats, greffiers, huissiers et avocats ne pourront acheter, ni par eux-mêmes ni par personne interposée, en tout ou en partie, des droits litigieux qui sont de la compétence des tribunaux dans le ressort duquel ils exercent leurs fonctions, et ce à peine de nullité de la vente. La vente, en ce cas, est radicalement nulle, et la nullité devra être prononcée à la demande de toute personne ayant intérêt, et même d'office.

325. Les mandataires légaux comme tuteurs ou curateurs, ni les mandataires conventionnels, ne peuvent acheter le bien qu'ils sont chargés de vendre en cette qualité.

La vente pourra, dans ce cas, être ratifiée par celui pour le compte duquel la vente a eu lieu, s'il a capacité d'aliéner au moment de la ratification.

LETTRES DE CHANGE. *C. Com.* 115. Les lettres de change souscrites par des incapables, et les endossements et acceptations signés par eux sont nuls à leur égard seulement.

LOTISSEMENT *C. Civ.* 552. Le tribunal sera toujours appelé à homologuer la division des biens en lots, quand il y aura des mineurs ou incapables en cause.

PRESCRIPTION. *C. Civ.* 113. La prescription acquisitive, en matière immobilière, ne court pas contre ceux qui sont légalement incapables.

114. Aucune autre prescription de plus de cinq années ne court contre ces mêmes incapables.

INCENDIE. *C. Civ.* 691. Les créanciers sont payés sur le prix de l'immeuble, ou le montant de l'assurance en cas d'incendie, dans l'ordre de leur rang d'inscription, même lorsqu'ils ont fait inscrire leurs créances le même jour.

INCERTAIN. V. ÉVÉNEMENT.

INCIDENTS. V. DEMANDES INCIDENTES. APPEL INCIDENT.

INCIDENTS SUR SAISIE IMMOBILIÈRE.
C. Proc. Chap. XII. Sect. VI. § II. INCIDENTS SUR LA SAISIE IMMOBILIÈRE. FOLLE ENCHÈRE. VENTE EN JUSTICE D'IMMEUBLES NON SAISIS.

DISPOSITIONS GÉNÉRALES.

Jonction de poursuites. 676. Quand deux créanciers auront fait transcrire, pour des biens différents appartenant au saisi, deux saisies poursuivies devant le même tribunal, les procédures pourront être jointes, avant le dépôt du cahier des charges, à la requête de la partie la plus diligente, qui continuera les formalités, en suspendant la procédure de la première saisie jusqu'à ce que les deux poursuites soient au même point.

Subrogation. 677. Lorsque celui qui poursuit une vente d'immeubles n'a pas fait, pour un motif quelconque, un acte de procédure dans le délai prescrit par le paragraphe précédent (V. SAISIE IMMOBILIÈRE) et qu'il n'a pas fait cet acte avant une demande en subrogation, tout créancier inscrit ou porteur d'un titre exécutoire peut demander en référé la subrogation aux poursuites, en mettant en cause le poursuivant seul.

678. L'ordonnance de référé, dans ce cas, n'est pas susceptible d'appel, si ce n'est pour nullité de forme.

679. Le poursuivant ne pourra empêcher la subrogation en offrant de continuer la procédure.

680. Le poursuivant, si la subrogation est prononcée contre lui, doit remettre les pièces de la poursuite au subrogé, à peine de dommages-intérêts.

681. Lorsqu'une saisie immobilière aura été rayée au bureau des hypothèques, du consentement du saisissant ou par jugement prononcé contre lui, la poursuite appartiendra au plus diligent des saisissants qui aura fait mentionner sa saisie en marge de la transcription, et continuera sur le dernier acte valable de la procédure.

Revendication. V. CE MOT.

Nullités. 691. Si, lors du jugement des contestations élevées sur le cahier des charges, un acte de procédure est annulé, la poursuite pourra être reprise par le poursuivant à partir du dernier acte valable.

692. Il sera statué par le tribunal sans qu'il y ait lieu à opposition ni appel sur les moyens de nullité élevés contre la procédure poursuivie depuis la fixation du jour de l'adjudication.

Si la nullité est prononcée, la procédure sera recommencée à partir de cette fixation.

693. Les demandes en nullité contre une surenchère et jusqu'aux publications seront portées devant le tribunal et jugées sommairement.

694. Les délais d'appel, en ce dernier cas, seront de dix jours.

695. Après les publications, les demandes en nullité seront jugées dans les termes de l'article 692.

Folle enchère. V. CE MOT.

Vente d'immeubles de mineurs et faillis. V. VENTES IMMOBILIÈRES.

Vente volontaire. 710 Tout propriétaire d'un immeuble peut le faire vendre en justice et suivant les mêmes formalités, à partir du dépôt du cahier des charges; toutefois, le cahier des charges devra être dressé par un avocat et la mise à prix pourra être fixée par la partie.

La notification du cahier des charges pourra être faite aux créanciers inscrits.

Vente de biens indivis. 711. Chacun des copropriétaires d'un immeuble indivis peut exiger le partage; toute convention contraire ne peut être faite valablement que par des personnes capables de s'engager personnellement et pour cinq années au plus.

712. S'il n'y a pas de contestations, il sera procédé conformément à l'article 710.

713. Si le tribunal juge, à la demande d'une des parties, que le partage est possible en nature, il nommera des experts qui proposeront les lots et les soultes à payer.

Les experts pourront être nommés pour examiner si le partage est possible en nature.

714. S'il s'élève des contestations sur la composition des lots, il y sera statué sommairement par le tribunal qui, s'il n'y a pas de contestations et dès qu'elles seront réglées, procédera au tirage des lots.

715. S'il y a des mineurs en cause, les contestations seront jugées par le tribunal, sur les conclusions du ministère public, auquel, même s'il n'y a pas de contestations, le procès-verbal de lotissement sera communiqué.

716. Si les immeubles ne peuvent être partagés en nature sans qu'il y ait perte, il sera procédé à la vente suivant les mêmes règles qu'en matière de vente volontaire, d'immeubles, à la poursuite du demandeur en partage.

Surenchère. 717. La surenchère du dixième en matière de vente volontaire, judiciaire ou non judiciaire, ne sera ouverte qu'au profit des créanciers inscrits et des créanciers porteurs d'un titre exécutoire; quand la vente n'aura pas eu lieu en justice, ou, si étant faite en justice, le cahier des charges n'a pas été notifié aux créanciers inscrits, la surenchère sera recevable, dans les deux mois qui suivront une insertion dans un journal de la situation des biens et la notification, faite aux créanciers inscrits, de la vente, avec indication du prix principal, ce qui sera fait à la diligence de l'adjudicataire.

718. Dans ce cas, la surenchère ne pourra être faite que par un créancier inscrit, à la condition d'offrir caution, qui sera reçue d'après les règles ordinaires en cette matière.

Préemption. 719. Dans toutes les ventes ci-dessus, la préemption du copropriétaire ou du voisin ne pourra s'exercer que par une déclaration faite à l'audience même de l'adjudication, et à la condition d'effectuer immédiatement le dépôt des frais et du prix total, en principal et accessoires.

INCOMPÉTENCE. ASSIGNATION. *C. Proc.* 35. Les défendeurs seront assignés savoir :

9° Quand le défendeur sera domicilié à l'étranger, et qu'un tribunal égyptien ne sera compétent à raison d'un des motifs indiqués dans les précédents paragraphes (V. ATTRIBUTION DE JURIDICTION), l'assignation pourra être donnée devant le tribunal de la résidence du demandeur, ou, à défaut, devant le tribunal d'Alexandrie.

Si, dans ce cas, le tribunal saisi est celui du demandeur, le président pourra accorder, sur requête, l'assignation dans les délais des articles 38 à 39, sans observer les délais de distance. V. ASSIGNATION.

COMMUNICATION. *C. Proc.* 68. Seront communiquées au ministère public, les causes suivantes : 5° Les déclinatoires pour incompétence.

DÉCLINATOIRE POUR INCOMPÉTENCE. *C. Proc.* 148. Les exceptions pour incompétence, autres que l'incompétence à raison de la matière du litige,.... doivent être proposées avant toutes autres exceptions et toutes conclusions signifiées ou déposées sur le fond de la demande principale, incidente ou reconventionnelle contre laquelle le déclinatoire est proposé.

149. L'incompétence à raison de la matière. du litige pourra être proposée en tout état de cause, et prononcée même d'office.

150. Le tribunal saisi d'un déclinatoire pourra juger le fond par le même jugement que l'exception, mais par deux dispositions distinctes.

27. Lorsqu'un tribunal se déclarera incompétent à raison de la nature et de l'importance de l'affaire, il pourra, si les parties sont présentes et y consentent, désigner le jour où elles se présenteront devant le tribunal compétent, sans citation.

Mention sera par lui faite du renvoi, sur l'original et la copie de l'assignation, pour l'inscription de la mise au rôle.

INCONNU. V. DOMICILE INCONNU.

INCORPORELS. V. DROITS INCORPORELS.

INDEMNITÉ. V. DOMMAGE. CLAUSE PÉNALE. EXPROPRIATION D'UTILITÉ PUBLIQUE.

INDEMNITÉ PRÉALABLE. *C. Civ.* 65. Le droit de passage jusqu'à la voie publique des propriétés enclavées est réglé par les tribunaux, en ce qui concerne son mode d'exercice et l'indemnité préalable à laquelle il donne droit.

54. On doit, sur son terrain, le passage de l'eau nécessaire au fond le plus éloigné de la prise d'eau, moyennant le paiement d'une indemnité préalable réglée par les tribunaux, qui détermineront, en cas de contestation, les travaux à faire pour l'établissement du passage, de façon à ce qu'il soit le moins dommageable possible.

EXPROPRIATION D'UTILITÉ PUBLIQUE. *C. Civ.* 118. Les usufruitiers des terres tributaires ou données en abadie doivent, sans qu'il y ait eu de stipulation à cet égard dans le titre constitutif, laisser sans indemnité les terrains nécessaires aux routes, canaux, et en général à tous travaux de viabilité et d'utilité publique.

119. Tous les autres ayant un droit réel et les locataires ayant un bail authentique ou expulsés avant les délais du congé, recevront une indemnité juste et préalable.

INDIVISIBILITÉ. V. OLIGATION INDIVISIBLE.

INDIVISION. V. PARTAGE. COMMUNISTES.

INDU PAIEMENT. *C. Civ.* 206. Celui qui a reçu ce qui ne lui était pas dû est obligé à le restituer.

207. Il est responsable de la perte et des intérêts et des fruits s'il a reçu de mauvaise foi.

208. Néanmoins, si le payement volontaire a eu lieu en vertu d'un devoir même non sanctionné par la loi, la restitution n'est pas due.

209. La restitution n'est pas due si un tiers a payé par erreur au créancier de bonne foi la dette d'un autre, et que le titre ait été détruit, sauf recours contre le véritable débiteur.

210. Les obligations provenant d'un fait dans les circonstances ci-dessus ne sont pas solidaires.

INDUSTRIE.

1° DU LOUAGE D'INDUSTRIE.

V. OUVRAGE (LOUAGE D').

2° DE LA SOCIÉTÉ.

Apport. C. Civ. 512. L'apport peut aussi consister dans l'industrie d'un ou plusieurs associés.

525. La part (dans les bénéfices) de celui qui a apporté son industrie est égale à la part de celui des autres associés qui a fait le plus petit apport en nature.

526. Si l'associé qui apporte son industrie, a fait, en outre, un apport en nature, il prendra, pour ce dernier apport, une part proportionnelle au plus petit apport fait par un autre associé.

527. Toutefois, si la société est dissoute avant le terme, l'apport en industrie ne donnera droit au partage du capital de la société que proportionnellement à la durée écoulée.

530. Il peut être stipulé que celui qui apporte son industrie ne participera pas aux pertes, pourvu qu'il ne lui ait pas été tenu compte d'un appointement à raison de son industrie. V. ACTIONS INDUSTRIELLES.

INEXÉCUTION DU CONCORDAT. *C. Com.* 342. En cas d'inexécution par le failli des conditions de son concordat, la résolution de ce traité pourra être poursuivie contre lui devant le tribunal de commerce, en présence des cautions, s'il en existe; la résolution du concordat ne libérera pas les cautions qui y seront intervenues pour en garantir l'exécution totale ou partielle. V. CONCORDAT.

INEXÉCUTION DES OBLIGATIONS. V. EXÉCUTION. RÉSOLUTION.

SOCIÉTÉ. *C. Civ.* 543. La société pourra être dissoute par les tribunaux, à la demande d'un associé, pour inexécution des obligations d'un autre associé.

INFIRMATION. V. ÉVOCATION.

INNAVIGABILITÉ. *C. Marit.* **52.** Hors le cas d'innavigabilité légalement constatée, le capitaine ne peut vendre le navire sans un pouvoir spécial des propriétaires, à peine de nullité de la vente et de répondre personnellement des dommages et intérêts.

L'innavigabilité sera constatée dans un procès-verbal dressé par des experts assermentés qui seront nommés par le président du tribunal de commerce ou, à défaut, par la chancellerie commerciale, et, s'il n'y en a pas, par le gouverneur et, à l'étranger, par le consul ottoman, ou, à défaut, par le magistrat du lieu, sans préjudice du droit des parties de contester judiciairement l'innavigabilité.

A défaut de pouvoirs et d'instructions de la part des propriétaires, la vente par suite de l'innavigabilité ainsi constatée, sera faite aux enchères publiques.

116. Le capitaine perd son fret et répond des dommages-intérêts de l'affréteur, si celui-ci prouve que, lorsque le navire a fait voile, il était hors d'état de naviguer.

La preuve est admissible nonobstant et contre les certificats de visite au départ.

211. Le délaissement des objets assurés peut être fait — en cas d'innavigabilité par fortune de mer.

227. Le délaissement à titre d'innavigabilité ne peut être fait, si le navire, ayant touché ou échoué, peut être relevé, réparé, et mis en état de continuer sa route pour le lieu de sa destination ; à moins que les frais de la réparation n'excèdent les trois quarts de la valeur pour laquelle il a été assuré.

Dans le cas de réparation, l'assuré conserve son recours sur les assureurs, pour les frais et avaries occasionnés par l'échouement.

228. Si le navire a été par des experts déclaré innavigable, l'assuré sur le chargement est tenu d'en faire la notification dans le délai de trois jours de la réception de la nouvelle.

229. Dans ce cas, le capitaine est tenu de faire toutes diligences pour se procurer un autre navire à l'effet de transporter les marchandises au lieu de leur destination.

230. Dans le cas prévu par l'article précédent, l'assureur court également les risques des marchandises chargées sur un autre navire, jusqu'à leur arrivée et leur déchargement.

INSAISISSABILITÉ. Objets insaisissables. *C. Proc.* **517.** L'huissier ne pourra saisir le coucher nécessaire aux saisis ou à leurs parents et alliés en ligne directe, vivant avec eux, ni les habits dont ils sont vêtus et couverts.

518. Ne pourront être saisis, si ce n'est pour loyers, fermages, ou pour dettes d'aliments :

1° Les livres indispensables à la profession du saisi, et les outils des artisans nécessaires à leur travail personnel ;

2° Les équipements militaires appartenant au saisi ;

3° Les grains ou farines nécessaires à la nourriture du saisi et de sa famille pendant un mois.

4° Une vache, ou trois chèvres, ou trois brebis au choix du saisi s'il s'agit d'animaux en sa possession et dont il use au moment de la saisie.

SOMMES INSAISISSABLES. *C. Proc.* 496. Les salaires et gages des gens de service, les appointements d'employés, les traitements et pensions ne seront saisissables que jusqu'à concurrence du cinquième sur les premières 800 P. T. mensuelles et au-dessous, du 1/4 sur les 2000 P. T. suivantes et du 1/3 sur le surplus.

497. Le paiement de la partie non saisissable se fera au saisi, sans qu'il soit besoin d'ordonnance d'autorisation.

498. Sont insaisissables, en outre des autres cas qui pourront être spécifiés par la loi, les pensions ou provisions pour aliments ou pour frais à faire accorder par justice, ou les sommes données ou léguées à titre alimentaire ou sous condition d'insaisissabilité.

499. Les sommes alimentaires sont saisissables pour dettes d'aliments.

500. Les sommes données ou léguées sous condition d'insaisissabilité, sont saisissables par les créanciers postérieurs aux donations ou aux legs.

(*Compensation*). *C. Civ.* 259. Il n'y a pas lieu à compensation quand l'une des dettes est insaisissable.

DROIT MARITIME.

NAVIRE. *C. Marit.* 29. Le navire prêt à faire voile n'est pas saisissable, si ce n'est à raison de dettes contractées pour le voyage qu'il va faire ; et, même dans ce dernier cas, le cautionnement de ces dettes empêche la saisie. Le navire est censé prêt à faire voile lorsque le capitaine est muni de ses expéditions pour son voyage.

INSCRIPTION. V. HYPOTHÈQUE. AFFECTATION. CRÉANCIERS PRIVILÉGIÉS. DROITS RÉELS.

INSCRIPTION (en cas de faillite). *C. Com.* 294. A compter de leur entrée en fonctions, les syndics seront tenus de faire tous actes pour la conservation des droits du failli contre ses débiteurs ; ils devront aussi, dans la quinzaine au plus tard de leur gestion, prendre au bureau des hypothèques les inscriptions qui n'auraient pas été prises par le failli sur les immeubles de ses débiteurs, s'il y avait droit.

295. Ils seront aussi tenu de faire transcrire au bureau des hypothèques de la situation des immeubles du failli, un extrait du jugement qui a prononcé la faillite.

INSCRIPTION DE FAUX. V. FAUX.

INSERTION. V. PUBLICITÉ JUDICIAIRE.

INSOLVABILITÉ. CAUTION. *C. Civ.* 610. L'obligation générale de donner caution, soit conventionnelle, soit judiciaire, oblige à fournir une nouvelle caution, si la première devient insolvable.

618. S'il y a plusieurs cautions solidaires, celle qui a payé le tout à l'échéance peut demander à chacun des autres répondants de lui payer sa part de la dette et de lui tenir compte de la part des répondants solidaires insolvables.

MANDAT. *C. Civ.* 636. Le mandataire est responsable du choix du substitué qui ne lui a pas été désigné personnellement, si ce substitué est insolvable.

SOCIÉTÉ. *C. Civ.* 522. Les obligations de la société envers un associé se divisent entre tous les associés; si l'un d'eux est insolvable, sa part contributive se répartit sur tous les autres.

SOLIDARITÉ. *C. Civ.* 171. Le codébiteur solidaire qui a payé ou compensé, a un recours contre chacun des autres pour leur part. La part des insolvables se répartit sur chacun des débiteurs solvables.

TRANSPORT. *C. Civ.* 440. Le vendeur ne garantit la solvabilité actuelle ou future du débiteur qu'en cas de stipulation expresse pour chacun de ces deux cas (1).

INSTITUTEURS. PRESCRIPTION. *C. Civ.* 273. Les sommes dues .... aux instituteurs et professeurs par leurs élèves se prescrivent par trois cent soixante jours, encore que de nouvelles dettes aient pris naissance pour les mêmes causes pendant ces trois cent soixante jours.

RESPONSABILITÉ. *C. Civ.* 213. (On est tenu à réparation) si le préjudice causé à un tiers provient d'une faute de négligence, d'imprudence ou de défaut de surveillance des personnes que l'on a sous sa garde.

INSTRUCTION PAR ÉCRIT. *C. Proc. chap.* V. INSTRUCTION PAR ÉCRIT (*art.* 77-86).

77. Dans les affaires autres que les affaires urgentes, et même en matière de commerce, le tribunal pourra, après avoir entendu les parties, ordonner que la cause sera instruite par écrit, et, dans ce cas, il commettra un juge pour faire le rapport.

78. Le demandeur devra, dans la quinzaine du jugement et sans qu'il soit besoin de le lever, faire signifier au défendeur un mémoire comprenant ses moyens de fait et de droit et ses conclusions.

79. L'acte de la signification contiendra l'énoncé sommaire des pièces produites et copie du reçu du greffe où elles auront été déposées pour être communiquées sans déplacement.

---

(1) *C. Civ.* 439. Le vendeur ne garantit que l'existence du droit cédé au moment de la vente, et seulement jusqu'à concurrence du prix de la cession et des frais.

80. Le défendeur aura quinzaine, après cette signification, pour signifier sa réponse explicative avec l'énoncé et la copie du reçu des pièces déposées par lui.

81. Les parties auront respectivement huitaine pour les répliques, après quoi le juge les entendra, après les avoir convoquées par simple ordonnance requise et signifiée par la partie la plus diligente.

82. Copie des mémoires signifiés, destinée à être remise au juge rapporteur, sera déposée au greffe par l'huissier chargé de la signification, et au moment de cette signification, qui fera mention du dépôt.

83. Faute par l'une des parties de signifier son mémoire dans le délai ci-dessus fixé, l'autre partie signifiera le sien et requerra l'ordonnance du juge dont il est parlé à l'article 81.

84. Le juge, après avoir entendu les parties, fixera, séance tenante, le jour d'audience à laquelle elles devront comparaître. Il n'y aura lieu à citation que si l'une des parties a fait défaut devant ce juge. Le délai pour comparaître sera de trois jours.

85. A cette audience, le juge commis lira son rapport, dans lequel il résumera les faits et moyens, sans faire connaître son avis.

86. Les parties seront entendues et ne pourront faire valoir d'autres moyens que ceux qu'elles auront invoqués dans les mémoires, ou produire des pièces nouvelles sans qu'il soit accordé un délai de trois jours, au moins, à la partie adverse laquelle aura, dans ce cas, le droit d'invoquer des moyens nouveaux et des pièces nouvelles, sans qu'il en résulte un nouveau délai.

INTERDICTION. SOCIÉTÉS CIVILES. *C. Civ.* 542. La société finit : 5° Par le décès, l'interdiction ou la faillite d'un des associés, s'il n'a rien été stipulé à cet égard, sauf les règles spéciales aux sociétés commerciales qui ne sont pas dissoutes par le décès, la faillite ou l'interdiction d'un associé non solidaire.

INTERDICTION DE COMMERCE. *C. Marit.*
118. S'il arrive interdiction de commerce avec le pays pour lequel le navire est en route et qu'il soit obligé de revenir avec son chargement, il n'est dû au capitaine que le fret de l'aller, quoique le navire ait été affrété pour l'aller et le retour. V. ARRÊT DE NAVIRE.

68. Si, avant le voyage commencé, il survient une interdiction de commerce avec le lieu de la destination du navire, ou si l'exportation des marchandises pour lesquelles il est frété était interdite, ou si encore le navire est arrêté par ordre du Gouvernement, dans ce cas, il n'est dû aux officiers et gens de l'équipage renvoyés que les journées par eux employées au service du navire.

69. Si l'interdiction de commerce ou l'arrêt du navire arrive pendant le cours du voyage, les officiers et gens de l'équipage

sont payés, dans le cas d'interdiction, à proportion du temps qu'ils auront servi, outre leurs frais de retour; et dans le cas d'arrêt ils reçoivent, s'ils sont engagés au mois, la moitié de leurs gages pendant le temps que durera l'arrêt; mais s'ils sont engagés au voyage, ils ne reçoivent que le prix stipulé pour le voyage, sans aucune augmentation pour le temps de l'arrêt.

94. Si, avant le départ du navire, il y a interdiction de commerce avec le pays pour lequel il est destiné, les conventions sont résolues sans dommages-intérêts de part ni d'autre. Le chargeur est tenu des frais de la charge et de la décharge de ses marchandises.

INTÉRÊTS D'ARGENT.

DE L'INTÉRÊT EN GÉNÉRAL.

C. Civ. 182. Quand l'objet de l'obligation consiste en une somme d'argent, les intérêts sont dus, mais seulement du jour de la demande en justice, si la convention, l'usage commercial ou la loi, dans des cas particuliers, n'y a dérogé.

183. Sauf convention contraire, le taux de l'intérêt sera de 7 % en matière civile.

184. Sauf convention contraire, il sera de 9 % en matière commerciale.

185. L'intérêt conventionnel ne pourra jamais être supérieur à 12 %.

186. L'intérêt ne pourra jamais être perçu ni demandé sur des intérêts de moins d'un an.

187. Toutefois, le taux de l'intérêt commercial en compte courant pourra varier suivant le taux de la place, et la capitalisation se fera dans ces comptes courants suivant les usages du commerce.

DU PRÊT A INTÉRÊT.

C. Civ. 581. Le prêt de consommation est gratuit, s'il n'y a pas de stipulation contraire.

582. L'intérêt stipulé ne peut être supérieur à 12 %.

583. Le contrat de prêt avec intérêts peut être fait à la condition que le prêteur ne pourra jamais demander le capital et que l'emprunteur pourra toujours le restituer.

584. Il prend, dans ce cas, le nom de constitution de rente, et l'intérêt prend le nom d'arrérages. V. RENTE. ARRÉRAGES.

DISPOSITIONS DIVERSES.

APPEL. *C. Proc.* 412. La demande pourra être augmentée du montant des intérêts échus depuis les conclusions prises en première instance.

INTÉRÊTS D'ARGENT.

CAUTION. *C. Civ.* 608. A défaut de stipulations précises, le cautionnement ne porte que sur le principal de la dette.

609. La caution judiciaire entraîne de plein droit la garantie des intérêts, frais et accessoires et la solidarité.

DÉPÔT. *C. Civ.* 602. Dans tous les cas, le dépositaire ou sequestre doit restituer les fruits; il doit les intérêts de l'argent déposé dès qu'il est mis en demeure de le restituer, quand il le doit, ou dès qu'il l'a employé à son profit.

DISTRIBUTION PAR CONTRIBUTION. *C. Proc.* 591. Les intérêts seront arrêtés, s'il n'y a pas contestation, le jour où les contestations cesseront de pouvoir être admises, et s'il y a contestation, le jour où la sentence qui a statué est devenue définitive.

EFFETS DE COMMERCE. *C. Com.* 194. L'intérêt du principal de la lettre de change protestée faute de paiement est dû à compter du jour du protêt.

195. L'intérêt des frais du protêt, rechange et autres frais légitimes, n'est dû qu'à compter du jour de la demande en justice.

196. Toutes les dispositions relatives aux lettres de change et concernant le .... protêt, le rechange ou les intérêts, sont applicables aux billets à ordre ou au porteur.

FAILLITE. *C. Com.* 290. Faute par les syndics de justifier du versement (des fonds provenant des opérations de la faillite) dans les trois jours des recettes, ils seront de plein droit tenus des intérêts.

GAGE. *C. Civ.* 668. Le créancier gagiste doit, à moins de convention contraire, faire produire au gage tous les fruits dont il est susceptible; ces fruits viennent en déduction de la dette garantie, même avant l'échéance, en s'imputant d'abord sur les intérêts et frais, et ensuite sur le capital.

IMPUTATION. *C. Civ.* 236. L'imputation se fait en commençant par les frais, intérêts et arrérages avant le capital.

INSCRIPTION HYPOTHÉCAIRE. *C. Civ.* 692. L'inscription garantit de plein droit, outre le capital, deux années d'intérêts, s'il en est dû au moment de la répartition du prix.

MANDAT. *C. Civ.* 646. Le mandataire doit les intérêts du jour de la mise en demeure ou de l'emploi qu'il a fait à son profit des deniers reçus.

647. Il a droit aux intérêts de ses avances du jour où elles ont été faites par lui.

OFFRES RÉELLES. *C. Proc.* 777. Le dépôt comprendra les intérêts échus depuis les offres, et sera fait tant en absence qu'en présence du créancier; le procès-verbal de dépôt lui sera délivré en copie, s'il est présent, et signifié s'il est absent, dans les trois jours, sinon le débiteur sera obligé, pour être libéré, de déposer de nouveau, sans autre formalité, les intérêts échus jusqu'au jour de la signification, ce dont l'acte de signification fera mention.

784. Le jugement qui statuera sur les offres qui n'auront pas été consignées, ne les validera qu'à la charge de les consigner avec les intérêts jusqu'au jour du dépôt.

ORDRE. (*Contestations*). *C. Proc.* 739. La partie qui succombera, soit sur les contestations, soit sur le recours contre le règlement définitif, sera condamnée, outre les frais, aux intérêts envers qui de droit.

741. Les intérêts et arrérages cesseront, et seront arrêtés comme en matière de contribution, sauf au créancier colloqué à toucher les intérêts dus par l'acquéreur.

742. Toutefois, quand l'acquéreur conservera partie du prix pour sûreté d'une rente inscrite, les créanciers postérieurs au créancier de la rente viagère toucheront, sur le capital de la rente, après le décès de ce dernier, les intérêts échus depuis l'époque ci-dessus.

PRESCRIPTION. *C. Civ.* 275. Les redevances, arrérages, pensions, loyers et intérêts, et, en général, tout ce qui est payable par années ou par termes moins longs, se prescrivent par cinq années calculées d'après les calendriers arabes.

PREUVE. *C. Civ.* 287. Le paiement des intérêts et arrérages autorise à prouver, autrement que par écrit, l'existence de l'obligation principale.

SOCIÉTÉ. *C. Civ.* 520. L'associé est tenu de plein droit à des intérêts des sommes qu'il doit personnellement à la société, et a droit aux intérêts des sommes avancées par lui au profit de la société.

VENTE. *C. Civ.* 410. Le prix ne produit intérêts, sauf stipulation, que s'il est exigible, et si l'acheteur a été mis en demeure de payer par une sommation.

INTÉRÊT CIVIL. *C. Civ.* 654. On ne peut transiger sur une question d'État ou d'ordre public, mais on peut transiger sur les intérêts pécuniaires qui sont la conséquence née d'une question d'État ou d'un délit.

INTÉRÊTS DES INTÉRÊTS. V. ANATOCISME.

INTÉRÊT NÉ OU ÉVENTUEL. JUGEMENTS. *C. Proc.* 123. Si la partie adverse n'a aucun intérêt né ou éventuel à la rectification de la taxe, (des dépens du procès délivrée par le juge) l'opposition sera toujours recevable, et la partie opposante pourra se présenter seule.

INTERLOCUTOIRE. V. JUGEMENT INTERLOCUTOIRE.

INTERPOSITION DE PERSONNE. V. PERSONNE INTERPOSÉE.

INTERPRÉTATION DES CONVENTIONS.

C. Civ. 199. Les conventions, quel que soit le sens littéral des termes employés, doivent être interprétées d'après le but que paraissent s'être proposé les parties et la nature du contrat, et aussi d'après l'usage.

200. Il en est de même de la portée des conditions auxquelles est soumis le maintien ou la confirmation des obligations.

201. Le doute s'interprète au profit de celui qui s'oblige.

INTERPRÉTATION DES JUGEMENTS.

C. Proc. 439. S'il s'élève des difficultés sur l'exécution, elles seront portées, pour les mesures provisoires, devant le Tribunal de référé du lieu de l'exécution, et sur le principal devant le Tribunal qui aura rendu la sentence.

440. Les parties pourront se pourvoir directement en interprétation devant ce dernier Tribunal.

441. Les Tribunaux de justice sommaire et de commerce ne seront pas compétents pour connaître des difficultés nées sur l'exécution de leurs sentences ; ces difficultés seront portées devant le Tribunal civil du lieu de l'exécution.

542. Ces tribunaux seront seulement compétents pour statuer sur l'interprétation des jugements qu'ils auront rendus.

MESURE ADMINISTRATIVE. *C. Civ.* 7. Ces tribunaux (mixtes) sans pouvoir interpréter ou arrêter l'exécution d'une mesure administrative, pourront juger, dans les cas prévus par le Code civil, les atteintes portées à un droit acquis d'un étranger par un acte d'administration.

RÉFÉRÉS. *C. Proc.* 34. Le tribunal des référés statuera contradictoirement, tant en matière civile que commerciale sur l'exécution des jugements, sans préjudice des questions d'interprétation.

INTERPRÈTES,

R. O. J. T. I. Art. 7. Il y aura près la Cour d'appel et près chaque Tribunal des interprètes assermentés en nombre suffisant et qui seront chargés du service de l'audience.

R. G. J. 6. Les interprètes sont fonctionnaires de l'ordre judiciaire.

R. G. J. Titre II, Chap. VI. DES INTERPRÈTES (art. 35).

35. Pour être nommé interprète il faut :

1° Être âgé de vingt-quatre ans révolus ;

2° Avoir fait preuve de la connaissance parfaite de la langue arabe et d'une des deux autres langues judiciaires devant une commission composée de trois magistrats désignés par le vice-président de la Cour.

DISPOSITIONS ADDITIONNELLES.

Récusation. R. O. J. T. I. Art. 30. Le droit de récusation péremptoire des juges, des interprètes et des traductions écrites sera réservé à toutes les parties.

R. G. J. 258. Chacune des parties a également le droit de récuser en première instance et en appel, sans donner de motifs, l'interprète, ou l'un des interprètes au cas où il en serait établi plusieurs près la Cour ou le Tribunal devant lequel se traite l'affaire.

259. Chacune des parties peut aussi, sans donner de motifs, récuser la traduction des actes produits par la partie adverse, si cette traduction n'a pas été faite par l'un des interprètes attachés à la Cour ou aux Tribunaux.

260. Chacune des parties a le droit de récuser, sans donner de motifs, la traduction des actes produits par la partie adverse, alors même que cette traduction a été faite par un interprète attaché à la Cour ou aux tribunaux; toutefois, dans ce cas, la partie qui récuse la traduction doit rembourser à la partie adverse les frais d'une nouvelle traduction. Mais, si cette dernière traduction est faite par l'un des interprètes de la Cour ou des Tribunaux, elle ne pourra plus être récusée.

261. La récusation des interprètes et le refus d'accepter une traduction devront être proposés avant les plaidories, en la forme prescrite par l'article 355 (V. RÉCUSATION) du Code de procédure civile et commerciale. Le juge qui préside l'audience pourvoira au remplacement de l'interprète récusé.

PARTICIPATION AUX TAXES. *R. G. J.* 273. La mesure de la partication des greffiers, commis-greffiers, huissiers et interprètes aux taxes du greffe est déterminée par des règles spéciales

V. FONCTIONNAIRES JUDICIAIRES.

INTERROGATOIRE DES PARTIES. *C. Proc. Chap.* X. *Sect.* II. § I. DE L'INTERROGATOIRE DES PARTIES (*art.* 169-183).

169. Les parties ont le droit de se faire interroger réciproquement sur les faits relatifs à l'affaire en instance.

170. Les questions doivent être spécifiées dans des conclusions signifiées vingt-quatre heures avant l'audience à laquelle l'interrogatoire doit avoir lieu, avec citation à comparaître en personne. Elles doivent être conçues de telle sorte que le fait invoqué par celui qui réclame l'interrogatoire résulte d'une réponse affirmative pure et simple.

171. La partie dont l'interrogatoire est demandé peut conclure au rejet de tout ou partie des questions posées, si elles ne portent pas sur des faits pertinents ou admissibles.

172. Les questions admises par le tribunal ou dont l'admissibilité ne sera pas contestée, seront posées par le président, répondues par la partie en personne à l'audience même, et sans autre jugement que celui qui prononcera sur l'admissibilité, s'il y a lieu, sauf au Tribunal à accorder un délai motivé.

173. Les réponses seront portées sur le registre d'audience et signées par l'interrogé, le Président et le greffier, après lecture.

174. Il sera fait mention du refus ou de l'empêchement de signer.

175. En cas d'empêchement de la partie de se rendre en personne à l'audience, il pourra être délégué un juge qui se transportera pour dresser procès-verbal des réponses en présence du greffier. Le procès-verbal de l'interrogatoire sera signé du juge et du greffier et de la partie interrogée.

176. Si la partie interrogée demeure dans le ressort d'un autre Tribunal, ce Tribunal pourra être commis pour procéder à l'interrogatoire.

177. Il ne pourra être posé d'autres questions que celles qui seront indiquées aux conclusions signifiées.

178. Les réponses auront lieu en présence de celui qui a demandé l'interrogatoire et sans qu'il puisse prendre la parole dans le cours de cet interrogatoire.

179. Celui dont l'interrogatoire est demandé ou ordonné ne sera pas interrogé s'il répond affirmativement et par conclusions écrites sur les questions posées.

180. L'interrogé pourra répondre par des explications verbales mais sans consulter des notes ou un écrit sur les faits qui font la base des questions posées.

181. Il sera tenu par le Tribunal tel compte que de raison du refus par la partie de répondre à des questions portant sur des faits pertinents et admissibles, ou du défaut de comparaître pour être interrogé.

182. Le tribunal pourra juger que ce refus autorise la preuve par témoins et présomptions des faits qui forment la base des questions posées, même dans les cas où la loi n'autorise pas cette preuve.

183. La procédure d'interrogatoire ne pourra jamais arrêter le jugement du fond, à moins que l'interrogatoire ne soit demandé à la première audience où il devra être conclu sur le fond.

PREUVE. *C. Civ.* 281. (Quand il s'agira de sommes dont le taux exclut la preuve testimoniale) les parties ne pourront que provoquer l'aveu de l'adversaire par un interrogatoire dans les formes prescrites au Code de procédure ou en leur déférant le serment.

INTERRUPTION ET CESSATION DE PROCÉDURE.

C. Proc. 340. Le décès, le changement d'état des parties ou la cesssation des fonctions dans lesquelles elles procédaient n'empêcheront pas le jugement, quand les conclusions auront été prises à l'audience, sauf au Tribunal à accorder des délais, s'il y a lieu.

341. Le Tribunal ne pourra statuer que les conclusions prises au moment du décès ou du changement d'état ou de qualité, à moins que les héritiers représentants ou remplaçants n'aient repris l'instance en leurs noms.

342. Lorsque les conclusions n'auront pas été prises à l'audience la procédure sera interrompue, sans préjudice des droits des parties. Elle devra être reprise au moyen d'une assignation nouvelle pour ou contre les héritiers représentants ou remplaçants de la partie dont le décès ou le changement d'état ou de qualité aura interrompu l'instance.

343. Lorsque par le fait, la négligence ou l'abstention d'une partie, une procédure aura été interrompue ou suspendue, il n'y aura pas de déchéance, à moins qu'elle ne soit expressément prononcée par la loi.

344. Néanmoins, lorsque l'interruption aura lieu pendant trois

ans, chaque partie pourra demander qu'elle soit déclarée périmée ce qui sera déclaré par le Tribunal, si aucun acte valable de procédure n'a couvert la péremption avant qu'elle soit demandée. V. PÉREMPTION. DÉSISTEMENT.

INTERRUPTION DE PRESCRIPTION. *C. Civ.* 109. Lorsque la prescription est interrompue, la possession antérieure à l'interruption n'est pas comptée.

110. La prescription est interrompue quand le prescrivant a perdu la possession, même par le fait d'un tiers.

111. Il en est de même si le propriétaire a revendiqué son droit par une citation en justice, ou un commandement régulier en la forme, bien qu'il n'ait pas donné suite à la procédure, pourvu qu'il n'ait pas laissé périmer l'instance.

269. Les règles établies pour la prescription acquisitive en ce qui concerne les causes d'interruption et de suspension, sont applicables à la prescription libératoire des obligations. V. PRESCRIPTION.

INTERVENTION. *C. Proc.* 35. Les défendeurs seront assignés, savoir : 6° en matière de garantie, de reconvention ou d'intervention, devant le tribunal saisi de la demande principale;

Le défendeur en garantie pourra, toutefois, demander et obtenir d'être renvoyé devant son tribunal, s'il démontre soit par écrit, soit par l'évidence des faits, que la demande originaire n'a été introduite que pour le traduire hors de son tribunal.

338. Les tiers auxquels le jugement à intervenir pourrait préjudicier, pourront intervenir dans une instance engagée, en tout état de cause, par citation ou par conclusions prises à l'audience mais sans retard, pour le jugement de l'affaire principale.

339. Si le droit d'intervenir est contesté, il sera statué d'urgence sur cette contestation.

CRÉANCIERS. *C. Civ.* 559. Il ne peut être procédé à la vente des biens communs qu'à charge de les appeler (les créanciers des copartageants) à tous les actes de procédure.

FAILLITE. *C. Com.* 226. Le tribunal de commerce, lorsqu'il le jugera convenable, pourra recevoir le failli partie intervenante dans l'instance intentée contre la faillite.

V. GARANTIE.

INTERVENTION (paiement par). V LETTRE DE CHANGE.

INVENTAIRE.

1° DES NÉGOCIANTS.

C. Com. 14. Tout commerçant est tenu de faire tous les ans l'inventaire de ses effets mobiliers et immobiliers, et de ses dettes actives et passives, et de le copier chaque année sur un registre spécial à ce destiné. V. LIVRES DE COMMERCE.

2° DE LA FAILLITE.

C. Com. 249. Les scellés seront apposés immédiatement par le juge-commissaire, et, au besoin, provisoirement par tout officier public ou fonctionnaire qu'il déléguera, sur les magasins, comptoirs, caisses, livres, papiers, meubles et effets du failli, à moins que l'inventaire ne puisse être fait en un jour, auquel cas il y serait procédé sans désemparer.

278. L'inventaire sera dressé en double minute, à mesurer que les scellés seront levés, en présence du greffier qui signera chaque vacation. L'une de ces minutes sera déposée au tribunal de commerce dans les vingt-quatre heures, l'autre restera entre les mains des syndics. Les syndics seront libres de se faire aider, pour sa rédaction, comme pour l'estimation des objets par qui ils jugeront convenable. Il sera fait à l'inventaire mention des objets qui n'auront pas été mis sous les scellés ou en auraient été extraits ainsi qu'il est dit ci-dessus.

279. En cas de déclaration de faillite après décès, lorsqu'il n'aura point été fait d'inventaire antérieurement à cette déclaration, ou en cas de décès du failli avant l'ouverture de l'inventaire, il y sera procédé immédiatement dans les formes des articles précédents, et en présence des héritiers, ou eux dûment appelés.

280. En toute faillite, les syndics, dans la quinzaine du jugement déclaratif de faillite, seront tenus de remettre du juge-commissaire un mémoire ou compte sommaire de l'état apparent de la faillite, de ses principales causes et circonstances et du caractère qu'elle paraît avoir.

281. Ils devront fournir de nouveaux mémoires toutes les fois qu'il se révélera un fait important relatif aux mêmes circonstances.

282. Le juge-commissaire transmettra immédiatement les mémoires avec ses observations à l'officier du ministère public. S'ils ne lui ont pas été remis dans les délais prescrits, il devra prévenir le parquet et en indiquer les causes.

283. Les officiers du ministère public pourront se transporter au domicile du failli et assister à l'inventaire. Ils auront droit à toute époque de demander des éclaircissements, sur l'état de la faillite et la gestion des syndics, et de requérir communication de tous les actes, livres ou papiers relatifs à la faillite.

284. L'inventaire terminé, les marchandises, l'argent, les titres actifs, les livres et papiers, meubles et effets du failli, seront remis aux syndics, qui s'en chargeront au bas dudit inventaire.

DISPOSITIONS ADDITIONNELLES.

FEMME *(Reprises). C. Com.* 375. La femme pourra reprendre en nature les effets mobiliers qu'elle s'est constitués par contrat de mariage, ou qui lui sont advenus par succession, donation entre vifs ou testamentaires, quand elle en aura conservé la propriété d'après sa loi matrimoniale, toutes les fois que l'identité en sera prouvée par inventaire ou tout autre acte authentique.

373. La femme reprendra pareillement les immeubles acquis par elle et en son nom des deniers provenant des dites successions et donations, pourvu que la déclaration d'emploi soit expressément stipulée au contrat d'acquisition, et que l'origine des deniers soit constatée par inventaire ou par tout autre acte authentique.

SAISIE MOBILIÈRE. *C. Proc.* 522. Il sera dressé un inventaire, par procès-verbal d'huissier, des objets saisis, quand le deuxième gardien entrera en fonctions.

SOCIÉTÉ. *C. Civ.* 514 L'apport doit être spécifié et déterminé; quand il est de tous les biens présents des associés, ces biens doivent être inventoriés.

SYNDICS. *C. Com.*. 268. Le juge-commissaire pourra également sur la demande des syndics, et selon l'exigence des cas, les dispenser de faire placer sous les scellés ou les autoriser à en faire extraire : 2° Les objets sujets à dépérissement prochain ou à dépréciation imminente ; 3° les objets servant à l'exploitation du fonds de commerce. Dans ces deux derniers cas il sera dressé inventaire avec prisée, qui sera signé par le juge-commissaire.

USUFRUIT. *C. Civ.* 40. S'il s'agit de choses mobilières, il doit être fait inventaire et donné caution.

IRRIGATION. *C. Civ.* 52. L'étendue du droit d'user des eaux des canaux construits par l'Etat ou par une corporation, est proportionnelle aux terrains à arroser, sauf ce qui sera ordonné par la loi relative aux syndicats établis en cette matière.

53. Celui qui a établi un canal a seul le droit de se servir de l'eau de ce canal ou de la vendre.

54. On doit sur son terrain, le passage de l'eau nécessaire au fond le plus éloigné de la prise d'eau, moyennant le paiement d'une indemnité préalable réglée par les tribunaux, qui détermineront, en cas de contestation, les travaux à faire pour l'établissement du passage, de façon à ce qu'il soit le moins dommageable possible.

Mais le propriétaire qui arrose ses terres au moyen de machines ou de canaux, ne peut forcer les fonds intérieurs à recevoir ses eaux.

CURAGE DES CANAUX. *C. Proc.* 28. Un juge délégué par le tribunal statuera en tribunal de justice sommaire sur les affaires suivantes en matière civile ; 5° en dernier ressort jusqu'à 800 P.T. et à charge d'appel au-delà de 800 P. T. quel que soit le montant de la demande sur les actions.... relatives au curage des canaux, quand le fond du droit ne sera pas contesté. V. CANAUX.

ISSUE. V. ENCLAVE.

ITÉRATIF COMMANDEMENT. SAISIE EXÉCUTION. *C. Proc.* 506. Le procès-verbal de saisie contiendra, outre les énonciations communes à tous les actes d'huissiers, un nouveau commandement de payer, si la saisie est faite au domicile du saisi ou en sa présence.

J

JARDIN. *C. Civ.* 360. La vente d'un jardin comprend les arbres qui y sont plantés, mais elle ne comprend pas les fruits arrivés à maturité, ou les arbustes en pot ou en pépinière.

JET ET CONTRIBUTION. *C. Marit.* 120. Le capitaine est payé du fret des marchandises jetées à la mer pour le salut commun, à la charge de contribution.

DISPOSITIONS GÉNÉRALES.

238. Sont avaries communes :

2° Les objets jetés à la mer pour le salut commun ou pour l'utilité du navire et du chargement conjointement ;

3° Les cables, mats, voiles et autres apparaux que l'on a coupés ou rompus dans le même but ;

4° Les ancres, cordages, marchandises ou autres effets abandonnés pour le même motif ;

5° Les dommages occasionnés par le jet aux marchandises restées dans le navire.

DU JET ET DE LA CONTRIBUTION.

C. Marit. Titre XII, Sect. II. (Art. 245-266.)

245. Si, par tempête ou par la chasse de l'ennemi, le capitaine se croit obligé de jeter en mer une partie de son chargement, de couper ses mats et cables d'abandonner ses ancres, d'échouer ou de prendre toute autre mesure extraordinaire pour le salut commun, il prend l'avis des intéressés au chargement, s'il s'en trouve dans le navire et des principaux de l'équipage. S'il y a diversité d'avis celui du capitaine et des principaux de l'équipage est suivi.

246. En cas de jet, le capitaine est tenu de jeter par préférence, autant que cela est possible, les choses les moins nécessaires, les plus pesantes et de moindre prix, et ensuite les marchandises de premier pont à son choix, après avoir pris l'avis des principaux de l'équipage.

247. Le capitaine est tenu de rédiger par écrit, aussitôt qu'il le pourra, la délibération prise à ce sujet. Le procès-verbal rédigé à cet effet contient : 1° Les motifs qui ont déterminé le jet ; 2° l'énonciation des objets jetés ou endommagés ; 3° La signature de ceux qui ont été consultés ou les motifs de leur refus de signer ; la délibération est inscrite au journal du bord.

248. Au premier port où le navire abordera, le capitaine est tenu, dans les vingt-quatre heures de son arrivée, d'affirmer sous serment la vérité des faits énoncés dans la délibération transcrite sur ledit journal, devant l'autorité désignée dans l'article suivant.

249. L'état des pertes et dommages est fait dans le lieu du déchargement du navire à la diligence du capitaine et par des experts. Les experts sont nommés par le tribunal ou la chancellerie de commerce ou à défaut par l'autorité supérieure du lieu, si c'est dans un port ottoman ; ils sont nommés par le consul ottoman et à son défaut par le magistrat du lieu, si la décharge se fait dans un port étranger. Les experts prêtent serment avant d'opérer.

250. Les effets et les marchandises avariés ou jetés à la mer sont estimés, suivant leur valeur au lieu du déchargement. La nature et la qualité des marchandises jetées sont constatées par la production des connaissements, des factures ou autres preuves par écrit.

251. Les experts nommés en vertu de l'article précédent, font aussi la répartition des pertes et dommages.

La répartition pour le paiement des pertes et dommages est faite sur les objets jetés en mer, abandonnés et sauvés, et sur moitié du navire et du fret à proportion de leur valeur au lieu du déchargement.

252. La répartition est rendue exécutoire par l'homologation du tribunal de commerce, et à défaut, par le gouverneur, si c'est dans un port ottoman.

Dans les ports étrangers, la répartition est rendue exécutoire par le consul ottoman, ou à son défaut, par le tribunal compétent du lieu.

253. Si la nature ou la qualité des marchandises a été déguisée par le connaissement, et qu'elles se trouvent d'une plus grande valeur, elles contribuent sur le pied de leur estimation, si elles sont sauvées ; elles sont payées d'après la qualité désignée par le connaissement, si elles sont perdues.

Si les marchandises déclarées sont d'une qualité inférieure à celle qui est indiquée par le connaissement elles contribuent, d'après la qualité indiquée par le connaissement, si elles sont sauvées ; elles sont payées sur le pied de leur valeur réelle, si elles sont jetées ou endommagées.

254. Les munitions de guerre et de bouche destinées à la dé-

fense du navire et à la nourriture de l'équipage, les hardes des gens de l'équipage et les vêtements des passagers, ne contribuent point au jet; la valeur de ceux qui auront été jetés sera payée par contribution sur tous les autres effets.

255. Les objets dont il n'y a pas de connaissement ou déclaration du capitaine, et qui ne se trouvent pas sur le manifeste ou la liste de la cargaison, ne sont point payés, s'ils sont jetés, mais ils contribuent dans l'avarie, s'ils sont sauvés.

256. Les effets chargés sur le tillac du navire contribuent, s'ils sont sauvés. S'ils sont jetés ou endommagés par le jet, le propriétaire, excepté dans le cas de petit cabotage, n'est point admis à former une demande en contribution, mais il peut exercer son recours contre le capitaine, conformément à la disposition de l'art. 44. V. CAPITAINE.

257. Il n'y a lieu à contribution pour raison du dommage arrivé au navire à l'occasion du jet que dans le cas où le dommage a été fait pour faciliter le jet.

258. Si, nonobstant le jet des marchandises, le navire n'est pas sauvé, il n'y a lieu à aucune contribution. Les marchandises ou autres objets sauvés ne sont tenus à aucun paiement ou contribution d'avarie des marchandises jetées ou endommagées.

259. Si le navire est sauvé par le jet des marchandises et que cependant il vienne à se perdre en continuant sa route, les effets sauvés contribuent seuls au jet sur le pied de leur valeur en l'état où ils se trouvent, déduction faite des frais de sauvetage.

260. Si le navire et la cargaison sont sauvés par des apparaux coupés ou autres dommages faits au navire, et que les marchandises périssent ou soient pillées ensuite, le capitaine ne peut exiger des propriétaires, chargeurs ou consignataires de ces marchandises, de contribuer dans cette avarie.

261. Si les marchandises sont perdues par le fait ou la faute du propriétaire ou du consignataire, elles seront considérées comme n'ayant point été perdues et contribueront en conséquence à l'avarie commune.

262. Les effets jetés ne contribuent en aucun cas au paiement des dommages arrivés depuis le jet aux marchandises sauvées. Les marchandises ne contribuent point au paiement du navire perdu ou réduit à l'état d'innavigabilité.

263. Si, en vertu d'une délibération prise par les personnes désignées dans l'article 215 (V. DÉLAISSEMENT MARITIME), le navire a été ouvert pour en extraire les marchandises, elles contribuent à la réparation du dommage causé au navire.

264. En cas de perte des marchandises mises dans des barques pour alléger le navire entrant dans un port ou rivière, la répartition en est faite sur le navire et son chargement en entier.

Si le navire périt avec le reste de son chargement, il n'est fait aucune répartition sur les marchandises mises dans les allégcs, quoiqu'elles arrivent à bon port.

265. Dans tous les cas ci-dessus exprimés le capitaine et l'équipage sont privilégiés sur les marchandises ou le prix en provenant pour le montant de la contribution.

266. Si, depuis la répartition, les effets jetés sont recouvrés par les propriétaires, ils sont tenus de rapporter au capitaine et aux intéressés ce qu'ils ont reçu dans la contribution, déduction faite des dommages causés par le jet et des frais de recouvrement.

DISPOSITION ADDITIONNELLE

ASSURANCE. *C. Marit.* 192. Sont aux risques des assureurs : toutes pertes et dommages qui arrivent aux objets assurés par.... jet.

JONCTION.

1° JONCTION SUR DÉFAUT.

C. Proc. 127. S'il y a plusieurs défendeurs et qu'un ou quelques-uns seulement ne comparaissent pas, le demandeur pourra faire renvoyer l'affaire jusqu'à un délai qui permette de signifier le jugement par défaut et de réassigner le défaillant, auquel cas le jugement qui interviendra ne sera pas susceptible d'opposition.

2° SUR DEMANDE EN GARANTIE ET DEMANDE INCIDENTE OU RECONVENTIONNNELLE.

C. Proc. 161. En toutes matières, si les délais des assignations en garantie et de la demande principale sont échus avant le jugement prononcé sur aucune d'elles, les affaires seront jointes et il sera statué sur le tout par un seul et même jugement, sauf au tribunal à disjoindre, s'il le juge nécessaire.

163. La demande en garantie pourra toujours être jugée par le tribunal saisi de la demande principale, même après le jugement rendu sur cette demande principale, à moins qu'il ne soit établi aux yeux du tribunal que la demande originaire n'a été intentée que pour distraire le garant de son juge naturel.

164. En cas de jonction, les condamnations prononcées contre le garant le seront, s'il y a lieu, au profit du demandeur principal, même quand ce dernier n'aurait conclu que contre le demandeur en garantie, qui pourra être mis hors de cause s'il n'est pas personnellement tenu. V. GARANTIE.

C. Proc. 335. La demande incidente introduite par le demandeur, en augmentant ou modifiant ses conclusions au fond, et la demande reconventionnelle du défendeur seront jointes à la demande principale et jugées sur le fond en même temps, s'il y a lieu.

3° SUR SAISIE IMMOBILIÈRE

C. Proc. 676. Quand deux créanciers auront fait transcrire, pour des biens différents appartenant au saisi, deux saisies poursuivies devant le même tribunal, les procédures pourront être jointes, avant le dépôt du cahier des charges, à la requête de la partie la plus diligente qui continuera les formalités, en suspendant la procédure de la première saisie jusqu'à ce que les deux poursuites soient au même point.

4° SUR DÉCLINATOIRE.

C. Proc. 150. Le tribunal saisi d'un déclinatoire pourra juger le fond par le même jugement que l'exception, mais par deux dispositions distinctes.

JOUISSANCE.

1° DROITS DE JOUISSANCE.

PRÊT A USAGE. *C. Civ.* 565. Le prêt à usage est celui par lequel le prêteur livre à l'emprunteur une chose dont il lui laisse la jouissance et que ce dernier s'engage à restituer après le délai convenu.

PROPRIÉTÉ. *C. Civ.* 27. La propriété est le droit de jouir et disposer des choses de la manière la plus absolue.

USUFRUIT. *C. Civ.* 29. L'usufruit est le droit d'user et de jouir d'un bien dont la nue propriété appartient à un autre. V. USUFRUIT, BAIL, HABITATION, ABUS DE L'USUFRUIT.

2° PAR RAPPORT A LA SOCIÉTÉ.

APPORT. *C. Civ.* 512. L'apport peut être en capitaux, valeurs, objets mobiliers ou immobiliers, ou leur jouissance.

513. Dans le silence du contrat, il est toujours présumé que l'apport consiste dans la propriété de la chose, et non pas seulement dans sa jouissance.

JOUR (Délai). V. COMPUTATION DE DÉLAI.

JOURNAL. V. PUBLICITÉ JUDICIAIRE.

JOUR (Servitude). V. VUE.

JOUR FÉRIÉ. V. FÊTE LÉGALE.

JUGES.

DISPOSITIONS GÉNÉRALES.

R. G. J. 6. Les juges aux tribunaux, les conseillers à la Cour d'appel, le procureur général et les substituts sont magistrats.

7. Le président de la Cour d'appel, les présidents des tribunaux et les magistrats sont nommés par le Khédive, en conformité du règlement d'organisation judiciaire.

R. O. J. T. I. Art. 5. La nomination et le choix des juges appartiendront au gouvernement égyptien, mais, pour être rassuré lui-même sur les garanties que présenteront les personnes dont il fera choix, il s'adressera officieusement aux ministres de la justice à l'étranger et n'engagera que les personnes munies de l'acquiescement et de l'autorisation de leur gouvernement.

R. G. J. 8. Les juges étrangers, appelés à présider la Cour d'appel et les tribunaux avec le titre de vice-présidents, seront élus à la majorité absolue des membres étrangers et indigènes de la Cour et des tribunaux.

Si, au premier tour de scrutin, aucun membre n'a obtenu la majorité absolue, on renouvelle le vote ; si, au second tour, le même résultat se produit, le troisième vote sera restreint aux deux membres qui ont obtenu, à cette seconde épreuve, le plus grand nombre de voix.

L'élection aura lieu au scrutin secret.

9. Immédiatement après l'élection du vice-président, les juges étrangers et indigènes élisent, à la majorité relative, le juge étranger qui sera appelé à remplacer le vice-président, en cas d'absence ou d'empêchement.

10. Les magistrats élus ne pourront refuser ou résigner leurs fonctions qu'avec l'approbation de l'assemblée générale de la Cour. Ils seront élus pour la durée d'une année, mais il leur sera libre de ne pas accepter la réélection.

DISPOSITIONS DIVERSES.

Ancienneté. R. G. J. 262. L'ancienneté des magistrats à la Cour et aux tribunaux est déterminée par la date du décret de leur nomination.

Si deux ou plusieurs magistrats sont nommés en même temps, l'âge décidera de leur ancienneté.

263. L'ancienneté détermine le rang dans les cérémonies et audiences publiques et dans les assemblées générales de la Cour et des tribunaux.

264. Le substitut du vice-président est considéré comme le plus ancien des juges.

131..... En cas de désaccord entre magistrats ayant des titres égaux au point de vue du service des vacations, l'ancienneté servira de base pour le règlement de leurs vacances.

Avancement. R. O. J. T. 1, art. 20. L'avancement des juges et leur passage d'un tribunal à un autre n'auront lieu que de leur consentement et sur le vote de la Cour d'appel, qui prendra l'avis des tribunaux intéressés.

Cadeaux. R. O. J. T. 1, art. 22. Les juges ne seront point l'objet de la part de l'administration égyptienne de distinctions honorifiques ou matérielles.

23. Tous les juges de la même catégorie recevront les mêmes appointements. L'acceptation d'une rémunération en dehors de ses appointements, d'une augmentation des appointements, de cadeaux de valeur ou d'autres avantages matériels entraîne pour le juge la déchéance de l'emploi et du traitement sans aucun droit à une indemnité.

Cession de procès. C. Civ. 324. Les magistrats ne pourront acheter ni par eux-mêmes ni par personne interposée, en tout ou en partie, des droits litigieux qui sont de la compétence des tribunaux dans le ressort desquels ils exercent leurs fonctions, et ce à peine de nullité de la vente.

Costume. R. G. J. 80. Aux audiences publiques et dans les solennités officielles de la Cour et des tribunaux, les magistrats et les fonctionnaires de l'ordre judiciaire porteront le costume qui leur est assigné.

Délibérations. V. DÉLIBÉRÉS.

Devoirs. R. G. J. 22. Le juge a la charge et le devoir de rendre la justice, selon la loi, avec la plus rigoureuse impartialité et d'accélérer autant que possible la solution des affaires pendantes.

C. Civ. 11. En cas de silence, d'insuffisance ou d'obscurité de la loi, le juge se conformera aux principes du droit naturel et aux règles de l'équité.

R. G. J. 23. Les juges, indépendamment de l'exacte observation de l'art. 52

du Code de procédure civile et commerciale (1), ne peuvent avoir, ni directement ni indirectement, aucun entretien avec les parties, leurs avocats ou mandataires, sur les contestations soumises à leur décision.

Discipline. R: O. J. T. 1, art. 24. La discipline des juges est réservée à la Cour d'appel. La peine disciplinaire applicable aux juges pour les faits qui compromettent leur honorabilité comme magistrats ou l'indépendance de leurs votes, sera la révocation et la perte du traitement sans aucun droit à une indemnité. Le jugement devra être rendu par la Cour en réunion générale, à la majorité des trois quarts des conseillers présents.

25. Toute plainte présentée au gouvernement par un membre du corps consulaire contre les juges pour cause disciplinaire devra être déférée à la Cour, qui sera tenue d'instruire l'affaire.

R. G. J. 137. Tout magistrat de la Cour et des tribunaux.... qui viole ses devoirs professionnels ou qui ne s'abstient pas, tant au palais qu'au dehors, de tout ce qui pourrait diminuer la confiance dans les actes judiciaires ou la considération de la classe à laquelle il appartient, est sujet à des mesures disciplinaires.

RÈGLEMENT GÉNÉRAL JUDICIAIRE

CHAPITRE II

De la Discipline des Magistrats.

138. Les mesures disciplinaires sont :
a) L'avertissement.
b) Les peines disciplinaires.

139. L'avertissement consiste à faire au juge des remontrances sur la faute commise et à l'avertir de ne plus y retomber.
La faculté d'appliquer l'avertissement est exercée par quiconque est investi du droit de surveillance.

140. La Cour d'appel a droit de surveillance sur les tribunaux.

141. Le vice-président de la Cour d'appel a la surveillance des juges qui la composent et des juges des tribunaux.

142. Le vice-président de chaque tribunal a la surveillance des juges qui le composent.

143. L'avertissement est donné soit verbalement, soit par écrit, suivant les circonstances.

144. Les peines disciplinaires sont :
1° La censure ;
2° La destitution.

145. La censure est une déclaration formelle de la faute commise et du blâme encouru.

146. A la censure peut être ajoutée la perte temporaire des appointements.

147. Les faits qui compromettent l'honorabilité des juges ou l'indépendance de leurs votes sont punis de la destitution.

148. La destitution entraîne la perte des appointements et de tout droit à l'indemnité.

149. La faculté d'appliquer les peines disciplinaires est réservée à la Cour d'appel statuant en assemblée générale.

150. L'action disciplinaire s'exerce indépendamment de toute action pénale ou civile résultant du même fait.
L'action disciplinaire s'éteint par la démission dûment acceptée.

151. L'action disciplinaire est exercée par le procureur général ou le ma-

_____
(1) C. Proc. 52. Les juges, les membres du Parquet, les officiers d'un Tribunal ne pourront être mandataires, pour plaider ou présenter la défense des parties, soit verbalement, soit par écrit, même à titre de consultation, quand bien même le procès se débattrait devant un autre Tribunal que celui auquel ils sont attachés.

gistrat qui le remplace, sur l'invitation de quiconque est investi du droit de surveillance.

Au cas où le ministère public n'exercerait pas l'action disciplinaire dans les quinze jours de l'invitation, le vice-président de la Cour d'appel déléguera un magistrat à cette fin.

152. L'action disciplinaire est mise en mouvement par une requête motivée adressée au vice-président demandant la comparution du juge, pour qu'il présente sa défense.

153. Le vice-président enjoint au juge, par une ordonnance, d'avoir à comparaître devant la Cour dans le délai de cinq jours au moins, et lui notifie en même temps la teneur de la requête du ministère public.

154. L'inculpé doit comparaître en personne. La Cour peut, pour de justes motifs et sur sa demande, l'autoriser à présenter sa défense par écrit.

155. Les affaires disciplinaires se traitent à huis clos ; l'inculpé a, toutefois, le droit de se faire assister par un défenseur choisi parmi les avocats.

156. La délibération doit avoir lieu aussitôt après la discussion et après avoir entendu le ministère public et l'inculpé, qui aura le dernier la parole, à moins que la Cour n'ordonne une information ultérieure, auquel cas elle entendra de nouveau l'inculpé et reprendra la discussion.

157. La peine de la destitution ne peut être appliquée qu'à la majorité des trois quarts des votants. (*Art. 24, T. I, du règlement d'organisation judiciaire.*) (*Cf. supra*).

Pour l'application de la censure, la majorité absolue suffit.

DISPOSITIONS DIVERSES.

158. La décision sera motivée, signée par tous les juges qui y ont pris part et portée à la connaissance de l'inculpé par les soins du vice-président.

159. Aussitôt que l'invitation à exercer l'action disciplinaire contre un magistrat, aura été adressée au procureur général ou au magistrat qui le remplace, la Cour pourra suspendre le magistrat de l'exercice de ses fonctions.

160. L'exécution de la peine disciplinaire appartient au vice-président de la Cour.

161. Les magistrats du parquet sont placés sous la surveillance du ministre de la justice et les dispositions qui précèdent ne leur sont pas applicables.

INAMOVIBILITÉ. *R. O. J. T. I, art.* 19. Les juges qui composent la Cour d'appel et les tribunaux seront inamovibles.

L'inamovibilité ne subsistera que pendant la période quinquennale. Elle ne sera définitivement admise qu'après ce délai d'épreuve.

R. G. J. 45. Les magistrats de la Cour et des tribunaux sont inamovibles pendant la période quinquennale ; ils ne peuvent être privés de leur grade et de leur traitement que pour des faits compromettant leur honorabilité ou l'indépendance de leurs votes, et seulement à la suite d'une procédure disciplinaire.

Les magistrats du parquet sont amovibles ; ils exercent leurs fonctions en qualité d'agents du gouvernement, dont ils dépendent exclusivement

46. Si, à cause d'une infirmité grave et permanente, reconnue par la Cour d'appel en assemblée générale, un juge inamovible ne peut plus convenablement remplir les devoirs de sa charge, il sera remplacé et il recevra l'indemnité fixée par le décret de nomination.

INCOMPATIBILITÉS. *R. O. J. T. I, art.* 21. Les fonctions de magistrat seront incompatibles avec toutes autres fonctions salariées, et avec la profession de négociant (*R. G. J.* 19), et toute autre profession quelconque.

INDEMNITÉS. *R. G. J.* 267. Les magistrats et fonctionnaires de l'ordre judiciaire et les huissiers à l'occasion de missions spéciales à eux confiées par le gouvernement, hors de leur résidence ordinaire, pour affaires législatives, judiciaires ou administratives, ont droit à une indemnité pour frais de voyage et de séjour, dans la mesure établie par les dispositions de l'article 269 *Cf infra*.

268. Pour toucher l'indemnité, le fonctionnaire qui y a droit après être arrivé à sa nouvelle destination, doit présenter un état signé par lui à son vice-président, lequel, vu l'exactitude des indications qu'il contient, pourvoit au paiement.

269. Les fonctionnaires sus-nommés qui se transportent hors de leur résidence dans l'exercice de leurs attributions judiciaires, ont droit à une indemnité pour frais de voyage et de séjour, dans la mesure établie par le tarif.

130. Les magistrats qui, pendant les vacances judiciaires, fonctionnent hors de leur résidence, ont droit aux indemnités mentionnées à l'art. 267.

PRÉSIDENTS, VICE-PRÉSIDENTS. *R. G. J.* **20.** Les présidents présideront, s'ils le veulent, mais sans droit de vote, les réunions générales pour l'élection des vice-présidents; ils prennent rang, dans les cérémonies publiques, à la tête de la Cour et des tribunaux respectifs.

21. Les vice-présidents, sauf les dispositions de l'art. 20 du présent règlement, présideront les réunions générales; ils partageront les occupations entre le personnel des tribunaux respectifs; ils distribueront les affaires; ils surveilleront la marche de toutes les affaires, lors même qu'elles ne sont pas traitées sous leur direction immédiate; ils veilleront constamment à l'exécution des lois et à la répression des abus et prendront, à cet effet, toutes les dispositions nécessaires.

141. Le vice-président de la Cour d'appel a la surveillance des juges qui la composent et des juges des tribunaux.

142. Le vice-président de chaque tribunal a la surveillance des juges qui le composent.

162. Le vice-président de la Cour à la surveillance du personnel des greffes, des interprètes et des huissiers de la Cour et des tribunaux.

163. Les vice-présidents des tribunaux ont la surveillance du personnel respectifs des greffes, des interprètes et des huissiers.

RÉCUSATION. V. RÉCUSATION.

RÉPARTITION DES JUGES. V. TRIBUNAUX MIXTES.

RÉSIDENCE. *R. G. J.* **17.** Tout magistrat de la Cour et des tribunaux, tout fonctionnaire de l'ordre judiciaire et tout huissier devra résider au lieu où il est appelé à exercer ses fonctions, et il ne pourra s'absenter sans en avoir obtenu la permission, en conformité du présent règlement.

VACANCES. *R. G. J.* **127.** Les vacances des juges d'appel coïncideront avec les vacances judiciaires.

128. Les vacances des juges de première instance seront réparties dans l'ordre et pour les délais compatibles avec les exigences du service.

Ces vacances ne pourront dépasser pour chacun la durée de trois mois et demi par année judiciaire.

129. Les magistrats étrangers qui n'auront pas joui des vacances pendant l'année précédente, pourront, si le besoin du service reconnu par le vice-président de la Cour ne s'y oppose pas, prolonger leurs vacances d'un mois et demi.

Les magistrats de la Cour qui renoncent aux vacances régulières de l'année, en vue des vacances prolongées pour l'année suivante, sont tenus de suppléer les vice-présidents en congé, même des tribunaux situés hors du siège de la Cour et de présider les audiences.

130. Les magistrats qui, pendant les vacances judiciaires, fonctionnent hors de leur résidence, ont droit aux indemnités mentionnées à l'art. 267.

131. Le projet de la répartition des vacances entre les juges sera préparé par les vice-présidents des tribunaux dans la première quinzaine du mois de février de chaque année, les juges entendus, et sera soumis à la Cour pour être approuvé ou modifié.

En cas de désaccord entre magistrats ayant des titres égaux au point de vue du service des vacations, l'ancienneté servira de base pour le règlement de leurs vacances.

134. En dehors des vacances de droit, des congés pourront être accordés aux magistrats, dans des cas exceptionnels, seulement par le vice-président de la Cour d'appel.

135. Il est réservé à la Cour d'appel d'accorder à son vice-président des congés en dehors des vacances légales.

186. Le magistrat qui s'absente ou qui dépasse la durée de son congé sans en avoir obtenu l'autorisation perd de plein droit son traitement pour le temps qu'il est resté indûment absent, sans préjudice des peines disciplinaires, s'il y a lieu. V. ABSTENTION DE JUGE, AUDIENCE, JUGEMENT, PRISE A PARTIE.

JUGE COMMIS, JUGE-COMMISSAIRE (en matière civile).

DISTRIBUTION PAR CONTRIBUTION. *C. Proc.* 598. En cas de retard, de la part du juge, de quinze jours après le jour où il pourra commencer le règlement provisoire ou le règlement définitif, l'affaire sera portée à l'audience par le greffier, sur une simple réquisition, faite au greffe, de la partie la plus diligente.

599. Le Tribunal fixera, sans appel ni opposition, le jour où le règlement devra être clos, après avoir entendu le juge-commissaire, qui pourra être responsable des intérêts pendant tout le temps de son retard après le jour indiqué.

ENQUÊTES. *C. Proc.* 208. Le jugement (qui ordonnera la preuve par témoins) dira si l'enquête doit avoir lieu devant le Tribunal ou devant un juge commis à cet effet, et dans ce dernier cas si l'enquête doit être faite sommairement ou non.

209. Dans les affaires commerciales et dans les affaires urgentes en matière civile, l'enquête devra avoir lieu soit devant le Tribunal, soit par une procédure sommaire devant un juge.

211. Quand l'enquête devra avoir lieu sommairement devant un juge commis, la partie la plus diligente obtiendra de lui, sur requête, et fera signifier à la partie adverse, l'ordonnance qui fixera le jour, le lieu et l'heure où les témoins seront entendus, en observant un délai de trois jours entre la signification et le jour fixé.

216. Quand il y aura lieu à enquête devant le juge commis, sans que le Tribunal ait dit qu'elle serait faite sommairement, la partie la plus diligente lèvera et fera signifier le jugement et requerra du juge une ordonnance qui fixera le jour, le lieu et l'heure où il entendra les témoins.

220. Le jour de la contre-enquête sera fixé par l'ordonnance du juge, sur une requête à lui présentée dans les trois jours, au plus tard, qui suivront la fin de l'enquête.

221. Les parties pourront, pendant les quinze jours qui suivront la première séance, demander, soit sur le procès-verbal, soit par requête séparée, au juge-commissaire, à citer de nouveaux témoins qu'ils indiqueront, sauf recours au Tribunal contre l'ordonnance qui refuserait le permis de citer.

223. En cas d'empêchement justifié, le juge commis se transportera chez le témoin avec le greffier et recevra sa déposition.

246. Il ne pourra être accordé que par le Tribunal ou par le juge commis la faculté de poser de nouvelles questions après les deux interrogatoires successifs qui précèdent.

247. Après l'interrogatoire par les parties, le juge commis

pourra poser d'office les questions qui lui paraîtront utiles à la découverte de la vérité.

248. Dans le cours d'un interrogatoire, la partie adverse pourra contester et le juge refuser la position d'une question qui ne serait pas pertinente au fait à prouver ou qui serait inconvenante.

256. Toutefois, en matière d'enquête non sommaire devant un juge commis, aucune partie ne pourra forcer son adversaire à plaider, si elle ne lui a pas signifié le procès-verbal de l'enquête ou de la contre-enquête qu'elle a provoquée.

257. Après l'enquête devant le juge, le Tribunal sera saisi par une citation à trois jours francs. V. ENQUÊTES, COMMISSION ROGATOIRE.

PARTAGE DE BIENS COMMUNS. *C. Civ.* 549. La partie qui voudra sortir de l'indivision... demandera la nomination d'un juge devant lequel le partage aura lieu.

553. La répartition par la voie du sort se fera devant le juge commis, qui en dressera procès-verbal. V. PARTAGE.

RÉCUSATION. *C. Proc.* 353. La récusation devra être présentée, à peine de déchéance, avant les plaidoiries, et quand il s'agira de juges commis dans les trois jours de leur nomination, si le jugement qui les a commis est contradictoire; si le jugement est par défaut, le délai de trois jours courra, quand il n'y aura pas d'opposition, à l'expiration des trois jours qui suivront la signification, et, s'il y a opposition, trois jours après le jugement de débouté.

VÉRIFICATION D'ÉCRITURE. *C. Proc.* 294. Le jugement commettra un juge devant qui la vérification se fera et nommera des experts, si les parties ne sont pas convenues de leur nomination. V. ORDRE.

JUGE-COMMISSAIRE EN MATIÈRE COMMERCIALE (Faillite).

NOMINATION DU JUGE-COMMISSAIRE.

C. Com. Chap. III. Sect. II (*art.* 242-246).

242. Par le jugement qui déclarera la faillite, le Tribunal de commerce désignera un magistrat pour juge-commissaire, afin de surveiller les opérations de la faillite.

243. Le juge-commissaire sera chargé spécialement d'accélérer et de surveiller les opérations et la gestion de la faillite. Il fera au tribunal de commerce le rapport de toutes les contestations que la faillite pourra faire naître et qui seront de la compétence de ce tribunal.

244. Les ordonnances du juge-commissaire ne seront susceptibles de recours que dans les cas prévus par la loi. Ces recours seront portés devant le Tribunal de commerce.

245. Il sera fait tous les mois rapport écrit au tribunal en chambre du Conseil sur toutes les faillites ouvertes.

246. Le tribunal de commerce pourra remplacer le juge-commissaire de la faillite par un autre magistrat.

DISPOSITION ADDITIONNELLE.

C. Com. 410. Ne seront susceptibles ni d'opposition ni d'appel les jugements relatifs à la nomination ou au remplacement du juge-commissaire.... ceux par lesquels le tribunal prononce sur les recours formés contre les ordonnances rendues par le juge-commissaire dans les limites de ses attributions.

DU JUGE-COMMISSAIRE DANS SES RAPPORTS AVEC LES SYNDICS.

1° *Nomination et remplacement des syndics.*

C. Com. 254. Le juge-commissaire convoquera immédiatement, par lettres et insertions aux journaux, les créanciers portés au bilan ou présumés, à se réunir sous sa présidence, à un jour déterminé, dans un délai qui n'excédera pas quinze jours à partir du jugement de déclaration de faillite.

255. Il sera dressé procès-verbal de leurs dires et observations, qui sera présenté au tribunal de commerce, et, sur le rapport du juge-commissaire, le tribunal de commerce nommera de nouveaux syndics ou continuera les premiers dans leurs fonctions.

257. Le nombre des syndics pourra être à toute époque porté jusqu'à trois ; ils pourront être choisis parmi les personnes étrangères à la masse, et recevoir, quelle que soit leur qualité, après avoir rendu compte de leur gestion, une indemnité que le tribunal arbitrera sur le rapport du juge-commissaire, et sauf opposition à la taxe dans la quinzaine, par toute partie intéressée.

259. Lorsqu'il y aura lieu de procéder à l'adjonction ou au remplacement d'un ou plusieurs syndics, il en sera référé par le juge-commissaire au tribunal de commerce, qui procédera à la nomination, sans qu'il soit besoin de convoquer à nouveau les créanciers.

260. S'il a été nommé plusieurs syndics, ils ne pourront agir que collectivement, sauf le cas où le juge-commissaire autoriserait un syndic à faire, sous sa responsabilité personnelle, une ou plusieurs opérations déterminées.

263. S'il s'élève des réclamations contre quelqu'une des opérations des syndics, le juge-commissaire statuera dans le délai de trois jours, sauf recours devant le tribunal de commerce.

264. Le juge-commissaire pourra, sur les réclamations à lui adressées par le failli ou par des créanciers, proposer la révocation d'un ou plusieurs des syndics.

265. Si, dans les huit jours, le juge-commissaire n'a pas fait droit aux réclamations qui lui ont été adressées relativement à la révocation des syndics, ou s'il les a rejetées, ces réclamations pourront être portées devant le tribunal de commerce. Le tri-

bunal, en chambre du conseil, entendra le rapport du juge-commissaire et les explications des syndics, et prononcera à l'audience sur la demande de révocation.

2° *Fonctions des syndics.*

C. Com. 267. Si l'apposition des scellés n'avait point eu lieu avant la nomination des syndics, ils requerront le juge-commissaire d'y procéder.

268. Le juge-commissaire pourra également, sur la demande des syndics, et selon l'exigence des cas, les dispenser de faire placer sous les scellés ou les autoriser à en faire extraire : 1° les vêtements et effets nécessaires au failli et à sa famille, dont il sera dressé un état approuvé par le juge-commissaire et qui leur seront délivrés ; 2° les objets sujets à dépérissement prochain ou à dépréciation imminente; 3° les objets servant à l'exploitation du fonds de commerce. Dans ces deux derniers cas, il sera dressé inventaire avec prisée qui sera signée par le juge-commissaire.

269. La vente des objets sujets à dépérissement ou dépréciation imminente, ou dispendieux à conserver, aura lieu à la diligence des syndics, sur l'autorisation du juge-commissaire.

270. Les syndics pourront continuer d'exploiter le fonds de commerce ou le faire exploiter par un tiers agréé par le juge et sous sa surveillance.

271. Ne seront pas placés sous les scellés, ou en seront extraits pour être remis aux syndics, après descriptions et inventaire qui restera aux mains du juge-commissaire : 1° Les livres qui seront arrêtés par le juge ; 2° les effets de portefeuille à courte échéance ou susceptibles d'acceptation qui seront remis aux syndics pour en poursuivre le recouvrement ou faire les diligences nécessaires. Les autres créances seront recouvrées par les syndics sur leur quittance.

273. Le failli pourra obtenir pour lui et sa famille, sur l'actif de la faillite, des secours alimentaires qui seront fixés par le juge-commissaire, après avoir entendu les syndics et sauf recours au tribunal de la part de tout intéressé.

274. Les syndics appelleront le failli auprès d'eux, pour clore et arrêter les livres en sa présence ou pour fournir tous renseignements. S'il ne se rend pas à l'invitation, il sera sommé de comparaître dans les quarante-huit heures au plus tard ; il pourra comparaître par fondé de pouvoirs, s'il justifie de causes d'empêchement reconnues valables par le juge-commissaire. En cas de refus de comparaître le tribunal pourra ordonner l'arrestation du failli.

276. Le juge-commissaire est autorisé à entendre le failli, ses commis et employés et toute autre personne, tant sur ce qui concerne la formation du bilan, que sur les causes et les circonstances de la faillite.

3° De l'inventaire.

C. Com. 280. En toute faillite, les syndics, dans la quinzaine du jugement déclaratif de faillite, seront tenus de remettre au juge-commissaire un mémoire ou compte sommaire de l'état apparent de la faillite, de ses principales causes et circonstances et du caractère qu'elle paraît avoir.

282. Le juge-commissaire transmettra immédiatement les mémoires avec ses observations à l'officier du ministère public. S'ils ne lui ont pas été remis dans les délais prescrits, il devra prévenir le parquet et en indiquer les causes.

4° De la vente des marchandises et meubles, et des recouvrements.

C. Com. 285. Les syndics continueront de procéder, sous la surveillance du juge-commissaire, au recouvrement des dettes actives.

286. Le juge-commissaire pourra autoriser les syndics à procéder à la vente des effets mobiliers ou marchandises du failli ou fonds de commerce. Il décidera si la vente se fera soit à l'amiable, soit aux enchères publiques, par l'entremise des courtiers ou de tout officier public, ou dans les formes spécifiées au Code de procédure pour vente sur saisie.

289. Les syndics devront déposer à la caisse du tribunal, et sous déduction de la somme arbitrée par le juge-commissaire pour les dépenses courantes, les fonds provenant des opérations de la faillite qui ne pourront en être retirés que sur ordonnance du juge-commissaire.

291. A toute époque, le juge-commissaire pourra ordonner qu'une répartition soit faite entre les créanciers vérifiés, sauf à conserver une somme suffisante pour les productions qui ont donné lieu à litige, et ce, sur un état de répartition dressé par les syndics et ordonnancé par le juge.

293. Si le failli est en liberté, les syndics pourront l'employer pour faciliter et éclairer leur gestion. Le juge-commissaire fixera les conditions de son travail.

5° De la vérification des créances.

C. Com. 298. La vérification des créances se fera aux lieu, jour et heure indiqués par le juge-commissaire.

299. Les créances des syndics seront vérifiées par le juge-commissaire; les autres le seront contradictoirement entre le créancier ou son fondé de pouvoirs et les syndics, en présence du juge-commissaire qui en dressera le procès-verbal.

305. Si la créance est admise, les syndics signeront, sur chacun des titres, la déclaration suivante : « Admis au passif de la faillite de.... pour la somme de.... le.... » Le juge-commissaire visera la

déclaration. Le failli sera mis en demeure de la signer, s'il est présent.

306. Chaque créancier, séance tenante, ou dans la huitaine au plus tard après que sa créance aura été vérifiée, sera tenu d'affirmer entre les mains du juge-commissaire, que la dite créance est sincère et véritable ; sinon il ne prendra pas part aux répartitions jusqu'à ce qu'il ait fait son affirmation. L'affirmation pourra se faire sans séance publique, et par mandataire.

307. Si la créance est contestée, le juge-commissaire renverra à jour fixe, sur le procès-verbal et sans qu'il soit besoin de citation, devant le Tribunal de commerce qui jugera sur son rapport.

Le Tribunal de commerce pourra ordonner qu'il soit fait devant le juge-commissaire enquête sur les faits, et que les personnes qui pourront fournir des renseignements soient, à cet effet, citées par-devant lui.

321. En dehors des cas ci-dessus, les productions nouvelles ne pourront se faire que par voie d'opposition entre les mains des syndics, avec citation devant le tribunal à huitaine franche.

322. L'opposition des nouveaux créanciers ne pourra suspendre l'exécution des répartitions ordonnancées par le juge-commissaire; mais s'il est procédé à des répartitions nouvelles avant qu'il ait été statué sur leur opposition, ils seront compris pour la somme qui sera provisoirement déterminée par le tribunal de commerce et qui sera tenue en réserve jusqu'au jugement de leur opposition. S'ils se font ultérieurement reconnaître créanciers, ils ne pourront rien réclamer sur les répartitions ordonnancées par le juge-commissaire ; mais ils auront le droit de prélever sur l'actif non encore réparti les dividendes afférents à leurs créances dans les premières répartitions.

6° De la répartition entre les créanciers et de la liquidation du mobilier.

C. Com. 381. Le montant de l'acte mobilier, distraction faite des frais et dépenses de l'administration de la faillite, qui comprendront les salaires des syndics, des secours qui auraient été accordés au failli ou à sa famille et des sommes payées aux créanciers privilégiés, sera réparti entre tous les créanciers, proportionnellement au montant de leurs créances vérifiées et affirmées.

382. A cet effet, les syndics remettront tous les mois au juge-commissaire un état de situation de la faillite et des deniers déposés à la caisse du tribunal : le juge-commissaire ordonnera, s'il y a lieu, une répartition entre les créanciers, en fixera la quotité, et veillera à ce que tous les créanciers en soient avertis.

383. Il ne sera procédé à aucune répartition entre les créanciers domiciliés en Egypte qu'après la mise en réserve de la partie correspondant aux créances pour lesquelles les créanciers domiciliés

hors du territoire seront portés sur le bilan. Lorsque ces créances ne paraîtront pas portées sur le bilan d'une manière exacte, le juge-commissaire pourra décider que la réserve sera augmentée, sauf aux syndics à se pourvoir contre cette décision devant le tribunal de commerce.

385. Nul paiement ne sera fait par les syndics que sur la représentation du titre constitutif de la créance. Les syndics mentionneront sur les titres la somme payée par eux ou ordonnancée par le juge-commissaire. Néanmoins, en cas d'impossibilité de représenter le titre, le juge-commissaire pourra autoriser le paiement sur le vu du procès-verbal de vérification. Dans tous les cas, le créancier donnera la quittance en marge de l'état de répartition.

386. L'union après délibération prise à la majorité déterminée pour le concordat, pourra se faire autoriser par le tribunal de commerce, le failli dûment appelé à traiter à forfait de tout ou partie des droits et actions, dont le recouvrement n'aurait pas été opéré et à les aliéner; en ces cas, les syndics feront tous les actes nécessaires. Tout créancier ou le failli pourra s'adresser au juge-commissaire pour provoquer une délibération de l'union à cet égard.

INTERVENTION DU JUGE-COMMISSAIRE DANS LES OPÉRATIONS DE LA FAILLITE.

CONCORDAT. *C. Com.* 336. Dans tous les cas, avant qu'il soit statué sur l'homologation, le juge-commissaire fera au tribunal de commerce un rapport sur les caractères de la faillite et sur l'admissibilité du concordat.

(*Homologation*). *C. Com.* 339. Aussitôt après que le jugement d'homologation sera passé en force de chose jugée, les fonctions des syndics cesseront; les syndics rendront au failli leur compte définitif, en présence du juge-commissaire. Ce compte sera débattu et arrêté, à moins qu'il n'en ait été convenu autrement au concordat.

Les syndics remettront au failli l'universalité de ses biens, livres, papiers et effets. Le failli en donnera décharge. Il sera dressé du tout procès-verbal par le juge-commissaire dont les fonctions cesseront. En cas de contestation, le tribunal de commerce prononcera sur simple renvoi du juge-commissaire à l'audience et sans citation.

CLÔTURE. *C. Com.* 347. Si, avant l'homologation du concordat ou la formation de l'union, le cours des opérations de la faillite se trouve arrêté par insuffisance de l'actif, le tribunal de commerce pourra, sur le rapport du juge-commissaire, prononcer, même d'office, la clôture des opérations de la faillite; ce jugement fera rentrer chaque créancier dans l'exercice de ses actions individuelles contre le failli.

356. Lorsque la liquidation de la faillite sera terminée, les créanciers seront convoqués par le juge-commissaire. Dans cette dernière assemblée, les syndics rendront leur compte. Le failli sera présent ou dûment appelé.

Il sera dressé à cet effet un procès-verbal, dans lequel chacun des créanciers pourra consigner ses dires et observations. Après la clôture de cette assemblée, l'union sera dissoute de plein droit, le juge-commissaire renverra à l'audience sans citation, s'il y a des contestations sur le compte.

Dans tous les cas, le juge-commissaire présentera au tribunal de commerce un rapport sur les caractères et les circonstances de la faillite.

CRÉANCIERS PRIVILÉGIÉS. *C. Com.* 365. Les syndics présenteront au juge-commissaire l'état des créanciers se prétendant privilégiés sur les biens meubles ; et le juge-commissaire autorisera, s'il y a lieu, le paiement de ces créanciers sur les premiers deniers rentrés ; si le privilège est contesté le tribunal prononcera.

361. Les syndics pourront, à toute époque, avec l'autorisation du juge-commissaire, retirer les gages, au profit de la faillite, en remboursant la dette.

INVENTAIRE. *C. Com.* 249. Les scellés seront apposés immédiatement par le juge-commissaire, et, au besoin, provisoirement par tout officier public ou fonctionnaire qu'il déléguera, sur les magasins, comptoirs, caisses, livres, papiers, meubles et effets du failli, à moins que l'inventaire ne puisse être fait en un jour, auquel cas il y serait procédé sans désemparer.

RÉCUSATION. V. RÉCUSATION (§ *I. Récusation de juge, art.* 353, 362 *et suiv.*)

REVENDICATION. *C. Com.* 403. Dans le cas prévu par les articles 398 et suivants (V. REVENDICATION) et sous l'autorisation du juge-commissaire, les syndics auront la faculté d'exiger la livraison des marchandises, en payant au vendeur le prix convenu entre lui et le failli.

404. Les syndics pourront, avec l'approbation du juge-commissaire, admettre les demandes en revendication ; s'il y a contestation, le tribunal de commerce prononcera après avoir entendu le juge-commissaire.

UNION. *C. Com.* 349. S'il n'intervient point de concordat, les créanciers seront de plein droit en état d'union.

Le juge-commissaire les consultera immédiatement tant sur les faits de la gestion que sur l'utilité du maintien ou du remplacement des syndics. Les créanciers privilégiés, hypothécaires ou nantis d'un gage, seront admis à cette délibération. Il sera dressé procès-verbal des dires et observations des créanciers, et, sur le vu de cette pièce, le tribunal de commerce statuera comme il est dit à l'art. 255(1). Les syndics qui ne seraient pas maintenus devront rendre leurs comptes aux nouveaux syndics, en présence du juge-commissaire, le failli dûment appelé.

353. Les créanciers en état d'union seront convoqués, au moins une fois dans la première année, et, s'il y a lieu, dans les années suivantes par le juge-commissaire. Dans ces assemblées, les syndics devront rendre compte de leur gestion.

354. Les syndics sont chargés de poursuivre la vente des immeubles, marchandises et effets mobiliers du failli, et la liquidation de ses dettes actives et passives ; le tout sous la surveillance du juge-commissaire, et sans qu'il soit besoin d'appeler le failli (2).

VENTES IMMOBILIÈRES.

VENTE DES IMMEUBLES. *C. Com.* 389. S'il n'y a pas de poursuite en expropriation des immeubles commencée avant l'époque de l'union, les syndics seuls seront admis à poursuivre la vente, ils seront tenus d'y procéder dans la huitaine, sous l'autorisation du juge-commissaire, suivant les formes prescrites au code de procédure civile (2).

JUGE DE PAIX. V. TRIBUNAL DE JUSTICE SOMMAIRE.

JUGE RAPPORTEUR. V. INSTRUCTION PAR ÉCRIT.

JUGE SUPPLÉANT. *R. O. J. T. I, art.* 4. Dans le cas d'absence ou d'empêchement de plusieurs juges à la fois de la Cour d'appel ou du même tribunal, le président de la Cour pourra les faire suppléer, s'il s'agit des juges étrangers, par leurs collègues des autres tribunaux ou par les magistrats étrangers de la Cour d'appel ; lorsque l'un des magistrats de la Cour sera ainsi délégué à intervenir aux audiences d'un des tribunaux, il en aura la présidence.

C. Proc. 76. En cas d'absence ou d'empêchement des membres du parquet, le ministère public sera exercé à l'audience par un des juges ou suppléants désignés par le tribunal.

JUGEMENTS. *C. Proc., chap. VI.* DES JUGEMENTS.

DISPOSITIONS GÉNÉRALES.

Prononcé des jugements. 87. Les jugements seront délibérés, rédigés par écrit et prononcés sur-le-champ.

88. Néanmoins, les juges pourront se retirer à la chambre du conseil pour y délibérer.

89. Ils pourront renvoyer la cause à une autre audience fixe, et à un délai qui ne pourra excéder huit jours pour prononcer le jugement.

90. Quand il sera besoin d'un nouveau renvoi, ce renvoi sera

---

(1) C*f supra*, p. 424, art. 255.
(2) V. Vente d'immeubles de mineurs et faillis. C. Proc., art. 704-709).

prononcé à l'audience et à jour fixe, et les motifs du renvoi devront être mentionnés sur le registre des délibérations intérieures du tribunal, en présence du ministère public.

102. La minute sera signée par le président et le greffier.

R. G. J. 114. Dès que le jugement a été prononcé à l'audience, le greffier, par l'intermédiaire de l'huissier de service, en communique le dispositif aux parties ou à leurs avocats ou mandataire, par simple avis sur papier libre.

115. Le jugement, en matière civile, est rendu public par la lecture du dispositif. Cette lecture se fera à la première audience qui suivra le jour où le jugement a été signé.

116. Le greffier qui délivrerait copie d'un jugement avant qu'il ait été signé et publié sera frappé de destitution, sans aucun droit à une indemnité et sans préjudice des autres sanctions prescrites par le code pénal.

C. Proc. 99. Les juges doivent être présents à la lecture du jugement, qui devra être lu en audience publique.

100. Toutefois, en cas d'empêchement absolu, il suffira qu'ils aient signé la minute du jugement avant sa lecture.

Délibérés. V. CE MOT.

Motifs. Dispositif. 101. Les jugements devront être motivés, à peine de nullité.

103. Les motifs et le dispositif des jugements avec la mention du nom des parties, des juges et membres du parquet qui y auront assisté, devront être transcrits sans blancs, ratures ou surcharges, par le greffier sur un registre coté et paraphé et suivant leur ordre de date.

104. Chacune des copies de jugements portées sur ce registre sera signée par le président et le greffier.

Qualités. Point de fait et de droit. 105. La partie du jugement contenant les noms, profession, demeure et qualités des parties, et l'exposé des points de fait et des points de droit, sera rédigée pour chaque jugement et conservée aux archives du greffe avec le dossier de l'affaire.

106. L'expédition exécutoire ou grosse du jugement et les secondes expéditions contiendront, outre la formule exécutoire, copie de cet acte en tête des motifs et du dispositif.

107. L'acte contenant les noms et qualités des parties et l'énoncé des points de fait et de droit sera rédigé par le greffier.

108. Dans ce cas, le point de fait contiendra seulement, outre l'énoncé des actes authentiques nécessaires à l'intelligence de l'affaire, les motifs en résumé, autant que faire se pourra, et le dispositif en entier des conclusions déposées par les parties sur le bureau du tribunal et l'indication de la procédure d'audience.

109. Toutefois, la partie qui a gagné son procès pourra, à charge de faire connaître son intention dans les vingt-quatre heures qui suivront le jugement, présenter au greffier une rédaction qui devra être signifiée à la partie adverse.

110. Faute par les parties de s'entendre sur cette rédaction et sur le droit de la proposer, il y aura lieu de se règler devant le président ou le juge le plus ancien qui aura siégé au jugement, ce qui sera fait à l'issue de la première audience qui suivra le jour de la signification, sans citation et par défaut en cas d'absence.

111. Les énonciations de l'acte ci-dessus, même accepté par les parties, ne préjudicieront pas à leurs droits et intérêts respectifs.

Grosse. V. GROSSE.

Communication. **113.** Les jugements seront communiqués à toute personne, sans déplacement, sur la désignation de leur date et du nom des parties.

114. Les extraits et expéditions seront également délivrés à toute personne.

Signification. **117.** Les jugements ne pourront être exécutés qu'après avoir été signifiés à la partie.

Dépens. V. CE MOT.

DISPOSITION ADDITIONNELLE.

TRANSCRIPTION. *C. Civ.* 738. Les jugements déclaratifs ou constitutifs de droits de même nature (servitude, usage, habitation, antichrèse) devront être transcrits.

V. EXÉCUTION DES JUGEMENTS.

JUGEMENT D'ADJUDICATION. V. ADJUDICATION.

JUGEMENT PAR DÉFAUT. *C. Proc. Chap. VII,* (art. 124-129).

124. Si, au jour indiqué pour l'audience, le défendeur assigné régulièrement ne comparaît pas devant le tribunal en personne ou par mandataire, ou ne présente pas sa défense, le tribunal, sur la demande de l'autre partie, le condamnera par défaut, si la demande est trouvée juste et vérifiée.

125. Le jugement de défaut ne sera acquis qu'à la levée de l'audience.

126. Le tribunal pourra, dans des cas exceptionnels seulement, renvoyer à huitaine pour prononcer le jugement par défaut.

127. S'il y a plusieurs défendeurs et qu'un ou quelques-uns seulement ne comparaissent pas, le demandeur pourra faire renvoyer l'affaire jusqu'à un délai qui permette de signifier le jugement par défaut et de réassigner le défaillant, auquel cas le jugement qui interviendra ne sera pas susceptible d'opposition.

128. Si le demandeur ne comparaît pas, le défendeur aura le choix ou de demander l'annulation de la procédure, ou de faire statuer par défaut sur le fond, à charge de faire signifier ses conclusions de défense au demandeur vingt-quatre heures, au moins, avant le prononcé du jugement.

129. Les jugements par défaut seront rendus, levés et signifiés dans les mêmes formes que les jugements contradictoires.

DISPOSITIONS DIVERSES.

APPEL. *C. Proc.* 396. L'appel ne sera pas recevable contre un jugement par défaut, tant qu'il pourra être attaqué par la voie de l'opposition.

399. Il ne courra contre les jugements par défaut qu'à partir du jour où l'opposition ne sera plus recevable.

CONCLUSIONS. *C. Proc.* 336. Lorsqu'une partie fera défaut ou qu'ayant conclu au fond, elle ne sera pas présente ou représentée, la présente ne pourra prendre des conclusions nouvelles ni modifier ses conclusions ou les augmenter qu'à la charge de signifier à l'autre partie, trois jours avant l'audience, ses conclusion nouvelles, modifiées ou augmentées.

DÉFAUT FAUTE DE COMPARAÎTRE. *C. Proc.* 373. L'opposition contre les jugements par défaut est recevable, sauf les cas où la loi fixe des délais spéciaux, savoir : jusqu'à ce que le défaillant ait eu connaissance de l'exécution, quand le jugement est rendu contre une partie qui n'a pas comparu. V. OPPOSITION.

374. Sera considéré comme jugement rendu contre partie qui n'a pas comparu, celui qui, par un de ses chefs, statuera sur des conclusions signifiées depuis la dernière comparution.

389. Les jugements par défaut, faute de comparaître, seront nuls de plein droit, s'ils n'ont pas été exécutés dans les six mois de leur date.

OPPOSITION. *C. Proc.* 379. Sauf les cas déterminés par la loi, l'opposition est recevable contre toute ordonnance ou jugement rendu par défaut.

384. Le jugement rendu par défaut sur opposition n'est, en aucun cas, susceptible d'opposition.

385. Il en est de même des jugements rendus sur réassignation à celui des défendeurs qui a fait défaut dans le cas prévu par l'article 127. (*Cf. supra* p. 432. *Art.* 127.)

388. Aucun jugement par défaut ne sera exécuté, à l'égard des tiers, que sur un certificat du greffier constatant qu'il n'y a aucune opposition sur le registre.

VÉRIFICATION D'ÉCRITURE. *C. Proc.* 292. Si le défendeur ne comparait pas, le jugement de défaut vaudra reconnaissance (de l'écriture, de la signature ou du cachet), sauf le droit d'opposition dans les termes ordinaires.

JUGEMENT PAR DÉFAUT-CONGÉ. *C. Proc.*
128. Si le demandeur ne comparait pas, le défendeur aura le

choix ou de demander l'annulation de la procédure, ou de faire statuer par défaut sur le fond, à charge de faire signifier ses conclusions de défense au demandeur vingt-quatre heures, au moins, avant le prononcé du jugement.

JUGEMENT PAR DÉFAUT PROFIT-JOINT.

C. Proc. 127. S'il y a plusieurs défendeurs et qu'un ou quelques-uns seulement ne comparaissent pas, le demandeur pourra faire renvoyer l'affaire jusqu'à un délai qui permette de signifier le jugement par défaut et de réassigner le défaillant, auquel cas le jugement qui interviendra ne sera pas susceptible d'opposition.

JUGEMENT SUR EXCEPTION. V. Exception.

JUGEMENT SUR FAILLITE. *C. Com.* 6. Les tribunaux de commerce connaîtront de tout ce qui concerne les faillites, conformément à ce qui est prescrit au présent Code de commerce.

C. Com. Chap. III, Sect. IX. Des voies de recours contre les jugements rendus en matière de faillite (*art.* 405-410).

405. Le jugement déclaratif de la faillite, et celui qui fixera à une date antérieure l'époque de la cessation de paiements, seront susceptibles d'opposition de la part du failli dans la huitaine, et de la part de toute autre partie intéressée, pendant trente jours. Ces délais courront à partir du jour où les formalités de l'affiche et de l'insertion, énoncées dans l'art. 222, auront été accomplies.

V. Déclaration de Faillite, p. 228.

406. Le failli peut appeler du jugement qui déclare sa faillite, dans les délais ci-après fixés.

407. Il peut même, après la huitaine expirée, se faire relever du délai d'opposition s'il était absent, et s'il prouve qu'il n'a pu connaître le jugement.

408. Toutefois les créanciers pourront demander à faire fixer la date de la cessation des paiements à une époque autre que celle qui résulterait du jugement déclaratif de faillite ou d'un jugement postérieur, tant que ne seront pas expirés les délais pour la vérification et l'affirmation des créances. Ces délais expirés, l'époque de la cessation des paiements demeurera irrévocablement déterminée à l'égard des créanciers.

409. Les délais d'appel contre tout jugement intervenu sur des actions résultant de la faillite même, sera de quinze jours seulement à compter de la signification, outre les délais de distance entre le domicile de la partie appelante et le siège du tribunal.

410. Ne seront susceptibles ni d'opposition ni d'appel les jugements relatifs à la nomination ou au remplacement du juge-commissaire ou des syndics, ceux qui statuent sur la mise en liberté du failli ou sur les secours à accorder à lui ou à sa famille, ceux qui autorisent à vendre les effets ou marchandises appartenant à la faillite, ceux qui prononcent sursis au concordat ou fixent

provisoirement le montant des créances protestées, enfin ceux par lesquels le tribunal prononce sur les recours formés contre les ordonnances rendues par le juge-commissaire dans les limites de ses attributions.

VÉRIFICATION DE CRÉANCES. *C. Com.* 324. Les jugements et ordonnances qui accorderont ou refuseront un sursis sur les contestations ou qui statueront sur la fixation provisoire des créances contestées ne seront susceptibles d'aucun recours.

JUGEMENT INTERLOCUTOIRE, SUR PROVISION.

C. Proc. 405. L'appel d'un jugement interlocutoire qui préjuge le fond, ou du jugement qui accorde une provision, pourra être interjeté immédiatement, ou encore sans qu'il y ait déchéance encourue, même en cas d'exécution volontaire, en même temps que celui du jugement définitif.

414. Lorsque la Cour infirmera un jugement interlocutoire, et que la cause sera en état, elle pourra évoquer le fond et le juger.

JUGEMENT PRÉPARATOIRE. *C. Proc.* 404. L'appel d'un jugement préparatoire n'est permis que conjointement avec celui du jugement principal.

JURÉS, JURY. (Droit civil). *R. G. J.* 272. Les jurés et les assesseurs, tant en matière civile qu'en matière pénale, qui se transportent à plus de deux kilomètres de leur résidence, peuvent demander une indemnité de P. T. 60 par jour outre les frais de voyage. V. EXPROPRIATION D'UTILITÉ PUBLIQUE.

JURIDICTION CIVILE. V. ATTRIBUTION DE JURIDICTION. COMPÉTENCE.

JUSTE TITRE. *C. Civ.* 102. La propriété et les droits réels autres que l'hypothèque s'acquièrent par une possession paisible, publique, et continue à titre non équivoque de propriétaire, pendant cinq ans par soi-même ou par un tiers pour soi, pourvu que le possesseur ait un juste titre, et pendant quinze ans s'il n'a pas juste titre.

68. La propriété des meubles s'acquiert par la délivrance en vertu d'un juste titre, bien que celui qui le livre ne soit pas propriétaire, pourvu que celui qui reçoit soit de bonne foi, et sauf le droit de revendication du véritable propriétaire, en cas de perte ou de vol.

341. A l'égard des tiers qui sont de bonne foi, qui ont un juste titre et qui ont conservé leurs droits dans les formes légales, la propriété n'est transmise, en ce qui concerne les immeubles, que par la transcription de l'acte de vente, ainsi que cela sera expliqué plus loin, et en ce qui concerne les créances par les formalités de signification ou d'acceptation qui seront expliquées au présent titre.

JUSTICE SOMMAIRE. V. TRIBUNAL DE JUSTICE SOMMAIRE.

K

KHÉDIVE (S. A. le) *C. Civ.* 6. Le Gouvernement, les Administrations, les Daïras de S. A. le Khédive et des membres de sa famille seront justiciables de ces tribunaux (mixtes) dans les procès avec les sujets étrangers.

SOCIÉTÉ ANONYME. *C. Com.* 46. La société anonyme ne peut exister qu'en vertu d'un firman du Khédive qui approuve les conditions contenues dans l'acte de société, et qui autorise son installation.

L

LAC. *C. Civ.* 86. Les alluvions des lacs restent aux propriétaires des lacs.

LAIS ET RELAIS (de la mer et des rivières). V. ACCESSION.

LAMANAGE. *C. Marit.* 196. L'assureur n'est point tenu du pilotage, touage et lamanage, ni d'aucune espèce de droits imposés sur le navire et les marchandises, sauf le cas de force majeure.

LANGUES JUDICIAIRES. *R. O. J. T. I. Art.* 16. Les langues judiciaires employées devant le tribunal pour les plaidoiries et la rédaction des actes et sentences seront les langues du pays, l'italien et le français.

LEGS, LÉGATAIRE. COMMUNICATION. *C. Proc.* 68. Seront communiquées au ministère public les causes suivantes : 3° Les dons et legs faits aux pauvres.

INSAISISSABILITÉ. *C. Proc.* 498. Sont insaisissables les sommes données ou léguées à titre alimentaire ou sous condition d'insaisissabilité.

500. Les sommes données ou léguées sous condition d'insaisissabilité sont saisissables par les créanciers postérieurs aux donations et aux legs.

PREUVE DES DROITS RÉELS. *C. Civ.* 744. Par exception aux règles ci-dessus (annulant les droits réels non transcrits, V. DROITS RÉELS) ni le donataire qui aura transcrit son titre, ni le légataire à titre particulier, même s'il a lui-même transcrit, ne pourront opposer le défaut de transcription à celui qui, en vertu d'un acte ayant date certaine avant la transcription ci-dessus, a acquis à titre onéreux la propriété d'un droit susceptible d'hypothèque, ou l'usufruit d'un droit d'usage ou d'habitation.

745. Cette faculté appartiendra à l'ayant droit à titre onéreux du donataire ou du légataire particulier, lorsqu'il aura lui-même transcrit son titre ou inscrit son droit de préférence.

LÉGITIME RÉSERVE. *C. Civ.* 78. En matière immobilière, les dispositions relatives à la résolution des droits de propriété, à raison de légitime réserve, quotité disponible, etc., ne préjudicient pas aux tiers acquéreurs et créanciers hypothécaires de bonne foi.

LÉSION (action en) *C. Civ. Titre III. Chap. 1. Sect. V.* DE L'ACTION POUR CAUSE DE LÉSION (*Art.* 419, 420.)

419. La lésion de plus d'un cinquième en matière de vente immobilière ne donne lieu au profit du vendeur qu'à une action en supplément de prix et seulement au profit des vendeurs qui sont mineurs.

320. Le droit d'exercer l'action à raison de la lésion cesse deux ans après la majorité ou le décès du vendeur, et ne préjudicie pas aux créanciers hypothécaires inscrits.

CONVENTIONS. *C. Civ.* 191. La nullité d'une convention résulte de l'incapacité, même s'il n'y a pas lésion.

LETTRES (Missives). *C. Com.* 13. Tout commerçant est tenu de copier sur un registre les lettres d'affaires qu'il envoie et de mettre en liasse, chaque mois, les lettres d'affaires qu'il reçoit.

FAILLITE. *C. Com.* 272. Les lettres adressées au failli seront remises aux syndics, qui les ouvriront ; le failli, s'il est présent, pourra assister à l'ouverture.

LETTRE DE CHANGE. *C. Com.* 145. Le paiement d'une lettre de change, indépendamment de l'acceptation et de l'endossement peut être garanti par un aval. Cette garantie est fournie par un tiers sur la lettre même ou par acte séparé et même par lettre missive.

V. COPIE DE LETTRES. CORRESPONDANCE.

LETTRE DE CHANGE. *C. Com. Chap. II, section V,* DE LA LETTRE DE CHANGE,

§ 1. *De la forme de la lettre de change.*

110. La lettre de change est tirée d'un lieu sur un autre;
Elle est datée;
Elle énonce la somme à payer, le nom de celui qui doit payer, et l'époque et le lieu où le payement doit s'effectuer;
Elle porte que la valeur a été reçue;
Elle est au porteur ou à l'ordre d'un tiers, ou à l'ordre du tireur lui-même.

Si elle est par première, deuxième, troisième, quatrième, etc., elle l'énonce sur chacune d'elles; en ce cas, une vaut pour toutes, et toutes valent pour une.

111. La lettre de change qui est à l'ordre du tireur n'indique que la valeur a été fournie que dans le premier endossement. Dans ce cas, le lieu où est souscrit le premier endossement doit être autre que celui sur lequel la lettre de change est tirée.

112. Une lettre de change peut être tirée sur un individu, et payable au domicile d'un tiers; elle peut être tirée par ordre et pour le compte d'un tiers.

113. Sont réputés simples promesses, quand ils remplissent au surplus les conditions requises, les effets qualifiés lettres de change qui ne remplissent pas les formalités ci-dessus prescrites et toutes lettres de change contenant supposition soit de nom, soit de qualité, soit de domicile, soit des lieux d'où elles sont tirées ou dans lesquels elles sont payables. Elle ne cessent pas toutefois d'être transmissibles, par voie d'endossement et d'être considérées comme effets de commerce, si elles ont été créés entre commerçants ou pour actes de commerce.

Ceux qui connaissent la supposition ne pourront l'opposer aux tiers qui n'en étaient pas avertis.

114. Les lettres de change souscrites, les endossements et les acceptations signés par des femmes, des filles ou de simples cultivateurs indigènes non commerçants en leur propre nom, ne sont pas réputés actes de commerce, en ce qui les concerne.

115. Celles qui sont souscrites par des mineurs non commerçants ou des incapables, et les endossements et acceptations signés par eux sont nuls à leur égard seulement.

§ 2. *De la Provision.* V. PROVISION.

§ 3. *De l'acceptation et*

§ 4. *De l'acceptation par intervention.* V. ACCEPTATION DE LA LETTRE DE CHANGE.

§ 5. *Echéance.* V. CE MOT.

§ 6. *Endossement.* V. CE MOT.

§ 7. *Solidarité.* 144. Tous ceux qui ont signé, accepté ou endossé une lettre de change sont tenus à la garantie solidaire envers le porteur.

§ 8. *Aval.* V. CE MOT.

§ 9. *Paiement.* 149. Une lettre de change doit être payée dans la monnaie qu'elle indique.

150. Celui qui paie une lettre de change avant son échéance est responsable de la validité du payement.

151. Celui qui paie une lettre de change à son échéance et sans opposition est présumé valablement libéré.

152. Le porteur d'une lettre de change ne peut être contraint d'en recevoir le payement avant l'échéance.

153. Le payement d'une lettre de change fait sur une seconde, troisième, quatrième etc., est valable, lorsque la seconde troisième, quatrième, etc., porte que ce payement annule l'effet des autres.

154. Celui qui paye une lettre de change sur une seconde, troisième, quatrième, etc., sans retirer celle sur laquelle se trouve son acceptation, n'est pas véritablement libéré à l'égard du tiers porteur de son acceptation.

155. Il n'est admis d'opposition au paiement qu'en cas de perte de la lettre de change ou de faillite du porteur.

156. En cas de perte d'une lettre de change non acceptée, celui à qui elle appartient peut en poursuivre le payement sur une seconde, troisième, quatrième, etc.

157. Si la lettre de change perdue est revêtue de l'acceptation, le payement ne peut être exigé sur une seconde, troisième, quatrième, etc., que par une ordonnance du juge de service, et en donnant caution.

158. Si celui qui a perdu la lettre de change, qu'elle soit acceptée ou non, ne peut représenter la seconde, troisième, quatrième, etc., il peut demander le payement de la lettre de change perdue et l'obtenir par l'ordonnance en justifiant de sa propriété par ses livres, et en donnant caution.

159. En cas de refus de payement, sur la demande formée en vertu des deux articles précédents, le propriétaire de la lettre de change perdue conserve tous ses droits par un acte de protestation. Cet acte doit être fait le lendemain de l'échéance de la lettre de change perdue. Il doit être notifié aux tireurs et endosseurs, dans les formes et délais prescrits ci-après pour la notification du prôtet. La protestation doit être faite dans le délai ci-dessus, même si l'ordonnance du juge n'a pu être demandée faute de temps suffisant écoulé depuis la perte de la lettre de change.

160. Le propriétaire de la lettre de change égarée doit, pour s'en procurer la seconde s'adresser à son endosseur immédiat qui est tenu de lui prêter son nom et ses soins pour agir envers son propre endosseur; et ainsi en remontant d'endosseur en endosseur jusqu'au tireur de la lettre. Le propriétaire de la lettre de change égarée supportera les frais.

161. L'engagement de la caution mentionnée dans les articles 157 et 158 est éteint, après trois ans, si pendant ce temps, il n'y a eu ni demandes, ni poursuites judiciaires.

162. Les payements faits à compte sur le montant d'une lettre de change sont à la décharge des tireurs et endosseurs. Le porteur est tenu de faire protester la lettre de change pour le surplus.

163. Les juges ne peuvent accorder aucun délai, pour le payement d'une lettre de change.

§ 10. *Paiement par intervention.*

164. Une lettre de change protestée peut être payée par tout intervenant pour le tireur ou pour l'un de ses endosseurs. L'intervention et le payement seront constatés dans l'acte du protêt ou à la suite de l'acte.

165. Celui qui paie une lettre de change par intervention est subrogé aux droits du porteur et tenu des mêmes devoirs pour les formalités à remplir.

Si le payement par intervention est fait pour le compte du tireur, tous les endosseurs sont libérés ; s'il est fait pour un endosseur, les endosseurs subséquents sont libérés.

166. S'il y a concurrence pour le paiement d'une lettre de change par intervention, celui qui opère le plus de libérations est préféré. Si celui sur qui la lettre était originairement tirée, et sur qui a était fait le protêt faute d'acceptation se présente pour la payer, il sera préféré à tous les autres.

132. L'intervenant n'est tenu de payer à l'échéance qu'après le protêt faute de paiement dans le délai fixé.

S'il paye avant le protêt, il perd ses droits contre ceux qui avaient intérêt à ce que la lettre de change fût protestée contre la personne sur qui elle était tirée primitivement.

§ 11. *Droits et devoirs du porteur.*

167. Le porteur d'une lettre de change tirée du continent et des Etats riverains de la Méditerranée ou de la Turquie et payable en Egypte, soit à vue, soit à un ou plusieurs jours ou mois de vue, doit en exiger le payement ou l'acceptation dans les six mois de sa date sous peine de perdre son recours contre les endosseurs et même contre le tireur, si celui-ci a fait provision. Le délai est de huit mois pour les autres pays d'Europe, il est d'un an pour les lettres de change tirées de tout autre pays lointain. La même déchéance aura lieu contre le porteur d'une lettre de change à vue, tirée des Etats et places de commerce de l'Egypte et payable dans les pays étrangers, si ce tireur n'en exige pas le paiement ou l'acceptation dans les délais ci-dessus prescrits pour chacune des distances respectives. Les délais ci-dessus sont doubles en cas de guerre maritime. Toutefois, les dispositions qui précèdent ne préjudicieront pas aux stipulations contraires qui pourraient intervenir entre le preneur, le tireur et même les endosseurs.

168. Le porteur d'une lettre de change doit en exiger le payement le jour de son échéance.

LETTRE DE CHANGE. 441

169. Le refus de payement doit être constaté par un protêt faute de payement le lendemain de l'échéance outre le délai de distance entre le lieu où le protêt doit être fait et le siège du tribunal. Si le lendemain de l'échéance est un jour férié légal, le protêt est fait le jour suivant.

§ 12. *Protêt.* V. CE MOT.

§ 18. *Rechange.* V. CE MOT.

Section VII. PRESCRIPTION DES ACTIONS EN MATIÈRE D'EFFETS DE COMMERCE.

C. Com. 201. Toutes actions relatives aux lettres de change et aux effets de commerce, souscrits par des négociants, marchands ou banquiers, ou pour faits de commerce, se prescrivent par cinq ans, à compter du jour du protêt ou de la dernière poursuite judiciaire, s'il n'y a eu condamnation, ou si la dette n'a été reconnue par acte séparé. Néanmoins, les prétendus débiteurs seront tenus, s'ils en sont requis d'affirmer sous serment qu'ils ne sont plus redevables, et leurs héritiers ou ayants cause, qu'ils estiment de bonne foi qu'il n'est plus rien dû.

C. Civ. 276. Dans les cas prévus au Code de commerce en matière d'effets de commerce, celui qui invoquera la prescription ne sera libéré que s'il prête serment qu'il s'est effectivement libéré.

DISPOSITIONS ADDITIONNELLES.

COMPÉTENCE. *C. Com.* 2. La loi répute acte de commerce : Toutes obligations entre négociants, marchands et banquiers, courtiers, entrepreneurs d'Administration de fonds publics, tant à charge du gouvernement que des puissances étrangères, en tant qu'ils agissent en leurs qualités.

8. Les billets souscrits par un commerçant ou entrepreneur d'administration de deniers publics seront censés faits pour son commerce, lorsqu'une autre cause n'y sera pas énoncée.

FAILLITE. *C. Com.* 240. Dans le cas où une lettre de change aurait été payée par le débiteur après l'époque fixée comme étant celle de la cessation des payements, et avant le jugement déclaratif de faillite, l'action en rapport ne pourra être intentée que contre celui pour compte duquel la lettre de change aura été fournie, ou, s'il s'agit d'un billet à ordre, contre le premier endosseur. Dans l'un et l'autre cas, la preuve que celui à qui on demande le rapport avait connaissance de la cessation des payements à l'époque de l'émission du titre, devra être fournie. V. DÉCLARATION DE FAILLITE.

271. Ne seront pas placés sous les scellés, ou en seront extraits pour être remis aux syndics, après descriptions et inventaire qui restera aux mains du juge-commissaire : 2° les effets de portefeuille à courte échéance ou susceptibles d'acceptation qui

seront remis aux syndics pour en poursuivre le recouvrement ou faire les diligences nécessaires.

LETTRE DE CHANGE A ORDRE. *C. Com.*
140. La propriété d'une lettre de change payable à ordre se transmet, tant qu'elle n'est pas échue, par voie d'endossement.

LETTRE DE CHANGE AU PORTEUR. *C. Com.* 140. La propriété d'une lettre de change au porteur se transmet par la simple remise du titre.

LETTRE DE VOITURE. *C. Com.* 100. La lettre de voiture forme un contrat entre l'expéditeur et le voiturier, ou entre l'expéditeur, le commissionnaire et le voiturier.

101. La lettre de voiture doit être datée.

Elle doit exprimer outre les stipulations qui peuvent être intervenues entre les parties relativement au délai fixé pour le transport et à l'indemnité prévue en cas de retard, la nature et le poids ou la contenance des objets à transporter.

Elle indique : le nom et le domicile du commissionnaire par l'entremise duquel le transport s'opère, le nom de celui à qui la marchandise est adressée, le nom, la qualité et le domicile du voiturier.

Elle énonce le prix de la voiture.

Elle est signée par l'expéditeur ou le commissionnaire.

Elle présente en marge les marques et numéros des objets à transporter.

La lettre de voiture est copiée par le commissionnaire sur son registre, sans intervalle et en entier. V. COMMISSIONNAIRES DE TRANSPORT.

107. A défaut de la déclaration de la valeur des objets transportés, s'ils sont perdus, cette valeur ne sera appréciée par le tribunal que d'après les énonciations contenues à la lettre de voiture et d'après l'apparence extérieure des objets expédiés. Si la valeur a été déclarée, toutes preuves seront admises et le tribunal pourra s'en rapporter à la déclaration de l'expéditeur corroborée par serment.

FAILLITE. (*Revendication*). *C. Com.* 398. Pourront être revendiquées, quand le prix n'en aura pas été intégralement payé, les marchandises expédiées au failli, tant que la tradition n'en aura point été effectué dans ses magasins, ou dans ceux du commissionnaire chargé de les vendre pour le compte du failli, même si le prix a été réglé en valeur ou en compte-courant.

399. Néanmoins la revendication ne sera pas recevable si, avant leur arrivée, les marchandises ont été vendues sans fraude, sur factures et connaissements, ou sur factures et lettres de voiture, le tout signé par l'expéditeur.

GARANTIE. *C. Com.* 96. Le commissionnaire est garant de l'expédition aussi prompte que possible, et de l'arrivée des marchandises et effets dans le délai déterminé par la lettre de voiture, hors le cas de force majeure légalement constaté.

97. Il est garant des avaries ou pertes des marchandises ou effets, s'il n'y a stipulation contraire dans la lettre de voiture, force majeure ou vice propre de la chose, sauf son recours contre le voiturier, s'il y a lieu.

98. Il est garant des faits du commissionnaire intermédiaire auquel il adresse les marchandises, si le commissionnaire intermédiaire n'a pas été désigné dans la lettre d'expédition; mais, s'il l'a été, le commissionnaire principal n'en sera plus responsable.

LIBÉRATION.

DISPOSITIONS GÉNÉRALES.

Remise de l'obligation. C. Civ. 243. L'obligation est éteinte par la remise volontaire qu'en fait le créancier capable de faire une libéralité.

244. La remise faite au débiteur libère les cautions. V. REMISE DE L'OBLIGATION.

Preuve de la libération. C. Civ. 278. La preuve de l'obligation doit être faite par le créancier.

279. La preuve de la libération doit être faite par le débiteur.

280. Dans toutes matières autres que les matières commerciales, et quand il s'agira de sommes ou valeurs supérieures à 1000 P. T. ou indéterminées, les parties qui n'auront pas été empêchées par les circonstances de se procurer un écrit constatant l'obligation ou la libération, ne seront pas admises à en faire la preuve par témoin ou par présomption.

281. Elles ne pourront que provoquer l'aveu de l'adversaire par un interrogatoire dans les formes prescrites au Code de procédure ou en leur déférant le serment.

282. La preuve testimoniale ou par moyen des présomptions sera cependant admise lorsque l'obligation ou la libération sera rendue vraisemblable, par un écrit émané de la partie.

283. Il en sera de même quand il y aura preuve formelle de la perte du titre par cas fortuit.

284. La preuve de la libération résulte de la remise au débiteur du titre en original ou expédition exécutoire.

285. Le créancier est toutefois autorisé à prouver par témoins que le titre est, pour un tout autre motif, entre les mains du débiteur.

288. Dans le cas où l'écrit ne parait pas suffisamment faire preuve, le juge peut déférer le serment au créancier pour établir sa créance, ou au débiteur pour prouver sa libération.

295. La mention de la libération mise sur le titre, bien que non

signée du créancier, fait preuve contre lui, à moins que le créancier ne fournisse la preuve du contraire. V. Preuve des obligations.

DISPOSITIONS DIVERSES.

OFFRES RÉELLES. *C. Proc.* 773. Le débiteur qui voudra se libérer fera offrir réellement, par un huissier qui en dressera procès-verbal, la chose ou la somme qu'il prétend devoir.

777. Le dépôt comprendra les intérêts échus depuis les offres, et sera fait tant en absence qu'en présence du créancier ; le procès-verbal de dépôt lui sera délivré en copie, s'il est présent, et signifié, s'il est absent, dans les trois jours, sinon le débiteur sera obligé, pour être libéré, de déposer de nouveau, sans autre formalité, les intérêts échus jusqu'au jour de la signification, ce dont l'acte de signification fera mention. V. Offres réelles.

PRESCRIPTION. *C. Civ.* 268. La prescription pendant le temps fixé par la loi éteint l'obligation, et fait présumer la libération, lorsque le débiteur l'invoque.

269. Les règles établies pour la prescription acquisitive en ce qui concerne les causes d'interruption et de suspension, sont applicables à la prescription libératoire des obligations.

270. La prescription libératoire peut être invoquée par les autres créanciers du débiteur, même quand il y a renoncé en fraude de leurs droits.

276. Dans le cas où la prescription est de trois cent soixante jours ou au dessous, et dans les cas prévus au code de commerce en matière d'effets de commerce, celui qui invoquera la prescription ne sera libéré que s'il prête serment qu'il s'est effectivement libéré. V. Prescription.

LIBERTÉ INDIVIDUELLE. *C. Proc.* 68. Seront communiquées au ministère public les causes suivantes : 4° celles qui touchent à la liberté individuelle.

LICITATION. *C. Civ.* 554. S'il y a impossibilité de partage en nature de (biens communs), il sera procédé à la vente dans les formes indiquées au Code de procédure.

C. Proc. 716. Si les immeubles ne peuvent être partagés en nature sans qu'il y ait perte, il sera procédé à la vente suivant les mêmes règles qu'en matière de vente volontaire d'immeubles, à la poursuite du demandeur en partage. V. Ventes immobilières : (2° Vente volontaire).

VENTE A RÉMÉRÉ. *C. Civ.* 433. L'acheteur a réméré qui a acquis, par suite d'une demande en partage dirigée contre lui, le surplus d'une propriété indivise, peut toutefois exiger que la totalité du bien lui soit reprise.

DROIT MARITIME.

NAVIRE. *C. Marit.* 34. Quand le navire appartient en commun à plusieurs personnes, la licitation n'en peut être accordée que sur la demande des propriétaires formant ensemble la moitié de l'intérêt total dans le navire, s'il n'y a, par écrit, convention contraire.

LIEU. V. VISITE DES LIEUX. ETAT DES LIEUX. EXPULSION DES LIEUX. TRANSPORT DU TRIBUNAL.

LIEU DE LA LIVRAISON. V. LIEU DE LA PROMESSE.

LIEU DU PAIEMENT. *C. Civ.* 232. Le lieu du paiement est celui où se trouve le corps certain qui doit être livré, s'il n'y a pas stipulation contraire.

233. S'il s'agit de numéraire ou de choses désignées quant à l'espèce, le paiement est supposé stipulé devoir être fait au domicile du débiteur.

COMMERÇANTS. *C. Proc.* 35. Les défendeurs seront assignés, savoir : 7° en matière de commerce devant le tribunal dans le ressort duquel le paiement doit avoir lieu.

PRÊT DE CONSOMMATION. *C. Civ.* 580. Le paiement doit être fait au lieu où le prêt a eu lieu, s'il n'en a pas été autrement convenu.

LIEU DE LA PROMESSE ET DE LA LIVRAISON. *C. Proc.* 35. Les défendeurs seront assignés, savoir : 7° En matière de commerce, devant le tribunal du domicile du défendeur, ou devant celui dans le ressort duquel la promesse a été faite et la marchandise livrée, ou encore devant celui dans le ressort duquel le paiement doit avoir lieu.

LIGNE DIRECTE, COLLATÉRALE. SAISIE-EXÉCUTION. *C. Proc..* 517. L'huissier ne pourra saisir le coucher nécessaire aux saisis ou à leurs parents et alliés en ligne directe, vivant avec eux, ni les habits dont ils sont vêtus et couverts.

TÉMOINS. *C. Proc.* 236. Les témoins pourront être récusés quand ils seront conjoints, ou parents, ou alliés de l'une des parties en ligne *directe* ou en ligne *collatérale*, jusqu'au quatrième degré inclusivement.

USUFRUIT. *C. Civ.* 34. Il est permis de donner par testament la nue propriété à un établissement dépendant du ministère des *wakfs*, et l'usufruit à une ou plusieurs personnes et à leurs héritiers en ligne directe, auquel cas la toute propriété revient à cet établissement seulement après le décès de tous les membres de la famille usufruitière.

LIMITES. V. ABOUTISSANTS.

LINGES ET HARDES. JET ET CONTRIBUTION. *C. Marit.* 254. Les hardes des gens de l'équipage et les vêtements des passagers, ne contribuent point au jet ; la valeur de ceux qui auront été jetés sera payée par contribution sur tous les autres effets.

LIQUIDATION. LIQUIDATION DES SOCIÉTÉS. V. PARTAGES.

LIQUIDATION DE DÉPENS. V. DÉPENS.

LIQUIDATION DE DOMMAGES-INTÉRÊTS. V. DOMMAGES-INTÉRÊTS.

LIQUIDATION DE FAILLITE. UNION. *C. Com.* 352. Les syndics représentent la masse des créanciers et sont chargés de procéder à la liquidation. Néanmoins, les créanciers pourront leur donner mandat pour continuer l'exploitation de l'actif.

354. Les syndics sont chargés de poursuivre .... la liquidation des dettes actives et passives (du failli) ; le tout sous la surveillance du juge-commissaire, et sans qu'il soit besoin d'appeler le failli.

Les syndics pourront, en se conformant aux règles prescrites par les articles 287 et 288, (V. TRANSACTION), transiger sur toute espèce de droits appartenant au failli, nonobstant toute opposition de sa part, même en matière immobilière.

356. Lorsque la liquidation de la faillite sera terminée, les créanciers sont convoqués par le juge-commissaire. V. RÉPARTITION.

LIT. SAISIE-EXÉCUTION. V. COUCHER.

LITISPENDANCE. *C. Proc.* 147. Les exceptions qui peuvent être proposées préliminairement à la discussion du fond sont : La demande de renvoi devant un autre tribunal saisi d'une demande identique ou connexe.

148. Les demandes de renvoi pour litispendance, doivent être proposées avant toutes autres exceptions et toutes conclusions signifiées ou déposées sur le fond de la demande principale, incidente ou reconventionnelle contre laquelle le déclinatoire est proposé.

151. Lorsque le renvoi sera demandé pour cause de litispendance, l'incident sera porté à bref délai devant le tribunal qui aura été le premier saisi, à moins qu'il n'apparaisse par l'évidence des faits que le renvoi est demandé dans un but vexatoire.

COMMUNICATION. *C. Proc.* 68. Seront communiquées au ministère public, les causes suivantes : 6° Les renvois pour cause de litispendance ou de connexité.

DROIT D'ÉVOCATION. *C. Proc.* 415. (Il y aura lieu au droit d'évocation) lorsque la Cour aura infirmé un jugement sur une question de compétence, de litispendance ou de connexité, si la cause est en état, sauf le cas où il s'agirait d'un litige dont la valeur ne dépasse pas le taux du dernier ressort.

LIVRAISON. V. Délivrance. Lieu de la promesse et de la livraison.

REVENDICATION *(Faillite)*. *C. Com.* 402. Pourront être retenues par le vendeur les marchandises par lui vendues, qui ne seront pas délivrées au failli, ou qui n'auront pas encore été expédiées, soit à lui, soit à un tiers pour son compte.

LIVRES. INSAISISSABILITÉ. *C. Proc.* 518. Ne pourront être saisis si ce n'est pour loyers, fermages ou pour dettes d'aliments : 1° Les livres indispensables à la profession du saisi.

LIVRE DE BORD. *C. Marit.* 38. Le capitaine est obligé de tenir un registre appelé journal de bord, coté et paraphé par l'un des juges du tribunal ou un fonctionnaire de la chancellerie de commerce, et, à défaut, par un employé du gouverneur, et qu'il fera confirmer, à la fin, par le président ou chef du tribunal, de la chancellerie ou par le gouverneur. Le registre ou journal contient :

1° L'état journalier du temps et des vents ;

2° La marche journalière en progrès ou en retard du navire ;

3° Le degré de latitude ou de longitude où se trouve le navire jour par jour ;

4° Tous les dommages arrivés au navire et aux marchandises, et leurs causes ;

5° L'état, autant que possible, de tout ce qui aura été perdu par accident, et de tout ce qui aura été coupé ou abandonné ;

6° La route qu'il a tenue, avec les motifs des déviations, soit volontaires, soit forcées ;

7° Toutes les résolutions prises pendant le voyage par le capitaine en conseil avec les officiers et gens de l'équipage ;

8° Les congés donnés aux officiers et gens de l'équipage avec les motifs ;

9° La recette et la dépense concernant le navire et les marchandises chargées, et généralement tout ce qui concerne le navire ou son chargement et tout ce qui peut donner lieu à un compte à rendre, ou à une demande à fournir ou à contester.

39. Indépendamment du registre-journal, le capitaine est tenu d'avoir à bord, avec les mêmes formalités, un registre-livret spécialement destiné à inscrire régulièrement les emprunts à la grosse.

57. Le capitaine est tenu dans les vingt-quatre heures de son arrivée au port de destination, de faire viser, par les autorités indiquées dans les deux articles suivants (V. Capitaine), son registre-journal.

LIVRES DE COMMERCE.

DISPOSITIONS GÉNÉRALES.

C. Com. Chap. I. Section III. DES LIVRES DU COMMERCE (*Art. 12-19*).

12. Tout commerçant est tenu d'avoir un livre-journal qui présente jour par jour ses dettes actives et passives, les opérations de son commerce, ses négociations, acceptations ou endossements d'effets, et généralement tout ce qu'il reçoit et paie, et qui énonce, mois par mois, en un seul article, les sommes employées à la dépense de sa maison.

13. Il est tenu de copier sur un registre les lettres d'affaires qu'il envoie et de mettre en liasse, chaque mois, les lettres d'affaires qu'il reçoit.

14. Indépendamment de la tenue des livres mentionnés dans les deux articles précédents, tout commerçant est tenu de faire tous les ans l'inventaire de ses effets mobiliers et immobiliers, et de ses dettes actives et passives, et de le copier chaque année sur un registre spécial à ce destiné.

15. Ces livres seront tenus sans blancs, lacunes ni transport en marge, sauf les blancs au livre-copie de lettres qui seraient décalquées. Le livre-journal et le livre des inventaires, avant qu'ils soient commencés, devront être numérotés, paraphés à chaque feuillet, et sans frais par un employé, nommé *ad hoc* par le tribunal de commerce ; également, à la fin de chaque année, le livre-journal, celui des inventaires et le copie de lettres, devront être visés par ledit employé, en présence du commerçant qui les présentera, sans que l'employé puisse, sous aucun prétexte, prendre connaissance du contenu du livre présenté, ni le retenir.

16. Les livres que les individus faisant le commerce sont obligés de tenir, et pour lesquels ils n'auront pas observé les formalités ci-dessus prescrites, ne pourront faire foi en justice.

17. La communication des livres et inventaires ne peut être ordonnée en justice, en dehors des contestations commerciales, que dans les affaires de communauté, succession, partage de société, et en cas de faillite. Dans les cas ci-dessus, cette communication peut être exigée d'office par le tribunal de commerce.

18. Les livres de commerce régulièrement tenus peuvent être admis par les juges pour faire preuve entre commerçants pour faits de commerce.

19. Dans le cours d'une contestation, la représentation des livres peut être ordonnée d'office par le tribunal de commerce, à l'effet d'en extraire ce qui concerne le différend.

DISPOSITIONS ADDITIONNELLES.

CESSION DE CRÉANCES. *C. Civ.* 437. En matière de commerce, la cession d'une créance non constituée par un effet est parfaite à l'égard des tiers, quand la notification de la cession ou l'acceptation du débiteur cédé résulte de livres régulièrement tenus ou de preuves admises en matière de commerce.

COMMISSIONNAIRES. *(Voituriers.)* C. Com. 95. Le commissionnaire qui se charge d'effectuer ou de faire effectuer un transport par terre ou par eau est tenu d'inscrire, sur son livre-journal, la déclaration de la nature et de la quantité des marchandises, et, s'il en est requis, de leur valeur déclarée.

101. La lettre de voiture est copiée par le commissionnaire sur son registre, sans intervalle et en entier.

COURTIERS. *C. Com.* 74. Les courtiers sont tenus, immédiatement après chaque opération, de la noter sur leur carnet et de la consigner jour par jour, dans leur livre-journal, sans blancs, ratures, interlignes, surcharges ou renvois, avec l'indication exacte du nom des parties, du temps de l'opération et de la délivrance, de la quantité, de la qualité et du prix de la marchandise, ainsi que de toutes les conditions de l'opération.

75. Lorsque ni l'opération en elle-même, ni l'emploi du courtier ne seront niés, les livres ainsi tenus pourront être produits en justice, entre les parties contractantes, pour servir d'élément de preuve des conditions dans lesquelles l'opération a été faite.

76. Les courtiers seront tenus de donner aux parties, en tout temps et à première réquisition, extrait de leurs livres, en ce qui concerne l'opération qu'ils ont faite pour elles.

77. Ils devront même, à la demande du tribunal, lui soumettre leurs livres et fournir des éclaircissements.

78. Le refus des communications prescrites par les deux articles précédents rendra les courtiers passibles de dommages-intérêts.

FAILLITE. *C. Com.* 249. Les scellés seront apposés immédiatement par le juge-commissaire, et, au besoin, provisoirement par tout officier public ou fonctionnaire qu'il déléguera,... sur les livres du failli, à moins que l'inventaire ne puisse être fait en un jour, auquel cas il y serait procédé sans désemparer.

271. Ne seront pas placés sous les scellés, ou en seront extraits pour être remis aux syndics, après descriptions et inventaire qui restera aux mains du juge-commissaire : 1° Les livres qui seront arrêtés par le juge.

274. Les syndics appelleront le failli auprès d'eux, pour clore et arrêter les livres en sa présence.

275. Dans le cas où le bilan n'aurait pas été déposé par le failli, les syndics le dresseront immédiatement à l'aide des livres et papiers du failli, et des renseignements qu'ils se procureront, et ils le déposeront au tribunal de commerce.

283. Les officiers du ministère public pourront se transporter au domicile du failli et assister à l'inventaire. Ils auront droit à

toute époque de demander des éclaircissements sur l'état de la faillite et la gestion des syndics, et de requérir communication de tous les actes, livres ou papiers relatifs à la faillite.

284. L'inventaire terminé, les marchandises, l'argent, les titres actifs, les livres et papiers, meubles et effets du failli, seront remis aux syndics, qui s'en chargeront au bas dudit inventaire.

339. Les syndics remettront au failli l'universalité de ses biens, livres, papiers et effets. Le failli en donnera décharge.

(*Vérification de créance*). *C. Com.* 309. Dans tous les cas, le tribunal de commerce pourra, même d'office, ordonner la représentation des livres du créancier, ou demander qu'il en soit rapporté un extrait fait par les juges de son domicile.

SOCIÉTÉ EN PARTICIPATION. *C. Com.* 69. Les associations en participation peuvent être constatées par la représentation des livres et de la correspondance.

DROIT MARITIME.

ASSURANCES. *C. Marit.* 182. Si la valeur des marchandises n'est point fixée par le contrat d'assurance, elle peut être justifiée par les factures ou par les livres.

LIVRE-JOURNAL. V. Livres de commerce.

LOCATAIRE, LOCATION. V. Bail a loyer.

LOCATIVES (Réparations). V. Réparations locatives.

LOI. *C. Civ.* 1. Les lois qui composent les présents codes sont exécutoires sur tout le territoire du pays à partir du jour où les nouveaux tribunaux seront installés.

Le Gouvernement fera publier, un mois avant le fonctionnement des nouveaux tribunaux, les codes, dont un exemplaire en chacune des langues judiciaires sera déposé, jusqu'à ce fonctionnement, dans chaque Mudirieh, auprès de chaque consulat et aux greffes de la Cour d'appel et des tribunaux qui en conserveront toujours un exemplaire.

Les tribunaux en matière civile et commerciale ne commenceront à connaître des causes mixtes qu'un mois après leur installation.

2. Ces lois n'auront aucun effet rétroactif.

Toutefois, les lois de procédure et de compétence seront applicables au règlement des contestations nées sur des obligations antérieures à la date ci-dessus.

10. Les lois de police et de sûreté obligent tous ceux qui habitent le territoire.

Les poursuites pour contravention de simple police sont soumises à la juridiction des nouveaux tribunaux.

11. En cas de silence, d'insuffisance ou d'obscurité de la loi, le

juge se conformera aux principes du droit naturel et aux règles de l'équité.

12. Les additions et modifications aux présentes lois seront édictées sur l'avis conforme du corps de la magistrature, et au besoin sur sa proposition; mais pendant la période quinquennale aucun changement ne devra avoir lieu dans le système adopté.

147. Les obligations naissent d'une convention ou d'un fait, ou de l'autorité de la loi.

DES OBLIGATIONS RÉSULTANT DE LA LOI. V. OBLIGATIONS RÉSULTANT DE LA LOI.

DISPOSITION ADDITIONNELLE.

OBLIGATIONS. *C. Civ.* 148. L'obligation n'existe que si elle a une cause certaine et licite.

149. L'objet de l'obligation doit, à peine de nullité, être une action licite et possible.

LOI LOCALE. *C. Civ.* 323. Les dispositions des deux articles qui précédent (relativement à la vente faite par une personne dans sa dernière maladie) ne sont applicables qu'au vendeur dont la capacité personnelle est régie par la loi locale. V. MALADIE.

USUFRUIT. *C. Civ.* 77. Le droit de succession à l'usufruit des biens *wakfs* ou tributaires, est réglé d'après la loi locale.

LOIS PERSONNELLES. V. STATUT PERSONNEL. EXCEPTIONS PERSONNELLES.

LOTS, LOTISSEMENT. PARTAGES. *C. Civ.* 548. Dans tous autres cas (que ceux concernant l'actif social) où il y a lieu à partage de biens communs, les parties, maîtresses de leurs droits, peuvent, si elles sont unanimement d'accord, procéder au partage de la manière qu'elles aviseront.

549. S'il y a désaccord, ou si l'une d'elles n'est pas libre de ses droits, celle qui voudra sortir de l'indivision citera les co-propriétaires devant le tribunal du siège social ou de la situation des biens, ou, s'il s'agit de mobilier, devant le tribunal du domicile d'un des défendeurs, et demandera la nomination d'un juge devant lequel le partage aura lieu, et d'un ou plusieurs experts pour procéder à l'estimation et à la confection des lots.

550. L'expertise se fera dans les formes déterminées au Code de procédure.

551. Si le partage paraît possible en nature, le tribunal prononcera, s'il y a lieu, sur simple renvoi du juge, sur les contestations relatives à la confection des lots.

552. Le tribunal sera toujours appelé à homologuer la division des biens en lots, quand il y aura des mineurs ou incapables en cause.

553. La répartition par la voie du sort se fera devant le juge commis qui en dressera procès-verbal.

555. Le partage en nature vaudra vente de chacun des co-propriétaires pour sa part indivise, à celui qui aura acquis le lot, et entraînera les mêmes effets.

PROCÉDURE. *C. Proc.* 711. Chacun des co-propriétaires d'un immeuble indivis peut exiger le partage.

713. Si le tribunal juge, à la demande d'une des parties, que le partage est possible en nature, il nommera des experts qui proposeront les lots et les soultes à payer.

Les experts pourront être nommés pour examiner si le partage est possible en nature.

714. S'il s'élève des contestations sur la composition des lots, il y sera statué sommairement par le tribunal qui, s'il n'y a pas de contestations et dès qu'elles seront réglées, procédera au tirage des lots.

715. S'il y a des mineurs en cause, les contestations seront jugées par le tribunal sur les conclusions du ministère public, auquel, même s'il n'y a pas de contestations, le procès-verbal de lotissement sera communiqué.

PRIVILÈGE. *C. Civ.* 728. Les copartageants auront, sur les immeubles qui ont fait l'objet du partage et pour leur recours respectif à raison de ce partage, un privilège qui se conservera par l'inscription au bureau des hypothèques, sans qu'il soit besoin d'une convention spéciale, et qui s'exercera au rang que lui donnera son inscription.

SAISIE IMMOBILIÈRE. *C. Proc.* 627. Le procès-verbal de saisie contiendra : Le lotissement des immeubles.

LOUAGE.

DISPOSITIONS GÉNÉRALES.

C. Civ. Titre III. Chap. II. DU LOUAGE.

C. Civ. 444. Il y a deux sortes de louage :
Le louage des choses.
Et le louage des personnes ou d'industrie.

Sect. I. Louage de choses. V. BAIL A LOYER. BAIL A FERME. BAIL DE BIENS RURAUX.

Sect. II. Du louage des personnes ou d'industrie. V. OUVRAGE (LOUAGE D').

LOUAGE DE NAVIRE. V. LOYER DU NAVIRE.

LOYAUX COUTS. V. COUTS (LOYAUX).

LOYER (Bail à) V. BAIL A LOYER, ANTICIPATION DE LOYER.

LOYERS. Bail. *C. Civ.* 464. Le preneur doit payer le loyer aux termes stipulés.

465. A moins de conventions contraires, le loyer est dû à l'expiration de chaque terme de jouissance.

466. Celui qui a pris à bail une maison, un magasin, une boutique ou une propriété rurale est tenu, sauf convention contraire, qui pourra résulter des circonstances, de garnir la chose louée de meubles, marchandises, récoltes, ustensiles d'une valeur suffisante pour garantir pendant deux ans les loyers, s'ils n'ont pas été avancés, ou jusqu'à l'expiration du bail, s'il a moins de deux années de durée.

FAILLITE. *C. Com.* 230. La faillite ne rend pas exigibles les loyers à écheoir jusqu'à la fin du bail, pourvu que le droit de sous-louer ou de céder le droit au bail appartienne soit légalement, soit du consentement du bailleur à la masse des créanciers.

Si le failli n'avait ni le droit de sous-louer, ni celui de céder son bail, le tribunal prononcera la résiliation du bail et fixera l'époque à partir de laquelle la résiliation aura lieu, et le montant de l'indemnité. Les loyers et l'indemnité seront garantis sur les meubles garnissant les lieux.

241. Toutes voies d'exécution pour parvenir au payement des loyers sur les effets mobiliers servant à l'exploitation du commerce du failli, seront suspendues pendant trente jours, à partir du jugement déclaratif de faillite, sans préjudice de toutes mesures conservatoires, et du droit qui serait acquis au propriétaire de reprendre possession des lieux loués ; dans ce dernier cas, la suspension des voies d'exécution établie au présent article cessera de plein droit.

PRESCRIPTION. *C. Civ.* 275. Les redevances,... loyers et en général tout ce qui est payable par années ou par termes moins longs, se prescrivent par cinq années calculées d'après les calendriers arabes.

PRIVILÈGE. *C. Civ.* 727. Sont privilégiées les créances suivantes : 5° Les loyers et fermages et tout ce qui est dû au bailleur à ce titre, qui viendront ensuite sur le prix de tout le mobilier garnissant les lieux loués et même sur les récoltes de l'année, qui appartiendront encore au fermier, bien qu'elles soient déposées hors des lieux loués.

(*Distribution par contribution*). *C. Proc.* 581. Le règlement provisoire ordonnera le prélèvement, avant toute créance des frais faits pour la réalisation des deniers, et ensuite des frais de poursuite de contribution.

Les loyers dus au propriétaire sur le prix de vente des meubles garnissant, et ensuite les autres créances privilégiées seront admises suivant leur ordre.

TRIBUNAL DE JUSTICE SOMMAIRE. *C. Proc.* 28. Un juge

délégué par le tribunal statuera en tribunal de justice sommaire sur les affaires suivantes en matière civile : 4° Dans les mêmes limites du dernier ressort (P. T. 800) et à charge d'appel, à quelque somme que s'élève la demande au-delà de 8000 P. T. sur les actions en paiement de loyers, fermages,.... en congé ou résiliation fondée sur le non-paiement des loyers, quand la location non déniée n'excèdera pas annuellement P. T. 4000.

V. SAISIE CONSERVATOIRE. ANTICIPATION DE LOYERS.

LOYER DES MATELOTS. *C. Marit.* 89. Le navire et le fret sont spécialement affectés aux loyers, indemnités et frais de route des gens de l'équipage.

119. Si le navire est arrêté pour un temps seulement, dans le cours de son voyage, par l'ordre d'une puissance, il n'est dû aucun fret pour le temps de sa détention si le navire est affrété au mois, ni augmentation de fret s'il est loué au voyage.

La nourriture et les loyers de l'équipage pendant la détention du navire sont réputés avaries.

123. Contribueront au prix du rachat les marchandises, le navire et le fret, tandis que les loyers des matelots n'entrent point en contribution.

190. Le contrat d'assurances est nul s'il a pour objet : les loyers des gens de mer.

225. En cas de prise ou d'arrêt de la part d'une puissance, l'assuré est tenu de faire la signification à l'assureur dans les trois jours de la réception de la nouvelle.

Le délaissement des objets arrêtés ne peut être fait qu'après un délai de six mois de la signification, si l'arrêt a eu lieu dans les mers de l'Europe, dans la Méditerranée ou la Baltique ; qu'après le délai d'un an si la prise ou l'arrêt a eu lieu en pays plus éloigné. Ces délais ne courent que du jour de la signification de la prise ou de l'arrêt.

Dans le cas où les marchandises arrêtées seraient périssables, les délais ci-dessus mentionnés sont réduits à un mois et demi pour le premier cas, et à trois mois pour le second cas.

ACTE DE COMMERCE. *C. Com.* 3. La loi répute pareillement acte de commerce maritime : Tous accords et conventions pour salaires et loyers d'équipages.

PRESCRIPTION. *C. Marit.* 271. Toutes actions en paiement pour gages et loyers du capitaine, des officiers, matelots et autres gens de l'équipage .... sont prescrites un an après l'arrivée du navire.

273. Les prescriptions ne peuvent avoir lieu s'il y a titre, obligation ou arrêté de compte signé du débiteur ou interpellation, protêt ou demande judiciaire, dûment faite et signifié à temps par le créancier. V. EQUIPAGE.

LOYER DU NAVIRE. *C. Marit.* 104. Le prix du loyer

d'un navire ou autre batiment de mer est appelé fret ou nolis. Il est réglé par les conventions des parties. Il est constaté par la charte-partie ou par le connaissement. Il a lieu pour la totalité ou partie du navire, pour un voyage entier ou pour un temps limité, au tonneau, au kilo, au quintal, à forfait ou à cueillette ; avec désignation du tonnage du navire. V. Fret.

M

MACHINE A VAPEUR. (1) *C. Civ.* 63. Les usines, puits, machines à vapeur, etc., et tout établissement nuisible aux voisins, doivent être construits aux distances et dans les conditions prescrites par les règlements.

MAGASIN. V. Boutique.

MAGISTRATS. *R. G. J.* 6. Les juges aux tribunaux, les conseillers à la Cour d'appel, le procureur général et ses substituts sont magistrats.

date certaine. *C. Civ.* 294. La date certaine résulte d'un visa apposé par un magistrat. V. Juges.

MAHONNE. V. Navire.

MAIN-LEVÉE. Jugements. *C. Proc.* 469. Les jugements qui ordonneront une chose quelconque à faire par un tiers ou à sa charge, ne seront exécutoires par les tiers ou contre eux, même après les délais d'opposition ou appel, que sur la production de l'acte de signification du jugement ou du certificat de l'huissier établissant cette signification, et sur l'attestation du greffier établissant qu'il n'y a ni opposition ni appel.

saisie-arrêt. *C. Proc.* 482. La demande en main-levée pourra être portée par le saisi devant son tribunal et devra être dénoncée au tiers saisi.

484. Le tiers peut toujours faire son paiement à cette caisse (du tribunal du saisi), même si la saisie-arrêt est arguée de nullité et tant qu'il n'y a pas de mainlevée donnée volontairement ou prononcée par le tribunal.

487. S'il n'y a pas contestation sur la déclaration (affirmative du tiers-saisi), ni demande de mainlevée, et s'il n'existe pas d'autres saisies-arrêts, la somme déclarée sera versée entre les mains du saisissant, jusqu'à concurrence ou en déduction de sa créance.

---

(1) V. le règlement de 1292 sur le Tauzim dont le chap. VI, relatif aux machines est encore en vigueur.

MAISON.

SAISIE-EXÉCUTION. *C. Proc.* 541. Lorsque le saisissant aura donné mainlevée, ou lorsqu'il n'aura pas fait procéder à la vente au jour indiqué par le procès-verbal de saisie, et obtenu une nouvelle indication par ordonnance, les créanciers opposants ayant titre exécutoire pourront, vingt-quatre heures, s'il y a lieu, après une sommation faite au saisissant en retard, faire procéder à la vente après placards apposés dans les termes ci-dessus.

MAIN-MORTE (Propriété de) V. WAKFS.

MAIN-D'OEUVRE *C. Civ.* 89. Celui qui, du consentement exprès du propriétaire et sans réserve, a construit ou planté sur son terrain, devient propriétaire du sol sur lequel est établie la construction et de celui qui est occupé par l'arbre.

90. A défaut de preuve du consentement sans réserve du propriétaire, le terrain sera présumé avoir été prêté et le propriétaire a le choix d'exiger la destruction et l'enlèvement des plantations et constructions ou de les conserver en payant le prix des matériaux et la main-d'œuvre.

91. Si celui qui a planté ou construit avait de justes raisons de se croire propriétaire, les plantations et constructions ne seront pas détruites, mais le vrai propriétaire pourra se borner à payer le montant de la plus-value de l'immeuble à dire d'experts.

ACTE DE COMMERCE. *C. Com.* 2. La loi répute acte de commerce : Tout achat de denrées et marchandises pour les revendre, soit en nature, soit après les avoir travaillées et mises en œuvre, ou même pour en louer l'usage.

DROIT MARITIME

NAVIRE. *C. Marit.* 5. Sont privilégiées et dans l'ordre où elles sont rangées, les dettes ci-après désignées : 8° Les sommes dues aux créanciers pour main-d'œuvre.

MAISON. BAIL. *C. Civ.* 466. Celui qui a pris à bail une maison, est tenu, sauf convention contraire, qui pourra résulter des circonstances de garnir la chose louée de meubles, d'une valeur suffisante pour garantir pendant deux ans les loyers, s'ils n'ont pas été avancés, ou jusqu'à l'expiration du bail, s'il a moins de deux années de durée.

467. Le bail finit à l'expiration du terme stipulé.

468. S'il a été fait sans stipulation de terme, il est censé fait par périodes d'un an, de six mois, d'un mois, etc., suivant que le prix est payable par année, par semestre ou par mois ; il cesse à l'un de ces termes, à la volonté d'une des parties, en se prévenant savoir : pour les maisons trois mois d'avance, si le terme est de plus de trois mois, et un demi terme à l'avance, si la location est de trois mois au-dessous.

SERVITUDES. *C. Civ.* 55. Le propriétaire de l'étage inférieur d'un bâtiment doit faire les constructions nécessaires pour empêcher la chute de l'étage supérieur.

S'il se refuse à faire les travaux de consolidation nécessaires, la vente de la partie de la maison qui lui appartient peut être ordonnée.

En tous cas, les travaux urgents peuvent être ordonnés par le juge des référés.

56. Le propriétaire de l'étage supérieur ne doit pas surélever les constructions de manière à nuire à l'étage inférieur.

57. Le propriétaire de l'étage inférieur doit entretenir le plafond y compris les poutres qui sont présumées lui appartenir.

Le propriétaire de l'étage supérieur doit entretenir le carrelage ou plancher de son étage; il doit entretenir aussi l'escalier, depuis l'endroit qui ne sert pas au propriétaire de l'étage inférieur.

58. Si la construction vient à tomber, le propriétaire de l'étage inférieur est obligé de reconstruire son étage, faute de quoi sa propriété pourra être vendue en justice.

VENTE. *C. Cir.* 362. La vente d'une maison comprend les choses fixées et attachées à cette maison, et non les meubles qui peuvent être enlevés sans détérioration.

Il sera, au surplus, en cette matière, suivi l'usage du pays.

DÉLIVRANCE. *C. Civ.* 343. La délivrance s'opère conformément à la nature des choses vendues.

Ainsi la délivrance d'un immeuble peut avoir lieu par la remise des clefs s'il s'agit d'une maison.

MAISON D'ARRÊT. FAILLITE. *C. Com.* 251. Les dispositions qui ordonneront le dépôt de la personne du failli dans une maison d'arrêt pour dettes, ou la garde de sa personne, seront exécutées à la diligence, soit du ministère public, soit des syndics de la faillite.

343. Lorsque, après l'homologation du concordat, le failli sera poursuivi pour banqueroute frauduleuse et placé sous mandat de dépôt ou d'arrêt, le tribunal de commerce pourra prescrire telles mesures conservatoires qu'il appartiendra. Ces mesures cesseront de plein droit du jour de la déclaration qu'il n'y a lieu à suivre, de l'ordonnance d'acquittement ou de l'arrêt d'absolution.

POLICE DE L'AUDIENCE. *C. Proc.* 65. L'individu qui serait arrêté sera, à la diligence du ministère public, déposé à la maison d'arrêt, sur le vu de l'ordonnance du président.

MAITRE. *C. Civ.* 213. Il en est de même (il y a lieu à réparation de dommage) si le préjudice causé à un tiers provient d'une faute, de négligence, d'imprudence ou de défaut de surveillance des personnes que l'on a sous sa garde.

214. Le maître est également responsable du dommage causé

par ses serviteurs quand ce dommage a été causé par eux en exerçant leurs fonctions. V. LOUAGE DE PERSONNES.

MAJORITÉ. COMMERCE. *C. Com.* 10. Les personnes âgées de vingt et un ans accomplis pourront se livrer au commerce. Celles qui ont accompli leur dix-huitième année ne pourront faire le commerce que dans les conditions prescrites par leur statut personnel si elles sont mineures ou par autorisation du tribunal de commerce, si elles sont majeures d'après leur statut personnel.

LÉSION. *C. Civ.* 420. Le droit d'exercer l'action à raison de la lésion cesse deux ans après la majorité ou le décès du vendeur, et ne préjudicie pas aux créanciers hypothécaires inscrits.

SAISIE MOBILIÈRE. *C. Proc.* 504. L'huissier procédera à la saisie assisté de deux témoins majeurs.

MAJORITÉ DES VOIX. ARBITRES. *C. Proc.* 810. Le jugement arbitral sera valable, s'il est signé par la majorité des arbitres constatant le refus de ceux qui s'abstiendront de signer.

FAILLITE. *C. Com.* 327. Il ne pourra être consenti de traité entre les créanciers délibérants et le débiteur failli, qu'après l'accomplissement des formalités ci-dessus prescrites: (V. ASSEMBLÉES DE CRÉANCIERS) ce traité ne s'établira que par le concours d'un nombre de créanciers formant la majorité et représentant, en outre, les trois quarts de la totalité des créances vérifiées ou admises par provision, conformément aux dispositions ci-dessus ; le tout à peine de nullité.

352. Les syndics représentent la masse des créanciers et sont chargés de procéder à la liquidation. Néanmoins les créanciers pourront leur donner mandat pour continuer l'exploitation de l'actif. La délibération qui leur conférera ce mandat en déterminera la durée et l'étendue, et fixera les sommes qu'ils pourront garder entre leurs mains à l'effet de pourvoir aux frais et dépenses. Elle ne pourra être prise qu'en présence du juge-commissaire, et à la majorité des trois quarts des créanciers en nombre et en somme. La voie de l'opposition sera ouverte dans la huitaine contre cette délibération, au failli et aux créanciers dissidents ; cette opposition ne sera pas suspensive de l'exécution.

DROIT MARITIME

NAVIRE. *C. Marit.* 34. En tout ce qui concerne l'intérêt commun des propriétaires d'un navire, si tous les propriétaires votant sur la mesure à prendre ne sont pas d'accord, l'avis de la majorité est suivi.

Cette majorité se détermine non par le nombre des votants, mais par une portion d'intérêt dans le navire excédant la moitié de sa valeur.

Quand le navire appartient en commun à plusieurs personnes, la licitation n'en peut être accordée que sur le demande des propriétaires formant ensemble la moitié de l'intérêt total dans le navire, s'il n'y a, par écrit, convention contraire.

MALADIE. COMPARUTION DES PARTIES. *C. Proc,* 46. Si la partie ne peut comparaître en personne, par suite d'un empêchement légitime, le tribunal pourra commettre un juge qui dressera de ses dires et explications un procès-verbal qui sera signé du greffier et de la partie, si elle sait signer ou peut signer, et qui constatera son état de maladie, eu égard à la valeur que l'on doit attacher à ses déclarations.

ENQUÊTES. (*Commission rogatoire*). *C. Proc.* 229. En cas d'empêchement justifié, le juge commis se transportera chez le témoin avec le greffier et recevra sa déposition.

230. L'état de maladie du témoin sera constatée, s'il y a lieu, eu égard à la conscience qu'il peut avoir de la gravité de la déposition à lui demandée.

VENTE. *C. Civ.* 320. La vente faite par une personne dans sa dernière maladie à un de ses héritiers n'est valable que si les héritiers la confirment.

321. Si, dans les mêmes circonstances, la vente est faite à une personne non héritière, elle ne sera inattaquable que si l'objet vendu ne dépasse pas en valeur le tiers des biens du vendeur.

322. Si la valeur de l'objet vendu dépasse le tiers des biens qu'avait le défunt au moment de la vente, l'acheteur sera obligé, sur la demande des héritiers, ou à résilier la vente, ou s'il le préfère, à payer à la succession ce qui lui manque pour atteindre la valeur des deux tiers des biens du défunt au moment de la vente.

323. Les dispositions des deux articles qui précèdent ne sont applicables qu'au vendeur dont la capacité personnelle est régie par la loi locale.

Elles ne peuvent avoir effet, en tous cas, au préjudice des tiers créanciers hypothécaires ou acquéreurs à titre onéreux de bonne foi.

DROIT MARITIME

MATELOTS. *C. Marit.* 77. Toute personne de l'équipage qui, pendant le voyage, tombe malade ou est blessée ou mutilée, soit au service du navire, soit dans un combat contre les ennemis et les pirates, est payée de ses loyers, traitée et pansée, et, en cas de mutilation, indemnisée à l'arbitrage du juge, s'il y a contestation. Les frais du traitement et du pansement et l'indemnité en cas de mutilation sont à la charge du navire et du fret, si la maladie, les blessures et la mutilation ont été occasionnées par le service du navire; et ils seront répartis sur le navire, le fret et le chargement par forme d'avarie grosse, si elles ont eu lieu dans un combat pour la défense du navire.

78. Si le marin malade, blessé ou mutilé ne peut poursuivre le voyage sans danger, le capitaine, avant son départ, est tenu de le débarquer dans un hôpital ou autre lieu où il puisse recevoir le traitement convenable, et de pourvoir aux frais de sa maladie, de son entretien et de son retour, si le malade vient à guérir, ou à son inhumation s'il décède.

A cet effet, il déposera une somme suffisante ou une caution entre les mains du chef de la chancellerie commerciale ou de l'autorité locale, si c'est en Turquie, ou du consul ottoman et, à son défaut, du magistrat du lieu, si c'est à l'étranger.

Dans ce cas, indépendamment de ses frais de retour, le malade, blessé, ou mutilé a droit à ses loyers, non seulement jusqu'à sa guérison, mais jusqu'au jour où il pourra être de retour au lieu d'où le navire est parti.

MANDAT. C. Civ. Titre III. Chap. VII. Du MANDAT. (art. 625-652.)

DISPOSITIONS GÉNÉRALES.

Définition. 625. Le mandat est un contrat par lequel une personne est chargée et se charge de faire une chose au nom du mandant et pour ce dernier.

Acceptation. 626. L'acceptation du mandat peut résulter du fait de l'exécution.

Salaire. 627. Le mandat est présumé gratuit à moins de conventions expresses ou tacites résultant de la condition du mandataire.

628. Le salaire convenu est toujours sujet à l'arbitrage du juge.

Etendue. 629. Le mandat peut être spécial ou général.

630. Le mandat spécial ne donne pouvoir que d'agir dans les affaires qu'il spécifie et leurs conséquences nécessaires.

631. Le mandat conçu en termes généraux ne donne que le pouvoir de faire des actes d'administration.

632. Il est nécessaire de justifier d'un mandat spécial ou de pouvoirs spéciaux énoncés dans une procuration générale pour faire un aveu, prêter ou déférer serment, défendre au fond en justice, compromettre et même transiger, aliéner un immeuble ou un droit immobilier, renoncer à une garantie en dehors de l'extinction de la dette, et consentir tout acte à titre gratuit.

633. Le mandat d'aliéner les immeubles du mandant comprend pouvoir d'aliéner tout immeuble non spécifié; le mandat de compromettre ou transiger comprend pouvoir de compromettre ou transiger sur tous droits même non spécifiés, en un mot, le mandat général sur la nature de l'acte est valable sans que l'objet de l'acte soit spécifié sauf en ce qui concerne les actes à titre gratuit.

Mandat collectif. 635. Quand plusieurs mandataires sont désignés dans le même acte, sans qu'il leur soit expressément donné pouvoir d'agir séparément, ils ne peuvent agir que collectivement.

Substitution. C. Civ. 636 Le pouvoir de se substituer quelqu'un dans le mandat doit être formel.

Le mandataire est responsable du choix du substitué qui ne lui a pas été désigné personnellement, si ce substitué est insolvable, incapable, ou d'une négligence notoire.

637. Le substitué est en tous cas directement responsable envers le mandant.

Obligations du mandataire. C. Civ. 638. Le mandataire répond de sa faute lourde et de l'inexécution volontaire de son mandat.

639. Il répond de sa faute légère, si un salaire est convenu.

640. Il ne peut renoncer à son mandat à contre-temps et doit, de quelque façon que le mandat finisse, si ce n'est par révocation formelle, mettre en état les affaires commencées de manière à ce qu'elles ne périclitent pas.

641. Il en est de même des héritiers du mandataire s'ils connaissent le mandat et les affaires commencées.

642. Le mandataire qui a agi pour le compte de son mandant sans faire connaître son mandat s'oblige personnellement.

643. S'il a déclaré qu'il agissait pour le compte d'un autre et en son nom, il ne contracte aucune obligation personnellement, si ce n'est de justifier de l'existence du mandat.

644. Il n'est même pas responsable s'il a dépassé ses pouvoirs, pourvu qu'il ait fait connaître au tiers l'étendue de sa procuration.

645. Il doit compte de sa gestion et des sommes qu'il a reçues pour le compte du mandant.

646. Il doit les intérêts du jour de la mise en demeure ou de l'emploi qu'il a fait à son profit des deniers reçus.

647. Il a droit aux intérêts de ses avances du jour où elles ont été faites par lui.

Représentation du titre. C. Civ. 634. Celui qui traite avec le mandataire a toujours le droit de demander une copie authentique du mandat.

652. Le mandataire doit, après la fin de son mandat, restituer au mandant le titre qui lui confère ses pouvoirs.

Devoirs du mandant. C. Civ. 648. Le mandant doit exécuter les engagements pris en son nom en vertu du mandat, et déclarer dans un délai raisonnable s'il entend ratifier ou désavouer ce qui a été fait en dehors des pouvoirs qu'il a conférés.

649. Il doit rembourser les dépenses légitimement faites par le mandataire, quelque soit le succès de l'affaire, s'il n'y a pas faute.

Expiration du mandat. C. Civ. 650. Le mandat finit :

Par la révocation;
Par la conclusion de l'affaire pour laquelle le mandat est donné;
Par la renonciation du mandataire notifiée au mandant;
Par le décès d'un des contractants.

651. Le décès du mandant ou la révocation du mandataire ne peuvent être opposés au tiers qui les a ignorés.

DISPOSITIONS ADDITIONNELLES

COMMISSIONNAIRE. *C. Com.* 87. Si, le commissionnaire a contracté au nom de son commettant et avec son autorisation de ce chef, les parties auront action l'une contre l'autre, et les droits et obligations du commissionnaire seront régis exclusivement par les règles du mandat.

INCAPACITÉ SPÉCIALE. *C. Civ.* 325. Les mandataires légaux comme tuteurs ou curateurs, ni les mandataires conventionnels, ne peuvent acheter le bien qu'ils sont chargés de vendre en cette qualité.

La vente pourra, dans ce cas, être ratifiée par celui pour le compte duquel la vente a eu lieu, s'il a capacité d'aliéner au moment de la ratification.

PRESCRIPTION. *C. Civ.* 112. La prescription ne court jamais entre mandant et mandataire pour tout ce qui est compris dans le mandat.

RÉCUSATION DE JUGE. *C. Proc.* 352. Tout juge peut être récusé pour les causes ci-après : 3° Si le juge est mandataire légal de l'une des parties.

SOCIÉTÉ CIVILE. *C. Civ.* 535. Quand les administrateurs n'ont pas été désignés (par l'acte de société) chacun des associés est censé avoir reçu des autres mandat d'administrer, et peut agir seul, sauf, en cas de contestation, à suivre la détermination prise par la majorité des associés.

SOLIDARITÉ. *C. Civ.* 161. Les créanciers sont solidaires quand la convention qui a créé l'obligation leur donne mandat réciproque pour recevoir; on suit dans ce cas les règles du mandat.

162. Les débiteurs ne sont obligés chacun pour la totalité de la dette que dans les cas où la solidarité est stipulée par la convention ou prononcée par la loi.

163. Les débiteurs sont dans ce cas réputés cautions réciproques les uns des autres et mandataires réciproques pour payer.

164. On applique en ce cas les règles du contrat de cautionnement et du mandat.

MANDAT AD LITEM.

DISPOSITIONS GÉNÉRALES.

C. Civ. 632. Il est nécessaire de justifier d'un mandat spécial ou de pouvoirs spéciaux énoncés dans une procuration générale pour défendre au fond en justice.

C. Proc. 44. Au jour fixé pour l'appel de la cause, les parties comparaîtront en personne ou par fondé de procuration spéciale pour l'affaire, ou générale, pour se présenter en justice.

Les mandataires devant la Cour d'appel devront être avocats. (1)

48. Le mandataire doit justifier de la procuration de son mandant. La procuration pourra être donnée sous seing privé.

50. La procuration emportera de plein droit élection de domicile chez le mandataire.

MANDAT A L'AVOCAT. *C. Proc.* 49. Les avocats pourront se présenter comme mandataires sur leur simple affirmation et sous leur responsabilité (R. G. J. 222), mais ils doivent produire le mandat avant la fin de l'affaire.

R. G. J. 191. Tant que le mandat subsiste, l'avocat doit, sous sa propre responsabilité, conduire l'affaire qui lui a été confiée.

Il est toutefois autorisé à renoncer au mandat, mais il doit, en ce cas, continuer son assistance pendant quatorze jours encore, à partir de la renonciation signifiée au client, en tant que cette assistance est nécessaire pour garantir le client de préjudices légaux. Cette obligation cesse si le client a révoqué le mandat.

192. L'assistance ayant cessé, l'avocat est tenu de restituer au client, sur sa demande, les documents et actes originaux; il est toutefois autorisé, au cas où il n'aurait pas été payé de ses honoraires, à prendre copie, aux frais de la partie, de tous écrits pouvant servir à lui établir un titre.

L'avocat n'est pas obligé de remettre au client les minutes d'actes, les lettres du client à l'avocat, les preuves des avances faites par l'avocat et à lui non encore remboursées par le client; il est toutefois tenu d'en laisser copie à la requête et aux frais du client.

193. Cette obligation, aussi bien que l'obligation relative à la garde des actes, cessera après cinq ans, à partir du jour où a cessé l'assistance.

194. L'avocat n'est pas tenu de restituer le mandat à la partie; mais il doit, au bas du mandat en mentionner la révocation.

V. MANDATAIRES JUDICIAIRES.

DISPOSITIONS DIVERSES

HUISSIER (*Difficultés sur exécution*) *C. Proc.* 139. L'huissier représentera valablement en référé celui qui l'a requis de faire l'exécution.

INCAPABLES. *C. Proc.* 52. Les juges, les membres du parquet, les officiers d'un tribunal ne pourront être mandataires pour plaider ou présenter la défense des parties, soit verbalement soit par écrit, même à titre de consultation, quand bien même le pro-

---

(1) Cet article a été modifié par l'art. 220. R. G. J. qui exige le diplôme d'avocat pour représenter en première instance sauf devant le tribunal de justice sommaire.

cès se débattrait devant un autre tribunal que celui auquel ils sont attachés.

RÉCUSATION DU JUGE. *C. Proc.* 355. La récusation est faite par acte au greffe, signé de la partie ou de son mandataire spécial, la procuration sera jointe à l'acte de récusation.

SERMENT. *C. Proc.* 185. Le mandataire ne pourra ni déférer le serment ni référer, sans mandat spécial pour cet objet.

196. Le serment ne peut être prêté par mandataire.

MANDATS DE JUSTICE. MANDAT D'AMENER. (*Témoins*). *C. Proc.* 226. Le tribunal ou le juge pourra décerner dans ce cas (de non comparution du témoin) un mandat d'amener contre lui.

MANDAT DE DÉPOT, D'ARRÊT.(*Faillite*). *C. Com.* 343. Lorsque, après l'homologation du concordat, le failli sera poursuivi pour banqueroute frauduleuse et placé sous mandat de dépôt ou d'arrêt, le tribunal de commerce pourra prescrire telles mesures conservatoires qu'il appartiendra. Ces mesures cesseront de plein droit du jour de la déclaration qu'il n'y a lieu à suivre, de l'ordonnance d'acquittement ou de l'arrêt d'absolution.

MANDAT DE PAIEMENT. V. ASSIGNATIONS A VUE.

MANDATAIRES JUDICIAIRES, PAR OPPOSITION A AVOCATS.

R. G. J. 220. Devant le tribunal de justice sommaire et les délégations judiciaires, les parties pourront se faire représenter par des mandataires agréés par le tribunal de première instance.

221. Les tribunaux de première instance pourront, en vue exceptionnelle et avec l'approbation de la Cour, autoriser les personnes qui exercent actuellement la profession de mandataires à continuer à représenter les parties par devant eux.

223. Quand une partie comparaît par procureur, celui-ci doit, au jour fixé par la comparution, représenter le mandat au greffier. Le greffier en prend note sur un registre.

224. Le mandat conféré à des personnes qui n'appartiennent pas à l'ordre des avocats doit être en forme authentique ou sous seing privé, avec légalisation des signatures.

Pour les administrations de l'Etat, il suffit que le mandat soit signé par le chef de l'administration respective et qu'il porte le sceau officiel.

Le mandat peut être écrit à la fin de l'original ou de la copie de l'acte de citation.

225. Le mandat emporte de plein droit élection de domicile chez le mandataire.

226. La révocation du mandat ne produit pas d'effet, tant qu'elle n'a pas été notifiée à la partie adverse.

227. Le mandataire a le droit de renoncer au mandat; mais sa renonciation n'est valable que lorsqu'elle a été notifié à la partie adverse.

Il doit toutefois continuer son assistance pendant quatorze jours encore en tant que cette assistance est nécessaire pour garantir le client de préjudices légaux.

Cette obligation cesse si le client a révoqué le mandat.

228. Les tribunaux peuvent ôter le droit de représenter les parties devant eux à des individus qui en font profession, dans le cas où ceux-ci auraient commis des faits contraires à la probité ou à l'honneur.

Les décisions de cette nature pourront être l'objet d'un recours devant la Cour d'appel dans les huit jours.

Le recours n'aura pas d'effet suspensif.

Plaidoiries. R. G. J 90. Les parties, leurs mandataires et les avocats ne pourront être interrompus que s'ils injurient l'adversaire, attaquent l'ordre public ou des tiers étrangers au procès, ou s'ils s'écartent du sujet de l'affaire.

91. Si la partie, son mandataire où l'avocat persistent, après deux rappels à l'ordre de la part du juge qui préside l'audience, celui-ci pourra leur retirer la parole pour être procédé, au besoin, au jugement de l'affaire.

92. Le juge pourra même, selon la gravité du cas, priver le mandataire récidiviste, non inscrit au tableau des avocats, du droit de représenter les parties soit pour un temps déterminé, soit pour toujours devant les tribunaux mixtes.

Le mandataire pourra se pourvoir dans les huit jours devant la Cour d'appel contre la décision du juge.

Le recours doit être présenté au vice-président de la Cour, laquelle statuera en Chambre du Conseil. V. MANDAT AD LITEM.

MANUFACTURE. ACTE DE COMMERCE. *C. Com.* 2. La loi répute acte de commerce : Toute entreprise et toute opération de manufacture.

MARCHAND. V. COMMERÇANT. MARCHANDISES.

MARCHANDISES. ACTE DE COMMERCE. *C. Com.* 2 La loi répute acte de commerce : Tout achat de denrées et marchandises pour les revendre, soit en nature, soit après les avoir travaillées et mises en œuvre, ou même pour en louer l'usage.

PRESCRIPTION. *C. Civ.* 173. Les sommes dues aux marchands pour fournitures faites aux particuliers, se prescrivent par trois cent soixante jours, encore que de nouvelles dettes aient pris naissance pour les mêmes causes pendant ces trois cent soixante jours.

SAISIE-EXÉCUTION. *C. Proc.* 507. Les marchandises seront, suivant leur nature, pesées, mesurées ou jaugées ; les matières d'or et d'argent seront pesées et décrites.

Le rapport de l'expert commis par le juge sera joint au procès-verbal de saisie.

530. Lorsque le fonds de commerce ou le droit de bail sera vendu avec les marchandises ou les meubles, ou séparément, la vente se fera dans le local du tribunal affecté aux ventes publiques, si l'une des parties le requiert, et en tous cas quinze jours au plus tôt après la saisie.

VENTE. *C. Civ.* 306. Lorsque les marchandises ont été vendues en bloc, la vente est parfaite quoique les marchandises n'aient pas encore été pesées, comptées ou mesurées.

307. Lorsque les marchandises ne sont pas vendues en bloc, mais au poids, au compte, ou à la mesure, la vente n'est point parfaite en ce sens que les choses vendues sont au risque du vendeur, jusqu'à ce qu'elles soient pesées ou mesurées.

418. En matière de vente de marchandises et d'effets mobiliers,

quand un terme est convenu pour le paiement du prix et pour la prise de livraison, la vente est résolue de plein droit, si le prix n'est pas payé aux termes fixés et sans qu'il soit besoin de sommation.

116. Celui qui a acheté de bonne foi la chose volée ou perdue d'un marchand qui en faisait commerce, ou dans un marché public, a le droit de réclamer au propriétaire revendiquant le prix qu'il a payé.

MARCHÉ. *C. Civ.* 116. Celui qui a acheté de bonne foi la chose volée ou perdue dans un marché public, a le droit de réclamer au propriétaire revendiquant le prix qu'il a payé.

MARIAGE DES COMMERÇANTS. *C. Com. Chap. I. Sect. IV.* DE LA PUBLICITÉ A DONNER AUX CONVENTIONS MATRIMONIALES DES COMMERÇANTS (*art.* 20-24).

20. Tout commerçant ou commerçante engagé dans les liens du mariage sera contraint, dans l'année de la promulgation du présent Code, de faire connaître au greffe du tribunal le régime matrimonial sous lequel il se trouve.

21. S'il y a contrat, l'acte en sera soumis au greffier qui en fera un extrait sur un registre.

22. Le registre sera communiqué à première réquisition à toute personne sur l'indication du nom du commerçant et pour la partie qui le concerne.

23. Tout commerçant qui contractera mariage, et toute personne mariée qui embrassera la profession de commerçant, fera la même publication dans le mois de son mariage, ou dans le mois où il devra ouvrir son commerce.

24. Faute d'avoir rempli les formalités prescrites par la présente section, le commerçant qui tombera en faillite sera condamné comme banqueroutier simple, s'il est reconnu que le défaut de publicité a pu donner aux tiers une confiance non méritée.

FAILLITE DU MARI. (*Droits des femmes.*) *C. Com.* 372. Quelle que soit la loi qui régisse le mariage, la femme, en cas de faillite du mari, reprendra en nature les immeubles qu'elle avait au moment du mariage et dont elle a conservé la propriété, et ceux qui lui seront survenus par succession ou par donation entre vifs ou testamentaires.

373. La femme reprendra pareillement les immeubles acquis par elle et en son nom des deniers provenant des dites successions et donations, pourvu que la déclaration d'emploi soit expressément stipulée au contrat d'acquisition, et que l'origine des derniers soit constatée par inventaire ou par tout autre acte authentique.

374. Sous quelque régime qu'ait été formé le contrat de mariage, hors le cas prévu par l'article précédent, la présomption légale est que les biens immeubles acquis par la femme du failli ou en son nom appartiennent à son mari, qu'ils ont été payés de ses deniers,

et doivent être réunis à la masse de son actif, sauf à la femme à fournir la preuve du contraire.

375. La femme pourra reprendre en nature les effets mobiliers qu'elle s'est constitués par contrat de mariage, ou qui lui sont advenus par succession, donation entre vifs ou testamentaires, quand elle en aura conservé la propriété d'après sa loi matrimoniale, toutes les fois que l'identité en sera prouvée par inventaire ou tout autre acte authentique.

376. A défaut par la femme de faire cette preuve, tous les effets mobiliers, tant à l'usage du mari qu'à celui de la femme, sous quelque régime qu'ait été contracté le mariage, seront compris dans la masse de la faillite, sauf aux syndics à lui remettre, avec l'autorisation du juge-commissaire, les habits et linge nécessaires à son usage.

377. L'action en reprise résultant des dispositions des articles 372, 373, et 374 ne sera exercée par la femme qu'à la charge des dettes et hypothèques dont les biens sont légalement grevés, soit que la femme s'y soit obligée volontairement, soit qu'elle y ait été condamnée.

378. Si la femme a payé des dettes pour son mari, la présomption légale est qu'elle l'a fait des deniers de celui-ci, et elle ne pourra, en conséquence, exercer aucune action dans la faillite, sauf la preuve contraire, comme il est dit dans l'article 375.

379. La femme dont le mari était commerçant à l'époque de la célébration du mariage, ou dont le mari, n'ayant pas alors d'autre profession déterminée, sera devenu commerçant dans l'année qui suivra cette célébration, ne pourra exercer dans la faillite aucune action à raison des avantages portés au contrat de mariage, et, dans ce cas, les créanciers ne pourront de leur côté se prévaloir des avantages faits par la femme au mari dans ce même contrat.

380. Les dispositions du présent chapitre n'ont aucun effet rétroactif.

MATELOTS. V. Loyers des matelots. Équipage de navire.

MATÉRIAUX. *C. Civ.* 503. Le maître doit prendre au prix coûtant les matériaux qui peuvent lui être utiles dans le cas où (*art.* 502) le louage d'industrie se trouve résolu par la mort de la personne engagée, ou toute circonstance fortuite qui l'empêche de travailler.

MATIÈRES CIVILES. V. Affaires civiles.

MATIÈRES COMMERCIALES. V. Affaires commerciales.

MATIÈRE IMMOBILIÈRE. V. Immeubles.

MAUVAISE FOI. Eviction. *C. Civ.* 383. (En cas d'éviction de l'acheteur) si le vendeur est de mauvaise foi, il devra payer même les dépenses de luxe faites par l'acheteur.

INDU PAIEMENT. *C. Civ.* 206. Celui qui a reçu ce qui ne lui était pas dû est obligé à le restituer.

207. Il est responsable de la perte et des intérêts et des fruits s'il a reçu de mauvaise foi.

VENTE. (*Délivrance.*) *C. Civ.* 347. Si la convention de vente indique comme lieu de la situation de la chose vendue un lieu autre que celui auquel elle se trouvait, cette indication vaudra, pour le vendeur, obligation de transporter la chose au lieu indiqué, si l'acheteur l'exige.

Dans le cas où le transport serait impossible, ou s'il amenait un retard préjudiciable pour l'acheteur, ce dernier aurait le droit de résilier la vente avec dommages-intérêts, si le vendeur n'était pas de bonne foi.

MÉDECINS. PRESCRIPTION. *C. Civ.* 273. Les sommes dues aux médecins pour honoraires se prescrivent par trois cent soixante jours, encore que de nouvelles dettes aient pris naissance pour les mêmes causes pendant ces trois cent soixante jours.

MEHKÉMÉ. *R. O. J. T. I. Art.* 31. Il y aura, dans chaque greffe des tribunaux de première instance, un employé du Mehkémé qui assistera le greffier dans les actes translatifs de propriété immobilière et de constitution de droit de privilège immobilier, et en dressera acte qu'il transmettra au Mehkémé.

32. Il y aura également auprès du Mehkémé des commis délégués par le greffier du tribunal de première instance qui devront lui transmettre, pour être transcrits d'office au registre des hypothèques, les actes translatifs de propriété immobilière et de constitution de gage immobilier.

Ces transmissions seront faites sous peine de dommages-intérêts et de poursuite disciplinaire, et sans que l'omission entraîne nullité.

MER. *C. Civ.* 88. Il n'est pas permis d'empiéter sur la mer, si ce n'est pour rétablir les limites de la propriété.

87. Les alluvions de la mer appartiennent à l'Etat.

MERS D'EUROPE. *C. Marit.* 225. En cas de prise ou d'arrêt de la part d'une puissance, l'assuré est tenu de faire la signification à l'assureur dans les trois jours de la réception de la nouvelle.

Le délaissement des objets arrêtés ne peut être fait qu'après un délai de six mois de la signification, si l'arrêt a eu lieu dans les mers de l'Europe, dans la Méditerranée ou la Baltique. V. DÉLAISSEMENT.

MERCURIALES. APPEL. (*Evaluation de la demande*).

C. Proc. 391. Les demandes qui concernent les denrées (sont évaluées) d'après les mercuriales.

MESURE. VENTE. *C. Civ.* 305. La vente peut être faite en bloc, ou à la mesure, ou à l'essai.

307. Lorsque les marchandises ne sont pas vendues en bloc, mais au poids, au compte, ou à la mesure, la vente n'est point parfaite en ce sens que les choses vendues sont au risque du vendeur, jusqu'à ce qu'elles soient pesées, comptées ou mesurées.

363. Le vendeur doit livrer la quantité, le poids ou la contenance qui sont indiqués au contrat comme étant ceux de la chose vendue.

364. Dans la vente en bloc des choses qui peuvent se remplacer, si la quantité est spécifiée, et le prix indiqué à tant l'unité, et que la quantité réelle soit inférieure, l'acheteur a le droit d'opter pour la résiliation de la vente ou pour son maintien en payant un prix diminué proportionnellement.

365. S'il y a un excédant sur la mesure indiquée, cet excédant appartient au vendeur.

366. Dans la vente des choses qui se comptent à la mesure ou au poids et qui ne peuvent se diviser sans préjudice, si cette vente a eu lieu avec indication d'une mesure exacte et du prix de l'unité de mesure, l'acheteur a le droit de résilier la vente ou de prendre la chose vendue en entier, en maintenant la vente et en payant un prix proportionnel à la mesure réelle.

367. Dans les cas prévus par les articles précédents, la résiliation n'est permise à l'acheteur que si l'erreur est de plus d'un vingtième calculé sur le prix indiqué. V. RÉSOLUTION.

(*Frais*). *C. Civ.* 355. Les frais de mesurage et de pesage, etc., sont à la charge du vendeur.

MESURE ADMINISTRATIVE. *C. Civ.* 7. Ces tribunaux (mixtes) sans pouvoir interpréter ou arrêter l'exécution d'une mesure administrative, pourront juger, dans les cas prévus par le Code civil, les atteintes portées à un droit acquis d'un étranger par un acte d'administration.

MESURES CONSERVATOIRES. *C. Proc. Chap.* XIII. *Sect. II.* DES MESURES CONSERVATOIRES.

§ I. *De la saisie conservatoire.* V. SAISIE CONSERVATOIRE.

§ II. *Du droit d'affectation sur les immeubles.* V. AFFECTATION (DROIT D').

DISPOSITIONS DIVERSES.

CAUTIONNEMENT. *C. Civ.* 612. Le répondant non solidaire a le droit, s'il n'y a pas renoncé, d'exiger que le créancier exerce des poursuites contre le débiteur principal, si les biens de ce débiteur qui peuvent être saisis paraissent suffisants pour payer intégralement la dette ; il est en conséquence laissé à l'appréciation des tribunaux de décider, pour ce motif, que les poursuites contre la caution seront suspendues, quant à présent, sans préjudice des mesures conservatoires.

EXÉCUTION PROVISOIRE. *C. Proc.* 450. L'exécution provisoire nonobstant appel sera ordonnée avec ou sans caution en matière civile, suivant que le tribunal le jugera à propos, lorsqu'il s'agira : 3° de mesures conservatoires ou provisoires.

EXPROPRIATION D'UTILITÉ PUBLIQUE. *C. Civ.* 130. Aucune contestation à l'occasion des propriétés expropriées ne pourra arrêter la procédure, sauf au tribunal à ordonner les mesures conservatoires à la requête de la partie la plus diligente au profit des prétendants droit.

FAILLITE. *C. Com.* 216. (Si le débiteur est en fuite ou s'il détourne son actif) les mesures conservatoires pourront être ordonnées par le juge.

241. Toutes voies d'exécution pour parvenir au paiement des loyers sur les effets mobiliers servant à l'exploitation du commerce du failli, seront suspendues pendant trente jours, à partir du jugement déclaratif de faillite, sans préjudice de toutes mesures conservatoires, et du droit qui serait acquis au propriétaire de reprendre possession des lieux loués ; dans ce dernier cas, la suspension des voies d'exécution établie au présent article cessera de plein droit.

343. Lorsque, après l'homologation du concordat, le failli sera poursuivi pour banqueroute frauduleuse et placé sous mandat de dépôt ou d'arrêt, le tribunal de commerce pourra prescrire telles mesures conservatoires qu'il appartiendra. Ces mesures cesseront de plein droit du jour de la déclaration qu'il n'y a lieu à suivre, de l'ordonnance d'acquittement ou de l'arrêt d'absolution.

OPPOSITION. *C. Proc.* 381. Les actes conservatoires peuvent être faits malgré l'opposition.

SAISIE-MOBILIÈRE. *C. Proc.* 515. Si les portes sont fermées, ou si l'ouverture en est refusée, ou s'il est fait contre l'huissier des actes de violence ou de résistance, il prendra toutes les mesures conservatoires pour empêcher les détournements et requérir la force publique et l'assistance de l'autorité locale ; si elle lui est refusée, il s'adressera au président qui requerra la force publique au nom du tribunal. V. SAISIE MOBILIÈRE.

MESURES PROVISOIRES. EXÉCUTION. *C. Proc.* 439. S'il s'élève des difficultés sur l'exécution, elles seront portées, pour les mesures provisoires, devant le tribunal de référé du lieu de l'exécution, et sur le principal devant le tribunal qui aura rendu la sentence.

EXÉCUTION PROVISOIRE. *C. Proc.* 450. L'exécution provisoire nonobstant appel sera ordonnée avec ou sans caution en matière civile, suivant que le tribunal le jugera à propos, lorsqu'il s'agira :

3° de mesures conservatoires ou provisoires. V. ACTES CONSERVATOIRES.

MESURES URGENTES. EXPERTISES. C. *Proc.* 258. Lorsqu'il y aura lieu à expertise, le tribunal ou le juge du référé, s'il y a lieu, nommera un ou trois experts, suivant les cas, et précisera, dans le dispositif de sa sentence, les points sur lesquels l'expertise doit porter et les mesures urgentes que l'expert sera autorisé à prendre.

Ce jugement ne sera pas signifié si les parties sont présentes à l'audience ou représentées.

MEUBLES (Biens).

DISPOSITIONS GÉNÉRALES.

C. Civ. Titre I. Chap. I. DES DIFFÉRENTES SORTES DE BIENS.

15. Les biens sont meubles ou immeubles.

16. Sont immeubles, les biens qui ont reçu de la nature ou de la main des hommes, une assiette fixe et immobile, et ne peuvent se transporter sans rupture ou détérioration, et tous les droits réels sur ces biens.

17. Tous les autres biens sont meubles.

Les termes de *mobilier*, *effets mobiliers* et *biens meubles* employés dans la loi, comprennent indistinctement tout ce qui est meuble.

18. Néanmoins sont considérés comme immeubles, en ce sens qu'ils ne peuvent être saisis séparément des immeubles dont ils dépendent, les ustensiles d'agriculture, et troupeaux nécessaires à la culture, quand ils appartiennent au propriétaire du terrain, et les ustensiles et approvisionnements des usines, quand ils appartiennent au propriétaire de ces usines.

DISPOSITIONS DIVERSES.

ACQUISITION DES MEUBLES. *C. Civ.* 67. La propriété des meubles et des immeubles est acquise par l'effet de la convention de donner, quand la chose est la propriété de l'obligé.

68. Toutefois, la propriété des meubles s'acquiert par la délivrance en vertu d'un juste titre, bien que celui qui le livre ne soit pas propriétaire, pourvu que celui qui reçoit soit de bonne foi, et sauf le droit de revendication du véritable propriétaire, en cas de perte ou de vol.

CRÉANCIERS PRIVILÉGIÉS. *C. Civ.* 678. Il y a cinq classes de créanciers : 4° Les créanciers privilégiés, c'est-à-dire ceux qui, à raison de la nature de leurs créances, ont le droit de se faire payer par préférence à tous autres créanciers sur la valeur de certains meubles ou immeubles du débiteur. V. PRIVILÈGES.

DÉPÔT. *C. Civ.* 590. Le dépôt est un contrat par lequel une personne remet une chose mobilière à une autre personne qui promet, sans stipuler de salaire, de garder la chose déposée comme elle garderait sa chose propre et de la rendre en nature à première réquisition. V. Dépot.

DONATIONS. *C. Civ.* 70. La propriété des meubles et des immeubles donnés est acquise par le fait même de la donation et de l'acceptation : toutefois quand la libéralité ne revêt pas les formes d'un autre contrat, la donation et l'acception doivent avoir lieu par un acte authentique, sous peine de nullité.

71. En matière de meubles, la donation est parfaite, sans qu'il y ait besoin d'acte authentique, s'il y a délivrance effective et prise de possession.

GAGE. *C. Civ.* 670. L'objet du gage peut être mobilier ou immobilier.

672. Le gage mobilier n'est valable, à l'égard des tiers, qu'à la condition d'être fait par un écrit ayant date certaine et portant désignation suffisante de la somme garantie engagée et de l'objet du gage.

PREUVE DE LA PROPRIÉTÉ. *C. Civ.* 733. En matière mobilière, la preuve contre toute personne résulte de la possession avec titre et bonne foi.

734. La possession des meubles seule fait présumer le titre et la bonne foi, sauf preuve contraire, et sauf ce qui a été dit précédemment en cas de perte et de vol.

SAISIE-EXÉCUTION. *C. Proc.* 502. La saisie des meubles et biens mobiliers ne pourra être faite que vingt-quatre heures après le commandement.

SCELLÉS (*Faillite*). *C. Com.* 249. Les scellés seront apposés immédiatement par le juge-commissaire, et, au besoin, provisoirement par tout officier public ou fonctionnaire qu'il déléguera, sur les magasins, comptoirs, caisses, livres, papiers, meubles et effets du failli, à moins que l'inventaire ne puisse être fait en un jour, auquel cas il y serait procédé sans désemparer.

USUFRUIT. *C. Civ.* 40. S'il s'agit de choses mobilières, il doit être fait inventaire et donné caution; à défaut de caution, les meubles seront vendus et le produit placé en fonds publics dont le revenu est remis à l'usufruitier. V. ACTION MOBILIÈRE. VENTE MOBILIÈRE.

VENTE (*Délivrance*). *C. Civ.* 343. La délivrance s'opère conformément à la nature des choses vendues.

A l'égard des meubles, elle peut s'opérer par la tradition réelle ou la remise des clefs du magasin qui les contient.

PAIEMENT DU PRIX. *C. Civ.* 418. En matière de vente de marchandises et d'effets mobiliers, quand un terme est convenu pour le paiement du prix et pour la prise de livraison, la vente est résolue de plein droit, si le prix n'est pas payé aux termes fixés et sans qu'il soit besoin de sommation.

DROIT MARITIME.

4. Les navires et autres bâtiments de mer, tout meubles qu'ils soient, ont droit de suite comme les immeubles entre les mains de tiers ; c'est-à-dire que, s'ils viennent à être vendus à des tiers par leurs propriétaires débiteurs du chef de ces navires, leurs créanciers peuvent faire saisir lesdits navires entre les mains des tiers acheteurs et les faire vendre pour le recouvrement de leurs créances. En conséquence, ces sortes de navire sont affectés aux dettes du vendeur et spécialement à celles que la loi déclare privilégiées.

MEUBLES INCORPORELS. *C. Civ.* 673. Le gage sur une créance se constitue par la remise du titre et l'accomplissement des formalités exigées pour la validité du transport. V. CESSION DE CRÉANCES.

MINEURS. V. VENTES IMMOBILIÈRES.

DISPOSITIONS DIVERSES.

BILLET A ORDRE. *C. Com.* 196. Toutes les dispositions relatives aux lettres de change et concernant la capacité des souscripteurs, endosseurs et accepteurs sont applicables aux billets à ordre ou au porteur.

COMMUNICATION. *C. Proc.* 68. Seront communiquées au ministère public, les causes suivantes : 1° celles qui concernent ou intéressent les mineurs.

ENQUÊTE (*Déposition*). *C. Proc.* 244. Les enfants au-dessous de 14 ans ne prêteront pas serment et seront entendus à titre de simple renseignement.

LETTRE DE CHANGE. *C. Com.* 115. Les lettres de change souscrites par des mineurs non commerçants ou des incapables, et les endossements et acceptations signés par eux sont nuls à leur égard seulement.

LÉSION. *C. Civ.* 419. La lésion de plus d'un cinquième en matière de vente immobilière ne donne lieu au profit du vendeur qu'à une action en supplément de prix et seulement au profit des vendeurs qui sont mineurs.

420. Le droit d'exercer l'action à raison de la lésion cesse deux ans après la majorité ou le décès du vendeur, et ne préjudicie pas aux créanciers hypothécaires incrits.

MINEUR COMMERÇANT. *C. Com.* 10. Les personnes âgées de vingt et un ans accomplis, pourront se livrer au commerce. Celles qui ont accompli leur dix-huitième année ne pourront faire le commerce que dans les conditions prescrites par leur statut personnel si elles sont mineures ou par autorisation du tribunal de commerce, si elles sont majeures d'après leur statut personnel. V. INCAPABLES.

PARTAGES (*Lotissement*). *C. Civ.* 552. Le tribunal sera toujours appelé à homologuer la division des biens en lots, quand il y aura des mineurs ou incapables en cause.

C. Proc. 715. S'il y a des mineurs en cause, les contestations seront jugées par le tribunal sur les conclusions du ministère public, auquel, même s'il n'y a pas de contestations, le procès-verbal de lotissement sera communiqué.

PRESCRIPTION. *C. Civ.* 113. La prescription acquisitive, en matière immobilière, ne court pas contre ceux qui sont légalement incapables.

114. Aucune autre prescription de plus de cinq années ne court contre ces mêmes incapables.

RESPONSABILITÉ. *C. Civ.* 212. Tout fait poursuivi par la loi oblige son auteur à réparer le préjudice qui en résulte, sauf le cas où cet auteur, à raison de son âge ou pour tout autre motif, n'a pas conscience de ses actes.

213. Il en est de même si le préjudice causé à un tiers provient d'une faute, de négligence, d'imprudence ou de défaut de surveillance des personnes que l'on a sous sa garde.

MINISTÈRE PUBLIC. *C. Proc. Chap.* IX. COMMUNICATION AU MINISTÈRE PUBLIC (*art.* 68-76).

DISPOSITIONS GÉNÉRALES.

Causes communicables. C. Proc. 68. Seront communiquées au ministère public les causes suivantes :

1° Celles qui concernent ou intéressent les mineurs et toutes personnes défendues par un tuteur ou curateur, ou présumées absentes ;

2° Celles qui concernent les femmes non autorisées par leurs maris ou plaidant pour leur dot ;

3° Celles qui concernent l'ordre public, l'Etat, le domaine public, les administrations du gouvernement, les villes et villages agissant comme communauté, les établissements publics, les dons et legs faits aux pauvres ;

4° Celles qui touchent à l'état des personnes, aux tutelles, à la liberté individuelle ;

5° Les déclinatoires pour incompétence.

6° Les règlements de juges, les récusations de juges ou experts et renvois pour cause de parenté ou alliance, de litispendance ou de connexité, les prises à partie, les requêtes civiles ;

7° Les distributions par voie d'ordre ou de contribution, les vérifications d'écritures, les faux incidents civils, les causes concernant les successions vacantes ou bénéficiaires ;

8° Les délits ou infractions commis et jugés à l'audience.

9° Toutes les autres affaires qui pourront être spécifiées par la loi.

69. Le ministère public pourra prendre communication des pièces dans toutes les autres causes où il jugera son ministère nécessaire. Le tribunal pourra même ordonner d'office cette communication.

70. Les pièces devront, dans les cas spécifiés dans les articles 67 et 68, être, par les parties, déposées au parquet vingt-quatre heures avant l'audience.

Conclusions du ministère public. Proc. 71. Sur la demande du ministère public, il lui sera accordé un délai de trois jours, au moins, pour donner ses conclusions.

72. Les conclusions du ministère public devront être données dans les causes ci-dessus, à peine de nullité du jugement.

73. Le jugement en fera mention sans dire en quel sens elles ont été données, à moins que le ministère public ne soit partie principale au procès.

74. Dans toutes les causes où le ministère public n'est que partie jointe, les parties, après ses conclusions, ne peuvent ni prendre la parole ni fournir de conclusions nouvelles ; elles peuvent seulement produire au tribunal des notes écrites pour rectifier les faits.

75. Le tribunal peut, toutefois, dans les cas exceptionnels où il le jugerait nécessaire, rouvrir les débats s'il y a production de pièces ou de documents nouveaux.

Absence du ministère public. 76. En cas d'absence ou d'empêchement des membres du parquet, le ministère public sera exercé à l'audience par un des juges ou suppléants désignés par le tribunal.

DISPOSITIONS DIVERSES

CAUTION D'HUISSIER. — *R. G. J.* 32. S'il ne survient point d'opposition à la demande de main-levée de la caution d'un huissier en cas de cessation de ses fonctions, ou si elles ont été rejetées, la Cour ou le tribunal près lequel l'huissier a cessé d'exercer ses fonctions prononcera la main-levée, le ministère public entendu.

COMPROMIS. *C. Proc.* 792. Les parties maîtresses de leurs droits peuvent seules compromettre, et le compromis ne peut porter que sur des contestations qui ne sont pas communicables au ministère public.

CONCILIATION. *R. G. J.* 104. Les conciliations sur l'inscription en faux en matière civile ne sont point valables sans l'homologation du juge et sans que le ministère public ait été entendu.

ENQUÊTES. *C. Proc.* 247. Après l'interrogatoire par les parties, le tribunal, par l'organe du président ou des juges, ou le juge commis, pourra poser d'office les questions qui lui paraîtront utiles à la découverte de la vérité.

Le ministère public, à l'audience où se fera l'enquête, aura le même droit.

ENROLEMENT DES CAUSES. *C. Proc.* 57. Les causes civiles non urgentes seront renvoyées à un rôle spéciale, où elles prendront leur rôle d'inscription. Il en sera de même pour les affaires commerciales qui exigent un grand développement ; ce qui, dans les deux cas, sera décidé par le tribunal, ou le juge délégué par lui, le ministère public entendu et les parties convoquées par simple avis.

FAILLITE. *C. Com.* 203. La déclaration de faillite peut être prononcée soit à la demande du débiteur, soit à la demande des créanciers, soit sur les réquisitions du ministère public, soit d'office.

212. Il n'est statué sur la faillite demandée par le ministère public qu'après avis donné au débiteur par lettre du greffier du jour de l'audience.

215. La faillite sera demandée par le ministère public, ou prononcée d'office, sans avis et sans délai, si le débiteur est en fuite ou s'il détourne son actif.

CONCORDAT. *C. Com.* 335. L'homologation du concordat sera poursuivie devant le tribunal de commerce, sur simple requête par la partie la plus diligente, et jugée comme en matière urgente sur les conclusions du ministère public.

RÉHABILITATION. *C. Com.* 423. La Cour d'appel, à la requête du ministère public, rendra arrêt motivé portant admission ou rejet de la demande en réhabilitation qui devra être accordée; si la preuve du paiement intégral des créances est faite et le débiteur libéré. Si la demande est rejetée, elle ne pourra être reproduite qu'après une année d'intervalle.

HUIS-CLOS. *C. Proc.* 58. Les plaidoiries seront publiques, sauf le cas où le tribunal, soit d'office, soit sur la réquisition du ministère public, ordonnerait le huis-clos dans l'intérêt de l'ordre public ou des bonnes mœurs.

INSCRIPTION EN FAUX. *C. Proc.* 332. Celui qui, s'étant inscrit en faux, a encouru la déchéance ou a succombé dans son incident sera, à la requête du ministère public, condamné à 2000 P. T. d'amende.

JUGEMENT. *C. Proc.* 90. Quand il sera besoin d'un nouveau renvoi (pour prononcer le jugement), ce renvoi sera prononcé à l'audience et à jour fixe, et les motifs du renvoi devront être mentionnés sur le registre des délibérations intérieures du tribunal, en présence du ministère public.

PARTAGES. *(Lotissement). C. Proc.* 715. S'il y a des mineurs en cause, les contestations seront jugées par le tribunal sur les conclusions du ministère public, auquel, même s'il n'y a pas de contestations, le procès-verbal de lotissement sera communiqué.

POLICE DE L'AUDIENCE. *C. Proc.* 63. Si le trouble est causé par un individu remplissant une fonction près le tribunal, il pourra lui être fait, séance tenante, à la requête du ministère public, application des peines disciplinaires. (V. Règl. organ. jud., modifiant les art. 63 à 67).

64. Le tribunal fera dresser procès-verbal des crimes et délits commis à l'audience, et ordonnera, le ministère public entendu, les mesures d'instruction qui pourront être prises séance tenante.

65. L'individu qui serait arrêté sera, à la diligence du ministère public, déposé à la maison d'arrêt, sur le vu de l'ordonnance du président.

66. Le tribunal sera compétent pour prononcer, sur les conclusions du ministère public, la peine de vingt-quatre heures de prison, qui sera exécutée immédiatement, contre les individus qui troubleraient l'audience, et pour statuer, après avoir entendu les réquisitions du ministère public, sur la peine des délits commis à l'audience contre le tribunal ou l'un de ses membres, ou les officiers de la justice, même quand le tribunal siègera en matière de commerce.

PRISE A PARTIE. *C. Proc.* 751. L'affaire sera appelée à la première audience qui suivra la huitaine de la requête, qui sera, dans l'intervalle, communiquée au juge et au ministère public par les soins du greffier.

752. La partie ou son mandataire, qui devra être avocat, sera entendu en ses explications, et le ministère public dans ses conclusions.

RÉCUSATION DE JUGE. *C. Proc.* 358. L'expédition de l'acte de récusation, sera, dans les vingt-quatre heures, remise par le greffier au président qui la communiquera au ministère public.

362. Le rapport sera lu, les conclusions du ministère public données, et le jugement prononcé à l'audience, sans plaidoiries.

364. Le jugement qui rejettera la récusation condamnera, sur les conclusions du ministère public, la partie récusante à une amende de 400 P. T., qui pourra être portée à 2000, si la récusation était motivée sur les moyens indiqués par le § 8 de l'article 352. V. RÉCUSATION.

SIGNIFICATIONS. V. EXPLOITS (*Art.* 10).

VENTE DES IMMEUBLES DE MINEURS ET FAILLIS. *C. Proc.* 705. Le cahier des charges sera notifié aux créanciers inscrits et au ministère public qui pourront saisir le tribunal des contestations qu'ils soulèveront sur sa rédaction dans la forme des dires ordinaires.

VISITE DES LIEUX. *C. Proc.* 285. La présence du ministère public ne sera nécessaire que dans le cas où il est partie principale.

MINORITÉ. V. MINEUR.

MINUTES. JUGEMENTS. *C. Proc.* 100. En cas d'empêchement absolu, il suffira que les juges aient signé la minute du jugement avant sa lecture.

102. La minute sera signée par le président et le greffier.

R. G. J. 113. La minute est soumise à l'approbation des juges. Elle est signée par le président et le greffier, qui y mettent l'indication du jour, du mois, de l'an et du lieu où le jugement est prononcé. V. Expéditions. Grosses.

MISE A PRIX. saisie immobilière. *C. Proc.* 627. Le cahier des charges contiendra : 5° La mise à prix, pour chaque lot, à laquelle le saisissant consent à rester acquéreur, s'il ne se présente pas d'enchérisseur.

636. Chacun des créanciers inscrits ou porteurs des titres exécutoires pourra augmenter, par un dire, la mise à prix et en prendre charge ; ce qui sera mentionné à la suite du cahier des charges ; celui qui aura offert la mise à prix la plus élevée sera, après le délai pour produire les dires, subrogé de plein droit aux poursuites, et il sera procédé comme il est indiqué aux paragraphes suivants en cas de subrogation.

637. S'il n'est fait aucun dire autre que des offres de mise à prix, la partie poursuivante fixera à la suite du cahier des charges, d'accord avec le greffier, le jour auquel la vente aura lieu.

645. Quarante jours au plus tôt et vingt jours au plus tard avant la vente, elle sera annoncée par des affiches signées du poursuivant ou de son fondé de pouvoirs, qui contiendront : 5° la mise à prix de chaque lot.

652. Au jour indiqué pour l'adjudication il y sera procédé, par le tribunal, sur la mise à prix déterminée à la suite du cahier des charges, à la requête du saisissant et au besoin de tout créancier inscrit, et à la criée de l'huissier.

653. Toute enchère qui, y compris la mise à prix, ne sera pas couverte pendant trois minutes, donne lieu à l'adjudication au profit de l'enchérisseur, ce qui sera prononcé par le tribunal.

(*Revendication*). *C. Proc.* 688. Il sera en tous cas passé outre pour ceux des biens saisis qui ne seraient pas compris dans la revendication, auquel cas la mise à prix sera modifiée par le tribunal, si la revendication ne porte pas sur la totalité d'un ou plusieurs lots.

(*Immeubles de mineurs et faillis*). *C. Proc.* 704. La vente des immeubles des faillis, celle des immeubles des mineurs, quand elle sera autorisée, aura lieu sur une mise à prix fixée par le juge-commissaire ou le tribunal, et sur un cahier des charges dressé et déposé par les syndics ou les représentants des mineurs. V. Ventes immobilières.

MISE AU ROLE. V. Enrôlement.

MISE EN CAUSE. V. Garantie.

MISE EN DEMEURE. Délaissement sur expropriation. *C. Civ.* 697. Si l'immeuble (hypothéqué) est entre les mains d'un tiers détenteur, le créancier ne peut procéder à la saisie qu'après sommation à ce dernier de payer la dette ou de délaisser l'immeuble, et après les délais indiqués au code de procédure.

702. Le tiers détenteur peut faire cette offre (de payer l'immeuble) sans avoir reçu de mise en demeure.

712. Lorsque le tiers détenteur délaisse ou subit l'expropriation, il doit la restitution des fruits depuis la mise en demeure à lui faite de payer ou de délaisser.

DÉPÔT. *C. Civ.* 602. Le dépositaire ou séquestre doit les intérêts de l'argent déposé dès qu'il est mis en demeure de le restituer, quand il le doit, ou dès qu'il l'a employé à son profit.

DOMMAGES-INTÉRÊTS. *C. Civ.* 178. Les dommages-intérêts ne sont pas dus tant que le débiteur n'est pas en demeure.

LOUAGE D'OUVRAGE. *C. Civ.* 509. Quand l'ouvrier fournit la matière, il supporte la perte de la chose commandée, à moins qu'elle n'ait été livrée, agréée ou offerte avec mise en demeure.

MANDAT. *C. Civ.* 646. Le mandataire doit les intérêts du jour de la mise en demeure ou de l'emploi qu'il a fait à son profit des deniers reçus.

OBLIGATIONS. *C. Civ.* 241. Si l'exécution est devenue impossible par la faute du débiteur, ou si l'impossibilité est survenue depuis qu'il est en demeure d'exécuter, il est tenu à des dommages-intérêts.

PRÉEMPTION. *C. Civ.* 101. Celui qui a un droit de préemption doit, à peine de déchéance, déclarer son intention de retirer l'immeuble dans les vingt-quatre heures de la mise en demeure, outre les délais de distance.

SOCIÉTÉ. *C. Civ.* 518. L'associé en retard de délivrer son apport est tenu à des dommages-intérêts sur une simple mise en demeure.

SOLIDARITÉ. *C. Civ.* 166. La mise en demeure et la poursuite contre un seul débiteur solidaire produit effet contre tous les autres.

VENTE. *(Délivrance.) C. Civ.* 349. En cas de retard dans la livraison, après une mise en demeure, l'acheteur aura le droit de résilier la vente ou d'exiger sa mise en possession, avec dommages-intérêts dans les deux cas, s'il y a préjudice et si le retard provient du fait du vendeur.

371. Si la chose vendue périt avant la livraison, même sans la faute ou la négligence du vendeur, la vente sera résolue et le prix restitué, s'il y a lieu, à moins que l'acheteur n'ait été mis en demeure de prendre livraison par une sommation ou tout autre acte équivalent ou par la convention même.

(*Paiement du prix*). *C. Civ.* 410. Le prix ne produit intérêts, sauf stipulation, que s'il est exigible, et si l'acheteur a été mis en demeure de payer par une sommation.

MOBILIER. *C. Civ.* 17. Les termes de *mobilier, effets mobiliers* et *biens meubles* employés dans la loi, comprennent indistinctement tout ce qui est meuble. V. MEUBLES.

MOIS (Echéance). EFFETS DE COMMERCE. *C. Com.* 133. Une lettre de change peut être tirée :

A un ou plusieurs jours ou mois de vue;
A un ou plusieurs jours ou mois de date.

135. L'échéance d'une lettre de change à un ou plusieurs jours ou mois de vue est fixée par la date de l'acceptation ou par celle du protêt faute d'acceptation.

136. Le mois se compte d'après le calendrier qui correspond à la date déterminée dans la lettre de change.

S'il s'agit d'une lettre de change payable à un ou plusieurs mois de vue et que l'acceptation soit datée, le mois sera calculé d'après le calendrier auquel correspond la date déterminée dans l'acceptation.

MOISSONS. V. Mesures conservatoires. Récoltes. Saisie brandon.

MONNAIE. Effets de commerce. *C. Com.* 149. Une lettre de change doit être payée dans la monnaie qu'elle indique. V. Argent monnayé.

MORT. V. Décès.

MOTIFS ET DISPOSITIF. *C. Proc.* 101. Les jugements devront être motivés, à peine de nullité.

103. Les motifs et le dispositif des jugements avec la mention du nom des parties, des juges et membres du parquet qui y auront assisté, devront être transcrits sans blancs, ratures ou surcharges, par le greffier, sur un registre coté et paraphé et suivant leur ordre de date.

107. L'acte contenant les noms et qualités des parties et l'énoncé des points de fait et de droit sera rédigé par le greffier.

108. Dans ce cas, le point de fait contiendra seulement, outre l'énoncé des actes authentiques nécessaires à l'intelligence de l'affaire, les motifs en résumé, autant que faire se pourra, et le dispositif en entier des conclusions déposées par les parties sur le bureau du tribunal et l'indication de la procédure d'audience.

R. G. J. 113. Le vote terminé, le président charge l'un des juges de rédiger les motifs et le dispositif du jugement, ou il s'en charge lui-même. Les motifs doivent contenir, d'une manière claire et succincte, les circonstances de fait et de droit sur lesquelles repose le jugement. La minute est soumise à l'approbation des juges. Elle est signée par le président et le greffier, qui y mettent l'indication du jour, du mois, de l'an et du lieu où le jugement est prononcé.

114. Dès que le jugement a été prononcé à l'audience, le greffier, par l'intermédiaire de l'huissier de service, en communique le dispositif aux parties ou à leurs avocats ou mandataires, par simple avis sur papier libre.

115. Le jugement, en matière civile, est rendu public par la

lecture du dispositif. Cette lecture se fera à la première audience qui suivra le jour où le jugement a été signé.

ORDONNANCES. *C. Proc.* 134. Les ordonnances n'auront pas besoin d'être motivées, à peine de nullité.

Toutefois, celles qui seraient contraires à une ordonnance rendue précédemment, soit par le même juge, soit par un autre, contiendront l'indication des circonstances nouvelles qui les motivent, et ce, à peine de nullité.

ENQUÊTES. *C. Proc.* 218. Les témoins seront cités à venir déposer un jour à l'avance, outre les délais de distance ; la citation contiendra copie de la partie du dispositif du jugement relatant les faits dont la preuve est autorisée, et l'ordonnance du juge-commissaire.

MOUBAH (Biens). V. BIENS LIBRES.

MOUDIR. SAISIE IMMOBILIÈRE. *C. Proc.* 617. Copie du procès-verbal sera laissée au Cheikh-el-Beled de la situation des biens, qui visera l'original.

Dans les trois jours de la clôture du procès-verbal, l'huissier sera tenu, sous peine disciplinaire, d'en transmettre une copie au chef du parquet du tribunal qui doit connaître de la saisie, lequel la transmettra dans les vingt-quatre heures ou Moudir ou au Gouverneur du lieu de la saisie.

MUR. *C. Civ.* 59. Nul ne peut forcer son voisin à s'enclore, ni à céder partie de son mur ou du terrain sur lequel se trouve ce mur.

60. Toutefois, le propriétaire d'un mur ne peut le détruire volontairement, sans motifs sérieux, de façon à nuire au voisin dont la propriété est close.

62. La distance (d'un mètre pour une vue droite sur le voisin) se mesure du parement extérieur du mur où la vue est pratiquée.

MULKS (Biens). V. BIENS MULKS.

MUDIRIEH. *C. Civ.* 1. Le Gouvernement fera publier, un mois avant le fonctionnement des nouveaux tribunaux, les codes, dont un exemplaire en chacune des langues judiciaires sera déposé, jusqu'à ce fonctionnement, dans chaque mudirieh, auprès de chaque consulat et aux greffes de la Cour d'appel et des tribunaux, qui en conserveront toujours un exemplaire.

122. Le décret (d'expropriation pour cause d'utilité publique) sera affiché à la *mudirieh* de la province, au tribunal, sur les édifices sujets à l'expropriation, le tout dans les formes des affiches judiciaires, avec indication du lieu où sera déposé le plan des propriétés expropriées.

123. Le plan sera déposé pendant huit jours à la *mudirieh* de la province, et il sera ouvert un procès-verbal pour recevoir les observations des intéressés.

N

NANTISSEMENT. V. Gage.

NATIONALITÉ. *C. Civ.* 5. Les nouveaux tribunaux connaîtront de toutes les contestations en matière civile et commerciale entre indigènes et étrangers, et entre étrangers de nationalité différente. En dehors du statut personnel, ils connaîtront aussi de toutes les actions réelles immobilières entre toutes personnes, même appartenant à la même nationalité. V. Etranger.

NATIONALITÉ ÉGYPTIENNE. *C. Com.* 47. Les sociétés anonymes qui se fonderont en Egypte seront toutes de nationalité égyptienne et devront y avoir leur principal siège social.

NAUFRAGE. *C. Marit.* 61. Le capitaine qui a fait naufrage, et qui s'est sauvé seul, ou avec une partie de son équipage, est tenu de se présenter sans délai, suivant les lieux et les cas, devant les mêmes autorités (V. Capitaine, *art.* 58-59 *et* 60), d'y faire son rapport, de le faire vérifier par ceux de son équipage qui se seraient sauvés et se trouveraient avec lui, et d'en lever expédition.

62. Pour vérifier le rapport du capitaine, l'autorité reçoit l'interrogatoire des gens de l'équipage, et, s'il est possible, des passagers, sans préjudice des autres preuves.

Les rapports non vérifiés ne sont point admis à la décharge du capitaine et ne font point foi en justice, excepté dans le cas où le capitaine naufragé s'est sauvé seul dans le lieu où il a fait son rapport.

La preuve des faits contraires est réservée aux parties.

DISPOSITIONS ADDITIONNELLES.

Assurances. *C. Marit.* 192. Sont aux risques des assureurs : toutes pertes et dommages qui arrivent aux objets assurés par tempête, naufrage, échouement, abordage fortuit, et généralement par toutes les autres fortunes de mer, sauf convention contraire des parties.

Délaissement. *C. Marit.* 211. Le délaissement des objets assurés peut être fait : en cas de naufrage, d'échouement avec bris, d'innavigabilité par fortune de mer ; en cas de prise par l'ennemi ou par des pirates, ou d'arrêt par une puissance étrangère ; en cas d'arrêt par le gouvernement ottoman, après le commencement du voyage ; en cas de perte ou détérioration des objets assurés, si la perte ou la détérioration s'élève au moins aux trois quarts de leur valeur assurée.

EMPRUNT A LA GROSSE. *C. Marit.* 167. En cas de naufrage, le paiement des sommes empruntées à la grosse est réduit à la valeur des effets sauvés et affectés au contrat, déduction faite des frais de sauvetage.

FRET. *C. Marit.* 121. Il n'est dû aucun fret pour les marchandises perdues par naufrage ou échouement, pillées par des pirates ou prises par les ennemis.

Le capitaine est tenu de restituer le fret qui lui aura été avancé, s'il n'y a convention contraire.

LOYERS DE L'ÉQUIPAGE. *C. Marit.* 73. En cas de prise et confiscation, de bris et naufrage avec perte entière du navire et des marchandises, les officiers et gens de l'équipage ne peuvent prétendre à aucun loyer au sujet du voyage. Mais aussi ils ne sont pas tenus de restituer ce qui leur a été avancé sur leurs loyers.

NAVIGATION. *C. Com.* 3. La loi répute pareillement acte de commerce maritime :

Toute entreprise de construction, et tous achats, ventes et reventes de bâtiments pour la navigation intérieure et extérieure ;

Toutes expéditions maritimes ;

Tout achat ou vente d'après, apparaux et ravitaillements ;

Tout affrétement ou nolisement, emprunt ou prêt à la grosse ;

Tout contrat d'assurance, et tous autres contrats concernant le commerce de mer ;

Tous accords et conventions pour salaires et loyers d'équipage ;

Tous engagements de gens de mer pour le service de bâtiments de commerce.

NAVIRE (bateau, bâtiment). *C. Marit. Titre I*er*.* DES NAVIRES ET AUTRES BATIMENTS (*art.* 1-10).

1. A moins d'être sujet ottoman, nul ne peut être propriétaire, en tout ou partie, d'un navire portant pavillon ottoman, ni faire partie d'une société quelconque formée pour l'exploitation de tels navires.

2. Les sujets ottomans peuvent acquérir la propriété d'un navire étranger, et le faire naviguer sous pavillon ottoman aux mêmes conditions que les navires nationaux ; mais le contrat de leur acquisition ne peut renfermer aucune clause ou réserve contraire à l'article précédent au profit d'un étranger, sous peine de confiscation du navire.

3. La vente volontaire d'un navire, en tout ou en partie, qu'elle soit faite avant ou pendant le voyage, doit avoir lieu, à peine de nullité, par acte public devant un tribunal de commerce ou une chancellerie commerciale, si elle a lieu dans l'empire ottoman, et par-devant un consul de la Sublime-Porte, si elle est faite en pays étranger. A défaut de tribunal ou de chancellerie de commerce dans le lieu de la vente dans l'empire, le contrat de vente peut être passé devant le Gouverneur du lieu, à la charge d'en donner avis au tribunal ou à la chancellerie de commerce le plus voisin, et à défaut de consul ottoman en pays étranger, devant le magistrat compétent du lieu, à la charge d'en donner avis au consul ottoman le plus proche.

4. Les navires et autres bâtiments de mer, tout meubles qu'ils soient, ont droit de suite comme les immeubles entre les mains de tiers; c'est-à-dire que, s'ils viennent à être vendus à des tiers par leurs propriétaires débiteurs du chef de ces navires, leurs créanciers peuvent faire saisir lesdits navires entre les mains des tiers acheteurs et les faire vendre pour le recouvrement de leurs créances. En conséquence, ces sortes de navires sont affectées aux dettes du vendeur et spécialement à celles que la loi déclare privilégiées.

5. Sont privilégiées et dans l'ordre où elles sont rangées, les dettes ci-après désignées :

1° Les frais de justice et autres, faits pour parvenir à la vente et à la distribution du prix;

2° Les droits de pilotage, tonnage, cale, amarrage et bassin ou avant-bassin;

3° Les gages du gardien et les frais de garde du bâtiment, depuis son entrée dans le port jusqu'à la vente;

4° Le loyer des magasins où se trouvent déposés les agrès ou apparaux;

5° Les frais d'entretien du bâtiment et de ses agrès et apparaux depuis son dernier voyage et son entrée dans le port;

6° Les gages et loyers du capitaine et autres gens de l'équipage employés au dernier voyage;

7° Les sommes prêtées au capitaine pour les besoins du navire pendant le dernier voyage et le remboursement du prix des marchandises par lui vendues pour le même objet;

8° Le prix et les accessoires dus au vendeur, les sommes dues aux fournisseurs et ouvriers employés à la construction, si le navire n'a pas encore fait de voyage, et les sommes dues aux créanciers pour fournitures, travaux, main-d'œuvre pour radoub, victuailles, armement et équipement avant le départ du navire, s'il a déjà navigué;

9° Les sommes prêtées à la grosse sur le corps, quille, agrès, apparaux, pour radoub, victuailles, armement et équipement avant le départ du navire;

10° Le montant des primes d'assurances faites sur le corps, quille, agrès, apparaux, et sur l'armement et l'équipement du navire, dues pour le dernier voyage;

11° Les dommages-intérêts dus aux affréteurs, pour le défaut de délivrance des marchandises qu'ils ont chargées, ou pour remboursement des avaries souffertes par les dites marchandises par la faute du capitaine ou de l'équipage.

Les créanciers compris dans chacun des numéros du présent article viendront en concurrence et proportionnellement à ce qui leur est dû en cas d'insuffisance du prix.

6. Le privilège accordé aux dettes énoncées dans le précédent article ne peut être exercé qu'autant qu'elles seront justifiées dans les formes suivantes :

1° Les frais de justice seront constatés par les états de frais arrêtés par les tribunaux compétents qui auront connu de la saisie et de la vente du navire ;

2° Les droits de tonnage et autres par les quittances légales des receveurs ;

3° Les dettes désignées par les n°s 1, 3, 4 et 5 de l'article 5, seront constatées par des états arrêtés par le président du Tribunal de commerce ;

4° Les gages et loyers de l'équipage, par les rôles d'armement et de désarmement arrêtés dans les bureaux de l'office du port, et, à défaut, dans ceux de la chancellerie commerciale ;

5° Les sommes prêtées, et la valeur des marchandises vendues pour les besoins du navire pendant le dernier voyage, par des états arrêtés par le capitaine et les principaux de l'équipage du navire constatant la nécessité des emprunts ;

6° La vente de la totalité ou d'une partie du navire, par un acte public conformément à l'article 3, et les fournitures pour la construction, l'armement, l'équipement et les victuailles du navire seront constatées par les mémoires, factures ou états visés par le capitaine, et arrêtés par le propriétaire, dont un double sera déposé au greffe du Tribunal ou de la chancellerie de commerce avant le départ du navire, ou, au plus tard, dans les dix jours après son départ ;

7° Les sommes prêtées à la grosse, sur le corps, quille, agrès, apparaux, armement et équipement, avant le départ du navire, seront constatées par des contrats authentiques, ou sous signature privée, dont les expéditions en double seront déposées au greffe du Tribunal ou de la chancellerie de commerce dans les dix jours de leur date ;

8° Les primes d'assurances seront constatées par les polices d'assurances, ou par les extraits des livres, régulièrement tenus, des Compagnies d'assurances ;

9° Les dommages-intérêts dus aux affréteurs seront constatés par les jugements du Tribunal de commerce, ou par les décisions arbitrales qui seront intervenues si les parties ont consenti à être jugées par des arbitres.

7. Les privilèges des créanciers seront éteints, indépendam-

ment des moyens généraux d'extinction des obligations, par la vente en justice faite dans les formes établies par le titre suivant, ou lorsque, après une vente volontaire, le navire aura fait un voyage en mer sous le nom et aux risques de l'acquéreur, et sans opposition de la part des créanciers du vendeur. L'opposition d'un créancier, faite dans les formes prescrites en cette matière, ne profite qu'à celui qui l'a faite.

8. Un navire est censé avoir fait un voyage en mer, lorsque son départ et son arrivée auront été constatés dans deux ports différents, et trente jours après le départ ; lorsque sans être arrivé dans un autre port, il s'est écoulé plus de soixante jours entre le départ et le retour dans le même port, ou lorsque le navire, parti pour un voyage de long cours, a été plus de soixante jours en voyage, sans réclamation de la part de créanciers du vendeur.

9. La vente volontaire d'un navire en voyage ne préjudicie pas aux créanciers du vendeur. En conséquence, nonobstant la vente, le navire ou son prix continue à être le gage desdits créanciers, qui peuvent même, s'ils le jugent convenable, attaquer la vente pour cause de fraude.

Titre II. DE LA SAISIE ET VENTE DES NAVIRES (*art.* 10-29).

10. Tous bâtiments de mer peuvent être saisis et vendus par autorité de justice, et le privilège des créanciers sera purgé par les formalités suivantes :

11. Il ne pourra être procédé à la saisie que vingt-quatre heures après le commandement de payer, fait sur la demande du créancier saisissant.

12. Le commandement devra être fait à la personne du propriétaire ou à son domicile, s'il s'agit d'une créance générale à exercer contre lui et non privilégiée sur le navire. Le commandement pourra être fait au capitaine du navire, si la créance est du nombre de celles qui sont susceptibles de privilège sur le navire, aux termes de l'article 5.

13. L'huissier, assisté de deux témoins, se transportera à bord, et dressera le procès-verbal de saisie. Il énonce dans ce procès-verbal : les nom, profession et demeure du créancier pour qui il agit ; le titre en vertu duquel il procède ; la somme dont il poursuit le payement ; l'élection de domicile faite par le créancier dans le lieu où siège le Tribunal de commerce devant lequel la vente doit être poursuivie, et dans le lieu où le navire est saisi et amarré ; les noms du propriétaire et du capitaine ; le nom, l'espèce et le tonnage du navire ; il fait aussi l'énonciation et la description des chaloupes, canots, agrès, ustensiles, armes, munitions et provisions. Il établit un gardien.

14. Si le propriétaire du navire saisi demeure dans la ville du Tribunal de commerce du lieu de la saisie, le saisissant doit lui faire notifier, dans le délai de trois jours, copie du procès-verbal

de saisie, et le faire citer à se présenter dans le délai ordinaire devant le Tribunal, pour voir procéder à la vente des choses saisies. Si le propriétaire est domicilié dans un lieu plus éloigné, les significations et citations sont données pour lui à la personne du capitaine du bâtiment saisi, ou, en son absence, à celui qui représente le propriétaire ou le capitaine ; et dans ce cas, le délai ordinaire des citations sera augmenté des délais de distance du Tribunal à son domicile, s'il réside dans le continent de l'empire. Si, au contraire, le propriétaire a sa résidence hors de l'empire continental ou à l'étranger, le délai des citations sera celui prescrit selon les localités par le Code de procédure civile.

15. La vente, qui ne pourra avoir lieu qu'en vertu d'un titre exécutoire, se fait devant un juge commis par le président du Tribunal de commerce et aux enchères publiques, précédées de criées. publications et affiches, comme il suit :

16. Si la saisie a pour objet un navire dont le tonnage soit au-dessus de dix tonneaux (ou 10,000 kilos), trois criées ou publications des objets en vente seront faites consécutivement de huitaine en huitaine aux environs du port, dans les principales places publiques du lieu où le navire est amarré, et, en outre dans tous les endroits spécifiées par l'ordonnance du Tribunal.

L'avis en sera inséré dans les journaux, s'il y en a dans le lieu où siège le Tribunal de commerce devant lequel la saisie se poursuit, et, s'il n'y en a pas, dans l'un de ceux qui seraient imprimés dans la localité la plus voisine.

17. Dans les deux jours qui suivent chaque criée et publication, il est apposé des affiches au grand mât du navire saisi, au tableau des publications du Tribunal devant lequel on procède, dans la place publique et sur le quai du port où le navire est amarré, ainsi qu'à la Bourse de commerce et, à défaut, à la porte de l'autorité locale.

18. Les criées, publications et affiches doivent désigner : les nom, profession et demeure du poursuivant ; les titres en vertu desquels il agit ; le montant de la somme qui lui est due ; l'élection de domicile par lui faite dans le lieu où siège le Tribunal, et dans le lieu où le navire est amarré ; les nom et domicile du propriétaire du navire saisi ; le nom du bâtiment, et s'il est armé ou en armement, celui du capitaine, le tonnage du navire ; le lieu où il est gisant ou flottant ; les noms du juge commis et de l'huissier qui a saisi ; la première mise à prix, enfin les jours d'audience auxquels les enchères seront reçues.

19. Après la première criée, les enchères seront reçues le jour indiqué par l'affiche. Le juge commis d'office pour la vente continue de recevoir les enchères après chaque criée de huitaine en huitaine, à jour certain fixé par son ordonnance.

20. Après la troisième criée, l'adjudication est faite au plus offrant et dernier enchérisseur, à l'extinction des bougies allumées au commencement de l'adjudication, d'après l'usage. Toutefois le

juge commis d'office peut, dans l'espoir d'une enchère favorable, accorder une ou deux remises de huitaine chacune, lesquelles sont publiées et affichées. Mais si la remise ainsi accordée n'amène pas une enchère plus forte, le navire est adjugé sur la dernière enchère.

21. Si la saisie porte sur des barques, chaloupes et autres bâtiments du port de dix tonneaux et au-dessous, dans ce cas, sans qu'il y ait lieu d'observer toutes les formalités ci-dessus désignées, l'adjudication sera faite à l'audience du juge, après la publication sur le quai pendant trois jours consécutifs, avec affiche au mât, ou, à défaut, en autre lieu apparent du bâtiment, et au tableau des publications du Tribunal. Il sera observé un délai de huit jours francs entre la signification de la saisie et la vente.

22. L'adjudication du navire fait cesser les fonctions du capitaine; sauf à lui à se pourvoir, s'il y a lieu, en dédommagement contre le propriétaire, ses cautions et tous ceux qui se seraient engagés envers lui.

23. Dans les vingt-quatre heures de l'adjudication, les adjudicataires des navires de tout tonnage sont tenus de payer ou de verser à la caisse du Tribunal le tiers du prix de leur adjudication et de fournir pour les deux autres tiers une caution solvable, ayant son domicile en Egypte, qui signe l'engagement avec lui ; l'un et l'autre seront solidairement obligés à payer les dits deux tiers dans le délai de onze jours à partir du jour de l'adjudication.

Le navire ne sera consigné aux adjudicataires que lorsqu'ils auront payés le tiers du prix de leur adjudication et fourni la caution; mais l'extrait du procès-verbal de l'adjudication ne leur sera délivré qu'après le paiement intégral des deux autres tiers dans le délai prescrit.

A défaut de paiement soit du premier tiers, soit des deux autres, et à défaut de fournir caution comme il a été dit, le navire sera remis en vente et adjugé trois jours après une nouvelle publication et affiche unique, à la folle enchère des adjudicataires et des garants, qui seront obligés solidairement pour le déficit, s'il y en a, les dommages, les intérêts et les frais, dans le cas où le tiers déjà versé serait insuffisant. L'excédent, s'il y en a, serait rendu au fol enchérisseur.

24. Les demandes en distraction de la vente d'une partie du navire et objets saisis, et toute demande incidente, seront formées et notifiées au greffe du Tribunal avant l'adjudication. Si les demandes en distraction ne sont formées qu'après l'adjudication, elles seront converties, de plein droit, en opposition à la délivrance des sommes provenant de la vente.

25. Le demandeur ou l'opposant aura trois jours pour fournir ses moyens. Le défendeur aura aussi trois jours pour contredire. La cause sera portée à l'audience sur une simple citation.

26. Pendant trois jours après celui de l'adjudication, les oppositions à la délivrance du prix seront reçues; passé ce temps, elles ne seront plus admises si ce n'est pour l'excédent des sommes dues aux créanciers saisissants.

27. Les créanciers opposants sont tenus de produire au greffe du Tribunal de commerce leurs titres de créance dans les trois jours qui suivent la sommation qui leur en est faite par le créancier poursuivant, par le propriétaire saisi ou par ses représentants; faute de quoi il sera procédé à la distribution du prix de la vente sans qu'ils y soient compris.

28. La collocation des créanciers et la distribution des deniers sont faites entre les créanciers privilégiés, dans l'ordre prescrit par l'article 5, et entre les autres créanciers proportionnellement à leurs créances. Tout créancier colloqué l'est tant pour son principal que pour les intérêts et les frais.

29. Le navire prêt à faire voile n'est pas saisissable, si ce n'est à raison de dettes contractées pour le voyage qu'il va faire; et, même dans ce dernier cas, le cautionnement de ces dettes empêche la saisie. Le navire est censé prêt à faire voile lorsque le capitaine est muni de ses expéditions pour son voyage.

Titre III. DES PROPRIÉTAIRES DE NAVIRES (*art.* 30-34).

30. Tout propriétaire de navire est civilement responsable des faits du capitaine, c'est-à-dire qu'il est obligé de payer les dommages provenant des faits et gestes du capitaine et tenu des engagements contractés par ce dernier pour ce qui est relatif au navire et à l'expédition.

Il peut, dans tous les cas, s'affranchir des obligations ci-dessus par l'abandon du navire et du fret, si elles n'ont été contractées expressément par son ordre spécial. Toutefois la faculté de faire abandon n'est point accordée à celui qui est, en même temps, capitaine et propriétaire ou copropriétaire du navire.

Lorsque le capitaine ne sera que copropriétaire il ne sera personnellement responsable des engagements contractés par lui, pour ce qui est relatif au navire et à l'expédition, que dans la proportion de son intérêt.

31. Les propriétaires des navires équipés en guerre par autorisation du Gouvernement ne seront toutefois responsables des délits et déprédations commis en mer par les gens de guerre qui sont sur leurs navires, ou par leurs équipages, que jusqu'à concurrence de la somme pour laquelle ils auront donné caution, à moins qu'ils n'en soient participants ou complices.

Cette caution sera de 200,000 piastres pour tout navire dont l'équipage, y compris l'état-major et la garnison, est de cent cinquante hommes et au-dessous; de 400,000 piastres pour les autres.

32. Le propriétaire peut toujours congédier le capitaine, quand même il se serait interdit cette faculté par la convention. Le capitaine congédié n'aura droit, à moins d'une convention contraire par écrit, à aucune indemnité de la part du congédiant, sauf les

frais nécessaires à son retour dans le cas qu'il serait congédié dans un pays autre que celui où il a été engagé. Les tribunaux pourront toujours réduire, comme étant sans cause, les dommages-intérêts stipulés par écrit.

33. Si le capitaine congédié est copropriétaire du navire, il peut renoncer à la copropriété et exiger le remboursement du capital qui la représente. Le montant du capital est déterminé par des experts convenus par les parties, ou, en cas de désaccord, nommés d'office par le Tribunal.

34. En tout ce qui concerne l'intérêt commun des propriétaires d'un navire, si tous les propriétaires votant sur la mesure à prendre ne sont pas d'accord, l'avis de la majorité est suivi.

Cette majorité se détermine non par le nombre des votants, mais par une portion d'intérêt dans le navire excédant la moitié de sa valeur.

Quand le navire appartient en commum à plusieurs personnes, la licitation n'en peut être accordée que sur la demande des propriétaires formant ensemble la moitié de l'intérêt total dans le navire, s'il n'y a, par écrit, convention contraire.

Titre IV. DU CAPITAINE. V. CAPITAINE.

Titre V. DE L'ENGAGEMENT ET DES LOYERS DES OFFICIERS ET DES GENS DE L'ÉQUIPAGE. V. ÉQUIPAGE.

Titre VI. DES CHARTES-PARTIES, AFFRÉTEMENTS OU NOLISEMENTS. V. AFFRÉTEMENT.

Titre VII. DU CONNAISSEMENT. V. CONNAISSEMENT.

Titre VIII. DU FRET OU NOLIS. V. FRET.

Titre IX. DES PASSAGERS. V. PASSAGERS.

Titre X. DES CONTRATS A LA GROSSE. **V.** EMPRUNTS A LA GROSSE.

Titre XI. DES ASSURANCES. V. ASSURANCES MARITIMES.

Titre XII. DES AVARIES. V. AVARIES.

Titre XIII. DES PRESCRIPTIONS (*art.* 267-273).

267. Le capitaine ne peut jamais acquérir la propriété du navire par voie de prescription.

268. L'action en délaissement est prescrite dans les délais exprimés par l'article 217. V. DÉLAISSEMENT MARITIME.

269. Toute action dérivant d'un contrat à la grosse ou d'une police d'assurance est prescrite après cinq ans à compter de la date du contrat.

270. Les actions pour fournitures de bois, voiles, ancres et autres choses nécessaires aux constructions, radoub, équipement t ravitaillement de navire, et celles pour salaire d'ouvriers et ouvrages faits au navire, sont prescrites trois ans après les fournitures faites et les ouvrages reçus.

271. Toutes actions en payement pour fret de navire, gages et

loyers du capitaine, des officiers, matelots et autres gens de l'équipage ; celles en paiement de ce que doivent les passagers, ainsi que les demandes en délivrance des marchandises, sont prescrites un an après l'arrivée du navire ; les actions pour nourriture, fourniture aux matelots et autres gens de l'équipage, par ordre du capitaine, sont prescrites aussi un an après la livraison.

272. Nonobstant les prescriptions dont il est fait mention dans les quatre articles précédents, ceux à qui elles sont opposées peuvent déférer le serment à celui qui les oppose.

273. Les prescriptions ne peuvent avoir lieu s'il y a titre, obligation ou arrêté de compte signé du débiteur ou interpellation, protêt ou demande judiciaire, dûment faite et signifiée à temps par le créancier.

Toutefois, si, après l'interpellation judiciaire, le créancier a laissé écouler trois ans sans poursuite, dans ce cas, sur la demande du débiteur, l'instance, considérée comme non avenue, serait périmée, et la prescription aurait lieu si le temps exigé à cet effet était déjà écoulé.

Titre XIV. FINS DE NON-RECEVOIR (*art.* 274-275).

274. Sont non recevables : toutes actions contre le capitaine et les assureurs pour dommage arrivé à la marchandise chargée, si elle a été reçue sans protestation ; toutes actions contre l'affréteur pour avaries, si le capitaine a livré les marchandises et reçu son fret sans avoir protesté ; toutes actions en indemnité pour dommages causés par l'abordage dans un lieu où le capitaine a pu agir, s'il n'a point fait de réclamation.

275. Ces protestations et réclamations sont nulles si elles ne sont faites et signifiées dans les quarante-huit heures et si, dans trente et un jours de leur date, elles ne sont suivies d'une demande en justice. V. CERTIFICAT DE VISITE. CHARGEMENT DE NAVIRE. ÉQUIPEMENT.

DISPOSITIONS DIVERSES.

ACTE DE COMMERCE. *C. Com.* 3. La loi répute pareillement acte de commerce maritime :

Toute entreprise de construction, et tous achats, ventes et reventes de bâtiments pour la navigation intérieure et extérieure.

Tous engagements de gens de mer pour le service de bâtiments de commerce.

MAÎTRES DE BATEAUX. *C. Com.* 106. Les dispositions contenues dans la présente section (V. COMMISSIONNAIRES DE TRANSPORTS) sont communes aux maîtres de bateaux.

SAISIE-EXÉCUTION. *C. Proc.* 538. La saisie et la vente des barques, navires, chaloupes, mahonnes auront lieu conformément aux prescriptions du Code maritime.

NAVIRE (Bris de). *C. Marit.* 73. En cas de prise et confiscation, de bris et de naufrage avec perte entière du navire et des marchandises, les officiers et gens de l'équipage ne peuvent prétendre à aucun loyer au sujet du voyage. Mais aussi ils ne sont pas tenus de restituer ce qui leur a été avancé sur leurs loyers.

211. Le délaissement des objets assurés peut être fait : en cas de naufrage, d'échouement avec bris, d'innavigabilité par fortune de mer.

219. En cas de naufrage ou d'échouement avec bris, l'assuré doit, sans préjudice du délaissement à faire en temps et lieu, travailler au recouvrement des effets naufragés.

Sur son affirmation assermentée, les frais de recouvrement lui sont alloués jusqu'à concurrence de la valeur des effets recouvrés. V. Echouement.

NÉGLIGENCE. *C. Civ.* 213. (On est tenu à réparation) si le préjudice causé à un tiers provient d'une faute, de négligence, d'imprudence ou de défaut de surveillance des personnes que l'on a sous sa garde.

DISPOSITIONS ADDITIONNELLES.

TIERS DÉTENTEUR. *C. Civ.* 715. Le tiers détenteur doit compte personnellement aux créanciers, des détériorations survenues par son fait ou sa négligence.

VENTE. *C. Civ.* 371. Si la chose vendue périt avant la livraison, même sans la faute ou la négligence du vendeur, la vente sera résolue et le prix restitué, s'il y a lieu, à moins que l'acheteur n'ait été mis en demeure de prendre livraison par une sommation ou tout autre acte équivalent ou par la convention même. V. Faute.

NÉGOCIANTS. V. Commerçants. Marchandises.

NOLIS. *C. Marit.* 104. Le prix du loyer d'un navire ou autre bâtiment de mer est appelé fret ou nolis. V. Fret.

NOLISSEMENT. *C. Marit.* 90. Toute convention pour louage d'un navire, appelée charte-partie, affrétement ou nolissement, doit être rédigée par écrit. V. Affrétement.

C. Com. 3. La loi répute pareillement acte de commerce maritime : tout affrétement ou nolissement.

NOTIFICATION. Cession de créances. *C. Civ.* 436. La propriété du droit cédé est transmise vis-à-vis des tiers : 1° Par la notification du transport du débiteur cédé. V. Cession de créances.

437. En matière de commerce, la cession d'une créance non constituée par un effet est parfaite à l'égard des tiers, quand la notification de la cession ou l'acceptation du débiteur cédé résulte de livres régulièrement tenus ou de preuves admises en matière de commerce.

341. A l'égard des tiers qui sont de bonne foi, qui ont un juste

titre et qui ont conservé leurs droits dans les formes légales, la propriété est transmise .... en ce qui concerne les créances, par les formalités de signification ou d'acceptation qui seront expliquées au présent titre. V. CESSION DE CRÉANCES.

SAISIE IMMOBILIÈRE. *C. Proc.* 629. Le dépôt du cahier des charges sera notifié au saisi et aux créanciers inscrits au domicile élu dans leur inscription, dans la huitaine de ce dépôt, outre les délais de distance entre le domicile du saisi en Egypte et le siège du tribunal.

631. L'huissier qui aura fait la notification aux créanciers inscrits, en donnera, dans les vingt-quatre heures, connaissance à l'officier chargé du bureau des hypothèques, lequel visera l'original et mentionnera la notification en marge de la transcription du procès-verbal de saisie.

635. Dans les trente jours qui suivront la notification aux créanciers inscrits, il pourra être fait, par déclaration au greffe, insérée à la suite du cahier des charges, des dires, contestations et demandes en nullité par toute personne, et le précédent vendeur pourra, en la même forme, produire sa demande en résolution pour défaut de paiement du prix, s'il y a lieu, le tout à peine de déchéance.

(*Vente de biens de mineurs et faillis*). *C. Proc.* 705. Le cahier des charges sera notifié aux créanciers inscrits et au ministère public, qui pourront saisir le tribunal des contestations qu'ils soulèveront sur sa rédaction dans la forme des dires ordinaires.

TIERS DÉTENTEUR. (*Offre.*) *C. Civ.* 705. L'offre du tiers détenteur doit être faite à tous les créanciers inscrits au domicile élu dans leur inscription, et être accompagnée de la notification :

1° Du contrat d'acquisition avec indication du nom des parties contractantes, du prix stipulé et des charges, s'il y a lieu, et de la situation précise de l'immeuble ;

2° De la date et du numéro de la transcription de cet acte ;

3° Du tableau des inscriptions existantes contenant la date de ces inscriptions, le montant des créances inscrites et les noms des créanciers.

706. L'offre sera réputée avoir été acceptée si aucun des créanciers n'a fait, dans le délai de soixante jours à partir de la dernière notification, la déclaration de surenchères au greffe dans les formes indiquées au code de procédure.

NOUVELLES (Assurance sur). V. ASSURANCES SUR NOUVELLES.

NOUVELLE DEMANDE. V. DEMANDE NOUVELLE.

NOVATION.

DISPOSITIONS GÉNÉRALES

C. Civ. 221. Les obligations s'éteignent par : la novation.

DE LA NOVATION

C. Civ. Titre II. Chap. V. Sect. IV. (Art. 249-255.)

249. La novation éteint l'obligation et en produit une nouvelle qui la remplace.

250. Elle résulte d'un contrat.

251. Il y a novation :

1° Quand le créancier et le débiteur conviennent de substituer une obligation à l'ancienne qui est éteinte, ou de changer la cause de l'obligation primitive ;

2° Quand le créancier et un tiers conviennent que ce dernier deviendra débiteur au lieu de l'ancien qui est libéré, sans qu'il soit besoin de son consentement, ou lorsque le débiteur a fait accepter par le créancier un tiers consentant à payer en son lieu et place ;

3° Quand le créancier et le débiteur sont d'accord pour que ce dernier exécute l'obligation au profit d'un tiers qui y consent.

252. La nouvelle dette ne jouit pas des garanties qui assuraient l'exécution de l'ancienne, sauf l'effet de l'intention des parties résultant de la convention ou des circonstances.

253. La convention ne peut avoir toutefois que les effets suivants :

Dans le premier cas prévu ci-dessus, le débiteur et le créancier peuvent convenir que les garanties réelles, telles que privilèges, hypothèques, droit de rétention, seront transférés à la nouvelle obligation, pourvu que cette dernière ne soit point aggravée au préjudice des tiers.

Dans le deuxième cas, le créancier et le tiers peuvent convenir que les garanties réelles seront maintenues, même sans le consentement du débiteur primitif.

Dans le troisième cas, les trois parties contractantes peuvent faire la même convention.

254. Dans aucun de ces cas, les garanties personnelles, telles que le cautionnement ou la solidarité, ne seront transférées que du consentement des codébiteurs et des cautions.

255. La convention qui transfère ces garanties ne peut avoir d'effet, à l'égard des tiers, que si elle est faite en même temps que la novation et par acte authentique.

DISPOSITION ADDITIONNELLE.

CAUTION. *C. Civ.* 624. Lorsque le créancier a accepté une chose en paiement de la dette, la caution est libérée, même si la chose donnée en paiement est revendiquée.

NUE-PROPRIÉTÉ. USUFRUIT. *C. Civ.* 29. L'usufruit est le droit d'user et de jouir d'un bien dont la nue propriété appartient à un autre.

34. Il est permis de donner par testament la nue propriété à un

établissement dépendant du ministère des *wakfs*, et l'usufruit à une ou plusieurs personnes et à leurs héritiers en ligne directe, auquel cas la toute propriété revient à cet établissement seulement après le décès de tous les membres de la famille usufruitière.

49. Le défaut de paiement de l'impôt pour les terres dont l'Etat est nu propriétaire, donne seulement lieu à la vente forcée de partie de l'usufruit du terrain nécessaire pour couvrir cet impôt.

NULLITÉS.

1° DES CONVENTIONS.

C. Civ. 148. L'obligation n'existe que si elle a une cause certaine et licite.

149. L'objet de l'obligation doit, à peine de nullité, être une action licite et possible, et, s'il s'agit d'une obligation de donner, la chose doit être dans le commerce; elle doit être déterminée au moins quant à son espèce, et sa qualité doit pouvoir être précisée d'après les circonstances.

191. La nullité d'une convention résulte de l'incapacité, même s'il n'y a pas lésion. Les incapables qui ont fait annuler une obligation à raison de leur incapacité, ne sont obligés à tenir compte que du profit qu'ils ont retiré de l'exécution par le contractant capable.

192. Les personnes capables ne peuvent opposer la nullité aux personnes incapables avec qui elles ont contracté.

193. Le consentement n'est pas valable s'il a été donné par erreur, obtenu par la violence ou par suite de dol.

194. L'erreur opère la nullité du consentement quand elle porte sur le rapport principal sous lequel la chose a été envisagée dans le contrat.

195. La violence, pour être cause de nullité, doit être assez grave pour faire impression sur une personne raisonnable, étant tenu compte de l'âge, du sexe et de la condition du contractant.

196. Le dol vicie le consentement quand les manœuvres pratiquées contre la partie sont telles que sans ces manœuvres elle n'aurait pas consenti.

197. La nullité d'un contrat translatif de propriété ne préjudicie pas aux droits des créanciers hypothécaires inscrits quand ils sont de bonne foi.

ACTION RÉVOCATOIRE. *C. Civ.* 204. Les créanciers ont, dans tous les cas, le droit de faire annuler les actes faits en fraude de leurs droits, et les donations et renonciations consenties à leur préjudice.

76. Nul ne peut immobiliser son bien à titre de *wakouf*, au préjudice de ses créanciers, à peine de nullité de l'immobilisation.

CAUTIONNEMENT. *C. Civ.* 605. Le cautionnement est nul s

l'obligation cautionnée est nulle, à moins qu'il n'ait été contracté qu'à raison de l'incapacité du débiteur.

DONATION. *C. Civ.* 70. La propriété des meubles et des immeubles donnés est acquise par le fait même de la donation et de l'acceptation; toutefois, quand la libéralité ne revêt pas les formes d'un autre contrat, la donation et l'acceptation doivent avoir lieu, par un acte authentique, sous peine de nullité.

72. Lorsque le donateur meurt ou devient incapable avant l'acceptation, la donation est nulle.

VENTE. 330. La vente des fruits d'un arbre, quand ils ne sont pas poussés, ou d'une récolte qui n'est pas encore sortie de terre, est nulle.

332. La vente des droits à la succession d'une personne vivante est nulle, même de son consentement.

333. La vente d'un objet déterminé qui n'appartient pas au vendeur est nulle.

Elle pourra toutefois devenir valable si le véritable propriétaire la confirme.

324. Les magistrats, greffiers, huissiers et avocats ne pourront acheter, ni par eux-mêmes ni par personne interposée, en tout ou en partie, des droits litigieux qui sont de la compétence des tribunaux dans le ressort desquels ils exercent leurs fonctions, et ce à peine de nullité de la vente.

La vente en ce cas est radicalement nulle, et la nullité devra être prononcée à la demande de toute personne ayant intérêt, et même d'office.

2° DES ACTES ET JUGEMENTS.

C. Proc. Chap. X. § II. DEMANDE EN NULLITÉ (*art.* 153-154).

153. Toute nullité d'acte introductif d'instance ou de demande reconventionnelle ou autre, est couverte par des conclusions sur le fond de la demande soulevée par l'acte dont la nullité est prétendue ou par toute exception contre ladite demande autre que celle d'incompétence, de litispendance ou de connexité.

154. La nullité de tout autre acte est couverte quand il a été répondu par des moyens qui le supposaient valable, ou procédé à la suite dudit acte comme s'il était valable.

DISPOSITIONS DIVERSES.

ANNULATION DE PROCÉDURE. *C. Proc.* 24. Les délais indiqués ci-dessus et les formalités prescrites par les articles 3, 8, 9, 10, 11, 14, 15, seront observés, à peine de nullité. V. EXPLOIT.

25. Si la nullité est prononcée à raison du fait de l'huissier, il sera passible des frais de la procédure annulée et des dommages-intérêts, s'il y a lieu, sans préjudice des peines disciplinaires.

C. Proc. 348. La renonciation volontaire signifiée par acte d'huissier ou consigné dans ses conclusions, entraîne la nullité de la procédure ou des actes déterminés auxquels il est renoncé.

APPEL. *C. Proc.* 406. L'appel sera interjeté par un acte signifié dans les formes ordinaires des actes d'huissier. Il contiendra en outre des énonciations générales, et à peine de nullité, la date du jugement attaqué, les moyens d'appel, les conclusions de l'appelant, assignation devant la Cour dans le délai de huitaine, à l'audience où sont appelées les affaires nouvelles.

ARBITRAGE. *C. Proc.* 793. L'objet de la contestation doit, à peine de nullité, être précisé dans le compromis ou dans le cours des débats, même s'il s'agit d'amiables compositeurs.

816. Les parties pourront demander la nullité de la sentence (d'arbitrage) en s'opposant à l'ordonnance d'exécution dans les cas suivants :

1° Si le compromis est nul ou si le délai était expiré, sans prorogation consentie ;

2° Si la sentence a été rendue sans compromis ou hors de ses termes ;

3° S'il a été rendu par des arbitres illégalement nommés ou par un certain nombre d'arbitres non autorisés à juger en absence des autres ;

4° S'il a été prononcé sur des choses non demandées.

ASSIGNATION. *C. Proc.* 147. Les exceptions qui peuvent être proposées préliminairement à la discussion du fond sont :
La demande en nullité de l'assignation.

CONCLUSIONS DU MINISTÈRE PUBLIC. *C. Proc.* 72. Les conclusions du ministère public devront être données dans les causes ci-dessus (V. MINISTÈRE PUBLIC), à peine de nullité du jugement.

CONCORDAT. *C. Com.* 329. Le concordat sera, à peine de nullité, signé séance tenante.

DÉLIBÉRÉS. *C. Proc.* 98. Les juges appelés à délibérer doivent tous avoir assisté à l'audience où les conclusions ont été prises et développées, à peine de nullité.

ENQUÊTES. *C. Proc.* 217. Cette ordonnance (fixant le jour, le lieu et l'heure de l'enquête devant un juge commis) sera signifiée à la partie adverse trois jours avant l'audition des témoins ; la liste des témoins contenant leurs noms, professions et demeures, lui sera notifiée vingt-quatre heures avant leur comparution, à peine de nullité.

EXÉCUTION CONTRE EUROPÉENS. *R. O. J. Titre* 1. *Art.* 18. L'officier de justice chargé de l'exécution par le tribunal est obligé d'avertir les consulats du jour et de l'heure de l'exécution, et ce à peine de nullité et de dommages-intérêts contre lui.

EXPERTISE. *C. Proc.* 261. Le procès-verbal de serment et l'indication du jour par l'expert seront signifiés par la partie la plus diligente, à l'autre partie, vingt-quatre heures au moins avant qu'il soit procédé à l'enquête, à peine de nullité.

JUGEMENTS. *C. Proc.* 101. Les jugements devront être motivés, à peine de nullité.

JUGEMENTS PAR DÉFAUT. *C. Proc.* 389. Les jugements par défaut, faute de comparaître, seront nuls de plein droit, s'ils n'ont pas été exécutés dans les six mois de leur date.

ORDONNANCES. *C. Proc.* 134. Les ordonnances n'auront pas besoin d'être motivées, à peine de nullité.

Toutefois, celles qui seraient contraires à une ordonnance rendue précédemment, soit par le même juge, soit par un autre, contiendront l'indication des circonstances nouvelles qui les motivent, et ce, à peine de nullité.

SAISIE-ARRÊT. *C. Proc.* 475. La saisie-arrêt sera faite par acte d'huissier, dans les termes ordinaires : L'acte contiendra copie du titre ou de l'ordonnance qui a autorisé la saisie-arrêt, et une élection de domicile dans le lieu où demeure le tiers saisi, si le saisissant n'y demeure pas, le tout à peine de nullité.

480. Le défaut de dénonciation de la saisie dans la huitaine, quand elle est ordonnée, rend la saisie nulle de plein droit.

SAISIE CONSERVATOIRE. *C. Proc.* 765. La saisie conservatoire ne sera valable qu'à la condition d'être suivie d'une demande en validité dans les huit jours, indépendamment des délais de distance.

767. Le propriétaire d'effets mobiliers pourra, avec permission du juge, saisir ces effets entre les mains de tout détenteur.

768. La demande en revendication devra, à peine de nullité de la saisie, être intentée dans les huit jours, outre les délais de distance, devant le tribunal du domicile du détenteur.

SAISIE IMMOBILIÈRE. *C. Proc.* 608. Le débiteur ne peut à partir du jour de la transcription du commandement, aliéner les immeubles indiqués dans le commandement, à peine de nullité et sans qu'il soit besoin de la faire prononcer.

Néanmoins, l'aliénation ainsi faite aura son exécution si, avant le jour fixé pour l'adjudication, l'acquéreur consigne à la caisse du tribunal somme suffisante pour acquitter en capital, intérêts et frais, ce qui est dû au créancier poursuivant, à ceux qui auront fait signifier des commandements et aux créanciers inscrits, et s'il leur signifie l'acte de consignation.

614. La saisie ne pourra être faite dans les trente jours ni après les quatre-vingt-dix jours qui suivront le commandement à peine de nullité.

619. Dans la quinzaine suivante (après celle qui suivra la clôture du procès-verbal) le procès-verbal de saisie et l'acte de dénonciation seront, à peine de nullité, transcrits sur le registre des hypothèques de la situation des biens saisis, et mention en sera faite en marge de la transcription du commandement.

691. Si, lors du jugement des contestations élevées sur le cahier des charges, un acte de procédure est annulé, la poursuite

pourra être reprise par le poursuivant à partir du dernier acte valable.

692. Il sera statué par le tribunal sans qu'il y ait lieu à opposition ni appel, sur les moyens de nullité élevés contre la procédure poursuivie depuis la fixation du jour de l'adjudication. Si la nullité est prononcée la procédure sera recommencée à partir de cette fixation.

693. Les demandes en nullité contre une surenchère et jusqu'aux publications seront portées devant le tribunal et jugées sommairement.

694. Les délais d'appel en ce dernier cas, seront de dix jours.

(*Surenchère*). *C. Proc.* 662. La déclaration de surenchère sera dénoncée au saisissant, aux créanciers inscrits et à l'adjudicataire dans les trois jours par le surenchérisseur ou, à son défaut, dans les trois jours suivants, par l'une ou l'autre des parties ci-dessus, à peine de nullité qui n'aura pas besoin d'être prononcée.

SAISIE MOBILIÈRE. *C. Proc.* 504. L'huissier procédera à la saisie assisté de deux témoins majeurs, ni parents ni alliés des parties jusqu'au sixième degré inclusivement, qui signeront ou cachèteront le procès-verbal sur l'original et la copie, le tout hors de la présence du saisissant et à peine de nullité.

506. Le procès-verbal de saisie contiendra, outre les énonciations communes à tous les actes d'huissiers, un nouveau commandement de payer, si la saisie est faite au domicile du saisi ou en sa présence, élection de domicile dans le lieu de la saisie, et en tous cas la désignation détaillée des objets saisis, le tout à peine de nullité.

SOCIÉTÉS COMMERCIALES. *C. Com.* 57. Ces formalités (de la publication des actes de société) sont observées dans la quinzaine de la signature de l'acte, à peine de nullité.

58. Toutefois cette nullité sera couverte par la publication faite avant la demande en nullité.

59. Les associés ne pourront l'opposer aux tiers, mais ils pourront se l'opposer entre eux.

60. Si la nullité est prononcée, la liquidation des droits des associés pour les opérations faites avant la demande en nullité se fera conformément aux clauses de l'acte annulé.

VENTE DE RENTES. *C. Proc.* 563. La vente aura lieu à la criée de l'huissier, en présence du greffier qui dressera procès-verbal, et du juge de service qui statuera d'urgence et en dernier ressort sur les incidents, même ceux de nullité de la procédure, et qui taxera les frais, lesquels seront annoncés avant l'ouverture des enchères.

564. Les nullités de procédure invoquées depuis le dépôt du cahier d'enchères devront être déclarées au greffe la veille du jour fixé pour l'adjudication, au plus tard.

O

OBLIGATIONS.

C. Civ. Titre II. DES OBLIGATIONS.

Ch. I. DES OBLIGATIONS EN GÉNÉRAL.

144. L'obligation est un lien de droit qui a pour objet de procurer un bénéfice à une personne en contraignant l'obligé à faire une chose déterminée ou à s'en abstenir.

147. Les obligations naissent d'une convention ou d'un fait, ou de l'autorité de la loi.

148. L'obligation n'existe que si elle a une cause certaine et licite.

149. L'objet de l'obligation doit, à peine de nullité, être une action licite et possible, et, s'il s'agit d'une obligation de donner, la chose doit être dans le commerce ; elle doit être déterminée au moins quant à son espèce, et sa qualité doit pouvoir être précisée d'après les circonstances.

Obligation de faire. 173. Lorsque le débiteur se refuse de faire intégralement ce à quoi il est obligé, le créancier a le choix ou de demander la résolution du contrat avec des dommages-intérêts, ou de demander des dommages-intérêts pour ce qui n'a pas été exécuté.

174. Néanmoins le créancier peut, si les circonstances le permettent, se faire autoriser par justice à faire aux frais du débiteur obligé ce qu'il était obligé d'exécuter, ou à détruire ce qui a été fait contrairement à l'engagement.

175. Il peut se faire mettre en possession du corps certain qui devait être donné quand ce corps certain a été, soit au moment de la naissance de l'obligation, soit depuis, la propriété du débiteur, et qu'aucun tiers n'a acquis de droit réel sur lui.

237. Celui qui s'est obligé de faire une chose, ne se libère pas de plein droit en offrant de la faire, mais il a un recours contre le créancier pour le dommage que lui cause son refus au moment de l'offre.

238. Toutefois, lorsqu'il s'agit de l'exécution qui consiste en un payement ou une livraison de meubles, le débiteur se libère en faisant des offres conformément aux règles du Code de procédure.

239. Il se libère de l'obligation de délivrer un immeuble en faisant nommer un séquestre judiciaire par une sentence contradictoire ou à laquelle le créancier a été appelé.

Obligation de donner. 145. L'obligation qui consiste à donner une chose transfère de plein droit la propriété quand il s'agit d'un corps certain dont l'obligé est propriétaire.

146. L'obligation de constituer un droit réel transfère également ce droit sauf le droit de privilège, d'hypothèques ou de rétention.

149. S'il s'agit d'une obligation de donner, la chose doit être dans le commerce; elle doit être déterminée au moins quant à son espèce, et sa qualité doit pouvoir être précisée d'après les circonstances.

Obligation alternative. 150. Lorsqu'une obligation est alternative, l'option appartient au débiteur à moins d'une disposition spéciale de la loi ou de la convention.

151. Si un des deux ou plusieurs modes d'exécution devient impossible, l'obligation existe en ce qui concerne le mode possible d'exécution.

152. Si l'obligation déterminée a été édictée ou convenue à titre de peine en cas d'inexécution d'une autre obligation, le créancier a l'option entre l'exécution de l'obligation principale ou de l'obligation pénale; mais le débiteur peut toujours faire cesser cette option en exécutant l'obligation principale dans tous ses termes, à moins que la peine ne soit prononcée pour simple retard.

153. Quand l'option appartient au créancier et qu'un des modes d'exécution est devenu impossible par la faute du débiteur, le créancier peut opter entre le mode d'exécution possible ou l'indemnité résultant de l'impossibilité d'exécution de l'autre mode.

154. Il conserve son droit d'option entre les deux indemnités dues pour inexécution, si les deux modes d'exécution sont devenus impossibles par la faute du débiteur.

Obligation avec clause pénale. 152. Si l'obligation déterminée a été édictée ou convenue à titre de peine en cas d'inexécution d'une autre obligation, le créancier a l'option entre l'exécution de l'obligation principale ou de l'obligation pénale; mais le débiteur peut toujours faire cesser cette option en exécutant l'obligation principale dans tous ses termes, à moins que la peine ne soit prononcée pour simple retard.

Obligation à terme. 155. Lorsque l'obligation est à terme, le débiteur peut exécuter avant le terme, si le but de la loi ou de la convention ne s'y oppose pas.

156. L'objet de l'obligation à terme est dû immédiatement si le débiteur tombe en faillite, ou s'il a diminué par son fait les garanties qui assuraient l'exécution.

(*Prêt*) C. Civ. 574. L'emprunteur doit restituer la chose à l'époque fixée et ne peut être contraint de la restituer avant cette époque.

575. A défaut de terme stipulé, la restitution doit être faite

après que la chose a servi à l'usage pour lequel elle a été empruntée.

Obligation conditionnelle. 157. L'obligation peut dépendre d'un évènement futur ou incertain qui la fera naître ou la confirmera, ou qui l'empêchera de naître ou l'éteindra.

158. Si l'évènement prévu est ou devient certain et que la condition soit résolutoire, l'obligation sera nulle ou annulée ; si dans ce cas, la condition est suspensive, elle sera considérée comme non avenue.

159. Lorsque la condition sera accomplie, l'obligation et les droits qui en découlent seront censés avoir existé ou été nuls depuis le moment où l'évènement a été prévu.

160. Toutefois si l'exécution est devenue impossible avant l'accomplissement de l'évènement qui devait faire naître l'obligation, cet évènement ne produira aucun effet.

161. Les créanciers sont solidaires quand la convention qui a créé l'obligation leur donne mandat réciproque pour recevoir ; on suit dans ce cas les règles du mandat.

Obligations solidaires. V. Solidarité.

Obligations indivisibles. 172. Lorsque l'exécution d'une obligation ne peut se diviser, soit par la nature des choses, soit relativement au but qu'on se propose, chacun des obligés est tenu pour le tout, sauf son recours contre ses coobligés.

Dommages-intérêts résultant de l'inexécution des obligations V. Dommages-intérêts.

Résolution des obligations. V. Résolution.

Extinction des obligations. V. Extinction des obligations.

Preuve des obligations. V. Preuve des obligations.

OBLIGATIONS CONVENTIONNELLES. V. Contrat. Conventions.

OBLIGATIONS NATURELLES. C. Civ. 147. Les obligations naissent d'une convention ou d'un fait, ou de l'autorité de la loi.

C. Civ. chap. III. Obligations résultant du fait. (Art. 205-215.)

205. Le fait d'une personne qui a procuré intentionnellement un bénéfice à une autre personne, oblige cette dernière à tenir compte des dépenses et pertes subies par la première jusqu'à concurrence du profit obtenu.

206. Celui qui a reçu ce qui ne lui était pas dû est obligé à le restituer.

207. Il est responsable de la perte et des intérêts et des fruits s'il a reçu de mauvaise foi.

208. Néanmoins, si le payement volontaire a eu lieu en vertu

d'un devoir même non sanctionné par la loi, la restitution n'est pas due.

209. La restitution n'est pas due si un tiers a payé par erreur au créancier de bonne foi la dette d'un autre, et que le titre ait été détruit, sauf recours contre le véritable débiteur.

210. Les obligations provenant d'un fait dans les circonstances ci-dessus ne sont pas solidaires.

211. Sont solidaires celles qui prennent leur source dans les circonstances qui vont être énumérées.

212. Tout fait poursuivi par la loi oblige son auteur à réparer le préjudice qui en résulte, sauf le cas où cet auteur, à raison de son âge ou pour tout autre motif, n'a pas conscience de ses actes.

213. Il en est de même si le préjudice causé à un tiers provient d'une faute, de négligence, d'imprudence ou de défaut de surveillance des personnes que l'on a sous sa garde.

214. Le maître est également responsable du dommage causé par ses serviteurs quand ce dommage a été causé par eux en exerçant leurs fonctions.

215. Le propriétaire d'un animal est également responsable du préjudice causé par l'animal qu'il a sous sa garde ou qu'il a laissé s'échapper.

OBLIGATIONS NOMINATIVES. GAGE. *C. Com.*
82. A l'égard des actions, des parts d'intérêts et des obligations nominatives des sociétés financières, industrielles, commerciales ou civiles, dont la transmission s'opère par un transfert sur les registres de la société, le gage peut également être établi par un transfert, à titre de garantie, inscrit sur lesdits registres. V. GAGES. ACTIONS INDUSTRIELLES.

OBLIGATIONS RÉSULTANT DE LA LOI.
C. Civ. 147. Les obligations naissent d'une convention ou d'un fait, ou de l'autorité de la loi.

C. Civ. chap. IV. DES OBLIGATIONS RÉSULTANT DE LA LOI. (*art.* 216-220.)

216. Les obligations qui résultent uniquement d'une disposition spéciale de la loi ne sont pas solidaires si la solidarité n'a pas été formellement édictée.

217. Les descendants et alliés au même degré, tant que l'alliance dure, doivent des aliments à leurs ascendants ou alliés au même degré.

218. Il en est de même des ascendants à l'égard de leurs descendants ou alliés au même degré et des époux entre eux.

219. Les aliments sont calculés eu égard aux besoins du créancier et aux ressources du débiteur.

220. Ils sont toujours payables par mois et d'avance.

OCCUPATION. *C. Civ.* 23. Les biens libres (*moubah*) sont ceux qui n'ont pas de propriétaires et qui peuvent devenir la propriété du premier occupant.

24. Toutefois, les terres qui sont dans ce cas ne peuvent être occupées qu'avec l'autorisation du Gouvernement, et sous les conditions établies par les règlements. V. APPROPRIATION.

OEUVRE. V. MAIN-D'OEUVRE.

OFFICIER DE JUSTICE. V. HUISSIERS.

OFFICIER PUBLIC. DATE CERTAINE. *C. Civ.* 294. La date certaine (des actes sous seing privé) résulte d'un visa apposé par un officier public compétent ou par un magistrat.

OFFRES (TIERS DÉTENTEUR) V. DÉLAISSEMENT SUR HYPOTHÈQUE.

OFFRES RÉELLES. V. CONSIGNATION.

OPINION. JUGEMENT (*Délibération*). *C. Proc.* 95. Le nombre des juges, y compris le président, devra être impair; s'il se trouve au délibéré un nombre pair de juges, l'avis du moins ancien ne sera pas compté, s'il y a partage. V. *Règl. organ. jud.* T. I, art. 2, etc.

96. S'il se forme plus de deux opinions, les juges les plus faibles en nombre, ou le groupe dont fera partie le juge le moins ancien, seront tenus de se réunir à l'une des deux opinions qui auront été émises par le plus grand nombre.

97. Toutefois, ils ne seront tenus de s'y réunir qu'après que les voix auront été recueillies une seconde fois.

OPPOSITION.

DISPOSITION PRÉLIMINAIRE.

C. Proc. 443. L'opposition suspendra l'exécution d'une sentence, à moins que cette exécution n'ait été ordonnée nonobstant opposition.

1° OPPOSITION A JUGEMENTS.

C. Proc. Chap. XI. Sect. I. DE L'OPPOSITION. (*art.* 373-389.)

DISPOSITIONS GÉNÉRALES

Recevabilité. 373. L'opposition contre les jugements par défaut est recevable, sauf les cas où la loi fixe des délais spéciaux, savoir :

Dans la huitaine de la signification du jugement à personne ou au domicile réel ou élu, outre les délais de distance, si la partie a comparu à l'audience, en personne ou par mandataire, et n'a pas conclu sur le chef sur lequel le tribunal a statué;

Jusqu'à ce que le défaillant ait eu connaissance de l'exécution, quand le jugement est rendu contre une partie qui n'a pas comparu.

374. Sera considéré comme jugement rendu contre une partie

qui n'a pas comparu, celui qui, par un de ses chefs, statuera sur des conclusions signifiées depuis la dernière comparution.

375. Le défaillant sera présumé avoir connu l'exécution vingt-quatre heures après qu'il aura reçu en personne ou à son domicile réel un acte d'exécution ou relatant un acte d'exécution antérieure.

376. L'opposition n'est plus recevable après acquiescement au jugement.

379. Sauf les cas déterminés par la loi, l'opposition est recevable contre toute ordonnance ou jugement rendu par défaut.

Procédure. 377. L'opposition se fait par acte signifié au domicile élu ou au domicile réel s'il est dans la ville où siège le tribunal, contenant les motifs de l'opposition et les conclusions de l'opposant avec assignation devant le tribunal à la première audience, après les délais légaux, pour voir statuer sur le mérite de l'opposition.

378. L'opposition peut avoir lieu par une simple déclaration, au moment de l'exécution, sur le procès-verbal d'exécution, le commandement ou la dénonciation de saisie-arrêt, auquel cas l'huissier devra délivrer la citation à toutes les parties en suite de l'acte sur lequel l'opposition est déclarée.

382. L'opposition à une ordonnance est portée devant le Tribunal auquel appartient le juge qui l'a rendue.

383. L'opposition à un jugement est soumise au tribunal qui a rendu le jugement.

386. Il sera tenu au greffe un registre sur lequel les déclarations d'opposition seront portées : cette déclaration sera faite par les soins des huissiers, le jour même de l'opposition et au plus tard dans les vingt-quatre heures, en cas d'empêchement.

387. La déclaration contiendra les noms des parties, la date du jugement et celle de l'opposition.

Effets. 380. L'opposition empêche l'exécution, à moins que l'exécution provisoire n'ait été ordonnée par le jugement même ou ne résulte d'une disposition de la loi.

381. Toutefois les actes conservatoires peuvent être faits malgré l'opposition.

388. Aucun jugement par défaut ne sera exécuté, à l'égard des tiers, que sur un certificat du greffier constatant qu'il n'y a aucune opposition sur le registre.

Opposition sur opposition. 384. Le jugement rendu par défaut sur opposition n'est, en aucun cas, susceptible d'opposition.

385. Il en est de même des jugements rendus sur réassignation à celui des défendeurs qui a fait défaut dans le cas prévu par l'article 127. V. JUGEMENTS PAR DÉFAUT PROFIT-JOINT.

Péremption. 389. Les jugements par défaut, faute de compaparaître, seront nuls de plein droit, s'ils n'ont pas été exécutés dans les six mois de leur date.

DISPOSITIONS ADDITIONNELLES.

APPEL. *C. Proc.* 396. L'appel ne sera pas recevable contre un jugement par défaut, tant qu'il pourra être attaqué par la voie de l'opposition.

399. Le délai *(d'appel)* ne courra contre les jugements par défaut qu'à partir du jour où l'opposition ne sera plus recevable.

ARBITRAGES. *C. Proc.* 812. Les sentences arbitrales ne seront pas susceptibles d'opposition

DÉFAUT PROFIT-JOINT. *C. Proc.* 127. S'il y a plusieurs défendeurs et qu'un ou quelques-uns seulement ne comparaissent pas, le demandeur pourra faire renvoyer l'affaire jusqu'à un délai qui permette de signifier le jugement par défaut et de réassigner le défaillant, auquel cas le jugement qui interviendra ne sera pas susceptible d'opposition.

DISTRIBUTION PAR CONTRIBUTION. *C. Proc.* 588. Le jugement qui interviendra *(sur les contredits)* ne sera pas susceptible d'opposition.

599. *(En cas de retard de la part du juge commis pour le réglement définitif)* le tribunal fixera, sans appel ni opposition, le jour où le règlement devra être clos.

EXÉCUTION PROVISOIRE. *C. Proc.* 448. Dans les matières commerciales, l'exécution provisoire nonobstant opposition ou appel sera de droit à charge de donner caution, même sans qu'elle soit prononcée.

EXÉCUTION CONTRE UN TIERS. *C. Proc.* 388. Aucun jugement par défaut ne sera exécuté, à l'égard des tiers, que sur un certificat du greffier constatant qu'il n'y a aucune opposition sur le registre.

469. Les jugements qui ordonneront une chose quelconque à faire par un tiers ou à sa charge, ne seront exécutoires par les tiers ou contre eux, même après les délais d'opposition ou appel, que sur la production de l'acte de signification du jugement ou du certificat de l'huissier établissant cette signification, et sur l'attestation du greffier établissant qu'il n'y a ni opposition ni appel.

470. A cet effet, il sera tenu au greffe un registre sur lequel les huissiers seront tenus de faire mention des actes d'opposition et d'appel qu'ils seront chargés de signifier.

EXPROPRIATION D'UTILITÉ PUBLIQUE. *C. Civ.* 142. Les décisions *(du jury)* ne seront pas sujettes à opposition ni appel.

FAILLITE. *C. Com.* 405. Le jugement déclaratif de la faillite, et celui qui fixera à une date antérieure l'époque de cessation de paiements, seront susceptibles d'opposition de la part du failli dans la huitaine, et de la part de toute autre partie intéressée, pendant trente jours. Ces délais courront à partir du jour où les formalités de l'affiche et de l'insertion, énoncées dans l'article 222 (V. DÉCLARATION DE FAILLITE), auront été accomplies.

407. Il peut même après la huitaine expirée, se faire relever du délai d'opposition s'il était absent, et s'il prouve qu'il n'a pu connaître le jugement.

410. Ne seront susceptibles ni d'opposition ni d'appel les jugements relatifs à la nomination ou au remplacement du juge-commissaire ou des syndics, ceux qui statuent sur la mise en liberté du failli ou sur les secours à accorder à lui ou à sa famille, ceux qui autorisent à vendre les effets ou marchandises appartenant à la faillite, ceux qui prononcent sursis au concordat ou fixent provisoirement le montant des créances protestées, enfin ceux par lesquels le tribunal prononce sur les recours formés contre les ordonnances rendues par le juge-commissaire dans les limites de ses attributions.

(*Vérification des créances*) *C. Com.* 324. Les jugements et ordonnances qui accorderont ou refuseront un sursis sur les contestations ou qui statueront sur la fixation provisoire des créances contestées ne seront susceptibles d'aucun recours.

ORDRE. *C. Proc.* 735. Trois jours après la clôture du règlement définitif, le greffier fera sommation aux créanciers colloqués, au premier créancier non colloqué entièrement et à l'acquéreur d'en prendre communication.

736. Il ne pourra, par ces derniers, être formé opposition au règlement définitif, qu'au point de vue de l'application des bases posées par le règlement provisoire ou par la sentence qui aura statué sur les contestations et sur la fixation de la somme à payer par l'acquéreur.

737. Cette opposition ne sera recevable que dans les dix jours qui suivront la sommation ci-dessus.

RÉFÉRÉS. *C. Proc.* 144. (*Les ordonnances de référé*) ne pourront pas être attaquées par voie d'opposition.

RÉHABILITATION DU FAILLI. *C. Com.* 421. Tout créancier qui n'aura pas été payé intégralement de sa créance en principal, intérêts et frais, et tout autre partie intéressée, pourra former opposition à la réhabilitation par une requête adressée au tribunal de commerce qui a prononcé la faillite, en l'appuyant des pièces justificatives. Le créancier opposant ne pourra jamais être partie dans la procédure de réhabilitation.

SAISIE IMMOBILIÈRE. *C. Proc.* 609. L'opposition au commandement devra se faire dans les quinze jours qui suivront la notification, par assignation dans la forme ordinaire devant le tribunal dans le ressort duquel se trouve la plus grande partie des immeubles désignés dans le commandement; elle sera jugée d'urgence par le tribunal.

610. Si l'opposition est rejetée, le paiement de la somme due devra se faire dans la quinzaine qui suivra la signification de la

sentence définitive ; l'opposition au commandement faite après le délai de quinze jours ci-dessus fixé ne suspend pas la saisie, à moins que le tribunal ne juge qu'il y a lieu d'ordonner la suspension pour des motifs graves.

611. L'opposition faite dans la quinzaine du commandement interrompt le délai fixé par l'article 607 (V. SAISIE IMMOBILIÈRE).

L'huissier fera viser dans les vingt-quatre heures les originaux des actes d'opposition et de signification des jugements par l'officier chargé du bureau des hypothèques, qui en fera mention en marge de la transcription du commandement.

624. Une simple opposition du saisissant ou de tout autre créancier entre les mains des fermiers ou locataires vaudra saisie-arrêt, sans autre formalité sur tous les loyers à échoir, même ceux dus pour la jouissance antérieure à la transcription et qui seront distribués par voie de contribution.

667. Les jugements qui prononceront un simple renvoi de vente ne seront pas susceptibles d'opposition ou d'appel.

668. Le jugement d'adjudication ne sera pas susceptible d'opposition.

(*Nullité de procédure*). *C. Proc.* 692. Il sera statué par le tribunal sans qu'il y ait lieu à opposition ni appel, sur les moyens de nullité élevés contre la procédure poursuivie depuis la fixation du jour de l'adjudication. Si la nullité est prononcée, la procédure sera recommencée à partir de cette fixation.

(*Revendication*). *C. Proc.* 686. Il n'y aura pas lieu à opposition (contre le jugement statuant sur une demande en revendication).

SAISIE DE RENTES. *C. Proc.* 559. L'opposition ne sera pas recevable contre le jugement qui statuera sur les incidents.

VÉRIFICATION D'ÉCRITURES. *C. Proc.* 292. Si le défendeur ne comparait pas, le jugement de défaut vaudra reconnaissance, sauf le droit d'opposition dans les termes ordinaires.

2° TIERCE-OPPOSITION. V. CE MOT.

3° OPPOSITION A PAIEMENT.

C. Proc. 471. — Tout créancier, peut, en vertu d'un titre authentique ou privé établissant une créance liquide, former, entre les mains d'un tiers, opposition à ce que ce tiers remette les sommes ou valeurs qui sont ou seront dues, ou les effets mobiliers appartenant au débiteur de l'opposant, en énonçant la somme pour laquelle la saisie-arrêt est faite. V. SAISIE-ARRÊT.

DISPOSITIONS DIVERSES.

CONSIGNATION. *C. Proc.* 778. Le déposant devra déclarer, au moment du dépôt, les oppositions existantes, dont le dépositaire prendra charge.

LETTRE DE CHANGE. *C. Com.* 151. Celui qui paie une lettre de change à son échéance et sans opposition, est présumé valablement libéré.

155. Il n'est admis d'opposition au paiement qu'en cas de perte de la lettre de change ou de faillite du porteur.

LOUAGE D'OUVRAGE. *C. Civ.* 506. Les sous-traitants n'ont d'action contre le maître que pour les sommes dues à l'entrepreneur au moment de la saisie-arrêt faite par l'un d'eux, et après cette saisie-arrêt.

SAISIE-EXÉCUTION. *C. Proc.* 524. Quand il y aura précédente saisie, les créanciers ayant droit d'exécution, n'auront que le droit de faire opposition, entre les mains du gardien ou du saisissant et de l'huissier, à la mainlevée de la saisie et de saisir sur les objets non compris le premier procès-verbal, qui sera représenté à l'huissier par le gardien, ainsi que les objets saisis ; le même gardien sera constitué pour les nouveaux objets, s'ils se trouvent dans le même lieu.

525. Dans ces cas, cette opposition vaudra une saisie-arrêt entre les mains de l'huissier, sur le prix de la vente, elle sera simplement notifiée au saisi, sans qu'il soit besoin de demande en validité.

526. Les créanciers qui n'auront pas de titre exécutoire pourront faire saisie-arrêt entre les mains de l'huissier sur le prix de la vente, et ne seront pas contraints, à peine de nullité d'en demander la validité.

541. Lorsque le saisissant aura donné mainlevée, ou lorsqu'il n'aura pas fait procéder à la vente au jour indiqué par le procès-verbal de saisie, et obtenu une nouvelle indication par ordonnance, les créanciers opposants ayant titre exécutoire pourront, vingt-quatre heures, s'il y a lieu, après une sommation faite au saisissant en retard, faire procéder à la vente après placards apposés dans les termes ci-dessus.

DROIT MARITIME

NAVIRE. (*Vente.*) *C. Marit.* 26. Pendant trois jours après celui de l'adjudication, les oppositions à la délivrance du prix seront reçues; passé ce temps, elles ne seront plus admises si ce n'est pour l'excédant des sommes dues aux créanciers saisissants.

27. Les créanciers opposants sont tenus de produire au greffe du tribunal de commerce leurs titres de créance dans les trois jours qui suivent la sommation qui leur en est faite par le créancier poursuivant, par le propriétaire saisi ou par ses représentants ; faute de quoi il sera procédé à la distribution du prix de la vente sans qu'ils y soient compris.

4° OPPOSITION AU CONCORDAT.

C. Com. 332. Tous les créanciers ayant eu droit de concourir au concordat, ou dont les droits auront été reconnus depuis, pourront y former opposition.

L'opposition sera motivée, et devra être signifiée aux syndics et au failli à peine de nullité, dans les huit jours qui suivront le concordat : elle contiendra assignation à la première audience du tribunal de commerce. V. CONCORDAT.

5° OPPOSITION A LA TAXE.

C. Proc. 122. Il pourra toujours être fait, par simple déclaration au greffe, opposition par toutes les parties à la taxe, dans les trois jours qui suivront la signification du jugement ou de l'exécutoire ou la communication de l'état taxé.

123. L'opposition sera portée, sur simple citation, à vingt-quatre heures, s'il y a lieu d'appeler la partie adverse devant la Chambre du Conseil du tribunal qui aura jugé.

Si la partie adverse n'a aucun intérêt né ou éventuel à la rectification de la taxe, l'opposition sera toujours recevable, et la partie opposante pourra se présenter seule.

Toutefois, elle devra en tout cas, citer l'officier ministériel dans le délai ci-dessus de vingt-quatre heures si l'opposition porte sur l'allocation à lui accordée.

(*Expertise*). *C. Proc.* 269. L'opposition à la taxe sera recevable au profit de chacune des parties, dans les trois jours qui suivront la signification qui lui en sera faite.

270. Elle aura un effet suspensif, et sera portée devant le tribunal, toutes parties appelées, ainsi que l'expert, s'il n'est pas encore intervenu un jugement en dernier ressort prononçant la condamnation aux frais.

OPPOSITION SUR OPPOSITION. *C. Proc.* 384. Le jugement rendu par défaut sur opposition n'est, en aucun cas, susceptible d'opposition.

OPPOSITION (Saisie). V. SAISIE-ARRÊT.

OPTION. V. OBLIGATIONS ALTERNATIVES.

EN MATIÈRE DE VENTE.

C. Civ. 364. Dans la vente en bloc des choses qui peuvent se remplacer, si la quantité est spécifiée, et le prix indiqué à tant l'unité, et que la quantité réelle soit inférieure, l'acheteur a le droit d'opter pour la résiliation de la vente ou pour son maintien en payant un prix diminué proportionnellement.

366. Dans la vente des choses qui se comptent à la mesure ou au poids et qui ne peuvent se diviser sans préjudice, si cette vente a eu lieu avec indication d'une mesure exacte et du prix de l'unité de mesure, l'acheteur a le droit de résilier la vente ou de prendre la chose vendue en entier, en maintenant la vente et en payant un prix proportionnel à la mesure réelle.

Si, dans le même cas, le prix a été indiqué en bloc, l'acheteur a l'option ou de résilier la vente ou de prendre la chose vendue au prix stipulé.

369. La prise de possession de la chose vendue sans réserves expresses de la part de l'acheteur, s'il connaît l'erreur et la disposition de l'objet vendu par hypothèque ou autrement, le fait déchoir du droit d'opter pour la résiliation.

OR. V. ARGENT. ARGENTERIE.

ORDONNANCES. *C. Proc. Chap. VIII.* DES ORDONNANCES SUR REQUÊTE. (*Art.* 130-135).

130. Dans les cas où la partie aura le droit de demander une ordonnance, elle présentera requête au président ou au juge de service.

131. Le président ou le juge devra mettre son ordonnance au bas de la requête, même quand il rejettera la demande.

132. Un double de la requête sera laissé au juge, qui conservera copie signée de lui de son ordonnance, et déposera le tout au greffe, dans le plus bref délai.

133. La partie requérante et celle à qui l'ordonnance sera signifiée auront toujours le droit de déférer l'ordonnance au Tribunal, en appelant la partie adverse par citation à trois jours, sauf l'exécution provisoire qui sera de droit.

Le recours dans ce cas pourra s'exercer, soit séparément, soit accessoirement à l'instance principale, en tout état de cause, sans qu'il puisse être opposé une déchéance à raison du délai.

134. Les ordonnances n'auront pas besoin d'être motivées, à peine de nullité.

Toutefois, celles qui seraient contraires à une ordonnance rendue précédemment, soit par le même juge, soit par un autre, contiendront l'indication des circonstances nouvelles qui les motivent, et ce, à peine de nullité.

135. La partie contre laquelle une ordonnance aura été rendue aura, en outre, toujours le droit de se pourvoir en référé devant le même juge contre cette ordonnance.

DISPOSITIONS ADDITIONNELLES.

ASSIGNATION. *C. Proc.* 38. Les délais pourront être réduits, en cas d'urgence, par ordonnance du juge du service.

Cette ordonnance sera signifiée en même temps que l'assignation.

Le délai pourra être, en matière civile, de trois jours francs, et, en matière commerciale, de vingt-quatre heures.

39. L'assignation pourra même, en vertu d'une ordonnance, être donnée d'heure en heure, en matière commerciale, de justice sommaire ou de référé, s'il y a urgence extrême.

40. L'assignation sera donnée à jour fixe, à l'audience qui sera indiquée par le règlement pour l'appel des causes nouvelles, ou à un jour fixé par ordonnance du juge, mise au bas d'une requête à lui présentée à cet effet et qui sera signifiée en tête de la copie de l'assignation.

35. Les défendeurs seront assignés, savoir :

9° Quand le défendeur sera domicilié à l'étranger et qu'un tribunal égyptien ne sera compétent à raison d'un des motifs indiqués dans les précédents paragraphes, l'assignation pourra être donnée devant le tribunal de la résidence du demandeur ou, à défaut devant le tribunal d'Alexandrie.

Si, dans ce cas, le tribunal saisi est celui du demandeur, le président pourra accorder sur requête l'assignation dans les délais des articles 38 à 39, sans observer les délais de distance. V. Assignation.

COMMISSIONNAIRE. *C. Com.* 92. Le commissionnaire pour vendre qui détiendra des marchandises à lui expédiées soit en dépôt, soit pour les vendre à un prix limité, et qui sera créancier pour une somme privilégiée d'après les articles ci-dessus (V. Gage) pourra, trois jours après une sommation restée infructueuse, outre le délai de distance, obtenir, sur une simple requête, du juge de service pour les affaires urgentes près le tribunal de son domicile, l'autorisation de vendre aux enchères publiques tout ou partie des marchandises, par le ministère d'un courtier commis à cet effet par l'ordonnance.

DISTRIBUTION PAR CONTRIBUTION. *C. Proc.* 604. En cas de retard du poursuivant dans la poursuite d'une contribution, la partie la plus diligente pourra se faire subroger dans la procédure par une ordonnance de référé du juge-commissaire.

ENQUÊTES. *C. Proc.* 211. Quand l'enquête devra avoir lieu sommairement devant un juge commis, la partie la plus diligente obtiendra de lui, sur requête, et fera signifier à la partie adverse, l'ordonnance qui fixera le jour, le lieu et l'heure où les témoins seront entendus, en observant un délai de trois jours entre la signification et le jour fixé.

216. Quand il y aura lieu à enquête devant le juge commis, sans que le tribunal ait dit qu'elle serait faite sommairement, la partie la plus diligente lèvera et fera signifier le jugement et requerra du juge une ordonnance qui fixera le jour, le lieu et l'heure où il entendra les témoins.

EXÉCUTION DES JUGEMENTS. *C. Proc.* 468. Les jugements rendus à l'étranger, par un tribunal étranger, seront exécutoires en Egypte, sur simple ordonnance du président du tribunal, à charge de réciprocité.

GAGE COMMERCIAL. *C. Com.* 84. A défaut de paiement à l'échéance, le créancier peut, trois jours après une sommation faite par acte d'huissier restée infructueuse, outre le délai de distance, obtenir, sur une simple requête, du juge de service près le tribunal de son domicile, l'autorisation de vendre aux enchères publiques tout ou partie des objets donnés en gage, par le ministère d'un courtier commis à cet effet par l'ordonnance.

La vente se fera aux lieu et heure fixés par le juge, qui décidera s'il y a lieu à affiches et insertions.

JUGE-COMMISSAIRE. *(Faillite.) C. Com.* 244. Les ordonnances du juge-commissaire ne seront susceptibles de recours que dans les cas prévus par la loi. Ces recours seront portés devant le tribunal de commerce.

LETTRE DE CHANGE. *C. Com.* 157. Si la lettre de change perdue est revêtue de l'acceptation, le payement ne peut être exigé sur une seconde, troisième, quatrième, etc., que par ordonnance du juge de service, et en donnant caution.

158. Si celui qui a perdu la lettre de change, qu'elle soit acceptée ou non, ne peut représenter la seconde, troisième, quatrième, etc., il peut demander le payement de la lettre de change perdue et l'obtenir par l'ordonnance en justifiant de sa propriété par ses livres, et en donnant caution.

OPPOSITION. *C. Proc.* 379. Sauf les cas déterminés par la loi, l'opposition est recevable contre toute ordonnance ou jugement rendu par défaut.

382. L'opposition à une ordonnance est portée devant le tribunal auquel appartient le juge qui l'a rendue.

SAISIE-ARRÊT. *C. Proc.* 473. Si le créancier n'a pas de titre ou si la créance qui résulte du titre n'est pas liquide, il pourra obtenir de former saisie-arrêt, en présentant requête au président du tribunal du domicile du saisi ou du tiers-saisi, ou du juge de service, lequel liquidera provisoirement la créance, s'il y a lieu, dans son ordonnance, et énoncera la somme en principal et accessoires pour laquelle la saisie-arrêt pourra être faite. V. SAISIE-ARRÊT.

SENTENCES ARBITRALES. *C. Proc.* 814. Les sentences arbitrales, même celles qui statueront sur les mesures préparatoires, seront déposées dans les trois jours par les arbitres ou l'un d'eux, et seront rendues exécutoires par une ordonnance du président du tribunal civil, à la requête de la partie la plus diligente.

VÉRIFICATION D'ÉCRITURE. *C. Proc.* 299. A la requête de la partie la plus diligente, et au moins trois jours après la sommation de prendre communication, si cette partie est le demandeur en vérification, le juge rendra une ordonnance qui fixera le jour, le lieu et l'heure où les parties devront comparaître devant lui pour convenir des pièces de comparaison.

300. Copie de cette ordonnance sera signifiée à l'autre partie, avec sommation de comparaître, en observant un délai d'un jour franc. V. SAISIE CONSERVATOIRE. AFFECTATION.

ORDONNANCES DE RÉFÉRÉ. V. RÉFÉRÉS.

ORDRE *(en matière de faillite).*

LOI COMMERCIALE.

C. Com. Chap. III. Sect. VII. § III. DES DROITS DES CRÉANCIERS HYPOTHÉCAIRES ET PRIVILÉGIÉS SUR LES IMMEUBLES *(art. 366-371).*

366. Lorsque la distribution du prix des immeubles sera faite antérieurement à celle du prix des biens meubles, ou si-

multanément, les créanciers privilégiés ou hypothécaires, non remplis sur le prix des immeubles, concourront à proportion de ce qui leur restera dû, avec les créanciers chirographaires, sur les deniers appartenant à la masse chirographaire, pourvu toutefois que leurs créances aient été vérifiées et affirmées, suivant les formes ci-dessus établies.

367. Si une ou plusieurs distributions de deniers mobiliers précèdent la distribution du prix des immeubles, les créanciers privilégiés et hypothécaires, vérifiés et affirmés, concourront aux répartitions dans la proportion de leurs créances totales et sauf, le cas échéant, les distractions dont il sera parlé dans les deux articles suivants.

368. Après la vente des immeubles et le règlement définitif de l'ordre entre les créanciers hypothécaires et privilégiés, ceux d'entre eux qui viendront en ordre utile sur les prix des immeubles, pour la totalité de leur créance, ne toucheront le montant de leur collocation hypothécaire que sous la déduction des sommes par eux perçues dans la masse chirographaire.

369. Les sommes ainsi déduites ne resteront point dans la masse hypothécaire, mais retourneront à la masse chirographaire, au profit de laquelle il en sera fait distribution.

370. A l'égard des créanciers hypothécaires qui ne seront colloqués que partiellement dans la distribution du prix des immeubles, il sera procédé comme il suit : leurs droits sur la masse chirographaire seront définitivement réglés, d'après les sommes dont ils resteront créanciers, après leur collocation immobilière, et les deniers qu'ils auront touchés au delà de cette proportion, dans la distribution antérieure, leur seront retenus sur le montant de leur collocation hypothécaire, et reversés dans la masse chirographaire.

371. Les créanciers hypothécaires qui ne viendront point en ordre utile seront considérés comme purement et simplement chirographaires. V. RÉPARTITION DE DENIERS.

ORDRE (Procédure d').

LOI CIVILE.

C. Civ. 691. Les créanciers sont payés sur le prix de l'immeuble, ou le montant de l'assurance en cas d'incendie, dans l'ordre de leur rang d'inscription, même lorsqu'ils ont fait inscrire leurs créances le même jour.

C. Proc. Chap. XII. Sect. VII. DE LA DISTRIBUTION DES PRIX DE VENTE D'IMMEUBLES HYPOTHÉQUÉS (*art.* 720-745).

DISPOSITIONS GÉNÉRALES.

Ouverture de l'ordre. 720. Faute par les créanciers du vendeur, du saisi ou du propriétaire exproprié de s'être, dans le mois de la vente, entendus entre eux et avec le débiteur sur la distribution du prix, cette distribution a lieu d'après les mêmes règles qui ont été établies pour la distribution par voie de contribution (V. CONTRIBUTION), sauf les modifications suivantes :

721. L'ordre pourra s'ouvrir sans que le prix soit déposé, et la distribution se fera au moyen de bordereaux de collocation qui vaudront délégation du prix au créancier colloqué.

Dans ce cas, le débiteur du prix sera partie à la distribution.

722. La réquisition d'ouverture de l'ordre sera faite sur un registre spécial tenu au greffe du tribunal de la situation, et pourra être présentée par l'acquéreur.

723. Au moment de l'ouverture du procès-verbal d'ordre, qui commencera par la transcription de la réquisition et de l'ordonnance d'ouverture, l'extrait de toutes les inscriptions hypothécaires existantes, délivré par l'officier chargé du bureau des hypothèques, sera annexé au procès-verbal.

Règlements, Contredits. 724. Les sommations de produire et de prendre communication du règlement provisoire seront faites au domicile élu dans l'inscription.

725. Le délai pour prendre communication du règlement provisoire et contredire à peine de forclusion sera de trente jours; s'il ne s'élève aucune contestation, le juge commis procédera au règlement définitif et prononcera la radiation des inscriptions qui ne viendront pas en ordre utile.

730. En cas de contestation, le juge commis fera le règlement définitif sur les créances antérieures à celles qui seront contestées et ordonnera la délivrance des bordereaux de collocation y relatifs. Il pourra même faire le règlement définitif sur les créances postérieures, en réservant une somme suffisante au montant des contestations.

731. Les contestations seront portées devant le tribunal ; il ne pourra être introduit d'autres contestations que celles qui sont consignées au procès-verbal du règlement provisoire.

732. Toutefois, le créancier inscrit qui n'aurait pas été sommé de produire ou de prendre communication du règlement provisoire aura, jusqu'à la délivrance des bordereaux de collocation, le droit de demander la nullité de la procédure, qui sera recommencée aux frais de l'officier qui sera en faute, sauf en ce qui concerne les premiers créanciers non contestés qui auraient reçu leur mandement de collocation.

734. Les créanciers contestants et ceux contestés et le dernier créancier utilement colloqué seront seuls mis en cause sur les contestations ; les frais de ce dernier seront privilégiés, les autres pouvant intervenir, mais à leurs frais, dans tous les cas.

735. Trois jours après la clôture du règlement définitif, le greffier fera sommation aux créanciers colloqués, au premier créancier non colloqué entièrement et à l'acquéreur d'en prendre communication.

736. Il ne pourra, par ces derniers, être formé opposition au règlement définitif, qu'au point de vue de l'application des bases posées par le règlement provisoire ou par la sentence qui aura statué sur les contestations et sur la fixation de la somme à payer par l'acquéreur.

737. Cette opposition ne sera recevable que dans les dix jours qui suivront la sommation ci-dessus.

738. Elle sera portée devant les tribunaux, l'opposition ne sera pas recevable, le délai d'appel sera de dix jours, après signification de la sentence.

739. La partie qui succombera, soit sur les contestations, soit sur le recours contre le règlement définitif, sera condamnée, outre les frais, aux intérêts envers qui de droit.

745. Le juge commis règlera dans la forme ci-dessus et en même temps que l'ordre, si faire se peut, les distributions des sommes dues aux créanciers colloqués entre les créanciers ou ayants droit de ces derniers et sur leur réquisition.

Bordereaux. 726. Le juge ordonnera la délivrance, par le greffier, des bordereaux de collocation.

727. Les frais de poursuite d'ordre et de radiation d'inscription seront colloqués par privilège.

728. Chacun des bordereaux portera, au profit de l'acquéreur, imputation sur son prix des frais de radiation; il sera d'office ajouté au bordereau du dernier colloqué les frais de radiation des créances non colloquées.

729. La radiation des créances non utilement colloquées ne fera pas obstacle à ce que les créanciers touchent le prix à leur rang, si les créanciers antérieurs sont désintéressés autrement que sur le prix dû par l'acquéreur.

733. Après la délivrance des bordereaux, le créancier omis aura son recours seulement contre cet officier, sauf son droit contre le débiteur et les cautions.

740. Après le délai de dix jours, s'il n'y a pas d'opposition, ou lorsque la sentence rendue sur l'opposition sera devenue définitive, et dans la huitaine au plus tard, le greffier délivrera les bordereaux de collocation.

743. Le créancier colloqué, en recevant le montant de sa collocation, consentira à la radiation de son hypothèque.

744. L'acquéreur fera radier les inscriptions jusqu'à la concurrence des sommes payées, sur la justification du bordereau de collocation et de la quittance, et sur l'extrait du règlement définitif prononçant la radiation des inscriptions relatives aux créanciers non colloqués.

Intérêts. 741. Les intérêts et arrérages cesseront et seront arrêtés comme en matière de contribution, sauf au créancier colloqué à toucher les intérêts dus par l'acquéreur.

742. Toutefois, quand l'acquéreur conservera partie du prix

pour sûreté d'une rente inscrite, les créanciers postérieurs au créancier de la rente viagère toucheront, sur le capital de la rente, après le décès de ce dernier, les intérêts échus depuis l'époque ci-dessus.

DISPOSITIONS DIVERSES.

APPEL. *C. Proc* 400. Le délai (d'appel) sera réduit à quinze jours en matière de distribution par voie d'ordre et de contribution.

COMMUNICATION. *C. Proc.* 68. Seront communiquées au ministère public les causes suivantes : 7° Les distributions par voie d'ordre ou de contribution.

ORDRE (Obligat'on à). *C. Com.* 143. Il est défendu d'antidater les ordres, à peine de faux. V. BILLET A ORDRE. LETTRE DE CHANGE.

CONNAISSEMENT. *C. Marit.* 99. Le connaissement peut être rédigé à l'ordre d'une personne dénommée.

ORDRE PUBLIC. *C. Civ.* 654. On ne peut transiger sur une question d'Etat ou d'ordre public, mais on peut transiger sur les intérêts pécuniaires qui sont la conséquence née d'une question d'Etat ou d'un délit.

V. PLAIDOIRIES.

COMMUNICATION. *C. Proc.* 68. Seront communiquées au ministère public les causes suivantes : 3° celles qui concernent l'ordre public.

OUTILS. SAISIE-EXÉCUTION. *C. Proc.* 518. Ne pourront être saisis, si ce n'est pour loyers, fermages, ou pour dettes d'aliments : Les outils des artisans nécessaires à leur travail personnel.

OUVERTURE DES PORTES. SAISIE-EXÉCUTION. *C. Proc.* 516. Le consul du saisi sera prévenu de la saisie dans les termes de la loi sur l'organisation judiciaire.

517. L'huissier ne pourra saisir le coucher nécessaire aux saisis ou à leurs parents et alliés en ligne directe, vivant avec eux, ni les habits dont ils sont vêtus et couverts.

OUVRAGE (Louage d').

C. Civ. 444. Il y a deux sortes de louage :
Le louage des choses,
Et le louage des personnes ou d'industrie.

C. Civ., Tit. I. Chap. II. Sect. II. DU LOUAGE DES PERSONNES OU D'INDUSTRIE. (*art.* 489-510).

DISPOSITIONS GÉNÉRALES.

Louage de personnes. 489. Le louage des personnes se fait pour un service déterminé et continu pendant la durée fixée par le contrat, ou pour une œuvre déterminée.

490. Le louage des employés, ouvriers ou domestiques, ne peut être fait que pour un temps limité.

491. Quand la durée du contrat est fixée, l'indemnité est due par le maître qui résilie le contrat, pour tout le temps pendant lequel celui qui a loué ses services ne pourra se réengager, et pour les frais de déplacement, s'il a été appelé spécialement d'un autre lieu.

492. Quand la durée n'a pas été fixée, chacune des parties peut rompre le contrat à tout moment, pourvu que ce ne soit pas d'une manière intempestive.

493. Les preuves consacrées par l'usage seront admises pour établir le montant des salaires dus ou payés.

Louage d'industrie. 494. Le louage d'industrie pour un travail déterminé peut être fait ou à forfait pour tout l'ouvrage, ou suivant un prix arrêté d'après le temps employé ou le travail fait.

495. Dans tous les cas, le maître peut arrêter le travail, en indemnisant l'entrepreneur des dépenses occasionnées par la préparation du travail suspendu.

496. Mais s'il a engagé l'ouvrier ou l'entrepreneur pour un temps déterminé ou traité pour tout l'ouvrage à forfait, il doit tout le bénéfice qui serait résulté de l'exécution du contrat.

502. Le louage d'industrie se résout par la mort de la personne engagée, ou toute circonstance fortuite qui l'empêche de travailler.

503. Dans ce cas, le maître doit prendre, au prix coûtant, les matériaux apportés qui peuvent lui être utiles.

504. Les entreprises ne sont réglées qu'après le travail fait ; toute situation arrêtée pendant le cours des travaux n'est que provisoire ; tout payement fait dans le même temps est considéré comme acompte, à moins de stipulation contraire.

505. L'entrepreneur peut sous-traiter son travail par portion ou en totalité, si la faculté ne lui en a pas été enlevée par le contrat ; mais il reste responsable des sous-traitants.

506. Les sous-traitants n'ont d'action contre le maître que pour les sommes dues à l'entrepreneur au moment de la saisie-arrêt faite par un d'eux, et après cette saisie-arrêt.

507. Ils ont un privilège, au prorata entre eux tous, sur ces sommes, qui peuvent leur être payées directement par le maître sans ordonnance.

508. Le louage d'industrie peut comprendre accessoirement la fourniture de tout ou partie de la matière.

509. Quand l'ouvrier fournit la matière, il supporte la perte de la chose commandée, à moins qu'elle n'ait été livrée, agréée ou offerte avec mise en demeure.

Si la matière est fournie par le maître, et qu'il s'agisse d'un travail à forfait, le maître, en cas de destruction par cas fortuit, perd la matière et l'ouvrier son salaire.

510. Celui qui a entrepris un travail à forfait ne peut, sous aucun prétexte, demander une augmentation de prix, à moins que les dépenses n'aient été augmentées par la faute du maître.

Plans et Devis. 497. L'architecte a droit à un salaire distinct pour la confection des plans et devis et pour la direction des travaux.

498. À défaut de conventions, ces salaires seront fixés d'après l'usage.

499. Ils seront seulement proportionnels au temps employé et à la nature du travail, si les plans commandés n'ont pas été exécutés.

500. Les architectes et entrepreneurs sont responsables solidairement pendant dix années de la destruction des travaux de construction, même quand elle est provenue de vice du sol, et même si le maître a autorisé les constructions vicieuses, pourvu, dans ce dernier cas, qu'il ne s'agisse pas d'une construction destinée dans l'intention des parties à durer moins de dix années.

501. L'architecte qui n'a pas été chargé de la surveillance des travaux n'est responsable que des vices de son plan.

DISPOSITIONS ADDITIONNELLES.

DÉPOT. *C. Civ.* 591. S'il y a stipulation de salaire, le contrat est régi par les règles du louage d'industrie.

PRESCRIPTION. *C. Civ.* 275. Les redevances, arrérages, pensions, loyers et intérêts, et, en général, tout ce qui est payable par années ou par termes moins longs, se prescrivent par cinq années calculées d'après les calendriers arabes.

PRIVILÈGE *C. Civ.* 727. Sont privilégiées les créances suivantes : 2° Les salaires de six mois pour les commis et ouvriers, qui seront payés, s'il y a lieu, après les frais de justice.
Ce privilège s'exercera sur les meubles et immeubles du débiteur. DOMESTIQUES. OUVRAGE (LOUAGE D').

OUVRIER. *C. Civ.* 490. Le louage des employés, ouvriers ou domestiques ne peut être fait que pour un temps limité. V. OUVRAGE (LOUAGE D'). ARTISANS. GAGES ET SALAIRES. DOMESTIQUES.

P

PACTE COMMISSOIRE. *C. Civ.* 665. Il ne peut pas être convenu que l'objet du gage restera, faute de payement, la propriété du créancier, qui a seulement le droit de provoquer la vente sous les mêmes conditions que tout autre créancier.

C. Com. 84. A défaut de paiement à l'échéance, le créancier peut, trois jours après une sommation faite par acte d'huissier restée infructueuse, outre le délai de distance, obtenir, sur une simple requête du juge de service près le Tribunal de son domicile, l'autorisation de vendre aux enchères publiques tout ou partie des objets donnés en gage, par le ministère d'un courtier commis à cet effet par l'ordonnance

La vente se fera aux lieu et heure fixés par le juge, qui décidera s'il y a lieu à affiches et insertions.

Toute clause qui autoriserait le créancier à s'approprier le gage ou à en disposer sans les formalités ci-dessus prescrites, est nulle.

PACTE DE RACHAT. V. Réméré.

PAIEMENT.

DISPOSITIONS GÉNÉRALES

1° *Du paiement.*

C. Civ. **221.** Les obligations s'éteignent par : l'exécution.

223. Lorsque l'exécution consiste dans un paiement il peut toujours être fait par un tiers, même malgré le débiteur ou le créancier.

226. Le débiteur malgré lequel le paiement a eu lieu, a le droit de repousser en tout ou partie le recours de celui qui a payé pour lui, s'il démontre qu'il avait un intérêt quelconque à s'opposer au paiement.

228. Pour la validité du paiement, le débiteur doit être capable d'aliéner et le créancier capable de recevoir

229. Toutefois le paiement d'une chose due, qui ne nuit pas à l'incapable qui l'a fait, éteint l'obligation.

232. Le lieu du paiement est celui où se trouve le corps certain qui doit être livré, s'il n'y a pas stipulation contraire.

233. S'il s'agit de numéraire ou de choses désignées quant à l'espèce, le paiement est supposé stipulé devoir être fait au domicile du débiteur.

PAIEMENT. 521

234. Les frais de l'exécution sont à la charge du débiteur.

238. Lorsqu'il s'agit de l'exécution qui consiste en un paiement ou une livraison de meubles, le débiteur se libère en faisant des offres conformément aux règlements du Code de procédure.

2° *Du paiement avec subrogation.* V. Subrogation.

3° *De l'imputation des paiements.* V. Imputation.

4° *Des offres de paiement.* V. Consignation.

5° *Du paiement du prix en matière de vente.* V. Vente. Terme.

LOI COMMERCIALE.

Du paiement en matière de faillite.

C. Com. 235. Sont nuls et sans effet, relativement à la masse, lorsqu'ils auront été faits par le débiteur, depuis l'époque déterminée par le Tribunal comme étant celle de la cessation de ses paiements, ou dans les dix jours qui auront précédé cette époque, tous les actes translatifs de propriétés mobilières ou immobilières à titre gratuit, tout paiement, soit en espèces, soit par transport, vente, compensation ou autrement, pour dettes non échues.

236. Tous paiements faits par le débiteur pour dettes échues autrement qu'en espèces ou effets de commerce, et tous autres actes à titre onéreux présentant un avantage exceptionnel au profit de celui qui a traité avec le failli, et que ce dernier aura passé après la cessation de ses paiements et avant le jugement déclaratif de la faillite, seront annulés, s'il est établi que ceux qui ont reçu les paiements ou avec lesquels le failli a contracté connaissaient le dérangement de ses affaires.

385. Nul paiement ne sera fait par les syndics que sur la représentation du titre constitutif de la créance.

V. Cessation de paiement. Dation en paiement. Compensation.

DISPOSITIONS ADDITIONNELLES.

OPPOSITION A PAIEMENT. V. Saisie-Arrêt.

PAIEMENT DE SALAIRES. *Exécution provisoire* C. Proc. 450. L'exécution provisoire nonobstant appel sera ordonnée avec ou sans caution en matière civile, suivant que le Tribunal le jugera à propos, lorsqu'il s'agira : 4° paiements de salaires.

PREUVE. *C. Civ.* 279. La preuve de la libération doit être faite par le débiteur.

284. La preuve de la libération résulte de la remise, au débiteur, du titre en original ou expédition exécutoire. V. Libération.

PAIEMENT D'AVANCE. Aliments. *C. Civ.* 220. Ils sont toujours payables par mois et d'avance. V. Aliments.

PAIEMENT DE L'INDU. V. Indu-paiement.

PAIEMENT PAR INTERVENTION. V. Lettre de change p. 440.

PAIEMENT (Lieu du). V. Lieu de paiement.

PAIEMENT PARTIEL. V. a-compte.

PARENTÉ (Alliance).

DISPOSITIONS DIVERSES.

Aliments. *C. Civ.* 217. Les descendants et alliés au même degré, tant que l'alliance dure, doivent des aliments à leurs ascendants ou alliés au même degré.

218. Il en est de même des ascendants à l'égard de leurs descendants ou alliés au même degré, et des époux entre eux. V. Aliments.

Communication. *C. Proc.* 68 Seront communiquées au ministère public :

6° Les règlements de juges, les récusations de juges ou experts et renvois pour cause de parenté ou alliance.

Faillite. (*Syndics.*) *C. Com.* 258. Aucun parent ou allié du failli jusqu'au sixième degré inclusivement ne pourra être nommé syndic.

Récusation de juge. *C. Proc.* 352. Tout juge peut être récusé pour les causes ci-après : 1° S'il est parent ou allié d'une des parties jusqu'au sixième degré inclusivement.

Saisie-exécution. *C. Proc.* 504. L'huissier procédera à la saisie assisté de deux témoins majeurs, ni parents ni alliés des parties jusqu'au sixième degré exclusivement.

(*Gardien*). *C. Proc.* 509. Le gardien devra remplir les mêmes conditions que les témoins.

Témoins. *C. Proc.* 236. Les témoins pourront être récusés quand ils seront conjoints, ou parents, ou alliés de l'une des parties en ligne *directe* ou en ligne *collatérale*, jusqu'au quatrième degré inclusivement.

PARQUET. *R. O. J. Titre I. Chap. II* (art. 26-29).

26. Il sera institué un parquet à la tête duquel sera un procureur général.

27. Le procureur général aura sous sa direction, auprès de la Cour d'appel et des tribunaux des substituts en nombre suffisant pour le service des audiences et la police judiciaire.

28. Le procureur général pourra siéger à toutes les chambres de la Cour et des tribunaux, à toutes les cours criminelles et à toutes les assemblées générales de la Cour et des tribunaux.

29. Les magistrats du parquet seront amovibles, et ils seront nommés par S. A. le Khédive.

R. G. J. **45.** Les magistrats du parquet sont amovibles : ils exercent leurs fonctions en qualité d'agents du gouvernement, dont ils dépendent exclusivement.

161. Les magistrats du parquet sont placés sous la surveillance du Ministre de la Justice, et les dispositions qui précèdent (sur le pouvoir disciplinaire de la Cour d'appel) ne leur sont pas applicables.

DISPOSITIONS ADDITIONNELLES.

PROHIBITION. *C. Proc.* **52.** Les membres du parquet ne pourront être mandataires pour plaider ou présenter la défense des parties, soit verbalement, soit par écrit, même à titre de consultation, quand bien même le procès se débattrait devant un autre tribunal que celui auquel ils sont attachés.

SIGNIFICATION. *C. Proc.* **10.** Les copies seront remises, pour les significations :

5° Aux personnes n'ayant pas de domicile connu en Egypte. au parquet du procureur du Khédive, lequel visera l'original.

(*Saisie-arrêt.*) *C. Proc.* **477.** Les receveurs, administrateurs ou dépositaires de deniers publics viseront les originaux des saisies-arrêt qui devront leur être signifiées à personne, et en cas de refus seront visées par le membre du parquet attaché au tribunal.

SAISIE IMMOBILIÈRE. *C. Proc.* **617.** Dans les trois jours de la clôture du procès-verbal (de saisie), l'huissier sera tenu, sous peine disciplinaire d'en transmettre une copie au chef du parquet du tribunal qui doit connaître de la saisie, lequel la transmettra dans les vingt-quatre heures au Moudir ou au gouverneur du lieu de la saisie V. MINISTÈRE PUBLIC.

PARTAGE AMIABLE. *C. Civ.* **548.** Dans les cas où il y a lieu à partage de biens communs, les parties, maîtresses de leurs droits, peuvent, si elles sont unanimement d'accord, procéder au partage de la manière qu'elles aviseront.

LIVRES DE COMMERCE. *C. Com.* **17** La communication des livres et inventaires ne peut être ordonné en justice, en dehors des contestations commerciales, que dans les affaires de communauté, succession, partage de société, et en cas de faillite. Dans les cas ci-dessus, cette communication peut être exigée d'office par le tribunal de commerce.

PARTAGE DE BIENS.

1° BIENS INDIVIS.

C. Proc. **711.** Chacun des copropriétaires d'un immeuble indivis peut exiger le partage ; toute convention contraire ne peut être faite valablement que par des personnes capables de s'engager personnellement et pour cinq années au plus.

C. Civ. 548. Dans tous cas où il y a lieu à partage de biens communs les parties maîtresses de leurs droits, peuvent, si elles sont unanimement d'accord, procéder au partage de la manière qu'elles aviseront.

549. S'il y a désaccord, où si l'une d'elles n'est pas libre de ses droits, celle qui voudra sortir de l'indivision citera les copropriétaires devant le tribunal du siège social ou de la situation des biens, où, s'il s'agit de mobilier devant le tribunal du domicile d'un des défendeurs, et demandera la nomination d'un juge devant lequel le partage aura lieu, et d'un ou plusieurs experts pour procéder à l'estimation et à la confection des lots.

550. L'expertise se fera dans les formes déterminées au Code de procédure.

551. Si le partage paraît possible en nature, le tribunal prononcera, s'il y a lieu, sur simple renvoi du juge, sur les contestations relatives à la confection des lots.

552. Le tribunal sera toujours appelé à homologuer la division des biens en lots, quand il y aura des mineurs ou incapables en cause.

553. La répartition par la voie du sort se fera devant le juge commis qui en dressera procès-verbal.

554. S'il y a impossibilité de partage en nature, il sera procédé à la vente dans les formes indiquées au Code de procédure, V. Ci dessous : PROCÉDURE.

555. Le partage en nature, vaudra vente de chacun des copropriétaires pour sa part indivise, à celui qui aura acquis le lot, et entraînera les mêmes effets.

556. Les créanciers communs dont les créances sont nées à l'occasion du bien commun, peuvent exercer leur action pour le tout sur l'ensemble des biens communs avant le partage.

557. Ils peuvent s'opposer au partage en nature tant qu'ils ne sont pas payés.

558. Leur opposition et celle des créanciers individuels de chaque copartageant entre les mains des autres copartageants vaut saisie-arrêt.

559. Il ne peut être procédé à la vente des biens communs, qu'à charge de les appeler à tous les actes de procédure.

560. Les créanciers communs sont préférés, lors du paiement et de la distribution du prix, aux créanciers personnels des copartageants.

DROIT DE PRÉEMPTION. *C. Proc.* 719. Dans toutes les ventes ci-dessus (volontaire, judiciaire ou non judiciaire) la préemption du copropriétaire ou du voisin ne pourra s'exercer que par une déclaration faite à l'audience même de l'adjudication et à la condition d'effectuer immédiatement le dépôt des frais et du prix total, en principal et accessoires.

C. Civ. 561. Les copropriétaires originaires peuvent jusqu'au partage racheter la part indivise qui aurait été vendue par l'un d'eux à un tiers, en lui remboursant le prix, les loyaux coûts, et les dépenses nécessaires et utiles.

562. Chacun des communistes a droit à la préemption dans la proportion de sa part indivise; il a droit à la préemption pour le tout en cas d'abstention des autres.

563. La préemption peut s'exercer même contre le copropriétaire qui toutefois a un droit de rétention pour sa part dans la propriété commune.

PROCÉDURE. *C. Proc.* 712. S'il n'y a pas de contestations (sur le partage), il sera procédé conformément à l'article 710. V. VENTES IMMOBILIÈRES.

2° ACTIF SOCIAL.

C. Civ. 545. Le partage de l'avoir social se fait entre associés d'après le mode prévu par le contrat.

546. Dans le silence du contrat, le partage se fait, dans les sociétés civiles, par les soins de tous les associés et dans les sociétés commerciales, par les soins d'un ou de plusieurs liquidateurs nommés par la majorité des associés ou par le tribunal, dans le cas où la majorité des associés ne peut tomber d'accord sur le choix à faire.

547. Le liquidateur a le droit de vendre l'actif de la société, soit aux enchères, soit à l'amiable, s'il n'a pas été apporté de restrictions à ses pouvoirs par l'acte de nomination.

DISPOSITIONS ADDITIONNELLES

ASSIGNATION. *C. Proc.* 35. Les défendeurs seront assignés, savoir :

8° Dans les demandes intentées par les créanciers d'un défunt, devant le tribunal du lieu où la succession est ouverte, si le partage n'a pas eu lieu, et s'il a eu lieu, devant le domicile de l'un des héritiers.

PRIVILÈGE. *C. Civ.* 728. Les copartageants auront, sur les immeubles qui ont fait l'objet du partage et pour leurs recours respectifs à raison de ce partage, un privilège qui se conservera par l'inscription au bureau des hypothèques, sans qu'il soit besoin d'une convention spéciale, et qui s'exercera au rang que lui donnera son inscription.

TRANSCRIPTION. *C. Civ.* 739 (Devront être transcrits) les actes et jugements contenant un partage d'immeubles en nature.

PARTAGE DE JUGES. *C. Proc.* 95. Le nombre des juges, y compris le président, devra être impair; s'il se trouve au délibéré un nombre pair de juges, l'avis du moins ancien ne sera pas compté, s'il y a partage; (**V. Régl. organ. jud., T. I, art. 2**, etc.) V. DÉLIBÉRÉS.

JUGES ARBITRES. *C. Proc.* 797. Si les arbitres ayant pouvoir de choisir le tiers arbitre en cas de partage ne s'entendent pas dans leur choix, le tiers arbitre sera également nommé par le tribunal.

811. En cas de partage, les arbitres donneront leur avis par écrit; le tiers arbitre statuera avec eux, après délibération commune, et s'il ne peut les réunir, il statuera seul en se rangeant sur chacun des chefs à l'un des avis exprimés.

PARTICIPATION (Société en) V. SOCIÉTÉS COMMERCIALES.

PASSAGE (Droit de) *C. Civ.* 65. Le droit de passage jusqu'à la voie publique des propriétés enclavées est réglé par les tribunaux, en ce qui concerne son mode d'exercice et l'indemnité préalable à laquelle il donne droit.

54. On doit, sur son terrain, le passage de l'eau nécessaire au fond le plus éloigné de la prise d'eau, moyennant le paiement d'une indemnité préalable réglée par les tribunaux, qui détermineront, en cas de contestation, les travaux à faire pour l'établissement du passage, de façon à ce qu'il soit le moins dommageable possible.

Mais le propriétaire qui arrose ses terres au moyen de machines ou de canaux, ne peut forcer les fonds inférieurs à recevoir ses eaux.

PASSAGERS. *C. Marit. Titre* IX. DES PASSAGERS (art. 132-148).

132. Si le navire n'est point destiné, comme un bateau-poste ou paquebot, au transport des voyageurs, on ne peut exiger du capitaine qu'il prenne des passagers qui n'auraient aucun intérêt dans la cargaison.

133. Le passager admis est tenu d'observer toutes les dispositions du capitaine relatives au bon ordre du navire.

134. Le prix de passage sera établi par contrat ou par un billet de passage qui peut être au porteur ou au nom du voyageur.

Si le passage s'est effectué sans qu'il y ait eu convention par écrit sur le prix, il y aura lieu d'en fixer un par analogie, qui le sera, à défaut d'accord entre les parties, par le tribunal qui pourra nommer des experts.

135. Si dans le contrat ou billet de passage le nom du voyageur est énoncé, celui-ci ne peut céder son droit à un autre sans le consentement du capitaine.

136. Si, avant ou après le commencement du voyage, le passager ne se rend pas, ou si, étant sorti, il ne revient pas à bord au temps fixé pour le départ du navire, le capitaine pourra partir

sans être tenu de l'attendre et le passager sera tenu de payer le prix entier du passage.

137. Si, avant le commencement du voyage, le passager déclare vouloir rompre son contrat de passage, ou que, n'ayant fait aucune déclaration pareille, il est décédé, ou s'il a été empêché de se rendre à bord par une maladie ou quelque autre accident concernant sa personne, il ne sera dû que la moitié du voyage.

Si une telle déclaration n'est faite ou qu'un des accidents signalés n'arrive qu'après le commencement du voyage, il devra payer le prix entier du passage.

138. Le contrat de passage est résilié pour le tout, si le navire se perd par fortune de mer.

139. Le passager est autorisé à résilier le contrat, si, une guerre éclatant, le navire est exposé au risque d'être capturé, et ne peut plus être considéré comme libre, ou si le voyage est rompu ou suspendu, soit avant, soit après son consentement, par force majeure ou par une autre cause indépendante du capitaine ou de la compagnie dont il relève.

Le fréteur, ou capitaine, ou la compagnie dont il relève, est également autorisé à résilier le contrat si, dans un des cas sus énoncés, il interrompt le voyage, ou si, le navire étant affecté principalement au transport des marchandises, le voyage doit être abandonné, parce que, sans sa faute, les marchandises ne peuvent être transportées.

140. Dans le cas des deux articles précédents, le contrat étant résilié, aucune des deux parties ne sera tenue d'indemnité envers l'autre.

Néanmoins, si la résiliation a lieu après le commencement du voyage, le passager devra payer le prix du passage proportionnellement à la distance parcourue.

141. Si le navire a besoin d'être réparé pendant le voyage, le passager doit payer le prix intégral du passage, quand même il ne voudrait pas attendre la fin de la réparation. Mais s'il attend la réparation, le fréteur est tenu de lui fournir un logis gratis jusqu'à reprise du voyage et de remplir tous les engagements qu'il a envers lui, conformément au contrat ou billet de passage concernant la nourriture.

Toutefois, si le fréteur offre de faire transporter le voyageur par un autre navire de qualité égale et sans préjudice des autres droits conventionnels du passager jusqu'au port de sa destination, et que le passager refuse d'accepter cette offre, celui-ci ne peut plus prétendre au logis et à la nourriture jusqu'à la reprise du voyage.

142. Quand il n'y a pas convention pour la nourriture du passager, celui-ci est tenu de pourvoir lui-même à son entretien. Néanmoins, si, par quelque accident imprévu ou par la prolongation de la traversée, il vient à manquer de vivres, le capitaine sera tenu de lui fournir le nécessaire à un prix raisonnable, de

même que le passager est tenu, quand il en aura de trop, d'en fournir au navire conformément à l'article 64. V. Capitaine.

143. Sauf convention contraire, le passager n'est tenu de rien payer pour le transport des effets de voyage qu'il est autorisé par le contrat de passage à porter à bord.

144. Le passager est censé chargeur à l'égard des effets qu'il a sur le navire.

145. En conséquence, le passager qui a confié ses effets à la garde du capitaine, desquels celui-ci est obligé de lui délivrer un reçu, jouit, en ce qui les concerne, des mêmes droits et est tenu aux mêmes obligations que les affréteurs.

Mais s'il ne les a point remis au capitaine ou à quelqu'un chargé de les recevoir pour lui, et qu'il les ait tenus en sa propre garde, dans ce cas, il n'a droit à aucune indemnité de la part du capitaine pour la perte ou le dommage arrivé auxdits effets, à moins que cette perte ou dommage n'ait lieu par le fait ou la faute du capitaine ou de l'équipage.

146. En cas de décès d'un passager pendant le voyage, le capitaine est tenu de prendre les mesures nécessaires, suivant les circonstances, pour la sauvegarde de ses effets se trouvant à bord et leur remise à ses héritiers.

147. Le capitaine aura un droit de rétention par privilège sur les effets apportés à bord par le passager pour le payement de ce qui lui est dû du prix de transport et de nourriture; mais il n'aura ce droit que pendant le temps où lesdits effets sont entre ses mains ou déposés par lui en mains tierces.

148. Le capitaine n'est pas tenu ni même autorisé à entrer dans un port ou à s'arrêter pendant le voyage sur la demande ou dans l'intérêt particulier d'un passager.

Cependant, s'il s'agit d'un passager atteint de maladie contagieuse, on doit le déposer, même malgré lui, sur le premier sol habité où le capitaine pourra aborder.

PATRON DE NAVIRE. V. Baraterie de patron. Capitaine.

PÊCHE. *C. Civ.* 83. Les droits sur la pêche et sur la chasse sont régis par des règlements particuliers.

PEINE. V. Clause pénale. Délit.

PENSIONS ALIMENTAIRES. V. Aliments. Traitements.

PÉPINIÈRES. *C. Civ.* 481. Le preneur d'un bien à ferme, qui a planté des arbres, ne peut les enlever, à moins qu'il ne s'agisse de pépinières. V. Jardin.

PÉREMPTION D'ACTION. *C. Proc.* 346. La

péremption prononcée n'éteint pas par elle-même l'action, elle annule seulement la procédure qui est déclarée périmée.

PÉREMPTION D'INSTANCE. *C. Proc.* 344. Lorsque l'interruption (d'une procédure) aura lieu pendant trois ans, chaque partie pourra demander qu'elle soit déclarée périmée, ce qui sera déclaré par le tribunal, si aucun acte valable de procédure n'a couvert la péremption avant qu'elle soit demandée.

345. La demande en péremption est introduite dans les formes ordinaires des demandes en justice.

346. La péremption prononcée n'éteint pas par elle-même l'action; elle annule seulement la procédure, qui est déclarée périmée.

347. La péremption en cause d'appel donne au jugement frappé d'appel la force de la chose jugée.

DISPOSITIONS DIVERSES

JUGEMENT PAR DÉFAUT. *C. Proc.* 389. Les jugements par défaut, faute de comparaître, seront nuls de plein droit, s'ils n'ont pas été exécutés dans les six mois de leur date.

PRESCRIPTION. *C.Civ.* 111. (La prescription est interrompue) si le propriétaire a revendiqué son droit par une citation en justice, ou un commandement régulier en la forme, bien qu'il n'ait pas donné suite à la procédure, pourvu qu'il n'ait pas laissé périmer l'instance.

SAISIE IMMOBILIÈRE. *C. Proc.* 607. Le commandement sera transcrit au bureau des hypothèques. La transcription sera radiée d'office, comme périmée, cent soixante jours après sa date, outre les délais de distance entre l'immeuble et le domicile du saisi en Egypte et le lieu où siège le tribunal qui devra connaître de la saisie, s'il n'y a pas eu, comme il sera dit ci-après transcription du procès-verbal de saisie.

TIERS DÉTENTEUR. *C. Civ.* 712. Lorsque le tiers détenteur délaisse ou subit l'expropriation, il doit la restitution des fruits depuis la mise en demeure à lui faite de payer ou de délaisser, à moins de péremption, qui a lieu de plein droit au bout de trois ans.

PÉRIL EN LA DEMEURE. *C. Proc.* 136. Le président du tribunal de référé tiendra, à des jours et heures fixes qui seront déterminés par le règlement, des audiences dans lesquelles il lui sera référé les contestations urgentes sur l'exécution des titres exécutoires et des jugements ou sur des mesures urgentes à prendre, sans préjudice du fond. V. RÉFÉRÉS.

EXÉCUTION PROVISOIRE. *C. Proc.* 453 Dans les cas où il y aura urgence ou péril en la demeure, le tribunal ou le juge de référé pourra ordonner que l'exécution de la sentence aura lieu sur la minute.

FORCE MAJEURE. *R. O. J. Titre III. Art.* 39. Il sera établi près des nouveaux tribunaux un nombre suffisant d'agents choisis par les tribunaux eux-mêmes, pour pouvoir assister, au besoin, les magistrats et les officiers de justice dans leurs fonctions, sauf aux tribunaux et officiers judiciaires à requérir tout autre agent de la force publique en cas de flagrant délit ou de péril en la demeure.

PERSONNE. V. ACTION PERSONNELLE. EXCEPTIONS PERSONNELLES.

PERSONNES (Louage de). V. OUVRAGE (LOUAGE D').

PERSONNE INTERPOSÉE. *C. Civ*. 324. Les magistrats, greffiers, huissiers et avocats ne pourront acheter, ni par eux-mêmes ni par personne interposée, en tout ou en partie, des droits litigieux qui sont de la compétence des tribunaux dans le ressort desquels ils exercent leurs fonctions, et ce à peine de nullité de la vente.

PERTE.

1° PERTE DU TITRE

INDU PAYEMENT. *C. Civ*. 209. La restitution n'est pas due si un tiers a payé par erreur au créancier de bonne foi la dette d'un autre, et que le titre ait été détruit, sauf recours contre le véritable débiteur.

PREUVE. *C. Civ*. 283. La preuve testimoniale ou par moyen de présomptions sera admise quand il y aura preuve formelle de la perte du titre par cas fortuit.

284. La preuve de la libération résulte de la remise, au débiteur, du titre en original ou expédition exécutoire.

285. Le créancier est toutefois autorisé à prouver par témoins que le titre est, pour un tout autre motif, entre les mains du débiteur.

2° PERTE D'EFFETS DE COMMERCE

C. Com. 155. Il n'est admis d'opposition au payement qu'en cas de perte de la lettre de change ou de faillite du porteur.

156. En cas de perte d'une lettre de change non acceptée, celui à qui elle appartient peut en poursuivre le payement sur une seconde, troisième, quatrième, etc.

157. Si la lettre de change perdue est revêtue de l'acceptation, le payement ne peut être exigé sur une seconde, troisième, quatrième, etc., que par ordonnance du juge de service, et en donnant caution.

158. Si celui qui a perdu la lettre de change, qu'elle soit acceptée ou non, ne peut représenter la seconde, troisième, quatrième, etc., il peut demander le payement de la lettre de change perdue et l'obtenir par l'ordonnance en justifiant de sa propriété par ses livres, et en donnant caution.

159. En cas de refus de payement, sur la demande formée en

vertu des deux articles précédents, le propriétaire de la lettre de change perdue conserve tous ses droits par un acte de protestation. Cet acte doit être fait le lendemain de l'échéance de la lettre de change perdue. Il doit être notifié aux tireurs et endossseurs, dans les formes et délais prescrits ci-après pour la notification du protêt. La protestation doit être faite dans le délai ci-dessus, même si l'ordonnance du juge n'a pu être demandée faute de temps suffisant écoulé depuis la perte de la lettre de change.

160. Le propriétaire de la lettre de change égarée doit, pour s'en procurer la seconde, s'adresser à son endosseur immédiat qui est tenu de lui prêter son nom et ses soins pour agir envers son propre endosseur; et ainsi en remontant d'endosseur en endosseur jusqu'au tireur de la lettre. Le propriétaire de la lettre de change égarée supportera les frais.

161. L'engagement de la caution mentionnée dans les articles 157 et 158 est éteint, après trois ans, si pendant ce temps, il n'y a eu ni demandes, ni poursuites judiciaires.

PERTE (Destruction, Dommage).

DES CHOSES PERDUES OU DÉTRUITES.

C. Civ. 68. La propriété des meubles s'acquiert par la délivrance en vertu d'un juste titre, bien que celui qui le livre ne soit pas propriétaire, pourvu que celui qui reçoit soit de bonne foi, et sauf le droit de revendication du véritable propriétaire, en cas de perte ou de vol.

79. L'appropriation acquiert au premier occupant la propriété des biens qui n'ont pas de propriétaire.

BAIL. *C. Civ.* 454. Si la chose périt ou se détériore tellement qu'elle devienne impropre à la jouissance, le bail est résolu.

COMMANDITAIRE. *C. Com.* 33. L'associé commanditaire n'est passible des pertes que jusqu'à concurrence des fonds qu'il a mis ou dû mettre dans la société.

COMMISSIONNAIRES. *C. Com.* 97. Le commissionnaire est garant des avaries ou pertes des marchandises ou effets, s'il n'y a stipulation contraire dans la lettre de voiture, force majeure ou vice propre de la chose, sauf son recours contre le voiturier, s'il y a lieu.

CONSTRUCTIONS. *C. Civ.* 500. Les architectes et entrepreneurs sont responsables solidairement pendant dix années de la destruction des travaux de construction, même quand elle est provenue de vice du sol, et même si le maître a autorisé les constructions vicieuses, pourvu, dans ce dernier cas, qu'il ne s'agisse pas d'une construction destinée dans l'intention des parties à durer moins de dix années.

DÉPOT. *C. Civ.* 598. Le dépositaire qui tire un salaire à l'occasion des faits qui ont motivé le dépôt, comme l'aubergiste, le voiturier, etc., est responsable de la perte de la chose déposée, à moins qu'il n'établisse que la perte a eu lieu par suite de force majeure.

DOMMAGES-INTÉRÊTS. *C. Civ.* 179. Les dommages-intérêts consistent dans le montant de la perte faite par le créancier et du gain qu'il a manqué de faire, pourvu que le préjudice éprouvé soit la conséquence immédiate et directe de l'inexécution.

HYPOTHÈQUE. *C. Civ.* 686. Si l'immeuble affecté à la créance vient à périr ou à être détérioré par cas fortuit, de manière à rendre la garantie incertaine, le débiteur devra, à son choix, offrir une hypothèque suffisante sur un autre immeuble ou payer la dette avant l'échéance. Cette option appartiendra au créancier si la perte ou la détérioration est arrivée par la faute du débiteur ou du détenteur.

LOUAGE D'OUVRAGE. *C. Civ.* 509. Quand l'ouvrier fournit la matière, il supporte la perte de la chose commandée, à moins qu'elle n'ait été livrée, agréée ou offerte avec mise en demeure.

Si la matière est fournie par le maître, et qu'il s'agisse d'un travail à forfait, le maître, en cas de destruction par cas fortuit, perd la matière et l'ouvrier son salaire.

PRESCRIPTION. *C. Civ.* 115. La prescription est de trois années contre le propriétaire de la chose volée ou perdue.

116. Toutefois, celui qui a acheté de bonne foi la chose volée ou perdue d'un marchand qui en faisait commerce, ou dans un marché public, a le droit de réclamer au propriétaire revendiquant le prix qu'il a payé.

PRÊT *C. Civ.* 509. L'emprunteur est garant de la perte ou de la dépréciation de la chose arrivée par sa faute même légère.

SOCIÉTÉS. *C. Civ.* 542. La société finit : 3° par la perte totale du fond commun, ou la perte partielle assez considérable pour empêcher une exploitation utile.

USUFRUIT. *C. Civ.* 46. L'usufruit s'éteint par... la perte de la chose.

DROIT MARITIME.

ASSURANCES. *C. Marit.* 194. Les déchets, diminutions et pertes qui arrivent par le fait et faute des propriétaires, affréteurs ou chargeurs, ne sont point à la charge des assureurs.

EMPRUNT A LA GROSSE. V. Ce mot.

FRET. *C. Marit.* 121. Il n'est dû aucun fret pour les marchandises perdues par naufrage ou échouement, pillées par des pirates ou prises par les ennemis.

JET ET CONTRIBUTION. V. Ce mot.

NAVIRE. *C. Marit.* 73. En cas de prise et confiscation, de bris et naufrage avec perte entière du navire et des marchandises, les officiers et gens de l'équipage ne peuvent prétendre à aucun loyer au sujet du voyage. Mais aussi ils ne sont pas tenus de restituer ce qui leur a été avancé sur leurs loyers.

117. Si le navire se perd, le capitaine tiendra compte des marchandises sur le pied qu'il les aura vendues, en retenant le fret en proportion de l'avancement du voyage.

PERTE PAR CAS FORTUIT. V. Cas fortuit.

PERTE DU NAVIRE. V. Navire.

PÉTITOIRE. *C. Proc.* 30. La partie qui demande à être mise en possession légale ne peut intenter une demande en déclaration de propriété à son profit, sans renoncer par cela même à son action au possessoire

31. La partie défenderesse au possessoire ne peut intenter une demande en déclaration de propriété à son profi`, avant la solution du procès au possessoire, à moins qu'elle ne renonce à la possession et ne réintègre effectivement le défendeur au pétitoire.

PIÈCES. V. Communication. Copie. Découverte de pièces décisives.

PLACARDS. V. Publicité judiciaire.

PLAIDOIRIES. *C. Proc.* 58. Les plaidoiries seront publiques, sauf le cas où le tribunal, soit d'office, soit sur la réquisition du ministère public, ordonnerait le huis-clos, dans l'intérêt de l'ordre public ou des bonnes mœurs.

59. Les parties ou leurs mandataires ne pourront être interrompues et la parole ne leur sera pas retirée, à moins qu'elles ne se livrent à des attaques contre l'ordre public ou des tiers étrangers au procès.

R. G. J. 90. Les parties, leurs mandataires et les avocats ne pourront être interrompus que s'ils injurient l'adversaire, attaquent l'ordre public ou des tiers étrangers au procès, ou s'ils s'écartent du sujet de l'affaire.

91. Si la partie, son mandataire ou l'avocat persistent, après deux rappels à l'ordre de la part du juge qui préside l'audience, celui-ci pourra leur retirer la parole pour être procédé, au besoin, au jugement de l'affaire.

186. Ils doivent s'abstenir de toute injure ou personnalité offensante contre les parties ou leurs défenseurs, de même que de toute imputation touchant leur honneur ou leur réputation, à moins que, dans ce dernier cas, la nécessité de la cause ne l'exige et qu'ils n'en aient été chargés par leurs clients et par écrit.

187. Les avocats doivent s'abstenir de déductions inutiles ou superflues.

Ils devront les plus grands égards à chacun des magistrats devant lesquels ils exercent leur profession.

C. Proc. 60. Les parties ne pourront exiger d'être entendues après leur réplique.

61. Le défendeur aura la parole le dernier. V. Réouverture des débats.

APPEL. *C. Proc.* 401. La partie contre laquelle il a été interjeté appel du jugement a, jusqu'au désistement de l'appelant ou jusqu'à la clôture des plaidoiries devant la Cour, le droit d'appeler incidemment.

DISTRIBUTION PAR CONTRIBUTION. *C. Proc.* 594. A partir de l'ouverture des contributions, les saisies-arrêts se feront par simple acte, sans dénonciation, ou par une production au greffe et sans procédure ; les procédures commencées seront suspendues et jointes à la contribution, à moins que les plaidoiries ne soient commencées.

ENQUÊTES. *C. Proc.* 256. En matière d'enquête non sommaire devant un juge commis, aucune partie ne pourra forcer son adversaire à plaider, si elle ne lui a pas signifié le procès-verbal de l'enquête ou de la contre-enquête qu'elle a provoquée.

(Récusations des témoins.) C. Proc. 235. Dans le cas de contestation sur la légalité de la récusation, le témoin sera entendu, sauf au tribunal à statuer sur la légalité du motif de la récusation lors des plaidoiries sur le fond.

RÉCUSATION DE JUGE. *C. Proc.* 353. La récusation devra être présentée, à peine de déchéance, avant les plaidoiries, et, quand il s'agira de juges commis, dans les trois jours de leur nomination, si le jugement qui les a commis est contradictoire.

362. Le juge commis entendra le récusant et le juge récusé.

Le rapport sera lu, les conclusions du ministère public données, et le jugement prononcé à l'audience, sans plaidoiries. V. AUDIENCE. AVOCAT.

PLAFOND. BIENS COMMUNS. *C. Civ.* 57. Le propriétaire de l'étage inférieur doit entretenir le plafond, y compris les poutres qui sont présumées lui appartenir.

PLANCHER. V. CARRELAGE.

PLANS. V. ARCHITECTE.

PLANTATIONS. V. ARBRES.

POINT DE FAIT ET POINT DE DROIT. *C. Proc.* 105. La partie du jugement contenant les noms, profession, demeure et qualités des parties, et l'exposé des points de fait et des points de droit, sera rédigée pour chaque jugement et conservée aux archives du greffe avec le dossier de l'affaire

106. L'expédition exécutoire ou grosse du jugement et les secondes expéditions contiendront, outre la formule exécutoire, copie de cet acte en tête des motifs et du dispositif.

107. L'acte contenant les noms et qualités des parties et l'énoncé des points de fait et de droit sera rédigé par le greffier.

108. Dans ce cas, le point de fait contiendra seulement, outre l'énoncé des actes authentiques nécessaires à l'intelligence de l'affaire, les motifs en résumé, autant que faire se pourra, et le dispositif en entier des conclusions déposées par les parties sur le bureau du tribunal et l'indication de la procédure d'audience.

POLICE *(Sécurité des personnes).* *C. Civ.* 10. Les lois de police et de sûreté obligent tous ceux qui habitent le territoire.

Les poursuites pour contravention de simple police sont soumises à la juridiction des nouveaux tribunaux.

POLICE DE L'AUDIENCE. V. Audience.

PONTS. V. Biens de l'Etat.

PORTE. V. Ouverture des portes.

PORTÉ FORT. *C. Civ.* 198. Lorsqu'une personne a stipulé pour un tiers sans mandat, ce tiers a le choix de confirmer le contrat ou de refuser de le reconnaître.

cautionnement. *C. Civ.* 620. Celui qui s'est porté caution de faire présenter le débiteur au jour de l'échéance est tenu de la dette, s'il ne le fait pas présenter à l'époque fixée.
621. Si le débiteur se présente, la caution est libérée.

vente. *C. Civ.* 335. Si celui qui n'est pas propriétaire d'une chose déterminée s'est engagé à en faire transférer la propriété et la jouissance moyennant un prix fixé, le contrat est régi par les règles générales des obligations conventionnelles.

PORTEUR (Titres au). Connaissement. *C. Marit.* 99. Le connaissement peut être rédigé au porteur.

V. Actions industrielles, Billets au porteur, Lettre de change.

PORTS. V. Biens de l'Etat.

POSSESSION. *C. Civ.* 102. La propriété et les droits réels autres que l'hypothèque s'acquièrent par une possession paisible, publique, et continue à titre non équivoque de propriétaire, pendant cinq ans par soi-même ou par un tiers pour soi, pourvu que le possesseur ait un juste titre, et pendant quinze ans s'il n'a pas juste titre.
103. Celui qui prescrit peut invoquer la possession de celui de qui il tient la chose.
104. La possession prouvée à une époque déterminée et la possession actuelle font présumer la possession intermédiaire, à moins de preuve du contraire.
105. L'usufruit des terres tributaires se prescrit par cinq ans de possession, pourvu que le possesseur cultive la terre.
107. Le créancier hypothécaire de bonne foi peut opposer la possession, pendant cinq ans, du débiteur qui a constitué l'hypothèque, s'il prouve qu'il a eu de justes raisons de le croire propriétaire.
109. Lorsque la prescription est interrompue, la possession antérieure à l'interruption n'est pas comptée.
110. La prescription est interrompue quand le prescrivant a perdu la possession, même par le fait d'un tiers.

action possessoire. V. Ce mot.

donation. *C. Civ.* 71. En matière de meubles, la donation est parfaite, sans qu'il y ait besoin d'acte authentique, s'il y a délivrance effective et prise de possession.

MEUBLES. *(Possession).* C. Civ. 733. En matière mobilière, la preuve contre toute personne résulte de la possession avec titre et bonne foi.

734. La possession des meubles seule fait présumer le titre et la bonne foi, sauf preuve contraire, et sauf ce qui a été dit précédemment en cas de perte et de vol. V. APPROPRIATION.

POSSESSION PRÉCAIRE. *C. Civ.* 106. On ne prescrit pas un droit réel contre son propre titre ou celui de ses auteurs; ainsi le fermier, l'usufruitier, le dépositaire, l'emprunteur, ou leurs héritiers ne peuvent prescrire.

112. La prescription ne court jamais entre mandant et mandataire pour tout ce qui est compris dans le mandat.

POSSESSOIRE. V. ACTION POSSESSOIRE.

PRÉEMPTION (Droit de) *C. Civ.* 66. La propriété et les droits réels s'acquièrent par... la préemption.

C. Civ. Titre I Chap. V. Sect. VI. DE LA PRÉEMPTION EN MATIÈRE IMMOBILIÈRE *(art.*93-101*).*

DISPOSITIONS GÉNÉRALES.

93. Celui qui a prêté son terrain avec permission de bâtir ou de planter, a un droit de préemption en offrant de payer le prix demandé à l'acquéreur, quand même la durée du prêt ne serait pas expirée.

94. Le copropriétaire indivis a le droit d'acheter par préférence à tous autres que le précédent préempteur, la part aliénée par un autre de ses copropriétaires indivis, en offrant le prix et les loyaux coûts.

95. Il peut exercer ce droit contre l'acquéreur déjà copropriétaire, et doit en faire profiter tous ses copropriétaires indivis, s'ils l'exigent.

96. Le droit ne peut s'exercer contre un donataire ni contre celui qui a acquis autrement que par vente ou échange.

97. Il n'appartient pas à celui au profit de qui une part indivise a été immobilisée par *wakf*, mais il appartient à l'immobilisateur, à la condition que ce soit pour immobiliser la partie préacquise.

98. Le droit n'existe plus si les communistes ont fait un acte duquel il résulte qu'ils ont reconnu la copropriété de l'acquéreur

99. Après les deux précédents préempteurs, les voisins peuvent exercer le droit de préemption, en offrant le prix et les loyaux coûts.

100. Le droit cesse quand la vente a eu lieu en justice.

101. Dans tous les cas, celui qui a un droit de préemption doit, à peine de déchéance, déclarer son intention de retirer l'immeuble dans les vingt-quatre heures de la mise en demeure outre les délais de distance.

DISPOSITIONS ADDITIONNELLES.

ADJUDICATION. *C. Proc.* 719. Dans toutes les ventes ci-dessus (volontaire, judiciaire, non judiciaire) la préemption du copropriétaire ou du voisin ne pourra s'exercer que par une déclaration faite à l'audience même de l'adjudication et à la condition d'effectuer immédiatement le dépôt des frais et du prix total, en principal et accessoires.

PARTAGE *(Biens communs). C. Civ.* 561. Les copropriétaires originaires peuvent jusqu'au partage racheter la part indivise qui aurait été vendue par l'un d'eux à un tiers, en lui remboursant le prix, les loyaux coûts, et les dépenses nécessaires et utiles.

562. Chacun des communistes a droit à la préemption dans la proportion de sa part indivise ; il a droit à la préemption pour le tout en cas d'abstention des autres.

563. La préemption peut s'exercer même contre le copropriétaire qui toutefois à un droit de rétention pour sa part dans la propriété commune. V. PARTAGE DE BIENS.

PRÉFÉRENCE. V. PRIVILÈGE.

PRÉPARATOIRE. V. JUGEMENT PRÉPARATOIRE.

PRESCRIPTION.

§ I. DE LA PRESCRIPTION ACQUISITIVE.

C. Civ. 66. La propriété et les droits réels s'acquièrent par la prescription.

C. Civ. Titre I. Chap. V. Sect. VII. DE LA PRESCRIPTION (art. 102-116).

102. La propriété et les droits réels autres que l'hypothèque s'acquièrent par une possession paisible, publique et continue à titre non équivoque de propriétaire, pendant cinq ans par soi-même ou par un tiers pour soi, pourvu que le possesseur ait un juste titre, et pendant quinze ans s'il n'a pas juste titre.

103. Celui qui prescrit peut invoquer la possession de celui de qui il tient la chose.

104. La possession prouvée à une époque déterminée et la possession actuelle font présumer la possession intermédiaire, à moins de preuve du contraire.

105. L'usufruit des terres tributaires se prescrit par cinq ans de possession, pourvu que le possesseur cultive la terre.

106. On ne prescrit pas un droit réel contre son propre titre ou celui de ses auteurs ; ainsi le fermier, l'usufruitier, le dépositaire, l'emprunteur ou leurs héritiers peuvent prescrire.

107. Nonobstant les restrictions ci-dessus, le créancier hypothécaire de bonne foi peut opposer la possession, pendant cinq ans, du débiteur qui a constitué l'hypothèque, s'il prouve qu'il a eu de justes raisons de le croire propriétaire.

108. On ne peut renoncer d'avance à la prescription.

Toute personne, maîtresse de ses droits, peut renoncer à une prescription acquise.

109. Lorsque la prescription est interrompue, la possession antérieure à l'interruption n'est pas comptée.

110. La prescription est interrompue quand le prescrivant a perdu la possession, même par le fait d'un tiers.

111. Il en est de même si le propriétaire a revendiqué son droit par une citation en justice, ou un commandement régulier en la forme, bien qu'il n'ait pas donné suite à la procédure, pourvu qu'il n'ait pas laissé périmer l'instance.

112. La prescription ne court jamais entre mandant et mandataire pour tout ce qui est compris dans le mandat.

113. La prescription acquisitive, en matière immobilière, ne court pas contre ceux qui sont légalement incapables.

114. Aucune autre prescription de plus de cinq années ne court contre ces mêmes incapables.

115. La prescription est de trois années contre le propriétaire de la chose volée ou perdue.

116. Toutefois, celui qui a acheté de bonne foi la chose volée ou perdue d'un marchand qui en faisait commerce, ou dans un marché public, a le droit de réclamer au propriétaire revendiquant le prix qu'il a payé.

§ II. DE LA PRESCRIPTION LIBÉRATOIRE.

C. Civ. 221. Les obligations s'éteignent par... la prescription.

C. Civ. Titre II. Chap. V. Sect. VII. DE LA PRESCRIPTION. (*art.* 268-271).

268. La prescription pendant le temps fixé par la loi éteint l'obligation, et fait présumer la libération, lorsque le débiteur l'invoque.

269. Les règles établies pour la prescription acquisitive en ce qui concerne les causes d'interruption et de suspension ; sont applicables à la prescription libératoire des obligations.

270. La prescription libératoire peut être invoquée par les autres créanciers du débiteur, même quand il y a renoncé en fraude de leurs droits.

271. La renonciation du codébiteur solidaire, ou du débiteur principal ne nuisent pas aux autres codébiteurs et à la caution qui ont prescrit pour leur propre compte.

PRESCRIPTION.

PRESCRIPTIONS DIVERSES.

1° *De la prescription de cinq et quinze ans.*

C. Civ. 114. Aucune prescription de plus de cinq années ne court contre ceux qui sont légalement incapables.

272. Les obligations, sauf les exceptions ci-après, et celles qui sont spécifiées par la loi dans les cas particuliers, se prescrivent par quinze ans.

273. Les redevances, arrérages, pensions, loyers et intérêts, et, en général, tout ce qui est payable par années ou par termes moins longs, se prescrivent par cinq années calculées d'après les calendriers arabes.

APPROPRIATION. *C. Civ.* 80. Celui qui a cultivé ou planté un terrain (appartenant à l'Etat) ou qui a bâti dessus, devient plein propriétaire de la partie cultivée, plantée ou construite ; mais, pendant les quinze premières années, il perd sa propriété par le non usage pendant cinq années.

EFFETS DE COMMERCE. *C. Com.* 201. Toutes actions relatives aux lettres de change et aux effets de commerce souscrits par des négociants, marchands ou banquiers, ou pour faits de commerce ; se prescrivent par cinq ans, à compter du jour du protêt ou de la dernière poursuite judiciaire, s'il n'y a eu condamnation, ou si la dette n'a été reconnue par acte séparé. Néanmoins, les prétendus débiteurs seront tenus, s'ils en sont requis, d'affirmer sous serment qu'ils ne sont plus redevables, et leurs héritiers ou ayants-cause, qu'ils estiment de bonne foi qu'il n'est plus rien dû.

SOCIÉTÉ COMMERCIALE. *C. Com.* 71. Toute action à raison des affaires de la société contre les associés non liquidateurs ou leurs ayants-cause sera prescrite par cinq années, à partir soit de la fin de la société, si l'acte qui indique sa durée a été régulièrement publié, soit de la publication de l'acte de dissolution.

Les règles générales de la prescription relatives notamment à son interruption seront applicables.

USUFRUIT. *C. Civ.* 50. L'usufruit finit par suite du non-usage pendant quinze ans.

L'usufruitier des terres tributaires et des *abadies* perd son droit à l'usufruit, s'il laisse la terre sans culture pendant cinq années, et l'usufruit est mis aux enchères, conformément aux réglements.

2° *De la prescription de trois ans.*

C. Civ. 115. La prescription est de trois années contre le propriétaire de la chose volée ou perdue.

LETTRE DE CHANGE. *C. Com.* 161. L'engagement de la caution mentionnée dans les articles 157 et 158 est éteint, après trois ans, si pendant ce temps, il n'y a eu ni demandes, ni poursuites judiciaires. V. LETTRE DE CHANGE § 9.

3° *De la prescription d'un an.*

C. Civ. 273. Les sommes dues aux médecins pour honoraires, aux marchands pour fournitures faites aux particuliers, aux instituteurs et professeurs pour les sommes dues par leurs élèves, aux domestiques pour leurs gages, se prescrivent par trois cent soixante jours, encore que de nouvelles dettes aient pris naissance pour les mêmes causes pendant ces trois cent soixante jours.

274. Les sommes dues aux huissiers et greffiers pour frais d'actes se prescrivent également par trois cent soixante jours à partir de la fin de la procédure dans laquelle ces actes ont été faits, ou de leur confection, si aucune procédure n'était commencée.

276. Dans le cas où la prescription est de trois cent soixante jours ou au-dessous, et dans les cas prévus au Code de commerce en matière d'effets de commerce, celui qui invoquera la prescription ne sera libéré que s'il prête serment qu'il s'est effectivement libéré.

277. Les veuves et héritiers et leurs tuteurs prêteront serment qu'ils ne savent pas que la chose est due.

VENTE. *C. Civ.* 370. L'action en résiliation ou en diminution de prix, ainsi que le droit du vendeur de demander un supplément de prix, s'il y a lieu, se prescrivent par une année à partir du contrat.

PRESCRIPTIONS SPÉCIALES.

ARCHITECTES ET ENTREPRENEURS. *C. Civ.* 500. Les architectes et entrepreneurs sont responsables solidairement pendant dix années de la destruction des travaux de construction, même quand elle est provenue de vice du sol, et même si le maître a autorisé les constructions vicieuses, pourvu dans ce dernier cas, qu'il ne s'agisse pas d'une construction destinée dans l'intention des parties à durer moins de dix années.

COMMISSIONNAIRES DE TRANSPORT. *C. Com.* 109 Toutes actions contre le commissionnaire ou le voiturier, à raison de la perte ou de l'avarie des marchandises, sont prescrites après 180 jours pour les expéditions faites dans l'intérieur de l'Egypte, et après un an, pour celles faites à l'étranger ; le tout à compter, pour les cas de perte, du jour où le transport des marchandises aurait dû être effectué, et pour les cas d'avarie, du jour où la remise des marchandises aura été faite, sans préjudice des cas de fraude ou d'infidélité.

INSCRIPTION HYPOTHÉCAIRE. *C. Civ.* 693. L'inscription est périmée, si elle n'a pas été renouvelée dans les dix ans, sauf au créancier, après la péremption, à prendre, s'il peut le faire encore valablement, une nouvelle inscription qui n'aura rang qu'à sa date.

RÉMÉRÉ. *C. Civ* 426. Le vendeur ne peut stipuler un délai de plus de deux années à partir de la vente pour l'exercice du droit de réméré ; le délai est réduit à deux années s'il a été stipulé plus long.

427. Le délai fixé est de rigueur, et emporte déchéance de plein droit, sans que, dans aucun cas, même dans celui de force majeure, le tribunal puisse relever de cette déchéance.

RESCISION POUR LÉSION. *C. Civ.* **420.** Le droit d'exercer l'action à raison de la lésion cesse deux ans après la majorité ou le décès du vendeur, et ne préjudicie pas aux créanciers hypothécaires inscrits.

DISPOSITION GÉNÉRALE.

SOLIDARITÉ. *C. Civ.* **166.** La mise en demeure et la poursuite contre un seul débiteur solidaire produit effet contre tous les autres.

DROIT MARITIME.

C. Marit. Titre XIII. DES PRESCRIPTIONS *(art. 267-273).*

267. Le capitaine ne peut jamais acquérir la propriété du navire par voie de prescription.

268. L'action en délaissement est prescrite dans les délais exprimés par l'article 217. V. DÉLAISSEMENT.

269. Toute action dérivant d'un contrat à la grosse ou d'une police d'assurance est prescrite après cinq ans à compter de la date du contrat.

270. Les actions pour fournitures de bois, voiles ancres et autres choses nécessaires aux constructions, radoub, équipement et ravitaillement de navire, et celles pour salaire d'ouvriers et ouvrages faits au navire, sont prescrites trois ans après les fournitures faites et les ouvrages reçus.

271. Toutes actions en paiement pour fret de navire, gages et loyers du capitaine, des officiers, matelots et autres gens de l'équipage, celles en paiement de ce que doivent les passagers, ainsi que les demandes en délivrance des marchandises sont prescrites un an après l'arrivée du navire; les actions pour nourriture, fourniture aux matelots et autres gens de l'équipage, par ordre du capitaine, sont prescrites aussi un an après la livraison.

272. Nonobstant les prescriptions dont il est fait mention dans les quatre articles précédents, ceux à qui elles sont opposées peuvent déférer le serment à celui qui les oppose.

273. Les prescriptions ne peuvent avoir lieu s'il y a titre, obligation ou arrêté de compte signé du débiteur ou interpellation, protêt ou demande judiciaire, dûment faite et signifiée à temps par le créancier.

Toutefois, si, après l'interpellation judiciaire, le créancier a laissé écouler trois ans sans poursuite, dans ce cas, sur la demande du débiteur, l'instance, considérée comme non avenue, serait périmée, et la prescription aurait lieu si le temps exigé à cet effet était déjà écoulé.

PRÉSOMPTIONS.

DISPOSITIONS GÉNÉRALES.

C. Civ. 280. Dans toutes matières autres que les matières commerciales et quand il s'agira de sommes ou valeurs supérieures à 1,000 P. T. ou indéterminées, les parties qui n'auront pas été empêchées par les circonstances de se procurer un écrit constatant l'obligation ou la libération, ne seront pas admises à en faire la preuve par témoin ou par présomption.

282. La preuve testimoniale ou par moyen de présomptions sera cependant admise lorsque l'obligation ou la délibération sera rendue vraisemblable par un écrit émané de la partie.

283. Il en sera de même quand il y aura preuve formelle de la perte du titre par cas fortuit.

284. La preuve de la libération résulte de la remise, au débiteur, du titre en original ou expédition exécutoire.

286. Le commencement d'exécution peut, suivant les circonstances, autoriser le juge à ordonner la preuve par témoins ou présomptions.

287. Le payement des intérêts et arrérages autorise à prouver, autrement que par écrit, l'existence de l'obligation principale.

299. En matière commerciale, les achats, ventes et tous autres contrats pourront être constatés même à l'égard des tiers par tous les moyens de preuve, y compris les témoignages et les présomptions.

PRÉSOMPTIONS LÉGALES.

FAILLITE (*Femme du failli*). *C. Com.* 374. Sous quelque régime qu'ait été formé le contrat de mariage, hors le cas prévu par l'article précédent, (V. REPRISES, art. 373) la présomption légale est que les biens immeubles acquis par la femme du failli ou en son nom appartiennent à son mari, qu'ils ont été payés de ses deniers, et doivent être réunis à la masse de son actif, sauf à la femme à fournir la preuve du contraire.

375. Si la femme a payé des dettes pour son mari, la présomption légale est qu'elle l'a fait des deniers de celui-ci, et elle ne pourra, en conséquence, exercer aucune action dans la faillite, sauf la preuve contraire, comme il est dit dans l'article 375. V. REPRISES.

DISPOSITIONS DIVERSES.

CAUTIONS. *C. Civ.* 615. Dans le cas où plusieurs cautions seraient engagées pour la même dette (art. 616) si l'engagement a été pris par plusieurs actes successifs, la solidarité ne se présume pas, mais elle peut résulter des circonstances.

INTERROGATOIRE DES PARTIES. *C. Proc.* 182. Le tribunal pourra juger que ce refus (de répondre à l'interrogatoire) autorise la preuve par témoins et présomptions des faits qui forment la base des questions posées, même dans les cas où la loi n'autorise pas cette preuve.

REMISE DU TITRE. *C. Civ.* 284. La preuve de la libération résulte de la remise, au débiteur, du titre en original ou expédition exécutoire.

DROIT MARITIME.

ASSURANCES. *C. Marit.* 207. Toute assurance faite après la perte ou l'arrivée des objets assurés, est nulle, s'il est prouvé que l'assuré a été informé de la perte, ou l'assureur de l'arrivée des objets assurés, ou s'il y a présomption qu'avant la signature du contrat ils ont pu être informés de ces faits.

208. La présomption existe, si, d'après la distance des lieux et les voies de communication, il est établi que de l'endroit de l'arrivée ou de la perte du navire, ou du lieu où la première nouvelle en est arrivée, elle a pu être portée dans le lieu où le contrat d'assurance a été passé, avant la signature du contrat.

209. Si cependant l'assurance est faite sur de bonnes ou mauvaises nouvelles, la présomption mentionnée dans les articles précédents n'est point admise.

Le contrat, en ce cas, n'est annulé que sur la preuve que l'assuré savait la perte ou l'assureur l'arrivée du navire, avant la signature du contrat.

PRÊT. *C. Civ. Titre III. Chap. IV.* DU PRÊT.

564. On distingue deux sortes de prêts :
Le prêt à usage et le prêt de consommation.

565. Le prêt à usage est celui par lequel le prêteur livre à l'emprunteur une chose dont il lui laisse la jouissance et que ce dernier s'engage à restituer après le délai convenu.

566. Le prêt de consommation est celui par lequel le prêteur transmet à l'emprunteur la propriété d'une chose que celui-ci s'engage à remplacer par une autre chose de même espèce, quantité ou qualité, après le délai convenu.

567. Dans le silence du contrat, la nature du prêt se détermine d'après la position des parties et la nature de la chose prêtée.

§ I. *Du prêt à usage.*

568. Le prêt à usage est essentiellement gratuit.

569. L'emprunteur est garant de la perte ou de la dépréciation de la chose arrivée par sa faute, même légère.

570 Il est tenu de veiller à sa conservation comme un homme diligent et soigneux.

571. Il ne peut s'en servir que suivant la destination convenue.

572. S'il emploie la chose prêtée à un autre usage ou après le temps convenu, il doit une indemnité équivalente au prix de location, sans préjudice de la réparation du dommage causé par un usage excessif.

573. Il a droit de réclamer les dépenses urgentes nécessaires qu'il a dû faire avant de pouvoir aviser le prêteur, mais il doit supporter les frais d'entretien de la chose louée.

574. L'emprunteur doit restituer la chose à l'époque fixée et ne peut être contraint à la restituer avant cette époque.

575. A défaut de terme stipulé, la restitution doit être faite après que la chose a servi à l'usage pour lequel elle a été empruntée.

§ II. *Du prêt de consommation.*

576. Dans le prêt de consommation la chose prêtée est aux risques de l'emprunteur dès que la propriété lui a été transférée.

577. Lorsque la chose prêtée est de l'argent en numéraire, elle doit être restituée en même valeur numérique, quelles que soient les variations subies par les monnaies depuis l'époque du prêt.

578. L'emprunteur doit restituer le prêt à l'époque convenue.

579. S'il n'y a pas de délai stipulé, ou s'il a été convenu que l'emprunteur restituerait quand il pourrait, le juge fixe la date où la restitution devra avoir lieu.

580. Le paiement doit être fait au lieu où le prêt a eu lieu, s'il n'en a pas été autrement convenu.

581. Le prêt de consommation est gratuit, s'il n'y a pas de stipulation contraire.

582. L'intérêt stipulé ne peut être supérieur à 12 0/0.

583. Le contrat de prêt avec intérêt peut être fait à la condition que le prêteur ne pourra jamais demander le capital et que l'emprunteur pourra toujours le restituer.

V. Rente.

PRÊT SUR GAGE. V. Gage.

PREUVE DES DROITS RÉELS. V. Droits réels.

PREUVE DES OBLIGATIONS ET DE LA LIBÉRATION.

C. Civ. Titre II. Chap. VI. De la preuve des obligations et de la libération. (*Art.* 278-299.)

DISPOSITIONS GÉNÉRALES.

278. La preuve de l'obligation doit être faite par le créancier.

279. La preuve de la libération doit être faite par le débiteur.

280. Dans toutes matières autres que les matières commerciales et quand il s'agira de sommes ou valeurs supérieures à 1,000 P. T. ou indéterminées, les parties qui n'auront pas été empêchées par les circonstances de se procurer un écrit constatant l'obligation ou la libération, ne seront pas admises à en faire la preuve par témoin ou par présomption.

281. Elles ne pourront que provoquer l'aveu de l'adversaire par

un interrogatoire dans les formes prescrites au Code de procédure ou en leur déférant le serment.

282. La preuve testimoniale ou par moyen des présomptions sera cependant admise lorsque l'obligation ou la libération sera rendue vraisemblable, par un écrit émané de la partie.

283. Il en sera de même quand il y aura preuve formelle de la perte du titre par cas fortuit.

284. La preuve de la libération résulte de la remise, au débiteur, du titre en original ou expédition exécutoire.

285. Le créancier est toutefois autorisé à prouver par témoins que le titre est, pour un tout autre motif, entre les mains du débiteur.

286. Le commencement d'exécution peut, suivant les circonstances, autoriser le juge à ordonner la preuve par témoins ou présomptions.

287. Le paiement des intérêts et arrérages autorise à prouver, autrement que par écrit, l'existence de l'obligation principale.

288. Dans le cas où l'écrit ne paraît pas suffisamment faire preuve, le juge peut déférer le serment au créancier pour établir sa créance, ou au débiteur pour prouver sa libération.

289. Les parties peuvent réciproquement se déférer le serment, auquel cas le serment peut être référé par la partie à qui il a été déféré.

290. La délation du serment par la partie suppose la renonciation à toute autre espèce de preuve.

291. Les écrits quand ils sont authentiques, c'est-à-dire passés devant des officiers compétents, font preuve contre toute personne jusqu'à inscription de faux des constatations faites par l'officier rédacteur.

292. Les écrits sous seing privé font la même preuve entre les parties, tant que l'écriture ou la signature n'en est pas déniée.

293. Ils ne font cette preuve, à l'égard des tiers, que s'ils ont date certaine.

294. La date certaine résulte de leur insertion dans un registre public, en entier ou par extrait si l'insertion est mentionnée sur l'écrit, ou du fait qu'ils portent l'écriture ou la signature reconnue d'une personne décédée, ou d'un visa apposé par un officier public compétent ou par un magistrat.

295. La mention de la libération mise sur le titre, bien que non signée du créancier, fait preuve contre lui, à moins que le créancier ne fournisse la preuve du contraire.

296. La valeur probante des copies de titres autres que les expéditions exécutoires ou premières expéditions, quand ces copies seront faites par des officiers publics, sera appréciée par le juge si l'original n'est pas représenté ; ces copies vaudront au moins un commencement de preuve par écrit.

297. Les jugements passés en force de chose jugée font foi des droits qu'ils consacrent, sans qu'aucune preuve contraire puisse être admise, pourvu qu'il s'agisse entre les mêmes parties d'obligations ou droits ayant le même objet et la même cause, et que ces parties agissent dans les mêmes qualités.

298. L'aveu fourni ou provoqué en justice ne peut être divisé contre celui qui l'a fait.

299. En matière commerciale, les achats, ventes et tous autres contrats pourront être constatés même à l'égard des tiers par tous les moyens de preuve, y compris les témoignages et les présomptions.

DISPOSITIONS DIVERSES.

APPEL. *C. Proc.* 403. Si le jugement a été rendu sur une pièce fausse ou si la partie a été condamnée faute de représenter une pièce décisive retenue par son adversaire, le délai de l'appel ne courra que du jour où le faux aura été reconnu ou judiciairement constaté, ou du jour où la pièce aura été retrouvée, pourvu que, dans ce cas, il y ait preuve par écrit du jour où la pièce aura été retrouvée et non autrement.

COMPROMIS. *C. Proc.* 800. Le compromis doit être prouvé par écrit.

COURTIERS. *C. Com.* 75. Lorsque ni l'opération en elle-même, ni l'emploi du courtier ne seront niés, les livres ainsi tenus (V. COURTIERS), pourront être produits en justice, entre les parties contractantes, pour servir d'élément de preuve des conditions dans lesquelles l'opération a été faite.

GAGE. *C. Civ.* 672. Le gage mobilier n'est valable, à l'égard des tiers, qu'à la condition d'être fait par un écrit ayant date certaine et portant désignation suffisante de la somme garantie engagée et de l'objet du gage.

INTERROGATOIRE DES PARTIES. *C. Proc.* 182. Le Tribunal pourra juger que ce refus (de répondre à l'interrogatoire) autorise la preuve par témoins et présomptions des faits qui forment la base des questions posées, même dans les cas où la loi n'autorise pas cette preuve.

LIVRES DE COMMERÇANTS. *C. Com.* 16. Les livres que les individus faisant le commerce sont obligés de tenir, et pour lesquels ils n'auront pas observé les formalités ci-dessus prescrites, (V. LIVRES DE COMMERCE) ne pourront faire foi en justice.

18. Les livres de commerce régulièrement tenus peuvent être admis par les juges pour faire preuve entre commerçants pour faits de commerce.

LOUAGE DE PERSONNES. *C. Civ.* 493. Les preuves consacrés par l'usage seront admises pour établir le montant des salaires dus ou payés.

SERMENT. *C. Proc.* 187. Le serment ne peut être déféré subsidiairement ; la délation du serment implique l'abandon de tout

autre moyen de preuve sur le chef auquel elle s'applique. V. Enquête.

SOCIÉTÉS COMMERCIALES. *C. Com.* 52. Les sociétés en nom
collectif et en commandite doivent être constatées par écrit. Les
actes pourront être faits en forme authentique ou sous seing privé,
en se conformant dans ces derniers cas aux règles édictées par le
Code civil. V. Sociétés commerciales.

USUFRUIT. *C. Civ.* 45. L'usufruitier ne peut faire aucune construction ou plantation sans le consentement du propriétaire, et il
devra prouver ce consentement par écrit, l'aveu ou le serment de
ce dernier.

**PREUVE TESTIMONIALE, PREUVE
ÉCRITE.** V. Preuve des obligations et de la libération.

PRISE DE NAVIRE. *C. Marit.* 73. En cas de prise et
confiscation, de bris et naufrage avec perte entière du navire et
des marchandises, les officiers et gens de l'équipage ne peuvent
prétendre à aucun loyer au sujet du voyage. Mais aussi ils ne sont
pas tenus de restituer ce qui leur a été avancé sur leurs loyers.
V. Naufrage.

211. Le délaissement des objets assurés peut être fait : en cas
de prise par l'ennemi ou par des pirates.

233. En cas de prise, si l'assuré n'a pu en donner avis à l'assureur, il peut racheter les effets sans attendre son ordre. L'assuré
est tenu de signifier à l'assureur la composition qu'il aura faite,
aussitôt qu'il en aura les moyens. V. Composition.

238. Sont avaries communes : 1° Les choses données par composition et à titre du rachat du navire et des marchandises.

239. Sont avaries particulières : 1° Les dommages arrivés aux
marchandises et au navire par... prise.

PRISE A PARTIE. *C. Proc. Chap. XIII, Sect. I.* prise
a partie. (*Art.* 746-759.)

DISPOSITIONS GÉNÉRALES

Conditions. C. Proc. 746. La prise à partie contre les juges
sera admise :

1° Quand il y aura déni de justice ;

2° En cas de dol, de fraude ou de concussion dont le juge, se
serait rendu coupable, soit dans le cours de l'instruction, soit lors
du jugement ou de l'exécution ;

3° Quand la loi décide qu'il y a lieu à prise à partie ou à condamnation du juge à des dommages-intérêts.

747. Le déni de justice existe, quand le juge refuse de répondre
à une requête ou de juger une affaire en état et à son tour de
rôle.

748. Il se constate par deux sommations infructueuses répétées

à vingt-quatre heures d'intervalle, quand il s'agit d'une requête, et à huit jours d'intervalle, quand il s'agit de jugement.

749. Vingt-quatre heures dans le premier cas et huit jours dans le second cas, après la deuxième sommation, la prise à partie peut être introduite.

Procédure. 750. La prise à partie est introduite par une requête déposée au greffe et adressée au Tribunal auquel le juge appartient; elle sera signée de la partie ou de son fondé de pouvoir spécial et authentique, elle contiendra l'énoncé des griefs et la copie des pièces à l'appui.

751. L'affaire sera appelée à la première audience qui suivra la huitaine de la requête, qui sera, dans l'intervalle, communiquée au juge et au ministère public par les soins du greffier.

752. La partie ou son mandataire, qui devra être avocat, sera entendu en ses explications, et le ministère public dans ses conclusions.

753. Il ne pourra être employé, ni dans la requête ni dans les explications à l'audience, aucune expression injurieuse contre le juge, à peine d'amende qui pourra être portée à 2,000 P. T.

754. Le tribunal ne statuera que sur la pertinence et l'admissibilité des griefs.

755. Si la requête est admise, le tribunal renverra l'affaire devant la Cour d'appel, qui jugera la prise à partie après débats contradictoires entre le demandeur et le juge pris à partie.

756. Si la requête est admise contre un conseiller à la Cour d'appel, la cause sera renvoyée devant la Cour d'appel composée de tous les autres conseillers qui n'auront pas statué sur l'admissibilité des griefs, et, au besoin, devant une Cour de justice composée comme il est dit à l'article 372. V. RÉCUSATION.

757. La procédure ci-dessus est indépendante de la poursuite disciplinaire, s'il y a lieu.

758. Le demandeur dont la requête sera rejetée, ou qui sera débouté comme mal fondé, sera condamné à 8,000 P. T. d'amende, sans préjudice des dommages-intérêts.

759. La condamnation du juge pris à partie ne donnera pas lieu à la nullité du jugement auquel il a participé.

DISPOSITION ADDITIONNELLE

C. Proc. 68. Seront communiquées au ministère public, les causes suivantes : 6° Les prises à partie.

PRISON. AUDIENCE. *C. Proc.* 66. Le Tribunal sera compétent pour prononcer, sur les conclusions du ministère public, la peine de vingt-quatre heure de prison, qui sera exécutée immédiatement, contre les individus qui troubleraient l'audience. V. AUDIENCE p. 81.

PRIVILÈGES.
Loi civile.

C. Civ. 678. Il y a cinq classes de créanciers :

4° Les créanciers privilégiés, c'est-à-dire ceux qui, à raison de la nature de leurs créances, ont le droit de se faire payer par préférence à tous autres créanciers sur la valeur de certains meubles ou immeubles du débiteur.

1° PRIVILÈGES GÉNÉRAUX SUR MEUBLES ET IMMEUBLES.

C. Civ. 727. Sont privilégiées les créances suivantes ;

1° Les frais de justice faits pour la conservation et la réalisation des biens du débiteur, et qui seront payés sur le prix de ces biens avant les créances de ceux au profit desquels ils ont été faits ;

2° Les sommes dues aux gens de service pour les salaires des l'année qui précédera la vente, la saisie ou la faillite, pour les salaires de six mois pour les commis et ouvriers, qui seront payés, s'il y a lieu, après les frais de justice.

Ce privilège s'exercera sur les meubles et immeubles du débiteur ; et indépendamment de toute inscription.

2° PRIVILÈGES SUR IMMEUBLES.

C. Civ. 727. Sont privilégiées les créances suivantes.

6° Le prix dû au vendeur ou les deniers fournis par acte ayant date certaine, avec affectation spéciale au payement de ce prix, qui seront privilégiés sur la chose vendue quand il s'agira d'immeubles, si l'acte de vente a été utilement transcrit.

Ce privilège ne s'exercera qu'au rang qui lui sera donné par la date de la transcription.

723. Les co-partageants auront, sur les immeubles qui ont fait l'objet du partage et pour leur recours respectif à raison de ce partage; un privilège qui se conservera par l'inscription au bureau des hypothèques, sans qu'il soit besoin d'une convention spéciale, et qui s'exercera au rang que lui donnera son inscription.

Créancier antichrésiste. C. Civ. 676. Le créancier au profit duquel l'immeuble est engagé doit pourvoir à l'entretien et aux dépenses nécessaires à la conservation de cet immeuble, ainsi qu'aux impôts publics, sauf à en retenir le montant sur les fruits ou à se le faire rembourser par privilège sur le prix de l'immeuble.

3° PRIVILÈGES SUR MEUBLES.

C. Civ. 727. Sont privilégiées les créances suivantes :

3° Les sommes dues pour les frais de récolte de l'année, et celles dues pour les semences qui ont produit la récolte, qui seront payées, dans l'ordre indiqué au présent alinéa, après les créances précédentes, sur le prix de vente de ladite récolte. Ce privilège s'exercera indépendamment de toute inscription.

4° Les sommes dues pour ustensiles d'agriculture encore en possession du débiteur, qui seront payées, après les frais de justice, et les salaires sur le prix desdits ustensiles ;

5° Les loyers et fermages et tout ce qui est dû au bailleur à ce titre, qui viendront ensuite sur le prix de tout le mobilier garnissant les lieux loués et même sur les récoltes de l'année, qui appartiendront encore au fermier, bien qu'elles soient déposées hors des lieux loués ;

6° Le prix dû au vendeur ou les deniers fournis par acte ayant date certaine, avec affectation spéciale au paiement de ce prix, qui seront privilégiés sur la chose vendue, tant qu'elle est en la possession de l'acheteur, si elle est mobilière, sauf l'application spéciale des règles en matière de commerce.

Ce privilège ne s'exercera qu'au rang qui lui sera donné par la date de la transcription ;

7° Les sommes dues aux aubergistes sur les effets déposés dans l'auberge par les voyageurs.

729. Les sommes dues à raison de frais faits pour la conservation de la chose primeront toutes autres créances, et viendront entre elles dans l'ordre inverse de leur date sur les meubles.

730. Les autres cas de privilèges sur les meubles sont déterminés par les autres codes.

Créancier gagiste. C. Civ. 662. Le gage confère au créancier le droit de retenir la chose engagée jusqu'à parfait paiement et d'être payé par préférence à tout autre sur le prix de cette chose.

4° COMMENT SE CONSERVENT LES PRIVILÈGES

C. Civ. 741. Les privilèges sur les immeubles autres que les frais de justice et les salaires des gens de service, commis ou ouvriers, ainsi que le droit d'hypothèque, devront également être inscrits au greffe des hypothèques, dans les formes spécifiées plus loin. V. GREFFE DES HYPOTHÈQUES.

742. A défaut de transcription ou d'inscription, quand elle est exigée, les droits ci-desssus seront considérés comme non avenus à l'égard de ceux qui ont des droits sur l'immeuble et qui les ont conservés en se conformant à la loi.

743. Toutefois, ces derniers auront seulement le droit de faire réduire à neuf années les baux d'une durée plus longue, et de faire rapporter ce qui a été payé au delà de trois ans de loyers d'avance.

745. Cette faculté (d'opposer la non transcription du droit visé par les articles ci-dessus) appartiendra à l'ayant droit à titre onéreux du donataire ou du légataire particulier, lorsqu'il aura lui-même transcrit son titre ou inscrit son droit de préférence.

DISPOSITIONS ADDITIONNELLES

CAUTION. C. Civ. 623. La caution est déchargée jusqu'à concurrence de la valeur des garanties que le créancier a laissé perdre par sa faute.

COMPENSATION. *C. Civ.* 262. Lorsque le créancier a payé une dette à laquelle il aurait pu opposer la compensation, les créanciers privilégiés peuvent toujours invoquer la compensation, à moins que le créancier n'ait eu, en payant sa dette, une juste cause d'ignorer l'existence de la créance qu'il pouvait opposer en compensation.

DISTRIBUTION PAR CONTRIBUTION. *C. Proc.* 581. Le règlement provisoire ordonnera le prélèvement, avant toute créance, des frais faits pour la réalisation des deniers, et ensuite des frais de poursuite de contribution.

Les loyers dus au propriétaire sur le prix de vente des meubles garnissant, et ensuite les autres créances privilégiées seront admises suivant leur ordre.

Enfin, les créances non privilégiées seront admises, sauf réduction proportionnelle, sur le surplus de la somme à distribuer.

DROIT DE RÉTENTION. V. RÉTENTION.

ENTREPRISES. *C. Civ.* 507. Les sous-traitants ont un privilège, au prorata entre eux tous sur ces sommes (celles dues à l'entrepreneur et saisi-arrêtées entre les mains du maître, art. 506), qui peuvent leur être payées directement par le maître sans ordonnance.

HUISSIERS. *R. G. J.* 31. Les créances résultant de condamnations prononcées contre les huissiers du chef de dommages causés dans l'exercice de leur ministère sont privilégiées sur leur cautionnement.

NOVATION. *C. Civ.* 253. Dans le premier cas (*de la novation, quand le créancier et le débiteur conviennent de substituer une obligation à l'ancienne qui est éteinte, ou de changer la cause de l'obligation primitive*), le débiteur et le créancier peuvent convenir que les garanties réelles telles que privilèges, hypothèques, droit de rétention seront transférés à la nouvelle obligation, pourvu que cette dernière ne soit point aggravée au préjudice des tiers.

Dans le deuxième cas (*quand le créancier et un tiers conviennent que ce dernier deviendra débiteur au lieu de l'ancien qui est libéré, sans qu'il soit besoin de son consentement, ou lorsque le débiteur a fait accepter par le créancier un tiers consentant à payer en son lieu et place*), le créancier et le tiers peuvent convenir que les garanties réelles seront maintenues, même sans le consentement du débiteur primitif.

Dans le troisième cas, (*quand le créancier et le débiteur sont d'accord pour que ce dernier exécute l'obligation au profit d'un tiers qui y consent*) les trois parties contractantes peuvent faire la même convention.

ORDRE. *C. Proc.* 727. Les frais de poursuite d'ordre et de radiation d'inscription seront colloqués par privilège.

(*Règlement définitif*) *C. Proc.* 734. Les créanciers contestants et ceux contestés, et le dernier créancier utilement colloqué seront seuls mis en cause sur les contestations ; les frais de ce dernier seront privilégiés, les autres pouvant intervenir, mais à leurs frais, dans tous les cas.

PRÉFÉRENCE. *C. Civ.* 560. Les créanciers communs sont préférés, lors du paiement et de la distribution du prix, aux créanciers personnels des copartageants.

SUBROGATION. *C. Civ.* 225. Le tiers (qui a payé pour le débiteur) a pour sûreté de cette nouvelle créance les mêmes garanties qui existaient au profit de l'obligation éteinte : 3° quand ce tiers a payé un créancier ayant privilège ou hypothèque avant lui.

Loi commerciale.

1° GAGE ET COMMISSIONNAIRE.

C. Com. 89. Tout commissionnaire a privilège et droit de rétention sur les marchandises à lui expédiées, déposées ou consignées par le fait seul de l'expédition, du dépôt ou de la consignation, pour tous les prêts, avances ou paiements faits par lui, soit avant la réception des marchandises, soit pendant le temps qu'elles sont en sa possession.

Ce privilège ne subsiste que sous la condition prescrite par l'art. 83 qui précède (1).

Dans la créance privilégiée du commissionnaire sont compris, avec le principal, les intérêts, commissions et frais.

90. Le privilège et le droit de rétention existeront également sur les effets donnés en paiement, s'ils sont entre les mains du commissionnaire.

Le privilège du commissionnaire prime tous les autres privilèges.

Le privilège et le droit de rétention n'existent pas pour les créances antérieures à l'expédition, encore bien qu'elles soient qualifiées d'anticipation ou d'avance dans le contrat.

91. Si les marchandises ont été vendues et livrées pour le compte du commettant, le commissionnaire se rembourse, sur le produit de la vente, du montant de ses anticipations, avances, intérêts et frais, par préférence aux créanciers du commettant.

92. Le commissionnaire pour vendre qui détiendra des marchandises à lui expédiées soit en dépôt, soit pour les vendre à un prix limité, et qui sera créancier pour une somme privilégiée d'après les articles ci-dessus, pourra, trois jours après une sommation restée infructueuse, outre le délai de distance, obtenir, sur une simple requête, du juge de service pour les affaires urgentes près le tribunal de son domicile, l'autorisation de vendre aux enchères publiques tout ou partie des marchandises, par le ministère d'un courtier commis à cet effet par l'ordonnance.

(1) *C. Com.* 83. Dans tous les cas, le privilège ne subsiste sur le gage qu'autant que ce gage a été mis et est resté en la possession du créancier ou d'un tiers convenu entre les parties.

93. La vente se fera aux lieu et heure fixés par le juge, qui décidera s'il y a lieu à affiches et insertions.

94. Les privilèges, droit de rétention et de vente existeront également au profit du commissionnaire chargé d'acheter qui détiendra encore les marchandises et effets.

2° FAILLITE.

C. Com. 234. Le jugement déclaratif de la faillite arrête, à l'égard de la masse seulement, le cours des intérêts de toute créance non garantie par un privilège, par un nantissement ou par une hypothèque. Les intérêts des créances garanties ne pourront être réclamés que sur les sommes provenant des biens affectés au privilège, à l'hypothèque ou au nantissement.

239. Les droits d'hypothèque et de privilège valablement acquis, pourront être inscrits jusqu'au jour du jugement déclaratif de la faillite ; néanmoins, les inscriptions prises après l'époque de la cessation de payement, ou dans les dix jours qui précèdent, pourront être déclarées nulles, s'il s'est écoulé plus de quinze jours entre la date de l'acte constitutif de l'hypothèque ou du privilège, et celle de l'inscription. Ce délai sera augmenté du délai légal de distance entre le lieu ou le droit de l'hypothèque aura été acquis et le lieu où l'inscription sera prise.

Créanciers privilégiés sur les meubles du failli.

C *Com.* 363. Le salaire acquis aux ouvriers et commis employés directement par le failli, pendant les six mois qui auront précédé la déclaration de faillite sera admis au nombre des créances privilégiées. Les salaires dus aux gens de service pour l'année qui aura précédé la déclaration de faillite seront admis au même rang.

365. Les syndics présenteront au juge-commissaire l'état des créanciers se prétendant privilégiés sur les biens meubles ; et le juge commissaire autorisera, s'il y a lieu, le paiement de ces créanciers sur les premiers deniers rentrés. Si le privilège est contesté, le tribunal prononcera.

Créanciers privilégiés sur les immeubles du failli.

C. Com. 366. Lorsque la distribution du prix des immeubles sera faite antérieurement à celle du prix des biens meubles, ou simultanément, les créanciers privilégiés ou hypothécaires, non remplis sur le prix des immeubles, concourront à proportion de ce qui leur restera dû, avec les créanciers chirographaires, sur les deniers appartenant à la masse chirographaire, pourvu toutefois que leurs créances aient été vérifiées et affirmées, suivant les formes ci-dessus établies.

367. Si une ou plusieurs distributions de deniers mobiliers précèdent la distribution du prix des immeubles, les créanciers privilégiés et hypothécaires, vérifiés et affirmés, concourront aux

répartitions dans la portion de leurs créances totales et sauf, le cas échéant, les distractions dont il sera parlé dans les deux articles suivants :

368. Après la vente des immeubles et le règlement définitif de l'ordre entre les créanciers hypothécaires et privilégiés, ceux d'entre eux qui viendront en ordre utile sur les prix des immeubles pour la totalité de leur créance, ne toucheront le montant de leur collocation hypothécaire que sous la déduction des sommes par eux perçues dans la masse chirographaire.

369. Les sommes ainsi déduites ne resteront point dans la masse hypothécaire, mais retourneront à la masse chirographaire, au profit de laquelle il en sera fait distribution.

DROIT MARITIME.

PRIVILÈGE SUR LES NAVIRES.

C. Marit. 4. Les navires et autres bâtiments de mer sont affectés aux dettes du vendeur et spécialement à celles que la loi déclare privilégiées.

5. Sont privilégiées et dans l'ordre où elles sont rangées, les dettes ci-après désignées :

1° Les frais de justice et autres, faits pour parvenir à la vente et à la distribution du prix ;

2° Les droits de pilotage, tonnage, cale, amarrage et bassin ou avant-bassin;

3° Les gages du gardien et les frais de garde du bâtiment depuis son entrée dans le port jusqu'à la vente ;

4° Le loyer des magasins où se trouvent déposés les agrès ou apparaux ;

5° Les frais d'entretien du bâtiment et de ses agrès et apparaux depuis son dernier voyage et son entrée dans le port ;

6° Les gages et loyers du capitaine et autres gens de l'équipage employés au dernier voyage ;

7° Les sommes prêtées au capitaine pour les besoins du navire pendant le dernier voyage et le remboursement du prix des marchandises par lui vendues pour le même objet ;

8° Le prix et les accessoires dus aux vendeurs, les sommes dues aux fournisseurs et ouvriers employés à la construction, si le navire n'a pas encore fait de voyage, et les sommes dues aux créanciers pour fournitures, travaux, main-d'œuvre pour radoub, victuailles, armement et équipement avant le départ du navire, s'il a déjà navigué ;

9° Les sommes prêtées à la grosse sur le corps, quille, agrès, apparaux, pour radoub, victuailles, armement et équipement avant le départ du navire;

10° Le montant des primes d'assurances faites sur le corps, quille, agrès, apparaux, et sur l'armement et équipement du navire, dues pour le dernier voyage;

11° Les dommages-intérêts dus aux affréteurs, pour le défaut de délivrance des marchandises qu'ils ont chargées, ou pour remboursement des avaries souffertes par lesdites marchandises par la faute du capitaine ou de l'équipage.

Les créanciers compris dans chacun des numéros du présent article viendront en concurrence et proportionnellement à ce qui leur est dû en cas d'insuffisance du prix.

6. Le privilège accordé aux dettes énoncées dans le précédent article ne peut être exercé qu'autant qu'elles seront justifiées dans les formes suivantes V. NAVIRE p. 485.

7. Les privilèges des créanciers seront éteints indépendamment des moyens généraux d'extinction des obligations, par la vente en justice, faites dans les formes établies par le titre suivant (V. NAVIRE p. 486), ou lorsque, après une vente volontaire, le navire aura fait un voyage en mer sous le nom et aux risques de l'acquéreur, et sans opposition de la part des créanciers du vendeur. L'opposition d'un créancier, faite dans les formes prescrites en cette matière, ne profite qu'à celui qui l'a faite.

DISPOSITION ADDITIONNELLE.

C. Marit. 98. Le navire, les agrès et apparaux, le fret et les marchandises chargées sont respectivement affectées à l'exécution des conventions des parties.

PRIX. V. MISE A PRIX. DIMINUTION DE PRIX. SUPPLÉMENT DE PRIX.

PROCÉDURE SOMMAIRE. APPEL EN GARANTIE. *C. Proc.* 160. L'incident sur le délai et sur les conclusions du demandeur qui soutiendra qu'il n'y a lieu de l'accorder, *(le renvoi pour appeler en cause un garant)* sera jugé sommairement.

DEMANDES INCIDENTES. *C. Proc.* 334. Les demandes incidentes qui sont élevées dans le cours de l'instruction sont déférées au tribunal, soit par une citation à trois jours, soit par un renvoi à l'audience par le juge commis, soit par conclusions posées suivant les cas et jugées autant que possible **sommairement et d'urgence**.

ENQUÊTE. *C. Proc.* 213. Si l'une des parties demande une prorogation (d'enquête) le tribunal ou le juge statuera immédiatement et après débat sommaire. V. ENQUÊTE SOMMAIRE.

INCIDENTS SUR SAISIE IMMOBILIÈRE. *C. Proc.* 693. Les demandes en nullité contre une surenchère et jusqu'aux publications seront portées devant le tribunal et jugées sommairement.

SAISIE IMMOBILIÈRE. *(Dires). C. Proc.* 642. Les contestations seront jugées sommairement par le tribunal. V. DIRES.

VENTE JUDICIAIRE DE BIENS COMMUNS. *C. Proc.* 714. S'il s'élève des contestations sur la composition des lots, il y sera statué sommairement par le tribunal, qui, s'il n'y a pas de contestations ou dès qu'elles seront réglées, procédera au tirage des lots.

PROCÈS-VERBAL D'AUDIENCE. Adjudication. *C. Proc.* 669. Le jugement d'adjudication qui formera titre pour le saisi et ses ayants droit pour le paiement du prix et titre de propriété pour l'adjudicataire, comprendra la copie du cahier des charges, l'énonciation des formalités faites pour procéder à la vente et la copie du procès-verbal d'audience.

Conciliation *R. G. J.* 105. Le procès-verbal de conciliation est exécutoire contre les parties. A cet effet le greffier en délivrera copie dans les formes établies pour les jugements.

Enquête. *C. Proc.* 202. Si avant l'audience, ou à l'audience, tout ou partie des faits articulés sont reconnus, le tribunal en donnera acte, ce qui sera porté sur le procès-verbal d'audience.

Expertise. *C. Proc.* 272. Le tribunal pourra nommer des experts pour donner leur avis verbal à l'audience, sans qu'il soit besoin de rapport, auquel cas l'avis sera mentionné au procès-verbal d'audience.

V. Registre d'audience

PROCURATION. V. Mandat ad litem. Mandat.

PROCUREUR GÉNÉRAL. V. Parquet.

PRODUCTION DE CRÉANCES. V. Vérification de créances.

PROFESSEURS. V. Instituteurs.

PROMESSE (Lieu de la). V. Lieu de la promesse.

PROPRIÉTAIRE. V. Propriété. Servitude. Saisie conservatoire.

PROPRIÉTÉ. *C. Civ.* 19. Les biens sont susceptibles de droits différents par rapports à ceux qui en profitent : ces droits sont :
1° La propriété ;
2° L'usufruit.
3° Les servitudes.
4° Le droit réel de privilège, d'hypothèque et de rétention.

20. On appelle biens *mulks* ceux sur lesquels les particuliers peuvent avoir un droit entier de propriété.

22. Les biens *wakfs* sont ceux qui sont propriété de mainmorte au profit d'établissement pieux, dont l'usufruit peut être également cédé aux particuliers dans des conditions déterminées par les règlements.

23. Les biens *libres (moubah)* sont ceux qui n'ont pas de propriétaires et qui peuvent devenir la propriété du premier occupant.

24 Toutefois les terres qui sont dans ce cas ne peuvent être occupées qu'avec l'autorisation du Gouvernement et sous les conditions établies par les règlements.

25. Les biens de l'État, tels que fortifications, ports, etc., ne sont pas susceptibles d'une propriété privée.

26. Les biens servant à l'utilité publique, comme les routes, ponts, rue des villes, etc., sont dans le même cas.

C. Civ. Titre I, Chap. II. DE LA PROPRIÉTÉ (*art.* 27 28).

27. La propriété est le droit de jouir et disposer des choses de la manière la plus absolue.

28. Elle donne droit à tous les produits, naturels ou accidentels, et à tous les accessoires de ce bien.

Chap. V. DES MODES D'ACQUÉRIR LA PROPRIÉTÉ ET LES DROITS RÉELS.

C. Civ. 66. La propriété et les droits réels s'acquièrent :
Par l'effet des conventions. V. EFFETS DES CONVENTIONS.
Par la tradition. V. CE MOT.
Par les donations. V CE MOT.
Par les successions et testaments. V. CES MOTS.
Par appropriation, c'est-à-dire par occupation. V. APPROPRIATION.
Par accession. V. CE MOT.
Par la préemption. V. CE MOT.
Par la prescription. V. CE MOT.

Chap. VI. DE LA PERTE DE LA PROPRIÉTÉ ET DES DROITS RÉELS.

C. Civ. 117. Nul ne perd sa propriété sans sa volonté, si ce n'est :
1° Dans le cas où il vient d'être expliqué qu'elle est acquise à un tiers. V. PRESCRIPTION.
2° Par suite d'expropriation à la requête des créanciers dans le cas et les formes prévus par la loi. V. EXPROPRIATION FORCÉE.
3° Quand il y a lieu à expropriation pour cause d'utilité publique. V. EXPROPRIATION D'UTILITÉ PUBLIQUE.

PREUVE DE LA PROPRIÉTÉ. V. DROITS RÉELS.

DISPOSITIONS ADDITIONNELLES.

ADJUDICATION. *C Proc.* 669. Le jugement d'adjudication formera titre de propriété pour l'adjudicataire.
674. L'adjudication ne transmet à l'adjudicataire d'autres droits à la propriété que ceux appartenant au saisi.

PROPRIÉTÉ ENCLAVÉE. V. ENCLAVE.

PROROGATION DE COMPÉTENCE. *C. Proc.*
29. Le tribunal de justice sommaire statuera également, en dernier ressort, dans tous les cas où la loi le permettra, ou si les parties y consentent, sur toutes les contestations qui lui seront déférées volontairement par les parties.

PROROGATION DE DÉLAI. ARBITRAGE. *C.*

Proc. 798. Tout arbitre nommé par le tribunal qui viendra à cesser ses fonctions, par un motif quelconque, sera remplacé par le tribunal, et, dans ce cas, le délai pour statuer sera prorogé d'un mois.

801. Les arbitres doivent statuer dans le délai stipulé, à moins de prorogation consentie par les parties.

816. Les parties pourront demander la nullité de la sentence en s'opposant à l'ordonnance d'exécution dans les cas suivants :

1° Si le compromis est nul ou si le délai était expiré, sans prorogation consentie par les parties.

ENQUÊTE. *C. Proc.* 213. Si l'une des parties demande une prorogation, le tribunal ou le juge statuera immédiatement et après débat sommaire.

214. Dans le cas de refus par le juge d'accorder une prorogation pour l'enquête, l'incident, si la partie le requiert, sera porté au tribunal qui pourra l'accorder ou passer outre au jugement du fond.

215. Le juge ne pourra accorder plus d'une prorogation de délai.

VENTE A RÉMÉRÉ. *C. Civ.* 428. La prorogation du délai stipulé vaut revente conditionnelle au vendeur originaire par l'acheteur qui est censé avoir été propriétaire incommutable du jour de la vente primitive jusqu'au jour de la prorogation du délai.

PROTESTATION. *C. Marit.* 274. Sont non recevables : toutes actions contre le capitaine et les assureurs pour dommage arrivé à la marchandise chargée, si elle a été reçue sans protestation ; toutes actions contre l'affréteur pour avaries, si le capitaine a livré les marchandises et reçu son fret sans avoir protesté ; toutes actions en indemnité pour dommages causés par l'abordage dans un lieu où le capitaine a pu agir, s'il n'a point fait de réclamation.

275. Ces protestations et réclamations sont nulles si elles ne sont faites et signifiées dans les quarante-huit heures et si, dans trente et un jours de leur date, elles ne sont suivies d'une demande en justice. V. ACTE DE PROTESTATION.

PROTET.

DISPOSITIONS GÉNÉRALES.

C. Com. 168. Le porteur d'une lettre de change doit en exiger le payement le jour de son échéance.

169. Le refus de payement doit être constaté par un protêt faute de payement le lendemain de l'échéance, outre le délai de distance entre le lieu où le protêt doit être fait et le siège du tribunal. Si le lendemain de l'échéance est un jour férié légal, le protêt est fait le jour suivant.

170. Le porteur n'est dispensé du protêt faute de payement, ni

par le protêt faute d'acceptation, ni par la mort ou faillite de celui sur qui la lettre de change est tirée : dans le cas de faillite de l'accepteur avant l'échéance, le porteur peut immédiatement faire protester et exercer son recours.

La mention de *retour sans frais*, apposée par le tireur sur une lettre de change, dispense du protêt et de l'observation des délais pour les poursuites. Si la clause *sans frais* a été apposée par un endosseur, le tireur n'est pas dispensé du protêt, ni des formalités pour conserver son recours contre les endosseurs antérieurs.

171. Le porteur d'une lettre de change protestée faute de paiement peut exercer son action en garantie ou individuellement contre le tireur et chacun des endosseurs, ou collectivement contre les endosseurs et le tireur. La même faculté existe pour chacun des endosseurs, à l'égard du tireur et des endosseurs qui le précèdent. La poursuite contre le tireur seul libère les endosseurs. La poursuite contre un endosseur libère les endosseurs subséquents non poursuivis.

172. Si le porteur exerce le recours individuellement contre son cédant, il doit lui faire notifier le protêt et, à défaut de remboursement, le faire citer en jugement dans les quinze jours qui suivent la date du protêt, outre le délai de distance entre le domicile du tiré et celui du cédant.

173. Après le protêt des lettres de change tirées de l'Egypte et payables hors du territoire de l'Egypte, les tireurs et endosseurs résidant en Egypte seront poursuivis dans les délais ci-après : de trois mois pour la Turquie d'Europe continentale, la France, l'Italie et l'Autriche ; de quatre mois pour les autres contrées riveraines de la Méditerranée et l'Europe, et d'un an pour les autres pays. Les délais ci-dessus seront doublés en cas de guerre maritime.

174. Si le porteur exerce son recours collectivement contre les endosseurs et le tireur, il jouit à l'égard de chacun d'eux du délai déterminé par les articles précédents.

175. Chacun des endosseurs a le droit d'exercer le même recours ou individuellement ou collectivement dans le même délai. A leur égard, le délai court du lendemain de la date de la citation en justice.

Déchéances. 176. Après l'expiration des délais ci-dessus pour la présentation de la lettre de change à vue, ou à un ou plusieurs jours ou mois de vue, pour le protêt faute de payement, pour l'exercice de l'action en garantie, le porteur de la lettre de change est déchu de tous droits contre les endosseurs.

177. Les endosseurs sont également déchus de toute action en garantie contre leurs cédants, après les délais ci-dessus prescrits chacun en ce qui le concerne.

178. La même déchéance a lieu contre le porteur et les endosseurs, à l'égard du tireur lui-même, si ce dernier justifie qu'il y

avait provision à l'échéance de la lettre de change. Le porteur, en ce cas, ne conserve d'action que contre celui sur qui la lettre était tirée.

179. Les effets de la déchéance prononcée par les trois articles précédents cessent en faveur du porteur contre le tireur ou contre celui des endosseurs qui, après l'expiration des délais fixés pour le protêt, la notification du protêt ou la citation en jugement, a reçu, par compte, compensation ou autrement, les fonds destinés au payement de la lettre de change.

180. Indépendamment de l'action en garantie, le porteur d'une lettre de change protestée faute de paiement, peut, en observant les formalités indiquées au Code de procédure, saisir conservatoirement les effets mobiliers des tireurs, accepteurs ou endosseurs.

181. Les protêts faute d'acceptation ou de payement sont faits dans les formes prescrites pour tout acte d'huissier. Le protêt ne sera fait que par suite du refus d'acceptation ou de payement qui sera constaté au domicile de celui sur qui la lettre de change était payable, de celui qui s'était chargé de la payer au besoin et de celui qui a accepté par intervention, ce qui pourra être fait par un seul et même acte.

182. L'acte de protêt contient la transcription littérale de la lettre de change, de l'acceptation, des endossements et des recommandations qui y seront indiquées et la sommation de payer le montant de la lettre de change. Il énonce la présence ou l'absence de celui qui doit payer, les motifs de refus de payer, et l'impuissance ou le refus de signer, et la protestation de l'huissier. La mention de la reconnaissance de la dette ne fait preuve que si elle est signée ou cachetée par la partie.

183. Aucun acte en forme de certificat fait par des commerçants ou d'autres individus ne peut suppléer à l'acte de protêt fait dans les formalités prescrites, sauf le cas prévu ci-dessus quand la lettre de change a été égarée. V. ACTE DE PROTESTATION.

184. Les huissiers ou personnes commises pour faire les protêts sont tenus, à peine de destitution, dépens et dommages-intérêts envers les parties, de laisser copie exacte des protêts, et de les inscrire en entier jour par jour, et par ordre de dates, dans un registre particulier, coté, paraphé, et tenu dans les formes prescrites pour les répertoires.

DISPOSITIONS ADDITIONNELLES.

COMPTE DE RETOUR. *C. Com.* 191. Le compte de retour comprend le principal de la lettre de change protestée, les frais de protêt et autres frais légitimes. Il est accompagné de la lettre de change protestée, du protêt, ou d'une expédition de l'acte de protêt.

PAIEMENT PAR INTERVENTION. *C. Com.* 164. Une lettre de change protestée peut être payée par tout intervenant pour le tireur ou pour l'un de ses endosseurs. L'intervention et le paiement seront constatés dans l'acte du protêt ou à la suite de l'acte.

PAIEMENT PARTIEL. *C Com*. 162. Les paiements faits à compte sur le montant d'une lettre de change sont à la décharge des tireurs et endosseurs. Le porteur est tenu de faire protester la lettre de change pour le surplus.

PROVISION. *C. Com.* 118. L'acceptation suppose la provision. Elle en établit la preuve à l'égard des endosseurs. Soit qu'il y ait ou non acceptation, le tireur seul est tenu de prouver, en cas de dénégation, que ceux sur qui la lettre était tirée avaient de provision à l'échéance ; sinon il est tenu de la garantir, quoique le protêt ait été fait après les délais fixés, mais si, dans ce dernier cas, il prouve qu'il y avait provision à l'échéance et jusqu'au moment où le protêt devait être fait, il sera libéré jusqu'à concurrence du montant de la provision, à moins qu'elle n'ait été employée à son profit.

119. Le tireur doit, même quand le protêt a été fait tardivement fournir au porteur, aux frais de ce dernier, les titres nécessaires pour retirer la provision. Les syndics du tireur ont la même obligation, à moins qu'ils ne préfèrent relever le porteur de la déchéance et l'admettre au marc le franc pour le montant de la lettre de change.

(*Déchéance.*) V. PROTÊT, *art*. 178.

SAISIE CONSERVATOIRE. *C. Proc*. 764. Tout créancier peut, avec permission du juge, faire saisir conservatoirement les meubles de son débiteur qui n'a pas de domicile fixe en Egypte.

Il en est de même du porteur d'une lettre de change ou d'un billet à ordre protesté faute de paiement à l'échéance pour les meubles et marchandises de son débiteur commerçant, même domicilié, tireur, accepteur ou endosseur, pourvu que le protêt ait été signifié ou dénoncé au saisi.

PROTÊT (Faute d'acceptation). V. ACCEPTATION DE LA LETTRE DE CHANGE.

PROVISION ALIMENTAIRE. *C. Proc*. 450. L'exécution provisoire nonobstant appel sera ordonnée avec ou sans caution en matière civile, suivant que le tribunal le jugera à propos, lorsqu'il s'agira : 4° de provisions ou pensions alimentaires.

PROVISION (De lettre de change) *C. Com*. 116. La provision doit être faite par le tireur ou par celui pour le compte de qui la lettre de change est tirée sans que le tireur pour compte d'autrui cesse d'être personnellement obligé envers les endosseurs et le porteur seulement.

117. La provision est censée faite chez celui sur qui la lettre est tirée si, à l'échéance de la lettre de change, celui sur qui elle est fournie est redevable au tireur ou à celui pour le compte de

qui elle est tirée, d'une somme exigible au moins égale au montant de la lettre de change.

118. L'acceptation suppose la provision. Elle en établit la preuve à l'égard des endosseurs. Soit qu'il y ait ou non acceptation, le tireur seul est tenu de prouver, en cas de dénégation, que ceux sur qui la lettre était tirée avaient provision à l'échéance : sinon il est tenu de la garantir, quoique le protêt ait été fait après les délais fixés, mais si, dans ce dernier cas, il prouve qu'il y avait provision à l'échéance et jusqu'au moment où le protêt devait être fait, il sera libéré jusqu'à concurrence du montant de la provision, à moins qu'elle n'ait été employée à son profit.

119. Le tireur doit, même quand le protêt a été fait tardivement, fournir au porteur, aux frais de ce dernier, les titres nécessaires pour retirer la provision. Les syndics du tireur ont la même obligation, à moins qu'ils ne préfèrent relever le porteur de la déchéance et l'admettre au marc le franc pour le montant de la lettre de change.

120. Toutefois, la provision est acquise au porteur au jour de l'échéance, s'il y a eu affectation spéciale de cette provision au paiement de la lettre de change, et si le tiré a accepté en connaissance de l'affectation ou en a été averti avant la faillite du tireur, soit par un avis de ce dernier, soit par un protêt faute d'acceptation ou de paiement même tardif. Hors ce cas d'affectation spéciale, la provision rentre dans la masse du tireur, quand il n'y a pas acceptation avant que la faillite soit connue de l'acceptant.

121. S'il y a acceptation, le tiré conserve la provision, sauf à lui à satisfaire à cette acceptation vis-à-vis du porteur.

122. Si le tiré tombe en faillite, la provision qui consiste dans une créance sur lui tombe dans la masse de sa faillite ; la provision qui consiste dans un corps certain ou une somme déposée est remise à qui de droit suivant les règles ci-dessus.

DISPOSITION ADDITIONNELLE.

DÉCHÉANCE. *C. Com.* **178.** La même déchéance (V. PROTET *art.* 176 et s.) a lieu contre le porteur et les endosseurs, à l'égard du tireur lui-même, si ce dernier justifie qu'il y avait provision à l'échéance de la lettre de change. Le porteur, en ce cas, ne conserve d'action que contre celui sur qui la lettre était tirée.

PUBLICITÉ JUDICIAIRE. AFFICHES. ANNONCES. AVIS. JOURNAUX. PLACARDS.

DISTRIBUTION PAR CONTRIBUTION. *C. Proc.* 593. L'ouverture des contributions et leurs opérations successives sont annoncées par le greffier, au moyen d'un avis affiché dans l'enceinte du tribunal, sur un tableau affecté à cette publicité spéciale et aux opérations de faillite.

SAISIE IMMOBILIÈRE. *C. Proc.* 630. Dans le même délai (de

huitaine) le dépôt (du cahier de charges) sera annoncé par une insertion dans le journal désigné pour les annonces judiciaires, et par une affiche dans le tableau destiné aux publications dans l'enceinte du tribunal.

645. Quarante jours au plus tôt et vingt jours au plus tard avant la vente, elle sera annoncée par des affiches signées du poursuivant ou de son fondé de pouvoirs, qui contiendront :

1° La date de la saisie et de la transcription ;

2° Les noms, professions et demeures du saisi et du saisissant ;

3° La désignation des immeubles ;

4° Le renvoi au cahier des charges pour les conditions de la vente ;

5° La mise à prix de chaque lot ;

6° Le jour, l'heure et le lieu des enchères.

646. Il sera fait une seule insertion, si le journal paraît dans la ville où siège le tribunal, et une insertion dans deux journaux paraissant dans deux villes différentes, s'il n'y a pas de journal dans la ville où siège le tribunal. Toutes les annonces relatives à la même saisie seront insérées dans les mêmes journaux.

647. Les placards seront apposés :

1° A la porte du domicile du saisi ;

2° A la porte principale de chacun des immeubles saisis ; s'ils sont clos ou s'il s'agit de maisons ;

3° A la principale place des Gouverneurs des provinces où les biens sont situés, où le saisi demeure, et de la ville où siège le tribunal ;

4° A la porte de Cheikh-el-Beled, du domicile du saisi et de la situation des biens ;

5° A l'endroit désigné pour les publications dans l'enceinte du tribunal, de la situation des biens et du domicile du saisi.

648. Il sera justifié des insertions et affiches ainsi qu'il est dit dans les art. 534 et 535 pour les ventes des meubles.

649. Le saisi, le poursuivant et toute personne intéressée auront le droit de demander en référé l'apposition d'un plus grand nombre d'affiches : elles seront apposées dans les endroits désignés par le juge du référé, il en sera justifié par la quittance de l'afficheur ; ils pourront demander dans la même forme qu'il soit fait un plus grand nombre d'insertions par extrait.

(*Surenchère.*) *C. Proc.* 665. Les publications et insertions sont faites huit jours à l'avance par le surenchérisseur ou, à son défaut, par celui qui poursuivait la première vente, faute de quoi la vente sera remise par le tribunal à quinzaine, à la requête de tout intéressé qui fera les publications.

669. Le jugement d'adjudication qui formera titre pour le saisi et ses ayants-droits pour le paiement du prix et titre de pro-

priété pour l'adjudicataire, comprendra la copie du cahier des charges, l'énonciation des formalités faites pour procéder à la vente et la copie du procès-verbal d'audience.

717. La surenchère du dixième en matière de vente volontaire, judiciaire ou non judiciaire, ne sera ouverte qu'au profit des créanciers inscrits et des créanciers porteurs d'un titre exécutoire ; quand la vente n'aura pas eu lieu en justice, ou, si étant faite en justice, le cahier des charges n'a pas été notifié aux créanciers inscrits, la surenchère sera recevable, dans les deux mois qui suivront une insertion dans un journal de la situation des biens et la notification, faite aux créanciers inscrits, de la vente, avec indication du prix principal, ce qui sera fait à la diligence de l'adjudicataire.

(*Folle Enchère*). *C. Proc.* 698. Les placards et insertions, outre les mentions exigées pour la première vente, énonceront le nom du fol enchérisseur et de celui qui poursuivra la vente sur folle enchère, la mise à prix offerte par ce dernier et le jour et l'heure de l'adjudication qui sera fixée, d'accord avec le greffier. Cette adjudication aura lieu sur l'ancien cahier des charges.

700. La notification du jour fixé au précédent adjudicataire, l'apposition des placards et l'insertion des annonces seront faites quinze jours, au moins, avant l'adjudication.

701. Les règles prescrites par la vente sur saisie et la surenchère seront applicables à la vente sur folle enchère.

SAISIE MOBILIÈRE. *C. Proc.* 531. La vente sera annoncée par placards apposés à la porte du lieu où sont les objets saisis, à l'endroit où la vente doit avoir lieu, s'il est autre, à la porte du Cheikh-el-Beled, et, en outre, au tableau affecté dans le tribunal aux annonces judiciaires et par une annonce dans un des journaux qui pourront être désignés par le règlement du tribunal parmi les plus répandus.

532. Les placards et annonces désigneront le lieu, le jour et l'heure de la vente, et la nature des objets saisis, sans détail particulier.

533. Il y aura un jour d'intervalle entre l'apposition du placard et l'insertion de l'annonce d'une part, et la vente d'autre part, outre les délais de distance du lieu de la vente.

534. L'apposition du placard au tribunal sera justifiée par une mention sur un registre spécial tenu par le greffier ; l'annonce, par la production du journal avec la signature de l'imprimeur, légalisée par le greffier.

535. L'apposition des autres placards sera constatée par acte d'huissier non signifié, auquel un exemplaire du placard sera joint.

536. Si la vente n'a pas lieu au jour indiqué dans le procès-verbal de saisie, l'acte constatant l'apposition des placards sera signifié à la partie saisie, un jour avant la vente.

537. Le saisissant et le saisi pourront toujours se pourvoir en référé pour demander que, suivant les cas, il soit apposé un plus grand nombre de placards à différents intervalles, ou avec détail des objets, ou qu'il soit fait un plus grand nombre d'annonces, ce dont il sera justifié par la quittance de l'afficheur et les exemplaires des journaux.

538. Il y aura toujours, sans qu'il soit besoin d'ordonnance, trois appositions de placards et trois insertions à jours différents, quand il s'agira de bijoux et d'argenterie.

541. Lorsque le saisissant aura donné main-levée, ou lorsqu'il n'aura pas fait procéder à la vente au jour indiqué par le procès-verbal de saisie, et obtenu une nouvelle indication par ordonnance, les créanciers opposants ayant titre exécutoire pourront, vingt-quatre heures, s'il y a lieu, après une sommation faite au saisissant en retard, faire procéder à la vente après placards apposés dans les termes ci-dessus.

(*Vente des récoltes*). *C. Proc.* 544. La saisie et la vente des récoltes non moissonnées seront faites dans la forme de saisie et vente de meubles.

545. La saisie ne pourra avoir lieu que cinquante-cinq jours, au plus, avant la maturité des récoltes, et les placards et annonces désigneront la situation et la contenance des champs, la nature de chaque récolte et le nom du saisi.

VENTE DES RENTES. *C. Proc.* 551. Il pourra être demandé en référé que la vente des actions de toute nature et titres négociables ait lieu par l'intermédiaire d'un courtier ou banquier désigné par le juge du référé, qui déterminera la publicité qui devra être faite.

561. Quinze jours au plus après le jour fixé pour l'audience par le cahier des charges s'il n'y a pas de contestations, ou après que le jugement sur les contestations sera devenu inattaquable, et huit jours au moins avant la vente, un extrait du cahier des charges contenant les renseignements énoncés à l'article 5 5, (V. RENTES) et en outre l'indication du jour de la vente, sera inséré dans un journal et affiché à la porte du domicile du saisi, à la porte du domicile du tiers saisi, s'ils demeurent en Égypte, et dans l'endroit affecté par le tribunal à la publicité judiciaire.

562 Il pourra être requis et ordonné une plus grande publicité, dans les termes énoncés à la section de la saisie et de la vente des objets mobiliers.

565. Si, sur la demande d'une des parties, la vente était remise par le juge à un délai fixe, qui ne pourra pas dépasser soixante jours, la publicité serait faite dans les termes qui précèdent, huit jours au moins à l'avance.

570. La vente sur folle enchère sera poursuivie trois jours après un commandement, par celui qui aura droit de recevoir le prix ou la partie du prix, après insertion et simple apposition

d'affiches, dont le procès-verbal sera signifié à l'adjudicataire cinq jours au moins et dix jours au plus avant la vente sur folle enchère.

VENTE DE BIENS DE MINEURS ET FAILLIS. *C. Proc.* 706. Les appositions de placards, l'insertion et la fixation du jour de l'enchère auront lieu dans les mêmes délais et dans les mêmes formes que pour les ventes sur saisie.

708. Les affiches et insertions pour la vente sur baisse de mise à prix seront faites au moins vingt-cinq jours avant l'adjudication.

709. Les règles ci-dessus fixées pour la surenchère et la folle enchère seront applicables à ces sortes de vente.

VENTE VOLONTAIRE. 710. Tout propriétaire d'immeuble peut le faire vendre en justice et suivant les mêmes formalités à partir du dépôt du cahier des charges ; toutefois, le cahier des charges devra être dressé par un avocat et la mise à prix pourra être fixée par la partie. La notification du cahier des charges pourra être faite aux créanciers inscrits.

DISPOSITIONS ADDITIONNELLES

EXPROPRIATION D'UTILITÉ PUBLIQUE. *C. Civ.* 122. Le décret (fixant l'étendue des terrains expropriés) sera affiché à la mudirieh de la province, au tribunal, sur les édifices sujets à l'expropriation, le tout dans les formes des affiches judiciaires, avec indication du lieu où sera déposé le plan des propriétés expropriées.

Il sera en outre rendu public par une insertion dans un journal.

125. Le plan définitif et les offres faites par l'administration pour chaque parcelle seront notifiés aux intéressés qui seront connus ou se seront fait connaître. Ils seront en outre affichés dans les formes ci-dessus.

127. A partir de ces affiches, l'administration aura le droit de signifier congé aux locataires, si le bail le permet.

129. Faute par l'administration d'avoir traité à l'amiable, dans les six mois des dernières affiches, avec les intéressés, et d'avoir saisi le jury d'expropriation, les intéressés pourront requérir du tribunal la convocation du jury.

INCIDENTS SUR SAISIE-IMMOBILIÈRE. *(Nullités.) C. Proc.* 693. Les demandes en nullité contre une surenchère et jusqu'aux publications seront portées devant le tribunal et jugées sommairement.

695. Après les publications, les demandes en nullité seront jugées dans les termes de l'article 692. (V. INCIDENTS SUR SAISIE IMMOBILIÈRE, p. 396.)

SIGNIFICATION D'ACTES. *C. Proc.* 11. Si le domicile à l'étranger (de la personne à qui l'acte est signifié) n'est pas indiqué dans l'acte, il sera affiché une deuxième copie de cet acte dans un tableau à ce destiné dans le tribunal de première instance.

PUBLICITÉ JUDICIAIRE EN MATIÈRE DE FAILLITE.

C. Com. 221. L'époque de la cessation des paiements pourra être déterminée par un jugement ultérieur, auquel cas toutes les parties intéressées seront appelées par un avis inséré dans deux des journaux indiqués pour les publications judiciaires, au moins huit jours à l'avance, et par une affiche apposée au tableau des publications dans le tribunal.

222. Extrait des jugements rendus en vertu des deux articles précédents (V. *art.* 220 : DÉCLARATION DE FAILLITE) sera, par les syndics, publié dans deux journaux et affiché comme il est dit ci-dessus, tant au lieu où la faillite aura été déclarée, qu'à tous les lieux où le failli aura des établissements commerciaux.

297. Les créanciers qui, à l'époque du maintien ou du remplacement des syndics, en exécution de l'article 255, n'auront pas remis leurs titres, seront immédiatement avertis, par des insertions dans un journal, par une affiche au tableau des publications judiciaires, et par lettres du greffier, s'ils sont connus, qu'ils doivent se présenter en personne ou par fondés de pouvoirs, dans le délai de vingt jours, à partir des dites insertions, affiches et lettres, aux syndics de la faillite, et leur remettre leurs titres accompagnés d'un bordereau indicatif des sommes par eux réclamées, si mieux ils n'aiment en faire le dépôt au greffe du tribunal de commerce; il leur en sera donné récépissé. A l'égard des créanciers domiciliés hors du lieu où les affaires de la faillite sont jugées, ce délai sera augmenté des délais de distance entre le lieu où siège le tribunal et le domicile du créancier.

298. La vérification des créances commencera dans les trois jours de l'expiration des délais aux créanciers connus et domiciliés en Égypte. Elle sera continuée sans interruption. Elle se fera aux lieu, jour et heure indiqués par le juge commissaire.

L'avertissement aux créanciers, ordonné par l'article précédent contiendra mention de cette indication. Néanmoins les créanciers seront de nouveau convoqués à cet effet, tant par lettres du greffier, que par une affiche au tableau des publications et une insertion dans les journaux.

320. Si, après le rejet du concordat, il est présenté, dans les délais, des productions par des créanciers domiciliés à l'étranger, il est fait une nouvelle convocation par le juge au moyen d'insertions, lettres et affiches, pour leur vérification.

Les productions en retard pourront être admises à cette réunion sous les réserves indiquées à l'article précédent. (V. VÉRIFICATION DES CRÉANCES.)

321. En dehors des cas ci-dessus, les productions nouvelles ne pourront se faire que par voie d'opposition entre les mains des syndics avec citation devant le tribunal à huitaine franche. L'op-

position sera aux frais des produisants; il sera aussi, à leurs frais, adressé, trois jours à l'avance, par le greffier, des lettres d'avis pour le jour d'audience aux créanciers admis qui pourront intervenir à leurs propres risques.

325. La convocation (des créanciers pour la formation du concordat) se fera par des annonces qui seront affichées sur la porte du magasin du failli, au tableau des publications dans le tribunal et aux endroits déterminés par le règlement du tribunal, et par des insertions dans les journaux. Les annonces, les insertions et les lettres de convocation indiqueront l'objet de l'assemblée.

ANNULATION OU RÉSOLUTION DU CONCORDAT. *C. Com.* 343. Sur le vu de l'arrêt de condamnation pour banqueroute frauduleuse, ou par le jugement qui prononcera soit l'annulation, soit la résolution du concordat, le tribunal de commerce nommera un juge-commissaire et un ou plusieurs syndics; ces syndics pourront faire apposer les scellés. Ils procèderont sans retard, sur l'ancien inventaire, au récolement des valeurs, actions et papiers, et feront, s'il y a lieu, un supplément d'inventaire. Ils dresseront un bilan supplémentaire. V. COMMISSIONNAIRE DE MARCHANDISES.

RÉHABILITATION. *C. Com.* 420. La copie de la requête (en réhabilitation) restera affichée pendant un délai de deux mois, tant au tableau des publications judiciaires, qu'en tous autres lieux déterminés par le règlement du tribunal, et elle sera insérée par extraits dans les journaux.

EN MATIÈRE DE SOCIÉTÉS.

C. Com. 54. L'extrait des actes de société en nom collectif ou en commandite doit être déposé au greffe du tribunal de commerce du siège de la société et du siège de ses succursales, pour être transcrit sur le registre à ce destiné, et affiché pendant trois mois au tableau affecté, dans l'enceinte du tribunal, aux publications judiciaires.

55. Il doit en outre être inséré dans un journal indiqué pour les annonces judiciaires paraissant au même siège, ou deux journaux paraissant dans une autre ville. Ces formalités pourront être remplies par chacune des parties contractantes.

56. Cet extrait contiendra :

Les noms, prénoms, qualités et demeure des associés autres que les actionnaires non responsables ou commanditaires;

La raison de commerce de la société;

La désignation de ceux des associés autorisés à gérer, administrer et signer pour la société;

Le montant des valeurs fournies ou à fournir par actions ou en commandite;

L'époque où la société doit commencer et celle où elle doit finir.

57. Ces formalités seront observées dans la quinzaine de la signature de l'acte, à peine de nullité.

Toutefois cette nullité sera couverte par la publication faite avant la demande en nullité.

64. Toute continuation de société, après son terme expiré, sera constatée par une déclaration des coassociés. Cette déclaration et tout acte portant dissolution de société avant le terme fixé pour sa durée par l'acte qui l'établit, tout changement ou retraite d'associés en nom, toutes nouvelles stipulations ou clauses pouvant intéresser les tiers, tout changement à la raison sociale sont soumis aux formalités prescrites par les articles précédents, sous les mêmes conditions de nullité.

70. Les associations commerciales en participation ne sont pas assujetties aux formalités prescrites pour les autres sociétés. V. Sociétés.

DROIT MARITIME.

VENTE DE NAVIRE. *C. Marit.* 15. La vente, qui ne pourra avoir lieu qu'en vertu d'un titre exécutoire, se fait devant un juge commis par le président du tribunal de commerce et aux enchères publiques, précédées de criées, publications et affiches, comme il suit :

16. Si la saisie a pour objet un navire dont le tonnage soit au-dessus de 10 tonneaux (ou 10,000 kilos), trois criées ou publications des objets en vente seront faites consécutivement de huitaine en huitaine aux environs du port, dans les principales places publiques du lieu où le navire est amarré, et en outre dans tous les endroits spécifiés par ordonnance du tribunal.

L'avis en sera inséré dans les journaux, s'il y en a dans le lieu où siège le tribunal de commerce devant lequel la saisie se poursuit, et, s'il n'y en a pas, dans l'un de ceux qui seraient imprimés dans la localité la plus voisine.

17. Dans les deux jours qui suivent chaque criée et publication, il est apposé des affiches au grand mât du navire saisi, au tableau des publications du tribunal devant lequel on procède, dans la place publique et sur le quai du port où le navire est amarré, ainsi qu'à la Bourse de commerce, et, à défaut, à la porte de l'autorité locale.

18. Les criées, publications et affiches doivent désigner : les nom, profession et demeure du poursuivant; les titres en vertu desquels il agit; le montant de la somme qui lui est due; l'élection de domicile par lui faite dans le lieu où siège le tribunal, et dans le lieu où le navire est amarré; les nom et domicile du propriétaire du navire saisi ; le nom du bâtiment, et s'il est armé ou en armement, celui du capitaine, le tonnage du navire; le lieu où il est gisant ou flottant; les noms du juge commis et de l'huissier qui a saisi; la première mise à prix, enfin les jours d'audience auxquels les enchères sont reçues.

19. Après la première criée, les enchères seront reçues le jour

indiqué par l'affiche. Le juge commis d'office pour la vente continue de recevoir les enchères après chaque criée de huitaine en huitaine, à jour certain fixé par son ordonnance.

20. Après la troisième criée, l'adjudication est faite au plus offrant et dernier enchérisseur à l'extinction des bougies allumées au commencement de l'adjudication, d'après l'usage. Toutefois, le juge commis d'office peut, dans l'espoir d'une enchère favorable, accorder une ou deux remises de huitaine chacune, lesquelles sont publiées et affichées. Mais si la remise ainsi accordée n'amène pas une enchère plus forte, le navire est adjugé sur la dernière enchère.

21. Si la saisie porte sur des barques, chaloupes et autres bâtiments du port de dix tonneaux et au-dessous, dans ce cas, sans qu'il y ait lieu d'observer toutes les formalités ci-dessus désignées, l'adjudication sera faite à l'audience du juge après la publication sur le quai pendant trois jours consécutifs, avec affiche au mât, ou, à défaut, en autre lieu apparent du bâtiment, et au tableau des publications du tribunal. Il sera observé un délai de huit jours francs entre la signification de la saisie et la vente.

(*Folle enchère*). 23. A défaut de payement, soit du premier tiers, soit des deux autres, et à défaut de fournir caution comme il a été dit, le navire sera remis en vente et adjugé trois jours après une nouvelle publication et affiche unique, à la folle enchère des adjudicataires et des garants, qui seront obligés solidairement pour le déficit, s'il y en a, les dommages, les intérêts et les frais, dans le cas où le tiers déjà versé serait insuffisant. L'excédent, s'il y en a, serait rendu au fol enchérisseur.

PUITS. V. ÉTABLISSEMENTS NUISIBLES.

PURGE D'HYPOTHÈQUE. *C. Proc.* 675. Le jugement d'adjudication dûment transcrit purge toutes les hypothèques et les créanciers n'ont plus d'action que sur le prix.

Q

QUALITÉS. CHANGEMENT DE QUALITÉS. *C. Proc.* 340. Le décès, le changement d'état des parties ou la cessation des fonctions dans lesquelles elles procédaient n'empêcheront pas le jugement, quand les conclusions auront été prises à l'audience, sauf au tribunal à accorder des délais s'il y a lieu.

341. Le tribunal ne pourra statuer que les conclusions prises au moment du décès ou du changement d'état ou de qualité, à moins que les héritiers représentants ou remplaçants n'aient repris l'instance en leurs noms. V. INTERRUPTION DE PROCÉDURE.

EXCEPTION DE QUALITÉ. *C. Proc.* 155. L'héritier et la femme assignée comme commune en biens après la dissolution de la communauté, auront le droit d'obtenir, pour conclure, le délai qui leur est accordé par leur loi personnelle pour prendre qualité.

168. Les parties qui demandent un délai pour prendre qualité, peuvent ne proposer leurs autres exceptions dilatoires qu'après l'expiration des délais pour prendre qualité; elles peuvent même n'opposer qu'après ces délais les exceptions d'une autre nature qui procèdent de la même qualité.

JUGEMENT. *C. Proc.* 105. La partie du jugement contenant les noms, profession, demeure et qualités des parties, et l'exposé des points de fait et de droit, sera rédigée pour chaque jugement et conservée aux archives du greffe avec le dossier de l'affaire.

106. L'expédition exécutoire ou grosse du jugement et les secondes expéditions contiendront, outre la formule exécutoire, copie de cet acte en tête des motifs et du dispositif.

107. L'acte contenant les noms et qualités des parties et l'énoncé des points de fait et de droit sera rédigé par le greffier.

QUASI-CONTRAT. V. Obligations naturelles.

QUESTION PRÉJUDICIELLE. *C. Civ.* 4. Les questions relatives à l'état et à la capacité des personnes et au statut matrimonial, aux droits de succession naturelle ou testamentaire, aux tutelles et curatelles restent de la compétence du juge du statut personnel.

Lorsque dans une instance une exception de cette nature sera soulevée, si les tribunaux reconnaissent la nécessité de faire statuer au préalable sur l'exception, ils devront surseoir au jugement du fond et fixer un délai dans lequel la partie, contre laquelle la question préjudicielle aura été soulevée, devra la faire juger définitivement par le juge compétent. Si cette nécessité n'est pas reconnue, il sera passé outre au jugement du fond.

QUOTITÉ DISPONIBLE. *C. Civ.* 78. En matière immobilière, les dispositions relatives à la résolution des droits de propriété, à raison de légitime réserve, quotité disponible, etc., ne préjudicient pas aux tiers acquéreurs et créanciers hypothécaires de bonne foi.

QUITTANCE. PREUVE DU BAIL. *C. Civ.* 446. Le contrat de bail fait sans écrit ne peut être prouvé, quand il n'a pas encore reçu d'exécution, que par l'aveu ou le serment de celui auquel il est opposé.

S'il y a eu commencement d'exécution, et qu'il n'existe pas de quittance, le prix sera fixé par expert, et la durée déterminée par l'usage des lieux.

SAISIE IMMOBILIÈRE (*Vente.*) *C.Proc.* 649. Le saisi, le poursuivant et toute personne intéressée auront le droit de demander en référé l'apposition d'un plus grand nombre d'affiches : elles seront apposées dans les endroits désignés par le juge du référé, il en sera justifié par la quittance de l'afficheur.

TRANSCRIPTION. *C. Civ.* 740. Les baux de plus de neuf années et les quittances anticipées de plus de trois ans de loyer devront être transcrits pour faire preuve vis-à-vis des mêmes personnes.

R

RACHAT (Pacte de) V. RÉMÉRÉ.

RADIATION DES HYPOTHÈQUES. V. HYPOTHÈQUES.

RADIATION DES AFFECTATIONS. *C. Civ.* 725. Toutes les dispositions concernant les hypothèques sont applicables à l'affectation.

RADOUB. *C. Marit.* 115. Si le capitaine est contraint de faire radouber le navire pendant le voyage, l'affréteur ou le chargeur est tenu d'attendre que le navire soit réparé ou de retirer ses marchandises en payant le fret en entier ou en participant à l'avarie grosse s'il y en a.

Si le navire est frété au mois, il ne doit pas de fret pendant le radoub, ni une augmentation de fret, si le navire est frété pour le voyage.

Si le navire ne peut être radoubé, le capitaine est tenu d'en louer un ou plusieurs à ses frais et sans pouvoir exiger une augmentation de fret à l'effet de pouvoir transporter les marchandises au lieu de destination.

RAPPORT D'EXPERT. *C. Proc.* 265. Le rapport sera déposé au greffe, où chacune des parties pourra en prendre communication ou en demander une expédition.

266. Après le dépôt du rapport, la partie la plus diligente saisira le tribunal par une citation à trois jours francs.

267. Les honoraires de l'expert seront taxés par le président ou le juge qui le remplacera, sur la minute du rapport.

272. Le tribunal pourra nommer des experts pour donner leur avis verbal à l'audience, sans qu'il soit besoin de rapport, auquel cas l'avis sera mentionné au procès-verbal d'audience.

277. Si l'expert est en retard de déposer son rapport, il pourra être, à la requête de la partie la plus diligente, cité à trois jours francs, en présence de toutes les parties, devant le tribunal, qui

déterminera d'urgence un délai dans lequel le rapport devra être déposé, et pourra même pourvoir au remplacement de l'expert, sans préjudice de dommages-intérêts, s'il y a lieu. V. EXPERTS.

RATIFICATION. V. CONFIRMATION.

RÉASSURANCE. *C. Marit.* 185. L'assuré ne peut, à peine de nullité, faire assurer une seconde fois pour le même temps et les mêmes risques, les objets dont l'entière valeur aurait déjà été assurée; mais l'assureur peut en tout temps faire réassurer par d'autres les objets qu'il a assurés. L'assuré peut faire assurer le coût de l'assurance La prime de réassurance peut être moindre ou plus forte que celle de l'assurance.

RECHANGE. *C. Com.* 185. Le rechange s'effectue par une retraite.

186. La retraite ne dispense pas des formalités de protêt et de poursuite.

187. La retraite est une nouvelle lettre de change au moyen de laquelle le porteur se rembourse sur le tireur, ou sur l'un des endosseurs, du principal de la lettre protestée, de ses frais, et du nouveau change qu'il paie.

188. Le rechange se règle, à l'égard du tireur, par le cours de change du lieu où la lettre de change était payable sur le lieu d'où elle a été tirée. En aucun cas le tireur ne peut supporter un cours plus élevé. Il se règle à l'égard des endosseurs par le cours du change du lieu où la lettre de change a été remise ou négociée par eux, sur le lieu où le remboursement s'effectue.

189. Chaque endosseur supporte le rechange de la retraite qu'il tire.

190. La retraite est accompagnée d'un compte de retour.

191. Le compte de retour comprend le principal de la lettre de change protestée, les frais de protêt et autres frais légitimes, tels que commission de banque, timbre et port de lettres. Il énonce le nom de celui sur qui la retraite est faite, et le prix du change auquel elle est négociée. Il est certifié par deux commerçants. Il est accompagnée de la lettre de change protestée, du protêt, ou d'une expédition de l'acte de protêt. Dans le cas où la retraite est faite sur l'un des endosseurs, elle est accompagnée, en outre, d'un certificat qui constate le cours du change du lieu où la lettre de change, était payable, sur le lieu d'où elle a été tirée.

192. Il ne peut être fait plusieurs comptes de retour sur une même lettre de change. Ce compte de retour est remboursé d'endosseur en endosseur respectivement, et définitivement par le tireur.

193. Les rechanges ne peuvent être cumulés. Chaque endosseur n'en supporte qu'un seul, ainsi que le tireur.

194. L'intérêt du principal de la lettre de change protestée faute de paiement est dû à compter du jour du protêt.

195. L'intérêt des frais du protêt, rechange et autres frais légitimes, n'est dû qu'à compter du jour de la demande en justice.

RÉCOLEMENT. BANQUEROUTE. *C. Com.* 343. Sur le vu de l'arrêt de condamnation pour banqueroute frauduleuse, ou par le jugement qui prononcera soit l'annulation, soit la résolution du concordat, le tribunal de commerce nommera un juge-commissaire et un ou plusieurs syndics; ces syndics pourront faire apposer les scellés. Ils procèderont sans retard, sur l'ancien inventaire, au récolement des valeurs, actions et papiers, et feront, s'il y a lieu, un supplément d'inventaire. Ils dresseront un bilan supplémentaire.

SAISIE MOBILIÈRE. *C. Proc.* 524. Quand il y aura précédente saisie, les créanciers, ayant droit d'exécution, n'auront que le droit de faire opposition, entre les mains du gardien ou du saisissant et de l'huissier, à la main-levée de la saisie et de saisir les objets non compris sur le premier procès-verbal qui sera représenté à l'huissier par le gardien, ainsi que les objets saisis; le même gardien sera constitué pour les nouveaux objets, s'ils se trouvent dans le même lieu.

525. Dans ces cas, cette opposition vaudra une saisie-arrêt entre les mains de l'huissier sur le prix de la vente, elle sera simplement notifiée au saisi, sans qu'il soit besoin de demande en validité.

541. Lorsque le saisissant aura donné main-levée, ou lorsqu'il n'aura pas fait procéder à la vente au jour indiqué par le procès-verbal de saisie, et obtenu une nouvelle indication par ordonnance, les créanciers opposants ayant titre exécutoire pourront, vingt-quatre heures s'il y a lieu, après une sommation faite au saisissant en retard, faire procéder à la vente après placards apposés dans les termes ci-dessus. V. PUBLICITÉ JUDICIAIRE.

RÉCOLTES. AMODIATION. *C. Civ.* 485. L'amodiation faite sans terme indiqué est censé faite pour une révolution annuelle de récolte.

COMPÉTENCE. *C. Proc.* 28. Un juge délégué par le tribunal statuera en tribunal de justice sommaire sur les affaires suivantes en matière civile : 5° En dernier ressort jusqu'à 800 P. T. et à charge d'appel au delà de 800 P.T. quel que soit le montant de la demande sur les actions pour dommages aux champs, fruits et récoltes, soit par le fait de l'homme, soit par celui des animaux.

PERTE DES RÉCOLTES. *C. Civ.* 479. En matière de bail de biens ruraux, le preneur ne peut demander une diminution de loyers, si la récolte est perdue par cas fortuit.

PRIVILÈGE. *C. Civ.* 727. Sont privilégiées les créances suivantes : 3° Les sommes dues pour les frais de récolte de l'année, et celles dues pour les semences qui ont produit la récolte, qui seront payées, dans l'ordre indiqué au présent alinéa, après les créances précédentes, sur le prix de vente de ladite récolte.

Ce privilège s'exercera indépendamment de toute inscription. V. Privilège.

SAISIE. *C. Proc.* 544. La saisie et la vente des récoltes non moissonnées seront faites dans la forme de saisie et vente de meubles.

545. La saisie ne pourra avoir lieu que cinquante jours au plus, avant la maturité des récoltes, et les placards et annonces désigneront la situation et la contenance des champs, la nature de chaque récolte et le nom du saisi.

VENTE. *C. Civ.* 330. La vente d'une récolte qui n'est pas encore sortie de terre est nulle.

331. Cependant la vente d'une récolte sortie de terre comprend même la partie de la récolte sortie de terre depuis la vente.

361. La vente d'un terrain ne comprend pas les récoltes. V. Semences, Saisie-conservatoire.

RÉCONDUCTION TACITE. *C. Civ.* 471. Si après l'expiration du bail, le locataire continue la jouissance du consentement du bailleur, le bail est censé renouvelé aux mêmes conditions pour les termes d'usage.

RECONNAISSANCE D'ÉCRITURE. V. Vérification d'écriture.

RECONVENTION. *C. Proc.* 35. Les défendeurs seront assignés : 5° En matière de reconvention, devant le tribunal saisi de la demande principale. V. Demandes incidentes.

RECOURS. V. Action récursoire. Répétition. Subrogation.

RECOURS (Voies de). AFFECTATION. *C. Proc.* 772. Pour le cas où le président rejèterait la demande (en affectation) l'ordonnance pourra être déférée par le requérant au tribunal de première instance, en y appelant le débiteur par citation à vingt-quatre heures.

EXPLOIT. *C. Proc.* 7. L'acte contiendra le montant de son coût à la fin de l'original et de la copie, à peine de cent piastres égyptiennes d'amende contre l'huissier. Cette amende sera prononcée, sur le vu de l'acte, par le juge de service, après avoir entendu l'huissier, et sauf recours dans les trois jours devant le tribunal.

EXPROPRIATION D'UTILITÉ PUBLIQUE. *C. Civ.* 142. Les décisions (de jury) ne sont pas sujettes à opposition ni appel.

143. Le jugement pourra être attaqué devant la Cour pour incompétence, excès de pouvoir ou vice de forme selon les règles établies par le Code de procédure.

REMISES DE GROSSES. *C. Proc.* 116. Le président du tribunal qui a rendu le jugement, ou le juge qui le remplacera, statuera en référé sur les questions qui se rattachent à la délivrance et à la remise des grosses, sur simple citation à vingt-quatre heures, et sauf recours au tribunal composé, à moins d'empêchement, des juges qui ont rendu le jugement.

SAISIE-IMMOBILIÈRE. *C. Proc.* 652. Ce jugement (prononçant la remise de l'adjudication) ne sera susceptible d'aucun recours.

FAILLITE. V. JUGEMENT SUR FAILLITE.

V. APPEL. OPPOSITION. REQUÊTE CIVILE. TIERCE-OPPOSITION.

RECOURS EN GARANTIE. V. GARANTIE.

RÉCUSATION.

§ 1. RÉCUSATION DE JUGE.

R. O. J. Titre I. art. 30. Le droit de récusation péremptoire des juges..... sera réservé à toutes les parties.

R. G. J. art. 16 Il est loisible aux magistrats de la Cour et des tribunaux, de réclamer cette dispense (s'abstenir de la fonction dont ils sont chargés) pour d'autres motifs sérieux (outre les causes de récusation de l'art. 352. *C. Proc.*)

En ce qui concerne les magistrats, la Cour, ou le tribunal auquel ils appartiennent, statuera en chambre du Conseil sur les excuses produites.

C. Proc. Chap. X. Sect. VI. DE LA RÉCUSATION (*art.* 352-372).

352. Tout juge peut être récusé pour les causes ci-après :

1° S'il est parent ou allié d'une des parties jusqu'au sixième degré exclusivement ;

2° S'il y a procès pendant entre lui ou sa femme, ou ses parents et alliés en ligne directe, et une des parties ou son conjoint.

Toutefois, la récusation ne sera pas admise, si le procès intenté par la partie ou son conjoint l'a été depuis l'instance dans laquelle la récusation est proposée.

3° Si le juge est mandataire légal, héritier présomptif, maître ou commensal de l'une des parties.

4° S'il a un procès sur la même question que le procès à juger.

5° S'il a donné conseil, plaidé ou écrit sur le différend.

6° S'il a déposé comme témoin dans l'instance.

7° S'il a reçu des présents de l'une des parties depuis le commencement du procès.

8° S'il existe quelqu'autre fait grave duquel il résulte qu'il ne pourra juger avec impartialité.

Le juge qui connaîtra en lui une cause de récusation, devra la déclarer en chambre de conseil au tribunal, qui décidera s'il doit s'abstenir.

353. La récusation devra être présentée, à peine de déchéance, avant les plaidoiries, et quand il s'agira de juges commis dans les trois jours de leur nomination, si le jugement qui les a commis est contradictoire ; si le jugement est par défaut, le délai de trois

jours courra, quand il n'y aura pas d'opposition, à l'expiration des trois jours qui suivront la signification, et, s'il y a opposition, trois jours après le jugement de débouté.

354. La déchéance n'est pas encourue si les causes de récusation sont survenues depuis le délai fixé, ou si la partie prouve qu'elle ne les a connues que depuis ce délai.

355. La récusation est faite par acte au greffe, signé de la partie ou de son mandataire spécial ; la procuration sera jointe à l'acte de récusation.

356. Lorsque le juge siège pour la première fois à l'appel d'une cause contradictoire, la récusation peut être faite par une simple note remise au greffier d'audience, à charge de renouveler l'acte dans les vingt-quatre heures au greffe.

357. L'acte de récusation doit contenir les moyens de récusation et les pièces à l'appui doivent y être annexées, s'il y a lieu.

358. L'expédition de l'acte de récusation, sera, dans les vingt-quatre heures, remise par le greffier au président, qui la communiquera au juge récusé et au ministère public, et commettra un juge rapporteur.

359. Le juge récusé devra, dans le délai fixé par le président, s'expliquer en termes précis sur les faits qui motivent la récusation et consigner ses explications à la suite de la minute de l'acte de récusation.

360. Si les faits sont de nature à motiver légalement la récusation, et que le juge laisse passer le délai fixé par le président sans s'expliquer, ou qu'il convienne des faits, il sera ordonné, par un jugement rendu sans autres motifs qu'il s'abstiendra.

361. Si les moyens de récusation ne sont pas jugés admissibles, ou si les faits étant déniés, il n'y a pas de preuve par écrit, et que le tribunal juge qu'il n'y a pas lieu d'ordonner la preuve par témoins, la récusation sera rejetée.

362. Le juge commis entendra le récusant et le juge récusé.
Le rapport sera lu, les conclusions du ministère public données, et le jugement prononcé à l'audience, sans plaidoiries.

363. Dans le cas où la récusation sera faite contre un juge commis par un autre tribunal que celui auquel il appartiendra, l'expédition de l'acte de récusation sera transmise au président de ce dernier tribunal, qui la retournera avec les explications du juge, mise au bas de l'expédition, pour être procédé, comme il est dit, plus haut, par le tribunal qui aura commis le juge.

364. Le jugement qui rejettera la récusation condamnera, sur les conclusions du ministère public, la partie récusante à une amende de 400 P. T. qui pourra être portée à 2000, si la récusation était motivée sur les moyens indiqués par le § 8 de l'art. 352.

365. L'appel qui sera recevable de la part de la partie récusante, même dans les matières de dernier ressort, devra être in-

tenté dans les cinq jours du prononcé du jugement, sans autre délai, par une déclaration au greffe.

366. Les expéditions de l'acte de récusation, des explications du juge, du jugement et de l'acte d'appel seront transmises au greffe de la Cour d'appel.

367. Sur la communication qui lui en sera faite dans les trois jours par le greffier, la Cour statuera dans le plus bref délai dans les formes ci-dessus, sans être obligée d'entendre les parties.

368. Faute par l'appelant d'avoir, dans les quinze jours du jugement de l'instance, signifié à la partie adverse l'arrêt de la Cour constatant que l'appel n'est pas jugé, avec indication du jour où il sera jugé, le jugement qui aura été rendu sera exécuté par provision, sans que ce qui sera fait depuis puisse être annulé, même si la récusation est admise sur l'appel.

369. Pendant la procédure de récusation, l'affaire restera en état, sauf au tribunal, en cas d'urgence et sur la demande de l'autre partie, à désigner un autre juge en remplacement du juge récusé; ce qui pourra être demandé en cas d'appel, même si cette désignation a été refusée avant cet appel.

R. G. J. Titre XV. Du droit de récusation péremptoire.

Art. 252. Le droit de récusation péremptoire des juges n'existe que pour les matières civiles en instance d'appel.

Nulle récusation des juges n'est admise devant les tribunaux, hors les cas prévus par l'art. 352 du Code de procédure civile.

253. Le droit de récusation péremptoire des juges appartient tant au demandeur qu'au défendeur; mais on devra le faire valoir huit jours avant l'audience fixée pour l'examen de la cause.

254. Chacune des parties ne peut récuser péremptoirement qu'un seul juge.

255. La récusation péremptoire est faite par acte déposé au greffe de la Cour, signé de la partie qui récuse ou d'un fondé de pouvoir spécial.

La récusation ne peut être accompagnée d'aucun exposé de motifs.

256. L'acte de récusation péremptoire sera remis, dans les vingt-quatre heures, au vice-président, qui en donnera connaissance à la Cour et pourvoira au remplacement du juge récusé.

257. Si par suite de la récusation, la Cour n'est plus en nombre suffisant pour délibérer dans la proportion établie par l'article 3 du Règlement d'organisation judiciaire (V. Cour d'Appel.), on pourvoira au complément de cette proportion par le tirage au sort entre les juges de première instance résidant au siège d'appel qui n'ont point connu de cette même affaire.

§ II. RÉCUSATION DE TRIBUNAL

C. Proc. 371. Lorsque la récusation s'appliquera à un tribunal entier, ou à un nombre de juges tel que le Tribunal ne soit plus en nombre suffisant pour statuer, la récusation sera portée devant la Cour, après la déclaration faite au greffe et les explications mises au bas du procès-verbal par les magistrats récusés.

372. Si la récusation a lieu contre la Cour d'appel ou contre un nombre de conseillers tel que la Cour ne puisse en connaître, l'incident sera porté, ainsi que l'affaire principale, si la récusation est admise, devant une Cour de justice spéciale, composée de onze magistrats au moins et dans laquelle siégeront les conseillers non récusés et le président et vice-président des tribunaux, et au besoin des juges désignés par le sort, pourvu que les magistrats de la Cour spéciale n'aient pas connu de l'affaire en première instance.

§ III. RÉCUSATION D'ARBITRES

C. Proc. 370. Les formes ci-dessus (V. RÉCUSATION DE JUGES) sont applicables en cas de récusation d'arbitre.

805. Les arbitres ne pourront être récusés que pour causes survenues ou découvertes depuis le compromis.

§ IV. RÉCUSATION DES INTERPRÈTES ET DES TRADUCTIONS.

R. O. J. Titre I, art. 30. Le droit de récusation péremptoire des interprètes et des traductions écrites sera réservé à toutes les parties.

R. G. J., art. 258. Chacune des parties a le droit de récuser en première instance et en appel, sans donner de motifs, l'interprète ou l'un des interprètes, au cas où il en serait établi plusieurs près la Cour ou le tribunal devant lequel se traite l'affaire.

259. Chacune des parties peut aussi, sans donner de motifs, récuser la traduction des actes produits par la partie adverse, si cette traduction n'a pas été faite par l'un des interprètes attachés à la Cour ou aux tribunaux.

260. Chacune des parties a le droit de récuser, sans donner de motifs, la traduction des actes produits par la partie adverse, alors même que cette traduction a été faite par un interprète attaché à la Cour ou aux tribunaux ; toutefois, dans ce cas, la partie qui récuse la traduction doit rembourser à la partie adverse les frais d'une nouvelle traduction. Mais, si cette dernière traduction est faite par l'un des interprètes de la Cour ou des tribunaux, elle ne pourra plus être récusée.

261. La récusation des interprètes et le refus d'accepter une traduction devront être proposés avant les plaidoiries, en la forme prescrite par l'article 355 du Code de procédure civile et commerciale. (V. RÉCUSATION DE JUGES.)

Le juge qui préside l'audience pourvoira au remplacement de l'interprète récusé.

§ V. RÉCUSATION D'EXPERTS.

C. Proc. 273. Les récusations devront être élevées par un acte de citation à l'audience, signifié dans les trois jours de la nomination de l'expert, si le jugement est contradictoire, et dans les trois jours de la signification du jugement, s'il est rendu par défaut.

274. Les récusations contre l'expert choisi par les parties, ne seront recevables que si la cause en est survenue depuis la nomination.

275. Les experts pourront être récusés dans les cas prévus pour la récusation des témoins.

276. La récusation sera jugée d'urgence à la première audience.

§ VI. RÉCUSATION DE TÉMOINS.

C. Proc. 232. La partie qui voudra récuser un témoin devra le faire avant sa déposition.

233. Si le motif de récusation est fondé en droit et n'est pas contesté, le témoin ne sera pas entendu.

234. S'il est contesté, le témoin sera entendu sur le fait qui motive la récusation, et il pourra être produit, pour le prouver, des témoins qui seront entendus dans le procès-verbal sous forme d'enquête sommaire.

235. Dans le cas de contestation sur la légalité de la récusation, le témoin sera entendu, sauf au tribunal à statuer sur la légalité du motif de la récusation, lors des plaidoiries sur le fond.

236. Les témoins pourront être récusés quand ils seront conjoints, ou parents, ou alliés de l'une des parties en ligne *directe* ou en ligne *collatérale* jusqu'au quatrième degré inclusivement.

237. Pourront aussi être reprochés ceux qui ont un procès en instance avec une des parties, le témoin héritier présomptif d'une des parties, celui qui a un intérêt direct et personnel dans l'affaire, celui qui aura donné un certificat écrit sur les faits à l'occasion desquels il doit déposer, le commis ou domestique d'une des parties et celui qui aura bu ou mangé avec la partie et à ses frais depuis le jugement qui ordonne l'enquête.

238. Le chef de récusation soulevé avant la déposition devra être reproduit à l'audience, et le tribunal statuera avant la lecture des dépositions.

239. Il ne pourra être élevé à l'audience aucun grief nouveau, à moins que la partie qui l'invoque ne prouve qu'il est venu à sa connaissance depuis la déposition.

240. Lorsque les chefs de récusation ci-dessus seront prouvés, la déposition du témoin ne sera pas lue.

241. Lorsqu'une des parties articulera, à titre de motif de récusation, un fait différent de ceux qui sont spécifiés plus haut, il ne pourra être entendu de témoins pour le prouver que si le tribunal juge que le fait est vraisemblable, pertinent et admissible.

DISPOSITION ADDITIONNELLE

FONCTIONNAIRES. HUISSIERS. AGENTS. *R. G. J.*, art. 15.
Les fonctionnaires de l'ordre judiciaire, les huissiers et agents

devront aussi faire connaître les causes de récusation énoncées en l'article 352 du Code de procédure civile et commerciale qui se présenteraient, pour eux, au chef de l'autorité judiciaire, auquel il appartient de décider s'ils doivent s'abstenir de la fonction dont ils étaient chargés.

16. Il est loisible aux fonctionnaires de l'ordre judiciaire et aux huissiers de réclamer aussi cette dispense pour d'autres motifs sérieux.

En ce qui concerne les fonctionnaires de l'ordre judiciaire, les officiers et agents, les excuses seront jugées par les chefs de l'autorité judiciaire à laquelle ils appartiennent.

REDEVANCES. *C. Civ.* 275. Les redevances, arrérages, pensions, loyers et intérêts, et, en général, tout ce qui est payable par années ou par termes moins longs, se prescrivent par cinq années calculées d'après les calendriers arabes.

RÉFÉRÉS. *C. Proc.* 34. Le tribunal des référés sera tenu par un juge délégué par le tribunal et statuera contradictoirement, tant en matière civile que commerciale, sur les mesures urgentes à prendre, sans préjudice du fond, et sur l'exécution des jugements, sans préjudice des questions d'interprétation.

C. Proc. Chap. IX. PROCÉDURE SPÉCIALE DES RÉFÉRÉS. (*Art.* 136-146.)

136. Le Président du tribunal de référé tiendra, à des jours et heures fixes qui seront déterminés par le règlement, des audiences dans lesquelles il lui sera référé les contestations urgentes sur l'exécution des titres exécutoires, et des jugements ou sur des mesures urgentes à prendre, sans préjudice du fond.

137. Le délai de la citation sera d'un jour franc.

138. Toutefois, quand la contestation sur laquelle il devra en être référé se présentera au moment de l'exécution, la citation pourra être donnée par l'huissier sur le procès-verbal d'exécution dont il est laissé copie à la partie, pour l'issue de la plus prochaine audience du tribunal et devant un juge autre que celui qui préside les référés.

139. Dans ce cas, l'huissier représentera valablement en référé celui qui l'a requis de faire l'exécution.

140. Dans les autres cas qui nécessitent une urgence abolue, le juge pourra autoriser à assigner, soit à l'audience des référés, soit à son domicile, à heure fixe et même les jours fériés.

141. Dans ces cas, l'ordonnance sera signifiée en tête de la citation.

142. Les ordonnances de référé ne feront jamais préjudice à la question de fond.

143. Elles seront exécutoires par provision; il n'y aura lieu à caution que lorsque le président l'ordonnera.

144. Elles ne pourront pas être attaquées par voie d'opposition.

145. Le Président pourra, dans le cas où cela serait nécessaire, autoriser l'exécution de l'ordonnance sur la minute, qui sera, dans ce cas, confiée à l'huissier sur son reçu.

146. Les minutes d'ordonnance de référé seront déposées au greffe et copiées sur un registre coté et paraphé.

DISPOSITIONS ADDITIONNELLES.

APPEL. *C. Proc.* 400. Le délai (pour former appel) sera réduit à 15 jours en matière de référés.

407. En matière de référé, le délai de l'assignation devant la Cour sera de trois jours.

ASSIGNATION. *C. Proc.* 37. Le délai de l'assignation sera de vingt-quatre heures pour les affaires de référé.

39. L'assignation pourra même, en vertu d'une ordonnance, être donnée d'heure en heure en matière de référé, s'il y a urgence extrême, pourvu, dans ce dernier cas, que dans les affaires autres que les affaires maritimes l'assignation soit donnée à personne.

43. Les affaires indiquées d'heure à heure seront inscrites au rôle à l'audience même.

COMMISSIONNAIRES DE TRANSPORT. *C. Com.* 105. En cas de refus ou de contestations pour la réception des objets transportés, leur état est vérifié et constaté par des experts nommés par le tribunal de référé. Le dépôt ou séquestre et ensuite le transport à un endroit sûr, tel que la douane, ainsi que la vente d'une partie des marchandises jusqu'à concurrence du prix de la voiture, peuvent être ordonnés par le juge des référés.

DÉLIVRANCE D'EXPÉDITIONS. *C. Proc.* 790. Les demandes en délivrance de seconde expédition exécutoire seront, s'il y a contestation, portées devant le juge de référé, sur citation donnée à la partie intéressée.

EXÉCUTION DES JUGEMENTS. *C. Proc.* 439. S'il s'élève des difficultés sur l'exécution, elles seront portées, pour les mesures provisoires, devant le tribunal de référé du lieu de l'exécution, et, sur le principal, devant le tribunal qui aura rendu la sentence.

452. L'exécution provisoire sera de droit pour toutes les sentences de référé.

453. Dans les cas où il y aura urgence ou péril en la demeure, le tribunal ou le juge de référé pourra ordonner que l'exécution de la sentence aura lieu sur la minute.

EXPROPRIATION FORCÉE. *C. Civ.* 710. La partie la plus diligente fera nommer par le juge des référés un séquestre sur lequel sera suivi la procédure d'expropriation forcée.

GROSSES. *C. Proc.* 116. Le président du tribunal qui a rendu le jugement, ou le juge qui le remplacera, statuera en référé sur les questions qui se rattachent à la délivrance et à la remise des grosses, sur simple citation à vingt-quatre heures, et sauf recours au tribunal composé, à moins d'empêchement des juges qui ont rendu le jugement.

ORDONNANCES. *C. Proc.* 135. La partie contre laquelle une ordonnance aura été rendue aura, en outre, toujours le droit de se pourvoir en référé devant le même juge contre cette ordonnance.

SAISIE IMMOBILIÈRE. *C. Proc.* 622. Si les immeubles saisis ne sont pas loués ou affermés, le saisi restera en possession jusqu'à la vente, comme séquestre judiciaire, à moins que sur la demande d'un ou plusieurs créanciers il n'en soit autrement ordonné par le juge des référés.

Les créanciers pourront, néanmoins, après y avoir été autorisés par le juge des référés, faire procéder, à la coupe et à la vente, en tout ou en partie, des fruits pendants par les racines.

Les fruits seront vendus aux enchères ou de tout autre manière autorisée par le juge, dans le délai qu'il aura fixé, et le prix sera déposé à la caisse du greffe du tribunal de la saisie.

649. Le saisi, le poursuivant, et toute personne intéressée, auront le droit de demander en référé l'apposition d'un plus grand nombre d'affiches : elles seront apposées dans les endroits désignés par le juge du référé, il en sera justifié par la quittance de l'afficheur ; ils pourront demander dans la même forme qu'il soit fait un plus grand nombre d'insertions par extrait.

(*Subrogation.*) *C. Proc.* 677. Lorsque celui qui poursuit une vente d'immeubles n'a pas fait, pour un motif quelconque, un acte de procédure dans le délai prescrit par le paragraphe précédent (V. SAISIE IMMOBILIÈRE) et qu'il n'a pas fait cet acte avant une demande en subrogation, tout créancier inscrit ou porteur d'un titre exécutoire peut demander en référé la subrogation aux poursuites, en mettant en cause le poursuivant seul.

678. L'ordonnance de référé, dans ce cas, n'est pas susceptible d'appel, si ce n'est pour nullité de forme.

(*Folle enchère.*) *C. Proc.* 697. La partie qui aura intérêt à poursuivre la folle enchère signifiera son titre à l'adjudicataire en retard, avec sommation de remplir les clauses du cahier des charges, et suivra, sur la vente, après trois jours francs, sans jugement, sauf à porter les contestations devant le juge des référés.

SAISIE MOBILIÈRE. *C. Proc.* 514. Si la partie saisie élève des difficultés et demande à en référer au juge du référé, l'huissier pourra continuer la saisie et donner, sur son procès-verbal, assignation à comparaître en référé même en la demeure du juge, s'il y a urgence.

521. Le gardien ne pourra demander sa décharge et son remplacement, à moins de motifs suffisants, que deux mois après avoir été établi, auquel cas il se pourvoira en référé, en appelant le saisi et le saisissant.

(*Vente aux enchères.*) *C. Proc.* 528. Le procès-verbal de vente indiquera le jour de la vente qui aura lieu huit jours au moins après la saisie, et au lieu où sont les meubles ou au marché le plus voisin.

530. Le saisissant, le saisi et les créanciers opposants pourront, toutefois, chacun de son côté, demander en référé contradictoire que la vente ait lieu en tout autre endroit que celui indiqué ci-dessus.

Lorsque le fonds de commerce ou le droit de bail sera vendu avec les marchandises ou les meubles, ou séparément; la vente se fera dans le local du tribunal affecté aux ventes publiques, si l'une des parties le requiert, et en tous cas quinze jours au plus tôt après la saisie.

537. Le saisissant et le saisi pourront toujours se pourvoir en référé pour demander que, suivant les cas, il soit apposé un plus grand nombre de placards à différents intervalles, ou avec détail des objets, ou qu'il soit fait un plus grand nombre d'annonces, ce dont il sera justifié par la quittance de l'afficheur et les exemplaires des journaux.

SERVITUDES. *C. Civ.* 55. Le propriétaire de l'étage inférieur d'un bâtiment doit faire les constructions nécessaires pour empêcher la chute de l'étage supérieur.

S'il se refuse à faire les travaux de consolidation nécessaires, la vente de la partie de la maison qui lui appartient peut être ordonnée.

En tous cas, les travaux urgents peuvent être ordonnés par le juge des référés.

VENTE DE RENTES. *C. Proc.* 551. Il pourra être demandé en référé que la vente des actions de toute nature et titres négociables aient lieu par l'intermédiaire d'un courtier ou banquier désigné par le juge du référé, qui déterminera la publicité qui devra être faite. V. EXPERTISE.

REGISTRES. *C. Proc.* 788. Les greffiers et dépositaires de registres publics en délivreront copie ou extrait à tout requérant sans qu'il soit besoin de permission du juge, et moyennant le paiement des droits, à peine de dommages-intérêts V. EXPÉDITION. GREFFE DES HYPOTHÈQUES. ETAT DES INSCRIPTIONS.

REGISTRE D'AUDIENCE. INTERROGATOIRE DES PARTIES. *C. Proc.* 173. Les réponses seront portées sur le registre d'audience et signées par l'interrogé, le président et le greffier, après lecture. V. PROCÈS-VERBAL D'AUDIENCE.

REGISTRE DES JUGEMENTS. *C. Proc.* 103. Les motifs et le dispositif des jugements avec la mention du nom des parties, des juges et membres du parquet qui y auront assisté, devront être transcrits sans blanc, ratures ou surcharges, par le greffier, sur un registre coté et paraphé et suivant leur ordre de date.

104. Chacune des copies de jugements portés sur ce registre sera signée par le président et le greffier.

REGISTRE DES OPPOSITIONS ET AP-

PELS. *C. Proc.* 470. Il sera tenu au greffe un registre sur lequel les huissiers sont tenus de faire mention des actes d'opposition et d'appel qu'ils seront chargés de signifier.

386. Il sera tenu au greffe un registre sur lequel les déclarations d'opposition seront portées : cette déclaration sera faite par les soins des huissiers, le jour même de l'opposition et au plus tard dans les vingt-quatre heures, en cas d'empêchement.

387. La déclaration contiendra les noms des parties, la date du jugement et celle de l'opposition.

388. Aucun jugement par défaut ne sera exécuté, à l'égard des tiers, que sur un certificat du greffier constatant qu'il n'y a aucune opposition sur le registre.

REGISTRE DES PROTÊTS. *C. Com.* 184. Les huissiers ou personnes commises pour faire les protêts sont tenus, à peine de destitution, dépens et dommages-intérêts envers les parties, de laisser copie exacte des protêts, et de les inscrire en entier jour par jour, et par ordre de dates, dans un registre particulier, coté, paraphé, et tenu dans les formes prescrites pour les répertoires.

REGISTRE DES RÉFÉRÉS. *C. Proc.* 146. Les minutes d'ordonnances de référé seront déposées au greffe et copiées sur un registre côté et paraphé.

RÈGLEMENT DE JUGES. *C. Proc.* 68. Seront communiquées au ministère public : 6° Les règlements de juegs.

RÉGLEMENT GÉNÉRAL JUDICIAIRE.

DISPOSITION PRÉLIMINAIRE

R. O. J. *Titre I*er, art. 37. La Cour préparera le règlement général judiciaire en ce qui concerne la police de l'audience, la discipline des tribunaux, des officiers de justice, et des avocats, les devoirs des mandataires représentant les parties à l'audience, l'admission des personnes indigentes au bureau d'assistance judiciaire, l'exercice du droit de récusation péremptoire et la manière de procéder en cas de partage des votes pour les jugements de la Cour d'appel.

Le projet de règlement ainsi préparé sera transmis aux tribunaux de première instance pour leurs observations, et, après une nouvelle délibération de la Cour qui sera définitive, rendu exécutoire par décret du ministre de la justice.

RÉGLEMENT GÉNÉRAL JUDICIAIRE

TITRE PREMIER

Dispositions générales.

CHAPITRE PREMIER

Autorités judiciaires, leur personnel et leurs organes. (art. 1-6).

Art. 1. La justice en matière civile et en matière pénale est rendue :
Par les tribunaux de première instance ;
Par la Cour d'assises ;
Par la Cour d'appel ;
Dans les limites de compétence et suivant les règles de procédure établies par les codes et par le règlement d'organisation judiciaire.

2. Les fonctions du ministère public dans ses rapports avec les autorités judiciaires sont déterminées par les codes, par le Règlement d'organisation et par le présent Règlement.

3. Il y aura près la Cour d'appel et près chaque Tribunal le nombre nécessaire de greffiers, commis-greffiers et interprètes.

4. A chacune des autorités judiciaires est attaché un huissier en chef et le nombre d'huissiers qu'exigent les besoins du service.

5. Des agents, en nombre suffisant, seront également attachés à chaque autorité judiciaire pour assister, au besoin, les magistrats, les fonctionnaires de l'ordre judiciaire et les officiers de justice dans leurs fonctions.

6. Les juges aux tribunaux, les Conseillers à la Cour d'appel, le procureur général et ses substituts sont magistrats; les greffiers, commis-greffiers et interprètes sont fonctionnaires de l'ordre judiciaire; les huissiers sont officiers attachés à l'ordre judiciaire.

Le secrétaire et le sous-secrétaire de la Cour seront nommés par l'assemblée générale et ils auront par suite la qualité de fonctionnaires.

Les secrétaires près les Tribunaux seront choisis par le Président, parmi les commis-greffiers ou les expéditionnaires. Pendant la durée de leurs fonctions, ils toucheront l'allocation prévue au budget pour le poste de secrétaire.

CHAPITRE II

Droits de nomination des fonctionnaires. — Election des vice-présidents et de leurs substituts.— Droits et devoirs des fonctionnaires en général. — Incomptabilité (art. 7-19).

V. JUGES. FONCTIONNAIRES. HUISSIERS. AGENTS.

TITRE II

Des différentes catégories de fonctionnaires (art. 20-43.)

CHAPITRE Ier. *Des Présidents.* V. JUGES.
CHAPITRE II. *Des Vices-Présidents.* V. JUGES.
CHAPITRE III. *Des Juges.* V. JUGES.
CHAPITRE IV. *Des Greffiers.* V. GREFFIERS.
CHAPITRE V. *Des Huissiers.* V. HUISSIERS.
CHAPITRE VI. *Des Interprètes.* V. INTERPRÈTES.
CHAPITRE VII. *Des Expéditionnaires* (art. 36-43).

Art. 36. Les expéditionnaires seront nommés par une Commission instituée près la Cour ou le tribunal dont ils relèvent.

La commission près la Cour sera composée du vice-président, de son substitut, de deux conseillers, dont un indigène, désignés par l'assemblée générale au commencement de l'année judiciaire et du procureur général.

La commission près les tribunaux sera composée du vice-président ou de son substitut et de quatre juges, dont deux indigènes, désignés comme il est dit plus haut, et du procureur général.

37. Les expéditionnaires se divisent en quatre catégories ; leur rétribution mensuelle est fixée à P. T. 600, 800, 1.000 et 1,200.

38. La commission pourra, toutes les fois que le greffier en chef lui en signalera la nécessité, nommer des expéditionnaires provisoires qui seront exclusivement employés à faire des rôles et qui toucheront une rétribution proportionnelle à leur travail.

Le prix du rôle sera fixé par la commission.

39. Les expéditionnaires à poste fixe seront choisis parmi les expéditionnaires provisoires les plus anciens et les plus capables.

40. La commission ne pourra augmenter le nombre des expéditionnaires à poste fixe ni procéder à leur remplacement en cas de vacances qu'après y avoir été autorisée par la Cour, qui fixera le montant de la rétribution à leur allouer.

41. Au cas où l'expéditionnaire ne fait pas le nombre de rôles qui lui a été assigné, le greffier en chef pourra, après un premier avertissement, lui infliger une retenue proportionnelle au travail qu'il n'a pas exécuté ; cette retenue sera calculée d'après le prix du rôle fixé par la commission.

42. La promotion des expéditionnaires d'une catégorie à l'autre ne pourra avoir lieu qu'en vertu d'une décision de la commission qui prendra l'avis du greffier en chef et tiendra compte tout particulièrement des aptitudes, du zèle et de la bonne conduite des candidats.

La commission pourra également, après avoir pris l'avis du greffier en chef, révoquer ou faire rétrograder dans une catégorie inférieure les expéditionnaires qui commettraient des infractions au service ou qui manqueraient gravement à leurs devoirs.

La commission pourra, en outre, révoquer ceux qu'elle jugera incapables.

43. Les pouvoirs de la commission seront exercés pendant les vacances par la chambre des vacations.

CHAPITRE VIII

Des gardes, des concierges et des garçons de bureau.

44. La nomination et la révocation des gardes, des concierges et des garçons de bureau appartiennent à la commission instituée près la cour ou le tribunal dont ils relèvent.

Le montant de leur rétribution mensuelle varie de P. T. 400 à 800.

La commission ne pourra en augmenter le nombre qu'après y avoir été autorisée par la commission de la Cour, qui fixera le montant de la rétribution à leur allouer.

TITRE III

Inamovibilité. — Cessation de fonctions. — Promotions. — Changement de résidence. — Dégradation. — Destitution (art. 45-52).

V. JUGES. FONCTIONNAIRES.

TITRE IV

De la répartition des juges (art. 53-66).

V. TRIBUNAUX. JUGES. ANNÉE JUDICIAIRE.

TITRE V

Des assemblées générales (art. 57-64).

V. TRIBUNAUX MIXTES. (DISPOSITIONS COMMUNES.)

TITRE VI

Des audiences et de leur police. — Des jours et des heures auxquels les greffes resteront ouverts (art. 65-96).

V. AUDIENCE. GREFFE, DÉBATS. FÊTES.

TITRE VII

Des conciliations (art. 97-105).

V. CONCILIATIONS.

TITRE VIII

Des jugements (art. 106-146).

Art. 106. Le chapitre VI du Code de Procédure civile et commerciale, à l'exception de l'art. 95, abrogé par les articles 2 et 3 du § Ier, titre I du règlement d'organisation judiciaire, contient les règles générales sur le mode de délibérer, publier, rédiger et expédier les jugements en matière civile et commerciale.

107. Le code d'instruction criminelle contient les règles générales sur le mode de délibérer, rédiger, publier et expédier les jugements en matière pénale.

108. Si, en matière pénale, plus de deux opinions se manifestent parmi les juges, ceux qui ont émis l'opinion la moins favorable à l'inculpé sont tenus de se rallier à l'une des autres opinions.
V. Délibérés. Motifs. Jugements.

TITRE IX
De l'exécution des jugements (art. 117-121).
V. Exécution des jugements.

TITRE X
Des vacances (art. 122-136).
V. Cour d'appel. Tribunaux. Juges.

TITRE XI
De la discipline des tribunaux (art. 137-174).

CHAPITRE Ier. — Dispositions générales.

Art. 137. Tout magistrat de la Cour et des Tribunaux, tout fonctionnaire de l'ordre judiciaire ou huissier, qui viole ses devoirs professionnels ou qui ne s'abstient pas, tant au palais qu'au dehors, de tout ce qui pourrait diminuer la confiance dans les actes judiciaires ou la considération de la classe à laquelle il appartient, est sujet à des mesures disciplinaires.

CHAPITRE II. — De la discipline des magistrats.
V. Juges.

CHAPITRE III. — De la discipline des fonctionnaires et huissiers.
V. Fonctionnaires.

TITRE XII
Des avocats (art. 175-219).
V. Avocats.

TITRE XIII
Des mandataires.—Des experts et des syndics de faillites (art. 220-238).

CHAPITRE Ier. Des mandataires.
V. Mandataires.

CHAPITRE II. — Des experts et des syndics de faillites.
V. Experts. Syndics.

TITRE XIV
De l'assistance des pauvres (art. 239-251).
V. Assistance gratuite.

TITRE XV
Du droit de récusation péremptoire (art. 252-261).
V. Récusation.

TITRE XVI
De l'ancienneté (art. 262-265).
V. Juges. Fonctionnaires.

TITRE XVII

Des indemnités (art. 268-275).

V. JUGES. FONCTIONNAIRES. ASSESSEURS. GREFFIERS.

Art. 274. Des règles spéciales établissent le mode de paiement des appointements du personnel judiciaire.

275. Toutes les dépenses de service et celles qui ont trait aux locaux, au mobilier, aux réparations de la Cour et des tribunaux sont à la charge de l'Etat et le Gouvernement y pourvoit. Ces dépenses sont établies et faites dans le mode fixé par des règles spéciales.

Disposition transitoire en ce qui concerne les avocats, art. 276. V. AVOCATS.

Ce règlement a été rendu exécutoire par le Ministre de la Justice, d'ordre de S. A. le Khédive, en conformité de l'article 37 du règlement d'organisation judiciaire, par décret en date du 9 juin 1887.

Le règlement qui a été rendu exécutoire par décret du 13 janvier 1877 est abrogé.

REGLEMENT D'ORGANISATION JUDICIAIRE.

TITRE I. JURIDICTION EN MATIÈRE CIVILE ET COMMERCIALE.

Chap. I. *Des tribunaux de première instance et cour d'appel*, § I. *Institution et composition.* V. TRIBUNAUX MIXTES. JUGES. GREFFIERS. HUISSIERS. INTERPRÈTES.

§ II. *Compétence.* V. COMPÉTENCE. TRIBUNAL DE JUSTICE SOMMAIRE.

§ III. *Audiences.* V. AUDIENCES.

§ IV. *Exécution des sentences.* V. EXÉCUTION DES ACTES ET JUGEMENTS.

§ V. *Inamovibilité des magistrats. Avancement. Incompatibilité. Discipline.* V. JUGES. GREFFIERS. HUISSIERS.

Chap. II. *Parquet.* V. PARQUET.

Chap. III. *Dispositions spéciales et transitoires.* V. RÉCUSATION. MEHKÉMÉ. ACTES AUTHENTIQUES. CODES. RÈGLEMENT GÉNÉRAL JUDICIAIRE.

TITRE II. JURIDICTION EN MATIÈRE PÉNALE EN CE QUI CONCERNE LES INCULPÉS ÉTRANGERS.

TITRE III. V. AGENTS JUDICIAIRES.

RÉHABILITATION DU FAILLI. C. Com. Chap. III. Sect. XIII. DE LA RÉHABILITATION. (art. 416-427).

DISPOSITIONS GÉNÉRALES.

Conditions. 416. Le failli qui aura intégralement acquitté en principal, intérêts et frais toutes les sommes par lui dues, pourra obtenir sa réhabilitation. Il ne pourra l'obtenir s'il est l'associé d'une maison de commerce tombée en faillite, qu'après avoir justifié que toutes les dettes de la société ont été intégralement acquittées en principal, intérêts et frais, lors même qu'un concordat particulier lui aurait été consenti.

425. Ne seront point admis à la réhabilitation les banqueroutiers frauduleux, les personnes condamnées pour vol, escroquerie ou abus de confiance, les stellionataires, ni les tuteurs et administrateurs ou autres comptables qui n'auront pas rendu ou soldé leurs comptes en retard. Pourra être admis à la réhabilitation le

banqueroutier simple qui aura subi la peine à laquelle il aura été condamné.

427. La réhabilitation pourra être prononcée en instance ordinaire dans les cas suivants :

1º Lorsque, avant l'expiration des délais pour la vérification et l'affirmation des créances, le failli aura, même avec les deniers d'un tiers, remboursé effectivement les créances en principal, intérêts et frais, pourvu que le tiers ne se fasse pas subroger en tout ou en partie des créances et ait fourni les fonds à titre entièrement gratuit;

2º Lorsque la réalisation de l'actif par les soins des syndics aura suffi pour payer intégralement les créanciers.

Décès. 426. Le failli pourra être réhabilité après sa mort.

Procédure. 417. Toute demande en réhabilitation sera adressée à la Cour d'appel. Le demandeur devra joindre à la requête les quittances et autres pièces justificatives.

418. Expédition de la requête et des pièces annexées sera communiquée, par le ministère public, au président du tribunal de commerce qui a prononcé la faillite et à celui du domicile du demandeur.

419. Le parquet et le président du tribunal de commerce recueilleront tous les renseignements qu'ils pourront se procurer sur la vérité des faits exposés.

420. La copie de ladite requête restera affichée pendant un délai de deux mois, tant au tableau des publications judiciaires, qu'en tous autres lieux déterminés par le règlement du tribunal, et elle sera insérée par extrait dans les journaux.

421. Tout créancier qui n'aura pas été payé intégralement de sa créance en principal, intérêts et frais, et toute autre partie intéressée, pourra former opposition à la réhabilitation par une requête adressée au tribunal de commerce qui a prononcé la faillite, en l'appuyant des pièces justificatives. Le créancier opposant ne pourra jamais être partie dans la procédure de réhabilitation.

422. Après l'expiration de deux mois, le parquet et le président du tribunal de commerce transmettront, chacun de leur côté, à la Cour d'appel, les renseignements qu'ils auront recueillis, et les oppositions qui auront pu être faites. Ils y joindront aussi leur avis.

423. La Cour d'appel, à la requête du ministère public, rendra arrêt motivé portant admission ou rejet de la demande en réhabilitation, qui devra être accordée si la preuve du payement intégral des créances est faite et le débiteur libéré. Si la demande est rejetée, elle ne pourra être reproduite qu'après une année d'intervalle.

424. L'arrêt portant réhabilitation sera transmis au tribunal de

commerce, qui en fera à l'audience la lecture publique, et en ordonnera l'affiche, la transcription sur les registres du tribunal.

RELACHE. *C. Marit.* 60. Si, pendant le cours du voyage, le capitaine est obligé de relâcher dans un port ottoman ou étranger, il est tenu de déclarer, suivant les cas, devant une des autorités mentionnées dans les deux articles précédents, les causes de sa relâche. V. CAPITAINE.

RELAIS. V. LAIS et RELAIS.

RÉMÉRÉ (VENTE A) *C. Civ. Titre III, Chap. I, Sect. VI.* DE LA VENTE A RÉMÉRÉ (*art.* 421-433.)

DISPOSITIONS GÉNÉRALES.

Nantissement et Réméré. 421. Il faut distinguer deux sortes de vente à réméré :

1° Celle qui est faite pour donner à l'acheteur l'immeuble ou la chose vendue à réméré en gage de la dette du vendeur;

2° Celle qui est faite avec réserve pour le vendeur de reprendre la chose vendue en rétablissant les choses en leur état primitif, s'il vient à se repentir d'avoir vendu.

422. Le contrat, dans le premier cas, sera régi par les règles spéciales au nantissement immobilier ou au gage.

423. Dans le second cas, la vente à réméré sera régie par les règles suivantes :

Dans le doute, la présomption sera qu'il s'agit d'un nantissement si le prix est payé comptant ou compensé avec une dette antérieure, s'il est stipulé que le prix sera remboursable avec intérêts, ou si la chose reste dans la possession du vendeur à un titre quelconque, et qu'il s'agit d'une vente réelle dans le cas contraire. Toute preuve contraire sera admise sans qu'il soit tenu compte des termes de la convention.

Du réméré proprement dit. 424. L'objet vendu devient, par le fait même de la vente, la propriété de l'acheteur sous condition de réméré.

C'est-à-dire que si le vendeur ne remplit pas les conditions stipulées pour la restitution de la chose, l'acheteur en reste propriétaire.

Si, au contraire, ces conditions sont remplies, la chose est censée n'avoir jamais cessé d'appartenir au vendeur, sauf les règles établies au titre de la transcription, en ce qui concerne les droits des tiers en matière immobilière.

425. Si la faculté de réméré n'a pas été stipulée par l'acte même de la vente, celui qui acquiert le droit de réméré n'est censé redevenu propriétaire que du jour où la stipulation de réméré est intervenue.

429. Le vendeur à pacte de rachat peut exercer son action contre

un second acquéreur, quand même la faculté de réméré n'aurait pas été déclarée dans le second contrat.

Délai et déchéance. 426. Le vendeur ne peut stipuler un délai de plus de deux années à partir de la vente pour l'exercice du droit de réméré ; le délai est réduit à deux années s'il a été stipulé plus long.

427. Le délai fixé est de rigueur, et emporte déchéance de plein droit, sans que, dans aucun cas, même dans celui de force majeure, le tribunal puisse relever de cette déchéance.

428. La prorogation du délai stipulé vaut revente conditionnelle.

Conditions d'exercice du réméré. 430. Le vendeur à réméré ne peut résoudre la vente qu'en offrant, dans le délai fixé, de rembourser immédiatement :

1° Le prix en principal ;

2° Les frais qui ont été la conséquence de la vente et ceux qui sont la conséquence du rachat ;

3° Les dépenses nécessaires faites par l'acquéreur en dehors des dépenses d'entretien et, en outre, le montant de la plus-value résultant des autres dépenses, pourvu qu'elles ne soient pas exagérées.

432. Le rachat ne peut s'exercer que pour la chose vendue, et non en deçà et au delà, qu'il s'agisse d'une propriété entière, ou indivise, ou divisée par lots, à moins que la faculté de reméré ne s'exerce contre les héritiers de l'acheteur et pour la part indivise ou partielle que chacun d'eux possède.

433. L'acheteur a réméré qui a acquis par suite d'une demande en partage dirigée contre lui, le surplus d'une propriété indivise, peut toutefois exiger que la totalité du bien lui soit reprise.

Effet rétroactif. 431. Lorsque le vendeur rentre dans son héritage par l'effet du pacte de rachat, il le reprend exempt de toutes les charges et hypothèques dont l'acquéreur l'avait grevé, il est tenu d'exécuter les baux faits sans fraude par l'acquéreur, pourvu qu'ils soient faits pour un temps qui n'exède pas trois ans.

REMISE. *C. Civ.* 221 Les obligations s'éteignent par — la remise.

C. Civ. Titre II. Chap. V. Sect. III, DE LA REMISE DE L'OBLIGATION. *Art.* 243-248.

243. L'obligation est éteinte par la remise volontaire qu'en fait le créancier capable de faire une libéralité.

244. La remise faite au débiteur libère les cautions.

245. La remise faite à un de ces codébiteurs solidaires est censée faite pour sa part, et éteint la dette pour cette part seulement.

246. Les autres codébiteurs ne peuvent recourir contre celui à

qui la remise a été faite que pour sa contribution à la part des insolvables, s'il y a lieu.

247. La remise faite à la caution est censée faite de son cautionnement.

248. Si le cautionnement consenti par celui à qui la remise a été faite n'est pas postérieur à celui des autres cautions, il subit le recours que celles-ci peuvent avoir à exercer contre lui.

DISPOSITION ADDITIONNELLE.

SOLIDARITÉ. *C. Civ.* 170. Un débiteur solidaire ne peut opposer la remise de la dette que pour la part de celui à qui la remise a été faite, à moins que la remise ne soit absolue, ce qui ne se présume pas.

REMISE D'ADJUDICATION. V. RENVOI DE VENTE.

RENONCIATION.

DISPOSITIONS DIVERSES.

COMPOSITION. *C. Civ.* 656. La renonciation qui résulte de la composition doit s'interpréter dans ses termes les plus stricts, et, quels que soient ces termes, ne s'entend que des droits qui font précisément l'objet de l'affaire sur laquelle on transige.

CONCORDAT. *C. Com.* 328. Le vote au concordat (des créanciers hypothécaires, privilégiés ou gagistes) emportera de plein droit cette renonciation (à l'hypothèque, au privilège ou au gage) même si le concordat n'est pas admis.

CRÉANCIERS. *C. Civ.* 204. Les créanciers ont, dans tous les cas, le droit de faire annuler ... les renonciations consenties à leur préjudice.

MANDAT. *C. Civ.* 650. Le mandat finit : par la renonciation du mandataire notifiée au mandant.

632. Il est nécessaire de justifier d'un mandat spécial ou de pouvoirs spéciaux énoncés dans une procuration générale pour... renoncer à une garantie en dehors de l'extinction de la dette.

PRESCRIPTION. *C. Civ.* 108. On ne peut renoncer d'avance à la prescription.

Toute personne maîtresse de ses droits, peut renoncer à une prescription acquise.

270. La prescription libératoire peut être invoquée par les autres créanciers du débiteur, même quand il y a renoncé en fraude de leurs droits.

271. La renonciation du codébiteur solidaire ou du débiteur principal ne nuisent pas aux autres codébiteurs et à la caution qui ont prescrit pour leur propre compte.

PREUVE. *C. Civ.* 290. La délation du serment par la partie suppose la renonciation à toute autre espèce de preuve.

SOCIÉTÉ. *C. Civ.* 542. La société finit : 7° Par la renonciation d'un des associés, quand la durée de la société n'a pas été stipulée, pourvu que cette renonciation soit faite de bonne foi et non à contre-temps.

USUFRUIT. *C. Civ.* 46. L'usufruit s'éteint par ... la renonciation sous réserve des droits des créanciers hypothécaires.

RENONCIATION A L'INSTANCE. *C. Proc.* 348. La renonciation volontaire signifiée par acte d'huissier ou consignée dans des conclusions, entraîne la nullité de la procédure ou des actes déterminés auxquels il est renoncé et la soumission à payer les frais de la procédure, et n'emporte pas la renonciation à l'action.

349. La renonciation à l'instance ne peut être refusée par le défendeur, à moins que ce dernier n'ait fait joindre à l'affaire principale une demande reconventionnelle. V. DÉSISTEMENT.

RENOUVELLEMENT (d'inscription). *C. Civ.* 693. L'inscription (hypothécaire) est périmée si elle n'a pas été renouvelée dans les dix ans, sauf au créancier, après la péremption, à prendre, s'il peut le faire encore valablement, une nouvelle inscription qui n'aura rang qu'à sa date.

694. Le renouvellement cesse d'être obligatoire après la vente ou l'adjudication de l'immeuble, si les délais de surenchère sont expirés, et si en cas de vente volontaire et d'offres faites par l'acquéreur et acceptées par les créanciers du prix avec ou sans un supplément, ces offres ont été réalisées.

RENTES (SAISIE DES)

1° RENTES PERPÉTUELLES ET VIAGÈRES.

C. Civ. 583. Le contrat de prêt avec intérêts peut être fait à la condition que le prêteur ne pourra jamais demander le capital et que l'emprunteur pourra toujours le restituer.

584. Il prend, dans ce cas, le nom de *constitution de rente*, et l'intérêt prend le nom *d'arrérages*.

585. Toutefois, le prêteur pourra obtenir des tribunaux le remboursement du capital, si l'emprunteur n'exécute pas ses engagements, s'il refuse de donner ou détruit les garanties stipulées, ou s'il est déclaré en faillite.

586. La rente peut être constituée moyennant un intérêt qui pourra être supérieur à l'intérêt légal, et qui sera servi pendant un délai fixe ou pendant la vie du prêteur, ou de toutes autres personnes vivantes au moment de la constitution de la rente.

587. Le capital, dans ce cas, ne sera jamais remboursable, et sera amorti par les arrérages payés pendant le temps convenu.

588. La créancier de la rente pourra seulement, en cas d'inexétion, de destruction ou de défaut des garanties, ou de faillite du débiteur de la rente, faire vendre les biens de ce dernier et faire affecter sur ce prix une somme suffisante au paiement des arrérages.

589. Les rentes perpétuelles et viagères qui seront constituées comme condition d'une vente ou de tout autre contrat, ou à titre gratuit, seront soumises aux règles ci-dessus.

DISPOSITIONS ADDITIONNELLES.

APPEL (TAUX). *C. Proc.* 391. Les demandes relatives aux rentes perpétuelles sont évaluées sur le pied de 7 0/0, celles qui sont relatives aux rentes viagères, sur le pied de 12 0/0.

FAILLITE. *C. Com.* 231. Lorsqu'il s'agira d'une dette à plus d'une année d'échéance, le tribunal fixera le capital pour lequel le créancier sera admis à produire.

232. Il en sera de même pour les rentes viagères ou perpétuelles, et toutes les dettes payables par termes périodiques dont le dernier dépassera une année à partir du jour de la déclaration de faillite.

PRESCRIPTION. *C. Civ.* 275. Les redevances, arrérages, pensions, loyers et intérêts et, en général, tout ce qui est payable par années ou par termes moins longs, se prescrivent par cinq années calculées d'après les calendriers arabes.

SAISIE IMMOBILIÈRE. (*Ordre.*) *C. Proc.* 742. Quand l'acquéreur conservera partie du prix pour sûreté d'une rente inscrite, les créanciers postérieurs au créancier de la rente viagère toucheront, sur le capital de la rente, après le décès de ce dernier les intérêts échus depuis l'époque ci-dessus.

2° SAISIE DES RENTES.

C. Proc. Chap. XII, Sect. IV. SAISIE ET VENTE DE RENTES, DE TITRES, D'ACTIONS ET DE CRÉANCES. (*Art.* 546-574).

DISPOSITIONS GÉNÉRALES.

Formes et conditions. 546. La saisie des actions et titres au porteur ou transmissibles par voie d'endossement, se fera dans les formes des saisies d'objets mobiliers.

547. La saisie des rentes, des actions nominatives, des parts d'intérêts dans une entreprise, des droits de commanditaire ou part d'associé, ne pourront avoir lieu qu'en vertu d'un titre exécutoire. Elles auront lieu dans les formes de la saisie-arrêt.

549. Il pourra être procédé, à l'égard des produits et intérêts échus et exigibles et jusqu'à la vente, comme en matière de saisie-arrêt.

550. La saisie des rentes, actions, etc., vaudra saisie-arrêt des produits et intérêts.

Déclaration du tiers saisi. 548. Le tiers saisi qui, sur la sommation à lui faite, ne fera pas sa déclaration dans les termes de l'article 486 ci-dessus (1) ou qui fera une fausse déclaration, ou qui ne fera pas les justifications nécessaires, pourra, suivant le cas, être condamné à des dommages-intérêts ou au paiement des causes de la saisie.

Procédure. 551. Il pourra être demandé en référé que la vente des actions de toute nature et titres négociables ait lieu par l'intermédiaire d'un courtier ou banquier désigné par le juge du référé, qui déterminera la publicité qui devra être faite.

552. Dans tous les autres cas ci-dessus, la vente aura lieu après les formalités suivantes :

553. Dans les quinze jours qui suivront la saisie, s'il n'y a pas lieu à déclaration de tiers-saisi, ou dans la quinzaine de cette déclaration, si elle est faite et si elle n'est pas contestée, ou, enfin dans les quinze jours qui suivront l'époque où le jugement qui statuera sur la déclaration ou le défaut de déclaration sera devenu définitif, le saisissant devra déposer au greffe du tribunal le cahier des charges de la vente, qui contiendra les nom, profession et demeure du saisissant, du saisi et du tiers-saisi, la nature du droit vendu, sa valeur nominale ou proportionnelle, l'énonciation du titre en vertu duquel il existe, l'énonciation des garanties et droits accessoires, les conditions de l'adjudication et la mise à prix, avec indication du jour où il sera, par le Tribunal, statué sur les dires et contestations des parties s'il en est fait.

554. L'audience ne pourra être indiquée pour un délai moindre de dix jours, et plus long que vingt jours après la signification dont il sera parlé dans l'article suivant.

555. Le récépissé du greffier constatant le dépôt du cahier des charges sera signifié dans les trois jours au saisi et au tiers-saisi, outre les délais de distance.

556. Le cahier des charges sera communiqué à toute personne, et le greffier sera tenu d'inscrire, à la suite, les dires, observations, contestations et moyens de nullité des parties prétendant avoir intérêt.

557. Il ne sera plus reçu de dire ou contestation dans le jour qui précédera celui qui aura été indiqué pour l'audience.

558. Le tribunal statuera d'urgence au jour indiqué et sans qu'il soit besoin d'ajournement autre que celui qui résulte du cahier des charges, sur les dires, contestations, moyens de nullité, etc.

559. L'opposition ne sera pas recevable contre le jugement qui statuera sur les incidents.

---

(1) Art. 486. Lorsque la saisie sera faite en vertu d'un titre exécutoire, et dans les autres cas lorsqu'elle sera validée, le tiers saisi qui n'aura pas fait le versement spécifié aux articles ci-dessus, pourra être sommé de faire au greffe de son tribunal la déclaration de ce qu'il doit, avec indication des causes de sa dette et des saisies-arrêts antérieures, et communication des pièces justificatives en original ou copies légalisées.

560. L'appel devra, à peine de déchéance, être interjeté dans la huitaine de la signification du jugement et il y sera statué d'urgence par la Cour.

561. Quinze jours au plus après le jour fixé pour l'audience par le cahier des charges s'il n'y a pas de contestations, ou après que le jugement sur les contestations sera devenu inattaquable, et huit jours au moins avant la vente, un extrait du cahier des charges contenant les renseignements énoncés à l'article 555, et en outre l'indication du jour de la vente sera inséré dans un journal et affiché à la porte du domicile du saisi, à la porte du du domicile du tiers-saisi, s'ils demeurent en Egypte, et dans l'endroit affecté par le Tribunal à la publicité judiciaire.

562. Il pourra être requis et ordonné une plus grande publicité dans les termes énoncés à la section de la saisie et de la vente des objets mobiliers. V. SAISIE MOBILIÈRE.

563. La vente aura lieu à la criée de l'huissier, en présence du greffier qui dressera procès-verbal, et du juge de service qui statuera d'urgence et en dernier ressort sur les incidents, même ceux de nullité de la procédure, et qui taxera les frais, lesquels seront annoncés avant l'ouverture des enchères.

564. Les nullités de procédure invoquées depuis le dépôt du cahier d'enchères devront être déclarées au greffe la veille du jour fixé pour l'adjudication, au plus tard.

565. Si, sur la demande d'une des parties, la vente était remise par le juge à un délai fixe, qui ne pourra pas dépasser soixante jours, la publicité serait faite dans les termes qui précèdent, huit jours au moins à l'avance.

571. Les créanciers opposants autres que le poursuivant pourront, si celui-ci donne main-levée ou s'il est en retard de procéder, suivre sur la procédure de vente à partir du dernier acte, trois jours après une sommation restée infructueuse.

572. Les formalités ci-dessus seront suivies lorsque, par suite d'une saisie-arrêt sur des sommes non exigibles, pratiquée entre les mains d'un tiers-saisi qui ne sera pas en état de se libérer, il y aura lieu à vendre le capital de la créance saisie.

573. Les mêmes formalités de vente seront aussi suivies par les syndics pour la vente des droits et créances appartenant à la faillite.

574. Toutefois, si, dans ces derniers cas, les contestations élevées sur le cahier des charges portaient sur le fond de la créance mise en adjudication, les procédures de vente seront suspendues jusqu'au jugement définitif par le tribunal compétent.

Adjudication. 566. L'adjudication sera prononcée par le juge.

567. Le jugement d'adjudication qui contiendra le cahier des charges et le procès-verbal d'enchères vaudra transport et ne sera signifié qu'à la partie saisie.

568. Il ne sera délivré à l'adjudicataire qu'après qu'il aura satislait aux conditions qui d'après le cahier des charges, devront être remplies avant cette délivrance.

569. Il ne sera prononcé d'adjudication qu'au profit de personnes notoirement solvables ou qui seront munies d'un engagement de caution solvable consenti spécialement pour l'adjudication, à moins que le prix ne soit payé comptant à l'audience.

Folle enchère. 570. Faute par l'adjudicataire d'avoir payé, dans les six jours du jugement d'adjudication, les sommes immédiatement exigibles, ou d'avoir payé, après sommation, le prix ou partie du prix à l'échéance, la vente sur folle enchère sera poursuivie trois jours après un commandement, par celui qui aura droit de recevoir le prix ou la partie du prix, après insertion et simple apposition d'affiches, dont le procès-verbal sera signifié à l'adjudicataire cinq jours au moins et dix jours au plus avant la vente sur folle enchère.

DISPOSITION ADDITIONNELLE

SAISIE-ARRÊT. *C. Proc.* 501. Si la créance saisie-arrêtée est une rente perpétuelle, le droit à la rente pourra être vendu, en observant les formalités indiquées à la section des exécutions, par voie de saisie, et vente des meubles et biens mobiliers. V. SAISIE MOBILIÈRE.

RENVOIS DES CAUSES. V. AUDIENCE, p. 80. *R. G. J.*, art. 72 et s.

RENVOI DE VENTE. SAISIE IMMOBILIÈRE. *C. Proc.* 642. Les contestations seront jugées sommairement par le tribunal, qui fixera le jour d'adjudication dans les termes indiqués plus haut.

643. Toutefois, il y aura lieu à renvoi, si un autre tribunal est saisi d'une demande en résolution de vente.

667. Les jugements qui prononceront un simple renvoi de vente, ne seront pas susceptibles d'opposition ou d'appel.

(*Baisse de mise à prix.*) 707. Si, au jour indiqué pour l'adjudication, il ne se présente pas d'enchérisseur, le juge-commissaire en matière de faillite et le tribunal dans les autres cas fixeront la baisse de mise à prix et renverront la vente à trente jours au moins et soixante jours au plus.

(*Adjudication.*) 652. Au jour indiqué pour l'adjudication il y sera procédé, par le tribunal, sur la mise à prix déterminée à la suite du cahier des charges, à la requête du saisissant et au besoin de tout créancier inscrit, et à la criée de l'huissier.

Si, au dit jour il ne se présente pas d'enchérisseur, il sera procédé conformément aux dispositions des article 707, 708 et 709. (V. INCIDENTS SUR SAISIE IMMOBILIÈRE.) L'adjudication pourra être remise sur la demande du poursuivant, du saisi ou de toute personne intéressée, mais seulement pour cause grave et suffisamment justifiée.

Le jugement qui prononcera la remise fixera de nouveau le jour de l'adjudication, qui ne pourra être éloigné de moins de trente jours ni de plus de soixante.

Ce jugement ne sera susceptible d'aucun recours.

SAISIE DE RENTES. *C. Proc.* 565. Si, sur la demande d'une des parties, la vente était remise par le juge à un délai fixe, qui ne pourra pas dépasser soixante jours, la publicité serait faite dans les termes qui précèdent, huit jours au moins à l'avance.

RÉOUVERTURE DES DÉBATS. *C. Proc.* 74.

Dans toutes les causes où le ministère public n'est que partie jointe, les parties, après ses conclusions, ne peuvent ni prendre la parole ni fournir de conclusions nouvelles; elles peuvent seulement produire au tribunal des notes écrites pour rectifier les faits.

75. Le tribunal peut, toutefois, dans les cas exceptionnels où il le jugerait nécessaire, rouvrir les débats s'il y a production de pièces ou de documents nouveaux. V. DÉBATS.

RÉPARATIONS LOCATIVES. *C. Civ.* 453.

Le bailleur n'est tenu à faire aucune réparation à moins de stipulation contraire.

454. Mais si la chose périt ou se détériore tellement qu'elle devienne impropre à la jouissance, le bail est résolu.

455. Si la chose est détériorée sans qu'elle devienne impropre à la jouissance prévue par les parties, le locataire a seulement droit à une diminution de loyer proportionnelle.

Le tout à moins de stipulation contraire.

456. Le locataire d'une maison ou partie de maison ne peut pas empêcher le bailleur de faire les réparations urgentes nécessaires pour conserver l'immeuble; mais, si ces réparations rendent la jouissance impossible, il peut demander, suivant les circonstances la résolution du bail ou une diminution de loyer pour le temps du trouble.

457. En aucun cas, le locataire qui sera encore dans les lieux quand les réparations seront terminées, ne pourra demander la résiliation du bail.

EXÉCUTION PROVISOIRE. *C. Proc.* 450. L'exécution provisoire nonobstant appel sera ordonnée avec ou sans caution en matière civile, suivant que le tribunal le jugera à propos, lorsqu'il s'agira :
2° De réparations urgentes.

Dans ce cas l'exécution provisoire nonobstant opposition pourra être ordonnée par le tribunal.

RÉPARTITION DE DENIERS.

1° APRÈS ADJUDICATION SUR SAISIE. V. CONTRIBUTION (DISTRIBUTION PAR). V. ORDRE.

2° APRÈS FAILLITE.

C. Com. Chap. III, Sect. VIII. DE LA RÉPARTITION ENTRE LES CRÉANCIERS ET DE LA LIQUIDATION DU MOBILIER (art. 381-386.)

381. Le montant de l'actif mobilier, distraction faite des frais et dépenses de l'administration de la faillite, qui comprendront les salaires des syndics, des secours qui auraient été accordés au failli ou à sa famille et des sommes payées aux créanciers privilégiés, sera réparti entre tous les créanciers, proportionnellement au montant de leurs créances vérifiées et affirmées.

382. A cet effet, les syndics remettront tous les mois au juge-commissaire un état de situation de la faillite et des deniers déposés à la caisse du tribunal; le juge-commissaire ordonnera, s'il y a lieu, une répartition entre les créanciers, en fixera la quotité, et veillera à ce que tous les créanciers en soient avertis.

383. Il ne sera procédé à aucune répartition entre les créanciers domiciliés en Egypte qu'après la mise en réserve de la partie correspondant aux créances pour lesquelles les créanciers domiciliés hors du territoire seront portés sur le bilan. Lorsque ces créances ne paraîtront pas portées sur le bilan d'une manière exacte, le juge-commissaire pourra décider que la réserve sera augmentée, sauf aux syndics à se pourvoir contre cette décision devant le tribunal de commerce.

384. Cette part sera mise en réserve et demeurera à la caisse du tribunal jusqu'à l'expiration du délai déterminé par la loi pour la production des créanciers domiciliés hors d'Egypte; elle sera répartie entre les créanciers reconnus, si les créanciers domiciliés en pays étrangers n'ont pas fait vérifier leurs créances, conformément aux dispositions de la présente loi. Une pareille réserve sera faite pour raison des créances sur l'admission desquelles il n'aurait pas été statué définitivement.

385. Nul paiement ne sera fait par les syndics que sur la représentation du titre constitutif de la créance. Les syndics mentionneront sur les titres la somme payée par eux ou ordonnancée par le juge-commissaire. Néanmoins en cas d'impossibilité de représenter le titre, le juge-commissaire pourra autoriser le paiement sur le vu du procès-verbal de vérification. Dans tous les cas, le créancier donnera la quittance en marge de l'état de répartition.

386. L'union après délibération prise à la majorité déterminée pour le concordat, pourra se faire autoriser par le tribunal de commerce, le failli dûment appelé, à traiter à forfait de tout ou partie des droits et actions, dont le recouvrement n'aurait pas été opéré, et à les aliéner; en ces cas, les syndics feront tous les actes nécessaires. Tout créancier ou le failli pourra s'adresser au juge-commissaire pour provoquer une délibération de l'union à cet égard.

RÉPERTOIRE. GREFFE DES HYPOTHÈQUES, *C. Civ.*

765. Le greffier tiendra deux répertoires, l'un, par ordre alphabétique, à une ou plusieurs lettres, suivant le nom du propriétaire sur lequel la transcription a lieu, ou du débiteur sur lequel l'inscription de l'hypothèque est prise.

L'autre également alphabétique, ou seront répertoriées seulement les transcriptions.

766. Le dernier répertoire contiendra le nom des précédents propriétaires indiqués dans l'acte à transcrire et sur lesquels la transcription n'aura pas été faite antérieurement.

768. Le greffier doit délivrer, s'il en est requis, un extrait du répertoire.

769. Il sera responsable des omissions ou erreurs de copie imputables à sa faute ou à celle de ses employés, s'il en résulte un préjudice pour la partie.

Huissiers. *C. Proc.* 16. L'huissier inscrira par ordre de date et aussitôt après la signification, mention de l'acte signifié, sur un répertoire dont les feuillets seront numérotés et visés par le juge ; cette mention contiendra l'indication sommaire du contenu de l'acte.

RÉPÉTITION. *C. Civ.* 206. Celui qui a reçu ce qui ne lui était pas dû est obligé à le restituer. V. Action récursoire.

REPRISES (après faillite). *C. Com.,* Chap. III, Sect. VII. § 4. Des droits des femmes (*art.* 372-380.)

DISPOSITIONS GÉNÉRALES.

Reprises sur immeubles. **372.** Quelle que soit la loi qui régisse le mariage, la femme, en cas de faillite du mari, reprendra en nature les immeubles qu'elle avait au moment du mariage et dont elle a conservé la propriété et ceux qui lui sont survenus par succession ou par donation entre vifs ou testamentaires.

373. La femme reprendra pareillement les immeubles acquis par elle et en son nom des deniers provenant desdites successions et donations, pourvu que la déclaration d'emploi soit expressément stipulée au contrat d'acquisition, et que l'origine des deniers soit constatée par inventaire ou par tout autre acte authentique.

374. Sous quelque régime qu'ait été formé le contrat de mariage, hors le cas prévu par l'article précédent, la présomption légale est que les biens immeubles acquis par la femme du failli ou en son nom appartiennent à son mari, qu'ils ont été payés de ses deniers, et doivent être réunis à la masse de son actif, sauf à la femme à fournir la preuve du contraire.

Reprises sur meubles. **375.** La femme pourra reprendre en nature les effets mobiliers qu'elle s'est constitués par contrat de mariage, ou qui lui sont advenus par succession, donation entre vifs ou testamentaire, quand elle en aura conservé la propriété d'après sa loi matrimoniale, toutes les fois que l'identité en sera prouvée par inventaire ou tout autre acte authentique.

376. A défaut par la femme de faire cette preuve, tous les effets mobiliers, tant à l'usage du mari qu'à celui de la femme, sous quelque régime qu'ait été contracté le mariage, seront compris dans la masse de la faillite, sauf au syndic à lui remettre, avec l'autorisation du juge commissaire, les habits et linges nécessaires à son usage.

Conditions d'exercice des reprises. 377. L'action en reprise résultant des dispositions des articles 372, 373, et 374 ne sera exercée par la femme qu'à la charge des dettes et hypothèques dont les biens sont légalement grevés, soit que la femme s'y soit obligée volontairement, soit qu'elle y ait été condamnée.

378. Si la femme a payé des dettes pour son mari, la présomption légale est qu'elle l'a fait des deniers de celui-ci, et elle ne pourra, en conséquence, exercer aucune action dans la faillite, sauf la preuve contraire, comme il est dit dans l'article 375.

379. La femme dont le mari était commerçant à l'époque de la célébration du mariage, ou dont le mari, n'ayant pas alors d'autre profession déterminée, sera devenu commerçant dans l'année qui suivra cette célébration, ne pourra exercer dans la faillite aucune action à raison des avantages portés au contrat de mariage, et, dans ce cas, les créanciers ne pourront de leur côté se prévaloir des avantages faits par la femme au mari dans ce même contrat.

380. Les dispositions du présent chapitre n'ont aucun effet rétroactif.

REPRISE D'INSTANCE. *C. Proc.* 340. Le décès, le changement d'état des parties ou la cessation des fonctions dans lesquelles elles procédaient n'empêcheront pas le jugement, quand les conclusions auront été prises à l'audience, sauf au Tribunal à accorder des délais, s'il y a lieu.

341. Le Tribunal ne pourra statuer que sur les conclusions prises au moment du décès ou du changement d'état ou de qualité, à moins que les héritiers représentants ou remplaçants n'aient repris l'instance en leurs noms.

342. Lorsque les conclusions n'auront pas été prises à l'audience, la procédure sera interrompue, sans préjudice des droits des parties. Elle devra être reprise au moyen d'une assignation nouvelle pour ou contre les héritiers représentants ou remplaçants de la partie dont le décès ou le changement d'état ou de qualité aura interrompu l'instance.

REPROCHES. TÉMOINS. *C. Proc.* 237. Pourront aussi être reprochés ceux qui ont un procès en instance avec une des parties, le témoin héritier présomptif d'une des parties, celui qui a un intérêt direct et personnel dans l'affaire, celui qui aura donné un certificat écrit sur les faits à l'occasion desquels il doit déposer, le commis ou domestique d'une des parties et celui qui aura bu ou mangé avec la partie et à ses frais depuis le jugement qui ordonne l'enquête. V. RÉCUSATION.

REQUÊTE (Ordonnance sur). V. ORDONNANCE.

REQUÊTE CIVILE. *C. Proc. Chap. XI. Sect. IV.* DE LA REQUÊTE CIVILE (*art.* 424-433).

DISPOSITIONS GÉNÉRALES.

Cas de requête civile. 424. Les parties pourront attaquer, par la voie de la requête civile, les jugements et arrêts en dernier ressort, contradictoires ou par défaut, pourvu que, dans ce dernier cas, les délais de l'opposition soient expirés, pour une ou plusieurs des causes ci-après spécifiées :

1° S'il a été omis de statuer sur l'un des chefs de la demande;

2° Si dans le cours de l'instruction de l'affaire, il y a eu dol personnel de la partie adverse, de nature à influer sur la décision des juges ;

3° Si les pièces qui ont servi à la décision ont été, depuis, reconnues ou jugées fausses ;

4° Si, depuis le jugement, la partie requérante a recouvré des pièces décisives retenues par le fait de la partie adverse;

5° S'il a été statué sur des choses non demandées;

6° Si, dans un même jugement, il y a des dispositions contraires.

Délai. 425. Le délai pour se pourvoir en requête civile sera de trente jours, à partir de la signification du jugement contradictoire, ou du jour où l'opposition à la sentence par défaut ne sera plus recevable.

426. Toutefois, dans le 2°, 3° et 4° cas ci-dessus prévus, le délai sera suspendu jusqu'à la découverte du dol, du faux ou jusqu'à ce que les pièces détournées aient été recouvrées, pourvu que dans ce dernier cas, il y ait preuve écrite et non autrement.

427. En cas de décès de la partie, l'article 402 sera applicable (1).

Procédure. 428. La requête civile sera portée, par voie d'assignation, dans les termes ordinaires devant le tribunal qui aura rendu la sentence et qui pourra être composé des mêmes juges.

429. Le Tribunal ne statuera que sur les chefs atteints par le grief soulevé.

430. Il jugera d'abord l'admissibilité de la requête civile.

---

(1) *C. Proc.* 402. Le décès de la partie condamnée suspend le délai d'appel, qui ne reprend qu'après la signification faite aux héritiers, au dernier domicile du défunt et après les délais qui pourraient être accordés par la loi personnelle de l'appelant, pour prendre la qualité d'héritier.

431. Si la requête est rejetée, il condamnera le requérant à 400 P. T. d'amende et aux dommages-intérêts, s'il y a lieu.

432. Si le Tribunal admet la requête civile, il fixera l'audience pour plaider sur le fond, sans qu'il soit besoin de citation nouvelle.

433. Aucun recours en requête civile ne sera admis contre un jugement qui aura rejeté une requête civile, comme inadmissible ou statué sur le fond après l'admission de la requête civile.

DISPOSITION ADDITIONNELLE.

COMMUNICATION. *C. Proc.* 68. Seront communiquées au ministère public, les causes suivantes : 6° les requêtes civiles.

RÉSERVE (légitime). V. LÉGITIME RÉSERVE.

RÉSIDENCE. *C. Proc.* 35. Les défendeurs seront assignés, savoir :

1° En matière personnelle ou mobilière, devant le tribunal de leur domicile ou de leur résidence, s'ils n'ont pas de domicile en Egypte ;

S'il y a plusieurs défendeurs, ils seront tous cités devant le tribunal du domicile de l'un d'eux ;

9° Quand le défendeur sera domicilié à l'étranger et qu'un tribunal égyptien ne sera pas compétent à raison d'un des motifs indiqués dans les précédents paragraphes, l'assignation pourra être donnée devant le tribunal de la résidence du demandeur ou, à défaut, devant le tribunal d'Alexandrie (V. p. 77, *in fine*).

C. Civ. 14. (Les tribunaux de commerce seront compétents) dans les cas déterminés par la loi et quelle que soit la résidence du défendeur.

ENQUÊTE. (*Témoin*). *C. Proc.* 231. En cas d'éloignement (du témoin), le jugement pourra commettre le tribunal de la résidence du témoin, avec mission de désigner le juge qui procédera à l'audition.

RÉSILIATION DE BAIL.

DISPOSITIONS GÉNÉRALES.

C. Civ. 473. Le bail se résout par l'inexécution des engagements pris par les parties, ou des obligations indiquées dans les articles qui précèdent (V. BAIL A LOYER), sans préjudice des dommages-intérêts qui, en ce qui concerne le bailleur, doivent comprendre le loyer correspondant au temps nécessaire à la relocation et à la diminution des loyers subie pendant la durée qui reste à courir du premier bail.

454. Si la chose périt ou se détériore tellement qu'elle devienne impropre à la jouissance, le bail est résolu.

456. Le locataire d'une maison ou partie de maison ne peut pas empêcher le bailleur de faire les réparations urgentes nécessaires pour conserver l'immeuble ; mais si ces réparations rendent la jouissance impossible, il peut demander, suivant les circonstances, la résolution du bail ou une diminution de loyer pour le temps du trouble.

457. En aucun cas, le locataire qui sera encore dans les lieux quand les réparations seront terminées, ne pourra demander la résiliation du bail.

459. Si le trouble est causé par un tiers et que le trouble soit motivé par la prétention de ce tiers à un droit sur la chose, ou qu'il enlève un des avantages principaux pour lesquels la location avait été évidemment faite, le locataire pourra également, suivant les circonstances, demander la résiliation du bail ou une diminution du loyer.

460. Il perdra son droit s'il n'a pas dénoncé le trouble au propriétaire lors des premières entreprises.

474. Le bail est résolu par la vente de la chose louée, si le contrat de location n'a pas une date certaine antérieure à la date certaine de la vente.

475. Toutefois, l'acquéreur ne pourra expulser le locataire qu'après un congé donné dans les délais ci-dessus.

476. Les locataires qui seront congédiés dans ce cas, malgré un bail, seront indemnisés par le bailleur, à moins de stipulation contraire.

477. Ils ne pourront être expulsés qu'après qu'ils auront été indemnisés par le bailleur ou par l'acquéreur en l'acquit de ce dernier, ou qu'il leur ait été fourni caution suffisante.

478. Le bail n'est pas résolu par la mort du bailleur ni par celle du preneur, à moins que la location n'ait été faite à ce dernier à raison de son industrie et de sa capacité personnelle, ce qui est toujours présumé dans les cas qui seront ci-après prévus d'amodiation. V. AMODIATION.

DISPOSITIONS ADDITIONNELLES.

APPEL *(Evaluation de la demande)*. *C. Proc.* 391. Les demandes en résiliation de bail ou en validité de congé (sont évaluées) en additionnant les loyers restant à courir, jusqu'à l'expiration du bail.

COMPÉTENCE. *C. Proc.* 28. Un juge délégué par le tribunal statuera en tribunal de justice sommaire sur les affaires suivantes en matière civile :

4° Dans les mêmes limites du dernier ressort (P. T. 800) et à charge d'appel à quelque somme que s'élève la demande au-delà de 8,000 P. T. sur les actions en congés ou résiliation fondée sur le non-paiement des loyers, en expulsion de lieux loués, quand la location non déniée n'excédera pas annuellement P. T. 4,000.

RÉSILIATION DE LOUAGE. LOUAGE D'INDUS-

TRIE. *C. Civ.* 502. Le louage d'industrie se résout par la mort de la personne engagée, ou toute autre circonstance fortuite qui l'empêche de travailler.

LOUAGE DE PERSONNES. *C. Civ.* 491. Quand la durée du contrat est fixée, l'indemnité est due par le maître qui résilie le contrat, pour tout le temps pendant lequel celui qui a loué ses services ne pourra se réengager, et pour les frais de déplacement, s'il a été appelé spécialement d'un autre lieu.

RÉSILIATION DE VENTE (1). V. RÉSOLUTION.

RÉSOLUTION.

1° DES OBLIGATIONS.

C. Civ. 221. Les obligations s'éteignent par ... la résolution.

C. Civ. Titre II. Chap. V. Sect. II. RÉSOLUTION DES OBLIGATIONS (*art.* 240-242).

240. Les obligations sont éteintes par résolution, quand, depuis qu'elles sont nées, l'exécution en est devenue impossible.

241. Si l'exécution est devenue impossible par la faute du débiteur, ou si l'impossibilité est survenue depuis qu'il est en demeure d'exécuter, il est tenu à des dommages-intérêts.

242. Lorsqu'une obligation est résolue par suite d'impossibilité d'exécution, les obligations corrélatives sont également résolues, sauf les indemnités respectives, s'il y a lieu, à raison du profit acquis sans cause et sans préjudice des droits des créanciers hypothécaires de bonne foi.

DISPOSITIONS ADDITIONNELLES.

CRÉANCIERS HYPOTHÉCAIRES. *C. Civ.* 78. En matière immobilière, les dispositions relatives à la résolution des droits de propriété, à raison de légitime réserve, quotité disponible, etc., ne préjudicient pas aux tiers acquéreurs et créanciers hypothécaires de bonne foi.

176. La résolution d'un contrat translatif de propriété immobilière ne préjudicie pas aux droits des créanciers hypothécaires inscrits.

FAILLITE. *C. Com.* 364. La faillite empêche l'action résolutoire du vendeur sur les meubles.

---

(1) Bien que le législateur égyptien ait indifféremment employé les mots de résolution et de résiliation pour le bail et la vente, nous n'avons rangé sous le titre RÉSOLUTION que les articles où il est question de résolution de vente ; et sous le titre RÉSILIATION que les articles où il est question de résiliation de bail. La résolution produisant un effet rétroactif *ex tunc* ne peut le plus souvent s'appliquer qu'à la vente, qui, une fois résolue, remet les parties dans le *statu quo ante* ; tandis que la résiliation n'agissant que dans l'avenir, *ex nunc*, s'applique plus spécialement au bail, et ne modifie la situation des parties que du jour où elle est prononcée, sans revenir sur les effets précédemment acquis. C'est donc à tort, selon nous, que ces expressions sont employées comme synonymes dans les art. 473 et s. et 316 et s. du Code civil.

OBLIGATION DE FAIRE. *C. Civ.* 173. Lorsque le débiteur se refuse de faire intégralement ce à quoi il est obligé, le créancier a le choix ou de demander la résolution du contrat avec des dommages-intérêts, ou de demander des dommages-intérêts pour ce qui n'a pas été exécuté.

2° DE LA VENTE.

C. Civ. 316. Lorsque, dans une vente en bloc, l'acheteur n'a vu qu'une partie de la chose vendue, et qu'il apparaît qu'il ne l'aurait pas achetée s'il l'eût vue en entier, il ne pourra que faire prononcer la résolution de la vente, sans pouvoir demander sa division ou une diminution de prix.

Ce droit cessera s'il a disposé de la chose par hypothèque ou autrement.

347. Si la convention de vente indique comme lieu de la situation de la chose vendue un lieu autre que celui auquel elle se trouvait, cette indication vaudra, pour le vendeur, obligation de transporter la chose au lieu indiqué, si l'acheteur l'exige.

Dans le cas où le transport serait impossible, ou s'il amenait un retard préjudiciable pour l'acheteur, ce dernier aurait le droit de résilier la vente avec dommages-intérêts, si le vendeur n'était pas de bonne foi.

349. En cas de retard dans la livraison, après une mise en demeure, l'acheteur aura le droit de résilier la vente ou d'exiger sa mise en possession, avec dommages-intérêt dans les deux cas, s'il y a préjudice et si le retard provient du fait du vendeur.

351. Le vendeur non payé du prix échu n'a pas le droit de reprendre la chose vendue qu'il a délivré volontairement à l'acheteur, sauf le droit de faire résilier le contrat pour inexécution.

364. Dans la vente en bloc des choses qui peuvent se remplacer, si la quantité est spécifiée, et le prix indiqué à tant l'unité, et que la quantité réelle soit inférieure, l'acheteur a le droit d'opter pour la résiliation de la vente ou pour son maintien en payant un prix diminué proportionnellement.

366. Dans la vente des choses qui se comptent à la mesure ou au poids et qui ne peuvent se diviser sans préjudice, si cette vente a eu lieu avec indication d'une mesure exacte et du prix de l'unité de mesure, l'acheteur a le droit de résilier la vente ou de prendre la chose vendue en entier, en maintenant la vente et en payant un prix proportionnel à la mesure réelle.

Si, dans le même cas, le prix a été indiqué en bloc, l'acheteur a l'option ou de résilier la vente ou de prendre la chose vendue au prix stipulé.

367. Dans les cas prévus par les articles précédents, la résiliation n'est permise à l'acheteur que si l'erreur est de plus d'un vingtième calculé sur le prix indiqué.

368. Quand il y a lieu à la résiliation, le vendeur doit restituer

avec le prix, s'il l'a touché, les frais du contrat et les dépenses légitimement faites par l'acheteur.

369. La prise de possession de la chose vendue sans réserves expresses de la part de l'acheteur, s'il connaît l'erreur et la disposition de l'objet vendu par hypothèque ou autrement, le fait déchoir du droit d'opter pour la résiliation.

370. L'action en résiliation ou en diminution de prix, ainsi que le droit du vendeur de demander un supplément de prix, s'il y a lieu, se prescrivent par une année, à partir du contrat.

371. Si la chose vendue périt avant la livraison, même sans la faute ou la négligence du vendeur, la vente sera résolue et le prix restitué, s'il y a lieu, à moins que l'acheteur n'ait été mis en demeure de prendre livraison par une sommation ou tout autre acte équivalent ou par la convention même.

372. Si la chose diminue de valeur par détérioration, de telle sorte que la vente n'aurait pas eu lieu si cette diminution était survenue avant le contrat, l'acheteur qui n'aura pas pris livraison, aura le choix de résilier ou de maintenir la vente au prix convenu, à moins qu'il n'ait consenti hypothèque.

373. Si dans les deux cas qui précèdent, la perte ou la diminution de valeur est imputable à l'acheteur, le prix sera dû en entier ; si elle est imputable au vendeur, il sera tenu à indemnité si l'acheteur résilie la vente, et à diminution de prix, s'il la maintient.

385. (Dans le cas d'éviction partielle) l'acheteur a le droit de maintenir le contrat, mais il ne peut résilier au préjudice des droits des créanciers hypothécaires.

386. Quand il maintient le contrat, ou lorsque l'éviction partielle ou la servitude ne sont pas de telle nature qu'elles autorisent la résiliation, l'acheteur peut réclamer au vendeur la valeur proportionnelle de la partie de la chose dont il est évincé, eu égard à sa valeur réelle au moment de l'éviction, et dans le cas d'une servitude, des dommages-intérêts arbitrés par le tribunal.

388. (Dans le cas où les vices cachés rendent la chose impropre à l'usage prévu) ou quand la diminution de valeur est telle que l'acheteur n'aurait pas acheté, s'il l'avait connue, ce dernier a le droit de résilier la vente, sans préjudice des droits des créanciers hypothécaires, ou de demander une diminution du prix, le tout avec dommages-intérêts, qui ne sont dus que s'il est établi que le vendeur connaissait le vice caché.

389. Si le vendeur ignorait le vice caché, l'acheteur aura simplement le droit de résoudre la vente et de réclamer la restitution des frais qu'elle a occasionnés, ou de conserver la chose au prix convenu.

390. Dans les cas où l'acheteur a le droit de résilier, s'il s'agit d'une vente de plusieurs objets certains, et que le vice découvert

avant la livraison n'affecte qu'un certain nombre de ces objets, l'acheteur ne peut résilier la vente que pour le tout.

391. Si le vice est découvert après la livraison, l'acheteur peut résilier la vente pour les objets viciés seulement, pourvu que la division ne soit pas préjudiciable.

392. S'il s'agit, dans les même cas, de choses qui se remplacent l'une par l'autre, l'acheteur pourra, même après la livraison, résilier la vente pour partie.

393. Si la diminution de valeur résultant du vice caché n'est pas telle qu'elle aurait empêché la vente, l'acheteur a droit simplement à une diminution proportionnelle du prix par estimation d'experts.

398. On entend par vice ancien celui qui existait au moment de la vente, s'il s'agit d'un corps certain, et celui qui existait au moment de la livraison, s'il s'agit de choses non vendues comme corps certain.

399. S'il survient, par cas fortuit, un vice nouveau après la vente dans le premier cas de l'article précédent, et après la livraison dans le second cas, ou si la chose livrée a été modifiée par l'acheteur ou par tout autre, l'acheteur n'a plus le droit de résilier la vente, à moins que le vice nouveau n'ait disparu ou que le vendeur ne déclare consentir à reprendre la chose avec le vice nouveau ; mais l'acheteur peut demander la diminution du prix, qui est calculée comme il est dit ci-dessus, sans tenir compte, toutefois, du vice nouveau ou de la modification survenue.

413. Lorsque l'acheteur ne paye pas son prix au terme convenu, le vendeur a le choix ou de demander la résolution de la vente, sauf les droits des créanciers hypothécaires inscrits et des tiers acquéreurs ayant rempli les formalités de transcription, ou de faire condamner l'acheteur au paiement du prix.

416. Lorsqu'il est stipulé que la vente sera résolue de plein droit, le tribunal, faute de payement du prix ne peut accorder un délai à l'acheteur, et la vente sera résolue si l'acheteur n'a pas payé le prix sur la sommation à lui faite, à moins que le contrat ne porte que la vente, en ce cas, sera résolue sans qu'il soit besoin de sommation.

417. Dans ces divers cas, les effets de la résolution de la vente des immeubles à l'égard des tiers, ne préjudicient pas aux créanciers hypothécaires inscrits.

418. En matière de vente de marchandises et d'effets mobiliers, quand un terme est convenu pour le paiement du prix et pour la prise de livraison, la vente est résolue de plein droit, si le prix n'est pas payé aux termes fixés et sans qu'il soit besoin de sommation.

747. L'action résolutoire du vendeur n'est pas opposable à ceux qui ont publié régulièrement les droits réels qu'ils tiennent de

l'acheteur ou de ses ayants droit avant la transcription de l'acte de vente.

748. Le vendeur en est déchu s'il n'a pas transcrit avant le jugement de déclaration de faillite du détenteur.

(*Vente à réméré.*) *C. Civ. art.* 430. Le vendeur a réméré ne peut résoudre la vente qu'en offrant dans le délai fixé de rembourser immédiatement :

1° Le prix en principal ;

2° Les frais qui ont été la conséquence de la vente et ceux qui sont la conséquence du rachat ;

3° Les dépenses nécessaires faites par l'acquéreur en dehors des dépenses d'entretien et, en outre, le montant de la plus-value résultant des autres dépenses, pourvu qu'elles ne soient pas exagérées. V. DIMINUTION DE PRIX. CONDITION RÉSOLUTOIRE.

DISPOSITION ADDITIONNELLE

FAILLITE. *C. Com.* 364. La faillite empêche l'action résolutoire du vendeur sur les meubles ; l'action en revendication ne peut avoir lieu que dans les conditions qui seront ci-après expliquées.

RÉSOLUTION DU CONCORDAT. V. CONCORDAT.

RESPONSABILITÉ CIVILE. *C. Civ.* 212. Tout fait poursuivi par la loi oblige son auteur à réparer le préjudice qui en résulte, sauf le cas où cet auteur, à raison de son âge ou pour tout autre motif, n'a pas conscience de ses actes.

213. Il en est de même si le préjudice causé à un tiers provient d'une faute, de négligence, d'imprudence ou de défaut de surveillance des personnes que l'on a sous sa garde.

214. Le maître est également responsable du dommage causé par ses serviteurs quand ce dommage a été causé par eux en exerçant leurs fonctions.

215. Le propriétaire d'un animal est également responsable du préjudice causé par l'animal qu'il a sous sa garde ou qu'il a laissé s'échapper.

AVOCATS. *C. Proc.* 49. Les avocats pourront se présenter comme mandataires sur leur simple affirmation et sous leur responsabilité. V. ARCHITECTE. AUBERGISTE.

RESSORT (PREMIER) *C. Proc.* 26. Les tribunaux jugeant en premier ressort, sont :

1° Le tribunal de justice sommaire ;

2° Le tribunal civil ;

3° Le tribunal de commerce ;

4° Le tribunal des référés.

DISPOSITIONS ADDITIONNELLES

APPEL. *C. Proc.* 444. L'appel des jugements qualifiés en premier ressort suspendra l'exécution, sauf quand l'exécution provisoire sera de droit aux termes de la loi ou qu'elle aura été ordonnée par le jugement.

447. Le recours au tribunal supérieur sera également ouvert, si celui qui a obtenu le jugement soutient qu'il a été mal à propos qualifié en premier ressort. V. DERNIER RESSORT.

RESTITUTION. *C. Civ.* 206. Celui qui a reçu ce qui ne lui était pas dû est obligé à le restituer.

207. Il est responsable de la perte et des intérêts et des fruits s'il a reçu de mauvaise foi.

208. Néanmoins, si le paiement volontaire a eu lieu en vertu d'un devoir même non sanctionné par la loi, la restitution n'est pas due.

209. La restitution n'est pas due si un tiers a payé par erreur au créancier de bonne foi la dette d'un autre, et que le titre ait été détruit, sauf recours contre le véritable débiteur.

210. Les obligations provenant d'un fait dans les circonstances ci-dessus ne sont pas solidaires.

DISPOSITIONS ADDITIONNELLES

DOMMAGES-INTÉRÊTS. *C. Civ.* 177. Les dommages-intérêts pour défaut d'exécution entière ou partielle ou pour retard dans l'exécution ne sont dus, en dehors des restitutions, que si l'exécution ou le retard est imputable à la faute du débiteur.

PRÊT DE CONSOMMATION. *C. Civ.* 577. Lorsque la chose prêtée est de l'argent en numéraire, elle doit être restituée en même valeur numérique, quelles que soient les variations subies par les monnaies depuis l'époque du prêt.

578. L'emprunteur doit restituer le prêt à l'époque convenue.

579. S'il n'y a pas de délai stipulé, ou s'il a été convenu que l'emprunteur restituerait quand il pourrait, le juge fixe la date où la restitution devra avoir lieu.

PRÊT A USAGE. *C. Civ.* 574. L'emprunteur doit restituer la chose à l'époque fixée et ne peut être contraint de la restituer avant cette époque.

575. A défaut de terme stipulé, la restitution doit être faite après que la chose a servi à l'usage pour lequel elle a été empruntée. V. DÉPÔT.

RETARD. *C. Civ.* 177. Les dommages-intérêts pour retard dans l'exécution, ne sont dus, en dehors des restitutions, que si le retard est imputable à la faute du débiteur.

178. Ils ne sont pas dus tant que le débiteur n'est pas en demeure.

DISPOSITIONS DIVERSES.

CLAUSE PÉNALE. *C. Civ.* 152. Si l'obligation déterminée a été édictée, ou convenue à titre de peine en cas d'inexécution d'une autre obligation, le créancier a l'option entre l'exécution de l'obligation principale ou de l'obligation pénale; mais le débiteur peut toujours faire cesser cette option en exécutant l'obligation principale dans tous ses termes, à moins que la peine ne soit prononcée pour simple retard. V. MISE EN DEMEURE.

VENTE. *C. Civ.* 347. Si la convention de vente indique comme lieu de la situation de la chose vendue un lieu autre que celui auquel elle se trouvait, cette indication vaudra, pour le vendeur, obligation de transporter la chose au lieu indiqué, si l'acheteur l'exige.

Dans le cas où le transport serait impossible, ou s'il amenait un retard préjudiciable pour l'acheteur, ce dernier aurait le droit de résilier la vente avec dommages-intérêts, si le vendeur n'était pas de bonne foi.

349. En cas de retard dans la livraison, après une mise en demeure, l'acheteur aura le droit de résilier la vente ou d'exiger sa mise en possession, avec dommages-intérêts dans les deux cas, s'il y a préjudice et si le retard provient du fait du vendeur.

VOITURIER. *C. Com.* 103. Si, par l'effet de la force majeure, le transport n'est pas effectué dans le délai convenu, il n'y a pas lieu à indemnité contre le voiturier pour cause de retard.

RÉTENTION (Droit de) *C. Civ.* 678. Il y a cinq classes de créanciers : 5° Les créanciers ayant le droit apposable à tous les autres créanciers, de retenir la possession d'un bien de leur débiteur jusqu'à parfait paiement.

C. Civ. Titre IV. Chap. I. Sect. IV. DES CRÉANCIERS QUI ONT UN DROIT DE RÉTENTION (*art.* 731).

731. Indépendamment du droit de rétention accordé par la loi dans les cas particuliers, le même droit existe :

1° Au profit du créancier nanti en outre de son privilège ;

2° Au profit de celui qui a amélioré la chose, pour le montant de ses dépenses ou de la plus-value, suivant le cas ;

3° De celui qui a fait des dépenses nécessaires ou de conservation.

DISPOSITIONS DIVERSES.

DÉPÔT. *C. Civ.* 597. Le dépositaire a, pour se couvrir de ce qui lui est dû, un droit de rétention sur la chose.

GAGE. *C. Civ.* 662. Le gage est un contrat par lequel le débiteur met une chose en la possession de son créancier ou d'un tiers convenu entre les parties, pour garantie de la dette, et qui confère au créancier le droit de retenir la chose engagée jusqu'à parfait paiement, et d'être payé par préférence à tout autre sur le prix de cette chose.

GAGE COMMERCIAL. *C. Com.* 89. Tout commissionnaire a privilège en droit de rétention sur les marchandises à lui expédiées, déposées ou consignées par le fait seul de l'expédition, du dépôt ou de la consignation, pour tous les prêts, avances ou paiements faits par lui, soit avant la réception des marchandises, soit pendant le temps qu'elles sont en sa possession.

Ce privilège ne subsiste que sous la condition prescrite par l'art. 83 qui précède (V. GAGE).

Dans la créance privilégiée du commissionnaire sont compris, avec le principal, les intérêts, commissions et frais.

90. Le privilège et le droit de rétention existeront également sur les effets donnés en paiement, s'ils sont entre les mains du commissionnaire. Le privilège du commissionnaire prime tous les autres privilèges.

Le privilège et le droit de rétention n'existent pas pour les créances antérieures à l'expédition, encore bien qu'elles soient qualifiées d'anticipation ou d'avances dans le contrat.

94. Les privilèges, droit de rétention et de vente existeront également au profit du commissionnaire chargé d'acheter qui détiendra encore les marchandises et effets.

OBLIGATIONS. *C. Civ.* 146. L'obligation de constituer un droit réel transfère également ce droit, sauf le droit de privilège, d'hypothèque ou de rétention.

PRÉEMPTION. *C. Civ.* 563. La préemption peut s'exercer même contre le copropriétaire qui, toutefois, a un droit de rétention pour sa part dans la propriété commune.

VENTE. *C. Civ.* 350. Le vendeur a le droit de retenir la chose vendue jusqu'au paiement du prix stipulé, payable comptant, en tout ou en partie, à moins qu'il n'ait accordé depuis la vente un terme non encore échu, et quand bien même l'acheteur offrirait un gage ou une caution.

353. Si l'acheteur a diminué les sûretés par lui accordées pour le payement du prix, ou s'il est dans un état de déconfiture qui rende imminente la perte du prix pour le vendeur, ce dernier pourra retenir la chose vendue, même si le terme stipulé pour le payement n'est pas échu, à moins qu'il ne lui soit donné caution.

354. En cas de faillite de l'acheteur, le droit de rétention ou de revendication s'exerce conformément aux règles du code de commerce. V. REVENDICATION.

411. L'acheteur, à moins de stipulation contraire, peut retenir son prix, s'il est troublé dans sa possession en vertu d'un droit antérieur à la vente ou procédant du vendeur, et encore s'il y a pour lui danger d'éviction, jusqu'à ce que le trouble ou le danger ait disparu.

412. Toutefois, le vendeur peut, dans ce cas, exiger son prix en donnant caution.

RETOUR (COMPTE DE). V. COMPTE DE RETOUR.

RETRAIT LITIGIEUX. V. DROITS LITIGIEUX.

RETRAITE. *C. Com.* 185. Le rechange s'effectue par une retraite.

186. La retraite ne dispense pas des formalités de protêt et de poursuite.

187. La retraite est une nouvelle lettre de change au moyen de laquelle le porteur se rembourse sur le tireur, ou sur l'un des endosseurs, du principal de la lettre protestée, de ses frais, et du nouveau change qu'il paie. V. Rechange.

RÉTROACTIVITÉ.

R. O. J. Titre I. art. 40. Les nouvelles lois et la nouvelle organisation judiciaire n'auront pas d'effet rétroactif. V. Effet rétroactif.

REVENDICATION.

§ I. De la Saisie-Revendication.

1° *Sur Saisie mobilière.*

C. Proc. 542. La demande judiciaire en revendication d'objets saisis arrêtera la vente des objets revendiqués ; elle devra être introduite contre le saisissant, le saisi et les opposants et sera jugée d'urgence au jour où elle sera appelée.

543. Le revendiquant qui succombera sera condamné à des dommages-intérêts, s'il y a lieu, et en tous cas aux frais qui seront la conséquence de sa revendication.

2° *Sur Saisie immobilière.*

682. La demande en revendication peut être intentée dans le cours d'une procédure de saisie et jusqu'à l'adjudication, même en dehors des délais fixés pour élever des contestations sur le cahier des charges.

683. Elle sera intentée contre le saisi et celui qui poursuit la vente ; si elle a lieu après le dépôt du cahier des charges, le premier créancier inscrit en dehors du poursuivant sera mis en cause.

684. L'assignation sera donnée à ces derniers au domicile élu et au saisi au domicile réel, en observant les délais de distance autres que ceux qui sont prescrits quand le domicile est hors de l'Egypte.

685. Le délai d'appel contre le jugement statuant sur la demande en revendication sera de dix jours, à partir de la signification du jugement.

686. Il n'y aura pas lieu à opposition.

687. La demande en revendication suspendra la procédure ; le tribunal pourra néanmoins ordonner qu'il sera passé outre, si la demande en revendication n'est pas fondée sur un titre apparent ayant date certaine antérieure à la transcription de la saisie.

688. Il sera en tous cas passé outre pour ceux des biens saisis qui ne seraient pas compris dans la revendication, auquel cas la mise à prix sera modifiée par le tribunal, si la revendication ne porte pas sur la totalité d'un ou plusieurs lots.

689. Il en sera de même à la reprise de la procédure, si la revendication est admise partiellement.

690. Le revendiquant qui succombera sera condamné aux dommages-intérêts et aux frais qu'il aura motivés.

DISPOSITION ADDITIONNELLE.

WAKFS. *C. Civ.* 8. Ne sont pas soumises à ces tribunaux (mixtes) les demandes des étrangers contre un établissement pieux en revendication de la propriété d'immeubles possédés par cet établissement, mais ils seront compétents pour statuer sur la demande intentée sur la question de la possession légale, quel que soit le demandeur ou le défendeur.

§ II. EN MATIÈRE COMMERCIALE.

C. Com. 364. (*Faillite.*) L'action en revendication ne peut avoir lieu que dans les conditions qui seront ci-après expliquées.

C. Com. Chap. III. Sect. X. DE LA REVENDICATION (*art.* 391- 404).

391. Pourront être revendiquées, en cas de faillite, les remises en effets de commerce ou autres titres non encore payés et qui se trouveront en nature dans le portefeuille du failli à l'époque de sa faillite, lorsque ces remises auront été faites par le propriétaire avec le simple mandat d'en faire le recouvrement, et d'en garder la valeur à sa disposition ou lorsqu'elles auront été de sa part spécialement affectées à des paiements déterminés.

392. La preuve de la remise d'un effet de commerce en recouvrement pourra être faite, même en cas d'endossement régulier.

393. Toutefois la revendication ne sera pas admise quand la valeur aura été passée en compte courant accepté par le revendiquant.

394. Pourront être également revendiquées aussi longtemps qu'elles existeront en nature, en tout ou en partie chez le failli ou tout autre détenteur pour son compte, les marchandises consignées au failli, à titre de dépôt ou pour être vendues pour le compte du propriétaire, malgré toute stipulation de du croire.

395. Il en sera de même des marchandises que le failli aurait été chargé d'acheter pour compte du revendiquant.

396. Pourra même être revendiqué le prix ou la partie du prix desdites marchandises consignées et vendues par le consignataire failli, quand ce prix n'aura été ni payé ni réglé en valeurs au nom ou à l'ordre du failli, ni compensé en compte courant entre le failli et l'acheteur.

397. Le revendiquant doit rembourser ce qui est dû aux commissionnaires et à ceux qui ont prêté de bonne foi sur nantissement de la marchandise.

398. Pourront être revendiquées, quand le prix n'en aura pas été intégralement payé, les marchandises expédiées au failli, tant que la tradition n'en aura point été effectuée dans ses magasins, ou dans ceux du commissionnaire chargé de les vendre pour le

compte du failli, même si le prix a été réglé en valeurs ou en compte courant.

399. Néanmoins, la revendication ne sera pas recevable si, avant leur arrivée, les marchandises ont été vendues sans fraude, sur factures et connaissements, ou sur factures et lettres de voitures, le tout signé par l'expéditeur.

400. Il en sera de même si les marchandises ont été expédiées par le revendiquant sur l'ordre du failli à l'acheteur de ce dernier.

401. Le revendiquant sera tenu de rembourser à la masse les a-comptes par lui reçus, ainsi que toutes avances faites pour frêt ou voiture, commissions, assurances.

402. Pourront être retenues par le vendeur les marchandises par lui vendues, qui ne seront pas délivrées au failli, ou qui n'auront pas encore été expédiées, soit à lui, soit à un tiers pour son compte.

403. Dans le cas prévu par les articles 398 et suivants, et sous l'autorisation du juge-commissaire, les syndics auront la faculté d'exiger la livraison des marchandises, en payant au vendeur le prix convenu entre lui et le failli.

404. Les syndics pourront, avec l'approbation du juge-commissaire, admettre les demandes en revendication ; s'il y a contestation, le tribunal de commerce prononcera après avoir entendu le juge-commissaire.

§ III. Revendications de meubles.

C. Proc. 767. Le propriétaire d'effets mobiliers pourra, avec permission du juge, saisir ces effets entre les mains de tout détenteur.

La requête devra désigner les effets à saisir.

768. La demande en revendication devra, à peine de nullité de la saisie, être intentée dans les huit jours, outre les délais de distance, devant le tribual du domicile du détenteur. V. Mesures conservatoires.

DISPOSITIONS ADDITIONNELLES.

COMPÉTENCE. *C. Proc.* 441. Les Tribunaux de justice sommaire et de commerce ne seront pas compétents pour connaître des difficultés nées sur l'exécution de leurs sentences ; ces difficultés seront portées devant le Tribunal civil du lieu de l'exécution.

PERTE, VOL. *C. Civ.* 68. La propriété des meubles s'acquiert par la délivrance en vertu d'un juste titre, bien que celui qui le livre ne soit pas propriétaire, pourvu que celui qui reçoit soit de bonne foi, et sauf le droit de revendication du véritable propriétaire, en cas de perte ou de vol.

116. Celui qui a acheté de bonne foi la chose volée ou perdue d'un marchand qui en faisait commerce, ou dans un marché

public, a le droit de réclamer au propriétaire revendiquant le prix qu'il a payé.

VENTE. *C. Civ.* 337. La propriété de la chose vendue, qui est un corps certain, est transférée à l'acquéreur, même si le contrat accorde un terme pour la livraison ; dans ce cas, quand le vendeur tombe en faillite avant la livraison, l'acheteur a le droit de revendiquer la chose vendue. V. GARANTIE.

§ IV. VENTE. DE LA GARANTIE EN CAS DE REVENDICATION D'UN TIERS. V. ÉVICTION.

REVENTE. V. FOLLE ENCHÈRE. SURENCHÈRE.

REVENUS. V. ARRÉRAGES. FRUITS.

RÉVOCATION. ARBITRES. *C. Proc.* 804. Les arbitres, une fois nommés, ne pourront être révoqués que du consentement unanime des parties.

DOMICILE. *C. Proc.* 466. S'il y a révocation du domicile élu sans indication d'un nouveau domicile, et que la partie ne demeure dans la ville ou siège le Tribunal, les significations se feront valablement au greffe.

MANDAT. *C. Civ.* 640. Le mandataire ne peut renoncer à son mandat à contretemps et doit, de quelque façon que le mandat finisse, si ce n'est par révocation formelle, mettre en état les affaires commencées, de manière à ce qu'elles ne périclitent pas.

650. Le mandat finit : par la révocation.

651. Le décès du mandant ou la révocation du mandataire ne peuvent être opposés au tiers qui les a ignorés.

SOCIÉTÉ. *C. Civ.* 532. Les administrateurs non associés sont toujours révocables.

533. Les associés administrateurs sont révocables, s'ils n'ont pas été nommés par l'acte de société.

534. Les administrateurs nommés par l'acte de société peuvent cependant être révoqués pour motifs graves, ou s'il s'agit de société anonyme.

RISQUES ET PÉRILS. COMMISSIONNAIRES. *C. Com.* 99. La marchandise sortie du magasin du vendeur ou de l'expéditeur voyage, s'il n'y a convention contraire, aux risques et périls de celui à qui elle appartient, sauf son recours contre le commissionnaire et le voiturier chargé du transport.

GAGE. *C. Civ.* 666. La chose engagée est à la surveillance du détenteur et aux risques et périls du propriétaire s'il y a cas fortuit.

PRÊT DE CONSOMMATION. *C. Civ.* 576. Dans le prêt de consommation la chose prêtée est aux risques de l'emprunteur dès que la propriété lui a été transférée.

société. *C. Civ.* 516. Le droit réél de propriété ou d'usufruit du corps certain apporté par l'ayant droit, devient commun par le fait même de la convention, et l'apport est aux risques de la communauté.

vente. *C. Civ.* 336. La vente légalement conclue..... met, suivant le cas, les risques de la chose vendue à la charge de l'acheteur.

307. Lorsque les marchandises ne sont pas vendues en bloc, mais au poids, au compte ou à la mesure, la vente n'est point parfaite en ce sens que les choses vendues sont au risque du vendeur, jusqu'à ce qu'elles soient pesées, comptées ou mesurées.

(Eviction) 376. Pour que le vendeur qui a stipulé la clause de non garantie soit dispensé de restituer le prix, il faut qu'il soit prouvé que l'acheteur connaissait, lors de la vente, la cause de l'éviction, ou qu'il ait déclaré acheter la chose à ses risques et périls.

DROIT MARITIME.

navire *(Assurances)*. *C. Marit.* 192. Sont aux risques des assureurs : toutes pertes et dommages qui arrivent aux objets assurés par tempête, naufrage, échouement, abordage fortuit, changements forcés de route, de voyage ou de navire, par jet, feu, prise, pillage, arrêt par ordre de puissance, déclaration de guerre, représailles et généralement par toutes les autres fortunes de mer, sauf convention contraire des parties.

(Grosse aventure). 168. Si le temps des risques maritimes n'est point déterminé par le contrat à la grosse, il court à l'égard du navire, des agrès, apparaux, armement et victuailles, du moment où le navire a fait voile, jusqu'au moment où le navire est ancré ou amarré au port ou lieu de sa destination.

A l'égard des marchandises, il court du moment où ces marchandises ont été chargées à bord du navire ou des gabares destinées à les y transporter, ou du jour du contrat si l'emprunt sur des marchandises chargées a été fait pendant le voyage, jusqu'au moment où elles sont ou auraient dû être déchargées à terre au lieu de leur destination.

ROGATOIRE (Commission). V. Commission rogatoire.

ROLE. V. Enrolement. Audience *(Dispositions complémentaires)*.

ROLE D'ÉQUIPAGE. V. Équipage.

ROUTES ET RUES. *C. Civ.* 26. Les biens servant à l'utilité publique, comme les routes, ponts, rues des villes etc.; ne sont pas susceptibles d'une propriété privée.

118. Les usufruitiers des terres tributaires ou données en *aba-*

die doivent, sans qu'il y ait eu de stipulation à cet égard dans le titre constitutif, laisser sans indemnité les terrains nécessaires aux routes, canaux, et en général à tous travaux de viabilité et d'utilité publique.

RUPTURE (de voyage de mer). *C. Marit.* 67. Si le voyage est rompu par le fait des propriétaires, capitaines ou affréteurs, avant le départ du navire, les officiers ou gens de l'équipage loués au voyage ou au mois sont payés des journées par eux employées à l'équipement du navire, et en sus ils reçoivent à titre d'indemnité, à leur choix, ou ce qui leur a été avancé sur leurs gages, ou, déduction faite de ces avances, s'il y en a, un mois de leurs gages convenus, ou le quart des gages quand ils sont loués au voyage.

Si la rupture arrive après le départ du navire, ils reçoivent les loyers dus pour le temps qu'ils ont servi, et, en outre, pour indemnité, le double de ce qui leur est accordé par le paragraphe précédent, et les frais de voyage pour leur conduite de retour jusqu'au lieu du départ du navire, à moins que le capitaine, les propriétaires et les affréteurs ne leur procurent leur embarquement sur un autre navire revenant audit lieu.

Néanmoins les loyers et indemnités ne pourront, dans aucun cas, excéder le montant de ce qu'ils auraient perçu si le voyage avait été achevé.

L'indemnité pour la conduite de retour est calculée suivant la qualité des gens de mer renvoyés.

72. Si les matelots sont engagés au profit ou au fret, il ne leur est dû aucun dédommagement ni journée, pour la rupture, le retardement ou la prolongation du voyage occasionné par force majeure. Si la rupture, le retardement ou la prolongation arrive par le fait des chargeurs, les gens de l'équipage ont part aux indemnités qui sont adjugées au navire. Ces indemnités sont partagées entre les propriétaires du navire et les gens de l'équipage dans la même proportion que l'aurait été le profit ou le fret.

Si la rupture, le retardement ou la prolongation arrivent par le fait du capitaine ou des propriétaires, ils sont tenus d'indemniser proportionnellement les gens de l'équipage, eu égard à la nature de leurs conventions.

191. Si le voyage est rompu même par le fait de l'assuré, avant que les risques de l'assurance aient commencé conformément à l'art. 184 (V. Assurances) l'assurance est annulée et la prime, si elle a déjà été payée est restituée par l'assureur, sauf à celui-ci à recevoir, à titre d'indemnité 1/2 % de la somme assurée ou la moitié de la prime si elle ne s'élève pas en entier à un pour cent.

S

SAISIE-ARRÊT. *C. Proc. Chap. XII. Sect. II.* EXÉCUTION PAR VOIE DE SAISIE-ARRÊT. — SAISIE-ARRÊT CONSERVATOIRE *(art. 471-501).*

DISPOSITIONS GÉNÉRALES.

Titre. Créance liquide. 471. Tout créancier peut, en vertu d'un titre authentique ou privé établissant une créance liquide former entre les mains d'un tiers, opposition à ce que ce tiers remette les sommes ou valeurs qui sont ou seront dues, ou les effets mobiliers appartenant au débiteur de l'opposant, en énonçant la somme pour laquelle la saisie-arrêt est faite.

472. Le saisissant ne pourra pas ajouter, comme accessoires éventuels de sa créance, plus que les intérêts à échoir d'une année et le dixième de la créance pour frais à faire, pourvu que ce dixième soit supérieur à 800 P. T. ou inférieur à 4,000 P. T.

473. Si le créancier n'a pas de titre ou si la créance qui résulte du titre n'est pas liquide, il pourra obtenir de former saisie-arrêt, en présentant requête au président du tribunal du domicile du saisi ou du tiers saisi, ou du juge de service, lequel liquidera provisoirement la créance, s'il y a lieu, dans son ordonnance, et énoncera la somme en principal et accessoires pour laquelle la saisie-arrêt pourra être faite.

474. Le juge rendra toujours son ordonnance, à charge de lui en référer en cas de contestation, auquel cas il pourra, sur les explications contradictoires des parties, modifier la liquidation faite par lui, accorder ou retirer l'autorisation de saisir suivant que la demande lui semblera bien ou mal fondée.

Procédure. 475. La saisie-arrêt sera faite par acte d'huisier, dans les termes ordinaires : l'acte contiendra copie du titre ou de l'ordonnance qui a autorisé la saisie-arrêt, et une élection de domicile dans le lieu où demeure le tiers saisi, si le saisissant n'y demeure pas, le tout à peine de nullité.

476. Les saisies-arrêts faites entre les personnes demeurant hors d'Egypte devront être faites, à leur personne ou domicile, dans les formes du pays où elles demeureront.

477. Les receveurs, administrateurs ou dépositaires des deniers publics viseront les originaux des saisies-arrêts qui devront leur être signifiées à personne, et, en cas de refus, seront visées par le membre du parquet attaché au tribunal.

Dénonciation, assignation. 478. Si le saisi et le tiers saisi demeurent dans le même lieu, la saisie-arrêt pourra être signifiée par le même acte au saisi. Si le titre en vertu duquel la saisie-arrêt est faite, n'est pas exécutoire, l'acte contiendra assignation devant le tribunal, dans les termes ordinaires, pour voir déclarer la saisie-arrêt valable comme régulière et fondée.

479. S'il n'est pas fait un seul acte pour la signification de la saisie-arrêt au saisi et au tiers saisi, l'acte de saisie-arrêt sera dénoncé dans la huitaine au saisi : si le saisissant n'agit pas en vertu d'un titre exécutoire, l'acte de dénonciation contiendra une assignation en validité, et l'acte de dénonciation sera contre-dénoncé au tiers saisi dans un nouveau délai de huitaine, le tout outre les délais de distance.

480. Le défaut de dénonciation de la saisie dans la huitaine, quand elle est ordonnée, rend la saisie nulle de plein droit.

Main-levée. 482. La demande en main-levée pourra être portée par le saisi devant son tribunal et devra être dénoncée au tiers-saisi.

Tiers saisi. 481. Après le délai de huitaine de la dénonciation et tant qu'il n'y a pas contre-dénonciation, si elle est obligatoire, le tiers-saisi peut payer valablement, malgré la saisie.

483. La saisie-arrêt n'arrête pas le cours des intérêts dus par le tiers saisi et n'empêche pas le saisi de poursuivre le tiers-saisi en payement, lequel est fait à la charge de la saisie à la caisse du tribunal du saisi.

484. Le tiers peut toujours faire son payement à cette caisse, même si la saisie-arrêt est arguée de nullité et tant qu'il n'y a pas de main-levée donnée volontairement ou prononcée par le tribunal.

485. Il peut aussi, en déposant le montant des causes de l'opposition avec affectation spéciale à la créance du saisissant, si elle vient à être reconnue, payer valablement le surplus, auquel cas les nouvelles saisies-arrêts, s'il en survient, ne produiront pas effet sur la somme déposée.

486. Lorsque la saisie sera faite en vertu d'un titre exécutoire, et, dans les autres cas, lorsqu'elle sera validée, le tiers-saisi qui n'aura pas fait le versement spécifié aux articles ci-dessus, pourra être sommé de faire au greffe de son tribunal la déclaration de ce qu'il doit, avec indication des causes de sa dette, et des saisies antérieures, et communication des pièces justificatives en original ou copies légalisées.

487. S'il n'y a pas contestation sur la déclaration ni demande de main-levée, et s'il n'existe pas d'autres saisies-arrêts, la somme déclarée sera versée entre les mains du saisissant, jusqu'à concurrence ou en déduction de sa créance.

488. S'il y a d'autres saisies-arrêts, la somme sera versée à la caisse du tribunal du saisi.

489. En tous cas, le tiers-saisi aura le droit de retenir, à la charge

du saisi, le montant des frais faits par lui, sur la taxe du juge.

490. S'il y a contestation sur la déclaration du tiers-saisi, cette contestation sera portée devant le tribunal de son domicile.

491. S'il est établi que le tiers-saisi a dolosivement omis de faire sa déclaration, ou déclaré une somme inférieure à celle qu'il devait, ou dissimulé des pièces justificatives, il pourra être condamné au paiement des causes de la saisie.

Quand le tiers-saisi ne devra rien au saisi ou qu'il aura fait une déclaration qui n'aura pas été contestée, la saisie-arrêt n'aura plus d'effet sur les sommes qui viendraient à être dues par lui six mois après la déclaration affirmative.

492. Le tiers-saisi qui aura fait une déclaration affirmative ne pourra être contraint, par un nouveau créancier opposant, de la renouveler; mais tant qu'il n'y aura pas jugement sur la déclaration, elle pourra être contestée par les nouveaux créanciers opposants.

Saisie en soi-même. 493. La saisie faite par le créancier entre ses propres mains est valable, sauf à être contraint de déposer à la caisse du tribunal sa dette liquide.

Distribution. 494. S'il y a concours de plusieurs saisissants sur une somme insuffisante pour les payer intégralement, il sera procédé comme il est dit au titre de la distribution par contribution. V. CONTRIBUTION.

495. S'il existe un transport valablement signifié en concurrence avec les saisies-arrêts, les saisissants postérieurs au transport concourront avec les premiers saisissants et le cessionnaire, mais ils subiront sur leur dividende, une diminution proportionnelle suffisante pour compléter, au profit de ce dernier, le montant de la somme à lui cédée.

Salaires et traitements. 496. Les salaires et gages des gens de service, les appointements d'employés, les traitements et pensions ne seront saisissables que jusqu'à concurrence du cinquième sur les premières 800 P. T. mensuelles et au-dessous, du 1/4 sur les 2,000 P. T. suivantes et du 1/3 sur le surplus.

497. Le paiement de la partie non saisissable se fera au saisi, sans qu'il soit besoin d'ordonnance d'autorisation.

Sommes insaisissables. 498. Sont insaisissables, en outre des autres cas qui pourront être spécifiés par la loi, les pensions ou provisions pour aliments ou pour frais à faire accordés par justice, ou les sommes données ou léguées à titre alimentaire ou sous condition d'insaisissabilité.

499. Les sommes alimentaires sont saisissables pour dettes d'aliments.

500. Les sommes données ou léguées sous condition d'insaisissabilité sont saisissables par les créanciers postérieurs aux donations et aux legs.

Rente perpétuelle. 501. Si la créance saisie-arrêtée est une rente perpétuelle, le droit à la rente pourra être vendu, en observant les formalités indiquées à la section des exécutions par voie de saisie et vente des meubles et biens mobiliers. V. SAISIE MOBILIÈRE.

DISPOSITIONS ADDITIONNELLES.

COMPENSATION. *C. Civ.* 263. Une saisie-arrêt, ou la signification d'un transport, empêche la compensation qui n'aurait pu se produire que postérieurement à la signification.

PARTAGE. *C. Civ.* 558. Leur opposition (des créanciers communs) et celle des créanciers individuels de chaque copartageant entre les mains des autres copartageants vaut saisie-arrêt. V. OPPOSITION.

SAISIE-BRANDON. *C. Proc.* 544. La saisie et la vente des récoltes non encore moissonnées seront faites dans la forme de saisie et vente de meubles.

545. La saisie ne pourra avoir lieu que cinquante-cinq jours, au plus, avant la maturité des récoltes, et les placards et annonces désigneront la situation et la contenance des champs, la nature de chaque récolte et le nom du saisi.

SAISIE CONSERVATOIRE.

C. Proc. Chap. XIII. Sect. II. DES MESURES CONSERVATOIRES.

§ I. DE LA SAISIE CONSERVATOIRE (*art.* 760-768).

DISPOSITIONS GÉNÉRALES.

Procédure. 760. Les propriétaires, principaux locataires de maisons ou biens ruraux, ayant actuellement droit sur l'immeuble, peuvent, sans titre exécutoire, saisir conservatoirement les meubles garnissant les lieux et les fruits et moissons, pour sûreté des loyers ou fermages échus.

Ils présenteront, à cet effet, requête au juge de service, lequel, suivant le cas, permettra de saisir à l'instant ou vingt-quatre heures après commandement.

761. Les meubles, fruits et moissons des sous-locataires et sous-fermiers peuvent être également saisis dans les mêmes formes par le propriétaire, sauf à eux à obtenir main-levée en justifiant de leur libération des loyers échus envers le locataire principal autorisé à sous-louer.

Dans ce cas, la signification de la saisie conservatoire vaudra comme saisie-arrêt, à la condition de suivre les formalités prescrites pour les saisies-arrêts.

Déplacement des meubles. 762. Le propriétaire et le principal locataire peuvent faire saisir conservatoirement même les meubles et fruits qui auraient été retirés des lieux loués sans leur consentement, pourvu qu'ils fassent opérer la saisie dans les trente jours de l'enlèvement.

Effet de la saisie. 763. La saisie conservatoire faite pour les loyers échus produit son effet pour les loyers qui sont à échoir jusqu'au jour de la vente, même si les loyers échus lors de la saisie viennent à être payés après l'échéance du loyer ultérieur.

Saisie foraine. 764. Tout créancier peut, avec permission du juge, faire saisir conservatoirement les meubles de son débiteur qui n'a pas de domicile fixe en Égypte.

Il en est de même du porteur d'une lettre de change ou d'un billet à ordre protesté faute de paiement à l'échéance, pour les meubles et marchandises de son débiteur commerçant, même domicilié, tireur, accepteur ou endosseur, pourvu que le protêt ait été signifié ou dénoncé au saisi.

767. Le propriétaire d'effets mobiliers pourra, avec permission du juge, saisir ces effets entre les mains de tout détenteur.

La requête devra désigner les effets à saisir.

768. La demande en revendication devra, à peine de nullité de la saisie, être intentée dans les huit jours, outre les délais de distance, devant le tribunal du domicile du détenteur.

Demande en validité. 765. Dans les cas qui précèdent, la saisie conservatoire ne sera valable qu'à la condition d'être suivie d'une demande en validité dans les huit jours, indépendamment des délais de distance.

766. Le jugement de validité convertira la saisie conservatoire en saisie-exécution, et il sera procédé à la vente dans les formes établies au chapitre de la saisie et de la vente des biens meubles. V. SAISIE MOBILIÈRE.

DISPOSITIONS ADDITIONNELLES.

COMPÉTENCE. *C. Proc.* 28. Un juge délégué par le tribunal statuera en tribunal de justice sommaire sur les affaires suivantes en matière civile :

4° Dans les mêmes limites du dernier ressort (P. T. 800) et à charge d'appel, à quelque somme que s'élève la demande au delà de 8,000 P. T. sur les actions en validité de saisie de meubles garnissant les lieux loués.

LETTRE DE CHANGE. *C. Com.* 180. Indépendamment de l'action en garantie, le porteur d'une lettre de change protestée faute de paiement, peut, en observant les formalités indiquées au code de procédure, saisir conservatoirement les effets mobiliers des tireurs, accepteurs ou endosseurs.

§ II. DU DROIT D'AFFECTATION SUR LES IMMEUBLES.
V. AFFECTATION (DROIT D').

SAISIE-EXÉCUTION. V. SAISIE CONSERVATOIRE, art. 766.

SAISIE-GAGERIE. V. SAISIE CONSERVATOIRE.

SAISIE IMMOBILIÈRE. *C. Proc. Chap. XII. Sect. VI.*
SAISIE IMMOBILIÈRE.

§ *I. Saisie et adjudication (art. 605-675).*

DISPOSITIONS GÉNÉRALES.

Commandement. 605. La saisie des immeubles appartenant au débiteur ne pourra avoir lieu qu'en vertu d'un titre exécutoire et après commandement en tête duquel copie du titre sera signifiée.

Le commandement sera signifié à personne ou au domicile réel.

606. Le commandement contiendra élection de domicile dans la ville où siège le tribunal qui devra connaître de la saisie.

Il énoncera que, faute de payement, il sera procédé à la saisie des immeubles du débiteur.

Il indiquera la nature et la consistance des immeubles sur lesquels portera la saisie.

607. Le commandement sera transcrit au bureau des hypothèques. La transcription sera radiée d'office, comme périmée, cent soixante jours après sa date, outre les délais de distance entre le domicile du saisi en Egypte et le lieu où siège le tribunal qui devra connaître de la saisie, s'il n'y a pas eu, comme il sera dit ci-après, transcription du procès-verbal de saisie.

608. Le débiteur ne peut, à partir du jour de la transcription du commandement, aliéner les immeubles indiqués dans le commandement, à peine de nullité et sans qu'il soit besoin de la faire prononcer.

Néanmoins, l'aliénation ainsi faite aura son exécution si, avant le jour fixé pour l'adjudication, l'acquéreur consigne à la caisse du tribunal somme suffisante pour acquitter en capital, intérêts et frais, ce qui est dû au créancier poursuivant, à ceux qui auront fait signifier des commandements et aux créanciers inscrits, et s'il leur signifie l'acte de consignation.

Si les deniers ainsi déposés ont été empruntés, les prêteurs n'auront d'hypothèque que postérieurement aux créanciers inscrits lors de l'aliénation.

A défaut de consignation avant l'adjudication, il ne pourra être accordé, sous aucun prétexte, de délai pour l'effectuer.

609. L'opposition au commandement devra se faire dans les quinze jours qui suivront la notification, par assignation dans la forme ordinaire, devant le tribunal dans le ressort duquel se trouve la plus grande partie des immeubles désignés dans le commandement ; elle sera jugée d'urgence par le tribunal : le délai d'appel sera de dix jours à partir de la signification du jugement; la Cour jugera également d'urgence ; il n'y aura pas lieu à appel si la somme demandée dans le commandement n'excède pas 8,000 piastres tarif.

610. Si l'opposition est rejetée, le payement de la somme due devra se faire dans la quinzaine qui suivra la signification de la

sentence définitive ; l'opposition au commandement faite après le délai de quinze jours ci-dessus fixé ne suspend pas la saisie, à moins que le tribunal ne juge qu'il y a lieu d'ordonner la suspension pour des motifs graves.

611. L'opposition faite dans la quinzaine du commandement interrompt le délai fixé par l'art. 607.

L'huissier fera viser dans les vingt-quatre heures les originaux des actes d'opposition et de signification des jugements par l'officier chargé du bureau des hypothèques, qui en fera mention en marge de la transcription du commandement.

612. Les baux antérieurs à la transcription du commandement ne seront reconnus que s'ils ont date certaine.

613. Les baux n'ayant pas date certaine ou consentis depuis la transcription du commandement sans anticipation de loyer, seront reconnus s'ils peuvent être considérés comme actes de bonne administration.

Saisie (et procès-verbal de). 614. La saisie ne pourra être faite dans les trente jours ni après les quatre-vingt-dix jours qui suivront le commandement, à peine de nullité.

615. La saisie sera faite par deux huissiers ou un huissier assisté de deux témoins majeurs qui se transporteront sur les lieux ; le procès-verbal contiendra, outre les formalités générales des actes d'huissiers :

1° L'énonciation du titre exécutoire en vertu duquel la saisie est faite et du commandement ;

2° L'indication du bien saisi, par sa situation, sa contenance approximative, ses tenants et aboutissants, sa description sommaire, s'il y a lieu, et toutes autres indications qui pourront être prescrites par le règlement du tribunal, suivant l'état des constatations administratives faites pour les biens immobiliers ;

3° Election de domicile dans la ville où siège le tribunal de la saisie ;

4° Enfin, l'indication du tribunal où la saisie sera portée.

616. Ce tribunal sera celui du lieu de la plus grande partie des immeubles saisis par le même créancier.

617. Copie du procès-verbal sera laissée au cheikh-el-balad de la situation des biens, qui visera l'original.

Dans les trois jours de la clôture du procès-verbal, l'huissier sera tenu, sous peine disciplinaire, d'en transmettre une copie au chef du parquet du tribunal qui doit connaître de la saisie, lequel la transmettra dans les vingt-quatre heures au Moudir ou au Gouverneur du lieu de la saisie.

618. La saisie sera dénoncée au saisi dans la quinzaine qui suivra la clôture du procès-verbal, outre les délais de distance entre le domicile du saisi en Egypte et le lieu où siège le tribunal qui doit connaître de la saisie.

619. Dans la quinzaine suivante, le procès-verbal de saisie et

l'acte de dénonciation seront, à peine de nullité, transcrits sur le registre des hypothèques de la situation des biens saisis, et mention en sera faite en marge de la transcription du commandement.

620. S'il y a une précédente saisie, l'officier qui tiendra le bureau des hypothèques mentionnera la nouvelle saisie en marge de la première transcription, en indiquant la date du procès-verbal, le nom du saisissant et du saisi, le titre exécutoire et le nom de l'huissier.

621. Il fera les mêmes mentions de la première saisie en marge du procès-verbal de la deuxième saisie.

623. La transcription du procès-verbal de saisie immobilise les fruits et revenus du bien saisi, qui seront distribués au même titre que le prix de l'immeuble, pour la partie qui correspondra à l'époque postérieure à cette transcription.

Locataires d'immeubles saisis. 622. Si les immeubles saisis ne sont pas loués ou affermés, le saisi restera en possession jusqu'à la vente, comme séquestre judiciaire, à moins que sur la demande d'un ou plusieurs créanciers il n'en soit autrement ordonné par le juge des référés.

Les créanciers pourront, néanmoins, après y avoir été autorisés par le juge des référés, faire procéder à la coupe et à la vente, en tout ou en partie, des fruits pendants par les racines.

Les fruits seront vendus aux enchères ou de toute autre manière autorisée par le juge, dans le délai qu'il aura fixé, et le prix sera déposé à la caisse du greffe du tribunal de la saisie.

624. Une simple opposition du saisissant ou de tout autre créancier entre les mains des fermiers ou locataires vaudra saisie-arrêt, sans autre formalité, sur tous les loyers à échoir, même ceux dus pour la jouissance antérieure à la transcription et qui seront distribués par voie de contribution.

625. Si les fermiers et locataires ont payé de bonne foi et avant l'opposition, des loyers afférents à la jouissance postérieure à la transcription, le saisi en devra compte comme séquestre judiciaire.

Cahier des charges. 626. Le cahier des charges de la vente sera déposé au greffe par le saisissant, dans les vingt jours au plus tard après la transcription ci-dessus.

627. Il contiendra :

1° L'énonciation du titre exécutoire, du commandement, de la saisie et de tous les actes de procédure et jugements survenus depuis ;

2° La désignation des immeubles, telle qu'elle a été insérée au procès-verbal de saisie, avec les indications connues depuis, s'il y a lieu ;

3° Les conditions de la vente ;

4° Le lotissement des immeubles ;

5° Le tribunal en chambre du conseil fixera la mise à prix de chaque lot ; il pourra s'éclairer à cet effet par l'avis d'un ou plusieurs experts ; sa décision, qui ne sera pas motivée, sera inscrite au pied du cahier des charges.

628. Le tribunal pourra, même d'office, limiter provisoirement la vente des biens saisis à une partie des immeubles, lorsqu'il jugera que le prix de cette partie pourra suffire pour payer entièrement le créancier poursuivant, ceux qui auront fait signifier des commandements et les créanciers inscrits, outre les frais.

629. Le dépôt du cahier des charges sera notifié au saisi et aux créanciers inscrits, au domicile élu dans leur inscription, dans la huitaine de ce dépôt, outre les délais de distance entre le domicile du saisi en Egypte et le siège du tribunal.

630. Dans le même délai, le dépôt sera annoncé par une insertion dans le journal désigné pour les annonces judiciaires, et par une affiche dans le tableau destiné aux publications dans l'enceinte du tribunal.

631. L'huissier qui aura fait la notification aux créanciers inscrits en donnera, dans les vingt-quatre heures, connaissance à l'officier chargé du bureau des hypothèques, lequel visera l'original et mentionnera la notification en marge de la transcription du procès-verbal de saisie.

632. Jusqu'à cette mention, la transcription des divers actes de la saisie pourra être radiée du consentement du saisissant seul.

633. Après la mention, elle ne pourra être radiée qu'en vertu du consentement des créanciers inscrits, du saisissant et de ceux qui auront fait signifier des commandements ou en vertu de jugements rendus contre eux, définitivement exécutoires.

634. Le cahier des charges sera communiqué au greffe à toute personne, sans déplacement.

Contredits, mise à prix. 635. Dans les trente jours qui suivront la notification aux créanciers inscrits, il pourra être fait, par déclaration au greffe, insérée à la suite du cahier des charges, des dires, contestations et demandes en nullité par toute personne, et le précédent vendeur pourra, en la même forme, produire sa demande en résolution pour défaut de paiement du prix, s'il y a lieu, le tout à peine de déchéance.

636. Chacun des créanciers inscrits ou porteurs de titres exécutoires pourra augmenter, par un dire, la mise à prix et en prendre charge, ce qui sera mentionné à la suite du cahier des charges ; celui qui aura offert la mise à prix la plus élevée sera, après le délai pour produire les dires, subrogé de plein droit aux poursuites, et il sera procédé comme il est indiqué aux paragraphes suivants en cas de subrogation.

637. S'il n'est fait aucun dire autre que des offres de mise à

prix, la partie poursuivante fixera à la suite du cahier des charges, d'accord avec le greffier, le jour auquel la vente aura lieu.

638. Cette fixation sera faite dans les cinq jours qui suivront le délai après lequel les dires ne sont plus admis.

639. La vente ne pourra être indiquée pour un jour antérieur au trentième jour, ou postérieur au soixantième jour, à partir de la fixation.

640. A la suite du premier dire, le greffier fixera en présence de la partie qui l'aura fait, l'audience où l'affaire sera appelée devant le tribunal pour statuer sur les contestations et celles qui pourraient survenir ultérieurement et dans le délai.

641. Cette audience sera la première utile, après les cinq jours qui suivront l'expiration du délai pendant lequel les dires seront reçus.

642. Les contestations seront jugées sommairement par le tribunal, qui fixera le jour de l'adjudication dans les termes indiqués plus haut.

643. Toutefois, il y aura lieu à renvoi, si un autre tribunal est saisi d'une demande en résolution de vente.

644. L'appel devra, à peine de déchéance, être relevé dans les dix jours de la signification du jugement et il y sera statué d'urgence par la Cour.

Publicité. V. PUBLICITÉ JUDICIAIRE.

Frais de poursuite. 650. Les frais de la poursuite seront taxés par le juge ; le montant de la taxe sera publiquement annoncé à l'audience avant l'ouverture des enchères et il en sera fait mention dans le jugement d'adjudication.

651. Il ne pourra rien être exigé au delà de la taxe.

Adjudication. 652. Au jour indiqué pour l'adjudication, il y sera procédé, par le tribunal, sur la mise à prix déterminée à la suite du cahier des charges, à la requête du saisissant et au besoin de tout créancier inscrit, et à la criée de l'huissier.

Si au dit jour il ne se présente pas d'enchérisseur, il sera procédé conformément aux dispositions des articles 707, 708 et 709. (V. VENTES IMMOBILIÈRES.) L'adjudication pourra être remise sur la demande du poursuivant, du saisi ou de toute personne intéressée, mais seulement pour cause grave et suffisamment justifiée.

Le jugement qui prononcera la remise fixera de nouveau le jour de l'adjudication, qui ne pourra être éloigné de moins de trente jours ni de plus de soixante.

Ce jugement ne sera susceptible d'aucun recours.

653. Toute enchère qui, y compris la mise à prix, ne sera pas couverte pendant trois minutes, donne lieu à l'adjudication au profit de l'enchérisseur, ce qui sera prononcé par le tribunal.

654. Le règlement du tribunal indiquera la progression suivant laquelle doivent être faites les enchères.

655. Quand une enchère sera couverte, le précédent enchérisseur sera libéré.

656. L'adjudicataire devra, s'il ne l'a fait avant l'audience, déposer, séance tenante, outre les frais, le dixième de son prix en titres ou valeurs reconnus suffisants ou en espèces, ou présenter une caution pour le dixième du prix et pour les frais, laquelle devra être reconnue solvable par le tribunal, en chambre du conseil, sinon il sera procédé à la revente, aux risques et périls de l'enchérisseur,

657. L'adjudicataire reconnu solvable peut être sa propre caution.

658. Dans les trois jours qui suivront l'adjudication, l'adjudicataire peut se déclarer au greffe mandataire d'une personne déterminée, du consentement de cette personne et de la caution, auquel cas il sera dégagé, les garanties données valant pour le mandant.

659. L'adjudicataire devra faire élection de domicile dans la ville où siège le tribunal, s'il n'y demeure pas, sinon, cette élection sera de droit au greffe dudit tribunal.

668. Le jugement d'adjudication ne sera pas susceptible d'opposition.

Il ne pourra être frappé d'appel que dans les cinq jours de son prononcé et pour défaut de forme.

669. Le jugement d'adjudication qui formera titre pour le saisi et ses ayants droit pour le payement du prix et titre de propriété pour l'adjudicataire, comprendra la copie du cahier des charges, l'énonciation des formalités faites pour procéder à la vente et la copie du procès-verbal d'audience.

670. L'expédition exécutoire ne sera remise à l'adjudicataire que sur la justification qu'il a satisfait aux clauses du cahier des charges, qui doivent être exécutées avant cette remise.

671. A la diligence de l'adjudicataire ou de tout intéressé, mention du jugement sera faite en marge de la transcription de la saisie au bureau des hypothèques.

672. Le jugement lui-même sera transcrit à sa date, conformément à ce qui est énoncé au code civil.

673. Le jugement d'adjudication ne sera signifié qu'à la personne ou au domicile de la partie saisie.

674. L'adjudication ne transmet à l'adjudicataire d'autres droits à la propriété que ceux appartenant au saisi.

675. Le jugement d'adjudication dûment transcrit purge toutes les hypothèques, et les créanciers n'ont plus d'action que sur le prix.

Surenchère. V. SURENCHÈRE.

Renvoi de vente. 667. Les jugements qui prononceront un simple renvoi de vente ne seront pas susceptibles d'opposition ou d'appel.

SAISIE MOBILIÈRE.

§ II. *Incidents sur la saisie immobilière.*
V. INCIDENTS SUR SAISIE IMMOBILIÈRE.
V. ORDRE.

SAISIE MOBILIÈRE. *C. Proc. Chap. XII. Sect. III.*
EXÉCUTION PAR VOIE DE SAISIE ET VENTE DE MEUBLES ET
BIENS MOBILIERS *(art. 502-545).*

DISPOSITIONS GÉNÉRALES.

Formalités. 502. La saisie des meubles et biens mobiliers ne pourra être faite que vingt-quatre heures après le commandement.

503. L'huissier ne pourra agir que porteur d'un pouvoir spécial du saisissant pour saisir. Il devra également avoir pouvoir pour recevoir, à moins que la somme due ne soit payable dans un lieu autre que celui où la saisie est faite.

Saisie et procès-verbal de saisie. 504. Il procédera à la saisie assisté de deux témoins majeurs, ni parents ni alliés des parties jusqu'au sixième degré inclusivement, qui signeront ou cacheteront le procès-verbal sur l'original et la copie, le tout hors de la présence du saisissant et à peine de nullité.

505. Les témoins pourront être des agents de la force publique.

506. Le procès-verbal de saisie contiendra, outre les énonciations communes à tous les actes d'huissiers, un nouveau commandement de payer, si la saisie est faite au domicile du saisi ou en sa présence, élection de domicile dans le lieu de la saisie, et, en tous cas, la désignation détaillée des objets saisis, le tout à peine de nullité ; les deniers comptants, qui seront spécifiés en espèces au procès-verbal, seront déposés à la caisse du tribunal.

507. Les marchandises seront, suivant leur nature, pesées, mesurées ou jaugées ; les matières d'or et d'argent seront pesées et décrites.

L'or, l'argent et les bijoux seront estimés par un expert, lequel sera nommé par le juge de service et prêtera serment devant ce magistrat.

Tous autres objets seront pareillement estimés chaque fois que, sur requête du saisissant ou du saisi, le juge le trouvera utile.

Le rapport de l'expert commis par le juge sera joint au procès-verbal de saisie.

511. Le procès-verbal sera fait sans déplacement des objets saisis ; l'huissier fera garder et surveiller les lieux jusqu'à la clôture du procès-verbal, qui pourra être continué aux jours suivants, si cela est nécessaire, mais sans interruption.

512. Si la saisie est faite au domicile du saisi, ou s'il est présent au moment de la clôture, il lui sera remis copie du procès-verbal sur-le-champ, dans les termes prescrits pour les actes d'huissiers.

La signature du saisi au procès-verbal n'emportera pas acquiescement au jugement.

513. Si la saisie est faite en dehors du domicile et hors de la présence du saisi, copie lui sera signifiée dans les vingt-quatre heures de la saisie, outre les délais de distance.

514. Si la partie saisie élève des difficultés et demande à en référer au juge du référé, l'huissier pourra continuer la saisie et donner, sur son procès-verbal, assignation à comparaître en référé même en la demeure du juge, s'il y a urgence.

515. Si les portes sont fermées, ou si l'ouverture en est refusée, ou s'il est fait contre l'huissier des actes de violence ou de résistance, il prendra toutes les mesures conservatoires pour empêcher les détournements et requérir la force publique et l'assistance de l'autorité locale ; si elle lui est refusée, il s'adressera au président, qui requerra la force publique au nom du tribunal.

539. Le procès-verbal de vente constatera la présence ou l'absence de la partie saisie.

Saisie contre Européens. 516. Le consul du saisi sera prévenu de la saisie dans les termes de la loi sur l'organisation judiciaire.

Choses insaisissables. 517. L'huissier ne pourra saisir le coucher nécessaire aux saisis ou à leurs parents et alliés en ligne directe, vivant avec eux, ni les habits dont ils sont vêtus et couverts.

518. Ne pourront être saisis, si ce n'est pour loyers, fermages, ou pour dettes d'aliments :

1° Les livres indispensables à la profession du saisi, et les outils des artisans, nécessaires à leur travail personnel ;

2° Les équipements militaires appartenant au saisi ;

3° Les grains ou farines nécessaires à la nourriture du saisi et de sa famille pendant un mois ;

4° Une vache, ou trois chèvres, ou trois brebis au choix du saisi, s'il s'agit d'animaux en sa possession et dont il use au moment de la saisie.

Gardien. 508. L'huissier mettra un gardien à la saisie, si le saisissant n'en offre un solvable qui sera établi par l'huissier.

509. Le gardien devra remplir les mêmes conditions que les témoins.

510. Il lui sera laissé copie du procès-verbal, qu'il signera ou cachètera en original et en copie, sinon il sera fait mention des causes qui l'empêchent de le faire.

519. Lorsque les animaux ou les ustensiles servant à l'exploitation des terres, ou les ustensiles d'une usine ou d'un atelier auront été saisis, le juge du référé pourra établir un gérant à l'exploitation.

520. Le gardien ne pourra, à peine de dommages-intérêts, se servir ni tirer bénéfice des objets confiés à sa garde, ni les prêter.

521. Il ne pourra demander sa décharge et son remplacement, à moins de motifs suffisants, que deux mois après avoir été établi,

auquel cas il se pourvoira en référé, en appelant le saisi et le saisissant.

522. Il sera dressé un inventaire, par procès-verbal d'huissier, des objets saisis, quand le deuxième gardien entrera en fonctions.

Détournement. 523. Le saisi, ou les tiers qui auront détourné des objets, seront passibles des peines du vol.

Créanciers du saisi. 524. Quand il y aura précédente saisie, les créanciers ayant droit d'exécution n'auront que le droit de faire opposition, entre les mains du gardien ou du saisissant et de l'huissier, à la main-levée de la saisie, et de saisir sur les objets non compris dans le premier procès-verbal, qui sera représenté à l'huissier par le gardien, ainsi que les objets saisis ; le même gardien sera constitué pour les nouveaux objets, s'ils se trouvent dans le même lieu.

525. Dans ces cas, cette opposition vaudra une saisie-arrêt entre les mains de l'huissier sur le prix de la vente; elle sera simplement notifiée au saisi, sans qu'il soit besoin de demande en validité.

526. Les créanciers qui n'auront pas de titres exécutoires pourront faire saisie-arrêt entre les mains de l'huissier sur le prix de la vente, et ne seront pas contraints, à peine de nullité, d'en demander la validité.

527. Il leur sera, toutefois, facultatif de poursuivre contre la partie saisie un jugement de condamnation.

541. Lorsque le saisissant aura donné main-levée, ou lorsqu'il n'aura pas fait procéder à la vente au jour indiqué par le procès-verbal de saisie, et obtenu une nouvelle indication par ordonnance, les créanciers opposants ayant titre exécutoire pourront, vingt-quatre heures, s'il y a lieu, après une sommation faite au saisissant en retard, faire procéder à la vente après placards apposés dans les termes ci-dessus. V. PUBLICITÉ JUDICIAIRE.

Vente aux enchères. 528. La vente n'aura lieu que huit jours au moins après la saisie, au lieu où se trouvent les meubles ou au marché le plus voisin, aux enchères et à la criée de l'huissier et au comptant.

Le procès-verbal de vente sera dressé à la suite de celui de vérification, qui mentionnera seulement les objets manquants.

Les objets d'or et d'argent ne peuvent être vendus pour une somme inférieure à leur valeur intrinsèque telle qu'elle aura été déterminée par l'expertise ; les objets de cette nature qui, à défaut d'enchérisseur, n'auront pas été vendus, seront conservés en dépôt, comme les deniers comptants, pour être assignés en payement au saisissant ou à d'autres créanciers, en cas de distribution par contribution.

Si, pour la vente des autres objets estimés ou des bijoux, il ne se présente pas d'enchérisseur au prix de l'estimation, la vente sera remise au premier jour suivant non férié, et les objets seront alors vendus au plus offrant, même en dessous de l'estimation.

La vente sera pareillement remise quand il ne se présentera pas d'autre enchérisseur, pour des objets non estimés, que le seul créancier saisissant, sauf si celui-ci consent à recevoir ces objets en payement, suivant l'estimation d'un expert que l'huissier chargé de la vente désignera.

Pour annoncer la continuation ou la remise de la vente, il suffira d'une déclaration publiquement faite par l'huissier et mentionnée dans son procès-verbal.

529. Si l'adjudicataire ne paye pas comptant, l'objet sera immédiatement vendu, à ses risques et périls, dans les mêmes formes et à tout prix.

L'huissier qui n'aura pas fait payer le prix et aura omis de revendre l'objet adjugé, sera responsable du prix.

530. Le saisissant, le saisi et les créanciers opposants pourront, toutefois, chacun de son côté, demander en référé contradictoire que la vente ait lieu à tout autre endroit que celui indiqué ci-dessus.

Lorsque le fonds de commerce ou le droit de bail sera vendu avec les marchandises ou les meubles, ou séparément, la vente se fera dans le local du tribunal affecté aux ventes publiques, si l'une des parties le requiert, et en tout cas quinze jours au plus tôt après la saisie.

540. Lorsque la vente aura produit somme suffisante pour payer le montant des causes de la saisie, des oppositions et des frais, il y sera mis fin, auquel cas les oppositions nouvelles faites entre les mains de l'huissier ou de tous autres détenteurs du prix ne porteront que sur l'excédent réalisé, s'il y en a.

Revendication. 542. La demande judiciaire en revendication d'objets saisis arrêtera la vente des objets revendiqués ; elle devra être introduite contre le saisissant, le saisi et les opposants, et sera jugée d'urgence au jour où elle sera appelée.

543. Le revendiquant qui succombera sera condamné à des dommages-intérêts, s'il y a lieu, et, en tout cas, aux frais qui seront la conséquence de sa revendication.

Affiches et placards. V. Publicité judiciaire (saisie mobilière).

SAISIE DE RÉCOLTES. V. Saisie-brandon.

SAISIE DE NAVIRE (ET VENTE). V. Navire.

SAISIE-OPPOSITION. V. Saisie-arrêt.

SAISIE DE RENTES, TITRES, etc. V. Rentes.

SALAIRES. V. Gages et salaires. Architecte.

SAUVETAGE. *C. Marit.* 122. Si le navire et les marchandises sont rachetées, ou si les marchandises sont sauvées du naufrage avec le concours du capitaine, celui-ci est payé du

SÉQUESTRE.

fret entier jusqu'au lieu de la prise ou du naufrage, s'il ne peut les conduire jusqu'au lieu de destination.

Il est payé du fret entier en contribuant au rachat, s'il conduit les marchandises au lieu de leur destination.

Si le capitaine n'a point coopéré au sauvetage, il n'est dû aucun fret pour les marchandises sauvées en mer ou sur le rivage et remises par suite aux parties intéressées.

167. En cas de naufrage, le payement des sommes empruntées à la grosse est réduit à la valeur des effets sauvés et affectés au contrat, déduction faite des frais de sauvetage.

224. Le fret des marchandises sauvées, quand même il aurait été payé d'avance, fait partie du délaissement du navire, et appartient également à l'assureur, sans préjudice des droits des prêteurs à la grosse, de ceux des matelots pour leurs loyers et des frais et dépenses pendant le voyage.

239. Sont avaries particulières : 2° les frais faits pour sauver les marchandises.

SCELLÉS. *C. Com. Chap. III. Sect. III.* DE L'APPOSITION DES SCELLÉS.

247. Par le jugement qui déclarera la faillite, le tribunal de commerce ordonnera l'apposition des scellés sur le magasin et les effets du failli.

249. Les scellés seront apposés immédiatement par le juge commissaire, et, au besoin, provisoirement par tout officier public ou fonctionnaire qu'il déléguera, sur les magasins, comptoirs, caisses, livres, papiers, meubles et effets du failli, à moins que l'inventaire ne puisse être fait en un jour, auquel cas il y serait procédé sans désemparer. En cas de faillite d'une société en nom collectif, les scellés seront apposés, non seulement dans le siège principal de la société, mais encore dans le domicile séparé de chacun des associés solidaires. V. FAILLITE.

SECRET PROFESSIONNEL. *R. G. J.* 14. Les fonctionnaires de l'ordre judiciaire et les huissiers seront tenus de garder un secret inviolable sur les affaires en jugement à l'égard des personnes auxquelles ils ne seront pas obligés d'en donner communication d'office.

188. L'avocat est tenu de garder le secret sur les affaires qui lui sont confiées.

Les cas où il est délié de l'obligation de témoigner dans une procédure civile ou pénale sont prévus par les lois civiles ou pénales.

SEING PRIVÉ. V. ACTES SOUS SEING PRIVÉ.

SÉQUESTRE. DÉLAISSEMENT SUR HYPOTHÈQUE. *C. Civ.* 710. La partie la plus diligente fera nommer par le juge des référés un séquestre sur lequel sera suivie la procédure d'expropriation forcée.

711. Le tiers détenteur sera nommé séquestre s'il le demande.

DÉPÔT. *C. Civ.* 599. Lorsque le dépôt a été fait, parce que la chose était litigieuse, le dépositaire ou séquestre ne doit la rendre qu'à celui qui sera désigné par toutes les parties ou par le tribunal.

600. Le dépositaire ou séquestre d'une chose litigieuse, ou sous la main de la justice, peut être nommé par le tribunal, qui peut désigner une des parties en cause.

601. Le dépôt des choses litigieuses peut n'être pas gratuit et comprendre des immeubles.

602. Dans tous les cas, le dépositaire ou séquestre doit restituer les fruits; il doit les intérêts de l'argent déposé dès qu'il est mis en demeure de le restituer, quand il le doit, ou dès qu'il l'a employé à son profit.

EXÉCUTION DES OBLIGATIONS. *C. Civ.* 239. Le débiteur se libère de l'obligation de délivrer un immeuble en faisant nommer un séquestre judiciaire par une sentence contradictoire ou à laquelle le créancier a été appelé.

EXÉCUTION PROVISOIRE. *C. Proc.* 458. Le poursuivant a le choix ou d'offrir une caution solvable... ou d'exécuter en consentant que l'objet dont la livraison est requise, soit remis à un séquestre solvable.

460. La partie poursuivie aura trois jours pour contester la solvabilité de la caution ou du séquestre, ce qui sera fait par simple déclaration au greffe.

461. Passé ce délai, la contestation ne sera plus admise, la caution fera sa soumission au greffe et le séquestre. s'il y a lieu, y déclarera son acceptation.

464. S'il y a contestation soit sur la solvabilité de la caution, soit sur le séquestre ou le courtier... le tribunal du lieu de l'exécution statuera d'urgence sur une citation à trois jours francs. V. EXÉCUTION PROVISOIRE.

OFFRES RÉELLES. *C. Proc.* 787. Le débiteur a la faculté de faire nommer par le tribunal un séquestre pour le corps certain offert.

SAISIE IMMOBILIÈRE. *C. Proc.* 622. Si les immeubles saisis ne sont pas loués ou affermés, le saisi restera en possession jusqu'à la vente, comme séquestre judiciaire, à moins que, sur la demande d'un ou plusieurs créanciers, il n'en soit autrement ordonné par le juge des référés.

625. Si les fermiers ou locataires ont payé, de bonne foi et avant l'opposition, des loyers afférents à la jouissance postérieure à la transcription, le saisi en devra compte comme séquestre judiciaire.

VENTE. *C. Civ.* 414. Le tribunal peut, pour des motifs graves, accorder un délai modéré à l'acheteur pour le payement de son prix, sauf à mettre la cause vendue sous séquestre, s'il y a lieu.

SEMENCES. Bail. *C. Civ.* 472. Le locataire sortant est obligé, autant qu'il n'en éprouve pas de préjudice, de permettre au locataire entrant de préparer les terres et de faire les semences.

480. Si le cas fortuit a empêché le locataire de préparer la terre, ou de semer, ou a détruit la totalité ou la plus grande partie des semences faites, le loyer n'est pas dû ou doit être diminué.

Le tout sauf convention contraire.

Privilège. *C. Civ.* 727. Sont privilégiées les créances suivantes:

3° Les sommes dues pour les frais de récolte de l'année, et celles dues pour les semences qui ont produit la récolte, qui seront payées, dans l'ordre indiqué au présent alinéa, après les créances précédentes, sur le prix de vente de ladite récolte.

Le privilège ci-dessus s'exercera indépendamment de toute inscription. V. Privilège. Récoltes.

SERMENT. *C. Proc. Chap.* X. *Sect.* II. §II. Du serment. (*Art.* 184-199.)

DISPOSITIONS GÉNÉRALES.

Procédure. 184. La partie qui déférera le serment décisoire devra en proposer la formule, qui devra en être conçue de telle sorte que le fait invoqué résulte de la réponse négative à la question posée.

188. Les conclusions qui contiennent la formule du serment devront être signifiées vingt-quatre heures avant l'audience où l'affaire sera appelée.

189. Si la partie à laquelle le serment est déféré ne conteste pas la pertinence et l'admissibilité du serment, et si elle ne le réfère pas, elle devra le prêter à la première audience qui suivra la signification de la formule, sauf au tribunal à accorder un délai, s'il y a lieu.

192. Le jugement qui admettra la pertinence et l'admissibilité de la formule du serment, quand elle aura été contestée, et celui qui ordonnera la prestation d'un serment supplétoire, statueront sur le fond, en prononçant une disposition alternative pour le cas où le serment serait prêté ou refusé.

193. La partie la plus diligente signifiera le jugement et donnera citation dans les formes et délais des ajournements pour la prestation du serment.

Prestation du serment. 185. Le mandataire ne pourra ni déférer le serment ni le référer, sans mandat spécial pour cet objet.

186. La demande en délation du serment peut être rejetée si elle porte sur un fait non pertinent ou admissible.

187. Le serment ne peut être déféré subsidiairement; la délation du serment implique l'abandon de tout autre moyen de preuve sur le chef auquel elle s'applique.

190. Si le serment est refusé et n'est pas référé, le fait prétendu par celui qui l'a déféré sera tenu pour vrai.

191. Il n'y aura pas lieu à prêter de serment si celui auquel il est déféré reconnaît les faits invoqués.

194. La partie qui devra prêter serment pourra toujours le prêter, si elle le demande, dans les formes déterminées par sa croyance religieuse.

195. Dans les autres cas, le serment se prêtera la main droite levée par les mots : « Oui *ou* non, je le jure, » en répétant ensuite la formule signifiée.

196. Le serment ne peut être prêté par mandataire.

199. Dans tous les cas ci-dessus, il est dressé un procès-verbal de la prestation du serment, qui est signé par la partie qui l'a prêté, par le président ou le juge commis et le greffier.

Commission rogatoire. 197. En cas d'empêchement dûment constaté de la partie à qui le serment est déféré, le tribunal pourra commettre pour le recevoir un juge qui se transportera près d'elle assisté du greffier.

198. En cas d'éloignement, le jugement pourra déléguer le tribunal de la résidence de la partie pour recevoir le serment.

DISPOSITIONS ADDITIONNELLES.

BAIL SANS ÉCRIT. *C. Civ.* 446. Le contrat de bail fait sans écrit ne peut être prouvé, quand il n'a pas encore reçu d'exécution, que par l'aveu ou le serment de celui auquel il est opposé.

EXPERT. *C. Proc.* 260. Sur la sommation de la partie la plus diligente, l'expert prendra connaissance de sa mission sur la minute du jugement, dont un extrait, dans la partie qui détermine cette mission, lui sera remis par le greffier, et prêtera serment devant le juge de service, sans qu'il soit nécessaire que les parties soient présentes ; il désignera, à la suite du procès-verbal de serment, les jour, lieu et heure auxquels il procédera.

261. Le procès-verbal de serment et l'indication du jour par l'expert seront signifiés par la partie la plus diligente, à l'autre partie, vingt-quatre heures au moins avant qu'il soit procédé à l'enquête, à peine de nullité.

FONCTIONNAIRES JUDICIAIRES. *R. G. J.* 18. Avant d'entrer en fonctions, les fonctionnaires de l'ordre judiciaire et les huissiers, comme aussi les expéditionnaires nommés pour remplacer provisoirement lesdits fonctionnaires, prêteront dans la forme suivante serment devant l'autorité judiciaire à laquelle ils seront attachés :

Je jure de remplir, en homme d'honneur et en toute conscience, les fonctions qui me sont confiées.

MANDAT. *C. Civ.* 632. Il est nécessaire de justifier d'un mandat spécial ou de pouvoirs spéciaux énoncés dans une procuration générale pour... prêter ou déférer serment.

PRESCRIPTION. *C. Civ.* 276. Dans le cas où la prescription est de trois cent soixante jours ou au-dessous, et dans les cas prévus au code de commerce en matière d'effets de commerce, celui qui invoquera la prescription ne sera libéré que s'il prête serment qu'il s'est effectivement libéré.

277. Les veuves et héritiers et leurs tuteurs prêteront serment qu'ils ne savent pas que la chose est due.

(*Effets de commerce*). *C. Com.* 201. Toutes actions relatives aux lettres de change et aux effets de commerce, souscrits par des négociants, marchands ou banquiers, ou pour faits de commerce, se prescrivent par cinq ans, à compter du jour du protêt ou de la dernière poursuite judiciaire, s'il n'y a eu condamnation, ou si la dette n'a été reconnue par acte séparé. Néanmoins, les prétendus débiteurs seront tenus, s'ils en sont requis, d'affirmer sous serment qu'ils ne sont plus redevables, et leurs héritiers ou ayants cause, qu'ils estiment de bonne foi qu'il n'est plus rien dû.

PREUVE. *C. Civ.* 281. (Lorsque la preuve testimoniale ne sera pas admise), les parties ne pourront que provoquer l'aveu de l'adversaire par un interrogatoire dans les formes prescrites au code de procédure (V, INTERROGATOIRE DES PARTIES) ou en leur déférant le serment.

288. Dans le cas où l'écrit ne paraît pas suffisamment faire preuve, le juge peut déférer le serment au créancier pour établir sa créance, ou au débiteur pour prouver sa libération.

289. Les parties peuvent réciproquement se déférer le serment, auquel cas le serment peut être référé par la partie à qui il a été déféré.

290. La délation du serment par la partie suppose la renonciation à toute autre espèce de preuve.

TÉMOINS. *C. Proc.* 243. Le témoin prêtera serment de dire la vérité : le serment se fera, s'il le demande, dans la forme réglée par ses croyances religieuses.

244. Les enfants au-dessous de 14 ans ne prêteront pas serment et seront entendus à titre de simple renseignement.

COMMISSIONNAIRES DE TRANSPORT. *C. Com.* 107. A défaut de la déclaration de la valeur des objets transportés, s'ils sont perdus, cette valeur ne sera appréciée par le tribunal que d'après les énonciations contenues à la lettre de voiture et d'après l'apparence extérieure des objets expédiés. Si la valeur a été déclarée, toutes preuves seront admises et le tribunal pourra s'en rapporter à la déclaration de l'expéditeur corroborée par serment.

SERVITUDES. *C. Civ.* 19. Les biens sont susceptibles de droits différents par rapport à ceux qui en profitent; ces droits sont : 3° Les servitudes.

C. Civ. Titre I. Chap. IV. DES SERVITUDES. (*Art.* 51-65.)

DISPOSITIONS GÉNÉRALES.

51. Une servitude est une charge imposée à un immeuble au profit d'un autre immeuble.

Les servitudes sont réglées d'après le titre de leur constitution et d'après les usages locaux.

52. L'étendue du droit d'user des eaux des canaux construits par l'Etat ou par une corporation, est proportionnelle aux terrains à arroser, sauf ce qui sera ordonné par la loi relative aux syndicats établis en cette matière.

53. Celui qui a établi un canal a seul le droit de se servir de l'eau de ce canal ou de la vendre.

54. On doit, sur son terrain, le passage de l'eau nécessaire au fonds le plus éloigné de la prise d'eau, moyennant le payement d'une indemnité préalable réglée par les tribunaux, qui détermineront, en cas de contestation, les travaux à faire pour l'établissement du passage, de façon à ce qu'il soit le moins dommageable possible.

Mais le propriétaire qui arrose ses terres au moyen de machines ou de canaux, ne peut forcer les fonds inférieurs à recevoir ses eaux.

55. Le propriétaire de l'étage inférieur d'un bâtiment doit faire les constructions nécessaires pour empêcher la chute de l'étage supérieur.

S'il se refuse à faire les travaux de consolidation nécessaires, la vente de la partie de la maison qui lui appartient peut être ordonnée.

En tous cas, les travaux urgents peuvent être ordonnés par le juge des référés.

56. Le propriétaire de l'étage supérieur ne doit pas surélever les constructions de manière à nuire à l'étage inférieur.

57. Le propriétaire de l'étage inférieur doit entretenir le plafond, y compris les poutres qui sont présumées lui appartenir. Le propriétaire de l'étage supérieur doit entretenir le carrelage ou plancher de son étage ; il doit entretenir aussi l'escalier, depuis l'endroit qui ne sert pas au propriétaire de l'étage inférieur.

58. Si la construction vient à tomber, le propriétaire de l'étage inférieur est obligé de reconstruire son étage, faute de quoi sa propriété pourra être vendue en justice.

59. Nul ne peut forcer son voisin à s'enclore, ni à céder partie de son mur ou du terrain sur lequel se trouve ce mur.

60. Toutefois, le propriétaire d'un mur ne peut le détruire volontairement, sans motifs sérieux, de façon à nuire au voisin dont la propriété est close.

61. Nul ne peut avoir sur son voisin une vue droite à une distance moindre d'un mètre (2 *pics* 2/3 environ).

62. La distance se mesure du parement extérieur du mur où la

vue est pratiquée, ou de la ligne extérieure du balcon ou de la saillie.

63. Les usines, puits, machines à vapeur (1), etc., et tout établissement nuisible aux voisins, doivent être construits aux distances et dans les conditions prescrites par les règlements.

64. Tout propriétaire doit envoyer ses eaux pluviales et ménagères sur son terrain ou sur la voie publique, en se conformant aux règlements de salubrité.

65. Le droit de passage jusqu'à la voie publique des propriétés enclavées est réglé par les tribunaux, en ce qui concerne son mode d'exercice et l'indemnité préalable à laquelle il donne droit.

DISPOSITIONS ADDITIONNELLES.

DÉLAISSEMENT SUR HYPOTHÈQUE. *C. Civ.* 716. Les servitudes et droits réels que le tiers détenteur avait sur l'immeuble avant son acquisition, renaîtront (s'il délaisse ou subit l'expropriation).

ÉVICTION. *(Vente). C. Civ.* 384. La loi assimile à l'éviction totale l'éviction d'une partie déterminée ou indivise de la chose vendue, ou la revendication justifiée d'un droit de servitude non déclarée ni apparente au moment de la vente et constituée avant le contrat, lorsque l'éviction partielle et la servitude sont de telle nature que l'acquéreur n'aurait pas acheté s'il les avait connues.

PREUVE. *C. Civ.* 737. Les droits résultant d'actes entre vifs translatifs de propriété ou de droits réels susceptibles d'hypothèques ou constitutifs de droit de servitude, d'usage, d'habitation ou d'antichrèse, ou portant renonciation à ces droits, seront établis vis-à-vis des tiers prétendant un droit réel, par la transcription desdits actes ou jugements au greffe des hypothèques de la situation des immeubles. V. DROITS RÉELS.

SIGNATURE. V. CACHET. DÉNÉGATION D'ÉCRITURES.

SIGNES. *C. Civ.* 303. La vente peut être faite verbalement et par signes, sauf, en cas de dénégation, à appliquer les règles tracées par la loi en matière de preuve. V. PREUVE DES OBLIGATIONS. DROITS RÉELS.

SIGNIFICATIONS. *C. Proc.* 1. Les parties ne pourront se faire entre elles de notifications ou significations ayant caractère authentique, que par l'intermédiaire des huissiers. V. EXPLOITS. COMMANDEMENT. DÉLAI DE PROCÉDURE.

EXÉCUTION. *C. Proc.* 465. Les significations faites au domicile élu pendant l'instance seront valables si l'exécution a commencé dans les six mois du prononcé du jugement, sauf quand la loi en aura disposé autrement.

466. S'il y a révocation du domicile élu sans indication d'un nouveau domicile, et que la partie ne demeure pas dans la ville

---

1. V. MACHINES A VAPEUR (note).

où siège le tribunal, les significations se feront valablement au greffe.

467. Passé le délai de six mois, sans que l'exécution ait été commencée, ou si elle est suspendue pendant six mois, sans qu'il y ait instance, les significations devront être faites à personne ou au domicile réel.

SIGNIFICATION DE JUGEMENT. *C Proc.* 117. Les jugements ne pourront être exécutés qu'après avoir été signifiés à la partie. V. JUGEMENTS.

SIGNIFICATION DE TRANSPORT. *C. Civ.* 263. Une saisie-arrêt, ou la signification d'un transport, empêche la compensation qui n'aurait pu se produire que postérieurement à la signification. V. NOTIFICATION.

SOCIÉTÉS CIVILES. *C. Civ. Titre III, Chap. III,* DE LA SOCIÉTÉ.

Sect. I. Contrat de Société (art. 511-544.)

DISPOSITIONS GÉNÉRALES.

Définition. 511. La société est un contrat par lequel deux ou plusieurs personnes font chacune un apport pour une opération commune et dans le but de partager les bénéfices qui pourront en résulter.

Apport. V. APPORT.

Intérêts. 520. L'associé est tenu de plein droit à des intérêts des sommes qu'il doit personnellement à la société, et a droit aux intérêts des sommes avancées par lui au profit de la société, et au remboursement des dépenses faites de bonne foi et sans imprudence dans l'intérêt commun.

Devoirs des associés. 521. Chaque associé doit veiller et pourvoir aux intérêts de la société comme aux siens propres.

Rapports avec la société. 522. Les obligations de la société envers un associé se divisent entre tous les associés; si l'un d'eux est insolvable, sa part contributive se répartit sur tous les autres.

Répartition des bénéfices. 523. La part de chaque associé dans les bénéfices doit être déterminée par le contrat.

524. Dans le silence du contrat, la part dans les bénéfices est proportionnelle à l'apport de chaque associé.

525. La part de celui qui a apporté son industrie est égale à la part de celui des autres associés qui a fait le plus petit apport en nature.

526. Si l'associé qui apporte son industrie a fait, en outre, un apport en nature, il prendra, pour ce dernier apport, une part proportionnelle au plus petit apport fait par un autre associé.

527. Toutefois, si la société est dissoute avant le terme, l'apport en industrie ne donnera droit au partage du capital de la société que proportionnellement à la durée écoulée.

528. A moins de stipulation contraire, la part dans les pertes est égale à la part stipulée dans les bénéfices.

529. On ne peut convenir qu'un ou plusieurs des associés n'auront pas de bénéfices ni qu'ils retireront leur apport franc de toutes pertes.

530. Toutefois, il peut être stipulé que celui qui apporte son industrie ne participera pas aux pertes, pourvu qu'il ne lui ait pas été tenu compte d'un appointement à raison de son industrie.

Administrateurs. 531. Les associés peuvent nommer un ou plusieurs administrateurs.

532. Les administrateurs non associés sont toujours révocables.

533. Les associés administrateurs sont révocables s'ils n'ont pas été nommés par l'acte de société.

534. Les administrateurs nommés par l'acte de société peuvent cependant être révoqués pour motifs graves, ou s'il s'agit de société anonyme.

535. Quand les administrateurs n'ont pas été désignés, chacun des associés est censé avoir reçu des autres mandat d'administrer, et peut agir seul, sauf, en cas de contestation, à suivre la détermination prise par la majorité des associés.

536 Les administrateurs, même à l'unanimité, ni les associés à la majorité quelle qu'elle soit, ne peuvent faire d'autres actes que ceux qui rentrent dans le but de la société, ni ordonner un appel de fonds en dehors de l'apport convenu par le contrat, si ce n'est pour payer les dettes communes ou les dépenses de conservation des biens de la société.

Ce droit cesse, dans ce dernier cas, en ce qui concerne les associés en commandite ou actionnaires dans une société anonyme.

537. Les associés non administrateurs ont droit de se faire rendre compte de l'administration des affaires sociales.

Cession de droit. 538. A moins de stipulation contraire, un associé ne peut céder tout ou partie de son droit dans la société; il peut seulement intéresser dans ses bénéfices un tiers qui reste étranger à la société.

Rapports avec les tiers. 539. Dans les sociétés autres que les sociétés de commerce, et dans toutes les sociétés en participation, l'associé qui a contracté en son nom avec un tiers est seul engagé envers ce tiers.

540. S'il a mandat de traiter au nom des associés ou de la société, chacun des associés est obligé pour une part égale et non solidairement envers le tiers, à moins de stipulation contraire.

541. En tous cas les tiers ont action contre chacun des associés pour le montant de sa part dans le bénéfice produit par l'opération.

Dissolution. 542. La société finit :

1° Par l'expiration du délai pour lequel elle est contractée ;

2° Par la consommation de l'affaire pour laquelle elle avait été contractée ;

3° Par la perte totale du fonds commun, ou la perte partielle assez considérable pour empêcher une exploitation utile ;

4° Par le défaut de réalisation d'un apport promis ;

5° Par le décès, l'interdiction ou la faillite d'un des associés, s'il n'a rien été stipulé à cet égard, sauf les règles spéciales aux sociétés commerciales qui ne sont pas dissoutes par le décès, la faillite ou l'interdiction d'un associé non solidaire ;

6° Par la volonté de tous les associés ;

7° Par la renonciation d'un des associés, quand la durée de la société n'a pas été stipulée, pourvu que cette renonciation soit faite de bonne foi et non à contre-temps.

543. La société pourra être dissoute par les tribunaux, à la demande d'un associé, pour inexécution des obligations d'un autre associé, ou pour discussion grave qui empêche la marche des affaires sociales, ou pour tous autres motifs graves.

Disposition générale. 544. Les présentes règles s'appliquent à toutes les sociétés, sauf ce qui est dit au Code de commerce en matière de sociétés commerciales.

Sect. II. *Du partage des sociétés.*

C. Civ. 545. Le partage de l'avoir social se fait entre associés d'après le mode prévu par le contrat.

546. Dans le silence du contrat, le partage se fait, dans les sociétés civiles, par les soins de tous les associés et, dans les sociétés commerciales, par les soins d'un ou de plusieurs liquidateurs nommés par la majorité des associés, ou par le tribunal, dans le cas où la majorité des associés ne peut tomber d'accord sur le choix à faire.

547. Le liquidateur a le droit de vendre l'actif de la société, soit aux enchères, soit à l'amiable, s'il n'a pas été apporté de restrictions à ses pouvoirs par l'acte de nomination. V. PARTAGE DE BIENS.

DISPOSITIONS ADDITIONNELLES.

ASSIGNATION. *C. Proc.* 35. Les défendeurs seront assignés, savoir : 3° En matière de société, tant qu'elle existe et si la qualité d'associé n'est pas contestée, devant le tribunal du siège de la société.

LIVRES DE COMMERCE. *C. Com.* 17. La communication des livres et inventaires ne peut être ordonnée en justice, en dehors des contestations commerciales, que dans les affaires de communauté, succession, partage de société, et en cas de faillite. Dans les cas ci-dessus, cette communication peut être exigée d'office par le tribunal de commerce.

SOCIÉTÉS COMMERCIALES. *C. Com. Chap. II. Sect. I.* Des sociétés. (*Art.* 25-71.)

DISPOSITIONS GÉNÉRALES.

Division. 25. La loi reconnait trois espèces de sociétés commerciales :

La société en nom collectif ;
La société en commandite ;
La société anonyme.

Ces sociétés sont régies par les principes généraux énoncés au Code civil, par les conventions des parties et, en outre, par les règles suivantes :

Société en nom collectif. 26. La société en nom collectif est celle que contractent deux personnes ou un plus grand nombre, et qui a pour objet de faire ensemble le commerce pour le compte commun sous une raison sociale.

27. Les noms de l'un ou de plusieurs des associés peuvent seuls faire partie de la raison sociale.

28. Les associés en nom collectif sont solidaires pour tous les engagements de la société, encore qu'un seul des associés, autorisé à cet effet, ait signé, pourvu que ce soit sous la raison sociale, ou, si celui qui a signé est autorisé ou non, que l'engagement ait profité à la société.

Société en commandite. 29. La société en commandite se contracte entre un ou plusieurs associés responsables et solidaires, et un ou plusieurs associés simples bailleurs de fonds, que l'on nomme commanditaires ou associés en commandite.

30. Elle est régie sous un nom social, qui doit être nécessairement celui d'un ou de plusieurs des associés responsables et solidaires.

31. Lorsqu'il y a plusieurs associés solidaires et en nom, soit que tous gèrent ensemble, soit qu'un ou plusieurs gèrent pour tous, la société est à la fois société en nom collectif à leur égard, et société en commandite à l'égard des simples bailleurs de fonds.

32. Le nom d'un associé commanditaire ne peut faire partie de la raison sociale.

33. L'associé commanditaire n'est passible des pertes que jusqu'à concurrence des fonds qu'il a mis ou dû mettre dans la société.

34. L'associé commanditaire ne peut faire aucun acte de gestion même en vertu de procuration.

35. En cas de contravention à la prohibition mentionnée dans l'article 32, l'associé commanditaire qui a autorisé l'emploi de son nom dans la raison sociale, est obligé solidairement pour toutes les dettes et engagements de la société.

L'associé commanditaire qui a fait acte de gestion est tenu solidairement des dettes et engagements de la société qui dérivent des actes de gestion qu'il a faits.

36. Il peut, suivant le nombre et la gravité de ces actes, et suivant que les tiers ont pu, à raison de ces actes, faire foi en lui, être déclaré solidairement obligé pour tout ou partie des engagements de la société.

37. Les conseils ou actes de contrôle ou de surveillance n'engagent pas le commanditaire.

48. Le capital des sociétés en commandite pourra être aussi divisé en actions, sans aucune autre dérogation aux règles établies pour ce genre de société.

50. Dans les sociétés en commandite, les actions seront nominatives jusqu'au versement de la moitié de leur montant. Les souscripteurs et leurs cessionnaires nominatifs seront responsables jusqu'à concurrence de cette moitié. (V. *Infra, Société anonyme*. Art. 536.)

Société anonyme. 38. La société anonyme n'existe point sous un nom social : elle n'est désignée par le nom d'aucun des associés.

39. Elle est qualifiée par la désignation de l'objet de son entreprise.

40. Elle est administrée par des mandataires à temps, associés ou non associés, salariés ou gratuits et révocables, même s'ils sont nommés par les statuts et malgré toute stipulation contraire.

41. Les administrateurs ne sont responsables que de l'exécution du mandat qu'ils ont reçu : ils ne contractent, à raison de leur gestion, aucune obligation personnelle ni solidaire relativement aux engagements de la société.

42. Les associés ne sont passibles que de la perte du montant de leur intérêt dans la société.

43. Le capital de la société anonyme se divise en actions et même en coupons d'actions d'une valeur égale.

44. L'action peut être établie sous la forme d'un titre au porteur ; dans ce cas, la cession s'opère par la tradition du titre.

45. La propriété des actions peut être établie par une inscription sur les registres de la société. La cession s'opère par une déclaration de transfert signée sur les registres de la société par celui qui fait le transfert et celui qui le reçoit, ou leurs fondés de pouvoirs, et dont mention sera faite par l'administrateur de la société en marge ou au dos du titre, s'il n'en est pas délivré un nouveau.

46. La société anonyme ne peut exister qu'en vertu d'un firman du khédive, qui approuve les conditions contenues dans l'acte de société, et qui autorise son installation.

47. Les sociétés anonymes qui se fonderont en Egypte seront toutes de nationalité égyptienne et devront y avoir leur principal siège social.

51. Dans les sociétés anonymes, le firman d'autorisation déterminera le chiffre du versement après lequel l'action pourra être au porteur, et le souscripteur et le cessionnaire nominatifs libérés.

C. Civ. 546. Les administrateurs nommés par l'acte de société peuvent cependant être révoqués.... s'il s'agit de sociétés anonymes.

C. Civ. 534. Les administrateurs, même à l'unanimité, ni les associés à la majorité quelle qu'elle soit, ne peuvent faire d'autres actes que ceux qui rentrent dans le but de la société, ni ordonner un appel de fonds en dehors de l'apport convenu par le contrat, si ce n'est pour payer les dettes communes ou les dépenses de conservation des biens de la société.

Ce droit cesse, dans ce dernier cas, en ce qui concerne les associés en commandite ou actionnaires dans une société anonyme.

Actions. C. Com. 49. Aucune société ne pourra diviser son capital en actions ou coupures d'actions moindres de 100 fr. si ce capital n'excède pas 200,000 fr.; ni moindres de 500 fr. s'il est supérieur à 200,000 fr.

Preuve et publications. 52. Les sociétés en nom collectif et en commandite doivent être constatées par écrit. Les actes pourront être faits en forme authentique ou sous seing privé, en se conformant, dans ces derniers cas, aux règles édictées par le Code civil.

53. Il en sera de même de l'acte par lequel les contractants s'engageront à poursuivre, dans des conditions déterminées, l'obtention de l'autorisation nécessaire pour la société anonyme.

54. L'extrait des actes de société en nom collectif ou en commandite doit être déposé au greffe du tribunal de commerce du siège de la société et du siège de ses succursales, pour être transcrit sur le registre à ce destiné, et affiché pendant trois mois au tableau affecté, dans l'enceinte du tribunal, aux publications judiciaires.

55. Il doit en outre être inséré dans un journal indiqué pour les annonces judiciaires paraissant au même siège, ou deux journaux paraissant dans une autre ville. Ces formalités pourront être remplies par chacune des parties contractantes.

56. Cet extrait contiendra :

Les noms, prénoms, qualités et demeure des associés autres que les actionnaires non responsables ou commanditaires ;

La raison de commerce de la société ;

La désignation de ceux des associés autorisés à gérer, administrer et signer pour la société ;

Le montant des valeurs fournies ou à fournir par actions en commandite ;

L'époque où la société doit commencer et celle où elle doit finir.

57. Ces formalités seront observées dans la quinzaine de la signature de l'acte, à peine de nullité.

58. Toutefois cette nullité sera couverte par la publication faite avant la demande en nullité.

59. Les associés ne pourront l'opposer aux tiers, mais ils pourront se l'opposer entre eux.

60. Si la nullité est prononcée, la liquidation des droits des associés pour les opérations faites avant la demande en nullité se fera conformément aux clauses de l'acte annulé.

61. Les associés commanditaires ou actionnaires ne seront pas considérés comme obligés solidaires par cela seul que la société aura été annulée.

62. L'extrait des actes de société est signé, pour les actes publics, par l'officier qui les a reçus, et, pour les actes sous seing privé, par la partie qui fera la publication.

63. Le firman qui autorise les sociétés anonymes, ainsi que l'acte préliminaire d'association et les statuts devront être affichés au tribunal de commerce pendant le même temps, et insérés dans un journal, à peine de dommages-intérêts envers les administrateurs, qui seront tenus solidairement des dettes de la société.

64. Toute continuation de société après son terme expiré sera constatée par une déclaration des coassociés. Cette déclaration et tout acte portant dissolution de société avant le terme fixé pour sa durée par l'acte qui l'établit, tout changement ou retraite d'associés en nom, toutes nouvelles stipulations ou clauses pouvant intéresser les tiers, tout changement à la raison sociale sont soumis aux formalités prescrites par les articles précédents, sous les mêmes conditions de nullité.

Association en participation. 65. Indépendamment des trois espèces de sociétés ci-dessus mentionnées, la loi reconnaît les associations commerciales en participation qui n'ont ni fonds social ni raison sociale.

66. Ces associations sont relatives à une ou plusieurs opérations de commerce. Elles ont lieu pour les objets, dans les formes, avec les proportions d'intérêts, et aux conditions convenues entre les participants.

67. Celui des participants qui a contracté avec les tiers est seul engagé directement envers eux.

68. Les rapports résultant, pour les contractants de ces associations se bornent au droit et à l'obligation de régler entre eux les bénéfices et pertes résultant des affaires faites soit séparément, soit collectivement, en conséquence du contrat.

69. Les associations en participation peuvent être constatées par la représentation des livres et de la correspondance.

70. Les associations commerciales en participation ne sont pas assujetties aux formalités prescrites pour les autres sociétés.

C. Civ. 539. Dans toutes les sociétés en participation, l'associé qui a contracté en son nom avec un tiers est seul engagé envers ce tiers. V. TIERS.

Prescription. C. Com. 71. Toute action à raison des affaires de la société contre les associés non liquidateurs ou leurs ayants cause sera prescrite pour cinq années, à partir soit de la fin de la société, si l'acte qui indique sa durée a été régulièrement publié, soit de la publication de l'acte de dissolution.

Les règles générales de la prescription relatives notamment à son interruption seront applicables.

DES SOCIÉTÉS COMMERCIALES PAR RAPPORT A LA FAILLITE.

C. Com. 205 En cas de faillite d'une société en nom collectif ou en commandite, la déclaration (de faillite) contiendra le nom et l'indication du domicile de chacun des associés solidaires.

249. En cas de faillite d'une société en nom collectif, les scellés seront apposés, non seulement dans le siège principal de la société, mais encore dans le domicile séparé de chacun des associés solidaires.

351. Lorsqu'une société de commerce sera en faillite, les créanciers pourront ne consentir de concordat qu'en faveur d'un ou de plusieurs des associés. En ce cas, tout l'actif social demeurera sous le régime de l'union. Les biens personnels de ceux avec lesquels le concordat aura été consenti en seront exclus, et le traité particulier passé avec eux ne pourra contenir l'engagement de payer un dividende que sur des valeurs étrangères à l'actif social. L'associé qui aura obtenu un concordat particulier sera déchargé de toute solidarité.

416. Le failli qui aura intégralement acquitté en principal, intérêts et frais toutes les sommes par lui dues, pourra obtenir sa réhabilitation. Il ne pourra l'obtenir, s'il est l'associé d'une maison de commerce tombée en faillite, qu'après avoir justifié que toutes les dettes de la société ont été intégralement acquittées en principal, intérêts et frais, lors même qu'un concordat particulier lui aurait été consenti.

DISPOSITIONS ADDITIONNELLES.

COMPÉTENCE. *C. Proc.* 35. Les défendeurs seront assignés, savoir : 3° En matière de société tant qu'elle existe et, si la qualité d'associé n'est pas contestée, devant le tribunal du siège de la société.

Les compagnies d'assurances, de transport, etc., pourront être assignées au tribunal de leurs succursales.

DISSOLUTION. *C. Civ.* 542. La société finit : 5° Par le décès, l'interdiction ou la faillite d'un des associés, s'il n'a rien été stipulé à cet égard, sauf les règles spéciales aux sociétés commerciales qui ne sont pas dissoutes par le décès, la faillite ou l'interdiction d'un associé non solidaire.

RÉHABILITATION. *C. Com.* 416. Le failli ne pourra obtenir sa réhabilitation s'il est l'associé d'une maison de commerce tombée en faillite, qu'après avoir justifié que toutes les dettes de la société ont été intégralement acquittées en principal, intérêts et frais, lors même qu'un concordat particulier lui aurait été consenti.

SAISIE DE RENTES, ACTIONS. *C. Proc.* 547. La saisie des rentes, des actions nominatives, des parts d'intérêts dans une entreprise, des droits de commanditaire ou part d'associé ne pourront avoir lieu qu'en vertu d'un titre exécutoire. Elles auront lieu dans la forme de la saisie-arrêt.

SIGNIFICATIONS. *C. Proc.* 10. Les copies seront remises pour les significations :

4° Aux sociétés de commerce, à leur siège social, s'il en existe, à la personne de leur gérant, président du conseil d'administration, directeur ou leur préposé, et s'il n'y a pas de siège social, à la personne d'un associé, engagé solidaire.

SOLIDARITÉ.

DISPOSITIONS GÉNÉRALES.

Obligations solidaires. *C. Civ.* 161. Les créanciers sont solidaires quand la convention qui a créé l'obligation leur donne mandat réciproque pour recevoir ; on suit dans ce cas les règles du mandat.

162. Les débiteurs ne sont obligés pour la totalité de la dette que dans les cas où la solidarité est stipulée par la convention ou prononcée par la loi.

163. Les débiteurs sont dans ce cas réputés cautions réciproques les uns des autres et mandataires réciproques pour payer.

164. On applique en ce cas les règles du contrat de cautionnement et du mandat.

165. Le créancier peut poursuivre simultanément ou séparément les débiteurs solidaires, sauf le cas où quelques-uns d'entre eux seraient débiteurs à terme ou sous condition.

166. La mise en demeure et la poursuite contre un seul débiteur solidaire produit effet contre tous les autres.

167. Aucun des débiteurs solidaires ne peut par son fait augmenter l'obligation des autres.

168. Chacun conserve le droit d'opposer les exceptions qui lui sont personnelles et celles qui sont communes à tous.

169. Un débiteur solidaire ne peut opposer la compensation acquise à un des autres co-débiteurs. Il ne peut opposer la confusion que pour la part du co-débiteur sur la tête de qui la confusion a eu lieu.

170. Il ne peut opposer la remise de la dette que pour la part de celui à qui la remise a été faite, à moins que la remise ne soit absolue, ce qui ne se présume pas.

SOLIDARITÉ.

171. Le co-débiteur solidaire qui a payé ou compensé, a un recours contre chacun des autres pour leur part. La part des insolvables se répartit sur chacun des débiteurs solvables.

210. Les obligations provenant d'un fait ci-dessus (V. OBLIGATIONS NATURELLES) ne sont pas solidaires.

211. Sont solidaires celles qui prennent leur source dans les circonstances qui vont être énumérées.

212. Tout fait poursuivi par la loi oblige son auteur à réparer le préjudice qui en résulte, sauf le cas où cet auteur, à raison de son âge ou pour tout autre motif, n'a pas conscience de ses actes.

213. Il en est de même si le préjudice causé à un tiers provient d'une faute, de négligence, d'imprudence ou de défaut de surveillance des personnes que l'on a sous sa garde.

214. Le maître est également responsable du dommage causé par ses serviteurs quand ce dommage a été causé par eux en exerçant leurs fonctions.

215. Le propriétaire d'un animal est également responsable du préjudice causé par l'animal qu'il a sous sa garde ou qu'il s'échapper.

216. Les obligations qui résultent uniquement d'une disposition spéciale de la loi ne sont pas solidaires si la solidarité n'a pas été formellement édictée. V. OBLIGATIONS RÉSULTANT DE LA LOI.

DISPOSITIONS DIVERSES

CAUTIONNEMENTS. *C. Civ.* 608. A défaut de stipulations précises, le cautionnement ne porte que sur le principal de la dette et n'entraîne pas solidarité.

609. La caution judiciaire entraîne de plein droit la garantie des intérêts, frais et accessoires et la solidarité.

615. Lorsqu'il y a plusieurs cautions obligées pour la même dette et par le même acte, sans solidarité stipulée, le créancier n'a d'action contre les répondants que pour leurs parts respectives.

616. Si l'engagement a été pris par plusieurs actes successifs la solidarité ne se présume pas, mais elle peut résulter des circonstances.

618. S'il y a plusieurs cautions solidaires, celle qui a payé le tout à l'échéance peut demander à chacun des autres répondants de lui payer sa part de la dette et de lui tenir compte de la part des répondants solidaires insolvables.

COMPENSATION. *C. Civ.* 262. Lorsque le créancier a payé une dette à laquelle il aurait pu opposer la compensation, les... co-débiteurs solidaires peuvent toujours invoquer la compensation, à moins que le créancier n'ait eu, en payant sa dette, une juste cause d'ignorer l'existence de la créance qu'il pouvait opposer en compensation.

265. Le co-débiteur solidaire ne peut opposer la compensation avec ce qui est dû à ses co-débiteurs, si ce n'est pour la part de ces derniers.

CONFUSION. *C. Civ.* 267. La confusion ne libère les co-débiteurs, si ce n'est pour la part contributive de celui sur la tête duquel a eu lieu la confusion.

EFFETS DE COMMERCE. *C. Com.* 123. Le tireur et les endosseurs d'une lettre de change sont garants solidaires de l'acceptation et du payement à l'échéance.

125. La caution, soit du tireur, soit de l'endosseur, n'est solidaire qu'avec celui qu'elle a cautionné.

144. Tous ceux qui ont signé, accepté ou endossé une lettre de change sont tenus à la garantie solidaire envers le porteur.

146. Le donneur de l'aval est tenu solidairement et par les mêmes voies que celui pour lequel il l'a donné, sauf les conventions différentes des parties.

196. Toutes les dispositions relatives aux lettres de change et concernant... l'échéance, l'endossement, la solidarité, l'aval, le payement, sont applicables aux billets à ordre ou au porteur.

FAILLITE. *C. Com.* 358. Le créancier porteur d'engagements souscrits, endossés ou garantis solidairement par le failli et d'autres coobligés qui sont en faillite, participera aux distributions dans toutes les masses, et y figurera pour la valeur nominale de son titre en principal et accessoires jusqu'à parfait payement.

(*Syndics*). *C. Com.* 262. Les syndics sont solidaires de leur gestion.

PRESCRIPTION. *C. Civ.* 271. La renonciation du co-débiteur solidaire ou du débiteur principal ne nuisent pas aux autres co-débiteurs et à la caution qui ont prescrit pour leur propre compte.

REMISE. *C. Civ.* 245. La remise faite à un des co-débiteurs solidaires est censée faite pour sa part, et éteint la dette pour cette part seulement.

246. Les autres co-débiteurs ne peuvent recourir contre celui à qui la remise a été faite que pour sa contribution à la part des insolvables, s'il y a lieu.

SOCIÉTÉS. *C. Com.* 28. Les associés en nom collectif sont solidaires pour tous les engagements de la société, encore qu'un seul des associés, autorisé à cet effet, ait signé, pourvu que ce soit sous la raison sociale, ou, si celui qui a signé est autorisé ou non, que l'engagement ait profité à la société.

29. La société en commandite se contracte entre un ou plusieurs associés responsables et solidaires, et un ou plusieurs associés simples bailleurs de fonds, que l'on nomme commanditaires ou associés en commandite.

V. ARCHITECTES. NOVATION, *art.* 254 *et s.*

SOLVABILITÉ. CESSION DE CRÉANCES *C. Civ.* 440. Le vendeur de la créance ne garantit la solvabilité actuelle ou future du débiteur qu'en cas de stipulation expresse pour chacun de ces deux cas. V. INSOLVABILITÉ.

La garantie est restreinte dans les limites de l'art. 335 (V. VENTE) s'il n'en est autrement expliqué au contrat. V. EXÉCUTION PROVISOIRE, *art.* 458 *et s.*

SOMMAIRES (Affaires). V. Tribunal de justice sommaire.

SOMMATION. Offres réelles. *C. Proc.* 776. La sommation d'être présent au dépôt pourra se faire par le même acte ou par acte séparé, et précédera d'un jour franc, au moins, le dépôt qui sera fait à la caisse du tribunal.

786. L'offre d'un corps certain qui n'est pas livrable au domicile du créancier, se fait par une simple sommation de prendre livraison.

SOULTES. Biens indivis. *C. Proc.* 713. Si le tribunal juge, à la demande d'une des parties, que le partage est possible en nature, il nommera des experts qui proposeront les lots et les soultes à payer.

SOUS-FERMIERS. V. Sous-location.

SOUS-GARANT. *C. Proc.* 157. Le même délai (pour appeler en cause un garant) pourra être demandé pour les demandes du garant contre un sous-garant.

158. Le délai sera nécessairement accordé si celui qui appelle en garantie ou en sous-garantie a donné son assignation dans la huitaine de la demande qui donne lieu au recours, du jour où il aura connu l'intérêt de ce recours. Il en sera de même si le délai de huitaine n'est pas expiré.

SOUS-LOCATION. *C. Civ.* 449. Le locataire peut sous-louer en tout ou en partie ou céder son bail, à moins de stipulation contraire.

450. La défense de sous-louer entraîne celle de céder le bail et réciproquement.

Toutefois, malgré la défense de sous-louer, s'il s'agit d'un établissement de commerce ou d'industrie, lorsque la vente de cet établissement sera nécessitée par les circonstances, les tribunaux pourront maintenir le bail en appréciant les garanties offertes par l'acquéreur, si le bailleur n'en souffre pas de préjudice réel, pourvu que l'établissement existât au moment du bail ou de la relocation.

451. Dans tous les cas, le locataire principal est, envers le bailleur, garant de son locataire ou de son concessionnaire, à moins que le bailleur n'ait touché directement les loyers de ces derniers, sans réserve, ou n'ait accepté la cession ou la sous-location.

DISPOSITIONS ADDITIONNELLES.

FAILLITE. *C. Com.* 230. La faillite ne rend pas exigible les loyers à échoir jusqu'à la fin du bail, pourvu que le droit de sous-louer ou de céder le droit au bail appartienne, soit légalement, soit du consentement du bailleur, à la masse des créanciers.

Si le failli n'avait ni le droit de sous-louer, ni celui de céder son bail, le tribunal prononcera la résiliation du bail et fixera l'époque à partir de laquelle la résiliation aura lieu, et le montant de l'indemnité. Les loyers et l'indemnité seront garantis sur les meubles garnissant les lieux.

SAISIE CONSERVATOIRE. *C. Proc.* 761. Les meubles, fruits et moissons des sous-locataires et sous-fermiers peuvent être également saisis dans les mêmes formes par le propriétaire, sauf à eux à obtenir main levée en justifiant de leur libération des loyers échus envers le locataire principal autorisé à sous-louer.

SOUS-SEING. V. Actes sous seing privé.

SOUS-TRAITANTS. LOUAGE D'INDUSTRIE. *C. Civ.* 505. L'entrepreneur peut sous-traiter son travail par portion ou en totalité, si la faculté ne lui en a pas été enlevée par le contrat; mais il reste responsable des sous-traitants.

506. Les sous-traitants n'ont d'action contre le maître que pour les sommes dues à l'entrepreneur au moment de la saisie-arrêt faite par un d'eux, et après cette saisie-arrêt.

507. Ils ont un privilège, au prorata entre eux tous, sur ces sommes, qui peuvent leur être payées directement par le maître sans ordonnance.

STATUT PERSONNEL. *C. Civ.* 4. Les questions relatives à l'état et à la capacité des personnes et au statut matrimonial, aux droits de succession naturelle ou testamentaire, aux tutelles et curatelles restent de la compétence du juge du statut personnel.

Lorsque dans une instance une exception de cette nature sera soulevée, si les tribunaux reconnaissent la nécessité de faire statuer au préalable sur l'exception, ils devront surseoir au jugement du fond et fixer un délai dans lequel la partie, contre laquelle la question préjudicielle aura été soulevée, devra la faire juger définitivement par le juge compétent. Si cette nécessité n'est pas reconnue, il sera passé outre au jugement du fond.

R. O. J. 36. Le gouvernement publiera les lois relatives au statut personnel des indigènes.

DISPOSITIONS DIVERSES.

CAPACITÉ COMMERCIALE. *C. Com.* 10. Les personnes âgées de vingt et un ans accomplis pourront se livrer au commerce. Celles qui ont accompli leur dix-huitième année ne pourront faire le commerce que dans les conditions prescrites par leur statut personnel si elles sont mineures ou par autorisation du tribunal de commerce, si elles sont majeures d'après leur statut personnel.

11. La capacité des femmes pour faire le commerce est également réglée par leur statut personnel.

CONVENTIONS. *C. Civ.* 190. La capacité relative ou absolue est réglée par la loi de la nationalité à laquelle appartient la personne qui contracte.

EXCEPTION DE QUALITÉS. *C. Proc.* 155. L'héritier et la

femme assignée comme commune en biens après la dissolution de la communauté, auront le droit d'obtenir, pour conclure, le délai qui leur est accordé par leur loi personnelle pour prendre qualité. V. Loi LOCALE. SUCCESSIONS.

STELLIONATAIRES. *C. Com.* 423. Ne seront point admis à la réhabilitation : les stellionataires.

SUBROGATION. V. NOVATION.

C. Civ. 223. Lorsque l'exécution consiste dans un payement, il peut toujours être fait par un tiers, même malgré le débiteur ou le créancier.

224. Le payement fait par un tiers lui donne droit de recourir contre le débiteur à raison du profit obtenu par ce dernier, jusqu'à concurrence des déboursés.

225. Il a pour sûreté de cette nouvelle créance les mêmes garanties qui existaient au profit de l'obligation éteinte dans les cas suivants seulement :

1° Quand le créancier, au moment du payement, a consenti à lui transmettre ces garanties par acte authentique ;

2° Quand le tiers était tenu à la dette avec le débiteur ou pour lui ;

3° Quand ce tiers a payé un créancier ayant privilège ou hypothèque avant lui ou que, acquéreur d'un immeuble, il emploie son prix à payer les créanciers hypothécaires sur cet immeuble ;

4° Quand la loi accorde spécialement la subrogation.

226. Le débiteur malgré lequel le payement a eu lieu, a le droit de repousser en tout ou partie le recours de celui qui a payé pour lui, s'il démontre qu'il avait un intérêt quelconque à s'opposer au payement.

227. Le débiteur peut aussi, sans le concours du créancier, transférer les mêmes garanties au profit de celui qui fournit la chose destinée au payement, pourvu que l'emprunt et l'emploi soient constatés par acte authentique.

DISPOSITIONS DIVERSES.

CAUTIONNEMENT. *C. Civ.* 617. Le répondant qui a payé à l'échéance, a son recours pour tout ce qu'il a payé contre le débiteur principal, et est subrogé aux droits du créancier ; mais il ne peut les exercer qu'après lui.

DISTRIBUTION PAR CONTRIBUTION. *C. Proc.* 604. En cas de retard du poursuivant dans la poursuite d'une contribution, la partie la plus diligente pourra se faire subroger dans la procédure par une ordonnance de référé du juge-commissaire.

EFFETS DE COMMERCE. *C. Com.* 163. Celui qui paye une lettre de change par intervention est subrogé aux droits du porteur et tenu des mêmes devoirs pour les formalités à remplir.

RÉHABILITATION. *C. Com.* 427. La réhabilitation pourra être prononcée en instance ordinaire dans les cas suivants :

1° Lorsque, avant l'expropriation des délais pour la vérification des créances, le failli aura, même avec les deniers d'un tiers, remboursé effectivement les créances en principal, intérêts et frais, pourvu que le tiers ne se fasse pas subroger en tout ou en partie des créances et ait fourni les fonds à titre entièrement gratuit.

SAISIE IMMOBILIÈRE. *C. Proc.* 636. Chacun des créanciers inscrits ou porteur des titres exécutoires, pourra augmenter, par un dire, la mise à prix et en prendre charge, ce qui sera mentionné à la suite du cahier des charges ; celui qui aura offert la mise à prix la plus élevée sera, après le délai pour produire les dires, subrogé de plein droit aux poursuites, et il sera procédé comme il est indiqué aux paragraphes suivants en cas de subrogation. V. SAISIE IMMOBILIÈRE.

(Incidents). *C. Proc.* 677. Lorsque celui qui poursuit une vente d'immeubles n'a pas fait, pour un motif quelconque, un acte de procédure dans le délai prescrit par le paragraphe précédent, et qu'il n'a pas fait cet acte avant une demande en subrogation, tout créancier inscrit ou porteur d'un titre exécutoire peut demander en référé la subrogation aux poursuites, en mettant en cause le poursuivant seul.

678. L'ordonnance de référé, dans ce cas, n'est pas susceptible d'appel, si ce n'est pour nullité de forme.

679. Le poursuivant ne pourra empêcher la subrogation en offrant de continuer la procédure.

680. Le poursuivant, si la subrogation est prononcée contre lui, doit remettre les pièces de la poursuite au subrogé, à peine de dommages-intérêts.

TIERS DÉTENTEUR. *C. Civ.* 698. Le tiers détenteur a le choix ou de payer la dette en se faisant subroger aux droits du créancier, ou d'offrir la somme à laquelle il évalue l'immeuble. V. DÉLAISSEMENT SUR HYPOTHÈQUE.

701. L'inscription à laquelle est subrogé le tiers détenteur qui a payé la dette doit être maintenue et renouvelée, s'il y a lieu, jusqu'à la radiation des inscriptions existant au moment de la transcription du titre d'acquisition de ce tiers détenteur.

SUBSTITUTION. V. NOVATION.

SUBSTITUTION DE MANDAT. *C. Civ.* 636. Le pouvoir de se substituer quelqu'un dans le mandat doit être formel.

Le mandataire est responsable du choix du substitué qui ne lui a pas été désigné personnellement, si ce substitué est insolvable, incapable ou d'une négligence notoire.

637. Le substitué est en tous cas responsable envers le mandant.

SUCCESSIONS (et testaments) *C. Civ.* 66. La propriété et les droits réels s'acquièrent :
Par les successions et testaments.

C. Civ. Titre I. Chap. V. Sect. III. DES SUCCESSIONS (*art.* 77-78).

77. Les successions sont réglées d'après les lois de la nation à laquelle appartient le défunt.

Toutefois, le droit de succession à l'usufruit des biens *wakfs* ou tributaires, est réglé d'après la loi locale.

78. La capacité de tester et la forme du testament sont réglées d'après la loi de la nationalité du testateur.

En matière immobilière, les dispositions relatives à la résolution des droits de propriété, à raison de légitime réserve, quotité disponible, etc., ne préjudicient pas aux tiers acquéreurs et créanciers hypothécaires de bonne foi.

DISPOSITIONS ADDITIONNELLES.

APPEL. *C. Proc.* 402. Le décès de la partie condamnée suspend le délai d'appel, qui ne reprend qu'après la signification faite aux héritiers, au dernier domicile du défunt et après les délais qui pourraient être accordés par la loi personnelle de l'appelant, pour prendre la qualité d'héritier.

ASSIGNATION. *C. Proc.* 35. Les défendeurs seront assignés, savoir :

8° Dans les demandes intentées par les créanciers d'un défunt, devant le tribunal du lieu où la succession est ouverte, si le partage n'a pas eu lieu, et s'il a eu lieu, devant le tribunal du domicile de l'un des héritiers.

FAILLITE. *C. Com.* 224. Le jugement déclaratif de faillite emporte de plein droit, à partir de sa date, dessaisissement pour le failli de l'administration de tous ses biens, même de ceux qui pourront lui échoir tant qu'il est en état de faillite, et opère de plein droit la séparation entre la masse de la succession recueillie par le débiteur et la masse de la faillite.

(*Droits de femmes*). V. REPRISES.

LIVRES DE COMMERCE. *C. Com.* 17. La communication des livres et inventaires ne peut être ordonnée en justice, en dehors des contestations commerciales, que dans les affaires de communauté, succession, partage de société, et en cas de faillite. Dans les cas ci-dessus, cette communication peut être exigée d'office par le tribunal de commerce.

PREUVE. *C. Civ.* 736. La propriété ou ses démembrements résultant de succession seront établis vis-à-vis de toutes personnes par le titre.

USUFRUIT. *C. Civ.* 34. Il est permis de donner par testament la nue propriété à un établissement dépendant du ministère des *wakfs*, et l'usufruit à une ou plusieurs personnes et à leurs héritiers en ligne directe, auquel cas la toute propriété revient à cet établissement seulement après le décès de tous les membres de la famille usufruitière.

V. DROITS SUCCESSIFS.

SUCCESSIONS VACANTES, BÉNÉFICIAI-RES. COMMUNICATION. *C. Proc.* 68. Seront communiquées au ministère public les causes suivantes :

7° Les causes concernant les successions vacantes ou bénéficiaires.

SUPPLÉANT. V. JUGE SUPPLÉANT.

SUPPLÉMENT DE PRIX. VENTE. *C. Civ.* 366. Dans la vente des choses qui se comptent à la mesure ou au poids et qui ne peuvent se diviser sans préjudice, si cette vente a eu lieu avec indication d'une mesure exacte et du prix de l'unité de mesure, l'acheteur a le droit de résilier la vente ou de prendre la chose vendue en entier, en maintenant la vente et en payant un prix proportionnel à la mesure réelle.

Si, dans le même cas, le prix a été indiqué en bloc, l'acheteur a l'option ou de résilier la vente ou de prendre la chose vendue au prix stipulé.

370. L'action en résiliation ou en diminution de prix, ainsi que le droit du vendeur de demander un supplément de prix, s'il y a lieu, se prescrivent par une année, à partir du contrat.

419. La lésion de plus d'un cinquième en matière de vente immobilière ne donne lieu au profit du vendeur qu'à une action en supplément de prix et seulement au profit des vendeurs qui sont mineurs.

SUPPOSITION DE NOM. *C. Com.* 113. Sont réputées simples promesses... toutes lettres de change contenant supposition soit de nom, soit de qualité, soit de domicile, soit des lieux où elles sont tirées et dans lesquels elles sont payables. Elles ne cessent pas toutefois d'être transmissibles par voie d'endossement, et d'être considérées comme effets de commerce, si elles ont été créées entre commerçants ou pour acte de commerce.

Ceux qui connaissaient la supposition ne pourront l'opposer aux tiers qui n'en étaient pas avertis.

SURENCHÈRE. SAISIE IMMOBILIÈRE. *C. Proc.* 660. Toute personne pourra, dans le délai de dix jours de l'adjudication, faire au greffe du tribunal une déclaration de surenchère du dixième du prix principal de la vente, à charge de déposer un cinquième de la mise à prix nouvelle, outre les frais, ou de présenter caution solvable, reconnue telle par le tribunal statuant en Chambre du conseil, pour ce cinquième et pour les frais.

661. Par acte de surenchère, le surenchérisseur fera élection de domicile dans les termes ci-dessus.

662. La déclaration de surenchère sera dénoncée au saisissant, aux créanciers inscrits et à l'adjudicataire, dans les trois jours, par le surenchérisseur, ou, à son défaut, dans les trois jours suivants par l'une ou l'autre des parties ci-dessus, à peine de nullité, qui n'aura pas besoin d'être prononcée.

663. La dénonciation contiendra indication du jour fixé, d'accord entre le greffier et le dénonçant, pour la vente sur surenchère.

664. Ce jour sera celui de la première audience utile du tribunal après la quinzaine qui suivra la déclaration de surenchère, sauf remise par le tribunal, s'il s'élève des incidents, ou si cette remise est demandée par une des parties pour des raisons justifiées.

665. Les publications et insertions sont faites huit jours à l'avance par le surenchérisseur ou, à son défaut, par celui qui poursuivait la première vente, faute de quoi la vente sera remise par le tribunal à quinzaine, à la requête de tout intéressé qui fera les publications.

666. L'adjudication se fera d'après les règles ci-dessus indiquées par la première vente. V. SAISIE IMMOBILIÈRE.

VENTE D'IMMEUBLES DE MINEURS ET FAILLIS. *C. Proc.* **709.** Les règles ci-dessus fixées pour la surenchère et la folle enchère seront applicables à ces sortes de ventes.

C. Proc. **717.** La surenchère du dixième en matière de vente volontaire, judiciaire ou non judiciaire, ne sera ouverte qu'au profit des créanciers inscrits et des créanciers porteurs d'un titre exécutoire; quand la vente n'aura pas eu lieu en justice, ou, si étant faite en justice le cahier des charges n'a pas été notifié aux créanciers inscrits, la surenchère sera recevable, dans les deux mois qui suivront une insertion dans un journal de la situation des biens, et la notification faite aux créanciers inscrits, de la vente, avec indication du prix principal, ce qui sera fait à la diligence de l'adjudicataire.

718. Dans ce cas, la surenchère ne pourra être faite que par un créancier inscrit, à la condition d'offrir caution, qui sera reçue d'après les règles ordinaires en cette matière.

DISPOSITIONS ADDITIONNELLES.

FAILLITE. *C. Com.* **390.** La surenchère, après adjudication des immeubles du failli sur la poursuite des syndics, n'aura lieu qu'aux conditions et dans les formes indiquées au Code de procédure.

HYPOTHÈQUE (*offre du tiers détenteur*). *C. Civ.* **706.** L'offre sera réputée avoir été acceptée si aucun des créanciers n'a fait, dans le délai de soixante jours à partir de la notification, la déclaration de surenchère au greffe dans les formes indiquées au Code de procédure.

Ces soixante jours seront augmentés des délais de distance entre le domicile réel du créancier et son domicile élu; mais ces derniers délais ne pourront être supérieurs à soixante nouveaux jours.

707. La surenchère ne portera, pour chaque créancier, que sur la partie des biens affectée à sa créance.

708. Elle ne pourra être suivie de désistement que du consentement de tous les créanciers inscrits.

Renouvellement d'inscription hypothécaire. C. Civ. 694. Le renouvellement cesse d'être obligatoire après la vente ou l'adjudication de l'immeuble, si les délais de surenchère sont expirés.

SURSIS. Appel en garantie. C. Proc. 159. En matière commerciale et quand, en matière civile, la huitaine sera expirée sans qu'il y ait appel en garantie, le tribunal appréciera s'il y a lieu de suspendre le jugement principal, dans l'intérêt de la vérité, jusqu'au jour où le garant pourra être mis en cause.

Concordat. C. Com. 330. Lorsqu'une instruction en banqueroute frauduleuse aura été commencée, les créanciers seront convoqués à l'effet de décider s'ils se réservent de délibérer sur un concordat en cas d'acquittement, et si, en conséquence, ils sursoient à statuer jusqu'après l'issue des poursuites. Ce sursis ne pourra être prononcé qu'à la majorité en nombre et en somme déterminée par l'art. 327 (V. Concordat) ; si, à l'expiration du sursis, il y a lieu à délibérer sur le concordat, les règles établies par le précédent article seront applicables aux nouvelles délibérations.

334. Si le jugement de l'opposition (au concordat) est subordonné à la solution de questions étrangères, à raison de la matière, à la compétence du tribunal de commerce, ce tribunal surseoira à prononcer jusqu'à la décision de ces questions.

410. Ne sont susceptibles ni d'opposition ni d'appel les jugements qui prononcent sursis au concordat.

Inscription de faux. C. Proc. 319. L'inscription de faux suspendra le jugement de l'affaire principale.

Saisie immobilière *(Revendication).* C. Proc. 687. La demande en revendication suspendra la procédure ; le tribunal pourra néanmoins ordonner qu'il sera passé outre, si la demande en revendication n'est pas fondée sur un titre apparent ayant date certaine antérieure à la transcription de la saisie.

SYNDICATS. C. Civ. 52. L'étendue du droit d'user des eaux des canaux construits par l'Etat ou par une corporation, est proportionnelle aux terrains à arroser, sauf ce qui sera ordonné par la loi relative aux syndicats établis en cette matière.

SYNDICS DE FAILLITE.

Dispositions générales.

De la nomination et du remplacement des syndics. C. Com. Chap. III. Sect. IV. (Art. 253-266.)

253. Par le jugement qui déclarera la faillite, le tribunal de commerce nommera un ou plusieurs syndics provisoires.

254. Le juge-commissaire convoquera immédiatement, par lettres et insertions aux journaux, les créanciers portés au bilan

ou présumés, à se réunir sous sa présidence, à un jour déterminé, dans un délai qui n'excédera pas quinze jours à partir du jugement de déclaration de faillite.

255. Il sera dressé procès-verbal de leurs dires et observations, qui sera présenté au tribunal de commerce, et, sur le rapport du juge-commissaire, le tribunal de commerce nommera de nouveaux syndics ou continuera les premiers dans leurs fonctions.

256. Les syndics ainsi institués sont définitifs; cependant ils peuvent être remplacés par le tribunal de commerce dans les cas et suivant les formes qui seront déterminées.

257. Le nombre des syndics pourra être à toute époque porté jusqu'à trois ; ils pourront être choisis parmi les personnes étrangères à la masse, et recevoir, quelle que soit leur qualité, après avoir rendu compte de leur gestion, une indemnité que le tribunal arbitrera sur le rapport du juge-commissaire, et sauf opposition à la taxe dans la quinzaine, par toute partie intéressée.

258. Aucun parent ou allié du failli jusqu'au sixième degré inclusivement ne pourra être nommé syndic.

259. Lorsqu'il y aura lieu de procéder à l'adjonction ou au remplacement d'un ou plusieurs syndics, il en sera référé par le juge-commissaire au tribunal de commerce, qui procédera à la nomination, sans qu'il soit besoin de convoquer à nouveau les créanciers.

260. S'il a été nommé plusieurs syndics, ils ne pourront agir que collectivement, sauf le cas où le juge-commissaire autoriserait un syndic à faire, sous sa responsabilité personnelle, une ou plusieurs opérations déterminées.

261. Les syndics peuvent se donner réciproquement procuration d'agir l'un pour l'autre.

262. Ils sont solidaires de leur gestion.

263. S'il s'élève des réclamations contre quelqu'une des opérations des syndics, le juge-commissaire statuera dans le délai de trois jours, sauf recours devant le tribunal de commerce.

264. Le juge-commissaire pourra, sur les réclamations à lui adressées par le failli ou par des créanciers, proposer la révocation d'un ou plusieurs des syndics.

265. Si, dans les huit jours, le juge-commissaire n'a pas fait droit aux réclamations qui lui ont été adressées relativement à la révocation des syndics, ou s'il les a rejetées, ces réclamations pourront être portées devant le tribunal de commerce. Le tribunal, en chambre du conseil, entendra le rapport du juge-commissaire et les explications des syndics, et prononcera à l'audience sur la demande de révocation.

266. Le tribunal pourra, s'il n'y a aucun tort à reprocher au syndic, ordonner simplement son remplacement, s'il le croit utile à l'intérêt des créanciers.

Sect. V. Des fonctions des syndics.

§ 1. *Dispositions générales.* (Art. 267-277.)

267. Si l'apposition des scellés n'avait point eu lieu avant la nomination des syndics, ils requerront le juge-commissaire d'y procéder.

268. Le juge-commissaire pourra également, sur la demande des syndics, et selon l'exigence des cas, les dispenser de faire placer sous les scellés ou les autoriser à en faire extraire : 1° les vêtements et effets nécessaires au failli et à sa famille, dont il sera dressé un état approuvé par le juge-commissaire et qui leur seront délivrés ; 2° les objets sujets à dépérissement prochain ou à dépréciation imminente; 3° les objets servant à l'exploitation du fonds de commerce. Dans ces deux derniers cas, il sera dressé inventaire avec prisée qui sera signé par le juge-commissaire.

269. La vente des objets sujets à dépérissement ou dépréciation imminente, ou dispendieux à conserver, aura lieu à la diligence des syndics, sur l'autorisation du juge-commissaire.

270. Les syndics pourront continuer d'exploiter le fonds de commerce ou le faire exploiter par un tiers agréé par le juge et sous sa surveillance.

271. Ne seront pas placés sous les scellés, ou en seront extraits pour être remis aux syndics, après descriptions et inventaire qui restera aux mains du juge-commissaire : 1° les livres qui seront arrêtés par le juge ; 2° les effets de portefeuille à courte échéance ou susceptibles d'acceptation qui seront remis aux syndics pour en poursuivre le recouvrement ou faire les diligences nécessaires. Les autres créances seront recouvrées par les syndics sur leur quittance.

272. Les lettres adressées au failli seront remises aux syndics, qui les ouvriront ; le failli, s'il est présent, pourra assister à l'ouverture.

273. Le failli pourra obtenir pour lui et sa famille, sur l'actif de la faillite, des secours alimentaires qui seront fixés par le juge-commissaire, après avoir entendu les syndics et sauf recours au tribunal de la part de tout intéressé.

274. Les syndics appelleront le failli auprès d'eux, pour clore et arrêter les livres en sa présence ou pour fournir tous renseignements. S'il ne se rend pas à l'invitation, il sera sommé de comparaître dans les quarante-huit heures au plus tard ; il pourra comparaître par fondé de pouvoirs, s'il justifie de causes d'empêchement reconnues valables par le juge-commissaire. En cas de refus de comparaître, le tribunal pourra ordonner l'arrestation du failli.

275. Dans le cas où le bilan n'aurait pas été déposé par le failli, les syndics le dresseront immédiatement à l'aide des livres et papiers du failli et des renseignements qu'ils se procureront, et ils le déposeront au tribunal de commerce.

276. Le juge-commissaire est autorisé à entendre le failli, ses commis et employés et toute autre personne, tant sur ce qui concerne la formation du bilan que sur les causes et les circonstances de la faillite.

277. Lorsqu'un commerçant aura été déclaré en faillite après son décès, ou lorsque le failli viendra à décéder après la déclaration de la faillite, si ses enfants ou héritiers ne sont pas absents, ils pourront se présenter avec sa veuve, ou se faire représenter pour les suppléer dans la formation du bilan, ainsi que dans toutes autres opérations de la faillite.

§ 2. *De la levée des scellés et de l'inventaire.* V. FAILLITE, p. 333.

§ 3. *De la vente des marchandises et meubles, et des recouvrements* V. FAILLITE, p. 334.

§ 4. *Des actes conservatoires.* V. FAILLITE, p. 335.

§ 5 *De la vérification des créances.* V. VÉRIFICATION DES CRÉANCES, p. 695.

Sect. VIII. DE LA RÉPARTITION ENTRE LES CRÉANCIERS ET LA LIQUIDATION DU MOBILIER. V. RÉPARTITION.

Sect. IX. DE LA VENTE DES IMMEUBLES DU FAILLI. V. VENTES IMMOBILIÈRES.

V. JUGE-COMMISSAIRE. SCELLÉS. ASSEMBLÉE DES CRÉANCIERS. CLÔTURE. CONCORDAT. COOBLIGÉS. JUGEMENTS SUR FAILLITE. REVENDICATION. UNION.

DISPOSITIONS ADDITIONNELLES.

ACTION JUDICIAIRE. *C. Com.* **225.** A partir de ce jugement (déclaratif de faillite) toute action mobilière ou immobilière et toute voie d'exécution, tant sur les meubles que les immeubles, ne pourront être suivies ou intentées que contre les syndics. Toutefois, la vente sur saisie immobilière dont le jour aura été fixé et publié par affiche, sera faite sur l'autorisation du juge-commissaire, pour le compte de la masse, sauf l'exercice des privilèges et hypothèques.

228. Les créanciers ne peuvent intenter une action au nom du failli qu'à leurs frais et risques, et en appelant les syndics, au profit de qui la condamnation devra être prononcée, s'il y a lieu.

BANQUEROUTE FRAUDULEUSE. *C. Com.* **343.** Sur le vu de l'arrêt de condamnation pour banqueroute frauduleuse, ou par le jugement qui prononcera soit l'annulation, soit la résolution du concordat, le tribunal de commerce nommera un juge-commissaire et un ou plusieurs syndics ; ces syndics pourront faire apposer les scellés. Ils procéderont sans retard, sur l'ancien inventaire, au récolement des valeurs, actions et papiers, et feront, s'il y a lieu, un supplément d'inventaire. Ils dresseront un bilan supplémentaire.

CONVOCATION DES CRÉANCIERS. *C. Com.* 326. Les syndics feront à l'assemblée un rapport sur l'état de la faillite, sur les formalités qui auront été remplies et les opérations qui auront eu lieu; le failli sera entendu. Le rapport des syndics sera remis, signé d'eux, au juge-commissaire, qui dressera procès-verbal de ce qui aura été dit et décidé dans l'assemblée.

CONCORDAT. 339. Aussitôt après que le jugement d'homologation sera passé en force de chose jugée, les fonctions des syndics cesseront; les syndics rendront au failli leur compte définitif, en présence du juge-commissaire. Ce compte sera débattu et arrêté, à moins qu'il n'en ait été convenu autrement au concordat.

Les syndics remettront au failli l'universalité de ses biens, livres, papiers et effets. Le failli en donnera décharge. Il sera dressé du tout procès-verbal par le juge-commissaire dont les fonctions cesseront. En cas de contestation, le tribunal de commerce prononcera sur simple renvoi du juge-commissaire à l'audience et sans citation. V. CONCORDAT.

TRANSACTION. *C. Com.* 287. Les syndics pourront, le failli dûment appelé, transiger sur toutes contestations qui intéressent la masse, même sur celles qui sont relatives à des droits et actions immobilières. Si l'objet de la transaction est d'une valeur indéterminée ou s'il excède 1,000 piastres, la transaction ne sera obligatoire qu'après avoir été homologuée par le tribunal de commerce pour les transactions relatives à des droits mobiliers, et par le tribunal civil pour les transactions relatives à des droits immobiliers.

UNION. *C. Com.* 356. Lorsque la liquidation de la faillite sera terminée, les créanciers seront convoqués par le juge-commissaire. Dans cette dernière assemblée les syndics rendront leur compte. Le failli sera présent ou dûment appelé.

VOIES DE RECOURS. *C. Com.* 410. Ne seront susceptibles ni d'opposition ni d'appel les jugements relatifs à la nomination ou au remplacement du juge-commissaire ou des syndics.

RÈGLEMENT GÉNÉRAL JUDICIAIRE

Titre XIII. Chap. II. DES SYNDICS DE FAILLITES.

231. La Commission instituée près les tribunaux dressera un tableau des personnes admises à exercer la profession de syndic de faillites.

Le nombre des syndics inscrits ne pourra pas être supérieur à 10.

La liste des syndics sera soumise à la Cour pour être approuvée ou modifiée.

Ils devront fournir un cautionnement de L. E. 300 dans la forme prescrite par l'article 30. (V. HUISSIER, p. 382.)

232. Les syndics seront choisis parmi les personnes qui, en raison de leurs aptitudes, de leur honorabilité et de la profession qu'elles exercent, seront réputées dignes de toute confiance et aptes à bien remplir leur mission.

Ils devront résider dans la circonscription du tribunal.

233. La liste des syndics sera revisée chaque année.

235. Les syndics de faillites qui seraient closes pour insuffisance d'actif ne pourront en aucun cas réclamer de la caisse des fonds judiciaires le paiement de leurs honoraires.

236. Les syndics devront être choisis à tour de rôle parmi les personnes inscrites au tableau, à moins que le tribunal, pour des motifs dont il sera fait mention dans le jugement, n'estime convenable de nommer une personne étrangère au tableau.

237. Les syndics pourront se constituer en chambre syndicale, auquel cas la Cour déterminera par un règlement spécial les bases de cette constitution.

238. Dans les affaires commerciales, le tribunal pourra désigner pour experts les personnes inscrites sur la liste des syndics.

T

TACITE RÉCONDUCTION. V. RÉCONDUCTION TACITE.

TARES. VENTE. *C. Civ.* 404. Il sera, pour les tares, tenu compte des usages du commerce.

TAXE. ENQUÊTES. *C. Proc.* 253. Les témoins seront taxés sur leur demande et il en sera fait mention sur le procès-verbal, dont l'extrait à eux délivré sera, quant à ce, rendu exécutoire par greffier contre la partie qui les aura cités.

EXPERTISE. *C. Proc.* 268. La taxe sera exécutoire contre la partie qui aura requis l'expertise, et, en outre, après le jugement, contre la partie qui aura été condamnée aux dépens. V. EXPERTS.

JUGEMENTS. *C. Proc.* 121. Les frais seront liquidés par le jugement, si faire se peut ; sinon il sera délivré par le greffier un titre exécutoire sur le vu de la taxe du président ou du juge qui le remplace, et ce, sans qu'il soit besoin de nouvelle procédure. V. OPPOSITION (5° *Opposition à la taxe*).

SAISIE-ARRÊT. *C. Proc.* 489. En tout cas, le tiers saisi aura le droit de retenir, à la charge du saisi, le montant des frais faits par lui, sur la taxe du juge.

SAISIE IMMOBILIÈRE. *C. Proc.* 650. Les frais de la poursuite seront taxés par le juge ; le montant de la taxe sera publiquement annoncé à l'audience avant l'ouverture des enchères et il en sera fait mention dans le jugement d'adjudication.

651. Il ne pourra rien être exigé au delà de la taxe.

VENTE DE RENTES. *C. Proc.* 963. La vente aura lieu à la criée de l'huissier, en présence du greffier, qui dressera procès-verbal, et du juge de service, qui statuera d'urgence et en dernier ressort sur les incidents, même ceux de nullité de la procédure, et qui taxera les frais, lesquels seront annoncés avant l'ouverture des enchères.

VÉRIFICATION D'ÉCRITURES. *C. Proc.* 307. Les frais de déplacement et d'expédition seront taxés par le juge commis, et sa taxe exécutoire contre la partie qui aura requis la vérification.

TÉMOIGNAGE (témoins). V. ENQUÊTE. ENQUÊTE SOMMAIRE. PREUVE TESTIMONIALE.

TÉMOINS (dans les actes). SAISIE IMMOBILIÈRE. *C. Proc.* 615. La saisie sera faite par deux huissiers ou un huissier assisté de deux témoins majeurs, qui se transporteront sur les lieux.

SAISIE MOBILIÈRE. *C. Proc.* 504. L'huissier procédera à la saisie assisté de deux témoins majeurs, ni parents ni alliés des parties jusqu'au sixième degré inclusivement, qui signeront ou cachèteront le procès-verbal sur l'original et la copie, le tout hors de la présence du saisissant et à peine de nullité.

TENANTS. V. ABOUTISSANTS.

TERME. OBLIGATIONS A TERME. *C. Civ.* 155. Lorsque l'obligation est à terme, le débiteur peut exécuter avant le terme, si le but de la loi ou de la convention ne s'y oppose pas.

156. L'objet de l'obligation à terme est dû immédiatement si le débiteur tombe en faillite, ou s'il a diminué par son fait les garanties qui assuraient l'exécution.

165. Le créancier peut poursuivre simultanément ou séparément les débiteurs solidaires, sauf le cas où quelques-uns d'entre eux seraient débiteurs à terme ou sous condition.

PRÊT. *C. Civ.* 574. L'emprunteur doit restituer la chose à l'époque fixée et ne peut être contraint de la restituer avant cette époque.

575. A défaut de terme stipulé, la restitution doit être faite après que la chose a servi à l'usage pour lequel elle a été empruntée.

VENTE. *C. Civ.* 304. La vente peut être faite purement et simplement, ou à terme ou sous condition.

311. Lorsque l'acte de vente est muet sur les termes de paiement du prix ou sur les conditions, la vente est présumée faite au comptant et sans conditions, sauf les cas où l'usage du pays ou l'usage général du commerce fait supposer un délai ou des conditions tacites.

413. Lorsque l'acheteur ne paie pas son prix au terme convenu, le vendeur a le choix ou de demander la résolution de la vente, sauf les droits des créanciers hypothécaires inscrits et des tiers acquéreurs ayant rempli les formalités de transcription, ou de faire condamner l'acheteur au payement du prix.

418. En matière de vente de marchandises et d'effets mobiliers, quand un terme est convenu pour le payement du prix et pour la prise de livraison, la vente est résolue de plein droit, si le prix n'est pas payé aux termes fixés et sans qu'il soit besoin de sommation.

TERRAIN. *C. Civ.* 361. La vente d'un terrain ne comprend pas les récoltes.

TERRES. *R. O. J. Titre I. Art.* 36. Le Gouvernement publiera les lois relatives au statut personnel des indigènes, un tarif des frais de justice, les ordonnances sur le régime des terres, des digues et canaux.

TESTAMENTS. V. Successions.

THÉATRE. *C. Com.* 2. La loi répute acte de commerce : toute entreprise de spectacles publics.

TIERCE OPPOSITION. *C. Proc. Chap. XI. Sect. III.*
Tierce opposition. (*Art.* 417-421.)

417. Toute personne peut former tierce opposition à un jugement qui préjudicie à ses droits et lors duquel elle n'a été ni présente ni représentée.

418. Le créancier, même hypothécaire, ne peut former tierce opposition contre un jugement dans lequel son débiteur était partie, à moins qu'il ne prouve la collusion ou qu'il ait à faire valoir des moyens qui lui sont propres.

419. La tierce opposition principale se forme par assignation donnée à celui qui a obtenu le jugement devant le tribunal qui l'a rendu.

420. La tierce opposition pourra être formée incidemment dans une instance principale par conclusions signifiées et posées à l'audience du tribunal, à moins que ce tribunal ne soit incompétent à raison de la nature de l'affaire ou qu'il ne soit inférieur à celui qui a rendu le jugement attaqué, auxquels cas la tierce opposition ne pourra être formée que par voie principale devant le tribunal qui a rendu le jugement.

421. La tierce opposition est recevable tant que le droit sur lequel se fonde le tiers opposant n'a pas été prescrit.

422. La rétractation du jugement sur la tierce opposition ne profite qu'au tiers opposant, à moins que la matière du procès ne soit indivisible.

423. Si la tierce opposition est déclarée non recevable ou mal fondée, le tiers opposant sera condamné à une amende de 200 P. T., sans préjudice des dommages-intérêts, s'il y a lieu.

TIERS. *C. Civ.* 202. Les conventions ne peuvent profiter aux tiers, si ce n'est aux créanciers du contractant. V. Créanciers.

203. Les conventions ne peuvent nuire aux tiers, auxquels elles ne sont opposables que si elles ont acquis date certaine.

COMMERCE. (*Preuve.*) *C. Civ.* 299. En matière commerciale, les achats, ventes, et tous autres contrats pourront être constatés par tous les moyens de preuve, y compris les témoignages et les présomptions.

DONATION. *C. Civ.* 75. La donation immobilière n'est opposable aux tiers que dans les termes des dispositions relatives à la transcription des actes de donation.

MANDAT. *C. Civ.* 651. Le décès du mandant ou la révocation du mandataire ne peuvent être opposés au tiers qui les a ignorés.

PRESCRIPTION. *C. Civ.* 110. La prescription est interrompue quand le prescrivant a perdu la possession, même par le fait d'un tiers.

TRANSMISSION DE PROPRIÉTÉ. *C. Civ.* 69. En matière immobilière, la propriété et les droits réels ne sont acquis, à l'égard des tiers, que moyennant les formalités de transcription déterminées par la loi.

341. A l'égard des tiers qui sont de bonne foi, qui ont un juste titre et qui ont conservé leurs droits dans les formes légales, la propriété n'est transmise, en ce qui concerne les immeubles, que par la transcription de l'acte de vente, ainsi que cela sera expliqué plus loin (V. DROITS RÉELS), et, en ce qui concerne les créances, par les formalités de signification ou d'acceptation qui seront expliquées au présent titre. V. CESSION DE CRÉANCES.

PAIEMENT PAR UN TIERS. V. SUBROGATION.

TIERS ACQUÉREUR. *C. Civ.* 78. En matière immobilière, les dispositions relatives à la résolution des droits de propriété, à raison de légitime réserve, quotité disponible, etc., ne préjudicient pas aux tiers acquéreurs et créanciers hypothécaires de bonne foi.

V. SOCIÉTÉS CIVILES. (*Rapports avec tiers.*)

TIERS DÉTENTEUR. V. DÉLAISSEMENT SUR HYPOTHÈQUE.

TIERS ARBITRE. *C. Proc.* 795. Lorsque les arbitres sont seulement autorisés à juger sans appel, le tiers arbitre, s'il y a lieu, peut être laissé à leur choix.

797. Si les arbitres ayant pouvoir de choisir le tiers arbitre en cas de partage, ne s'entendent pas dans leur choix, le tiers arbitre sera nommé par le tribunal.

799. Si l'arbitre de l'une des parties ou le tiers arbitre vient à cesser ses fonctions, il sera remplacé par la partie ou les arbitres restants, suivant les cas.

811. En cas de partage, les arbitres donneront leur avis par écrit ; le tiers arbitre statuera avec eux, après délibération com-

TITRE EXÉCUTOIRE.

mune, et s'il ne peut les réunir, il statuera seul en se rangeant sur chacun des chefs à l'un des avis exprimés. V. ARBITRAGE.

TIERS POSSESSUR. V. POSSESSION. BONNE FOI.

TIERS SAISI. V. DÉCLARATION AFFIRMATIVE. SAISIE-ARRÊT (*Tiers saisi*), p. 621.

TITRE. *C. Civ.* 733. En matière mobilière, la preuve contre toute personne résulte de la possession avec titre et bonne foi.

734. La possession des meubles seule fait présumer le titre et la bonne foi, sauf preuve contraire, et sauf ce qui a été dit précédemment en cas de perte et de vol. V. PERTE.

736. La propriété ou ses démembrements résultant de succession seront établis vis-à-vis de toutes personnes par le titre. V. DROITS RÉELS.

COPIES DE TITRES. V. CE MOT.

LIBÉRATION. *C. Civ.* 295. La mention de la libération mise sur le titre, bien que non signée du créancier, fait preuve contre lui, à moins que le créancier ne fournisse la preuve du contraire. V. LIBÉRATION.

JUGEMENT D'ADJUDICATION. *C. Proc.* 669. Le jugement d'adjudication formera titre pour le saisi et ses ayants droit pour le paiement du prix et titre de propriété pour l'adjudicataire. V. ADJUDICATION. (*Jugement d'adjudication.*)

VENTE. *C. Civ.* 343. La délivrance s'opère conformément à la nature des choses vendues.

Ainsi la délivrance d'un immeuble peut avoir lieu par la remise des clefs, s'il s'agit d'une maison, et par la remise des titres, s'il s'agit d'un immeuble quelconque, lorsqu'aucun obstacle ne s'oppose, du reste, à la prise de possession.

V. DATE DES ACTES. EXÉCUTION DES ACTES ET JUGEMENTS. EXPÉDITIONS D'ACTES. SAISIE-ARRÊT. TRANSCRIPTION. JUSTE TITRE.

TITRES. V. ACTIONS INDUSTRIELLES.

TITRE AUTHENTIQUE. V. ACTES AUTHENTIQUES.

TITRE EXÉCUTOIRE. *R. G. J.* 117. Sauf les cas où la loi en a disposé autrement, l'exécution ne peut avoir lieu que sur la copie du titre, expédié en forme exécutoire. (*Art.* 117, 434 et 435 *du Code de procédure civile et commerciale.*)

C. Proc. 117. Les jugements ne peuvent être exécutés qu'après avoir été signifiés à la partie.

434. L'exécution est due à tous les jugements et aux titres et contrats authentiques revêtus de la formule exécutoire.

435. L'exécution se fait par les huissiers, qui sont obligés d'agir

à la réquisition de la partie qui leur remet le jugement ou le titre exécutoire. V. Exécution des actes et jugements.

Sentences arbitrales. *C. Proc.* 814. Les sentences arbitrales... seront rendues exécutoires par une ordonnance du président du tribunal civil, à la requête de la partie la plus diligente.

Surenchère. *C. Proc.* 717. La surenchère du dixième en matière de vente volontaire, judiciaire ou non judiciaire, ne sera ouverte qu'au profit des créanciers inscrits et des créanciers porteurs d'un titre exécutoire.

Taxe exécutoire. V. Taxe.

Formule exécutoire. V. ce mot.

TITRE AU PORTEUR. V. Billet au porteur. Actions au porteur.

TITRE PRIVÉ. V. Actes sous seing privé.

TRADITION. *C. Civ.* 66. La propriété et les droits réels s'acquièrent : par la tradition. V. Délivrance.

TRAITEMENTS ET PENSIONS. *C. Proc.* 496. Les traitements et pensions ne seront saisissables que jusqu'à concurrence du cinquième sur les premières 800 P. T. mensuelles et au-dessous, du 1/4 sur les 2,000 P. T. suivantes et du 1/3 sur le surplus.

V. Insaisissabilité. (*Sommes insaisissables*.) V. Gages et Salaires.

TRANSACTION. *C. Civ. Titre III. Chap. VIII.* De la composition ou transaction. (*Art.* 653-661.)

653. La composition ou transaction est un contrat par lequel les parties abandonnent respectivement partie de leur droit pour arrêter ou prévenir une contestation litigieuse.

654. On ne peut transiger sur une question d'Etat ou d'ordre public, mais on peut transiger sur les intérêts pécuniaires qui sont la conséquence née d'une question d'Etat ou d'un délit.

655. La capacité de composer sur le droit suppose la capacité de disposer du droit.

656. La renonciation qui résulte de la composition doit s'interpréter dans ses termes les plus stricts, et, quels que soient ces termes, ne s'entend que des droits qui font précisément l'objet de l'affaire sur laquelle on transige.

657. La transaction ne peut être attaquée que par suite de dol, d'erreur matérielle sur la personne ou sur la chose, ou de fausseté des titres sur lesquels il a été transigé, reconnue depuis la transaction.

658. Les erreurs de calcul doivent être revisées.

659. Les garanties du droit qui a servi de matière à la transaction subsistent pour l'exécution de la transaction ; mais ceux qui

ont charge de la garantie ou qui doivent en souffrir conservent la faculté d'opposer au créancier les exceptions et moyens qui pouvaient exister contre la dette avant la composition.

660. La composition ne peut être opposée aux cointéressés dans l'affaire sur laquelle elle a eu lieu, ni être opposée par eux.

661. Lorsque, malgré les termes employés, la convention dénommée transaction ou composition constitue au fond une donation ou une vente, ou tout autre contrat, ces règles ne sont applicables qu'en tant qu'elles ne sont pas en désaccord avec la nature du contrat fait sous le couvert d'une transaction.

DISPOSITIONS ADDITIONNELLES.

MANDAT. *C. Civ.* 632. Il est nécessaire de justifier d'un mandat spécial ou de pouvoirs spéciaux énoncés dans une procuration générale pour — compromettre et même transiger.

633. Le mandat de compromettre ou transiger comprend pouvoir de compromettre ou transiger sur tous droits même non spécifiés. V. COMPROMIS.

FAILLITE. (*Syndics.*) *C. Com.* 287. Les syndics pourront, le failli dûment appelé, transiger sur toutes contestations qui intéressent la masse, même sur celles qui sont relatives à des droits et actions immobiliers. Si l'objet de la transaction est d'une valeur indéterminée ou s'il excède 1,000 piastres, la transaction ne sera obligatoire qu'après avoir été homologuée par le tribunal de commerce pour les transactions relatives à des droits mobiliers, et par le tribunal civil pour les transactions relatives à des droits immobiliers.

288. Le failli sera appelé à l'homologation.

Son opposition suffira pour empêcher la transaction, si elle a pour objet des biens immobiliers.

(*Union*). 354. Les syndics pourront, en se conformant aux règles prescrites par les articles 287 et 288, transiger sur toute espèce de droits appartenant au failli, nonobstant toute opposition de sa part, même en matière immobilière.

TRANSCRIPTION. V. DROITS RÉELS. GREFFE DES HYPOTHÈQUES.

TRANSFERT (déclaration de). V. CESSION D'ACTIONS.

TRANSPORT. V. COMMISSIONNAIRES DE TRANSPORT.

TRANSPORT DE CRÉANCE. V. CESSION DE CRÉANCE.

TRANSPORT DU TRIBUNAL. *C. Proc. Chap.* X. *Sect. II.* § *VI.* DU TRANSPORT DU TRIBUNAL. (*Art.* 287-289).

287. Lorsque le tribunal jugera qu'il est utile que, dans une affaire grave, l'instruction et les débats aient lieu dans un lieu autre

que celui où il siège, il déterminera par un jugement le jour, le lieu et l'heure où il tiendra audience.

288. La signification de ce jugement, qui sera faite trois jours à l'avance, vaudra citation.

289. Le tribunal se transportera avec le greffier, le ministère public et le personnel d'huissiers et d'interprètes nécessaires, et statuera dans les formes ordinaires. V. VISITE DES LIEUX.

TRÉSOR. *C. Civ.* 81. Le trésor enfoui, dont le précédent propriétaire ne peut être retrouvé, appartient au maître du sol.

82. Si le terrain n'a pas de propriétaire, le trésor appartient à celui qui l'a découvert, sauf l'impôt, dans tous les cas, au profit de l'Etat, d'après les règlements.

TRIBUNAUX MIXTES. *C. Proc.* 26. Les tribunaux jugeant en premier ressort sont :

1° Le tribunal de justice sommaire ;
2° Le tribunal civil :
3° Le tribunal de commerce;
4° Le tribunal des référés.

R. O. J. Titre I. Art. 38. Les tribunaux en matière civile et commerciale ne commenceront à connaître des causes mixtes qu'un mois après leur installation.

R. O. J. Titre I. TRIBUNAUX DE PREMIÈRE INSTANCE.

INSTITUTION ET COMPOSITION

1. Il sera institué trois tribunaux de première instance, à Alexandrie, au Caire et à Zagazig (1).

2. Chacun de ces tribunaux sera composé de sept juges, quatre étrangers et trois indigènes.

Les sentences seront rendues par cinq juges, dont trois étrangers et deux indigènes.

L'un des juges étrangers présidera avec le titre de vice-président et sera désigné par la majorité absolue des membres étrangers et indigènes du tribunal.

Dans les affaires commerciales, le tribunal s'adjoindra deux négociants, un indigène et un étranger, ayant voix délibérative et choisis par voie d'élection.

3. Il y aura à Alexandrie une Cour d'appel composée de onze magistrats, quatre indigènes et sept étrangers.

L'un des magistrats étrangers présidera sous le titre de vice-président et sera désigné de la même manière que les vice-présidents des tribunaux.

Les arrêts de la Cour d'appel seront rendus par huit magistrats, dont cinq étrangers et trois indigènes.

---

(1) Le tribunal de Zagazig fonctionna dès l'origine à Ismaïlia. Le 12 juin 1878 il fut transféré à Mansourah, où il fut supprimé le 26 novembre 1881, pour être remplacé par une délégation judiciaire permanente; enfin il y a été rétabli depuis le 15 octobre 1887.

4. Le nombre des magistrats de la Cour d'appel et des tribunaux pourra être augmenté, si la Cour en signale la nécessité pour le besoin du service, sans altérer la proportion fixée entre les juges indigènes et étrangers.

En attendant, dans le cas d'absence ou d'empêchement de plusieurs juges à la fois de la Cour d'appel, ou du même tribunal, le président de la Cour pourra les faire suppléer, s'il s'agit des juges étrangers, par leurs collègues des autres tribunaux ou par les magistrats étrangers de la Cour d'appel; lorsque l'un des magistrats de la Cour sera ainsi délégué à intervenir aux audiences d'un de ces tribunaux, il en aura la présidence. V. COUR D'APPEL.

V. JUGES. GREFFIERS. HUISSIERS. INTERPRÈTES.

COMPÉTENCE DES TRIBUNAUX MIXTES. V. COMPÉTENCE.

DISPOSITIONS COMMUNES A LA COUR D'APPEL ET AUX TRIBUNAUX.

RÉPARTITION DES JUGES. *R. G. J.* 53. Dans la seconde quinzaine du mois d'octobre de chaque année, la Cour d'appel et les tribunaux de première instance procéderont, pour la nouvelle année judiciaire, à l'élection du vice-président et de son substitut et à la formation de leurs Chambres du Conseil respectives en matière pénale, ainsi qu'à la formation du Conseil de discipline prévu par l'art. 169. (V. p. 349.)

La Cour d'appel procédera également à la composition de la Cour d'assises.

Les tribunaux de première instance composeront par roulement, à la même époque et pour la même période de temps, la Chambre destinée à fonctionner comme tribunal correctionnel; ils désigneront par roulement un ou plusieurs juges instructeurs en matière de crimes et délits pour les étrangers et un ou plusieurs juges instructeurs pour les indigènes, ainsi qu'un juge pour les contraventions, un juge pour les conciliations et les causes sommaires et un juge des référés.

Dans les tribunaux divisés en plusieurs sections, on désignera les juges qui devront composer chaque section.

La Cour et les Tribunaux fixeront, en outre, à la même époque et pour la même période de temps, les jours et heures des audiences et le tour des juges destinés à y siéger.

Le projet pour la formation des Chambres, pour la désignation des juges et la fixation des audiences sera fait à la diligence du vice-président.

54. Les tribunaux de première instance soumettront à la Cour d'appel, dans les trois jours de la délibération dont il est question en l'article précédent, le résultat de cette même délibération; il appartient à la Cour de l'approuver ou de le modifier.

Les tribunaux de première instance et leurs vice-présidents pourront proposer à la Cour en tout temps les modifications à faire dans la répartition du service, sans préjudice du droit de la

Cour de modifier en tout temps cette répartition de sa propre initiative.

55. En cas de maladie, d'absence ou de tout autre empêchement de la part d'un juge, ses fonctions seront remplies par un autre juge à désigner par le vice-président du tribunal.

56. L'année judiciaire commence le 1ᵉʳ novembre et finit le dernier jour d'octobre.

122. La Cour et les tribunaux prennent tous les ans des vacances judiciaires qui commencent le 1ᵉʳ juillet et finissent le 15 octobre. V. Audience. Avocat. Exécution des sentences.

TRIBUNAL D'ALEXANDRIE. Assignation. *C. Proc.* 35. 9° Quand le défendeur sera domicilié à l'étranger et qu'un tribunal égyptien ne sera compétent à raison d'un des motifs indiqués dans les précédents paragraphes, l'assignation pourra être donnée devant le tribunal de la résidence du demandeur, ou, à défaut, devant le tribunal d'Alexandrie.

TRIBUNAL CIVIL. *C. Proc.* 32. Le tribunal civil connaîtra en première instance de toutes les affaires civiles autres que celles qui sont déférées au tribunal de justice sommaire.

441. Les tribunaux de justice sommaire et de commerce ne seront pas compétents pour connaître des difficultés nées sur l'exécution de leurs sentences; ces difficultés seront portées devant le tribunal civil du lieu de l'exécution.

Faillite. (*Vérification des créances.*) *C. Com.* 314. Si cette contestation (sur l'admission d'une créance) est soumise au tribunal civil, ce sera ce tribunal qui fixera par provision la somme pour laquelle le créancier contesté sera admis aux délibérations du concordat. V. Affaires civiles.

TRIBUNAL DE COMMERCE. *C. Proc.* 33. Le tribunal de commerce connaîtra de toutes les affaires qui sont considérées comme commerciales d'après les règles établies au Code de commerce.

R. O. J. Titre I. Art. 2. Dans les affaires commerciales, le tribunal s'adjoindra deux négociants, un indigène et un étranger, ayant voix délibérative et choisis par voie d'élection.

C. Civ. 14. (Les tribunaux de commerce seront compétents) dans les cas déterminés par la loi et quelle que soit la résidence du défendeur.

C. Com. 1. Les tribunaux de commerce connaîtront :

1° De toutes contestations relatives aux engagements et transactions entre commerçants, marchands et banquiers ;

2° Des contestations relatives aux actes de commerce faits par toutes personnes. V. Commerce.

4. Les tribunaux de commerce connaîtront également de toutes contestations relatives aux avaries générales et particulières.

5. Les tribunaux de commerce connaîtront aussi des actions intentées contre les facteurs, commis des commerçants ou leurs serviteurs, pour le fait seulement du trafic du commerçant auquel ils sont attachés.

6. Ils connaîtront pareillement de tout ce qui concerne les faillites, conformément à ce qui est prescrit au présent Code de commerce.

7. Ne seront pas de la compétence des tribunaux de commerce, les actions intentées contre un commerçant, pour payement de denrées et marchandises achetées pour son usage particulier.

8. Néanmoins, les billets souscrits par un commerçant ou entrepreneur d'administrations de deniers publics seront censés faits pour son commerce, lorsqu'une autre cause n'y sera pas énoncée.

C. Proc. 441. Les tribunaux de commerce ne seront pas compétents pour connaître des difficultés nées sur l'exécution de leurs sentences ; ces difficultés seront portées devant le tribunal civil du lieu de l'exécution.

442. Ces tribunaux seront seulement compétents pour statuer sur l'interprétation des jugements qu'ils auront rendus.

RÉHABILITATION. C. Com. 424. L'arrêt portant réhabilitation sera transmis au tribunal de commerce, qui en fera à l'audience la lecture publique, et en ordonnera l'affiche, la transcription sur les registres du tribunal.

V. AFFAIRES COMMERCIALES.

TRIBUNAL DE JUSTICE SOMMAIRE. R. O. J. Titre I. Art. 14. Les tribunaux délégueront un des juges qui, agissant en qualité de juge de paix, sera chargé de concilier les parties et de juger les affaires dont l'importance sera fixée par le Code de procédure.

R. G. J. 97. Le juge délégué pour les affaires de justice sommaire (art. 28, Code de procédure et 14 du Règlement d'organisation judiciaire) est tenu, s'il en est requis, de tenter la conciliation des parties même dans les matières qui ne sont pas de sa compétence. V. CONCILIATION.

C. Proc. 28. Un juge délégué par le tribunal statuera en tribunal de justice sommaire sur les affaires suivantes en matière civile :

1° En dernier ressort, sur les affaires purement personnelles ou mobilières dont la valeur déterminée n'excédera pas P. T. 800, et à charge d'appel sur les affaires de même nature jusqu'à P. T. 2.000 ;

2° Sur les contestations entre hôteliers, voituriers ou bateliers et voyageurs, à raison de la location ou du transport, en dernier ressort jusqu'à P. T. 800, et à charge d'appel jusqu'à P. T. 8,000, quand le contrat ne sera pas contesté ;

3° Dans les mêmes limites, sur le montant des indemnités dues au locataire, pour défaut de jouissance par le fait du propriétaire, quand le droit à une indemnité ne sera pas dénié, et de celles dues au propriétaire par le locataire, pour dégradations imputables à ce dernier ou à ceux dont il répond, quand le bail ne sera pas méconnu ;

4° Dans les mêmes limites du dernier ressort et à charge d'appel, à quelque somme que s'élève la demande au delà de 8.000 P. T., sur les actions en payement de loyers, fermages, en validité de saisie des meubles garnissant les lieux loués, en congés ou résiliation fondée sur le non-payement des loyers, en expulsion de lieux loués quand la location non déniée n'excédera pas annuellement P. T. 4,000 ;

5° En dernier ressort jusqu'à 800 P. T., et à charge d'appel au delà de 800 P. T. quel que soit le montant de la demande, sur les actions pour dommage aux champs, fruits et récoltes, soit par le fait de l'homme, soit par celui des animaux ; celles relatives au curage des canaux quand le fond du droit ne sera pas contesté, et celles relatives au payement des gages et salaires des domestiques ouvriers, employés ;

6° A charge d'appel, dans tous les cas et quel que soit l'intérêt de la demande, sur les actions possessoires intentées par celui qui a possédé plus d'une année et fondées sur des faits commis dans l'année, et lorsque la propriété n'est pas contestée, sur les actions de bornage et sur celles relatives à la distance fixée par la loi, le règlement ou l'usage pour les constructions, ouvrages nuisibles ou plantations, quand la propriété n'est pas contestée.

29. Le tribunal de justice sommaire statuera également, en dernier ressort, dans tous les cas où la loi le permettra, ou si les parties y consentent, sur toutes les contestations qui lui seront déférées volontairement par les parties. V. ACTION POSSESSOIRE.

AUDIENCES. *R. G. J.* 77. Le juge de première instance délégué aux affaires de justice sommaire tiendra au moins deux audiences par semaine.

EXÉCUTION. *C. Proc.* 441. Les tribunaux de justice sommaire ne seront pas compétents pour connaître des difficultés nées sur l'exécution de leurs sentences ; ces difficultés seront portées devant le tribunal civil du lieu de l'exécution.

442. Ces tribunaux seront seulement compétents pour statuer sur l'interprétation des jugements qu'ils auront rendus.

V. AFFAIRES SOMMAIRES.

TRIBUNAL DES RÉFÉRÉS. V. RÉFÉRÉS.

TRIBUTAIRES (BIENS). V. BIENS TRIBUTAIRES.

TROUBLE. BAIL. *C. Civ.* 458. Le bailleur ne peut troubler le locataire dans sa jouissance, ni faire dans l'immeuble loué ou dans ses dépendances des changements qui diminuent cette jouissance.

459. Si le trouble est causé par un tiers et que le trouble soit

motivé par la prétention de ce tiers à un droit sur la chose, ou qu'il enlève un des avantages principaux pour lesquels la location avait été évidemment faite, le locataire pourra également, suivant les circonstances, demander la résiliation du bail ou une diminution de loyer.

460. Il perdra son droit s'il n'a pas dénoncé le trouble au propriétaire lors des premières entreprises.

VENTE. *C. Civ.* 374. Le vendeur, sans qu'il soit besoin de stipulation expresse, garantit que l'acheteur ne sera pas troublé dans sa jouissance par des tiers ayant sur la chose un droit réel existant à la date de la vente, s'il s'agit d'une chose que le vendeur a aliénée comme sienne, ou de la livraison, s'il s'agit d'une chose dont la propriété devait être transférée au moyen de la livraison. La garantie existe encore si le droit réel des tiers procède du vendeur, depuis la date ci-dessus.

411. L'acheteur, à moins de stipulation contraire, peut retenir son prix, s'il est troublé dans sa possession en vertu d'un droit antérieur à la vente ou procédant du vendeur, et encore s'il y a pour lui danger d'éviction, jusqu'à ce que le trouble ou le danger ait disparu.

TROUPEAUX. *C. Civ.* 18. Sont considérés comme immeubles, en ce sens qu'ils ne peuvent être saisis séparément des immeubles dont ils dépendent, les troupeaux nécessaires à la culture quand ils appartiennent au propriétaire du terrain.

42. L'usufruitier profite de l'augmentation qui résulte du croît des troupeaux, après remplacement par le croît des bêtes qui périssent par cas fortuit. V. ANIMAUX.

TUTELLE. V. CURATELLE.

TUTEUR. V. CURATEUR.

U

ULTRA PETITA. REQUÊTE CIVILE. *C. Proc.* 424. Les parties pourront attaquer, par la voie de la requête civile, les jugements et arrêts en dernier ressort, contradictoires ou par défaut, pourvu que, dans ce dernier cas, les délais de l'opposition soient expirés, pour une ou plusieurs des causes ci-après spécifiés : 5° S'il a été statué sur les choses non demandées.

SENTENCE ARBITRALE. *C. Proc.* 816. Les parties pourront demander la nullité de la sentence en s'opposant à l'ordonnance d'exécution dans les cas suivants :

4° S'il a été prononcé sur des choses non demandées.

UNION. *C. Com. Chap. III. Sect. VI, § VI.* De l'union des créanciers (*art.* 349-357).

DISPOSITIONS GÉNÉRALES.

Consultation de créanciers. 349. S'il n'intervient point de concordat, les créanciers seront de plein droit en état d'union.

Le juge-commissaire les consultera immédiatement tant sur les faits de la gestion que sur l'utilité du maintien ou du remplacement des syndics. Les créanciers privilégiés, hypothécaires ou nantis d'un gage, seront admis à cette délibération. Il sera dressé procès-verbal des dires et observations des créanciers, et, sur le vu de cette pièce, le tribunal de commerce statuera comme il est dit à l'article 255 (V. Syndics). Les syndics qui ne seraient pas maintenus devront rendre leurs comptes aux nouveaux syndics, en présence du juge-commissaire, le failli dûment appelé.

350. Les créanciers seront consultés sur la question de savoir si un secours pourra être accordé au failli sur l'actif de la faillite.

Lorsque la majorité des créanciers présents y aura consenti, une somme pourra être accordée au failli à titre de secours sur l'actif de la faillite; les syndics en proposeront la quotité qui sera fixée par le juge-commissaire, sauf recours au tribunal de commerce de la part des syndics seulement.

Faillite de société. 351. Lorsqu'une société de commerce sera en faillite, les créanciers pourront ne consentir de concordat qu'en faveur d'un ou de plusieurs des associés. En ce cas, tout l'actif social demeurera sous le régime de l'union. Les biens personnels de ceux avec lesquels le concordat aura été consenti en seront exclus, et le traité particulier passé avec eux ne pourra contenir l'engagement de payer un dividende que sur des valeurs étrangères à l'actif social. L'associé qui aura obtenu un concordat particulier sera déchargé de toute solidarité.

Syndics. Liquidation. 352. Les syndics représentent la masse des créanciers et sont chargés de procéder à la liquidation. Néanmoins, les créanciers pourront leur donner mandat pour continuer l'exploitation de l'actif. La délibération qui leur conférera ce mandat en déterminera la durée et l'étendue, et fixera les sommes qu'ils pourront garder entre leurs mains à l'effet de pourvoir aux frais et dépenses. Elle ne pourra être prise qu'en présence du juge-commissaire, et à la majorité des trois quarts des créanciers en nombre et en somme. La voie de l'opposition sera ouverte dans la huitaine contre cette délibération, au failli et aux créanciers dissidents ; cette opposition ne sera pas suspensive de l'exécution.

353. Lorsque les opérations des syndics entraîneront des engagements qui excéderaient l'actif de l'union, les créanciers qui auront autorisé ces opérations seront seuls tenus personnellement au delà de leur part dans l'actif, mais seulement dans les

limites du mandat qu'ils auront donné ; ils contribueront au prorata de leurs créances.

354. Les syndics sont chargés de poursuivre la vente des immeubles, marchandises et effets mobiliers du failli, et la liquidation de ses dettes actives et passives ; le tout sous la surveillance du juge-commissaire, et sans qu'il soit besoin d'appeler le failli.

Les syndics pourront, en se conformant aux règles prescrites par les articles 287 et 288 (V. FAILLITES, § 3), transiger sur toute espèce de droits appartenant au failli, nonobstant toute opposition de sa part, même en matière immobilière.

355. Les créanciers en état d'union seront convoqués, au moins une fois dans la première année, et, s'il y a lieu, dans les années suivantes, par le juge-commissaire. Dans ces assemblées, les syndics devront rendre compte de leur gestion. Ils seront continués ou remplacés dans l'exercice de leurs fonctions, suivant les formes prescrites par les articles 255 (V. SYNDICS) et 349.

Dissolution de l'union. 356. Lorsque la liquidation de la faillite sera terminée, les créanciers seront convoqués par le juge-commissaire. Dans cette dernière assemblée, les syndics rendront leur compte. Le failli sera présent ou dûment appelé.

Il sera dressé à cet effet un procès-verbal, dans lequel chacun des créanciers pourra consigner ses dires et observations. Après la clôture de cette assemblée, l'union sera dissoute de plein droit ; le juge-commissaire renverra à l'audience sans citation, s'il y a des contestations sur le compte.

Dans tous les cas, le juge-commissaire présentera au tribunal de commerce un rapport sur les caractères et les circonstances de la faillite.

Incarcération du failli. 357. L'incarcération du failli, quand elle aura été ordonnée, cessera à toute époque dès qu'il sera établi que les syndics ont été mis en possession de tout l'actif et des livres, et que toutes les indications nécessaires leur auront été fournies par le failli. Les créanciers et les syndics pourront intervenir au jugement.

DISPOSITIONS ADDITIONNELLES.

RÉPARTITION DU MOBILIER. *C. Com.* 386. L'union, après délibération prise à la majorité déterminée pour le concordat, pourra se faire autoriser par le tribunal de commerce, le failli dûment appelé, à traiter à forfait de tout ou partie des droits et actions dont le recouvrement n'aurait pas été opéré, et à les aliéner ; en ces cas, les syndics feront tous les actes nécessaires. Tout créancier ou le failli pourra s'adresser au juge-commissaire pour provoquer une délibération de l'union à cet égard.

VENTE D'IMMEUBLES. *C. Com.* 389. S'il n'y a pas de poursuite en expropriation des immeubles commencée avant l'époque de l'union, les syndics seuls seront admis à poursuivre la vente ; ils seront tenus d'y procéder dans la huitaine, sous l'autorisation du juge-commissaire, suivant les formes prescrites au Code de procédure civile. V. VENTES IMMOBILIÈRES.

V. CONCORDAT. SYNDICS.

URGENCE.

ASSIGNATION. V. CE MOT.

APPEL. *(Défense d'exécuter.) C. Proc.* 446. La contestation, en ce cas (lorsqu'il y a lieu de demander au tribunal d'appel des défenses d'exécuter), sera portée devant le tribunal supérieur par une citation à trois jours francs, et il y sera statué d'urgence.

AFFAIRES URGENTES. *C. Proc.* 55. Les affaires civiles et urgentes et les affaires commerciales seront plaidées à l'audience à laquelle elles auront été appelées ou à la plus prochaine audience, s'il y a lieu, suivant leur ordre d'inscription au rôle.

(Enquêtes). C. Proc. 209. Dans les affaires commerciales et dans les affaires urgentes en matière civile, l'enquête devra avoir lieu soit devant le tribunal, soit par une procédure sommaire devant un juge.

EXPERT. *C. Proc.* 277. Si l'expert est en retard de déposer son rapport, il pourra être, à la requête de la partie la plus diligente, cité à trois jours francs, en présence de toutes les parties, devant le tribunal, qui déterminera d'urgence un délai dans lequel le rapport devra être déposé.

(Récusation.) C. Proc. 276. La récusation (d'expert) sera jugée d'urgence à la première audience.

RÉFÉRÉS. *C. Proc.* 136. Le président du tribunal de référé tiendra, à des jours et heures fixes qui seront déterminées par le règlement, des audiences dans lesquelles il lui sera référé des contestations urgentes sur l'exécution des titres exécutoires et des jugements, ou sur des mesures urgentes à prendre, sans préjudice du fond.

140. Dans les autres cas qui nécessitent une urgence absolue, le juge pourra autoriser à assigner soit à l'audience des référés, soit à son domicile, à heure fixe et même les jours fériés.

(Saisie mobilière). C. Proc. 514. Si la partie saisie élève des difficultés et demande à en référer au juge du référé, l'huissier pourra continuer la saisie et donner, sur son procès-verbal, assignation à comparaître en référé même en la demeure du juge, s'il y a urgence.

542. La demande judiciaire en revendication — sera jugée d'urgence au jour où elle sera appelée.

SAISIE IMMOBILIÈRE. *C. Proc.* 609. L'opposition au commandement sera jugée d'urgence par le tribunal; — (en cas d'appel) la Cour jugera également d'urgence.

SAISIE DE RENTES. *C. Proc.* 558. Le tribunal statuera d'urgence au jour indiqué et sans qu'il soit besoin d'ajournement autre que celui qui résulte du cahier des charges, sur les dires, contestations, moyens de nullité, etc.

560. L'appel devra, à peine de déchéance, être interjeté dans la huitaine de la signification du jugement, et il y sera statué d'urgence par la Cour.

563. La vente aura lieu à la criée de l'huissier, en présence du greffier, qui dressera procès-verbal, et du juge de service, qui statuera d'urgence et en dernier ressort sur les incidents, même ceux de nullité de la procédure.

V. Bref délai. Péril en la demeure. Référés.

USAGE (Droit d'). V. Habitation. Prêt a usage.

USAGES LOCAUX. bail. *C. Civ.* 456. La durée du bail fait sans écrit sera déterminée par l'usage des lieux.

471. Si, après l'expiration du bail, le locataire continue la jouissance du consentement du bailleur, le bail est censé renouvelé aux mêmes conditions pour les termes d'usage.

conventions. *C. Civ.* 199. Les conventions, quelque soit le sens littéral des termes employés, doivent être interprétées d'après le but que paraissent s'être proposé les parties et la nature du contrat, et aussi d'après l'usage.

louage de personnes. *C. Civ.* 493. Les preuves consacrées par l'usage seront admises pour établir le montant des salaires dus ou payés.

(*Architecte*). *C. Civ.* 498. A défaut de conventions, les salaires (de l'architecte) seront fixés d'après l'usage.

servitude. *C. Civ.* 51. Les servitudes sont réglées d'après le titre de leur constitution et d'après les usages locaux.

vente. *C. Civ.* 362. La vente d'une maison comprend les choses fixées et attachées à cette maison et non les meubles qui peuvent être enlevés sans détérioration.

Il sera, au surplus, en cette matière, suivi l'usage du pays.

(*Délivrance*). *C. Civ.* 348. La délivrance doit avoir lieu à l'époque fixée par le contrat; s'il n'a rien été convenu à cet égard, la livraison doit avoir lieu au moment de la vente, sauf les termes établis par l'usage.

V. Usages du commerce.

USAGES DU COMMERCE. courtiers. *C. Com.* 73. Les droits et obligations des courtiers et leurs honoraires sont réglés par les règles du mandat et les usages du commerce.

intérêts. *C. Civ.* 182. Quand l'objet de l'obligation consiste en une somme d'argent, les intérêts sont dus, mais seulement du jour de la demande en justice, si la convention, l'usage commercial ou la loi, dans des cas particuliers, n'y a dérogé.

(*Anatocisme*). *C. Civ.* 187. Le taux de l'intérêt commercial en compte courant pourra varier suivant le taux de la place, et la capitalisation se fera dans ces comptes courants suivant les usages du commerce.

LETTRE DE CHANGE. *C. Com.* 139. Tous délais de grâce, de faveur, d'usage ou d'habitude locale pour le payement d'une lettre de change sont abrogés.

VENTE. *C. Civ.* 311. Lorsque l'acte de vente est muet sur les termes de payement du prix ou sur les conditions, la vente est présumée faite au comptant et sans conditions, sauf les cas où l'usage du pays ou l'usage général du commerce fait supposer un délai ou des conditions tacites.

408. S'il est accordé un délai, le lieu de payement est le domicile de l'acheteur.

409. Toutefois, en cette matière, il sera tenu compte des usages du pays et de ceux du commerce.

356. Les frais d'enlèvement et ceux de payement sont à la charge de l'acheteur.

Il en est de même des frais d'acte ;

Sauf, dans tous ces cas, les usages du commerce.

V. TARES.

USINES. V. ÉTABLISSEMENTS NUISIBLES.

USTENSILES. *C. Civ.* 18. Sont considérés comme immeubles, en ce sens qu'ils ne peuvent être saisis séparément des immeubles dont ils dépendent, les ustensiles d'agriculture et troupeaux nécessaires à la culture, quand ils appartiennent au propriétaire du terrain, et les ustensiles et approvisionnements des usines, quand ils appartiennent au propriétaire de ces usines.

AMODIATION. *C. Civ.* 486. Dans le silence du bail, l'amodiation comprend les ustensiles et animaux qui se trouvent sur le terrain au moment de la convention, quand il appartiennent au bailleur.

487. Le preneur doit, sauf stipulation contraire, remplacer les ustensiles usés par vétusté.

SAISIE MOBILIÈRE. *C. Proc.* 519. Lorsque les animaux ou les ustensiles servant à l'exploitation des terres, ou les ustensiles d'une usine ou d'un atelier auront été saisis, le juge du référé pourra établir un gérant à l'exploitation.

PRIVILÈGE. *C. Civ.* 727. Sont privilégiées les créances suivantes :

4° Les sommes dues pour ustensiles d'agriculture encore en possession du débiteur, qui seront payées, après les frais de justice et les salaires, sur le prix desdits ustensiles.

USUFRUIT. *C. Civ.* 19. Les biens sont susceptibles de droits différents par rapport à ceux qui en profitent ; ces droits sont :

2° L'usufruit.

C. Civ. Titre I. Chap. III. DE L'USUFRUIT (art. 29-50).

USUFRUIT.

DISPOSITIONS GÉNÉRALES.

Définition. 29. L'usufruit est le droit d'user et de jouir d'un bien dont la nue propriété appartient à un autre.

Etendue de l'usufruit. 30. Il peut être restreint par la convention ou la libéralité qui l'a constitué, et se réduire, par exemple, à un simple droit d'usage personnel ou à un droit d'habitation.

31. Il peut être temporaire ou perpétuel.

32. Entre particuliers, il ne peut être que temporaire.

33. Il ne peut être constitué qu'au profit d'une ou plusieurs personnes nées au moment de la constitution, et finit en tout cas à leur décès, si le terme fixé ne précède pas ce décès.

34. Toutefois, il est permis de donner par testament la nue propriété à un établissement dépendant du ministère des *wakfs*, et l'usufruit à une ou plusieurs personnes et à leurs héritiers en ligne directe, auquel cas la toute propriété revient à cet établissement seulement après le décès de tous les membres de la famille usufruitière.

35. L'usufruit peut être perpétuel, quand il est établi par l'Etat sur des terres *haradjis* dans les termes des règlements.

36. Dans ce cas, il peut être cédé en totalité ou partiellement ou hypothéqué.

37. L'usufruit constitué par le ministère des *wakfs* est transmissible conformément à la loi du 7 saffer 1284 (10 juin 1867).

Il peut être donné à bail ou en antichrèse.

Condition de l'usufruitier. 38. Les droits et obligations qui naissent de l'usufruit sont réglés par les conditions imposées par l'acte de constitution et par les dispositions suivantes :

39. L'usufruitier doit user de la chose suivant sa destination.

40. S'il s'agit de choses mobilières, il doit être fait inventaire et donner caution ; à défaut de caution, les meubles sont vendus et le produit placé en fonds publics dont le revenu est remis à l'usufruitier.

41. L'usufruitier peut user des choses qui se consomment par l'usage, mais à la charge de les remplacer à la fin de l'usufruit.

42. Il profite de l'augmentation qui résulte du croît des troupeaux, après remplacement par le croît des bêtes qui périssent par cas fortuit.

43. Il n'est pas responsable de la perte ou détérioration de la chose arrivée sans sa faute.

44. L'usufruitier doit faire les dépenses d'entretien et ne peut exiger que le propriétaire fasse aucune dépense.

45. Il ne peut faire aucune construction ou plantation sans le consentement du propriétaire, et il devra prouver ce consentement par écrit, l'aveu ou le serment de ce dernier.

Extinction de l'usufruit. 46. L'usufruit s'éteint par l'expiration du temps fixé, par la renonciation, par la perte de la chose et par l'abus qui est fait de la chose par l'usufruitier, sous réserve des droits des créanciers hypothécaires.

47. Il peut être annulé par suite de l'inexécution des conditions imposées à l'usufruitier, sous la même réserve.

48. L'usufruitier d'un bien *haradji*, qui ne paie pas le tribut, peut être privé de son usufruit, sous réserve des droits des créanciers hypothécaires.

49. Le défaut de paiement de l'impôt pour les terres dont l'Etat est nu propriétaire, donne seulement lieu à la vente forcée de partie de l'usufruit du terrain nécessaire pour couvrir cet impôt.

50. L'usufruit finit encore par suite de non-usage pendant quinze ans.

L'usufruitier des terres tributaires et des *abadies* perd son droit à l'usufruit s'il laisse la terre sans culture pendant cinq années, et l'usufruit est mis aux enchères conformément aux règlements.

DISPOSITIONS ADDITIONNELLES.

BAIL. *C. Civ.* 447. Le bail fait par un usufruitier, sans le consentement du nu propriétaire, cesse à l'extinction de l'usufruit, sauf les délais nécessaires pour le congé ou l'enlèvement des récoltes de l'année.

PRESCRIPTION. *C. Civ.* 106. On ne prescrit pas un droit réel contre son propre titre ou celui de ses auteurs; ainsi l'usufruitier ou ses héritiers ne peuvent prescrire.

USUFRUIT DES BIENS HARADJIS. *C. Civ.* 35. L'usufruit peut être perpétuel quand il est établi par l'Etat sur des terres *haradjis* dans les termes des règlements.

36. Dans ce cas, il peut être cédé en totalité ou partiellement ou hypothéqué.

48. L'usufruitier d'un bien haradji, qui ne paye pas le tribut, peut être privé de son usufruit, sous réserve des droits des créanciers hypothécaires.

USUFRUIT DE TERRES TRIBUTAIRES, ABADIE. V. ABADIE. WAKFS.

USUFRUIT DES WAKFS. *C. Civ.* 37. L'usufruit constitué par le ministère des *wakfs* est transmissible conformément à la loi du 7 saffer 1284 (10 juin 1867).

Il peut être donné à bail ou en antichrèse.

77. Le droit de succession à l'usufruit des biens *wakfs* ou tributaires est réglé d'après la loi locale. V. WAKFS.

UTILITÉ PUBLIQUE. *C. Civ.* 26. Les biens servant à l'utilité publique, comme les routes, ponts, rues, etc., ne sont pas susceptibles d'une propriété privée.

V. EXPROPRIATION D'UTILITÉ PUBLIQUE.

V

VACANTS. V. Biens vacants.

VACHE. saisie mobilière. *C. Proc.* 518. Ne pourront être saisis, si ce n'est pour loyers, fermages, ou pour dettes d'aliments : 4° Une vache, ou trois chèvres, ou trois brebis au choix du saisi, s'il s'agit d'animaux en sa possession et dont il use au moment de la saisie.

VACHE LAITIÈRE. vente. *C. Civ.* 359. La vente d'une vache laitière comprend le veau qu'elle allaite.

VAISSEAU. V. Navire.

VALEURS NÉGOCIABLES. *C. Com.* 82. Le gage constitué soit par un commerçant, soit par un individu non commerçant, pour un acte de commerce, se constate, à l'égard des tiers comme à l'égard des parties contractantes, conformément aux dispositions de l'art. 299 du code civil. (V. Achats et ventes.)

Le gage, à l'égard des valeurs négociables, peut aussi être établi par un endossement régulier indiquant que les valeurs ont été remises en garantie.

A l'égard des actions, des parts d'intérêts et des obligations nominatives des sociétés financières, industrielles, commerciales ou civiles dont la transmission s'opère par un transfert sur les registres de la société, le gage peut également être établi par un transfert, à titre de garantie, inscrit sur les dits registres.

80. Le courtier qui a conclu la vente d'un effet négociable est responsable de la sincérité de la signature du vendeur qui s'y trouve.

VENDEUR. *C. Civ.* 336. La vente légalement conclue a pour effet : 2° D'obliger le vendeur à délivrer la chose vendue et à en garantir la propriété paisible à l'acquéreur.

Transfert de propriété. V. Vente.

Délivrance. V. ce mot.

Garantie. V. ce mot.

VENTE. *C. Civ. Titre III. Chap. I.* De la vente.

Sect. I. De la vente en général (*art.* 300-311).

300. La vente est un contrat par lequel une des parties s'oblige à transmettre à l'autre la propriété d'une chose, en même temps

que l'autre s'oblige à payer à la première le prix qui représente la valeur donnée par les contractants à la chose vendue.

301. La vente n'est parfaite que s'il y a consentement des deux parties, l'une pour vendre, l'autre pour acheter, et qu'elles sont d'accord sur la chose et sur le prix.

302. Elle peut être faite par écrit, par acte authentique ou sous seing privé.

303. Elle peut être faite verbalement et par signes, sauf, en cas de dénégation, à appliquer les règles tracées par la loi en matière de preuves.

304. La vente peut être faite purement et simplement, ou à terme ou sous condition.
La condition peut être suspensive ou résolutoire.

305. La vente peut être faite en bloc, ou à la mesure ou à l'essai.

306. Lorsque des marchandises ont été vendues en bloc, la vente est parfaite quoique les marchandises n'aient pas encore été pesées, comptées ou mesurées.

307. Lorsque les marchandises ne sont pas vendues en bloc, mais au poids, au compte ou à la mesure, la vente n'est point parfaite en ce sens que les choses vendues sont au risque du vendeur, jusqu'à ce qu'elles soient pesées, comptées ou mesurées.

308. La vente faite à l'essai est toujours présumée faite sous condition suspensive.

309. Les frais d'actes et autres accessoires à la vente sont à la charge de l'acheteur.

310. La vente peut avoir pour objet deux ou plusieurs choses alternatives, au choix du vendeur ou de l'acheteur.

311. Lorsque l'acte de vente est muet sur les termes de payement du prix ou sur les conditions, la vente est présumée faite au comptant et sans conditions, sauf les cas où l'usage du pays ou l'usage général du commerce fait supposer un délai ou des conditions tacites.

Sect. II. DES PARTIES CONTRACTANTES (*art.* 312-325).

312. Le vendeur et l'acheteur doivent avoir la capacité légale de s'obliger.

313. Le vendeur doit avoir la capacité légale d'aliéner la chose qui fait l'objet de la vente.

314. Le consentement des parties doit être libre et valable.

315. L'acheteur doit avoir une connaissance suffisante de la chose vendue, soit par lui-même, soit par un tiers chargé par lui de la voir.

316. Lorsque, dans une vente en bloc, l'acheteur n'a vu qu'une partie de la chose vendue, et qu'il apparaît qu'il ne l'aurait pas acheté s'il l'eût vue en entier, il ne pourra que faire prononcer la

résolution de la vente, sans pouvoir demander sa division ou une diminution de prix.

Ce droit cessera s'il a disposé de la chose par hypothèque ou autrement.

317. La mention dans un acte de vente que l'acheteur connaît la chose vendue, lui fait perdre le droit d'attaquer la vente par défaut de connaissance de la chose vendue, à moins qu'il ne prouve la fraude du vendeur.

318. La vente des choses que l'acheteur n'a pas vues, ou fait voir, n'est valable que si l'acte de vente contient la désignation de l'objet vendu et de ses qualités principales, de façon à permettre une vérification.

319. La vente faite à un aveugle est valable, quand il a pu se rendre compte autrement que par la vue de la chose vendue, ou qu'il l'a fait voir par un tiers en qui il a confiance.

320. La vente faite par une personne dans sa dernière maladie à un de ses héritiers, n'est valable que si les héritiers la confirment.

321. Si, dans les mêmes circonstances, la vente est faite à une personne non héritière, elle ne sera inattaquable que si l'objet vendu ne dépasse pas en valeur le tiers des biens du vendeur.

322. Si la valeur de l'objet vendu dépasse le tiers des biens qu'avait le défunt au moment de la vente, l'acheteur sera obligé, sur la demande des héritiers, ou à résilier la vente, ou, s'il le préfère, à payer à la succession ce qui lui manque pour atteindre la valeur des deux tiers des biens du défunt au moment de la vente.

323. Les dispositions des deux articles qui précèdent ne sont applicables qu'au vendeur dont la capacité personnelle est régie par la loi locale.

Elles ne peuvent avoir effet, en tous cas, au préjudice des tiers créanciers hypothécaires ou acquéreurs à titre onéreux de bonne foi.

324. Les magistrats, greffiers, huissiers et avocats ne pourront acheter, ni eux-mêmes ni par personne interposée, en tout ou en partie, des droits litigieux qui sont de la compétence des tribunaux dans le ressort desquels ils exercent leurs fonctions, et ce à peine de nullité de la vente.

La vente, en ce cas, est radicalement nulle, et la nullité devra être prononcée à la demande de toute personne ayant intérêt, et même d'office.

325. Les mandataires légaux comme tuteurs ou curateurs, ni les mandataires conventionnels, ne peuvent acheter le bien qu'ils sont chargés de vendre en cette qualité.

La vente pourra, dans ce cas, être ratifiée par celui pour le compte duquel la vente a eu lieu, s'il a capacité d'aliéner au moment de la ratification.

Sect. III. DE L'OBJET DE LA VENTE (*art.* 326-335).

326. Est nulle la vente des choses qui ne sont pas dans le

commerce, ou des choses qui n'ont aucune valeur appréciable ou des choses qui, par leur nature, ne sont pas susceptibles d'être livrées.

327. L'objet de la vente peut être un corps certain ou un droit indivis ou déterminé sur le corps certain.

Il peut être aussi une chose déterminée seulement quant à son espèce.

328. Dans ce dernier cas la vente n'est valable que si la désignation de l'espèce s'applique à des choses qui peuvent se remplacer l'une par l'autre, et si l'objet de la vente est suffisamment déterminé quant au nombre, à l'étendue, au poids ou à la mesure, pour motiver un consentement valable de la part des deux parties.

329. La chose vendue peut encore être un droit incorporel ou une créance contre un tiers.

330. La vente des fruits d'un arbre, quand ils ne sont pas poussés, ou d'une récolte qui n'est pas encore sortie de terre, est nulle.

331. Cependant la vente des fruits déjà poussés et d'une récolte sortie de terre, comprendra même la partie des fruits poussés et de la récolte sortie de terre depuis la vente.

332. La vente des droits à la succession d'une personne vivante est nulle, même de son consentement.

333. La vente d'un objet déterminé qui n'appartient pas au vendeur est nulle.

Elle pourra toutefois devenir valable si le véritable propriétaire la confirme.

334. Lorsque le vendeur aura vendu comme sienne une chose qu'il saura ne pas lui appartenir et que l'acquéreur sera de bonne foi, ce dernier pourra demander une indemnité.

335. Si celui qui n'est pas propriétaire d'une chose déterminée s'est engagé à en faire transférer la propriété et la jouissance moyennant un prix fixé, le contrat est régi par les règles générales des obligations conventionnelles.

Sect. IV. DES EFFETS DE LA VENTE (*art.* 336).

336. La vente légalement conclue a pour effet :

1° De transférer à l'acheteur par le fait seul du contrat et par rapport aux contractants et à ceux qui les représentent comme héritiers ou créanciers, la propriété de la chose vendue qui est un objet, ou un droit déterminé, ou un droit incorporel et qui appartient au vendeur.

Elle transfère la propriété indivise si une part indivise de la chose a été seule vendue.

2° D'obliger le vendeur à délivrer la chose vendue et à en garantir la propriété paisible à l'acquéreur.

3° D'obliger l'acheteur au payement du prix.

Elle met aussi, suivant les cas, les risques de la chose vendue à la charge de l'acheteur.

§ I. *Transfert de la propriété (art. 337-341).*

337. La propriété de la chose vendue, qui est un corps certain est transférée à l'acquéreur, même si le contrat accorde un terme pour la livraison; dans ce cas, quand le vendeur tombe en faillite avant la livraison, l'acheteur a le droit de revendiquer la chose vendue.

338. Dans la vente des choses déterminées seulement quant à l'espèce, la propriété n'est transférée que par la livraison.

339. Dans les ventes sous condition, la propriété est transférée immédiatement à l'acquéreur si l'événement prévu doit résoudre la vente.

Elle sera réputée avoir appartenu à l'acheteur depuis le contrat, si la condition jusqu'à la réalisation de laquelle la vente était suspendue vient de s'accomplir.

340. Dans les deux cas de l'article précédent, l'effet de la condition ignorée du créancier hypothécaire ne préjudiciera pas aux droits à lui conférés par le vendeur sous condition suspensive, ou par l'acheteur sous condition résolutoire.

341. A l'égard des tiers qui sont de bonne foi, qui ont un juste titre et qui ont conservé leurs droits dans les formes légales, la propriété n'est transmise, en ce qui concerne les immeubles, que par la transcription de l'acte de vente, ainsi que cela sera expliqué plus loin, et, en ce qui concerne les créances, par les formalités de signification, ou d'acceptation, qui seront expliquées au présent titre.

§ II. *De la délivrance et de la garantie.*

1° De la délivrance (*art.* 342-373). V. CE MOT.

2° De la garantie de la chose vendue :

I. — De la garantie en cas de revendication d'un tiers (*art.* 374 386). V. GARANTIE.

II. — De la garantie des vices cachés de la chose vendue (*art.* 387-405). V. VICES RÉDHIBITOIRES.

§ III. *Du payement du prix.*

406. L'acheteur est obligé au payement du prix dans le délai, dans le lieu et dans les conditions convenus au contrat.

407. A défaut de stipulation expresse, le prix est payable comptant, et au lieu de la délivrance.

408. S'il est accordé un délai, le lieu du payement est le domicile de l'acheteur.

409. Toutefois, en cette matière, il sera tenu compte des usages du pays et de ceux du commerce.

410. Le prix ne produit intérêts, sauf stipulation, que s'il est exigible, et si l'acheteur a été mis en demeure de payer par une sommation.

411. L'acheteur, à moins de stipulation contraire, peut retenir son prix, s'il est troublé en sa possession en vertu d'un droit antérieur à la vente ou procédant du vendeur, et encore s'il y a pour lui danger d'éviction, jusqu'à ce que le trouble ou le danger ait disparu.

412. Toutefois, le vendeur peut, dans ce cas, exiger son prix en donnant caution.

413. Lorsque l'acheteur ne paye pas son prix au terme convenu, le vendeur a le choix ou de demander la résolution de la vente, sauf les droits des créanciers hypothécaires inscrits et des tiers acquéreurs ayant rempli les formalités de transcription, ou de faire condamner l'acheteur au payement du prix.

414. Le tribunal peut, pour des motifs graves, accorder un délai modéré à l'acheteur pour le payement de son prix, sauf à mettre la chose vendue sous séquestre, s'il y a lieu.

415. Il ne pourra être accordé qu'un délai.

416. Lorsqu'il est stipulé que la vente sera résolue de plein droit, le tribunal, faute de payement du prix, ne peut accorder un délai à l'acheteur, et la vente sera résolue si l'acheteur n'a pas payé le prix sur la sommation à lui faite, à moins que le contrat ne porte que la vente en ce cas sera résolue sans qu'il soit besoin de sommation.

417. Dans ces divers cas, les effets de la résolution de la vente des immeubles à l'égard des tiers ne préjudicient pas aux créanciers hypothécaires inscrits.

418. En matière de vente de marchandises et d'effets mobiliers, quand un terme est convenu pour le payement du prix et pour la prise de livraison, la vente est résolue de plein droit, si le prix n'est pas payé aux termes fixés et sans qu'il soit besoin de sommation.

311. Lorsque l'acte de vente est muet sur les termes de payement du prix ou sur les conditions, la vente est présumée faite au comptant et sans conditions, sauf les cas où l'usage du pays ou l'usage général du commerce fait supposer un délai ou des conditions tacites.

DISPOSITIONS ADDITIONNELLES.

BAIL. *C. Civ.* 474. Le bail est résolu par la vente de la chose louée, si le contrat de location n'a pas une date certaine antérieure à la date certaine de la vente.

475. Toutefois, l'acquéreur ne pourra expulser le locataire qu'après un congé donné dans les délais ci-dessus.

476. Les locataires qui seront congédiés dans ce cas, malgré un

bail, seront indemnisés par le bailleur, à moins de stipulation contraire.

477. Ils ne pourront être expulsés qu'après qu'ils auront été indemnisés par le bailleur ou par l'acquéreur en l'acquit de ce dernier, ou qu'il leur ait été fourni caution suffisante.

COMMISSIONNAIRE. *C. Com.* 105. En cas de refus ou de contestations pour la réception des objets transportés, leur état est vérifié et constaté par des experts nommés par le tribunal de référé. Le dépôt ou séquestre et ensuite le transport à un endroit sûr, tel que la douane, ainsi que la vente d'une partie des marchandises jusqu'à concurrence du prix de la voiture, peuvent être ordonnés par le juge des référés. V. COMMISSIONNAIRE DE TRANSPORT.

GAGE. *C. Civ.* 665. Il ne peut pas être convenu que l'objet du gage restera, faute de paiement, la propriété du créancier, qui a seulement le droit de provoquer la vente sous les mêmes conditions que tout autre créancier.

MANDAT. *C. Civ.* 632. Il est nécessaire de justifier d'un mandat spécial ou de pouvoirs spéciaux énoncés dans une procuration générale pour ... aliéner un immeuble ou un droit immobilier.

633. Le mandat d'aliéner les immeubles du mandant comprend pouvoir d'aliéner tout immeuble non spécifié.

PRIVILÈGE. *C. Civ.* 727. Sont privilégiées les créances suivantes :

6° Le prix dû au vendeur ou les deniers fournis par acte ayant date certaine, avec affectation spéciale au payement de ce prix, qui seront privilégiés sur la chose vendue, tant qu'elle est en la possession de l'acheteur, si elle est mobilière, sauf l'application spéciale des règles en matière de commerce, et quand il s'agira d'immeubles, si l'acte de vente a été utilement transcrit.

Ce privilège ne s'exercera qu'au rang qui lui sera donné par la date de la transcription.

RENTE. *C. Civ.* 588. Le créancier de la rente pourra seulement en cas d'inexécution, de destruction ou de défaut des garanties, ou de faillite du débiteur de la rente, faire vendre les biens de ce dernier et faire affecter sur ce prix une somme suffisante au payement des arrérages.

SAISIE IMMOBILIÈRE. *C. Proc.* 608. Le débiteur ne peut, à partir du jour de la transcription du commandement, aliéner les immeubles indiqués dans le commandement, à peine de nullité et sans qu'il soit besoin de la faire prononcer.

Néanmoins, l'aliénation ainsi faite aura son exécution si, avant le jour fixé pour l'adjudication, l'acquéreur consigne à la caisse du tribunal somme suffisante pour acquitter en capital, intérêts et frais, ce qui est dû au créancier poursuivant, à ceux qui auront fait signifier des commandements et aux créanciers inscrits, et s'il leur signifie l'acte de consignation. V. ACTION RÉVOCATOIRE.

VENTE ALTERNATIVE. *C. Civ.* 310. La vente peut avoir pour objet deux ou plusieurs choses alternatives, au choix du vendeur ou de l'acheteur.

VENTE DE BIENS INDIVIS. V. Partage.

VENTE EN BLOC. V. Bloc (vente en).

VENTE DE CRÉANCES, DE DROITS. V. Cession de créances.

VENTE A LA CRIÉE. Vente de rentes, actions. *C. Proc.* 563. La vente aura lieu à la criée de l'huissier, en présence du greffier, qui dressera procès-verbal, et du juge de service, qui statuera d'urgence et en dernier ressort sur les incidents, même ceux de nullité de procédure, et qui taxera les frais, lesquels seront annoncés avant l'ouverture des enchères. V. Vente de navires.

VENTE AU DÉTAIL. V. Vente au compte, a la mesure, au poids.

VENTE SUR ÉCHANTILLON. *C. Com.* 79. Les courtiers seront tenus de conserver, à moins d'en être dispensés par les parties, les échantillons des marchandises vendues sur échantillon par leur entremise, en y joignant les annotations nécessaires pour en reconnaître l'identité, et ce jusqu'à la délivrance. V. Courtiers.

VENTE A L'ENCAN. *C. Com.* 2. La loi répute acte de commerce : tout établissement de vente à l'encan.

VENTE AUX ENCHÈRES. V. Licitation.

Garantie. *C. Civ.* 403. L'action en garantie pour vice caché n'existe pas en matière de vente en justice, ni de vente administrative faite aux enchères en présence de l'objet vendu, ou lorsque l'objet vendu a pu être visité.

Gage. V. Gage commercial, *art.* 84, et Commissionnaires, *art.* 92 et 93.

Faillite. *C. Com.* 286. Le juge-commissaire pourra autoriser les syndics à procéder à la vente des effets mobiliers ou marchandises du failli ou du fonds de commerce. Il décidera si la vente se fera soit à l'amiable, soit aux enchères publiques, par l'entremise des courtiers ou de tout officier public, ou dans les formes spécifiées au Code de procédure pour vente sur saisie. V. Rentes, p. 597, art. 573.

V. Enchères.

DROIT MARITIME.

Vente de navire. *C. Marit.* 19. Après la première criée, les enchères seront reçues le jour indiqué par l'affiche. Le juge commis d'office pour la vente continue de recevoir les enchères après

VENTES IMMOBILIÈRES.

chaque criée de huitaine en huitaine, à jour certain fixé par son ordonnance.

VENTE A L'ESSAI. *C. Civ.* 305. La vente peut être faite à l'essai.

308. La vente faite à l'essai est toujours présumée faite sous condition suspensive.

VENTE DE FONDS DE COMMERCE. V. Fonds de commerce.

VENTE FORCÉE. biens indivis. *C. Civ.* 55. Le propriétaire de l'étage inférieur d'un bâtiment doit faire les constructions nécessaires pour empêcher la chute de l'étage supérieur.

S'il se refuse à faire les travaux de consolidation nécessaires, la vente de la partie de la maison qui lui appartient peut être ordonnée.

préemption. *C. Civ.* 100. Le droit (de préemption) cesse quand la vente a eu lieu en justice.

usufruit. *C. Civ.* 49. Le défaut de payement de l'impôt pour les terres dont l'État est nu propriétaire, donne seulement lieu à la vente forcée de partie de l'usufruit du terrain nécessaire pour couvrir cet impôt.

50. L'usufruitier des terres tributaires et des *abadies* perd son droit à l'usufruit, s'il laisse la terre sans culture pendant cinq années, et l'usufruit est mis aux enchères, conformément aux règlements.

VENTE DE FRUITS, RÉCOLTES. V. Fruits, récoltes.

VENTE D'HÉRÉDITÉ. V. Droits successifs.

VENTES IMMOBILIÈRES.

1° VENTE D'IMMEUBLES DE MINEURS ET FAILLIS.

Loi civile

C. Proc. 704. La vente des immeubles des faillis, celle des immeubles des mineurs, quand elle sera autorisée, aura lieu sur une mise à prix fixée par le juge-commissaire ou le tribunal, et sur un cahier des charges dressé et déposé par les syndics ou les représentants des mineurs, et qui, en outre des énonciations indiquées pour les biens vendus sur saisie, contiendra l'énonciation des titres de propriété et la décision qui autorisera la vente, s'il y a lieu.

705. Le cahier des charges sera notifié aux créanciers inscrits et au ministère public, qui pourront saisir le tribunal des contestations qu'ils soulèveront sur sa rédaction dans la forme des dires ordinaires.

706. Les appositions de placards, l'insertion et la fixation du jour de l'enchère auront lieu dans les mêmes délais et dans les mêmes formes que pour les ventes sur saisie.

707. Si, au jour indiqué pour l'adjudication, il ne se présente pas d'enchérisseur, le juge-commissaire en matière de faillite et le tribunal, dans les autres cas, fixeront la baisse de mise à prix et renverront la vente à trente jours au moins et soixante jours au plus.

708. Les affiches et insertions pour la vente sur baisse de mise à prix seront faites au moins vingt jours avant l'adjudication.

709. Les règles ci-dessus fixées pour la surenchère et la folle enchère seront applicables à ces sortes de vente.

Loi commerciale

C. Com. Sect. IX. DE LA VENTE DES IMMEUBLES DU FAILLI (art. 387-390).

387. La faillite n'arrête pas la poursuite de vente des immeubles saisis sur le failli, commencée à la requête d'un créancier hypothécaire ou non, sauf aux syndics le droit de demander la conversion dans les termes du Code de procédure civile.

388. Après la faillite déclarée, les créanciers hypothécaires peuvent seuls faire saisir les immeubles affectés au payement de leurs créances.

389. S'il n'y a pas de poursuite en expropriation des immeubles commencée avant l'époque de l'union, les syndics seuls seront admis à poursuivre la vente; ils seront tenus d'y procéder dans la huitaine, sous l'autorisation du juge-commissaire, suivant les formes prescrites au code de procédure civile.

390. La surenchère, après adjudication des immeubles du failli sur la poursuite des syndics, n'aura lieu qu'aux conditions et dans les formes indiquées au code de procédure.

(*Union*). *C. Com.* 354. Les syndics sont chargés de poursuivre la vente des immeubles, marchandises et effets mobiliers du failli, et la liquidation de ses dettes actives et passives, le tout sous la surveillance du juge-commissaire, et sans qu'il soit besoin d'appeler le failli.

Pour la transaction sur les droits immobiliers du failli. V. TRANSACTION (*Syndics*).

2° VENTE VOLONTAIRE JUDICIAIRE.

C. Proc. 710. Tout propriétaire d'immeuble peut le faire vendre en justice et suivant les mêmes formalités (V. VENTES IMMOBILIÈRES), à partir du dépôt du cahier des charges; toutefois le cahier des charges devra être dressé par un avocat et la mise à prix pourra être fixée par la partie. La notification du cahier des charges pourra être faite aux créanciers inscrits.

Immeubles indivis. C. Proc. 716. Si les immeubles ne peuvent être partagés en nature sans qu'il y ait perte, il sera procédé à la vente suivant les mêmes règles qu'en matière de vente volontaire d'immeubles, à la poursuite du demandeur en partage.

V. Saisie immobilière, Surenchère, Folle enchère.

VENTES DES MARCHANDISES ET MEUBLES DU FAILLI. V. Faillite, *Sect. IV,* § III, p. 334.

VENTE A LA MESURE, AU POIDS, AU COMPTE. V. Mesure.

VENTES MOBILIÈRES. V. Saisie mobilière, Rentes (saisie et vente de).

VENTE DE NAVIRE. V. Navire.

VENTE A RÉMÉRÉ. V. Réméré.

VÉRIFICATION DES CRÉANCES (en matière de faillite). *C. Com. Chap. III. Sect. V,* § *V.* De la vérification des créances (*art.* 296-324).

DISPOSITIONS GÉNÉRALES.

Procédure. 296. A partir du jugement déclaratif de la faillite, les créanciers, même ceux qui sont privilégiés, hypothécaires ou gagistes, remettront au tribunal de commerce leurs titres, avec un bordereau indicatif des sommes par eux réclamées. Le greffier du tribunal de commerce devra en tenir état et en donner récépissé. Il ne sera responsable des titres que pendant cinq années, à partir du jour de l'ouverture du procès-verbal de vérification.

297. Les créanciers qui, à l'époque du maintien ou du remplacement des syndics, en exécution de l'article 255 (V. Syndics), n'auront pas remis leurs titres, seront immédiatement avertis, par des insertions dans un journal, par une affiche au tableau des publications judiciaires, et par lettres du greffier, s'ils sont connus, qu'ils doivent se présenter en personne ou par fondés de pouvoirs, dans le délai de vingt jours, à partir desdites insertions, affiches et lettres, aux syndics de la faillite, et leur remettre leurs titres accompagnés d'un bordereau indicatif des sommes par eux réclamées, si mieux ils n'aiment en faire le dépôt au greffe du tribunal de commerce; il leur en sera donné récépissé. A l'égard des créanciers domiciliés hors du lieu où les affaires de la faillite sont jugées, ce délai sera augmenté des délais de distance entre le lieu où siège le tribunal et le domicile du créancier.

298. La vérification des créances commencera dans les trois jours de l'expiration des délais aux créanciers connus et domiciliés en Egypte. Elle sera continuée sans interruption. Elle se fera aux lieu, jour et heure indiqués par le juge-commissaire. L'avertissement aux créanciers, ordonné par l'article précédent contiendra mention de cette indication. Néanmoins les créanciers seront de nouveau convoqués à cet effet, tant par lettres du gref-

fier que par une affiche au tableau des publications et une insertion dans les journaux.

Réunion de vérification. 299. Les créances des syndics seront vérifiées par le juge-commissaire ; les autres le seront contradictoirement entre le créancier ou son fondé de pouvoirs et les syndics, en présence du juge-commissaire, qui en dressera le procès-verbal.

300. La vérification aura lieu autant que possible le même jour ; il n'y aura remise que lorsque le temps aura manqué pour vérifier les titres des créanciers qui se seront présentés à la première réunion.

301. Cette réunion sera prorogée sur le procès-verbal, sans qu'il y ait lieu à nouvelle convocation.

303. Tout créancier vérifié ou porté au bilan pourra assister à la vérification des créances et fournir des contredits aux vérifications faites ou à faire. Le failli aura le même droit.

304. Le procès-verbal de vérification contiendra la description sommaire des titres, mentionnera les surcharges, ratures et interlignes, et exprimera si la créance est admise ou contestée.

Domicile. 302. Les créanciers non domiciliés dans la ville où siège le tribunal, devront élire domicile dans cette ville ; sinon, toute signification ou lettre leur sera valablement adressée au greffe.

304. Le procès-verbal de vérification indiquera le domicile des créanciers ou leurs fondés de pouvoirs.

Admission, affirmation. 305. Si la créance est admise, les syndics signeront, sur chacun des titres, la déclaration suivante : « Admis au passif de la faillite de... pour la somme de... le... » Le juge-commissaire visera la déclaration. Le failli sera mis en demeure de la signer, s'il est présent.

306. Chaque créancier, séance tenante, ou dans la huitaine au plus tard après que sa créance aura été vérifiée, sera tenu d'affirmer entre les mains du juge-commissaire, que ladite créance est sincère et véritable ; sinon il ne prendra pas part aux répartitions jusqu'à ce qu'il ait fait son affirmation. L'affirmation pourra se faire sans séance publique, et par mandataire.

Contestation de créance. 307. Si la créance est contestée, le juge-commissaire renverra à jour fixe, sur le procès-verbal et sans qu'il soit besoin de citation, devant le tribunal de commerce, qui jugera sur son rapport.

Le tribunal de commerce pourra ordonner qu'il soit fait, devant le juge-commissaire, enquête sur les faits, et que les personnes qui pourront fournir des renseignements soient, à cet effet, citées devant lui.

308. Il statuera comme sur affaire urgente, et autant que possible par un même jugement sur toutes les contestations.

309. Dans tous les cas, le tribunal de commerce pourra, même d'office, ordonner la représentation des livres du créancier, ou demander qu'il en soit rapporté un extrait fait par les juges de son domicile.

310. Le jugement des contestations élevées lors de la convocation ci-dessus, le concordat et les premières répartitions à faire, s'il y a lieu, seront poursuivis sans qu'il soit besoin d'attendre les délais accordés aux créanciers connus, domiciliés à l'étranger.

311. Toutefois, il ne sera procédé soit au concordat, soit aux répartitions, que cinquante jours au plus tôt après la publication du jugement qui aura déclaré la faillite, sauf, en ce qui concerne les répartitions, ce qui sera dit pour les créanciers domiciliés à l'étranger.

312. Lorsque la contestation faite au procès-verbal de vérification sur l'admission d'une créance aura été portée devant le tribunal de commerce, ce tribunal, si la cause n'est point en état de recevoir jugement définitif avant l'expiration des délais accordés aux créanciers connus et domiciliés sur le territoire égyptien, ou des cinquante jours ci-dessus; si ces délais sont moindres, ordonnera, selon les circonstances, qu'il sera sursis ou passé outre à la convocation de l'assemblée pour la formation du concordat.

313. Si le tribunal ordonne qu'il sera passé outre, il pourra décider par provision que le créancier contesté sera admis dans les délibérations pour une somme que le jugement déterminera.

314. Il en sera de même quand la contestation se trouvera portée devant un autre tribunal; toutefois, si cette contestation est soumise au tribunal civil, ce sera ce tribunal qui fixera par provision la somme pour laquelle le créancier contesté sera admis aux délibérations du concordat.

315. Le tribunal de commerce fixera le délai dans lequel le créancier devra faire statuer, par le tribunal civil, sur la fixation provisoire, après lequel délai il sera passé outre, sans qu'il soit admis à délibérer, tant que sa créance ne sera pas fixée.

316. Dans le cas où une créance serait l'objet d'une instruction criminelle ou correctionnelle, le tribunal de commerce pourra également prononcer le sursis. Le créancier contesté, dans ce cas, ne pourra prendre part aux opérations de la faillite, et sa créance ne pourra être admise par provision, tant que les tribunaux compétents n'auront pas statué.

317. Le créancier dont le privilège ou l'hypothèque seulement serait contesté, sera admis dans les délibérations de la faillite comme créancier ordinaire.

318. Les créanciers qui produiront jusqu'au concordat seront vérifiés et affirmés à la séance du concordat. Ceux qui seront dans les délais pourront seuls contester les créances antérieures. S'ils élèvent des contestations et s'il en est élevé contre eux, la fixation provisoire de la créance contestée sera faite par le juge.

Productions tardives. 319. Si les créanciers qui n'ont pas produit dans les délais sont contestés, ils ne prendront part ni au concordat ni aux répartitions, jusqu'à ce qu'il ait été statué sur la contestation par un jugement ayant acquis force de chose jugée.

320. Si, après le rejet du concordat, il est présenté, dans les délais, des productions par des créanciers domiciliés à l'étranger, il est fait une nouvelle convocation par le juge au moyen d'insertions, lettres et affiches, pour leur vérification.

Les productions en retard pourront être admises à cette réunion, sous les réserves indiquées à l'article précédent.

321. En dehors des cas ci-dessus, les productions nouvelles ne pourront se faire que par voie d'opposition entre les mains des syndics avec citation devant le tribunal à huitaine franche. L'opposition sera aux frais des produisants; il sera aussi, à leur frais, adressé, trois jours à l'avance, par le greffier, des lettres d'avis pour le jour d'audience aux créanciers admis, qui pourront intervenir à leurs propres risques.

322. L'opposition des nouveaux créanciers ne pourra suspendre l'exécution des répartitions ordonnancées par le juge-commissaire; mais s'il est procédé à des répartitions nouvelles avant qu'il ait été statué sur leur opposition, ils seront compris pour la somme qui sera provisoirement déterminée par le tribunal de commerce et qui sera tenue en réserve jusqu'au jugement de leur opposition. S'ils se font ultérieurement reconnaître créanciers, ils ne pourront rien réclamer sur les répartitions ordonnancées par le juge-commissaire; mais ils auront le droit de prélever sur l'actif non encore réparti les dividendes afférents à leurs créances dans les premières répartitions.

Contestation tardive. 323. En dehors des contestations autorisées dans les formes ci-dessus, tout créancier admis ou contesté pourra, même tardivement, contester par une action directe devant le tribunal une créance produite ou admise, pourvu qu'il ne soit pas intervenu un jugement d'admission passé en force de chose jugée, mais sans arrêter les opérations de la faillite.

Les syndics et le failli seront mis en cause.

Voies de recours. 324. Les jugements et ordonnances qui accorderont ou refuseront un sursis sur les contestations ou qui statueront sur la fixation provisoire des créances contestées ne seront susceptibles d'aucun recours.

VÉRIFICATION D'ÉCRITURES. *C. Proc. Chap. X. Sect. II. § VII.* VÉRIFICATION D'ÉCRITURES (*art.* 290-313).

DISPOSITIONS GÉNÉRALES.

Procédure. 290. Le bénéficiaire d'un titre sous seing privé peut citer devant le tribunal, par action principale et dans les formes ordinaires, celui dont ce titre implique une obligation même non échue, pour lui faire déclarer qu'il reconnaît son écriture, sa signature ou son cachet.

291. En cas de reconnaissance il en est donné acte par le tribunal au demandeur, à la charge de qui incombent tous les frais.

292. Si le défendeur ne comparaît pas, le jugement de défaut

vaudra reconnaissance, sauf le droit d'opposition dans les termes ordinaires.

293. En cas de dénégation, ou si, dans le cours d'une instance, l'écriture, la signature ou le cachet d'un titre sous seing privé, de la sincérité duquel dépend la solution de l'affaire, viennent à être déniés, le tribunal ordonnera la vérification.

294. Le jugement commettra un juge devant qui la vérification se fera et nommera des experts, si les parties ne sont pas convenues de leur nomination.

Dépôt de la pièce. 295. Le jugement ordonnera que la pièce à vérifier sera déposée au greffe par le demandeur en vérification ; l'état de la pièce sera constatée après qu'elle aura été signée et paraphée par le demandeur et le greffier.

296. Le procès-verbal de dépôt mentionnera ces formalités et sera signée par le greffier et le déposant.

297. Il sera fait par le demandeur sommation à la partie adverse de prendre connaissance de la pièce à vérifier au greffe, sans déplacement.

298. Le greffier dressera procès-verbal de la communication et fera signer et parapher la pièce par le défendeur, ce qui sera mentionné au procès-verbal, que la partie signera avec le greffier.

Comparaison des pièces. 299. A la requête de la partie la plus diligente, et au moins trois jours après la sommation de prendre communication, si cette partie est le demandeur en vérification, le juge rendra une ordonnance qui fixera le jour, le lieu et l'heure où les parties devront comparaître par-devant lui pour convenir des pièces de comparaison.

300. Copie de cette ordonnance sera signifiée à l'autre partie, avec sommation de comparaître, en observant un délai d'un jour franc.

301. Si le demandeur ne comparaît pas, il sera déchu de la faculté de faire la preuve par experts, à moins qu'il ne justifie d'un empêchement sérieux, ce qui sera jugé d'urgence par le tribunal.

Si le défendeur ne comparaît pas, il sera procédé en son absence.

302. Les seules pièces de comparaison qui seront admises sont :

1° Les signatures ou cachets apposés à des actes authentiques ;

2° Les écritures, signatures et cachets reconnus devant le juge commis par la partie dont ils émanent.

Toutefois, si le défendeur fait défaut, le demandeur est autorisé à prouver la sincérité des écritures, signatures et cachets des pièces de comparaison par des témoins qui auraient vu la partie écrire, signer ou cacheter la pièce de comparaison ;

3° La partie de l'acte à vérifier qui ne serait pas déniée ;

4° Un corps d'écriture écrit par la partie sous la dictée du juge.

303. Les pièces de comparaison seront signées et paraphées par les parties, le juge, le greffier et les témoins, s'il y a lieu ; de tout quoi il sera dressé un procès-verbal qui sera signé de tous les comparants.

304. Après l'admission, comme il vient d'être dit, des pièces de comparaison, il n'en pourra être admis de nouvelles sans jugement du tribunal.

Actes authentiques. **305.** Le juge commis sera autorisé, sans même qu'il soit besoin que le jugement en fasse mention, à ordonner toutes les mesures nécessaires pour l'apport où le dépôt des actes authentiques détenus par deux officiers publics, fonctionnaires ou autorité quelconque, et pourra se transporter avec les experts pour voir les pièces sans déplacement.

306. En cas de dépôt des actes authentiques, les expéditions signées par lui et le greffier, avec l'officier ou le fonctionnaire déposant, auront la valeur de l'original.

Elles seront rétablies au greffe et annulées après la restitution de la pièce déposée.

307. Les frais de déplacement et d'expédition seront taxés par lui et sa taxe exécutoire contre la partie qui aura requis la vérification.

Expertise. **308.** L'expertise aura lieu devant le juge et le greffier, dans les mêmes formes qui sont prescrites dans le § IV (V. EXPERTISE) qui précède, sauf qu'en ce cas la fixation du jour sera faite par ordonnance du juge.

309. Avant de procéder à leur examen, les experts signeront et parapheront les pièces de comparaison, ce dont il sera fait mention au procès-verbal.

Enquête. **310.** L'enquête, s'il y est procédé, aura lieu devant le juge commis, dans les formes et délais des enquêtes sommaires.

311. Les témoins ne seront entendus que sur les faits qui tendront à établir que la pièce à vérifier à été écrite, signée ou cachetée par la partie à laquelle elle est attribuée, et non sur la convention à laquelle elle pourrait se rattacher. Les témoins signeront et parapheront la pièce à vérifier, ce qui sera consigné au procès-verbal d'enquête.

312. Après le dépôt du procès-verbal au greffe, le tribunal statuera sur la sincérité de la pièce vérifiée, sauf à juger ensuite le fond, s'il en est saisi.

Amende. **313.** Lorsqu'une pièce déniée aura été reconnue vraie en totalité, celui qui l'aura déniée sera, sur la réquisition du ministère public, condamné à 400 P. T. d'amende.

DISPOSITION ADDITIONNELLE.

COMMUNICATION. *C. Proc.* **68.** Seront communiquées au ministère public les causes suivantes : 7° Les vérifications d'écritures.

VÉTUSTÉ. AMODIATION. *C. Civ.* 487. Le preneur doit, sauf stipulation contraire, remplacer les ustensils usés par vétusté.

VEUVES. PRESCRIPTION. *C. Civ.* 277. (Dans le cas où la prescription est de trois cent soixante jours ou au-dessous) les veuves et héritiers prêteront serment qu'ils ne savent pas que la chose est due.

VIAGER. V. RENTES. USUFRUIT.

VICES. COMMISSIONNAIRE DE TRANSPORT. *C. Com.* 102. Le voiturier est garant des avaries, sauf si la perte et les avaries proviennent du vice propre de la chose.

CONSTRUCTION. *C. Civ.* 500. Les architectes et entrepreneurs sont responsables solidairement pendant dix années de la destruction des travaux de construction, même quand elle est provenue de vice de sol, et même si le maître a autorisé les constructions vicieuses, pourvu, dans ce dernier cas, qu'il ne s'agisse pas d'une construction destinée dans l'intention des parties à durer moins de dix années.

DROIT MARITIME.

PRÊT A LA GROSSE. *C. Marit.* 166. Les déchets, diminutions et pertes qui arrivent par le vice propre de la chose, ne sont point à la charge du prêteur.

VICE APPARENT. VENTE. *C. Civ.* 395. Le vice apparent et celui que l'acheteur a réellement connu, ne donnent pas lieu a garantie.

VICES CACHÉS, RÉDHIBITOIRES. *C. Civ. Titre III. Chap. I. Sect. IV. § II.* DE LA GARANTIE DES VICES CACHÉS DE LA CHOSE VENDUE (*art.* 387-405).

DISPOSITIONS GÉNÉRALES.

Responsabilité. 387. Le vendeur est responsable des vices cachés de la chose vendue, lorsque ces vices sont de nature à diminuer la valeur sur laquelle l'acheteur devait compter, ou qu'ils rendent la chose impropre à l'usage auquel on la destine.

Droit de résiliation. 388. Dans ce dernier cas, ou quand la diminution de valeur est telle que l'acheteur n'aurait pas acheté, s'il l'avait connue, ce dernier a le droit de résilier la vente, sans préjudice des droits des créanciers hypothécaires, ou de demander une diminution du prix, le tout avec dommages-intérêts, qui ne sont dus que s'il est établi que le vendeur connaissait le vice caché.

389. Si le vendeur ignorait le vice caché, l'acheteur aura simplement le choix de résoudre la vente et de réclamer la restitution des frais qu'elle a occasionnés, ou de conserver la chose au prix convenu.

390. Dans les cas où l'acheteur a le droit de résilier, s'il s'agit

d'une vente de plusieurs objets certains, et que le vice découvert avant la livraison n'affecte qu'un certain nombre de ces objets, l'acheteur ne peut résilier la vente que pour le tout.

391. Si le vice est découvert après la livraison, l'acheteur peut résilier la vente pour les objets viciés seulement, pourvu que la division ne soit pas préjudiciable.

392. S'il s'agit, dans les mêmes cas, de choses qui se remplacent l'une par l'autre, l'acheteur pourra, même après la livraison, résilier la vente pour partie.

Diminution de prix. 393. Si la diminution de valeur résultant du vice caché n'est pas telle qu'elle aurait empêché la vente, l'acheteur a droit simplement à une diminution proportionnelle du prix par estimation d'expert.

394. La diminution proportionnelle du prix est calculée en appréciant la valeur réelle de la chose à l'état sain et la valeur réelle à l'état où elle est, et en faisant application de la proportion de ces deux valeurs au prix convenu.

Garantie. 395. Le vice apparent et celui que l'acheteur a réellement connu, ne donnent pas lieu à garantie.

396. Il n'y a pas garantie non plus, quand l'acheteur a stipulé qu'il ne serait pas garant des vices cachés, à moins, dans ce cas, qu'il soit établi qu'il les connaissait.

397. Le vice doit être ancien pour donner lieu à la garantie.

398. On entend par vice ancien celui qui existait au moment de la vente, s'il s'agit d'un corps certain, et celui qui existait au moment de la livraison, s'il s'agit de choses non vendues comme corps certain.

399. S'il survient, par cas fortuit, un vice nouveau après la vente dans le premier cas de l'article précédent, et après la livraison dans le second cas, ou si la chose livrée a été modifiée par l'acheteur ou par tout autre, l'acheteur n'a plus le droit de résilier la vente, à moins que le vice nouveau n'ait disparu ou que le vendeur ne déclare consentir à reprendre la chose avec le vice nouveau ; mais l'acheteur peut demander la diminution du prix, qui est calculé comme il est dit ci-dessus, sans tenir compte toutefois du vice nouveau ou de la modification survenue.

400. Si la chose périt par suite du vice ancien, la perte est à la charge du vendeur, qui doit les restitutions et dédommagements indiqués plus haut, suivant le cas.

401. Si la chose affectée d'un vice périt entièrement par suite du vice nouveau ou par cas fortuit, la perte est également au vendeur, pourvu que la preuve du vice ancien soit faite et que l'estimation et la diminution du prix soit possible dans les cas où il y aurait eu lieu à cette diminution.

402. L'action en garantie résultant de l'existence des vices cachés doit être intentée dans la huitaine de la découverte du vice, à peine de déchéance.

403. Tout acte de disposition de la chose vendue de la part de l'acquéreur depuis la découverte du vice, entraîne la déchéance de l'action en garantie.

404. Il sera, pour les tares, tenu compte des usages du commerce.

405. L'action en garantie pour vices cachés n'existe pas en matière de vente en justice, ni de vente administrative faite aux enchères en présence de l'objet vendu, ou lorsque l'objet vendu a pu être visité.

VICES DE FORMES. DROIT D'ÉVOCATION. *C. Proc.*
416. La Cour peut évoquer l'affaire, si elle a infirmé, pour vice de forme, un jugement statuant sur le fond, pourvu qu'il ne s'agisse pas d'un jugement arbitral rendu par des amiables compositeurs ayant pouvoir de statuer sans appel.

EXPROPRIATION D'UTILITÉ PUBLIQUE. *C. Civ.* 143. Le jugement (du jury d'expropriation) pourra être attaqué devant la Cour pour vices de forme, selon les règles établies par le code de procédure.

SAISIE IMMOBILIÈRE. *C. Proc.* 678. L'ordonnance de référé (statuant sur la demande en subrogation dans les poursuites d'un créancier) n'est pas susceptible d'appel, si ce n'est pour nullité de forme. V. NULLITÉS.

VILLES ET VILLAGES. COMMUNICATION. *C. Proc.*
68. Seront communiquées au ministère public les causes suivantes : 3° Celles qui concernent les villes et villages agissant comme communauté.

VIOLENCE. CONVENTIONS. *C. Civ.* 193. Le consentement n'est pas valable s'il a été obtenu par la violence.

195. La violence, pour être cause de nullité, doit être assez grave pour faire impression sur une personne raisonnable, étant tenu compte de l'âge, du sexe et de la condition du contractant.

VISITE DES LIEUX. *C. Proc. Chap.* X. § 5. DES VISITES DES LIEUX (*art.* 280-286).
280. Dans le cas où il le croira nécessaire, le tribunal pourra ordonner que soit lui, soit un ou plusieurs de ses membres ayant assisté aux débats de l'affaire, se transportent sur les lieux aux jour et heure fixés par le jugement ou l'ordonnance du plus ancien des juges commis.

281. Le jugement, s'il n'est pas contradictoire, et l'ordonnance du juge commis, s'il y a lieu, seront signifiés par la partie la plus diligente qui l'aura requise vingt-quatre heures avant l'accession des lieux, outre les délais de distance, ce qui vaudra citation.

282. Il sera dressé un procès-verbal qui mentionnera les opérations des magistrats, depuis leur départ jusqu'au dépôt dudit procès-verbal au greffe.

283. Le tribunal ou le juge pourront nommer, séance tenante,

des experts qui procèderont immédiatement, après serment prêté, ou entendre sous serment les témoins qu'ils jugeront nécessaires et qui seront appelés par un simple avis du greffier.

284. Le greffier sera présent à l'accession des lieux et signera le procès-verbal.

285. La présence du ministère public ne sera nécessaire que dans le cas où il est partie principale.

286. Les frais de la descente sur les lieux, évalués par le président, seront consignés à l'avance au greffe par la partie qui aura requis la descente des lieux.

V. TRANSPORT DU TRIBUNAL.

VOIE PUBLIQUE. V. ROUTES ET RUES.

VOISIN. V. PRÉEMPTION (DROIT DE).

VOITURE (Lettre de). V. LETTRE DE VOITURE.

VOITURIER. V. COMMISSIONNAIRE EN TRANSPORTS.

VOL. PRESCRIPTION. *C. Civ.* 115. La prescription est de trois années contre le propriétaire de la chose volée ou perdue.

116. Toutefois, celui qui a acheté de bonne foi la chose volée ou perdue d'un marchand qui en faisait commerce, ou dans un marché public, a le droit de réclamer au propriétaire revendiquant le prix qu'il a payé.

RÉHABILITATION. *C. Com.* 425. Ne seront point admises à la réhabilitation les personnes condamnées pour vol, escroquerie ou abus de confiance.

VOLONTÉ. SOCIÉTÉ. *C. Civ.* 542. La société finit : 6° par la volonté de tous les associés. V. CONSENTEMENT.

VOYAGEURS. *C. Proc.* 28. Un juge délégué par le tribunal statuera en tribunal de justice sommaire sur les affaires suivantes, en matière civile : 2° sur les contestations entre hôteliers, voituriers ou bateliers et voyageurs, à raison de la location ou du transport, en dernier ressort jusqu'à P. T. 800, et à charge d'appel jusqu'à P. T. 8,000, quand le contrat ne sera pas contesté.

PRIVILÈGE. *C. Civ.* 727. Sont privilégiées les créances suivantes : 7 les sommes dues aux aubergistes sur les effets déposés dans l'auberge par les voyageurs.

VUE (Échéance). *C. Com.* 133. Une lettre de change peut être tirée :

A vue ;

A un ou plusieurs jours ou mois de vue.

134. La lettre de change à vue est payable à présentation.

135. L'échéance d'une lettre de change à un ou plusieurs jours

ou mois de vue est fixée par la date de l'acceptation ou par celle du protêt faute d'acceptation.

136. Le mois se compte d'après le calendrier qui correspond à la date déterminée dans la lettre de change.

S'il s'agit d'une lettre de change payable à un ou plusieurs mois de vue et que l'acceptation soit datée, le mois sera calculé d'après le calendrier auquel correspond la date déterminée dans l'acceptation.

BILLET A ORDRE. *C. Com.* 196. Toutes les dispositions relatives aux lettres de change et concernant.... l'échéance, sont applicables aux billets à ordre ou au porteur. V. ASSIGNATION A VUE.

VUE (Servitude). *C. Civ.* 61. Nul ne peut avoir sur son voisin une vue droite à une distance moindre d'un mètre (2 pics 2/3 environ).

62. La distance se mesure du parement extérieur du mur où la vue est pratiquée ou de la ligne extérieure du balcon ou de la saillie.

W

WAKFS (Biens). *C. Civ.* 22. Les biens *wakfs* sont ceux qui sont propriété de mainmorte au profit d'établissements pieux, dont l'usufruit peut être également cédé aux particuliers dans les conditions déterminées par les règlements.

COMPÉTENCE. *C. Civ.* 8. Ne sont pas soumises à ces tribunaux (mixtes) les demandes des étrangers contre un établissement pieux en revendication de la propriété d'immeubles possédés par cet établissement; mais ils seront compétents pour statuer sur la demande intentée sur la question de la possession légale, quel que soit le demandeur ou le défendeur.

EXPROPRIATION D'UTILITÉ PUBLIQUE. *C. Civ.* 120. (En cas d'expropriation pour cause d'utilité publique) les établissements de mainmorte qui n'ont pas le droit d'aliéner recevront une indemnité en terrain.

PRÉEMPTION. *C. Civ.* 97. Le droit de préemption n'appartient pas à celui au profit de qui une part indivise a été immobilisée par *wakf*, mais il appartient à l'immobilisateur, à la condition que ce soit pour immobiliser la partie préacquise.

WAKOUF (1). *C. Civ.* 76. Nul ne peut immobiliser son bien

---

(1) On appelle wakouf ou biens de mainmorte, les biens meubles ou immeubles que des particuliers ont consacrés aux mosquées et dont l'usufruit re-

à titre de *wakouf*, au préjudice de ses créanciers, à peine de nullité de l'immobilisation.

vient aux donateurs et à leurs héritiers jusqu'à extinction. Par suite de leur exonération d'impôt et de leur inaliénabilité ces biens portent un préjudice très grand à l'intérêt général : l'Etat y perd un revenu considérable et la mauvaise exploitation de ces biens en général nuit à la production. Dans son ouvrage sur la Turquie, M. le baron de Maltzan dit que la sécularisation des wakoufs ne serait pas très préjudiciable pour les mosquées. Il paraît qu'elles ont été fraudées par beaucoup d'usufruitiers qui, n'ayant pas d'enfants ou craignant l'extinction de leur postérité, ont trouvé le moyen de transmettre leur droit; et, d'autre part, le profit qu'elles tirent de ces biens n'est pas très important. Aussi le gouvernement turc, frappé de ces abus, s'occupe à réformer la législation des wakoufs.

ERRATA

Page 25, in fine, lire art. 670 et non 570.
> 66, art. 158, lire : *accordé* et non *accepté*.
> 91, FIN DE NON-RECEVOIR, lire : 275 et non 375.
> 92, RÉCUSATION, lire : 352 et non 325.
> 107, art. 341, lire : *dol* et non *vol*.
> 131, art. 187, lire : *l'assureur* et non *l'assurance*.
> 146, art. 431, lire : par l'effet du pacte de rachat.
> 150, art. 154, lire : si les deux modes d'exécution.
> 161, art. 99, lire : *convention* et non *contravention*.
> 183, art. 157. lire : ou l'éteindra.
> 220, art. 87, lire : art. 53 et non 83.
> 220, art. 433, lire : *d'éteindre* et non *d'étendre*.
> 594, au lieu du titre: RENTES (SAISIE DES), lire: RENTES (ET SAISIE DES).

TABLE
DES ARTICLES DES CODES

PAR ORDRE DE NUMÉROS

RENVOYANT AU TEXTE MÊME DE CHAQUE DISPOSITION

RÈGLEMENT D'ORGANISATION JUDICIAIRE

TITRE Ier. JURIDICTION EN MATIÈRE CIVILE ET COMMERCIALE

Chapitre Ier. *Tribunaux de première instance et Cour d'appel.*

		Pages
Art. 1-4.	§ I. Institution et composition	672
— 5.	— —	418
— 6.	— —	375
— 7.	— —	382 et 407
— 8.	— —	375
Art. 9 ou 5 du C. Civ. (1)	§ II. Compétence	
— 10 ou 6 —	—	
— 11 ou 7 —	—	
— 12 ou 8 —	—	} 169
— 13 ou 9 —	—	
— 14 —	—	
Art. 15-16.	§ III. Audiences	78
— 17 ou 1 du C. Proc.	—	93
Art. 18.	§ IV. Exécution des sentences	312
Art. 19.	§ V. Inamovibilité des magistrats. — Avancement. — Incompatibilités. — Discipline..	420
— 20.	—	418
— 21.	—	420
— 22-23.	—	418
— 24.	— —	93 et 419
— 25.	— —	419
Art. 26-29.	Chapitre II. *Parquet*	522
Art. 30.	Chapitre III. *Dispositions spéciales et transitoires*	407
— 31-33.	— —	476
— 34.	— —	152
— 35 ou I du C. Civ. 2e alinéa.	— —	152
— 36.	— —	666
— 37.	— —	585
— 38.	— —	672
— 39 ou 3 du C. Civ. 3e alinéa.	— —	195
— 40.	— —	614

(1) Plusieurs articles du régl. d'organ. jud. se trouvant reproduits textuellement dans le Code civil ou de Procédure, pour éviter un double emploi, nous renvoyons aux articles qui leur correspondent dans ces codes.

TITRE II. JURIDICTION EN MATIÈRE PÉNALE EN CE QUI CONCERNE LES INCULPÉS ÉTRANGERS

(Cette matière ne rentrant pas dans le cadre de l'ouvrage, nous n'en avons pas reproduit les dispositions.)

CODE CIVIL

		Pages
Art. 1-2.	DISPOSITIONS PRÉLIMINAIRES...........	152
— 3.	— —	195
— 4-10.	— —	169
— 11-12.	— —	450
— 13-14.	— —	170

TITRE Ier. DES BIENS.

Art. 15-18.	Chap. Ier. Des différentes sortes de biens......	471
— 19.	— —	277
— 20-21.	— —	10
— 22.	— —	705
— 23-26.	— —	109
Art. 27-28.	Chapitre II. De la Propriété	557
Art. 29-50.	Chapitre III. De l'usufruit.............	682
Art. 51-65.	Chapitre IV. Des servitudes...........	639
Art. 66.	Chapitre V. Des modes d'acquérir la propriété et les droits réels............	279
Art. 67-69.	Section I. Effet des conventions.........	284
Art. 70-76.	Section II. Des donations.............	275
Art. 77-78.	Section III. Des successions...........	653
Art. 79-83.	Section IV. De l'appropriation.........	55
Art. 84-92.	Section V. De l'accession.............	9
Art. 93-101.	Section VI. De la préemption en matière immobilière.	536
Art. 102-116.	Section VII. De la prescription.........	537
Art. 117.	Chapitre VI. De la perte de la propriété et des droits réels................	279
— 118-143.	....	328

TITRE II. DES OBLIGATIONS.

Art. 144-161.	Chapitre Ier. Des obligations en général.......	500
— 161-171.	— —	650
— 172.	— —	502
— 173-175.	— —	500
— 176.	— —	388
— 177-182	— —	272
— 182-187.	— —	404
Art. 188-189.	Chapitre II. Obligations conventionnelles......	124
— 190.	— —	654
— 191-197.	— —	495
— 197-204.	— —	198
Art. 205-215.	Chapitre III. Obligations résultant du fait.....	502
Art. 216-220.	Chapitre IV. Des obligations résultant de la loi..	503
Art. 221.	Chapitre V. Extinction des obligations.......	331

		Pages
Art. 222.	Section I. De l'exécution.............................	316
— 223-227.	— —	655
— 2.8-229.	— —	520
Art. 230-231.	— —	316
— 232-234.	— —	520
— 235-236.	— —	394
— 237.	— —	500
— 238-239.	— —	247
Art. 240-242.	Section II. Résolution des obligations..............	666
Art. 243-248.	Section III. De la remise de l'obligation...........	542
Art. 249-255.	Section IV. De la novation........................	494
Art. 256-265.	Section V. De la compensation.....................	167
Art. 266-267.	Section VI. De la confusion.......................	184
Art. 268-277.	Section VII. De la prescription...............	538-540
Art. 278-299.	Chapitre VI. De la preuve des obligations et de la libération.....................	544 et s.

TITRE III. DES DIFFÉRENTS CONTRATS DÉTERMINÉS.

Chapitre Ier. De la vente.

Art. 300-311.	Section I. De la vente en général..................	685
Art. 312-325.	Section II. Des parties contractantes..............	686
Art. 326-335.	Section III. De l'objet de la vente.................	687
Art. 336.	Section IV Des effets de la vente..................	688
Art. 337-341.	§ 1. Transfert de la propriété.....................	638
	§ 2. De la délivrance et de la garantie :	
Art. 342-373.	1° Délivrance	243
	2° Garantie.	
Art. 374-386.	I. De la garantie en cas de revendication d'un tiers..	309
Art. 387-405.	II. De la garantie des vices cachés de la chose vendue.	701
Art. 406-418.	§ 3. Du paiement du prix.........................	689
Art. 419-420.	Section V. De l'action pour cause de lésion.........	437
Art. 421-433.	Section VI. De la vente a réméré..................	591
Art. 434-437.	Section VII. De la cession des créances et des droits incorporels contre des tiers.....................	143
— 438.	— —	281
— 439-441.	— —	143
— 442-443.	— —	278-281
Art. 444.	Chapitre II. Du Louage............................	99
— 445-455.	Section I. Du louage des choses..................	99-101
— 456-457.	— —	599
— 458.	— —	100
— 459-460.	— —	605
— 461-468.	— —	100-101
— 469.	— —	105
— 470-471.	— —	101
— 472.	— —	105
— 473-478.	— —	604-605
— 479-480.	— —	105
— 481-482.	— —	58
— 483-488.	— —	45
Art. 489-510.	Section II. Du louage des personnes ou d'industrie.	517-519

TABLE DES ARTICLES DES CODES.

Pages

Chapitre III. De la Société.

Art. 511-519.	Section I. Contrat de Société.....................	53
— 520-544.	— —	642
Art. 545-563.	Section II. Du partage des sociétés et de tous autres partages..........	524-525
Art. 564-567.	Chapitre IV. Du prêt et de la rente................	543
Art. 568-575.	§ 1. Du prêt à usage.......................	543
Art. 576-583.	§ 2. Du prêt de consommation et de la rente........	544
— 584-589.	— —	594
Art. 590-599.	Chapitre V. Du dépôt..............................	254
— 600-602.	— —	636
— 603.	— —	255
Art. 604-612.	Chapitre VI. Du cautionnement...................	135
— 613 614.	— —	23
— 615-616.	— —	136
— 617-618.	— —	23
— 619-624.	— —	136
Art. 625-652.	Chapitre VII. Du mandat......................	460
Art. 653-661.	Chapitre VIII. De la composition ou transaction.....	670
Art. 662-677.	Chapitre IX. Du gage...........................	362

TITRE IV. DES DROITS DES CRÉANCIERS.

Art. 678.	Chapitre Ier. Des différentes espèces de créanciers.....	212
Art. 679-680.	Section I. Des créanciers ordinaires................	215
Art. 681-697.	Section II. Des hypothèques et du droit d'affectation sur les immeubles. — § 1. Des hypothèques......	384
— 698-720.	— —	236
Art. 771-726.	§ 2. Du droit d'affectation sur les immeubles........	34
Art. 727-730.	Section III. Des créanciers privilégiés..........	549-550
Art. 721.	Section IV. Des créanciers qui ont un droit de rétention....	612
Art. 732-749.	Chapitre II. De la preuve des droits réels...........	279
Art. 750-774.	Chapitre III. Du greffe des hypothèques.............	373

CODE DE COMMERCE.

Chapitre Ier. Dispositions générales.

Art. 1-3.	Section I. Compétence............................	156
— 4-8.	—	674
Art. 9 11.	Section II. Des commerçants...................	156
Art. 12-19.	Section III. Des livres de commerce...............	449
Art. 20-24.	Section IV. De la publicité à donner aux conventions matrimoniales	466

Chapitre II. Des différents contrats commerciaux.

Art. 25-71.	Section I. Des Sociétés	645
Art. 72-81.	Section II. Des courtiers	209
Art. 82-84.	Section III. Du gage et des commissionnaires........	363
— 85-94.	— —	159
Art. 95-109.	Section IV. Des commissionnaires de transports, voituriers, bateliers, etc....................	161

TABLE DES ARTICLES DES CODES. 713

		Pages
Art. 110-115.	Section V. Des lettres de change....................	438
— 116-122.	— —	561
— 123-131.	— —	6
— 132.	— —	7-440
— 133-139.	— —	282
— 140-144.	— —	292
Art. 145-148.	— —	86
— 149-167.	— —	439
— 168-184.	— —	558
— 185-195.	— —	573
Art. 196-197.	Section VI. Des billets à ordre et autres effets de commerce.................................	111
— 198-200.	— —	67
Art. 201.	Section VII. Prescription des actions en matière d'effets de commerce........................	539

Chapitre III. De la faillite.

Art. 202-241.	Section I. Déclaration de faillite..................	227
Art. 242-246.	Section II. De la nomination du juge-commissaire...	423
Art. 247-252.	Section III. De l'apposition des scellés et des premières dispositions à l'égard de la personne du failli.................................	333
Art. 253-266.	Section IV. De la nomination et du remplacement des syndics..................................	660
Art. 267-277.	Section V. Des fonctions des syndics. — § 1. Dispositions générales........................	661
Art. 278-283.	§ 2. De la levée des scellés et de l'inventaire.......	333
Art. 284-293.	§ 3. De la vente des marchandises et meubles et des recouvrements...........................	334
Art. 294-295.	§. 4. Des actes conservatoires..................	335
Art. 296-324.	—	695
Art. 325-326.	Section VI. Du concordat et de l'union. — § 1. De la convocation et de l'assemblée des créanciers.......	64
Art 327-337.	§ 2. Du concordat............................	176
Art 338-340.	§ 3. Des effets du concordat....................	178
Art. 341-346.	§ 4. De l'annulation et de la résolution du concordat.	178
Art. 347-348.	§ 5. De la clôture en cas d'insuffisance d'actif.......	336
Art. 349-357.	§ 6. De l'union des créanciers..................	677
Art. 358-359.	Section VII. Des différentes espèces de créanciers et de leurs droits en cas de faillite. — § 1. Des coobligés et des cautions..................	205
Art. 360-362.	§ 2. Des créanciers nantis de gages et des créanciers privilégiés sur les biens meubles..............	363
— 363.	—	553
— 364.	—	610
— 365.	—	553
Art. 366-371.	§ 3. Des droits des créanciers hypothécaires et privilégiés sur les immeubles....................	513
Art. 372-380.	§ 4. Des droits des femmes	601
Art. 381-386.	Section VIII. De la répartition entre les créanciers et de la liquidation...........................	694
Art. 387-390.	Section IX. — De la vente des immeubles du failli.	615
Art. 391-404.	Section X. — De la revendication..............	694
Art. 405-410.	Section XI. — Des voies de recours contre les jugements rendus en matière de faillite............	434

		Pages
Art. 411-415.	Section XII. — De l'administration des biens en cas de banqueroute................................	106
Art. 416-427.	Section XIII. De la réhabilitation	589

CODE DE COMMERCE MARITIME

Art. 1-9.	Titre I. Des navires et autres batiments de mer...	483
— 10-29.	Titre II. De la saisie et vente des navires.....	486
— 30-34.	Titre III. Des propriétaires de navires..........	489
— 35-64.	Titre IV. Du capitaine.........................	125
— 65-89.	Titre V. De l'engagement et des loyers des officiers et gens de l'équipage....	300
— 90-98.	Titre VI. Des chartes parties, affrètements ou nolissements	36
— 99-103.	Titre II. Du connaissement..................	186
— 104-131.	Titre VIII. Du prêt ou nolis..................	354
— 132-148.	Titre IX. Des passagers.....................	5 6
— 149-172.	Titre X. Des contrats a la grosse..	288
— 173-190.	Titre XI. Des assurances. — Section 1re. De la forme et de l'objet du contrat d'assurance.........	70
— 191-210.	Section II Des obligations de l'assureur et de l'assuré	73
— 211-234.	Section III. Du délaissement des objets assurés.....	238
— 235-244.	Titre XII. Des avaries. — Section I. De la définition, de la classification et du règlement des avaries.	87
— 245-266.	Du jet et de la contribution dans l'avarie grosse ou commune...	413
— 267-273.	Titre XIII. Des prescriptions.....................	541
— 274-275.	Titre XIV. Fins de non-recevoir................	345

CODE DE PROCÉDURE CIVILE ET COMMERCIALE

Art. 1-2.	Dispositions préliminaires et générales.......	93-641
— 3-17.	— — —	326
— 18-22.	— — —	233
— 23-25.	— — —	327
	Titre Ier. Instance devant les tribunaux de premier ressort.	
Art. 26.	Chapitre Ier. Règles de compétence en raison de la nature et de l'importance de l'affaire...............	671
— 27.	—	398
— 28-29.	— —	675
— 30-31.	— —	22
— 32.	— —	673
— 33.	— —	674
— 34.	— —	581
Art. 35.	Chapitre II. Assignation. Compétence à raison du siège du tribunal. Mise au rôle des affaires...........	77
— 36-39.	— —	65
— 40.	— —	511
— 41-43.	— —	33

TABLE DES ARTICLES DES CODES. 715

		Pages
Art. 44-47.	Chap III. Comparution des parties ou des mandataires.	166
— 48-50.	— —	463
— 51.	— —	328
— 52-54.	— —	232
— 55-56.	— —	79
— 57.	— —	475
— 58.	— —	533
— 59 ou 90.	du R. G. J..	533
— 60 61...		533
— 62 67	— —	81-82
Art. 68-76.	Chapitre IV. Communication au ministère public......	474
Art. 77-86.	Chapitre V. Instruction par écrit..................	402
Art. 87-90.	Chapitre VI. Des jugements.......................	430
— 91-100.	— —	242
— 101-111.	— —	431
— 112.	— —	378
— 113-117.	— —	432-431
— 118-123.	— —	251
Art. 124-129.	Chapitre VII. Jugements par défaut................	432
Art. 130-135.	Chapitre VIII. Des ordonnances sur requête..........	511
Art. 135-146.	Chapitre IX. Procédure spéciale des référés..........	531
Art. 147.	Chapitre X Des procédures diverses pendant l'instruction de l'affaire.....................	311
	Section I. Des exceptions préliminaires.............	311
— 148.	§ 1. Déclinatoire pour incompétence et demande de renvoi à un autre tribunal........................	248
— 149-150.	— —	398
— 151.	— —	416
— 152.	— —	188
— 153-154.	§ 2. Demande en nullité........................	496
— 155-156.	§ 3. Exceptions dilatoires......................	311
— 157 164.	— —	566
— 165.	— —	164-248
— 166.	— —	164
— 167-168.	— —	311
	Section II. De la procédure en matière de preuves..	408
— 169-183.	§ 1. De l'interrogatoire des parties...............	408
— 184-199.	§ 2. Du serment...........................	637
— 200-208.	§ 3. Enquêtes.........................	294-295
— 209.	—	298
— 210.	—	294
— 211 212.	—	298
— 213-231.	—	295-296
— 232-241.	—	580
— 242-256.	—	246
— 257.	—	295
— 258-279.	§ 4. Des expertises............................	322
— 280-286.	§ 5. Des visites des lieux......................	703
— 287-289.	§ 6. Du transport du tribunal...................	671
— 290-313.	§ 7. Vérification d'écriture	6 8
Art. 314 333.	Section I I. De l'inscription de faux................	342
Art. 334-339.	Section IV. Des demandes incidentes, reconventionnelles et de l'intervention....................	247

		Pages.
Art. 340-344.	Section V. De l'interruption et de la cessation de la procédure.................................	409
— 345-347.	— —	529
— 348-351.	— —	256
Art. 352-372.	Section VI. De la récusation................	576

Chapitre XI. Des voies ouvertes pour attaquer les jugements.

Art. 373-389.	Section I. De l'opposition.................	504
Art. 390-416.	Section II. De l'appel....................	48 et s
Art. 417-423.	Section III. Tierce opposition.............	667
Art. 424-433.	Section IV. De la requête civile...........	603

Chapitre XII. Exécution.

Art. 434-444.	Section I. Dispositions générales...........	312-313
— 445-447.	— —	232
— 448-454.	— —	318
— 455-456.	— —	313
— 457-464.	— —	319
— 465-467.	— —	313
— 468.	— —	512
— 469-470.	— —	51
Art. 471-501.	Section II. Exécution par voie de saisie-arrêt. — Saisie-arrêt conservatoire................	620
Art. 502-530.	Section III. Exécution par voie de saisie et vente de meubles et biens mobiliers............	631 et s.
— 531-538.	— —	564
— 539.	— —	632
— 540.	— —	634
— 541.	— —	633
— 542-543.	— —	634
— 544-545.	— —	623
Art. 546-574.	Section IV. Saisie et vente de rentes, de titres, d'actions et de créances.....................	595
Art. 575-604.	Section V. Distribution par contribution........	200
	Section VI. Saisie immobilière.	
Art. 605-644.	§ 1. Saisie et adjudication.................	625 et s.
— 645-649.	—	563
— 650-659.	—	629
— 660-666.	—	658
— 667-675.	—	630
	§ 2. Incidents sur la saisie immobilière.	
Art. 676-681.	Folle enchère, vente en justice d'immeubles non saisis.	395
— 682-690.	— —	614
— 691-695.	— —	396
— 696-703.	— —	347
— 704-709.	— —	693
— 710.	— —	204
— 711.	— —	523
— 712.	— —	525
— 713-715.	— —	452
— 716.	— —	649
— 717-718.	— —	659
— 719.	— —	537
Art. 720-745.	Section VII. De la distribution des prix de vente d'immeubles hypothéqués..................	514

TABLE DES ARTICLES DES CODES.

Chapitre XIII. Procédures diverses.

		Pages
Art. 746-759.	Section I. Prise à partie	547
	Section II. Des mesures conservatoires.	
Art. 760-768.	§ 1. De la saisie conservatoire	623
Art. 769-772.	§ 2. Du droit d'affectation sur les immeubles	35
Art. 773-787.	Section III. Procédure d'offres et de consignation	190
Art. 788-790.	Section IV. Délivrance d'expéditions	320
Art. 791-816.	Section V. Des arbitrages	55

Le règlement général judiciaire du 9 juin 1887 se trouve à son rang alphabétique dans le corps de l'ouvrage, p. 585.

www.ingramcontent.com/pod-product-compliance
Lightning Source LLC
Chambersburg PA
CBHW071708300426
44115CB00010B/1353